Pischel/Kopp
Compliance für Wirtschaftsverbände

Compliance für Wirtschaftsverbände

Herausgegeben von

Dr. Gerhard Pischel
Rechtsanwalt, L.L.M.

Reinhold Kopp
Rechtsanwalt, Fachanwalt für Arbeitsrecht

Bearbeitet von

RAin Karen Bartel; RA Dr. Tobias Brouwer; Prof. Dr. Henning Herzog;
RA Marcus Hotze, FA für Urheber- u. Medienrecht; *RAin Dr. Dagmar Knigge;*
RA Reinhold Kopp, Fachanwalt für Arbeitsrecht; *RAin/StBin Anette Maier,* LL.M., MBA, EMBA;
RA Jan Paul Marschollek, Executive M.B.L.-HSG; *RA Dr. Alexander M. Moseschuss;*
RA Prof. Dr. Stephan Ory; RA Dr. Gerhard Pischel, LL.M.;
Gregor Stephan; RAin Karen Sokoll, LL.M.; *RA Dr. André Turiaux;*
RAin Magdalena Wessel; Prof. Dr. Petra Wittig

2017

C.H.BECK

www.beck.de

ISBN 978 3 406 69602 2

© 2017 Verlag C.H. Beck oHG
Wilhelmstraße 9, 80801 München
Druck und Bindung: Kösel GmbH & Co. KG
Am Buchweg 1, 87452 Altusried-Krugzell

Satz: Konrad Triltsch Print und digitale Medien GmbH,
Ochsenfurt-Hohestadt

Martina Busch, Grafikdesign, Homburg Saar

Gedruckt wird auf säurefreiem, alterungsbeständigem Papier
(hergestellt aus chlorfrei gebleichtem Zellstoff)

Vorwort

Gemäß der Pluralismustheorie liegt die Bedeutung von Verbänden für ein politisches System in der Repräsentation gesellschaftlicher Vielfalt. Verbände sind für die Funktionsfähigkeit politischer Systeme unverzichtbar und leisten insbes. als Wirtschaftsverbände einen wesentlichen Beitrag für die marktwirtschaftliche Struktur des Gemeinwesens. Mit abnehmender Bindungsmacht korporativer Arrangements in der Gesellschaft sehen sich Wirtschaftsverbände jedoch immer stärker mit negativen Zuschreibungen konfrontiert: ausgreifendem Lobbyismus und partikulärer Interessensvertretung statt Wettbewerbsorientierung, Intransparenz oder gar Korruption statt legitimer Artikulation der Interessen der von ihnen vertretenen Mitgliedsunternehmen. Die Stärkung der verbandlichen Reputation durch Rechtstreue und Integrität verlangt nicht nur deshalb höchste Aufmerksamkeit der zuständigen Organe und damit eine Compliance-Vorsorge, die bei Mitgliedsunternehmen der Verbände heute bereits vielfach Standard ist.

Denn Wirtschaftsverbände sind zunehmend Adressaten rechtlicher Herausforderungen etwa durch das Kartellrecht, das Risiko, dass sie auch ohne Gewinnerzielungsabsicht einen wirtschaftlichen Geschäftsbetrieb unterhalten, erhöhte Datenschutzanforderungen und gestiegene Anforderungen an die Rechtskonformität bei Einladungen und Zuwendungen. Zugleich stehen Wirtschaftsverbände vor der Herausforderung, dass sie zu ihren Mitgliedern nicht in einem Über-Unter-Ordnungsverhältnis stehen, sondern sich um konsensuale Lösungen bemühen und nicht primär ihre Interessen, sondern die ihrer Mitgliedsunternehmen wahren müssen.

Auch das für die große Mehrheit der Wirtschaftsverbände geltende Vereinsrecht mit dem Leitbild der ehrenamtlichen Tätigkeit ist nicht für große Wirtschaftsverbände mit komplexen Strukturen konzipiert. Gleichwohl sehen Gesetzgeber und Bundesregierung keinen Novellierungsbedarf der Bestimmungen über Publizität, Rechnungslegung und Nebenzweckprivileg (BT-Drs. 18/1931 v. 27.6.2014). Die Verantwortlichen müssen unter diesen Rahmenbedingungen mit steigenden Compliance-Anforderungen zurechtkommen und Organisation und Prozesse so anlegen, dass ein Organisationsverschulden ausgeschlossen ist.

Dieses Handbuch hat sich zur Aufgabe gestellt, den Verantwortlichen im Verband, Vertretern von Mitgliedsunternehmen und deren Beratern einen Überblick über wichtige Handlungsfelder und praxisnahes Handwerkszeug zur Bewältigung der Aufgaben zur Verfügung zu stellen. Die Autorinnen und Autoren der Beiträge verfügen allesamt über einschlägige Beratungspraxis im Bereich der Wirtschaftsverbände. Wo nötig werden entsprechende Hinweise gegeben, wie differenzierte Fragestellungen weiter vertieft werden können. Naturgemäß können im vorgegebenen Umfang dieser ersten Auflage einzelne Branchen und verschiedene Verbandsfunktionen nur beispielhaft dargestellt werden. Wir würden uns freuen, wenn das Handbuch den Compliance-Alltag der Leserinnen und Leser merklich erleichtern würde.

Der noch vergleichsweise junge Compliance-Ansatz in Deutschland entwickelt sich dynamisch. Von daher sind wir für Kritik und Anregungen, für die Übermittlung von Erfahrungen und neuen Lösungen besonders dankbar. Die Herausgeber sind per E-Mail erreichbar unter gerhard.pischel@heussen-law.de und reinhold.kopp@heussen-law.de.

München/Berlin, im Januar 2017

Gerhard Pischel
Reinhold Kopp

Autorenverzeichnis

Karen Bartel

Rechtsanwältin, Compliance-Beauftragte und Leiterin der Abteilungen Recht und Verbraucherpolitik/Datenschutz, Gesamtverband der Deutschen Versicherungswirtschaft e.V. (GDV), Berlin.

Dr. Tobias Brouwer

Rechtsanwalt (Syndikusrechtsanwalt), Bereichsleiter Recht und Steuern und Compliance-Beauftragter, Verband der Chemischen Industrie e.V., Frankfurt a.M.

Prof. Dr. Henning Herzog

Forschungsprofessur, Quadriga Institut für Regulation und Management eG (Quadriga Hochschule), und wissenschaftlicher Beirat der Zeitschrift für Corporate Governance (ZCG), Berlin.

Marcus Hotze

Rechtsanwalt und Partner der Heussen Rechtsanwaltsgesellschaft mbH, Berlin, und Lehrbeauftragter an einer privaten Hochschule.

Dr. Dagmar Knigge

Rechtsanwältin, Partnerin und gemeinsam mit Herrn Reinhold Kopp Leiterin der Fachgruppe Compliance der Heussen Rechtsanwaltsgesellschaft mbH, Berlin.

Reinhold Kopp

Minister für Wirtschaft a.D., Rechtsanwalt, Fachanwalt für Arbeitsrecht, Partner der Heussen Rechtsanwaltsgesellschaft mbH, Berlin.

Anette Maier, LL.M., MBA, EMBA

Rechtsanwältin und Steuerberaterin, Allianz SE, München.

Jean Paul Marschollek, Executive M.B.L.-HSG

Rechtsanwalt, Legal Counsel und Compliance-Officer, ZVEI – Zentralverband Elektrotechnik- und Elektronikindustrie e.V., Frankfurt a.M.

Dr. Alexander M. Moseschus

Rechtsanwalt und Geschäftsführer des Deutschen Factoring-Verbandes e.V., Berlin.

Prof. Dr. Stephan Ory

Rechtsanwalt, Gründungsmitglied, Vorsitzender und Direktor des Instituts für Europäisches Medienrecht und Vorsitzender des EDV-Gerichtstages, Gründungsmitglied und Vorstandsmitglied des Instituts für Verfahrensrecht im elektronischen Rechtsverkehr e.V., Mitglied des Studienkreises für Presserecht und Pressefreiheit. Honorarprofessor an der Universität des Saarlandes, Püttlingen.

Dr. Gerhard Pischel, LL.M. (Univ. London)

Rechtsanwalt, Partner und Leiter der Kartellrechtspraxis bei der Heussen Rechtsanwaltsgesellschaft mbH und Lehrbeauftragter an der Ludwig-Maximilians-Universität, München.

Karen Sokoll, LL.M.

Rechtsanwältin, Deutsche Bahn AG (Beschäftigten- und Kundendatenschutz) und der Heussen Rechtsanwaltsgesellschaft mbH, Berlin.

Gregor Stephan

Vorstand des Quadriga Instituts für Regulation und Management eG (Quadriga Hochschule), Berlin.

Dr. André Turiaux

Rechtsanwalt und Partner bei der Heussen Rechtsanwaltsgesellschaft, München.

Magdalena Wessel

Rechtsanwältin und Dezernentin Recht sowie Vorsitzende der Arbeitskreise Recht sowie Aufsicht/Compliance beim Deutschen Factoring-Verband e.V., Berlin.

Prof. Dr. Petra Wittig

Universitätsprofessorin an der Ludwig-Maximilians-Universität, München.

Inhaltsübersicht

Inhaltsverzeichnis

Abkürzungsverzeichnis

aA	andere(r) Ansicht/Auffassung
aaO	am angegebenen Ort
Abs.	Absatz
abzgl.	abzüglich
aE	am Ende
AEUV	Vertrag über die Arbeitsweise der Europäischen Union
aF	alte Fassung
allgA	allgemeine Ansicht
allgM	allgemeine Meinung
Aufl.	Auflage
ausf.	ausführlich
BeckOK ArbR	Beck'scher Onlinekommentar Arbeitsrecht
BeckOK BGB	Beck'scher Onlinekommentar BGB
BeckOK GewO	Beck'scher Onlinekommentar Gewerbeordnung
BeckOK InfoMedienR	Beck'scher Online-Kommentar Informations- und Medienrecht
BeckOK StGB	Beck'scher Onlinekommentar Strafgesetzbuch
BeckRa-HdB	Büchting/Heussen, Beck'sches Rechtsanwaltshandbuch, 2014
Beck VOB/A	Dreher/Motzke, Beck'scher Vergaberechtskommentar, 2. Aufl. 2013
Beil.	Beilage
Beschl.	Beschluss
bspw.	Beispielsweise
Buchst.	Buchstabe
bzgl.	bezüglich
diff.	differenzierend
dh	das heißt
ebd.	ebenda
Ed.	Edition
EL	Ergänzungslieferung
ErfK	Müller-Glöge/Preis/Schmidt, Erfurter Kommentar zum Arbeitsrecht, 16. Aufl. 2016
etc	et cetera (und so weiter)
EUBestG	EU-Bestechungsgesetz
eV	eingetragener Verein
evtl.	eventuell
Fleischer VorstandsR-HdB	Fleischer, Handbuch des Vorstandsrechts, 2006
Fn.	Fußnote
gem.	gemäß
ggf.	gegebenenfalls
grds.	grundsätzlich

HGB .... Handelsgesetzbuch

Hauschka Corporate
   Compliance .... Hauschka/Moosmayer/Lösler, Corporate Compliance, 3. Aufl.
                                         2016

hins. .... hinsichtlich

HK-ArbR .... Däubler/Hjort/Schubert/Wolmerath, Arbeitsrecht, 3. Aufl. 2013

HK-BGB .... Schulze/Dörner/Ebert/Hoeren/Kemper/Saenger/Schreiber/
                        Schulte-Nölke/Staudinger, Bürgerliches Gesetzbuch: BGB,
                        8. Aufl. 2014

HK-RDG .... Krenzler, Rechtsdienstleistungsgesetz

hL .... herrschende Lehre

hM .... herrschende Meinung

Hs. .... Halbsatz

idF .... in der Fassung

idR .... in der Regel

idS .... in diesem Sinne

iE .... im Einzelnen

iErg .... im Ergebnis

ieS .... im engeren Sinne

insbes. .... insbesondere

iRd .... im Rahmen des/der

iRv .... im Rahmen von

iSd .... im Sinne des/der

iSv .... im Sinne von

iÜ .... im Übrigen

iVm .... in Verbindung mit

iW .... im Wesentlichen

iwS .... im weiteren Sinne

KK-OWiG .... Senge, Karlsruher Kommentar zum OWiG, 4. Aufl. 2014

krit. .... kritisch

KStG .... Körperschaftsteuergesetz

KStR 2004 .... Körperschaftsteuer-Richtlinien 2004

LK-StGB .... LK/Bearbeiter
                        Laufhütte/Rissing-van Saan/Tiedemann, Leipziger Kommentar
                        StGB, 12. Aufl. 2006 ff.

LMRKM .... Loewenheim/Meessen/Riesenkampff/Kersting/Mayer-
                        Lindemann, Kartellrecht, Europäisches und Deutsches
                        Kartellrecht, Kommentar, 3. Aufl. 2016

maW .... mit anderen Worten

MAH GewRS .... Hasselblatt, Münchener Anwaltshandbuch Gewerblicher
                        Rechtsschutz, 4. Aufl. 2012

MAH WirtschaftsStR Volk, Münchener Anwaltshandbuch Verteidigung in Wirtschafts-
                        und Steuerstrafsachen, 2. Aufl. 2014

MHdB ArbR .... Wlotzke/Richardi/Wißmann/Oetker, Münchener Handbuch
                        zum Arbeitsrecht, 2009

MHdb GesR IV ...... Hoffmann-Becking, Münchener Handbuch des
                        Gesellschaftsrechts, Band 4: Aktiengesellschaft, 4. Aufl. 2015

MHdb GesR V	Beuthien/Gummert/Schöpflin, Münchener Handbuch des Gesellschaftsrechts Band 5: Verein, Stiftung bürgerlichen Rechts, 4. Aufl. 2016
mAnm	mit Anmerkung
Mio.	Million(en)
Mrd.	Milliarde(n)
MüKoBGB	Säcker/Rixecker/Oetker/Limperg, Münchener Kommentar zum Bürgerlichen Gesetzbuch
MüKoStGB	Joecks/Miebach, Münchener Kommentar zum StGB, 2. Aufl. 2011 ff.
MüKoUWG	Heermann/Schlingloff, Münchener Kommentar zum Lauterkeitsrecht, 2. Aufl. 2014
mwN	mit weiteren Nachweisen
nF	neue Fassung
NK-BGB	Dauner-Lieb/Heidel/Ring, Bürgerliches Gesetzbuch, 2. Aufl. 2016
NK-BDSG	Simitis, Bundesdatenschutzgesetz, 8. Aufl. 2014
NK-EnWG	Kment, Energiewirtschaftsgesetz, 2015
NK-StGB	Kindhäuser/Neumann/Paeffgen, Strafgesetzbuch, 4. Aufl. 2013
Nr.	Nummer(n)
oa	oben angegeben(e/es/er)
oÄ	oder Ähnliche/s
og	oben genannte(r, s)
o. S.	ohne Seitenangabe
resp.	respektive
RL	Richtlinie
Rspr.	Rechtsprechung
S.	Seite(n), Satz
s.	siehe
sa	siehe auch
SK-StGB	Wolter, Systematischer Kommentar zum Strafgesetzbuch, Loseblatt
s. o.	siehe oben
sog	so genannt
SSW eV	Sauter/Schweyer/Waldner, Der eingetragene Verein, 19. Aufl. 2010
StGB	Strafgesetzbuch
str.	streitig, strittig
stRspr	ständige Rechtsprechung
s. u.	siehe unten
SWK-ArbR	Grobys/Panzer, StichwortKommentar Arbeitsrecht, 2. Aufl. 2014
ua	und andere, unter anderem
uam	und anderes mehr
uÄ	und Ähnliches
uE	unseres Erachtens
umstr.	umstritten
UNCAC	Übereinkommen der Vereinten Nationen gegen Korruption

Urt.	Urteil
usw	und so weiter
uU	unter Umständen
uvm	und viele mehr
va	vor allem
vgl.	vergleiche
vs.	versus
zB	zum Beispiel
Ziff.	Ziffer
zT	zum Teil
zusf.	zusammenfassend
zust.	zustimmend
zutr.	zutreffend
zzgl.	zuzüglich

1. Kapitel. Einleitung

§ 1. Rolle und Funktion der Wirtschafts- und Berufsverbände

Literatur:

Baumann/Sikora, Hand- und Formularbuch des Vereinsrechts, 2015; *Beuthien*, Wie ideell muss ein Idealverein sein? Zu Sinn und Grenzen des Nebenzwecksprivilegs, NZG 2015, 449; *Brouwer*, Compliance in Verbänden, in: Hauschka/Moosmayer/Lösler, Corporate Compliance, 3. Aufl. 2016, § 59; *ders.*, Compliance im Wirtschaftsverband, CCZ 2009, 161; *ders.*, Compliance in Verbänden und gemeinnützigen Körperschaften, AnwBl 2010, 663; *ders.*, Zum Erfordernis einer Satzungserlaubnis für Organvergütungen bei steuerbefreiten Berufsverbänden, BB 2010, 865; *ders.*, Compliance als Bestandteil guter Verbands-Governance, Comply 4/2016, 28; *Burgard*, Organhaftung in Verein und Stiftung, in: Krieger/Uwe H. Schneider, Handbuch Managerhaftung, 2. Aufl. 2010, § 6; *Eggers*, Die Besteuerung der Berufsverbände, DStR 2007, 461; *Engelsing/Lüke*, Praxishandbuch der Berufs- und Wirtschaftsverbände, 2. Aufl. 2014; *Gerig/Ritz*, Pläne für ein neues EU-Lobbyregister – kommt Zeit, kommt Rat, EuZW 2014, 853; *ders./Tsesis*, Interessenvertretung und Compliance, CCZ 2015, 268; *Hagel/Dahlendorf*, Der Beitrag von Wirtschaftsverbänden zu Compliance am Beispiel des „Rundum-Pakets" des Verbandes der Bahnindustrie in Deutschland (VDB), CCZ 2014, 275; *Hüttemann*, Gemeinnützigkeits- und Spendenrecht, 3. Aufl. 2015; *Kopp*, Lobbying, in: Hauschka/Moosmayer/Lösler, Corporate Compliance, 3. Aufl. 2016, § 10; *ders.*, Recht, Transparenz und Integrität beim Lobbying – Compliance angesichts von Regulierung und Selbstverpflichtung, CCZ 2013, 67; *Leuschner*, Das Konzernrecht des Vereins, 2011; *ders.*, Ist der ADAC zu Recht ein eingetragener Verein? – Zur Abgrenzung des wirtschaftlichen vom nichtwirtschaftlichen Verein, ZIP 2015, 356; *ders.*, Zwischen Gläubigerschutz und Corporate Governance: Reformperspektiven des Vereinsrechts, npoR 2016, 99; *Reichert*, Handbuch Vereins- und Verbandsrecht, 13. Aufl. 2016; *Sauter/Schweyer/Waldner*, Der eingetragene Verein, 20. Aufl. 2016; *Schmittlein*, Verbands-Compliance, 2015; *Segna*, Vorstandskontrolle in Großvereinen, 2002; *ders.*, Rechnungslegung und Prüfung von Vereinen – Reformbedarf im deutschen Recht, DStR 2006, 1568; *Stöber/Otto*, Handbuch zum Vereinsrecht, 11. Aufl. 2016; *Wagner*, Die Entwicklungen im Vereinsrecht, NZG 2016, 1046; *Weitemeyer/Vogt*, Verbesserte Transparenz und Non-Profit Governance Kodex für NGOs, NZG 2014, 12.

A. Einführung

I. Berufs- und Wirtschaftsverbände: Eine Standortbestimmung

Berufs- und Wirtschaftsverbände[1] sind keine Sonderformen des Vereinsrechts. Als **Ober-** **begriffe** stehen sie vielmehr für einen bestimmten Verbandszweck, der sie von anderen Verbandstypen unterscheidet:[2] Kern und **Hauptaufgabe** der Berufs- und Wirtschaftsverbände ist die Vertretung der ideellen und wirtschaftlichen Interessen ihrer Mitglieder. Als Interessenvereinigungen bringen sie die Anliegen ihrer Mitglieder in gebündelter Form in den gesellschaftlichen und politischen Meinungsbildungsprozess ein und vermitteln dabei zwischen der Wirtschaft, dem Staat, der Politik und der Öffentlichkeit.[3] Die Vielfältigkeit der Verbandslandschaft ist Spiegel einer **pluralistischen Gesellschaft,** in der es für jede noch so spezifische Berufsgruppe und Wirtschaftsbranche idR einen (Fach-)Verband gibt, der mit seinen Vorstellungen und Vorschlägen am politischen Diskurs teilnimmt. Eine

1

---

[1] Beispiele für Wirtschaftsverbände sind: Bundesverband der Deutschen Industrie eV (BDI), Bundesverband Deutscher Banken eV (BdB), Verband der Automobilindustrie eV (VDA), Zentralverband Elektrotechnik- und Elektroindustrie (ZVEI), Verband der Chemischen Industrie eV (VCI), Die Familienunternehmer – ASU, Deutscher Bauernverband eV (DBV). Beispiele für Berufsverbände sind: Deutscher Berufsverband für Pflegeberufe eV, Berufsverband der Deutschen Chirurgen eV, Berufsverband freischaffender Architekten und Bauingenieure eV, Berufsverband der Datenschutzbeauftragten Deutschlands eV, Berufsverband der Compliance Manager eV (BCM).

[2] Zur näheren Bestimmung von „Berufs- und Wirtschaftsverbänden" sowie zur Abgrenzung zu anderen Verbandstypen s. u. Rn. 6 ff. sowie → § 2 Rn 2 ff.

[3] Vgl. die zitierte Definition der Bundeszentrale für politische Bildung (s. unter www. http://www.bpb.de/nachschlagen/lexika/handwoerterbuch-politisches-system/202199/unternehmerverbaende, zuletzt abgerufen am 4.1.2017); zur Frage „Was ist Politikberatung?" s. die gleichlautende Informationsbroschüre der Deutschen Gesellschaft für Politikberatung eV (abrufbar unter www.degepol.de, zuletzt abgerufen am 4.1.2017).

breit gefächerte Verbandslandschaft wiederum ist Beleg für eine funktionierende Demokratie, in der sich Interessengruppen vereinigen (dürfen),[4] um ihrer Stimme mehr Gewicht im politischen Wettstreit um die „richtige" Lösung zu verleihen.

2 Konkrete Angaben über die Anzahl aktiver Berufs- und Wirtschaftsverbände in Deutschland sind nicht bekannt. „Amtliche" Zahlenangaben finden sich lediglich in dem Verbänderegister des Deutschen Bundestags und dem gemeinsamen Transparenzregister der EU-Kommission und des EU-Parlaments. Beide Register geben jedoch nur eine ansatzweise Vorstellung über den tatsächlichen Verbändebestand, da eine Registrierung von Lobbyverbänden weder in Deutschland noch auf EU-Ebene verpflichtend ist.[5] So waren am 15.12.2016 in der vom Bundestag geführten **„Öffentlichen Liste über die Registrierung von Verbänden und deren Vertretern"** 2.285 Verbände registriert.[6] Das **EU-Transparenzregister** hat zum 4.1.2017 5.500 eingetragene „In-House-Lobbyisten, Gewerbe-, Wirtschafts- und Berufsverbände" gezählt.[7] Schätzungen in Branchenkreisen gehen hingegen von einer Anzahl von **7.000 bis 10.000 hauptamtlich geführten Berufs- und Wirtschaftsverbänden** allein in Deutschland aus,[8] von denen allerdings nicht alle gleichermaßen stark am politischen Willensbildungsprozess teilnehmen. Im Verhältnis zur Gesamtzahl aller fast **600.000 eingetragener Vereine** in Deutschland[9] tragen somit Berufs- und Wirtschaftsverbände nur zu einem geringen Anteil zur Verbandslandschaft bei. Allerdings handelt es sich bei diesen Zahlenangaben nur um einen Ausschnitt, der noch um die **Dunkelziffer** der nicht eingetragenen Vereine zu ergänzen ist. Im Verbandsleben der Berufs- und Wirtschaftsverbände spielen die nicht eingetragenen Vereine va bei den sog Vereinsuntergliederungen eine bedeutende Rolle, die den Hauptverein bei der Erfüllung des Gesamtvereinszwecks auf Landes-, Regional- oder Ortsebene unterstützen.[10]

3 Die **Konzentrationswirkung** von Berufs- und Wirtschaftsverbänden wird va durch die Spitzenverbände deutlich, die die bereits gebündelten Interessen ihrer Mitgliedsverbände ein weiteres Mal komprimieren. So vertritt bspw. der Bundesverband der Deutschen Industrie (BDI) als Dachverband von 36 Branchenverbänden die Interessen von 100.000 Unternehmen mit rund acht Millionen Arbeitnehmern.[11] Ähnliche Zahlenbeispiele finden sich in anderen Branchen wie bspw. der Bankenbranche.[12] Gemeinsam mit ihren „Sozialpartnern", den Arbeitgeberverbänden und den Gewerkschaften, nehmen

---

[4] Zur grundgesetzlich geschützten Vereinigungsfreiheit s. → § 2 Rn. 65 ff.

[5] Zur Entwicklung und den rechtlichen Rahmenbedingungen bestehender Lobbyregister auf deutscher und EU-Ebene sowie in Österreich und den USA s. *Gerig/Ritz* EuZW 2014, 853; Hauschka Corporate Compliance/*Kopp* § 10 Rn. 22 ff.

[6] S. unter „aktuelle Fassung" vom 15.12.2016, abrufbar unter: www.bundestag.de/parlament/lobbyliste, zuletzt abgerufen am 4.1.2017.

[7] S. bei http://ec.europa.eu/transparencyregister/public/homePage.do?locale=de, zuletzt abgerufen am 4.1.2017.

[8] Vgl. die Statistik der Deutschen Gesellschaft für Verbandsmanagement eV (DGVM), die 8.500 hauptamtlich geführte Verbände zählt, die in fünf Handlungsfelder aufgeteilt werden (darunter „Arbeit und Wirtschaft" mit 50% und „Gesellschaft und Politik" mit 11%). Mit eingerechnet sind dabei allerdings auch die Kammern wie die Industrie- und Handelskammern und die Handwerkskammern, die als öffentlich-rechtliche Körperschaften nicht Gegenstand dieses Handbuchs sind (s. unter www.verbaende.com sowie *Lietzau*, Was sind Verbände?, S. 7, ebenfalls abrufbar unter: www.verbaende.com > Über Verbände, zuletzt abgerufen am 4.1.2017); vgl. auch *Eggers* DStR 2007, 461 („schätzungsweise 10.000 körperschaftsbefreite Berufs- und Wirtschaftsverbände" in Deutschland) sowie *Engelsing/Lüke*, Praxishandbuch der Berufs- und Wirtschaftsverbände, 2. Aufl. 2014, S. 14 („rund 12.000 Berufs- und Wirtschaftsverbände").

[9] Nach der Vereinsstatistik des Bundesamts für Justiz gab es zum Schluss des Jahres 2015 598.210 eingetragene Vereine (s. Nr. 15 02 40 der „Geschäftsübersichten der Amtsgerichte 1995 bis 2015", abrufbar unter www.bundesjustizamt.de > Themen > Bürgerdienste > Justizstatistik > Geschäftsbelastungen; zuletzt abgerufen am 5.1.2017); eine privat geführte Vereinsstatistik hält die V&M Service GmbH bereit (siehe unter: http://www.npo-info.de/vereinsstatistik; zuletzt abgerufen am 5.1.2017); zu weiteren Zahlenangaben siehe auch *Wagner* NZG 2016, 1046 sowie MHdB GesR V/*Knof*, 4. Aufl. 2016, § 12 Rn. 2, die bspw. von 350.000 eingetragenen Vereinen ausgehen.

[10] S. u. → Rn. 62 ff. sowie bei → § 2 Rn 14 ff.

[11] S. bei www.bdi.eu (zuletzt abgerufen am 6.1.2017).

[12] Vgl. etwa die Selbstdarstellungsbroschüre des Bundesverbands deutscher Banken (Stand Mai 2016), abrufbar unter www.bankenverband.de (zuletzt abgerufen am 6.1.2017).

Wirtschaftsverbände damit eine zentrale Rolle bei der Gestaltung und Lösung wirtschafts- und industriepolitischer sowie arbeitsmarkt- und sozialpolitischer Herausforderungen ein[13] – sowohl iRv Gesetzgebungsvorhaben als auch bei der späteren Umsetzung und Einhaltung regulatorischer Vorgaben.

Das **Aufgabenfeld** von Berufs- und Wirtschaftsverbänden beschränkt sich jedoch bei 4 weitem nicht auf die Interessenvertretung gegenüber der Gesellschaft und der Politik. Berufs- und Wirtschaftsverbände bieten ihren Mitgliedern eine Vielzahl von unterschiedlichen Dienstleistungen, angefangen von der Informationsversorgung, dem Wissens- und Erfahrungsaustausch, über Fortbildungsangebote und Branchenveranstaltungen bis hin zur Einzelberatung ihrer Mitglieder.[14] Sie wirken an Normungen und Standardisierungen mit und tragen damit zu besseren und kostengünstigeren Produkten bei. Sie nehmen Aufsichts- und Prüfaufgaben wahr, indem sie entweder im Wege der Selbstverpflichtung ihrer Mitglieder Branchenstandards setzen[15] oder als Experten in staatlichen oder halbstaatlichen Instituten mitwirken.[16] Sie versorgen die Öffentlichkeit und die Medien mit branchenrelevanten Informationen, gehen Forschungskooperationen mit Hochschulen ein oder agieren als Beschwerdestelle und Ombudsstelle für die Kunden ihrer Mitglieder.

II. Aufgabenspektrum und Arbeitsweise als Ausgangspunkt für die Compliance-Organisation

Das oben skizzierte breite Aufgabenspektrum von Berufs- und Wirtschaftsverbänden ist 5 zugleich Ausgangspunkt für die Vermessung der erforderlichen Compliance-Organisation eines Verbands. Als „Unternehmen" iSd **§ 130 Abs. 1 S. 1 OWiG** sind auch Vereine angehalten, Aufsichtsmaßnahmen vorzunehmen, die erforderlich sind, „um in dem Betrieb oder Unternehmen Zuwiderhandlungen gegen Pflichten zu verhindern, die den Inhaber treffen und deren Verletzung mit Strafe oder Geldbuße bedroht ist".[17] Verlangt ist damit eine **Risikoanalyse** der einzelnen relevanten Compliance-Bereiche eines Berufs- und Wirtschaftsverbands,[18] die in den nachfolgenden Kapiteln näher erläutert werden. Voraussetzung einer solchen Risikoanalyse wiederum ist das Verständnis über die Aufgaben und Funktionen sowie die Organisation und Arbeitsweise von Berufs- und Wirtschaftsverbänden. Davon handelt das vorliegende Kapitel (s. unter → Rn. 15 ff. und → Rn. 59 ff.). Hierzu sollen vorab die Begriffe „Berufsverband" und „Wirtschaftsverband" erklärt und in die Matrix der Rechtsordnungen und Verbändelandschaft eingeordnet werden (→ Rn. 6 ff.). Den Schluss bildet ein kurzer Ausblick auf die aktuelle wissenschaftliche und rechtspolitische Debatte um eine Modernisierung des Vereinsrechts zur weiteren Professionalisierung der Governance des sog Dritten Sektors: der Non Profit Organisationen, zu denen auch die hier behandelten Wirtschaftsverbände zählen (s. unter → Rn. 80 ff.).

---

[13] Vgl. *Nicklich/Helfen*, Wirtschaftsverbände in Deutschland, 2012/2013, Eine Kurzstudie der Freien Universität Berlin, November 2013, S. II, abrufbar unter: www.wiwiss.fu-berlin.de/fachbereich/bwl/management/sydow/Lehrstuhl/team-sprechstunden/Nicklich_Manuel.html (zuletzt abgerufen am 6.1.2017).

[14] Zur Rechtsberatung durch Verbände → Rn. 39 ff.

[15] Vgl. zB den vom Verband Forschender Arzneimittelhersteller gegründeten Verein „Freiwillige Selbstkontrolle für die Arzneimittelindustrie", abrufbar unter: www.fs-arzneimittelindustrie.de; Einzelheiten → Rn. 48 ff.

[16] S. dazu unten → Rn. 53 ff.

[17] Vgl. Göhler/*Gürtler* § 9 Rn. 43 f.; zu den Begriffen „Betrieb" und „Unternehmen" in § 30 Abs. 1 Nr. 5 OWiG s. *Röske/Böhme* wistra 2013, 48 (49).

[18] Vgl. auch Ziff. 4.5 und 4.6 ISO 19600 (Compliance management systems – Guidelines), der für jede Organisationsform und somit auch für Verbände Geltungsanspruch erhebt (s. Ziff. 1 „Scope" ISO 19600).

B. Die Begriffe „Berufsverband" und „Wirtschaftsverband"

6 Ein effektives Verbands-Compliance-Management muss sich in die gesetzlich und satzungsmäßig vorgegebene **Governance-Struktur** des Verbandsträgers einfügen, die von unterschiedlichen Rechtsdisziplinen wie insbes. dem (Vereins-)Gesellschaftsrecht und dem Steuerrecht geprägt ist. An dieser Stelle werden daher die Begriffe „Berufs- und Wirtschaftsverband" kurz erläutert und in das System der Rechtsordnungen eingestuft. Dabei handelt es sich um eine erste Standortbestimmung. Für weitere Einzelheiten zu den unterschiedlichen Verbandsformen und der Binnenverfassung von Verbänden wird auf → § 2 Rn. 1 ff. und 26 ff. verwiesen.

I. Berufs- und Wirtschaftsverbände als Idealvereine bürgerlichen Rechts

7 Berufs- und Wirtschaftsverbände sind praktisch ausschließlich in der Rechtsform des Vereins bürgerlichen Rechts iSd §§ 21 ff. BGB organisiert.[19] Die Zweckverfolgung eines Berufs- oder Wirtschaftsverbands könnte zwar auch in der Rechtsform einer Gesellschaft bürgerlichen Rechts (GbR, §§ 705 ff. BGB), der GmbH oder der Aktiengesellschaft (AG) erfolgen, zumal Letztere schon lange nicht mehr auf den Betrieb eines Handelsgewerbes beschränkt sind. Doch bietet der Verein gegenüber anderen Gesellschaftsformen einige Vorteile, die insbes. den flexiblen Mitgliederwechsel,[20] die Satzungsfreiheit,[21] die Haftungsbegrenzung der Vereinsmitglieder[22] und ihrer Leitungsorgane[23] sowie das Fehlen zwingender Publizitätspflichten[24] betreffen.

8 Als **Idealvereine** verfolgen Berufs- und Wirtschaftsverbände ideelle Zwecke, die „nicht auf einen wirtschaftlichen Geschäftsbetrieb gerichtet [sind]" (§ 21 BGB). Entsprechend heißt es in den Vereinssatzungen der Berufs- und Wirtschaftsverbände regelmäßig, dass sie ihre Ziele unter „Ausschluss jeden wirtschaftlichen Geschäftsbetriebs" verfolgen. Keine wirtschaftliche Betätigung idS ist die **Förderung der wirtschaftlichen Belange der Verbandsmitglieder** auf abstrakter Ebene ohne eigenen und eigennützigen Bezug des Vereins zum Markt.[25] Die Vertretung der va wirtschaftlichen Mitgliederinteressen zählt daher zum ideellen Bereich der Berufs- und Wirtschaftsverbände. Den Gegensatz zum Idealverein bildet der „wirtschaftliche Verein" iSd § 22 BGB, dessen Vereinszweck auf einen wirtschaftlichen Geschäftsbetrieb gerichtet ist. Dieser kann nicht ins Vereinsregister eingetragen werden, sondern erlangt die haftungsbegrenzende Rechtsfähigkeit nur ausnahmsweise durch staatliche Verleihung (Konzession). Beispiele wirtschaftlicher Vereine

---

[19] Vgl. MHdB GesR V/*Knof*, 4. Aufl. 2016, § 12 Rn. 2; *Engelsing/Lüke*, Praxishandbuch der Berufs- und Wirtschaftsverbände, 2. Aufl. 2014, S. 33; zur Abgrenzung privatrechtlicher Vereine zu Industrie- und Handelskammern sowie zu Handwerkskammern → § 2 Rn 4.

[20] Das Vereinsrecht überlässt es dem Satzungsgeber, wie der Ein- oder Austritt in bzw. aus einem Verein zu erfolgen hat (vgl. §§ 58 Nr. 1, 39 BGB). In der GmbH oder der AG ist der Mitgliederwechsel dagegen an bestimmte Form- oder Eintragungsvoraussetzungen (vgl. §§ 15 Abs. 3, 40 Abs. 1, 16 Abs. 1 GmbHG; § 67 Abs. 2 AktG für Namensaktien) geknüpft oder erfordert eine satzungsändernde Kapitalmaßnahme (vgl. § 55 GmbHG; § 182 AktG).

[21] S. § 40 BGB im Gegensatz zur Satzungsstrenge im Aktienrecht (§ 23 Abs. 5 AktG).

[22] Anders als bei der GbR (akzessorische Haftung der Gesellschafter nach § 128 HGB analog) haften aufgrund der körperschaftlichen Struktur die Mitglieder auch eines nichtrechtsfähigen Vereins grds. nicht für die Vereinsverbindlichkeiten (vgl. BGH NJW-RR 2003, 1265 sowie statt vieler *Stöber/Otto* Rn. 1540); nur für nach außen Handelnde besteht beim nicht rechtsfähigen Verein nach § 54 BGB ein persönliches Haftungsrisiko für von ihnen vorgenommene Rechtsgeschäfte (vgl. bei *Stöber/Otto* Rn. 1545 ff.). Zudem sieht § 31b BGB eine Haftungsprivilegierung für unentgeltlich tätige oder geringvergütete Vereinsmitglieder vor.

[23] § 31a BGB, für Einzelheiten → § 12 Rn 52 ff.

[24] Während Kapitalgesellschaften unabhängig von ihrem verfolgten Unternehmenszweck zur Publizität verpflichtet sind (§ 325 HGB), besteht für Vereine keine Pflicht, ihre Vermögensverhältnisse im Rahmen ihrer Rechenschaftspflichten (§§ 666, 259 BGB iVm. § 27 Abs. 3 BGB) auch der Allgemeinheit gegenüber offenzulegen. Zur Debatte um mehr Transparenz im Non-Profit-Sektor s. u. unter → Rn. 80 ff.

[25] Vgl. auch *Stöber/Otto* Rn. 75.

sind die Verwertungsgesellschaften VG Wort und GEMA (für Einzelheiten → § 18). Wird ihm die Konzession versagt, muss sich der Verein einer anderen Gesellschaftsform bedienen.[26] Für den Idealverein folgt daraus die **Compliance-Verantwortung,** durch Einhaltung der gesetzlichen Eintragungsvoraussetzungen die mit der Registrierung des Vereins erworbenen Haftungsprivilegien seiner Mitglieder zu bewahren[27] und den mit den Normen gleichfalls verfolgten Gläubiger- und Verkehrsschutz zu respektieren.[28] Unternehmerische Tätigkeiten, die neben die ideellen Vereinszweck treten, dürfen daher nur iRd sog **Nebenzweckprivilegs** erfolgen. Dies kann auch für die wirtschaftliche Betätigung via Tochtergesellschaften gelten, da sie dem (Mutter-)Verein als **„zurechnungsbegründete Rechtsformverfehlung"**[29] entgegengehalten werden könnte (str.).[30]

II. Berufs- und Wirtschaftsverbände als „Berufsverbände" im steuerlichen Sinn

Das Steuerrecht ist die einzige Rechtsdisziplin, die den Begriff „Berufsverband" enthält. **9** Nach **§ 5 Abs. 1 Nr. 5 KStG** sind Berufs- und Wirtschaftsverbände regelmäßig von der Körperschaftssteuer befreite **„Berufsverbände ohne öffentlichen Charakter"** (weitere Stellen, die den Begriff „Berufsverband" enthalten, sind § 5 Abs. 1 Nr. 6 KStG und § 4 Nr. 22 lit. a UStG). Der Rückblick auf die **Historie** zur steuerlichen Privilegierung der Berufsverbände zeigt dabei, dass in den 1920er und 30er Jahren zwischen steuerbefreiten „Berufsverbänden" und nicht steuerbefreiten „Wirtschaftsverbänden" unterschieden wurde.[31] Nur die Förderung der allgemeinen ideellen Berufsinteressen eines Berufsstands oder mehrerer verwandter Berufsstände waren zwischenzeitlich steuerprivilegiert, die Förderung der wirtschaftlichen Mitgliederinteressen dagegen steuerschädlich.[32] Diese Trennung wurde jedoch im weiteren Verlauf wieder aufgehoben, so dass auch Wirtschaftsverbände wieder als steuerbefreite Berufsverbände anerkannt wurden.[33]

Diese Rechtsauffassung wurde im Jahr 1952 und seitdem in **stRspr des BFH** bestätigt. **10** Danach werden Berufsverbände definiert als „Vereinigungen von natürlichen Personen oder von Unternehmen, die allgemeine, aus der beruflichen oder unternehmerischen Tätigkeit erwachsende ideelle und wirtschaftliche Interessen des Berufsstandes oder Wirtschaftszweiges wahrnehmen".[34] Ausreichend, aber auch Voraussetzung für die Steuerbefreiung ist somit, dass der Wirtschaftsverband die *„allgemeinen* wirtschaftlichen Belange aller Angehörigen eines Berufs oder Wirtschaftszweigs" wahrnimmt.[35] Ist der Vereinszweck dagegen nur auf die Verfolgung von Sonderbelangen einzelner Mitglieder ausge-

---

[26] Bis dahin ist der wirtschaftliche Verein je nach Umfang seines tatsächlich ausgeübten Geschäftsbetriebs entweder eine GbR oder eine offene Personenhandelsgesellschaft (oHG, §§ 105 ff. HGB), vgl. *Stöber/Otto* Rn. 11a und Rn. 66 ff.

[27] Zum Amtslöschungsverfahren sowie zu den Haftungsfolgen für die Vereinsmitglieder s. ausf. *Leuschner,* Das Konzernrecht des Vereins, 2011, S. 175 ff., S. 189 ff., 197; zur persönlichen Haftung von Vereinsmitgliedern eines über das Nebenzweckprivileg hinausgehenden unternehmerisch tätigen Vereins (nicht konzessionierter wirtschaftlicher Verein) für rückständige Sozialversicherungsbeiträge s. LSG Bln-Bbg NZG 2016, 1190.

[28] Vgl. *Krieger/Uwe H. Schneider/Burgard,* Handbuch Managerhaftung, 2. Aufl. 2010, § 6 Rn. 20.

[29] Zum Begriff s. *Leuschner,* Das Konzernrecht des Vereins, 2011, S. 132.

[30] Zum Ganzen sowie zum umstr. ADAC-Urteil des BGH (NJW 1983, 569) s. MHdB GesR V/*Schwarz van Berk*, 4. Aufl. 2016, § 3 Rn. 44 ff.; *Reichert* Rn. 140 und 164; *Stöber/Otto* Rn. 73; *Leuschner,* Das Konzernrecht des Vereins, 2011, S. 129 ff., S. 169 ff. – jeweils mwN; ausf. am Beispiel der Fußball-Bundesliga jüngst auch *Küting/Strauß* Der Konzern 2013, 390 (393); zum Fall des FC Bayern München eV s. *Verse,* FAZ v. 14.9.2016, S. 16 sowie *Wettich* GWR 2016, 403; *Leuschner* NZG 2017, 16; *Segna* npoR 2017, 3; zu „Kita-Vereinen" s. *Winheller* DStR 2013, 2009; *Wagner* NZG 2016, 1046 (1047 f.).

[31] Eingehend zur Historie der steuerlichen Privilegierung der Berufsverbände *Kühner,* Die Steuerbefreiung der Berufsverbände, 2008, S. 10 ff.

[32] S. bei *Kühner,* Die Steuerbefreiung der Berufsverbände, 2008, S. 11.

[33] *Kühner,* Die Steuerbefreiung der Berufsverbände, 2008, S. 13.

[34] BFHE 56, 572; s. dazu auch *Eggers* DStR 2007, 461; *Kühner,* Die Steuerbefreiung der Berufsverbände, 2008, S. 13 f.

[35] *Eggers* DStR 2007, 461.

richtet, scheidet eine Qualifikation als Berufsverband aus.[36] Die Übergänge von allgemeinen Belangen und Sonderbelangen Einzelner sind freilich in beide Richtungen fließend, weshalb auch in der Steuerpraxis – soweit ersichtlich – in dieser Frage eher großzügig zugunsten eines Berufsverbands als zu restriktiv entschieden wird.

11   Berufs- und Wirtschaftsverbände sind dagegen – und das ist eine weitverbreitete Fehlannahme – **keine gemeinnützigen Vereine** iSd §§ 52 ff. AO. Denn Voraussetzung für die Anerkennung der Gemeinnützigkeit ist die satzungsmäßige und tatsächliche Verfolgung eines der anerkannten, in dem grds. abschließenden Katalog des § 52 Abs. 2 AO näher aufgeführten förderwürdigen Zwecke. Insbes. ist die **Verfolgung politischer Zwecke** durch die Einflussnahme auf den politischen Willensbildungsprozess kein anerkannter gemeinnütziger Zweck, mag dadurch auch das „demokratische Staatswesen" iSd § 51 Abs. 2 Nr. 24 HS 1 AO allgemein gefördert werden.[37] Die Nichtanerkennungsfähigkeit folgt aus dem zweiten Hs. der Nr. 24, der insoweit klarstellt, dass „hierzu [...] Bestrebungen [nicht gehören], die nur bestimmte Einzelinteressen staatsbürgerlicher Art verfolgen oder die auf den kommunalpolitischen Bereich beschränkt sind". Dies trifft aber bei den hier zu besprechenden Berufs- und Wirtschaftsverbänden regelmäßig zu. Die **nur reflexartige Förderung des demokratischen Staatswesens** durch die Teilnahme am politischen Wettstreit genügt indessen nicht.[38] Dies gilt gleichermaßen für andere anerkannte Zwecke wie bspw. die Förderung von Wissenschaft und Forschung (§ 52 Abs. 2 Nr. 1 AO), die lediglich „mitverfolgt" werden. Die Qualifikation eines Verbands als „Berufsverband" schließt daher die Klassifizierung desselben Verbands als gemeinnützige Körperschaft regelmäßig aus.

III. Fokus: Wirtschaftsverbände im engeren Sinn

12   Entsprechend der Historie zur Steuerbefreiung von Berufs- und Wirtschaftsverbänden (→ Rn. 9 f.) liegt der Schwerpunkt der Berufsverbände in der Wahrnehmung der beruflichen sowie der gesellschafts- und sozialpolitischen Interessen ihrer Mitglieder, während die Wirtschaftsverbände va die wirtschaftlichen und unternehmerischen Interessen ihrer einer bestimmten Wirtschafts- oder Unternehmensbranche zugehörigen Mitgliedsunternehmen wahrnehmen. Von diesen **Wirtschaftsverbänden ieS** (für Beispiel Fn. 1) soll es im Weiteren handeln.

13   **Mischformen** wie bspw. **Arbeitgeberverbände,** die in erster Linie tarif- und arbeitsrechtliche Funktionen ausüben, insbes. auf Bundesebene aber gleichfalls wirtschaftspolitische Zwecke verfolgen[39], sind ebenfalls mit einbezogen, soweit sich ihre Tätigkeit mit der der Wirtschaftsverbände ieS deckt.

14   Von den Wirtschaftsverbänden zu trennen sind dagegen die sog **„Großvereine",** die nicht die beruflichen oder wirtschaftlichen Interessen ihrer Mitglieder, sondern andere Zwecke verfolgen, die weder nach § 5 Abs. 1 Nr. 5 noch nach Nr. 9 (Gemeinnützigkeit) KStG steuerbegünstigt sind. Zu denken ist bspw. an den **ADAC eV,** dessen Vereinszweck in erster Linie die Wahrnehmung und Förderung der Interessen des Kraftfahrwesens, des Motorsports und des Tourismus ist.[40] Ausgelöst durch ihre Mitglieder- und Finanzstärke[41] steht im Fokus dieser Vereine die Frage, inwieweit ihre auch nur mittelbare

---

[36] *Eggers* DStR 2007, 461 (462).
[37] S. eingehend *Hüttemann* Rn. 3.51 ff., mwN ua zu BFH NJW 1985, 454.
[38] Vgl. *Kühner,* Die Steuerbefreiung der Berufsverbände, 2008, S. 5.
[39] Vgl. etwa die Aufgabenbeschreibung des Bundesarbeitgeberverbands Chemie (BAVC, abrufbar unter www.bavc.de) sowie der Bundesvereinigung der Deutschen Arbeitgeberverbände (BDA, abrufbar unter www.arbeitgeber.de) über uns/unser Auftrag).
[40] S. § 2 Abs. 1 S. 1 ADAC-Satzung, Stand: August 2016.
[41] Laut Geschäftsbericht hatte der ADAC eV zum 31.12.2015 über 19 Mio. Mitglieder und ein Gesamtbeitragsaufkommen von 1,17 Mrd. EUR. Er unterhielt 46 unmittelbare und mittelbare Tochter- und Beteiligungsgesellschaften, die gemeinsam mit dem Verein und seinen Regionalclubs rund 9.200 Mitarbeiter beschäftigen. Der konzernweite Umsatz belief sich auf über 1,1 Mrd. EUR. Zur neuen Drei-Säulen-

Beteiligung am Wirtschaftsleben durch eigenständige Tochterkapitalgesellschaften noch die Voraussetzung eines nicht wirtschaftlichen Idealvereins erfüllt.[42] Mit solchen „marktnahen Vereinskonzernen" sind Wirtschaftsverbände schon aufgrund ihrer andersartigen Struktur und ihres ideellen Tätigkeitsschwerpunkts nicht vergleichbar.

C. Aufgaben und Funktionen von Wirtschaftsverbänden

I. Interessenvertretung gegenüber der Politik und der Verwaltung

Zu den Kernaufgaben von Wirtschaftsverbänden gehört die Vertretung der wirtschaftlichen Interessen ihrer Mitgliedsunternehmen gegenüber der Politik (→ Rn. 1) und der Verwaltung. **„Politik"** ist dabei weit zu verstehen und umfasst nicht nur den Kontakt zur Legislative, also auf Bundesebene den Bundestagsabgeordneten, sondern auch zu den der Exekutive zuzuordnenden jeweiligen Ministerien, die den Gesetzgebungsprozess ebenfalls, insbes. mit ersten Gesetzesentwürfen für die Bundesregierung vorbereiten und begleiten.[43]   **15**

Die Interessenvertretung umfasst zudem den Austausch mit den **Behörden,** die auf   **16** unterschiedlichen Verwaltungsebenen insbes. als Genehmigungs- und Aufsichtsbehörden für die Gesetzesanwendung zuständig sind. Zu denken ist bspw. an die Bundesanstalt für Finanzdienstleistungsaufsicht (BaFin), die durch Leitfäden und Merkblätter die rechtlichen Rahmenbedingungen für kapitalmarktorientierte sowie für Unternehmen der Banken- und Versicherungsbranche konkretisiert. Der über die jeweiligen Branchenverbände gebündelte Praxisaustausch mit der Aufsicht dient nicht zuletzt dem besseren gegenseitigen Verständnis und kann damit ein wichtiger Beitrag zur weiteren Optimierung der wirtschaftlichen Rahmenbedingungen für die Mitgliedsunternehmen sein.

1. Gesetzgebungsverfahren und Einflussnahmemöglichkeiten

a) Interessenvertretung auf Bundesebene. Wirtschaftsverbänden stehen zwar von Ver-   **17** fassung wegen keine eigenen Beteiligungsrechte am deutschen Gesetzgebungsverfahren zu. Die **Gemeinsame Geschäftsordnung der Bundesministerien** sieht jedoch in § 47 Abs. 1 iVm Abs. 3 ausdrücklich „eine rechtzeitige Beteiligung von Zentral- und Gesamtverbänden sowie von Fachkreisen" an Entwürfen einer Gesetzesvorlage vor. Die Teilnahme von Verbänden am politischen Gesetzgebungsprozess beginnt damit spätestens mit der Aufforderung des federführenden Ministeriums an die betroffenen Verbände, Stellung zu einem **Referentenentwurf** zu nehmen.

Hat sich nach dieser ersten Verfahrensrunde das Bundeskabinett mit dem Dossier be-   **18** fasst und einen sog. **Regierungsentwurf** verabschiedet, verlässt der Gesetzesvorschlag die Ministerialebene und wird zur weiteren Behandlung in den Deutschen Bundestag eingebracht, womit das ordentliche Gesetzgebungsverfahren in Gang gesetzt wird.[44] In diesem Verfahrensabschnitt erfolgt die Interessenvertretung regelmäßig gegenüber den Mitgliedern der federführenden **Bundestagsausschüsse,** die durch ihre Empfehlungen noch spürbare Änderungen am Regierungsentwurf herbeiführen können. Ein wichtiges Präsentationsforum bilden dabei die **Anhörungen** der Bundestagsausschüsse, zu denen möglichst alle von der zu regelnden Gesetzesmaterie betroffenen Stakeholder, darunter

---

Struktur des Clubs s. S. 3 des Geschäftsberichts (abrufbar unter www.adac.de, dort unter „Wir über uns"); zur ADAC-Compliance s. das Interview mit *Monika Hornik* Comply 4/2016, 24.

[42] S. dazu *Beuthien* NZG 2015, 449; *Leuschner* ZIP 2015, 356; *Papier*, FAZ v. 6.4.2016, S. 16.

[43] Je nach Gliederungstiefe des Verbands oder Interessensschwerpunkt erfolgt die politische Interessenvertretung auch auf kommunaler Ebene, die hier jedoch nicht weiter vertieft wird.

[44] Für eine Übersicht zum Gesetzgebungsverfahren s. die Übersicht des Bundesministeriums des Innern, abrufbar unter: www.bmi.bund.de/DE/Themen/Gesellschaft-Verfassung/Gesetzgebung/gesetzgebung.html (zuletzt abgerufen am 8.1.2017).

auch Wirtschaftsverbände, als „Sachverständige, Interessenvertreter ua [...] Auskunftspersonen" eingeladen werden.[45] Die Auswahl der Sachverständigen liegt im Ermessen des federführenden Bundestagsausschusses. Im Vorfeld solcher Anhörungen finden oftmals **Einzelgespräche** oder **fraktionsinterne Fachgespräche** zwischen Interessenvertretern und den von den Ausschüssen benannten Berichterstattern (vgl. § 65 GO-BT) statt.

19   Der **Bundesrat** hat schließlich die Möglichkeit, entweder im Fall von Zustimmungsgesetzen sein Veto zu erteilen oder in anderen Fällen durch die Einberufung des Vermittlungsausschusses ein Gesetzesvorhaben im Einzelfall noch in die sog Diskontinuität zu treiben.[46] Je nach Verteilung der politischen Führung in den Bundesländern ist daher auch der Bundesrat ein wichtiger Ansprechpartner, um seine Argumente für oder gegen einen Gesetzesvorschlag in den politischen Entscheidungsprozess zu tragen.

20   **b) Interessenvertretung auf europäischer Ebene.** Auf europäischer Ebene findet je nach Verfahrensstand die Interessenvertretung zum einen gegenüber der **EU-Kommission**, insbes. durch die Teilnahme an öffentlichen Konsultationen zu Gesetzesvorschlägen der EU-Kommission statt. Bevor ein Legislativvorhaben durch die zuständige Generaldirektion als federführende Fachabteilung innerhalb der EU-Kommission auf den Weg gebracht wird, werden idR erste Ideen und Lösungsalternativen bspw. in Form von sog **Grün-**[47] und **Weißbüchern**[48] seitens der EU-Kommission mitgeteilt. Damit besteht für Wirtschaftsverbände bereits auf der Ebene dieser Vorstufen zum eigentlichen Legislativvorhaben die Möglichkeit, sich aktiv in den politischen Meinungsbildungsprozess mit einzubringen. Gleiches gilt im Fall von sog **Aktionsplänen**[49] oder **Aktionsprogrammen**, die häufig im Nachgang zu den sog Grün- und Weißbüchern veröffentlicht werden und in Form eines Maßnahmenkatalogs den oftmals über mehrere Jahre angelegten strategischen Rahmen skizzieren. Da sich die Kommission schon aus zeitlichen Gründen nicht mit den verschiedensten Verbänden aus 28 Mitgliedstaaten befassen kann, sucht sie bevorzugt den Kontakt zu den jeweiligen europäischen Spitzenverbänden einer Branche. Für eine effektive Interessenvertretung auf EU-Ebene spielt daher die Erarbeitung einer einheitlichen europäischen Branchenposition eine bedeutende Rolle.

21   Zum anderen werden Argumente mit den für das Dossier zuständigen Ausschüssen des **EU-Parlaments** ausgetauscht, die zur Vorbereitung auf den Plenumsbeschluss in Form eines Berichts zum Kommissionsvorschlag Stellung nehmen und Änderungsvorschläge einbringen können. Parallel hierzu wird das Gespräch mit den ständigen Vertretern im **Rat** gesucht, die ihrerseits im Austausch mit den zuständigen deutschen Ministerien stehen, in denen die Abstimmungsentscheidungen der Bundesregierung vorbereitet werden. Während des gesamten Gesetzgebungsverfahrens arbeiten alle drei EU-Organe in sog **Trilogverhandlungen** an einem Kompromiss, der den unterschiedlichen Interessenlagen und politischen Gegebenheiten möglichst gerecht wird. Eine effektive Interessenvertretung macht es daher erforderlich, alle drei Institutionen gleichermaßen von den eigenen

---

[45] § 70 Abs. 1 Geschäftsordnung des Deutschen Bundestags und Geschäftsordnung des Vermittlungsausschusses (GO-BT).

[46] So etwa geschehen im Fall des Gesetzes zur Verbesserung der Kontrolle der Vorstandsvergütung und zur Änderung weiterer aktienrechtlicher Vorschriften (VorstKoG) idF der Beschlussempfehlung des Bundestagsrechtsausschusses vom 26.6.2013, BT-Drs. 17/14214 VorstaG. Zum Gesetzgebungsverfahren s. *Seibert* BOARD 2013, 139; *Harbarth/Freiherr von Plettenberg* AG 2016, 145.

[47] Beispiel für ein Grünbuch: „Grünbuch Europäischer Corporate Governance Rahmen" – KOM(2011) 164 vom 5.4.2011.

[48] Beispiel für ein Weißbuch: „Anpassung an den Klimawandel: Ein europäischer Aktionsrahmen" – KOM (2009) 147 vom 1.4.2009.

[49] Beispiel für einen Aktionsplan: „Aktionsplan: Europäisches Gesellschaftsrecht und Corporate Governance – ein moderner Rechtsrahmen für engagiertere Aktionäre und besser überlebensfähige Unternehmen" – COM(2012) 740 vom 12.12.2012.

Vorschlägen und Argumenten zum jeweils maßgeblichen Zeitpunkt des Gesetzgebungsverfahrens zu überzeugen.[50]

2. Nur rudimentäre Regulierung der Interessenvertretung

Die Lobbytätigkeit sowohl von Wirtschaftsverbänden als auch von anderen Interessenver- **22**
tretern ist außerhalb des strafbaren Bereichs der Mandats- und Amtsträgerkorruption allenfalls rudimentär reglementiert. Auf **Bundesebene** findet sich lediglich in **Anlage 2
zur GO-BT** der Hinweis, dass eine Anhörung eines Verbandsvertreters nur stattfindet
und Hausausweise für Interessenvertreter nur ausgestellt werden, wenn der Verband in der
Lobbyliste des Bundestags (Fn. 6) eingetragen ist. Allerdings besteht keine Pflicht von
Verbänden zur Eintragung in die Lobbyliste und wird die Anhörung in der politischen
Praxis – wohl auch aus verfassungsrechtlichen Gründen wegen eines möglichen Eingriffs
in die Vereinigungsfreiheit nach Art. 9 GG – ebenso nicht eingetragenen Verbänden ermöglicht.[51] Ähnlich flexibel wird es mit der Ausstellung von Hausausweisen gehalten, die
den Inhabern den Zutritt zu den Bundestags- und Abgeordnetenräumen ermöglichen.[52]
Ein Verhaltenskodex für Interessenvertreter ist auf nationaler Ebene ebenfalls nicht vorgesehen.

Eine „effektivere Stufe der Regulierung"[53] ist demgegenüber mit dem gemeinsamen **23**
Transparenzregister der EU-Kommission und des EU-Parlaments (**EU-Transparenzregister** Fn. 7) verbunden. Danach sind die dort Eingetragenen nicht nur zur Einhaltung
eines **Verhaltenskodex für Interessenvertreter** verpflichtet, sie erklären sich vielmehr
auch bereit, die im Fall von Kodexverstößen vorgesehenen **Sanktionen** zu akzeptieren.[54]
Bei wiederholten und vorsätzlichen oder schwerwiegenden Verstößen gegen den Verhaltenskodex drohen als Ultima Ratio der Ausschluss aus dem Register für zwei Jahre und
der formelle Entzug der Zugangsberechtigung zu den Gebäuden des EU-Parlaments,
worüber im Register zudem informiert wird.[55]

3. Die mit der Interessenvertretung verbundene Compliance-Verantwortung

Die mit der nur rudimentären Regulierung verbundene Flexibilität der Interessenvertre- **24**
tung begründet bei Wirtschaftsverbänden eine besondere **Compliance-Verantwortung
im Umgang mit Gesetzgebungsorganen** und ihnen nahestehenden Institutionen der
Exekutive. Dies gilt umso mehr, als dass die Lobbytätigkeit seit jeher „unter dem Generalverdacht unfairer Beeinflussung der Entscheidungsträger in Politik und Verwaltung
steht".[56] Konkret lassen sich aus dieser Verantwortung zwei Compliance-Pflichten für
Wirtschaftsverbände, eine „weiche" und eine „harte", ableiten:

---

[50] Für eine Übersicht zum EU-Gesetzgebungsverfahren s. unter: http://www.europarl.de/de/europa_und_sie/
das_ep/gesetzgebungverfahren.html;jsessionid=3DEA962BEA611B97DDCC77757FF7B9B3 (zuletzt abgerufen am 4.4.2016).
[51] Vgl. *Gerig/Ritz* EuZW 2014, 853.
[52] Zuletzt hatte insbes. die Ausstellung von Hausausweisen an einzelne Wirtschaftsunternehmen zur Diskussion und dem Vorschlag geführt, Ausweise nur noch an Verbände auszustellen, die im Lobbyregister des
Deutschen Bundestags registriert sind; s. *Kröter*, Weniger Lobbyisten im Bundestag – Wirtschaftsunternehmen sollen keine Dauerausweise mehr bekommen, Frankfurter Rundschau v. 17.2.2016, S. 7; *Müller-Neuhof*, Lammert will weniger Lobbyisten – Firmen bleiben ohne Ausweis für den Bundestag, Tagesspiegel
am Sonntag v. 14.2.2016, S. 1; *Müller-Neuhof*, Lammert deckelt Lobbylisten im Bundestag, Der Tagesspiegel v. 10.5.2016, S. 13.
[53] *Gerig/Ritz* EuZW 2014, 853 (856).
[54] S. IV. Nr. 21 vorletzter Spiegelstrich der Interinstitutionellen Vereinbarung des Europäischen Parlaments
und der Kommission v. 19.9.2014, ABl. Nr. L 227/11, 14.
[55] S. bei VII. Nr. 34 iVm Nr. 4 der Tabelle zu Anhang IV der Interinstitutionellen Vereinbarung des Europäischen Parlaments und der Kommission v. 19.9.2014, ABl. Nr. L 227/11, 15 und 24; für Einzelheiten
zum Verfahren s. bei *Gerig/Tsesis* CCZ 2015, 268 (270).
[56] *Kopp* CCZ 2013, 67.

25 Die **„weiche" Compliance-Pflicht** betrifft den fairen Wettstreit im politischen Meinungsbildungsprozess und die Einhaltung der mit ihm verbundenen demokratischen Spielregeln. Zur Wahrung der demokratischen Grundordnung sind Wirtschaftsverbände angehalten, ihr Handeln an den Prinzipien der **Transparenz** und der Wahrhaftigkeit sowie an Respekt, Integrität und Diskretion auszurichten. Vorgaben insbes. zur Offenlegung der Interessenvertretung gegenüber den Gesetzgebungsorganen sowie zur Wahrhaftigkeit bereitgestellter Informationen enthalten bspw. der EU-Verhaltenskodex für Interessenvertreter (Fn. 7) und der Verhaltenskodex der Deutschen Gesellschaft für Politikberatung (DeGePol eV),[57] die als Vorbilder für die eigene Lobbyarbeit dienen können. Hier gilt es, die richtige Balance zwischen einer immer stärker eingeforderten Transparenz der Lobbytätigkeit und der ebenso notwendigen Diskretion und Vertraulichkeit im Umgang mit Vertretern der Politik zu finden.

26 Zu den **„harten" Compliance-Pflichten** gehört die Einhaltung der strafrechtlichen Grenzen der **Mandats- und Amtsträgerkorruption** (§ 108e und §§ 331 ff. StGB), die dem Schutz der freien Mandatsausübung und der objektiven Amtsausübung dienen. Zuwendungen in Form von Gastgeschenken, Bewirtungen, Veranstaltungseinladungen, Honorarzahlungen usw dürfen nur iRd Sozialadäquaten erfolgen.[58] Dabei sind auch die jeweiligen internen Richtlinien des Empfängers zu berücksichtigen.[59]

II. Meinungsbildung und Interessenkoordination innerhalb der Mitgliedschaft

27 Die Interessenvertretung der Wirtschaftsverbände beginnt mit der verbandsinternen Meinungsbildung. Aus **formeller Compliance-Sicht** gilt es dabei, va die zur Meinungsbildung vorgesehenen satzungsmäßigen Zuständigkeiten und Verfahren einzuhalten. Die hierbei zu beachtenden Merkposten sind vielfältig: War das richtige Vereinsorgan mit der Sache befasst? Wurde das einschlägige Verfahren ordnungsgemäß durchgeführt? Wurden die Fristen gewahrt? Wurde die Beschlussfähigkeit festgestellt? Wurden Stimmverbote beachtet usw?

28 Zur Herausforderung wird die Interessenkoordination dann, wenn hins. der „richtigen" Verbandsposition **unter den Mitgliedern keine Einigkeit** besteht. Das ist keine Seltenheit. Zu denken ist bspw. an ordnungspolitische Maßnahmen, denen als notwendige Kehrseite zum Schutz der begünstigten Zielgruppe regelmäßig auch eine Lastenträgerseite gegenübersteht, die einen Eingriff in den Markt und damit in ihre Marktposition hinnehmen muss. Wer bspw. Zielgesellschaften besser vor „feindlichen" Übernahmen schützen will, verlangt Zugeständnisse von solchen Mitgliedsunternehmen, die sich möglichst offene Märkte und kostengünstige Übernahmen wünschen. Ähnliche Beispiele finden sich im Steuer- und Energierecht, wenn es um die Frage geht, ob und, wenn ja, welche im Verband betroffenen Mitgliedergruppen gesetzliche Begünstigungen und Privilegien erhalten sollten und welche nicht.

29 Über die og „formellen" Compliance-Aspekte (→ Rn. 27) hinaus gibt es für die **inhaltliche Konfliktlösung** idR keine bestimmten Compliance-Vorgaben. Der Umgang mit widerstreitenden Interessen ist vielmehr ein allgemeines „Governance"-Problem, bei dem sich die Verbandsleitung an den drei Grundpflichten der **Sorgfaltspflicht,** der **Legalitätspflicht** und der **Treuepflicht** zu orientieren hat. Diese Pflichtentrias gilt nicht nur für die (fakultative) Verbandsgeschäftsführung unterhalb des gesetzlichen Vorstands (§ 26 BGB), sondern sie gilt in erster Linie für die gesetzlichen Vorstandsmitglieder, die regelmäßig aus den Mitgliedsunternehmen kommen, als Verbandsorgane aber keine Sonderinteressen zu Lasten der übrigen Mitglieder durchsetzen dürfen.

---

[57] Abrufbar unter: http://www.degepol.de/verhaltenskodex (zuletzt abgerufen am 8.1.2017).
[58] Für Einzelheiten → § 7 Rn 237.
[59] S. bei Hauschka Corporate Compliance/*Brouwer* § 59 Rn. 90 ff. sowie → § 7 Rn. 239.

Dr. Brouwer

In der Verbandspraxis hat die immer komplexere und ausdifferenziertere Interessen- und 30
Gesetzeslage nicht selten zur Folge, dass sich gerade auch große Wirtschaftsverbände aufgrund ihrer heterogenen Mitgliedschaft bezogen auf die Unternehmensgröße (Mittelstand vs. Großkonzerne), der Inhaberschaft (inhaber- bzw. familiengeführte vs. kapitalmarktorientierte Unternehmen mit Streubesitz oder institutionellen Großaktionären), der Marktmacht usw zu wichtigen politischen Kernthemen nicht bzw. nicht deutlich genug positionieren können. Dabei wird es auch Aufgabe der Compliance sein, nach vereinsrechtlichen Konfliktlösungen zu suchen oder im Einzelfall einer unzulässigen Verfolgung von Sonderinteressen entgegenzuwirken.

III. Stimme der Branche gegenüber der Öffentlichkeit und den Medien

Als Vertreter einer Wirtschafts- oder Unternehmensbranche sind Wirtschaftsverbände zen- 31
trale Ansprechpartner für die Öffentlichkeit und die Medien. In Presseerklärungen und -konferenzen, in Publikationen oder in Einzelanfragen informieren sie über die aktuelle Branchenbilanz, geben Einblicke in die Marktentwicklung und treffen Marktprognosen, erläutern aktuelle politische Herausforderungen der Branche und sind Anlaufstelle für kritische Fragen etwa bei Unfällen oder Compliance-Vorfällen in der Verbandsmitgliedschaft.

In dieser Funktion haben Wirtschaftsverbände eine Vielzahl unterschiedlicher Compli- 32
ance-Regeln zu beachten. Schon aus Reputationsgründen sind sie zunächst auf eine **professionelle Kommunikation** angewiesen, die gewährleistet, dass die Informationen gegenüber interessierten Dritten vollständig, richtig, rechtzeitig, verständlich und nicht irreführend sind und die Auskünfte rechtzeitig erteilt werden. Geht es um die Herausgabe angefragter personenbezogener oder unternehmenssensibler Daten, sind das **Datenschutzrecht** sowie der Umgang mit Geschäftsgeheimnissen der Mitgliedsunternehmen zu beachten. Beim Internetauftritt ist das **„Social-Media-Recht"** einzuhalten (s. dazu und zum Datenschutz → § 11 Rn. 82 ff.). Publikationen müssen urheberrechtskonform[60] sein usw.

Insbes. bei Marktanalysen und Marktprognosen muss ein Wirtschaftsverband die Gren- 33
zen des **Kartellrechts** beherrschen und darf sich von seinen Mitgliedern nicht als „mittelbarer Kartelltäter" gebrauchen lassen. Kritisch sind bspw. Verbandsempfehlungen, die geeignet sind, bei den Verbandsmitgliedern ein abgestimmtes Marktverhalten auszulösen (zB Pressemitteilung zu erwarteten Preiserhöhungen)[61]. Gleiches gilt für Boykottaufrufe, die nach § 21 GWB verboten sind (zB Aufforderung zu Liefer- oder Bezugssperren;[62] für Einzelheiten → § 5 Rn. 43). Wegen der zentralen Bedeutung einer professionellen Pressearbeit für Wirtschaftsverbände ist daher eine Risikoanalyse zur Vermeidung von Reputationsschäden in diesem Bereich eine wesentliche Compliance-Aufgabe.

IV. Wirtschaftsverbände als Dienstleister für ihre Mitglieder

Über die Interessenvertretung hinaus bieten Wirtschaftsverbände ihren Mitgliedsunter- 34
nehmen zahlreiche Service-Angebote in den unterschiedlichsten Bereichen. Zu den typischen Dienstleistungen zählen die folgenden, mit denen jeweils auch bereichstypische Compliance-Risiken verbunden sind. Die Übersicht zeigt, dass va das Verbandskartell-

---

[60] Zu typischen Urheberrechtsfragen in der Verbandsarbeit s. Hauschka Corporate Compliance/*Brouwer* § 59 Rn. 132 ff.

[61] Vgl. BKartA Fallbericht B11–19/08 v. 6.8.2010, S. 3 (Deutscher Kaffeeverband eV: Unterstützung einer vorausgegangenen Preisabsprache durch eine Pressemitteilung zu erwarteten Preiserhöhungen im Außer-Haus-Bereich).

[62] Vgl. BKartA Beschl. B2–100/8 v. 12.11.2008 – Bundesverband Deutscher Milchviehbauer eV; zur Un-/ Zulässigkeit von „Abwehrkartellen" (organisierte Abwehr von kartellrechtswidrigen Verhalten anderer, zB eines marktmächtigen Abnehmers) s. *Köhler* WuW 2009, 258 (266 ff.)

recht in seinen unterschiedlichsten Facetten einen erheblichen Raum der Compliance-Aufgabe der Wirtschaftsverbände einnimmt.

1. Informationsversorgung der Mitglieder

35 Zu den wesentlichen Aufgaben der Wirtschaftsverbände gehört die Versorgung der Verbandsmitglieder mit Informationen. Die Informationsversorgung über verbandsinterne Rundschreiben, Newsletter oder die klassische Verbandszeitschrift umfasst bspw. die Entwicklung aktueller Gesetzesvorhaben, Verlautbarungen seitens der (Aufsichts-)Behörden, Hinweise auf aktuelle Rspr. sowie Entwicklungen in der Branche und der Wissenschaft.

36 Sollen Informationen über Verbandsinterna ausgetauscht werden etwa in Form von **Benchmarkings** (Leistungsvergleich), **Marktanalysen** oder Statistiken über Preise, Umsätze, Investitionen, Produktmengen, Auslastung von Anlagen usw, sind die kartellrechtlichen Grenzen einzuhalten. Solche Marktinformationsverfahren können zwar durchaus wettbewerbsfördernd sein (Effizienzanreize durch Transparenz). Sie können aber auch die Unsicherheit im Markt beseitigen und folglich unzulässig sein, wenn die zusammengetragenen Daten den Beteiligten Rückschlüsse auf das Marktverhalten ihrer Wettbewerber erlauben.[63] Marktinformationssysteme werden von den Kartellbehörden daher nicht mehr nur als ein typisches (Begleit-)Instrument zur Überwachung bereits erfolgter Kartellabsprachen betrachtet. Sie besitzen vielmehr selbständige Kartellrelevanz, wie Untersuchungen des Bundeskartellamts etwa in den Fällen „Luxuskosmetik"[64] oder „Rohmilch"[65] belegen[66]. Die Verbandsleitung hat somit sicherzustellen, dass es sich bei ihren Datenaustauschverfahren um **nichtidentifizierbare Verfahren** handelt (für Einzelheiten → § 5 Rn. 77 ff.).

37 Zur Informationsversorgung und Weiterbildung der Mitgliedsunternehmen und ihrer Mitarbeiter bieten Wirtschaftsverbände auch **Informations- und Fortbildungsveranstaltungen** an. Je nach Veranstaltungsformat und Teilnehmerkreis (zB Mandats- oder Amtsträger) ist zum einen auf den korrekten Umgang mit Zuwendungen anlässlich der Veranstaltung wie die Bewirtung, Honorarzahlungen, Gastgeschenke oder ein Begleitprogramm zu achten. Die Fragestellungen sind hier komplex, da **verschiedene Rechtsmaterien** (Korruptionsstrafrecht einerseits, Steuerrecht andererseits) aus unterschiedlichen Blickwinkeln (Verband/Mitarbeiter/Dritter als Zuwendungsgeber bzw. Zuwendungsempfänger) zu bedenken sind. Zum anderen können sich unter den Begriffen „**verdeckte Gewinnausschüttung**" und „**unechte Mitgliedsbeiträge**" Steuerrisiken für den Verband ergeben, wenn etwa eine Fortbildungsveranstaltung den Mitgliedern zu vergünstigten, kostendeckenden Preisen, Verbandsfremden jedoch zu marktüblichen Preisen angeboten wird (s. dazu → § 10 Rn. 25).

2. Austauschforum für Mitglieder

38 Eine weitere wesentliche Funktion der Wirtschaftsverbände ist die Organisation von Plattformen zum gegenseitigen Praxis- und Informationsaustausch zwischen den Mitgliedsunternehmen. Solche Austauschforen können mit besonderen kartellrechtlichen Risiken sowohl für den Verband als auch die Mitgliedsunternehmen verbunden sein, weil die Mitgliedsunternehmen idR miteinander im Wettbewerb stehen. Seit dem Fall AC-Treuhand steht fest, dass auch das bloße **Forumbieten** zu Kartellabsprachen als Beihilfe

---

[63] S. Rn. 78 a. E. der Leitlinien zur Anwendbarkeit von Artikel 101 des Vertrags über die Arbeitsweise der Europäischen Union auf Vereinbarungen über horizontale Zusammenarbeit (2011/C 11/01) – EU-Horizontalleitlinien; *Pischel/Hausner* EuZW 2013, 498 (500); *Stancke* BB 2009, 912 (914); *Karenfort* WuW 2008, 1154 (1155); *Schroeder* WuW 2009, 718.

[64] BKartA Pressemeldung v. 10.7.2008 sowie Fallbericht B11–24/05 v. 16.9.2014.

[65] BKartA Fallbericht B2–118/10 vom 29.6.2011 („Milchpreisspiegel").

[66] Vgl. *Stancke* BB 2009, 912; *Möhlemkamp* WuW 2008, 428 (433) mwN aus Frankreich und Italien in Fn. 29.

zu einem Kartell für den Verband bußgeldbewehrt sein kann.[67] Zwischen konkurrierenden Unternehmen dürfen daher keine strategischen Informationen (Preise, Rabatte, Produktionsmengen, Lagerbestände usw)[68] ausgetauscht oder Vereinbarungen darüber getroffen werden. Für **Verbandssitzungen** sollten daher **Dos und Don'ts** aufgestellt werden, über die sowohl die Verbandsmitarbeiter als auch die Gremienmitglieder hinreichend sensibilisiert sein sollten.[69]

3. Rechtsberatung

Nach **§ 7 Abs. 1 S. 1 RDG** dürfen auch Wirtschaftsverbände außergerichtliche Rechts- 39 dienstleistungen für ihre Verbandsmitglieder oder für die Mitglieder der ihnen angehörenden Vereinigungen oder Einrichtungen erbringen, wenn dies „im Rahmen ihres satzungsmäßigen Aufgabenbereichs" vorgesehen ist und „soweit sie [die Rechtsdienstleistungen] gegenüber der Erfüllung ihrer übrigen satzungsmäßigen Aufgaben nicht von übergeordneter Bedeutung sind". Unter Rechtsdienstleistung versteht das Gesetz „jede Tätigkeit in konkreten fremden Angelegenheiten, sobald sie eine rechtliche Prüfung des Einzelfalls erfordert" (§ 2 Abs. 1 RDG). In diesem Fall muss der Verband gem. § 7 Abs. 2 S. 1 RDG „über die zur sachgerechten Erbringung dieser Rechtsdienstleistungen erforderliche personelle, sachliche und finanzielle Ausstattung verfügen und sicherstellen, dass die Rechtsdienstleistung durch eine Person, der die entgeltliche Erbringung dieser Rechtsdienstleistung erlaubt ist, durch eine Person mit Befähigung zum Richteramt oder unter Anleitung einer solchen Person erfolgt".[70]

Anders als bei den **Arbeitgeberverbänden**, zu deren satzungsmäßigen Aufgaben idR 40 auch die Rechtsberatung und Prozessvertretung ihrer Mitgliedsunternehmen in arbeits- und sozialrechtlichen Fragestellungen gehört, bieten Wirtschaftsverbände ihren Mitgliedern eher selten einzelfallbezogene Rechtsdienstleistungen iSd RDG an.[71] Eine Erörterung von Rechtsproblemen etwa bei der Umsetzung neuer Gesetze oder Verwaltungsvorgaben erfolgt vielmehr auf abstrakter Ebene im Wege der allgemeinen Informationsversorgung per Rundschreiben, Newsletter usw. Dies schließt eine Auseinandersetzung auch mit sehr konkreten Rechtsfragen aus den Mitgliedsunternehmen nicht aus, die va in Diskussionsrunden in Arbeitsausschüssen stattfindet, die seitens der zuständigen Verbandsexperten vor-, auf- und nachbereitet werden. Einzelne Anfragen aus der Mitgliedschaft dienen dabei jedoch lediglich als Fallbeispiel dafür, sich mit der aufgeworfenen Rechtsthematik zu befassen. Die weitere Problembehandlung erfolgt indessen auf genereller Ebene losgelöst vom konkreten Einzelfall, so dass auch insoweit keine Rechtsdienstleistung iSd § 2 Abs. 1 RDG vorliegt.[72]

Für die vom RDG nicht erfasste Rechtsberatung in eigenen Angelegenheiten des Ver- 41 bands gilt es, das neue **Gesetz zur Neuordnung des Rechts der Syndikusanwälte**[73] zu beachten. Verbandsjuristen, die auch nach außen als Unternehmensanwalt auftreten wollen, bedürfen danach grundsätzlich einer Zulassung als Syndikusrechtsanwalt. Die ge-

---

[67] *EuG* EuR 2010, 206 – AC Treuhand; dazu *Weitbrecht/Baudenbacher* EuR 2010, 230; bestätigt durch EuGH GRUR Int. 2016, 73 mAnm *Pischel* CCZ 2016, 95 und *Slobodenjuk* GWR 2015, 480. Zu den Bußgeldfolgen einer widerspruchslosen Teilnahme an Zusammenkünften, bei denen wettbewerbswidrige Vereinbarungen getroffen wurden, s. jüngst EuGH EuZW 2016, 354 – Toshiba Corporation.

[68] Vgl. Rn. 86 EU-Horizontalleitlinien (Fn. 63).

[69] Für Einzelheiten → § 5 Rn. 66 ff. sowie Hauschka Corporate Compliance/*Brouwer* § 59 Rn. 76 ff.

[70] Zu den daraus folgenden Compliance-Anforderungen s. *Schmittlein*, Verbands-Compliance, 2015, S. 121 ff.

[71] Ein Beispiel für einen rechtsberatenden Wirtschaftsverband ist der Verband Deutscher Maschinen- und Anlagenbau (VDMA) eV, s. § 3 Abs. 2 S. 2 und § 5 Abs. 2 S. 2 VDMA-Satzung (Stand: 18.10.2013).

[72] Vgl. zur Abgrenzung zwischen abstrakter Erörterung von Rechtsfragen und einer Einzelfallberatung HK-RDG/*Krenzler*, 2010, § 2 Rn. 24 und 48 sowie HK-RDG/*Teubel*, 2010, § 2 Rn. 228 und 230.

[73] Gesetz zur Neuordnung des Rechts der Syndikusanwälte und zur Änderung der Finanzgerichtsordnung vom 21.12.2015, BGBl. 2015 I 2517; s. dazu *Henssler/Deckenbrock* DB 2016, 215; zur Frage der Zulassungspflicht für „Alt-Syndizi" mit gültigem Befreiungsbescheid s. *Henssler/Deckenbrock* NJW 2016, 1345; zur Frage der korrekten Berufsbezeichnung von anwaltlich tätigen Verbandsjuristen s. *Welter* Verbänderreport 5/2016, 38 (gültige Zulassung berechtigt zum Führen der Berufsbezeichnung „Rechtsanwalt").

setzlichen Zulassungskriterien dürften dabei regelmäßig auch von Verbandsjuristen erfüllt sein. Insbes. lässt sich unter die Merkmale der „Prüfung von Rechtsfragen" und „Erteilung von Rechtsrat" iSd § 46 Abs. 3 Nr. 1 und 2 BRAO nicht nur die Beratung der Vereinsorgane ieS etwa zu Compliance-Fragen oder in vereinsrechtlichen Angelegenheiten fassen. Miterfasst sind vielmehr auch die rechtliche Analyse und Bewertung von Gesetzen, Verordnungen, Verwaltungsvorschriften usw sowie deren rechtliche und tatsächliche Auswirkungen auf die betroffenen Mitgliedsunternehmen. Anwaltlich tätig sind daher nicht nur Verbandsjuristen der Rechts- oder Compliance-Abteilung, sondern auch die mit der Rechtsanalyse betrauten Juristen der jeweiligen Fachabteilungen eines Verbands (zB Ressort Umweltfragen). Inwieweit das Arbeitsverhältnis durch die anwaltliche Tätigkeit von Verbandsjuristen auch von der jeweils zuständigen Rechtsanwaltskammer und der zu beteiligenden Rentenversicherung als ausreichend „geprägt" angesehen wird, wird sich freilich erst im Laufe der Zulassungspraxis und der dazu erfolgten Rspr. zeigen. Eine andere Frage in diesem Zusammenhang ist, ob für die Verbandsleitung aus haftungsrechtlichen Gründen mit Blick auf die sog ISION-Rspr. des BGH[74] eine organisatorische Obliegenheit besteht, jedenfalls Verbandsjuristen der Rechts- oder Compliance-Abteilung als zugelassene Syndikusrechtsanwälte einzustellen.

4. Standardsetzung und Normung

42 Eine weitere Kernaufgabe vieler Wirtschaftsverbände ist die Mitwirkung an Normungen und Standardisierungen. Normungen von Stoffen, Produkten, Prozessen usw wirken sich regelmäßig kostenoptimierend und damit positiv auf die Wirtschaft aus. Sie können jedoch auch wettbewerbsbeschränkende Wirkung entfalten, wenn sie alternative Produkte und Verfahren usw verhindern (Innovationsbremse) oder betroffene Marktteilnehmer aus dem Markt drängen bzw. ihnen den Zugang zur Norm oder zum Markt etwa durch überhöhte Lizenzgebühren erschweren. Auch Normungsvereinbarungen sind daher auf ihre **kartellrechtliche Zulässigkeit** hin zu prüfen (für Einzelheiten → § 5 Rn. 94 ff.).

5. Organisation von Messen

43 Wirtschaftsverbände organisieren häufig für ihre Branche bzw. ihre Mitgliedsunternehmen Messen oder beteiligen sich selbst mit einem Stand an Messen anderer Organisationen. Aus Compliance-Sicht sind hierbei verschiedene Rechtsrisiken zu beachten, die sich allerdings nicht sehr von der Risikolage anderer Organisationen unterscheiden. So sind zB bereits bei der Auswahl des Veranstaltungsorts, des Caterers, des Begleitprogramms usw die **Schranken der Korruption** im geschäftlichen Verkehr (§ 299 StGB) zu beachten. Vorsicht ist bspw. bei Probeübernachtungsangeboten mit „Vollverpflegung" von Hotels geboten. Ist der Messebesuch kostenpflichtig und sind VIP-Freikarten insbes. für Amtsträger vorgesehen, sind die Zuwendungsgrenzen der Vorteilsgewährung (§ 333 StGB) einzuhalten und sollte das jeweils geltende interne Dienstrecht[75] beachtet werden. Hat sich der Verband auf besondere Nachhaltigkeitsregeln etwa für den Einkauf von Waren und Dienstleistungen verpflichtet, kann im Einzelfall auch ein Verstoß gegen das neue Geschäftsherrenmodell gem. § 299 Abs. 1 Nr. 2 StGB in Betracht kommen.

44 Soll mit einem kostenpflichtigen Verbandsstand ein Parteitag mitfinanziert werden, sind zudem die für steuerbefreite Berufsverbände geltenden Sonderregelungen für Zuwendun-

---

[74] BGH NJW-RR 2011, 1670 sowie (weiter konkretisierend) BGH NZG 2015, 792; dazu statt vieler: *Junker/Biederbick* AG 2012, 898; *Wagner* BB 2012, 651; *Klöhn* DB 2013, 1535; *Strohn* ZHR 176/2012, 137; *Krieger* ZGR 2012, 496; zur Übertragbarkeit der ISION-Rspr. auf Vereine und Stiftungen s. *Graewe/Freiherr von Harder* npoR 2016, 148.

[75] Eine beispielhafte Übersicht über die Zuwendungsgrenzen einzelner Ministerien und Behörden enthält der Fragen-/Antwortenkatalog zum Thema Annahme von Belohnungen, Geschenken und sonstigen Vorteilen (Zuwendungen) des Initiativkreises Korruptionsprävention Wirtschaft/Bundesverwaltung v. 9.12.2011, S. 15 f.; die Broschüre ist abrufbar auf der Website des BMI.

gen an politische Parteien nach § 5 Abs. 1 Nr. 5 S. 4 KStG zu beachten. Denn bei einem Verbandsstand kann es sich um eine mittelbare oder **verdeckte Parteispende** handeln, insbes. wenn die Verbandsleistung in keinem angemessenen Verhältnis zur Gegenleistung steht.[76]

In bestimmten Marktsegmenten können Verbände außerdem über eine **überlegene** 45 **Marktmacht** hins. der Durchführung von (exponierten) Verbandsmessen verfügen. Zu denken ist bspw. an die IAA, die alle zwei Jahre vom Verband der Automobilindustrie eV veranstaltet wird und zu den wohl wichtigsten Automessen der Branche zählt. In diesen Fällen müssen auch Verbände die Regeln für marktbeherrschende Unternehmen beachten (§ 19 GWB) und insbes. die Zulassungskriterien für die Teilnahme an ihren „Monopolveranstaltungen" objektiv und diskriminierungsfrei festlegen (für Einzelheiten → § 5 Rn. 30 ff. und 119 ff.).

6. Hilfestellungen im Geschäftsalltag

Schließlich bieten Wirtschaftsverbände ihren Mitgliedern auch ganz praktische Hilfestel 46 lungen für den Geschäftsalltag an. Zu denken ist bspw. an organisierte **Einkaufskooperationen**[77] oder an die brancheneigene Ausgleichsvereinigung zur Zahlung der **Künstlersozialabgabe** nach dem Künstlersozialversicherungsgesetz (KSVG).[78] Verbände stellen ihren Mitgliedern auch **Musterverträge** bereit, angefangen von AGBs für die unterschiedlichsten Geschäftsbereiche bis hin zu Vertragsbaukästen etwa zur Entschärfung des Problems der Unterwerfung unter fremde Lieferantenkodizes.[79]

V. Wirtschaftsverbände zur Wahrung der Branchendisziplin

Verbände unterstützen ihre Mitglieder regelmäßig bei der Entwicklung und Überwa 47 chung selbstverpflichtender Verhaltensstandards. Bindungsgrad und Durchsetzungskraft selbst auferlegter Normen und Kodizes variieren dabei stark:

Häufig handelt es sich bei solchen Branchenkodizes um **freiwillige Verhaltensrichtli** 48 **nien**, auf sich die Verbandsmitglieder aufgrund eines Mitgliederbeschlusses zwar verständigt haben, bei denen die konkrete Verpflichtung auf diesen Standard jedoch jedem einzelnen Mitglied durch einen gesonderten Erklärungs-/Unterzeichnungsakt überlassen bleibt. Beispiele für solche freiwilligen Branchenkodizes sind etwa der Code of Conduct zur gesellschaftlichen Verantwortung des Zentralverbands der Elektrotechnik- und Elektroindustrie eV (ZVEI)[80], der Code of Conduct Gesellschaftliche Verantwortung und zukunftsorientiertes Handeln des Verbands der Bahnindustrie in Deutschland eV (VDB)[81] oder die Nachhaltigkeitsinitiative „Chemie³"[82].

ZT ist die **Unterwerfung unter Branchenkodizes** aber auch unmittelbar mit der 49 Verbandsmitgliedschaft verknüpft. Beispiel hierfür ist der Verband „Freiwillige Selbstkontrolle der Arzneimittelindustrie eV (FS Arzneimittelindustrie)". Die Mitgliedsunternehmen verpflichten sich qua Vereinsbeitritt zur Beachtung sowohl der vom Verband aufgestellten Ethikregeln für die Zusammenarbeit der pharmazeutischen Industrie mit

---

[76] Für Einzelheiten → § 10 Rn. 47 ff. sowie Hauschka Corporate Compliance/*Brouwer* § 59 Rn. 113 f.
[77] Zu den kartellrechtlichen Schranken von Einkaufskooperationen → § 5 Rn. 110 ff.
[78] Für einen Überblick zu den Vorteilen solcher Ausgleichsvereinigungen s. *Michow* Verbändereport 1/2016, 44 ff.
[79] S. dazu *Brouwer/Schreiner* CCZ 2010, 228; *Hagel/Dahlendorf* CCZ 2014, 275; *Moosmayer/Moosmayer*, Compliance Praxisleitfaden, 3. Aufl. 2015, Rn. 254 ff.; *Teicke/Matthiesen* BB 2013, 771 (772); *Lackner* CB 2014, 248 (251).
[80] Abrufbar über die BDI-Website unter: http://bdi.eu/themenfelder/recht/compliance/#/artikel/news/bdi-modell-zur-anerkennung-fremder-lieferantenkodizes/ (zuletzt abgerufen am 9.1.2017).
[81] Abrufbar über die BDI-Website (Fn. 80); zum Bahnindustriekodex s. *Hagel/Dahlendorf* CCZ 2014, 275. Ein weiteres Beispiel ist die Compliance-Initiative des Bundesverbands Materialwirtschaft, Einkauf und Logistik eV, dazu *Schröder* CCZ 2013, 74.
[82] Abrufbar unter: www.chemiehoch3.de.

Institutionen oder Mitarbeitern des Gesundheitswesens und der Gesundheitspolitik als auch des verbandseigenen **Enforcement-Systems**.[83] Zur Durchsetzung der Ethikregeln dient eine eigene Schiedsstelle des FSA, die gemeldete Verstöße untersucht und in begründeten Fällen neben der Namensnennung des Unternehmens auch Geldstrafen von bis zu 400.000 EUR verhängen kann.[84] Als Kontrollinstanz für die Überwachung ethischen und transparenten Verhaltens in der Pharmabranche geht der FSA im Fall von Gesetzesverstößen auch gegen Nicht-Mitglieder zivilgerichtlich vor und agiert dabei als sog **Abmahnverein**.[85]

50   Als Teil der Eigendisziplinierung lässt sich auch die von Branchenverbänden ausgeübte Funktion als **Ombudsstelle** fassen, die es zur Aufgabe hat, Meinungsverschiedenheiten zwischen den Kunden und den am Ombudsverfahren teilnehmenden Verbandsmitgliedern kostensparend außergerichtlich zu lösen. Ein Beispiel hierfür ist das Ombudsverfahren des Bundesverbands deutscher Banken eV, der seit Beginn seines Beschwerdeverfahrens im Jahr 1992 über 200.000 Beschwerdeeingänge verzeichnet hat.[86]

51   Solche unverbindlichen wie verbindlichen Selbstverpflichtungen sind regelmäßig mit zwei Rechtsrisiken verbunden, die es vom Verband aus Compliance-Sicht in den Blick zu nehmen gilt: Zum einen ist in **kartellrechtlicher Hinsicht** zu berücksichtigen, dass Selbstverpflichtungen ein abgestimmtes Verhalten der Mitglieder im Markt bewirken können, das sich einschränkend auf den Wettbewerb auswirkt, oder dass durch die Selbstverpflichtung (indirekt) zum Boykott aufgerufen wird. Zu denken ist bspw. an die Verpflichtung, zugunsten der Umwelt oder des Verbraucherschutzes bestimmte Stoffe, Produkte oder Marktgewohnheiten nicht mehr zu verwenden bzw. nicht mehr anzuwenden. In diesen Fällen sind Selbstverpflichtungen ggf. nur dann erlaubt, wenn sie vom Kartellverbot freigestellt sind. Das setzt insbes. voraus, dass die Wettbewerbsbeschränkung zur Zielerreichung unerlässlich ist und die Verbraucher an den wirtschaftlichen oder technischen Vorteilen angemessen beteiligt sind (Art. 101 Abs. 3 AEUV bzw. § 2 GWB).[87] In Form von **Wettbewerbsregeln**[88] zur Förderung und Konkretisierung des lauteren Wettbewerbs einer bestimmten Branche können Selbstverpflichtungen von den Verbänden unter den Voraussetzungen des § 24 GWB der Kartellbehörde zur Anerkennung vorgelegt werden (für Einzelheiten → § 5 Rn. 103 ff.).

52   Zum anderen können sich Mitgliedsunternehmen, die sich ausdrücklich bzw. über ihre Verbandsmitgliedschaft auf bestimmte, vom Verband aufgestellte Verhaltenskodizes (§ 2 Abs. 1 Nr. 5 UWG) verpflichten und darauf auch im Rechtsverkehr (zB beim Webauftritt) hinweisen, sich jedoch nicht daran halten, gem. **§ 5 Abs. 1 Nr. 6 UWG** unlauter verhalten und sich dadurch der Gefahr einer Abmahnung aussetzen. Gleiches gilt für den Verband selbst, wenn auch er sich bestimmten freiwilligen Verhaltensregeln bspw. im Bereich der Nachhaltigkeit unterwirft. Diese Compliance-Risiken sind bei der Entwicklung und Nachhaltung selbstverpflichtender Branchenstandards zu berücksichtigen.

---

[83] Vgl. § 6 Abs. 1 lit. a FSA-Satzung idF v. 4.12.2014, abrufbar unter: www.fsa-pharma.de.

[84] Vgl. § 2 Abs. 1 aE FSA-Satzung idF v. 4.12.2014 sowie www.fsa-pharma.de/der-fsa/auf-einen-blick/ (zuletzt abgerufen am 4.4.2016).

[85] Vgl. § 2 Abs. 5 FSA-Satzung idF v. 4.12.2014.

[86] Vgl. Selbstdarstellungsbroschüre des Bundesverbands deutscher Banken eV, S. 21 (Fn. 12).

[87] Eine Übersicht entsprechender Selbstverpflichtungen enthält die Homepage des Bundesumweltministeriums, abrufbar unter: www.bmub.bund.de > Themen > Wirtschaft – Produkte – Ressourcen > Wirtschaft und Umwelt > Selbstverpflichtungen (zuletzt abgerufen am 9.1.2017).

[88] Vgl. zB die VDZ-Wettbewerbsregeln für den Vertrieb von abonnierbaren Publikumszeitschriften, abrufbar unter: www.vdz.de > Vertrieb; dazu OLG Hamburg Urt. v. 2.11.2005 – 5 U 44/05. Ein weiteres Beispiel ist der FSA-Transparenzkodex der Pharmaindustrie, der vom Bundeskartellamt mit Beschl. vom 22.5.2014 als Wettbewerbsregel anerkannt worden ist, s. unter: http://www.fsa-pharma.de/verhaltenskodizes/transparenzkodex/ (zuletzt abgerufen am 9.1.2017).

VI. Wirtschaftsverbände in staatlichen und halbstaatlichen Funktionen

Wirtschaftsverbände üben des Weiteren Funktionen in staatlichen und halbstaatlichen In- **53** stitutionen aus. Ein Beispiel hierfür ist die **Deutsche Akkreditierungsstelle (DAkkS).** Als vom Bund beliehene Stelle ist die DAkkS GmbH im öffentlichen Interesse für die Akkreditierung von Konformitätsbewertungsstellen wie Laboratorien, Inspektions- und Zertifizierungsstellen zuständig. Ihr gesetzlicher Auftrag ist es zu prüfen, ob die jeweiligen Prüfeinrichtungen ihre Aufgaben fachkundig und nach den geltenden Anforderungen erfüllen. Sie handelt dabei auf der Grundlage des Akkreditierungsstellengesetzes (AkkStelleG) und wendet bei ihrer hoheitlichen Tätigkeit das Verwaltungsrecht an. Gesellschafter der DAkkS GmbH sind zu je einem Drittel die Bundesrepublik Deutschland, die Bundesländer sowie mehrere Wirtschaftsverbände, die durch den BDI eV vertreten sind.[89] Sowohl über die Gesellschafterversammlung als auch über den spiegelbildlich besetzten Aufsichtsrat der DAkkS GmbH wirken Wirtschaftsverbände so an der staatlichen Akkreditierungtätigkeit mit und können dabei die Interessen auch ihrer betroffenen Mitgliedsunternehmen wahrnehmen.

Daneben wirken Wirtschaftsverbände freilich auch in **rein privaten Prüfinstitutio-** **54** **nen** mit. Beispiel hierfür ist die Deutsche Gesellschaft zur Zertifizierung von Managementsystemen (DQS). Fokus der **DQS GmbH** ist die Auditierung und Zertifizierung von Unternehmenssystemen und -prozessen. Die Begutachtungsleistungen erfolgen in nahezu allen Wirtschaftszweigen von der Automobilindustrie über die Lebensmittelindustrie bis hin zur Raumfahrt. Auch hier gehören der Muttergesellschaft, der DQS Holding GmbH, mehrere Spitzenverbände der deutschen Industrie an,[90] die sich auf Gesellschafterebene die Entscheidungsbefugnisse mit den weiteren Gesellschaftern teilen.[91]

Mit der Beteiligung an Überwachungs-, Prüf- und Zertifizierungsinstitutionen stellen **55** sich für Wirtschaftsverbände sowohl Compliance- als auch klassische **Governance-Fragen.** Vertreten bspw. einzelne Mitarbeiter den Wirtschaftsverband in der Gesellschafterversammlung oder im Aufsichtsrat der Beteiligungsgesellschaft, übernehmen die Mitarbeiter zT höchstpersönliche Mandate mit eigenen Rechten, Pflichten und Haftungsrisiken. Für den „entsendenden" Verband stellt sich damit die Frage nach seiner Fürsorgepflicht etwa bei der Aufklärung des Verbandsmitarbeiters über seine Rechts- und Pflichtenstellung bspw. als Aufsichtsratsmitglied oder in Form der Haftungsfreistellung bei schadensbringenden Pflichtverstößen, die der Verbandsmitarbeiter in seiner Funktion als Organmitglied begeht. Aus **steuerrechtlicher Sicht** können Ausschüttungen der Beteiligungsgesellschaft an den Wirtschaftsverband zu einem Compliance-Thema werden, wenn der Verband durch seine Mehrheitsbeteiligung oder durch die personellen Verflechtungen entscheidenden Einfluss auf die Gesellschaft nimmt und er dadurch einen (partiell) körperschaftsteuerpflichtigen wirtschaftlichen Geschäftsbetrieb begründet.[92]

VII. Wirtschaftsverbände als Arbeitgeber

Schließlich üben Wirtschaftsverbände die Funktionen eines Arbeitgebers aus. Insoweit **56** treffen Verbände die **üblichen Rechts- und Compliance-Pflichten** wie andere Arbeitgeber auch. Dazu zählen die Beachtung der Arbeitnehmerschutzgesetze, das Abführen von Arbeitnehmerbeiträgen an den Fiskus und die Sozialversicherung, der ordnungsgemäße Umgang mit personenbezogenen Arbeitnehmerdaten usw (für Einzelheiten → § 9 Rn. 52 ff.).

---

[89] Alle Angaben entstammen der DAkkS-Homepage www.dakks.de (zuletzt abgerufen am 5.4.2016).
[90] Dazu gehören: Verband Deutscher Maschinen- und Anlagenbau eV (VDMA), Zentralverband Elektrotechnik- und Elektroindustrie eV (ZVEI), Deutscher Industrieverband für optische, medizinische und mechatronische Technologien eV (Spectraris), Hauptverband der Deutschen Bauindustrie eV (HDB).
[91] S. DQS-Homepage www.dqs.de (zuletzt abgerufen am 5.4.2016).
[92] Für Einzelheiten → § 10 Rn. 32 f. sowie Hauschka Corporate Compliance/*Brouwer* § 59 Rn. 112.

57 Darüber hinaus sind auch **vereinsrechtliche Besonderheiten** zu berücksichtigen, die sich zum einen daraus ergeben, dass die §§ 21 ff. BGB nach wie vor vom **Leitbild der ehrenamtlichen Tätigkeit** im Verein ausgehen. Aus Arbeitgebersicht ist daher die besondere **Haftungsverfassung der §§ 31a und 31b BGB** zu berücksichtigen, die unentgeltlichen und geringvergüteten Organ- und Vereinsmitgliedern Haftungs- und Beweislasterleichterungen einräumen.[93] Dies kann zB bei der internen Aufarbeitung von Compliance-Vorfällen im Verband eine Rolle spielen. Zu denken ist weiter an die seit dem 1.1.2015 in § 27 Abs. 3 S. 2 BGB verankerte **Unentgeltlichkeit der Vorstandstätigkeit**, aus der sich Haftungs- und Compliance-Risiken ergeben können, wenn ohne Satzungserlaubnis Vergütungsleistungen an gesetzliche Vorstandsmitglieder erbracht werden.[94]

58 Arbeitsrechtliche Besonderheiten können sich zum anderen bei **Gesamtvereinen**[95] ergeben, insbes. wenn es um die grds. Frage geht, wer Arbeitgeber der Mitarbeiter einer selbständigen Verbandsuntergliederung ist. Nicht selten werden Arbeitsverträge mit Mitarbeitern von Zweigvereinen sowohl vom Vertretungsberechtigten des Haupt- als auch des Zweigvereins unterzeichnet, ohne dass klar ist, ob nur der Haupt- oder nur der Zweigverein oder beide Arbeitgeber sind. Vom „falschen" Arbeitgeber ausgesprochene Kündigungen etwa wegen eines erheblichen Compliance-Verstoßes können daher unwirksam sein und folglich zu einem wirtschaftlichen Schaden des (Gesamt-)Vereins führen.

D. Organisation und Arbeitsweise von Wirtschaftsverbänden

59 Das Vereinsrecht sieht für die Arbeitsweise von Verbänden keine bestimmte Organisation vor. Vorgeschrieben sind lediglich die zwingenden Vereinsorgane Mitgliederversammlung (§ 32 BGB) und gesetzlicher Vorstand (§ 26 BGB) sowie inhaltliche Sollvorgaben, was in der Vereinssatzung zumindest zu regeln ist (§ 58 BGB). Darüber hinaus steht es Vereinen aber überwiegend frei, wie sie sich nach außen aufstellen und wie sie ihr Innenleben organisieren. § 40 BGB erlaubt es Vereinen dabei zusätzlich, von den ohnehin überschaubaren gesetzlichen Bestimmungen über das Vereinsleben in der Satzung abzuweichen. In der **Praxis der Wirtschaftsverbände** wird von dieser Satzungsfreiheit vielseitig Gebrauch gemacht. Gleichwohl hat sich sowohl hins. der „äußeren" als auch der „inneren" Organisation eines Wirtschaftsverbands ein bestimmtes, häufig vorzufindendes Organisationsmuster etabliert, das es sowohl bei der Entwicklung einer Compliance-Kultur als auch des Compliance-Management-Systems zu beachten gilt.

I. Die „äußere Verbandsorganisation"

1. Die Mitgliederstruktur

60 Wirtschaftsverbände kennen verschiedene Arten von Mitgliedern. Zu den typischen Mitgliedsformen gehören die **ordentlichen Mitglieder** (direkte Mitglieder, idR Mitgliedsunternehmen)[96], die sog **korporativen Mitglieder** (selbständige Fachverbände der Branche)[97] sowie **assoziierte Mitglieder,** also Unternehmen oder Verbände, die im Umfeld der jeweiligen Verbandsbranche tätig sind und deren Mitgliedschaft im Interesse des Verbands

---

[93] S. näher → § 12 Rn. 52 ff.

[94] Ausf. dazu *Brouwer* BB 2010, 865; Hauschka Corporate Compliance/*Brouwer* § 59 Rn. 104 f.

[95] Zum Begriff des Gesamtvereins → Rn. 63, → § 2 Rn. 17.

[96] Der Verband der Chemischen Industrie eV (VCI) verfügt bspw. über 400 direkte Mitglieder, die deutsche Chemieunternehmen und deutsche Tochterunternehmen ausländischer Konzerne sind.

[97] Der VCI hat bspw. 21 Fachverbände, die die gesamte Sparte der chemischen Industrie über die Pharmaindustrie, Kunststoffindustrie, Bauchemie, Lack- und Farbenindustrie bis hin zur Agrarchemie abdecken. Ihre insgesamt ca. 1.200 Mitgliedsunternehmen haben gem. § 9 Abs. 1 S. 3 VCI-Satzung die Rechte der ordentlichen Mitglieder.

ist.[98] Daneben finden sich noch **sonstige Mitgliedsarten,** denen je nach Verbandsstruktur und -historie unterschiedliche Funktionen und Rechte zukommen können. Häufig sehen die Satzungen der Wirtschaftsverbände Ehrenmitgliedschaften für Einzelpersönlichkeiten vor, die sich um die Branche und den Verband besonders verdient gemacht haben.[99] In der Verbandspraxis haben sie regelmäßig eine beratende Funktion, die zT mit echten Sitz- und Stimmrechten in den relevanten Verbandsgremien einhergeht.

Für die Verbands-Compliance ist das Verständnis über die unterschiedlichen Mitglieder- 61 arten und Mitgliederrechte va für die Beachtung des internen Vereinsrechts von Bedeutung. Darüber hinaus spielt es aber auch für die Reichweite der eigenen Compliance-Verantwortung eine Rolle, welche rechtliche und faktische Stellung einzelnen Verbandsmitgliedern zukommt, die es bei der Vermessung der verbandseigenen Compliance-Grenzen und -Sphären zu berücksichtigen gilt.[100]

2. Verbandsuntergliederungen

Va größere Wirtschaftsverbände bedienen sich zur Unterstützung des Hauptverbands- 62 zwecks sog **Untergliederungen**, die als eigenständige (eingetragene wie nicht eingetragene) **Zweigvereine** va auf regionalen Landes- oder Ortsebenen, aber auch Fachgruppenebenen aktiv sind. Gemeinsam mit dem Hauptverein bilden sie einen sog **Gesamtverein.** Die Zweigvereine sind jedoch nicht Mitglieder des Hauptvereins. Der rechtliche Zusammenhang zwischen Haupt- und Zweigverein besteht vielmehr zum einen in der sog **Vereinsdoppelmitgliedschaft**, dh die Mitglieder des Zweigvereins sind zugleich Mitglieder des Hauptvereins,[101] und zum anderen in der Bindung der Zweigvereine an den (Gesamt-)Vereinszweck des Hauptvereins[102] (für Einzelheiten → § 2 Rn. 18).

Für die Vereins-Governance wie für die Compliance-Organisation ist eine möglichst 63 klare Bestimmung der Verantwortungsbereiche zwischen Haupt- und Zweigverein etwa in der Satzung oder in einer satzungsnachrangigen Vereinbarung sinnvoll. Darin sollte bspw. geregelt werden, wer Arbeitgeber der Mitarbeiter einer Untergliederung ist (→ Rn. 58). Auch die Frage, wieviel Einfluss der Hauptverein auf seine Zweigvereine haben soll (Personal- und/oder Etathoheit, zustimmungspflichtige Geschäfte usw) bzw. wieviel „unternehmerische" Freiheit den Untergliederungen zustehen soll, sollte in einer Zusatzvereinbarung geklärt werden.

Damit eng verknüpft ist der **Verantwortungsradius des Hauptvereins** auch für das 64 Verhalten seiner Untergliederungen. Zwar markiert die rechtliche Selbständigkeit einer Untergliederung grds. die Compliance-rechtlichen Verantwortungsgrenzen zwischen Hauptverein und Zweigverein. Mit Blick auf die in der Rspr. entwickelte sog **Fiktionshaftung**[103] stellt sich jedoch besonders für den Hauptverein die Frage, ob sich die Compliance-Grenzen durch eine weite Anwendung des § 31 BGB zu Lasten des Hauptvereins wieder aufzulösen drohen, weil er sich über die Repräsentantenhaftung trotz der juristischen Trennung zwischen Haupt- und Zweigverein schadensstiftende Compliance-Verstöße von (Leitungs-)Mitarbeitern selbständiger Untergliederungen gleichwohl zurechnen lassen muss. Je zentraler ein Gesamtverein gelenkt wird, umso größer ist die Gefahr, dass

---

[98] Vgl. dazu bspw. § 2 Abs. 3 und § 4 Abs. 3 VCI-Satzung.

[99] Vgl. etwa § 2 Abs. 4 VCI-Satzung.

[100] Zu Verantwortungsüberschneidungen kann es kommen, wenn sich Verbands- und Mitgliedersphären vermischen, so bspw. bei gemeinsamen Verbandssitzungen hins. der Beachtung des Kartellrechts; vgl. dazu Hauschka Corporate Compliance/*Brouwer* § 59 Rn. 41 f.

[101] Vgl. MHdB GesR V/*Steinbeck*, 4. Aufl. 2016, § 5a Rn. 3; *Leuschner*, Das Konzernrecht des Vereins, 2011, S. 14 mit Verweis auf BGHZ 73, 275 (278): „gestufte Mehrfachmitgliedschaft".

[102] *SSWeV* Rn. 329.

[103] S. dazu Soergel/*Hadding*, BGB, 13. Aufl. 2000, § 30 Rn. 1 und § 31 Rn. 10; *K. Schmidt*, Gesellschaftsrecht, 4. Aufl. 2002, S. 279; Palandt/*Ellenberger*, BGB, 73. Aufl. 2014, § 31 Rn. 6; *Küpperfahrenberg*, Haftungsbeschränkungen für Verein und Vorstand, 2005, S. 29 f.; MüKoBGB/*Arnold*, § 31 Rn. 21 f. mit Verweis auf BGHZ 49, 19; ausf.: Hauschka Corporate Compliance/*Brouwer* § 59 Rn. 39 f.; → § 2 Rn. 47 und → § 12 Rn. 33 ff.

die Compliance-Grenzen zu Lasten des Hauptvereins verschwimmen. Steuerungshoheit und Compliance-Risiken sind daher gegeneinander abzuwägen.

3. Mehrstufige Verbandsmitgliedschaften

65 Branchenverbände fungieren nicht nur selbst als Dachverband, sondern sie sind ihrerseits regelmäßig Mitglied in einem bzw. in mehreren nationalen und internationalen Spitzenverbänden. So zählt bspw. der Bundesverband der Deutschen Industrie eV (BDI) insgesamt 36 Branchenverbände zu seinen Mitgliedern (→ Rn. 3), die ihrerseits wiederum Dachverband ihrer repräsentierten Branche mit jeweils eigenen korporativen Fachverbandsmitgliedern sind. Der BDI selbst ist wiederum Mitglied im europäischen Industrieverband BusinessEurope. Ähnlich ist bspw. der Verband der Chemischen Industrie nicht nur Mitglied im BDI, sondern auch Mitglied im europäischen Chemieverband Cefic und im internationalen Chemieverband ICCA. Gerade auf europäischer und internationaler Ebene ist es wichtig, durch einen **„Bündelspitzenverband"** am politischen Meinungsbildungsprozess teilzunehmen, da andernfalls die Gefahr droht, mit seiner Einzelstimme in der Menge der unterschiedlichen Stakeholder unterzugehen (→ Rn. 20).

66 Anders als in einem Konzern erfolgt die **Meinungsbildung innerhalb solcher Dachverbandsketten** von unten nach oben, dh die Mitgliedsverbände entscheiden über die Verbandspolitik ihres Spitzenverbands. Wenngleich die Satzungen und Gremienordnungen der meisten Spitzenverbände einfache Beschlussmehrheiten ausreichen lassen, ist die Interessenvertretung auf Konsens ausgelegt. Das kann im Einzelfall dazu führen, dass sich ein Spitzenverband zu einem politischen Thema aufgrund konträrer Ansichten in der Verbandsmitgliedschaft nicht äußern kann (vgl. oben → Rn. 28). Vereinzelt wird in Stellungnahmen auch ausdrücklich auf die gegenteilige Position eines bestimmten Mitglieds hingewiesen.

67 Darüber hinaus engagieren sich Wirtschaftsverbände auch in **„Schwesterverbänden"**, wenn dies zur Erreichung des Verbandszwecks dienlich ist. Der regelmäßig weit formulierte Satzungszweck eines Wirtschaftsverbands räumt der Verbandsleitung weites Ermessen hins. der Begründung neuer Mitgliedschaften ein. Ein Beispiel für eine solche „Schwesternmitgliedschaft" ist der Verein „Netzwerk Zukunft der Industrie", dem die wichtigsten Unternehmens- und Arbeitgeberverbände sowie Gewerkschaften angehören. Durch die satzungsmäßige Zugehörigkeit des Bundeswirtschaftsministers im Präsidium besteht ein enger und gewollter Austausch zwischen den Mitgliedsverbänden und der Politik.[104]

4. Beteiligungsgesellschaften

68 Schließlich halten Wirtschaftsverbände häufig Beteiligungen an einer oder mehreren Kapitalgesellschaften, die va im Zuge der **Ausgliederung wirtschaftlicher Geschäftsbetriebe** zur Erfüllung der ideellen Vereinstätigkeit entstanden sind (zB Dienstleistungs-GmbH zur Durchführung von Seminarveranstaltungen; sa oben → Rn. 53 ff.).

69 Die Verbandsleitung des (Mutter-)Vereins hat dabei ihr Beteiligungs-Management so zu organisieren, dass sowohl die vereinsrechtlichen als auch die steuerrechtlichen Grenzen wirtschaftlicher Betätigung nicht zu Lasten des Verbands überschritten werden. Denn zum einen kann unter dem Begriff der **Rechtsformverfehlung** der Verlust der mit der Eintragung des Vereins im Vereinsregister erworbenen Haftungsprivilegien der Verbandsmitglieder drohen.[105] Zum anderen besteht die (abstrakte) Gefahr, dass durch eine verflochtene und

---

[104] Zweck des Vereins ist „die Förderung von Wissenschaft und Forschung, der Bildung, des Bürgerdialogs und des gesamtgesellschaftlichen Diskurses, der internationalen Zusammenarbeit sowie die Verbreitung und Kommunikation von wissenschaftlichen Erkenntnissen zur Bedeutung der Industrie und der Sozialpartnerschaft für eine gedeihliche Entwicklung des demokratischen Staatswesens". S. unter www.netzwerk-zukunft-industrie.de (zuletzt abgerufen am 9.1.2017).

[105] S. o. → Rn. 8 sowie *Leuschner*, Das Konzernrecht des Vereins, 2011, S. 132.

übermäßige wirtschaftliche Betätigung via Tochtergesellschaften **Steuerprivilegien** (§ 5 Abs. 1 Nr. 5 KStG) nicht nur partiell, sondern im Einzelfall auch insgesamt entfallen können (für Einzelheiten → § 10 Rn. 27 ff., 35). Soweit ersichtlich, überschreiten die wirtschaftlichen Aktivitäten der großen Wirtschaftsverbände jedoch bei weitem nicht diese Grenzen, so dass Compliance-Schwerpunkt hier va die buchhalterische Organisation partiell steuerpflichtiger Geschäftsbetriebe ist.

II. Die „innere Verbandsorganisation"

1. Die Leitungsstruktur

Die Leitung eines Wirtschaftsverbands erfolgt typischerweise durch drei Verbandsorgane: **70** den regelmäßig mit aktiven Leitungsorganen aus den Mitgliedsunternehmen besetzten ehrenamtlichen **gesetzlichen Vorstand** iSd § 26 BGB, den sog **erweiterten Vorstand** (häufig als Präsidium oder Direktorium bezeichnet) sowie die regelmäßig hauptamtliche **Verbandsgeschäftsführung**. Nur der gesetzliche Vorstand ist vereinsrechtliches Pflichtorgan (vgl. § 26 Abs. 1 S. 1 BGB). Die beiden zusätzlichen Organe sind fakultative Vereinsorgane, deren Einrichtung und Aufgaben der Verein in der Satzung nach überwiegend freiem Ermessen bestimmen kann. Während die va verbandspolitischen Strategieentscheidungen in den ehrenamtlichen Gremien des gesetzlichen und erweiterten Vorstands getroffen werden, ist die hauptamtliche Geschäftsführung für die Umsetzung dieser Beschlüsse sowie das laufende Tagesgeschäft zuständig. Obgleich die **Mitgliederversammlung** das höchste Vereinsorgan ist, ist sie ähnlich der Hauptversammlung einer Aktiengesellschaft kaum bzw. gar nicht in das Tagesgeschäft mit eingebunden. Ihre Mitwirkungsrechte sind regelmäßig auf ganz bestimmte Verbandsangelegenheiten wie Vorstandswahlen, Satzungsänderungen und von der Verbandsleitung zur Abstimmung vorgelegte Grundsatzentscheidungen beschränkt.

Aufgabe der Compliance-Organisation ist es, die Compliance-Pflichten zwischen den **71** Leitungsorganen interessengerecht und soweit wie möglich haftungsfest zu verteilen. Hier stellen sich nicht einfache vereinsrechtliche Fragen, die sowohl die **horizontale Delegation** unter den ehrenamtlichen (gesetzlichen wie erweiterten) Vorstandsmitgliedern zB via Ressortverteilung als auch die **vertikale Delegation** an die hauptamtliche Geschäftsführung betreffen. Va bei der vertikalen Delegation ist bislang noch wenig geklärt, inwieweit das nach § 40 S. 1 BGB iVm § 27 Abs. 3 BGB vereinsrechtlich **zulässige Splitting** von (nicht übertragbarer) Verbandsvertretung des gesetzlichen Vorstands (§ 26 Abs. 1 BGB) und übertragbarer Verbandsgeschäftsführung zu einer Verantwortungs- und Haftungsentlastung des gesetzlichen Vorstands führt.[106]

2. Ausschüsse und Arbeitskreise

a) Verbandsintern. Während die politischen Zielvorgaben von den og Vorstands- und **72** Präsidialgremien festgelegt werden, erfolgt die verbandspolitische Detailarbeit regelmäßig in fachbezogenen Ausschüssen und Arbeitskreisen des Verbands,[107] die zur Unterstützung der Vertretungs- und Geschäftsführungsorgane eingesetzt werden. Solche **„Hilfseinrichtungen"**[108] können selbst (fakultative) Vereinsorgane sein mit in der Satzung klar definierten Vorgaben über die Besetzung und ihre Aufgaben, die innere Ordnung sowie ihre Rechte und Pflichten gegenüber anderen Verbandsgremien.[109] IdR finden sich in den Satzungen vieler Wirtschaftsverbände jedoch nur rudimentäre Bestimmungen zur Einrich-

---

[106] Ausf. dazu Hauschka Corporate Compliance/*Brouwer* § 59 Rn. 51 ff. (Differenzierung zwischen „organschaftlicher" und „einfacher" Delegation); sa → § 12 Rn. 44 ff.

[107] Vgl. bspw. die Ausschussorganisation des BDI unter: http://bdi.eu/der-bdi/organisation/ausschuesse/ (zuletzt abgerufen am 9.1.2017).

[108] Vgl. *Reichert* Rn. 2875.

[109] Vgl. zB für den „Hauptausschuss" §§ 16 ff. VCI-Satzung.

tung von Ausschüssen, um der Binnenorganisation möglichst viel Freiheit und Flexibilität zu belassen.[110]

73   Je nach Verbandsgröße oder Themenbreite gibt es unterschiedliche **Ausschussebenen.** Typischerweise steht an der Spitze ein Masterausschuss (zB „Rechtsausschuss"), der sich in verschiedene Fachausschüsse (zB „Fachausschuss Unternehmensrecht") untergliedert, die ihrerseits im Bedarfsfall Arbeitskreise oder Ad-hoc-Arbeitsgruppen (zB Ad-hoc-Arbeitsgruppe „Deutscher Corporate Governance Kodex") einrichten können.

74   Die Verbandsausschüsse sind regelmäßig mit Vertretern der Mitgliedsunternehmen besetzt, die über das notwendige Know-how und die Praxiserfahrung verfügen, die in die Verbandspositionen einfließen sollen. Die Betreuung erfolgt durch den fachlich zuständigen Verbandsmitarbeiter. Einzelheiten über die Besetzung, die Beschlussfähigkeit und die Abstimmung in einem Ausschuss regelt entweder eine **Geschäftsordnung des Ausschusses** oder eine mehr oder weniger gelebte Praxis. Beides hat Vor- und Nachteile. Als Grundsatz lässt sich festhalten, dass sich klare Regelungen anbieten, je höher das Gremium organisatorisch angesiedelt ist. Denn je mehr verbandspolitisches Gewicht dem Ausschuss zukommt, desto wichtiger sind sowohl Regelungen über den internen Meinungsbildungsprozess als auch zur Ausschussbesetzung (zB Amtszeit des Ausschussvorsitzenden).

75   Besondere Fragen können sich ergeben, wenn der Verband über Sonderausschüsse wie bspw. **Fachvereinigungen** verfügt, die aufgrund ihres Themenzuschnitts nur bestimmten Mitgliedsunternehmen offenstehen. Solche Unterabteilungen verfügen nicht selten über eine eigene Satzung, haben einen eigenen „Vorstand" usw und laufen gelegentlich Gefahr, sich gegenüber dem (Haupt-)Verein mehr und mehr zu verselbständigen. Hier sind daher unter dem Stichwort **„Verein im Verein"** auch Compliance-relevante Haftungsrisiken für den (Haupt-)Verein in den Blick zu nehmen.

76   **b) Verbandsübergreifend.** Ausschussarbeit findet auch verbandsübergreifend statt. Insbes. Spitzenverbände sind so organisiert, dass die jeweiligen Mitgliedsverbände wie auch Vertreter ihrer Mitgliedsunternehmen branchenübergreifend an der Bestimmung der Verbandspolitik der Spitzenorganisation mitwirken. Durch das **„grenzüberschreitende" Zusammenwirken** unterschiedlicher Rechtssubjekte (Dachverband – Branchenverband – Mitgliedsunternehmen) können sich Compliance-Fragen stellen, die sich nicht sofort aufdrängen. Über das Kartellrecht hinaus ist zB an die Übermittlung personenbezogener Daten, die Überlassung urheberrechtlich geschützter Werke (Bilder, Präsentationen, Logos usw) sowie den Austausch von Betriebs- und Geschäftsgeheimnissen zu denken.

3. Doppelmandate

77 Wie bei Konzernen gibt es auch in der Vereinswelt **Doppelmandate,** dh zwei oder mehrere Organfunktionen werden in verschiedenen Verbänden von ein und derselben Person ausgeübt. So ist es bspw. nicht unüblich, dass sich auf Landesebene Wirtschafts- und Arbeitgeberverbände einer Branche denselben Geschäftsführer „teilen". Aus Compliance-Sicht gilt es hier, die jeweiligen Funktionen sowohl gedanklich als auch organisatorisch zu trennen. Plastisch lässt sich das am Datenschutz veranschaulichen, wenn es nämlich darum geht, empfangene personenbezogene Daten der jeweiligen verantwortlichen Stelle zuzuordnen und die Daten nur dann für die andere Funktion zu nutzen, wenn die erforderliche Datenübermittlung auch datenschutzrechtlich zulässig ist.

4. Verbandskontrolle

78 Das Vereinsrecht sieht nicht die Einrichtung eines vom Vorstand institutionell getrennten Aufsichtsorgans vor, wie es etwa das Aktiengesetz vorschreibt (vgl. § 105 Abs. 1 AktG). Es steht vielmehr im Ermessen des Satzungsgebers, ob er ein solches fakultatives Kontrollorgan

---

[110] Vgl. zB die Satzungsregeln über die Einrichtung von Ausschüssen des BDI (§ 22) und des VCI (§ 26).

Dr. Brouwer

zur Überwachung der Verbandsleitung einsetzen will oder nicht.[111] In der Praxis der Wirtschaftsverbände wird hiervon – soweit ersichtlich – jedoch nicht Gebrauch gemacht. Die **interne Kontrolle** erfolgt daher in erster Linie durch die Leitungsorgane selbst entlang der Berichtsketten (zB Präsidium – gesetzlicher Vorstand – Verbandsgeschäftsführung). Daneben kommt auch der Mitgliederversammlung eine gewisse Kontrollfunktion zu, die regelmäßig über die Entlastung des Vorstands und je nach Satzungsbestimmung auch über die Entlastung weiterer Vereinsorgane wie der Geschäftsführung zu entscheiden hat.

Die **externe Kontrolle** von Wirtschaftsverbänden erfolgt zum einen durch die Finanzverwaltung hins. der Einhaltung der Voraussetzungen für die Inanspruchnahme der steuerrechtlichen Privilegien. Zum anderen bedienen sich Wirtschaftsverbände ab einer gewissen Größe regelmäßig eines unabhängigen Wirtschaftsprüfers für die Rechnungslegung iRd Rechenschaftspflicht des Vorstands gem. §§ 666, 259 iVm 27 Abs. 3 BGB, so dass auch dadurch – wenngleich auf freiwilliger Basis – eine externe Kontrolle der Verbandsführung gegeben ist.   **79**

E. Ausblick

Fragen der Corporate Governance und der Verbands-Compliance haben spürbar auch den Non-Profit-Sektor erreicht. Ausgelöst va durch die „Gelber-Engel"-Affäre im Fall des ADAC eV[112] wird jüngst über eine notwendige **Reform des Vereinsrechts** nachgedacht.[113] Bemängelt werden eine mangelnde Transparenz[114] sowie eine fehlende interne wie externe Kontrolle im Non-Profit-Sektor. Gedacht wird dabei allerdings an Großvereine, die über Beteiligungsgesellschaften wie „normale" Wirtschaftskonzerne am Markt teilnehmen. Hier ist daher Vorsicht geboten („bad cases make bad law"). Denn Großvereine wie der ADAC eV oder auch die Wohlfahrtsverbände (Deutsches Rotes Kreuz, Caritas usw) bilden in der Gesamtlandschaft der rund 600.000 eingetragenen Vereine seltene Sonderfälle.   **80**

Aus Sicht der großen Mehrzahl der Vereine in Deutschland, darunter auch der Wirtschaftsverbände, besteht indessen **kein rechtspolitischer Handlungsdruck** – weder für mehr Kontrolle noch für mehr Transparenz. Der Großteil der Idealvereine nimmt nicht nur schon per definitionem, sondern auch tatsächlich in nur geringem Umfang am Wirtschaftsleben teil. Und dort, wo sich Vereine zur Erfüllung ihrer Zwecke auch Service-Kapitalgesellschaften bedienen, erfolgt der Gläubigerschutz auf Ebene dieser zur Rechnungslegung verpflichteten Beteiligungsgesellschaften.[115] In der Diskussion um mehr   **81**

---

[111] Vgl. dazu *Stöber/Otto* Rn. 552; zur Leitungskontrolle sa *Segna,* Vorstandskontrolle in Großvereinen, 2002.

[112] S. die Medienberichterstattung um den ADAC eV wegen manipulierter Wahlen zum Lieblingsauto der Deutschen („Gelber Engel"), die eine lebhafte Debatte über die Transparenz und Grenzen unternehmerischer Beteiligung von Großvereinen ausgelöst hat; statt vieler: *Peitsmeier,* FAZ v. 21.1.2014, S. 14; *Segna,* FAZ v. 16.4.2014, S. 16; *Weingartner,* FAZ v. 18.2.2014, S. 13.

[113] Vgl. etwa die von *Leuschner* veranstaltete Tagung „Modernisierung des Vereinsrechts – Was muss sich ändern?" vom 5.2.2016, Universität Osnabrück, s. dazu die Tagungsberichte von *Fein* ZStV 2016, 117 und *de Vries/Hofmann/Noll* nopR 2016, 140. Die Bundesregierung sieht bislang keinen Handlungsbedarf etwa für Sonderregeln für Großvereine, die Einführung von Prüf- und Publizitätspflichten oder für eine gesetzliche Regelung des Nebenzweckprivilegs, s. zuletzt die Antwort der Bundesregierung auf eine Kleine Anfrage der Fraktion BÜNDNIS 90/DIE GRÜNEN v. 27.6.2014, BT-Drs. 18/1931, 3 und 4. Vorgeschlagen wird indessen, auch für unternehmerische Initiativen aus bürgerschaftlichem Engagement (Kleinstbetriebe, zB Dorfläden oder Kitas) den Zugang zur Rechtsform des rechtsfähigen wirtschaftlichen Vereins zu erleichtern, s. den Entwurf eines „Gesetzes zur Erleichterung unternehmerischer Initiativen aus bürgerschaftlichem Engagement und zum Bürokratieabbau bei Genossenschaften" des Bundesministeriums der Justiz und für Verbraucherschutz v. 14.11.2016.

[114] Zum Diskussionsstand s. bspw. *Weitemeyer/Vogt* NZG 2014, 12 (13) mwN in Fn. 1; *Segna* DStR 2006, 1568; *Leuschner* npoR 2016, 99; *Schmidt* ZStV 2014, 21; *Brouwer* Comply 4/2016, 28.

[115] Vgl. BGHZ 85, 90 (94), sowie *Stöber/Otto* Rn. 73 Fn. 7: „Die von einem Verein beherrschte Handelsgesellschaft bietet ihren Gläubigern alle Sicherheiten, die mit der Rechtsform einer solchen Gesellschaft verbunden sind."

Transparenz im Non-Profit-Sektor geht es also vielmehr um ein **„allgemeines Interesse" an Informationen** über die Vermögensverhältnisse und Zahlungsströme bei „großen Vereinen". Gleiche Überlegungen lassen sich für die Forderung nach mehr Kontrolle im Vereinsbereich anstellen. Die gesetzliche Verordnung interner oder gar staatlicher Governance-Aufseher würde unverhältnismäßig das Vereinsleben verrechtlichen und steht dem Ehrenamtsgedanken und den damit verbundenen Haftungsprivilegien entgegen. Eine ausreichende externe Kontrolle findet vielmehr bereits heute durch die Finanzbehörden und die Abschlussprüfer statt (→ Rn. 79). Ein Kontrolldefizit drängt sich daher im Vereinsrecht nicht auf.

82   Die Reformdiskussion zeigt indessen, dass der **Compliance-Funktion in Verbänden** immer größeres Gewicht zukommt. Denn sie übernimmt eine wesentliche Kontrollaufgabe innerhalb des Verbands, die auch rechtspolitisch gegen eine mögliche Überregulierung des Non-Profit-Sektors spricht. Eine praxisgetriebene wie wissenschaftliche Auseinandersetzung mit verbandsspezifischen Compliance-Fragen kann hierbei einen wertvollen Beitrag leisten.

§ 2. Struktur und Prozesse eines Wirtschaftsverbandes

Literatur:

Baumann/Sikora, Hand- und Formularbuch des Vereinsrechts, 2015; *Baumbach/Hueck*, GmbHG, 20. Aufl. 2013; Beck'scher Onlinekommentar Arbeitsrecht, Stand Sept. 2015; *Brouwer*, Compliance in Verbänden, in: Hauschka/Moosmayer/Lösler, Corporate Compliance, 3. Aufl. 2016; *ders.*, Compliance im Wirtschaftsverband, CCZ 2009,161; *ders.*, Compliance in Verbänden und gemeinnützigen Körperschaften, AnwBl 2010, 663; *Burgard*, Das Gesetz zur Begrenzung der Haftung von ehrenamtlich tätigen Vereinsvorständen, ZIP 2010, 358; *Burhoff*, Vereinsrecht, 9. Aufl. 2014; *Ehlers*, Die persönliche Haftung von ehrenamtlichen Vereinsvorständen, NJW 2011, 2689; *Ellenberger* in: Palandt, Bürgerliches Gesetzbuch, 76. Aufl. 2017, BGB § 21 ff.; *Fleischer*, Corporate Compliance im aktienrechtlichen Unternehmensverbund, CCZ 2008, 1; *ders.*, Vorstandsverantwortlichkeit und Fehlverhalten von Unternehmensangehörigen – von der Einzelüberwachung zur Errichtung einer Compliance-Organisation, AG 2003, 291; *ders.*, Handbuch des Vorstandsrechts, 2006; *Hagel/Dahlendorf*, Der Beitrag von Wirtschaftsverbänden zu Compliance am Beispiel des „Rundum-Pakets" des Verbandes der Bahnindustrie in Deutschland (VDB), CCZ 2014, 275; *Hövelberndt*, Die Industrie- und Handelskammern als Akteure am politischen Meinungsmarkt, DÖV 2011, 628; *Hüffer*, Aktiengesetz, 12. Aufl. 2016; *Hüttemann*, Das Gesetz zur Stärkung des Ehrenamtes, DB 2013, 774; *Kornblum*, Bemerkungen zum eV, NJW 2003, 3671; *Leuschner*, Das Haftungsprivileg der §§ 31 a, 31 b BGB, NZG 2014, 281; *Mackert* in: Immenga/Mestmäcker, Wettbewerbsrecht, 5. Aufl. 2014; *Maunz* in: Dürig/Scholz, Grundgesetz-Kommentar, 75. EL, Art. 9; *Nolte/Polzin*, Zum Aufnahmezwang für Verbände mit überragender Machtstellung, Kommentar zu OLG Stuttgart, NZG 2001, 997; *Reichert*, Handbuch Vereins- und Verbandsrecht, 13. Aufl. 2016; *Reuter* in: Münchener Kommentar zum BGB, 7. Aufl. 2015, Vor § 21; *Reuter*, Zur Vereinsrechtsreform 2009, NZG 2009, 1368; *Rogall* in: Karlsruher Kommentar zum OWiG, 4. Aufl. 2014; *Sauter/Schweyer/Waldner*, Der eingetragene Verein, 19. Aufl. 2016; *Segna*, Vereinsrechtsreform, NZG 2002, 1048; *ders.*, Rechnungslegung und Prüfung von Vereinen – Reformbedarf im deutschen Recht, DStR 2006, 1568; *ders.*, Vorstandskontrolle in Großvereinen, 2002; *Schneider*, Compliance im Konzern, NZG 2009, 1321; *Schöpflin* in: Beck'scher Onlinekommentar BGB, Stand November 2016; *Spindler*, Unternehmensorganisationspflichten: Zivilrechtliche und öffentlich-rechtliche Regelungskonzepte, 2011; *Schroeder/Weßels*, Handbuch der Arbeitgeber- und Wirtschaftsverbände in Deutschland; *Staudinger*, BGB, 2005; *Stöber/Otto*, Handbuch zum Vereinsrecht, 11. Aufl. 2016; *Thürmer* in: Blümich, EStG, 130. Aufl. 2015; *Unger*, Neue Haftungsbegrenzungen für ehrenamtlich tätige Vereins- und Stiftungsvorstände, NJW 2009, 3269.

A. Typen

I. Verbände allgemein

Unter einem Verband ist ein größerer Zusammenschluss von natürlichen oder juristischen Personen zur Erreichung eines gemeinsamen Zweckes zu verstehen.[1] Aufgabe der Verbände allgemein ist es, die gemeinsamen Interessen der Mitglieder in wirtschaftlicher, sozialer, kultureller, wissenschaftlicher und technischer oder sonstiger Hinsicht durch die Schaffung gemeinsamer Einrichtungen, die Koordinierung der gemeinsamen Verbandstätigkeit und die Durchführung von Veranstaltungen sowie Schulungen zu fördern. 1

II. Wirtschaftsverbände

Wirtschaftsverbände, deren Rolle in § 1 dieses Buches näher beschrieben wird, stellen einen Verbandstypus dar. Sie tragen insbes. dazu bei, Produktions- und Ausbildungsstandards zu strukturieren bzw. zu setzen sowie auf die Ausgestaltung der wirtschaftlichen Bedingungen Einfluss zu nehmen. Zum sog deutschen Modell zählt ua die institutionelle Selbstorganisation wesentlicher Bereiche der Wirtschafts- und Sozialpolitik durch Verbände.[2] 2

Es gibt eine Vielzahl unterschiedlicher Wirtschaftsverbände. In **rechtlicher** Hinsicht ist zwischen **privatrechtlichen** und **öffentlich-rechtlichen (Wirtschafts-)Verbänden** zu unterscheiden.

---

[1] BayObLGZ DB 1974, 1857.
[2] So Schroeder/Weßels/*Schroeder/Weßels* Einl. S. 9 ff.

3 Beispiele für öffentlich-rechtliche Verbände sind die kommunalen Zweckverbände (§ 98 Nr. 3 GWB), die Verbände der Ersatzkassen (§ 212 Abs. 5 SBG V), die Industrie- und Handelskammern und die berufsständischen Vereinigungen (Berufsverbände). Die kommunalen Wirtschaftsverbände werden in → § 18 dieses Buches näher behandelt. Bei den Verbänden der Ersatzkassen und den kommunalen Zweckverbänden handelt es sich nicht um Wirtschaftsverbände in dem in diesem Buch zugrunde gelegten Sinn.

4 Bei den Industrie- und Handelskammern als ein Beispiel für öffentlich-rechtliche Verbände handelt es sich um Körperschaften des öffentlichen Rechtes, § 3 Abs. 1 IHKG. Zur Industrie- und Handelskammer gehören als Mitglieder, sofern sie zur Gewerbesteuer veranlagt sind, natürliche Personen, Handelsgesellschaften, andere Personenmehrheiten und juristische Personen des privaten und des öffentlichen Rechts, welche im Bezirk der Industrie- und Handelskammer eine Betriebsstätte unterhalten (Kammerzugehörige), § 2 Abs. 1 IHKG. Es besteht eine Pflichtmitgliedschaft.[3] Die Industrie- und Handelskammern haben die Aufgabe, das Gesamtinteresse der ihnen zugehörigen Gewerbetreibenden ihres Bezirks wahrzunehmen, für die Förderung der gewerblichen Wirtschaft zu wirken und dabei die wirtschaftlichen Interessen einzelner Gewerbezweige oder Betriebe abwägend und ausgleichend zu berücksichtigen.[4] Die Wahrnehmung sozialpolitischer und arbeitsrechtlicher Interessen gehört nicht zu den Aufgaben der Industrie- und Handelskammern, § 1 Abs. 1 und 5 IHKG.[5] Die Industrie- und Handelskammern übernehmen somit auch hoheitliche Aufgaben. Auch bei den Industrie- und Handelskammern handelt es sich folglich nicht um Wirtschaftsverbände in dem in diesem Buch zugrunde gelegten Sinn. Als Dachverband der regionalen Industrie- und Handelskammern fungiert der privatrechtlich organisierte Deutsche Industrie- und Handelskammertag (DIHK).

5 Berufsverbände[6] können definiert werden als Zusammenschlüsse natürlicher oder juristischer Personen zur Wahrnehmung allgemein, aus der beruflichen oder unternehmerischen Tätigkeit erwachsender ideeller und wirtschaftlicher Interessen eines Berufsstandes oder Wirtschaftszweiges. Der Zweck darf nicht auf einen wirtschaftlichen Geschäftsbetrieb gerichtet sein.[7] Es müssen die wirtschaftlichen Interessen aller Angehörigen des Berufs- oder Wirtschaftszweiges wahrgenommen werden und nicht nur die Interessen einzelner.[8] Zu den Berufsverbänden gehören zB die Rechtsanwaltskammern, die Steuerberaterkammern und die Wirtschaftsprüferkammern. Die Rechtsanwaltskammern sind ebenso wie die Kammern der Steuerberater und Wirtschaftsprüfer Körperschaften des öffentlichen Rechtes. Die Organisation und die Aufgaben der jeweiligen Kammer ergeben sich iE aus den für die jeweiligen Berufe geltenden gesetzlichen Bestimmungen.[9]

6 Gewerkschaften und Arbeitgeberverbände nehmen ebenfalls die wirtschaftlichen Interessen der Angehörigen eines Berufs- oder Wirtschaftszweiges wahr. Hierbei handelt es sich jedoch nicht um Körperschaften des öffentlichen Rechtes. Gewerkschaften sind regelmäßig als nicht rechtsfähige (privatrechtliche) Vereine organisiert, wohingegen die meisten Arbeitgeberverbände rechtsfähige (privatrechtliche) Vereine sind.[10]

7 Sowohl bei den vorstehend skizzierten Berufsverbänden als auch bei den Gewerkschaften und Arbeitgeberverbänden handelt es sich nicht um Wirtschaftsverbände in dem in diesem Buch beschriebenen Sinn. Insoweit sei auf die Ausführungen in § 1 verwiesen.[11]

---

[3] Zur Pflichtmitgliedschaft vgl. BVerfG NJW 2002, 1864, wonach die Pflichtmitgliedschaft in einer Industrie-und Handelskammer und die damit verbundene Beitragslast verfassungsgemäß sind.
[4] Zu den Aufgaben einer Industrie- und Handelskammer vgl. BVerwG JuS 2001, 823.
[5] Vgl. Hövelberndt DÖV 2011, 628.
[6] Berufsverbände werden zB erwähnt in § 9 Abs. 1 S. 3 Nr. 3 EStG und § 5 Abs. 1 Nr. 5 KStG.
[7] Blümich/*Thürmer,* 130. Aufl. 2015, EStG § 9 Rn. 235.
[8] *Reichert* Ziff. XIV Rn. 5669.
[9] Für die Rechtsanwälte ist dies die Bundesrechtsanwaltsordnung (BRAO), für die Steuerberater das Steuerberatungsgesetz und für die Wirtschaftsprüfer die Wirtschaftsprüferordnung.
[10] BeckOK ArbR/*Poeche* ArbGG § 10 Rn. 4; BeckOK ArbR/*Waas* TVG § 2 Rn. 7f.
[11] Zu den näheren Einzelheiten s. bei *Brouwer* → § 1 Rn. 12ff.

Darüber hinaus gibt es – im Gegensatz zu den öffentlich-rechtlich organisierten Verbän- 8
den – eine Vielzahl privatrechtlich organisierter Wirtschaftsverbände. Als einige wenige
Beispiele seien genannt der Bundesverband der Deutschen Industrie eV, der VCI – Verband der chemischen Industrie eV, der VDMA Verband Deutscher Maschinen- und Anlagebau eV und der ZVEI – Zentralverband Elektrotechnik-und Elektroindustrie eV.
Auch der Mittelstand ist verbandsmäßig organisiert, so bspw. in Form des Bundesverbandes mittelständische Wirtschaft (BVMW – Bundesverband mittelständische Wirtschaft,
Unternehmerverband Deutschlands eV), der Aktionsgemeinschaft Wirtschaftlicher Mittelstand, etc.[12]

Die vorstehenden Ausführungen orientieren sich an rechtlichen Kriterien, dh an dem 9
Kriterium der öffentlich-rechtlichen oder privatrechtlichen Organisationsform. Abgesehen
davon sind jedoch auch andere Differenzierungen möglich, so zB zwischen Dachverbän-
den/Spitzenverbänden[13] und Landes- bzw. Regionalverbänden einerseits sowie Branchen-
bzw. Fachverbänden andererseits.

B. Rechtsform der Wirtschaftsverbände

I. Wirtschaftsverbände als privatrechtliche Vereine

Wirtschaftsverbände sind regelmäßig in der Rechtsform eines privatrechtlichen, nicht 10
wirtschaftlichen (Ideal-)Vereins organisiert. So sind bspw. der Bundesverband der Deutschen Industrie eV, der Bundesverband mittelständische Wirtschaft (BVMW – Bundesverband mittelständische Wirtschaft, Unternehmerverband Deutschlands eV), der VCI –
Verband der chemischen Industrie eV, der VDMA Verband Deutscher Maschinen- und
Anlagebau eV und der ZVEI – Zentralverband Elektrotechnik-und Elektroindustrie eV
jeweils (eingetragene) privatrechtliche (Ideal-)Vereine. Die Ausführungen zum Aufbau der
Wirtschaftsverbände und zu ihren Organen gehen vor diesem Hintergrund von der
Rechtsform des privatrechtlichen Vereins aus.

II. Arten privatrechtlicher Vereine

Es gibt folgende Arten privatrechtlicher Vereine: Das private Vereinsrecht unterscheidet 11
nach dem Zweck des Vereins zwischen **wirtschaftlichen Vereinen** und sog **Idealver-
einen,** dh nicht wirtschaftlichen Vereinen. Das maßgebliche Unterscheidungskriterium
richtet sich danach, ob der Verein zu einem wirtschaftlichen Zweck gegründet ist oder
nicht.[14] Der Idealverein ist nicht auf einen wirtschaftlichen Geschäftsbetrieb gerichtet.
Es liegt jedoch auch dann ein Idealverein vor, wenn der vorhandene wirtschaftliche
Geschäftsbetrieb nur eine Nebentätigkeit gegenüber der nicht unternehmerischen
Haupttätigkeit des Vereins darstellt (sog Nebentätigkeits- bzw. Nebenzweckprivileg).[15]
Veranstalten Wirtschaftsverbände als nicht wirtschaftliche Vereine[16] bspw. Schulungen
oder Fortbildungskurse gegen Entgelt, so liegt hierin zwar eine wirtschaftliche Betäti-
gung. Diese ist jedoch idR vom Nebenzweckprivileg gedeckt.

Darüber hinaus ist zwischen rechtsfähigen und nicht rechtsfähigen Vereinen zu unter- 12
scheiden. Ein Idealverein erlangt Rechtsfähigkeit durch Eintragung in das Vereinsregister
des Amtsgerichtes (§ 21 BGB). Ein wirtschaftlicher Verein hingegen erlangt Rechtsfähigkeit nur durch staatliche Verleihung (§ 22 BGB). Dieser Fall spielt in der Praxis jedoch
nur eine untergeordnete Rolle. Die Verleihung der Rechtsfähigkeit an einen wirtschaftli-

---

[12] Schroeder/Weßels/*Krickhahn* S. 85 ff.
[13] Vgl. dazu *Reichert* S. 975 Rn. 5719.
[14] Vgl. BeckOK BGB/*Schöpflin* BGB § 21 Rn. 77 ff.
[15] Zum Nebenzweckprivileg vgl. Staudinger/*Weick* BGB § 21 Rn. 12.
[16] *Reichert* S. 26 Rn. 125.

chen Verein kommt nur ausnahmsweise in Betracht, wenn es dem Verein wegen atypischer Umstände unzumutbar ist, sich der Rechtsformen des Gesellschaftsrechtes zu bedienen.[17]

13 **Wirtschaftsverbände** können sowohl rechtsfähige wie nicht rechtsfähige Vereine sein. Sie erlangen, da sie idR **nicht** auf einen wirtschaftlichen Geschäftsbetrieb gerichtet sind,[18] Rechtsfähigkeit durch Eintragung in das Vereinsregister.

C. Vereinsverband und Gesamtverein als typische Organisationsform der Wirtschaftsverbände

14 Bei den Wirtschaftsverbänden spielen zwei Sonderformen des Vereins eine Rolle: der **Vereinsverband** und der **Gesamtverein**.[19] Verbandsstrukturen sind in der Weise anzutreffen, dass
- mehrere selbständige Vereine, Handelsgesellschaften oder andere Körperschaften sich zu einem Verein zusammenschließen (sog Vereinsverband) oder
- ein Verein kraft Satzung Untergliederungen hat, die ihrerseits die Definitionsmerkmale eines Vereins erfüllen (sog Gesamtverein.)[20]

15 Hierfür gelten die Regelungen des Vereinsrechts im BGB. Es gibt keine Sondervorschriften im BGB für Vereinsverbände und Gesamtvereine.

16 Mehrere Vereine, die einen gleichen oder ähnlichen Zweck verfolgen, schließen sich häufig zu einem Verband (Vereinsverband/Dachverband) zusammen. Bei einem **Vereinsverband** handelt es sich somit um einen Zusammenschluss von rechtsfähigen oder nicht rechtsfähigen Vereinen zur Verfolgung eines gemeinsamen Zwecks.[21] Der Vereinsverband wird auch als ein Verein bezeichnet, dessen Mitglieder ausschließlich oder zumindest überwiegend Körperschaften sind.[22] Die Mitgliedschaft von Einzelpersonen ist nicht per se ausgeschlossen, sie stellt jedoch eine Ausnahme dar. Der Vereinsverband selbst kann als rechtsfähiger oder nicht rechtsfähiger Verein organisiert sein.[23]

17 Davon zu unterscheiden ist der sog **Gesamtverein**.[24] Hierbei handelt es sich um einen Verein mit mehreren Untergliederungen. Diese Untergliederungen können selbständige Vereine sein (sog Zweigvereine).[25] Möglich sind aber auch unselbständige Untergliederungen, die selbst über keine vereinsmäßige Verfassung (keine eigene Satzung und keine eigenen Organe; Entscheidung des Gesamtvereins über Bestand und Auflösung der Untergliederung) verfügen und nach außen nur im Namen des Gesamtvereins auftreten. Handelt die Untergliederung im Namen des Gesamtvereins, so wird ausschließlich der Gesamtverein berechtigt und verpflichtet. Ob ein Zweigverein oder eine unselbständige Untergliederung vorliegt, kann nur im Einzelfall unter Berücksichtigung sämtlicher Umstände entschieden werden.[26] Die unselbständige Untergliederung eines Gesamtvereins ist nur eine vereinsinterne Gliederung ohne eigene (komplette) Vereinsstruktur. Auch sie

---

[17] So BeckOK BGB/*Schöpflin* BGB § 21 Rn. 79.
[18] Staudinger/*Weick* BGB § 21 Rn. 9.
[19] Beispiele für Vereinsverbände und Gesamtvereinen bei MüKoBGB/*Reuter* BGB Vor § 21 Rn. 128 sowie bei Baumann/Sikora/*Sikora* § 3 Rn. 20, 47.
[20] So Baumann/Sikora/*Sikora* § 3 Rn. 21.
[21] BeckOK BGB/*Schöpflin* BGB § 21 Rn. 48.
[22] So *Reichert* S. 966 Rn. 5671.
[23] Vgl. *Stöber/Otto* S. 545 Rn. 1191 ff.
[24] Vgl. BeckOK BGB/*Schöpflin* BGB § 21 Rn. 43 ff.
[25] AA offenbar *Stöber/Otto* S. 548 Rn. 1201 ff.: „*Solche Untergliederungen sind keine selbständigen Organisationen […]; sie sind weder selbst rechtsfähig noch Personenverband als nicht rechtsfähiger Verein. Sie bestehen nur als unselbständige **Teile des Gesamtvereins** nach der Rechtsprechung kann aber auch die unselbständige Abteilung eigene Rechte gegenüber dem Verein haben.*"
[26] Beispiele für unselbständige Untergliederungen sowie für (selbständige) Zweigvereine finden sich bei BeckOK BGB/*Schöpflin* BGB § 21 Rn. 44 und 47.

kann jedoch zumindest teilweise über eine körperschaftliche Struktur verfügen.[27] Bei einem Zweigverein handelt es sich hingegen um einen Verein iSd Vorschriften des BGB mit einer entsprechenden vereinsrechtlichen Struktur. Die Zweigvereine sind jedoch keine Organe des (Haupt-)Vereins.[28]

Beim Gesamtverein sind – anders als bei einem Vereinsverband – die Mitglieder eines   **18** Zweigvereins ohne weiteres zugleich Mitglieder des Gesamtvereins.[29] Bei einem Dachverband mit Untergliederungen in Form von Landes-, Bezirks- und Ortsvereinen führt die Mitgliedschaft in dem Ortsverein zB automatisch auch zur Mitgliedschaft in dem Bezirks- und Landesverband sowie dem Dachverband.[30] Bei einer unselbständigen Untergliederung eines Gesamtvereins gibt es grds. keine eigene Mitgliedschaft in der Untergliederung, da die unselbständige Untergliederung eben gerade kein Verein ist. Die einzelnen Untergliederungen des Gesamtvereins sind idR nicht Mitglieder des Gesamtvereins.

Bei einem Vereinsverband sind Mitglieder des Vereinsverbands hingegen grds. nur die   **19** einzelnen Vereine („Mitgliedsvereine"), nicht aber automatisch die Mitglieder der einzelnen Mitgliedsvereine.[31] Die Satzung des Vereinsverbands kann jedoch vorsehen, dass (ausnahmsweise) auch natürliche Personen und Gesellschaften, die bereits Mitglieder des einzelnen verbandsangehörigen Vereins sind, die Mitgliedschaft im Vereinsverband selbst erwerben können. Umstr. ist, ob und auf welche Weise das einzelne Vereinsmitglied mit dem Beitritt zum Mitgliedsverein auch die Mitgliedschaft im Vereinsverband (Dachband) erwirbt. Die Rspr. erkennt eine **sog statutarisch vermittelte Doppelmitgliedschaft** an.[32] Die Satzung des Mitgliedsvereins sieht in diesem Fall vor, dass mit dem Beitritt (zum Mitgliedsverein) zugleich die Mitgliedschaft im Vereinsverband erworben wird. Zugleich bestimmt die Satzung des Vereinsverbands, dass der Beitritt zum Mitgliedsverein gleichzeitig zur Mitgliedschaft im Vereinsverband führt. Die Literatur beurteilt die statutarisch vermittelte Doppelmitgliedschaft kritisch.[33] Denkbar ist nach den in der Literatur vertretenen Meinungen, dass das jeweilige Vereinsmitglied den Beitritt zum Vereinsverband selbst erklärt oder den Mitgliedsverein zur Erklärung des Beitritts zum Vereinsverband bevollmächtigt. Der Beitritt zum Mitgliedsverein beinhaltet jedoch nicht automatisch eine solche Bevollmächtigung.[34]

---

[27] Zu den diesbezüglichen Einzelheiten vgl. *Reichert* S. 973 Rn. 5711 ff.
[28] MüKoBGB/*Reuter* BGB Vor § 21 Rn. 138.
[29] BGH NJW 1979, 1402; MüKoBGB/*Reuter* BGB Vor § 21 Rn. 140: „sog. gestufte Mehrfachmitgliedschaft"; Reichert S. 967 Rn. 5676.
[30] *Reichert* S. 969 Rn. 5685.
[31] MüKoBGB/*Reuter* BGB Vor § 21 Rn. 128.
[32] BGH NJW 1989, 1724 (1725); 1958, 1867; Palandt/*Ellenberger* BGB Einf. v. § 21 Rn. 22.
[33] MüKoBGB/*Reuter* BGB Vor § 21 Rn. 134: *„Der Beitritt zum Vereinsverband setzt unverzichtbar auf der Seite der Mitglieder des Mitgliedsvereins die Äußerung eines Beitrittswillens voraus. Damit man in der Erklärung des Beitritts zum Mitgliedsverein konkludent auch eine Erklärung des Beitritts zum Vereinsverband sehen kann, reicht aber die entsprechende Bestimmung in der Satzung des Mitgliedsvereins nicht aus; die Satzung des Mitgliedsvereins kann nicht einseitig den Erklärungswert der ihr gegenüber abgegebenen Erklärung festlegen. Vielmehr muss der Mitgliedsverein das Junktim zwischen Vereins- und Verbandsmitgliedschaft, soweit es nicht offenkundig ist, vor dem Beitritt dem Interessenten gegenüber offenbaren. Erst recht kann der Mitgliedsverein seine (Alt-) Mitglieder nicht durch entsprechende Satzungsänderung zu Mitgliedern auch des Dachverbandes (Vereinsverbandes) machen."* Vgl. BeckOK BGB/*Schöpflin* BGB § 21 Rn. 49.
[34] → Fn. 33.

D. Gründung/Vereins- bzw. Verbandssatzung

I. Gründung eines Verbands

1. Allgemeines

20 Für die Gründung eines Vereins[35] bedarf es einer Gründungssatzung, die die für den Verein verbindlichen Regelungen enthält. § 57 BGB regelt die zwingenden Mindesterfordernisse für eine Vereinssatzung. Danach **muss** die Satzung den Zweck, den Namen und den Sitz des Vereins enthalten und angeben, dass der Verein im Vereinsregister eingetragen werden soll. Darüber hinaus **soll** nach § 58 BGB die Satzung Regelungen über folgende Punkte enthalten:
- über den Eintritt und Austritt der Mitglieder
- darüber, ob und welche Beiträge von den Mitgliedern zu leisten sind,
- über die Bildung des Vorstands
- über die Voraussetzungen, unter denen die Mitgliederversammlung zu berufen ist, über die Form der Berufung und über die Beurkundung der Beschlüsse.

21 Die Gründungsmitglieder müssen sich sodann darauf einigen, dass die Satzung verbindlich sein soll und der Verein ins Vereinsregister eingetragen werden soll.[36] Nach § 56 BGB soll die Eintragung ins Vereinsregister nur erfolgen, wenn die Zahl der (Gründungs-)Mitglieder mind. sieben beträgt. Ferner ist ein Vorstand zu bestellen. Der Vorstand hat den Verein zur Eintragung in das Vereinsregister anzumelden. Der Anmeldung sind Abschriften der Satzung und der Urkunden über die Vorstandsbestellung einzufügen. Die Satzung soll von mind. sieben Mitgliedern unterzeichnet sein, § 59 BGB. Die Rechtsfähigkeit erlangt der Verein durch Eintragung ins Vereinsregister. Die Eintragung hat konstitutive Wirkung.[37] Mit der Eintragung entsteht der Verein als juristische Person. Die Anmeldung ist zurückzuweisen, wenn den gesetzlichen Erfordernissen der §§ 56 bis 59 BGB nicht entsprochen wird.

2. Besonderheiten beim Vereinsverband und beim Gesamtverein

22 Diese Grundsätze gelten prinzipiell auch für Verbände, sei es in Gestalt eines Vereinsverbands oder eines Gesamtvereins. Es sind jedoch folgende Besonderheiten zu beachten:

23 Im Falle der **Gründung eines Vereinsverbands**[38] nach Maßgabe der vorstehend geschilderten Grundsätze werden die einzelnen Gründungsvereine bei Beschluss der Gründungssatzung des Vereinsverbands durch ihre Vorstände vertreten. Die Satzung des einzelnen Gründungsvereins kann von vornherein die Mitgliedschaft in einem Verband vorsehen. Tut sie dies nicht, ist umstr., welche Voraussetzungen für den Beitritt zum Verband erfüllt sein müssen. Nach der einen Auffassung ist die Zustimmung der qualifizierten Mehrheit der Mitgliederversammlung erforderlich und ausreichend. Nach aA ist der Beitrittsvertrag als Organisationsvertrag analog den aktienrechtlichen Bestimmungen der §§ 292, 293 AktG über Unternehmensverträge in das für den jeweiligen Gründungsverein zuständige Vereinsregister einzutragen.[39]

24 Durch den Beitritt zum Verband verpflichtet sich der jeweilige Mitgliedsverein zur Beachtung der satzungsmäßigen Vorgaben des Vereinsverbands. Das Verhältnis von Vereinsverband und Mitgliedsverein richtet sich grds. danach, wie die Satzungen von Vereinsverband und Mitgliedsverein aufeinander abgestimmt sind.[40] Die Satzung des Mitgliedsvereins kann in den Grenzen der Vereinsautonomie Teile der Satzung des Ver-

---

[35] Vgl. BeckOK BGB/*Schöpflin* BGB § 21 Rn. 108 f.
[36] *Reichert* S. 18 Rn. 79.
[37] BeckOK BGB/*Schöpflin* BGB § 21 Rn. 111.
[38] Vgl. zur Gründung eines Vereinsverbands *Reichert* S. 976 Rn. 5729.
[39] MüKoBGB/*Reuter* BGB Vor § 21 Rn. 129 f.
[40] BGH NJW 1958, 1867.

einsverbands übernehmen oder auf sie verweisen. In diesem Zusammenhang sind jedoch die §§ 25, 71 BGB zu beachten. Danach bedürfen (beim rechtsfähigen Verein) Änderungen der Satzung zu ihrer Wirksamkeit der Eintragung in das Vereinsregister. Eine sog dynamische Verweisung, wonach die Bestandteile der Satzung des Vereinsverbands (automatisch) zum Bestandteil der Satzung des jeweiligen Mitgliedsvereins erklärt werden, begegnet daher rechtlichen Bedenken.[41] Das gilt auch beim nicht rechtsfähigen Verein. Hier findet zwar § 71 BGB (konstitutives Eintragungserfordernis) keine Anwendung. Beim nicht rechtsfähigen Verein gilt jedoch der Grundsatz, dass die das Vereinsleben bestimmenden Grundentscheidungen in der Vereinssatzung geregelt sein müssen. Möglich ist eine dynamische Verweisung lediglich für Gegenstände, die keinen Verfassungscharakter haben (§§ 57, 58 BGB) und daher nicht zwingend in der Vereinssatzung geregelt werden müssen.[42] IÜ muss der Mitgliedsverein die Regelungen des Vereinsverbands aktiv in seine Satzung übernehmen.[43]

Ein **Gesamtverein** kann auf unterschiedliche Art und Weise gegründet werden. Bisher selbständige Vereine können sich in einem Gesamtverein zusammenschließen.[44] In diesem Fall müssen sie sich auf die Gründung eines Hauptvereins mit bestimmten, ihre Autonomie beschränkenden Zuständigkeiten verständigen. Zudem muss die bisherige Einfachmitgliedschaft in eine Mehrfachmitgliedschaft im Zweig- und im (zukünftigen) Gesamtverein umgewandelt werden. Möglich ist aber auch, dass bereits ein existierender „normaler" Verein zum Gesamtverein wird. In diesem Fall ist eine Satzungsänderung erforderlich. Die zu gründenden Zweigvereine müssen benannt und die Zuständigkeiten des (künftigen) Gesamtvereins von den Zuständigkeiten der (künftigen) Zweigvereine abgegrenzt werden.[45]   **25**

II. Vereinsverfassung

1. Verbandsverfassung als rechtliche Grundordnung des Verbands

Die Verfassung ist die rechtliche Grundordnung des Vereins. Sie enthält die das Vereinsleben bestimmenden Grundentscheidungen.[46] Die Verfassung eines rechtsfähigen Vereins wird, soweit sie nicht auf den gesetzlichen Bestimmungen des BGB beruht, durch die Vereinssatzung bestimmt. Die Vereinsverfassung[47] wird demnach festgelegt durch: **26**
- die zwingenden gesetzlichen Bestimmungen des Vereinsrechts (§§ 26 Abs. 2 S. 1; 27 Abs. 1, 3; 28; 31a Abs. 1 S. 2; 32, 33 und 34 BGB)
- die Satzung des Vereins
- die dispositiven Vorschriften des BGB, die gelten, soweit die Satzung keine abweichenden Regelungen getroffen hat.

Der Inhalt der Satzung ergibt sich zunächst aus §§ 57, 58 BGB (→ Rn. 20). Die Satzung trifft die Grundentscheidungen für die Organisation eines Vereins/Verbands und die Mitgliedschaft. Bei einem Vereinsverband bzw. einem Gesamtverein mit **rechtlich selbständigen** Untergliederungen ist, wie vorstehend dargelegt, eine sog dynamische Verweisung einer Vereinssatzung auf den **jeweils** gültigen Inhalt einer übergeordneten Verbandssatzung unzulässig. Zulässig ist jedoch eine **statische Verweisung**, die die in Bezug genommenen Verbandsregelungen hinreichend bestimmt bezeichnet.[48] Bei einem *Gesamtverein*   **27**

---

[41] Vgl. BeckOK BGB/*Schöpflin* BGB § 25 Rn. 6 unter Hinweis auf BGH NJW 1995, 583 (585).
[42] MüKoBGB/*Reuter* BGB Vor § 21 Rn. 131 f.
[43] MüKoBGB/*Reuter* BGB Vor § 21 Rn. 133, wonach ein Durchgriff des Vereinsverbands auf die einzelnen Mitglieder der Mitgliedsvereine nicht anzuerkennen ist, mwN, vgl. BGH NJW 1995, 583.
[44] *Reichert* S. 967 Rn. 5679.
[45] Zu den Einzelheiten der Gründung eines Gesamtvereins vgl. MüKoBGB/*Reuter* BGB Vor § 21 Rn. 143 ff.; *Reichert* S. 967 Rn. 5678.
[46] BGH NJW 1967, 1268; 1989, 1724.
[47] *Reichert* S. 83 Rn. 401 ff.
[48] BeckOK BGB/*Schöpflin* BGB § 25 Rn. 6; *Reichert* S. 92 Rn. 444 f.

mit Untergliederungen in Form von **nichtrechtsfähigen** Zweigvereinen kann sich Satzungsrecht des Zweigvereins auch aus der für ihn verbindlichen Satzung des Gesamtvereins ergeben oder die Satzung des Zweigvereins auf die des Gesamtvereins verweisen.[49] Die Satzung wirkt nur im Innenverhältnis;[50] sie entfaltet jedoch grds. keine Rechtswirkungen im Außenverhältnis, dh gegenüber außenstehenden Dritten.

28 Die Satzung kann grds. durch Beschluss der Mitgliederversammlung geändert werden. Hierfür ist eine Mehrheit von drei Vierteln der abgegebenen Stimmen erforderlich, § 33 Abs. 1 S. 1 BGB. Soll der Zweck des Verbands geändert werden, so ist die Zustimmung aller Mitglieder erforderlich, § 33 Abs. 1 S. 2 BGB. Die Regelung des § 33 BGB ist dispositiv, dh die Satzung ihrerseits kann Satzungsänderungen erleichtern oder erschweren.[51] Bei einem eingetragenen Verein wird die Satzungsänderung erst mit der Eintragung im Vereinsregister wirksam.[52]

29 Es gilt der **Grundsatz der Vereins-/Verbandsautonomie** als Ausfluss der allgemeinen Vertragsfreiheit. Darunter versteht man das Recht des Vereins, sich in freier Selbstbestimmung eine eigene innere Ordnung zu geben. Die Vereinsautonomie ist als Teil der Vereinigungsfreiheit (Art. 9 GG) verfassungsrechtlich geschützt. Besonderheiten gelten jedoch für Verbände mit einer wirtschaftlichen oder sozialen Machtstellung. Ihre Verfassung muss demokratisch ausgestaltet sein.[53] Die Mitglieder- oder Delegiertenversammlung muss das höchste Organ sein. Darüber hinaus unterliegen die vereinsrechtlichen Regelungen nach der Rspr. und der Literatur unter bestimmten Voraussetzungen einer Inhaltskontrolle. Die Einzelheiten sind umstr., so zB die Frage, ob die Inhaltskontrolle für alle Vereine gilt oder nur für Vereine, die eine gewisse soziale Machtstellung oder eine Monopolstellung innehaben.[54]

30 Aufgrund der Verbandsautonomie kann der Verband auch nachrangiges Recht außerhalb der Satzung zB in einer Vereinsordnung[55] oder einer Geschäftsordnung vorsehen. Eine Vereinsordnung bedarf – im Gegensatz zu einer Geschäftsordnung – einer Ermächtigungsgrundlage in der Satzung; sie gilt für alle Mitglieder oder einen Teil der Mitglieder. Die Geschäftsordnung hingegen trifft Regelungen im Hinblick auf den Geschäftsgang bzw. das Verfahren eines Vereinsorgans. Enthält die Vereinsordnung Regelungen, die gegen Gesetz oder Satzung verstoßen, so sind diese unwirksam.

2. Organe des Verbands

31 Das Gesetz schreibt zwingend zwei Vereinsorgane vor: den Vorstand und die Mitgliederversammlung.

---

[49] So BeckOK BGB/*Schöpflin* BGB § 25 Rn. 12; BGH NJW 1984, 2223.
[50] BeckOK BGB/*Schöpflin* BGB § 25 Rn. 17.
[51] BeckOK BGB/*Schöpflin* BGB § 33 Rn. 5 ff.; *Reichert* S. 142 Rn. 704 zur Ausgliederung von Vereinsabteilungen.
[52] BeckOK BGB/*Schöpflin* BGB § 33 Rn. 13 ff.
[53] *Föhr* NJW 1975, 617; *Leßmann* NJW 1978, 1545; BeckOK BGB/*Schöpflin* BGB § 25 Rn. 41.
[54] BeckOK BGB/*Schöpflin* BGB § 25 Rn. 29: „*Nach Auffassung des BGH unterliegen Vereine jedenfalls dann der Inhaltskontrolle, wenn die Vereinigung im wirtschaftlichen oder sozialen Bereich eine Machtstellung innehat und das Mitglied auf die Mitgliedschaft angewiesen ist (BGHZ 105, 306, 318 = NJW 1989, 1724; auch Fleck Rpfleger 2009, 58, 64). Das Schrifttum und einige Instanzgerichte gehen weiter und unterziehen Vereinsregelungen auch von solchen Vereinen einer Inhaltskontrolle, die keine Machtstellung haben (OLG Frankfurt NJW 1973, 2208; OLGZ 1979, 5; OLGZ 1981, 391; NJW 1983, 2576; ZIP 1984, 61, 63; WRP 1985, 500, 505; OLG Celle NJW-RR 1989, 313; Palandt/Ellenberger Rn. 9; Soergel/Hadding Rn. 25a; van Look S 184; krit Reichert Handbuch Rn. 3329 ff.). Eine Begrenzung der Inhaltskontrolle auf Monopolverbände sowie auf sozialmächtige Vereine, bei denen die Mitgliedschaft für den Betroffenen unerlässlich ist, soll im Hinblick auf die verfassungsrechtlich gewährleistete Satzungsgestaltungsfreiheit geboten sein (Vgl Reichert Handbuch Rn. 3332 f.). Doch hat die Inhaltskontrolle grds alle Vereine zu erfassen, da auch Vereine ohne Monopolstellung ihre Angelegenheiten nicht in unbilliger Weise regeln dürfen.*"
[55] BeckOK BGB/*Schöpflin* BGB § 25 Rn. 20 f.

a) Verbandsvorstand. Der **Vorstand** ist notwendiges Organ des rechtsfähigen und des nicht rechtsfähigen Vereins. Er ist **gesetzlicher Vertreter** des Vereins/Verbands und vertritt in dieser Eigenschaft den Verband gerichtlich und außergerichtlich, § 26 BGB. Darüber hinaus hat der Vorstand nach § 27 BGB die Geschäfte des Verbands (im Innenverhältnis) zu führen.[56] Insoweit kann die Satzung jedoch auch eine abweichende Regelung vorsehen, dh die Satzung kann die Geschäftsführung einem anderen Organ übertragen, zB dem erweiterten Vorstand, § 40 iVm § 27 Abs. 3 BGB.[57] Der Vorstand wird durch Beschluss der Mitgliederversammlung bestellt, bei Gründung durch Mehrheitsbeschluss der Gründungsversammlung.[58] 32

Dem **sog. gesetzlichen** Vorstand gehört nur an, wer zur Vertretung des Vereins/Verbands befugt ist.[59] Es muss klar geregelt sein, welche Personen dies sind, die damit Mitglieder des gesetzlichen Vorstands sind. **Alle Mitglieder des sog gesetzlichen Vorstands müssen vertretungsbefugt sein**; es kann keine Mitglieder des gesetzlichen Vorstands geben, die nicht vertretungsbefugt sind. Dem Vorstand obliegt zwingend die gesetzliche Außenvertretung, die zwar nicht gänzlich entzogen, wohl aber eingeschränkt werden kann.[60] Besteht der Vorstand aus mehreren Personen, so wird der Verband durch die Mehrheit der Vorstandsmitglieder vertreten, § 26 Abs. 2 S. 1 BGB. Im Vereinsrecht gilt somit – abweichend von der Rechtslage bei der GmbH und der AG – nach dem Gesetz das Mehrheitsprinzip. Unter Mehrheit ist die einfache Mehrheit der Gesamtzahl der Vorstandsmitglieder zu verstehen.[61] Die Satzung des Verbands kann von der gesetzlichen Regelung abweichende Bestimmungen enthalten, so kann in der Satzung eine Gesamtvertretung durch **sämtliche** Vorstandsmitglieder vorgesehen werden oder aber eine Einzelvertretung (durch ein Vorstandsmitglied oder durch mehrere bzw. alle Vorstandsmitglieder).[62] Bei der Einzelvertretung kann das betreffende Vorstandsmitglied den Verband alleine vertreten, dh im Außenverhältnis wirksam rechtsgeschäftlich für den Verband handeln. Ein wirksamer interner Vorstandsbeschluss ist keine Voraussetzung für eine wirksame Vertretung des Verbands im Außenverhältnis.[63] Ist eine Willenserklärung gegenüber dem Verein abzugeben, so genügt die Abgabe gegenüber einem Mitglied des Vorstandes, auch wenn dieser aus mehreren Personen besteht, § 26 Abs. 2 S. 2 BGB. Das Gesetz trifft somit für den Fall der sog Empfangsvertretung eine spezielle Regelung. Das Gesetz schreibt für die Bezeichnung des Vertretungsorgans des Verbands nicht zwingend die Verwendung des Begriffs „Vorstand" vor. In der Praxis finden sich vielfach andere Bezeichnungen, wie zB Präsidium oder Direktorium.[64] 33

Darüber hinaus kann neben dem gesetzlichen Vorstand ein **satzungsmäßiger (statutarischer) Vorstand** bestehen. Dieser kann auch Personen umfassen, die von der Vertretung ausgeschlossen sind, jedoch eine interne Geschäftsführungsbefugnis haben bzw. beratende oder kontrollierende Aufgaben wahrnehmen. Die Mitglieder eines solchen statutarischen Vorstands sind keine Vorstandsmitglieder iSd § 26 BGB.[65] 34

---

[56] Zum Begriff der Geschäftsführung vgl. BeckOK BGB/*Schöpflin* BGB § 27 Rn. 16: „Dem Vorstand obliegt grds die Geschäftsführung des Vereins (vgl § 27 Abs 3). Geschäftsführung ist jedes auf die Förderung des Vereinszwecks gerichtete tatsächliche oder rechtliche Verhalten nach innen und nach außen (Vereinsverwaltung). Daher sind (externe) Vertretungsakte immer zugleich (interne) Geschäftsführungsmaßnahmen, umgekehrt aber nicht. Nicht zur Geschäftsführung zählen die Grundlagengeschäfte, welche die Verfassung des Vereins und das Mitgliedschaftsverhältnis betreffen, sowie (sonstige) Vereinsangelegenheiten, die in die Zuständigkeit der Mitgliederversammlung fallen (Vgl Soergel/Hadding § 26 Rn. 10)."

[57] *Reichert* S. 375 Rn. 2059; Palandt/*Ellenberger* BGB § 27 Rn. 4; BeckOK BGB/*Schöpflin* BGB § 27 Rn. 16.

[58] *Reichert* S. 378 Rn. 2081 ff.; vgl. zum faktischen Vorstand bei Fehlen eines (wirksamen) Bestellungsakts *Reichert* S. 404 Rn. 2228 ff.

[59] BeckOK BGB/*Schöpflin* BGB § 26 Rn. 4; BayObLG NJW-RR 1992, 802.

[60] *Reichert* S. 227 Rn. 1174.

[61] BeckOK BGB/*Schöpflin* BGB § 26 Rn. 16.

[62] BeckOK BGB/*Schöpflin* BGB § 26 Rn. 17; Palandt/*Ellenberger* BGB § 26 Rn. 7; MüKoBGB/*Arnold* BGB § 26 Rn. 15 ff.; *Reichert* S. 442 Rn. 2446 ff.

[63] BeckOK BGB/*Schöpflin* BGB § 26 Rn. 17; *Reichert* S. 442 Rn. 2448.

[64] *Reichert* S. 375 Rn. 2061.

[65] BeckOK BGB/*Schöpflin* BGB § 26 Rn. 5; Stöber/*Otto* S. 185 Rn. 376.

35   Die **Vertretungsmacht des Vorstands** kann durch die Satzung mit Wirkung gegen Dritte, dh im Außenverhältnis, beschränkt werden. Insofern unterscheidet sich der Verein von einer AG oder GmbH. Bei einem eingetragenen Verein wirkt die Beschränkung nur, wenn sie dem anderen Teil (Vertragspartner) bekannt ist oder im Vereinsregister eingetragen ist. Die die Vertretungsmacht einschränkende Satzungsregelung muss eindeutig und hinreichend bestimmt erkennen lassen, dass wirklich eine Beschränkung der Vertretungsmacht im Außenverhältnis – und nicht nur eine interne Beschränkung – gewollt ist.[66] Darüber hinaus muss klar sein, welchen Umfang die Beschränkung haben soll. Der BGH hat bspw. entschieden, dass keine Beschränkung einer Vertretungsmacht vorliege, wenn der Verein kraft Satzung zur Mitgliedschaft in einem Dachverband verpflichtet ist. Der vom Vorstand in einem derartigen Fall erklärte Austritt aus dem Dachverband sei, so der BGH, nur im Innenverhältnis pflichtwidrig, im Außenverhältnis hingegen wirksam.[67] Als Beispiel für mögliche Beschränkungen der Vertretungsmacht kommen in Betracht: Die Satzung untersagt dem Vorstand die Vornahme bestimmter Geschäfte und macht bestimmte Geschäfte von der Zustimmung der Mitgliederversammlung abhängig.[68] Eine vollständige Entziehung der Vertretungsmacht ist nicht möglich.[69]

36   Nach dem Gesetz obliegt dem Vorstand auch die **Geschäftsführung** (§ 27 BGB).[70] Sofern die Satzung keine abweichenden Regelungen trifft, decken sich die Vertretungsmacht und die Geschäftsführungsbefugnis. Die Satzung kann die Geschäftsführung jedoch auch einem anderen Organ (erweiterter Vorstand; eigenständiges Geschäftsführungsorgan) übertragen. Die Einzelheiten sind in der Literatur umstr. Nach wohl überwiegender Meinung kann dem Vorstand zumindest die Entscheidung über Angelegenheiten der rechtsgeschäftlichen Vertretung nicht entzogen werden, dh er darf nicht zum reinen Boten werden, sondern muss Vertreter bleiben.[71]

37   Die Bestellung des Vorstandes erfolgt grds., wie bereits dargelegt, durch Beschluss der Mitgliederversammlung. Die Bestellung ist jederzeit widerruflich. In der Satzung kann vorgesehen werden, dass ein Widerruf der Bestellung nur bei Vorliegen eines wichtigen Grundes möglich ist. Ein solcher Grund ist insbes. die grobe Pflichtverletzung oder Unfähigkeit zur ordnungsgemäßen Geschäftsführung.[72] Darüber hinaus kann der Vorstand sein Amt einseitig durch Niederlegung beenden. Die diesbezüglichen Einzelheiten, insbes. die Voraussetzungen für eine derartige Niederlegung, sind bei einem Verein jedoch umstr.[73]

38   Die Mitglieder des Vorstandes sind nach der gesetzlichen Regelung in § 27 Abs. 3 S. 2 BGB **unentgeltlich** tätig. Nach § 27 Abs. 3 S. 1 BGB iVm § 670 BGB kann der Vorstand jedoch Aufwendungsersatz verlangen.[74]

39   In der Praxis ist bei zahlreichen Wirtschaftsverbänden zwischen **dem ehrenamtlich tätigen Vorstand** und **hauptamtlich**, dh gegen entsprechende Vergütung tätigen **Vorstands-/Geschäftsführungsmitgliedern** zu unterscheiden. Die Bezeichnung der Organe variiert jedoch sehr stark. Werden die Vorstands-/Geschäftsführungsmitglieder entgeltlich tätig, so besteht zwischen dem Verband und dem Vorstands-/Geschäftsführungsmitglied ein Geschäftsbesorgungsvertrag, der auf eine Dienstleistung gerichtet ist. Wichtig ist in diesem

---

[66] MüKoBGB/*Arnold* BGB § 26 Rn. 14; BeckOK BGB/*Schöpflin* BGB § 26 Rn. 13 f.; Palandt/*Ellenberger* BGB § 26 Rn. 6.
[67] BGH NJW 1980, 2799; NJW-RR 1996, 866.
[68] BGH NJW 1977, 2310; NJW-RR 1996, 866; OLG Frankfurt a. M. Rpfleger 1977, 103; BeckOK BGB/ *Schöpflin* BGB § 27 Rn. 16.
[69] Palandt/*Ellenberger* BGB § 26 Rn. 6.
[70] Zum Begriff der Geschäftsführung vgl. *Reichert* S. 466 Rn. 2602 ff.
[71] Palandt/*Ellenberger* BGB § 27 Rn. 4; MüKoBGB/*Arnold* BGB § 26 Rn. 4.
[72] BeckOK BGB/*Schöpflin* BGB § 27 Rn. 13 ff.
[73] MüKoBGB/*Arnold* BGB § 27 Rn. 34 f.; *Schöpflin* BeckOK BGB/*Schöpflin* BGB § 27 Rn. 10.
[74] MüKoBGB/*Arnold* BGB § 27 Rn. 44: „*Der Vorstand kann daher auch grundsätzlich nicht im Rahmen des Aufwendungsersatzes eine Entschädigung für eingesetzte Arbeitszeit und Arbeitskraft verlangen. Unzulässig sind ferner Aufwandspauschalen, soweit sie nicht tatsächlich entstandenen und belegbaren Aufwand erfassen oder Kosten erstatten, die üblicherweise ohne Einzelnachweis ersetzt werden; denn es handelt sich dann in der Sache um verdeckte Vergütungen*".

Zusammenhang, dass die Satzung die Möglichkeit einer Vergütung ausdrücklich vorsieht. Ist dies nicht der Fall, sind die seitens des Verbandes geleisteten Zahlungen satzungswidrig.[75] Die Satzung muss allerdings keine Regelung zur konkreten Höhe der Vergütung enthalten. Es reicht, wenn eine Vergütung dem Grunde nach in der Satzung des Verbandes vorgesehen ist.[76] Die Satzungsregelung allein reicht jedoch als Grundlage für Zahlungen des Verbandes an Vorstands-/Geschäftsführungsmitglieder nicht aus: So muss zu der Satzungsregelung ergänzend ein Dienst-/Anstellungsvertrag mit einer konkreten Vergütungsregelung hinzutreten.[77]

b) Ressortverteilung im Vorstand. Bei großen Wirtschaftsverbänden mit umfassenden 40 Aufgaben ist aufgrund der Vielfalt der Aufgaben eine Ressortaufteilung im Vorstand geboten. Nach heute wohl hM ist hierfür keine Ermächtigungsgrundlage in der Satzung bzw. eigenständige Regelung der Ressortverteilung selbst in der Satzung des Verbands erforderlich.[78] Vielmehr kann die Mitgliederversammlung eine Geschäftsordnung für den Vorstand beschließen. Möglich ist aber auch, dass der Vorstand selbst eine Geschäftsordnung beschließt. In diesem Fall ist in analoger Anwendung von § 77 Abs. 2 S. 3 AktG ein einstimmiger Beschluss des Vorstandes erforderlich. Wichtig ist, dass eine klare und eindeutige Abgrenzung der verschiedenen Aufgabenbereiche in der Geschäftsordnung vorgenommen wird. Ferner ist darauf zu achten, dass das jeweils ressortmäßig zuständige Vorstandsmitglied über die für die Erfüllung seiner Aufgaben erforderliche Qualifikation verfügt.

Bei Vorhandensein einer entsprechenden Ressortverteilung leitet das ressortmäßig zu- 41 ständige Vorstandsmitglied sein Ressort eigenverantwortlich und trifft in seinem Zuständigkeitsbereich allein die Entscheidungen. Das ressortmäßig zuständige Vorstandsmitglied hat die übrigen Vorstandsmitglieder zu informieren. Die übrigen Vorstandsmitglieder werden nicht vollständig von den Vorstandspflichten befreit, ihnen obliegt vielmehr eine Überwachungspflicht. Nicht ausreichend für eine wirksame Ressortverteilung ist eine rein tatsächliche Aufteilung der Geschäfte. Zu den haftungsrechtlichen Auswirkungen einer Ressortverteilung im Vorstand sei auf die nachfolgenden Ausführungen verwiesen.

c) Weitere Organe. In der Praxis verfügen zahlreiche Wirtschaftsverbände neben dem 42 gesetzlichen Vorstand über weitere Organe,[79] zB ein Präsidium und ein gesondertes Geschäftsführungsorgan. So kann zB vorgesehen werden, dass das Präsidium den Verein und dessen gesamte Tätigkeit leitet, während die Geschäftsführung/die Geschäftsführer die laufenden Geschäfte zu erledigen haben. Die Mitglieder des Geschäftsführungsorgans haben in diesen Fällen vielfach **Vertretungsmacht nach § 30 BGB.** Darüber hinaus kann ein Aufsichtsrat als Kontroll- und Überwachungsorgan gebildet werden.[80] Schließlich können Ausschüsse gebildet werden, die andere Vereinsorgane unterstützen.[81] Bzgl. der Einzelheiten sei auf die nachfolgenden Ausführungen verwiesen.

d) Mitglieder-/Delegiertenversammlung. Die Mitgliederversammlung ist das **oberste** 43 **Vereinsorgan.** Durch sie nehmen die Mitglieder des Vereins Einfluss auf die Geschicke des Vereins. Ferner kann, insbes. bei großen Wirtschaftsverbänden, eine Delegiertenversammlung vorgesehen werden. Wegen der diesbezüglichen Einzelheiten sei auf § 4 verwiesen.

---

[75] *Reichert* S. 383 Rn. 2116 f. unter Hinweis auf BGH DNotZ 2008, 467.
[76] MüKoBGB/*Arnold* BGB § 27 Rn. 45.
[77] MüKoBGB/*Arnold* BGB § 27 Rn. 45.
[78] MüKoBGB/*Arnold* BGB § 27 Rn. 41; *Reichert* S. 2610.
[79] MüKoBGB/*Arnold* BGB § 27 Rn. 51.
[80] *Reichert* S. 512 Rn. 2867 ff.
[81] *Reichert* S. 514 Rn. 2875 ff.

44 **e) Bestellung eines besonderen Vertreters, § 30 BGB.** Zwingend nach dem Gesetz vorgesehen sind, wie bereits dargestellt, nur der Vorstand und die Mitgliederversammlung. Die Schaffung weiterer **fakultativer Organe** steht im Ermessen des Satzungsgebers. Das BGB sieht in § 30 BGB die Möglichkeit der **Bestellung eines sog besonderen Vertreters** vor. Die Satzung kann bestimmen, dass neben dem Vorstand für gewisse Geschäfte besondere Vertreter zu bestellen sind. Die Vertretungsmacht eines solchen Vertreters erstreckt sich im Zweifel auf alle Rechtsgeschäfte, die der ihm zugewiesene Geschäftskreis gewöhnlich mit sich bringt. Der besondere Vertreter ist grds. nicht Mitglied des Vorstands. Er tritt als (weiteres) Vereinsorgan neben den Vorstand. Auch ein Vorstandsmitglied kann jedoch zugleich besonderer Vertreter sein, wenn es zB für eine Sonderaufgabe nach der Satzung allein zuständig ist.[82]

45 Insbes. bei großen überregionalen oder mitgliederstarken Vereinen besteht so die Möglichkeit, bestimmte Vorstandsaufgaben auf ein weiteres Organ, den besonderen Vertreter, zu übertragen. In der Praxis haben oft Geschäftsführer, Hauptgeschäftsführer oder Generalsekretäre die Stellung eines besonderen Vertreters nach § 30 BGB.[83]

46 Die Bestellung eines besonderen Vertreters ist nur auf der **Grundlage einer entsprechenden Satzungsregelung** möglich. Ohne eine derartige Satzungsgrundlage kann ein besonderer Vertreter nicht bestellt werden.[84] Nach der einschlägigen Kommentierung muss der besondere Vertreter in der Satzung **nicht ausdrücklich** vorgesehen werden. Vielmehr ist nach einer in der Literatur vertretenen Meinung ausreichend, wenn sich die Zulässigkeit der Bestellung eines besonderen Vertreters aus dem gesamten Inhalt der Satzung ergebe.[85] Als satzungsmäßige Grundlage genüge es auch, wenn der besondere Vertreter als Geschäftsführer bezeichnet wird, ohne dass die Satzung iE seinen Aufgabenbereich umschreibt. Denn das Wort Geschäftsführer beinhalte bereits, dass er zur Führung der laufenden Geschäfte befugt sei.[86]

47 Nach der gesetzlichen Regelung **kann** die Satzung die Bestellung eines besonderen Vertreters vorsehen. Es besteht aber keine dahingehende Verpflichtung. IRd grundgesetzlich geschützten Vereinsautonomie ist dies die freie Entscheidung des jeweiligen Verbands. In diesem Zusammenhang ist allerdings zu beachten, dass die Rspr. eine Haftung des Vereins bei pflichtwidriger Unterlassung der Bestellung eines besonderen Vertreters angenommen hat. Nach dieser Rspr. soll – auch ohne satzungsmäßige Grundlage – eine Pflicht zur Bestellung eines besonderen Vertreters bestehen, wenn der Vorstand nicht alle Vereinsangelegenheiten selbst besorgen kann.[87] Der Sache nach ging es hierbei um eine Haftung des Vereins nach § 31 BGB bei Verletzung der Verkehrssicherungspflicht. Der Verein, so der Hintergrund der diesbezüglichen Rspr., soll sich nicht darauf berufen können, es sei niemand zuständig gewesen für die Erfüllung der dem Verein obliegenden Ver-

---

[82] BeckOK BGB/*Schöpflin* BGB § 30 Rn. 6, *vgl.* MüKoBGB/*Arnold* BGB § 30 Rn. 9: *„Nicht ausgeschlossen ist auch, dass jemand dem Vorstand angehört und besonderer Vertreter ist, nämlich dann, wenn ihm neben den allgemeinen Vorstandsaufgaben die Leitung einer satzungsmäßig verankerten selbständigen Einrichtung des Vereins übertragen worden ist. An der Leitung einer selbständigen Einrichtung in diesem Sinne fehlt es, wenn in einem Verein für die Erledigung der laufenden Geschäfte unterhalb des ehrenamtlichen Vorstands eine Geschäftsstelle unter der Leitung eines hauptamtlichen Geschäftsführers eingerichtet ist. Deshalb scheidet eine Personalunion zwischen Vorstand und Geschäftsführung insoweit aus. Man kann nicht gleichzeitig kraft Organstellung ehrenamtlich zur unentgeltlichen und kraft Dienstvertrags hauptamtlich zur entgeltlichen Geschäftsführung für den Verein berufen werden. Wenn die Satzung statt der ehrenamtlichen, mit Hilfe eines weisungsgebundenen ,Geschäftsführers‘ zu erfüllenden Geschäftsführungspflicht die Zulässigkeit der ,Personalunion‘ zwischen Vorstand und Geschäftsführung vorsieht, dann gestattet sie rechtlich die hauptamtliche Vorstandstätigkeit mit der Pflicht auch zur höchstpersönlichen Erledigung der laufenden Geschäfte (und unter Umständen der Folge des Verstoßes gegen die steuerrechtliche Gemeinnützigkeit)."*
[83] Zum Verbandsgeschäftsführer s. *Reichert* S. 507 Rn. 2837 ff.
[84] S. dazu auch MüKoBGB/*Arnold* BGB § 27 Rn. 5 ff.
[85] BeckOK BGB/*Schöpflin* BGB § 30 Rn. 4; *Reichert* S. 506 Rn. 2835 f. Krit. Baumann/Sikora/*Baumann* § 9 Rn. 16.
[86] So BeckOK BGB/*Schöpflin* BGB § 30 Rn. 4 unter Hinweis auf OLG Zweibrücken NZG 2013, 907 (908).
[87] BGH NJW 1957, 1315; 1960, 902.

kehrssicherungspflichten. In der Literatur wird diese Rspr. jedoch vor dem Hintergrund der grundgesetzlich geschützten Vereinsautonomie kritisch gesehen.[88]

Die Satzung bestimmt, wer für die Bestellung des besonderen Vertreters zuständig ist. 48 Trifft die Satzung keine Regelung, so ist zur Bestellung des besonderen Vertreters in entsprechender Anwendung der Vorschriften über die Vorstandsbestellung die Mitgliederversammlung berufen. Es kann auch ein Nichtvereinsmitglied zum besonderen Vertreter bestellt werden, da für den Verein der Grundsatz der Drittorganschaft gilt. Die Kompetenz zur Bestellung und Abberufung eines besonderen Vertreters kann durch die Satzung auch anderen Vereinsorganen zugewiesen werden.[89]

Die Bestellung erfolgt durch **Beschluss des zuständigen Organs** nach den für die 49 Beschlussfassung dieses Organs geltenden Regelungen. Die Bestellung bedarf zu ihrer Wirksamkeit der Annahme durch den Bestellten.[90] Der Bestellungsbeschluss muss – soweit sich die entsprechenden Punkte nicht bereits aus der Satzung ergeben – hinreichend klar sein. Es muss sich neben der Person des Bestellten auch der Umfang des dem besonderen Vertreter zugewiesenen Geschäftsbereichs und der ihm ggf. eingeräumten Vertretungsmacht aus dem Bestellungsbeschluss mit hinreichender Klarheit ergeben.

Die **Aufgaben und Befugnisse** eines besonderen Vertreters ergeben sich nicht unmit- 50 telbar aus dem Gesetz. § 30 BGB besagt lediglich, dass ein besonderer Vertreter für „gewisse Geschäfte" bestellt werden kann. Die diesbezüglichen Einzelheiten sind in der Literatur umstr. Keine Einigkeit herrscht darüber, ob die dem besonderen Vertreter zugewiesenen Geschäfte einer satzungsmäßigen Grundlage bedürfen oder nicht.[91] ZT wird zudem vertreten, dass der besondere Vertreter nicht für alle Vorstandsgeschäfte zuständig sein dürfe, vielmehr seine Zuständigkeit auf einen räumlich oder sachlich begrenzten Bereich bezogen sein müsse.[92] Ferner ist allein der Vorstand zuständig für die Erfüllung der gesetzlichen Amtspflichten (§§ 42 Abs. 2, 59 Abs. 1, 67 Abs. 1, 71 Abs. 1 S. 2, 72, 74 Abs. 2 S. 1, 76 Abs. 2 S. 1 BGB).[93] Der besondere Vertreter muss jedenfalls für den ihm zugewiesenen Geschäftskreis Geschäftsführungsbefugnis haben. Ihm muss ein bestimmter örtlicher oder sachlicher Aufgabenkreis übertragen werden und er muss im Außenverhältnis selbständig handeln können, wobei eine Weisungsgebundenheit im Innenverhältnis nicht schadet.[94] Für die Geschäftsführung des besonderen Vertreters ist iÜ das zugrunde liegende Rechtsverhältnis (Anstellungsverhältnis in Form eines Geschäftsbesorgungsvertrages mit Dienstvertragscharakter oder Arbeitsvertrag) maßgebend.[95]

Im Hinblick auf die Vertretungsmacht des besonderen Vertreters gilt: Das Gesetz enthält 51 in § 30 BGB eine **gesetzliche Vermutung.** Danach erstreckt sich die Vertretungsmacht des besonderen Vertreters *„im Zweifel auf alle Rechtsgeschäfte, die der ihm zugewiesene Geschäftskreis gewöhnlich mit sich bringt".* Die gesetzliche Vermutung gilt, wenn weder die Satzung noch der Bestellungsbeschluss Regelungen zur Vertretungsmacht des besonderen Vertreters enthalten. Zumeist wird jedoch die Vertretungsmacht des besonderen Vertreters entweder in der Satzung oder in dem Bestellungsbeschluss geregelt. Ist dies der Fall, so hat der besondere Vertreter originäre organschaftliche Vertretungsmacht. Seine Vertretungsmacht leitet sich nicht von der Vertretungsmacht des Vorstands ab. Zu beachten ist, dass

---

[88] Baumann/Sikora/*Baumann* § 9 Rn. 10 ff.
[89] *Reichert* S. 507 Rn. 2840 f.
[90] Baumann/Sikora/*Baumann* § 9 Rn. 27.
[91] Für das Erfordernis einer satzungsmäßigen Grundlage: BeckOK BGB/*Schöpflin* BGB § 30 Rn. 6; gegen das Erfordernis einer satzungsmäßigen Grundlage: Baumann/Sikora/*Baumann* § 9 Rn. 18 unter Hinweis auf BGHZ 88, 314 (316).
[92] So Baumann/Sikora/*Baumann* § 9 Rn. 28; BeckOK BGB/*Schöpflin* BGB § 30 Rn. 6 unter Hinweis auf OLG Hamm DNotZ 1978, 293 (295).
[93] Vgl. MüKoBGB/*Arnold* BGB § 30 Rn. 8.
[94] BeckOK BGB/*Schöpflin* BGB § 30 Rn. 4: *„Der besondere Vertreter muss den Verein, wenn auch begrenzt, repräsentieren (Palandt/Ellenberger Rn. 4. Als Beispiel nennt Reichert Handbuch Rn. 2837 ff. den Verbandsgeschäftsführer eines bundesweit tätigen Verbands, dazu BGH WuW 1989, 242)."*
[95] Zur Arbeitnehmereigenschaft des besonderen Vertreters vgl. BAG NJW 1997, 3261.

eine Erweiterung der Vertretungsmacht des besonderen Vertreters über den ihm zugewiesenen Geschäftskreis hinaus nicht möglich ist. Andererseits muss der besondere Vertreter nicht zwangsläufig über Vertretungsmacht im Außenverhältnis verfügen. Die Vertretungsmacht kann auch gänzlich ausgeschlossen sein.[96] In diesem Fall ist die Zuständigkeit des besonderen Vertreters auf die Geschäftsführung innerhalb des Vereins beschränkt.

52   Sofern dem besonderen Vertreter organschaftliche Vertretungsmacht zusteht, sollte klargestellt werden, ob diese Vertretungsmacht eine ausschließliche ist. In der Satzung kann vorgesehen werden, dass der besondere Vertreter für seinen Geschäftsbereich eine **ausschließliche Vertretungsmacht** hat. Insoweit ist dann die Vertretungsmacht des Vorstands eingeschränkt, dh der Vorstand ist im Geschäftskreis des besonderen Vertreters von der Vertretung des Vereins ausgeschlossen. Für eine derartige ausschließliche, die Vertretungsmacht des Vorstandes einschränkende bzw. verdrängende Vertretungsmacht ist jedoch eine Satzungsgrundlage erforderlich. Sofern die Satzung diesbezüglich keine klare Regelung trifft, ist von einer parallelen Vertretungsbefugnis von Vorstand und besonderem Vertreter auszugehen.[97]

53   Die Frage, ob der besondere Vertreter in das **Vereinsregister** eingetragen werden muss, ist umstr. Nach hM ist von einer Eintragungspflicht auszugehen. Auch wenn man sich nicht der hM anschließt, ist eine Eintragung in das Vereinsregister vor dem Hintergrund des § 26 BGB jedenfalls dann vorzunehmen, wenn die Vertretungsmacht des Vorstands durch die des besonderen Vertreters eingeschränkt werden soll.[98]

54   **f) Weitere Organe, insbesondere Geschäftsführer.** IRd Vereinsautonomie kann die Satzung des Vereins neben den gesetzlich vorgeschriebenen Organen (Vorstand, Mitgliederversammlung) noch weitere **fakultative Organe** vorsehen.[99] Wirtschaftsverbände verfügen häufig über eine Vielzahl weiterer Organe neben dem gesetzlichen Vorstand und der Mitgliederversammlung.

55   Im Hinblick auf die Möglichkeit der Bestellung eines besonderen Vertreters nach § 30 BGB sei auf die vorstehenden Ausführungen verwiesen. Darüber hinaus sind – ohne Anspruch auf Vollständigkeit – folgende weitere Organe möglich: erweiterter Vorstand, geschäftsführender Vorstand, Geschäftsführer, (Haupt-)Ausschuss, Präsidium, Direktorium, Beirat, Aufsichtsrat, Kuratorium etc. Den vorgenannten Organen können grds. alle Aufgaben übertragen werden, die nicht zwingend dem Vorstand oder der Mitgliederversammlung vorbehalten bleiben müssen. Zu den vom Gesetz vorgesehenen, zwingenden Vorstandsaufgaben gehören folgende:
- Der Vorstand hat im Falle der Zahlungsunfähigkeit oder der Überschuldung die Eröffnung des Insolvenzverfahrens zu beantragen, § 42 Abs. 2 BGB.
- Der Vorstand hat den Verein zur Eintragung in das Vereinsregister anzumelden, § 59 Abs. 1 BGB.
- Jede Änderung des Vorstandes ist von dem Vorstand zur Eintragung anzumelden, § 67 Abs. 1 BGB.
- Jede Änderung der Satzung ist von dem Vorstand zur Eintragung in das Vereinsregister anzumelden, § 71 Abs. 1 S. 2 BGB.
- Der Vorstand hat dem Amtsgericht auf Verlangen jederzeit eine schriftliche Bescheinigung über die Zahl der Vereinsmitglieder einzureichen, § 72 BGB.
- Im Falle der Auflösung des Vereins hat der Vorstand die Auflösung zur Eintragung in das Vereinsregister anzumelden, § 74 Abs. 2 S. 1 BGB.
- Im Falle der Liquidation hat der Vorstand die Liquidatoren zum Vereinsregister anzumelden, § 76 Abs. 2 S. 1 BGB.

---

[96] MüKoBGB/*Arnold* BGB § 30 Rn. 11.
[97] Baumann/Sikora/*Baumann* § 9 Rn. 37; BeckOK BGB/*Schöpflin* BGB § 30 Rn. 8.
[98] MüKoBGB/*Arnold* BGB § 30 Rn. 14.
[99] Baumann/Sikora/*Baumann* § 9 Rn. 43 ff.; MüKoBGB/*Arnold* BGB § 27 Rn. 51; *Reichert* S. 227 Rn. 1175 ff.

Zu den zwingenden Aufgaben der Mitgliederversammlung gehört die Beschlussfassung **56** über die Auflösung des Verbands, § 41 BGB.

Die Mitgliederversammlung hat ferner die Aufgabe, den Vorstand (§ 27 BGB) und die **57** Liquidatoren (§ 48 BGB) zu bestellen und abzuberufen sowie ihnen Weisungen zu erteilen (§§ 27 Abs. 3, 48 Abs. 2, 665 BGB), über Satzungsänderungen zu beschließen (§ 33 BGB) sowie im Falle der Auflösung des Vereins den Anfallberechtigten für das Vereinsvermögen zu bestimmen (§ 45 Abs. 2 S. 1 Alt. 1 BGB). Diese Aufgaben sind jedoch keine zwingenden Aufgaben der Mitgliederversammlung. Die Satzung kann diese Kompetenzen auf ein anderes Vereinsorgan übertragen.[100]

IÜ sind bei der Übertragung von Aufgaben auf fakultative Vereinsorgane folgende **58** Grenzen zu beachten: Es ist nicht möglich, dem gesetzlichen Vorstand iSv § 26 BGB die Vertretungsmacht **gänzlich** zu entziehen.[101] Möglich ist nach dem Gesetz lediglich eine Einschränkung der Vertretungsmacht. Umstr. ist, ob die gesamte Geschäftsführung auf ein fakultatives Organ übertragen werden kann.[102] Auch kann die Wirksamkeit einer Vertretungshandlung des Vorstandes von der Zustimmung eines weiteren Organs abhängig gemacht werden.[103]

Bei der Schaffung fakultativer Organe ist eine **klare Aufgabenfestlegung und Auf-** **59** **gabenabgrenzung** zu den gesetzlichen Organen, insbes. zu den Aufgaben des Vorstands, wesentlich. IE sollte die Satzung insbes. folgende Punkte klar und deutlich regeln[104]:
• Bezeichnung des Organs
• Bildung des Organs (Zahl der Mitglieder, Zusammensetzung, Organfähigkeit)
• Bestellung der Organmitglieder (Zuständigkeit, Verfahren, Amtszeit, ggf. Ersatzmitglieder)
• Aufgaben und Befugnisse des Organs
• Beschlussfassung des Organs (Ladung zu Sitzungen, Mehrheiten, Sitzungsleitung, Protokollierung).

Zahlreiche Wirtschaftsverbände verfügen neben dem Vorstand über mehrere Geschäfts- **60** führer[105] als weitere fakultative Organe. IdR ist bei Wirtschaftsverbänden zwischen den ehrenamtlich und unentgeltlich tätigen Vorstandsmitgliedern (iSv § 26 BGB) und den hauptamtlich sowie gegen Vergütung tätigen Geschäftsführern zu unterscheiden.

Das Amt eines Geschäftsführers ist beim Verein nicht gesetzlich geregelt. Das BGB ent- **61** hält für den Geschäftsführer eines Vereins keine besonderen Vorschriften. Die maßgeblichen Regelungen sind in der Satzung des Vereins zu treffen. Für die Ausgestaltung des Geschäftsführeramtes bei einem Verein bestehen in rechtlicher Hinsicht grds. mehrere Möglichkeiten:
• Geschäftsführer als besonderes Vorstandsmitglied (Mitglied des erweiterten Vorstands)
• Geschäftsführer als besonderer Vertreter iSv § 30 BGB
• Geschäftsführer als rechtsgeschäftlich Bevollmächtigter.

Zumeist sind die Geschäftsführer eines Wirtschaftsverbandes nach der Satzung für die Er- **62** ledigung der laufenden Geschäfte/Verwaltung zuständig.

g) Bevollmächtigte. Der Vorstand (in vertretungsberechtigter Zahl) kann einem anderen **63** Vorstandsmitglied oder einem Dritten Vollmacht zur rechtsgeschäftlichen Vertretung des Verbands erteilen. Erklärungen, die der Bevollmächtigte im Namen des Verbands abgibt, wirken unmittelbar für und gegen den Verband, § 164 BGB.

---

[100] BeckOK BGB/*Schöpflin* BGB § 32 Rn. 7.
[101] MüKoBGB/*Arnold* BGB § 27 Rn. 43; Palandt/*Ellenberger* BGB § 26 Rn. 6.
[102] Palandt/*Ellenberger* BGB § 27 Rn. 4; BeckOK BGB/*Schöpflin* BGB § 27 Rn. 16.
[103] BeckOK BGB/*Schöpflin* BGB § 27 Rn. 16; BGH NJW 1977, 2310; 1993, 191 (192), MüKoBGB/*Arnold* BGB § 27 Rn. 43: Keine generelle Übertragung der Geschäftsführung auf außenstehende Dritte.
[104] *Reichert* S. 228 Rn. 1177.
[105] *Reichert* S. 514 Rn. 2879; *Stöber/Otto* S. 279 Rn. 580 ff.

64 Die Übertragung der Organstellung ist unzulässig. Vor diesem Hintergrund wird die Erteilung einer Generalvollmacht durch den Vorstand ebenfalls für unzulässig gehalten.[106] Die Vollmacht muss vielmehr sachlich beschränkt sein, auf ein bestimmtes Geschäft oder eine bestimmte Art von Geschäften. Eine unwiderrufliche Vollmacht darf nur für ein einzelnes bestimmtes Rechtsgeschäft erteilt werden, da andernfalls die Regelung in § 27 Abs. 2 BGB umgangen würde, wonach die Bestellung zum Vorstand grds. jederzeit widerruflich ist.[107]

E. Autonomie und grundgesetzlicher Schutz

65 Durch Art. 9 GG wird die Vereinigungsfreiheit geschützt. Art. 9 Abs. 1 GG garantiert die **allgemeine Vereinigungsfreiheit.** Danach haben alle Deutschen das Recht, Vereine und Gesellschaften zu bilden. Verboten sind jedoch Vereinigungen, deren Zweck oder deren Tätigkeit den Strafgesetzen zuwiderläuft oder die sich gegen die verfassungsmäßige Ordnung oder gegen den Gedanken der Völkerverständigung richten (Art. 9 Abs. 2 GG). Die Voraussetzungen eines Vereinsverbotes und seine Folgen werden durch das Vereinsgesetz iE geregelt.[108] Das Vereinsgesetz ist zur Ausführung von Art. 9 GG ergangen.

66 Durch Art. 9 Abs. 3 GG wird die **Koalitionsfreiheit** als Sonderfall der allgemeinen Vereinigungsfreiheit geschützt. Die Koalitionsfreiheit beinhaltet das Recht, zur Wahrung und Förderung der Arbeits- und Wirtschaftsbedingungen Vereinigungen zu bilden. Dieses Recht ist für jedermann und für alle Berufe gewährleistet. Abreden, die dieses Recht einschränken oder zu behindern suchen, sind nichtig, hierauf gerichtete Maßnahmen rechtswidrig. Vereinigungen iSv Art. 9 Abs. 3 GG sind die Berufsverbände der Arbeitnehmer und Arbeitgeber, dh die Gewerkschaften und die Arbeitgeberverbände. Nur sie werden in Abgrenzung zu den Vereinigungen iSv Art. 9 Abs. 1 GG (allgemeinen Vereinigungsfreiheit) als Koalitionen bezeichnet.[109] Die allgemeine Vereinigungsfreiheit und die Koalitionsfreiheit schützt die gesamte Bandbreite von Vereinigungen und Verbänden verfassungsrechtlich.[110] Da lediglich die Arbeitgeberverbände und die Gewerkschaften unter Art. 9 Abs. 3 GG fallen, gilt für die (sonstigen) Wirtschaftsverbände Art. 9 Abs. 1 GG.

67 Sowohl die allgemeine Vereinigungsfreiheit als auch die Koalitionsfreiheit umfassen einerseits das **individuelle Freiheitsrecht** der einzelnen Vereinigungsmitglieder und andererseits das **kollektive Freiheitsrecht** der Vereinigung selbst. Die in Art. 9 Abs. 3 GG verankerte Koalitionsfreiheit schützt nicht nur vor Eingriffen von staatlicher Seite, sondern entfaltet auch unmittelbare Drittwirkung gegenüber Beeinträchtigungen durch Private.

68 Das **Individualgrundrecht** des Art. 9 Abs. 1 GG schützt die Bildung von Vereinen und Gesellschaften, dh damit auch die **Bildung von Wirtschaftsverbänden.** Geschützt wird das individuelle Recht des Einzelnen, sich mit anderen zusammenzuschließen und Vereine/Wirtschaftsverbände zu gründen.[111] Das beinhaltet die Freiheit der Entscheidung

---

[106] BeckOK BGB/*Schöpflin* BGB § 26 Rn. 19 unter Hinweis auf die einschlägige Rspr.; Palandt/*Ellenberger* BGB § 26 Rn. 9; *Reichert* S. 454 Rn. 2520 ff.; *Stöber/Otto* S. 281 Rn. 588.

[107] BeckOK BGB/*Schöpflin* BGB § 26 Rn. 19; Palandt/*Ellenberger* BGB § 26 Rn. 9; *Reichert* S. 454 Rn. 2514 ff.; *Stöber/Otto* S. 281 Rn. 589.

[108] Zum Vereinsverbot vgl. *Reichert* S. 1123 Rn. 6512 ff., S. 1131 Rn. 6543 ff.

[109] Maunz/Dürig/*Scholz* GG Art. 9 Rn. 3.

[110] Maunz/Dürig/*Scholz* GG Art. 9 Rn. 13: „*Rechtstatsächlich umfassen allgemeine Vereinigungsfreiheit und Koalitionsfreiheit das gesamte Spektrum gesellschaftlicher Selbstorganisation – angefangen von kleinen Ideal-Vereinen (z. B. Sportvereine, Kegelvereine etc.) über die Handels- und Kapitalgesellschaften des Gesellschafts- bzw. Wirtschaftsrechts, die Gewerkschaften und Arbeitgeberverbände bis hin zu allen anderen Verbänden im Sinne einer insgesamt pluralistisch gegliederten Gesellschaft. Die Grundrechtsgewährleistungen des Art. 9 Abs. 1 und Abs. 3 bilden für alle diese Vereinigungen und Verbände die maßgebende verfassungsrechtliche Basis. Lediglich die politischen Parteien und die Religionsgemeinschaften verfügen, wie gezeigt (vgl. Rdnr. 1), gemäß Art. 21, 140 über einen verfassungsrechtlich gesonderten Status.*“

[111] Maunz/Dürig/*Scholz* GG Art. 9 Rn. 13.

über den Zeitpunkt der Gründung, den Zweck, die Rechtsform, den Namen, die Satzung und den Sitz der Vereinigung **(sog Vereinsautonomie).**[112] Darüber hinaus werden geschützt der Beitritt zu einem bereits bestehenden Verein, die Betätigung innerhalb der Vereine und der Verbleib im Verein (positive Vereinigungsfreiheit) sowie das Recht zum Fernbleiben und zum Austritt (negative Vereinigungsfreiheit).

Darüber hinaus schützt Art. 9 Abs. 1 GG als **kollektives Freiheitsrecht** die Vereini- 69 gung an sich, dh die Existenz und die Funktionsfähigkeit der Vereinigung sowie grds. die Selbstbestimmung über die eigene Organisation.[113] Nach hM haben die (Wirtschafts-)Verbände jedoch keinen verfassungsrechtlich geschützten Anspruch auf Teilnahme an demokratischen Entscheidungsprozessen im Staat.[114]

Angesichts der Bedeutung vieler Wirtschaftsverbände stellt sich die Frage, ob ihre (in- 70 terne) Struktur bestimmten Anforderungen genügen muss.[115] Diese Frage ist, soweit ersichtlich, umstr. ZT wird in der Literatur vertreten, dass für Verbände mit einer wirtschaftlichen oder sozialen Machtstellung, was für zahlreiche Wirtschaftsverbände zutrifft, besondere Vorschriften gelten sollen. Sie müssen – so die Vertreter dieser Meinung – ihre Verfassung demokratisch ausgestalten. Ihr höchstes Organ muss die Mitglieder- bzw. Delegiertenversammlung sein.[116] Diese Auffassung sehen Teile der Literatur jedoch kritisch. Danach, so diese Literaturvertreter, genüge eine konsequente Anwendung der Beschränkungen, die das Privatrecht enthält, §§ 315, 826 BGB. Es sei jedoch nicht erforderlich, Wirtschaftsverbände den Prinzipien des öffentlichen Rechtes zu unterstellen.[117] Insbes. bei den Arbeitgeberverbänden und den Gewerkschaften wird eine demokratische Willensbildung für notwendig erachtet. ZT wird dies als Voraussetzung für die Bejahung der Koalitionseigenschaft angesehen, zT jedoch nur als Voraussetzung für die Tariffähigkeit.[118]

IÜ ergeben sich aus der Vereinsautonomie der Mitgliedsvereine für die Einwirkung des 71 Vereinsverbandes (Dachverbandes) auf die Mitglieder Grenzen.[119]

---

[112] Vgl. *Reichert* S. 1129 Rn. 6537.

[113] Maunz/Dürig/*Scholz* GG Art. 9 Rn. 23.

[114] MüKoBGB/*Reuter* BGB Vor § 21 Rn. 62 ff. mwN; Maunz/Dürig/*Scholz* GG Art. 9 Rn. 16: „*Das gleiche gilt aus der Sicht des demokratischen Verfassungsprinzips; da die Teilnahme der Verbände am demokratischen Willensbildungsprozeß lediglich im gesellschaftlichen Vorfeld autonomer Interessenrepräsentation und Meinungsbildung erfolgt, erkennt das Grundgesetz auch in Art. 9 keine (partizipationsrechtlichen) Verbandsansprüche auf Teilnahme an staatlich-demokratischen Entscheidungsprozessen an.*"

[115] Staudinger/*Weick* BGB Vorb. §§ 21 ff. Rn. 34: „*In der während der letzten drei Jahrzehnte geführten Diskussion über die Verbände und ihre Einordnung in das Rechtssystem [...] ist der Gedanke entwickelt worden, dass die* **Großverbände***, weil und soweit sie öffentliche Funktionen wahrnehmen, einer besonderen Ordnung unterstellt werden müssten. Sie seien zwar in der Grundlage Organisationen des Privatrechtes, müssen aber wegen ihrer Bedeutung im gesellschaftlichen und politischen Leben sogleich nach den aus dem GG, insbesondere den Grundrechten, zu entnehmenden Leitbildern gestaltet werden [...]. Soweit nach diesen Auffassungen bestimmten Verbänden ein Sonderstatus auferlegt wird, werden daraus Konsequenzen für die innere Ordnung des Vereins [...], für die Überprüfung von Vereinsakten, insbesondere Vereinsstrafen, für die Kontrolle der Vereinssatzung und vor allem für den Aufnahmezwang hergeleitet.*"

[116] Palandt/*Ellenberger* BGB § 25 Rn. 8 unter Hinweis auf Föhr NJW 1975, 617; Leßmann NJW 1978, 1545; Göhner DVBl 80, 1033; MüKoBGB/*Reuter* BGB Vor § 21 Rn. 71 ff., der auch die Dispositivität der vereinsrechtlichen Vorschriften über die Mitgliederversammlung und den Vorstand einschränken möchte und für eine Begrenzung der Amtszeit der Vereinsorgane plädiert.

[117] Staudinger/*Weick* BGB Vorb. §§ 21 ff. Rn. 42.

[118] BeckOK ArbR/*Waas* TVG § 2 Rn. 15 ff.

[119] Palandt/*Ellenberger* BGB Einf. v. § 21 Rn. 22: Danach ist eine doppelte satzungsrechtliche Grundlage erforderlich, wenn der Verband gegenüber den Mitgliedern der nachgeordneten Vereine Strafgewalt haben möchte.

§ 3. Compliance im Verband

Literatur:

Alexander, Verhaltenskodices im europäischen und deutschen Lauterkeitsrecht, GRUR-Int. 2012, 965; Bamberger/Roth, Beck'scher Online-Kommentar BGB, Stand: 1.11.2015; *Berstein/Klein,* Auslagerung der Compliance-Funktion bei kleineren und mittleren Unternehmen am Beispiel eines Finanzdienstleistungsunternehmens, CCZ 2014, 284; Baumbach/Hueck, GmbHG, 20. Aufl. 2013; *Beuthin,* Wie ideell muss ein Idealverein sein? Zu Sinn und Grenzen des Nebenzweckprivilegs, NZG 2015, 449; Blümich, Einkommenssteuergesetz, 130. Aufl. 2015; *Brouwer,* Compliance im Wirtschaftsverband, CCZ 2009, 161; *ders.,* Zum Erfordernis einer Satzungserlaubnis für Organvergütungen bei steuerbefreiten Berufsverbänden, BB 2010, 865; Büchting/Heussen, Beck'sches Rechtsanwaltshandbuch, 2014; *Cherkeh,* Compliance – Strategien des Vereinsvorstandes zur Haftungsvermeidung, npoR, 2014, 101; *Dann/Mengel,* Tanz auf einem Pulverfass – oder: Wie gefährlich leben Compliance-Beauftragte? NJW 2010, 3265; *Moll/Dendorfer,* Münchner Handbuch Arbeitsrecht, § 35, 2012; *Dieners,* Transparenz im Gesundheitswesen – der neue FSA-Kodex, CCZ 2014, 204; *Doris/Zimmer,* Ausbeutung in der Lieferkette, BB 2016, 181; *Engel/Hesselbarth,* Compliance-Pflicht im Vereinskonzern, CB 2014, 446; *Eggers,* Die Besteuerung der Berufsverbände, DStR 2007, 461; *Ehlers,* Die persönliche Haftung von ehrenamtlichen Vereinsvorständen, NJW 2011, 2689; *Eufinger,* Die neue CSR-Richtlinie – Erhöhung der Unternehmenstransparenz in Sozial- und Umweltbelangen, EuZW 2015, 424; *Fabritius/Fuhlrott,* Der BSCI-Verhaltenskodex: Gute Absicht, böses Erwachen? BB 2009, 2030; *Gerig,* Der rechtliche Rahmen für Lobbyisten, ZRP 2014, 247; *Gerig/Tsesis,* Interessenvertretung und Compliance, CCZ 2015, 268; *Gräwe,* Zur Notwendigkeit und Ausgestaltung von Nonprofit Governance-Systemen, ZStV 2013, 81; *Haellmigk,* Exportkontrolle und (Cloud-)Datentransfer: Spiel mit dem Feuer? – Neue Compliance-Herausforderungen für Unternehmen?! CCZ 2016, 28; *Hagel/Dahlendorf,* Der Beitrag von Wirtschaftsverbänden zur Compliance am Beispiel des „Rundum-Paktes" des Verbandes der Bahnindustrie in Deutschland, CCZ 2014, 275; *Hamdan,* Finanzielle Zuwendungen an den Vorstand, MDR 2015, 374; *Hauschka,* Compliance als Teil einer modernen Unternehmensführung, AnwBl. 2010, 629; Hauschka/Moosmayer/Löser, Corporate Compliance, 3. Aufl. 2016; *Hauschka/Galster/Marschlich,* Leitlinien für die Tätigkeit in der Compliance-Funktion im Unternehmen, CCZ 2014, 242; *Hild,* Outsourcing von Compliance-Funktionen: Anwalt als Ombudsmann, AnwBl. 2010, 641; *Hoffmann-Becking,* Münchner Handbuch Gesellschaftsrecht, Bd. 4, 2015; *Hohmuth,* Die arbeitsrechtliche Implementierung von Compliance-Pflichten, BB 2014, 3061; Hüffer, Aktiengesetz, 11. Aufl. 2014; *Irmer/Henssler,* „Healthcare Compliance" und Zusammenarbeit mit Krankenhäusern – zwischen Kooperation und Korruption, MPR 2010, 181; *Junker,* Geschäftsinformationen zwischen Papier und bytes, Festschrift für Gerhard Käfer 2009, 181–196; *Klösel,* Compliance-Verstöße und Sanktionen – ein Leitfaden für die Praxis, CB 2015, 254; *Kopp,* Corporate Governance, Compliance und Responsibility – Referenzsysteme guter Unternehmensführung, ZögU 2008, 427; *ders.,* Recht, Transparenz und Integrität beim Lobbying – Compliance angesichts von Regulierung und Selbstverpflichtungen, CCZ 2013, 67; *Kopp/Klostermann,* Vorsicht Falle – Verhaltenskodices im neuen Lauterkeitsrecht des UWG, CCZ 2009, 155; *Kroker,* Menschenrechte in der Compliance, CCZ 2015, 120; *Kort,* Verhaltensstandardisierung durch Corporate Compliance, NZG 2008, 81; *Lindemann/Sommer,* Die strafrechtliche Geschäftsherrenhaftung und ihre Bedeutung für den Bereich der Criminal Compliance, JuS 2015, 1053; *Moosmayer,* Qualifikation und Aufgabe des Compliance Officers, AnwBl. 2010, 634; *ders.,* Modethema oder Pflichtprogramm guter Unternehmensführung? NJW 2012, 3013; Münchener Kommentar Aktienrecht Bd. 2, 4. Aufl. 2015; *Plagemann/Hesse,* Vereinsvorstände – sozialversicherungspflichtig beschäftigt? NJW 2015, 439; *Nothelfer,* Die Einführung eines Compliance Management Systems als organisatorischer Lernprozess, CCZ 2013, 23; *Raus/Lützeler,* Berichtpflicht des Compliance Officers – zwischen interner Eskalation und externer Anzeige, CCZ 2012, 96; *Reichert,* Vereins- und Verbandsrecht, 13. Aufl. 2016; *Reinhart,* Ist Korruption in Sportverbänden strafbar? SpuR 2011, 241; *Remmert,* Rechtsfragen des Verwaltungssponsorings, DÖV 2010, 583; *Rieble,* Zivilrechtliche Haftung der Compliance-Agenten, CCZ 2010, 1; *Römermann,* 2014 – ein Jahr im Zeichen der Compliance: nun auch für mittelständische GmbH, GmbHR 2014, 1; *Roth-Mingram,* Corporate Social Responsibility (CSR) durch eine Ausweitung der nichtfinanziellen Informationen von Unternehmen, NZG 2015, 1441; Schaefer/Baumann, Compliance-Organisation und Sanktionen bei Verstößen, NJW 2011, 3601; Sauter/Schweyer/Waldner/Wörle-Himmel, Der eingetragene Verein, 19. Aufl. 2010; *Schmidt,* Wie viel Governance ist sinnvoll und erforderlich für NPOs? ZStV 2014, 21; *Schockenhoff,* Geheimhaltung von Compliance-Verstößen, NZG 2015, 40; *Schrader,* Nachhaltigkeit in Unternehmen – Verrechtlichung von Corporate Social Responsibility (CSR), ZUR 2013, 451; *Schröder,* Sponsoring in der Bundesverwaltung, NJW 2004, 1353; Spindler/Stilz, Aktiengesetz, 3. Aufl. 2015; *Steiner,* Der GDV-Vertriebskodex 2013: Zahnloser Tiger oder Wolf im Schafspelz? CCZ 2014, 50; Stöber/Otto, Handbuch zum Vereinsrecht, 11. Aufl. 2016; *Schulz/Renz,* Der erfolgreiche Compliance-Beauftragte – Leitlinien eines branchenübergreifenden Berufsbildes, BB 2012; *Spahlinger/Wegen,* Internationales Gesellschaftsrecht in der Praxis, 2005; *Speth,* Arbeitgeber- und Wirtschaftsverbände in Politik und Gesellschaft in: Schroeder/Weßels, Handbuch der Arbeitgeber- und Wirtschaftsverbände, Wiesbaden 2010, S. 260; *von Busekist/Fahrig,* Whistleblowing und der Schutz von Hinweisgebern, BB 2013, 119; Wabnitz/Janowsky, Handbuch des Wirtschafts- und Steuerstrafrechts, 4. Aufl. 2014; *Wiederholt/Walter,* Compliance – Anforderungen an die Unternehmensorganisationspflichten, BB 2011, 968; *Wieland,* Unternehmensethik und Compliance Management – Zwei Seiten einer Medaille, CCZ 2008, 15; *Wolf,* Der Compliance-Officer – Garant, hoheitlich

Beauftragter oder Berater im Unternehmensinteresse zwischen Zivil-, Straf- und Aufsichsrecht? BB 2011, 1353; *Zimmermann,* Die straf- und zivilrechtliche Verantwortlichkeit des Compliance Officers, BB 2011, 634.

A. Einführung

1   Der Stellenwert einer sachgerechten Compliance-Organisation hat in den letzten Jahren bei allen großen Vereinen, so auch bei der Steuerung und Kontrolle der großen Wirtschafts- und Berufsverbände, eine erhebliche Bedeutung gewonnen. Die Ursachen sind vielfältig. Mitgliedsunternehmen fordern von ihren Verbänden eine mit den Mitgliedsunternehmen gleichwertige und belastbare Kartellrechts-Compliance. Korruptionssachverhalte wurden international engmaschiger normiert und verlangen angesichts des Verfolgungsdruckes angemessene Prävention. Organmitglieder geraten ins Visier von Behörden und Strafverfolgungsinstanzen. Die gesetzliche Haftungsprivilegierung des Vereinsrechts gegen vermögensrechtliche Inanspruchnahme bei Pflichtverletzungen bietet nur einen begrenzten Schutz. Sponsoren verlangen zunehmend integres Verhalten der Vereine. Über allem steht die potentielle Gefährdung der öffentlichen Reputation und die Furcht vor medialer Skandalisierung. Nachdem der pluralistische und über die Bonner Republik gefestigte korporative Einfluss der Wirtschaftsverbände in der Informationsgesellschaft erodiert und sich zunehmend transparentem Meinungswettbewerb von inzwischen breit aufgestellten Organisationen der Zivilgesellschaft ausgesetzt sieht,[1] ist gute Reputation im öffentlichen Diskurs eine unverzichtbare Voraussetzung, um Gehör für die eigenen Anliegen zu finden.

2   Obwohl zahlreiche Interessenverbände bei Compliance-Strukturen institutionell und prozedural gegenüber Industrie und Dienstleistern nachgezogen haben, findet man nur begrenzt eine durchgängige Implementierung des als state of the art geltenden Instrumentariums und nur hin und wieder eine proaktive Compliance-Kommunikation, die Compliance und Werteorientierung als Teil der gesellschaftlichen Verantwortung im gesamten Umfeld auszurollen bemüht ist.[2] Bei ca. 8.500 Verbänden mit hauptamtlicher Geschäftsstelle[3] und einer großen Zahl ehrenamtlich geführter Organisationen ist quantitativ mit einem erheblichen Nachholbedarf zu rechnen. Eine qualitativ überzeugende Compliance Policy ist bei allen Interessenverbänden, ganz gleich ob sie gemeinsame Interessen ihrer Mitglieder auf wirtschaftlichen, sozialen, kulturellen oder sportlichen Gebieten vertreten, für Mitgliedergewinnung und -bindung, für Integrität und Nachhaltigkeit bei der Verbandsführung und für Akzeptanz bei den politisch und gesellschaftlich bedeutsamen Stakeholdern unverzichtbar.

B. Compliance im Gefüge der Governance eines Verbandes

I. Vereinsstruktur und Compliance-Pflicht

3   Wirtschafts- und Berufsverbände sind idR als eingetragene Idealvereine organisiert (§ 21 BGB). Vereine sind nach Maßgabe ihrer Satzung körperschaftlich verfasst, so dass sie hins. ihrer Willens- und Handlungsfähigkeit wie eine juristische Person eigenständig und im eigenen Namen am Rechtsverkehr teilnehmen. Der juristischen Person wird nicht nur das rechtmäßige Verhalten ihrer Organe zugerechnet, sondern auch deren rechtswidriges Verhalten innerhalb ihres zugewiesenen Wirkungskreises (§ 31 BGB).[4]

---

[1] Zur Entwicklung *Speth,* Arbeitgeber- und Wirtschaftsverbände in Politik und Gesellschaft in: Schroeder/Weßels, Handbuch der Arbeitgeber- und Wirtschaftsverbände, 2010, S. 260 ff.
[2] S. Beispiel des „Rundum-Paktes" des Verbandes der Bahnindustrie in Deutschland *Hagel/Dahlendorf* CCZ 2014, 275.
[3] Daten des Deutschen Verbände Forums, www.verbaende.com/hintergruende/studien-statistiken.
[4] BeckOK BGB/*Schöpflin* BGB § 21 Rn. 16.

An die Beachtung des äußeren Handlungsrahmens einer Organisation **(Legalitätspflicht)** 4
sind nicht nur die Organe von Unternehmen, sondern auch die gesetzlich vorgesehenen
und fakultativen Organe von Vereinen gebunden. Die Organmitglieder sind verpflichtet,
alle zumutbaren Vorkehrungen mittels Steuerung und Aufsicht zu treffen, damit aus dem
Verein heraus – sei es durch haupt- oder ehrenamtlich tätige Personen – keine Rechts-
und Integritätsverletzungen erfolgen oder geschützte Rechtsgüter Dritter verletzt werden.
Einhaltung und Kontrolle aller maßgebenden Gesetze, Normen und nationaler wie internationaler Standards ebenso wie die Erfüllung sonstiger Pflichten etwa aus Mitglied-
schaftsverhältnissen, vertraglichen Vereinbarungen oder Selbstverpflichtungen werden unter dem Begriff Compliance zusammengefasst. Compliance kann als das rechtliche
Gegenstück zum betriebswirtschaftlichen Risikomanagement begriffen werden.

Die **rechtliche Verpflichtung** für Organmitglieder aller Gesellschaftsformen zu einer 5
angemessenen Compliance ist heute weitgehend unbestritten. Nach hM wird die Rechtsgrundlage aus der Organverantwortung zur Unternehmensleitung im Gesellschaftsrecht
hergeleitet.[5] Nach § 91 Abs. 2 AktG sind Aktiengesellschaften insbes. verpflichtet, ein geeignetes System zur Früherkennung bestandsgefährdender Risiken einzuführen. Ein analoge Anwendung auf die GmbH und alle anderen Gesellschaftsformen wird zunehmend
bejaht, insbes. seit der Deutsche Corporate Governance Kodex[6] im Jahre 2007 deklaratorisch die Compliance-Pflicht als Bestandteil guter Unternehmensführung festgeschrieben
hat.[7] Nach anderer Auffassung wird die Compliance-Pflicht aus dem Bußgeldtatbestand
des § 130 OWiG hergeleitet,[8] als Rechtstreueorganisationspflicht aus § 831 BGB[9] oder
jedenfalls die einzelnen Überwachungspflichten an die jeweils gesetzliche Regelung ange-
knüpft.[10] Die Rspr. geht vorsichtig mit dem Compliance-Begriff um. Nachdem der 5.
Strafsenat des BGH am 17.7.2009[11] die Strafbarkeit des Compliance Officers einer öffentlich-rechtlichen Anstalt aufgrund der Garantenpflicht gegenüber Gebührenzahlern bejaht
hatte, wurde in einer Reihe von Fällen auch die Garantenpflicht des Geschäftsherren zur
Verhinderung von Straftaten nachgeordneter Mitarbeiter[12] bzw. sogar der Aufsichtsrats-
mitglieder für Zahlungen an sie selbst[13] bejaht. Schließlich hat sich das LG München I[14] in
einer viel beachteten und kommentierten Entscheidung über den Schadensersatzanspruch
in erheblicher Höhe an einen Siemens-Finanzvorstand für eine umfassende kollektive
Verantwortung des Vorstandes zur kontinuierlichen Überwachung und Durchsetzung einer effizienten Compliance-Organisation ausgesprochen. Eine künftige Klärung und Weiterentwicklung durch die Rspr. bleibt abzuwarten.[15]

Die vereinsrechtliche Literatur folgt nicht geschlossen der Auffassung, dass eine persön- 6
liche Haftung von exekutiv tätigen Organmitgliedern in allen Fällen von **Organisationsverschulden** gegeben ist.[16] Angesichts der Verbreiterung der Compliance-Debatte dürfte
sich eine Annäherung an die – allerdings auch nicht völlig unumstrittene – Auffassung
ergeben, dass grds. in jedem Unternehmen ab einer gewissen Größe eine Verpflichtung
zur Schaffung einer Compliance-Organisation besteht.[17] Infolge der Verwicklung von

---

[5] MHdB GesR IV/*Wiesner* § 25 Rn. 13 ff. mwN.
[6] DCGK idF v. 5.5.2015, BAnz AT 12.6.2015 B1, Ziff. 3.4, 4.1.3, 5.3.2.
[7] *Römermann* GmbHR 2014, 1; *Schaefer/Baumann* NJW 2011, 3601; *Wiederholt/Walter* BB 2011, 968.
[8] *Moosmayer* NJW 2012, 3013.
[9] BeckOK BGB/*Spindler* BGB § 831 Rn. 7.
[10] *Hauschka* NJW 2004, 257 (258).
[11] BGH BKR 2009, 422.
[12] ZB BGH CCZ 2012, 157 mAnm Poguntke; zivilrechtliche Haftung nur gegenüber der Gesellschaft,
nicht gegenüber Dritten, BGH NJW 2012, 3439.
[13] OLG Braunschweig BB 2013, 212.
[14] LG München I NZG 2014, 157.
[15] *Lindemann/Sommer* JuS 2015, 1053 mwN.
[16] MüKoBGB/*Arnold* BGB § 31 Rn. 9; *Stöber/Otto* S. 232 Rn. 468 ff.; HK-BGB/*Dörner* BGB § 31 Rn. 7;
SSW eV/*Wörle-Himmel* Teil 1 IV 3 Rn. 292a.
[17] MüKoAktG/*Spindler* AktG § 91 Rn. 663 ff.; Hüffer/Koch/*Hüffer* AktG § 76 Rn. 13 ff.; Baumbach/
Hueck/*Zöllner/Noack* GmbHG § 35 Rn. 68a, § 43 Rn. 17; Hölters/*Weber* AktG § 76 Rn. 29.

Verbänden etwa in kartellrechtliche Verfahren und in überzogene Lobbyaktivitäten dürfte die allgemeine Vereins-/Verbandsliteratur dieses bisher nur peripher behandelte Thema künftig stärker akzentuieren. Durch den ADAC-Skandal hat das Thema im sog Vereinskonzern weiter Aufwind bekommen.[18]

7   Wie andere Geschäftsleitungen[19] sind auch **Vereinsvorstände und Besondere Vertreter nach § 30 BGB** iRd ihnen übertragenen Pflichtenkreises aufgrund ihrer allgemeinen Pflicht zur ordnungsgemäßen Geschäftsführung zu einer angemessenen Rechtseinhaltung und –überwachung im gesamten Verein verpflichtet. Diese Pflicht rechtfertigt es, ihnen die für juristische Personen generell geltenden Compliance-Pflichten aufzuerlegen.[20] Der Gedanke, potentielle Risiken im Vereinsleben präventiv durch die Schaffung von gängigen Compliance-Instrumenten abzuwehren oder zu verringern, entspricht bereits den zur ordnungsgemäßen Vereinsvermögensverwaltung getroffenen Empfehlungen. Er geht inhaltlich nur wesentlich weiter.[21] Es handelt sich insoweit nicht nicht nur um die Rechtstreue als solche, sondern um die Erfassung und Überwachung aller risikorelevanten Verbandsaktivitäten. Letztlich sollen alle mit Rechtsverletzungen verbundenen wirtschaftlichen und bußgeldrelevanten Risiken für den Verein vermieden werden.

8   Materiell gehören zur **Compliance-Pflicht** zunächst die gesetzlichen Ge- und Verbote. Daneben ist das Vereinsrecht einzuhalten, dessen Kern die Satzung darstellt. Deren Zweckbestimmung ist idR die gemeinsame Vertretung der (kollektiven) beruflichen Interessen und die Förderung der allgemeinen wirtschaftlichen, sozialen, sportlichen, kulturellen und wissenschaftlich/technischen Entwicklung unter Ausschluss gewerblicher Tätigkeiten. Ein deutliches Haftungsrisiko besteht, wenn die Verbandsleitung den ideellen Verbandszweck überdehnt und durch wirtschaftliche Betätigung eine Rechtsformverfehlung herbeiführt. Neben der Grundordnung sind auch die Nebensatzungen (Beitragsordnung, Benutzungsordnungen) sowie satzungsnachrangige Nebenordnungen (Geschäftsordnungen, Schiedsordnung) sowie Beschlüsse der Mitgliederversammlung oder anderer Verbandsorgane zu beachten. Wichtig ist, dass die Vereinsordnungen in einer angemessenen Weise allen Mitgliedern bekannt gemacht werden.

9   Die Satzung kann auch von der Mitgliederversammlung bei widersprechenden Beschlüssen im Einzelfall nur mit satzungsändernder Mehrheit durchbrochen werden.[22] Gefälligkeiten des Vorstandes wie Erlass/Minderung des Beitrags oder von Nutzungsentgelten bewahren nur bei Einhaltung der in der Satzung verankerten Zuständigkeiten vor dem Untreuevorwurf. Gleiches gilt, wenn ehrenamtliche Verbandsorgane ohne erforderliche Satzungserlaubnis über Aufwendungsersatz hinaus vergütet werden. Denn § 27 Abs. 3 S. 2 BGB sieht vor, dass die Vorstandsmitglieder unentgeltlich tätig sind, soweit in der Satzung keine Vergütung vorgesehen ist (→ Rn. 54 s. u. D III). Unzulässige Privatentnahmen aus Vereinsvermögen oder spekulative Verwendung bei der Anlage von Vereinsvermögen sind weitere Fälle der Verletzung der Vermögensbetreuungspflicht.

10   Neben der Compliance-Verantwortung aus der Pflichtenübertragung an die Organe im Innenverhältnis spielt die **Aufsichtspflicht im Außenverhältnis** eine immer größere Rolle, geht es doch darum, öffentlich-rechtliche Pflichten einzuhalten und Dritte vor Schaden durch die Realisierung von vielfältigen Risiken zu bewahren. Da solche Risiken in der Verbandspraxis häufig in Form von existenzgefährdenden Bußgeldern, Gewinnabschöpfung und Schadensersatzansprüchen bei Wettbewerbsverstößen auftreten können, hat sich eine ausgeprägte Darstellung insbes. bei der Kartellrechts-Compliance[23] entwickelt, aus der sich Hinweise auch für andere Verbandsbereiche ableiten lassen.

---

[18] *Engel/Hesselbarth* CB 2014, 446.
[19] S. beispielhaft für die Genossenschaft: BGH ZIP 2004, 407 (408).
[20] *Brouwer* CCZ 2009, 161; SSW eV/*Wörle-Himmel* Rn. 292c; *Cherkeh* npoR 2014, 101.
[21] *Reichert* Rn. 1547, 1944; *Cherkeh* npoR 2014, 101 (102).
[22] MüKoBGB/*Arnold* BGB § 33 Rn. 10.
[23] *Brouwer* CCZ 2009, 161; AnwBl. 2010, 663; *Kapp/Hummel* CCZ 2013, 240; *Dittrich* CCZ 2015, 209; s. eingehend → § 5 Rn. 1 ff.

II. Compliance als Leitungsaufgabe

Compliance ist eines der Referenzsysteme und ein Standard guter Unternehmensfüh- **11** rung.[24] Die Betriebswirtschaft hat den Ansatz, Risikomanagement und Compliance unternehmensweit ganzheitlich, horizontal und vertikal, in ein operatives Corporate Governance Modell zu integrieren.[25] Die Gewährleistung von Compliance fällt in den **Kernbereich der Leitungsaufgabe** der exekutiven Organe.[26] In der organisatorischen Umsetzung durch das exekutive Organ liegt der zentrale Ansatz der Compliance als Mittel der Schadens- und Haftungsprävention sowie der wertorientierten Führung eines Unternehmens wie auch eines Verbandes. Daraus ergibt sich, dass Compliance ihr Ziel, Verantwortung und Haftung der Exekutiv- und Überwachungsorgane in einer Organisation zu minimieren, nur erfüllen kann, wenn sie

- auf der Basis eines klaren Bekenntnisses der Leitung zu Rechtsstreue und Integrität,
- in angemessenem Verhältnis zur Risikostruktur des Verbandes,
- mit hinreichenden personellen und materiellen Ressourcen und belastbaren Prozessen ausgestattet,
- als Querschnittsaufgabe in Kommunikation und Wissensmanagement mit den operativen Funktionen der Geschäftsstelle und Untergliederungen angemessen eingebunden ist,
- wenn eine klare Berichtsstruktur zur Leitung existiert,
- Dokumentation, Kontrolle, Qualitätsmanagement und Anpassung an veränderte Herausforderungen gewährleistet sind sowie
- bei Verstößen angemessene Aufklärung und Sanktionen vorgesehen sind.

Compliance ist insoweit integrativer Teil einer **guten Corporate Governance,** die den **12** Verband nicht nur in seiner rechtlichen Verfassung, sondern als sozialen Organismus mit Verantwortung gegenüber vielen Interessengruppen betrachtet, nämlich den eigenen Mitarbeitern, den Mitgliedern, Vertragspartnern, Politik und Gesellschaft. Bei der Corporate Governance geht es um die Zuweisung und Ausgestaltung von Rechten, Pflichten und Verantwortlichkeiten der Verbandsleitung und deren effektive Überwachung. Die verschiedenen Elemente der Governance können erfolgreich nur im abgestimmten Zusammenspiel eingesetzt werden.

Die Verpflichtung zur Einrichtung eines den jeweiligen Verhältnissen **angemessenen** **13** **Compliance Management Systems** (CMS) trifft den gesetzlichen Vorstand in seiner Gesamtheit; aber auch jedes einzelne Organmitglied ist im Falle der Nichterfüllung dafür verantwortlich.[27] Die Reichweite der persönlichen Haftung von ehrenamtlich tätigen Vorstandsmitgliedern wird gern unterschätzt.[28] In Verbänden sind nach Maßgabe der vereinsrechtlichen Satzungsfreiheit (§ 40 BGB) die operativen Aufgaben hins. Organisation, Personal und Finanzen häufig Geschäftsführungen übertragen, die als Besondere Vertreter mit beschränkter organschaftlicher Vertretungsmacht nach § 30 BGB eigenständig neben dem oder im satzungsgemäß zugewiesenen Geschäftsbereich anstatt der Vorstände für die rechtskonforme Abwicklung des Tagesgeschäftes verantwortlich sind. Auch diese haften, wenn sie es unterlassen haben, eine Organisation zu schaffen, in der Rechtsverstöße vermieden werden und es daher durch Beschäftigte zu Kartellverstößen, Schmiergeldzahlungen usw. kommt. Im Verband ist besonders darauf zu achten, dass er nicht von Mitgliedern als Plattform für Regelverstöße benutzt wird oder Hilfestellungen dazu leistet.

---

[24] *Kopp* ZögU 2008, 427; *Hauschka* AnwBl. 2010, 629.
[25] *Kort* NZG 2008, 82 (83).
[26] Spindler/Stilz/*Fleischer* AktG § 91 Rn. 63; BeckRA-HdB/*Junker/Knigge/Pischel/Reinhart* § 48 Rn. 3 ff.
[27] OLG Jena NZG 2010, 226; FG München NZA 2010, 1224 ; auch für die straf- und ordnungswidrigkeitsrechtliche Haftung gilt, dass jedes Organmitglied Normadressat ist, vgl. → § 2 Rn. 1 ff.
[28] *Ehlers* NJW 2011, 2689.

III. Ausgestaltung der Compliance-Organisation

14 Eine bestimmte Ausgestaltung der Compliance-Organisation ist nicht vorgeschrieben. Die Anforderungen sind abhängig vom Einzelfall und insbes. eine Frage der Verhältnismäßigkeit. Bei kleinen Verbänden mit geringen Personalressourcen, deren Aufgaben zudem nicht risikoaffin sind, ist ggf. auch die Auslagerung der Compliance-Funktion oder von Teilen davon denkbar.[29]

15 IÜ muss die Umsetzung dem Haftungsausschluss bzw. der -begrenzung dienen, so dass sich das Leitungsorgan des Verbandes für eine ordnungsgemäße Organisation entscheiden muss, die der Größe des Verbandes, der Ausrichtung der Interessen und der Risikodisposition im jeweiligen Fall gerecht wird. Dem Leitungsorgan steht dabei ein Handlungsermessen zu, das sich an der Sorgfaltspflicht eines ordentlichen und gewissenhaften Leiters eines Interessenverbandes orientiert.

16 Zu Beginn steht eine **Risikoanalyse**, in deren Rahmen die spezifischen Risiken des Verbandes zu identifizieren und zu dokumentieren sind. Maßnahmen sind so auszurichten, dass diese Risiken handhabbar bleiben. Die Risiken im Verband werden sich zT mit den allgemeinen Risiken von Unternehmen decken, darüber hinaus aber auch eigenständige Gefährdungen und va andere Gewichtungen haben. Besondere Aufmerksamkeit ist Risiken entgegenzubringen, die bereits in der Vergangenheit zu Rechtsverletzungen und/ oder Schäden geführt haben. Typische Risiken werden unter Kap. D (→ Rn. 47 ff.) im Überblick dargestellt. Aufarbeitung und Handlungsempfehlungen konkreter Risiken bleiben den einzelnen Fachbeiträgen dieses Handbuchs vorbehalten.

17 Die Konzeption von Organisation und Prozessen des Compliance Managements beinhaltet, dass Compliance als Teil der nachhaltigen Wertschöpfung im Verband begriffen und durchgängig als **Handlungsmaßstab** verankert wird. Das beginnt mit der Kommunikation („Tone from the Top") und erfordert im Alltag, dass Compliance über alle Hierarchieebenen hinweg gelebt wird. Der Wertekanon eines Verbandes sollte idealiter mit den Führungskräften entwickelt und nicht als „fertiges Programm" von außen eingekauft werden. Mission Statements der Geschäftsleitung, so perfekt sie auch sein mögen, gewährleisten Rechtstreue und Integrität nicht, wenn den Beschäftigten nicht hinreichende Informationsgrundlagen zum Selbststudium zur Verfügung gestellt werden, regelmäßige Trainings und Schulungen stattfinden und Ansprechpartner im Verband[30] kontinuierlich zur Verfügung stehen. Die Implementierung von CMS muss als integrativer Prozess gestaltet werden, der von den Personalverantwortlichen im Verband zu begleiten ist.[31] Mitarbeiterinnen und Mitarbeiter, das haben die jüngsten Skandale in deutschen Konzernen nachdrücklich vor Augen geführt, können zu Rechtstreue und Integrität nicht allein durch Verhaltensrichtlinien angehalten werden, sie bedürfen insbes. in Konfliktsituation der institutionellen Unterstützung durch Compliance-Promotoren im Management.

18 In größeren Verbänden, insbes. wenn (selbständige) Zweigverbände, fachliche und örtliche Untergliederungen, Auslandsbüros und wirtschaftlich tätige Tochtergesellschaften die Komplexität im Verbund erhöhen, wird man an der Berufung eines **Compliance Officers** nicht vorbeikommen. Die unabhängig zu gestaltende Funktion des Compliance Officers ist ein zentraler Baustein in jedem Compliance-Konzept. Er identifiziert Risiken, erarbeitet Lösungsvorschläge und koordiniert die jeweils einzubeziehenden Bereiche eines Verbandes. Er ist ein weitgehend weisungsfreier Berater, an den die Geschäftsleitung Verantwortung mit dem Ziel der Haftungsentlastung delegiert. Dazu ist er sorgfältig auszuwählen; an seine Qualifikation sind professionelle Ansprüche zu stellen. Er gestaltet und überwacht auf der Basis hinreichender Ausstattung seiner Funktion die Prozesse und kontrolliert die Effizienz der Compliance-Organisation. Er dokumentiert und berichtet die

---

[29] *Berstein/Klein* CCZ 2014, 284; *Hild* AnwBl. 2010, 641.
[30] Wozu auch eine Compliance Hotline und externe Ombudsleute gehören können; vgl. *von Busekist/Fahrig* BB 2013, 119.
[31] *Nothelfer* CCZ 2013, 23.

Abläufe an Vorstand und Geschäftsführung, ohne selbst sanktionierend tätig zu werden.[32] Der Compliance Officer muss gewissenhaft und sorgfältig arbeiten, da er bei seiner Aufgabe selbst zivil- und strafrechtlichen Risiken ausgesetzt ist.[33]

Compliance ist nur effektiv, wenn Regelverstöße auch geahndet werden.[34] Insofern besteht bei hinreichenden Anhaltspunkten zunächst eine Pflicht zur Aufklärung und Untersuchung von Rechtsverstößen und bei deren Feststellung eine Pflicht zu deren nachhaltig wirkender Abstellung. Nach verbreiteter Ansicht besteht zumindest faktisch eine **Pflicht zur Sanktionierung** von Verstößen.[35] Hins. der Art und Weise der Sanktionierung steht den Organen ein Auswahlermessen zu. Das gilt auch für die Frage, ob es angebracht ist, Verstöße öffentlich zu machen.[36] Um dem Vorwurf der Willkür entgegenzutreten, empfiehlt es sich, vorab auf die Konsequenz einer abgestuften Reaktion von Disziplinarmaßnahmen hinzuweisen und das Verfahren ggf. in Verhaltensrichtlinien zu normieren. Im Hinblick auf Beschäftigte des Verbandes steht das übliche arbeitsrechtliche Instrumentarium zur Verfügung. Bei Sanktionen gegen ehrenamtliche Funktionsträger und Delegierte von Mitgliedsunternehmen bedarf es einer wirksamen vereinsrechtlichen Verankerung in der Satzung bzw. auf deren Grundlage eines Sanktionskataloges als Nebenordnung des Vereins.[37] IÜ wird auf → § 6 verwiesen.

IV. Gemeinsame Architektur mit Social Responsibility

Die Einrichtung einer Compliance-Organisation ist ein wichtiger Baustein der Prävention, aber keine hinreichende Bedingung für Rechtstreue im Unternehmen. Verbände können sich ebenso wenig wie mittelständische Unternehmen aufwändige und personalintensive Strukturen leisten, um bei allen Aktivitäten in den regelmäßig ausufernden Netzwerken aus Fachgruppen und Arbeitsgemeinschaften regeltreues Verhalten durch umfangreiche Kontrolle zu gewährleisten. Compliance muss im Zusammenhang mit den anderen Bausteinen zu einer ordnungsgemäßen Führung, Steuerung und Kontrolle gesehen werden, die zu Good Governance gehören. Neben dem betriebswirtschaftlichen Risikomanagement korrespondiert Compliance va mit einer **umfassenden Integritätskultur** im Verband. Denn Ziel einer effektiven Compliance ist nicht, dass die errichtete Struktur den rechtlichen Mindestanforderungen entspricht, sondern dass sie die Erwartungen der Verbandsleitung an eine nachhaltige Verhaltenssteuerung der internen Akteure, Gremienmitglieder wie Beschäftigten, erfüllt. Die Adressaten der Compliance-Anforderungen sollen so konditioniert werden, dass sie sich selbst im Falle von Interessenkonflikten zwischen verbandlichen Zielen und entgegenstehenden Normen regelkonform verhalten. Daher unterliegt belastbare Compliance-Praxis dem Wandel von reiner Kontrolle zu einem übergreifenden Integrity Management unter Beachtung sog weicher Faktoren.[38]

Dieser Wandel erschöpft sich nicht in der Feststellung, dass Compliance und Unternehmensethik zwei Seiten einer Medaille sind.[39] Zwar gehören Ethikrichtlinien und Codes of Conduct seit Jahren zu unterstützenden Modulen, um Verhaltensmaximen im betrieblichen Alltag umzusetzen. Sie gewinnen durchaus arbeitsrechtliche Verbindlichkeit, wobei bei ihrer Implementierung Persönlichkeitsrechte der Beschäftigten und kollektive Beteiligungsrechte der betrieblichen Mitbestimmung zu beachten sind.[40] Ihr Einfluss auf

19

20

21

---

[32] *Hauschka/Galster/Marschlich* CCZ 2014, 242; *Schulz/Renz* BB 2012, 2511; *Raus/Lützeler* CCZ 2012, 96; *Wolf* BB 2011, 1353; *Moosmayer* AnwBl. 2010, 634.
[33] *Dann/Mengel* NJW 2010, 3265; *Rieble* CCZ 2010, 1; *Zimmermann* BB 2011, 634; *Wolf* BB 2011, 1353.
[34] MAH ArbR/*Dendorfer* § 35 Rn. 258 ff.; BeckRA-HdB/*Junker/Knigge/Pischel/Reinhart* § 48 Rn. 39 ff.; *Schaefer/Baumann* NJW 2011, 3601 (3603).
[35] *Schaefer/Baumann* NJW 2011, 3601 (3604); *Benecke/Groß* BB 2015, 693; *Klösel* CB 2015, 254.
[36] Es kann im Unternehmensinteresse sein, Verstöße geheim zu halten, *Schockenhoff* NZG 2015, 40.
[37] BGH NZG 2016, 1315 – FIFA-Disziplinar. Kommission; SSW eV/*Waldner/Wörle-Himmel* Rn. 350.
[38] *Benecke/Heißner* BB 2013, 2923.
[39] *Wieland* CCZ 2008, 15.
[40] *Kort* ZIP 2009, 1406; *Hohmuth* BB 2014, 3061.

eine integritätswahrende Unternehmenskultur ist gleichwohl begrenzt, wenn sie lediglich zusätzliche Regelwerke bleiben, die mit den Handbüchern vergilben.

22   Ein umfassenderer Ansatz, der die Bedeutung von gesellschaftlicher Verantwortung und Werteorientierung der Wirtschaft betrifft, wird unter dem Begriff **Social Responsibility** (CSR) verstanden.[41] CSR begann aus seinen angelsächsischen Ursprüngen heraus als ein freiwilliges unternehmerisches Konzept, um Nachhaltigkeit zur Förderung der Wertschöpfung in den Kerngeschäftsprozessen und in der Lieferkette von Unternehmen zu verankern. Durch Vorschriften zur Transparenz und Reporting sowie materielle Anforderungen, etwa zu Diversity, in den Geschäftsberichten insbes. für große und börsennotierte Unternehmen ist CSR auf dem Wege, über die Zwischenstufe von sog soft law zu einem eigenständigen Regulierungsfeld zu werden.[42]

23   CSR beschreibt also ein Konzept werteorientierter Unternehmensführung, mit dem Unternehmen ethische, ökologische und soziale Belange in ihr Kerngeschäft integrieren. Sie stärken das Bewusstsein, dass der Zweck nicht jedes Mittel rechtfertigt, sondern die Legitimität der verfolgten Zwecke auch jenseits der strikten Legalität zu achten ist. Es wird damit das Bewusstsein für das gesellschaftliche Umfeld und dessen Ansprüche gestärkt. Rechtliche Anforderungen werden ebenso wie ethische Grundsätze vor dem Hintergrund nachhaltiger Entwicklung als Wertetreiber beschrieben und verstärken sich gegenseitig. Eine solche Verknüpfung erscheint für Verbände, deren wesentliche Assets Glaubwürdigkeit und Zuverlässigkeit sind, besonders wichtig.

C. Verschränkung mit Mitgliedschaft und Compliance-Dienstleistungen

24   Verbände unterscheiden sich von Unternehmen auch dadurch, dass sie starke Elemente eines Netzwerkes aufweisen und neben den satzungsförmlichen Entscheidungsstrukturen viele informelle Formen der Führung und Abstimmung pflegen. Wirtschaftsverbände haben zumeist Unternehmen als Mitglieder, daneben andere Institutionen als fördernde oder korporative Mitglieder mit abgestuften Mitgliedschaftsrechten. Sie sind selbst Mitglied in deutschen und internationalen Dachverbänden, Technologieforen und Forschungsvereinigungen, politischen Zweckbündnissen und Initiativen, sie arbeiten in Normungsgremien und öffentlichen Regulierungsinstitutionen und in Qualifizierungs- und Wirtschaftsförderungsorganisationen mit, halten Messe- ua wirtschaftliche Beteiligungen und besitzen in vielen Fällen gewerblich tätige Tochtergesellschaften. Auch die Finanzierung ist oft hybrid; neben Mitgliedsbeiträgen spielen Umlagen (ggf. nur für Teile der Mitgliedschaft), zweckgebundene Zuschüsse, Sponsorship, treuhänderische Verwaltung von Fördergeldern über verbundene Stiftungen etc eine maßgebliche Rolle.

25   Das führt in mehrgliedrigen oder tief gestaffelten Verbänden zu Unübersichtlichkeit, unklaren Berichts- und Verantwortungsstrukturen, inkonsistentem Verhalten und letztlich zu schwer kalkulierbaren Risiken. Diese Mängel erwecken vermehrt die Aufmerksamkeit von Aufsichts- und Strafverfolgungsbehörden. Übersichtlichkeit der Strukturen, Belastbarkeit der Prozesse und sorgfältige Dokumentation stehen daher im Fokus eines Compliance Management Systems.

I. Verantwortung für Verbandsmitglieder, deren Vertreter und Delegierte

26   Von der pflichtgemäßen Beobachtung der Compliance-Verantwortlichen sind im Hinblick auf deren Aktivitäten im Verband zunächst die Verbandsmitglieder und bei juristischen Personen deren Organmitglieder oder bevollmächtigten Vertreter in den Gremien

---

[41] *Kopp* ZCG 2008, 106 mwN; s. dazu die Mitteilung der EU-Kommission für eine neue Strategie zur sozialen Verantwortung der Unternehmen v. 25.10.2011, KOM (2011), 681 endgültig.
[42] *Schrader* ZUR 2013, 451; *Eufinger* EuZW 2015, 424; *Roth-Mingram* NZG 2015, 1441.

umfasst. IÜ stehen im Fokus alle von den Mitgliedern in Gliederungen des Verbandes entsandten Beauftragten (Verbandsdelegierte), daneben auch andere Beteiligte, die satzungsgemäß oder faktisch Einfluss auf die Zweckverfolgung und Geschäftsführung im Verband haben, es sei denn, es handelt sich um verbandsunabhängige Aktivitäten.

Vielfach werden sich Verbands- und Mitgliedssphären vermischen, so dass es zu **Verantwortungsüberschneidungen** kommt.[43] Das gilt etwa, wenn bei Verbandssitzungen oder bei der Zulieferung zu Statistiken Gefahr droht, dass die Grenzen des zulässigen Informationsaustausches überschritten werden. Bei der Koordinierung von Forschungsvorhaben kann leicht der vorwettbewerbliche Bereich überdehnt werden. Das trifft weiter bei der Mitgliederverwaltung und der Kommunikation personenbezogener Daten im und außerhalb des Verbandes zu, sofern die strengen Vorschriften beim Datenaustausch nicht eingehalten werden. Unternehmen und Verband müssen jeweils die für sie gebotenen Maßnahmen treffen, ohne sich darauf berufen zu können, dass das Gegenüber hätte handeln müssen.   **27**

Die Praxis spricht daher dafür, dass sich die Compliance-Verantwortlichen von Mitgliedsunternehmen und des Verbandes **regelmäßig abstimmen.** Der Verband muss die Sensibilitäten seiner Mitglieder hins. der dort gepflegten Compliance Standards kennen. Umgekehrt muss der Verband informieren und Verständnis dafür wecken, dass das kollektive Zusammenwirken von Mitgliedern zusätzliche und oft gerade bei kleinen und mittelständischen Unternehmen wenig bekannte oder verstandene Compliance-Regeln erfordert. Denn vielfach wird der Verband von Einzelmitgliedern und Unternehmensgruppen als Dienstleister zur Unterstützung individueller wirtschaftlicher Interessen missverstanden.   **28**

Von den Mitgliedern entsandte Verbandsdelegierte erwerben idR nicht die persönliche Mitgliedschaft im Verein. Daher werden sie von der satzungsmäßigen Verbindlichkeit einschließlich der Sanktionsmöglichkeiten[44] nicht erfasst, mit der Ausnahme, solange das Nichtmitglied ein Vereinsamt bekleidet.[45] Es sollte dafür gesorgt werden, dass Verbandsdelegierte als Nichtmitglieder individuell durch Unterwerfungs- oder Erstreckungsvertrag zu wichtigen Nebenordnungen (Spieleordnung, Kartellleitfaden) in das rechtskonforme Verbandsleben einbezogen werden.   **29**

II. Compliance-Dienstleistungen für Mitglieder

Der Erfahrungsgewinn von Verbänden beim Verständnis und der Implementierung von CMS befähigt sie in besonderer Weise, zu Compliance Dienstleistern ihrer Mitglieder und ganzer Branchen zu werden. Verbände begleiten iRd Interessenvertretung deutsche und europäische Normsetzungsprozesse, können frühzeitig bei deren Umsetzung und Anwendung der Vorschriften beraten, sie haben Zugang zu best practice in der Branche oder im Berufsfeld, sie sind in der Lage, proaktiv gesellschaftspolitische Veränderungsprozesse und die Erwartungen wichtiger Stakeholder an ihre Mitglieder zu kommunizieren. Übersehen sie die Zeichen der Zeit, werden sie umgekehrt zu Infektionsherden für Mitgliedsunternehmen und -vereine, wie das zahlreiche Sportverbände, vereinzelt aber auch Wirtschaftsverbände[46] getan haben, tragen zu Vertrauensverlust bei und provozieren nicht selten neue Regulierung.   **30**

Verbände werden daher einen neuen **Mehrwert für ihre Mitglieder** generieren, wenn sie Mitgliedsunternehmen bei der Implementierung von Compliance-Systemen unterstützen. Wirtschaftsverbänden wird zunehmend die Aufgabe zugeschrieben, den Mitgliedsunternehmen unternehmensübergreifende Lösungen zur Reduzierung der Kostenlast des Einzelnen anzubieten. Darunter ist zu verstehen, dass einzelne Elemente des CMS   **31**

---

[43] Hauschka Corporate Compliance/*Brouwer* § 59 Rn. 42.
[44] Vgl. dazu → § 6 Rn. 1 ff.
[45] BGH NJW 1995, 583 (584); MüKoBGB/*Reuter* BGB § 25 Rn. 28.
[46] Vgl. etwa die Lobby-Spionage des Apothekerverbandes, Zeit Magazin, 16.12.2012; in der Folge Ausdehnung der Freiwilligen Selbstkontrolle der Arzneimittelindustrie auf Apotheken.

vom Verband zentral angeboten werden (zB Hinweisgebersysteme, Schulungsformate) oder schwer verständliche Regelungen praxistauglich aufbereitet werden.

32 Die **Handlungsfelder** für Compliance-Dienstleistungen sind vielfältig. Dienstleistungen erweisen sich als besonders wertschöpfend in Bereichen, in denen internationale Übereinkommen nationale Regeln überlagern oder verschärfen, widersprüchliche Standards in Wertschöpfungsketten wechselseitig aufeinander stoßen, oder Akteure erstmals mit Compliance-Anforderungen konfrontiert werden. Gerade kleine und mittlere Unternehmen, freie Berufsträger und Unternehmen, die mit dicht regulierten Geschäftsfeldern konfrontiert sind, haben vielfach keine Ressourcen, um das erforderliche Compliance-Spektrum eigenständig und zeitnah abzudecken. Das mögen folgende Beispiele deutlich machen.

33 Das verstreute Recht der Außenwirtschaft und Exportkontrolle verlangt sorgfältiges und schnelles Handeln der Unternehmen. Nur zwei sanktionsfreie Tage werden gewährt, bis neue EU-Rechtsakte von der betrieblichen Praxis umgesetzt sein müssen.[47] Drei Richtlinien zur Modernisierung des EU-Vergaberechts, die bis April 2016 in deutsches Recht umzusetzen sind, verlangen die angemessene Einbeziehung umweltbezogener, sozialer und arbeitsrechtlicher Erfordernisse in die Verfahren zur Vergabe öffentlicher Aufträge.[48] Damit werden bisher eher weiche Regelungswerke wie die ILO Kernarbeitsnormen, die UN-Guiding Principles on Business and Human Rights (UNGP)[49] ua internationale Abkommen unter dem Thema Menschenrechte in der Compliance Schritt für Schritt in nationale Normen implementiert.[50] Nahezu alle Unternehmen, die mit internationalen Zulieferketten arbeiten, kennen die reputationsschädlichen Auswirkungen, wenn kriminelle Ausbeutung menschlicher Arbeitskraft Gegenstand öffentlicher Berichterstattung ist. Aber nur wenige Mittelständler werden wissen, dass der UK Modern Slavery Act (2015) Straftatbestände und Transparenzanforderungen für deutsche Unternehmen schafft[51] und damit ebenso exterritorial wirkt wie bereits der US Foreign Corrupt Practices Act und der UK Bribery Act.

34 **Wertschöpfungsketten** von ganzen Branchen verlangen ebenso wie enge vertikale wirtschaftliche Zusammenarbeit abgestimmte Compliance-Anstrengungen der Beteiligten. Treiber sind die globalen Standards und der Zertifizierungsdruck, Business Process- und Qualitätsmanagement sowie das Bemühen der Marktteilnehmer um faire Wettbewerbsbedingungen. Regelmäßige Abstimmungen zwischen Mitgliedern und Verband, etwa zur Fortschreibung von Compliance-Regeln, sind in den Rechtsausschüssen oder gesonderten Compliance-Gremien großer Verbände inzwischen Praxis. Einige Verbände gehen die Wertschöpfungsketten systematisch an.

35 So hat der Verband der Bahnindustrie in Deutschland ein „Rundum-Paket" entwickelt,[52] um Industrie, Zulieferer und Systemhäuser in kontinuierlichen Erfahrungsaustausch zu Compliance und gesellschaftlicher Verantwortung zu verknüpfen. Der GdW, Branchendachverband der Wohnungswirtschaft, gibt Leitfäden und Arbeitshilfen zu Compliance, Nachhaltigkeit und ähnlichen Themen heraus und veranstaltet mit der Akademie der Immobilienwirtschaft Seminare für Führungskräfte zur Umsetzung von CMS. Die Mitgliedsunternehmen der vom europäischen Einzelhandel gegründeten Business Social Compliance Initiative (BSCI) verpflichten sich, soziale Mindeststandards und grundlegende Umweltmaßnahmen in die Geschäftsbedingungen mit ihren Lieferanten aufzunehmen.[53] Die BSCI bietet Unternehmen ein systematisches Überwachungs- und Qualifikationssystem an, um die Arbeitsbedingungen von Beschäftigten verbessern zu können. Der Bundesverband Ma-

---

[47] *Niestädt/Trennt* BB 2013, 2115 (2118); sa *Haellmigk* CCZ 2016, 28.
[48] RL 2014/23/EU (EU-KonzessionsvergabeRL), RL 2014/24/EU (EU-Öffentliche-AuftragsvergabeRL) und RL 2014/25/EU (EU-VergabeRL Wasser, Energie Verkehr, Post).
[49] www.ohchr.org/Documents/Publications/GuidingPrinciplesBusinessHR_EN.pdf.
[50] *Kroker* CCZ 2015, 120.
[51] *Doris/Zimmer* BB 2016, 181.
[52] *Hagel/Dahlendorf* CCZ 2014, 275.
[53] Kriti. zum Kodex *Fabritius/Fuhlrott* BB 2009, 2030.

terialwirtschaft, Einkauf und Logistik eV (BME) hat im vergangenen Jahr mit dem Standard BMW C 1000 „Anforderungen an einen Compliance/CSR-Prozess im Lieferantenmanagement" eine Vorgabe gemacht, die sich an Unternehmen jeder Größe, Unternehmensstruktur, Rechtsform etc wendet. Ua beinhaltet er einen Prozess, der ausgehend von der Lieferantenqualifizierung auch deren laufende Bewertung und Entwicklung vorsieht. Bei der Nichteinhaltung vorgegebener Standards ist als Konsequenz ein Auslisten der Lieferanten vorgesehen.[54]

Gleichwohl besteht im Spannungsfeld von Risikomanagement und Wertschöpfung **36** noch Bedarf, über die ersten Ansätze hinaus gemeinschaftliche Initiativen der Verbände und deren Mitglieder für eine gestärkte Compliance-Kultur und gegenseitige Unterstützung bei der Umsetzung zu entwickeln.

III. Weites Feld von Verhaltenskodizes

Verhaltenskodizes haben Konjunktur und gelten auch bei den Compliance-Bemühungen **37** als Vielzweckwaffe. Sie werden als wohlfeiles Instrument angesehen, da sie regelmäßig freiwillig zustande kommen, gut iS gesellschaftlicher Verantwortung kommunizierbar sind, anderweitige – auch regulatorische – Anforderungen abweisen sollen und ihre Einhaltung oft schwer kontrollierbar ist. Dabei erfüllen Verhaltenskodizes nicht nur ganz unterschiedliche Funktionen, sie können in den Regulierungsanforderungen ganz unterschiedlichen Rechtsbereichen unterfallen. Böse Überraschungen drohen dann, wenn von vornherein keine hinreichende Klarheit über ihren Verwendungszweck, ihre Verbindlichkeit und ihre Reichweite existiert.[55]

Zum einen kann ein Verhaltenskodex ein wertvoller **Baustein einer guten Corporate** **38** **Governance** sein. Das bekannteste Modell ist der Deutsche Corporate Governance Kodex (DCGK), dessen Vorbild zwischenzeitlich mehrere Public Governance Kodizes der verschiedenen Gebietskörperschaften gefolgt sind, aber auch entsprechende Kodizes für den Mittelstand, bestimmte regulierte Branchen und für Non-Profit-Organisationen.[56] Ein solcher Kodex beinhaltet bewährte Prinzipien zur effektiven Steuerung und Kontrolle von Organisationen, Unternehmen wie Verbände. Über den DCGK ist die Verpflichtung zur Einführung einer Compliance-Organisation als zeitgemäßer Organisationsansatz verbreitet worden.

Eine weitere Funktion von Verhaltenskodizes ist das Ziel einer **Verhaltenssteuerung** **39** von Mitarbeitern, Mitgliedern und Gremienangehörigen eines Verbandes im Sinne gesetzlich gebotener und vom Verband definierter Regelkonformität und Performance. Solche Compliance-Richtlinien, früher im Arbeitsrecht Betriebsordnung genannt, treten heute als Ethik- und Werte-Richtlinien oder code of conducts auf. Ihr Charakter ist regelmäßig, dass kulturelle Orientierung auf Integrität und Verantwortung mit pflichtbegründenden Verhaltensvorgaben für Ordnung und Verhalten im Verband verbunden wird. Verbände, die in der Vergangenheit unter öffentlicher Kritik oder dem Druck des Verbraucherschutzes standen, versuchen mit solchen Richtlinien, ihre Reputation wiederzugewinnen. Verhaltenskodizes dienen der Selbstregelung des Geschäftsverhaltens und bilden die Grundlage für die Selbstkontrolle. Solche Verhaltenskodizes kommunizieren nahezu alle Großunternehmen über ihre Webauftritte.[57]

Daneben gibt es Verhaltenskodizes, die sich zwar auch an die eigenen Mitarbeiter wen- **40** den, aber auf deren **geschäftliches Verhalten im Markt** zielen. Beispiel dafür ist etwa der Verhaltenskodex des Vereins „Arzneimittel und Kooperation im Gesundheitswesen"

---

[54] https://www.bme.de/fileadmin/_horusdam/2065-BME-Code_of_Conduct_deutsch.pdf.
[55] Verhaltenskodizes sind sowohl lauterkeitsrechtlich wie kartellrechtlich nicht unproblematisch, MüKo-UWG/*Busche* UWG § 5 Rn. 672.
[56] Zu NPOs: *Schmidt* ZStV 2014, 21; *Gräwe* ZStV 2013, 81.
[57] Gute Beispiele BASF SE, DB Schenker AG, Klöckner & Co. SE.

(AKG eV)[58]. Dieser soll sicherstellen, dass die Pharmaunternehmen wissenschaftliche Informationen über Arzneimittel wahrheitsgetreu vermitteln, täuschende Praktiken unterlassen und Interessenkonflikte mit Fachkreisangehörigen vermeiden. Ein anderes Beispiel ist der Vertriebskodex der Versicherungsbranche, dem etwa 150 Unternehmen beigetreten sind. Obwohl die Einhaltung der Anforderungen des Kodex alle 2 Jahre einer Angemessenheits- und Wirksamkeitsprüfung durch einen Wirtschaftsprüfer unterzogen wird, unterliegt dieser Versuch der Etablierung allgemeingültiger Verhaltenshinweise einer eher kritischen Bewertung.[59] Weitere Fälle in anderen Branchen sind bspw. die Freiwillige Kontrolle der Filmwirtschaft, die Werbeselbstkontrolle des Zentralverbandes der Deutschen Werbewirtschaft oder die freiwillige Selbstkontrolle der Computerspielewirtschaft. Schließlich fallen darunter auch Musterverträge und AGBs, soweit sich die Mitglieder eines Verbandes verpflichten, sich dieser zu bedienen.

41   Verhaltenskodizes entfalten generell nur dann Wirksamkeit, wenn sie nicht nur von der Compliance-Organisation als Querschnittsfunktion überwacht, sondern von allen betroffenen Verbandsfunktionen mit konkreten Vorgaben nachgehalten und durch die Verbandsleitung sanktioniert werden.

42   Ein Thema von wachsender Bedeutung für Verbände sind **Lieferantenkodizes.** Va wirtschaftlich starke, international tätige Unternehmen verlangen von ihren Lieferanten, dass sie sich deren Verhaltenskodex unterwerfen. Um zu verhindern, dass ihre Mitglieder eine Vielzahl unterschiedlicher code of conducts beachten und die sich daraus ergebende Komplexität managen müssen, dabei umfangreichen Auditierungspflichten und Schadensersatzrisiken ausgesetzt sind, entwickeln Verbände eigene Branchenkodizes,[60] die Grundlage für eine gegenseitige Anerkennung verantwortlichen Geschäftsgebarens sind.[61]

43   Ein Kodex für Zulieferer definiert üblicherweise die Richtlinien für faire, sichere und gesundheitlich unbedenkliche Arbeitsbedingungen sowie ökologische Verantwortung in der gesamten Lieferkette. Mitgliedschaften wie etwa in der Fair Labor Association (FLA) verlangen zudem, dass diese Richtlinien auf den Normen der International Labor Organization (ILO) und international anerkannten Praktiken basieren und die Anforderungen der FLA erfüllen oder übertreffen. Alle Zulieferer müssen sich – komplementär zu den eigenen Mitgliedern – dazu verpflichten, den Verhaltenskodex und die Compliance-Benchmark-Richtlinien zu respektieren. Soweit die Wirkung von Verhaltenskodizes den rein innerbetrieblichen Raum, in dem sie einen Compliance-Kanon oder Sozial- und Verhaltensstandards regeln, überschreitet und **nach außen in Erscheinung tritt,** insbes. geschäftliche Handlungen beeinflusst, sind sowohl das Kartellrecht als auch das Recht des unlauteren Wettbewerbs zu beachten.

44   Konkrete Verhaltensanforderungen an die Mitgliedsunternehmen können ein abgestimmtes Verhalten der Unternehmen im Markt bewirken, das sich einschränkend auf den **Wettbewerb** auswirkt oder einen mittelbaren Aufruf zum Boykott der Nichtunterzeichner darstellt. Solche Selbstverpflichtungen[62] sind nur dann zulässig, wenn sie vom Kartellverbot befreit sind, weil sie anzuerkennende Ziele, etwa in den Bereichen Umwelt- und Verbraucherschutz, verfolgen, die Wettbewerbsbeschränkungen zur Zielerreichung unerlässlich sind und die Verbraucher angemessen an den erzielten Vorteilen partizipieren.[63] Unter den hier genannten Voraussetzungen können Verhaltenskodizes als Wettbewerbsregeln nach § 24 ff. GWB anerkannt werden.

---

[58] AKG-Kodex v. 7.4.2008 idF. v. 22.4.2015.
[59] *Steiner* CCZ 2014, 50.
[60] Vorreiter war der ZVEI Code of Conduct, www.zvei.org/Themen/; s. auch Anerkennungskonzept auf der BDI-Homepage, bdi.eu/Artikel/.
[61] S. umfassend *Brouwer* CCZ 2010, 228.
[62] Eine Liste derartiger Kodizes findet sich auf dem Webauftritt des BMU; www.bmu.de > Themen > Wirtschaft-Produkte-Ressourcen > Selbstverpflichtungen.
[63] BGHZ 166, 154 Rn. 20 (Probeabonnement); ausf. → § 5 Rn. 1 ff.

Unabhängig von den kartellrechtlichen Anforderungen sind im Hinblick auf Wirtschafts- 45
zweige[64] oder einzelne geschäftliche Handlungen auch die **lauterkeitsrechtlichen Vorschriften** des die UGP-Richtlinie 2005/29/EG umsetzenden UWG maßgeblich. Die
UGP-RL geht insgesamt von einem weiten Begriff von Verhaltenskodizes und
einem strengen Irreführungsschutz aus. Es wird das besondere Vertrauen geschützt, das Verbraucher Verhaltenskodizes und unternehmerischer Selbstkontrolle entgegenbringen. Irrefüh-
rungen können inhaltlich demnach auch über die Lauterkeitsanliegen hinaus bzgl. Selbst-
bindungen zur Kinderarbeit, dem Schutz der Umwelt, der Gewährleistung einer
artgerechten Tierhaltung ua moralischen und sozialen Handlungsgrundsätzen relevant
sein.[65] Erforderlich ist eine freiwillige Anerkennung, die bei Selbstverpflichtungen der
Normalfall ist. Da bereits bloße Absichtserklärungen als Verhaltenskodex gewertet werden
und eine verbindliche Anerkennung auch darin gesehen werden kann, dass ein Unternehmen einem Verband zugehört oder beitritt, der den Kodex herausgegeben hat und seine
Befolgung erwartet,[66] sind an die Verpflichtungserklärung des Mitglieds im Verband keine
überspannten Anforderungen zu stellen. Die Eigenschaft als Unterzeichner erhält das Unternehmen bspw. durch den Beitritt zu einem Verband, der den Kodex herausgibt oder
unterzeichnet hat und die Verpflichtung zu seiner Einhaltung über die Mitgliedschaft an
seine Mitglieder weitergibt.

Das UWG enthält eine ganze Reihe von **Verbotstatbeständen,** wobei die sog 46
Schwarze Liste (Ziff. 1–30 Anhang zu § 3 Abs. 3 UWG) Tatbestände enthält, die die lange auf Liberalisierung des Lauterkeitsrechts angelegte Entwicklung nunmehr im Verhältnis
Unternehmen/Verbraucher enorm verschärft haben, weil sie auch Geschäftspraktiken erfasst, die früher unter die Bagatellgrenze einer spürbaren Beeinträchtigung der Interessen
der Verbraucher gefallen sind. Zusätzlich ist auch die Generalklausel des § 3 UWG zu
beachten, die bei spürbaren Beeinträchtigungen eine Auffangnorm darstellt. Im Hinblick
auf das Lauterkeitsrecht muss die Verbandsführung insbes. die Kommunikations-, Marke-
tings- und Vertriebsarbeitsgruppen des Verbandes dafür sensibilisieren, dass Verhaltenskodizes jenseits der Reputationsförderung rechtlich relevante Auswirkungen auf die Mitgliedsunternehmen haben können; eine laufende Aktualisierung und eine Prüfung der
Verhaltenskodizes auf neue Anforderungen zwischenzeitlich geänderter Rspr. ist erforderlich.

D. Überblick über bedeutsame Risikofelder

I. Unberechtigte Verweigerung der Aufnahme

Einem Verein steht es grds. frei, den Vereinszweck und seinen Mitgliederkreis **autonom** 47
festzulegen und im Zweifel den Wunsch nach Aufnahme auch bei Erfüllung der satzungsmäßigen Voraussetzungen zurückzuweisen. Davon bestehen bestimmte Ausnahmen, denen auch eine aufnahmebeschränkende Satzungsklausel nicht entgegenstehen kann.

Der gesetzliche Aufnahmeanspruch ist auf Ausnahmefälle beschränkt. Das OLG Mün- 48
chen[67] hat zur **Aufnahmepflicht** eines bundesweiten Spitzenverbandes bestätigt, dass ein
Verein oder Verband, der eine Monopolstellung oder ganz allgemein im wirtschaftlichen
oder sozialen Bereich eine überragende Machtstellung innehat, gem. den § 826 BGB,
§ 20 Abs. 6 GWB zur Aufnahme eines Bewerbers verpflichtet sei, wenn ein wesentliches
oder grundlegendes Interesse am Erwerb der Mitgliedschaft nachgewiesen wird. Ob und
inwieweit im Einzelfall ein Aufnahmezwang besteht, ist nach dem Grundsatz zu bestimmen, dass die Ablehnung der Aufnahme nicht zu einer – im Verhältnis zu bereits aufge-

---

[64] Berufsständische Verhaltenskodizes regulierter Berufe sind ausgenommen, Art. 3 Abs. 8 UGP-RL.
[65] *Alexander* GRUR-Int. 2012, 965 (969).
[66] *Kopp/Klostermann* CCZ 2009, 155 (156 f.); *Alexander* GRUR-Int. 2012, 965 (969).
[67] NJOZ 2009, 4035.

nommenen Mitgliedern – sachlich nicht gerechtfertigten ungleichen Behandlung und unbilligen Benachteiligung eines die Aufnahme beantragenden Bewerbers führen darf. Dabei sind jedoch auch die Interessen des Verbandes zu berücksichtigen, weshalb ein Anspruch auf Aufnahme idR nur besteht, wenn nach einer Abwägung der beidseitigen Interessen die Zurückweisung des Bewerbers unbillig erscheint.

49   Neben der politischen Repräsentanz kann auch **Einfluss** im sportlichen, ökonomischen (Gütezeichengemeinschaften) und regionalen Bereich zur Aufnahme zwingen. Anders ist es im Tendenzschutzbereich (Journalisten, Verlegerverbände).[68] Schließlich sind auch die Vorschriften des § 18 Abs. 1 Nr. 2 iVm § 7 Abs. 1 AGG zu beachten. Bei Vereinen, die im Massengeschäft Dienstleistungsangebote machen, ohne dass es auf ein persönliches- oder Näheverhältnis ankommt, liegt die Anwendung von § 19 Abs. 1 Nr. 1 AGG nahe. Die Rspr. hat sich zum Diskriminierungsschutz bei Vereinsmitgliedschaften bisher kaum geäußert, aber schon 1992 die Nichtaufnahme weiblicher Mitglieder in einem staatlich subventionierten Rettungsverein beanstandet.[69] Der Anspruch auf Aufnahme kann als (quasi)negatorischer Beseitigungsanspruch nach §§ 826, 1004 Abs. 2 BGB gerichtlich geltend gemacht werden; Pflichtverletzungen führen zu Schadensersatz nach § 280 BGB bzw. bei sittenwidriger Schädigung nach § 826 BGB.

II. Verbandskartellrecht

50   Die wirtschaftlichen **Risiken eines Kartellverstoßes** in Form von Bußgeldern, Gewinnabschöpfung und möglichen Schadensersatzansprüchen Dritter, die persönlichen Risiken der verantwortlichen Verbandsorgane und -mitarbeiter, sowie die Reputationsschäden für die verbandspolitische Interessenvertretung machen das Kartellrecht zum gravierendsten Risiko va für Wirtschaftsverbände.[70] Die Gelegenheiten, sich iRd Verbandstätigkeit in kartellrechtlichen Fallstricken zu verfangen, sind vielfältig.[71] Gremiensitzungen können Foren für unzulässigen Informationsaustausch von Wettbewerbern bieten, Konjunkturgespräche können sich zu wettbewerbsrelevanten Marktgesprächen erweitern, Statistiken und Marktinformationssysteme können Rückschlüsse auf das Marktverhalten von Beteiligten zulassen, Verbandsempfehlungen können das Kartellverbot umgehen, Beschränkungen bei Messebeteiligungen können als Boykott angesehen werden und gemeinsame Forschungsvorhaben können rasch den vorwettbewerblichen Bereich überschreiten. Dienstleistungen wie die Organisation von Einkaufskooperationen, die Verwaltung und Lizenzierung von Patenten und Warenzeichen, die Bündelung von Aktivitäten im Bereich von Normung und Standardisierung können wettbewerbsbeschränkende Wirkung entfalten.

51   Ein umfangreiches Set von Compliance-Maßnahmen ist daher unerlässlich. Leitfäden mit kartellrechtlichen Verhaltensrichtlinien, die in regelmäßigen Präsenz- und E-Learning-Schulungen erläutert und nachgehalten werden, gehören ebenso zum Mindeststandard wie die Begleitung sämtlicher Verbandssitzungen – auch des Begleitprogramms – durch fachlich ausgebildete Mitarbeiter der Geschäftsstelle. Der Austausch des verbandseigenen Compliance Officer mit den Compliance-Organisationen der Mitgliedsunternehmen dürfte die Effizienz der internen Systeme wesentlich effektivieren.

III. Vermögensbetreuungspflicht und Untreue

52   Der Vereinsvorstand ist nicht nur Vertretungsorgan, sondern idR auch **Geschäftsführungsorgan,** soweit nicht die internen Angelegenheiten satzungsgemäß Besonderen Ver-

---

[68] *Stöber/Otto* Rn. 254 ff.
[69] LG München I NJW-RR 1993, 890.
[70] Hauschka Corporate Compliance/*Brouwer* § 59 Rn. 73 ff.
[71] Vgl. vertiefend → § 5 Rn. 1 ff.

tretern nach § 30 BGB übertragen sind. Die Geschäftsführung umfasst nach den allgemeinen gesellschaftsrechtlichen Grundsätzen, die auch im eingetragenen Verein als juristische Person gelten, neben den allgemeinen Organisationspflichten eine Berichts- und Rechenschaftslegungspflicht gegenüber der Mitgliederversammlung, die Aufzeichnungspflicht nach steuerrechtlichen Vorschriften und die Vermögensbetreuungspflicht hins. des ihm anvertrauten fremden Vermögens.

Wo eine Vermögensbetreuungspflicht besteht, ist das Risiko eines möglicherweise als 53 Untreue sanktionierten **Pflichtverstoßes** nicht weit. Der Pflichtenkanon ergibt sich in erster Linie aus der Satzung, die dem Vereinszweck widersprechende Rechtsgeschäfte und tatsächliche Handlungen verbietet. Daneben sind überzogener Repräsentationsaufwand, überhöhter Verwaltungsaufwand und der Abschluss ungünstiger Geschäfte kritisch zu sehen. Auch bei einer Zustimmung der Mitgliederversammlung ist zu prüfen, ob sich diese noch iRd Dispositionsfreiheit der Satzung befindet oder nicht selbst einen zweckwidrigen Vermögensnachteil oder einen sonstigen Nachteil, etwa die Gefährdung der Gemeinnützigkeit oder der Körperschaftsbefreiung, verursacht. Besondere Sorgfalt ist geboten, wenn der Verein in die wirtschaftliche Krise geraten ist, Überschuldung eingetreten ist oder Zahlungsunfähigkeit droht. Allerdings besteht durch Einfügung von § 15a Abs. 6 InsO kein Risiko mehr, wenn der Insolvenzeröffnungsantrag nicht rechtzeitig bzw. richtig gestellt wird.

Oft übersehen wird die Problematik der **Vergütung für Vorstandsmitglieder.** Bekannt ist der Satzungsvorbehalt[72] für Vergütungen bei gemeinnützigen Organisationen, in denen keine Person durch Ausgaben, die dem Zweck der Körperschaft fremd sind, oder durch unverhältnismäßig hohe Vergütungen begünstigt werden darf, § 55 Abs. 1 Nr. 3 AO. Die Zahlung von Vergütungen oder pauschalen Aufwandsentschädigungen ohne Satzungserlaubnis zieht den Entzug der Gemeinnützigkeit nach sich.[73]

Zudem stellt sich die Frage, ob die zuvor genannten Vergütungsgrundsätze auch auf die 55 Steuerprivilegierung nach § 5 Abs. 1 Nr. 5 KStG bei den Berufsverbänden zu übertragen sind. Soweit ersichtlich, liegt dazu weder höchstrichterliche Rspr. noch eine BMF-Entscheidung vor. Es gibt aber gute Gründe dafür, Berufsverbände anders als gemeinnützige Vereine zu behandeln. Berufsverbände verfolgen keine selbstlosen Zwecke und sind nicht dem Allgemeinwohl verpflichtet, sondern verfolgen wirtschaftliche Interessen eines Wirtschaftszweiges. Deshalb sind angemessene, wenn auch satzungswidrige Vorstandsvergütungen im Anwendungsbereich des KStG steuerrechtlich unschädlich.[74]

Nach der zum 1.1.2015 in Kraft getretenen Bestätigung der hM in § 27 Abs. 3 S. 2 56 BGB, wonach die Mitglieder des Vorstands unentgeltlich tätig sind, ist verstärkt darauf zu achten, dass keine ggf. strafrechtlich als Untreue zu wertende Pflichtverletzung durch die **Entgegennahme satzungswidriger Entgelte** erfolgt, auch wenn sie als Entschädigung für Arbeitszeit und Arbeitskraft oder in sonstig verschleierter Weise bezeichnet werden, wie dies in Sportvereinen häufig der Fall sein dürfte.[75] Ob sich die Entscheidung des OLG Köln[76] durchsetzt, wonach im Rahmen einer wirtschaftlichen Gesamtbetrachtung bei satzungswidriger Vergütung die Annahme eines Vermögensschadens entfallen kann, bleibt abzuwarten. Das zugelassene geringfügige jährliche Entgelt (Ehrenamtspauschale) beträgt 720 EUR; es ist zwar als Anerkennung für eine fortwährende ehrenamtliche Vereinstätigkeit gedacht, gilt aber auch für einmalige Tätigkeiten für den Verein. Eine darüber hinausgehen-

---

[72] BGH WM 2008, 736 und hM in der Literatur.
[73] BMF Schreiben v. 14.10.2009 abgedruckt in DB 2009, 2352. BMF Schreiben v. 21.11.2014 – IV C 4 – S 2121/07/0010 :032 – Ziff. 8 (BStBl. 2014 I 1581).
[74] So *Brouwer* BB 2010, 865 (868) mwN; auch Gegenmeinungen werden zitiert.
[75] FAZ Online v. 11.2.2016: „Nach Diskussionen legt Mainz 05 nun die Zahlen der Vergütung des ehrenamtlichen Präsidenten […] offen. Der Klub hält die monatlichen Einkünfte in Höhe von 23.000 EUR für ‚zulässig und angemessen‘.“
[76] NZWiSt 2013, 396 mAnm Lindemann.

de Vergütung bedarf einer entsprechenden Satzungsbestimmung.[77] Die konkrete Höhe der Vergütung muss dagegen nicht in der Satzung geregelt sein, sondern kann vom Anstellungs-organ mit dem Vorstand vereinbart werden. Ferner ändert die Neuregelung auch nichts daran, dass eine Vergütung nur aufgrund einer entsprechenden Regelung im Anstellungs-vertrag gewährt werden darf; der Satzungsvorbehalt allein trägt eine derartige Praxis nicht.[78]

57   Offen ist die Frage, ob § 27 Abs. 3 S. 2 BGB auch auf andere Organmitglieder, etwa den Geschäftsführer eines Verbandes, soweit er als Außenvertreter des Verbandes als Be-sonderer Vertreter nach § 30 BGB zu qualifizieren ist, Anwendung findet. Die Materiali-en des Gemeinnützigkeitsentbürokratisierungsgesetzes,[79] mit der die Änderung für Vereine und Stiftungen kodifiziert wurde, schweigen dazu. Der Hinweis, dass § 27 Abs. 3 S. 2 BGB auf einen vergüteten Verbandsgeschäftsführer keine Anwendung finde, weil deren Vergütung sich auf das Dienstvertragsrecht und die dort vorausgesetzte Erwartung einer Vergütung beziehe,[80] überzeugt allein nicht. Eines Anstellungsvertrages bedarf es bekannt-lich nur, wenn das schuldrechtliche Rechtsverhältnis vom gesetzlich vorgesehenen Auf-tragsrecht abweichen soll, das nach § 27 Abs. 3 BGB für die organschaftliche Geschäfts-führung gilt; gerade diese Abweichung muss eine Satzungsgrundlage haben. Daher gibt es auch Stimmen, die fakultative Organe in die Anwendung des § 27 Abs. 3 S. 2 BGB ein-beziehen. Gleichwohl wird man dies nur dann annehmen dürfen, wenn das fakultative Organmitglied zugleich Vorstandsmitglied iSd § 26 BGB ist. Denn allein die Bezeichnung als Vorstand ist bei zahlreichen Verbänden irreführend; es handelt sich lediglich um einen erweiterten oder Gesamtvorstand, der nicht der gesetzliche Vorstand ist.

58   Wird dem Vorstand durch das zuständige Organ, idR die Mitgliederversammlung, Ent-lastung erteilt, so liegt darin ein Verzicht auf alle bei sorgfältiger Prüfung erkennbaren Schadensersatz- und Bereicherungsansprüche,[81] also auch bei der pflichtwidrigen Entge-gennahme von pauschalem Aufwendungsersatz oder Vergütung.

IV. Korruption, insbesondere Geschenke und Sponsoring

59   Unter Korruption bei Verbänden lassen sich entsprechend deren Zwecken ganz verschie-denartige Handlungsweisen fassen. Aus dem **Sport** sind Fälle bekannt, in denen Rand-sportarten öffentlich-rechtliche Sender bestochen haben, um Sendezeiten zu erlangen, was dem BGH Gelegenheit bot, leitende Redakteure als Amtsträger iSd § 14 StGB zu qualifi-zieren.[82] Zahlreiche Verdachtsberichterstattungen zu Spielmanipulationen, Sponsoringbe-trug und Bestechungen im Sport führten jedoch kaum zu Verurteilungen, da es bislang keinen hinreichenden strafrechtlichen Schutz gibt.[83] Auch im **Gesundheitswesen** er-scheint die praktische Grenzziehung zwischen Kooperation und Korruption schwierig.[84] Die Fachverbände der Produzenten und die Spitzenverbände des Gesundheitswesens kon-zentrieren sich daher in verbandsübergreifenden Kodizes auf die Bereiche Forschung und Entwicklung, Beraterverträge, Drittmittelkosten, Fort- und Weiterbildung, Spenden und Geschenke und verschärfen diese regelmäßig, so dass zwischenzeitlich sogar die Aushändi-gung von Streuwerbemitteln an die Mitglieder der Fachkreise intern sanktioniert wird.[85]

60   Bei **Interessenverbänden** der Wirtschaft und der Gebietskörperschaften[86] im politi-schen Raum stehen die Amtsträgerdelikte im Vordergrund.[87] Unlautere Methoden im

---

[77] Formulierungsbeispiele bei *Hamdan* MDR 2015, 374.
[78] MüKoBGB/*Arnold* BGB § 27 Rn. 45.
[79] BR-Drs 663/12 v. 2.11.2012, Art. 6 Nr. 1.
[80] *Brouwer* BB 2010, 868.
[81] BGHZ 24, 54; 97, 385.
[82] BGH NJW 2010, 784.
[83] *Bannenberg* Handbuch Wirtschaftsstrafrecht 3. Teil Rn. 106 ff.
[84] *Irmer/Henssler* MPR 2010, 181.
[85] *Dieners* CCZ 2014, 204.
[86] → § 18 Rn. 1 ff.
[87] S. eingehend → § 7 Rn. 1 ff.

Lobbyismus gehen oft Hand in Hand mit Zuwendungen an Entscheidungsträger, auf die letztere keinen rechtlich begründeten Anspruch haben. Durch den weit gefassten Begriff des Amtsträgers bei Bund, Ländern und Gemeinden und den von ihnen getragenen öffentlich-rechtlichen Körperschaften ebenso wie in den EU-Institutionen und im internationalen Geschäftsverkehr, wozu auch Externe gehören, die mit Aufgaben der Daseinsvorsorge befasst sind, besteht diesbezüglich Handlungsbedarf für die Verbandsleitungen. Regelmäßig sind klare Richtlinien im Umgang mit Bestechung, Geschenken und Einladungen erforderlich. Korruption in Form der „grand corruption" (eingerechnete Bestechungsgelder, fingierte Provisionszahlungen und Umgehungsgeschäfte wie falsch benannte Beraterverträge, die nur das Schmiergeld verdecken sollen) ist verboten, diese Verhaltensweisen und Verbote müssen klar benannt, kontrolliert und Verstöße geahndet werden. Schwierigkeiten bereitet dabei oft der Umfang der sog Sozialadäquanz bei Einladungen und Höflichkeitsgeschenken. Von subjektiven Spielräumen ist hierbei abzuraten, da zahlreiche Behörden dazu sehr strikte Regeln bis hin zu einer Zero-Tolerance-Politik eingeführt haben. Daneben dürften Verbände in Abhängigkeit von ihrer Einbindung in wirtschaftliche Aktivitäten oder internationale Beziehungen auch Korruptionsrisiken im Bereich der Auftragsvergabe, der Außenwirtschaft, bei der Geldwäsche und im Messewesen zu berücksichtigen haben.

Sponsoring kann von Verbänden wie von Unternehmen durchgeführt werden. Es erfolgt regelmäßig in Form von Geld-, Sach- und Dienstleistungen und in der Erwartung, eine die eigenen Marketing- und Verbandsziele unterstützende Gegenleistung zu erhalten. Sponsoring darf nicht unlauter eingesetzt werden, weil dann die Gefahr der Verwirklichung von Straftatbeständen (zB §§ 266, 299, 331 ff. StGB) bestehen kann.[88] So war bis vor einigen Jahren das Sponsoring von Veranstaltungen der Gebietskörperschaften weit verbreitet. Nach kritischer Rezeption in der Öffentlichkeit und der Literatur,[89] nicht zuletzt unter dem Eindruck der Wulff-Affäre, ist es um das Thema ruhig geworden. Folgende Kriterien sollte ein Verband beachten: Je weiter der Sponsoring-Gegenstand vom Verbandszweck entfernt ist, desto enger ist der Ermessensspielraum. Die Entscheidung sollte von den verantwortlichen Organen gemeinsam auf Basis umfänglicher Informationen und nach der Erörterung verschiedener bestehender Möglichkeiten in transparenter Weise erfolgen. Sie muss nachvollziehbar dokumentiert sein. Eine Dokumentation des Willensbildungsprozesses kann hilfreich sein, um etwaige Rückfragen von Betriebsprüfern oder sonstigen Behörden substantiiert beantworten zu können. Spielen persönliche Motive eines Verbandsverantwortlichen bei der Entscheidung über das Sponsoring eine Rolle, sollte die Entscheidung allein von den anderen Entscheidungsträgern getroffen werden.

V. Grenzen wirtschaftlicher Betätigung und Tax-Compliance

Durch die umfangreiche Berichterstattung über den ADAC ist ins Bewusstsein gerückt, dass die wirtschaftliche Betätigung des Idealvereins wesentlichen Einschränkungen unterliegt.[90] Ein wirtschaftlicher Geschäftsbetrieb ist nur dann vom sog **Nebenzweckprivileg** umfasst, wenn der Nebenzweck von der Vereinssatzung oder jedenfalls einem Beschluss der Mitgliederversammlung gedeckt ist, er nur Hilfsmittel zum Erreichen des Vereinsgrundziels ist und die wirtschaftlichen im Verhältnis zu den ideellen Aktivitäten von relativ untergeordneter Bedeutung sind.[91] Es dürfen nur so viele Nebeneinnahmen erwirtschaftet werden, wie erforderlich sind, um den ideellen Hauptzweck zu verwirklichen und künftig zu sichern. Aus dem Einnahmeüberschuss dürfen nur Ausgaben getätigt wer-

61

62

---

[88] Millionen-Bußgeld für Sponsoring beim VfL Wolfsburg, Süddeutsche Online v. 6.10.2014.
[89] *Schröder* NJW 2004, 1353; *Remmert* DÖV 2010, 583; *Reinhart* SpuR 2011, 241; s. zB RL zur Korruptionsprävention und Korruptionsbekämpfung in der Landesverwaltung Niedersachsen v. 1.4.2014 (Nds. MBl. S. 330), Ziff. 8.
[90] *Beuthin* NZG 2015, 449.
[91] MüKoBGB/*Reuter* BGB § 22 Rn. 19 ff.

den, die der Erreichung des ideellen Zwecks dienen. Verliert die wirtschaftliche Nebentätigkeit den sachlichen Bezug zum Idealziel oder wird das Nebenzweckprivileg deutlich und nachhaltig überdehnt, drohen dem Verein die registerrechtliche Zwangslöschung sowie die persönliche Haftung der Organ- und Vereinsmitglieder für die Nebengeschäfte nach § 54 Abs. 1 BGB, § 128 S. 1 HGB, weil der Verein als nicht konzessionierter wirtschaftlicher Verein agiert. Der Vorstand verhält sich pflichtwidrig, wenn er die Grenzen des Nebenzweckprivilegs überschreitet; er haftet dem Verein nach § 280 BGB.

63   Von erheblicher praktischer Bedeutung ist die Erhaltung der **steuerlichen Privilegien** der regelmäßig als eingetragenen Vereine organisierten Berufsverbände,[92] dabei insbes. die Körperschaftsteuerbefreiung, die sie wegen ihres Wirkens im Interesse der Allgemeinheit genießen. Den Berufsverbänden gleichgestellt sind auch deren Zusammenschlüsse zu Landesverbänden, Bundesverbänden und internationalen Verbänden. Voraussetzung für die Körperschaftssteuerbefreiung nach § 5 KStG ist zunächst, dass der Verband die gemeinsamen Interessen des Wirtschaftszweiges – darunter auch die allgemeinpolitischen Ziele – vertritt und nicht nur die Interessen einzelner Angehöriger des Berufs- oder Wirtschaftszweiges. Schädlich ist es auch, wenn neben oder statt der allgemeinen Interessenvertretung die wirtschaftlichen Interessen der Mitglieder oder verbandsfremde wirtschaftliche Betätigungen wahrgenommen werden. Die tatsächliche Geschäftsführung darf nicht auf einen wirtschaftlichen Geschäftsbetrieb gerichtet sein.[93] Die Verbandsorgane müssen sich daher genau unterrichten, welche Verbandsaktivitäten die partielle Steuerpflicht auslösen können.

64   Wirtschaftliche **Geschäftsbetriebe** in Form sog steuerbefreiter Zweckbetriebe sind bei Berufsverbänden nicht möglich. Neben den Mitgliedsbeiträgen und den beitragsähnlichen Umlagen, die von mindestens 80% der Mitglieder in gleicher Höhe oder nach einem bestimmten Maßstab erhoben werden können, sind alle wirtschaftlichen Betätigungen – außerhalb der reinen Vermögensverwaltung – schädlich und führen dazu, dass der Berufsverband als solcher steuerpflichtig wird. Eine nicht abschließende Aufzählung relevanter Beispiele für wirtschaftliche Geschäftsbetriebe findet sich in R 16 Abs. 4 S. 10 – 13 KStR 2004. Keine wirtschaftlichen Geschäftsbetriebe sind bloße Verbands-Mitteilungsblätter, die Tätigkeit der Verbandsgeschäftsstelle, der Verkauf von Inventar ua Vermögensgegenstände des Verbandes und grds. die Beteiligung eines Berufsverbandes an einer Kapitalgesellschaft.[94] Letzteres gehört zur sog Vermögensverwaltung, deren Kapitalerträge grds. ertragssteuerbefreit sind. Da die Steuerbefreiung im Bereich der Vermögensverwaltung komplex ist, wird hier auf den Beitrag Maier in → § 10 verwiesen.

VI. Schutz von Unternehmensgeheimnissen

65   Verbandstätigkeit bringt es naturgemäß mit sich, dass die Verbandsleitung und die Beschäftigten Anschauungs- und Arbeitsmaterialien ihrer Mitgliedsunternehmen erhalten. Dabei handelt es sich nicht selten um sensible Informationen und **Betriebs- und Geschäftsgeheimnisse,** insbes. technischer, kaufmännischer, organisatorischer und vertrieblicher Art von hohem Wert, die iRv Positionserstellungen oder Standardisierungsprozessen auch weitergeleitet werden. Da immer mehr Informationen auf elektronischem Wege zur Verfügung gestellt werden, sammeln sich erhebliche Datenmengen an, die beim Verband gespeichert, ausgewertet und verarbeitet werden, ohne dass iE eine hinreichende Kennzeichnung des darin enthaltenen schutzbedürftigen Know-hows stattfinden mag oder bei den Verteilern präzise darauf geachtet wird, wer unter welchen Bedingungen in- und extern in den Wissenstransfer einbezogen ist.

---

[92] S. vertiefend → § 10 Rn. 1 ff.
[93] BFH Urt. v. 13.3.2012 – I R 46/11, BeckRS 2012, 95117; Blümich/*von Twickel* KStG § 5 Rn. 68 f.
[94] *Eggers* DStR 2007, 461.

Die Anforderungen an den richtigen **Umgang mit vertraulichen Dokumenten** kön- 66
nen dabei durchaus gegenläufig sein. Der größtmögliche Schutz von kartellrechtlich sensiblen Dokumenten vor Einsichtnahme durch Behörden kollidiert möglicherweise mit der Verpflichtung, alle Gremiensitzungen und den Informationsaustausch sorgfältig zu protokollieren. Besondere Aufmerksamkeit ist angebracht, wenn der Verband vertrauliche Mitgliederinformationen erlangt, die Insiderinformationen nach § 13 WpHG betreffen können. Dazu gehören etwa die beabsichtigte Veräußerung oder Stilllegung von Betrieben, Erwerb oder Veräußerung von Unternehmen, bevorstehende Entlassungen oder Produktionskürzungen sowie das Ausscheiden eines Vorstandsmitglieds. Nach § 14 WpHG sind Geschäfte unter Verwendung von Insiderinformationen verboten und werden als Straftat bzw. Ordnungswidrigkeit verfolgt. Auch die Weitergabe von Informationen durch sog Sekundärinsider ist ordnungswidrigkeitsrechtlich sanktioniert.

Der Verband hat im Hinblick auf die ihm anvertrauten sensiblen Informationen eine 67
Garantenpflicht, dass der Personenkreis in der Geschäftsstelle, der Zugang zu den Informationen hat, nicht unnötig groß ist, dass die Wissensträger verbindlich auf den Geheimnisschutz verpflichtet werden, und dass im Wege eines Risikomanagements die Kommunikations- und Bearbeitungsprozesse zur Wahrung der Vertraulichkeit geschützter Informationen gewährleistet und belastbar sind. Standard ist heute eine **„Document and work flow Policy"**, wonach alle Arten von Aufzeichnungen (Dokumente, E-Mails sowie Videos oder Filme etc), die iRd Verbandstätigkeit produziert oder zur Kenntnis gebracht werden, in Übereinstimmung mit den jeweiligen rechtlichen Rahmenbedingungen einerseits hinreichend transparent, andererseits sicher und dauerhaft archiviert,[95] geschützt kommuniziert sowie iRd Nutzungsnotwendigkeiten einer ordnungsgemäßen Vernichtung zugeführt werden. Dokumenten-workflow-Lösungen sind in vielen Spezifikationen von kommerziellen Anbietern erhältlich.

VII. Lobbyismus

Politische Interessenvertretung von Verbänden ist teils durch das Recht auf Anhörung in 68
Normsetzungsverfahren institutionalisiert, darüber hinaus als Teilnahme an der politischen Meinungsfindung erwünscht und legitim. Sachgerechtes Expertenwissen ist gerade in der aufgeregten öffentlichen Debatte ein wertvolles Gut. Die Methoden von Lobbyisten zur interessengeleiteten Einflussnahme auf Entscheidungsträger in Politik und Verwaltung können gleichwohl intransparent, unlauter oder gar gesetzeswidrig sein. Die Öffentlichkeit ist für mögliche **Fehltritte** hoch sensibilisiert, wie die monatelange Debatte um den Zugang von Lobbyisten zum Bundestag erneut anschaulich machte.[96] Verbände aller Art, für die Interessenvertretung eine wesentliche Daseinsberechtigung darstellt, kommen nicht umhin, die Compliance ihrer Lobbyaktivitäten umfassend in den Fokus zu nehmen.[97]

Die Überwachung von Organmitgliedern und Mitarbeitern auf Rechtskonformität und 69
ethisches Verhalten durch die Compliance-Verantwortlichen im Verband ist eine besonders komplexe Herausforderung. Denn zum einen gibt es ganz unterschiedliche Fallgestaltungen, die von verdecktem Input in Gesetzgebungsverfahren bis zur offenen Korruption gegenüber Mandatsträgern reichen, zum anderen laufen kommunikative Beziehungen naturgemäß oft informell und dynamisch. Vertrauenswürdiger, wahrheitsgemäßer Informationsaustausch im Sinne einer Zurverfügungstellung von asymmetrisch verteiltem Wissen aus der Mitgliedschaft angesichts begrenzter öffentlicher Ressourcen lässt sich zuweilen kaum belastbar abgrenzen von der Grauzone, in der Manipulationsversuche mittels un-

---

[95] S. hierzu *Junker*, Geschäftsinformationen zwischen Papier und bytes, www.jura.uni-saarland.de/projekte/bibliothek; zuletzt abgerufen am 28.12.2016.
[96] Bundestag entzieht Lobbyisten Hausausweise, Süddeutsche Online v. 16.2.2016.
[97] *Kopp* CCZ 2013, 67; Hauschka Corporate Compliance/*Kopp* § 10; *Gerig* ZRP 2014, 247; *Gerig/Tsesis* CCZ 2015, 268.

durchsichtiger Seilschaften aufgrund von sog Seitenwechseln zwischen Politik und Verbänden stattfinden können.

70   Jenseits der strafrechtlichen Vorschriften zur Bestechung gibt es nur wenige Regelwerke, die als Leitplanken für ein verantwortliches Lobbying dienen können. Das **Transparenzregister** in Brüssel[98] gibt in der 2. Generation immerhin einige Anhaltspunkte und Sanktionen, wohingegen Berlin auf wirksame Vorgaben trotz Angeboten aus der Beratungsbranche bisher verzichtet. Einige Verbände[99] und große Unternehmen haben sich eigene Verhaltenskodizes im Hinblick auf Offenheit, Toleranz, Ehrlichkeit und Integrität gegeben, die als Muster für Verbände dienen können. Einen eigenen Weg hat in jüngerer Zeit Österreich mit dem Bundesgesetz zur Sicherung der Transparenz bei der Wahrnehmung politischer und wirtschaftlicher Interessen (LobbyG), das am 1.1.2013 in Kraft getreten ist, beschritten.

71   **Transparenz und Dokumentation** aller Lobbyaktivitäten ist das unverzichtbare Minimum für Interessenverbände. Dadurch ergibt sich für den Compliance-Verantwortlichen ein Überblick, welche Sachverhalte einem intensiveren Compliance Check zu unterziehen sind. Ziele des Lobbying müssen im Wertekanon eines Verbandes verankert werden, und Methoden müssen sich den allgemeinen Verhaltensrichtlinien einer guten Governance unterordnen. Verdeckte und unanständige Verhaltensweisen dürfen nicht toleriert werden, weil sie mit Reputationsrisiken in der öffentlichen Rezeption und mit Regulierungsrisiken durch den Gesetzgeber verbunden sind.

VIII. Spenden an politische Parteien

72   Verbände sind in Deutschland ebenso wenig wie Unternehmen zu **parteipolitischer Neutralität** verpflichtet.[100] Ohne ausdrückliches Verbot in der Satzung steht es ihnen vielmehr frei, eine bestimmte politische Richtung im Rahmen ihres verbandspolitischen Ermessens finanziell und ideell zu unterstützen, sofern dies im wohlverstandenen Verbandsinteresse liegt.[101] Ermessensgrenzen ergeben sich zum einen aus der besonderen Konflikträchtigkeit von Parteispenden, die zu Imageschäden in der Öffentlichkeit und Unmut bei politisch anders denkenden Mitgliedern führen können.

73   Wirtschafts- und Berufsverbände haben zum anderen die Regelungen des **Körperschaftssteuerrechts** zu beachten. Nach § 5 Abs. 1 Nr. 5 S. 4 KStG und R 16 Abs. 3f S. 2 KStR 2004 fällt auf Mittel des Berufsverbandes für die unmittelbare oder mittelbare Unterstützung politischer Parteien eine Körperschaftssteuer iHv 50% der Zuwendungen an. Dabei werden sämtliche Einnahmequellen des Berufsverbandes erfasst, zB aus wirtschaftlichen Geschäftsbetrieben, aus Vermögensanlagen oder aus Zuschüssen.[102] Verwendet der Berufsverband Mittel von mehr als 10% seiner Einnahmen für die Förderung politischer Parteien, so ist die Steuerbefreiung nach § 5 Abs. 1 Nr. 5 S. 2 lit. b KStG insgesamt ausgeschlossen.

74   In einer Grauzone bewegen sich etliche-Sponsoring Aktivitäten von Berufsverbänden, die etwa bei Bundesparteitagen gegen erhebliches Entgelt mit Informationsständen vertreten sind. Denn es könnte sich um eine mittelbare oder verschleierte Parteispende handeln, wenn nicht nachgewiesen werden kann, dass Sponsorleistung und Gegenleistung in einem angemessenem Verhältnis zueinander stehen → Rn. 61). Der Begriff der mittelbaren Par-

---

[98] Das EU-Transparenzregister (http://ec.europa.eu/transparencyregister/public/homePage.do?locale=de; zuletzt abgerufen am 21.9.2016; 9:42) sieht ua Registrierung, Veröffentlichung der Lobbykosten und der Treffen sowie einen Verhaltenskodex vor.

[99] S. zB Verhaltenskodex der Deutschen Gesellschaft für Politikberatung eV (DeGePol).

[100] Das ist zB in UK anders: Political Parties, Elections and Referendums Act 2000.

[101] Bei den Verbänden tun sich die regionalen Verbände der Metall- und Elektroindustrie sowie der Verband der Chemischen Industrie als Großspender hervor, www.lobbypedia.de/wiki/parteispenden; zuletzt abgerufen am 28.12.2016.

[102] *Eggers* DStR 2007, 461 (465).

teispende wird zwar von den Finanzbehörden eng ausgelegt, gleichwohl sollten die Umstände sorgfältig geprüft und dokumentiert werden. Gleiches gilt auch für Zuwendungen in Form von Anzeigen in Parteiorganen, die Förderung von Workshops und ähnliche Veranstaltungen, die Übernahme von Förderpreisen oder die unentgeltliche Zurverfügungstellung von Räumlichkeiten, Kraftfahrzeugen und anderen Sachleistungen.

IX. Arbeits- und Sozialversicherungsrecht

Sachgerechte **Personalorganisation** und rechtskonforme Personalverwaltung[103] spielen **75** eine Schlüsselrolle für den Erfolg der Verbandsarbeit; die Personalverantwortlichen müssen in dreifacher Richtung Risiken vermeiden:
* ungerechtfertigte Behandlung der Mitarbeiterinnen und Mitarbeiter,
* Verletzung von öffentlich-rechtlichen Pflichten und
* Schädigung des Verbandes durch Normverletzungen ihrer Beschäftigten, ggf. mit Haftungsfolgen gegenüber Dritten.

Ein Verband muss angesichts der zunehmenden Engpässe auf dem Arbeitsmarkt wertvolle **76** Mitarbeiter halten und sich von leistungsunwilligen und ihre Pflichten verletzenden Beschäftigten iRd schwierig anzuwendenden arbeitsrechtlichen Vorschriften trennen. **Individualarbeitsverträge** müssen neben Entlohnung, Kündigungsfristen, Wettbewerbsklauseln, Geheimnisschutz ua auf die strengen Anforderungen hins. Transparenz und Angemessenheit der AGB-Rspr. achten. Personalakten müssen vollständig sein; bei Auslagerung der Personalbuchhaltung müssen ebenso wie bei Leistungs- und Zuverlässigkeitskontrollen die strengen Vorgaben des Beschäftigungsdatenschutzes eingehalten werden.

Compliance-Richtlinien, die oft nebeneinander Verbandswerte, deklaratorisch ge- **77** setzliche Vorschriften sowie konkrete und pflichtbegründende Verhaltensvorgaben für betriebliches und – ausnahmsweise – für außerbetriebliches Verhalten enthalten, können als Bestimmungen über Ordnung und Verhalten je nach Situation mittels Arbeitsvertrag, arbeitgeberseitigem Direktionsrecht oder durch Betriebsvereinbarung durchgesetzt werden. Sie sind betriebsüblich bekannt zu machen, durch geeignete Maßnahmen zu erläutern und nachzuhalten. Verhaltenskodizes sind ein erster Baustein eines integrierten Integritymanagements, das durch ein Zusammenspiel von „weicher" sozialer und kultureller Orientierung über Anreiz- und Belohnungssysteme mit „harten" Ge- und Verboten verbunden ist. Personalmanager und Compliance Officer sind bei Um- und Durchsetzung zu enger Zusammenarbeit verpflichtet.

Der Verband unterliegt als Arbeitgeber zahlreichen **Aufzeichnungs- und Melde-** **78** **pflichten,** etwa nach dem Mindestlohngesetz, und hat öffentliche Pflichten wie zB Gefährdungsbeurteilungen beim Arbeitsschutz, Unfallverhütungsvorschriften, Arbeitszeit und Ruhepausen, Beschäftigungsverbote für bestimmte Personengruppen und den betrieblichen Datenschutz zu gewährleisten. Ab bestimmten Betriebsgrößen sind auch bei Büroarbeitsplätzen zahlreiche Beauftragte zu benennen, etwa Brandschutzbeauftragte, Behindertenbeauftragte und Datenschutzbeauftragte. Nicht zuletzt begleiten die Anforderungen des Allgemeinen Gleichbehandlungsgesetzes (AGG) die Personalarbeit von der alters- und geschlechtsneutralen Ausschreibung, von der Einladung von behinderten Bewerbern zum Vorstellungsgespräch über das Einschreiten gegen Mobbing von Mitarbeitern bis zur – in der Praxis häufigen – Geltendmachung von Schadensersatz wegen Altersdiskriminierung.

Die akkurate Wahrnehmung der Lohnsteuer- und Sozialversicherungspflichten mag als **79** selbstverständlich gelten. In der Praxis gibt es gleichwohl Anlass zur Prüfung von Grenzfällen. Der ehrenamtlich tätige Vereinsvorstand übt zwar grds. seine Verrichtung in dem privatrechtlichen Verein aufgrund von Mitgliedschaftsrechten aus und nicht zu Erwerbszwecken, so dass für den Schutz der Sozialversicherung regelmäßig kein Raum bleibt. Erhält er allerdings eine den tatsächlichen Aufwand überschreitende pauschale Aufwands-

---

[103] S. iE → § 9 Rn. 1 ff.

entschädigung, insbes. wenn sie über dem Freibetrag von 720 EUR pro Jahr liegt, ist diese Vergütung nicht eo ipso sozialversicherungsfrei. Es gelten dann die allgemeinen Abgrenzungsmerkmale, die die Sozialgerichtsbarkeit in einzelfallbezogener – nicht widerspruchsfreier – Rspr. aufgestellt hat. Wenn Vorstände dem allgemeinen Erwerbsleben zugängliche Verwaltungsaufgaben im Verband wahrnehmen, können sie in einer Beschäftigung stehen, werden hingegen nur Sitzungen der Vereinsorgane sowie Repräsentationstermine innerhalb und außerhalb des Vereins wahrgenommen und besteht daneben eine hauptamtliche Geschäftsführung, sprechen diese Indizien gegen eine Erwerbsbeschäftigung.[104] Im Zweifel wird empfohlen, eine Statusfeststellung gem. § 7a SGB VI bei der DRV Bund zu beantragen.[105]

80   Ein weiteres Risiko ist die **Scheinselbständigkeit,** da in Verbänden häufig ehemalige Verbandsdelegierte oder Kleinstunternehmen ohne eigene Arbeitsmittel iRv (Schein-) Dienst- oder Werkverträgen als Berater, Teilnehmer an Normierungsarbeiten ua Projekten oder als Mitgliedsakquisiteure nach außen als selbständige Unternehmer auftreten, in Wirklichkeit in die Verbandsorganisation integriert und weisungsabhängig sind. Auch hier ist in Zweifelsfällen unbedingt präventiv ein Statusfeststellungsverfahren durchzuführen. Denn der Verband kann sich in strafrechtliche Risiken wegen Vorenthaltung von Arbeitsentgelt nach § 266 StGB, wegen Umsatzsteuerhinterziehung und Schwarzarbeit nach § 1 Abs. 2 SchwArbG verstricken. Auch die Nachentrichtung von Beiträgen inklusive verpflichtender Säumniszuschläge kann teuer werden.

81   Auch das Thema **Arbeitnehmerüberlassung** mag in dem einen oder anderen Fall Anlass zur Prüfung sein, denn die Ausleihe oder Überstellung von Arbeitnehmern zwischen Mitgliedsunternehmen und dem Verband oder zwischen Verbänden untereinander und mit Dienstleistern sollte sorgfältig geprüft werden, zumal zum 1.1.2017 eine Verschärfung des AÜG droht und mit der Zollverwaltung inzwischen ein effektives Instrument zur Umsetzungskontrolle besteht.

82   Bei vielen Verbänden existieren **Betriebsräte,** die sinnvollerweise in präventive und investigative Compliance-Maßnahmen einbezogen werden sollen oder müssen. Auch in der Betriebsverfassung gibt es vereinzelt steuerliche und strafrechtliche Risiken, etwa die Arbeitgeberfinanzierung gewerkschaftlicher Tätigkeit und Vorteilsgewährung an Betriebsräte. Sanktioniert sind sowohl die Behinderung und Beeinflussung bei Wahl und Amtsführung der Betriebsräte als auch umgekehrt Machtmissbrauch und unzulässige Kopplungsgeschäfte durch einflussreiche betriebliche und externe Interessenvertreter.

E. Fazit

83 Angesichts der **Vielfalt der Verbändelandschaft,** des Ineinandergreifens von Verantwortlichkeiten des Haupt- und des Ehrenamtes und der noch recht kurzen Erfahrungen mit Compliance Management Systemen, lassen sich kaum Typisierungen für Vereine und Verbände beschreiben. Best Practices liegen nur in Teilbereichen wie etwa dem Kartellrecht vor, weil Verbände nach teils bitteren Erfahrungen mit behördlichen Verfahren ihre Verbandspraxis kartellrechtlich aufgearbeitet haben. „One size fits all" ist in den Verbänden sicher kein Rezept, andererseits lassen sich Erfahrungen aus den verschiedenen Unternehmensfunktionen der Mitglieder durchaus für die Verbände fruchtbar machen. Der Austausch über bewährte Compliance-Maßnahmen mit ihren Mitgliedern sollte in den Verbänden institutionalisiert werden.

84   Eine Verbandsführung, die keine belastbare Risikoanalyse vornimmt und auf dieser Basis konzeptionelle Überlegungen anstellt und umsetzt, dürfte es schwer haben, Organi-

---

[104] *Plagemann/Hesse* NJW 2015, 439 (441 ff.) mit zahlreichen Entscheidungen.
[105] Im Amateursportbereich gibt es Abgrenzungsregeln der Sozialversicherungsträger, beck-online, BEBE-SpVSozVersTr, Niederschrift 13.3.2013, 2.

sationsverschulden von sich zu weisen. Vorleben von Integrität und Rechtskonformität, angemessene Aufgaben- und Pflichtendelegation ab einer bestimmten Größe der Verbandsgeschäftsstelle und konsequente Überwachung sind heute nicht mehr Kür zur besseren Reputation, sondern Pflichtaufgabe, um als Interessenvertretung im zivilgesellschaftlichen Dialog überleben zu können. Ehrenamt und Hauptamt müssen sich bei den komplementären Aufgaben gegenseitig unterstützen. Gelebte Werte und Wertschöpfung gehören auch im Verband zusammen.

2. Kapitel. Unternehmensarbeit in Verbänden

§ 4. Partizipationsmöglichkeiten von Unternehmen

Literatur:

Baumann/Sikora, Hand- und Formularbuch des Vereinsrechts, 2015; *Baumbach/Hueck*, GmbHG, 20. Aufl. 2013; Beck'scher Onlinekommentar Arbeitsrecht, Stand Sept. 2015; *Brouwer*, Compliance in Verbänden, in: Hauschka/Moosmayer/Lösler, Corporate Compliance, 3. Aufl. 2016; *ders.*, Compliance im Wirtschaftsverband, CCZ 2009,161; *ders.*, Compliance in Verbänden und gemeinnützigen Körperschaften, AnwBl 2010, 663; *Burgard*, Das Gesetz zur Begrenzung der Haftung von ehrenamtlich tätigen Vereinsvorständen, ZIP 2010, 358; *Burhoff*, Vereinsrecht, 9. Aufl. 2014; *Ehlers*, Die persönliche Haftung von ehrenamtlichen Vereinsvorständen, NJW 2011, 2689; *Ellenberger* in Palandt, Bürgerliches Gesetzbuch, 75. Aufl. 2016, BGB § 21 ff.; *Fleischer*, Corporate Compliance im aktienrechtlichen Unternehmensverbund, CCZ 2008, 1; *ders.*, Vorstandsverantwortlichkeit und Fehlverhalten von Unternehmensangehörigen – von der Einzelüberwachung zur Errichtung einer Compliance-Organisation, AG 2003, 291; *ders.*, Handbuch des Vorstandsrechts, 2006; *Hagel/Dahlendorf*, Der Beitrag von Wirtschaftsverbänden zu Compliance am Beispiel des „Rundum-Pakets" des Verbandes der Bahnindustrie in Deutschland (VDB), CCZ 2014, 275; *Hövelberndt*, Die Industrie- und Handelskammern als Akteure am politischen Meinungsmarkt, DÖV 2011, 628; *Hüffer*, Aktiengesetz, 12. Aufl. 2016; *Hüttemann*, Das Gesetz zur Stärkung des Ehrenamtes, DB 2013, 774; *Kornblum*, Bemerkungen zum eV, NJW 2003, 3671; *Leuschner*, Das Haftungsprivileg der §§ 31a, 31b BGB, NZG 2014, 281; *Mackert* in: Immenga/Mestmäcker, Wettbewerbsrecht, 5. Aufl. 2014; *Maunz* in: Dürig/Scholz, Grundgesetz-Kommentar, 75. EL, Art. 9; *Nolte/Polzin*, Zum Aufnahmezwang für Verbände mit überragender Machtstellung Kommentar zu OLG Stuttgart, NZG 2001, 997; *Reichert*, Vereins- und Verbandsrecht, 13. Aufl. 2016; *Reuter* in: Münchener Kommentar zum BGB, 7. Aufl. 2015, Vor § 21; *Reuter*, Zur Vereinsrechtsreform 2009, NZG 2009, 1368; *Rogall* in: Karlsruher Kommentar zum OWiG, 4. Aufl. 2014; *Sauter/Schweyer/Waldner*, Der eingetragene Verein, 19. Aufl. 2016; *Segna*, Vereinsrechtsreform, NZG 2002, 1048; *ders.*, Rechnungslegung und Prüfung von Vereinen – Reformbedarf im deutschen Recht, DStR 2006, 1568; *ders.*, Vorstandskontrolle in Großvereinen, 2002; *Schneider*, Compliance im Konzern, NZG 2009, 1321; *Schöpflin* in: Beck'scher Onlinekommentar BGB, Stand Nov. 2014; *Spindler*, Unternehmensorganisationspflichten: Zivilrechtliche und öffentlich-rechtliche Regelungskonzepte, 2011; *Schroeder/Weßels*, Handbuch der Arbeitgeber- und Wirtschaftsverbände in Deutschland; Staudinger, BGB, 2005; *Stöber/Otto*, Handbuch zum Vereinsrecht, 11. Aufl. 2016; *Thürmer* in: Blümich, EStG, 130. Aufl. 2015; *Unger*, Neue Haftungsbegrenzungen für ehrenamtlich tätige Vereins- und Stiftungsvorstände, NJW 2009, 3269.

A. Partizipation über die Mitglieder- und Delegiertenversammlung

I. Mitgliederversammlung

1. Allgemeines

Soweit die Unternehmen (unmittelbare) Mitglieder des jeweiligen Verbandes sind, üben **1** sie ihre mitgliedschaftlichen Rechte in der Mitgliederversammlung des Wirtschaftsverbandes aus. Auf diese Weise können die Unternehmen an dem Verband partizipieren. Die Mitgliederversammlung kann nicht gänzlich abgeschafft werden, möglich ist jedoch, dass anstelle der Mitgliederversammlung eine Delegiertenversammlung vorgesehen wird.[1]

Gem. § 32 Abs. 1 S. 1 BGB werden die Angelegenheiten des Vereins, soweit sie nicht **2** vom Vorstand oder einem anderen Vereinsorgan zu besorgen sind, durch Beschlussfassung in der Mitgliederversammlung geordnet. Die Mitgliederversammlung kann grds. ihre Kompetenzen auch auf andere Organe übertragen und durch Satzungsänderung neue Organe unter Zuweisung von Organfunktion schaffen, **sog Kompetenz-Kompetenz.**[2] Die Mitgliederversammlung ist ersatzweise zuständig, wenn ein anderes Vereinsorgan – vom

---

[1] Baumann/Sikora/*Schuller* § 7 Rn. 3.

[2] BGH NJW 1984, 1038; Krit. hierzu MüKoBGB/*Arnold* BGB § 32 Rn. 10 f., der davon ausgeht, dass bei Vereinen/Verbänden mit Aufnahmezwang die Mitgliederversammlung das oberste Vereinsorgan bleiben müsse. Die Bestellung und Abberufung des Vorstandes und Satzungsänderungen müssten bei der Mitgliederversammlung verbleiben. Entsprechendes gelte für eine Delegiertenversammlung, falls eine solche an die Stelle der Mitgliederversammlung tritt.

Vorstand abgesehen – handlungsunfähig wird, sog Ersatzkompetenz.[3] Darüber hinaus ist die Mitgliederversammlung für alle Vereinsangelegenheiten subsidiär zuständig, die nicht einem anderen Vereinsorgan zugewiesen sind. Sie besitzt somit eine sog Auffangkompetenz.[4] Eine Beschlussfassung außerhalb der Mitgliederversammlung ist gem. § 32 Abs. 2 BGB nur zulässig, wenn sämtliche Vereinsmitglieder dem schriftlich zustimmen.[5]

3   Zu den gesetzlich geregelten Befugnissen der Mitgliederversammlung gehören insbes. die Bestellung und Abberufung des Vorstandes, §§ 27 Abs. 1 und 2, 48 Abs. 1 S. 2 BGB, die Kontrolle und Entlastung der Vereinsorgane einschließlich der Erteilung von Weisungen an den Vorstand, § 27 Abs. 3 BGB iVm § 665 BGB, die Vornahme von Satzungsänderungen, § 33 Abs. 1 BGB und die Entscheidung über die Auflösung des Vereins, § 41 BGB.[6] Die Mitgliederversammlung ist für die vereinsinterne Willensbildung durch Beschlussfassung zuständig. Die Ausführung der jeweiligen Beschlüsse ist jedoch eine Geschäftsführungsmaßnahme, die grds. dem Vorstand obliegt.

4   Die Satzung kann einzelne Verfahrensregelungen des § 32 BGB für die Mitgliederversammlung abbedingen oder ändern. Ferner kann die Mitgliederversammlung durch eine Delegiertenversammlung (Vertreterversammlung) ersetzt werden.

2. Einberufung/Leitung der Mitgliederversammlung/Beschlussfassung

5   Die Mitgliederversammlung ist von dem nach Gesetz oder Satzung zuständigen Organ einzuberufen. Zuständiges Organ nach dem Gesetz ist der Vorstand. Die Satzung kann jedoch eine andere Zuständigkeit vorsehen.

6   In folgenden Fällen ist die Mitgliederversammlung **zwingend** einzuberufen:
- in den durch die Satzung bestimmten Fällen (§ 58 Nr. 4 BGB iVm § 36 Alt. 1 BGB)
- wenn es das Interesse des Vereins erfordert (§ 36 Alt. 2 BGB)
- wenn dies eine durch die Satzung bestimmte Minderheit bzw. 10% der Mitglieder verlangen (§ 37 BGB).

7   Gem. § 58 Nr. 4 BGB soll die Satzung auch die Form der Einberufung regeln. Eine gesetzliche Regelung für die Einberufungsfrist gibt es – anders als im GmbH-Recht bzw. Aktienrecht – nicht. Hierfür gilt in erster Linie die Satzung, die zweckmäßigerweise Regelungen zu einer angemessenen Einberufungsfrist enthalten sollte. Gem. § 32 Abs. 1 S. 2 BGB sind in der Einladung zur Mitgliederversammlung die Gegenstände der Versammlung so genau anzugeben, dass die Mitglieder sich darauf vorbereiten können.[7] Mangels abweichender Regelung in der Satzung obliegt die Leitung der Mitgliederversammlung dem Vereinsvorstand.[8] Nach der gesetzlichen Regelung in § 32 Abs. 1 S. 3 BGB reicht für einfache Beschlüsse die Mehrheit der abgegebenen Stimmen. Eine größere als die einfache Mehrheit ist erforderlich bei:
- Satzungsänderungen, § 33 Abs. 1 S. 1 BGB
- Auflösung des Vereins, § 41 BGB
- Zweckänderungen des Vereins
- Beeinträchtigung von Sonderrechten eines Mitglieds, § 35 BGB
- Umwandlungsvorgängen gem. UmwG.

8   Die Satzung kann grds. davon abweichende Regelungen treffen. Für einen Verein/Verband mit Aufnahmezwang sind jedoch Einschränkungen zu beachten.[9] Das BGB enthält

---

[3] BGH NJW 1954, 338.
[4] BeckOK BGB/*Schöpflin* BGB § 32 Rn. 4.
[5] Zu den Besonderheiten bei Verbänden vgl. MüKoBGB/*Arnold* BGB § 32 Rn. 67.
[6] BeckOK BGB/*Schöpflin* BGB § 32 Rn. 7.
[7] Vgl. MüKoBGB/*Arnold* BGB § 32 Rn. 18.
[8] Zu den Einzelheiten der Leitung der Mitgliederversammlung vgl. Baumann/Sikora/*Schuller* § 7 Rn. 110 ff.
[9] Vgl. MüKoBGB/*Arnold* BGB § 32 Rn. 42: *„Insoweit ist nach dem Gebot der Gleichbehandlung der Gleichartigen der aktien- und genossenschaftsrechtliche Schutz des einzelnen Mitglieds (namentlich des Minderheitsangehörigen) analog heranzuziehen. Dazu zählen auch die gesetzlichen Schranken für die Regelung der Beschlussmehrheit. Sonstige*

keine Vorgaben zur Beschlussfähigkeit der Mitgliederversammlung. Die Mitgliederversammlung ist somit ohne weiteres beschlussfähig. Die Satzung kann hiervon abweichende Regelungen treffen.

II. Delegiertenversammlung

Wenn die Satzung es zulässt, kann die Mitgliederversammlung durch eine Delegiertenversammlung (Vertreterversammlung) ersetzt werden.[10] Darunter versteht man eine Versammlung, in der die Rechte der Vereinsmitglieder ausschließlich von Delegierten wahrgenommen werden. Diese repräsentieren die Vereinsmitglieder. Die Delegiertenversammlung ist somit eine besondere Ausgestaltung des Organs der Mitgliederversammlung. Für die Delegiertenversammlung gelten grds. die für die Mitgliederversammlung geltenden Vorschriften.[11]

Delegiertenversammlungen finden sich insbes. bei sehr mitgliederstarken und überregionalen Vereinen. Gesamtvereine mit zahlreichen und selbstständigen Untergliederungen (Ortsgruppen, Bezirks- oder Landesverbände) sehen häufig Delegiertenversammlungen vor. Gleiches gilt für den Vereinsverband. So kann zB vorgesehen werden, dass die Mitglieder des Einzelvereins aus ihrer Mitte Vertreter für die Delegiertenversammlung des Hauptvereins wählen.[12] Bei Verbänden wird in der Literatur diskutiert, ob die Bildung einer Delegiertenversammlung nicht nur möglich, sondern unter bestimmten Voraussetzungen sogar **geboten** ist.[13] Die hierzu vertretenen Meinungen sind unterschiedlich. ZT wird jedoch, insbes. ab einer bestimmten Größe des Verbandes, davon ausgegangen, dass eine Delegiertenversammlung geschaffen werden muss.[14]

Sofern eine Delegiertenversammlung vorgesehen wird, muss die **Satzung bestimmte Regelungen** hierzu treffen. So muss die Satzung die Aufgaben der Delegiertenversammlung – im Verhältnis zur Mitgliederversammlung – klar bestimmen. Die Satzung muss Regeln enthalten, wie sich die Delegiertenversammlung zusammensetzt und wie die Delegierten iE bestimmt werden. Darüber hinaus hat die Satzung Bestimmungen über die Einberufungsvoraussetzungen und -formen sowie über die Beurkundung der Beschlüsse zu enthalten.[15] Bei **Vereinsverbänden und Gesamtvereinen** sind gewisse Besonderheiten im Hinblick auf die Satzungsregelungen zu beachten.[16]

9

10

11

Regelungen des Stimmengewichts im Verein ohne Aufnahmefreiheit (Abstimmung nach Köpfen oder nach wirtschaftlicher Bedeutung oÄ) sind an das Gleichbehandlungsgebot (= Willkürverbot) gebunden."

[10] MüKoBGB/*Arnold* BGB § 32 Rn. 2: *„Für die Genossenschaft sieht § 43a GenG aber eine Mitgliederzahl von 1500 für die fakultative Substitution der Mitgliederversammlung durch eine Vertreterversammlung vor. Daraus folgert die fast einhellige Meinung, man könne die Gesellschafterversammlung der GmbH und die Mitgliederversammlung des BGB-Vereins nach freier Wahl kraft Satzung durch Vertreterversammlungen ersetzen oder davon absehen."*

[11] MüKoBGB/*Arnold* BGB § 32 Rn. 74.

[12] Baumann/Sikora/*Schuller* § 7 Rn. 283 ff.

[13] MüKoBGB/*Arnold* BGB § 32 Rn. 5 f.

[14] So zB MüKoBGB/*Arnold* BGB § 32 Rn. 6: *„Dieser Beurteilungsspielraum wird aber überschritten, wenn ein Großverein mit landes- oder gar bundesweitem Einzugsgebiet auf Untergliederungen mit ortsnahen Möglichkeiten für die Teilnahme der Mitglieder an der Willensbildung des Vereins, vermittelt durch repräsentative Vertreterversammlungen, verzichtet, obwohl zu seinen Mitgliederversammlungen – wie in einem vom OLG Frankfurt entschiedenen Fall (→ Vor § 21 Rn. 121 aE) – stets maximal 2% der Mitglieder kommen. In solchen und ähnlichen Fällen können die Beschlüsse nicht mehr als von dem (gesetzlich) zuständigen Organ gefasst angesehen werden. Sie sind daher arg. a minore ad maius § 241 Nr. 4 AktG unwirksam (→ Rn. 62 [...]); Stöber/Otto S. 369 Rn. 766 mwN.*

[15] Baumann/Sikora/Schuller § 7 Rn. 286.

[16] Vgl. dazu MüKoBGB/*Arnold* BGB § 32 Rn. 9: *„Besonderheiten gelten im Fall von Vereinsverbänden und Gesamtvereinen. Die Delegiertenversammlungen von Vereinsverbänden, dh von Vereinen mit korporativen Mitgliedern (→ Vor § 21 Rn. 128), betreffen die Satzungen der Vereinsverbände nur insofern, als den Mitgliedsvereinen die Wahrnehmung ihrer Mitgliedschaftsrechte durch Delegierte statt durch ihren Vorstand satzungsförmig vorgeschrieben sein muss. Wer Delegierter werden kann, die Dauer der Bestellungsperiode und das Bestellungsverfahren sind dagegen im Zweifel zwingend satzungsförmige Verfassungsangelegenheiten der Mitgliedsvereine, nicht des Vereinsverbandes. Bei Delegiertenversammlungen von Gesamtvereinen, dh von Vereinen mit selbständigen Untergliederungen, deren (natürliche) Mitglieder auch ihre Mitglieder sind (ausführlich → Vor § 21 Rn. 138 ff.), müssen die Delegierten unmittelbar Vertreter der Mitglieder (nicht der Untergliederungen) sein. Die Regelung der Zahl der Delegierten, der aktiven und*

12 Vorgaben im Hinblick auf eine bestimmte Mindestgröße der Delegiertenversammlung gibt es nicht. Bei der Entscheidung über die Zusammensetzung der Delegiertenversammlung ist der Verband nicht vollkommen frei. Es muss eine **angemessene Repräsentation der Verbandsmitglieder** in der Delegiertenversammlung gewährleistet sein.[17] Die Delegierten können je nach den Regelungen in der Satzung von den Verbandsmitgliedern oder von den Mitgliedern des jeweiligen Verbandsmitgliedes gewählt werden (gekorene Delegierte). Darüber hinaus kann vorgesehen werden, dass die Inhaber eines bestimmten Vereinsamtes sog „geborene" Delegierte sind. Das Stimmrecht nimmt der jeweilige Delegierte eigenverantwortlich und nach eigener Überzeugung wahr. Er ist an Weisungen nicht gebunden.

B. Aufnahmezwang

13 Einem Verein steht es nach Art. 9 Abs. 1 GG frei, den Vereinszweck und den Mitgliederkreis festzulegen. IRd durch Art. 9 Abs. 1 GG gewährleisteten Vereinigungsfreiheit und Verbandsautonomie ist es somit grds. Sache der Verbände selbst, ihren Zweck und Tätigkeitsrahmen sowie die dadurch bedingten generellen Aufnahmevoraussetzungen eigenverantwortlich festzulegen.[18] Ein Verein kann demnach prinzipiell frei darüber entscheiden, ob er jemanden aufnehmen möchte oder nicht (Aufnahmefreiheit).[19] Die Voraussetzungen für die Aufnahme neuer Mitglieder iE können in der Satzung des Vereins geregelt werden.[20] Grds. kann ein Verein den Aufnahmeantrag eines Bewerbers ohne Angabe von Gründen ablehnen, und zwar auch dann, wenn der Bewerber an sich die satzungsmäßigen Voraussetzungen für eine Aufnahme in den Verein erfüllt.[21]

14 Zu diesen auch für Wirtschaftsverbände geltenden Grundsätzen gibt es jedoch die nachfolgend iE dargestellten Einschränkungen, aus denen sich ein **Aufnahmezwang**,[22] insbes. bei Wirtschaftsverbänden, ergeben kann. Ein **Aufnahmeanspruch** kann sich aus **gesetzlichen Bestimmungen** ergeben. So regelt § 20 Abs. 5 GWB, dass Wirtschafts- und Berufsvereinigungen die Aufnahme eines Unternehmens nicht ablehnen dürfen, wenn die Ablehnung eine sachlich nicht gerechtfertigte ungleiche Behandlung darstellen und zu einer unbilligen Benachteiligung des Unternehmens im Wettbewerb führen würde. Die verfassungsrechtlich geschützte Verbandsautonomie wird durch § 20 Abs. 5 GWB eingeschränkt. § 20 Abs. 5 GWB bezieht sich auf Wirtschafts- und Berufsvereinigungen.

15 *Darunter sind „freiwillige", dh, auf der Grundlage eines privatrechlicher Parteiautonomie unterliegenden Mitgliedschaftsverhältnisses organisierte Verbindungen von Unternehmen zu verstehen, die nicht lediglich besondere Einzelzwecke im Interesse ihrer Mitglieder verfolgen, sondern eine umfassende Förderung der gemeinsamen wirtschaftlichen, berufsständischen und sozialen Interessen ihrer Mitglieder und ihre Vertretung nach außen zum Ziel haben.*[23]

16 Maßgeblich sind die Förderung und das Vertreten von unternehmerischen Interessen nach außen. Nicht von § 20 Abs. 5 GWG erfasst werden vor diesem Hintergrund Vereinigungen von Privatpersonen, Arbeitgeberverbände und Gewerkschaften sowie Sportver-

---

passiven Wahlberechtigung und der Wahlperiode ist daher zwingend Angelegenheit der Satzung des Hauptvereins. Die Regelung des Wahlverfahrens kann der Satzung der selbständigen Untergliederung überlassen werden."

[17] MüKoBGB/*Arnold* BGB § 32. Rn. 7 spricht in diesem Zusammenhang von dem Grundsatz der „Repräsentativität"; vgl. auch *Stöber/Otto* S. 371 Rn. 769.

[18] Immenga/Mestmäcker/*Markert* GWB § 20 Rn. 144 mwN im Hinblick auf die Rspr. und Literatur.

[19] Für politische Parteien ist das in § 10 Abs. 1 S. 1 PartG ausdrücklich geregelt.

[20] Wegen Verstoßes gegen den Grundsatz der Vereinsautonomie soll jedoch eine Satzungsbestimmung unzulässig sein, wonach die Mitglieder des Vereins von außenstehenden Dritten ausgewählt werden; vgl. Staudinger/*Weick* BGB § 35 Rn. 27 unter Hinweis auf OLG Stuttgart NJW-RR 1986, 995.

[21] Staudinger/*Weick* BGB § 35 Rn. 27 unter Hinweis auf BGH NJW 1999, 1326.

[22] BeckOK BGB/*Schöplin* BGB § 25 Rn. 38 ff.

[23] So die Definition von Immenga/Mestmäcker/*Markert* GWB § 20 Rn. 129.

bände, soweit sie nicht überwiegend wirtschaftliche Interessen vertreten.[24] Auch Spitzenverbände mit dem ausschließlichen Ziel, die gemeinsamen Interessen von Verbänden zu fördern und zu vertreten, sollen – soweit die Mitglieder des Spitzenverbandes nicht selbst unternehmerisch tätig sind – nicht in den Anwendungsbereich von § 20 Abs. 5 GWB fallen.[25]

Für Gewerkschaften und Arbeitgeberverbände sowie für Vereinigungen, deren Mitglieder einer bestimmten Berufsgruppe angehören oder die eine überragende Machtstellung im wirtschaftlichen oder sozialen Bereich innehaben (Vereinigungen mit Monopolstellung), gilt § 18 Abs. 1 AGG. Ein Aufnahmeanspruch kann sich in diesem Fall aus § 18 AGG iVm § 7 AGG ergeben. Bei Vereinigungen mit einer überragenden Machtstellung im wirtschaftlichen oder sozialen Bereich ist weitere Voraussetzung, dass ein grundlegendes Interesse am Erwerb der Mitgliedschaft besteht. Vereinigungen, die nicht in den Anwendungsbereich von § 18 AGG fallen, haben § 19 AGG zu beachten. § 19 AGG beinhaltet ein zivilrechtliches Benachteiligungsverbot. Danach ist eine Benachteiligung aus Gründen der Rasse oder wegen der ethnischen Herkunft, wegen des Geschlechtes, der Religion, einer Behinderung, des Alters oder der sexuellen Identität bei der Begründung, Durchführung und Beendigung zivilrechtlicher Schuldverhältnisse unzulässig. Auch daraus kann sich unter bestimmten Voraussetzungen ein Aufnahmezwang ergeben. Voraussetzung für die Anwendung des § 19 AGG ist ua jedoch, dass es sich um Schuldverhältnisse handelt, die typischerweise ohne Ansehen der Person zu vergleichbaren Bedingungen in einer Vielzahl von Fällen zustande kommen oder bei denen das Ansehen der Person nach der Art des Schuldverhältnisses eine nachrangige Bedeutung hat und die zu vergleichbaren Bedingungen in einer Vielzahl von Fällen zustande kommen (**Massengeschäft**).[26]

Ein Aufnahmeanspruch kann sich jedoch nicht nur aus spezialgesetzlichen Regelungen **18** ergeben. Vielmehr hat auch die Rspr. (in richterlicher Rechtsfortbildung) unter bestimmten Voraussetzungen einen Aufnahmeanspruch bejaht. Der BGH hat in seinem Urt. v. 23.11.1998 einen **Aufnahmezwang für Verbände mit überragender Machtstellung** bejaht.[27] Grundlage hierfür sei, so der BGH, Art. 9 Abs. 1 GG, der eine mittelbare Drittwirkung entfalte. IE begründet der BGH seine Auffassung wie folgt:[28]

„Dementsprechend kann nach der ständigen Rechtsprechung des BGH eine Aufnah- **19** mepflicht nur dann bestehen, wenn die Rechtsordnung mit Rücksicht auf schwerwiegende Interessen der betroffenen Kreise die Selbstbestimmung des Vereins über die Aufnahme von Mitgliedern nicht hinnehmen kann. Das ist – in Anlehnung va an § 826 BGB und § 27 GWB – ganz allgemein der Fall, wenn der Verein im wirtschaftlichen oder sozialen Bereich eine überragende Machtstellung innehat und ein wesentliches oder grundlegendes Interesse an dem Erwerb der Mitgliedschaft besteht (BGHZ 93, 151 = NJW 1985 1216 = LM § 38 BGB Nr. 11; BGHZ 102, 265 = NJW 1988, 552 = LM § 25 BGB Nr. 25; BGH NJW-RR 1986, 583 = LM § 27 GWB Nr. 6 = GRUR 1986, 332 – „Aikido-Verband"; BGH NJW 1997, 3368 = LM H. 2–1998 § 25 BGB Nr. 35 = ZIP 1997, 1591). Im Interesse des Vereins an seinem Bestand und an seiner Funktionsfähigkeit ist dieser Aufnahmezwang dahingehend einzuschränken, dass die Ablehnung der Aufnahme nicht zu einer – im Verhältnis zu bereits aufgenommenen Mitgliedern – sachlich nicht gerechtfertigten ungleichen Behandlung und unbilligen Benachteiligung eines die Aufnahme beantragenden Bewerbers führen darf. Danach spielen nicht nur die berechtigten Interessen des Bewerbers an der Mitgliedschaft und die Bedeutung der damit verbundenen Rechte und Vorteile eine Rolle, die ihm vorenthalten würden. Es kommt vielmehr auch auf eine Bewertung und Berücksichtigung der Interessen des Vereins oder des Verbandes an, die im Einzelfall dahin gehen können, den Bewerber von der Mitgliedschaft

---

[24] Immenga/Mestmäcker/*Markert* GWB § 20 Rn. 133.
[25] Immenga/Mestmäcker/*Markert* GWB § 20 Rn. 133.
[26] Als Beispiel hierfür wird in der Literatur der ADAC angeführt, vgl. *Stöber/Otto* S. 135 Rn. 267 mwN.
[27] BGH NJW 1999, 1326.
[28] BGH NJW 1999, 1326.

fernzuhalten. Nur wenn nach einer Abwägung der beiderseitigen Interessen die Zurückweisung des Bewerbers unbillig erscheint, besteht idR ein Anspruch auf Aufnahme (BGHZ 93, 151 = NJW 1985, 1216 = LM § 38 BGB Nr. 11; BGH NJW-RR 1986, 583 = LM § 27 GWB Nr. 6)."

20   Ein derartiger Aufnahmezwang wurde für die IG Metall ua große Gewerkschaften bejaht, dagegen abgelehnt für die Hamburgischen Anwaltsverein.[29] Nach der Rspr. des BGH gilt der Aufnahmezwang jedoch nicht unbeschränkt. Erforderlich ist vielmehr eine **Interessenabwägung** zwischen den Interessen des Bewerbers an der Mitgliedschaft und den Interessen des Vereins/Verbandes, die Mitgliedschaft bestimmter Bewerber zu verhindern. Eine Vereinigung, die nur oder zumindest überwiegend die Förderung der Geselligkeit ihrer Mitglieder zum Ziel hat, unterliegt in keinem Fall einem Aufnahmezwang. Die Mehrzahl der Entscheidungen des BGH und der Instanzgerichte bezog sich auf Sportvereine, Gewerkschaften und Arbeitgeberverbände sowie berufsständische Vereinigungen. Eine Entscheidung betreffend einen großen Wirtschaftsverband ist, soweit ersichtlich, bislang noch nicht ergangen.

21   Die vorstehend zitierte BGH-Rspr. entspricht dem in § 18 Abs. 2 AGG iVm Abs. 1 Nr. 2 AGG angeordneten Aufnahmezwang für Vereinigungen mit Monopolstellung. Im Hinblick auf das Verhältnis der vorstehend in Auszügen wiedergegebenen BGH-Rspr. zu § 18 AGG gilt nach der einschlägigen Kommentierung: Soweit die Ablehnung eines Bewerbers aus einem der Gründe des § 1 AGG erfolgt, gilt nicht mehr die richterliche Rechtsfortbildung, sondern unmittelbar § 18 AGG. Die Rspr. hingegen bleibt maßgebend, soweit die Ablehnung nicht oder zumindest nicht erkennbar auf einem der Gründe des § 1 AGG beruht.[30] § 1 AGG bezieht sich auf Gründe der Rasse, der ethnischen Herkunft, des Geschlechts, der Religion oder der Weltanschauung, einer Behinderung, des Alters oder der sexuellen Identität. Auch die Literatur bejaht im Grundsatz einen vereinsrechtlichen Aufnahmezwang. Die Begründung des Aufnahmezwangs und die iE hierfür erforderlichen Voraussetzungen differieren.[31] Die Kehrseite des Aufnahmezwangs ist iÜ eine entsprechende Beschränkung des Ausschlussrechtes.

---

[29] Staudinger/*Weick* BGB § 35 Rn. 28; BGH NJW 1980, 186.
[30] So MüKoBGB/*Reuter* BGB Vor § 21 Rn. 112.
[31] Vgl. Überblick und eigene Stellungnahmen zu den verschiedenen Literaturmeinungen Staudinger/*Weick* BGB § 35 Rn. 29 ff. sowie MüKoBGB/*Reuter* BGB Vor § 21 Rn. 114 ff.: *„Die zweite Art von Aufnahmepflicht kann in der Tat – wie der BGH und die hL [...] vertreten – an die wirtschaftliche oder soziale Macht anknüpfen, die die Vereinigung aufgrund mehr oder weniger exklusiver Verfügungsgewalt über für den einzelnen wichtigen Güter ausübt. Sie führt dann analog § 20 Abs. 6 (früher § 27) GWB zur Aufnahmepflicht, wenn das Interesse des Mitgliedschaftsbewerbers an der Aufnahme das gegen Interesse des Verbandes an Ablehnung überwiegt".*

§ 5. Verbandskartellrecht

Literatur:

Alexander, Die unberechtigte Verweigerung der Aufnahme in einen Wirtschaftsverband aus kartellrechtlicher, lauterkeitsrechtlicher und bürgerlichrechtlicher Sicht, ZStV 2014, 121; *Bach/Klumpp,* Nach oben offene Bußgeldskala, NJW 2006, 3524; *Bauer,* Kartellrechtliche Zulässigkeit von Beschränkungen des Internetvertriebs in selektiven Vertriebssystemen, WRP 2003, 243; *Becker/Pfeiffer,* Die Entscheidung „Depotkosmetik im Internet" des Bundesgerichtshofs, ZWeR 2004, 268; *Brouwer,* Compliance im Wirtschaftsverband, CCZ 2009, 161; *Buntscheck,* Die gesetzliche Kappungsgrenze für Kartellgeldbußen, EuZW 2007, 423; *Bürkle,* Compliance in Versicherungsunternehmen, 2. Aufl. 2015; *Dittrich,* Kartellrecht: Spezialgebiet der Compliance-Arbeit, CCZ 2015, 209; *Eufinger,* Kartellgehilfen als Parteien einer Vereinbarung i. S. des Art. 101 I AEUV?, WRP 2012, 1488; *Fiebig,* Neues vom EuGH zur bezweckten Wettbewerbsbeschränkung, WuW 2016, 270; *Frenz,* Industrie 4.0 und Wettbewerbsrecht; *Fritzsche,* Die neuen Regeln über horizontale Kooperation im europäischen Wettbewerbsrecht, EuZW 2011, 208; *Funke,* Der Anwendungsvorrang des Gemeinschaftsrechts, DÖV 2007, 733; *Grave/Barth,* Von „Dawn Raids" zu „eRaids", EuZW 2014, 369; *Hagel/Dahlendorf,* Der Beitrag von Wirtschaftsverbänden zur Compliance am Beispiel des „Rundum-Paketes" des Verbandes der Bahnindustrie in Deutschland (VDB), CCZ 2014, 275; *Haus/Serafimova,* Neues Schadensersatzrecht für Kartellverstöße – die EU-Richtlinie über Schadensersatzklagen, BB 2014, 2883; *Hauschka/Moosmayer/Lösler,* Corporate Compliance, 3. Aufl. 2016; *Heermann,* Missbrauch einer marktbeherrschenden Stellung im Verhältnis eines Sportverbandes gegenüber Nichtmitgliedern, WRP 2016, 147; *Heussen/Hamm,* Beck'sches Rechtsanwaltshandbuch, 2016; *Hilf/Pache,* Das Bosman-Urteil des EuGH, NJW 1996, 1169; *Kapp/Hummel,* Kartellrechts-Compliance in der Verbandsarbeit, CCZ 2013, 240; *Karenfort,* Der Informationsaustausch zwischen Wettbewerbern – kompetitiv oder konspirativ?, WuW 2008, 1154; *Kasten/Traugott,* Das ICC Toolkit zur kartellrechtlichen Compliance auf Deutsch und das ICC KMU-Toolkit („SME Toolkit") – Eine Einführung und Gebrauchsanleitung, CCZ 2015, 157; *Kilian/Heussen,* Computerrechts-Handbuch, 32. EL 2013; *Köhler,* Verbandstätigkeit und Kartellrecht, WuW 2009, 258; *Kopp,* Compliance in Wirtschaftsverbänden, Schriftenreihe des Instituts für Europäisches Medienrecht Bd. 40, 2010, 447; *ders.,* Recht, Transparenz und Integrität beim Lobbying – Compliance angesichts von Regulierung und Selbstverpflichtungen, CCZ 2013, 67; *Kühne/Woitz,* Die neue EU-Kartellschadenersatzrichtlinie: „Follow-on"-Klagen auf Schadenersatz werden gefährlicher, DB 2015, 1028; *Kuhn,* Die Abgrenzung zwischen bezweckter und bewirkter Wettbewerbsbeschränkung nach Art. 101 AEUV, ZWeR 2014, 143; *Lampert,* Gestiegenes Unternehmensrisiko Kartellrecht – Risikoreduzierung durch Competition-Compliance-Programme, BB 2002, 2237; *Legner,* Gesamtschuldnerinnenausgleich zwischen Kartellanten; WRP 2014, 1163; *Lettl,* Kartellschadensersatz nach der RL 2014/104/EU und deutsches Kartellrecht, WRP 2015, 537; *Möhlenkamp,* Verbandskartellrecht – trittfeste Pfade in unsicherem Gelände; WuW 2008, 428; *Moosmayer,* Compliance, 3. Aufl. 2015; *ders.,* Compliance-Risikoanalyse, 2015; *Murach,* Kartellverstoß schon durch Informationsaustausch bei einem einzigen Treffen, GWR 2009, 175; *Nordemann/Förster,* Der Fall Pechstein und die Grenzen des kartellrechtlichen Missbrauchsverbotes, WRP 2016, 312; *v. Papp,* Wie „identifizierend" dürfen Marktinformationsverfahren sein?, WuW 2005, 733; *Pischel,* Preisfestsetzung nach Art. 81 EG und Novellierung des GWB, EuZW 2005, 495; *ders.,* Rechtfertigung marktmächtigen Verhaltens – Zum Einfluss von Art. 101 AEUV und Gruppenfreistellungsverordnungen auf § 20 II GWB, GRUR 2011, 685; *ders./Hausner,* Informationsaustausch zwischen Wettbewerbern – Zum Stand der kartellrechtlichen Entwicklung, EuZW 2013, 498; *ders./Kopp,* Reaktionen von Verbänden gegenüber ihren Mitgliedern auf Kartellverstöße, CCZ 2014, 198; *Polley/Seeliger,* Die neue Mitteilung der Kommission über den Erlass und die Ermäßigung von Geldbußen in EG-Kartellsachen, EuZW 2002, 397; *Reimers/Brack/Schmidt,* Kartellschadensprävention als Bestandteil der kartellrechtlichen Compliance, CCZ 2015, 83; *Roth,* Neue EU-Richtlinie erleichtert künftig Schadensersatzklagen bei Verstößen gegen das Kartellrecht, GWR 2015, 73; *Schmidt/Koyuncu,* Kartellrechtliche Compliance-Anforderungen an den Informationsaustausch zwischen Wettbewerbern, BB 2009, 2551; *Slobodenjuk,* Die F&E-Gruppenfreistellungsverordnung – Praxistipps, BB 2016, 1670; *Schröder,* Die Entwicklung von Compliance-Management-Systemen hinsichtlich Kartellrechtscompliance, CCZ 2015, 63; *Schroeder,* Informationsaustausch zwischen Wettbewerbern, WuW 2009, 718; *Schubert,* Kartellrechtliche Freistellungsfähigkeit von Vertriebsvereinbarungen iRv F&E-Kooperationen nach der VO 1217/2010, NZKartR 2013, 278; *Seeliger/Gänswein,* E-Raids – IT-Durchsuchungen von Unternehmen durch die Europäische Kommission und das Bundeskartellamt, BB 2014, 1027; *Soltész,* Belohnung für geständige Kartellsünder – Erste Settlements im Europäischen Kartellrecht, BB 2010, 2123; *ders./Marquier,* Der ne bis in idem-Grundsatz im Europäischen Netzwerk der Kartellbehörden, EuZW 2006, 102; *Soltész/Steinle/Bielesz,* Rekordgeldbußen versus Bestimmtheitsgebot, EuZW 2003, 202; *Soyez,* Die Bußgeldleitlinien der Kommission, EuZW 2007, 596; *Stancke,* Marktinformation, Benchmarking und Statistiken – Neue Anforderungen an Kartellrechts-Compliance, BB 2009, 912; *Stanke,* Marktinformation, Benchmarking und Statistiken – Neue Anforderungen an Kartellrechts-Compliance, BB 2009, 912; *Terhechte,* Vollstreckung von EG-Bußgeldbescheiden in den Mitgliedstaaten der EG, EuZW 2004, 353; *Thomas,* Die Bindungswirkung von Mitteilungen, Bekanntmachungen und Leitlinien der EG-Kommission, EuR 2009, 423; *Tolkmitt,* Gemeinsame Vergütungsregeln – ein kartellrechtlich weiterhin ungedeckter Scheck, GRUR 2016, 564, 567; *Wiedemann,* Handbuch des Kartellrechts, 3. Aufl. 2016; *Wirtz,* Anwendbarkeit von § 20 GWB auf selektive Vertriebssysteme nach Inkrafttreten der VO 1/2003, WuW 2003, 1039 *Yomere,* Die Novellierung des Kartell-bußgeldverfahrens durch die 8. GWB-Novelle, WuW 2013, 1187.

A. Verbandsarbeit und kartellrechtliche Rahmenbedingungen

I. Hintergrund

1   Zu den Aufgaben eines Wirtschaftsverbandes gehört ua auch, seine Mitglieder über aktuelle Rahmenbedingungen zu informieren, die den Wettbewerb beeinflussen, gemeinsame Interessen zu ermitteln und gegenüber der Öffentlichkeit zu kommunizieren sowie den Austausch der Mitglieder über das wirtschaftliche Klima zu ermöglichen. In all diesen Bereichen kann ein Wirtschaftsverband für seine Mitglieder erheblichen Mehrwert schaffen, der über die Bündelung von Partikularinteressen der Mitgliedsunternehmen durch den Wirtschaftsverband hinausgeht. So kann ein Wirtschaftsverband etwa sicherstellen, dass eine Identifikation gemeinsamer Ziele und der Austausch von Informationen nicht zur Abstimmung des Wettbewerbsverhaltens auf Ebene der Mitgliedsunternehmen führen. Ohne einen Verband wäre dies zwar auch denkbar, allerdings mit erheblichen Risiken für die Mitgliedsunternehmen verbunden, fehlt doch andernfalls der neutrale Moderator und „Schiedsrichter", der Handlungen unterbindet, die sich im Graubereich der notwendig offenen kartellrechtlichen Rahmenbedingungen abspielen oder gar eindeutig kartellrechtlich verboten sind. Denn unter kartellrechtlichen Aspekten kann ein solcher Austausch zwischen Unternehmen, die zumindest potentielle Wettbewerber sind, für den Wettbewerb negativ sein, wenn hiermit eine Koordinierung der Mitgliedsunternehmen verbunden ist. So treffen in Wirtschaftsverbänden zahlreiche Unternehmen einer Branche und damit üblicherweise Wettbewerber zusammen, um etwa aktuelle Fragen der Konjunkturentwicklung zu diskutieren, sich im Bereich der Standardsetzung zu engagieren oder ihre Positionen zu einzelnen wirtschaftspolitischen Fragen abzustimmen und gegenüber der Öffentlichkeit zu kommunizieren.[1] All diese Maßnahmen können auch den Zweck oder die Wirkung haben, den Wettbewerb negativ zu beeinflussen. Dasselbe gilt iRv Statistiken oder von Einkaufskooperationen, an denen sich Mitgliedsunternehmen beteiligen, wenn es dabei zu einem Austausch von wettbewerblich sensiblen Informationen kommt, der wiederum eine Koordination des Verhaltens zur Folge haben kann.

2   IRd Kartellrechts können Wirtschaftsverbände danach Sicherheit vor negativen Folgen der Kooperation von Mitgliedsunternehmen bieten, sind aber naturgemäß aufgrund der Wettbewerbsrelevanz ihrer Tätigkeit auch in besonderem Maße gefährdet.[2] Gerade weil die Mitgliedsunternehmen sich der Dienste eines Wirtschaftsverbandes bedienen und als Wettbewerber unter seinem Dach zusammentreffen, besteht ohne ausreichende Compli-

---

[1] *Möhlenkamp* WuW 2008, 428 (432 ff.), *Kapp/Hummel* CCZ 2013, 240 (241 f.); Hauschka Corporate Compliance/*Brouwer* § 59 Rn. 73 ff.

[2] *Brouwer* CCZ 2009, 161; Hauschka Corporate Compliance/*Dittrich/Matthey* § 26 Rn. 60 ff.; Hauschka Corporate Compliance/*Brouwer* § 59 Rn. 73; *Lampert* BB 2002, 2237, 2241 f.; *Möhlenkamp* WuW 2008, 428 (432 f.); *Pischel/Hausner* EuZW 2013, 498; *Pischel/Kopp* CCZ 2014, 198; *Schröder* CCZ 2015, 63 (65) (für Marktinformationssysteme); entsprechende Risiken sind auch den beteiligten Unternehmen nicht verborgen geblieben, die als besonders kartellrechtssensibel ua Treffen bei Vereinigungen identifiziert haben (*Moosmayer* Compliance Rn. 94, 304; *Moosmayer* Compliance-Risikoanalyse § 8 Rn. 30 ff.; *Bürkle/Stanke* § 13 Rn. 70). Schon der Vater moderner Ökonomie *Adam Smith* (Wealth of Nations, Buch 1, Kapitel 10, Teil 2) wusste: *„People of the same trade seldom meet together, even for merriment and diversion, but the conversation ends in a conspiracy against the public, or in some contrivance to raise prices."* Allerdings sah auch er die Ambivalenz solcher Treffen, insbes. für die Erreichung gemeinsamer Ziele: *„It is impossible indeed to prevent such meetings, by any law which either could be executed, or would be consistent with liberty and justice. But though the law cannot hinder people of the same trade from sometimes assembling together, it ought to do nothing to facilitate such assemblies; much less to render them necessary. [...] A regulation which enables those of the same trade to tax themselves in order to provide for their poor, their sick, their widows, and orphans, by giving them a common interest to manage, renders such assemblies necessary. An incorporation not only renders them necessary, but makes the act of the majority binding upon the whole."*

ance des Wirtschaftsverbandes die Gefahr, dass Unternehmen unter seiner aktiven Beteiligung oder anlässlich von Verbandstreffen Wettbewerb durch konkrete Abstimmung miteinander ersetzen[3], vom Verband entwickelte Statistiken eigenständiges Handeln der Mitgliedsunternehmen beeinflussen oder sich Standardisierungsbemühungen oder die Weigerung der Aufnahme als Behinderung von Marktbeteiligten erweisen. Auch kann etwa die Kommunikation legitimer Interessen durch den Wirtschaftsverband über das Ziel hinausschießen und so als unzulässige Einflussnahme zu verstehen sein. Diese Risiken lassen sich nur durch wirksame Compliance vermeiden, die der jeweiligen Risikostufe von Handeln im Wirtschaftsverband und des Wirtschaftsverbandes angemessene Sicherungsinstrumente aufweisen, um die durch das Kartellrecht gezogenen Grenzen nicht zu überschreiten.

II. Rechtlicher Rahmen – Grundlagen

Kartellrecht ist marktbezogen. Danach ist diejenige Rechtsordnung als Prüfungsmaßstab **3** heranzuziehen, deren Markt von der Maßnahme beeinflusst wird oder beeinflusst werden kann. Wegen dieses Marktbezugs können neben deutschem oder europäischem Kartellrecht auch bzw. ausschließlich andere Rechtskreise zur Entscheidung über Maßnahmen von Wirtschaftsverbänden oder seiner Mitglieder berufen sein. So mag bspw. eine Absprache der Mitglieder eines in der Bundesrepublik Deutschland ansässigen Wirtschaftsverbandes zu Exportverboten nach Australien für deutsches und europäisches Kartellrecht unbeachtlich sein; denkbar ist aber, dass dies möglicherweise das Kartellrecht Australiens tangiert. Der Ort einer Handlung ist danach unbeachtlich; relevant ist ihr Zweck oder ihre Wirkung. Wenn die nachfolgende Betrachtung ausschließlich deutsches und europäisches Kartellrecht beleuchtet, ist damit keine Aussage darüber getroffen, dass nicht auch andere Rechtsordnungen zu einer Entscheidung berufen sein und das Verhalten als unzulässig einstufen können.

Für das Gebiet der Bundesrepublik Deutschland sind bei Handlungen eines Wirt- **4** schaftsverbandes wie innerhalb eines Wirtschaftsverbandes Fragen der Verhaltenskontrolle durch Vereinbarung und abgestimmte Verhaltensweisen, des Missbrauchs marktbeherrschender Stellung allgemein und durch einen Verband im Besonderen relevant. Die Anwendung europäischen Kartellrechts scheidet für Handlungen, die sich auf das Gebiet der Bundesrepublik Deutschland beziehen, nur aus, wenn rein regionale Sachverhalte betroffen sind, für die nach §§ 48 Abs. 2 S. 2, 49 Abs. 2 S. 2 GWB die Landeskartellbehörden zuständig sind. Besitzt die Maßnahme jedoch die Eignung, wesentliche Teile des Gemeinsamen Marktes zu betreffen,[4] ist parallel – und in seinem Anwendungsbereich für wettbewerbsbeeinträchtigende Vereinbarungen und abgestimmte Verhaltensweisen vorrangig – europäisches Kartellrecht einschlägig. Ob im Fall paralleler Anwendung deutsches oder europäisches Kartellrecht iErg betroffen ist, richtet sich dabei nach den allgemeinen Grundsätzen des Anwendungsvorrangs. Der Anwendungsvorrang löst eine Kollision von nationalem und europäischem Recht zugunsten des europäischen Rechtskreises mit der Folge, dass nationales, europäischem Recht widerstreitendes Recht im konkreten Sachverhalt nicht einschlägig ist bzw. keine Europarecht widersprechende Entscheidung vorgeben kann.[5] Das deutsche Recht zu konsensualem Handeln nach § 1 GWB ist mit Art. 101 Abs. 1 AEUV vollständig harmonisiert,[6] so dass es für die kartellrechtliche Beurteilung wettbewerbswidriger Absprachen, abgestimmter Verhaltensweisen oder von Be-

---

[3] Zu denkbaren Konstellationen vgl. *Kapp/Hummel* CCZ 2013, 240 (241 f.).

[4] Vgl. dazu Kommission Leitlinien über den Begriff der Beeinträchtigung des zwischenstaatlichen Handels in den Art. 81 und 82 des Vertrags, ABl. 2004, C 101, S. 81 Rn. 44 ff.; EuGH WuW 1966, 745 – STM; GRUR Int 1980, 46 – Hugin.

[5] Für originär nationales Recht erstmals EuGH NJW 1964, 2371 – Costa/ENEL; s. zu Ausprägung und Umfang *Funke* DÖV 2007, 733; *Streinz/Herrmann* BayVerwBl 2008, 1; *Terhechte* JuS 2008, 403.

[6] *Karl/Reichelt* DB 2005, 1436 (1437); *Pischel* EuZW 2005, 460 (465).

schlüssen von Unternehmensvereinigungen grds. – mit Ausnahme des § 3 GWB – nicht auf die anwendbare Rechtsordnung,[7] sondern lediglich auf den relevanten Markt[8] ankommt.

5   Einseitige Handlungen können allerdings nach Art. 3 Abs. 2 S. 2 VO (EG) 1/2003 (Wettbewerbsregeln-DVO)[9] strengeren nationalen Regelungen unterliegen als denen des Art. 102 AEUV, der den Missbrauch marktbeherrschender Stellung auf europäischer Ebene erfasst. Im deutschen Recht kommt hier – wie auch bei rein regionalen Auswirkungen von missbräuchlichem Verhalten iRv Vereinbarungen[10] – als Abweichung insbes. § 20 GWB in Betracht, der auch marktstarke Unternehmen denselben Regelungen unterwirft wie § 19 GWB, der auf deutscher Ebene den Missbrauch marktbeherrschender Stellung verbietet. Anknüpfungspunkt für eine marktstarke Stellung ist dabei die besondere Abhängigkeit eines kleinen oder mittleren Unternehmens und setzt dabei keinen besonderen Marktanteil des Adressaten des Missbrauchsvorwurfs voraus.[11] Auch weist das Verbot des Missbrauchs auf deutscher und europäischer Ebene in der Auslegung durch die Behörden und Gerichte Unterschiede auf; während die Prüfung von §§ 19 f. GWB einem strukturierten, relativ klar konturierten Schema folgt, das insbes. der Rechtfertigung des Verhaltens des Adressaten der Normen breiten Raum einräumt, ist dies bei Anwendung von Art. 102 AEUV in geringerem Maße der Fall. Daneben kann schließlich auch eigenständiges Verhalten eines Wirtschaftsverbandes der kartellrechtlichen Kontrolle unterliegen, so insbes. bei der Verweigerung der Mitgliedschaft nach § 20 Abs. 5 GWB oder bei seiner Einflussnahme auf das eigenständige Handeln der Mitgliedsunternehmen oder Dritter nach § 21 GWB. Auch kann eine Kooperation von mehreren Wirtschaftsverbänden einen (kollektiven) Missbrauch marktbeherrschender Stellung oder eine Horizontalabsprache darstellen[12] oder unter Aspekten der vorbeugenden Zusammenschlusskontrolle zu prüfen sein.[13]

6   Ein Wirtschaftsverband ist nicht nur durch Kartellrecht gebunden; er kann die Interessen seiner Mitglieder im politischen Raum vertreten.[14] Wirtschaftsverbände stehen so im politischen Prozess der Legislative als vertrauenswürdiger und fachkundiger Ansprechpartner zur Verfügung. Auch informell durch eine aktive Kommunikationsstrategie zu einzelnen wirtschaftspolitischen oder wettbewerbsrechtlichen Fragen oder als Informationsquelle über allgemeine Marktbedingungen gegenüber den Kartellbehörden ist es Wirtschaftsverbänden möglich, die Belange ihrer Mitgliedsunternehmen kollektiv gegenüber Kartellbehörden zu fördern. Auch kann oder muss[15] ein Wirtschaftsverband Kartellbehörden iRv Auskunftsersuchen bei der Aufklärung von Sachverhalten unterstützen und ihnen so auch einen Überblick über die Marktsituation und die dort vorhandenen Akteure, Wettbewerbskräfte und ökonomischen Parameter geben.

7   Ausdrücklich vorgesehen ist eine Beteiligung des Wirtschaftsverbandes nach § 54 Abs. 2 Nr. 3 GWB im Verwaltungsverfahren vor den Kartellbehörden: Danach kann ein Wirtschaftsverband als Beigeladener an Verfahren beteiligt werden, wenn die Interessen seiner Mitglieder durch einen Beschluss der Kartellbehörde erheblich berührt werden. Die Schwelle der Erheblichkeit ist dabei auf Basis wertender Betrachtung erreicht, wenn die Belange der fraglichen Unternehmen eine solche Nähe zum Entscheidungsgegenstand aufweisen und außerdem eine der möglichen Entscheidungen der Kartellbehörde im Hauptverfahren so gewichtige Auswirkungen auf die Interessen der Unternehmen haben

---

[7] Begründung zur 7. Novelle des GWB, BT-Drs. 15/3640, 5.
[8] Vgl. dazu allgemein Kommission, Bekanntmachung über die Definition des relevanten Marktes iSd Wettbewerbsrechts der Gemeinschaft, ABl. 1997, C 372 S. 5.
[9] ABl. 2003 L 1, S. 1.
[10] *Pischel* GRUR 2011, 685.
[11] Wiedemann/*Lübbert/Schöner* § 24 Rn. 8.
[12] Kommission, Entscheidung v. 24.1.1999, ABl. 2000 L 187/47 – CECED.
[13] EuG NZKart 2013, 244 – GEMA.
[14] → § 1 Rn. 15 ff.; → § 3 Rn. 68 ff.
[15] §§ 25, 32e, 59 Abs. 1 GWB; Art. 17 Abs. 1, 18 Abs. 1, 2, 3 VO 1/2003.

kann, dass eine Einräumung von Beteiligungsrechten angemessen erscheint.[16] Erforderlich für eine Beiladung des Wirtschaftsverbandes ist darüber hinaus, dass er die betreffenden Belange seiner Mitglieder wahrnimmt und repräsentiert[17] sowie, dass es um Interessen geht, die mit der Freiheit des Wettbewerbs oder der Wettbewerbsstruktur im relevanten Markt zusammenhängen und dass die Wahrnehmung dieser Interessen vom Verbandszweck gedeckt ist.[18]

Darüber hinaus besteht für einen Wirtschaftsverband die Möglichkeit, nicht nur durch **8** Compliance, sondern auch durch eine Kontaktaufnahme mit Kartellbehörden vor Umsetzung geplanten Verbandshandelns eine gewisse, nach Art der geplanten Maßnahmen graduell unterschiedliche Sicherheit zu erlangen. Gesetzlich vorgesehen ist dies in § 24 Abs. 3 GWB für Wettbewerbsregeln, die sich ein Wirtschaftsverband geben möchte.[19] Hier haben Wirtschaftsverbände die Möglichkeit, diese nach § 26 Abs. 1 GWB anerkennen zu lassen. Schließlich sollte neben dieser im GWB normierten Möglichkeit auch stets eine informelle Kontaktaufnahme mit der EU-Kommission oder dem Bundeskartellamt in Betracht gezogen werden, wenn der Wirtschaftsverband vorausschauend agieren möchte. Zwar ist das System der Einzelfreistellung von wettbewerbsbeschränkenden Vereinbarungen und Verbandsbeschlüssen mit Einführung der VO (EG) 1/2003 abgeschafft und durch ein System der Legalausnahme nach Art. 1 Abs. 2 VO (EG) 1/2003 ersetzt worden. IErg kommt es damit zunächst zu einer eigenständigen Bewertung der Vereinbarung durch die hieran Beteiligten. Eine rechtsverbindliche Entscheidung durch das Bundeskartellamt[20] zur Zulässigkeit einer Maßnahme kommt danach nicht in Betracht. Die Kommission kann die Nichtanwendbarkeit von Art. 101 Abs. 1 AEUV nach Art. 10 VO (EG) 1/2003 nur bei Vorliegen öffentlichen Interesses feststellen. Insbes. steht Betroffenen kein Antragsrecht zu[21] und die Kommission hat bislang seit Inkrafttreten der VO (EG) 1/2003 keine Positiventscheidung getroffen.[22]

Dessen ungeachtet ermöglichen Gespräche mit der Kartellbehörde einem Wirtschafts- **9** verband, im Rahmen eines informellen Meinungsaustausches etwaige Bedenken der Kartellbehörde frühzeitig zu erkennen und ein Gefühl für die Sicht der Kartellbehörde zu gewinnen. Haben derartige Kontakte das Ergebnis, dass die Kartellbehörde derzeit keinen Anlass zu einem Tätigwerden sieht, so ist das Ergebnis zwar nicht justiziabel, schafft keinen Vertrauenstatbestand und damit keine Rechtssicherheit im juristischen Sinn.[23] Ändern sich die Marktbedingungen nicht wesentlich, waren die vom Wirtschaftsverband zuvor kommunizierten Informationen sachlich richtig und haben keine falschen Schlüsse auf Seiten der Kartellbehörde hervorgerufen, ist jedoch damit zu rechnen, dass ein späteres Vorgehen durch die zuvor kontaktierte Behörde eher mit einer Untersagungsverfügung denn einem Bußgeldbescheid endet. Auch dieses Vorgehen lässt sich mitunter durch weitere Gespräche mit der Kartellbehörde vermeiden, wenn eine einvernehmliche Lösung möglich ist. Regelmäßig ausscheiden dürfte diese Möglichkeit hingegen, wenn es bereits zu klar kartellrechtlich verbotenen Vereinbarungen oder abgestimmten Verhaltensweisen unter Beteiligung eines Wirtschaftsverbandes gekommen ist, stehen doch hier mit den Bonusregelungen auf deutscher und europäischer Ebene[24] spezielle Verfahren der Kooperation zur Verfügung. Hält der Kronzeuge die dort genannten formellen Voraussetzungen

---

[16] OLG Düsseldorf NZKart 2014, 463.
[17] OLG Düsseldorf NZKart 2015, 277.
[18] OLG Düsseldorf NZKart 2014, 463.
[19] Allg. *Hagel/Dahlendorf* CCZ 2014, 275; *Kopp* CCZ 2013, 67, 69.
[20] Allg. für nationale Kartellbehörden EuGH EuZW 2013, 624 Rn. 42 mwN – Schenker.
[21] LMRKM/*Anweiler* VerfVO Art. 10, 5 f.
[22] LMRKM/*Anweiler*VerfVO Art. 10, 7.
[23] Vgl. EuGH EuZW 2013, 624 Rn. 41 f. mwN – Schenker.
[24] Kommission Mitteilung der Kommission über den Erlass und die Ermäßigung von Geldbußen in Kartellsachen („Bonusregelung"), ABl. 2006 C 298, S. 17 Rn. 12 lit. b; BKartA Bekanntmachung über den Erlass und die Reduktion von Geldbußen in Kartellsachen Rn. 7.

beim Abfassen eines Kronzeugenantrags nicht ein,[25] wird er nicht in den Genuss eines Erlasses oder einer Verringerung von Bußgeldern nach den dort niedergelegten Regeln kommen.[26] Eine informelle Kontaktaufnahme ist deshalb in einem klaren Fall kartellrechtswidriger Handlungen schädlich, will der Wirtschaftsverband sich diese Option offen halten. Dasselbe gilt für die vom Bundeskartellamt zur Verfügung gestellte Whistleblower-Hotline. Auch hier begibt sich der Informant der Möglichkeit, von einem Bonusantrag zu profitieren,[27] weil das Bundeskartellamt nicht durch einen formellen Antrag, sondern durch eine informelle und va anonyme Information von einer Kartellverletzung Kenntnis von einem formellen Kronzeugenantrag erlangt hat.[28] Dies wiederum ist für den Erlass oder eine Reduktion des Bußgeldes schädlich, will der Whistleblower zu einem späteren Zeitpunkt von den Regelungen für Kronzeugen profitieren.

B. Das Kartellverbot

I. Einleitung

1. Relevante Normen

10   Für einen Wirtschaftsverband und seine Mitgliedsunternehmen von besonderer Bedeutung ist das in Art. 101 Abs. 1 AEUV sowie § 1 GWB niedergelegte Kartellverbot. Art. 101 I AEUV verbietet Vereinbarungen zwischen Unternehmen, Beschlüsse von Unternehmensvereinigungen und aufeinander abgestimmte Verhaltensweisen, die den Handel zwischen Mitgliedstaaten zu beeinträchtigen geeignet sind und eine Verhinderung, Einschränkung oder Verfälschung des Wettbewerbs innerhalb des Binnenmarkts bezwecken oder bewirken. Parallel zu Art. 101 Abs. 1 AEUV kommt bei entsprechenden Maßnahmen von Verbänden oder Handlungen der Mitgliedsunternehmen für die Bundesrepublik Deutschland regelmäßig § 1 GWB zum Tragen.

11   Es ist aufgrund des Wortlauts danach meist unerheblich, welche der beiden Regelungen konkret anwendbar ist. Ist § 1 GWB neben Art. 101 Abs. 1 AEUV einschlägig, sind zunächst sowohl das Bundeskartellamt wie die Europäische Kommission zuständig. Welche der beiden Behörden das Verfahren führt, kann für die (Neben-)Betroffenen allerdings Bedeutung besitzen: so etwa hins. der Adressaten von Bußgeldern, der Rechte von Beschuldigten bei Durchsuchungen[29] oder der Rechtsverbindlichkeit von Mitteilungen und Leitlinien: So sieht die für die Kommission einschlägige Verfahrensordnung in Art. 23 VO (EG) 1/2003 vor, dass ausschließlich juristische Personen mit einem Bußgeld belegt werden können. Im Gegensatz dazu kann das Bundeskartellamt nach § 81 Abs. 4 GWB auch Bußgelder gegenüber natürlichen Personen verhängen. Zusätzlich weichen die Grundsät-

---

[25] Kommission Mitteilung der Kommission über den Erlass und die Ermäßigung von Geldbußen in Kartellsachen („Bonusregelung"), ABl. 2006 C 298, S. 17 Rn. 8 ff.; BKartA Bekanntmachung über den Erlass und die Reduktion von Geldbußen in Kartellsachen Rn. 8, 11 iVm Rn. 3–5.

[26] Vgl. zum Verhältnis nationaler und europäischer Kronzeugenverfahren und Wirkung unterschiedlicher Information gegenüber Kartellbehörden durch den Antragsteller EuGH EuZW 2016, 270 Rn. 45 ff. – Luftfrachtkartell; zur Inanspruchnahme des Kronzeugenantrags vgl. zuletzt EuGH EuZW 2016, 435 Rn. 46 – Eturas.

[27] Nach BKartA Bekanntmachung über den Erlass und die Reduktion von Geldbußen in Kartellsachen Rn. 17 umfasst der Schutz des Bonusantrages auch bisherige und früher in dem Unternehmen/Verband Beschäftigte, sofern sich aus dem Antrag nichts anderes ergibt. Die Kommission kann nach Art. 23 Abs. 1 VO (EG) 1/2003 Bußgelder ausschließlich gegenüber Unternehmen und Unternehmensvereinigungen verhängen.

[28] BKartA Bekanntmachung über den Erlass und die Reduktion von Geldbußen in Kartellsachen Rn. 3–5.

[29] Vgl. dazu *Grave/Bath* EuZW 2014, 369; *Seeliger/Gänswein* BB 2014, 1027; Kommission Explanatory note to an authorisation to conduct an inspection in execution of a Commission decision under Article 20(4) of Council Regulation No 1/2003 in der Version v. 11.9.2015, abrufbar unter http://ec.europa.eu/competition/antitrust/legislation/explanatory_note.pdf; zu Folgen mangelnder Compliance bei eRaids sa EuG CCZ 2015, 47 – Energetický a průmyslový mAnm Kollmann/Aufdermauer.

ze der Bußgeldbemessung[30] beider Behörden voneinander ab, so dass iErg hier für die Beteiligten erhebliche Unterschiede festzustellen sind. Auch hat die Kommission zu europäischem Kartellrecht Mitteilungen und Leitlinien[31] erlassen, in denen sie ihr Verständnis von materiellem und formellem europäischem Kartellrecht niedergelegt hat. Diese Verlautbarungen bewirken eine Selbstbindung der Kommission, sind aber selbst bei Auslegung europäischen Kartellrechts durch nationale Behörden und Gerichte nicht zwingend zu berücksichtigen.[32]

2. Maßnahmen von Wettbewerbern

Im Zusammenhang mit einer Verbandstätigkeit Art. 101 Abs. 1 AEUV resp. § 1 GWB **12** tangierende Maßnahmen weisen regelmäßig ein horizontales Element auf, handelt es sich doch bei den Mitgliedern eines Wirtschaftsverbandes meist um tatsächliche oder mögliche Wettbewerber. So sind zwei Unternehmen tatsächliche Wettbewerber, wenn sie auf demselben sachlichen und geographischen Markt tätig sind.[33] Ein Unternehmen gilt nach Auffassung der EU Kommission als potentieller Wettbewerber, wenn wahrscheinlich ist, dass es ohne die Vereinbarung im Falle eines geringen aber anhaltenden Anstiegs der relativen Preise (im Regelfall 5–10 %[34]) innerhalb kurzer Zeit die zusätzlichen Investitionen tätigen oder sonstige Umstellungskosten auf sich nehmen würde, die erforderlich wären, um in den relevanten Markt einzutreten, auf dem das andere Unternehmen präsent ist.[35]

Was unter „kurzer Zeit" zu verstehen ist, hängt von der Sachlage im konkreten Fall, **13** dem rechtlichen und ökonomischen Kontext und insbes. davon ab, ob das betreffende Unternehmen Partei der Vereinbarung ist oder ob es sich um ein drittes Unternehmen handelt. Im ersten Fall, dh wenn geprüft wird, ob die Partei einer Vereinbarung als potentieller Wettbewerber oder als Dritter anzusehen ist, würde die Kommission normalerweise unter „kurzer Zeit" einen längeren Zeitraum fassen als im zweiten Fall, dh wenn geprüft wird, inwieweit ein Dritter Wettbewerbsdruck auf die Parteien einer Vereinbarung ausüben kann. Damit ein Dritter als potentieller Wettbewerber gelten kann, müsste der Marktzutritt so rasch geschehen, dass die Aussicht auf einen potentiellen Marktzutritt das Verhalten der Parteien der Vereinbarung ua Marktteilnehmer beeinflusst. Art. 1 lit. t der Gruppenfreistellungsverordnung für Forschung und Entwicklung (FuE-GVO, VO (EU) Nr. 1217/2010)[36] und Art. 1 lit. n der Gruppenfreistellungsverordnung für Spezialisierungsvereinbarungen (Spezialisierungs-GVO, VO (EU) Nr. 1218/2010)[37] sehen hierfür einen Zeitraum von höchstens drei Jahren vor.[38] Angesichts der fehlenden klaren Definition eines „potentiellen" Wettbewerbers sollten weder die Mitgliedsunternehmen noch ein Wirtschaftsverband darauf vertrauen, dass Vereinbarung oder abgestimmte Verhaltens-

---

[30] Kommission, Leitlinien für das Verfahren zur Festsetzung von Geldbußen, ABl. 2006 C 210, 2; BKartA Leitlinien für die Bußgeldzumessung in Kartellordnungswidrigkeitenverfahren v. 25.6.2013; vgl. dazu BGH NJW 2013, 1972 mAnm Meyer-Lindemann; GWR 2013, 208 mAnm Twele; *Bach/Klumpp* NJW 2006, 3524; *Buntscheck* EuZW 2007, 423; *Polley/Seeliger* EuZW 2002, 397; *Soltész/Marquier* EuZW 2006, 102; *Soltész/Steinle/Bielesz* EuZW 2003, 202; *Soyez* EuZW 2007, 596; *Yomere* WuW 2013, 1187.

[31] Die für Wirtschaftsverbände relevanteste hiervon sind die von der Kommission erlassenen Leitlinien zur Anwendbarkeit von Artikel 101 des Vertrags über die Arbeitsweise der Europäischen Union auf Vereinbarungen über horizontale Zusammenarbeit, ABl. 2011, C 11, S. 1 („Horizontal-Leitlinien").

[32] EuGH EuZW 2011, 598 Rn. 21 – Pfleiderer mAnm Seitz; Urt. v. 29.9.2011 – C-520/09P, BeckRS 2011, 81413 Rn. 88 – Arkema; EuZW 2013, 113 Rn. 23 ff., insbes. Rn. 28 f. – Expedia mAnm *Grune;* ebenso für Deutschland zB LG Frankfurt a. M. MMR 2014, 777; sa *Thomas* EuR 2009, 423.

[33] Kommission Horizontal-Leitlinien ABl. EU 2011, C 11, S. 1 Rn. 10.

[34] Kommission, Mitteilung über die Definition des relevanten Marktes i. S. des Wettbewerbsrechts, Abl. 1997, C 372, S. 5 Rn. 17.

[35] Kommission Horizontal-Leitlinien ABl. 2011, C 11, S. 1 Rn. 10.

[36] ABl. EU 2010, L 335/36.

[37] ABl. EU 2010, L 335/43.

[38] Kommission Horizontal-Leitlinien ABl. 2011, C 11, S. 1 Rn. 10, Fn. 3.

weisen lediglich vertikale Elemente aufweisen und damit weniger strikten Vorgaben des Kartellrechts als Horizontalabsprachen unterliegen.[39]

14   Bei Kooperationen von Verbänden ist, wenn diese ihrerseits als (potentielle) Wettbewerber zu qualifizieren sind, vor dem Hintergrund der Weite des Kartellverbotes ebenfalls Vorsicht geboten.[40] Auch hier kann es zu einer Verletzung von Art. 101 Abs. 1 AEUV im Horizontalverhältnis kommen, wenn das Verhalten auf einer Abstimmung beruht, die nicht plausibel durch andere Umstände zu erklären ist.[41] Darüber hinaus unterfällt ein solches Vorgehen, wenn hiermit eine strukturelle Veränderung verbunden ist, der vorbeugenden Fusionskontrolle,[42] so dass vor Vollzug eine Genehmigung durch die jeweils zuständigen Kartellbehörden – auf deutscher Ebene durch das Bundeskartellamt, auf europäischer Ebene vorrangig (§ 35 Abs. 3 GWB; Art. 21 VO (EG) Nr. 139/2004 (FKVO, EG-Fusionskontrollverordnung)[43]) der Kommission – einzuholen sein kann. Fehlt es hieran trotz Vorliegens eines Zusammenschlusses, der an bestimmte Formen des Kontrollerwerbs und gewisse Umsatzschwellen der Beteiligten anknüpft, so ist ein vor Freigabe vollzogener Zusammenschluss regelmäßig schwebend unwirksam und bußgeldbewehrt.

II. Wirtschaftsverbände als Adressaten des Kartellverbotes

15   Verbände unterliegen unmittelbar dem Kartellverbot des Art. 101 Abs. 1 AEUV resp. § 1 GWB, verbieten diese Regelungen doch Beschlüsse von Unternehmensvereinigungen.[44] Der Begriff der Unternehmensvereinigung ist dabei weit auszulegen und umfasst unabhängig von der Rechtsform sämtliche Zusammenschlüsse, an denen (auch) Unternehmen beteiligt sind.[45] Zweck der Erweiterung des Kartellverbotes von Art. 101 Abs. 1 AEUV auch auf Unternehmensvereinigungen ist darüber hinaus, Verhaltensweisen zu erfassen, die nicht von Unternehmen ausgehen.[46] Aufgrund der Weite des kartellrechtlichen Unternehmensbegriffs[47] wird es sich im Regelfall auch bei Wirtschaftsverbänden darüber hinaus um „Unternehmen" nach Art. 101 Abs. 1 AEUV handeln. Denn hierunter ist jede eine wirtschaftliche Tätigkeit ausübende Einheit zu verstehen, unabhängig von ihrer Rechtsform und der Art ihrer Finanzierung.[48] Da unabhängig von der steuerlichen Privilegierung von Verbänden[49] der Tatbestand des „Unternehmens" autonom im Licht des Kartellrechts auszulegen ist, fallen Wirtschaftsverbände regelmäßig auch unter den Unternehmensbegriff, da ihre Aufgaben wirtschaftlich geprägt sind oder auch – wie etwa im Fall der Statistikerhebung – entgeltlich erfolgen könnten. Eine ausdrückliche Erwähnung von Unternehmensvereinigungen in Art. 101 Abs. 1 AEUV und § 1 GWB hat danach insoweit nur klarstellende Funktion, denn auch Entscheidungen einer Unternehmensvereinigung werden im Regelfall auf konsensuales Verhalten ihrer Mitglieder zurückgehen.

---

[39] Beziehungen zwischen Unternehmen, die keine Wettbewerber sind, behandelt dieser Beitrag nicht. Vgl. hierzu allgemein Vertikal-GVO (VO (EU) 330/2010, ABl. 2010, L 102, S. 1).
[40] EuG NZKart 2013, 244 – GEMA.
[41] EuG NZKart 2013, 244 Rn. 78 ff.; 158 – GEMA.
[42] Kommission, M.6800 – GEMA, PRS for Music und STIM.
[43] ABl. 2004 L 24 S. 1.
[44] Vgl. dazu BKartA Beschl. v. 21.12.2007, BeckRS 2009, 08246 – Arzneimittel.
[45] EuGH NZKart 2014, 22 Rn. 45 – Consiglio nazionale die geologi; Wiedemann/*Lübbig* § 8 Rn. 8 mwN; OLG Frankfurt a. M. NZKart 2016, 233 Rn. 51 – DFB.
[46] Wiedemann/*Lübbig* § 8 Rn. 8.
[47] Wiedemann/*Lübbig* § 8 Rn. 1.
[48] EuGH NJW 1991, 2891 – Höfner und Elser. Für deutsches Recht vgl. OLG München NZKart 2013, 251.
[49] → § 10 Rn. 1 ff.

III. Relevante Handlungen

1. Vereinbarungen

Eine Vereinbarung liegt bereits dann vor, wenn sich die Parteien auf ein Vorgehen ver- **16**
ständigt haben. Dies kann zum einen unter Einschaltung eines Verbandes durch die Mitgliedsunternehmen erfolgen – so etwa dadurch, dass die Teilnehmenden als Wettbewerber
vereinbaren, die Preise zu einem bestimmten Datum um einen gewissen Betrag zu erhöhen[50] oder die Vergütung für ihre Vorlieferanten um einen bestimmten Betrag zu senken.[51] Auch die Diskussion über Kalkulationsschemata und Auswirkungen der Erhöhung
einzelner Faktoren auf das Gesamtergebnis kann hierunter fallen. Wenn es sich um für
den Wettbewerb besonders schädliche Abreden handelt, ist für die Verwirklichung des
Verbotes dabei unerheblich, ob die Parteien sich an diese Vereinbarung gebunden fühlen
und ob die Vereinbarung negative Wirkungen für den Wettbewerb besitzt. Bei entsprechenden Kernbeschränkungen handelt es sich um Absprachen, die Preise, Produktion
oder Absatz betreffen – etwa in Form von Mindestverkaufspreisen, Preiserhöhungen sowie Kunden- oder Gebietsabsprachen. In einem solchen Fall sind negative Wirkungen
nur für die aus der Verletzung resultierende Bußgeldhöhe[52] erheblich. Die tendenziell in-
stabile Wirkung von Kartellen ändert danach nichts an ihrer Sanktionierung. Zum anderen erfasst Art. 101 Abs. 1 AEUV naturgemäß auch Vereinbarungen zwischen Wirtschaftsverbänden, wenn es sich bei ihnen um Unternehmen handelt, wie auch Vereinbarungen
zwischen Verbänden.[53]

2. Abgestimmte Verhaltensweise

Noch weitergehend[54] als eine Vereinbarung, die eine konkrete Willensübereinstimmung **17**
hins. eines bestimmten Vorgehens voraussetzt, mögen die Parteien auch nicht entsprechend handeln, ist das Element der „abgestimmten Verhaltensweise". Nach stRspr des
Europäischen Gerichtshofes handelt es sich dabei um eine Form der Koordinierung zwischen Unternehmen, die zwar noch nicht zum Abschluss eines Vertrags im eigentlichen
Sinn gediehen ist, jedoch bewusst die Risiken des Wettbewerbs durch eine praktische Zusammenarbeit ersetzt.[55] Für die Verbandsarbeit kann ein Austausch sensibler Informationen
unter Wettbewerbern dieses Verbot verwirklichen: So etwa, wenn einzelne Unternehmen
in Sitzungen andere Teilnehmer über geplante Preiserhöhungen unterrichten oder der
Verband Marktstatistiken und Benchmarks unter den Mitgliedern kommuniziert, die
Rückschlüsse auf das Marktverhalten der an der Statistik teilnehmenden Unternehmen
zulassen. Bei einem solchen Informationsaustausch verpflichten sich die Parteien zwar
nicht im Rahmen einer Vereinbarung auf ein Handeln oder Unterlassen. Es ist jedoch zu
erwarten und wird kartellrechtlich vermutet, dass die Unternehmen ihr zukünftiges Verhalten an den Informationen ihres Wettbewerbers ausrichten und es dadurch zu einer abgestimmten Verhaltensweise kommt. Die Häufigkeit entsprechender Treffen ist dabei irrelevant. So kann bereits ein einmaliger Austausch sensibler Informationen unter
Wettbewerbern das Kartellverbot verwirklichen.[56]

---

[50] EuGH NZKart 2015, 267 – Dole.
[51] EuGH CCZ 2009, 194 – T-Mobile.
[52] S. Art. 23 Abs. 2 lit. a VO (EG) 1/2003, ABl EG 2003, L 1, S. 1 und hierzu Leitlinien der Kommission
über die Methode zur Festlegung von Bußgeldern, ABl. EG 2006 C 210, S. 2, die sich allerdings zu
diesem Punkt nur mittelbar äußern; vgl. Rn. 19 f.
[53] *Tolkmitt* GRUR 2016, 564 (567); EuG ECLI:EU:T: 2000:77 Rn. 1322 ff. – Cimenteries CBR.
[54] *Murach* GWR 2009, 175.
[55] Vgl. nur EuGH Slg. 1972, 619 Rn. 64 – Bleichmittel; CCZ 2009, 149 Rn. 26 – T-Mobile; Kommission,
Horizontal-Leitlinien ABl. 2011, C 11, S. 1 Rn. 60; der Begriff wird danach sehr weit ausgelegt, vgl.
Murach GWR 2009, 175.
[56] AllgA für die unmittelbar Tatbeteiligten, reicht doch bereits eine einmalige Teilnahme an einer Sitzung
aus, in der vertrauliche Informationen ausgetauscht werden, die zu einer abgestimmten Verhaltensweise
von Wettbewerbern führen können (vgl. EuGH CCZ 2009, 149 Rn. 59 – T-Mobile mAnm *Pischel;*

3. Beschlüsse eines Wirtschaftsverbandes

18 Ausdrückliche Erwähnung in Art. 101 Abs. 1 AEUV wie § 1 GWB finden Beschlüsse von Unternehmensvereinigungen.[57] Bei Beschlüssen handelt es sich um Entscheidungen, die ein Verband durch seine zum Erlass von Beschlüssen ermächtigten Gremien erlässt und die das Verhältnis zwischen dem Verband und seinen Mitgliedern, die Unternehmen sein müssen, oder den Adressaten des Beschlusses betreffen.[58] Da ein Beschluss ohne Willensübereinstimmung nicht zu treffen ist, handelt es sich hierbei um eine Sonderform der Vereinbarung.[59] Die Ergänzung dient damit zum einen der Klarstellung, dass auch Unternehmensvereinigungen in ihren Entscheidungen Kartellrecht unterliegen.[60] Zum anderen vermeidet dieser Tatbestand andernfalls bestehende Lücken des Kartellverbotes: Er soll verhindern, dass sich Unternehmen kartellrechtlichen Verboten durch Einschaltung eines Verbandes entziehen[61] und erfasst danach auch institutionalisierte Formen der Zusammenarbeit mittels kollektiver Struktur oder gemeinsamem Organ.[62] Ausreichend für das Vorliegen eines Beschlusses ist, dass die Vereinigung durch ihre satzungsmäßig berufenen Stellen ihren ernsthaften Willen zum Ausdruck bringt, das Verhalten ihrer Mitglieder auf einem bestimmten Markt zu koordinieren.[63] Unerheblich ist dabei, ob der Beschluss nach den für die Unternehmensvereinigung geltenden internen Regeln oder dem anwendbaren nationalen Gesellschaftsrecht verbindlich gefasst werden konnte[64] oder für deren Mitglieder faktisch verbindlich ist.[65] Dabei ist unerheblich, ob die Unternehmen dem Beschluss folgen.[66] Ohne Belang ist ebenfalls, ob einzelne Mitglieder überstimmt wurden, ob sämtliche Mitglieder des Verbandes abgestimmt, eine einstimmige Entscheidung getroffen haben oder sich an den Beschluss halten.[67] Schließlich ist irrelevant, ob der Beschluss eine faktische oder rechtliche Verbindlichkeit für die Mitgliedsunternehmen besitzt.[68] So können bspw. auch reine Empfehlungen unter den Begriff des Beschlusses fallen,[69] da sie marktbeeinflussende Wirkung haben können.[70] Handelt es sich nicht um einen Beschluss durch die zur Entscheidung kraft Satzung zuständigen Stellen, so kommt eine abgestimmte Verhaltensweise oder eine Vereinbarung zwischen den hieran Beteiligten in Betracht, so dass auch ausbrechende Maßnahmen einzelner Mitglieder eines Wirtschaftsverbandes das Kartellverbot verwirklichen können. Für die Verbandscompliance ist deshalb wichtig, die in der Satzung entscheidungsbefugten Gremien über die kartellrechtlichen Risiken aufzuklären und in einem internen Prozess sicherzustellen, dass Beschlussvorlagen vor der Abstimmung auf ihre kartellrechtliche Unbedenklichkeit hin untersucht werden.

Schroeder WuW 2009, 718; *Schmidt/Koyuncu* BB 2009, 2551; Kommission, Horizontal-Leitlinien ABl. 2011, C 11, S. 1 Rn. 62).
[57] Zum Begriff vgl. oben → Rn. 15.
[58] Wiedemann/*Lübbig* § 8 Rn. 11.
[59] Wiedemann/*Lübbig* § 8 Rn. 11.
[60] Wiedemann/*Lübbig* § 8 Rn. 11.
[61] BGH WM 2008, 1983 – Lottoblock; Wiedemann/*Lübbig* § 8 Rn. 8.
[62] EuGH Slg. 1980, 3125; sa GA Lenz Schlussantrag v. 20.9.1995 – C-415/93, BeckEuRS 1995, 207576 Rn. 253 ff., insbes. Rn. 265 – Bosman.
[63] EuGH NJW 1987, 2150 Rn. 32 – Verband der Sachversicherer; Kommission, ABl. L 181 v. 20.7.1996, S. 28–36 Rn. 41 – FENEX; BGH WM 2008, 1983 – Lottoblock I.
[64] EuGH Entsch. v. 29.10.1980 – 209/78, BeckRS 2004, 72290 Rn. 89 – Van Landewyck; GRUR Int 1985, 673 Rn. 21 f. – BNIC/-Clair; Slg. 1990-I, 45 – Sandoz/Kommission.
[65] BGH WM 2008, 1983 – Lottoblock I.
[66] Wiedemann/*Lübbig* § 8 Rn. 11.
[67] EuGH Slg. 2002, I-1577 Rn. 71 – Wouters; Wiedemann/*Lübbig* § 8 Rn. 11.
[68] BGH WM 2008, 1983 – Lottoblock; Kommission, ABl. 1985, L 35 S. 20 – Feuerversicherung; ABl. 1996, L 181 m, S. 28, 32 – FENEX; wohl auch EuGH Slg. 1983, 3369 – IAZ; für eine zumindest mittelbar verpflichtende Wirkung für die Mitgliedsunternehmen jedoch EuGH Slg. 1975, 563, 580, 583 – FUBRO.
[69] EuGH GRUR Int 2002, 581 Rn. 32 – Verband der Sachversicherer/Kommission.
[70] Wiedemann/*Lübbig* § 8 Rn. 11.

      Dr. Pischel

IV. Verantwortlichkeit eines Wirtschaftsverbandes

Unzweifelhaft gegenüber den Kartellbehörden verantwortlich ist der Verband für eigene **19** Beschlüsse, Vereinbarungen, bei denen der Wirtschaftsverband Partei der Vereinbarung ist sowie für mit Dritten durch den Wirtschaftsverband selbst unmittelbar abgestimmte Verhaltensweisen. Der Regelfall kartellrechtlich bedenklicher Maßnahmen wird jedoch in einer Beihilfe zu Absprachen oder abgestimmten Verhaltensweisen seiner Mitgliedsunternehmen liegen. Soweit es wettbewerbsbeschränkende Vereinbarungen oder abgestimmte Verhaltensweisen betrifft, die Unternehmen iRd Verbandstätigkeit treffen resp. deren Basis sie in einer Verbandssitzung legen, so haftet ein Verband auch, wenn er lediglich Unterstützungsleistungen für wettbewerbswidrige Handlungen seiner Mitgliedsunternehmen erbringt. Dies ist etwa denkbar bei der Organisation von Zusammenkünften, in deren Verlauf sich der Verband aktiv beteiligt, indem er Liefermengen der betreffenden Güter erfasst und den Herstellern zur Verfügung stellt, bei denen der Verband im Fall von Spannungen zwischen den Kartellanten als Moderator agiert und die Kartellanten zu Kompromissen ermutigt.[71] Unerheblich ist danach ein wirtschaftliches Eigeninteresse des Verbandes. Diese Erweiterung des Kartellverbots auf Personen, die selbst nicht Wettbewerber der Kartellanten sind, besitzt insbes. für Wirtschaftsverbände große Bedeutung, erbringen doch auch diese häufig Serviceleistungen für Mitgliedsunternehmen, ohne selbst auf dem entsprechenden Markt tätig zu sein; so zB die Aggregierung, Validierung und Kommunikation von Unternehmensdaten zum Zwecke der Statistikerstellung[72] oder die Einladung zu bzw. Ausrichtung von Sitzungen für Mitgliedsunternehmen.[73]

Bei einem Vorgehen durch das Bundeskartellamt folgt eine Verantwortlichkeit des Ver- **20** bandes für wettbewerbsfeindliche Absprachen seiner Mitglieder, die diese iRd Verbandstätigkeit treffen, aus dem Einheitstäter-Begriff nach § 14 Abs. 1 S. 1 OWiG.[74] Die im Strafrecht bekannte Unterscheidung von Täterschaft und Teilnahme (Anstiftung und Beihilfe) findet danach für die Verwirklichung von Täterschaft von Ordnungswidrigkeiten im deutschen Recht nicht statt. Dies haben zahlreiche Verbände bei Vorgehen des Bundeskartellamts[75] auf Basis von Art. 101 Abs. 1 AEUV und § 1 GWB bereits erfahren. Ist die EU-Kommission Ermittlungs- und Sanktionsbehörde, so haben die Gemeinschaftsgerichte[76] festgestellt, dass ein Beratungsunternehmen für eine Zuwiderhandlung gegen Art. 101 Abs. 1 AEUV verantwortlich gemacht werden kann, wenn es sich aktiv und in voller Kenntnis der Sachlage an der Durchführung und Überwachung eines Kartells zwischen Herstellern beteiligt, die auf einem anderen Markt tätig sind als es selbst[77] und es mithin eine „zentrale Rolle"[78] bei Implementierung und Aufrechterhaltung eines Kartells gespielt hat.

Selbst wenn ein Dienstleister danach auf dem Markt, auf den sich die Kartellabsprache **21** bezieht, nicht tätig ist und selbst wenn er nicht einmal (potentiell) durch die Absprache gebunden wird, unterliegt er als Gehilfe dem Kartellverbot wie die an der Absprache un-

---

[71] Vgl. EuGH GRUR Int. 2016, 73 Rn. 9 – AC-Treuhand II mAnm *Pischel* CCZ 2016, 95.

[72] Vgl. dazu *Fritzsche* EuZW 2011, 208; *Kopp,* Schriftenreihe des Instituts für Europäisches Medienrecht Bd. 40, 2010, S. 447, 451 f.; *Möhlenkamp* WuW 2008, 428; *v. Papp* WuW 2005, 733; *Pischel/Hausner* EuZW 2013, 498; *Stanke* BB 2009, 912; *Schroeder* WuW 2009, 718.

[73] Vgl. allg. zum erhöhten Gefahrenpotential und Verbands-Compliance *Brouwer* CCZ 2009, 161; *Moosmayer* Compliance Rn. 94, 304; *Moosmayer* Compliance-Risikoanalyse § 8 Rn. 30 ff.; *Pischel/Kopp* CCZ 2014, 198.

[74] Vgl. hierzu KK-OWiG/*Rengier* OWiG § 14 Rn. 4 ff., 16 ff.

[75] Vgl. zB BKartA Entscheidung v. 20.2.2008 – Drogerieartikel; v. 10.7.2008 – Luxuskosmetik; v. 23.11.2011 – Maschinengeschirrspülmittel; v. 25.7.2012 – Automatiktüren; Pressemitteilung v. 31.1.2013 – Süßwarenhersteller; B12–14/10 v. 16.10.2013 – Haushaltsgeschirr; B3–130/11 v. 2.5.2012 – Augenärzte; die überwiegende Zahl der Verfahren endete mit Bußgeldern gegen die Beteiligten, der Rest in der Mehrzahl mit Verpflichtungszusagen. Den Entscheidungen/Fallberichten lässt sich nicht entnehmen, wie hoch die Verbände verhängten Bußgelder waren.

[76] EuG Urt. v. 6.2.2014 – T-27/10, BeckRS 2014, 80323 Rn. 43 f. – AC-Treuhand I; EuGH GRUR Int. 2016, 73 Rn. 26 ff.– AC-Treuhand II.

[77] EuGH GRUR Int. 2016, 73 Rn. 26 – AC-Treuhand II.

[78] EuGH GRUR Int. 2016, 73 Rn. 9 – AC-Treuhand II.

mittelbar beteiligten Unternehmen, wenn er aktive Hilfestellung zum Kartellverstoß geleistet hat und wusste oder hätte erkennen können, dass es sich um eine Kartellabsprache handelt. Einzig rein nebensächliche Dienstleistungen, die nicht mit dem Kartellverstoß in Zusammenhang stehen, lassen diesen Tatbeitrag und damit den Vorwurf der Kartellverletzung nach der Rspr. der Gemeinschaftsgerichte[79] entfallen. Eine rein passive Teilnahme an Verbandssitzungen mit kartellrechtswidrigen Inhalten hingegen vermeidet den Kartellvorwurf angesichts eines im Vorfeld erfolgten kausalen Beitrags des Dienstleisters nicht.[80] Erforderlich ist vielmehr ein dokumentiertes Abrücken von der Maßnahme. Diese ist einem Wirtschaftsverband – wenn überhaupt – nur möglich, soweit er in Sitzungen der Kartellanten bei dort getätigten rechtswidrigen Handlungen sofort protestiert oder die Kartellbehörden im Anschluss über das Treffen und seinen Inhalt informiert.[81] Dasselbe gilt für die an der Handlung beteiligten Unternehmen: Auch ihnen bleibt nur die Möglichkeit des Widerspruchs oder der Anzeige,[82] wollen sie eine Verantwortlichkeit vermeiden. Angesichts der mit einer Bonusregelung nach deutschem und EU-Recht verbundenen Pflichten, die insbes. auch eine Belastung der an der Kartellverletzung beteiligten Mitgliedsunternehmen gegenüber den Kartellbehörden beinhalten,[83] wird die Option, die Kartellbehörden zu informieren, für einen Wirtschaftsverband regelmäßig praktisch nicht in Betracht kommen.[84] Auch ein Ausscheiden aus dem Markt der Kartellverletzung, ein bewusstes „Gegensteuern" zu dem Vereinbarten,[85] ist dem Wirtschaftsverband nicht möglich, ist er doch gerade auf dem von der Absprache betroffenen Markt nicht aktiv.[86]

V. Wettbewerbseinschränkung

1. Zweck

22 Vereinbarungen, abgestimmte Verhaltensweisen oder Beschlüsse von Unternehmensvereinigungen müssen den Zweck oder die Wirkung haben, den Wettbewerb spürbar einzuschränken,[87] um Art. 101 Abs. 1 AEUV resp. § 1 GWB zu tangieren. Eine bezweckte Beschränkung des Wettbewerbs ist stets auch eine spürbare Einschränkung des Wettbewerbs.[88] Hierbei handelt es sich in Horizontalverhältnissen insbes. um sämtliche Maßnahmen, die direkt oder indirekt, unmittelbar oder mittelbar zusammen mit anderen unter der Kontrolle der Beteiligten liegenden Faktoren die Ein- und Verkaufspreise, Kunden, Gebiete oder Produktion betreffen oder Informationen erfassen, die Auswirkungen auf diese wesentlichen Wettbewerbsparameter haben können. Entsprechende Handlungen sind danach automatisch verboten, ohne dass es auf negative Wirkungen für den Wettbe-

---

[79] EuGH GRUR Int. 2016, 73 Rn. 39 – AC-Treuhand II.

[80] AllgA für die unmittelbar Tatbeteiligten, reicht doch bereits eine einmalige Teilnahme an einer Sitzung aus, in der vertrauliche Informationen ausgetauscht werden, die zu einer abgestimmten Verhaltensweise von Wettbewerbern führen können (vgl. EuGH CCZ 2009, 149 – T-Mobile mAnm Pischel; *Schroeder* WuW 2009, 718; *Schmidt/Koyuncu* BB 2009, 2551).

[81] EuGH GRUR Int. 2016, 73 Rn. 31 – AC-Treuhand II; EuZW 2016, 435 Rn. 46 – Eturas; vgl. hierzu Kommission, Mitteilung über den Erlass und die Ermäßigung von Geldbußen in Kartellsachen, ABl. EU 2006, C 298, S. 17 Rn. 8 ff.; BKartA Bekanntmachung Nr. 9/2006 über den Erlass und die Reduktion von Geldbußen in Kartellsachen v. 7.3.2006 Rn. 3 ff.

[82] EuGH GRUR Int. 2016, 73 Rn. 31 – AC-Treuhand II; EuZW 2016, 435 Rn. 46 – Eturas EuZW 2016, 435 Rn. 46 – Eturas; für deutsches Recht BGH NZKart 2016, 436 – Lottoblock II.

[83] BKartA Bekanntmachung über den Erlass und die Reduktion von Geldbußen in Kartellsachen, insbes. Rn. 3, 4, 6, 8, 9; Kommission, Mitteilung der Kommission über den Erlass und die Ermäßigung von Geldbußen in Kartellsachen („Bonusregelung"), ABl. 2006 C 298, S. 17, insbes. Rn. 8 ff.

[84] Zu ihren Voraussetzungen → Rn. 60.

[85] Vgl. BGH NZKart 2016, 371 Rn. 51 – Gemeinschaftsprogramme.

[86] Vgl. auch → § 6 Rn. 14, → § 13 Rn. 24 ff.

[87] Vgl. Kommission, Bekanntmachung der Kommission über Vereinbarungen von geringer Bedeutung (de minimis Bekanntmachung), ABl. 2001, C 368, S. 13, insbes. Rn. 9, 11.

[88] EuGH EuZW 2013, 113 Rn. 35 mAnm Grune – Expedia; zur bezweckten Wettbewerbsbeschränkung vgl. zuletzt ua EuGH EuZW 2016, 354 – Toshiba; *Fiebig* WuW 2016, 270.

werb ankommt. Dies bedeutet insbes., dass Marktanteile der an der Absprache Beteiligten und eine Umsetzung von entsprechenden Maßnahmen nicht für die Verletzung von Kartellrecht, sondern nur für die Bußgeldhöhe relevant sind.[89]

2. Wirkung

Alle Maßnahmen, die nicht den Zweck einer Wettbewerbsbeeinträchtigung haben, können eine Beschränkung des Wettbewerbs bewirken. Ausreichend hierfür ist eine potentiell negative Wirkung. Dies ist regelmäßig abhängig von den Marktanteilen der an einer Vereinbarung Beteiligten. Verfügen bei einer Vereinbarung (potentielle) Wettbewerber nicht über einen Marktanteil von zusammen mehr als 10 % oder bei einer Vereinbarung im Vertikalverhältnis von jeweils nicht mehr als 15 %, ist eine spürbare Einschränkung des Wettbewerbs nach Ansicht der Kommission ausgeschlossen,[90] soweit Gegenstand des abgestimmten Verhaltens, der Vereinbarung oder des Beschlusses nicht für den Wettbewerb besonders schädliche Regelungen (so genannte Kernbeschränkungen) sind. Dies gilt nach Auffassung der Kommission auch für Verhalten von Unternehmensvereinigungen.[91]   **23**

3. Folgen für Wirtschaftsverbände

Ein Wirtschaftsverband sollte nicht darauf vertrauen, dass von ihm angestoßene oder unterstützte Maßnahmen keine Wirkungen auf den Wettbewerb besitzen und deshalb nicht dem Kartellverbot unterfallen. So werden die Mitgliedsunternehmen eines Wirtschaftsverbandes üblicherweise (zumindest potentiell) Wettbewerber sein, wenn sie sich – etwa iRv Verbandssitzungen – zusammenfinden. Sie werden regelmäßig mehr als 10 % auf dem betreffenden (sachlichen und geographischen) Markt auf sich vereinigen. Auch sind die konkreten Marktanteile dem Verband häufig nicht bekannt. Angesichts dieser Umstände eine fehlende Spürbarkeit anzunehmen, bedeutet, die Risiken aus der Verbandsarbeit für den Wirtschaftsverband selbst wie die teilnehmenden Mitglieder nicht angemessen zu berücksichtigen.   **24**

Darüber hinaus ist der Marktanteil der an einer Kernbeschränkung beteiligten Unternehmen für die Verwirklichung des Kartellverbotes wie oben dargestellt irrelevant. Insbes. ein „offener Austausch" über die Marktbedingungen iRv Verbandssitzungen wird danach regelmäßig die Gefahr begründen, das Kartellverbot zu verwirklichen. Dies gilt umso mehr, als zu erwarten ist, dass bei einer auch nur einseitigen Preisgabe von Informationen – etwa der Aussage eines Beteiligten, die Preise alsbald um einen bestimmten Betrag zu erhöhen – die anderen Beteiligten ihr zukünftiges Marktverhalten hieran ausrichten. Die Rspr. vermutet in einem solchen Fall einen Zusammenhang zwischen der Information und einem der Abstimmung entsprechenden Marktverhalten bereits dann widerleglich, wenn die an der Abstimmung beteiligten Unternehmen weiterhin am Markt tätig sind.[92] Diese Vermutung kann das betroffene Unternehmen nur entkräften, wenn es nachzuweisen in der Lage ist, dass die ausgetauschten Informationen bei der Festlegung des eigenen Verhaltens keine Relevanz besaßen, was in der überwiegenden Zahl der Fälle praktisch ausgeschlossen sein dürfte,[93] soweit nicht das Verhalten des Unternehmens substantiell von den kommunizierten Konditionen abweicht.[94] Eine öffentliche Distanzierung oder eine Anzeige bei den zuständigen Kartellbehörden lässt ebenfalls vermuten, dass eine Abstimmung nicht vorliegt.[95] Ob die   **25**

---

[89] EuGH CCZ 2009, 149 – T-Mobile.
[90] Kommission, Bekanntmachung über Vereinbarungen von geringer Bedeutung („De-minimis-Bekanntmachung"), ABl. 2014, C 291, S. 1 Rn. 8, 13.
[91] Kommission, De-minimis-Bekanntmachung Rn. 6.
[92] Vgl. nur EuGH CCZ 2009, 149 – T-Mobile Rn. 51 mwN.
[93] *Murach* GWR 2009, 175.
[94] EuZW 2016, 435 Rn. 49 – Eturas.
[95] EuZW 2016, 435 Rn. 46 ff. – Eturas.

Mitgliedsunternehmen widersprechen[96] oder ihr Verhalten nachweislich nicht an der Information ausrichten, hat der Verband nicht in der Hand. Eine eigenständige Information der Kartellbehörden durch den Verband über wettbewerbsfeindliche Handlungen der Mitgliedsunternehmen wird ihm wie dargestellt praktisch nicht möglich sein, so dass auch diese Möglichkeit ausscheidet.[97]

4. Freistellung vom Kartellverbot

26 Dem Regel-Ausnahme-Prinzip des Art. 101 AEUV resp. § 1 GWB folgend, ist eine automatische[98] Freistellung vom Kartellverbot möglich, wenn die Vereinbarung nach Art. 101 Abs. 3 AEUV resp. § 2 GWB freigestellt ist. Danach muss die Vereinbarung unter angemessener Beteiligung der Verbraucher an dem entstehenden Gewinn zur Verbesserung der Warenerzeugung oder -verteilung oder zur Förderung des technischen oder wirtschaftlichen Fortschritts beitragen, ohne dass den beteiligten Unternehmen Beschränkungen auferlegt werden, die für die Verwirklichung dieser Ziele nicht unerlässlich sind oder Möglichkeiten eröffnet werden, für einen wesentlichen Teil der betreffenden Waren den Wettbewerb auszuschalten.[99] Kernbeschränkungen sind dabei einer Einzelfreistellung regelmäßig entzogen.[100]

27 Eine entsprechende Freistellung kann entweder iVm von der EU-Kommission erlassenen Gruppenfreistellungsverordnungen und mithin unter Einbeziehung von sekundärem Gemeinschaftsrecht oder aber in unmittelbarer Anwendung des Art. 101 Abs. 3 AEUV resp. § 2 GWB direkt auf Basis des kartellrechtlichen Primärrechts erfolgen. Die auf Grundlage von Art. 101 Abs. 3 AEUV erlassenen Gruppenfreistellungsverordnungen können für Verbandshandeln insbes. Forschungs- und Entwicklungsvereinbarungen[101] erfassen und knüpfen für ihr Vorliegen jeweils insbes. an die Marktanteile der betreffenden Unternehmen an sowie daran, dass die Vereinbarung wiederum keine Kernbeschränkungen enthält. Erfolgen Forschungs- und Entwicklungsvorhaben ausschließlich unter Einschaltung eines Wirtschaftsverbandes und von Forschungsinstituten, wird dies regelmäßig zulässig sein, wenn die daraus gewonnenen Erkenntnisse von dem Wirtschaftsverband kartellrechtskonform verwendet – insbes. lizenziert – werden, soweit sich die Maßnahmen nicht ohnehin in einem frühen, weit vor Verwertung der Ergebnisse für die Produktion befindlichen Rahmen abspielen.[102] Beteiligen sich auch Mitgliedsunternehmen an dem Forschungs- und Entwicklungsvorhaben, so muss der Wirtschaftsverband die Einhaltung der in der Verordnung zu Forschungs- und Entwicklungsvereinbarungen enthaltenen Bindungen durch ein angemessenes Compliance-System sicherstellen.

28 Soweit eine Gruppenfreistellungsverordnung nicht einschlägig ist, kann eine Einzelfreistellung in Betracht kommen. Dies ist iRv Verbandshandeln etwa für Mustervereinbarungen,[103] Selbstverpflichtungen[104] oder Maßnahmen im Zusammenhang mit Normungsaktivitäten und Einkaufskooperationen denkbar, die nicht von einer Gruppenfreistellungsverordnung erfasst werden. Für mögliche Effizienzgewinne einer wettbewerbsbeschränkenden Maßnahme ist da-

---

[96] EuGH GRUR Int. 2016, 73 Rn. 31 – AC-Treuhand II; EuZW 2016, 435 Rn. 46 – Eturas; für deutsches Recht BGH NZKart 2016, 436 – Lottoblock II.
[97] → § 6 Rn. 14; → § 13 Rn. 24 ff.
[98] Art. 1 Abs. 2 VO (EG) 1/2003 (ABl. EG 2003, L 1, S. 1).
[99] Ausf. Kommission, Leitlinien zur Anwendung von Art. 81 Abs. 3 EG-Vertrag, ABl. 2004, C 101, S. 97 Rn. 32 ff.
[100] *Pischel* GRUR 2006, 1066 (1069) mwN.
[101] Forschung und Entwicklungs-VO/VO (EU) Nr. 1217/2010, ABl. 2010, L 335, S. 36; allg. denkbar, wenn auch iRd Verbandshandelns unwahrscheinlicher, ist eine Freistellung von Spezialisierungsvereinbarungen nach VO (EU) Nr. 1218/2010, ABl. 2010, L 335, S. 43 oder von Technologietransfer-Vereinbarungen nach VO (EU) Nr. 316/2014, Abl. EG 2014, L 93, S. 17.
[102] Kommission Horizontal-Leitlinien ABl. EU 2011, C 11, S. 1 Rn. 129, 130.
[103] Bürkle/*Stanke* § 13 Rn. 76; zu weiteren sektorspezifischen Freistellungsmöglichkeiten in der Versicherungswirtschaft s. ebd. Rn. 78 ff. sowie → § 16 Rn. 18, 24 ff.
[104] Kommission, Entscheidung v. 24.1.1999, ABl. 2000 L 187/47 – CECED Rn. 37, 47 ff., 67.

bei nicht ausreichend, dass diese auf einem anderen als dem von der Kooperation betroffenen Markt eintreten.[105] Da es sich bei einer Freistellung zudem um eine Ausnahme vom Kartellverbot handelt, die von den Parteien eigenverantwortlich zu prüfen und nachzuweisen ist, sollten Maßnahmen des Verbandes möglichst bereits Art. 101 Abs. 1 AEUV nicht tangieren, um auf eine Freistellung iRv Art. 101 Abs. 3 AEUV nicht angewiesen zu sein. Anders als in der Vergangenheit gegenüber der Kommission besteht kein Anspruch auf verbindliche Entscheidung der kartellrechtlichen Zulässigkeit durch die Kommission oder das Bundeskartellamt.[106]

VI. Ausnahme vom Kartellverbot

§ 3 GWB privilegiert kleine und mittlere Unternehmen im Wettbewerb. Danach sind **29** Vereinbarungen zwischen miteinander im Wettbewerb stehenden Unternehmen und Beschlüsse von Unternehmensvereinigungen, die die Rationalisierung wirtschaftlicher Vorgänge durch zwischenbetriebliche Zusammenarbeit zum Gegenstand haben, vom Kartellverbot freigestellt, wenn durch diese Maßnahme der Wettbewerb auf dem Markt nicht wesentlich beeinträchtigt wird und sie dazu dient, die Wettbewerbsfähigkeit kleiner oder mittlerer Unternehmen zu verbessern. § 3 GWB kommt nur für Maßnahmen in Betracht, die sich auf regionalen Märkten innerhalb der Bundesrepublik Deutschland auswirken. Bei einer spürbaren Beeinträchtigung des innergemeinschaftlichen Handels steht § 3 GWB hingegen wie sämtliches nationales Recht unter dem Vorbehalt des Vorrangs von Gemeinschaftsrecht[107] allgemein und europäischem Kartellrecht[108] im Besonderen, wie sich darüber hinaus aus Art. 3 Abs. 1, 2 VO (EG) 1/2003 und § 22 GWB ergibt. Auch greift diese eng auszulegende Ausnahme nicht bei Kernbeschränkungen, also Handlungen zwischen Wettbewerbern oder Verbandsbeschlüssen, die eine Koordinierung von Wettbewerbern bzgl. Preisen, Gebieten, Kunden oder Produktion betreffen.[109]

C. Der Missbrauch marktbeherrschender Stellung

I. Grundsätze

Für die Gefahr, als Verband die Verbote des Art. 102 AEUV auf europäischer und §§ 19, **30** 20 GWB auf deutscher Ebene zu verwirklichen, ist zu differenzieren zwischen einer unmittelbaren Verantwortlichkeit des Wirtschaftsverbandes durch eigenständig missbräuchliches Verhalten und einer Beihilfe des Verbandes zu einem Missbrauch marktbeherrschender Stellung durch die Mitgliedsunternehmen. Die Frage der Marktbeherrschung eines Unternehmens – wozu wie oben dargestellt[110] auch Wirtschaftsverbände gehören können – beurteilt sich in einem ersten Schritt nach dem von der Handlung betroffenen relevanten (sachlichen und geographischen) Markt. Kann die Maßnahme spürbare Auswirkungen auf den Gemeinsamen Markt besitzen, ist Art. 102 AEUV tangiert; für den Markt der Bundesrepublik Deutschland kommen (ggf.: daneben) §§ 19, 20 GWB und das dort deutlich differenzierter normierte Missbrauchsverbot in Betracht. Sowohl §§ 19, 20 GWB wie Art. 102 AEUV erfassen auch das Verbot kollektiven Missbrauchs durch mehrere, dann gemeinschaftlich marktbeherrschende Unternehmen. In einem zweiten Schritt stellt sich die Frage, ob die betreffenden Unternehmen resp. der Verband auf dem so definierten

---

[105] EuGH NZKart 2014, 44 Rn. 177 ff., 242 – Mastercard.
[106] Vgl. auch LMRKM/*Anweiler* VerfVO Art. 10 Rn. 5 ff.
[107] Erstmals EuGH Slg. 1964, 593 – Costa/ENEL; zum Verhältnis § 20 GWB und Art. 101 AEUV vgl. *Pischel* GRUR 2011, 685; *Becker/Pfeiffer* ZWeR 2004, 268 (277 ff.); *Wirtz* WuW 2003, 1039 (1041 ff.).
[108] Vgl. nur EuGH Slg. 1969, 1 – Walt Wilhelm Rn. 3–9.
[109] BKartA Bekanntmachung Nr. 18/2007 v. 13.3.2007 („Bagatellbekanntmachung") Rn. 13 ff.
[110] → Rn. 15.

Markt eine beherrschende Stellung innehat. Liegt dies vor, so ist im Anschluss daran zu prüfen, ob das Verhalten des als marktbeherrschend qualifizierten Unternehmens (iSd Kartellrechts) als missbräuchlich zu beurteilen ist, was im Regelfall eine wertende Betrachtung durch Abwägung der Interessen des marktbeherrschenden Unternehmens und des oder der von der Handlung oder Unterlassung betroffenen Unternehmen(s) im Licht des Schutzes des Wettbewerbs erfordert.[111]

31   Für Verbände kann der relevante Markt hier zum einen die von einem Verband jeweils erbrachte Dienstleistung sein und den Verband danach unmittelbar als Täter betreffen.[112] So kann der Verband bei eigener Marktbeherrschung unzweifelhaft nach §§ 19, 20 GWB[113] sowie bei möglichen Auswirkungen auf den Gemeinsamen Markt für eine Verletzung von Art. 102 AEUV[114] verantwortlich sein. Dies ist möglich, wenn der Verband als Nachfrager von Dienstleistungen oder Produkten am Markt iRv Einkaufskooperationen auftritt.[115] Zum anderen kommt der Markt in Betracht, auf dem die Mitgliedsunternehmen des Verbandes tätig sind und für die der Verband Beihilfeleistungen zu einem missbräuchlichen Verhalten erbringt. Eine solche Verantwortlichkeit des Verbandes auch für den Missbrauch durch (kollektiv) ihren Markt beherrschende Mitgliedsunternehmen ist nach deutschem Recht aufgrund des Einheitstäter-Begriffs des § 14 OWiG für den deutschen Rechtskreis denkbar. Es ist nicht ausgeschlossen, dass auch durch Gemeinschaftsorgane auf Basis der Entscheidungen zur Beihilfe iRv Art. 101 AEUV[116] neben einer eigenständigen Haftung des Verbandes bei eigener marktbeherrschender Stellung[117] zukünftig auch Beihilfehandlungen im Rahmen eines Missbrauchs marktbeherrschender Stellung der Mitgliedsunternehmen iRv Art. 102 AEUV durch die Gemeinschaftsorgane erfasst werden.

32   Art. 102 AEUV verbietet Unternehmen auf europäischer Ebene den Missbrauch marktbeherrschender Stellung. Eine Marktbeherrschung ist nach stRspr eine Position der Stärke, die es einem Unternehmen ermöglicht, sich zu einem wesentlichen Teil unabhängig von den Marktkräften zu agieren. Sie wird bei einem Marktanteil von ca. 40 %[118] eines Unternehmens widerleglich vermutet. Auch Verbände können grds. eine solche Stellung besitzen,[119] wenn die vom Verband erbrachte Dienstleistung ihm eine solche Position vermittelt.[120] Dies ist etwa denkbar bei Verbänden, die innerhalb eines Staates einen durch Satzung Dritter abgesicherten Alleinvertretungsanspruch haben und trifft insbes. auf nationale Sportverbände zu.[121] Art. 102 AEUV erfasst darüber hinaus ebenfalls die kollektive Marktbeherrschung. Vereinbaren mehrere Verbände, sich gegenüber Dritten einheitlich zu positionieren und mit ihren Handlungen entsprechende Dritte – etwa auf nachgelagerten Dienstleistungsmärkten – zu behindern, kann ein solches Verhalten neben einer wettbewerbsbeschränkenden Vereinbarung zugleich einen Missbrauch kollektiver Marktmacht darstellen. Dies ist möglich, wenn die Verbände Dienstleistungen für unterschiedliche Branchen erbringen, allerdings auf einem Markt für entsprechende Dienstleistungen – etwa die Erbringung von Messen[122] – jeweils auf derselben Marktstufe stehen.

---

[111] Vgl. nur BGH NZKart 2016, 374 Rn. 48 – NetCologne.

[112] GA Lenz Schlussantrag v. 20.9.1995 – C-415/93, BeckEuRS 1995, 207576 Rn. 279 ff. – Bosman.

[113] OLG München WRP 2015, 379 und BGH NZKart 2016, 328.

[114] GA Lenz Schlussantrag v. 20.9.1995 – C-415/93, BeckEuRS 1995, 207576 Rn. 279 ff. – Bosman.

[115] → Rn. 110 ff.

[116] EuGH GRUR Int. 2016, 73 – AC-Treuhand II.

[117] GA Lenz Schlussantrag v. 20.9.1995 – C-415/93, BeckEuRS 1995, 207576 Rn. 279 ff. – Bosman.

[118] Der Marktanteil ist nicht alleiniges, aber wesentliches Kriterium für die Marktbeherrschung nach Art. 102 AEUV (vgl. EuGH Slg. 1979, 461 Rn. 41 – Hoffmann-La Roche) und wird ab einer Schwelle von rund 40 % regelmäßig eingreifen; zuletzt EuG Slg. 2003, II-5917 Rn. 211 – British Airways/Kommission bei einem Marktanteil von teilweise 39,7 %; bestätigt durch EuGH Slg. I-2007, 2331 – British Airways/Kommission.

[119] GA Lenz Schlussantrag v. 20.9.1995 – C-415/93, BeckEuRS 1995, 207576 Rn. 279 ff. – Bosman.

[120] So auch GA Lenz Schlussantrag v. 20.9.1995 – C-415/93, BeckEuRS 1995, 207576 Rn. 282 – Bosman.

[121] vgl. dazu OLG München WRP 2015, 379; BGH NZKart 2016, 328 Rn. 45; *Heermann* WRP 2016, 147; *Hilf/Pache* NJW 1996, 1169; *Nordemann/Förster* WRP 2016, 312.

[122] → Rn. 119 ff.

Auf deutscher Ebene verbietet § 19 GWB den Missbrauch marktbeherrschender Stellung. **33** Anknüpfungspunkt ist auch hier zunächst nach § 18 GWB als gesetzliche Vermutung einer Marktbeherrschung der Marktanteil eines Verbandes von 40 %. Auch wenn Verbände vielfach nicht unmittelbar eine solche Marktposition innerhalb ihres satzungsmäßig festgelegten Aufgabenbereichs besitzen, kann es zu Bindungen nach § 19 GWB kommen, wenn ein Wirtschaftsverband etwa über eine von ihm beherrschte Servicegesellschaft Leistungen wie etwa die Durchführung von Messen erbringt. Verboten sind einem Wirtschaftsverband eine Diskriminierung oder Behinderung. Eine Diskriminierung setzt eine ungleiche Behandlung vergleichbarer Unternehmen voraus – ein im Kartellrecht weit ausgelegter Begriff –, ohne dass eine Rechtfertigung hierfür vorliegt. § 19 GWB enthält allerdings keine allgemeine Meistbegünstigungsklausel, die das marktbeherrschende Unternehmen generell zwingt, allen die gleichen – günstigsten – Bedingungen einzuräumen.[123] Auch dem marktbeherrschenden Unternehmen ist – in den Worten des BGH – nicht verwehrt, auf unterschiedliche Marktbedingungen differenziert zu reagieren. Ob eine Behinderung anderer Unternehmen vorliegt, wird im Rahmen einer umfassenden Abwägung der beiderseitigen Interessen unter Berücksichtigung der auf die Freiheit des Wettbewerbs gerichteten Zielsetzung des Gesetzes gegen Wettbewerbsbeschränkungen ermittelt.[124] Ein Missbrauch marktstarker Stellung kommt nach § 20 GWB in Betracht, wenn Dritte als kleine oder mittlere Unternehmen in besonderer Weise abhängig vom Verband oder seinen Mitgliedern sind, deren Interessen der Verband – etwa im Rahmen einer Einkaufskooperation[125] – bündelt.

Ein Unterfall des allgemeinen Diskriminierungsverbotes stellt die Verweigerung des **34** Beitritts von Unternehmen zu einem Verband nach § 20 Abs. 5 GWB dar. Auch das Gegenstück, ein Unternehmen in einen Verband zu zwingen, ist nach § 21 Abs. 3 GWB verboten. Danach kann kein Unternehmen gezwungen werden, einer Vereinbarung beizutreten oder sich mit anderen Unternehmen zusammenzuschließen oder in der Absicht, den Wettbewerb zu beschränken, sich im Markt gleichförmig zu verhalten. Dies spielt insbes. für Fragen der Normung[126] und Selbstverpflichtung[127] eine Rolle.

II. Verweigerung der Aufnahme von Unternehmen als Mitglieder

Eine besondere Diskriminierungsregelung[128] und ggf. indirekt auch eine Behinderung im **35** vorgenannten Umfang bei der Teilnahme an Messen stellt die Verweigerung der Mitgliedschaft nach § 20 Abs. 5 GWB dar.[129] Danach dürfen Wirtschafts- und Berufsvereinigungen sowie Gütezeichengemeinschaften die Aufnahme eines Unternehmens nicht ablehnen, wenn die Ablehnung eine sachlich nicht gerechtfertigte ungleiche Behandlung darstellen und zu einer unbilligen Benachteiligung des Unternehmens im Wettbewerb führen würde. § 20 Abs. 5 GWB findet auch Anwendung für eine nicht innerhalb zeitlich angemessener Frist getroffene positive Entscheidung über eine vollwertige Mitgliedschaft, eine Abhängigkeit einer vollwertigen Mitgliedschaft von unangemessenen Bedingungen wie für einen Ausschluss von Mitgliedern.[130] § 20 Abs. 5 GWB ist im Licht der in Art. 12 Abs. 1 GG verankerten Berufsfreiheit unter Zugrundelegung der Lehre von der Drittwirkung der Grundrechte im Zusammenspiel mit Art. 9 Abs. 1, 3 GG so auszulegen, dass beide Grundrechte in möglichst großem Umfang erhalten bleiben. Dies kann iRd Abwägung der Verbandsinteressen mit denen der eine Aufnahme begehrenden Unterneh-

---

[123] BGH NZKart 2016, 374 Rn. 48 – Einspeisung von Programmsignalen.
[124] BGH NZKart 2016, 328 Rn. 47; 2016, 374 Rn. 48 – Einspeisung von Programmsignalen.
[125] → Rn. 110 ff.
[126] → Rn. 94 ff.
[127] → Rn 103 ff.
[128] Immenga/Mestmäcker/*Markert* GWB § 20 Rn. 127.
[129] Ausf. *Alexander* ZStV 2014, 121.
[130] Immenga/Mestmäcker/Markert GWB § 20 Rn. 138 f.

men eine teleologische Reduktion von § 20 Abs. 5 GWB erforderlich machen, wenn die unter Art. 12 Abs. 1 GG geschützten wirtschaftlichen Interessen des entsprechenden Unternehmens geringer zu werten sind als das Interesse des Verbandes, seine in Art. 9 Abs. 1, 3 GG verankerte Satzungsautonomie eigenverantwortlich auszufüllen.[131]

36   Der Wirtschaftsverband muss danach eine unterschiedliche Behandlung vergleichbarer Unternehmen rechtfertigen, um eine Diskriminierung auszuschließen.[132] Eine Vergleichbarkeit von Unternehmen ist regelmäßig gegeben, da die Rspr. hier nur ein relativ grobes Raster anlegt. Erhebliche Bedeutung gewinnt danach die Rechtfertigung des Verhaltens. Diese Rechtfertigung ist in Abwägung der beiderseitigen Interessen unter Berücksichtigung der auf die Freiheit des Wettbewerbs gerichteten Zielsetzung des GWB zu betrachten.[133] Eine Behinderung scheidet jedenfalls aus, wenn die vom Wirtschaftsverband erbrachten Leistungen auch ohne Mitgliedschaft von Unternehmen genutzt werden können.[134] Allgemeine Kriterien der Aufnahme – wie etwa Teilnahme am Wirtschaftsleben einer bestimmten Branche, einer konkreten Stufe der Wertschöpfungskette, einer definierten Unternehmensgröße (in Umsatz oder Mitarbeiterzahl) – sind regelmäßig nicht geeignet, eine unzulässige Ungleichbehandlung von Unternehmen zu bewirken.[135] Sie sind darüber hinaus – unter Aspekten der Behinderung – gerechtfertigt, um seitens des Wirtschaftsverbandes die Interessen der Mitgliedsunternehmen bündeln zu können und nicht durch eine Uferlosigkeit der Mitgliederstruktur an Schlagkraft zu verlieren.

37   Eine Veränderung der Beitrittskriterien aufgrund des Antrags eines Unternehmens ist dabei zulässig, wenn die Modifikation der Satzung nicht gezielt auf die Verweigerung des eine Mitgliedschaft begehrenden Unternehmens gerichtet ist.[136] Das Unternehmen darf danach Auslöser, aber nicht Grund der Änderung sein. Erfüllt ein Unternehmen die vom Wirtschaftsverband für eine Mitgliedschaft aufgestellten allgemeinen Voraussetzungen, so bedarf es für die Verweigerung der Mitgliedschaft besonderer Gründe,[137] die regelmäßig nicht erfüllt sein werden: So ist nicht ausreichend die Drohung eines anderen Mitgliedsunternmens, auszuscheiden, sollte das Aufnahme begehrende Unternehmen Mitglied werden; eine Unzuverlässigkeit der Vertreter des Unternehmens – etwa durch wiederholte Verletzung von UWG – berechtigt nur dann eine Verweigerung, wenn Anhaltspunkte dafür bestehen, dass das Unternehmen auch zukünftig systematisch unlauter agieren wird.[138] Unüberbrückbare Interessengegensätze des Verbandes mit dem die Aufnahmekriterien erfüllenden Unternehmen sollen jedoch ausreichende Rechtfertigung einer Ablehnung sein können.[139]

38   Ungeachtet des Missbrauchsvorwurfes im Allgemeinen und des Verbots der Ablehnung von Anträgen potentieller Mitgliedsunternehmen im Besonderen sollte ein Verband bereits wegen eines möglichen Reputationsverlustes objektive, im Licht des Wettbewerbs anerkennenswerte Gründe für sein Handeln vorbringen, die transparent zu kommunizieren sind. Diese Gründe müssen sich sowohl auf das Ob wie auch das Wie der Mitgliedschaft beziehen. Um etwaige Reibungspunkte zu vermeiden, sind deshalb in der Satzung die Voraussetzung einer Mitgliedschaft und deren Beendigung klar anzugeben.[140] Diese Kriterien wiederum müssen erforderlich und angemessen sein, um die Interessen des Wirtschaftsverbandes und die seiner (potentiellen) Mitgliedsunternehmen in Einklang zu bringen.

---

[131] *Alexander* ZStV 2014, 121 (123).

[132] Immenga/Mestmäcker/*Markert* GWB § 20 Rn. 140 ff.

[133] Immenga/Mestmäcker/*Markert* GWB § 20 Rn. 143.

[134] So *Alexander* ZStV 2014, 121 (124) und wohl auch KG Urt. v. 16.9.1977 –U 1359/77, BeckRS 1977, 01116 Rn. 25, wenngleich vom KG für den konkreten Einzelfall abgelehnt.

[135] *Alexander* ZStV 2014, 121 (123); Immenga/Mestmäcker/Markert GWB § 20 Rn. 144 ff.

[136] *Alexander* ZStV 2014, 121 (123).

[137] *Alexander* ZStV 2014, 121 (123).

[138] KG Urt. v. 16.9.1977 –U 1359/77, BeckRS 1977, 01116 Rn. 24; *Alexander* ZStV 2014, 121 (123) mwN.

[139] Immenga/Mestmäcker/*Markert* GWB § 20 Rn. 147 mwN d. Rspr. u. Beispielen in Rn. 149 ff.

[140] Vgl. dazu auch → § 6 Rn. 23, 26 ff.

D. Sonstige Verbote

I. Einflussnahme auf Dritte durch den Verband

Schließlich sind für einen Verband die Verbote nach § 21 GWB zu berücksichtigen, die **39** einer Einflussnahme auf die Entscheidungsfreiheit Dritter vorbeugen sollen.[141]

II. Maßnahmen zur Verwirklichung verbotener Handlungen

Nach § 21 Abs. 2 GWB dürfen Verbände und Unternehmen anderen Unternehmen kei- **40** ne Nachteile androhen oder zufügen und keine Vorteile versprechen oder gewähren, um sie zu einem Verhalten zu veranlassen, das nach Normen des GWB oder Art. 101 und Art. 102 AEUV nicht Gegenstand einer vertraglichen Bindung sein darf. § 21 Abs. 2 GWB erweitert danach das Verbot wettbewerbswidriger Absprachen und Verhaltenswei- sen um nur einseitige Maßnahmen, die aber zu einer kartellrechtswidrigen Handlung füh- ren, wenn sich die so Angesprochenen entsprechend auf Basis von Zwang oder Vergüns- tigung verhalten. Es folgt hieraus, dass der Wirtschaftsverband nicht Beteiligter der kartellrechtlich verbotenen Handlung sein muss, deren Beteiligung sein Zwang oder Lo- cken zu erreichen sucht,[142] und umfasst auch Maßnahmen, die ein Wirtschaftsverband ge- genüber Nicht-Mitgliedern ergreift, um sie zu einem kartellrechtswidrigen Verhalten zu bestimmen.[143] § 21 Abs. 2 GWB ist danach als Vorfeld-Verbot zu anderen Normen des Kartellrechts zu begreifen und erfasst den Einsatz legitimer oder illegitimer Mittel zur Er- reichung eines illegitimen Zweckes.[144] Bereits ein reines Beschreiben und Moderieren kann – wenn die Zwecksetzung unzulässig ist – eine Beihilfe zu einer kartellrechtlich ver- botenen Abstimmung sein.

Die Erweiterung auf den Versuch, Dritte zu kartellrechtswidrigen Handlungen zu **41** veranlassen, wird bei einem Wirtschaftsverband regelmäßig nicht allein einschlägig sein. Denn einzelne Mitgliedsunternehmen müssen sich danach bereits im Vorfeld auf Hand- lungen verständigt haben, die Kartellrecht verletzen – sei es durch Beschluss des Verban- des oder Abstimmung der Mitglieder. In einem solchen Fall wird § 21 Abs. 2 GWB nur einen weiteren, jedoch keinen erstmaligen Vorwurf der Kartellverletzung begründen. Bei wirksamer Compliance lässt sich dieser zusätzliche Tatbestand von § 21 Abs. 2 GWB verhindern, wenn der Wirtschaftsverband keine Beschlüsse trifft oder seine Mit- gliedsunternehmen (über) keine Handlungen abstimmen, die Kartellrecht verletzen. Da der Verband selbst Adressat der Normen des GWB sowie Art. 101 AEUV und Art. 102 AEUV ist, entbindet die Autonomie der Mitgliedsunternehmen den Verband nicht von seiner Pflicht, sicherzustellen, dass die im Wirtschaftsverband organisierten Mitgliedsun- ternehmen im Einflussbereich des Verbandes kartellrechtlich bedenkliche Maßnahmen weder besprechen noch implementieren. Diese Obliegenheit kommt insbes. bei der Vorbereitung, Durchführung und Nachbereitung von Verbandssitzungen zum Tragen. Daneben kann die Ausübung der aus einer besonderen Position des Verbandes fließen- den Macht einen Missbrauch marktbeherrschender oder marktstarker Stellung begrün- den, wenn der Verband auf Grundlage seiner Marktposition oder der Abhängigkeit von Unternehmen vom Verband die Mitgliedsunternehmen zu kartellrechtswidrigen Hand- lungen bestimmt.

---

[141] LMRKM/*Loewenheim* GWB § 21 Rn. 28, 45.
[142] LMRKM/*Loewenheim* GWB § 21 Rn. 29; Langen/Bunte/*Nothdurft* GWB § 21 Rn. 55, 76 f.; jeweils mwN.
[143] Langen/Bunte/*Nothdurft* GWB § 21 Rn. 78.
[144] Langen/Bunte/*Nothdurft* GWB § 21 Rn. 54.

III. Druck zur Bewirkung zulässiger Handlungen

42 Deutlich relevanter für einen Wirtschaftsverband ist das Verbot von § 21 Abs. 3 GWB. Danach ist es unzulässig, Dritte durch Druck mit dem Ziel zu bestimmen, kartellrechtlich zulässige Maßnahmen zu ergreifen. Eine Druckausübung durch einen Wirtschaftsverband ist danach auch dann verboten, wenn es dem Ziel dient, Unternehmen zu gleichförmigem Verhalten oder in eine nach § 2 GWB freigestellte Vereinbarung zu zwingen. Ist die Zielsetzung legitim, das zur Erreichung dieses Ziels ergriffene Mittel hingegen nicht, stellt dies danach einen Verstoß gegen § 21 Abs. 3 GWB dar. Eine entsprechende Situation kann insbes. auftreten, falls sich einzelne Mitgliedsunternehmen iRd Verbandstätigkeit auf ein bestimmtes kartellrechtlich neutrales Vorgehen verständigen, andere Mitgliedsunternehmen sich hieran hingegen nicht beteiligen wollen. Dies ist etwa denkbar, wenn es um die Verabschiedung und Einhaltung von Selbstverpflichtungen, Normen oder der Beteiligung an einer Einkaufskooperation durch die Mitgliedsunternehmen geht. Eine Abgrenzung zwischen hartem Meinungsaustausch über konträre Auffassungen und einer Drucksituation mag im Einzelfall schwer zu treffen sein und ist auf Basis eines objektiven Empfängerhorizonts zu beurteilen.[145] Nicht nur vor dem Hintergrund dieser Unschärfe ist es für einen Verband nicht zu empfehlen, mehr als nur beschreibend und moderierend tätig zu werden, wenn einzelne Mitgliedsunternehmen sich legitim mit anderen Mitgliedsunternehmen koordinieren wollen. Es muss danach jedem Mitgliedsunternehmen in jedem Fall selbst überlassen werden, sich den Vorschlägen anderer Unternehmen oder des Verbandes anzuschließen. Inwieweit ökonomisch nachvollziehbare Gründe für eine entsprechende Beteiligung der Mitgliedsunternehmen sprechen, müssen diese – und nicht der Verband für seine Mitgliedsunternehmen – entscheiden. Lediglich ein unverbindliches Werben um kartellrechtlich zulässige Handlungen der Mitglieder ist danach unbedenklich.

IV. Boykottverbot

43 Die Verwirklichung des Boykottverbots gem. § 21 Abs. 1 GWB ist durch einen Wirtschaftsverband relativ leicht durch eine angemessene Kontrolle insbes. von öffentlichen, dem Verband zurechenbaren Äußerungen zu vermeiden.[146] Danach ist es Unternehmen und Vereinigungen von Unternehmen verboten, andere Unternehmen oder Vereinigungen von Unternehmen zu Liefersperren oder Bezugssperren aufzufordern. Hierunter zu verstehen ist ein klassischer Boykottaufruf. Die entsprechende Aussage muss sich auf eine Liefer- oder Bezugssperre beziehen, also jede dauerhafte oder vorübergehende[147] Nichtaufnahme neuer Lieferbeziehungen im Geschäftsverkehr über Waren oder gewerbliche Leistungen.[148] Ausreichend ist hierbei bereits der Versuch,[149] zumindest eine zeitlich begrenzte Sperre zu erreichen.[150] Auch braucht das betroffene Unternehmen selbst nicht konkret benannt zu werden; es genügt, wenn sich für die Adressaten ein hinreichender Rückschluss auf den Kreis der zu sperrenden Unternehmen ergibt.[151] So können auch scheinbar rein deskriptive Formulierungen, wonach die Mitglieder eines Verbandes zukünftig von einer Belieferung Abstand nehmen würden, in der Gesamtschau ausrei-

---

[145] Langen/Bunte/*Nothdurft* GWB § 21 Rn. 57.

[146] S. jedoch BKartA Beschl. v. 20.1.2003 – B 10–90000 – VC – 206/01; B 10–90000 – VC – 206/02 – Entsorgung von Verkaufsverpackungen; Beschl. v. 6.5.2004 – B 10–37202 – N – 97/02–1 – Papierentsorgung; Beschl. v. 12.11.2008 – B 2–100/08 – Verband Deutscher Milchviehbauern.

[147] BKartA Beschl. v. 12.11.2008 – B 2–100/08 – Verband Deutscher Milchviehbauern Rn. 32.

[148] Allg. dazu BKartA Beschl. v. 12.11.2008 – B 2–100/08; OLG Düsseldorf Beschl. v. 9.9.2009 – VI-Kart 13/08 (V), BeckRS 9998, 05496; sa *Köhler* WuW 2009, 258 (262 f., 265 ff.); *Kapp/Hummel* CCZ 2013, 240 (241 f.).

[149] BKartA Beschl. v. 12.11.2008 – B 2–100/08 Rn. 29 – Verband Deutscher Milchviehbauern; LMRKM/*Loewenheim* GWB § 21 Rn. 11.

[150] LMRKM/*Loewenheim* GWB § 21 Rn. 10.

[151] BKartA Beschl. v. 12.11.2008 – B 2–100/08 Rn. 28 – Verband Deutscher Milchviehbauern; LMRKM/*Loewenheim* GWB § 21 Rn. 7, 9.

chen.[152] Der Begriff des „Auffordens" ist danach weit auszulegen und umfasst bereits Äußerungen, die nicht wörtlich zum Boykott aufrufen.[153] Inwieweit bestimmte Informationen, Anregungen oder Meinungsäußerungen eine Aufforderung sind, richtet sich nach einer wirtschaftlichen Betrachtung der Gesamtumstände. Zwar ist für die Verwirklichung erforderlich, dass hiermit die Absicht verbunden ist, das Unternehmen, auf den sich der Boykottaufruf bezieht, unbillig zu behindern.[154] Dies wird regelmäßig vorliegen,[155] so dass auch eine gefühlte Unterlegenheit des Wirtschaftsverbandes gegenüber dem oder den vom Boykottaufruf Betroffenen weder als Rechtfertigung dienen kann,[156] Dritte zu Liefer- oder Bezugssperren aufzufordern, noch von dem Grundrecht der Meinungsfreiheit nach Art. 5 Abs. 1 GG gedeckt ist.[157]

E. Zusammenschlusskontrolle

Soweit Verbände miteinander kooperieren und die Kooperation eine strukturelle Veränderung der Wettbewerbsbedingungen herbeiführt, kann dies – insbes. bei Gründung eines Gemeinschaftsunternehmens – einen Zusammenschluss im kartellrechtlichen Sinn darstellen.[158] Entsprechende Fusionen sind vor ihrem Vollzug sowohl nach deutschem wie europäischem Recht anzuzeigen und zu genehmigen, wenn die Beteiligten gewisse Umsatzschwellen überschreiten. Die Zuständigkeit des Bundeskartellamts und (nach Art. 21 FKVO[159] für den Fall paralleler Zuständigkeit: vorrangig) der Europäischen Kommission richtet sich nach der konkreten Höhe der Umsatzschwellen der Beteiligten sowie danach, ob ein Zusammenschluss nach der jeweils einschlägigen Rechtsordnung vorliegt.[160] Insbes. die Gründung von Gemeinschaftsunternehmen, die nicht auf Dauer selbständig agieren, sondern vielmehr weiterhin organisatorisch, finanziell und personell von ihren Gesellschaftern abhängig sind,[161] stellen keinen Zusammenschluss nach Art. 1 FKVO dar, so dass es unabhängig von den Umsätzen der beteiligten Unternehmen weiterhin bei der Zuständigkeit der nationalen Kartellbehörden innerhalb der EU verbleibt, wenn die Beteiligten die dort jeweils vorgesehenen Umsätze im letzten Geschäftsjahr erzielt haben. Kartellrecht ist auch im Hinblick auf die Zusammenschlusskontrolle marktbezogen. Seine Anwendbarkeit richtet sich danach, wo konkrete Auswirkungen der Fusion zu erwarten sind und wird im Regelfall von den am Zusammenschluss beteiligten Verbänden abhängen. Es ist deshalb zu empfehlen, bei international agierenden Verbänden mehr als nur die Rechtsordnungen des Sitzes der Beteiligten auf die Erforderlichkeit einer Anzeige und Genehmigung zu prüfen.

Auch nach Genehmigung des Zusammenschlusses haben die Beteiligten dafür Sorge zu tragen, dass eine Verletzung des Kartellverbotes im Zusammenhang mit ihrer Zusammenarbeit unterbleibt. Denn die Freigabe der Gründung eines Gemeinschaftsunternehmens lässt die Anwendung der kartellrechtlichen Vorschriften – insbes. von Art. 101 AEUV im

---

152 Vgl. BKartA Beschl. v. 12.11.2008 – B 2–100/08 Rn. 9, 24 – Verband Deutscher Milchviehbauern.

153 BKartA Beschl. v. 12.11.2008 – B 2–100/08 Rn. 26 – Verband Deutscher Milchviehbauern.

154 BKartA Beschl. v. 12.11.2008 – B 2–100/08 Rn. 34 ff.; 56 ff. – Verband Deutscher Milchviehbauern.

155 Zu den Voraussetzungen eines Verbotsirrtums vgl. BKartA Beschl. v. 12.11.2008 – B 2–100/08 Rn. 60 – Verband Deutscher Milchviehbauern.

156 BKartA Beschl. v. 12.11.2008 – B 2–100/08 Rn. 40, 52 – Verband Deutscher Milchviehbauern.

157 BKartA Beschl. v. 12.11.2008 – B 2–100/08 Rn. 58 – Verband Deutscher Milchviehbauern.

158 Vgl. die Gründung einer gemeinsamen Verwertungsgesellschaft durch die Verwertungsgesellschaften GEMA, PRS for Music und STIM (Kommission M6800 vom 17.6.2015).

159 VO (EG) Nr. 139/2004 (FKVO), ABl. 2004, L 24, S. 1.

160 So fallen sämtliche Gemeinschaftsunternehmen unter den Begriff des Zusammenschlusses nach § 37 Abs. 1 Nr. 2, 3 GWB, auf Ebene der EU hingegen nach Art. 3 Abs. 4 FKVO nur Gemeinschaftsunternehmen, die dauerhaft selbständig am Markt agieren – sog Vollfunktionsgemeinschaftsunternehmen.

161 Vgl. Kommission, Berichtigung der Konsolidierten Mitteilung der Kommission zu Zuständigkeitsfragen gemäß der Verordnung (EG) Nr. 139/2004 des Rates über die Kontrolle von Unternehmenszusammenschlüssen, ABl. 2009, C 43, S. 10 Rn. 93 ff.

deutschen bzw. EU-Rechtskreis – für Handlungen der Beteiligten im Anschluss an die Fusion unberührt.

F. Sanktionen

I. Verjährung

46 Erst mit einer Beendigung des kartellrechtswidrigen Zustandes beginnt die für die Kartellbehörden geltende Verfolgungsverjährung von fünf Jahren, Art. 25 Abs. 1 lit. b VO (EG) 1/2003, § 81 Abs. 8 S. 2 GWB, § 31 Abs. 3 S. 1 OWiG. Dies lässt allerdings die Frist für die Geltendmachung von Schadensersatzansprüchen (§ 33 Abs. 3 GWB, § 199 Abs. 3 BGB) – eine Verlängerung wird mit Umsetzung der RL auf mind. fünf Jahre erfolgen – (vgl. Art. 10 Abs. 3 EU-Schadensersatzrichtlinie, RL 2014/104/EU, ABl. Nr. L 349 S. 1, 19) und der Nichtigkeit einer Vereinbarung resp. Unwirksamkeit der Transaktion unberührt.[162]

II. Bußgelder

47 Ein Verstoß gegen Kartellrecht kann neben im Einzelfall strafrechtlichen Konsequenzen[163] auch zu erheblichen Bußgeldern[164] führen. Dies gilt nach § 81 Abs. 4 GWB bei einem Vorgehen des Bundeskartellamtes nicht nur für die Mitgliedsunternehmen und den beteiligten Verband,[165] sondern auch die jeweils beteiligten natürlichen Personen und Organe.[166] Hins. der Bußgelder für Mitgliedsunternehmen gelten die allgemeinen Grundsätze. Die zur Bußgeldhöhe auf europäischer Ebene von der Kommission erlassenen Leitlinien für die Bemessung von Bußgeldern[167] sehen nach Art. 23 Abs. 2 aE VO (EG) 1/2003 vor, dass der Grundbetrag eines gegenüber der Vereinigung zu erlassenden Bußgeldes der tatbezogene Umsatz seiner an der Kartellverletzung beteiligten Unternehmen ist. Es ist danach nicht auf den vom Verband selbst generierten kartellbefangenen Umsatz abzustellen, sondern den der beteiligten Mitgliedsunternehmen. Dies kann zu existenzbedrohenden Risiken für einen Verband führen, die eine Begrenzung auf die maximale Höhe des möglichen Bußgelds von zehn Prozent des Jahresumsatzes[168] nicht abfangen kann. Denn hins. dieser Grenze ist für Unternehmensvereinigungen auf den Umsatz der an dem Kartellverstoß beteiligten Unternehmen abzustellen.[169] Der Umsatz eines Wirtschaftsverbandes wird dahinter regelmäßig zurückbleiben.

48 Ebenfalls als Ausnahmetatbestand und damit restriktiv auszulegen sind Regelungen zur Zahlungsunfähigkeit.[170] Ist der Verband selbst nicht in der Lage, das Bußgeld zu zahlen, stehen bei einem Vorgehen der Kommission die Unternehmen in der Ausfallhaftung.[171] Diese kann allenfalls dann für einzelne Mitgliedsunternehmen entfallen, wenn der Kartell-

---

[162] Zur Verjährung vgl. OLG Düsseldorf WuW 2015, 505.

[163] Für beteiligte Unternehmen ohne Einschaltung eines Verbandes vgl. BKartA Entscheidung v. 5.7.2012 – B12–11/11 – ThyssenKrupp; zu strafrechtlichen Konsequenzen allg. → § 7 Rn. 1 ff.; → § 18 Rn. 1 ff.

[164] *Brouwer* CCZ 2009, 161 (165 ff.); krit. *Eufinger* WRP 2012, 1488; zu Auswirkungen der 8. GWB-Novelle vgl. *Yomere* WuW 2013, 1187.

[165] Vgl. etwa für die Bundesrepublik: BKartA Entscheidung v. 20.2.2008 – Drogerieartikel; BKartA Entscheidung v. 10.7.2008 – Luxuskosmetik; BKartA Entscheidung v. 23.11.2011 – Maschinengeschirrspülmittel; BKartA v. 25.7.2012 – Automatiktüren; BKartA Pressemitteilung v. 31.1.2013 – Süßwarenhersteller; auf Ebene der EU vgl. ABl. 1982, L 379/1, 14 – UGL/BINC.

[166] → § 12 Rn. 17 ff.

[167] Kommission, Leitlinien zur Festsetzung von Bußgeldern, ABl 2006 C 210, S. 2 Rn. 14.

[168] Vgl. hierzu undeutlich Kommission, Leitlinien zur Festsetzung von Bußgeldern, ABl 2006 C 210, S. 2 Rn. 32.

[169] Kommission, Leitlinien zur Festsetzung von Bußgeldern, ABl 2006 C 210, S. 2 Rn. 33.

[170] Kommission, Leitlinien zur Festsetzung von Bußgeldern, ABl 2006 C 210, S. 2 Rn. 35.

[171] Art. 23 Abs. 4 VO (EG) 1/2003.

vorwurf den Beschluss eines Verbandes zum Gegenstand hat, an dem das betreffende Unternehmen nicht beteiligt war und eine abgestimmte Verhaltensweise des nicht beteiligten Unternehmens auch iÜ ausscheidet.[172] Losgelöst von diesem Sonderfall sind die Einbeziehung der Leistungsfähigkeit[173] und die Berücksichtigung der Zahlungsunfähigkeit Ermessensentscheidungen. Die Adressaten eines Bußgeldes haben damit lediglich einen Anspruch auf fehlerfreie Ermessensausübung, nicht jedoch Berücksichtigung.

Für Unternehmensvereinigungen und deren Haftung können sich in der praktischen **49** Anwendung Besonderheiten ergeben, die allerdings nicht über die allgemeinen Risiken für die Mitgliedsunternehmen und den Verband hinwegtäuschen sollten: So hat die EU-Kommission bislang im Vergleich zur Höhe der gegen Kartellanten verhängten Bußgelder nur geringe, wenn auch – anders als in einem Vorgängerverfahren[174] – mehr als nur symbolische Strafgelder gegen eine einem Verband vergleichbare Organisation verhängt.[175] Dies dürfte aber damit zusammenhängen, dass sie mit ihrer Entscheidung zulasten eines Gehilfen von Kartellverletzungen Neuland betreten hat.[176] Da diese Verantwortlichkeit zwischenzeitlich höchstrichterlich[177] geklärt ist, sollten Wirtschaftsverbände nicht auf eine entsprechende Reduktion hoffen. Die Bußgeldleitlinien des Bundeskartellamtes[178] treffen zum tatbezogenen Umsatz und einer möglichen Bußgeldhöhe bei Horizontalabsprachen unter Beteiligung von Verbänden keine Aussage. Zwar ist auch hier davon auszugehen, dass der tatbezogene Umsatz dem der an dem Kartell beteiligten Unternehmen prinzipiell entspricht. Auf die veröffentlichte Entscheidungspraxis lässt sich nicht zurückgreifen, weil bei einer Beteiligung von Verbänden die öffentlich zugänglichen Quellen nur die Gesamtgeldbuße sämtlicher Beteiligter angeben, nicht jedoch den auf die Unternehmensvereinigung konkret entfallenden Betrag.[179]

Schließlich ist im deutschen Recht neben der Verhängung von Bußgeldern gegenüber **50** Unternehmen und Unternehmensvereinigungen auch ein Bußgeld in Höhe von bis zu 1 Mio. EUR gegenüber natürlichen Personen möglich, § 81 Abs. 4 GWB, so dass bereits zum Schutz von Mitarbeitern des Verbandes und der Mitgliedsunternehmen auch hier auf ein stringentes Compliance-System zu achten ist, das entsprechende Risiken vermeidet. Auch unabhängig von einer Ausfallhaftung der Mitgliedsunternehmen wird ein Verband zahlreiche Mitgliedsunternehmen gegen sich aufbringen, wenn es unter Beteiligung des Verbandes zu kartellrechtswidrigen Handlungen kommt, für die Unternehmen auch dann mit Bußgeldern belegt werden können, wenn sie lediglich teilgenommen, sich allerdings nicht aktiv beteiligt haben.[180]

III. Nichtigkeit

Kartellrechtswidrige Vereinbarungen und entsprechende einseitige Maßnahmen sind nich- **51** tig. Dies kann nach § 139 BGB den Gesamtvertrag betreffen. Auf eine Nichtigkeit – auch

---

[172] Für die Verwirklichung eines kartellrechtswidrigen Beschlusses durch eine Unternehmensvereinigung ist unerheblich, ob einzelne Mitglieder überstimmt wurden oder nicht abgestimmt haben; soweit eine aktive Beteiligung des Mitgliedsunternehmens ausscheidet, sollte jedoch eine Haftung des betreffenden, nicht involvierten Unternehmens iRd Bußgeldhaftung für entsprechende Beschlüsse mangels Verantwortlichkeit des betreffenden Unternehmens entfallen; ähnl. ebenfalls Langen/Bunte/*Hengst* AEUV Art. 101 Rn. 108.

[173] Wiedemann/*Dieckmann*, Handbuch des Kartellrechts, 2. Aufl. 2008 § 46 Rn. 12d, 13.

[174] Vgl. EuGH GRUR Int. 2016, 73 Rn. 49 – AC-Treuhand II.

[175] EuGH GRUR Int. 2016, 73 – AC-Treuhand II.

[176] Wiedemann/*Hellmann* Handbuch des Kartellrechts, 2. Aufl. 2008 § 42 Rn. 62.

[177] EuGH GRUR Int. 2016, 73 – AC-Treuhand II.

[178] BKartA Leitlinien für die Bußgeldzumessung in Kartellordnungswidrigkeitenverfahren v. 25.6.2013 ebenso die Vorgängerbekanntmachung 38/2006 v. 15.9.2006.

[179] Da die Verfahren, in denen Verbände in letzter Zeit vom BKartA mit Bußgeldern belegt wurden, einvernehmlich durch Settlements (Reduzierung des Bußgelds bei Einräumung der Verletzung von Kartellrecht) beendet wurden, sind Hinweise in der Rspr. ebenfalls nicht vorhanden.

[180] EuGH CCZ 2009, 149 – T-Mobile; NZKart 2015, 267 – Dole.

nach europäischem Primärrecht – kann sich jeder einzelne berufen, da die Vorschriften des Art. 101, 102 AEUV unmittelbar anwendbar sind,[181] was die gerichtliche Durchsetzung kartellrechtswidriger Vereinbarungen verhindert.

IV. Schadensersatzansprüche und Regress

52 Auch sind zivilrechtliche Schadensersatzansprüche von einer kartellrechtswidrigen Praktik Geschädigter möglich, § 33 Abs. 4 S. 1 GWB, § 840 BGB, § 33 Abs. 1, 3 GWB.[182] Sämtliche an der Kartellrechtsverletzung Beteiligte – mithin also neben den beteiligten Unternehmen auch der Wirtschaftsverband – haften den Geschädigten als Gesamtschuldner.[183] Da es sich um eine deliktische Haftung handelt, können auch Vertragspartner anderer Kartellanten und Dritte, die bei keinem der Verletzer Produkte gekauft oder Dienstleistungen bezogen haben, gegen jeden der Kartellanten und Verantwortlichen Schadensersatzansprüche geltend machen, wenn und soweit sie von dem durch das Kartell verursachten Mehrpreis ebenfalls geschädigt wurden.[184] Rechtskräftige Entscheidungen deutscher Kartellbehörden wie Kartellbehörden innerhalb der EU und der Kommission haben für Zivilgerichte im Rahmen eines Schadensersatzprozesses nach § 33 Abs. 4 1 GWB hins. der Entscheidung selbst bindende Wirkung. Inwieweit die RL zur privaten Durchsetzung von Kartellschadensersatz,[185] die bis zum 27.12.2017 in nationales Recht umzusetzen war, in der Praxis weitergehende Erleichterungen für das private enforcement von Kartellrecht allgemein und gegenüber Verbänden im Besonderen bringen wird, bleibt abzuwarten.[186] Schließlich besteht die Möglichkeit für Unternehmen, Regress auch gegenüber Verbandsmitarbeitern[187] oder – was unter Aspekten der finanziellen Leistungsfähigkeit wahrscheinlicher ist – gegenüber dem Verband geltend zu machen, wenn den Verband ein Mitverschulden an der Verletzung von Kartellrecht trifft.

V. Reputationsverlust

53 Darüber hinaus leben Wirtschaftsverbände von jahrelang erarbeiteter Legitimation und Reputation, die auch ihre Mitgliedsunternehmen vermitteln.[188] Gewinnt die Öffentlichkeit den Eindruck, gesetzeswidrige Praktiken würden innerhalb eines Verbandes toleriert oder gar gefördert, schädigt dies die Stellung dieses Verbandes gegenüber der Öffentlichkeit allgemein und den Entscheidungsträgern innerhalb von Politik und Wirtschaft im Besonderen.[189] Ein Verband und seine Mitgliedsunternehmen berauben sich so wesentlicher Einflussmöglichkeiten auf die wirtschaftlichen und politischen Rahmenbedingungen. Auch ist zu erwarten, dass die rechtstreuen Mitglieder ihr Engagement im Wirtschaftsverband unabhängig von Bußgeldrisiko und Ausfallhaftung überdenken und so die Binnenstruktur des betroffenen Verbandes, seine Legitimation sowie Leistungsfähigkeit und damit iErg seine Schlagkraft insgesamt schwächen.

---

[181] Vgl. nur EuGH Slg. 1974, 51 Rn. 16 – BRT I; EuZW 1997, 762 Rn. 39 – Guérin automobiles/Kommission; EuZW 2001, 715 Rn. 23 – Courage.

[182] Vgl. zB OLG Düsseldorf WUW 2014, 317 (327 f.) – Badarmaturen.

[183] BGH EuZW 2015, 441 mAnm *Reichow*; *Legner* WRP 2014, 1163.

[184] EuGH C-557/12, GWR 2014, 395 mAnm *Kolb* – Kone.

[185] RL 2014/104/EU, ABl. 2014, L 349, S. 1.

[186] Vgl. dazu *Haus/Serafimova* BB 2014, 2883; *Lettl* WRP 2015, 537; *Kühne/Woitz* DB 2015, 1028; *Roth* GWR 2015, 73.

[187] Vgl. für den Regress eines Unternehmens gegenüber eigenen Mitarbeitern LAG Düsseldorf CCZ 2015, 185 mAnm *Schwarz*.

[188] *Köhler* WuW 2009, 258 (259); *Möhlenkamp* WuW 2008, 428 (440).

[189] Vgl. zu zulässigen Einflussmöglichkeiten *Kopp* CCZ 2013, 67.

Dr. Pischel

G. Allgemeine Elemente der Kartellrechts-Compliance bei Wirtschaftsverbänden

I. Risikoanalyse

Um konkrete Gefährdungssituationen für Mitgliedsunternehmen, mit Verbandsarbeit be- **54** fasste Mitarbeiter der Unternehmen und des Wirtschaftsverbandes sowie für den Wirtschaftsverband selbst zu vermeiden, ist zunächst erforderlich, das Risikofeld, in dem sich der Wirtschaftsverband und seine Mitglieder bewegen, zu analysieren[190] und auf Basis dieser Analyse geeignete Sicherungsinstrumente zu schaffen. Hierfür muss in einem ersten Schritt der Status quo verbandlicher Tätigkeit ermittelt werden. Für einen Wirtschaftsverband macht dies eine nach innen wie außen gerichtete Betrachtung erforderlich, um sich Klarheit über die eigene Struktur wie die Parameter zu verschaffen, unter denen seine Mitgliedsunternehmen agieren. Intern ist danach die Identität der unter seinem Dach befindlichen Fachgruppen, Fachbereiche, Ad-hoc-Arbeitskreise und sonstigen Arbeitsgemeinschaften und Arbeitskreise zu klären.[191] In der Praxis ist dies insbes. bei mitgliederstarken Verbänden nicht ganz einfach, da sich vielfach unter dem Dach des Verbandes ein reges Eigenleben der Untergruppierungen und ihrer Mitglieder entfaltet. Im Anschluss daran ist zu ermitteln, womit sich diese Untergruppen konkret befassen und welche Mitgliedsunternehmen jeweils Vertreter in diese Untergruppen entsandt haben. Hierzu wiederum sind im Rahmen einer Außenbetrachtung eine Identifikation und Analyse der hieran beteiligten Unternehmen und deren Mitarbeiter, eine Sichtung der Protokolle, eine Prüfung etwaig durchgeführter Marktstatistiken sowie Interviews mit den hauptamtlichen Mitarbeitern des Verbandes erforderlich. Auch vergangene oder laufende kartellrechtlicher Ermittlungen sind hier einzubeziehen, weil Verfahren in denselben oder naheliegenden Märkten die Gefahr bergen, dass weitere Märkte in den Fokus der Kartellbehörden geraten, wenn Ermittlungen in einem Markt Anhaltspunkte für kartellrechtswidriges Verhalten in sachlich naheliegenden oder anderen geographischen Märkten erbringen oder durch Kooperationsbeiträge der (Neben-)Betroffenen Kartellbehörden bekannt werden. Ebenso können Sektoruntersuchungen der Kartellbehörden, bei denen einzelne Wirtschaftszweige genauer untersucht werden, Anlass zu Tätigwerden der Unternehmen, des betroffenen Wirtschaftsverbandes oder der Kartellbehörden geben.

Da es sich bei den Mitgliedern eines Wirtschaftsverbandes regelmäßig um Unterneh- **55** men handelt, die auf demselben Markt tätig sind oder sein könnten, weist die Verbandstätigkeit eine erhebliche materielle Nähe zum Kartellrecht auf.[192] Auch vereinigen die Mitgliedsunternehmen regelmäßig substantielle Anteile des relevanten Marktes auf sich, so dass zum einen der Missbrauch marktbeherrschender Stellung, zum anderen das Risiko ohnehin hoher Transparenz des Marktes besteht. Das wesentliche Risiko – das eines kollusiven Zusammenwirkens der Mitgliedsunternehmen – lässt sich dabei anhand allgemeiner Faktoren ermitteln.[193] Dies setzt eine Marktanalyse voraus. Dabei birgt ein besonderes Gefahrenpotential, wenn wenige Unternehmen auf dem entsprechenden Markt vorhanden sind, die Marktanteile stabil, die Produktgruppen homogen und von geringem Innovationspotential gekennzeichnet sind und es Hinweise auf zeitgleiche oder zeitnah-identi-

---

[190] Allg. für Kartellrecht Moosmayer Compliance-Risikoanalyse/*Steinle/Eufringer* § 8; *Kasten/Traugott* CCZ 2015, 157; Hauschka Corporate Compliance/*Dittrich/Matthey* § 26; aus Sicht eines Unternehmens Moosmayer Compliance-Risikoanalyse/*Heckenberger/Schulz* § 9 sowie *Dittrich* CCZ 2015, 208.

[191] → § 14 Rn. 4 ff.

[192] *Brouwer* CCZ 2009, 161; *Bürkle* Versicherungsunternehmen-Compliance/*Stancke* § 13 Rn. 70; Hauschka Corporate Compliance/*Dittrich/Matthey* § 26 Rn. 60 ff.; Hauschka Corporate Compliance/*Brouwer* § 59 Rn. 73; *Lampert* BB 2002, 2237 (2241 f.); *Möhlenkamp* WuW 2008, 428 (432 f.); *Moosmayer* Compliance Rn. 94, 304; Moosmayer Compliance-Risikoanalyse/*Steinle/Eufringer* § 8 Rn. 30 ff.; *Pischel/Hausner* EuZW 2013, 498; *Pischel/Kopp* CCZ 2014, 198; *Schröder* CCZ 2015, 63 (65).

[193] Moosmayer Compliance-Risikoanalyse/*Steinle/Eurfinger* § 8 Rn. 16 ff.; *Reimers/Brack/Schmidt* CCZ 2016, 83 (85 ff.).

sche Preisanpassungen durch die Mitgliedsunternehmen sowie Überkapazitäten gibt.[194] Liegen diese Faktoren vor, so bedeutet dies nicht, dass Ursache resp. Grund der Handlungen der Mitgliedsunternehmen ein abgestimmtes Verhalten oder eine ausdrückliche Kartellabsprache wäre; es sollte den Wirtschaftsverband allerdings dazu veranlassen, die Handlungen entsprechender Mitgliedsunternehmen besonders aufmerksam zu verfolgen. Dies gilt erst recht bei bereits abgeschlossenen oder laufenden Ermittlungsverfahren der Kartellbehörden, wenn Mitgliedsunternehmen darin involviert waren/sind. Kommt es zu einer Verletzung von Kartellrecht, so dokumentieren Einladungen, Tagesordnungen, Anwesenheitslisten und Protokolle[195] des Verbandes entsprechende Handlungen gut und an zahlreichen Stellen innerhalb und außerhalb des Wirtschaftsverbandes. Auch die Terminkalender der teilnehmenden Personen weisen naturgemäß wegen des Besuchs der Verbandsveranstaltungen eine hohe Deckungsgleichheit auf. Diese gute Faktenlage erleichtert den Kartellbehörden die Ermittlungsarbeit, die durch kooperationswillige Unternehmen unterstützt wird.

II. Risikominimierung

1. Besonderheiten eines Wirtschaftsverbandes

56 Eine Vermeidung kartellrechtlicher Risiken im Vorfeld ist für Wirtschaftsverbände von besonderer Bedeutung. Denn die Möglichkeiten eines Wirtschaftsverbandes weichen von denen seiner Mitgliedsunternehmen ab.[196] Zwar kann der Wirtschaftsverband seine hauptamtlich beschäftigen Mitarbeiter zu kartellrechtskonformem Handeln anhalten und hierzu die üblichen Mittel der Sicherung ergreifen. Allerdings kann ein Wirtschaftsverband die Handlungen der Mitgliedsunternehmen nicht unmittelbar beeinflussen. Weisungsrechte gegenüber Mitarbeitern der Mitgliedsunternehmen besitzt der Wirtschaftsverband nicht; er ist darauf angewiesen, dass seine Mitglieder eigenständig auf ihre Mitarbeiter einwirken. Kommt es zu einer Verletzung von Kartellrecht, sind die Sanktionsmöglichkeiten auf die Mitgliedsunternehmen beschränkt. Allerdings sind die Reaktionsmöglichkeiten beschränkt: So steht die rechtlich auch einem Wirtschaftsverband zur Verfügung stehende Option, die Kartellbehörden über eine Kartellverletzung im Rahmen eines Bonusantrags zu informieren, praktisch kaum zur Verfügung. Denn dies würde beinhalten, die Mitgliedsunternehmen und ihre Mitarbeiter der konkreten Gefahr eines Bußgeldes auszusetzen. Ein Wirtschaftsverband muss daher im Vorfeld Maßnahmen ergreifen, um die Gefahr einer Kartellverletzung bereits im Ansatz auszuschließen.

2. Sicherstellung eines kartellrechtskonformen Zustandes

57 **a) Klare Kommunikation nach Innen und Außen.** Unabhängig von dem Ergebnis der Risikoanalyse ist ein klares Signal der Führung zu kartellrechtskonformem Handeln erforderlich. Denn ohne eine klare Kommunikation an die hauptamtlichen Mitarbeiter wird ein Compliance-System nicht erfolgreich sein. Für einen kartellrechtskonformen Soll-Zustand ist ein klares Leitbild des Verbandes erforderlich, der durch einen Leitfaden kartellrechtskonformen Handelns flankiert werden kann. Ein Leitfaden für alle Mitarbeiter dient dazu, diese Vorstellungen zu konkretisieren. Er sollte deutlich machen, welche Handlun-

---

[194] Moosmayer Compliance-Risikoanalyse/*Steinle/Eurfinger* § 8 Rn. 16 ff.
[195] Der nemo-tenetur-Grundsatz wird iErg dazu führen, dass Verbände nicht gezwungen sind, kartellrechtswidrige Praktiken iRd Protokolls zu dokumentieren (so auch Hauschka Corporate Compliance/*Brouwer* § 59 Rn. 77; *Möhlenkamp* WuW 208, 428 (436)); etwas anderes wird jedoch im Innenverhältnis zwischen Mitgliedern und Verband gelten, wenn etwa Sitzungsteilnehmer den hauptamtlichen Mitarbeiter dazu auffordern, einen Widerspruch zu bestimmten Handlungen in das Protokoll aufzunehmen. Denn nur der klare Widerspruch verhindert neben der Information der Kartellbehörden kartellrechtliche Ermittlungen (vgl. EuGH EuZW 2016, 435 Rn. 46 – Eturas; Kommission Horizontal-Leitlinien Rn. 62).
[196] → § 6 Rn. 2 ff.

Dr. Pischel

gen insbes. durch die Mitgliedsunternehmen, aber auch den Wirtschaftsverband und seine Mitarbeiter selbst kartellrechtliche Gefahren begründen und welche Maßnahmen prinzipiell als zulässig einzustufen sind.

b) Schulung und arbeitsrechtliche Maßnahmen. Darüber hinaus ist die Schulung ge- 58 fährdeter hauptamtlicher Mitarbeiter erforderlich. Hier ist den hauptamtlichen Mitarbeitern Art und Umfang kartellrechtlicher Gewährleistungen anhand von praktischen Beispielen vor Augen zu führen. Als gefährdet einzustufen sind insbes. hauptamtliche Mitarbeiter, die Marktstatistiken erstellen oder Verbandssitzungen begleiten. Je nach Gefährdungsgrad kann eine Schulung von einem Online-Tool zu einer Präsenzschulung reichen und mit oder ohne Leistungsprüfung enden. Die arbeitsrechtlichen Möglichkeiten einer solchen Maßnahme sind gesondert zu klären, um nicht die Konformität mit Kartellrecht durch eine Verletzung von Arbeitsrecht zu ergänzen. Dasselbe gilt für die Kontrolle und Absicherung durch arbeitsrechtliche Anweisungen. Die von der Führung kommunizierten Vorstellungen kartellrechtskonformen Verhaltens ihrer Mitarbeiter sind durch Sanktionen zu flankieren, die den Mitarbeitern klar und dokumentierbar kommuniziert werden. In Betracht kommen hier Ermahnungen, Abmahnungen und ggf. Kündigungen bei Nichteinhaltung der Vorgaben der hauptamtlichen Personalverantwortlichen.

c) Optionen bei festgestellter Verletzung. Soweit sich auf Basis der Analyse des Ist- 59 Zustandes kartellrechtssensible Umstände zeigen, sind diese abzustellen, da die Kenntnis und Dauer entsprechender Verstöße die Höhe des Bußgelds für den Wirtschaftsverband, seine Mitgliedsunternehmen und die Verantwortlichen selbst negativ beeinflusst. IRd Beendigung kartellrechtswidrigen Verhaltens sind folgende Maßnahmen durch den Wirtschaftsverband zu prüfen bzw. durchzuführen: Unabhängig vom weiteren Vorgehen ist eine Verletzung von Kartellrecht umgehend abzustellen, soweit nicht bei Nutzung der Kronzeugenregelung die Kartellbehörden ein konspiratives Handeln verlangen, das in Fortsetzung der bisherigen Praxis bestehen kann. Eine Beendigung muss vollständig und dokumentierbar sein, da bei Dauerdelikten nur dann die bis zu fünf Jahren betragende Verjährungsfrist anzulaufen beginnt. Insbes. bei klassischen Kartellen ist eine Beendigung nur mit großem Feingefühl möglich, ohne beteiligte Unternehmen auf die Problematik und die für diese bestehende Möglichkeit hinzuweisen, ihrerseits die Kronzeugenregelung zu nutzen. Leichter zu beseitigen sind Versäumnisse bei einem Missbrauch marktbeherrschender Stellung sowie bei Einkaufs- und Vertriebsvereinbarungen mit Unternehmen, die nicht im Wettbewerb mit dem Verband stehen. Hier kommt es auf eine Neufassung der entsprechenden Verträge bzw. einen Wechsel des bisherigen Verhaltens an.

Unternehmen und auch Wirtschaftsverbände können sich Bußgeldern trotz klassischen 60 Kartellverstoßes unter bestimmten Bedingungen entziehen oder eine Verringerung der an sich zu verhängenden Bußgelder erreichen, wenn sie die Kartellbehörden vollumfänglich informieren und mit ihnen kooperieren. Nachdem die Höhe einer möglichen Reduktion davon abhängt, wer als erster, zweiter, dritter etc. die Kartellbehörden umfassend informiert, ist die Entscheidung, ob die Kronzeugenregelung überhaupt in Betracht kommt und ausgeübt werden sollte, schnell zu treffen. Hierzu ist das Risiko der Offenlegung – etwa Schaden in den Beziehungen mit den Mitgliedsunternehmen, Durchsetzung von Schadensersatzansprüchen Geschädigter und Verlust von Renommee – gegen die mit diesem Vorgehen verbundenen Chancen, ein Bußgeld zu vermeiden oder zu verringern, abzuwägen. Um eine belastbare Grundlage für eine Entscheidung zu haben, sind die Kartellverstöße intern aufzuklären sowie festzustellen, bei welchen Kartellbehörden eine Anzeige erfolgen muss. Dies richtet sich danach, welche Märkte betroffen sind. In der Praxis dürfte einem Verband in den wenigsten Fällen eine Kronzeugenregelung zur Verfügung stehen, weil damit notwendig verbunden ist, die betroffenen Mitgliedsunternehmen der konkreten Gefahr der Verfolgung auszusetzen. Kommt die Kronzeugenregelung nicht in Betracht und laufen Ermittlungen, so ist ein Settlement-Verfahren zu erwägen. Hier kommt durch Kooperation eine Verringerung von Bußgeldern in Betracht. Die Vor- und Nachteile eines solchen Vorgehens für einen Wirtschaftsverband entsprechen im Grunde den Überlegungen zum Kronzeugenantrag.

61   Um sich nicht der Möglichkeit zu berauben, unter Nutzung der Kronzeugenregelung eine Verringerung oder einen Erlass von Geldbußen zu erreichen, aber auch, weil dies strafrechtlich relevant sein könnte, sollten keine relevanten Unterlagen vernichtet werden, da dies insbes. einer für die Anwendung der Kronzeugenregelung erforderlichen vollen Kooperation entgegensteht. Allerdings ist darauf zu achten, dass die entsprechenden Unterlagen dem Anwaltsprivileg unterfallen. Hierzu sind die Dokumente vollständig einem externen Anwalt zum Zwecke der Rechtsverteidigung zu übergeben, da beim Verband angestellte Rechtsanwälte nicht das Anwaltsprivileg genießen.[197] Für die Höhe möglicher Rückstellungen zu einem späteren Zeitpunkt ist die Höhe denkbarer Bußgelder jedenfalls abstrakt zu ermitteln. Hierbei kommt es insbes. auf die Dauer und Schwere der Verletzung – und damit die Art der Verletzungshandlung – an. Nachdem es sich bei den Kriterien der Bußgeldzumessung um abstrakte Rechtsbegriffe handelt, können nur gewisse Schätzungen abgegeben werden, für die auf die Verwaltungsschreiben der Kartellbehörden und vergangene Entscheidungen vergleichbarer Sachverhalte zurückgegriffen werden kann.

62   Neben einer allgemeinen Schulung ist es sinnvoll, Mitarbeiter über die Rechte und Pflichten des Wirtschaftsverbandes und seiner Mitarbeiter bei einer Durchsuchung zu informieren, um einen reibungslosen, die Rechte der Betroffenen wahrenden Ablauf einer möglichen Durchsuchung sicherzustellen und rechtswidrige Handlungen auszuschließen.[198] Diese Vorgaben sollten in internen Leitlinien niedergelegt werden.[199] In diesem Zusammenhang kann auch eine Test-Durchsuchung durchgeführt werden, um den Mitarbeitern Gelegenheit zum Training der konkreten Situation zu geben. Nachdem Durchsuchungen im Regelfall überraschend kommen, sollte eine entsprechende Übung auch ohne konkrete Anhaltspunkte für eine drohende Durchsuchung bereits bei der allgemeinen Mitarbeiterschulung erfolgen.

63   **d) Kommunikation.** Darüber hinaus ist empfehlenswert, wenn sich der Wirtschaftsverband in Ruhe den Inhalt einer Pressemitteilung überlegt, um etwa den durch eine Durchsuchung entstandenen Schaden für das Renommee möglichst gering zu halten, sollte diese aus anderen Quellen bekannt werden. Um die Mitarbeiter des Wirtschaftsverbandes nicht zu verunsichern, ist daran zu denken, parallel auch die Mitarbeiter sowie die Mitgliedsunternehmen über die behördlichen Maßnahmen zu unterrichten. Diese interne Kommunikation sollte mit der Mitteilung gegenüber der Öffentlichkeit harmonisiert werden, weil nach Bekanntgabe gegenüber den Mitarbeitern und Mitgliedsunternehmen die Vertraulichkeit nicht mehr gewährleistet ist und der Wirtschaftsverband für Anfragen durch die Presse eine Kommunikationsstrategie zur Hand haben sollte.

64   **e) Institutionalisierung des Prozesses.** Eine Implementierung institutioneller Maßnahmen dient der Absicherung kartellrechtskonformen Verhaltens für die Zukunft. Hier kommt neben einer vom Wirtschaftsverband eingerichteten, von Dritten betriebenen Whistleblower-Hotline die Einschaltung interner oder externer Compliance-Beauftragter in Betracht.[200] Ihre Rolle und Kompetenzen, hierarchische Einordnung und Grad der Unabhängigkeit sind festzulegen. Die im Zusammenhang mit einer anonymen Hotline

---

[197] Allg. für Unternehmensjuristen EuGH NJW 1983, 503 Rn. 23 – AM&S Europe; EuZW 2010, 778 – Akzo Nobel Chemicals; *Seitz* EuZW 2011, 761.

[198] Dies sollte auch die IT-Abteilung einbeziehen, vgl. EuG CCZ 2015, 47 – Energetický a průmyslový mAnm *Kollmann/Aufdermauer*.

[199] Hauschka Corporate Compliance/*Brouwer* § 59 Rn. 74.

[200] → § 13 Rn. 5 ff.

stehenden datenschutzrechtlichen Themen[201] sind gesondert zu adressieren. Hinzu kommen für spezifische Gefährdungslagen gesonderte Instrumentarien, die auf die konkrete Risikoanalyse abgestimmt sind. Hierzu zählen insbes. klare Vorgaben zu vom Verband erhobenen Statistiken und Benchmarks sowie über den Umgang mit den so gewonnenen Erkenntnissen und Ablauf zu Eingriffsvoraussetzungen bei Sitzungen von Mitarbeitern der Mitgliedsunternehmen unter der Ägide des Verbandes. Ein wirksames Compliance-System kann auf Dauer nur funktionieren, wenn es nachhaltig in der Kultur des Wirtschaftsverbandes verankert wird, von den Führungspersonen gelebt und gegenüber den Mitarbeitern eingefordert und durch arbeitsrechtliche Sanktionen abgesichert wird. Hierzu zählen die eingangs genannten Maßnahmen des Leitfadens für Mitarbeiter und regelmäßige Schulungen – insbes. für neue Mitarbeiter in gefährdeten Bereichen. Hinzu kommen die Informationen über (neue) interne Geschäftsabläufe – je nach Vorhandensein gegenüber dem Compliance Officer, der Rechtsabteilung oder dem hauptamtlichen Geschäftsführer, die kontinuierliche Einbindung der entsprechenden Personen durch Vorlage sensibler Verträge und Informationen über sonstige kartellrechtsrelevante Umstände, um den Fortbestand eines kartellrechtskonformen Zustandes im Rahmen eines iterativen Prozesses zu sichern.

H. Elemente der Kartellrechts-Compliance für einzelne Aktivitäten des Handelns von Wirtschaftsverbänden und seiner Mitgliedsunternehmen

I. Allgemeines

Besonders relevante, weil kartellrechtsnahe und von Wirtschaftsverbänden üblicherweise **65** durchgeführte Maßnahmen sind insbes. Verbandssitzungen, Normungsaktivitäten, Einkaufs- und Forschungskooperationen, die Erstellung von Marktstatistiken sowie die Vereinbarung von Wettbewerbsregeln, etwa iRd Selbstverpflichtung. Wesentliche Risiken der Verbandsarbeit liegen dabei im Bereich der Kollusion der Verbandsmitglieder oder der abgestimmten Verhaltensweise, die sich als Konkurrenten über wesentliche Parameter des Wettbewerbs abstimmen oder entsprechende Bindungen zwischen einander vereinbaren. Hierbei kommen Absprachen unter Einbeziehung des Verbandes als Übermittler wie bi- und multilaterale Vereinbarungen unter dem Dach des Verbandes in Betracht. Darüber hinaus kann der Wirtschaftsverband selbst unmittelbar Kartellrecht unterliegen: Neben der oben dargestellten Verweigerung der Mitgliedschaft[202] und unzulässigen Einflussnahme auf die Willensfreiheit seiner Mitglieder[203] betrifft dies insbes. Fragen der Zulassung zu Messen und der Beitragsordnung. Schließlich ist eine Analyse erforderlich, ob der Verband bei einzelnen Handlungen der Missbrauchskontrolle unterliegt. Wo dies der Fall ist, sind entsprechende Handlungsvorgaben zu berücksichtigen. Auch ohne entsprechende Analyse sind schließlich das Ob und Wie der Zulassung von einem eine Mitgliedschaft begehrenden Unternehmen diskriminierungsfrei zu regeln.

II. Verbandssitzungen

1. Risikoanalyse

Regelmäßiger und wesentlicher Bestandteil der Vereinsarbeit sind Verbandssitzungen, bie- **66** ten sie doch den Vertretern der Mitgliedsunternehmen Gelegenheit zum Austausch untereinander. Dies kann jedoch, wenn ausreichende Sicherungsinstrumente fehlen oder nicht beachtet werden, zu problematischen Situationen für den Verband, die Mitgliedsunter-

---

[201] Heussen/Hamm/*Junker/Knigge/Pischel/Reinhart* § 49 Rn. 103; → § 8 Rn. 5 ff.
[202] → Rn. 35.
[203] → Rn. 39 ff.

nehmen und die Teilnehmenden führen, wenn der Austausch von Informationen zu aktuellen Gesetzesvorhaben, Möglichkeiten der Partizipation im politischen Prozess oder Diskussionen zu allgemeinen wirtschaftlichen Entwicklungen die zulässigen Grenzen überschreiten. Kommt es zum Austausch von wettbewerblich sensiblen Informationen, kann dies die beteiligten Unternehmen, deren Mitarbeiter und schließlich auch den Verband und seine Mitarbeiter erheblichen Bußgeldrisiken aussetzen. Dient der Verband als Zentrale für den Austausch der Mitgliedsunternehmen über sensible Informationen und ermöglicht so Absprachen oder Abstimmung zwischen Wettbewerbern, so ist er an Bildung und Aufrechterhaltung dieses Kartells selbst beteiligt, wenn er eine aktive Rolle eingenommen und gegen in Sitzungen erfolgte Kartellverletzungen nicht unmittelbar und aktiv vorgeht.[204] Wie oben[205] ausgeführt, haftet ein Verband aufgrund des Einheitstäter-Begriffs deutschen Kartellrechts nach § 14 OWiG,[206] der nicht zwischen Täterschaft und Teilnahme (hier für einen Wirtschaftsverband regelmäßig: Beihilfe) trennt, sowie der Rspr. der Gemeinschaftsgerichte,[207] wonach eine Tätigkeit am von der Kartellabsprache betroffenen Markt für den Vorwurf der Kartellverletzung nicht erforderlich ist, für die unter seiner Ägide begangenen Kartellverstöße unmittelbar und voll.

67 Angesichts der Dynamik einer Diskussion unter Mitarbeitern von Mitgliedsunternehmen, die im Regelfall im Wettbewerb zueinander stehen und mitunter keine Schulung zu kartellrechtlichen Rahmenbedingungen erhalten haben einerseits, den niedrigen Schwellen für die Verwirklichung des Kartellverbots andererseits, stellen Sitzungen für die Mitgliedsunternehmen, deren Vertreter, den Verband und deren hauptamtliche Mitarbeiter erfahrungsgemäß die größte Herausforderung kartellrechtskonformen Handelns dar. Für eine Risikoanalyse ist zu trennen in die unmittelbare Sitzung unter der Ägide des Verbandes und Treffen, die anlässlich der Verbandssitzung stattfinden. Zu letzterer zählt ein Zusammentreffen von Vertretern einzelner Mitgliedsunternehmen vor, während oder im Anschluss an Verbandssitzungen, so zB am Vortag, in den Pausen oder bei Abendveranstaltungen.

68 Bei autonom vereinbarten Treffen von Vertretern einzelner Mitgliedsunternehmen im Vorfeld oder im Anschluss von Verbandssitzungen wird man vom Verband eine Überwachung nicht verlangen können. Dasselbe gilt für Gespräche während der Sitzungspausen, weil im Regelfall lediglich ein hauptamtlicher Mitarbeiter des Verbandes bei Sitzungen anwesend ist und eine flächendeckende Überwachung der Gespräche unter Vertretern der Mitgliedsunternehmen weder verlangt werden kann noch dem allgemeinen Klima innerhalb eines Verbandes zuträglich sein dürfte. Auch wenn eine unmittelbare Verantwortlichkeit des Verbandes und seiner hauptamtlichen Mitarbeiter hier nicht zu erwarten ist, besteht gleichwohl die Gefahr des Reputationsverlustes, wenn kartellrechtswidrige Absprachen „bei Gelegenheit" einer Verbandssitzung erfolgen und dies zu einem späteren Zeitpunkt – etwa durch Veröffentlichung einer Pressemitteilung des Bundeskartellamtes – der Öffentlichkeit bekannt wird. Alleine schon deshalb und um eine Haftung zu vermeiden, sollte der hauptamtliche Verbandsmitarbeiter wie auch in Sitzungen stets dann einschreiten, wenn er positive Kenntnis von kartellrechtlich problematischen Gesprächsinhalten erhält oder das Gespräch sich in eine entsprechende Richtung zu entwickeln scheint – etwa, wenn der hauptamtliche Mitarbeiter während der Sitzungspausen am Tisch mit Vertretern von Wettbewerbsunternehmen steht und sich diese über sensible Geschäftsinformationen austauschen oder auszutauschen drohen.

69 Erfolgen hingegen Absprachen von Wettbewerbern während der Verbandssitzungen, mag der Verband hierbei nicht aktiv beteiligt sein. Er kann vielmehr ungewollt zur Plattform kartellrechtswidriger Handlungen von Wettbewerbern werden, muss hiergegen aber zur

---

[204] EuGH GRUR Int. 2016, 73 – AC-Treuhand II; hierzu ausf. *Eufinger,* WRP 2012, 1488.
[205] → Rn. 19 f.
[206] KK-OWiG/*Rengier* OWiG § 14 Rn. 4 ff., 16 ff.
[207] EuGH GRUR Int. 2016, 73 – AC-Treuhand II.

Vermeidung von Risiken für die Beteiligten organisatorische Maßnahmen ergreifen[208] und bei Verletzung angemessen reagieren, um solche Handlungen für die Zukunft nachhaltig zu unterbinden.[209] Hier kann bereits ein einmaliger Austausch von wettbewerbsrelevanten und sensiblen Informationen zwischen Wettbewerbern zu einem abgestimmten Verhalten der nach dem Austausch am Markt weiterhin tätigen Unternehmen führen,[210] dessen Zweck eine spürbare[211] Wettbewerbseinschränkung ist. So ist es wahrscheinlich, dass die bloße Anwesenheit bei einer Sitzung, in der ein Unternehmen seine Preispläne gegenüber anderen Marktbeteiligten offenlegt, auch dann unter Art. 101 AEUV fällt, wenn nicht ausdrücklich eine Preiserhöhung vereinbart wird.[212] Erhält ein Unternehmen strategische Daten von einem Wettbewerber in einer Sitzung, aber auch per Post oder elektronisch,[213] wird davon ausgegangen, dass es die Informationen akzeptiert und sein Marktverhalten entsprechend angepasst hat, es sei denn, es erklärt ausdrücklich, dass es die Daten nicht bekommen will.[214] Die tatsächlichen Auswirkungen abgestimmten Verhaltens besitzen nur für Fragen der Bußgeldhöhe[215] Bedeutung, nicht jedoch für den Kartellvorwurf, weil es auf konkret negative Wirkungen – ebenso wie auf subjektive Vorstellungen der Parteien – nicht ankommt.[216] Als sensibel einzustufen sind dabei Informationen, die einen Einfluss auf Preise, Absatzgebiete, Kunden oder Produktion haben. Zu vermeiden sind auch Informationen und Diskussionen über Preiszuschläge, Kalkulationsschemata, konkrete Produktionsauslastung, die zukünftige Entwicklung der Mitgliedsunternehmen oder über (potentielle) Kunden. Dasselbe gilt für Informationen zur Aufgabe von gewissen Gebieten, Kunden oder Produktionszweigen, Engpässen bei Bezug von Ausgangsprodukten oder Lieferung von Waren sowie zu gestiegenen Produktions- und Verarbeitungskosten.

Höchst problematisch sind entsprechende Informationen insbes., wenn sie sich auf zukünftiges Verhalten beziehen und identifizierbar sind. Deshalb können Abfragen zur Einschätzung der Mitgliedsunternehmen bzgl. der weiteren wirtschaftlichen Entwicklung ebenfalls zu einem Einfallstor für Kartellverletzungen werden. Keiner der vorgenannten Punkte sollte hier Gegenstand der Einschätzung durch die Mitgliedsunternehmen sein. Soweit der Verband nicht auf eine allgemeine Einschätzung verzichten will, sollte sichergestellt sein, dass die Mitgliedsunternehmen nur allgemein antworten, so zB positiv, neutral, negativ, ohne dass weitere Aussagen oder Diskussionen hierüber in der Sitzung möglich sind. Um auch bei zulässigen vom Verband erstellten Statistiken nicht in diese Bereiche zu gelangen, sind darüber hinaus Analysen, Erörterungen, Bemerkungen oder Empfehlungen auf Basis auch von aggregierten Daten unter den Wettbewerbern iRv Verbandssitzungen zu vermeiden.[217]

70

---

[208] → § 3 Rn. 3 ff., → § 12 Rn. 26 ff.

[209] → § 6 Rn. 19 ff.

[210] EuGH CCZ 2009, 149 – T-Mobile mAnm *Pischel; Schroeder* WuW 2009, 718; *Schmidt/Koyuncu* BB 2009, 2551.

[211] Das Kriterium der Spürbarkeit ist ungeschriebenes Tatbestandsmerkmal des Art. 101 I AEUV, vgl. Kommission, Bekanntmachung der Kommission über die Definition des relevanten Marktes iSd Wettbewerbsrechts der Gemeinschaft, ABlEG Nr. C 372 v. 9.12.1997, S. 5; erstmals EuGH GRUR Int 1970, 22 – Völk.

[212] Kommission Horizontal-Leitlinien Rn. 62.

[213] EuGH EuZW 2016, 435 – Eturas.

[214] Kommission Horizontal-Leitlinien Rn. 62; EuGH EuZW 2016, 435 Rn. 46 – Eturas.

[215] S. Art. 23 Abs. 2 lit. a Verordnung (EG) Nr. 1/2003 des Rates v. 16.12.2002 zur Durchführung der in den Artikeln 81 und 82 des Vertrags niedergelegten Wettbewerbsregeln, ABlEG Nr. L 1 S. 1 und hierzu Kommission, Leitlinien für das Verfahren zur Festsetzung von Bußgeldern gemäß Art. 23 Abs. 3 Buchst. a) der Verordnung (EG) Nr. 1/2003, ABl C 210, S. 2, die sich allerdings zu diesem Punkt nur indirekt äußern; vgl. ebd. Rn. 19 f.

[216] Vgl. idS ebenfalls EuGH Slg. I 1999, 4287 Rn. 163 – Hüls; s. aber EuG ECLI:EU:T: 2000:77 Rn. 1865 – Cimenteries CBR SA/Kommission; gefährlich den Tatbestand des Art. 81 Abs. 1 EGV unter Vergleich mit abstrakten Gefährdungsdelikten ausdehnend jedoch *GAin Kockott* Schlussantrag v. 19.2.2008 – C-8/08, BeckRS 2009, 70220v Rn. 47 – T-Mobile.

[217] IdS Kommission, Mitteilung nach Art. 19 Abs. 3 der Verordnung Nr. 17 des Rates über einen Antrag auf einen Negativtest bzw. eine Freistellung nach Art. 85 Abs. 3 EG-Vertrag, ABlEG 1996 Nr. C 310 v.

71 Zulässige Themen sind die Darstellung und allgemeine Diskussion über
- das regulatorische Umfeld: bestehende Gesetze, Gesetzesvorhaben, behördliche Vorgaben und Rspr.,
- die wirtschaftlichen und technischen Rahmenbedingungen: gesamtwirtschaftliche Situation, allgemeine wirtschaftliche Tendenzen,
- allgemeine technische Entwicklungen: zB neue, allgemein bekannte Fertigungsmethoden, Einfluss von Big Data und Industrie 4.0 auf die Branche insgesamt,
- Normungsaktivitäten: Stand aktueller Normung, hierauf gerichteter Initiativen und die Beteiligung des Verbandes oder von Vertretern seiner Mitgliedsunternehmen hieran,
- politische Willensbildung: Lobbyaktivitäten und Öffentlichkeitsarbeit des Verbandes sowie deren Planung und
- Initiativen des Verbandes: zB Schulungsangebote und sonstige Veranstaltungen,

soweit dies nicht im Zusammenhang mit unzulässigen Themen geschieht oder zu Diskussionen über entsprechende unzulässige Themen führt. Gefahrgeneigt hingegen ist eine Diskussion über vom Verband oder Dritten erhobene Statistiken oder über allgemeine Preisentwicklungen, weil insbes. nicht kartellrechtlich geschulte Teilnehmer hier Informationen zum eigenen Mitgliedsunternehmen preisgeben können, die bereits – wie gezeigt – bei einmaliger und einseitiger Bekanntgabe zu einer abgestimmten Verhaltensweise führen können.

72 Unzulässig ist die Information und/oder die Diskussion der Mitglieder über ihre
- Preise: Preisentwicklung, Ein- und Verkaufskonditionen und Preisbestandteile, Ausgangsmaterialien und Preiskomponenten – sowohl für einzelne Produkte oder Dienstleistungen bei Ein- wie Verkauf und auf Basis einer generellen Betrachtung der Branche inklusive hierauf gerichteter Kalkulationsschemata,
- Kunden und Lieferanten: die Bekanntgabe eigener wie die Diskussion über potentielle Kunden bzw. Lieferanten, Lieferengpässe sowohl bei Bezug wie Verkauf von Produkten oder Dienstleistungen
- Gebiete: Absatzmärkte – sowohl hins. Erweiterung wie Rückzug,
- Produktion: Produktions- und Bezugsengpässe, Einschränkung der Produktion oder
- Strategie: Planung, Budgetierung und Geschäftsentwicklung.

2. Risikominimierung

73 **a) Vorbereitung und Durchführung von Verbandssitzungen.** Jeder Sitzung sollte eine Einladung an die Mitgliedsunternehmen unter Nennung sämtlicher Tagesordnungspunkte vorausgehen. Die Tagesordnungspunkte sollten hinreichend konkret sein, um den Mitgliedsunternehmen eine eigenverantwortliche Prüfung zu ermöglichen, ob sie Vertreter in die Sitzung entsenden möchten. Auch der Tagesordnungspunkt „Sonstiges" sollte die weiteren, unter keine sonstige Überschrift zu fassenden Einzelpunkte vollständig auflisten. Auch sind Tagesordnungspunkte zu vermeiden, die als Einladung zum Austausch vertraulicher Informationen verstanden werden könnten.[218] Nicht von jedem verbands- und ggf. branchenfremden Referenten kann erwartet werden, dass er sich der kartellrechtlichen Relevanz der von ihm vorgetragenen Daten für die Zuhörerschaft bewusst ist. Soweit Gäste, aber auch Vertreter von Mitgliedsunternehmen iRd Verbandssitzung Vorträge halten, sollten diese deshalb ihren Vortrag zur Vorab-Prüfung an den hauptamtlichen Mitarbeiter des Verbandes senden, um Überraschungen in der Sitzung zum Inhalt des Vortrags zu vermeiden. Die Übermittlung an den Verband sollte dabei mit ausreichend zeitlichem Vorlauf erfolgen, der es dem hauptamtlichen Mitarbeiter ermöglicht, ggf. die Rechts- bzw. Compliance-Abteilung einzubinden, wenn die Fachabteilung dies für erforderlich hält oder die internen Vorschriften des Verbandes dies vorsehen.

19.10.1996, S. 3 Rn. 10; zu Verbänden und Marktinformation s. *Kopp,* Schriftenreihe des Instituts für Europäisches Medienrecht Bd. 40, 2010, S. 447 (451 f.).

[218] Wenig hilfreich ist deshalb, wenn ein Tagesordnungspunkt etwa „offene Aussprache über den ruinösen Preiswettbewerb" lautet.

Dr. Pischel

Wesentlich zur Vermeidung von Risiken ist die Begleitung jeder Sitzung durch einen **74** hauptamtlichen Mitarbeiter des Verbandes, der zusätzlich in Fragen des Kartellrechts zuvor geschult worden sein sollte.[219] Ein Treffen von Vertretern von Mitgliedsunternehmern unter dem Dach des Verbandes ohne hauptamtliche Begleitung ist auszuschließen. Die Teilnahme eines hauptamtlichen Mitarbeiters des Verbandes setzt voraus, dass der Verband von Art und Umfang, Zahl, Zusammensetzung und Ziel seiner jeweiligen Verbandsgliederungen sowie Daten der Treffen Kenntnis hat.[220] Um die Teilnehmenden für Kartellrecht zu sensibilisieren, empfiehlt sich vor Beginn jedes Treffens ein Hinweis auf die kartellrechtlichen Rahmenbedingungen. Entsprechende Aussagen sollten nicht formelhaft erfolgen. Soweit Kartellrecht und dessen Rahmenbedingungen von den Mitgliedsunternehmen als lästig, lässlich und einer gedeihlichen Diskussion hinderlich angesehen werden, kann der Verband in diesem Zusammenhang darauf hinweisen, dass ein kartellrechtskonformes Handeln Mehrwert für alle Beteiligten schafft: Nur so ist ein rechtssicherer Austausch möglich, dessen Rahmen (nur) der Verband bieten kann. Die Sicherheit durch den Wirtschaftsverband führt zur Sicherheit seiner Mitgliedsunternehmen und der daran beteiligten Mitarbeiter. Soweit der Verband über einen Leitfaden zu Kartellrecht[221] verfügt, kann der Hinweis zu kartellrechtskonformem Handeln unter Verteilung von und ausdrücklichem Verweis auf eine entsprechende Guideline erfolgen.[222] In unregelmäßigen Abständen oder bedarfsabhängig empfiehlt sich darüber hinaus, wo vorhanden, den Compliance Officer des Verbandes oder einen externen, auf Kartellrecht spezialisierten Rechtsanwalt hinzuzuziehen,[223] um den Beteiligten auch die Relevanz des Themas für den Verband vor Augen zu führen und ihnen zu ermöglichen, Antworten auf Fragen zu Umfang und Grenzen der Diskussion über einzelne Tagesordnungspunkte zu erhalten. Auch hiermit bietet der Verband seinen Mitgliedern gegenüber außerhalb des Verbandes geführtem Austausch von Unternehmen erheblichen Mehrwert.

Während der gesamten Dauer der Veranstaltung muss ein hauptamtlicher Mitarbeiter **75** anwesend sein. Er hat dafür Sorge zu tragen, dass die Teilnehmenden die kartellrechtlichen Rahmenbedingungen einhalten. Ein zu führendes Protokoll sollte den Inhalt der Besprechung korrekt und vollständig wiedergeben. Aufgrund des nemo-tenetur-Grundsatzes wird man vom Verband nicht verlangen können, rechtswidrige Praktiken durch Protokollierung zu dokumentieren[224] und sich so einer erleichterten kartellrechtlichen Verfolgung auszusetzen. Etwas anderes wird im Verhältnis zu den Mitgliedsunternehmen gelten, wenn ein Teilnehmer an einer Sitzung seine Vorbehalte zu einem bestimmten Thema, der Diskussion hierüber oder anderer kartellrechtlich relevanter Handlungen der Vertreter der Mitgliedsunternehmen oder des hauptamtlichen Mitarbeiters aufgenommen sehen möchte. Denn der Widerspruch ist erforderlich, um nicht eine abgestimmte Verhaltensweise zu verwirklichen und sich damit einem Kartellvorwurf auszusetzen. Kommt es zu kartellrechtlich bedenklichen Handlungen, so muss der die Sitzung begleitende hauptamtliche Mitarbeiter unmittelbar und aktiv dagegen vorgehen, um eine Haftung des Verbandes für die Kartellrechtsverletzungen der Mitgliedsunternehmen auszuschließen.

---

[219] Vgl. auch Hauschka Corporate Compliance/*Brouwer* § 59 Rn. 77 f.

[220] → § 14 Rn. 4 ff.

[221] Vgl. etwa Bundesverband der Windindustrie eV, abrufbar unter https://www.wind-energie.de/sites/de fault/files/attachments/page/gestalten-sie-mit-uns-die-zukunft/20150106-bwe-leitfaden-kartellrechtl-comp liance.pdf (zuletzt abgerufen am 21.12.2016); Gesamtverband der Versicherungswirtschaft eV (GDV), abrufbar unter http://www.gdv.de/wp-content/uploads/2011/07/Kartellrecht_und_Verbandsarbeit_2011.pdf; Bundesverband Baustoffe – Steine und Erden, eV (bbs), abrufbar unter http://www.baustoffindustrie.de/fi leadmin/user_upload/bbs/Dateien/03_bbs_Leitfaden_Kartellrecht.pdf (zuletzt abgerufen am 21.12.2016); Zentralverband der Elektro- und Elektronikindustrie eV (ZVEI), abrufbar unter http://www.zvei.org/Pu blikationen/ZVEI-Leitfaden-Kartellrecht.pdf; Bundesverband der Deutschen Gießerei-Industrie eV (BDG), abrufbar unter http://www.bdguss.de/fileadmin/content_bdguss/Der_BDG/Kartellrecht/Leitfa den_Kartellrecht_0.pdf (zuletzt abgerufen am 21.12.2016).

[222] Zur Implementierung vgl. *Hagel/Dahrendorf* CCZ 2014, 275 (279 f.).

[223] *Kopp*, Compliance in Wirtschaftsverbänden, S. 447, 452.

[224] Hauschka Corporate Compliance/*Brouwer* § 59 Rn. 77; *Möhlenkamp* WuW 208, 428 (436).

76 **b) Elemente wirksamer Risikominimierung.** Die Maßnahmen im Vorfeld, während und im Anschluss einer Verbandssitzung lassen sich wie folgt zusammenfassen:

Zeitpunkt	Gegenstand	Maßnahme
Allgemein im Vorfeld	Identifizierung der Verbandssitzungen	Welche Sitzungen finden unter der Ägide des Verbandes statt? Sind sämtliche Sitzungen erfasst – inkl. Ad-hoc-Arbeitskreisen, spezifischer Arbeitsgruppen, Fachverbandssitzungen und Untergruppen?
Allgemein im Vorfeld	Schulung	Schulung sämtlicher hauptamtlicher Mitarbeiter Schulung ehrenamtlicher Mitarbeiter Schulung Mitarbeiter der Mitgliedsunternehmen
Konkret im Vorfeld	Einladung	Klarheit, Richtigkeit und Vollständigkeit der Tagesordnungspunkte unter Ausschluss unzulässiger Tagesordnungspunkte
Konkret im Vorfeld	Vorträge Dritter	Prüfung des Inhalts von Vorträgen Dritter unter Vorlage etwaiger Präsentationsunterlagen
Sitzung selbst	Einleitung	Hinweis auf kartellrechtskonformes Verhalten des Verbandes und spezifische kartellrechtliche Rahmenbedingungen bei Verbandssitzungen
Sitzung selbst	Begleitung	Stets durch hauptamtlichen Mitarbeiter Anlassbezogen oder sporadisch: Teilnahme durch Compliance Officer/Kartellrechtsexperten der Rechtsabteilung/externen, auf Kartellrecht spezialisierten Rechtsanwalt
Sitzung selbst	Sitzungsverlauf	Einhaltung der Einladung
Sitzung selbst	Protokollerstellung	Klarheit, Richtigkeit, Vollständigkeit[225]
Sitzung selbst	Sitzungsverlauf	Sofortiges Einschreiten und Beenden von Ausführungen kartellrechtlich sensiblen Inhalts
Im Nachgang	Kontrolle des Protokolls	Auf Klarheit, Richtigkeit und Vollständigkeit

III. Statistiken und Benchmarks

1. Risikoanalyse

77 **a) Allgemeines.** Benchmarks und Statistiken lassen sich nicht trennscharf voneinander abgrenzen. Dies ist für die kartellrechtliche Bewertung jedoch unerheblich, weil beide den einheitlichen kartellrechtlichen Regelungen insbes. des Art. 101 Abs. 1 AEUV bzw. § 1 GWB unterfallen.[226] Mitgliedsunternehmen legen regelmäßig erheblichen Wert auf Statistiken und Benchmarks, die einen allgemeinen Überblick über die von den Unternehmen betreute Branche geben, Rückschlüsse auf den eigenen Stand im Markt und etwaige Verbesserungspotentiale oder allgemeine Entwicklung des Segmentes oder der Gesamtkonjunktur geben. Dies ist für Investitionsentscheidungen in Forschung und Entwicklung, Produktion und Marketing von erheblicher Bedeutung. Nicht kartellrechtskonforme Marktinformationssysteme können diese wettbewerblich positiven Aspekte zu-

---

[225] Die Vollständigkeit steht unter dem Vorbehalt des Selbstbelastungsverbotes.

[226] Es findet damit keine Privilegierung von Benchmarks statt; vgl. *Stanke* BB 2009, 912; *Schroeder* WuW 2009, 718 (723).

nichtemachen und Risiken für die Beteiligten auslösen. Denn eine Horizontalabsprache muss nicht unmittelbar zwischen den Wettbewerbern erfolgen. Denkbar ist dies auch unter Einschaltung eines Verbandes („hub & spoke"), der unzulässige Informationen zwischen den Mitgliedsunternehmen kommuniziert.[227] In einem solchen Fall sind Vertikalvereinbarungen zwischen den Mitgliedsunternehmen und dem Verband so ausgestaltet, dass die Mitglieder sie nicht eingehen können, ohne auch einer horizontalen Abstimmung zuzustimmen.[228]

Ob ein Austausch von Daten mit den kartellrechtlichen Gewährleistungen des Art. 101 **78** AEUV resp. § 1 GWB vereinbar ist, richtet sich iW danach, ob der Austausch negative Veränderungen der in dem betroffenen Markt vorherrschenden Wettbewerbsbedingungen bezweckt oder bewirkt. Denn dem Selbständigkeitspostulat steht jede unmittelbare oder mittelbare Fühlungnahme zwischen Unternehmen entgegen, die bezweckt oder bewirkt, entweder das Marktverhalten eines gegenwärtigen oder potentiellen Mitbewerbers zu beeinflussen oder ihn über das Marktverhalten ins Bild zu setzen, das man selbst an den Tag zu legen entschlossen ist oder in Erwägung zieht.[229] Ein Austausch von Informationen kann danach einen wettbewerbsfeindlichen Zweck haben[230] oder aber geeignet sein, den Wettbewerb einzuschränken.[231]

b) Wettbewerbliche Beurteilung von Marktinformationssystemen. Ein entspre- **79** chender Austausch muss nicht wissentlich den Geheimniswettbewerb verringern, um kartellrechtlich verboten zu sein. So kann der Austausch von Informationen wettbewerbsfördernde Wirkungen haben, indem er Asymmetrien beseitigt und Planungssicherheit für die Marktbeteiligten schafft. Er ermöglicht den Teilnehmenden aber in Einzelfällen auch, wettbewerbsfeindliche Zwecke zu verfolgen:[232] Denkbar ist zB die Nutzung einer entsprechenden Statistik für Kollusion der Beteiligten[233] oder zur Stabilisierung eines bereits bestehenden Kartells durch künstlich erzeugte Markttransparenz, weil sich so prüfen lässt, ob sich die Beteiligten an die Absprachen gehalten haben und wo nicht beteiligte Dritte im Rahmen vorstoßenden Wettbewerbs auf den Markt drängen.[234] Entsprechendes ist etwa bei Marktinformationssystemen denkbar, die die einzelnen Teilnehmenden identifizieren und sensible Geschäftsinformationen zum Gegenstand haben. Sie sind mit einem direkten Informationsaustausch etwa iRv Verbandssitzungen vergleichbar und ziehen dieselben Konsequenzen nach sich. Allerdings lassen sich diese Risiken mit einem im Vorfeld auf kartellrechtlich problematische Inhalte geprüften Marktinformationssystem vermeiden.

Neben einer bezweckten Wettbewerbsbeschränkung sind negative Wirkungen auf den **80** Wettbewerb denkbar.[235] So kann die durch eine Statistik erzeugte künstliche Offenheit die Unsicherheit des Marktes beseitigen und den Geheimniswettbewerb zerstören.[236] Hierunter leidet das Selbständigkeitspostulat, also die Anforderung an Unternehmen, Entscheidungen autonom zu treffen,[237] was zur Dämpfung des Wettbewerbs führt.[238] Die Leitlinien der Kommission lassen konkrete Hinweise zur Zulässigkeit von Marktinforma-

---

[227] EuGH GRUR Int. 2016, 73 – AC-Treuhand II; hierzu ausf. *Eufringer* WRP 2012, 1488.
[228] Vgl. zB BKartA Beschl. v. 9.8.2010 – B 1–63/00 S. 17 mwN – Transportbeton.
[229] StRspr, vgl. EuGH Slg 1975, 1663 Rn. 174, Kommission Horizontal-Leitlinien Rn. 60.
[230] EuGH CCZ 2009, 149 – T-Mobile mAnm Pischel; *Schroeder* WuW 2009, 718, 719; *Schmidt/Koyuncu* BB 2009, 2551.
[231] S. etwa EuGH Slg. 1998, I-3111 Rn. 72 ff. – John Deere.
[232] EuGH EuZW 2016, 435 Rn. 43 f. – Eturas.
[233] EuGH CCZ 2009, 194 – T-Mobile mAnm *Pischel*; sa *Schroeder* WuW 2009, 718 (719).
[234] *Karenfort* WuW 2009, 1154 (1157); *Schroeder* WuW 2009, 718, (721–723); EuG Slg. 1999, II-347 Rn. 410 – Thyssen Stahl; EuGH Slg. 2003, I-10821 Rn. 64 – Thyssen Stahl.
[235] S. etwa EuGH Slg. 1998, I-3111 Rn. 72 ff. – John Deere.
[236] *Bunte,* Kartellrecht, 2. Aufl. 2008, S. 142.
[237] Vgl. nur EuGH Urt. EuGH Slg. 1998, I-3111 Rn. 87 – John Deere mwN; Slg. 2003, I-10821 – Thyssen Stahl Rn. 82; EuZW 2006, 753 Rn. 52 – Asnef-Equifax.
[238] Kommission Horizontal-Leitlinien C 11, S. 1 Rn. 60 ff.

tionssystemen vermissen, bleiben im Allgemeinen stehen[239] und vermögen so keinen „safe harbour" zu schaffen.[240] Parallel zeigt die Entscheidungspraxis auf deutscher[241] und europäischer[242] Ebene, dass die Kartellbehörden und Gerichte einem Informationsaustausch auch unter Einschaltung von Verbänden deutlich höhere wettbewerbliche Relevanz als in der Vergangenheit beimessen.[243]

81 Für die Beurteilung der Zulässigkeit von Marktstatistiken ist für den konkreten Einzelfall[244] zu bestimmen, inwieweit ein Informationsaustauschsystem geeignet ist, den Geheimniswettbewerb einzuschränken und damit das Selbständigkeitspostulat zu verletzen, weil die Beteiligten Informationen erhalten, die Rückschlüsse auf das Marktverhalten ihrer Wettbewerber zulassen.[245] Dabei kommt es auf die Natur der ausgetauschten Informationen wie die Struktur des hiervon betroffenen Marktes an. Die einzelnen Kriterien bedingen einander,[246] so dass auch eine Mehrheit von an sich unbedenklichen Elementen kumuliert als kartellrechtlich kritisch zu werten sein kann.[247] Diese Bewertung hat der Verband zu leisten, wobei er sich der Unterstützung der Mitgliedsunternehmen bedienen kann. Voraussetzung hierfür ist jedoch, dass die entsprechenden Daten des Mitgliedsunternehmens vom Verband vertraulich behandelt werden und die so gewonnenen Erkenntnisse keine Rückschlüsse auf einzelne Unternehmen zulassen.

82 **c) Marktstruktur.** Ein wesentlicher Faktor für die Beurteilung ist die Struktur des Marktes, auf den sich das Marktinformationssystem bezieht. Erheblich sind in diesem Zusammenhang insbes.
- der Grad an Transparenz (ohnehin bereits bestehend oder durch das Informationssystem hervorgerufen),
- die Marktkonzentration (wenige Marktbeteiligte, hohe Marktanteile),
- die Marktabdeckung (Betrachtung der kumulierten Marktanteile der an dem Informationssystem beteiligten Unternehmen),
- die individuellen Marktanteile (Betrachtung der Beteiligten, die die höchsten Marktanteile aufweisen),
- die Marktzutrittsbarrieren (zB regulatorisch, finanziell),
- die Stabilität und Symmetrie der Marktanteile der Beteiligten (hochgradig stabil oder sehr fluktuierend),
- die Dynamik des Marktes (lang laufende Verträge mit der Marktgegenseite; hohe/niedrige Innovationskraft),
- stagnierende oder fallende/steigende Volumina der Produkte,
- die von dem System betroffenen Produkte (langlebige Güter und/oder geringe technologische Entwicklung; Endprodukte oder Zulieferteile).

---

[239] *Fritzsche* EuZW 2011, 208 (212).
[240] Vgl. exemplarisch die Entwicklung hins. der Bewertung von Daten als historisch: Kommission ABl. 1992 L 68, S. 19 Rn. 50 – UK Agricultural Tractor Registration Exchange bei ein Jahr alten Daten als historisch; die Einjahresfrist zitierend, aber nicht stützend, Kommission, Leitlinien für die Anwendung von Art. 81 des EG-Vertrages auf Seeverkehrsdienstleistungen, ABl. C 245, S. 2 Rn. 54 und nun Kommission, Horizontalleitlinie Rn. 55 f., die eine allgemeine Aussage vermeiden und auf den Einzelfall abstellen.
[241] BKartA Pressemitteilung v. 20.2.2008 – Drogerieartikel; BKartA Pressemitteilung v. 10.7.2008 – Luxuskosmetik; BKartA Pressemitteilung v. 23.11.2011 – Maschinengeschirrspülmittel; BKartA Pressemitteilung v. 31.1.2013 – Schokolade.
[242] EuGH CCZ 2009, 149 – T-Mobile; NZKart 2015, 267 – Dole.
[243] Gleiches gilt auf Unternehmensseite; vgl. *Moosmayer* Compliance S. 28 für Benchmarking als Sonderfall des Informationsaustausches.
[244] BKartA Fallbericht v. 29.6.2011, S. 2, 6; Endbericht Sektoruntersuchung, 1/2012 Rn. 139, 178 mwN. i. Fn. 83; Kommission Horizontal-Leitlinien Rn. 45; *Karenfort* WuW 2008, 1154 (1155, 1166); *Schroeder* WuW 2009, 718 (725).
[245] Kommission Horizontal-Leitlinien Rn. 75, 78.
[246] *Karenfort* WuW 2008, 1154 (1155, 1161); Kommission Horizontal-Leitlinien Rn. 45.
[247] So iErg auch Kommission Horizontal-Leitlinien Rn. 45.

Dr. Pischel

Die Marktabgrenzung folgt dabei den üblichen Kriterien.[248] Problematisch ist, wenn der **83** Informationsaustausch die Transparenz in einem Markt insbes. zu Gunsten der Beteiligten spürbar erhöht. Besonders in oligopolistischen oder stark konzentrierten Märkten – also Märkten, in denen wenige Marktteilnehmer vorhanden sind – fürchten die Wettbewerbsbehörden[249] Beschränkungen des Wettbewerbs durch den Austausch von Marktinformationen, die, je stärker konzentriert die Märkte sind, desto wahrscheinlicher auftreten können.[250] Denn hier kann der Grad der ohnehin auf dem Markt bestehenden Transparenz eine genaue Identifizierung der anderen Teilnehmer und deren konkretem Geschäftsverhalten ermöglichen,[251] wohingegen auf einem zersplitterten Markt eine durch ein Informationssystem bewirkte Markttransparenz sogar geeignet sein kann, den Wettbewerb zu fördern.[252] Je detailgenauer die Wettbewerber jedoch bereits ohne die Verbandsstatistiken einen Überblick über den Markt haben – etwa durch andere Statistiken, aufgrund geringer Zahl der Marktbeteiligten oder hoher Marktanteile –, desto stärker dämpfend auf den Wettbewerb wirken weitere Maßnahmen, die zu einer erhöhten Transparenz auf dem betreffenden Markt führen.[253]

d) Merkmale der ausgetauschten Informationen. aa) Individualisierbarkeit. Neben **84** der Marktstruktur kommt es für die kartellrechtliche Bewertung eines Marktinformationsverfahrens auf die Eigenschaften der ausgetauschten Daten[254] an. Für den Einzelfall ist danach anhand von Markt und Information zu prüfen, ob die beteiligten Unternehmen auf das Wettbewerbsverhalten ihrer Konkurrenten Rückschlüsse ziehen können und darauf im Rahmen abgestimmter Verhaltensweisen zu reagieren in der Lage sind. Ist dies der Fall, muss die Statistik überarbeitet werden. Maßgeblich hierfür ist insbes., ob eine Individualisierbarkeit von Wettbewerbern mit dem System möglich ist. Dies kann bereits in der Marktstruktur angelegt sein oder durch eine auch iÜ mangelnde Aggregierung der die Wettbewerbsparameter möglicherweise beeinflussenden Informationen hervorgerufen werden. Nicht erforderlich für eine Kartellrechtswidrigkeit ist dabei, dass das Informationssystem einen Markt mit homogenen Gütern betrifft,[255] auch wenn hier die Wettbewerbsbeeinträchtigung leichter als bei heterogenen Produkten gegeben sein kann.[256]

Eine Individualisierbarkeit der Teilnehmer kann insbes. vorliegen, wenn nur wenige **85** Melder an dem Informationssystem beteiligt sind, keine hinreichende Anonymisierung oder Aggregierung der Daten erfolgt oder aufgrund besonderer Marktverhältnisse eine leichte Zuordnung der Daten zu einzelnen Unternehmen möglich ist.[257] Nicht-identifizierende Meldeverfahren, die keine Rückschlüsse auf einzelne Unternehmen zulassen, sind hingegen regelmäßig kartellrechtlich unbedenklich, wenn sie Auskünfte über Durchschnittswerte enthalten und einzelne Geschäfte, Geschäftszahlen oder Unternehmen – auch iVm anderen Daten, Informationen oder Statistiken[258] – nicht erkannt werden können,[259] soweit sich diese Daten nicht abermals auf oligopolistische Märkte oder homogene Produkte beziehen und keine Diskriminierung hins. der Teilnahme an einem entspre-

---

[248] EuGH Slg. 1973, 215 Rn. 32 – Continental Can; Slg. 1983, 3461 Rn. 35 ff. – Michelin.
[249] Kommission Horizontal-Leitlinien Rn. 77 ff.
[250] *Schroeder* WuW 2009, 718 (720, 722); BKartA Endbericht Sektoruntersuchung, Januar 2012 Rn. 145, 155 mwN i. Fn. 97.
[251] *Karenfort* WuW 2008, 1154 (1161, 1163); EuG Slg. 1994, II-957 Rn. 51 – John Deere.
[252] *Karenfort* WuW 2008, 1154 (1161); EuG Slg. 1994, II-957 Rn. 51 – John Deere; Kommission Horizontal-Leitlinien Rn. 44.
[253] Kommission Horizontal-Leitlinien Rn. 58.
[254] Vgl. hierzu gesamt EuGH EuZW 2006, 753 Rn. 54 – Asnef-Equifax; Kommission Horizontal-Leitlinien Rn. 55 ff., insbes. Rn. 89 ff.
[255] BKartA Beschl. v. 9.8.2001 – B 1–63/00 S. 17 ff. – Transportbeton.
[256] *Karenfort* WuW 2008, 1154 (1162).
[257] *Karenfort* WuW 2008, 1154 (1159).
[258] *v. Papp* WuW 2005, 733 (734).
[259] BKartA Fallbericht v. 29.6.2011, S. 4; *OLG Düsseldorf* WuW 2002, 1091 Rn. 2.2.2.4 – Transportbeton Sachsen.

chenden Marktinformationssystem vorliegt.[260] Teilweise wird vertreten, dass ein nicht-identifizierendes Meldeverfahren über diese Kriterien hinaus nur dann vorliegt, wenn Preisbrecher in der Gruppe nicht mehr aus den kommunizierten Daten erkennbar sind.[261] Dies soll der Fall sein, wenn die Abweichungen der an die Meldenden kommunizierten Daten nicht größer wären als bei durch Schwankungen von Angebot und Nachfrage verursachten Preisänderungen.[262]

86 bb) Art der Daten. Marktinformationssysteme werden kartellrechtlich umso kritischer, je detaillierter die Daten sind. Auch Informationen, die sich auf die Vergangenheit beziehen, können nach Auffassung der Kartellbehörden wettbewerbsbeschränkende Wirkungen besitzen. Besonders problematisch sind dabei Informationssysteme zu Preisen und Konditionen, selbst wenn sie sich auf die Einkaufsseite beziehen. Sie können zu einem Einkaufskartell führen.[263] Auch sind hiermit Rückschlüsse auf die Produktionskosten und damit auch mögliche Verkaufspreise insbes. dann möglich, wenn die von dem Informationssystem erfassten Kosten einen wesentlichen Teil der Herstellungskosten ausmachen. Ganz allgemein, besonders jedoch bei Verkaufsumsätzen oder Absatzmengen, die keine Rückschlüsse auf den Preis eines individuellen Gutes zulassen, beeinflusst der Grad der Aktualität die ausgetauschten Daten erheblich die kartellrechtliche Bewertung.[264] Reine Durchschnittswerte haben üblicherweise nur dann kartellrechtlich Relevanz, wenn sie ein konkretes Gut betreffen oder die Statistik Rückschlüsse darauf zulässt.[265] In geringerem Umfang wettbewerbsrelevant können Daten zu Lagerbeständen, Kapazitätserweiterungen, laufende Erzeugung und Einschätzung der zukünftigen Nachfrage und Produktion sein.

87 cc) Aktualität der Daten. Je aktueller die ausgetauschten Informationen sind, desto höher ist die Wahrscheinlichkeit, dass Wettbewerber hieraus Rückschlüsse auf das Marktverhalten ihrer Konkurrenten ziehen.[266] Dies gilt umso mehr für Informationen zu zukünftigem Verhalten. Die Leitlinien der Kommission[267] enthalten keine gesicherte zeitliche Grenze, jenseits derer der Austausch von Informationen kartellrechtlich irrelevant wäre. Eine Aktualität der Daten kann sich daraus ergeben, dass die Intervalle der Datenerhebung und deren Kommunikation knapp bemessen sind. Dies kann zudem die Detailgenauigkeit der Daten beeinflussen. Inwieweit Daten als aktuell oder historisch zu begreifen sind, ist eine theoretische Frage.[268] Wesentlich ist, ob die Daten aussagekräftig genug sind, um für das zukünftige Marktverhalten der Beteiligten in wettbewerblich bedenklicher Form relevant werden zu können.[269] Jedenfalls der Austausch von auf die Zukunft gerichteten Daten[270] dürfte nur bei hochgradiger Aggregierung im Zusammenhang mit Informationen, die keine Auswirkungen auf Preis, Produktion, Absatz, Kunden oder Gebiete

---

[260] EuGH EuZW 2006, 753 Rn. 61 – Asnef-Equifax; *Stanke* BB 2009, 912 (914 f.); *Möhlenkamp* WuW 2008, 428 (434 f.); ohne Hinweis auf oligopolistische Märkte OLG Düsseldorf WuW 2002, 1091 Rn. 2.2.2.4 – Transportbeton Sachsen; BKartA Fallbericht v. 29.6.2011, S. 4, wobei es in den Entscheidungen hierauf möglicherweise auch nicht ankam; diff. *v. Papp* WuW 2005, 733 (735 ff.).

[261] *v. Papp* WuW 2005, 733 (739).

[262] *v. Papp* WuW 2005, 733 (739).

[263] EuGH CCZ 2009, 149 – T-Mobile.

[264] Vgl. nur EuGH EuZW 2006, 753 Rn. 54 – Asnef-Equifax.

[265] BKartA Fallbericht v. 29.6.2011, S. 5; Endbericht Sektoruntersuchung, 1/2012 Rn. 156; Wiedemann/*Lübbig,* Handbuch des Kartellrechts, 2016 § 8 Rn. 241.

[266] Allg. EuGH EuZW 2006, 753 Rn. 54 – Asnef-Equifax.

[267] Zur Entwicklung hins. der Bewertung von Daten als historisch Kommission, Entsch. 92/157 v. 17.2.1992 – IV/31.370 und 31.446, ABl 1992 L 68, S. 19 Rn. 50 – UK Agricultural Tractor Registration on Exchange (ein Jahr alte Daten sind historisch); die Einjahresfrist zitierend, aber nicht stützend, Kommission, Leitlinien für die Anwendung von Art. EGV Artikel 81 des EG-Vertrags auf Seeverkehrsdienstleistungen, ABl. 2008 C 245, S. 2 Rn. 54, und nun Horizontal-Leitlinien Rn. 55 f., die eine allgemeine Aussage vermeiden und auf den Einzelfall abstellen.

[268] *Schroeder* WuW 2009, 718 (724).

[269] *Schroeder* WuW 2009, 718 (724).

[270] Kommission Horizontal-Leitlinien Rn. 74.

Dr. Pischel

besitzen, zulässig sein, so dass von Erhebung und Kommunikation entsprechender Daten regelmäßig abzuraten ist.

dd) Datengenauigkeit. Es liegt auf der Hand, dass die Frage, ob sich die ausgetauschten 88 Daten auf homogene oder heterogene Produkte beziehen, erhebliche Bedeutung für die kartellrechtliche Bewertung einer Statistik hat. Eine große Vielfalt von Gütern erschwert eine Verhaltensabstimmung unter mehreren Aspekten: So ist eine Koordinierung schwer möglich, da selbst detaillierte Informationen keine bzw. nur geringe Rückschlüsse auf die zukünftige Wettbewerbspolitik der Marktteilnehmer zulassen.[271] Die Produktunterschiede erschweren darüber hinaus, die einzelnen Güter zueinander ins Verhältnis zu setzen. Schließlich ist die Überwachung einer Abstimmung bei heterogenen Produkten trotz eines umfangreichen Marktinformationssystems nur schwer möglich, da bei einer gewissen Vielfalt und Komplexität der Güter regelmäßig viele Faktoren die Nachfragepräferenzen der Kunden[272] und damit auch den Preis beeinflussen. Dies kann für Informationsaustauschsysteme um „hinreichend" homogene Produkte zu erweitern sein.[273] Daneben ist die Datengenauigkeit dann höher, wenn die erfassten Zeiträume kurz bemessen sind, so dass die aktuell von den Marktteilnehmern getroffenen Entscheidungen leichter als bei einer Aggregierung über längere Zeiträume nachvollziehbar werden. Beide Faktoren hängen damit mit weiteren Kriterien der Beurteilung von Marktinformationssystemen zusammen: dem Alter der Daten und dem Grad der Aggregierung und deren Rückverfolgbarkeit.[274]

ee) Zahl der Teilnehmer. Maßgeblich für eine Rückverfolg- und damit Individualisier- 89 barkeit der ausgetauschten Daten ist naturgemäß die Zahl der am Austausch beteiligten Unternehmen. Hierzu hat das Bundeskartellamt[275] wiederholt festgestellt, dass grds. eine Zahl von fünf unabhängigen[276] Unternehmen[277] für die Zulässigkeit einer Statistik erforderlich ist. Eine Unabhängigkeit liegt dabei nur vor, wenn den beteiligten Unternehmen jeweils kein Zugriff auf die Geschäftsinformationen eines anderen ebenfalls an der Statistik teilnehmenden Unternehmens möglich ist.[278] Schädlich neben einer Beherrschungssituation sind danach etwa auch Bucheinsichtsrechte kraft Stellung als Minderheitsgesellschafter.[279] Die Zahl von fünf unabhängigen Unternehmen als Zulässigkeitsvoraussetzung hat das OLG Düsseldorf[280] für homogene Produkte bestätigt. Für den Einzelfall kann es bei hochgradig transparenten, regionalen Märkten[281] extrem homogener Massengüter ohne

---

[271] *Karenfort* WuW 2008, 1154 (1162).
[272] *Karenfort* WuW 2008, 1154 (1162).
[273] EuG EuG Slg. 1994, II-957 Rn. 51 – John Deere; EuGH Slg. 1998, I-3111 Rn. 68 – John Deere.
[274] Für einen gleitenden Zwölfmonatszeitraum bei monatlicher Kommunikation vom BKartA Fallbericht v. 29.6.2011, S. 4 bei einem identifizierenden Marktinformationssystem dann als zulässig gehalten, wenn Rückschlüsse auf die konkreten Monatszahlen ausgeschlossen sind.
[275] So BKartA Beschl. v. 9.8.2001 B 1–63/00 S. 23 – Transportbeton; Beschl. v. 17.4.2007 – B 3–33101 – Fa – 578/06 Rn. 332 – Phonak; Fallbericht v. 29.6.2011, S. 5; Endbericht Sektoruntersuchung, 1/2012 Rn. 154.
[276] BKartA Beschl. v. 9.8.2001 B 1–63/00 S. 12, 23 – Transportbeton; Beschl. B 3–33101 – Fa – 578/06 v. 17.4.2007 Rn. 332 – Phonak; OLG Düsseldorf WuW 2002, 1091 – Transportbeton Sachsen; BKartA Fallbericht v. 29.6.2011; nach aA (*Schroeder* WuW 2009, 718, 724) ist die Weitergabe der Informationen innerhalb verbundener Unternehmen kartellrechtlich bedenklich, nicht jedoch die Berücksichtigung der verbundenen Unternehmen als separate Teilnehmer an einem Marktinformationsaustauschsystem. Angesichts der Tatsache, dass zumindest bei einer wirtschaftlichen Einheit Art. 101 I AEUV nicht zur Anwendung gelangt (vgl. nur EuGH Slg. 1996, I-5457 Rn. 51 – VIHO), führt diese Auffassung zu Abgrenzungsschwierigkeiten, die sich durch eine einheitliche Betrachtung verbundener Unternehmen vermeiden lassen.
[277] Vgl. nur BKartA Fallbericht v. 29.6.2011, S. 5; Endbericht Sektoruntersuchung, 1/2012 Rn. 154.
[278] BKartA Beschl. v. 9.8.2001 – B 1–63/00 S. 12 – Transportbeton.
[279] BKartA Beschl. v. 9.8.2001 – B 1–63/00 S. 12 – Transportbeton.
[280] OLG Düsseldorf WuW 2002, 1091; BKartA Fallbericht v. 29.6.2011.
[281] BKartA Fallbericht v. 29.6.2011, S. 1, 5 f.

Innovationspotential[282] erforderlich sein, weitere Sicherungsinstrumente einzuführen, die eine negative Beeinflussung des Wettbewerbs vermeiden, wenn wesentliche Wettbewerbsparameter – insbes. der Preis[283] – Gegenstand der Statistik sind. So sollte in einem solchen Fall zusätzlich kein meldendes Unternehmen mehr als 33% Marktanteil, die beiden größten Unternehmen gemeinsam nicht mehr als 60% Marktanteil an der Gesamtliefermenge der von der Stichprobe erfassten Unternehmen aufweisen.[284]

90 ff) Offenlegung. Ein weiteres Kriterium schließlich ist, ob die Daten allgemein zugänglich sind, nach ihrem Austausch der Allgemeinheit zur Verfügung stehen oder eine Verteilung der Daten lediglich innerhalb der am Marktinformationsaustauschsystem beteiligten Unternehmen erfolgt[285] und zu welchem „Preis" der Offenlegung des eigenen Verhaltens Neu-Beitritte möglich sind.[286] Ein „closed shop", dessen Betreten die Offenlegung des eigenen Verhaltens voraussetzt, kann potentielle Wettbewerber vom Markt abhalten, da Informationsasymmetrien die Neueintritte erschweren resp. den am Markt befindlichen Unternehmen die Möglichkeit geben, Neueintritte mit dem Ziel vorstoßenden Wettbewerbs festzustellen und hiergegen vorzugehen. Eine Veröffentlichung iÜ kartellrechtlich bedenklicher Daten führt naturgemäß nicht zu einer kartellrechtlich zulässigen Statistik. Kartellrechtlich zulässige Daten nur unter den daran teilnehmenden Unternehmen zu kommunizieren, kann jedoch ein sinnvolles Mittel sein, um bislang nicht beteiligte Unternehmen zur Partizipation zu ermuntern und so den Aggregierungsgrad zu erhöhen.

2. Risikominimierung

91 a) Elemente zulässiger Statistiken und Benchmarks. Da es auf ein Bündel von Kriterien ankommt, die für eine kartellrechtliche Beurteilung von Statistiken zu berücksichtigen sind, kann ein Verband zahlreiche Maßnahmen ergreifen, um kartellrechtliche Bedenken zu vermeiden:[287]

- Aggregierung: In jedem Fall dürfen die Mitgliedsunternehmen ausschließlich aggregierte, das einzelne meldende Unternehmen nicht konkret identifizierende Informationen erhalten. Der Grad der Aggregierung steigt mit der Zahl der in nur einer Kategorie erfassten Produkte, betroffenen geographischen Märkte, Melder und der Dauer des zeitlichen Bezugsrahmens.
- Heterogenität der Märkte: Je heterogener die von der Statistik erfassten Märkte sind – sei es im Hinblick auf den geographisch oder sachlich betroffenen Markt –, desto geringer werden negative Auswirkungen sein.
- Zahl der Melder: Bereits aus diesem Grund sollten Daten, die auf Mitteilungen von weniger als fünf voneinander unabhängigen Unternehmen basieren, nicht an die Mitgliedsunternehmen kommuniziert werden.
- Marktabdeckung: Je geringer die Marktabdeckung der Statistik, desto schwächer werden auch wettbewerbliche Auswirkungen ausfallen. Dies steht naturgemäß in einem Spannungsverhältnis zur Zahl der Meldenden und der Märkte, auf denen diese tätig sind.
- Aktualität: Da die Aktualität und Genauigkeit von Daten im Hinblick auf ihre kartellrechtliche Relevanz in einer Beziehung zueinander stehen, ist denkbar, aktuellere Daten, die weniger genau sind oder genauere Daten, die weniger Aktualität besitzen, zu erheben und zu kommunizieren.

---

[282] BKartA Endbericht Sektoruntersuchung, 1/2012 Rn. 142, 154.

[283] BKartA Fallbericht v. 29.6.2011, S. 1.

[284] BKartA Fallbericht v. 29.6.2011; BKartA Endbericht Sektoruntersuchung, 1/2012 Rn. 156.

[285] Kommission, Kommission ABl 1992 L 68, S. 19 – UK Agricultural Tractor Registration Exchange Rn. 8, 46 f; Kommission Horizontal-Leitlinien Rn. 76, 92; *Schroeder* WuW 2009, 718, 724.

[286] Kommission Horizontal-Leitlinien Rn. 76, 92; vgl. auch Kommission, Kommission ABl 1992 L 68, S. 19 – UK Agricultural Tractor Registration Exchange Rn. 8, 46 f.

[287] Vgl. auch allgemein Hauschka Corporate Compliance/*Brouwer* § 59 Rn. 79.

b) Entwicklung von Statistiken und Benchmarks. Die vorgenannten Kriterien dienen 92
auch als Grundlage für den Entwurf einer Statistik. Diese findet nicht im Vakuum statt.
Vielmehr wird der Anstoß häufig von den Mitgliedsunternehmen kommen. Es bleibt
hierbei nicht aus, dass Entwürfe neuer Statistiken mit potentiellen Teilnehmern erörtert
werden, um eine den Interessen der Mitgliedsunternehmen entsprechende Statistik zu erstellen. Hierbei ist darauf zu achten, dass sensible Informationen einzelner Mitgliedsunternehmen nicht an andere Mitgliedsunternehmen gelangen. Dies lässt sich durch bilaterale
Gespräche des hauptamtlichen Verbandsmitarbeiters mit den potentiellen Meldern erreichen. Ein solches Verfahren ist gegenüber einer Diskussion in Verbandssitzungen vorzugs-
würdig, kann doch eine Diskussion über Statistiken in Gremien dazu führen, dass Mitarbeiter mehr von ihrem Unternehmen preisgeben als zulässig, was wiederum sämtliche
Teilnehmer und die von ihnen vertretenen Unternehmen gefährden kann. Darüber hinaus ist zu überlegen, vor Einführung einer Statistik Kontakt mit dem Bundeskartellamt
aufzunehmen, um Fragen der Statistik zu erörtern. Auch wenn — wie vorstehend beschrieben[288] — keine Rechtssicherheit zu erreichen ist, besteht die Möglichkeit, hier gewisse Indikationen durch das Bundeskartellamt zur Auffassung der Behörde zu erlangen.

c) Überarbeitung von Statistiken. Soweit eine Prüfung der (geplanten) Statistik zu Ver- 93
änderungen Anlass gibt, lassen sich folgende Parameter modifizieren, um negative Wirkungen auf den Wettbewerb zu vermeiden:
- Verlängerung der Meldezeiträume: Die Aktualität von Informationen lässt sich etwa
  durch längere Mitteilungszeiträume vermeiden, also einer Umstellung zB von einem
  drei- auf einen sechsmonatlichen Berichtszeitraum. Dies verringert gleichzeitig die Datengenauigkeit, wenn auf ein Herunterbrechen auf Monats- oder Quartalsbasis verzichtet wird.
- Hold-Back-Periods: Auch lässt sich die Aktualität durch ein Zurückhalten bereits gene-
  rierter und aggregierter Daten verringern. In einem solchen Fall übermittelt der Verband die aggregierten Daten erst nach einer gewissen Wartefrist an die Mitgliedsunternehmen.
- Rollierende Meldungen: Bei einem rollierenden System erfolgt die Erhebung von Werten zB auf Basis der letzten sechs Monate. Diese aggregierten Durchschnittswerte werden dabei monatlich an die Mitgliedsunternehmen kommuniziert, ohne allerdings die
  Daten des jeweiligen Monats konkret auszuweisen.
- Einführung eines Referenzwertes: Ein Verband kann einen Referenzwert 100 für Daten
  eines bestimmten, in der Vergangenheit liegenden Zeitraums festlegen und die aktuellen
  Informationen an dieser Maßgröße ausrichten und damit nur die konkreten Abweichungen gegenüber dem abstrakten Wert weitergeben.
- Bekanntgabe abstrakter Größen: Weitergehend als ein Referenzwert ist die Wahl bestimmter abstrakter Größen, also etwa der Werte –10 bis +10, um die sich die Werte
  gegenüber der vorherigen Meldeperiode verschoben haben, ohne dass auf einen Referenzwert zurückgegriffen würde.
- Bekanntgabe relativer Werte: Denkbar ist auch, Abweichungen gegenüber den bisherigen Meldungen ausschließlich in Prozentgruppen kenntlich zu machen; so etwa durch
  Bekanntgabe, dass sich die Werte gegenüber dem letzten Referenzzeitraum im Bereich
  von 0–5 % verändert haben.[289]
- Geographische Erweiterung: Um eine geringere Datengenauigkeit zu erreichen, ist denkbar, den räumlichen Bereich, auf den sich die erhobenen Daten beziehen, zu vergrößern.
  Statt bislang zB jeweils einen Datensatz für die Bundesrepublik, Österreich und die
  Schweiz auszuweisen, kommt in Betracht, Daten nur für DACH zu kommunizieren.

---

[288] → Rn. 9 ff.
[289] Bei Wahl von iÜ hinreichender Aggregierung und ausreichender Teilnehmerzahl kann überlegt werden,
diese Angaben in Durchschnitt, Median und gewisse Quantile herunterzubrechen.

- Erweiterung der Produktgruppe: Da sich der relevante Markt im Kartellrecht aus dem sachlichen und geographischen Markt zusammensetzt, kann ein Verband neben den von einer Meldeposition erfassten Territorien auch die davon betroffene Produktgruppe erweitern. Je heterogener dabei die von ein und derselben Meldeposition erfassten Produktgruppen sind, desto geringer werden die Auswirkungen der Informationen auf das Marktverhalten der Unternehmen sein.
- Erhöhung der Zahl von Meldern: Die Erweiterung der Meldepositionen in sachlicher und/oder räumlicher Hinsicht kann darüber hinaus zu einer erhöhten Zahl von Meldern führen, was die Rückverfolgbarkeit weiter verringert. Allerdings ist dabei zu prüfen, ob eine Meldeposition nicht durch eine Erhöhung der von der Statistik erfassten Marktanteile kartellrechtliche Bedenken auszulösen ist.

IV. Normung

1. Risikoanalyse

94 Häufig zählt zu den Aufgaben von Verbänden auch, die Entwicklung von technischen Normen oder Standards zu begleiten oder entsprechende Regegelungen zu setzen, indem sie etwa in Fachsitzungen die technischen und wirtschaftlichen Parameter abfragen, dokumentieren und konsolidieren, die Interessen ihrer Mitglieder gegenüber den Normsetzungsorganen koordinieren und die Mitgliedsunternehmen über Stand und Ergebnisse eines Normsetzungsprozesses informieren und entsprechende Normen und Standards verabschieden, auch wenn es sich bei dem Verband nicht um ein klassisches Organ der Normsetzung handeln sollte. Standards und Normen haben gemein, dass sie bestimmte Vorgaben an ein Produkt betreffen, die physische oder technische Parameter des Gutes festlegen und so ua eine Interoperabilität mit anderen Gütern sicherstellen oder erleichtern,[290] ohne dabei bereits in ihrer Natur zwingende Regelungen zu enthalten. Häufig wirken sie jedoch über allgemeine Grundsätze des „Standes der Wissenschaft und Technik" wie etwa in § 1 Abs. 2 Nr. 5 ProdHafG, die sie häufig kodifizieren. Als solche haben sie erhebliche Bedeutung insbes. für Fragen der Mangelhaftigkeit eines Produktes und daraus resultierender Rechtsfolgen für den Hersteller. Insbes. Standards können sich aus allgemeiner Übung (de facto) oder (de jure) als Ergebnis eines formellen Prozesses entwickeln.[291] Ähnlich wie Standards können Musterverträge wirken, die ein Verband für die Nutzung durch seine Mitglieder erstellt[292] sowie Selbstverpflichtungen,[293] mit denen sich Mitglieder eines Verbandes auf ein bestimmtes Verhalten verpflichten.

95 Standards und Normen sind in ihren wettbewerblichen Auswirkungen ambivalent:[294] So sind sie einerseits in der Lage, Handelshemmnisse durch Vereinheitlichung zu beseitigen, der Markttransparenz und dem technischen Fortschritt zu dienen[295] und damit eine wettbewerbsfördernde Wirkung zu besitzen.[296] Andererseits können sie für einzelne Wettbewerber marktverschließend wirken, wenn deren Produkte nicht dem Standard oder der Norm entsprechen.[297] Auch können sie zu einer Harmonisierung des Verhaltens von Unternehmen führen, die sich der Standards oder Normen bedienen.[298] Dies gilt sowohl im Anschluss an die Einführung eines Standards wie im Vorfeld der Verständigung im Mit-

---

[290] Kommission Horizontal-Leitlinien Rn. 257; Kilian/Heussen/*Klees* Teil 61 Rn. 74.
[291] Kommission Horizontal-Leitlinien Rn. 324; Kilian/Heussen/*Klees* Teil 61 Rn. 74.
[292] Kommission Horizontal-Leitlinien Rn. 276, 300 ff.
[293] → Rn. 103 ff.
[294] Kommission Horizontal-Leitlinien Rn. 263; Kilian/Heussen/*Klees* Teil 61 Rn. 77.
[295] Kommission Horizontal-Leitlinien Rn. 263; Kilian/Heussen/*Klees* Teil 61 Rn. 76.
[296] Kommission Horizontal-Leitlinien Rn. 263; Kilian/Heussen/*Klees* Teil 61 Rn. 73.
[297] Kommission Horizontal-Leitlinien Rn. 264 f., 268 ff.
[298] Kommission Horizontal-Leitlinien Rn. 264 f., 268 ff.; Adam Smith, Wealth of Nations, Buch 1, Kapitel 10, Teil 2: „*The majority of a corporation can enact a by-law with proper penalties, which will limit the competition more effectually and more durably than any voluntary combination whatever.*"

gliedskreis auf eine bestimmte Norm und betrifft insbes. das Treffen von Wettbewerbern in Verbandssitzungen. So ist die Kooperation der Unternehmen auf die für die Normsetzung erforderlichen Maßnahmen zu begrenzen. Spill-over-Effekte, bei der die Beteiligten sich über die Normsetzung hinaus auf ein gemeinsames Verhalten am Markt verständigen, sind zu vermeiden. Im Prozess der Normung ist danach sicherzustellen, dass das Ergebnis markenexternen Wettbewerb fördert und nicht behindert, bestehende Marktpositionen aufbricht und nicht sichert.

2. Risikominimierung

a) Grundsätze. Einem Wirtschaftsverband kommt hier eine besondere Verantwortung **96** zu. So folgen die sich an der Normsetzung beteiligenden Unternehmen ihren eigenen Interessen,[299] so dass der Verband als „ehrlicher Makler" nicht nur die Interessen seiner Mitglieder, sondern auch allgemein die der von ihm vertretenen Branche und der Marktgegenseite im Auge behalten muss. Auch lassen sich naturgemäß die konkreten wettbewerblichen Auswirkungen bei der Normsetzung selbst noch nicht abschließend beurteilen, da diese in der Zukunft liegen. Kann der Verband diese materiellen Wirkungen nicht beeinflussen, so ist er doch in der Lage, außerhalb von de-facto-Standards das formelle Verfahren zu strukturieren, um etwaige negative Wirkungen zu vermeiden bzw. durch wettbewerbsfördernde Maßnahmen zum Wohl der Konsumenten zu kompensieren. So ist das Verfahren der Normsetzung transparent, fair und diskriminierungsfrei zu gestalten, um die Interessen der an der Normung beteiligten Unternehmen kartellrechtskonform zu kanalisieren. Ist eine entsprechende Norm verabschiedet, so erfassen die formellen Sicherungen die Zugänglichmachung gegenüber Dritten sowohl das Ob wie das Wie. Letzteres betrifft insbes. Fragen der Lizenzierung etwaig daraus entstehender gewerblicher Schutzrechte und ist bereits vor Verabschiedung einer entsprechenden Norm sicherzustellen. Diese Transparenz und Diskriminierungsfreiheit gilt in einem solchen Fall nicht nur für marktmächtige Verbände. So ist denkbar, dass angesichts der Marktanteile der an der Normung beteiligten Unternehmen einzelne Unternehmen alleine oder zusammen mit anderen ebenfalls mit der Normung befassten Unternehmen eine marktbeherrschende Stellung im Sinne deutschen[300] oder europäischen Kartellrechts[301] besitzen. Danach sind bei der Einführung, Durchführung und dem weiteren Verlauf der Zusammenarbeit iRd Normungstätigkeit sämtliche Maßnahmen von entsprechenden Unternehmen zu vermeiden, die dazu führen können, andere Beteiligte oder Dritte zu diskriminieren oder in ihrer wettbewerblichen Handlungsfreiheit zu behindern. Solange (über einen Wirtschaftsverband oder direkt) eine uneingeschränkte Beteiligung der Wettbewerber auf dem relevanten Markt an der tatsächlichen Festlegung von Standardbedingungen gewährleistet ist und es sich um uneingeschränkt zugängliche und nicht verbindliche Standardbedingungen handelt, ist im Regelfall nicht damit zu rechnen, dass derartige Vereinbarungen wettbewerbsbeschränkende Auswirkungen haben.[302]

b) Normungsprozess. Unabhängig von den Marktanteilen der an der Normsetzung Be- **97** teiligten ist eine bezweckte Wettbewerbsbeschränkung verboten. Sie liegt etwa vor, wenn nationale Herstellerverbände eine Norm setzen mit dem Ziel, nicht mit der Norm übereinstimmende Produkte und damit (potentielle) Wettbewerber vom Markt zu verdrängen.[303] Dasselbe gilt, wenn die an der Normung beteiligten Unternehmen zusammenwir-

---

[299] Kilian/Heussen/*Klees* Teil 61 Rn. 75.
[300] § 19 Abs. 3 GWB.
[301] Art. 102 AEUV; diese Schwelle greift ab einem Marktanteil von rund 40% ein; vgl. zuletzt EuG Slg. 2003, II-5917 – British Airways Rn. 211; bestätigt durch EuGH EuZW 2007, 306 – British Airways.
[302] Kommission Horizontal-Leitlinien ABl. 2011, C 11, S. 1 Rn. 301.
[303] Kommission Horizontal-Leitlinien ABl. 2011, C 11, S. 1 Rn. 273.

ken, um neue Technologien von einer bestehenden Norm auszuschließen[304] oder es zu Absprachen zwischen den beteiligten Unternehmen kommt, die über den allgemeinen Austausch zu der entsprechenden Norm hinausgehen. Fehlt es an wettbewerbsbeschränkenden Zwecken, so ist die beabsichtigte Maßnahme hins. des konkreten Einzelfalls in ihrem rechtlichen und wirtschaftlichen Zusammenhang auf ihre tatsächlichen und wahrscheinlichen Auswirkungen auf den Wettbewerb zu überprüfen.[305] Hierbei ist sicherzustellen, dass sämtliche Wirtschaftsbeteiligten die Möglichkeit der uneingeschränkten Mitwirkung am Normungsprozess haben und das Verfahren für die Annahme einer betreffenden Norm transparent ist. Offenheit der Partizipation und Information des Verfahrens lässt sich zB durch Rundschreiben an die Mitglieder, Presseveröffentlichungen oder Einstellen entsprechender Informationen auf der Webseite des Verbandes erzielen. Diese Informationen sollten bereits zu Beginn des Verfahrens vorhanden sein und sollten regelmäßig aktualisiert werden.

98 **c) Lizenzierung von Nutzungsrechten. aa) FRAND-Kriterien.** Sind diese Kriterien erfüllt und besteht insbes. keine Pflicht zur Einhaltung der ggf. noch zu schaffenden Norm und steht diese jedem Interessierten offen, sondern verpflichten sich die Mitglieder bereits bei Abfassung der Norm, den Zugang hierzu zu fairen, angemessenen und diskriminierungsfreien Bedingungen (sog „FRAND"-Selbstverpflichtung) zu gewähren,[306] liegt regelmäßig keine Beschränkung des Wettbewerbes iSv Art. 101 Abs. 1 AEUV vor.[307]

99 **bb) Freiheit der Verwendung.** Die Nutzung des von dem Verband beschlossenen Standards muss freiwillig erfolgen[308] und sollte jedem zugänglich sein. Weder durch Druck noch Anreize darf der Verband oder einzelne Unternehmen andere dazu bestimmen, diese entsprechenden Standards auch anzuwenden, § 21 Abs. 3 GWB.[309] Dies gilt auch für die an der Setzung des Standards Beteiligten: Zwar können wettbewerbsbeschränkende Nebenabreden – wie etwa Wettbewerbsverbote – in einer iÜ kartellrechtlich neutralen Vereinbarung zulässig sein, wenn diese Nebenabreden erforderlich sind, um die Durchführung des Hauptvertrags sicherzustellen. In der Praxis kommt dies jedoch wegen ihres Ausnahmecharakters ganz allgemein nur sehr restriktiv zur Anwendung.[310] Hins. der Standardsetzung wird regelmäßig eine Erforderlichkeit fehlen, hier verbindliche Regelungen festzulegen und durchzusetzen.

100 **cc) Freiheit des Zugangs.** Neben einem Druck zur Anwendung einer Norm unzulässig ist auch das entsprechende Gegenstück – der Ausschluss von Dritten bzgl. Nutzung der Norm. Häufig dürfte dies auch nicht im Interesse des Verbandes und seiner Mitgliedsunternehmen sein. Denn Standardsetzung kreist regelmäßig um die Vereinheitlichung von Prozessen und Gütern, so dass auch den an der Setzung Beteiligten an einer möglichst weiten Verbreitung gelegen ist, soweit sie nicht Dritte durch Normsetzung zu verdrängen suchen. Die Möglichkeit der Nutzung des Standards erfasst die erforderliche Transparenz, um Dritten überhaupt die Informationen über die entsprechende Maßnahme zu angemessenen Bedingungen ermöglichen. Wenn hiermit die Nutzung gewerblicher Schutzrechte verbunden ist, ist darüber hinaus das Gebot der Diskriminierungsfreiheit durch den Wirtschaftsverband zu beachten, wenn diese vom Inhaber des (Nutzungs-)Rechts lizenzieren sind. Soweit für die Nutzung der Norm oder des Standards auch die Nutzung gewerblicher Schutzrechte erforderlich ist, muss gewährleistet sein, dass Dritten ein tatsächlicher

---

[304] Kommission Horizontal-Leitlinien ABl. 2011, C 11, S. 1 Rn. 273.
[305] Kommission Horizontal-Leitlinien ABl. 2011, C 11, S. 1 Rn. 277.
[306] → Rn. 102.
[307] Kommission Horizontal-Leitlinien ABl. 2011, C 11, S. 1 Rn. 280 ff.
[308] Kommission v. 16.10.2003, ABl. 2004 L75/59 Rn. 220 ff. – ARA/ARGEV/ARO.
[309] → Rn. 42.
[310] Vgl. EuGH NZKart 2015, 44 Rn. 89 ff. – Mastercard.

Dr. Pischel

Zugang zu der Norm möglich ist. Hierfür müssen Inhaber entsprechender gewerblicher Schutzrechte eine unwiderrufliche schriftliche Verpflichtung abgeben, Dritten zu fairen, zumutbaren und diskriminierungsfreien Bedingungen[311] Lizenzen für diese Rechte am geistigen Eigentum zu erteilen.[312]

dd) Diskriminierungsfreiheit und Höhe der Lizenzgebühr. Das Gebot der Diskri- 101
minierungsfreiheit bezieht sich nicht nur darauf, ob einem Unternehmen der Zugang zur Norm möglich ist, sondern auch auf die hierfür ggf. zu zahlende Lizenzgebühr. Das Diskriminierungsverbot fordert keine Gleichbehandlung aller potentiellen Interessenten, sondern lediglich, dass eine Differenzierung nicht ohne sachlichen Grund erfolgt. Wird einem Dritten der Zugang zum Text des vom Verband und seinen Mitgliedern entwickelten Standards verweigert, so ist dies im Regelfall als unangemessen zu werten.

Die Lizenzgebühr muss in einem angemessenen Verhältnis zu dem wirtschaftlichen 102
Wert der Rechte des geistigen Eigentums stehen.[313] Für die Frage der Angemessenheit bieten sich mehrere Prüfmethoden an. Die kostenbezogene Methode schätzt die Kosten, die mit der Entwicklung eines bestimmten gewerblichen Schutzrechtes verbunden sind, und legt diese der Lizenzgebühr zugrunde. Üblicherweise für eine entsprechende Marke verlangte Lizenzgebühren können ein weiterer Anhaltspunkt für eine zumutbare Lizenzgebühr sein. In Betracht kommt schließlich die Einholung eines unabhängigen Expertengutachtens, in dem der objektive Stellenwert der Rechte des geistigen Eigentums und der Notwendigkeit für die betreffende Norm untersucht wird.[314] Auch ist zu überlegen, die Höhe der Lizenzzahlungen an die wirtschaftliche Leistungsfähigkeit der Lizenznehmer anzupassen. Hier kann die Bemessungsgrundlage der Zahlungen von Mitgliedsunternehmen an den Wirtschaftsverband ein Kriterium sein, wenn diese ihrerseits diskriminierungsfrei und angemessen ist. Als mögliche Gründe einer unterschiedlichen Behandlung hins. der iÜ zulässigen Gebühren kommt neben der Leistungsfähigkeit als Differenzierungskriterium eine Mitgliedschaft im Wirtschaftsverband in Betracht, da mit den Mitgliedsbeiträgen Kosten, die für den allgemeinen Erhalt des Vereins entstehen, von den Mitgliedern anteilig, von den Nicht-Mitgliedern jedoch nicht getragen werden. Es ist kein Grund ersichtlich, warum Nicht-Mitglieder insoweit durch eine im Vergleich zu den Mitgliedern identische Höhe möglicher Lizenzzahlungen privilegiert werden müssten. Es sollte jedoch sicher gestellt sein, dass die Gebühren, die Nicht-Mitglieder für eine Lizenz aufwenden, nicht höher sind als die Kosten, die den Mitgliedern unter Zugrundelegung ihrer Mitgliedsbeiträge plus der Lizenzgebühr entstehen; denn die Standardsetzung sollte nicht dazu verwendet werden, Unternehmen durch unangemessene Gebühren in den Verband zu zwingen, § 21 Abs. 3 GWB.

V. Aufstellung von Verhaltenskodizes, Wettbewerbsregeln, Selbstverpflichtung, Code of Conduct und Verbandsempfehlungen

1. Risikoanalyse

Verbände können das Wettbewerbsverhalten ihrer Mitgliedsunternehmen durch Selbst- 103
verpflichtungen, einen Code of Conduct,[315] das Aufstellen von Wettbewerbsregeln, Verhaltenskodizes[316] oder die Bekanntgabe von Empfehlungen unterstützen. Hierzu zählen etwa Leitfäden eines Wirtschaftsverbandes zu kartellrechtskonformem Handeln innerhalb der Verbandsarbeit. Zum anderen erfassen entsprechende Maßnahmen Vereinba-

---

[311] Fair Reasonable And Non-Discriminatory.
[312] Kommission Horizontal-Leitlinien ABl. 2011, C 11, S. 1 Rn. 285.
[313] Kommission Horizontal-Leitlinien ABl. 2011, C 11, S. 1 Rn. 289.
[314] Kommission Horizontal-Leitlinien ABl. 2011, C 11, S. 1 Rn. 290.
[315] *Hagel/Dahlendorf* CCZ 2014, 275; *Kopp* CCZ 2013, 67.
[316] § 2 Abs. 5 UWG.

rungen zu Produktion oder Absatz von Produkten und Dienstleistungen, auf deren Berücksichtigung sich die Unternehmen verständigen oder die der Verband mit dem Ziel eines einheitlichen Auftretens oder zumindest eines Mindeststandards aufstellt. Da alle diese Maßnahmen Fragen der Verhaltenskontrolle erfassen, können diese Schritte insbes. Art. 101 Abs. 1 AEUV resp. § 1 GWB tangieren,[317] insbes. wenn sie dazu dienen, durch einen Verband das Kartellverbot vermeintlich zu umgehen.[318] Eine negative Wirkung eines Leitfadens kartellrechtskonformen Verhaltens der Mitglieder in der Verbandsarbeit ist dabei naturgemäß unkritisch, dient er doch gerade dazu, die Verletzung von Kartellrecht zu vermeiden. Klar unzulässig sind Preisempfehlungen eines Verbandes gegenüber seinen Mitgliedern.

104 Bei Maßnahmen, die eine Außenwirkung besitzen, ist für die kartellrechtliche Beurteilung zu unterscheiden, ob sich die Selbstverpflichtung auf die Wiedergabe von rechtlich Verbindlichem – Gesetzestext, gerichtliche und behördliche Entscheidungen – beschränkt, gesetzliche Vorschriften ohne bestehende Entscheidungspraxis von Gerichten und Behörden konkretisiert oder ohne unmittelbaren normativen Bezug stattfindet. Je zwingender der gesetzliche Bezugsrahmen, desto eher wird eine Abstimmung ausscheiden, weil den Beteiligten ein eigenverantwortlicher, ggf. Kartellrecht verletzender Handlungsspielraum fehlt. Dasselbe dürfte für moralische Appelle zum bzw. zur Verpflichtung auf ein Verbot des Einsatzes von Kindern im Produktionsprozess, die Einhaltung sozialer Standards der ILO, etc. gelten. Je größeren Spielraum die Mitglieder und der Verband in der Regelung haben, desto eher wird die Selbstverpflichtung eine eigenständige Bindung aufweisen und damit einer Begründung bedürfen. In diesem Bereich ist die Schwelle zur Verhaltenskoordination naturgemäß schnell überschritten, so dass hier besondere Vorsicht geboten ist.

105 Besitzen die Beteiligten keinen Spielraum iRd gesetzlich Möglichen oder des behördlich resp. gerichtlich Festgestellten, fehlt es an einer darüber hinaus gehenden Abstimmung und damit auch an einer Wettbewerbsbeeinträchtigung.[319] Ein Verstoß gegen Kartellrecht muss deshalb ausscheiden, wenn die Selbstverpflichtung lediglich das gesetzlich Gebotene wiedergibt, das seinerseits in Einklang mit höherrangigem Recht steht. Dies ist von Bedeutung, wenn es um die Einhaltung nationaler einfachgesetzlicher Normen geht, die dem Vorrang des Gemeinschaftsrechts allgemein[320] und dem des europäischen Kartellrechts[321] im Besonderen unterstehen. Ist das nationale (formelle oder materielle) Recht danach wegen Verletzung von Gemeinschaftsrecht unanwendbar oder ist der Beschluss wegen unanwendbarer rechtlicher Basis rechtswidrig, ist eine Verletzung von europäischem Kartellrecht möglich.[322] Die Einhaltung nationaler Normen oder die Aufforderung staatlicher Stellen zu kartellrechtswidrigem Verhalten kann dann nur noch auf Ebene der Bußgeldhöhe Berücksichtigung finden, lässt einen Kartellvorwurf selbst jedoch unberührt.[323]

106 Sind Selbstverpflichtungen nicht nur deklaratorisch, sondern interpretieren oder konturieren sie zwingende gesetzliche oder rechtskräftig gerichtlich festgestellte Bindungen und füllen offene Tatbestände aus, ist eine Abstimmung über das Wettbewerbsverhalten hingegen nicht ausgeschlossen. Dies kann etwa bei Verhaltenskodizes nach § 2 Abs. 5 UWG der Fall sein. Hierbei handelt es sich um Vereinbarungen oder Vorschriften über das Verhalten von Unternehmern, zu welchem diese sich in Bezug auf Wirtschaftszweige oder einzelne geschäftliche Handlungen verpflichtet haben, ohne dass sich solche Verpflichtun-

---

[317] BGH GRUR 2006, 773 Rn. 20 – Probeabonnement mAnm *Bunte* LMK 2006, 189309.

[318] Hauschka Corporate Compliance/*Brouwer* § 59 Rn. 81.

[319] IdS auch Bürkle/*Stanke* § 13 Rn. 127.

[320] Für originär nationales Recht erstmals EuGH Slg. 1964, 585 (593) – Costa/ENEL; s. zu Ausprägung und Umfang *Funke* DÖV 2007, 733; *Streinz*/*Herrmann* BayVerwBl 2008, 1; *Terhechte* JuS 2008, 403.

[321] EuGH Slg. 1969, 1 Rn. 6ff. – Walt Wilhelm; NJW 2004, 351 Rn. 48ff. – CIF/Autorità Garante della Concorrenza e del Mercato.

[322] Kommission Horizontal-Leitlinien Rn. 22.

[323] Kommission Bußgeldleitlinien Rn. 29.

gen aus Gesetzes- oder Verwaltungsvorschriften ergeben. Sie dienen dazu, branchenspezifisch festzulegen, welche Handlungen als unlauter zu qualifizieren sind.[324]

2. Risikominimierung

Zur Sicherheit sollte in jedem Fall über die Einschaltung des Bundeskartellamtes nachgedacht werden, um nicht vermeintlich Deklaratorisches, tatsächlich genuin Statuierendes für die Mitgliedsunternehmen festzuschreiben und den Verband und seine Mitgliedsunternehmen deshalb dem Risiko wettbewerbsbeschränkender Vereinbarungen auszusetzen. Für Bestimmungen, die das Verhalten von Unternehmen im Wettbewerb regeln zu dem Zweck, einem den Grundsätzen des lauteren oder der Wirksamkeit eines leistungsgerechten Wettbewerbs zuwiderlaufenden Verhalten im Wettbewerb entgegenzuwirken – so die Legaldefinition nach § 24 Abs. 1 GWB –, besteht nach § 24 Abs. 3 GWB für Wirtschaftsvereinigungen die Möglichkeit, Selbstverpflichtungen durch das Bundeskartellamt anerkennen zu lassen. Ziel von § 24 GWB ist, ua, Wirtschaftsverbänden zu ermöglichen, die häufig spröde Sprache der Juristen in eine kaufmännische Diktion für die von ihrem Organisationsbereich erfasste Branche zu übertragen.[325] Eine Verbindlichkeit der Wettbewerbsregeln ist dabei nicht erforderlich, weshalb dieser Weg auch für reine Empfehlungen möglich[326] und angeraten ist. Vor einer positiven Entscheidung des Bundeskartellamtes sollte jede auf eine Umsetzung gerichtete Maßnahme unterbleiben. Dasselbe gilt nach einer negativen Entscheidung durch das Bundeskartellamt, da zu erwarten ist, dass sich positive Kenntnis von einer Unzulässigkeit der Selbstverpflichtung faktisch negativ auf die Bußgeldhöhe auswirkt, auch wenn bei einer bezweckten Wettbewerbsbeschränkung[327] das Bundeskartellamt im Regelfall ohnehin von einer vorsätzlichen Handlung ausgeht, so dass eine Reduktion nach § 17 Abs. 2 OWiG um 50% gegenüber vorsätzlicher Begehung nicht in Betracht kommt. Für die Wirksamkeit entsprechender Verhaltensregeln ist jedoch zu beachten, dass eine positive Bewertung durch das Bundeskartellamt ausschließlich die Behörde bindet, nicht jedoch die Gerichte.[328] Ist danach ein behördliches Vorgehen ausgeschlossen, bleibt der Zivilgerichtsweg iRd Private Enforcement weiterhin eröffnet, wenn sich Unternehmen durch einen Verhaltenskodex in ihrer wirtschaftlichen Entfaltungsfreiheit eingeschränkt sehen.

VI. Allgemeine Geschäftsbedingungen und Satzung

Ein Unterfall von durch den Verband mit Außenwirkung angestoßenen Maßnahmen zur Vereinheitlichung ist die Erstellung von Allgemeinen Geschäftsbedingungen, die den Mitgliedern zur Verfügung gestellt werden. Wirken sich einzelne dieser Klauseln unmittelbar auf den Kaufpreis aus – etwa durch Preisempfehlungen –, handelt es sich um eine bezweckte Wettbewerbsbeschränkung.[329] Darüber hinaus darf ein Wirtschaftsverband den Zugang zu seinen Standardbedingungen einzelnen Unternehmen nicht verweigern, wenn die Nutzung dieser Bedingungen für den (nachgelagerten) Wettbewerb wesentlich ist.[330] Wenn sich ein Muster de facto zum Standard einer Branche entwickelt, die üblicherweise eine Vielzahl möglicher Varianten der Vertragsleistungen erbringt, kann die Beschränkung auf ein Muster zu einer Einschränkung der Vielfalt von Leistungen führen, weil die die Muster nutzenden Unternehmen einen Anreiz haben, auch nur die in dem Muster aufge-

107

108

---

[324] Köhler/Bornkamm/*Köhler,* Gesetz gegen den unlauteren Wettbewerb, 34. Aufl. 2016, UWG § 2 Rn. 113 m. Beispielen.
[325] LMRKM/*Sack* GWB § 24 Rn. 28.
[326] Immenga/Mestmäcker/*F. Immenga* GWG § 24 Rn. 51.
[327] Vgl. dazu zuletzt ua EuGH EuZW 2016, 354 – Toshiba; *Fiebig* WuW 2016, 270.
[328] BGH GRUR 2006, 773 Rn. 20 – Probeabonnement mAnm *Bunte* LMK 2006, 189309; Köhler/Bornkamm/*Köhler,* Gesetz gegen den unlauteren Wettbewerb, 34. Aufl. 2016, UWG § 2 Rn. 115.
[329] Kommission Horizontal-Leitlinien Rn. 276.
[330] Kommission Horizontal-Leitlinien Rn. 275.

führten Leistungen anzubieten.[331] Während dies die Seite des Anbietenden betrifft, ist eine Beschränkung auch durch Handlungen des Nachfragers möglich: So ist denkbar, dass sich ein Muster für Nachfrager zum de-facto-Standard entwickelt, weil der Nachfrager angesichts der komplexen (technischen) Bedingungen sich für das übliche Verfahren entscheidet.[332] Fehlt es hingegen an der Möglichkeit einer Koordination auf Ebene der Anbietenden, lässt dies eine Einflussnahme auf Produktvielfalt oder Preise vermissen und sind die Bedingungen frei zugänglich sowie nicht verbindlich, wird im Regelfall eine negative Wirkung ausscheiden.[333] Da Allgemeine Geschäftsbedingungen in der Mehrzahl der Branchen hinreichend generisch sind, dürfte dies im Regelfall vorliegen.

109   Wie oben im Zusammenhang mit § 20 Abs. 5 GWB dargestellt,[334] kann die Mitgliedschaft in einem Verband durch Satzung auf bestimmte Unternehmen begrenzt werden, wenn die hierfür aufgestellten Kriterien angemessen sind und die Anwendung dieser Voraussetzungen diskriminierungsfrei erfolgt. Soweit die Satzung eines Verbandes die Ansässigkeit des Unternehmens in einem bestimmten Gebiet zur Voraussetzung für eine Mitgliedschaft macht, können Vereinbarungen zwischen dem Verband und Dritten über bestimmte Leistungen (der Mitglieder) eine Gebietsbeschränkung darstellen.[335]

VII. Einkaufskooperationen

1. Risikoanalyse

110   Verbände können (über angeschlossene Servicegesellschaften) auch Koordinationsfunktionen beim Einkauf ihrer Mitglieder übernehmen. Entsprechende Einkaufsvereinbarungen müssen nicht im Rahmen eines gesellschaftsrechtlich manifestierten Kontextes geschehen; auch lockere Formen der Zusammenarbeit sind hierfür ausreichend,[336] so dass auch eine informelle Geschäftsbesorgung des Verbandes für seine Mitglieder beim sporadischen Einkauf als kartellrechtlich relevant einzustufen ist. Durch eine Einkaufskooperation sind zwei Märkte betroffen, zum einen der relevante Einkaufsmarkt und zum anderen die Verkaufsmärkte, dh die nachgelagerten Märkte, auf denen die Parteien der gemeinsamen Einkaufsregelung als Verkäufer tätig sind,[337] so dass die Wirkung für beide Märkte zu betrachten ist. Im Regelfall wird es hierbei um Fragen der Dominanz beim Einkauf und der Koordination beim Verkauf gehen. Ziel gemeinsamen Einkaufs ist idR, Nachfragemacht zu schaffen, die zu niedrigeren Preisen auch mittelbar für die Verbraucher führen kann.[338] Der wettbewerbliche Vorteil einer solchen Kooperation besteht insbes. in Kosteneinsparungen durch niedrigere Einkaufspreise aufgrund der mit einer Kooperation verbundenen Größenvorteile.[339] Einkaufskooperationen können sowohl dem Recht des Missbrauchs einer marktbeherrschenden oder marktstarken Stellung wie auch dem Verbot wettbewerbsbeschränkender Vereinbarungen unterfallen. Führt die Bündelung der Nachfrage zu einer marktbeherrschenden Stellung oder sind kleine oder mittlere Unternehmen als Anbieter in besonderer Weise vom Nachfragenden abhängig, darf der Verband keine unangemessenen Einkaufsbedingungen (für die Mitgliedsunternehmen) fordern. Dies gilt insbes. für Fragen der Preisverhandlungen, so dass die rechtlichen Bindungen die mit einer Einkaufskooperation verfolgten wirtschaftlichen Ziele minimieren können.

---

[331] Kommission Horizontal-Leitlinien Rn. 303; vgl. BKartA Pressemitteilung v. 5.7.2016 zu Sonderbedingungen für Online-Bezahldienste.
[332] Kommission Horizontal-Leitlinien Rn. 305.
[333] Kommission Horizontal-Leitlinien Rn. 300.
[334] → Rn. 35 ff.
[335] BKartA Beschl. v. 24.6.2013 – B 3–11/13–1; Beschl. v. 1.7.2013 – B 3–11/13–2 zur ambulanten augenärztlichen Behandlung.
[336] Kommission Horizontal-Leitlinien ABl. 2011, C 11, S. 1 Rn. 194.
[337] Kommission Horizontal-Leitlinien ABl. 2011, C 11, S. 1 Rn. 197.
[338] Kommission Horizontal-Leitlinien ABl. 2011, C 11, S. 1 Rn. 194.
[339] Kommission Horizontal-Leitlinien ABl. 2011, C 11, S. 1 Rn. 217.

Wettbewerblich negative Folgen können auch daraus resultieren, dass der Einkaufsmarkt   111
für konkurrierende Einkäufer durch eine Einkaufskooperation verschlossen wird.[340] Dies
ist insbes. dann denkbar, wenn die Zahl der Anbieter begrenzt ist und auf der Angebots-
seite des vorgelagerten Marktes Zutrittsschranken bestehen.[341] Auf Exklusivitätsvereinba-
rungen, die dazu führen könnten, dass konkurrierende Einkäufer vom Markt verdrängt
werden oder diesen nicht betreten können, ist danach zu verzichten. Auch sollte jedem
Mitgliedsunternehmen, das sich an der Einkaufskooperation beteiligen möchte, eine Teilnahme möglich sein. Eine unzulässige Beeinflussung der Mitgliedsunternehmen mit dem
Ziel, diese zur Teilnahme an der Einkaufskooperation zu bewegen, hat zu unterbleiben.
Dies kann die Entscheidungsfreiheit der Unternehmen beeinträchtigen und eine Verletzung von § 21 Abs. 3 GWB darstellen.[342]

Regelmäßig ausgeschlossen sind spürbare Auswirkungen auf den Wettbewerb, wenn   112
die an der Einkaufsvereinbarung beteiligten Unternehmen auf den Ein- und Verkaufsmärkten einen gemeinsamen Marktanteil von nicht mehr als 15% besitzen[343] und die Kooperation eine Koordination des Wettbewerbsverhaltens zwischen den Beteiligten iÜ
nicht erleichtert oder ermöglicht.[344] Eine Koordination ist dabei in verschiedenen Varianten denkbar: so bei Offenlegung strategischer Informationen zwischen (potentiellen)
Wettbewerbern, bei einer durch die Kooperation bewirkten erheblichen Angleichung der
Kosten[345] oder im Fall einer klassischen Kartellabsprache.[346] Dies ist etwa der Fall, wenn
ein erheblicher Teil der variablen Kosten der Parteien von der gemeinsamen Einkaufsregelung betroffen ist oder damit der Austausch sensibler Geschäftsinformationen zB über
Einkaufsmengen erforderlich wird.[347] Wettbewerbliche Bedenken bestehen darüber hinaus, wenn die Wettbewerber auf nachgelagerten Märkten einen erheblichen Teil ihrer
Produkte zusammen einkaufen, weil sich für sie der Anreiz für einen Preiswettbewerb auf
den Verkaufsmärkten erheblich verringern kann.[348] Dasselbe gilt, wenn die an der Einkaufskooperation Beteiligten auf dem nachgelagerten Markt über einen erheblichen Grad
an Marktmacht verfügen,[349] wobei es keine absolute Schwelle gibt, bei deren Überschreiten davon ausgegangen werden kann, dass eine gemeinsame Einkaufsregelung Marktmacht begründet.[350] Gemeinsame Einkaufsregelungen werden hingegen wahrscheinlich
keinen Anlass zu wettbewerbsrechtlichen Bedenken geben, wenn die Parteien auf den
Verkaufsmärkten nicht über Marktmacht verfügen.[351]

2. Risikominimierung

Die Kommission steht Einkaufskooperationen grds. positiv gegenüber. Erheblich ist je-   113
doch, in welchem Umfang die Unternehmen miteinander kooperieren und welche
Marktanteile sie besitzen. Zur Vermeidung eines unzulässigen Informationsaustauschs kann
der Verband als Clearingstelle fungieren und so die Weitergabe vertraulicher Informationen unmittelbar zwischen den an der Einkaufskooperation beteiligten Unternehmen ver-

---

[340] Kommission Horizontal-Leitlinien ABl. 2011, C 11, S. 1 Rn. 203.
[341] Kommission Horizontal-Leitlinien ABl. 2011, C 11, S. 1 Rn. 203.
[342] → Rn. 39 ff.
[343] Kommission Horizontal-Leitlinien ABl. 2011, C 11, S. 1 Rn. 208; aufgrund der Harmonisierung des § 1
GWB mit Art. 101 Abs. 1 AEUV folgt die Bewertung nach § 1 GWB denselben Grundsätzen, vgl. Wie-
demann/*Lübbig* § 9 Rn. 103.
[344] Kommission Horizontal-Leitlinien ABl. 2011, C 11, S. 1 Rn. 215; zu einem unzulässigen Einkaufskartell
vgl. EuGH CCZ 2009, 149 – T-Mobile.
[345] Kommission Horizontal-Leitlinien ABl. 2011, C 11, S. 1 Rn. 215.
[346] Kommission Horizontal-Leitlinien ABl. 2011, C 11, S. 1 Rn. 213; vgl. hierzu auch EuGH CCZ 2009,
149 – T-Mobile.
[347] Kommission Horizontal-Leitlinien ABl. 2011, C 11, S. 1 Rn. 215.
[348] Kommission Horizontal-Leitlinien ABl. 2011, C 11, S. 1 Rn. 201.
[349] Kommission Horizontal-Leitlinien ABl. 2011, C 11, S. 1 Rn. 201.
[350] Kommission Horizontal-Leitlinien ABl. 2011, C 11, S. 1 Rn. 208.
[351] Kommission Horizontal-Leitlinien ABl. 2011, C 11, S. 1 Rn. 204.

meiden. Die beteiligten Unternehmen melden dabei die von ihnen beabsichtigten Mengen. Der Verband verhandelt ein Rahmenabkommen, auf dessen Basis die einzelnen Unternehmen Bestellungen auslösen. Hierbei ist zu empfehlen, die mit dem Verkäufer vom Verband ausgehandelte Gesamtmenge insgesamt gegenüber den Mitgliedsunternehmen vertraulich zu behandeln, um einen Einfluss auf das Verhalten von Unternehmen, die im Wettbewerb zueinander stehen, auszuschließen. Dies gilt unter den Grundsätzen zum Informationsaustausch jedenfalls bei einer Beteiligung von weniger als fünf unabhängigen Unternehmen.

114   Es bietet sich danach folgende Prüfung an:
- Definition der von der Einkaufskooperation betroffenen Märkte;
- Bestehen weiterer Einkaufskooperationen zwischen den Beteiligten;
- Analyse der Marktanteile der an der Einkaufskooperation beteiligten Unternehmen auf dem vor- und nachgelagerten Markt;
- Soweit der Marktanteil der Beteiligten kumuliert über 15 % liegt, Feststellung, zu welchem Umfang die Produkte, die Gegenstand der Einkaufskooperation sind, zu einer Harmonisierung der Preise der von den Beteiligten damit hergestellten Güter führen können;
- Darstellung der Vorteile einer Einkaufskooperation für Produktion oder Absatz unter angemessener Beteiligung der Verbraucher;
- Gefahr des Ausschlusses von Wettbewerb auf dem Einkaufsmarkt für die Produkte der Einkaufskooperation und die Verkaufsgüter der Teilnehmer der Einkaufskooperation;
- Einführung institutioneller Sicherungselemente, die eine Weitergabe von vertraulichen Informationen vermeiden.

115   Soweit eine spürbare Einschränkung des Wettbewerbs nicht ausgeschlossen werden kann, kommt eine Freistellung vom Kartellverbot in unmittelbarer Anwendung von § 2 GWB für deutsches Recht resp. Art. 101 Abs. 3 AEUV für europäisches Recht zu wettbewerbsbeschränkenden Vereinbarungen in Betracht. Die Beweislast hierfür obliegt nach Art. 2 VO (EG) 1/2003 dem Wirtschaftsverband resp. seinen Mitgliedern. Deshalb sind Voraussetzungen der Einzelfreistellung im Rahmen einer Selbsteinschätzung zu prüfen und zu dokumentieren.[352] Darüber hinaus kann bei rein regionalen Auswirkungen der Einkaufskooperation eine Freistellung nach § 3 GWB in Betracht kommen.[353]

VIII. Vereinbarungen über Forschung und Entwicklung

1. Risikoanalyse

116   Unter dem Dach von Verbänden können Unternehmen sich mit dem Ziel zusammenfinden, gemeinsam Forschungs- und Entwicklungsleistungen zu erbringen. Dies kann insbes. Maßnahmen zur Verbesserung bestehender Technologien oder die Entwicklung völlig neuer Produkte und damit bestehende oder völlig neue Märkte[354] betreffen.[355] Eine entsprechende Zusammenarbeit vermag dabei nicht nur Auswirkungen auf die Innovation selbst, sondern auch auf einen neuen Produktmarkt zu haben.[356] Die negativen Folgen der gemeinsamen Forschungsarbeit können in einer geringeren oder langsameren Innovation liegen, die zu weniger oder schlechteren Produkten führt,[357] weil die Parteien von eigenen Anstrengungen Abstand nehmen und/oder die gemeinsamen Forschungsvorhaben nur mit geringer Anstrengung verfolgen. Auch kann eine Zusammenarbeit in der Forschung zu einer wettbewerbswidrigen Koordinierung des Verhaltens der Wettbewerber

---

[352] Kommission Horizontal-Leitlinien Rn. 48.
[353] Wiedemann/*Lübbing* § 9 Rn. 112 ff.
[354] Kommission Horizontal-Leitlinien ABl. 2011, C 11, S. 1 Rn. 112 ff.
[355] Kommission Horizontal-Leitlinien ABl. 2011, C 11, S. 1 Rn. 111.
[356] Kommission Horizontal-Leitlinien ABl. 2011, C 11, S. 1 Rn. 121.
[357] Kommission Horizontal-Leitlinien ABl. 2011, C 11, S. 1 Rn. 127.

führen oder in einer Marktverschließung für Wettbewerber der an der Forschung beteiligen Unternehmen resultieren.[358] Letztere Gefahr besteht insbes., wenn es um die Zusammenarbeit hins. einer Schlüsseltechnologie geht, sofern die Parteien die ausschließliche Verwertung der Ergebnisse vereinbaren.[359] Ohne eine gemeinsame Verwertung der Ergebnisse hingegen sind negative Auswirkungen der Vereinbarung unwahrscheinlich, solange die Vereinbarung nicht zu einer Verringerung der Innovationsbereitschaft der beteiligten Unternehmen führt.[360] Regelmäßig keine negativen Auswirkungen auf den Wettbewerb danach wird insbes. die Grundlagenforschung haben, die noch weit von der Anwendung auf konkrete Produkte entfernt ist.[361]

Selbst wenn es zu wettbewerbsbeschränkenden Wirkungen kommt, profitieren die Parteien bei einem gemeinsamen Marktanteil[362] von weniger als 25% von der Gruppenfreistellungsverordnung 1217/2010 für Forschung und Entwicklung (konkret Art. 2 VO (EU) Nr. 1217/2010), soweit die Vereinbarung die Voraussetzungen nach Art. 4 VO 1217/2010 erfüllt und keine Kernbeschränkungen nach Art. 5 VO (EU) Nr. 1217/2010 vorliegen, die einer Gruppenfreistellung entzogen sind. Verboten sind danach Maßnahmen, die eine eigenständige Forschung und Entwicklung durch die Parteien in Bereichen beschränken, die mit denen des Forschungs- und Entwicklungsvorhabens nicht zusammenhängen. Beschränkungen der Produktion und des Absatzes sind ebenfalls grds. unzulässig.[363] Dasselbe gilt für die Festsetzung von Wiederverkaufspreisen resp. von Lizenzgebühren, soweit es sich nicht um direkte Abnehmer oder Lizenznehmer der Vertragsparteien bei einer gemeinsamen Verwertung der Ergebnisse gemeinsamer Forschung und Entwicklung handelt. Ebenfalls grds. unzulässig sind Gebiets- oder Kundenbeschränkungen. Dies gilt immer für unaufgeforderte Kundenanfragen; soweit sich die Parteien untereinander nicht bestimmte Gebiete oder Kunden vorbehalten haben, muss jeder Partei auch ein Agieren in jedem Gebiet resp. das Ansprechen von potentiellen Kunden möglich sein. Ebenfalls verboten, wenn auch einer Freistellung iÜ nicht entgegenstehend, sind Verpflichtungen, gewerbliche Schutzrechte des anderen nicht anzugreifen oder das Gebot, Dritten keine Lizenzen zu gewähren, wenn es sich nicht um den Fall gemeinsamer Verwertung der durch Forschung und Entwicklung geschaffenen Rechte/Güter handelt. Vereinbarungen, die nicht unter die Gruppenfreistellungsverordnung fallen, weil der kumulierte Marktanteil der Parteien über 25% liegt, müssen nicht notwendig wettbewerbsbeschränkende Auswirkungen haben.[364] Selbst wenn dies der Fall ist, kommt eine Einzelfreistellung in unmittelbarer Anwendung von Art. 101 Abs. § AEUV resp. § 2 GWB in Betracht.[365]

2. Risikominimierung

Soweit ein Wirtschaftsverband Forschungs- und Entwicklungsleistungen seiner Mitglieder koordiniert oder als Forschungsauftrag an Dritte vergibt, muss nach Art. 2 Abs. 1 VO (EU) Nr. 1217/2010 eine entsprechende Forschungs- und Entwicklungsvereinbarung zwischen den Mitgliedsunternehmen bereits bei Abschluss vorsehen, dass alle Parteien für die Zwecke weiterer Forschung und Entwicklung und Verwertung uneingeschränkten Zugang zu den Endergebnissen der Forschungsleistungen erhalten. Dies beinhaltet insbes.

[358] Kommission Horizontal-Leitlinien ABl. 2011, C 11, S. 1 Rn. 127.
[359] Kommission Horizontal-Leitlinien ABl. 2011, C 11, S. 1 Rn. 127.
[360] Kommission Horizontal-Leitlinien ABl. 2011, C 11, S. 1 Rn. 132.
[361] Kommission, Kommission Horizontal-Leitlinien ABl. 2011, C 11, S. 1 Rn. 129, 130; zu einzelnen Fallbeispielen s. *Slobodenjuk* BB 2016, 1670.
[362] Kommission Horizontal-Leitlinien ABl. 2011, C 11, S. 1 Rn. 134; zur Berechnung der Marktanteile Rn. 123 ff.
[363] Ausf. *Schubert* NZKartR 2013, 278.
[364] Kommission Horizontal-Leitlinien ABl. 2011, C 11, S. 1 Rn. 135.
[365] Vgl. dazu Kommission Horizontal-Leitlinien ABl. 2011, C 11, S. 1 Rn. 141 ff. sowie allg. Kommission, Leitlinien zur Anwendung von Art. 81 Abs. 3 EG-Vertrag, ABl. 2004, C 101, S. 97 Rn. 32 ff.

gewerbliche Schutzrechte und Know-how, die zum Zeitpunkt ihres Entstehens den Parteien zur Verfügung stehen müssen. Bzgl. des Know-hows müssen nach Art. 2 Abs. 2 VO (EU) Nr. 1217/2010 alle Beteiligten bei reinen Forschungs- und Entwicklungsvereinbarungen oder der Auftragsforschung (also ohne weitere gemeinsame Verwertung) die Möglichkeit haben, Zugang zum vorhandenen Know-how der anderen Parteien zu erhalten, sofern dieses Know-how für die Verwertung der iRd Forschungs- und Entwicklungskooperation gewonnenen Erkenntnisse durch eine Partei unerlässlich ist. Sofern hierfür eine Vergütung zu zahlen ist, darf diese nicht so hoch sein, dass sie diesen Zugang praktisch unmöglich macht. Ist Ziel der Kooperation darüber hinaus eine gemeinsame Verwertung der durch Forschung und Entwicklung gewonnenen Ergebnisse, darf sich die gemeinsame Verwertung nach Art. 2 Abs. 3 VO (EU) Nr. 1217/2010 nur auf Rechte geistigen Eigentums und Know-how beziehen, die für die Herstellung von Vertragsprodukten oder die Anwendung von Vertragstechnologien unerlässlich sind.[366] Daneben darf ein Verband wegen § 21 GWB seine Mitglieder nicht durch Druck zu einer Teilnahme an dem Vorhaben veranlassen. Auch ist im Rahmen eines Austauschs von bereits bei den Kooperationspartnern vorhandenem Know-how, das ggf. weiterzugeben ist, sicherzustellen, dass hiermit keine Koordination unter Wettbewerbern möglich ist. Hier kann der Verband als Clearingstelle fungieren, um eine Rückverfolgbarkeit zu vermeiden. Soweit es sich um Schlüsseltechnologien handelt, ist darüber hinaus zu prüfen, ob nicht eine allgemeine Lizenzierung unter FRAND-Kriterien in Betracht zu ziehen ist[367] oder Schnittstellen auch gegenüber Dritten offenzulegen sind.[368]

IX. Organisation und Abhalten von Messen

1. Risikoanalyse

119 Vielfach betreiben Verbände (über die ihnen angeschlossenen Servicegesellschaften) Messen. Der Verband muss sich dabei die Handlungen der von ihm beherrschten Servicegesellschaft zurechnen lassen. Eine Teilnahme an Messen kann für Unternehmen von erheblicher Bedeutung sein, um am Markt wahrgenommen zu werden sowie Kontakt zu Kunden knüpfen und vertiefen zu können. Die Veranstaltung einer Messe begründet regelmäßig eine marktbeherrschende Stellung des Veranstalters.[369] Dasselbe kann auch für andere von einem Verband abgehaltene Veranstaltungen gelten.[370] Fehlt es hieran, so kommt eine besondere Abhängigkeit des Zugangs begehrenden Unternehmens nach § 20 Abs. 1 GWB in Betracht, die wiederum – und unabhängig von einem bestimmten Marktanteil des Adressaten[371] – an die Bindungen aus § 19 Abs. 1 GWB anknüpft. Der Verband unterliegt danach besonderen Pflichten, die sich insbes. auf den Zugang an sich, die Geschäftsbedingungen – im Besonderen im Hinblick auf die Kosten hierfür – und allgemeine Transparenz erstrecken. Eine Teilnahme kann der Verband danach nur bei Vorliegen von anerkennenswerten Gründen verweigern, die unter Abwägung der Interessen des den Zugang begehrenden Unternehmens im Lichte des Wettbewerbs eine Verweigerung rechtfertigen. Kein Kriterium für die Zulassung kann dabei die Verbandszugehörigkeit sein, weil hiermit zwei nicht üblicherweise zusammenhängende Leistungen – die Serviceleistungen des Verbandes im Rahmen seiner satzungsmäßigen Aufgaben und

---

[366] Weitere Regelungen sind erforderlich, wenn die Parteien sich iRd Verwertung der Ergebnisse spezialisieren, vgl. Art. 2 Abs. 4 VO (EU) Nr. 1217/2010, was iRv Verbandshandeln unwahrscheinlich sein wird.
[367] Vgl. dazu Kilian/Heussen/*Klees*, Teil 61 Rn. 57 ff.
[368] Kilian/Heussen/*Klees*, Teil 61 Rn. 64; vgl. zuletzt auch *Frenz* WRP 2016, 671.
[369] Für den kartellrechtlichen Zulassungsanspruch zu Messen allg. vgl. OLG Düsseldorf Beschl. v. 30.1.2008 – VI-U (Kart) 28/07, U (Kart) 28/07, BeckRS 2008, 11171; Urt. v. 11.10.2007 – U (Kart) 22/07, BeckRS 2009, 09885.
[370] Für den (nicht verbandsspezifischen) Fall einer Freiluftveranstaltung s. OLG München NZKart 2013, 251 – Brunnenhof.
[371] Immenga/Mestmäcker/Markert GWB § 20 Rn. 40.

die im Zusammenhang der Messeteilnahme – verknüpft werden. Besitzt der Verband eine marktbeherrschende Stellung in einem dieser Bereiche, handelt es sich bei diesem Vorgehen um eine unzulässige Koppelung. Dies gilt selbst für den Fall von Kapazitätsengpässen. Auch hier muss sich die Auswahl der Aussteller durch den Verband an objektiven, nachvollziehbaren, transparenten und diskriminierungsfrei angewandten Kriterien messen lassen.

2. Risikominimierung

a) Zulassung. Für eine Rechtfertigung bei Kapazitätsengpässen lässt sich nur bedingt auf **120** die Rspr. zu § 70 GewO und das darin verankerte Recht zur Teilnahme an Veranstaltungen[372] zurückgreifen. Denn die Sachverhalte sind zwar regelmäßig hins. einer möglichen Beeinträchtigung des Unternehmens, dem der Zugang verweigert wird, vergleichbar, nicht jedoch immer im Hinblick auf den Charakter der entsprechenden Veranstaltung: Während zB ein Volksfest auf Unterschiedlichkeit der Schausteller angelegt ist, treten auf Fachmessen zwangsläufig Unternehmen derselben Branche auf. Ein Zulassungskriterium bei Messen auf Regional- oder Landesebene kann ein Radius und der Sitz des betreffenden Unternehmens sein. Für Messen mit bundesweitem oder internationalem Charakter kommen bei Kapazitätsengpässen der Losentscheid oder die Rangfolge der Anmeldungen sowie der von den Interessierten jeweils benötigte Platz im Vergleich zur Gesamtfläche in Betracht. Eine vorausgegangene Teilnahme kann eine Rechtfertigung für die Verweigerung neuer Aussteller begründen, wenn dies den Status quo nicht dauerhaft zementiert. Vielmehr muss es auch Interessenten, die aktuell nicht berücksichtigt wurden, in Zukunft möglich sein, an der Messe teilzunehmen. Dies lässt sich etwa mit einem rollierenden System erreichen, das Unternehmen innerhalb gewisser Zeitabschnitte eine Teilnahme ermöglicht. Die Entscheidung des Verbandes muss dabei stets den Grundsätzen der Transparenz und Diskriminierungsfreiheit folgen. Dies bedeutet zB, dass alle Interessenten über die Anmeldefrist (bei Zugrundelegung des Zeitpunkts der Anmeldung) informiert sein müssen und ein rollierendes System vorhersehbar ist und angemessenen Zeitabschnitten folgt, die auch aktuell nicht-berücksichtigten Interessenten auf absehbare Zeit eine Teilnahme ermöglicht. Die Verpflichtung des an einer Teilnahme interessierten oder teilnehmenden Unternehmens, auf Messeauftritte andernorts zu verzichten, ist bei einer marktmächtigen oder marktbeherrschenden Stellung des Anbieters ebenfalls nicht zulässig. Dies würde nicht nur zu einer Behinderung des Unternehmens, sondern auch konkurrierender Messeanbieter und damit einer kartellrechtlich nicht erlaubten Marktabschottung führen.

b) Gebühren. Die von dem Verband für die Messeteilnahme verlangten Gebühren müs- **121** sen angemessen, transparent und abermals in ihrer Höhe diskriminierungsfrei sein. Dabei ist zu berücksichtigen, dass Unternehmen auf der Marktgegenseite nicht durch die Ausübung der Macht des marktbeherrschenden Unternehmens in ihrer Wettbewerbsfähigkeit untereinander beeinträchtigt werden sollen,[373] gleichzeitig aber kein Anspruch darauf besteht, dass jeder dieselben günstigen Konditionen erhält, wenn sachliche, im Licht des Wettbewerbsrechts anerkennenswerte Gründe für eine Differenzierung vorliegen.[374] Für die Ermittlung der Gebühren bietet sich als Grundlage die vom jeweiligen Unternehmen gemietete Fläche an, wobei eine progressive oder degressive Anpassung möglich ist, wenn dies die auf Seiten des Ausrichters jeweils entstehenden Kosten reflektiert. Regelmäßig wird auch hier wegen vorgenannter Gründe eine Mitgliedschaft im Verband kein Kriterium darstellen, zumal die vom Verband (über eine Servicegesellschaft) iRd Messeausrichtung erbrachte Dienstleistung nicht in unmittelbarem Bezug zu den vom Verband übli-

---

[372] Vgl. dazu BeckOK GewO/*Pielow* GewO § 70 Rn. 22 ff., 32 ff.
[373] BGH GRUR 1996, 808 (811) – Pay-TV-Durchleitung; BGHZ 160, 79 – Standard-Spundfass; NZKart 2016, 374 Rn. 48 – Einspeisung von Programmsignalen.
[374] BGH NZKart 2016, 374 Rn. 48 – Einspeisung von Programmsignalen.

cherweise erbrachten Leistungen steht und ein Einsatz von Ressourcen des Verbandes für die Servicegesellschaft ausscheiden wird.

X. Erhebung von Mitgliedsbeiträgen

1. Risikoanalyse

122 Das oben dargestellte[375] Verbot von § 20 Abs. 5 GWB, Unternehmen die Mitgliedschaft nicht ohne sachlichen Grund zu verweigern, erfasst prinzipiell nur das Ob der Aufnahme, nicht das Wie der Teilnahme. Eine verbandsinterne Diskriminierung ist danach grds. anhand von §§ 19, 20 GWB zu prüfen. Eine Ausnahme liegt vor, wenn die Diskriminierung eines Mitgliedsunternehmens dazu dient, ein Unternehmen zum Ausscheiden zu bewegen. Eine Diskriminierung einzelner Mitgliedsunternehmen, die nicht auf das Ziel eines Austritts gerichtet ist, verbietet bereits die allgemeine Missbrauchskontrolle nach § 19 Abs. 1, Abs. 2 Nr. 1 GWB, ggf. iVm § 20 Abs. 1 GWB. Eine allgemeine Diskriminierung resp. Behinderung kann hier zB hins. der Erhebung und Höhe der Mitgliedsbeiträge vorliegen. §§ 19, 20 GWB sind auch hier im Licht der Verbandsautonomie zu sehen. So müssen Verbände über eine angemessene finanzielle Ausstattung verfügen, um die ihnen satzungsmäßig zugewiesenen Aufgaben eigenverantwortlich und sinnvoll erfüllen zu können.

123 Auch dürfen Mitgliedsbeiträge darüber hinaus nicht dazu dienen, Unternehmen dazu zu veranlassen, in einen Verband einzutreten. Dieses Risiko kann sich etwa verwirklichen, wenn die Gebühren der Lizenzierung gewerblicher Schutzrechte, die für die Nutzung einer Norm oder an Forschungs- und Entwicklungskooperationen entstanden sind, in nicht zu rechtfertigender Weise zwischen Mitgliedsunternehmen und außenstehenden Unternehmen differenzieren, insbes. wenn die Nutzung der Lizenz für den Wettbewerb zwischen den Unternehmen wesentlich ist. Denn hier besteht die Gefahr, dass eine unangemessene Gestaltung der Lizenzgebühren als Koppelung der Mitgliedschaft und der Lizenzvergabe gewertet werden kann, wenn der Wirtschaftsverband eine marktbeherrschende oder marktmächtige Stellung innehat. Dies wiederum kann gegeben sein durch ein gewerbliches Schutzrecht, das entsprechende Charakteristika aufweist, aber etwa auch bei Verbänden, die ein Monopol in einem Land besitzen, wie dies etwa bei Sportverbänden regelmäßig der Fall ist.[376] Auch dürfen Mitgliedbeiträge nicht so gestaltet sein, dass sie ein bestimmtes Mitglied zum Austritt nötigen, was § 20 Abs. 5 GWB verletzten würde. Dies schließt jedoch nicht die Möglichkeit eines Wirtschaftsverbandes aus, allgemein die Beiträge zu erhöhen.

2. Risikominimierung

124 In der Praxis stellen Wirtschaftsverbände für die Ermittlung eines angemessenen Mitgliedsbeitrags regelmäßig auf den Umsatz ab, den ein Mitgliedsunternehmen (in dem vom Wirtschaftsverband betreuten Bereich) erzielt. Hierbei ist seitens des Verbandes sicherzustellen, dass die Umsätze eines Unternehmens anderen Unternehmen nicht bekannt werden oder Rückschlüsse auf die Umsätze bestimmter Unternehmen zulassen. Es gelten auch hier insoweit die vorgenannten Grundsätze[377] zur Aggregierung von Unternehmensdaten. Die Umsatzschritte, die der Wirtschaftsverband bei der Bemessung festlegt, sollten so ausgestaltet sein, dass kleine und mittlere Unternehmen nicht im Verhältnis zu Großbetrieben unangemessen hohe Beiträge zu leisten haben und so faktisch an einer Mitgliedschaft gehindert sind.

---

[375] → Rn. 35 ff.
[376] GA Lenz Schlussantrag v. 20.9.1995 – C–415/93, BeckEuRS 1995, 207576 Rn. 279 ff. – Bosman; OLG München NZKart 2015, 198; BGH NZKart 2016, 328.
[377] → Rn. 84 ff.

§ 6. Reaktionen des Verbandes gegenüber den Mitgliedsunternehmen

Literatur:

Altenburg/Peukert, Neuerungen in § 30 OWiG – Haftungsrisiken und -vermeidung vor dem Hintergrund gesetzgeberischen Überschwangs, BB 2014, 649; *Baumann/Schaefer*, Compliance-Organisationen und Sanktionen bei Verstößen, NJW 2011, 3601; *Bissels/Lützeler*, Compliance-Verstöße im Ernstfall: Der Weg zu einer verhaltensbedingten Kündigung, BB 2012, 189; *Brouwer*, Compliance im Wirtschaftsverband, CCZ 2009, 161; *ders.*, Compliance in Verbänden und gemeinnützigen Körperschaften, AnwBl 2010, 663; *Dehndorfer/Moll*, Münchener Anwaltshandbuch Arbeitsrecht, 3. Aufl. 2012; *Eufringer*, Kartellgehilfen als Parteien einer Vereinbarung i.S.d. Art. 101 Abs. 1 AEUV?, WRP 2012, 1488; *Haas/Adolphsen*, Sanktionen der Sportverbände vor ordentlichen Gerichten, NJW 1996, 2351; *Hagel/Dahlendorf*, Der Beitrag von Wirtschaftsverbänden zur Compliance am Beispiel des „Rundum-Paktes" des Verbandes der Bahnindustrie, CCZ 2014, 275; *Hauschka/Moosmayer/Lösler*, Corporate Compliance, 3. Aufl. 2016; *Heidel/Hüßtege/Mansel/Noack/Lochner*, Kommentar zum BGB, 2. Aufl. 2011; *Hohmuth*, Die arbeitsrechtliche Implementierung von Compliance-Pflichten, BB 2014, 3061; *Jauernig*, BGB, 15. Aufl. 2014; *Kapp/Hummel*, Kartellrechts-Compliance in der Verbandsarbeit, CCZ 2013, 240; *Kopp*, Compliance in Wirtschaftsverbänden – Risiken und Haftungsvermeidung, Schriftenreihe des EMR Nr. 40 (2010), S. 447; *Martens,* Verbandsstrafen für Fußballfans, NJW 2016, 3691; *Möhlenkamp*, Verbandskartellrecht – trittfeste Pfade in unsicherem Gelände, WuW 2008, 428; *Moosmayer*, Compliance, 3. Aufl. 2015; *ders.*, Compliance-Risikoanalyse, 2015; *Säcker/Rixecker/Oetger/Limperg*, Münchener Kommentar, BGB AT, 7. Aufl. 2015; *Nothelfer*, Die Einführung eines Compliance Management Systems als organisatorischer Lernprozess, CCZ 2013, 23; *Pischel/Hausner*, Informationsaustausch zwischen Wettbewerbern, EuZW 2013, 498; *Pischel/Kopp*, Reaktionen von Verbänden gegenüber ihren Mitgliedern auf Kartellverstöße, CCZ 2014, 198; *Sauter/Schweyer/Waldner*, Der eingetragene Verein, 19. Aufl. 2010; *Schröder*, Die Entwicklung von Compliance Management Systemen hinsichtlich Kartellrechts Compliance, CCZ 2015, 63; *Senge*, Karlsruher Kommentar zum OWiG, 4. Aufl. 2014; *Säcker*, Gesellschafts- und dienstvertragliche Fragen bei Inanspruchnahme der Kronzeugenregelung, WuW 2009, 362; *Wiedemann*, Handbuch des Kartellrechts, 2. Aufl. 2008.

A. Einleitung

I. Allgemeines

Wirtschafts- und Berufsvereinigungen verfolgen die umfassende Förderung der gemeinsa- **1** men wirtschaftlichen, berufsständischen und sozialen Interessen ihrer Mitgliedsunternehmen[1]. Sie bilden eine Plattform nach innen und außen, auf der sich Informationsaustausch und Statistik, Positions- und Strategiebildung, Konjunkturbeurteilung und Öffentlichkeitsarbeit entwickeln. Da es sich bei den Mitgliedern meist um Unternehmen einer Branche oder Wertschöpfungskette handelt, bestehen erhebliche Risiken einer Kartellverletzung durch Mitarbeiter dieser Unternehmen.[2] Die Verstöße gefährden nicht nur ihr eigenes sowie andere Unternehmen und deren Mitarbeiter, sondern können auf Seiten des Verbandes erhebliche Schäden durch Reputationsverlust und Bußgelder verursachen.[3] Die Eingrenzung des kartellrechtlichen Gefährdungspotentials von Verbänden[4] erfordert daher eine Risikoanalyse und präventive Maßnahmen zu Vermeidung von Regelverstößen sowie ein Set von Reaktionsmöglichkeiten, mit denen sich gesetzliche Vorgaben und interne Verhaltensrichtlinien gegenüber Mitgliedsunternehmen und von diesen entsandten Gremienmitgliedern wirksam durchsetzen lassen.

Während im Arbeitsrecht die Sanktionsmechanismen als Reaktionen auf Verstöße von **2** Beschäftigten gegen Compliance-Vorgaben inzwischen weitgehend ausdifferenziert und

---

[1] → § 1 Rn. 15 ff.; → § 3 Rn. 68 ff.

[2] → § 5 Rn. 2.

[3] Vgl. zB Verfahren des Bundeskartellamtes, die auch Verbände mit betrafen, so etwa Entscheidung v. 20.2.2008 – Drogerieartikel; v. 10.7.2008 – Luxuskosmetik; v. 23.11.2011 – Maschinengeschirrspülmittel; v. 25.7.2012 – Automatiktüren; Pressemitteilung v. 31.1.2013 – Süßwarenhersteller; EuGH GRUR Int. 2016, 73 – AC-Treuhand I; EuGH EuZW 2016, 19 – AC-Treuhand II mAnm Berg; mAnm *Jungermann/Steger* DB 2015, 2865; mAnm *Pischel* CCZ 2016, 94; ausf. *Eufringer* WRP 2012, 1488.

[4] *Brouwer* CCZ 2009, 161; Hauschka Corporate Compliance/*Dittrich/Matthey* § 26 Rn. 67 f.; *Möhlenkamp* WuW 2008, 428, 432 f.; *Moosmayer* Compliance Rn. 94, 304; *Moosmayer* Compliance-Risikoanalyse § 8 Rn. 30 ff.; *Pischel/Hausner* EuZW 2013, 498; *Pischel/Kopp* CCZ 2014, 198.

diese in der Praxis gut handhabbar sind,[5] sind die potentiellen Reaktionen von Wirtschafts- und Berufsverbänden gegenüber ihren Mitgliedern und den von diesen entsandten Verbandsdelegierten noch nicht deutlich konturiert; das Thema ist sensibel und Berichte über angewandte Praxis kaum öffentlich verfügbar. Die öffentlich bekannten Code of Conducts der Verbände zur Gewährleistung von Compliance verlangen von ihren Mitgliedern zur Umsetzung und Durchsetzung allenfalls reziproke Information über Maßnahmen. Sanktionen, die zur glaubwürdigen Durchsetzung unerlässlich sind, fehlen.[6]

3   Vor diesem Hintergrund untersucht das Kapitel die Reaktionsmöglichkeiten von Verbänden gegenüber Mitgliedsunternehmen und deren Mitarbeitern, falls letztere im Rahmen oder bei Gelegenheit von Verbandstreffen Kartellverletzungen begehen. Denn es besteht bei solchen Treffen die Gefahr, dass Beschäftigte einzelner Mitgliedsunternehmen kartellrechtliche Verbote etwa durch einseitige Äußerungen oder konkrete Abstimmung zu wesentlichen Wettbewerbsparametern verletzen.[7] Dies kann sich zu Lasten anderer an Treffen beteiligter Unternehmen, deren Mitarbeitern, des Verbandes und seiner Mitarbeiter wie Organe auswirken.

4   Im Rahmen einer Verbandstätigkeit kommen als Tathandlungen Absprachen unter Einbeziehung des Verbandes wie bi- und multilaterale Vereinbarungen unter dem Dach des Verbandes in Betracht. Leistet der Verband organisatorische Unterstützungsleistungen[8] bei der Kartellverletzung, ermöglicht Sternabsprachen oder beteiligt sich aktiv etwa durch Diskussion zu Preisen und Erläuterung von Musterkalkulationen, so liegt eigenverantwortliches Handeln der hauptamtlichen Mitarbeiter des Verbandes vor,[9] das auch intern von der Führung des Verbandes arbeitsrechtlich zu ahnden und abzustellen ist.

5   Erfolgen hingegen Absprachen von Wettbewerbern im Rahmen oder bei Gelegenheit von Verbandssitzungen, mag der Verband hierbei nicht aktiv beteiligt sein. Er kann vielmehr ungewollt zur Plattform kartellrechtswidriger Handlungen von Wettbewerbern bei Gelegenheit eines Verbandstreffens werden, muss aber zur Vermeidung von Risiken für die Beteiligten dagegen vorgehen und angemessen reagieren, um solche Handlungen für die Zukunft nachhaltig zu unterbinden. In beiden Fällen aktiver wie passiver Rolle ist ohne Einflussnahme auf Mitarbeiter von Mitgliedsunternehmen durch den Verband nicht zu erwarten, dass entsprechende Verletzungshandlungen dauerhaft abgestellt werden. Insbes. bei lang andauernden rechtswidrigen Kontakten zwischen Wettbewerbern – ob innerhalb eines Verbandes oder bei Gelegenheit von Verbandssitzungen – haben diese üblicherweise einen gewissen Grad der Manifestierung erreicht, der ohne Impuls von Dritten eine Fortsetzung wahrscheinlich macht.

6   Um diese Gefahren zu minimieren, sind Verbände gut beraten, nicht nur intern gegenüber ihren eigenen Mitarbeitern, sondern auch extern gegenüber den Mitgliedsunternehmen und deren Mitarbeitern einen Katalog möglicher Reaktionen auf Verletzungen von Kartellrecht zu entwickeln und von ihren Mitgliedern legitimieren zu lassen, um nicht nur kartellrechtlich angemessen, sondern auch vereinsrechtlich wirksam handeln zu können, falls es zu Verstößen gegen Kartellrecht kommt. Die vereinsrechtlichen Voraussetzungen für die genannten Sanktionen sind dabei unter rechtlichen wie verbandspolitischen Gesichtspunkten zu prüfen.

---

[5] *Baumann/Schaefer* NJW 2011, 3601; *Bissels/Lützeler* BB 2012, 189; MAH ArbR/*Dehndorfer* § 35 Rn. 258; *Hohmuth* BB 2014, 3061; Hauschka Corporate Compliance/*Mengel* § 39 Rn. 111 ff.
[6] Vgl. etwa den Code of Conduct der Bahnindustrie (VDB); s. dazu *Hagel/Dahlendorf* CCZ 2014, 275.
[7] Zu denkbaren Konstellationen vgl. *Kapp/Hummel* CCZ 2013, 240 (241 f.).
[8] So für eine nicht verbandsrechtlich organisierte Treuhand EuG GRUR Int. 2016, 73 – AC-Treuhand I; EuGH EuZW 2016, 19 – AC-Treuhand II.
[9] Vgl. etwa EuG GRUR Int. 2016, 73 – AC-Treuhand I; EuGH EuZW 2016, 19 – AC-Treuhand II, Rn. 9.

II. Obhutspflichten

Kraft mitgliedschaftlicher Organisation hat ein Verband, der für sich gewerbliche Betäti-   7
gung ausgeschlossen hat, ein vitales Interesse, die Belange seiner Mitglieder nicht zu gefährden und seine eigenen Belange nicht durch Mitglieder gefährden zu lassen. So muss er
seine Autonomie, seine eigenen Interessen, die seiner Organe und Mitarbeiter sowie der
nicht in einen Kartellrechtssachverhalt involvierten Mitglieder sichern. Diese Obhuts-
pflichten rechtfertigen Reaktionen auf problematische Handlungen zum einen gegenüber
eigenen Mitarbeitern wie denen seiner Mitgliedsunternehmen und zum anderen ggf. gegenüber den Mitgliedsunternehmen selbst. Die Lösung im konkreten Fall erfordert von
den berufenen Gremien eine Entscheidung, deren Ergebnis auch vom Umfang der kartellrechtlichen Handlung und der damit verbundenen Risiken abhängt und mithin unter
dem Aspekt der Verhältnismäßigkeit steht.

III. Beispielhafte Verletzungshandlungen

Die Wahl der Reaktionen eines Verbandes gegenüber seinen Mitgliedern und deren Mit-   8
arbeitern hängt maßgeblich davon ab, welche Form kartellrechtlich bedenklicher Handlungen möglicherweise verwirklicht worden, in welchem Umfang hauptamtliche Mitarbeiter des Verbandes daran beteiligt[10] und inwieweit entsprechende Sachverhalte
zweifelsfrei zu ermitteln sind. Für die Auswahl von Reaktionen ist wie für jedes Element
der Compliance wichtig, dass sich der Verband möglicher Optionen bewusst ist, diese
vorab kodifiziert, mit den übrigen Bausteinen eines Compliance-Systems harmonisiert
und regelmäßig neueren Entwicklungen und Erkenntnissen anpasst.

Die Bandbreite möglicher kartellrechtlich sensibler Situationen ist weit gefächert und   9
steht, gerade im Hinblick auf Verbandstreffen und Marktstatistiken, auch als besonders
sensibler Bereich des Handelns im Fokus von Unternehmen.[11] Reaktionen sind wie bei
sämtlichen Risikoeinschätzungen für den Einzelfall zu differenzieren nach Eintrittswahr-
scheinlichkeit und möglicher Schadenshöhe, die beide von der jeweiligen Schwere des
Verstoßes abhängen. Für die Gewichtung einer Verletzung von Kartellrecht lässt sich auf
die allgemeinen Kriterien der Bußgeldbemessung[12] zurückgreifen, so zB den Gegenstand
und die Dauer der Handlung sowie den dadurch entstandenen Schaden, die Stellung der
natürlichen Person, die an diesen Verletzungshandlungen beteiligt war, innerhalb des Unternehmens und den Grad des Verschuldens.

Für die vorliegenden Überlegungen stehen modell- und damit beispielhaft bei wettbe-   10
werbsbeschränkenden Verhaltensweisen im Horizontalverhältnis einmalige und einseitige
Äußerungen einer Verständigung verschiedener Mitarbeiter unterschiedlicher Wettbewerbsunternehmen über eine längere Dauer gegenüber. Denkbar ist danach als leichtester
Fall die einseitige, einmalige Äußerung durch einen Unternehmensmitarbeiter in einer
Sitzung, die Auswirkung auf wettbewerbsrelevante Parameter wie etwa Preise oder Produktion haben kann und die von hauptamtlichen Mitarbeitern der Unternehmensvereinigung sofort unterbunden wird, als schwerster Fall eine wiederholte, unter Billigung, Beteiligung oder gar Initiierung von hauptamtlichen Mitarbeitern eines Verbandes getroffene
Kartellabsprache über Preise und Kunden.

---

[10] Allg. zur Trennung *Brouwer* CCZ 2009, 161 (166).
[11] Vgl. etwa *Moosmayer* Compliance E II Rn. 303 ff.; *Moosmayer/Steinle/Eufinger* Compliance-Risikoanalyse
S. 132.
[12] Kommission, Leitlinien zur Festsetzung von Bußgeldern, ABl EG 2006 C 210/2, Rn. 14; Bundeskartellamt, Leitlinien für die Bußgeldzumessung in Kartellordnungswidrigkeitenverfahren v. 25.6.2013; Dieckmann in: Wiedemann, § 46 Rn. 9 ff.; Wiedemann/*Klusmann* § 57 Rn. 71 ff., insbes. 82 ff.

IV. Beschränkungen des Verbandes

11 Ein Verband selbst ist in seinen Reaktionen zahlreichen faktischen und rechtlichen Beschränkungen unterworfen: Ein verbandsinternes stringentes Compliance-System erreicht idR nur die Mitarbeiter des Verbandes, nicht jedoch die Verbandsdelegierten der Mitgliedsunternehmen. Trotz bestehender Compliance-Systeme zeigt die Praxis, dass es innerhalb einer Organisation zur Verletzung von Kartellrecht kommen kann;[13] aufgrund externer Faktoren, die von den Mitgliedern und deren Mitarbeiter gesetzt werden, ist dies umso eher möglich. Das gilt insbes., wenn die Mitgliedsunternehmen ihrerseits noch keine oder keine ausreichenden Anstrengungen unternommen haben, ihre Mitarbeiter, die an Verbandssitzungen teilnehmen, auf rechtskonformes Verhalten im Wettbewerb zu verpflichten. So ist nicht auszuschließen, dass Mitarbeiter von Unternehmen trotz Kenntnis um die Rechtswidrigkeit entsprechender Handlungen Kernbeschränkungen verwirklichen, sei es durch eigenverantwortliches Handeln oder durch Unterlassen im Rahmen eines gruppendynamischen Prozesses. Während dem Arbeitgeber gegenüber den bei ihm beschäftigten Arbeitnehmern Weisungsbefugnisse und Sanktionsmöglichkeiten unmittelbar kraft Arbeitsrechts zustehen, kann der Verband das Verhalten der Mitarbeiter seiner Mitgliedsunternehmen nicht qua Direktionsrecht bestimmen. Neben diesen Aspekten setzen die vereinsrechtlichen Normen den Reaktionsmöglichkeiten Grenzen, da einschneidende Maßnahmen einer Ermächtigung in oder zumindest auf Grundlage der Satzung bedürfen. Regelwerke mit Sanktionen erfordern eine demokratische Legitimation des Verbandes zu entsprechender Tätigkeit.

12 Denkbare Reaktionen gegenüber Mitgliedsunternehmen[14] und deren Mitarbeitern haben insbes. angesichts einer für den Einzelfall nicht immer auszuschließenden marktbeherrschenden oder marktmächtigen Stellung eines Verbandes schließlich verhältnismäßig im Allgemeinen und erforderlich im Besonderen zu sein. Abhilfemaßnahmen müssen danach eine auf die jeweilige Schwere des möglichen Kartellverstoßes angemessene Antwort gegenüber den Mitgliedsunternehmen und den beteiligten Beschäftigten dieser Unternehmen darstellen. Im Rahmen eines Eskalationsprozesses kann entweder eine chronologische Abfolge von Reaktionsstufen in Betracht kommen oder aber – wiederum abhängig von der Schwere des Verstoßes – der erste Schritt bereits auf einer relativ weit fortgeschrittenen Stufe möglicher Reaktionen ansetzen.

13 Neben der Angemessenheit des Vorgehens ist unabhängig von der Marktstellung des Verbandes eine Ungleichbehandlung oder Behinderung einzelner Unternehmen auch unter vereinsrechtlichen Aspekten zu vermeiden: Zum zwingenden Vereinsrecht gehören neben der Satzungsautonomie auch ungeschriebene Rechtsgrundsätze wie etwa der Gleichbehandlungsgrundsatz der Mitglieder.[15] Hier wird der Verband regelmäßig erheblichen Spielraum besitzen,[16] da jeder Fall anders ist und damit anders zu beurteilen sein wird, solange die Schwere eines Verstoßes die Rechtfertigung der jeweiligen Reaktion ermöglicht, solange der Verband die Kategorisierung einheitlich vornimmt und innerhalb der einzelnen Kategorien diskriminierungsfrei vorgeht.

14 Zwar steht auch einem Verband prinzipiell die Möglichkeit offen, im Rahmen eines Kronzeugenantrags Bußgelder für sich und seine Mitarbeiter zu vermeiden oder zu verringern.[17] Erforderlich ist dafür allerdings, die wesentlichen Umstände des Kartells gegen-

---

[13] Vgl. Pressemitteilung von Thyssen/Krupp vom 5.7.2012; https://www.thyssenkrupp.com/de/newsroom/pressemeldungen/press-release-48994.html?id=182402)zuletzt abgerufen am 21.12.2016).

[14] Die Mitgliedsunternehmen resp. deren Organe werden für das Verhalten ihrer Mitarbeiter nach §§ 9, 30, 130 OWiG regelmäßig einzustehen haben; vgl. hierzu *Altenburg/Peukert* BB 2014, 649; zu Einschränkungen der Satzungsautonomie kraft Kartellrechts zuletzt EuGH WuW 2013, 1243 – Consiglio nazionale dei geologi.

[15] NK-BGB/*Heidel/Lochner* BGB § 25 Rn. 1.

[16] Vgl. für die Aufnahme von Mitgliedern zuletzt OLG Düsseldorf WuW 2013, 526 Rn. 70 ff.

[17] Kommission, Mitteilung der Kommission über den Erlass und die Ermäßigung von Geldbußen in Kartellsachen („Bonusregelung"), ABl. 2006 C 298, 17, Rn. 12 lit. b; Bundeskartellamt, Bekanntmachung über den Erlass und die Reduktion von Geldbußen in Kartellsachen, Rn. 7.

über den Kartellbehörden aufzudecken oder die Möglichkeit eines erfolgreichen Vorgehens der Kartellbehörden zu erhöhen resp. zu erleichtern, in jedem Fall eine uneingeschränkte und dauerhafte Kooperation mit den Kartellbehörden. Mag ein solches Vorgehen ggf. für Organe eines Mitgliedsunternehmens geboten sein,[18] so steht diese Möglichkeit bei einer Kartellverletzung einem Wirtschaftsverband regelmäßig nicht zur Verfügung. Denn er müsste seine Mitgliedsunternehmen gegenüber Kartellbehörden belasten, was sich mit dem Anspruch des Verbandes, Förderer der Wirtschaftsinteressen seiner Mitglieder zu sein, nur schwer vereinbaren lassen dürfte.

B. Reaktionen

I. Auswahl

1. Entschließungsermessen

Um die Interessen seiner Mitglieder, deren Mitarbeiter, der eigenen Mitarbeiter und Organe zu sichern, sind seitens des Vereins im Falle von Zuwiderhandlungen Reaktionen erforderlich. Keine Reaktion ist keine Option. Die Auswahl einer konkreten Reaktion muss dabei unter der Prämisse stehen, rasch und nachhaltig die Einstellung des kartellrechtswidrigen Handelns sowie die Beseitigung daraus möglicherweise resultierender negativer Wirkungen für den Wettbewerb zu erreichen. Ein bloßes Vertrauen auf die Verjährung kartellrechtlich sensibler Sachverhalte ohne Gegenmaßnahmen ist hingegen nicht zu empfehlen, da dies das gesamte Compliance-System diskreditieren, schlimmstenfalls gefährden kann. Auch beginnt bei Dauerdelikten – wie etwa Gebietsabsprachen – die Verjährungsfrist für Kartellabsprachen von fünf Jahren nur zu laufen, wenn die Beteiligten nachweislich von ihrer bisherigen Abrede abgerückt sind. Dies kann der Verband nicht autonom entscheiden, da er nicht unmittelbar Handelnder, sondern lediglich Beteiligter ist. Letzteres war allerdings in der Vergangenheit im Hinblick auf den Einheitstäter-Begriff[19] des Ordnungswidrigkeitsrechts als Adressat eines möglichen Bußgeldes bereits nach deutschem Recht unerheblich und ist es weiterhin – nun auch bei einem Vorgehen der EU-Kommission und der Gemeinschaftsgerichte.[20]

2. Auswahlermessen

Die nachfolgenden Möglichkeiten, auf eine kartellrechtlich möglicherweise sensible Handlung zu reagieren, setzen zunächst voraus, dass eine soweit als möglich vollständige Ermittlung des jeweiligen Sachverhaltes stattgefunden hat und das Verhalten hinreichend genau als kartellrechtlich bedenklich oder verboten verifiziert worden ist (→ § 5 Rn. 10 ff.). Auf dieser Basis muss eine angemessene Reaktion erfolgen, die das konkrete Verhalten einerseits und die hieraus folgende Reaktion andererseits in ein angemessenes Verhältnis setzt. Regelmäßig als Reaktion nicht in Betracht kommen dürfte wie dargestellt auch bei Beteiligung eines Verbandes an einer kartellrechtswidrigen Horizontalabsprache die Nutzung einer Bonusregelung[21] durch den Verband, so dass die Maßnahmen des Verbandes üblicherweise auf Reaktionen gegenüber den Mitgliedern und deren Mitarbeiter beschränkt sein dürften.

Hins. des Adressaten der Maßnahmen sollte zwar der betroffene Mitarbeiter des Unternehmens erster Ansprechpartner und primärer Fokus kartellrechtlicher Compliance-Bemü-

15

16

17

---

[18] Zur Pflicht der Inanspruchnahme für Vorstand und Aufsichtsrat vgl. *Säcker* WuW 2009, 362.
[19] Vgl. KK-OWiG/*Rengier* OWiG § 14 Rn. 4 ff., 16 ff.
[20] Vgl. EuG GRUR Int. 2016, 73 – AC-Treuhand I; EuGH EuZW 2016, 19 – AC Treuhand II.
[21] Kommission, Mitteilung der Kommission über den Erlass und die Ermäßigung von Geldbußen in Kartellsachen, ABl EG 2006, C 298/17; Bundeskartellamt, Bekanntmachung Nr. 9/2006 über den Erlass und die Reduktion von Geldbußen in Kartellsachen vom 7.3.2016.

hungen eines Verbandes sein, da er Risiken gesetzt hat, die es zu beseitigen und für die Zukunft zu vermeiden gilt. Ohne Weitergabe der Informationen über den konkreten Sachverhalt und die kartellrechtlichen Bedenken an den Arbeitgeber dieses Mitarbeiters ist jedoch zu erwarten, dass eine stringente Einhaltung der kartellrechtlichen Gewährleistungen für die Zukunft nicht hinreichend gesichert ist. So hat der Verband bei vereinsordnungsrechtlichen Maßnahmen gegen einen Delegierten die Verpflichtung, das entsendende Unternehmen zu unterrichten, damit dieses seine mitgliedschaftsrechtlichen Einwirkungsmöglichkeiten auf andere Weise wahrnehmen kann: Denn jedes Mitglied hat ein Recht, nicht ohne Grund eingeschränkt zu werden; es muss seine Mitgliedsrechte ungekürzt ausüben können.[22] Deshalb sehen die nachfolgend dargestellten Optionen vor, dass das Mitgliedsunternehmen von den dieses Unternehmen betreffenden kartellrechtlichen Sachverhalten unterrichtet wird. Darüber hinaus ist eine Beseitigung eines kartellrechtswidrigen Zustandes nicht möglich, wenn das betroffene Unternehmen nicht über den Sachverhalt informiert wird, da – wie oben dargestellt – nur das Unternehmen in der Lage ist, sich kartellrechtskonform auf dem betroffenen Markt zu verhalten und entsprechend auf seine Mitarbeiter einzuwirken.

18   Ob daneben weitere Unternehmen und/oder deren in den Verband delegierte Mitarbeiter informiert werden, hängt von zahlreichen Einzelfaktoren ab. Ein Element dieser individuellen Beurteilung kann der Grad der Beeinflussung dieses Unternehmens oder seiner Mitarbeiter und damit Betroffenheit durch die kartellrechtlich bedenklichen Handlungen sein. So ist etwa in Fällen einseitiger Bekanntgabe wettbewerblich erheblicher Informationen gegenüber Wettbewerbern oder Aussagen, die als Boykottaufruf aufgefasst werden könnten, zu überlegen, Mitarbeiter anderer Unternehmen, die ebenfalls bei einem entsprechenden Vorfall zugegen waren, über das kartellrechtlich problematische Verhalten zu informieren. Dies sollte bei einem entsprechenden Vorgehen mit dem eindeutigen Bekenntnis verknüpft werden, dass der Verband weder direkt noch indirekt Maßnahmen unterstützt oder toleriert, die unmittelbar oder mittelbar in einem Boykott anderer Unternehmen oder einem anderweitig abgestimmten Verhalten zwischen Wettbewerbern resultieren, um ein ausreichendes Abrücken von Handlungen Einzelner durch den Verband deutlich zu machen und gleichzeitig sicherzustellen, dass auch die andernfalls implizierten Mitgliedsunternehmen rechtskonform reagieren.

II. Reaktionsstufen

1. Option I: Gespräch und Information

19   Als mildestes Mittel kommt in Betracht, mit dem betreffenden Mitarbeiter des Unternehmens, der möglicherweise kartellrechtssensible Handlungen begangen hat, zu sprechen und ihn nachdrücklich aufzufordern, zukünftig diesbezügliche Handlungen zu unterlassen. Flankierend ist er erneut auf die im Verband etwaig bestehenden Regelwerke zu kartellrechtskonformem Verhalten (etwa als Compliance Pact,[23] Code of Conduct oder Leitfaden) hinzuweisen. Diese Maßnahmen sind zu dokumentieren. Wer zusätzlich Adressat im entsendenden Unternehmen ist, hängt davon ab, ob das Unternehmen über eine Compliance-Abteilung verfügt, die als primärer Ansprechpartner innerhalb des Mitglieds dienen sollte; andernfalls ist ein vertretungsberechtigtes Organ des betroffenen Unternehmens zu informieren.

2. Option II: Schulungsangebot oder Schulungspflicht

20   Der Verband kann dem Unternehmen die arbeitsrechtlichen Maßnahmen, die es gegenüber seinem Mitarbeiter ergreift, nicht vorgeben. Soweit das Unternehmen keine eigen-

---

[22] MüKoBGB/*Arnold* BGB § 38 Rn. 30 ff; SSW eV/*Waldner*/*Wörle-Himmel* I. Teil Rn. 335.
[23] Vgl. dazu *Moosmayer* Compliance F 2, Fn. 359.

ständige Compliance-Struktur besitzt, ist angeraten, die Information gegenüber dem Mitgliedsunternehmen mit konkreten Empfehlungen zu kartellrechtskonformem Verhalten der entsandten Mitarbeiter zu verbinden. Darüber hinaus kommt in Betracht, dem Mitarbeiter wie dem Unternehmen anzubieten, an einer Compliance-Schulung in oder außerhalb des Verbandes teilzunehmen. Eine entsprechende Schulung kann zusätzlich zur Voraussetzung für eine Fortsetzung der Gremien-Mitwirkung des Mitarbeiters oder die Aufrechterhaltung voller mitgliedschaftlicher Rechte des betreffenden Unternehmens gemacht werden. Der Verband sollte dabei kein etwa bestehendes eigenes Schulungsangebot verpflichtend vorschreiben, um sich nicht dem Vorwurf einer möglicherweise kartellrechtlich unzulässigen Koppelung von Dienstleistung und Mitgliedschaft oder Boykottandrohung auszusetzen; vielmehr ist zu empfehlen, auch die Teilnahme an Schulungsangeboten Dritter zu akzeptieren, wenn diese die erforderliche Qualität besitzen.

3. Option III: Zeitweise Suspendierung

Wiederholen sich kartellrechtlich bedenkliche Handlungen oder kommt es einmalig zu eindeutig kartellrechtswidrigen Maßnahmen, so sollten die Reaktionen eskaliert und wirksame Sanktionen zur Vermeidung unerwünschten Verhaltens ergriffen werden. So ist je nach Schwere und/oder Wiederholung eines Verstoßes angemessen, für einen gewissen Zeitraum die Teilnahme eines bestimmten Mitarbeiters oder – insoweit schärfer – sämtlicher Mitarbeiter eines Unternehmens an bestimmten Sitzungen oder – abermals eskalierend – sämtlicher Gremien des Verbandes zu suspendieren. **21**

Die Wahl der jeweiligen Schritte hängt vom konkreten Einzelfall ab. Als besonders negativ dürfte eine Wiederholung bereits beanstandeten Verhaltens (Option I) durch denselben Mitarbeiter zu werten sein. Hier lässt sich nicht ausschließen, dass sowohl der Mitarbeiter wie die Leitungsorgane des Unternehmens nicht über die erforderliche Sensibilität in kartellrechtlichen Fragen verfügen oder aber die Steuerungs- und Compliance-Strukturen in dem Unternehmen nicht die erforderliche Stringenz besitzen, entsprechendes Verhalten zukünftig ohne weitere Maßnahmen seitens des Verbandes auszuschließen. Um eine „Infektion" anderer Mitgliedsunternehmen zu vermeiden, erscheint ein konsequentes Vorgehen angemessen. Gleiches dürfte gelten, wenn ähnliche Verstöße von verschiedenen Mitarbeitern desselben Unternehmens nach Maßnahmen der Option I begangen werden. **22**

4. Option IV: Ausschluss

Bei gravierenden – auch lediglich einmaligen – Zuwiderhandlungen durch Mitarbeiter eines Unternehmens oder Wiederholung bereits iRd Option I und/oder Option III beanstandeten und sanktionierten Verhaltens kann es angezeigt sein, das betroffene Mitgliedsunternehmen dauerhaft aus dem Verband auszuschließen, soweit eine entsprechende Reaktion nicht gesetzlich unzulässig ist: Denn besteht für einen Verband nach § 20 Abs. 5 GWB ein Aufnahmezwang[24], sollen derartige Vereinstrafen unzulässig sein;[25] statt einer Ausschließung komme nur eine Kündigung aus wichtigem Grund, statt einer Geldstrafe nur eine zivilrechtliche Vertragsstrafe nach §§ 339 ff. BGB in Betracht.[26] **23**

5. Option V: Ordnungsgelder

Von vorgenannten Ausnahmen abgesehen sind iÜ auf jeder Stufe bei angemessener Implementierung (zumindest theoretisch) auch gegenüber dem Unternehmen durch den Verband verhängte Ordnungsgelder denkbar. Diese Reaktion ist allerdings ohne vereins- **24**

---

[24] → § 5 Rn. 35 ff.
[25] BGH WuW 1960, 535; NJW 1956, 1973; beim Deutschen Fußballverband hingegen akzeptiert die Rspr. (BGH NJW 2016, 3715) Verbandsstrafen gegen Mitgliedsvereine (krit. *Martens* NJW 2016, 3691).
[26] Jauernig/*Mansel* BGB § 25 Rn. 4.

rechtliche Verankerung mittels einer besonderen Nebenordnung nicht durchführbar und wird in der Praxis auf wenig Akzeptanz bei den Mitgliedsunternehmen und den ehrenamtlich besetzten Verbandsorganen stoßen. Darüber hinaus stellt sich in besonderem Maße die Frage der Angemessenheit der Sanktion, so dass diese Möglichkeit in der Mehrzahl der Fälle praktisch nicht in Betracht kommen wird.

C. Mögliche Schritte zur Implementierung

I. Dokumentation

25 Für eine effiziente Compliance sind geeignete Strukturen und Management-Systeme erforderlich,[27] die von der Prävention über die Aufdeckung bis zur Reaktion reichen und den jeweils sich wandelnden Gegebenheiten rechtlicher und tatsächlicher Art anzupassen sind. Um im Einzelfall schnell handeln zu können, ist das System prüffähig im Hinblick auf Reaktionen durch Bedrohungen zu strukturieren. Dies ist auch notwendig, um sich als Verband nicht dem Vorwurf willkürlichen Handelns auszusetzen. Mögliche Maßnahmen, ihre Voraussetzungen und ein Ablaufplan sind danach hinreichend konkret zu kodifizieren. Ein solches Kompendium aus Richtlinien und Verfahrensordnung des Vereins mit Reaktionen auf Zuwiderhandlungen sollte ohne dogmatische Starre einen Handlungsrahmen darstellen, der Raum für die erforderliche Einzelfallbetrachtung lässt. Nach entsprechender Kodifikation des Regelwerks ist unabdingbar, die vom Verband beabsichtigten Schritte gegenüber den Mitgliedsunternehmen und ihren Mitarbeitern zu kommunizieren, um die Einhaltung eines kartellrechtskonformen Verhaltens der Mitarbeiter der Mitgliedsunternehmen zu sichern. Wichtig ist, dass die Verantwortlichen im Verband (→ § 12 Rn. 18 ff.), also sowohl die ehrenamtlichen Organe als auch die operative Geschäftsführung, die selbst gesetzten Regeln im Sinne eines „tone from the top" leben und für eine nachhaltige Integration in die Geschäftsprozesse sorgen.

II. Vereinsrechtlicher Rahmen

26 Reaktionen und insbes. in Mitgliedschaftsrechte eingreifende Sanktionen bedürfen zu ihrer vereinsrechtlichen Wirksamkeit einer klaren Ermächtigungsgrundlage, die je nach Schwere des Eingriffs in der Satzung selbst festgelegt sein oder aber zumindest auf ihrer Grundlage in näherer Ausgestaltung durch Nebenordnungen ergehen muss.[28] Das Mitglied muss in der Governance eines Vereins eindeutig erkennen können, dass ein Verstoß gegen eine vereinsrechtliche Verhaltenspflicht eine disziplinäre Folge hat. Deshalb kann eine Vereinsordnung erst Verbindlichkeit beanspruchen, wenn sie in einer den Verhältnissen des Vereins angemessenen Weise bekanntgemacht wird. Es sollte in einem ersten Schritt zumindest die Möglichkeit bestehen, dass alle ehrenamtlich im Verband Tätigen von Inhalt der Vereinsordnungen Kenntnis nehmen können.[29] Schon aus Gründen der ordnungsgemäßen Governance und späteren Nachweisbarkeit sollte dies dadurch geschehen, dass die Kenntnisnahme im Verband dokumentiert wird. Darüber hinaus ist empfehlenswert, die Anerkennung der (novellierten) Satzung sowie ggf. bestehender Nebenordnungen zur Voraussetzung der Teilnahme von Nichtmitgliedern und deren Vertretern an Sitzungen zu machen.

---

[27] Ausf. zu Compliance-System Hauschka Corporate Compliance/*Wendt* § 9 Rn. 1 ff.; *Schröder* CCZ 2015, 63; *Nothelfer* CCZ 2013, 23.
[28] BGH BB 1961, 843; NJW 1967, 1268 (1271).
[29] SSW eV/*Waldner*/*Wörle-Himmel* I. Teil Rn. 153.

Kopp/Dr. Pischel

1. Compliance in nichtwirtschaftlichen Vereinigungen

Die (Compliance-)Verpflichtung der verantwortlichen Vereinsorgane entspricht spiegel- **27** bildlich der gesellschaftsrechtlichen Verpflichtung der Leitungsorgane von gewerblichen Unternehmen zu Rechtstreue und Integrität.[30] Hinzu kommt die gewachsene Sensibilität für das Thema in der Öffentlichkeit und die erhöhte Aufmerksamkeit der Kartellbehörden für Verstöße (auch) von Unternehmensvereinigungen. Alle haupt- und ehrenamtlichen Organmitglieder, die satzungsgemäß oder tatsächlich Leitungs- und Überwachungsaufgaben im Verein übernommen haben, haften im Innenverhältnis mit ihrem gesamten Privatvermögen für (mit)verursachte vermögensrechtliche Kartellschäden und können im Anwendungsbereich des § 9 OWiG auch persönlich mit Bußgeldern belegt werden (→ § 5 Rn. 47 ff.). Es liegt also im wohlverstandenen Interesse aller Verbandsorgane, das Instrumentarium kartellrechtskonformen Verhaltens auch gegenüber den eigenen Mitgliedern in ebenso angemessener wie effizienter Weise einzusetzen.

2. Grundlagen in der Satzung

Die Satzung eines rechtsfähigen Vereins muss sämtliche das Vereinsleben bestimmenden **28** Leitprinzipien und Grundsatzregelungen, soweit sie nicht gesetzlich festgelegt sind, enthalten.[31] Die Kartellrechtskonformität des Verbandshandelns ist Teil der selbstverständlichen Unterwerfung unter das Legalitätsprinzip. Es bedarf insoweit keiner ausdrücklichen Satzungsbestimmung. Ein Verein kann aufgrund seiner Vereinsautonomie auch außerhalb der Satzungsurkunde abstrakt generelle, für die Mitglieder verbindliche Regelungen treffen. Solche Nebenordnungen können bspw. Geschäftsordnungen, Wahlordnungen, Wettbewerbsregeln, Schieds-, Rechts- und Verfahrensordnungen betreffen. Nebenordnungen haben für die tägliche Vereinspraxis oft größere Bedeutung als die Vereinssatzung selbst; sie können sich an alle Mitglieder oder nur einen bestimmten Kreis von Mitgliedern wenden.[32] Nebenordnungen sind unproblematisch, wenn sie Regelungen enthalten, die keine das Vereinsleben bestimmende Grundentscheidungen über Organisation und Mitgliedschaft darstellen. Die Nebenordnung dient insoweit der Ausfüllung, Erläuterung und geschäftsmäßigen Durchführung der Satzung. Die Vereinsordnung ist nur verbindlich, wenn sie in der Satzung eine Ermächtigungsgrundlage hat, die den Inhalt, Zweck und Umfang der Nebenordnung hinreichend bestimmt.[33]

Eine satzungsnachrangige Vereinsordnung allein genügt nicht als Rechtsgrundlage für **29** vereinsinterne Disziplinarmaßnahmen, weil nur solche Disziplinarmaßnahmen angewandt werden dürfen, die die Satzung vorsieht.[34] Eine gegen ein Mitglied verhängte Strafe muss also in der Satzung ausdrücklich benannt sein[35] und dem Bestimmtheitsgrundsatz genügen. Tatbestandsmäßig wird auch eine Generalklausel als ausreichend angesehen, zB Ausschluss aus wichtigem Grund,[36] etwa wegen Schädigung des Ansehens des Vereins oder bei grobem Verstoß gegen die Grundsätze des Vereins.[37] Eine Vereinsordnung, die im Hinblick auf die Grundprinzipien gegen Gesetz oder Satzung verstößt oder die Sanktionen vorsieht, welche in die Satzung hätten aufgenommen werden müssen, ist unwirksam. Unwirksam ist daher ein Beschluss, zB über die Ausschließung eines Mitglieds, der auf einer unwirksamen Vereinsordnung beruht.[38] Vereinsordnungen, die im Rang unterhalb

---

[30] Vgl. *Brouwer* CCZ 2009, 161; AnwBl. 2010, 663; *Kopp* Schriftenreihe des EMR Nr. 40 (2010), S. 447 ff.; *Möhlenkamp* WuW, 2008, 428.
[31] BGH NJW 1984, 1355.
[32] SSW eV/*Waldner/Wörle-Himmel* I. Teil Rn. 151.
[33] SSW eV/*Waldner/Wörle-Himmel* I. Teil Rn. 151; NK-BGB/*Heidel/Lochner* BGB § 25 Rn. 53.
[34] BGH NJW 1967, 1268.
[35] So bereits RGZ 125, 338, 340; BGH NJW 1984, 1355.
[36] Jauernig/Mansel BGB § 25 Rn. 3.
[37] BGH NJW 1962, 247; JW 1967, 1657; NK-BGB/*Heidel/Lochner* BGB § 25 Rn. 53; SSW eV/Waldner/ Wörle-Himmel I. Teil Rn. 350a.
[38] BGH NJW 1989, 1724.

der Satzung stehen, dürfen die Strafvorschriften zwar konkretisieren, diese aber nicht erweitern oder zusätzliche Rechtsnachteile vorsehen. Der zwangsweise Ausschluss von Mitgliedern und sonstige Vereinsstrafen einschließlich der Kostenregelung für Vereinsstrafverfahren sowie die Beschränkung der Teilnahmemöglichkeiten an Vereinsveranstaltungen sollten daher in der Satzung angelegt sein.

3. Eingriffsintensität der Reaktion

30 Zu den möglichen Reaktionen eines Verbandes zählen grds. Ordnungsmittel von ganz unterschiedlicher Eingriffsintensität:[39] Hinweis, Ermahnung oder Verwarnung, Rüge, vorübergehender oder teilweiser Entzug der Mitgliedschaftsrechte, zeitweiliger oder dauernder Ausschluss von der Benutzung der Vereinseinrichtungen bzw. der Teilnahme an Vereinsveranstaltungen, Entzug des Stimmrechts, Entzug des aktiven und passiven Wahlrechts für Vereinsämter, Suspendierung der Mitgliedschaft und Ausschluss aus dem Verband. Von einem Ausschluss als Vertragsstrafe ist nur auszugehen, wenn es sich um eine Maßnahme wegen des Verhaltens des Mitglieds handelt; der Ausschluss aus sonstigen Gründen ist stets Kündigung.[40]

31 Bei welcher Eingriffsintensität man eine Ordnungsmaßnahme als relevante Disziplinar- oder Vereinsstrafe mit der Voraussetzung von satzungsgemäßer Grundlage und der Folge gerichtlicher Überprüfung ansehen muss, oder inwieweit man sich noch im „gerichtsfreien Raum" bewegt, ist str. In der Literatur wird die Notwendigkeit der Beschränkung des Begriffs von Ordnungsmitteln diskutiert. Ordnungsmaßnahmen, die im allgemeinen Recht nicht relevant seien und insoweit auch nicht gerichtlicher Kontrolle unterliegen, beträfen disziplinarmäßige Sanktionen ohne vermögenswirksame Auswirkungen und ohne ein damit verbundenes Unwerturteil gegenüber Ordnungswidrigkeiten bei der Teilnahme am Vereinsleben. Dazu werden Mahnung, Verwarnung oder Verweis, Verweisung von einer Veranstaltung, Sperre hins. der Benutzung von Anlagen oder Teilnahme an Vereinsveranstaltungen und geringfügige Bußgelder genannt. Für eine gerichtliche Überprüfung bestehe nur Anlass, wenn die Entscheidung den Betroffenen in seiner Persönlichkeit verletzt habe.[41]

32 Diese Literaturauffassung erscheint zu weitgehend. Da bei Industrievereinigungen eine Persönlichkeitsverletzung eines Mitgliedsunternehmens ausgeschlossen sein dürfte, würde diese Einschränkung zu einer Uferlosigkeit zulässiger Sanktionsmechanismen führen, was mit den vorgenannten, von der Rspr. entwickelten Pflichten eines Vereins nicht in Einklang zu bringen ist. Sobald eine Ordnungsmaßnahme das Recht eines Mitglieds tangiert, von den üblichen Mitgliedschaftsrechten Gebrauch zu machen, etwa dem Recht auf Teilnahme an Vereinsveranstaltungen[42] oder der Inanspruchnahme bestimmter Vergünstigungen und Dienste,[43] sollte von einer Sanktion ausgegangen werden, die satzungsgemäßer Begründung bedarf. Ohne Sanktionscharakter verbleiben damit lediglich Hinweise, Ermahnungen und Rügen sowie ggf. Auflagen, nur Mitarbeiter als Verbandsdelegierte zu entsenden, die den Leitfaden für kartellrechtskonformes Verhalten unterzeichnet haben.

33 Ungeklärt ist die Frage, welche Sanktionen gegen Mitglieder möglich sind, wenn die Verstöße von deren entsandten Delegierten die unmittelbare Beendigung der Vereinsmitgliedschaft (noch) nicht rechtfertigen. Während Vereinsstrafen in der Satzung selbst geregelt sein müssen,[44] können nachrangige körperschaftliche Normen bzw. Normen zweiten Ranges in Vereinsordnungen festgehalten werden, die im Range unterhalb der Satzung stehen.[45] In einer solchen Vereinsordnung kann insbes. im Hinblick auf Geschäftsordnungen und

---

[39] Vgl. BeckOK BGB/*Schöpflin* BGB § 25 Rn. 44; NK-BGB/*Heidel*/*Lochner* BGB § 25 Rn. 52.
[40] MüKoBGB/*Reuter* BGB § 25 Rn. 43.
[41] NK-BGB/*Heidel*/*Lochner* BGB § 25 Rn. 47 mwN.
[42] OLG Frankfurt a. M. WM 1986, 2576; OLG Celle Urt. v. 5.10.1987 – 1 U 69/86, BeckRS 1987, 31137584, Rn. 28.
[43] OLG Hamm NJW-RR 1993, 1179; OLG Frankfurt a. M. GRUR 1961, 496.
[44] S. MüKoBGB/*Reuter* BGB § 25 Rn. 44.
[45] SSW eV/*Waldner*/*Wörle-Himmel* I. Teil Rn. 151.

Verfahren alles geregelt werden, was nicht zwingend in eine Satzung gehört. Hier bietet es sich ggf. an, in einer Kartellrichtlinie Regelprozesse zu beschreiben, die eine Teilnahme an Sitzungen nur unter der Voraussetzung kartellrechtskonformen Verhaltens erlauben. Solche Regeln könnten über das hinausgehen, was in üblichen Kartellleitfäden gemeinhin beschrieben wird, wie zB Rüge bestimmter Äußerungen, Unterbrechung oder Abbruch der Sitzung durch den Sitzungsleiter bzw. hauptamtlichen Mitarbeiter. In Frage kommen alle Maßnahmen, die unter Optionen I–III (→ Rn. 19 ff.) skizziert wurden. Allerdings darf die Reaktion – auch vor dem Hintergrund der Stellung des Verbandes – nicht übermäßig sein: Die Qualität von Vertragsstrafen darf durch die Maßnahme ebenso wenig erreicht werden wie die Beeinträchtigung mitgliedschaftsrechtlicher Befugnisse, etwa an Wahlen, Abstimmungen und grundlegender Willensbildung im Verband teilzunehmen. Dies gilt umso mehr, wenn diesen Leitfaden nicht die Mitgliederversammlung, sondern lediglich der Vorstand verabschiedet hat und eine satzungsähnliche Legitimität dafür nicht vorhanden ist.

Wirtschafts- und Berufsverbände sind oft komplex strukturiert und haben eine große **34** Vielfalt von mehr oder weniger autonomen Untergliederungen. Soweit sich aus dieser Komplexität praktische Schwierigkeiten eines stringenten kartellrechtskonformen Verhaltens von Unternehmensdelegierten in der Vielzahl der Gremien ergeben sollten, gewinnt der Bedarf nach einem Regelwerk, das effiziente und wirksame Sanktionen erlaubt, große Bedeutung. Der Verband sollte im Zweifel im Wege einer Satzungsänderung eine Ermächtigung für ein solches Regelwerk schaffen. Die Satzung muss insoweit Zweck und Reichweite der Reaktions- und Sanktionskompetenz des zuständigen Organs festlegen.

4. Reaktionen auf Verhalten von Nichtmitgliedern

Die satzungsgemäße Regelungsmacht kann grds. nur gegenüber den Mitgliedern Verbind- **35** lichkeit erzeugen. Ein Durchgriff auf Angestellte oder Vertreter eines Mitglieds ist nicht ohne weiteres möglich.[46] Eine Satzungsbestimmung, die gegen ein Nichtmitglied eine Vereinsstrafe androht, ist nichtig.[47] Das gilt insbes. für Strafen, die nur gegen Mitglieder verhängt werden dürfen oder gegen solche Nichtmitglieder, die sich der Vereinsstrafgewalt ausdrücklich unterworfen haben.[48]

Satzung und Nebenordnungen gelten danach nicht automatisch für Nichtmitglieder des **36** Vereins, die an Vereinsveranstaltungen teilnehmen oder Vereinseinrichtungen benutzen. Es bedarf hierfür eines individuellen, ggf. konkludent abzuschließenden, Unterwerfungs- bzw. Erstreckungsvertrages zwischen Verein und einzelnem Nichtmitglied.[49] In einem Wirtschafts- und Berufsverband mit Mitgliedern, die überwiegend aus juristischen Personen bestehen, hat man es im Vereinsleben regelmäßig mit Organmitgliedern oder entsandten Verbandsdelegierten zu tun. Möchte man sie der Ordnung des Verbandes unterwerfen, ist es notwendig, diese häufig wechselnden Nichtmitglieder, die in das Gremienwesen mit einbezogen sind, in verbindlicher und nachvollziehbarer Weise auf die Einhaltung des Regelwerks des Verbandes zu verpflichten. Der erwähnte Erstreckungsvertrag bezieht im Fall individueller Anerkennung der Vereinsregeln die Gremienmitglieder als Nichtmitglieder in den Geltungsanspruch der Vereinsordnungen mit ein.

Gegen Nichtmitglieder dürfen aber Ordnungsmaßnahmen unterhalb des Strafcharakters **37** verhängt werden. Denn zum einen dürfen sich Beschäftigte von Mitgliedsunternehmen als Nichtmitglieder nicht selbst auf die Ausübung von Mitgliedschaftsrechten berufen, zum anderen ist schon fraglich, ob sich ein Mitgliedsunternehmen kartellrechtswidriges Verhalten eines Beschäftigten iRd Ausübung von Mitgliedschaftsrechten in Gremien oder auf Veranstaltungen zu eigen machen will. Hier könnte der Verband den betroffenen Mitarbeiter des Unternehmens mittels seines Hausrechts aus dem Veranstaltungsraum weisen,

---

[46] BGH NJW 1959, 982 (983); MüKoBGB/*Reuter* BGB § 25 Rn. 47.
[47] BGH WM 1980, 869 (870).
[48] BGH NJW 1995, 699; *Haas/Adolphsen* NJW 1996, 2351.
[49] MüKoBGB/*Reuter* BGB § 25 Rn. 29.

von der zukünftigen Teilnahme an Sitzungen aller oder bestimmter Gremien ausschließen oder seine weitere Teilnahme von einer Schulung abhängig machen. Die Mitgliedschaftsrechte des Unternehmens wären nicht berührt, weil es sich durch einen anderen Delegierten vertreten lassen könnte.

5. Vereinsrechtliche Zurechnung des Verhaltens Dritter beim Mitglied

38 Ein Vereinsmitglied kann wegen regelwidrigen Verhaltens eines Dritten, dessen es sich zulässigerweise bei einer Vereinsveranstaltung bedient, nur sanktioniert werden, wenn ihm das zu missbilligende Verhalten in dem Sinne zuzurechnen ist, dass es mit einer Vereinsstrafe belegt werden kann. Sachverhaltsermittlungen müssen sich also darauf erstrecken, ob ein Mitglied das inkriminierte Verhalten eines von ihm entsandten Delegierten oder Beschäftigten beauftragt hat oder billigt. Das wird vielfach schwer nachzuweisen sein.

39 Die Satzung darf aber vorsehen, dass es bei Reaktionen auf ein Verschulden des Mitglieds nicht ankommt,[50] wenn es unzumutbar ist, das gemeinsame Vereinsleben mit dem Pflichtverletzer aufrechtzuerhalten. Im Falle eines Angehörigen soll es allerdings unbillig sein, wenn sich der Ausschluss allein darauf bezieht, dass ein Angehöriger des Mitglieds in erheblichem Umfang gegen die Vereinsstrafverordnung verstoßen hat. Das Argument, man habe zu dem Vereinsmitglied kein Vertrauen mehr, könne nur dann geltend gemacht werden, wenn eine begründete, auf bestimmte Tatsachen stützende Befürchtung bestehe, das Mitglied werde ebenso wie seine Angehörigen von seinen Mitgliedschaftsrechten missbräuchlich Gebrauch machen.[51] Bei Beschäftigten wird man einen strengeren Maßstab als bei Angehörigen anlegen dürfen, denn das Mitglied ist ersteren gegenüber weisungsbefugt.

III. Zuständigkeit und Verfahren

40 Grds. ist die Mitgliederversammlung zuständig, Vereinsstrafen zu verhängen. Die Satzung kann die Strafgewalt insgesamt oder für einzelne Gegenstände auf andere Vereinsorgane übertragen, etwa auf den Vorstand oder ein Vereins- oder Ehrengericht.[52] In ständiger Verschärfung seiner Rspr. verlangt der BGH heute bei allen Vereinen die Satzungsgemäßheit von Strafe und Verfahren hins. der Vereinbarkeit mit Gesetz und guten Sitten sowie des Fehlens grober Unbilligkeit. Er unterwirft die Tatsachenfeststellung des im Verein entscheidenden Gremiums der uneingeschränkten gerichtlichen Kontrolle.[53]

41 Die Subsumtion unterliegt insbes. dann der gerichtlichen Nachprüfung, wenn die Vereinsstrafe auf Grund einer generalklauselartigen Satzungsbestimmung verhängt worden ist.[54] In allen Wertungsfragen steht dem Beschlussorgan auf Grund der Vereinsautonomie aber ein angemessener Beurteilungsspielraum zu. Das Gericht darf nämlich nicht seine Überzeugungen und Wertmaßstäbe an die Stelle derjenigen des Verbandes setzen.[55] Die Einschätzungsprärogative der Verbandsorgane, die Ausdruck einer ideellen Einstellung oder als Anwendung spezieller Verhaltens- und Spielregeln anzusehen sind, muss respektiert werden.[56]

---

[50] Die hM in der Literatur fordert hingegen Verschulden; BeckOK BGB/*Schöpflin* BGB § 25 Rn. 47; NK-BGB/*Heidel/Lochner* BGB § 25 Rn. 3; Palandt/*Ellenberger* BGB § 25 Rn. 15, es sei denn, es handele sich um eine Vereinigung von Kaufleuten, soweit es um die Zurechnung von Erfüllungsgehilfen gehe.

[51] BGH NJW 1972, 1893.

[52] BeckOK BGB/*Schöpflin* BGB § 25 Rn. 51; nur für ein Vorstandsmitglied bleibt die Mitgliederversammlung zuständig, wenn sie für die Bestellung zuständig ist; BayObLG NJW-RR 1994, 832; OLG Celle OLGZ 1980, 359.

[53] BGH NJW 1994, 918.

[54] BGH NJW 1997, 3368.

[55] BGH NJW 1997, 3368 (3370); MüKoBGB/*Reuter* BGB § 25 Rn. 38 ff.; BeckOK/*Schöpflin* BGB § 25, 61 ff.

[56] NK-BGB/*Heidel/Lochner* BGB § 25 Rn. 48.

Bei Verbänden mit überragender Machtstellung im wirtschaftlichen oder sozialen Bereich **42** überprüft die Rspr. auch die Ordnungsgemäßheit des vereinsgerichtlichen Verfahrens, etwa ob rechtliches Gehör gewährt wurde, und die ausreichende Rechtfertigung durch sachliche Gründe.[57] Es wird also eine allgemeine Billigkeitskontrolle vorgenommen.[58]

Im gerichtlichen Verfahren wird nur die Wirksamkeit oder Unwirksamkeit des Strafbe- **43** schlusses festgestellt; eine unbegründete Klage wird demzufolge abgewiesen.[59] Einzelne Instanzgerichte[60] heben auch den Vereinsbeschluss als solchen auf, wenn zB die Ermächtigungsgrundlage in der Satzung fehlt. In der Praxis mag es empfehlenswert sein, ein Schiedsgericht in der Satzung zu verankern. Der Vorteil der Errichtung einer echten Vereinsschiedsgerichtsbarkeit besteht darin, dass Entscheidungen von Schiedsgerichten iSd § 1025 ff. ZPO keiner gerichtlichen Abschlusskontrolle mehr unterliegen. Voraussetzung ist, dass das Schiedsgericht parteiunabhängig ist und auch konkret keine Partei im Verfahren benachteiligt hat. Die Rspr. stellt an die Einsetzung eines Schiedsgerichts (statt eines Verbandsgerichts) strenge Anforderungen.[61]

---

[57] BGH NJW 1988, 552.
[58] BGH NJW 1995, 583.
[59] BGH NJW 1995, 583.
[60] ZB OLG Frankfurt a. M. GRUR 1985, 992.
[61] BGH NJW 2004, 2226.

3. Kapitel. Der Wirtschaftsverband in der Öffentlichkeit

§ 7. Strafrechtliche Compliance-Verantwortung

Literatur:

Achenbach, Vermögensrechtlicher Opferschutz im strafprozessualen Vorverfahren, in: Festschrift für Günter Blau, 1985, 7 ff.; *ders.,* Verbandsgeldbuße und Aufsichtspflichtverletzung, NZWiSt 2012, 321 ff.; *ders.,* Obligatorische Zurückgewinnungshilfe?, NStZ 2001, 401 ff.; *Achenbach/Ransiek/Rönnau,* Handbuch Wirtschaftsstrafrecht, 4. Aufl. 2015; *Acker/Ehling,* Einladung in die Business-Lounge? – Strafbarkeitsrisiko bei Vergabe oder Annahme von Einladungen im geschäftlichen Verkehr, BB 2012, 2517 ff.; *Ambos/Ziehn,* Zur Strafbarkeit von Schulfotografen wegen Bestechung oder Vorteilsgewährung gem. §§ 333, 334 StGB, NStZ 2008, 498 ff.; *Beckemper/Stage,* Anmerkung zu BGH, Urt. v. 28.8.2007 – 3 StR 212/07, NStZ 2008, 35 ff.; *Barreto da Rosa,* Gnadenstoß für einen Totengräber – ein Plädoyer für die Abschaffung von § 73 I 2 StGB, ZRP 2012, 39 ff.; Beck'scher Online-Kommentar OWiG, Stand: 15.1.2016; Beck'scher Online-Kommentar StGB, Stand: 10.9.2015; *Beulke,* Der „Compliance Officer" als Aufsichtsgarant? – Überlegungen zu einer neuen Erscheinungsform der Geschäftsherrenhaftung, in: Festschrift für Klaus Geppert, 2011, 23 ff.; *Bohnert/Krenberger/Krumm,* OWiG, Kommentar zum Ordnungswidrigkeitengesetz, 4. Aufl. 2016; *Bosch,* Organisationsverschulden im Unternehmen, 2002; *Brouwer,* Compliance im Wirtschaftsverband, CCZ 2009, 161 ff.; *Bülte,* Die Beschränkung der strafrechtlichen Geschäftsherrenhaftung auf die Verhinderung betriebsbezogener Straftaten, NZWiSt 2012, 176 ff.; *C. Dannecker,* Die Folgen der strafrechtlichen Geschäftsherrenhaftung der Unternehmensleitung für die Haftungsverfassung juristischer Personen – zugleich: Besprechung von BGH, Urt. v. 10.7.2012 – VI ZR 341/10, NZWiSt 2012, 441 ff.; *Dannecker/Dannecker,* Die „Verteilung" der strafrechtlichen Geschäftsherrenhaftung im Unternehmen, JZ 2010, 981 ff.; *Deiters,* Zu den Voraussetzungen der Strafbarkeit wegen Vorteilsannahme (§ 331 Abs. 1 StGB) bei der unmittelbaren Zuwendung eines Vorteils an Dritte, ZJS 2012, 255 ff.; *Deister/Geier,* Der UK Bribery Act 2010 und seine Auswirkungen auf deutsche Unternehmen, CCZ 2011, 12 ff.; *Dölling,* Betrug und Bestechlichkeit durch Entgeltannahme für eine vorgetäuschte Dienstpflichtverletzung?, JuS 1981, 570 ff.; *ders.,* Zur Auslegung der §§ 331, 333 StGB bei Einwerbung von Wahlkampfspenden durch einen Amtsträger, JR 2005, 519 ff.; *Gerig/Tsesis,* Interessenvertretung und Compliance, CZ 2015, 268 ff.; *Eberhach,* Zwischen Sanktion und Prävention – Möglichkeiten der Gewinnabschöpfung nach dem StGB, NStZ 1987, 487 ff.; *Eisele,* Strafrecht, Besonderer Teil I, 2. Aufl. 2012; *Engelhart,* Sanktionierung von Unternehmen und Compliance, 2010; *ders.,* Verbandsverantwortlichkeit – Dogmatik und Rechtsvergleichung, NZWiSt 2015, 201 ff.; *Engelsing/Lüke,* Praxishandbuch der Berufs- und Wirtschaftsverbände, 2. Aufl. 2014; *Engisch,* Referat zum 40. Deutschen Juristentag, Band II, 1954; *Fischer,* Strafgesetzbuch, 63. Aufl. 2016; *Fehr,* Mobbing am Arbeitsplatz. Eine strafrechtliche Analyse des Phänomens Mobbing, 2007; *Geerds,* Zur Strafbarkeit der Vorteilsannahme oder Bestechlichkeit, wenn der Amtsträger lediglich vorspiegelt, eine Dienstleistung erbracht zu haben, für die er einen Vorteil fordert, JR 1981, 301 ff.; *Gerig,* Der rechtliche Rahmen für Lobbyisten, ZRP 2014, 247 (249); *Gerig/Tsesis,* Interessenvertretung und Compliance, CCZ 2015, 268 (270); *Göhler,* Gesetz über Ordnungswidrigkeiten, 16. Aufl. 2012; *Graf/Jäger/Wittig,* Wirtschafts- und Steuerstrafrecht, Kommentar, 2011; *Greeve,* Strafbare Vorteilsgewährung an Amtsträger als Repräsentanten des Staates, CCZ 2008, 117 ff.; *Grützner,* Unternehmensstrafrecht vs. Ordnungswidrigkeitenrecht, CCZ 2015, 56 ff.; *Hauschka/Moosmayer/Lösler,* Corporate Compliance, 3. Aufl. 2016; *Heine,* Die strafrechtliche Verantwortlichkeit von Unternehmen, 1995; *Heinitz,* 40. Deutscher Juristentag, NJW 1953, 1462 f.; *Helmrich,* Zulässigkeit einer Verbandsgeldbuße bei Straftaten von Mitarbeitern zum Nachteil des „eigenen" Unternehmens, wistra 2010, 331 ff.; *Hellmann/Beckemper,* Wirtschaftsstrafrecht, 4. Aufl. 2013; *Herzog,* Gewinnabschöpfung unter der Flagge der positiven Generalprävention – Zur Kritik des BVerfG-Urteils zum Erweiterten Verfall (§73d StGB) v. 14.1.2004 – 2 BvR 564/65 –, JR 2004, 494 ff.; *Hoven,* Aktuelle rechtspolitische Entwicklungen im Korruptionsstrafrecht – Bemerkungen zu den neuen Strafvorschriften über Mandatsträgerbestechung und Bestechung im geschäftlichen Verkehr, NStZ 2015, 553; *ders.,* Der nordrhein-westfälische Entwurf eines Verbandsstrafgesetzbuchs – Eine kritische Betrachtung von Begründungsmodell und Voraussetzungen der Straftatbestände, ZIS 2014, 19 ff.; *Hugger,* S20-Leitfaden „Hospitality und Strafrecht", CCZ 2012, 65 ff.; *Jahn,* Strafrecht BT: Vorteilsgewährung durch Versendung von WM-Tickets, JuS 2009, 176 ff.; *Joecks/Miebach,* Münchener Kommentar zum Strafgesetzbuch, 2. Aufl. 2012 ff.; *Kappel/Ehling,* Wie viel Strafe ist genug? – Deutsche Unternehmen zwischen UK Bribery Act, FCPA und StGB, BB 2011, 2115 ff.; *Kappel/Lagodny,* Der UK Bribery Act – Ein Strafgesetz erobert die Welt?, StV 2012, 695 ff.; *Kargl,* Parteispendenakquisition und Vorteilsannahme, JZ 2005, 503 ff.; *Kiethe/Hohmann,* Das Spannungsverhältnis von Verfall und Rechten Verletzter (§ 73 I 2 StGB) – Zur Notwendigkeit der effektiven Abschöpfung von Vermögensvorteilen aus Wirtschaftsstraftaten, NStZ 2003, 505 ff.; *Kindhäuser/Neumann/Paeffgen,* Nomos-Kommentar Strafgesetzbuch, 4. Aufl. 2014; *Knauer,* Die strafrechtliche Haftung von Justiziaren, Innen-Revisoren und Compliance-Officers („Berliner Straßenreinigung – 5 StR 394/08"), in: Festschrift für Imme Roxin, 2012, 465 ff.; *Knierim/Rübenstahl/Tsambikakis,* Internal Investigations, Ermittlungen im Unternehmen, 2013; *Kopp,* in: Europäisches und nationales Medienrecht im Dialog, 2010; *Kölbel,* Corporate Crime, Unternehmenssanktion und kriminelle Verbandsattitüde, ZIS 2014, 552 ff.; *Korte,* Anmerkung zu BGH, Urt. v. 28.8.2007 – 3 StR 212/07, NStZ 2008, 341 ff.; *Krems,* Gesetzgeberische Intention und Konzeption, ZIS 2015, 5 ff.; *Krey/Heinrich*, Strafrecht, Besonderer Teil, Band 1, 16. Aufl. 2015; *Krüger*, Beteiligung durch Unterlassen an fremden Straftaten. Überlegungen aus Anlass des Urteils zum Compliance Officer, ZIS 2011, 1 ff.; *Kubiciel*, Kölner Papiere zur Kriminalpolitik, 3/15; *ders.*, Verbandsstrafe – Verfassungskonformität und Systemkompatibilität, ZRP 2014, 133 ff.; *Kudlich*, Die Unterstützung fremder Straftaten durch berufsbedingtes Verhalten, 2004; *ders.*, Ausfuhr von Gütern ohne die Genehmigung nach dem Außenwirtschaftsgesetz, ZWH 2012, 187 ff.; *Kudlich/Noltensmeier*, Die Anordnung des Verfalls (§§ 73 ff. StGB) bei verbotenem Insiderhandel nach § 38 i.V. mit § 14 WpHG, wistra 2007, 121 ff.; *Kudlich/Oğlakcıoğlu*, Wirtschaftsstrafrecht, 2. Aufl. 2014; *Kudlich/Wittig*, Strafrechtliche Enthaftung durch juristische Präventionsberatung?, ZWH 2013, 253 ff.; *Kuhlen*, Sponsoring und Korruptionsstrafrecht, JR 2010, 154 ff.; *Kuhlen/Kudlich/Ortiz de Urbina*, Compliance und Strafrecht, 2013; *Kuhn*, Die Garantenstellung des Vorgesetzten, wistra 2012, 297 ff.; *Küper/Zopfs*, Strafrecht, Besonderer Teil, 9. Aufl. 2015; *Kutschaty*, Unternehmensstrafrecht: Deutschland debattiert, der Rest Europas handelt, DRiZ 2013, 16 ff.; *ders.*, Deutschland braucht ein Unternehmensstrafrecht, ZRP 2013, 74 f.; *Kühl*, Strafrecht – Allgemeiner Teil, 7. Aufl. 2012; *Lackner/Kühl*, Strafgesetzbuch, 28. Aufl. 2014; *Laufhütte/Ruß/Zieschang/Tiedemann*, Leipziger Kommentar StGB, 12. Aufl. 2006 ff.; *Mansdörfer*, „Zuwiderhandlungen" der „Entscheidungträger" und „Verletzung von Verbandspflichten", Dogmatische Inkonsistenzen im nordrhein-westfälischen Entwurf eines Verbandsstrafrechts, ZIS 2015, 23 ff.; *Mansdörfer/Trüg*, Umfang und Grenzen der strafrechtlichen Geschäftsherrenhaftung, StV 2012, 432 ff.; *Matt/Renzikowski*, Strafgesetzbuch, 2013; *Momsen*, Der „Compliance-Officer" als Unterlassensgarant, in: Festschrift für Ingeborg Puppe, 2010, 751 ff.; *Momsen/Grützner*, Wirtschaftsstrafrecht, 2013; *Moosmayer/Beulke*, Der Reformvorschlag des Bundesverbandes der Unternehmensjuristen zu den §§ 30, 130 OWiG – Plädoyer für ein modernes Unternehmenssanktionenrecht, CCZ 2014, 146 ff.; *Moosmayer/Gropp-Stadler*, Der Diskussionsentwurf des Bundesministeriums der Justiz zur Änderung der §§ 30, 130 OWiG: Ein Zwischenruf, NZWiSt 2012, 241 ff.; *Müller-Gugenberger*, Wirtschaftsstrafrecht, 6. Aufl. 2015; *Otto*, Grundkurs Strafrecht: Die einzelnen Delikte, 2005; *ders.*, Die Haftung für kriminelle Handlungen in Unternehmen, Jura 1998, 409 ff.; *Paster/Sättele*, Alles, was das Leben verschönern kann, NStZ 2008, 366 ff.; *Peters*, Hospitality und Strafrecht oder „Bitte nicht (an)füttern", ZWH 2012, 262 ff.; *Rackow*, Neutrale Handlungen als Problem des Strafrechts, 2007; *Radtke*, Der strafrechtliche Amtsträgerbegriff und neue Kooperationsformen zwischen der öffentlichen Hand und Privaten (Public Private Partnership) im Bereich der Daseinsvorsorge, NStZ 2007, 57 ff.; *Ransieck*, Zur Amtsträgereigenschaft freiberuflicher Bauingenieure und Angestellter privatrechtlicher Organisationen, NStZ 1998, 564 ff.; *Rathgeber*, Criminal Compliance, 2012; *Rebmann/Roth/Herrmannm*, Gesetz über Ordnungswidrigkeiten, Loseblattsammlung, Stand: 5/2015; *Rengier*, Strafrecht, Besonderer Teil II, 16. Aufl. 2015; *Retemeyer*, Gewinnabschöpfung im Ordnungswidrigkeitenrecht, wistra 2012, 56 ff.; *Rhode*, Der Fall nach § 73 Abs. 3 StGB, wistra 2012, 85 ff.; *Richter*, Leitfaden „Hospitality und Strafrecht" vorgelegt, NJW-Spezial 2011, 568; *Rönnau/Huhn*, Zur Bedeutung von § 73 Abs. 1 S. 2 StGB für den Verfall bei bestehenden Steuerforderungen, JR 2002, 289 ff.; *Rönnau/Schneider*, Der Compliance-Beauftragte als strafrechtlicher Garant, ZIP 2010, 53 ff.; *Rönnau/Wegner*, Reform des Rechts der Verbandssanktionen – europäische und internationale Vorgaben, ZRP 2014, 158 ff.; *Rotsch*, Criminal Compliance, 2015; *ders.*, Täterschaft kraft Organisationsherrschaft, ZStW 112 (2000), 518; *ders.*, Wider die Garantenpflicht des Compliance-Beauftragten, in: Festschrift für Imme Roxin, Berlin, 2012, 485 ff.; *Roxin*, Allgemeines Strafrecht, Band II: Besondere Erscheinungsformen der Straftat, 2003; *ders.*, Anmerkung zu BGH, Urt. v. 20.10.2011 – 4 StR 71/11, JR 2012, 305 ff.; *ders.*, Straftaten im Rahmen organisatorischer Machtapparate, GA 1963, 193; *ders.*, Täterschaft und Tatherrschaft, 8. Aufl. 2006; *Rübenstahl*, Der Foreign Corrupt Practices Act (FCPA) der USA (Teile 1 und 2), NZWiSt 2012, 401; 2013, 6; *ders.*, Die Verschärfung der Rechtsprechung zum Verfall am Beispiel der Vermögensabschöpfung bei unvollendeten Vermögensdelikten, HRRS 2010, 505; *Rübenstahl/Boerger*, Der Foreign Corrupt Practices Act (FCPA) der USA (Teile 3–5), NZWiSt 2013, 124, 281, 367; *Saliger*, Hospitality und Korruption, in: Festschrift für Hans-Heiner Kühne, 2013, 443 ff.; *ders.*, Kick-Back „PPP", Verfall – Korruptionsbekämpfung im „Kölner Müllfall", NJW 2006, 3377 ff.; *Saliger/Sinner*, Korruption und Betrug durch Parteispenden, NJW 2005, 1073 ff.; *Satzger/Schluckebier/Widmaier*, StGB – Strafgesetzbuch, 3. Aufl. 2017; *Senge*, Karlsruher Kommentar zum Gesetz über Ordnungswidrigkeiten, 4. Aufl. 2014; *Schlösser*, Die Bestimmung des erlangten Etwas i.S.v. § 73 I 1 StGB bei in Folge von Straftaten abgeschlossenen gegenseitigen Verträgen – Zum Streit des 5. Senats und 1. Senats des BGH über den Umfang der Verfallserklärung, NStZ 2011, 121 ff.; *Schmidt-Salzer*, Konkretisierungen der strafrechtlichen Produkt- und Umweltverantwortung, NJW 1996, 1 ff.; *Schmittlein*, Verbands-Compliance, 2015; *Schmoller*, Strafe ohne Schuld? – Überlegungen zum neuen österreichischen Verbandsverantwortlichkeitsgesetz, in: Festschrift für Harro Otto, 2007, 453 ff.; *Schönke/Schröder*, Strafgesetzbuch: StGB, Kommentar, 29. Aufl. 2014; *Schramm*, Anmerkung zu BGH, Urt. v. 20.10.2011 – 4 StR 71/11, JZ 2012, 967; *Schünemann*, Die aktuelle Forderung eines Verbandsstrafrechts – Ein kriminalpolitischer Zombie, ZIS 2014, 1 ff.; *ders.*, Die Unterlassungsdelikte und die strafrechtliche Verantwortlichkeit für Unterlassungen, ZStW 96 (1984), 287 ff.; *ders.*, Die Unrechtsvereinbarung als Kern der Bestechungsdelikte nach dem KorrBekG, in: Festschrift für Harro Otto, 2007, 777 ff.; *ders.*, Unternehmenskriminalität und Strafrecht – Eine Untersuchung der Verantwortlichkeit der Unternehmen und ihrer Führungskräfte nach geltendem und geplantem Straf- und Ordnungswidrigkeitenrecht, 1979; *Senge*, Karlsruher Kommentar zum Gesetz über Ordnungswidrigkeiten, 4. Aufl. 2014; *Spring*, Die Garantenstellung des Compliance Officers oder: Neues zur Geschäftsherrenhaftung, GA 2010, 222; *Süße/Schneider*, Entwurf eines Gesetzes zur Einführung der strafrechtlichen Verantwortlichkeit von Unternehmen und sonstigen Verbänden aus Nordrhein-Westfalen, Newsdienst Compliance 2014, 71002; *Theile*, Grundprobleme der strafrechtlichen Verfallsvorschriften nach den §§ 73 ff. StG, ZJS 2011, 333 ff.; *Tiedemann*, Wirtschaftsstrafrecht. Einführung und Allgemeiner Teil mit wichtigen Rechtstexten, 4. Aufl. 2014; *Timmerbeil/Spachmüller*, UK Bribery Act – Das Damoklesschwert über deutschen Unternehmen?, DB 2013, 2133 ff.; *Többens*, Die Bekämpfung der Wirtschaftskriminalität durch die Troika der §§ 9, 130 und 30 des Gesetzes über Ordnungswidrigkeiten, NStZ 1991, 1 ff.; *Trüg*, Vorteilsgewährung durch Übersendung von WM-Gutscheinen – Schützt Sponsoring vor Strafe?, NJW 2009, 198 ff.; *Valerius*, „Der Amtsträger zu Gast bei Freunden" – Vorteilsgewährung bei Sponsoring durch Versendung von Eintrittskarten für die Fußball-Weltmeisterschaft?, GA 2010, 211 ff.; *Vogel*, Unrecht und Schuld in einem Unternehmensstrafrecht, StV 2012, 427 ff.; *ders.*, Anmerkung zu BGH, Urt. v. 27.1.2010 – 5 StR 224/09, JZ 2010, 370 ff.; *Volk*, Münchener Anwaltshandbuch Verteidigung in Wirtschafts- und Steuerstrafsachen, 2. Aufl. 2014; *Wabnitz/Janovsky*, Handbuch des Wirtschafts- und Steuerstrafrechts, 4. Aufl. 2014; *Wagner*, Anmerkung zu BGH, Urt. v. 19.1.2012 – 3 StR 343/11, NStZ 2012, 381; *Wessels/Beulke/Satzger*, Strafrecht, Allgemeiner Teil, 45. Aufl. 2015; *Wessels/Hettinger*, Strafrecht, Besonderer Teil 1, 39. Aufl. 2015; *Wolter*, Systematischer Kommentar zum Strafgesetzbuch, Loseblattsammlung, Stand: 5/2013; *Willems*, Der NRW-Entwurf für ein Verbandsstrafgesetzbuch – die Perspektive der Wirtschaft, ZIS 2014, 40 ff.; *Wittig*, Wirtschaftsstrafrecht, 4. Aufl. 2017; *Zimmermann*, Korruption und Gubernation, ZStW 124, 1023.

A. Einführung

Strafrechtliche (kriminalitätsbezogene) Compliance, meist und auch im Folgenden als **1** **Criminal Compliance** bezeichnet, ist erst in jüngster Zeit zum Gegenstand des Wirtschaftsstrafrechts avanciert.[1] Criminal Compliance hat die Einhaltung strafrechtlicher Regeln durch Unternehmensmitarbeiter zum Gegenstand und die Vermeidung strafrechtlicher Sanktionen zum Ziel.[2] Dies trifft auch für Criminal Compliance in Wirtschaftsverbänden zu. In diesem Beitrag soll der **„materiell-präventive Aspekt"** von Criminal Compliance aus Verbands- bzw. Unternehmenssicht im Vordergrund stehen, nämlich im Verhältnis zu den Verbands-/Unternehmensmitarbeitern der Verwirklichung von Straftaten entgegenzuwirken.[3] In diesem Zusammenhang stellt sich aber auch die Frage, welche organisatorischen (Compliance-)Maßnahmen zu einer Enthaftung der Verbandsleitung führen können.

Im Kontext der Tätigkeit von Wirtschaftsverbänden bestehen **Strafbarkeitsrisiken** so- **2** wohl für verbandsangehörige als auch für verbandsexterne Akteure. Im Folgenden soll dargelegt werden, für welche Personen welche Strafbarkeitsrisiken typischerweise bei einer Tätigkeit für oder gegenüber Wirtschaftsverbänden bestehen. Daraus ergeben sich Gegenstand und Umfang der Criminal Compliance bei Wirtschaftsverbänden und Unternehmen, die mit Wirtschaftsverbänden in Kontakt stehen, sei es als Mitgliedsunternehmen des Verbandes, sei es als nicht verbandsangehöriges Unternehmen. Wie ein solches Criminal-Compliance-System dann konkret organisatorisch auszugestalten ist, wird in → § 14 näher ausgeführt. In diesem Beitrag werden lediglich die allgemeinen Grundsätze der Criminal Compliance dargestellt, deren Beachtung aus strafrechtlicher Sicht zu einer möglichen Enthaftung der Verbandsverantwortlichen führen kann. Eine Enthaftung der Verbandsleitung lässt sich möglicherweise aber auch durch eine präventive Rechtsberatung herbeiführen, was hierbei zu beachten ist, wird abschließend kurz dargestellt werden.

Nach dem deutschen individualistisch geprägten Strafrecht können sich nur **natürliche 3 Personen** strafbar machen. Eine Verbandsstrafbarkeit wird ua als unvereinbar mit dem für das deutsche Strafrecht fundamentalen Schuldgrundsatz angesehen.[4] Die Verhängung von Kriminalstrafen gegen juristische Personen oder Personenvereinigungen ist nicht möglich, gegen sie kann aber eine (Verbands-)Geldbuße gem. § 30 OWiG verhängt werden. Im

---

[1] Momsen/Grützner/*Rotsch* Kap. 1 B Rn. 77 mwN.

[2] *Rotsch* Criminal Compliance/*Rotsch* § 1 Rn. 11.

[3] Nach Rotsch Criminal Compliance/*Rotsch* § 1 Rn. 46 hat Criminal Compliance aus Unternehmenssicht neben dieser „materiell-präventiven" noch eine „prozessual-repressive" Zielsetzung, nämlich auf die Anerkennung von Compliance-Systemen hinzuwirken, sowie eine „ökonomische" Zielsetzung, nämlich Reputationsschäden für das Unternehmen durch Entstehung eines Straftatverdachts zu vermeiden.

[4] S. nur BeckOK StGB/*Momsen* StGB § 14 Rn. 28; *Schünemann* ZIS 2014, 1 sowie → Rn. 9.

Kontext einer Verbands- oder Unternehmenstätigkeit können insbes. Organe und sonstige Leitungspersonen strafrechtlich belangt werden, weil sie entweder originär oder (etwa gem. § 14 StGB) derivativ Adressaten einer strafrechtlichen Norm sind oder aber – etwa nach den Grundsätzen der sog Geschäftsherrenhaftung – für das Fehlverhalten anderer strafrechtlich zur Verantwortung gezogen werden können. Da Wirtschaftsverbände fast durchgehend als eingetragene (privatrechtliche) Idealvereine (§ 21 BGB) organisiert sind,[5] kann wegen der fehlenden Verbandsstrafbarkeit nach geltendem Recht für ein Fehlverhalten iRd Vereinstätigkeit nur eine natürliche Person, etwa ein Vorstandsmitglied, strafrechtlich sanktioniert werden. Soweit Unternehmen in Kontakt mit einem Verband treten, können sich wiederum nur die für dieses Unternehmen handelnden natürlichen Personen strafbar machen (nicht aber das Unternehmen).

4   Auch wenn eine strafrechtliche Sanktionierung von Unternehmen oder Verbänden nach der jetzigen Gesetzeslage in Deutschland nicht möglich ist, hat auch eine **Sanktionierung nach dem Ordnungswidrigkeitenrecht (§ 30 OWiG)** gravierende materielle und immaterielle Folgen (wie etwa einen Reputationsverlust) für die betroffenen Verbände und Unternehmen. Dies haben der sog Siemens-Skandal oder jüngst der VW-Abgas-Skandal eindrücklich vor Augen geführt. Auch ist zu berücksichtigen, dass die meisten europäischen Strafrechtsordnungen und va auch die der Vereinigten Staaten eine Unternehmensstrafbarkeit kennen, so dass insbes. international agierende Wirtschaftseinheiten (wie VW, Deutsche Bank, Deutsche Telekom, Siemens) dem Risiko einer Bestrafung im Ausland ausgesetzt sind.[6] Trotz der fehlenden Verbandsstrafbarkeit nach deutschem Recht besteht deshalb weitgehend Einigkeit, dass Criminal Compliance nicht nur die Vermeidung von Kriminalstrafen, sondern auch von Geldbußen zum Ziel hat.[7] Somit ist Gegenstand von strafrechtlicher Compliance das Strafrecht iwS, das nicht nur das Kern- oder Nebenstrafrecht umfasst, sondern auch das Ordnungswidrigkeitenrecht.[8] Es geht somit sowohl um die Vermeidung von Geld- und Freiheitsstrafen gegen das Individuum als auch von Geldbußen gegen das Individuum und/oder das Unternehmen.

5   Um das Risiko einer Bestrafung zu vermeiden oder zu verringern, muss vorausschauend („ex ante") geklärt werden, ob ein bestimmtes Verhalten strafrechtlich relevant ist oder nicht. In diesem „Wechsel des Blickwinkels vom rückwärtsgewandten Blick eines traditionell-reaktiven Strafrechts hin zum vorwärtsgewandten eines im Schwerpunkt modern-präventiven Steuerungssystems" – so zutr. *Rotsch* – liegt ein Wesensmerkmal und die besondere, häufig kaum zu überwindende Schwierigkeit von Criminal Compliance.[9] Trotz dieses Perspektivwechsels bleibt aber das „klassische" Wirtschaftsstrafrecht der Maßstab, anhand dessen zu beurteilen ist, ob eine bestimmte wirtschaftliche Verhaltensweise strafbar ist oder nicht.

6   Im vorliegenden Kontext müssen somit die **strafrechtlichen Risiken** der Tätigkeit für und gegenüber Wirtschaftsverbänden anhand des Wirtschaftsstrafrechts identifiziert und entsprechende organisatorische Maßnahmen getroffen werden, damit sich diese nicht verwirklichen. Es müssen die Risikofelder analysiert werden, die im Hinblick auf eine mögliche Strafbarkeit die Compliance-relevanten von den nicht Compliance-relevanten Verbandsbereichen trennen.[10] Dies wird je nach Branche, Größe und Organisation des Verbandes unterschiedlich zu beurteilen sein, die Verbandspraxis ist vielfältig.[11] Dennoch gibt es bestimmte Risikofelder, die sich als besonders relevant für den Verbandskontext

---

[5] Zur Rechtsform der Wirtschaftsverbände s. ausf. → § 2 Rn. 10 ff.
[6] Zu diesem Ungleichgewicht *Kubiciel*, Kölner Papiere zur Kriminalpolitik 3/15, abrufbar unter http://www.verbandsstrafrecht.jura.uni-koeln.de/sites/strafrecht_steinberg/Koelner_Papiere_zur_Kriminalpolitik/KoelnerPapiere_32015_VW_Affaere.pdf, der für ein internationalisiertes Unternehmensstrafrecht plädiert und sich dabei beispielhaft auf die VW-Abgas-Affäre bezieht (zuletzt abgerufen am 11.1.2017).
[7] Rotsch Criminal Compliance/*Rotsch* § 1 Rn. 11.
[8] Zur Ahndung nach dem OWiG → § 2.
[9] Rotsch Criminal Compliance/*Rotsch* § 1 Rn. 14.
[10] So *Brouwer* CCZ 2009, 161 (162) generell für die Verbands-Compliance.
[11] *Brouwer* CCZ 2009, 161 (162).

herauskristallisiert haben. Diese ergeben sich va daraus, dass Wirtschafts- und Berufsverbände eine Interessenvertretung der darin zusammengeschlossenen Akteure sind.

Auch wenn Dritte in Kontakt mit einem Wirtschaftsverband treten, ergeben sich für 7
diese kontextspezifische Strafbarkeitsrisiken, die durch eine angemessene strafrechtliche
Compliance vermieden werden können. Diese Dritten können zum einen Angehörige
der Mitglieder des Verbandes sein, zum anderen außenstehende Dritte.

Im Folgenden soll zunächst dargestellt werden, wie sich die **strafrechtliche Verant-** 8
wortlichkeit im Kontext eines Wirtschaftsverbands darstellt, vor dem Hintergrund,
dass das deutsche Strafrecht keine Verbandsstrafbarkeit vorsieht. Verbandsstrafbarkeit und
Compliance sind eng miteinander verknüpft, wie die Entwicklung in Großbritannien und
den Vereinigten Staaten beispielhaft zeigt.[12] Auch das deutsche Strafrecht kennt jedoch
gravierende Sanktionsmöglichkeiten gegen Verbände und Unternehmen. Danach werden
mit Korruption, Hospitality bzw. Sponsoring besonders verbandsrelevante Risikofelder
näher beleuchtet. Diese resultieren daraus, dass ein Wirtschaftsverband schon definitions-
gemäß darauf angelegt ist, die politischen und wirtschaftlichen Interessen der in dieser
Vereinigung zusammengeschlossenen natürlichen oder juristischen Personen in organisierter Weise wahrzunehmen[13] und zu den Kernaufgaben der Wirtschaftsverbände Lobbying
und Politikberatung gehören.[14] Aus dieser **strafrechtlichen Risikoanalyse** ergibt sich
dann, welche Maßnahmen und Strategien zur Vermeidung strafrechtlicher Risiken für die
Verbandsorgane und -mitglieder bei der Implementierung von Criminal Compliance in
Wirtschaftsverbänden oder den mit diesen in Kontakt stehenden Unternehmen sinnvoll
und geboten sind.

B. Sanktionierung des Wirtschaftsverbandes

I. Keine Verbandsstrafbarkeit nach geltendem Recht

Nach geltendem deutschem Strafrecht sind Kriminalstrafen gegen Verbände nicht mög- 9
lich.[15] Dogmatisch wird dies damit begründet, dass juristischen Personen und sonstigen
Personenvereinigungen die Handlungs- und Schuldfähigkeit fehlt, die nach dem das deutsche Strafrecht prägenden individualistischen Zurechnungsmodell Voraussetzungen einer
strafrechtlichen Sanktionierung sind.[16] Dahinter steht die römisch-rechtliche Maxime „so-
cietas non delinquere potest".[17] Das **Schuldprinzip** („nulla poena sine lege"), auf dem
das gesamte deutsche Strafrecht beruht, hat Verfassungsrang und wird aus der Menschenwürde und dem Rechtsstaatsprinzip (Art. 1, Art. 2 Abs. 1, Art. 20 Abs. 3 GG) abgeleitet.[18]
Schuld bedeutet persönliche individuelle Vorwerfbarkeit, in dem Sinne, dass der Täter
sich für das Unrecht entschieden hat, obwohl er sich für das Recht hätte entscheiden

---

[12] Zur Verknüpfung von Compliance und Sanktionsrecht *Engelhart*, Sanktionierung von Unternehmen und
Compliance, 2. Aufl. 2012, S. 98 ff., 162 ff.; *Rathgeber*, Criminal Compliance, 2012, S. 70 ff.

[13] *Engelsing/Lüke* S. 27. Sa die steuerliche Definition des Berufsverbandes: „Berufsverbände sind Vereinigungen von natürlichen Personen oder Unternehmen, die allgemeine, aus der beruflichen oder unternehmerischen Tätigkeit erwachsende ideelle und wirtschaftliche Interessen des Berufsstands oder Wirtschaftszweigs
wahrnehmen" (BStBl. 1952 III 221). Zu den Berufsverbänden gehören auch die Wirtschaftsverbände.

[14] *Kopp* S. 447; *ders.* CCZ 2013, 67; Hauschka Corporate Compliance/*Kopp* § 10 Rn. 1 ff.

[15] Zur geschichtlichen Entwicklung s. nur *Engelhart,* Sanktionierung von Unternehmen und Compliance,
2. Aufl. 2012, S. 320 ff. mwN.

[16] S. nur Überblick bei *Engelhart* S. 348 ff. mwN.

[17] Diese wurde zB v. 40. Deutschen Juristentag 1953 als „gefestigte Tradition in unserem Kulturkreis" (*Heinitz* NJW 1953, 1463) bezeichnet. Noch im Jahre 2000 hatte die Kommission zur Reform des strafrechtlichen Sanktionensystems, 3/2000, Abschnitt 12.2.1 ein Unternehmensstrafrecht wegen Bedenken hins.
des Schuldprinzips, aber auch aus Praktikabilitätsgründen abgelehnt (abrufbar unter https://www.bib.uni-
mannheim.de/fileadmin/pdf/fachinfo/jura/abschlussber-der-komm-strafreform.pdf). Die damalige Bundesregierung erklärte am 15.5.2013 noch, sie sehe keine Veranlassung, von der darin zum Ausdruck kommenden Bewertung abzurücken (Plenarprotokoll 17/239, 30115).

[18] BVerfGE 123, 267 Rn. 347.

können.[19] Dies setzt voraus, dass der Normappell der Strafnorm vom Täter verstanden wird, was für Verbände schwer zu konstruieren ist. Auch lässt sich nach einem ontologischen Verständnis der Handlungsfähigkeit als Grundelement strafbaren Verhaltens kaum begründen, dass juristische Personen oder sonstige Personenverbände, die keinen „natürlichen" Willen bilden können, in gleicher Weise handlungsfähig sind wie natürliche Personen.[20] Auch wird die Straffähigkeit von Unternehmen verneint.[21]

10   Gegen eine Verbandsstrafbarkeit wird zudem vorgebracht, dass die **bestehenden Sanktionsmöglichkeiten gegen Unternehmen nach § 30 OWiG** (gerade im Zusammenspiel mit der betrieblichen Aufsichtspflichtverletzung gem. § 130 OWiG) sowie nach den Vorschriften über den Verfall gem. §§ 73 ff. StGB und die außerstrafrechtlichen Sanktionsmöglichkeiten ausreichen würden.[22] Außerdem wird die Einführung von Kriminalstrafen gegen juristische Personen aus Praktikabilitätsgründen abgelehnt: Weder verfüge die Strafjustiz über hinreichende Kapazitäten,[23] noch ließe sich eine Anpassung des Prozessrechts an ein Verbandsstrafrecht bewerkstelligen.[24]

11   Schon seit langem wird aber auch in Deutschland diskutiert, ob das hergebrachte individualistische Verständnis des deutschen Strafrechts auf das moderne Phänomen der Wirtschaftskriminalität überhaupt noch passt.[25] Für eine Verbandsstrafbarkeit werden va kriminalpolitische Überlegungen vorgebracht, es bestehe ein **„Präventionsdefizit"**[26]. Die Möglichkeit einer Ahndung nach dem Ordnungswidrigkeitengesetz sei unzureichend und dogmatisch verfehlt, etwa stehe das im Ordnungswidrigkeitenrecht geltende Opportunitätsprinzip (§ 47 OWiG) einer effektiven Sanktionierung entgegen.[27] Die Befürworter argumentieren, dass es dem Gesetzgeber frei stehe, für Verbände durch „funktionsanaloge Übertragung von Zurechnungskategorien des Individualstrafrechts ein Konzept der strafrechtlichen Verantwortlichkeit" zu entwickeln.[28] Das aus der Menschenwürde abgeleitete Schuldprinzip gelte für juristische Personen nicht, so dass sich diese auch nicht darauf berufen könnten.[29] Auch wird auf europäische und internationale Verträge und Rechtsakte verwiesen, wobei dann doch weitgehend Einigkeit besteht, dass im Hinblick auf die bestehende Sanktionsmöglichkeit gem. § 30 OWiG eine Strafbarkeit von Verbänden nicht zwingend ist.[30] Befürchtet wird auch eine zunehmende Isolierung des deutschen Strafrechts:[31] Im angloamerikanischen Rechtskreis ist die Unternehmensstrafbarkeit („corporate criminal liability") fest etabliert.[32] Die meisten europäischen Länder sehen – inzwischen – eine Strafbarkeit juristischer Personen vor.[33]

---

[19] BGH NJW 1952, 593.

[20] Grdl. *Engisch,* Referat zum 40. Deutschen Juristentag, Band II, S. E24.

[21] S. nur Überblick bei *Engelhart* S. 349 mwN.

[22] S. zB die Stellungnahme der Bundesrechtsanwaltskammer (BRAK) Nr. 9/2013 zur Einführung einer Vermögensstrafe vom Mai 2013 S. 5 (abrufbar unter http://www.brak.de/zur-rechtspolitik/stellungnahmen-pdf/stellungnahmen-deutschland/2013/mai/stellungnahme-der-brak-2013-09.pdf (zuletzt abgerufen am 11.1.2017).

[23] S. zB die Stellungnahme des Deutschen Richterbundes Nr. 16/14 abrufbar unter http://www.drb.de/fileadmin/docs/Stellungnahmen/2014/DRB_141125_Stn_Nr_16_Unternehmensstrafrecht.pdf (zuletzt abgerufen am 11.1.2017).

[24] S. nur *Engelhart* S. 348 mwN.

[25] *Vogel* StV 2012, 427.

[26] S. zB das Positionspapier von Transparency International abrufbar unter https://www.transparency.de/fileadmin/pdfs/Themen/Wirtschaft/Strafrechtliche_Verantwortung_fuer_Unternehmen_Positionspapier_13-04-20.pdf. Zu der Frage, ob sich empirisch ein Zusammenhang zwischen Corporate Crime, Unternehmenssanktion und „krimineller Verbandsattitüde" (*Schünemann* Unternehmenskriminalität und Strafrecht S. 18 ff.) nachweisen lässt, s. *Kölbel* ZIS 2014, 552.

[27] BeckOK OWiG/*Meyberg* OWiG § 30 Rn. 3.2.

[28] Schönke/Schröder/*Heine* StGB Vor §§ 25 ff. Rn. 129; kri. hierzu *Schünemann* ZIS 2014, 1 (10). Zu den verschiedenen Modellen eines Verbandsstrafrechts s. zusf. *Wittig* WirtschaftsStR § 8 Rn. 9.

[29] *Vogel* StV 2012, 427 (429), aA *Schünemann* ZIS 2014, 1 (11).

[30] S. hierzu *Rönnau/Wegner* ZRP 2014, 158; *Engelhart* NZWiSt 2015, 201.

[31] *Krems* ZIS 2015, 5 (6): „Sonderweg".

[32] Umfassend zu der Entwicklung in den USA *Engelhart* S. 70 ff.

[33] S. den Überblick bei BeckOK OWiG/*Meyberg* OWiG § 30 Rn. 3.1; sa Entwurf Nordrhein-Westfalen S. 28. Neben Deutschland sind es zB noch Griechenland und Lettland, die keine Verbandsstrafbarkeit kennen.

1. Die Reformdebatte

Die Reformdebatte hat an Schwung gewonnen, nachdem am 18.9.2013 die nordrhein-westfälische Landesregierung einen **„Entwurf eines Gesetzes zur Einführung der strafrechtlichen Verantwortung von Unternehmen und sonstigen Verbänden" („VerbStrG-E")** vorgelegt hat. Im Koalitionsvertrag der CDU, CSU und SPD für die 18. Legislaturperiode vom Dezember 2013 findet sich eine entsprechende Absichtserklärung der Koalitionspartner, allerdings beschränkt auf „multinationale Konzerne".[34] Die Konferenz der Justizministerinnen und Justizminister hat am 14.11.2013 den Entwurf ausdrücklich „als Diskussionsgrundlage" begrüßt.[35] Derzeit erarbeitet die Bundesregierung zudem einen nationalen Aktionsplan „Wirtschaft und Menschenrechte", auch dort ist ein Unternehmensstrafrecht Thema, denn durch eine Verbandsstrafbarkeit wird eine Effektivierung des strafrechtlichen Menschenrechtsschutzes erhofft.[36] **12**

Der Entwurf aus NRW greift die bereits oben dargestellten Argumente der Befürworter einer Verbandsstrafbarkeit wieder auf. Zentrales Argument ist, dass sich in der modernen Informations- und Industriegesellschaft **(„Organisationsgesellschaft")** auch die Aufgaben des Strafrechts erweiterten, so dass neben den individuellen Rechtsgüterschutz „zunehmend auch der Schutz kollektiver Interessen und Funktionszusammenhänge in den Fokus der Strafgesetzgebung getreten [sei]".[37] Das derzeitige Sanktionierungssystem, das nur eine Ahndung nach dem Ordnungswidrigkeitengesetz vorsieht, sei nicht effektiv genug, um (Wirtschafts-)Straftaten zu verhindern.[38] Auch wird auf die **internationale Entwicklung und europäische wie internationale Vorgaben** verwiesen.[39] Besonders hervorgehoben wird, dass Österreich bereits 2006 ein Verbandsverantwortlichkeitsgesetz (VbVG) geschaffen habe.[40] Bereits in der Einführung des Entwurfes wird der Gesetzesantrag aber auch damit begründet, dass es im gegenwärtigen Recht der Ordnungswidrigkeiten seit langem an Instrumenten fehle, „die effektive Anreize zur Entwicklung und Pflege einer Kultur von Unternehmenscompliance setzen."[41] **13**

Nach **§ 1 Abs. 1 VerbStrG-E** sind Verbände juristische Personen, nicht rechtsfähige Vereine und rechtsfähige Personengesellschaften des privaten und öffentlichen Rechts. Wirtschaftsverbände als ideelle Vereine wären also vom Anwendungsbereich erfasst.[42] **§ 1 Abs. 2 VerbStrG-E** definiert legal die verbandsbezogene Zuwiderhandlung als (nicht- **14**

---

[34] http://www.bundesregierung.de/Content/DE/_Anlagen/2013/2013-12-17-koalitionsvertrag.pdf?__blob=publicationFile S. 145 (zuletzt abgerufen am 11.1.2017).

[35] S. Beschluss der Herbstkonferenz 2013, abrufbar unter http://justizministerium-bw.de/pb/site/jum2/get/documents/jum1/JuM/Justizministerium%20NEU/JuMiKo/Beschl%C3%BCsse/2013%20Herbst/TOP%20II.5%20Unternehmensstrafrecht.pdf (zuletzt abgerufen am 11.1.2017).

[36] Siehe Mitteilung des Auswärtigen Amtes, abrufbar unter http://www.auswaertiges-amt.de/DE/Aussenpolitik/Aussenwirtschaft/Wirtschaft-und-Menschenrechte/NAPWiMr_node.html (zuletzt abgerufen am 11.1.2017).

[37] „Entwurf eines Gesetzes zur Einführung der strafrechtlichen Verantwortung von Unternehmen und sonstigen Verbänden" der NRW-Landesregierung S. 1 abrufbar unter http://www.justiz.nrw.de/Mitteilungen/2013_09_19_Gesetzentwurf_UnternehmensSTR/Gesetzentwurf-Bundesratsinitiative-Unternehmensstrafrecht.pdf (zuletzt abgerufen am 11.1.2017).

[38] Dies sei va darauf zurückzuführen, dass die individuelle strafrechtliche Verantwortlichkeit in Unternehmen oft nur schwer festzustellen sei (im Anschluss an *Schünemann* sog „organisierte Unverantwortlichkeit") und Geldbußen nicht hinreichend abschrecken.

[39] Plakativ in einem früheren Beitrag der nordrhein-westfälische Justizminister *Kutschaty* (DRiZ 2013, 16): „Deutschland debattiert, Europa handelt".

[40] Hierzu *Schmoller* FS Otto, 2007, 453.

[41] E-VerbStrG S. 2. Auf S. 6 wird hervorgehoben, dass die erforderten Investitionen in „verbesserte Aufsichts- und Überwachungsstrukturen im Unternehmen" zu einer „Stärkung einer zeitgemäßen Kultur der Unternehmens-Compliance" führten. Auf S. 22 wird darauf hingewiesen, dass nur 20% der Unternehmen über eigene Compliance-Richtlinien verfügten.

[42] Begründung S. 39: alle rechtsfähigen Vereine und auch die nicht rechtsfähigen Vereine unabhängig vom Vereinszweck, „soweit sie körperschaftlich organisiert sind und von einem wechselnden Mitgliederbestand unabhängig sind". Daher sollen auch „Gewerkschaften oder karitativ tätige Vereine" nicht ausgenommen sein.

hoheitliche) Zuwiderhandlung gegen ein Strafgesetz,[43] wenn durch sie Pflichten verletzt worden sind, die den Verband treffen, oder wenn durch sie der Verband bereichert worden ist oder bereichert werden sollte. Gem. **§ 1 Abs. 3 VerbStrG-E** sind Entscheidungsträger ua vertretungsberechtigte Organe einer juristischen Person oder Mitglieder solcher Organe (lit. a) und Personen, die in einem Betrieb oder Unternehmen einer juristischen Person eine Leitungsfunktion verantwortlich wahrnehmen, wozu auch die Überwachung der Geschäftsführung oder die Ausübung von Kontrollbefugnissen in leitender Stellung gehört (lit. d). In **§ 2 VerbStrG-E** werden – auf der Grundlage des sog Schuldanalogiemodells – zwei Straftatbestände geregelt, die an das Fehlverhalten eines Entscheidungsträgers (§ 1 Abs. 3 VerbStrG-E) anknüpfen. Gem. § 2 Abs. 1 VerbStrG-E wird gegen den Verband eine Verbandssanktion verhängt, wenn durch einen Entscheidungsträger in Wahrnehmung der Angelegenheiten eines Verbandes vorsätzlich oder fahrlässig eine verbandsbezogene Zuwiderhandlung begangen worden ist. In § 2 Abs. 2 VerbStrG-E wird ein vorsätzliches oder fahrlässiges Aufsichts- oder Überwachungsverschulden der Entscheidungsträger unter Strafandrohung gestellt. In **§§ 4, 6–12 VerbStrG-E** werden die Verbandssanktionen (Verbandsstrafen und Verbandsmaßregeln) geregelt.

15   Für die verbandsbezogene Criminal Compliance ist besonders **§ 5 VerbStrG-E** (iVm § 153b StPO) bedeutsam. Hierdurch werden viele Aspekte der Compliance-Entwicklung der letzten Jahre aufgegriffen.[44] Es zeigt sich wiederum der Zusammenhang zwischen der Ausgestaltung der strafrechtlichen Verantwortlichkeit und Criminal Compliance. In der Begründung des Entwurfs wird ausgeführt, dass das Gesetz mit § 5 VerbStrG-E eine „zentrale Forderung der Anwaltschaft auf[greift], die vor dem Hintergrund der internationalen Entwicklung va im angloamerikanischen Rechtskreis gesetzlich bestimmte Anreizstrukturen zur Einführung von Compliance Systemen angemahnt hat".[45] In zwei Varianten wird das Absehen von Sanktionen bei einem Nachtatverhalten vorgesehen, nämlich bei einer Kooperation des Verbandes. Voraussetzung ist, dass „der Verband ausreichende organisatorische und personelle Maßnahmen getroffen hat, vergleichbare Verbandsstraftaten in Zukunft zu vermeiden". Dies genügt gem. § 5 Abs. 1 VerbStrG-E „wenn ein bedeutender Schaden nicht entstanden oder dieser zum überwiegenden Teil wieder gut gemacht ist". Damit sollen – so der Entwurf – in Anlehnung an Beispiele aus dem Ausland (UK Bribery Act 2010, US Sentencing Guidelines) Compliance-Bemühungen bei der Bestrafung honoriert werden.[46] Gem. § 5 Abs. 2 VerbStrG-E kann ansonsten das Gericht von Strafe absehen, wenn „der Verband durch freiwilliges Offenbaren wesentlich dazu beigetragen [hat], dass eine Verbandsstraftat aufgedeckt werden konnte und den Ermittlungsbehörden Beweismittel zur Verfügung gestellt [wurden], die geeignet sind, die Tat nachzuweisen". Diese Regelung berücksichtigt zu Gunsten des Verbandes sog verbandsinterne Ermittlungen („internal investigations").[47] Gem. **§ 6 Abs. 3 VerbStrG-E** sind bei der Strafzumessung ua Art, Schwere und Dauer des Organisationsmangels im Verband, Vorkehrungen des Verbands zur Vermeidung vergleichbarer Taten, die Gefahr der Wiederholung sowie sein Verhalten nach der Tat maßgeblich. Damit werden (auch bereits existierende) Compliance-Bemühungen bei der Strafzumessung berücksichtigt. **§ 8 Abs. 2 Nr. 3 VerbStrG-E** eröffnet dem Gericht im Zusammenhang mit einer Verbandsverwarnung die Möglichkeit, das Unternehmen (vorbehaltlich dessen Zustimmung) anzuweisen, für die Zukunft bestimmte Compliance-Vorkehrungen einzurichten und über diese zu berichten.

---

[43] Nicht ausreichend ist die Begehung einer Ordnungswidrigkeit, etwa auch einer Aufsichtspflichtverletzung gem. § 130 OWiG.

[44] *Süße/Schneider* Newsdienst Compliance 2014, 71002.

[45] Entwurf S. 53.

[46] *Süße/Schneider* Newsdienst Compliance 2014, 71002; s. hierzu auch → Rn. 130.

[47] *Süße/Schneider* Newsdienst Compliance 2014, 71002. Zu „internal investigations" und den damit einhergehenden rechtlichen Problemen s. nur *Knierim/Rübenstahl/Tsambikakis* Internal Investigations, Ermittlungen im Unternehmen; BRAK-Stellungnahme-Nr. 35/2010; Kuhlen/Kudlich/Ortiz de Urbina/*Sahan* S. 171.

Aus der **Perspektive der Wirtschaft** haben sich bspw. der Bundesverband der deutschen **16** Industrie (BDI) und die Bundesvereinigung der deutschen Arbeitgeberverbände (BDA) in einer gemeinsamen Stellungnahme vom 31.1.2014 deutlich ablehnend geäußert.[48] Auch die Arbeitsgemeinschaft Mittelstand wendet sich gegen ein Verbandsstrafrecht,[49] ebenso wie die Deutsche Industrie- und Handelskammer.[50] Die Fachgruppe Compliance des Bundesverbands der Unternehmensjuristen eV hat im April 2014 als Alternative einen „Gesetzgebungsvorschlag für eine Änderung der §§ 30, 130 des Ordnungswidrigkeitengesetzes (OWiG)" präsentiert.[51] Die Bundesrechtsanwaltskammer[52] und der Deutsche Anwaltverein[53] lehnen eine Verbandsstrafbarkeit sowohl generell als auch in der vorgesehenen Umsetzung ab.

Der Entwurf ist in der **strafrechtlichen Literatur** teilw. auf Zustimmung,[54] überw. **17** aber auf Kritik[55] gestoßen. Diese reicht von einer generellen Ablehnung einer Verbandsstrafbarkeit bis hin zu einer inhaltlichen Auseinandersetzung mit den Einzelheiten des nordrhein-westfälischen Entwurfs. Soweit es um die grundsätzliche Frage geht, ob eine Verbandsstrafe zulässig und sinnvoll ist, werden von beiden Seiten va die bekannten Argumente vorgetragen.[56] Die **Befürworter** schließen sich weitgehend der Entwurfsbegründung an und verweisen insbes. auf die erhoffte Effektivierung der Bekämpfung der modernen Wirtschaftskriminalität, auf die europäischen und internationalen Vorgaben sowie auf die internationale Entwicklung hin zu einem Verbandsstrafrecht. Auf Seiten der **Gegner** wird mit dem Verstoß gegen das Schuldprinzip und dem bereits vorhandenen, als ausreichend erachteten Sanktionierungsinstrumentarium va im Ordnungswidrigkeitenrecht argumentiert.

Die Diskussion um die konkrete Ausgestaltung des Entwurfs kann im Rahmen dieses **18** Beitrags nicht umfassend dargestellt werden.[57] Zwei Aspekte sind jedoch hervorzuheben: Erstens kann man die Einbeziehung des gesamten ideellen Vereinswesens in den Bereich der Verbandsstrafe mit guten Argumenten ablehnen.[58] Zweitens ist im Hinblick auf die verbandsbezogene Criminal Compliance erwähnenswert, dass die Enthaftungsregelung in § 5 VerbStrG-E durchaus auch kritisch gesehen wird. Zwar wird ua von den Wirtschaftsverbänden begrüßt, dass dadurch Compliance-Bemühungen der Verbände honoriert werden.[59] Allerdings wird argumentiert, dass der Entwurf entgegen der Gesetzesbegründung keine zusätzlichen Anreize im Compliance-Bereich der Unternehmen schaffe.[60] Auch müssten bereits vor der Straftat existierende angemessene Compliance-Systeme eines Verbandes (und nicht nur zukunftsbezogene Compliance-Maßnahmen nach der Straftat) durch einen Strafausschluss honoriert werden.[61] Ansonsten könnte der Verband auch in Fällen, in denen nur im Einzelfall ein Fehlverhalten (§ 2 Abs. 1 VerbStrG-E) oder eine Aufsichtspflichtverletzung (§ 2 Abs. 2 VerbStrG-E) vorliege, bestraft werden. Auch bleibe

---

[48] Abrufbar unter http://bdi.eu/media/themenfelder/recht/downloads/20140131_BDI-BDA-Stellungnahme__Un ternehmensstrafrecht.pdf (zuletzt abgerufen am 11.1.2017); sa *Willems* ZIS 2014, 40.
[49] http://www.mittelstandsverbund.de/Themen/Mittelstandspolitik/AG-Mittelstand/Arbeitsgemeinschaft-Mit telstand-warnt-vor-Unternehmensstrafrecht-E9069.htm (zuletzt abgerufen am 11.1.2017).
[50] Newsletter 4/12 vom 12.11.2014 abrufbar unter http://www.dihk.de/themenfelder/recht-steuern/news?m= 2014-11-26-unternehmensstrafrecht (zuletzt abgerufen am 11.1.2017).
[51] *Moosmayer/Beulke* CCZ 2014, 146.
[52] http://www.brak.de/zur-rechtspolitik/stellungnahmen-pdf/stellungnahmen-deutschland/2013/mai/stellung nahme-der-brak-2013-09.pdf (zuletzt abgerufen am 11.1.2017).
[53] https://kpmg-law.de/docs/Gesetzesentwurf_Unternehmensstrafrecht_Stellungnahme_DAV.pdf, S. 3 ff. (zu letzt abgerufen am 11.1.2017).
[54] *Kubiciel* ZRP 2014, 133.
[55] S. nur Überblick bei *Engelhart* S. 348 ff. mwN.
[56] Eine strafrechtsdogmatische Perspektive entwickelt aber zB *Kubiciel* ZRP 2014, 133.
[57] Hierzu zB *Hoven* ZIS 2014, 19; *Mansdörfer* ZIS 2015, 23.
[58] *Schünemann* ZIS 2014, 1 (9 f.).
[59] Stellungnahme BDI/BDA S. 12.
[60] S. Stellungnahme BDI/BDA S. 6.
[61] Stellungnahme BDI/BDA S. 12; *Grützner* CCZ 2015, 56.

unklar, was unter „ausreichenden organisatorischen und personellen Maßnahmen" (§ 5 Abs. 1 VerbStrG-E) zu verstehen ist; obwohl diese Frage besonders für Verbände wichtig sei, um zielgerichtet in Compliance-Systeme „investieren" zu können.[62] Verschiedentlich wird angemahnt, es dürfe keinen, auch keinen indirekten Zwang für Verbände geben, Compliance-Systeme einzuführen, was insbes. kleinere und mittlere Unternehmen unverhältnismäßig belasten würde.[63] Letztlich sei das Verhältnis zu §§ 30, 130 OWiG ungeklärt.

19   Derzeit ist noch unklar, ob und wann eine Verbandsstrafbarkeit in Deutschland eingeführt werden wird. Sicher ist aber, dass der nationale und internationale Trend zu einer echten Verbandsstrafbarkeit geht. In diesem Zusammenhang wird verbandsbezogene Criminal Compliance als Instrumentarium zur Vermeidung strafrechtlicher Sanktionen gegen Wirtschaftsverbände an Bedeutung gewinnen.

2. Die Sanktionierung nach § 30 OWiG (Verbandsgeldbuße)

20   **a) Funktion und Rechtsnatur.** Im geltenden deutschen Recht steht wegen des Fehlens einer strafrechtlichen Verantwortlichkeit von Verbänden die Verantwortlichkeit nach dem Ordnungswidrigkeitengesetz gem. § 30 OWiG im Vordergrund.[64] Sie soll Verbände, die nur durch ihre Organe und Vertreter handeln können, denen aber die Vorteile der in ihrem Interesse vorgenommenen Zuwiderhandlungen der Organe zufließen, mit den für sie handelnden natürlichen Personen in Bezug auf die Sanktionierung gleichstellen.[65]

21   Die auf die Schaffung einer einheitlichen Geldbuße von 1968 zurückgehende Regelung[66] des § 30 OWiG ermöglicht, eine Geldbuße (§§ 1, 17 OWiG) von bis zu 10 Mio. EUR gegen juristische Personen, nicht-rechtsfähige Vereine oder ihnen gleichgestellte Personenvereinigungen zu verhängen.[67] Anders als die Kriminalstrafe enthält eine Geldbuße gerade kein sittliches Unwerturteil, sondern beinhaltet „nur" einen nachdrücklichen Pflichtenappell.[68]

22   Diese Geldbuße wird **Verbandsgeldbuße**, teilweise ungenau auch Unternehmensgeldbuße, genannt.[69] Nach hM handelt es sich bei § 30 OWiG um keinen eigenen Ordnungswidrigkeitentatbestand, sondern um eine Zurechnungsnorm, durch die dem Verband eine Straftat oder Ordnungswidrigkeit einer Leitungsperson, also fremdes Verhalten, zugerechnet wird, so dass die Bezugstat der Leitungspersonen für den Verband eine Geldbuße zur Folge hat.[70] Die Verbandsgeldbuße tritt (außer in den Fällen des § 30 Abs. 4 OWiG) idR (kumulativ) neben die Sanktionierung des Täters der Bezugstat, also der Leitungsperson, die für den Verband gehandelt hat. Durch sie wird die Sanktionsfähigkeit von Verbänden gesetzlich anerkannt.[71]

23   § 30 OWiG hat sowohl eine repressive als auch eine (general-)präventive Zielsetzung. Repressiv soll die Verbandsgeldbuße das begangene Straf- und Ordnungswidrigkeitenunrecht ahnden. Präventiv soll die Norm die hierfür in einem Verband Verantwortlichen dazu anhalten, bei der Auswahl der Leitungspersonen „nicht nur auf geschäftliche Tüch-

---

[62] *Grützner* CCZ 2015, 56.

[63] S. Positionspapier der Arbeitsgemeinschaft Mittelstand. *Schünemann* (ZIS 2014, 1 (17 f.)) hält diesen aus einem „Überwachungsmodell des Unternehmens" resultierenden Zwang sogar für einen unverhältnismäßigen Grundrechtseingriff.

[64] Zu den gegen Unternehmen oder Unternehmensvereinigungen gerichteten (Kartell-) Geldbußen → § 5 Rn. 47 ff.

[65] BT-Drs. 5/1269, 57 ff.; BGH NJW-RR 1987, 637 (638) mwN.

[66] Zur Entstehungsgeschichte umfassend BeckOK OWiG/*Meyberg* OWiG § 30 Rn. 6 ff.

[67] Zum Adressatenkreis zB Achenbach/Ransiek/Rönnau/*Achenbach* Teil 1. Kap. 2 Rn. 2 ff.

[68] BeckOK OWiG/*Meyberg* OWiG § 30 Rn. 3, 10.

[69] *Achenbach* NZWiSt 2012, 321. Ungenau ist die Bezeichnung Unternehmensgeldbuße deshalb, weil § 30 OWiG anders als das europäische Kartellrecht gerade nicht Unternehmen und Unternehmensvereinigungen, sondern deren Rechtsträger sanktioniert.

[70] BGHSt 46, 207 (211) = BGH NJW 2001, 1436; *Bohnert/Krenberger/Krumm* OWiG § 30 Rn. 5; s. aber auch KK-OWiG/*Rogall* OWiG § 30 Rn. 2.

[71] KK-OWiG/*Rogall* OWiG § 30 Rn. 1.

tigkeit, sondern auch auf Rechtstreue zu achten"[72] und wiederum den Leitungspersonen verdeutlichen, dass ein strafrechtliches Fehlverhalten auch wirtschaftliche Konsequenzen für den Verband hat.[73]

b) Voraussetzung. Voraussetzung der Festsetzung einer Verbandsstrafe ist, dass eine Lei- 24 tungsperson einer juristischen Person oder einer gleichgestellten Personenvereinigung („Repräsentant") eine Straftat oder Ordnungswidrigkeit (sog Anknüpfungs- oder Bezugstat) in ihrer Funktion als Leitungsperson begangen hat, durch die entweder Pflichten der juristischen Person oder Personenvereinigung verletzt worden sind oder die zu deren Bereicherung geführt hat oder führen sollte (verbandsbezogene Straftat). **Wirtschaftsverbände** unterliegen als rechtsfähige eingetragene Vereine und damit als juristische Personen dem **Anwendungsbereich des § 30 OWiG.**[74] Auch wenn sie ausnahmsweise anders organisiert sind, ist § 30 OWiG anwendbar, wonach sanktionsfähige Zusammenschlüsse juristische Personen, nicht-rechtsfähige Vereine und gleichgestellte Personengesellschaften sind. Beim Täter der Bezugstat muss es sich nach der Generalklausel des § 30 Abs. 1 Nr. 5 OWiG um eine Person handeln, die für die Leitung des Betriebs oder Unternehmens einer juristischen Person oder gleichgestellten Personenvereinigung zuständig ist, wozu auch die Überwachung der Geschäftsführung oder die sonstige Ausübung von Kontrollbefugnissen in leitender Stellung gehört.[75] Bei einem als eingetragenen Verein verfassten Wirtschaftsverband sind dies der Vorstand bzw. die Mitglieder des Vorstands (§ 30 Abs. 1 Nr. 1 OWiG). Über § 30 Abs. 1 Nr. 5 OWiG kann auch ein faktischer Vorstand Täter der Bezugstat sein sowie Betriebsbeauftragte oder Compliance-Beauftragte des Verbandes, sofern die Position tatsächlich mit Aufgaben und Befugnissen verbunden ist.[76]

Als weitere Voraussetzung muss eine **Straftat oder Ordnungswidrigkeit einer der** 25 **genannten verantwortlichen Leitungspersonen** vorliegen. Sie muss tatbestandsmäßig, rechtswidrig, schuldhaft und strafprozessual verfolgbar sein, aber nicht tatsächlich geahndet worden sein (vgl. § 30 Abs. 4 OWiG). Als Bezugstat kommt nur ein verbandsbezogenes Delikt infrage, durch das betriebsbezogene Pflichten des Wirtschaftsverbandes verletzt wurden oder durch das dieser bereichert wurde oder bereichert werden sollte. Bezugstaten sind damit zB die Bestechungsdelikte gem. §§ 108e, 299, 331 f. StGB. Auch eine Beteiligung (Anstiftung oder Beihilfe) an einer Straftat eines Dritten kommt ebenso wie die Verletzung der betrieblichen Aufsichtspflicht gem. § 130 OWiG als Bezugstat in Betracht.[77]

Die Leitungsperson muss **„als" Organ,** dh im Interesse des Wirtschaftsverbandes, ge- 26 handelt haben, so dass kriminelles Handeln zum Nachteil des Wirtschaftsverbandes nicht erfasst ist.[78]

c) Höhe der Verbandsgeldbuße. Die Verbandsgeldbuße ist eine Geldbuße **iSv §§ 1, 17** 27 **OWiG.** Über die Festsetzung der Geldbuße und ihrer Höhe wird nach dem **Opportunitätsprinzip gem. § 47 OWiG** entschieden, es handelt sich maW um eine Ermessensentscheidung. Insgesamt kommt der Geldbuße eine „Doppelfunktion"[79] zu: Ihre Festsetzung dient zum einen der gerechten, dh schuldangemessenen Ahndung der Bezugstat, wofür

---

[72] Rotsch Criminal Compliance/*Bock* Criminal § 8 Rn. 54; sa BGH NJW-RR 1987, 637 (638).

[73] Rotsch Criminal Compliance/*Bock* Criminal § 8 Rn. 54; Graf/Jäger/Wittig/*Niesler* OWiG § 30 Rn. 1 f.

[74] Auch fehlerhaft zustande gekommene Vereine werden von § 30 Abs. 1 OWiG erfasst (KK-OWiG/*Rogall* OWiG § 30 Rn. 45 mwN).

[75] § 30 Abs. 1 Nr. 1–4 OWiG enthalten nur noch gesetzliche Leitbeispiele (Göhler/*Gürtler* OWiG § 30 Rn. 9).

[76] Rotsch Criminal Compliance/*Bock* § 8 Rn. 58.

[77] Zum Zusammenspiel zwischen § 30 OWiG, § 130 OWiG und § 14 StGB, § 9 OWiG gleich nachstehend.

[78] *Helmrich* wistra 2010, 331 (334).

[79] Achenbach/Ransiek/Rönnau/*Achenbach* Teil 1 Kap. 2 Rn. 13.

§ 17 Abs. 3 OWiG auch die für die Geldbuße dienenden Parameter aufstellt.[80] Insoweit spricht man vom „Ahndungsteil" der Verbandsgeldbuße.[81] Als maßgeblich wird angesehen, welche Sanktion ausgesprochen worden wäre, wenn eine natürliche Person gehandelt hätte.[82] Im Kartellordnungswidrigkeitenrecht gilt ergänzend § 81 Abs. 4 S. 6 GWB, der auf die Schwere und die Dauer der Zuwiderhandlung abstellt. Zum anderen kommt auch der Abschöpfung des durch die Tat erlangten Gewinns gem. §§ 30 Abs. 3 OWiG iVm 17 Abs. 4 OWiG eine wichtige Funktion zu, die folglich als „Abschöpfungsteil" der Verbandsgeldbuße bezeichnet wird.[83]

28   Die in § 30 Abs. 2 OWiG genannten **Bußgeldrahmen** betreffen allein den Ahndungsteil der Verbandsgeldbuße[84] und differenzieren danach, ob es sich bei der Anknüpfungstat um eine vorsätzliche oder eine fahrlässige Straftat oder um eine bloße Ordnungswidrigkeit handelt. Im Falle der vorsätzlichen Straftat beträgt die Geldbuße bis zu 10 Mio. EUR (§ 30 Abs. 2 S. 1 Nr. 1 OWiG), im Falle der fahrlässigen Straftat noch bis zu 5 Mio. EUR (§ 30 Abs. 2 S. 1 Nr. 2 OWiG). Knüpft die Verbandsgeldbuße dagegen an eine Ordnungswidrigkeit an, bestimmt sich ihr Höchstmaß nach dem für diese Ordnungswidrigkeit angedrohten Höchstmaß (§ 30 Abs. 2 S. 2 OWiG). Da das Höchstmaß der Geldbuße bei Ordnungswidrigkeiten des Bundesrechts aber idR maximal 1 Mio. EUR beträgt, würde sich in derartigen Fällen auch bei § 30 Abs. 2 S. 2 OWiG eine Höchstgrenze von 1 Mio. EUR ergeben.[85] Deshalb ist § 30 Abs. 2 S. 3 OWiG zu beachten, der es ermöglicht, eine Verbandsgeldbuße auch bei Zuwiderhandlungen von Leitungspersonen zu einer Höhe von zehn Millionen Euro zu verhängen, die sich „nur" als Ordnungswidrigkeiten darstellen.[86] Falls es sich bei der Anknüpfungstat sowohl um eine Straftat als auch um eine Ordnungswidrigkeit handelt, greifen § 30 Abs. 2 S. 2 und S. 4 OWiG. Hiernach gilt grds. der Bußrahmen des § 30 Abs. 2 S. 1 OWiG, es sei denn, dieser wird von dem für die grds. subsidiäre Ordnungswidrigkeit angedrohten Bußgeldrahmen überstiegen.[87]

29   Zur Bemessung des **Abschöpfungsteils** der Verbandsgeldbuße (§ 30 Abs. 3 iVm § 17 Abs. 4 OWiG): Um unlauterem Gewinnstreben vorzubeugen, soll die Geldbuße gem. § 17 Abs. 4 S. 1 OWiG die Höhe des wirtschaftlichen Vorteils, den der Täter erlangt hat, übersteigen.[88] Folglich bildet dieser rechnerisch die untere Grenze der Geldbuße,[89] die dann noch um den Ahndungsteil zu erhöhen ist.[90] Der für den Abschöpfungsteil zentrale und nach dem Nettoprinzip[91] zu bestimmende Begriff des aus der Tat gezogenen „wirtschaftlichen Vorteils" erfasst va den erzielten Gewinn, daneben aber auch ersparte Aufwendungen und Gebrauchsvorteile sowie Tatentgelte.[92] Da diese in der heutigen Wirtschaftswelt mitunter sehr hohe Summen erreichen, können im Abschöpfungsteil die (für den Ahndungsteil bindenden) gesetzlichen Bußgeldrahmen von bis zu 10 Mio. EUR überschritten werden, wie § 30 Abs. 3 OWiG iVm § 17 Abs. 4 S. 2

---

[80] Achenbach/Ransiek/Rönnau/*Achenbach* Teil 1 Kap. 2 Rn. 13.
[81] Vgl. BeckOK OWiG/*Meyberg* OWiG § 30 Rn. 96; KK-OWiG/*Rogall* OWiG § 30 Rn. 136.
[82] BeckOK OWiG/*Meyberg* OWiG § 30 Rn. 94 mwN.
[83] KK-OWiG/*Rogall* OWiG § 30 Rn. 140.
[84] BeckOK OWiG/*Meyberg* OWiG § 30 Rn. 96.
[85] KK-OWiG/*Rogall* OWiG § 30 Rn. 132.
[86] KK-OWiG/*Rogall* OWiG § 30 Rn. 132.
[87] BeckOK OWiG/*Meyberg* OWiG § 30 Rn. 96.
[88] KK-OWiG/*Rogall* OWiG § 30 Rn. 140.
[89] BGH NJW 1975, 269 (270); KK-OWiG/*Rogall* OWiG § 30 Rn. 140.
[90] KK-OWiG/*Rogall* OWiG § 30 Rn. 140; Achenbach/Ransiek/Rönnau/*Achenbach* Teil 1 Kap. 2 Rn. 15.
[91] BeckOK OWiG/*Meyberg* OWiG § 30 Rn. 100; *Bohnert/Krenberger/Krumm* OWiG § 30 Rn. 42. Da die Geldbuße wie der Verfall der Abschöpfung unrechtmäßiger Gewinne dient, ist der Verfall gem. § 30 Abs. 5 OWiG ausgeschlossen. Da sich dieser nach dem Bruttoprinzip berechnet (→ Rn. 55), kommt es hier zu Wertungswidersprüchen (Göhler/*Gürtler* OWiG § 17 Rn. 38).
[92] KK-OWiG/*Rogall* OWiG § 30 Rn. 141. Str. ist dagegen die Behandlung von mittelbaren Tatvorteilen, hypothetischen Gewinnen, Aufwendungen wie bspw. Steuern oder die Berücksichtigung zivilrechtlicher Ersatzansprüche; vgl. hierzu BeckOK OWiG/*Meyberg* OWiG § 30 Rn. 100; KK-OWiG/*Rogall* OWiG § 30 Rn. 142 ff.

OWiG deutlich macht. So kamen zB Bußgelder in Höhe von 395 Mio. EUR gegen die Siemens AG, in Höhe von 150,6 Mio. EUR gegen MAN oder 300 Mio. EUR gegen UBS zustande. Ist das wirtschaftlich Zugeflossene nicht exakt bestimmbar, kann eine (im Einzelfall sogar grobe) Schätzung erfolgen, die den tatsächlichen mit dem hypothetischen, bei legalem Verhalten eingetretenen Sachverhalt hinsichtlich der wirtschaftlichen Folgen vergleicht.[93]

Zur Bemessung des **Ahndungsteils** der Verbandsgeldbuße: Auch hier gilt der **30** Grundsatz, dass die Geldbuße nach den wirtschaftlichen Verhältnissen des Verbandes bemessen wird.[94] Gem. der Koppelungsvorschrift des § 30 Abs. 2 S. 2 StGB orientiert sich der Ahndungsteil der gegen die juristische Person oder Personenvereinigung gerichteten Geldbuße aber auch an der Bewertung der von dem Organ oder Vertreter begangenen Zuwiderhandlung.[95] Entscheidende Kriterien sind hier also auch die bspw. durch den Unrechtsgehalt der Tat, das Gewicht und Ausmaß der Pflichtverletzung und deren Häufigkeit verkörperte Bedeutung des Rechtsverstoßes, die Schwere des Schadens sowie die weiteren Auswirkungen des Verstoßes.[96] Hierbei ist aber zu beachten, dass derartige vom Individualtäter abgeleitete Vorwürfe nur insoweit einen „Verbandsvorwurf" begründen können, als sich in ihm ein von dem Individualtäter konstituierter „kollektiver Sinnausdruck" manifestiert[97]: Entscheidend für die Bemessung ist bspw., ob und inwieweit der Verband selbst einer „kriminellen Verbandsattitüde" anheimfällt oder ob im Gegenteil das Organverschulden nicht wirklich zum allgemeinen Geschäftsgebaren der Organisation passt.[98] Insoweit können Compliance-Bemühungen sich schon nach geltendem Recht auf die Höhe der Sanktion gegen einen Verband auswirken, auch wenn es an einer ausdrücklichen Regelung zu einer Exkulpationsmöglichkeit durch Compliance fehlt.[99]

Wie aus § 30 Abs. 3 OWiG hervorgeht, können Geldbußen unter den Voraussetzun- **31** gen des § 18 OWiG schon bei ihrer Festsetzung gestundet oder eine Ratenzahlung bewilligt werden.[100]

3. Verbandsbezogener Verfall (§§ 73 ff. StGB, § 29a OWiG)

a) Einführung. Der Verfall dient der Abschöpfung deliktisch erzielter Vermögensvorteile **32** und damit dem Ausgleich einer rechtswidrigen Vermögensverschiebung.[101] Er tritt nach der Rspr. als öffentlich-rechtliche **Maßnahme eigener Art,** die weder Strafe noch strafähnliche Maßnahme ist, mit „konditionsähnlichem Charakter" neben die Strafe.[102] Dem Tatbeteiligten und der Öffentlichkeit soll vor Augen geführt werden, dass sich Straftaten

---

[93] BeckOK OWiG/*Meyberg* OWiG § 30 Rn. 101; BGH NStZ-RR 2008, 13 (14).
[94] KK-OWiG/*Rogall* OWiG § 30 Rn. 137; BeckOK OWiG/*Meyberg* OWiG § 30 Rn. 103.
[95] KK-OWiG/*Rogall* OWiG § 30 Rn. 135; BeckOK OWiG/*Meyberg* OWiG § 30 Rn. 103; *Bohnert/Krenberger/Krumm* OWiG § 30 Rn. 41.
[96] Ausf. BeckOK OWiG/*Meyberg* OWiG § 30 Rn. 103.1; sa KK-OWiG/*Rogall* OWiG § 30 Rn. 136 mwN; *Bohnert/Krenberger/Krumm* OWiG § 30 Rn. 41.
[97] KK-OWiG/*Rogall* OWiG § 30 Rn. 135.
[98] KK-OWiG/*Rogall* OWiG § 30 Rn. 137.
[99] Vgl. nur Rotsch Criminal Compliance/*Sahan* § 35 Rn. 15. Der Deutsche Anwaltverein hat in seiner Stellungnahme eine solche befürwortet, abrufbar unter https://anwaltverein.de/de/newsroom/id-2013-54?file=files/anwaltverein/download/newsroom/stellungnahmen/2013/DAV-SN54−13.pdf (zuletzt abgerufen am 11.1.2017); sa *Moosmayer/Gropp-Stadler* NZWiSt 2012, 241 (242). S. aber für das Kartellbußgeldverfahren die Bußgeldleitlinien des Bundeskartellamtes → § 5 Rn. 47.
[100] BeckOK OWiG/*Meyberg* OWiG § 30 Rn. 105; *Bohnert/Krenberger/Krumm* OWiG § 30 Rn. 44.
[101] BGHSt 57, 79 (83); OLG Stuttgart NStZ 2016, 28.
[102] BGHSt 57, 79 (83); 47, 369 (373); BVerfG NJW 2004, 2073 (2074) mwN zum erweiterten Verfall; zust. zB *Fischer* StGB § 73 Rn. 4. Nachdem aufgrund der Ersetzung des Nettoprinzips durch das Bruttoprinzip am 7.3.1992 (→ Rn. 55) der Zugriff auf den Gesamterlös (ohne Berücksichtigung Gewinn mindernder Aufwendungen) statt auf den Gewinn zulässig ist, wird in der Literatur dagegen zu Recht die Auffassung vertreten, dass der Verfall jedenfalls strafähnlichen Charakter annimmt, soweit er über die legitimierte Nettogewinnabschöpfung hinausgeht (zB *Lackner/Kühl* StGB § 73 Rn. 4b mwN).

über die eigentliche Ahndung der Tat durch eine entsprechende Sanktion hinaus auch finanziell nicht auszahlen;[103] es soll gelten: „Crime does not pay!"[104] Werde der Täter bestraft und ihm zugleich das aus der Tat unrechtmäßig Erlangte belassen, könne dies geradezu als Anreiz zur Begehung weiterer entgelt- und gewinneinbringender Straftaten wirken.[105] Der Verfall ergänzt deshalb im Strafrecht das Tagessatzsystem (§ 40 StGB), da dort bei der Festsetzung der Zahl und Höhe der Tagessätze die Höhe des erlangten Vorteils nicht unmittelbar berücksichtigt werden kann.[106]

33   Im Wirtschaftsstrafrecht ist der strafrechtliche Verfall insbes. von Bedeutung, weil er nicht nur nach § 73 Abs. 1 StGB gegen den Täter (also nach deutschem Recht gegen eine natürliche Person), der selbst etwas erlangt hat, sondern auch gegen einen tatunbeteiligten Dritten (§ 73 Abs. 3 StGB, § 29a Abs. 2 OWiG) angeordnet werden kann. Dieser kann nach allgM auch eine juristische Person oder eine Personenvereinigung sein.[107] Handelt somit der Täter für einen **Wirtschaftsverband,** also in dessen Interesse, kann gegen diesen der Verfall gem. § 73 Abs. 3 StGB angeordnet werden. Auch die Verfallsanordnung nach § 73 Abs. 3 StGB ist nach der Rspr. des BGH primär eine Präventionsmaßnahme und keine Strafe.[108] Die Anforderungen hierfür sind wegen dieser Ausgestaltung als Maßnahme eigener Art gering.[109] Die folgenden Ausführungen setzen einen Schwerpunkt auf den verbandsbezogenen Verfall gem. § 73 Abs. 3 StGB, da dieser für die Compliance der Wirtschaftsverbände von besonderer Bedeutung ist.

34   Das Bundesministerium der Justiz und für Verbraucherschutz hat in seinem Referentenentwurf v. 9.3.2016 ein Gesetzesvorhaben zur **Reform der strafrechtlichen Vermögensabschöpfung** vorgestellt. Dieses dient ua zur Umsetzung der RL 2014/42/EU des Europäischen Parlaments und des Rates v. 3.4.2014 über die Sicherstellung und Einziehung von Tatwerkzeugen und Erträgen aus Straftaten in der Europäischen Union (ABl. Nr. L 127 S. 39, ber. ABl. Nr. L 138 S. 14).[110] In begrifflicher Hinsicht wird der „Verfall" durch die „Einziehung von Taterträgen" (§§ 73–73e StGB-E) ersetzt.[111] Die „Einziehung von Tatprodukten, Tatmitteln und Tatobjekten", welche die traditionelle Form der bisherigen Einziehung darstellt, findet weiterhin – wenn auch in modifizierter Form – in den §§ 74–74e StGB-E ihre Regelung. Die §§ 75 ff. StGB-E gelten für beide Formen der Einziehung.

35 **b) Besonderheiten im Ordnungswidrigkeitenrecht.** Anders als im Strafrecht kommt im Ordnungswidrigkeitenrecht in erster Linie der **Geldbuße** eine **Abschöpfungsfunktion** zu.[112] Wird ein Bußgeldbescheid erlassen, so ist bereits durch das Bußgeld der wirtschaftliche Vorteil abzuschöpfen: Die Geldbuße soll idR den wirtschaftlichen Vorteil übersteigen, den der Täter aus der Ordnungswidrigkeit gezogen hat (§ 17 Abs. 4 S. 1 OWiG). Hierfür kann das gesetzliche Höchstmaß überschritten werden (§ 17 Abs. 4 S. 2 OWiG).[113]

36   Nur bei einer **selbständigen Abschöpfungsentscheidung,** also wenn gegen den Täter keine Geldbuße festgesetzt wird, gilt **§ 29a OWiG,** der den §§ 73 ff. StGB strukturell entspricht. Die Anordnung des Verfalls gem. § 29a OWiG steht allerdings im pflichtgemä-

---

[103] BGHSt 57, 79 (83).
[104] *Theile* ZJS 2011, 333.
[105] BVerfG NJW 2004, 2073 (2074); BT-Drs. 4/650, 241 (245).
[106] *Tiedemann* WirtschaftsstrafR AT Rn. 279.
[107] BGHSt 45, 235 (245 ff.); *Engelhart* S. 338 mwN; →Rn. 60.
[108] BGHSt 47, 369.
[109] *Engelhart* S. 342.
[110] RefE BMJV v. 9.3.2016, 1 f.; s. jetzt auch entspr. RegE BT-Drs. 18/9525.
[111] RefE BMJV v. 9.3.2016, 66.
[112] *Achenbach/Ransiek/Rönnau/Achenbach* Teil 1 Kap. 2 Rn. 34; *Hellmann/Beckemper* WirtschaftsstrafR Rn. 1000; *Retemeyer* wistra 2012, 56.
[113] Zu den Besonderheiten der Bemessung der Geldbuße im Kartellordnungswidrigkeitenrecht → § 5 Rn. 47.

ßen Ermessen der Verwaltungsbehörde oder des Gerichts.[114] Sie hat praktisch kaum Bedeutung, so dass sich die nachfolgenden Ausführungen auf §§ 73 ff. StGB konzentrieren.

Wird gegen das Unternehmen eine **Verbandsgeldbuße** verhängt, kann nicht zusätz- **37**
lich der Verfall nach § 29a OWiG angeordnet werden (**§ 30 Abs. 5 OWiG**). Str. ist, ob
die Behörde hier eine Wahlmöglichkeit hat, den Verfall gem. § 29a OWiG anzuordnen
oder eine Verbandsgeldbuße gem. § 30 OWiG zu verhängen.[115]

c) Voraussetzungen des (Dritt-)Verfalls gem. § 73 Abs. 3 StGB. aa) Überblick. **38**
Grds. richtet sich der Verfall gem. § 73 Abs. 1 StGB gegen den Beteiligten (Täter oder
Teilnehmer), der selbst etwas erlangt hat.[116] § 73 Abs. 3 StGB (§ 29a Abs. 2 OWiG) erlaubt jedoch, den Verfall auch gegen an der Tat nicht beteiligte Dritte anzuordnen, wenn
der Beteiligte für diese gehandelt hat und diese dadurch unmittelbar etwas erlangt haben.
Der **Verfall** kann somit auch **gegen einen Wirtschaftsverband** angeordnet werden,
wenn jemand für diesen eine rechtswidrige Tat begangen und dieser dadurch „etwas" erlangt hat. Für die Anwendung des § 73 Abs. 3 StGB ist ohne Bedeutung, ob der unbetei-
ligte Dritte gut- oder bösgläubig ist, bei Gutgläubigkeit kann allerdings die Härteklausel
des § 73c StGB greifen.[117]

Die **Reform der strafrechtlichen Vermögensabschöpfung** sieht eine eigenständige **39**
Vorschrift über die „Einziehung von Taterträgen bei anderen" in § 73b StGB-E vor.
§ 73b StGB-E tritt hierbei an die Stelle von § 73 Abs. 3 StGB. § 73b StGB-E regelt nicht
nur die von § 73 Abs. 3 StGB explizit erfassten „Vertretungsfälle" (§ 73b Abs. 1 Nr. 1
StGB-E), sondern führt auch eine ausdrückliche Regelung der bislang von der Rspr. entwickelten „Verschiebungsfälle" in § 73b Abs. 1 Nr. 2 StGB-E ein.[118]

bb) Handeln für den Wirtschaftsverband. „Handeln für einen anderen" setzt zunächst **40**
voraus, dass der Tatbeteiligte rein **faktisch** (auch) im Interesse des Dritten, also hier dem
Wirtschaftsverband, gehandelt hat, unabhängig davon, ob das nach außen erkennbar geworden ist.[119] Unerheblich ist, in welcher Rechtsbeziehung der Tatbeteiligte zum Dritten
steht, es muss sich zB nicht um dessen Organe, Vertreter, Beauftragte oder Angestellte
handeln.[120]

cc) Rechtswidrige Tat. Der Verfall nach § 73 Abs. 3 StGB setzt zunächst **eine rechts-** **41**
widrige Tat des Dritten voraus (§ 11 Abs. 1 Nr. 5 StGB), gem. § 29a OWiG eine „mit
Geldbuße bedrohte Handlung", also eine rechtswidrige Handlung (§ 1 Abs. 2 OWiG).
Nach der Rspr. ist schuldhaftes (vorwerfbares) Handeln nicht erforderlich.[121] Die Tat
muss nicht gegen das Vermögen gerichtet sein.[122] Zudem stellen auch jeder strafbare Versuch und die strafbare Beteiligung eine rechtswidrige Tat bzw. Handlung dar.[123]

Die Verfallsanordnung gegen den Wirtschaftsverband ist dabei völlig unabhängig davon, **42**
ob dessen Organisationsstrukturen die Tat gefördert oder erleichtert haben oder aber diese
durch Präventivmaßnahmen, etwa Compliance-Programme, verhindern wollten.[124] Auch

---

[114] KK-OWiG/*Mitsch* OWiG § 29a Rn. 14.
[115] Zum Streitstand BeckOK OWiG/*Meyberg* OWiG § 29a Rn. 66 mwN.
[116] Überblick bei *Rhode* wistra 2012, 85.
[117] BGHSt 47, 369 (376).
[118] RefE BMJV v. 9.3.2016, 71. Hierzu →Rn. 49.
[119] BGH NJW 1991, 367 (371) mwN.; *Lackner/Kühl* StGB § 73 Rn. 9.
[120] *Lackner/Kühl* StGB § 73 Rn. 9; diff. Schönke/Schröder/*Eser* StGB § 73 Rn. 36 f.
[121] BGHSt 47, 369 (375 f.); zust. zB *Fischer* StGB § 73 Rn. 4 f. Die hL verlangt dagegen für den Bruttover-
fall wegen des von ihr angenommenen Strafcharakters nach dem Schuldprinzip eine schuldhafte Anknüpfungstat, während bei schuldlosen Taten weiterhin das Nettoprinzip gelten soll (*Lackner/Kühl* StGB § 73
Rn. 4b; Schönke/Schröder/*Eser* StGB Vor § 73 Rn. 19; Achenbach/Ransiek/Rönnau/*Achenbach* Teil 1
Kap. 2 Rn. 38 f. mwN).
[122] MAH WirtschaftsStR/*Rönnau* § 13 Rn. 10.
[123] BeckOK StGB/*Heuchemer* StGB § 73 Rn. 6; MüKoStGB/*Joecks* StGB § 73 Rn. 20 f.
[124] *Engelhart* S. 342.

muss der Täter der Anknüpfungstat nicht ermittelt worden sein, es muss aber feststehen, dass eine rechtswidrige Tat vorliegt.[125]

43 dd) Erlangung eines Vorteils für die Tat oder aus der Tat. Der Wirtschaftsverband muss „etwas" „für die Tat" (Entgelt) oder „aus ihr" (zB Gewinn) (sog scelere quaesita) erlangt haben. „**Etwas**" ist jede Erhöhung des wirtschaftlichen Wertes des Vermögens, die dem Beteiligten zugeflossen ist.[126] Der Umfang des so erlangten Vermögensvorteils ist ggf. gem. § 73b StGB zu schätzen.[127]

44 Als erlangte Vermögensvorteile zu berücksichtigen sind zB bewegliche und unbewegliche Sachen, dingliche und obligatorische Rechte, konkrete Marktchancen, Belohnungen oder Entgelte, hinterzogene Steuern sowie ersparte Aufwendungen.[128] Dritteigentum oder die Fremdheit eines Rechts hindern nach § 73 Abs. 4 StGB eine Verfallsanordnung nicht, soweit der Dritte den Gegenstand für die Tat oder in Kenntnis der Tatumstände gewährt hat. Dieser „Dritteigentümerverfall"[129] betrifft va die Fälle, in denen eine Übereignung gem. §§ 134, 138 BGB nichtig ist (zB Bestechungsfälle), so dass ein Verfall nach § 73 Abs. 1 StGB an sich nicht möglich wäre.

45 **Erlangen** ist ein *tatsächlicher* Vorgang, unabhängig von den zivilrechtlichen Besitz- und Eigentumsverhältnissen zwischen den Tatbeteiligten: Erlangt ist ein Vermögensvorteil dann, wenn der Tatbeteiligte die faktische (Mit-)Verfügungsgewalt über den Gegenstand erworben hat.[130] Unmaßgeblich ist, was er erlangen wollte[131] oder was er hätte erlangen können, ohne es aber tatsächlich zu erlangen.[132]

46 Der Verfallsgegenstand muss entweder für die Tat oder aus der Tat erlangt worden sein. **Aus der Tat** erlangt der Verband, was ihm durch die Tatbestandsverwirklichung *unmittelbar* zufließt.[133] **Für die Tat** sind Vorteile erlangt, die der Verband als Gegenleistung für die rechtswidrige Tat des Dritten erhält, insbes. Provisionen, Lohn und Entgelt.[134] Maßgeblich ist dabei für die Bestimmung des erlangten Etwas der wirtschaftliche Wert des Vorteils, den der Verfallsadressat für oder durch die Tat erzielt hat.[135]

47 Die Bestimmung des wirtschaftlichen Vorteils wirft in einigen Konstellationen Probleme auf. Die Rspr. ist hier noch im Fluss und man sollte sich vergegenwärtigen, dass es stets eine vom Einzelfall und von der Auslegung des zugrunde liegenden Straftatbestandes durch das Gericht abhängige Frage bleibt, ob das erlangte Etwas restriktiv interpretiert wird.[136]

48 Dazu folgende Beispiele:

- Bei nach **§ 18 Abs. 1 AWG** *strafbaren* Embargoverstößen ist der gesamte Verkaufserlös aus der Tat erlangt, wenn die Ausfuhrgenehmigung nicht hätte erteilt werden können, da es sich hier ähnlich den Betäubungsmitteldelikten um ein verbotenes Geschäft handelt.[137] Dagegen soll bei einer an sich genehmigungsfähigen Ausfuhr von Gütern bei einem Embargoverstoß nicht der gesamte für die Güter eingenommene Kaufpreis das iSd § 73 Abs. 1 S. 1 StGB aus der Tat Erlangte sein, sondern vielmehr nur die durch das Unterbleiben des Genehmigungsverfahrens ersparten Aufwendungen.[138]

---

[125] BeckOK OWiG/*Meyberg* OWiG § 29a Rn. 64.
[126] BGHSt 57, 79 (82); *Lackner/Kühl* StGB § 73 Rn. 3.
[127] ZB die Höhe des Erlangten aus einer Bestechung, BGH NStZ-RR 2004, 242 (244).
[128] *Fischer* StGB § 73 Rn. 9.
[129] Ausf. MAH WirtschaftsStR/*Rönnau* § 13 Rn. 130 ff.
[130] BGH NStZ 2003, 198; 2004, 440; 2011, 265 (266); *Fischer* StGB § 73 Rn. 13 mwN.
[131] BGH NStZ 2003, 198.
[132] BGH NStZ-RR 2001, 82.
[133] BGHSt 56, 39 (45) mwN; LK-StGB/*Schmidt* StGB § 73 Rn. 26; s.a. *Wittig* WirtschaftsstrafR § 9 Rn. 16a ff.
[134] BGHSt 50, 299 (309 f.); *Fischer* StGB § 73 Rn. 12.
[135] BGHSt 57, 79 (82) mwN.
[136] *Kudlich* ZWH 2012, 189 (190).
[137] BGHSt 46, 369 (372).
[138] BGHSt 57, 79 (83) mAnm *Kudlich* ZWH 2012, 189; *Wagner* NStZ 2012, 381.

- In Fällen **korruptiver Manipulation der Auftragsvergabe** erlangt der Werkunternehmer unmittelbar aus einer Bestechung (im geschäftlichen Verkehr) den gesamten wirtschaftlichen Wert des Auftrags im Zeitpunkt des Vertragsabschlusses.[139] Der wirtschaftliche Wert des Auftrags umfasst den kalkulierten Gewinn. Dagegen soll der vereinbarte Werklohn nicht unmittelbarer Tatvorteil sein, denn dieser fließe erst später in das Vermögen des Beteiligten und sei lediglich mittelbar erlangt.[140]
- Bei nach strafbarer Werbung gem. § 16 Abs. 1 UWG erfolgten Vertragsabschlüssen, sieht der BGH dagegen nicht nur diese, also die Warenbestellungen, sondern auch die zur Erfüllung der Kaufverträge geleisteten Zahlungen als aus der Tat erlangtes Etwas an.[141]
- Bei nach § 38 Abs. 1 Nr. 1 WpHG strafbaren Insidergeschäften soll das Erlangte der erzielte Sondervorteil sein, der aus der Verschonung von dem Wertverlust resultiert, den Marktteilnehmer ohne Kenntnis der Insiderinformation erleiden würden.[142] Da der Verkauf bzw. Kauf der Aktien selbst nicht illegal ist, unterliegen dagegen der beim Verkauf von Insiderpapieren erlangte Kaufpreis bzw. beim Kauf die Insiderpapiere selbst nicht dem Verfall.[143]
- In Fällen, in denen es täuschungsbedingt zu einem **Vertragsabschluss** kommt, sind diejenigen Leistungen durch den Täter erlangt, die ihm in Vollzug des täuschungsbedingt abgeschlossenen Vertrages erbracht wurden. Der gesamte betrügerisch erlangte Verkaufserlös ist auch dann erlangt, wenn im konkreten Fall kein Vermögensschaden festgestellt werden konnte und deshalb nur ein versuchter Betrug vorliegt.[144]

ee) Bereicherungszusammenhang. Weiter muss für die Anwendung des § 73 Abs. 3 **49** StGB dem Dritten, also dem Wirtschaftsverband, unmittelbar durch die rechtswidrige Tat („dadurch") ein Vermögensvorteil zufließen. Der BGH fordert einen „Bereicherungszusammenhang zwischen der Tat und dem Eintritt eines Vorteils", zu dessen Feststellung er bestimmte Fallgruppen bildet.[145] Der Bereicherungszusammenhang liegt aufgrund des betrieblichen Zurechnungsverhältnisses va bei **„Vertretungsfällen"** vor, bei denen der Tatbeteiligte als Organ, Vertreter oder Beauftragter (§ 14 StGB) oder als sonstiger Angehöriger einer Organisation (hier des Wirtschaftsverbandes) im Organisationsinteresse handelt.[146] Auch **„Verschiebungsfälle"**, bei denen der Tatbeteiligte dem Dritten die Tatvorteile unentgeltlich oder aufgrund eines jedenfalls bemakelten Rechtsgeschäftes zukommen lässt, um sie dem Zugriff des Gläubigers zu entziehen oder um die Tat zu verschleiern, sind nach dem BGH von § 73 Abs. 3 StGB erfasst, selbst wenn es zu Vermischung mit legalem Vermögen kommt.[147] Die Unmittelbarkeit fehlt dagegen in **„Erfüllungsfällen"**, bei denen der Tatbeteiligte einem gutgläubigen Dritten Tatvorteile zuwendet und zwar in Erfüllung einer nicht bemakelten entgeltlichen Forderung, deren Entstehung und Inhalt in keinem Zusammenhang mit der Tat stehen.

ff) Kein Ausschluss des Verfalls. Der Verfall gem. § 73 Abs. 1 S. 1, Abs. 2 S. 2, Abs. 3 **50** StGB und § 73a StGB ist unzulässig, soweit dem Verletzten „**aus** der Tat" ein Anspruch

---

[139] BGHSt 50, 299 (309 f.) – Kölner Müllskandal.
[140] Vgl. *Saliger* NJW 2006, 3377 (3381); zur Gegenauffassung vgl. OLG Köln ZIP 2004, 2013; OLG Jena wistra 2005, 114.
[141] BGHSt 52, 227 (248 f.); vgl. dagegen *Schlösser* NStZ 2011, 121 (124 ff.).
[142] OLG Stuttgart NStZ 2016, 28; BGH NJW 2010, 882 (884); so zB auch *Kudlich / Noltensmeier* wistra 2007, 121; aA OLG Stuttgart NJW 2011, 3667 (3670).
[143] Krit. *Vogel* JZ 2010, 370 (372).
[144] BGH NStZ 2011, 83; krit. *Rübenstahl* HRRS 2010, 505.
[145] BGHSt 45, 235 (244 ff.); krit. zu dieser engen Anbindung an die §§ 812 ff. BGB zB *Fischer* StGB § 73 Rn. 37.
[146] ZB im „Embargo-Fall" BGHSt 47, 369.
[147] BGH NStZ-RR 2008, 107 (108).

erwachsen ist, dessen Erfüllung dem Täter oder dem Teilnehmer den Wert des aus der Tat Erlangten wieder entziehen würde (§ 73 Abs. 1 S. 2 StGB; anders § 99 Abs. 2 OWiG: „Absehen von der Vollstreckung"). Dies gilt auch gegenüber einem Drittbegünstigten beim Verfall gem. § 73 Abs. 3 StGB.[148] Das **„für** die Tat" Erlangte unterliegt dagegen dem Verfall ohne Rücksicht auf Ansprüche Verletzter.[149]

51   **Verletzter** iSd § 73 Abs. 1 S. 2 StGB ist derjenige, dessen Individualinteressen durch das übertretene Strafgesetz geschützt werden sollen.[150] Dies kann neben einer natürlichen auch eine juristische Person (zB eine durch Betrug geschädigte GmbH oder AG) oder gar der (Steuer-)Fiskus sein.[151]

52   Damit sind auf Restitution gerichtete Individualansprüche des Verletzten (insbes. Bereicherungs-, Herausgabe- und Schadensersatzansprüche, Ansprüche aus Geschäftsführung ohne Auftrag) gegenüber der staatlichen Gewinnabschöpfung vorrangig. Nach hM steht § 73 Abs. 1 S. 2 StGB einer Verfallsanordnung nach § 73 Abs. 1 S. 1 StGB bereits bei rechtlicher Existenz des Anspruches eines Geschädigten entgegen; ob dieser auch geltend gemacht wird oder damit zumindest noch zu rechnen ist, ist unerheblich.[152] Verzichtet der Verletzte auf seinen Anspruch, ist der Verfall möglich,[153] ebenso wenn die Forderung verjährt ist.[154]

53   Das bedeutet, dass bei klassischen Vermögensdelikten (zB §§ 263, 266 StGB) der Verfall aufgrund konkurrierender Ansprüche regelmäßig ausscheidet, ebenso bei Steuerstraftaten (§§ 370 ff. AO), wenn ein Anspruch des Steuerfiskus auf Nachzahlung der verkürzten Steuern besteht.[155] Soweit kollektive Rechtsgüter (zB Umwelt) betroffen sind, bei denen selten individuelle Schädigungen gegeben sind, kommt dem Verfall aber Bedeutung zu.[156]

54   Wegen dieser weitgehenden Ausschlusswirkung wird § 73 Abs. 1 S. 2 StGB vielfach auch als „Totengräber des Verfalls" bezeichnet.[157] Die zentrale Neuerung des Gesetzentwurfs zur Reform der strafrechtlichen Vermögensabschöpfung stellt die ersatzlose Streichung des § 73 Abs. 1 S. 2 StGB dar.[158] Künftig wird das Ermittlungs- und strafrechtliche Gerichtsverfahren von zivilrechtlichen Fragen entfrachtet, da die Einziehung auch bei Bestehen von Schadensersatzansprüchen des Verletzten angeordnet werden kann.[159] Gleichzeitig führt die Reform zu einer Verstärkung des Opferschutzes, da durch eine Umgestaltung des strafprozessualen Verfahrens Schadenswiedergutmachung auf einem einfacheren Weg erreicht werden kann.[160]

55   **d) Umfang des Verfalls.** Wenn festgestellt wurde, dass der Dritte gem. § 73 Abs. 1 StGB durch eine rechtswidrige Tat etwas erlangt hat, ist der Umfang des Verfalls (und des Verfalls des Wertersatzes gem. § 73a StGB) nach dem **Bruttoprinzip** festzustellen (sa § 29a

---

[148] BGHSt 52, 227 (244).
[149] BGH NStZ 2011, 229; 2012, 393 – Kunstfälschersystem.
[150] BGH NJW 2001, 693.
[151] BGH NStZ 2013, 403; wistra 2011, 394; NJW 2001, 693; zust. *Rönnau/Hohn* JR 2002, 298 (299); BeckOK StGB/*Heuchemer* StGB § 73 Rn. 15; *Fischer* StGB § 73 Rn. 21 mwN.
[152] Zur hM BGH NStZ 2001, 257 (258); 2006, 621; NStZ-RR 2006, 138; Wabnitz/Janovsky WirtschaftsStR-HdB/*Podolsky* Kap. 28 Rn. 20; aA *Achenbach* FS Blau, 1985, 7 (19 f.); *Kiethe/Hohmann* NStZ 2003, 505 (510 f.).
[153] BGH NStZ 2006, 621; NStZ-RR 2004, 54; *Lackner/Kühl* StGB § 73 Rn. 6; *Fischer* StGB § 73 Rn. 19 mwN.
[154] BGH NStZ 2006, 621. Diskutiert werden auch weitere Sonderfälle, wie Verfahren mit einer Vielzahl von Geschädigten mit jeweils geringer Schadenssumme, bei denen von vornherein unwahrscheinlich ist, dass die Geschädigten zivilrechtlich vorgehen (s. Wabnitz/Janovsky WirtschaftsStR-HdB/*Podolsky* Kap. 28 Rn. 24 ff.).
[155] BGH NStZ 2013, 403; wistra 2011, 394; NJW 2001, 693; *Lackner/Kühl* StGB § 73 Rn. 6; *Fischer* StGB § 73 Rn. 22 mwN.
[156] *Engelhart* S. 341.
[157] *Eberbach* NStZ 1987, 487 (491); s. dies konzedierend BGHSt 45, 235.
[158] RefE BMJV v. 9.3.2016; s. nun a. BT-Drs. 181 9525, 9.
[159] RefE BMJV v. 9.3.2016, 54.
[160] RefE BMJV v. 9.3.2016, 57.

Abs. 1 OWiG). Dieses beinhaltet, dass nicht bloß der Gewinn, sondern grds. alles, was der Täter für die Tat oder aus ihr erlangt hat, für verfallen zu erklären ist, ohne dabei Gewinn mindernde Aufwendungen bei der Tatdurchführung zu berücksichtigen.[161] Durch die Anwendung des Bruttoprinzips wird eine nicht unbedeutende Sanktionswirkung gegen (Wirtschafts-)Verbände erzielt.[162] Entstehen dadurch im Einzelfall Härten (zB Gefährdung der wirtschaftlichen Existenz, Entreicherung des Wirtschaftsverbandes), so können diese durch Anwendung der Härtevorschrift des § 73c StGB gemildert werden.[163]

§ 73 Abs. 2 StGB erstreckt den Verfall über das unmittelbar Erlangte hinaus zwingend **56** (S. 1) auch auf **Nutzungen** (§§ 99 f. BGB, zB Zinsen) und fakultativ (S. 2), dh nach pflichtgemäßem Ermessen des Richters, auf **Surrogate** (§ 818 Abs. 1 BGB).[164] Diese Regelung ist abschließend, weitere mittelbare Vorteile (zB der mittelbare Gewinn durch Spekulation oder betriebliche Investition) sind nicht erfasst.[165]

Der **Gesetzesentwurf zur Reform der strafrechtlichen Vermögensabschöpfung** **57** konkretisiert die Bestimmung des erlangten Etwas und die Reichweite des Bruttoprinzips. Gem. § 73 Abs. 1 StGB-E muss der Täter oder Teilnehmer durch eine rechtswidrige Tat, aus ihr oder für sie etwas erlangt haben.[166] Erlangt sind daher alle Vermögenswerte, die dem Beteiligten bei der Tatbestandsverwirklichung zugekommen sind, ohne dass es darauf ankommt, ob der Vermögenszufluss unmittelbar oder mittelbar erfolgt ist.[167] Gem. § 73e Abs. 1 S. 1 StGB-E sind die Aufwendungen des Beteiligten bei der Bestimmung des Wertes des Erlangten abzuziehen. Außer Betracht bleibt jedoch gem. § 73e Abs. 1 S. 2 StGB-E das, was er für die Begehung der Tat oder für ihre Vorbereitung aufgewendet oder eingesetzt hat.[168] Es besteht ein Abzugsverbot für alle („bemakelten") Aufwendungen, die der Täter oder Teilnehmer „willentlich und bewusst"[169] für die Vorbereitung oder Begehung der Tat getätigt hat.

e) Härteklausel (§ 73c StGB). Gem. § 73c Abs. 1 S. 1 StGB wird der Verfall nicht ange- **58** ordnet, soweit er für den Betroffenen (hier den Verband) eine unbillige Härte wäre. Für den unbestimmten **Rechtsbegriff der unbilligen Härte** ist nach der Rspr. maßgebend, ob die Anordnung den Betroffenen empfindlich treffen, Grundsätze der Billigkeit sowie das Übermaßverbot verletzen und damit „schlechthin ungerecht" erscheinen würde.[170] Gem. § 73c Abs. 1 S. 2 StGB kann von der Anordnung abgesehen werden, soweit das Erlangte oder dessen Wert nicht mehr im Vermögen des Betroffenen vorhanden ist oder es sich um Bagatellfälle handelt. Die Härtevorschrift wird von der Rspr. restriktiv gehandhabt.[171] Vereinzelt wird die Härteklausel aber immerhin als Ansatzpunkt gesehen, um **Compliance-Maßnahmen** iRd Verfalls zu berücksichtigen.[172] In diesem Fall ist zumindest das Präventionsbedürfnis verringert.

---

[161] BGHSt 57, 79 (82); 47, 369; BGH NStZ 1995, 491; Satzger/Schluckebier/Widmaier/*Burghart* StGB § 73 Rn. 18a. IRd Gewinnabschöpfung gem. § 17 Abs. 4 OWiG ist – anders als bei der (subsidiären) Anordnung des selbständigen Verfalls gem. § 29a OWiG – eine Saldierung vorzunehmen, bei der der Netto-Vorteil, also der Gewinn abzgl. der Aufwendungen, zugrunde zu legen ist (Einzelheiten bei KK-OWiG/*Mitsch* OWiG § 17 Rn. 119).
[162] Engelhart S. 342.
[163] *Fischer* StGB § 73c Rn. 2; Satzger/Schluckebier/Widmaier/*Burghart* StGB § 73 Rn. 20; BGH StV 2013, 610; → Rn. 58.
[164] Lackner/Kühl/*Heger* StGB § 73 Rn. 7.
[165] *Fischer* StGB § 73 Rn. 28.
[166] RefE BMJV v. 9.3.2016, 58. Die Hinzufügung des Wortes „durch" soll den „quasi-kondiktionellen Charakter der Vermögensabschöpfung" verdeutlichen.
[167] RefE BMJV v. 9.3.2016, 59.
[168] RefE BMJV v. 9.3.2016, 59. Die Vorschrift betont die Anlehnung an den bereicherungsrechtlichen Gedanken des § 817 S. 2 BGB; s. nun § 73d Abs. 1 StGB-E in BT-Drs. 18/9525, 10.
[169] RefE BMJV v. 9.3.2016, 59.
[170] BGHSt 57, 79 (87).
[171] *Engelhart* S. 340.
[172] *Engelhart* S. 342, Rotsch Criminal Compliance/*Theile* § 38 Rn. 30 mwN.

59 In dem **Gesetzesentwurf zur Reform der strafrechtlichen Vermögensabschöpfung** werden die bislang für den Verfall geltende Härtevorschrift des § 73c StGB und der für die Einziehung geltende Grundsatz der Verhältnismäßigkeit in § 74b StGB in einer einheitlichen Regelung des § 75 StGB-E („Unbillige Härte; Grundsatz der Verhältnismäßigkeit") zusammengefasst.[173]

60 **f) Wertersatz (§ 73a StGB).** § 73a S. 1 StGB schreibt die obligatorische Anordnung des **Verfalls des Wertersatzes** statt des Verfalls eines Gegenstandes vor, wenn letzterer wegen der Beschaffenheit des erlangten „Etwas" (zB ersparte Aufwendungen) oder aus einem anderen Grund (zB bei Verlust, Verarbeitung, Verbrauch) undurchführbar ist oder wenn vom Verfall eines Surrogats gem. § 73 Abs. 2 StGB abgesehen wird. Die Anordnung des Wertersatzverfalls kann auch gegen tatunbeteiligte Dritte (§ 73 Abs. 3 StGB) ergehen. Wertersatz ist ein – ggf. nach § 73b StGB zu schätzender – dem Wert des Verfallsgegenstandes entsprechender Geldbetrag.[174] In der Praxis hat der Wertersatzverfall zentrale Bedeutung.[175] Gem. § 73a S. 2 StGB ist darüber hinaus zwingend der Verfall des Wertersatzes neben dem Verfall des Gegenstandes nach § 73 Abs. 1 S. 1 StGB anzuordnen, wenn dessen Wert hinter dem Wert des zunächst Erlangten zurückbleibt (zB wegen einer Beschädigung). Die Vorschrift des § 73a StGB wird inhaltsgleich im neuen § 73c StGB-E fortgeführt.[176]

61 **g) Erweiterter Verfall (§ 73d StGB).** § 73d StGB regelt den erweiterten Verfall. Diese (subsidiäre[177]) Sonderform des Verfalls ermöglicht den Verfall eines Vermögensgegenstandes auch dort, wo dessen Herkunft aus einer konkreten, abgeurteilten Straftat nicht festgestellt werden kann. Hiermit sollen Lücken bei der Gewinnabschöpfung geschlossen und die Organisierte Kriminalität bekämpft werden.[178] Diese Abschöpfungsmöglichkeit nach der „Rasenmähermethode" ist rechtsstaatlich hoch problematisch, wenn auch – jedenfalls im Wirtschaftsstrafrecht – praktisch nicht sehr bedeutsam, da sie sich nur auf Gegenstände der tatbeteiligten Personen erstreckt.[179]

62 Im Zuge der Reform der strafrechtlichen Vermögensabschöpfung soll künftig gem. § 73a StGB-E jede rechtswidrige Tat eine taugliche Anknüpfungstat für einen erweiterten Verfall darstellen.[180]

63 **h) Verfahren.** Der Verfall gem. §§ 73 ff. StGB wird idR im sog **subjektiven Verfahren** gegen den Täter der Anknüpfungstat und den Dritten als Verfallsbeteiligten verhängt (§§ 442 iVm 431 ff. StPO, §§ 46 Abs. 1, 87 OWiG). Für die Verfallsanordnung gegen einen Verband gilt die Sondervorschrift des § 442 Abs. 2 StPO. Die Verfallsanordnung erfolgt dann als unselbständiger Teil des Urt. oder Strafbefehls von Amts wegen.[181] Möglich ist auch die selbständige Anordnung des Verfalls im sog **objektiven Verfahren** auf Antrag des Staatsanwalts oder des Privatklägers (§ 76a StGB, § 442 StPO iVm § 440 StPO, §§ 29a Abs. 4, 46, 87 OWiG).

64 Flankiert wird das materielle Verfallsrecht durch die **§§ 111b ff. StPO**, welche die Sicherstellung von Gegenständen, die dem Verfall oder der Einziehung iSd §§ 73 ff., 74 ff.

---

[173] RefE BMJV v. 9.3.2016, 75.
[174] *Fischer* StGB § 73a Rn. 3.
[175] Wabnitz/Janovsky WirtschaftsStR-HdB/*Podolsky* Kap. 28 Rn. 40.
[176] RefE BMJV v. 9.3.2016, 72.
[177] BGH wistra 2013, 267.
[178] BeckOK StGB/*Heuchemer* StGB § 73d Rn. 1 mwN.
[179] MAH WirtschaftsStR/*Rönnau* § 13 Rn. 409. Zu dem Erfordernis einer verfassungskonformen (restriktiven) Auslegung s. BVerfG NJW 2004, 2073; krit. *Herzog* JR 2004, 494; zu den Voraussetzungen des § 73d StGB ausf. MAH WirtschaftsStR/*Rönnau* § 13 Rn. 406 ff.
[180] RefE BMJV v. 9.3.2016, 61.
[181] MAH WirtschaftsStR/*Rönnau* § 13 Rn. 420.

StGB unterliegen, regeln, „also die vollstreckungssichernde Beschlagnahme i. w. S.".[182] § 111b Abs. 5 StPO lässt die Sicherstellung von Verfallsgegenständen auch zu, wenn der Verfall eigentlich gem. § 73 Abs. 1 S. 2 StGB wegen des Bestehens individueller Restitutionsansprüche ausgeschlossen wäre (sog **Rückgewinnungshilfe**).

4. Verbandsbezogene Einziehung (§§ 74 ff. StGB, §§ 22 ff. OWiG)

a) Allgemein. Die Einziehungsvorschriften umfassen verschiedene Konstellationen, so 65 dass die Rechtsnatur nicht einheitlich beurteilt werden kann: Die Einziehung ist, soweit sie sich gegen den (schuldhaft handelnden) Beteiligten, also eine natürliche Person, richtet (§ 74 Abs. 2 Nr. 1 StGB), **Strafe,** die Anordnung somit eine Strafzumessungsentscheidung.[183] Sie soll den Tatbeteiligten neben der Hauptstrafe als Übel treffen.[184] Die Einziehung von gem. **§ 74 Abs. 2 Nr. 2 StGB** allgemeingefährlichen oder zur Begehung rechtswidriger Taten geeigneter Gegenstände ist dagegen eine Sicherungsmaßnahme.[185] Soweit sie sich gem. **§ 74a StGB** auch gegen an der Tat nicht beteiligte Dritte richtet, die schuldhaft die Verwendung eines ihnen zustehenden Gegenstandes zugelassen haben, soll sie strafähnlichen Charakter haben.[186]

Für das Wirtschaftsstrafrecht von besonderer Bedeutung ist die Zurechnungsregel des 66 **§ 75 StGB,** der § 30 OWiG nachgebildet ist. Dieser erlaubt die Einziehung von Gegenständen, die im Eigentum von juristischen Personen und Personenvereinigungen stehen, wenn für diese Organe oder Vertreter gehandelt haben. Damit kann die Einziehung auch gegen einen Wirtschaftsverband angeordnet werden.

Im **Ordnungswidrigkeitenrecht** ist die Einziehung in §§ 22 ff. OWiG geregelt. Sie 67 ist nur zulässig, wenn dies in einem speziellen Gesetz vorgesehen ist (§ 22 Abs. 1 OWiG, zB §§ 129 iVm 124, 126 ff. OWiG).

b) Das Einheitstätersystem des OWiG. Dem gesamten Ordnungswidrigkeitenrecht 68 liegt das sog Einheitstätersystem zugrunde. Nach § 14 Abs. 1 S. 1 OWiG handelt, wenn mehrere sich an einer Ordnungswidrigkeit beteiligen, jeder ordnungswidrig. Das bedeutet, dass alle vorsätzlich[187] an der Straftat Beteiligten als Täter behandelt werden, das ggf. unterschiedliche Maß der Beteiligung kann jedoch auf der Rechtsfolgenseite berücksichtigt werden.[188] Nach umstr., aber zutr. Ansicht erfasst § 14 OWiG jedoch nur die Mittäterschaft, Anstiftung und Beihilfe, damit ist eine mittelbare Täterschaft als eigenständige Beteiligungsform auch im Ordnungswidrigkeitenrecht entsprechend der strafrechtlichen Regeln möglich.[189]

c) Voraussetzungen. § 74 Abs. 1 StGB erlaubt die Einziehung von Gegenständen, die 69 durch eine vorsätzliche Straftat hervorgebracht (Tatprodukte, „producta sceleris"), zB unechte oder verfälschte Urkunden, oder zu ihrer Begehung oder Vorbereitung gebraucht oder bestimmt worden sind (Tatmittel, „instrumenta sceleris").[190] Nicht eingezogen werden können die Früchte des Verbrechens (**„scelere quaesita"**), zB der empfangene Bestechungslohn, die ggf. dem Verfall gem. §§ 73 ff StGB, § 29a OWiG unterliegen.[191]

---

[182] *Achenbach* NStZ 2001, 401; Einzelheiten zB bei MAH WirtschaftsStR/*Rönnau* § 13 Rn. 156 ff.
[183] BGH NJW 1983, 2710 (2711); *Fischer* StGB § 74 Rn. 2 mwN.
[184] MüKoStGB/*Joecks* § 74 Rn. 2 mwN; BGH NJW 1952, 191.
[185] OLG Schleswig StV 1989, 156; *Fischer* StGB § 74 Rn. 2 mwN.
[186] BGHSt 9, 164 (172); krit. hierzu MüKoStGB/*Joecks* § 74a Rn. 5.
[187] BGHSt 31, 309 = BGH NJW 1983, 2272.
[188] *Bohnert/Krenberger/Krumm* OWiG § 14 Rn. 1.
[189] KK-OWiG/*Rengier* OWiG § 14 Rn. 13, 87 ff.; Achenbach/Ransiek/Rönnau/*Achenbach* Teil 1 Kap. 3 Rn. 25.
[190] Satzger/Schluckebier/Widmaier/*Burghart* StGB §§ 74, 74a Rn. 8 f.
[191] MüKoStGB/*Joecks* § 74 Rn. 12.

70 Die einzuziehenden Gegenstände müssen jedoch gem. **§ 74 Abs. 2 StGB** entweder zum Zeitpunkt der Tat dem Täter oder Teilnehmer gehören (Nr. 1) oder allgemeingefährlich oder zur Begehung rechtswidriger Taten geeignet sein (Nr. 2). **§ 75 StGB** erlaubt in Abweichung von § 74 Abs. 2 Nr. 1 StGB auch den Zugriff auf Verbandseigentum, obwohl der Wirtschaftsverband als juristische Person nicht Täter oder Teilnehmer der Straftat ist. Die Einziehung steht gem. **§ 74b StGB** unter dem Vorbehalt der **Verhältnismäßigkeit,** sofern die Einziehung nicht gesetzlich zwingend vorgeschrieben ist (zB § 150 Abs. 1 StGB). Unter den Voraussetzungen des § 74c StGB ist die Einziehung des Wertersatzes möglich. Die Einziehung gem. §§ 74 ff. StGB steht im pflichtgemäßen Ermessen des Gerichtes.[192] Sie ist durch die Verhängung einer Verbandsgeldbuße nicht ausgeschlossen.[193]

5. Verbandsbezogene Mehrerlösabschöpfung (§§ 8 ff. WiStG)

71 Die Abführung des Mehrerlöses gem. §§ 8 ff. WiStG tritt an die Stelle des Verfalls gem. §§ 73 ff. StGB, § 29a OWiG, wenn der Täter den §§ 1 ff. WiStG zuwider gehandelt hat und dadurch einen höheren als den zulässigen Preis erzielt hat. Der Anwendungsbereich ist begrenzt, in Betracht kommen va Verstöße gegen die Ordnungswidrigkeitenvorschriften der § 3 WiStG (Verstöße gegen die Preisregelung), § 4 WiStG (Preisüberhöhung in einem Beruf oder Gewerbe) sowie § 5 WiStG (Mietpreisüberhöhung). Ist eine rechtswidrige Tat nach diesem Gesetz in einem Betrieb begangen worden, so kann die Abführung des Mehrerlöses gegen den Inhaber oder Leiter des Betriebes und, falls der Inhaber eine juristische Person (wie ein Wirtschaftsverband) oder eine Personengesellschaft des Handelsrechts ist, auch gegen diese gem. § 10 Abs. 2 WiStG selbständig angeordnet werden, wenn ihnen der Mehrerlös zugeflossen ist. Damit ist die Mehrerlösabführung auch eine Unternehmenssanktion.[194] Sie hat gem. § 8 Abs. 4 WiStG Vorrang gegenüber den Verfallsvorschriften der §§ 73 ff. StGB, § 29a OWiG. Nicht geregelt ist das Verhältnis zur Verbandsgeldbuße, hier spricht viel dafür, entsprechend § 30 Abs. 5 OWiG der Verbandsgeldbuße den Vorrang einzuräumen.[195]

6. Verbandsbezogene Sanktionen nach ausländischem Recht

72 Mit der zunehmenden Globalisierung unternehmerischer Tätigkeit geht auch eine Globalisierung der Strafverfolgung und Sanktionierung einher. Bei grenzüberschreitender Korruption etwa drohen den Unternehmen Strafverfolgung und Sanktionierung in mehreren Staaten. Besonders gefürchtet sind bspw. Ermittlungen der US-amerikanischen Börsenaufsicht SEC etwa wegen Verstoßes gegen den „Foreign Corrupt Practices Act" (FCPA).

73 Besonders intensiv wird derzeit der sog **UK Bribery Act 2010**[196] diskutiert, der nach allgA zu einer weitreichenden Verschärfung der Unternehmenssanktionierung führt.[197] Dabei handelt es sich um ein von Großbritannien 2010 erlassenes Gesetz zur Bekämpfung von Korruption, das zum 1.7.2011 in Kraft getreten ist. Die Besonderheit des Gesetzes ist va sein weltweiter Anwendungsbereich, der sowohl die Sanktionierung von Verbänden als auch von natürlichen Personen zulässt. Zur Ermöglichung einer effektiven Korruptionsbekämpfung stellt das Gesetz nicht nur die Bestechung und Bestechlichkeit von (auch ausländischen) Amtsträgern sowie im Privatrechtsverkehr unter Strafe, sondern in § 7 UK Bribery Act auch das Unterlassen der Verhinderung von Bestechungshandlungen durch Unternehmen („Failure of commercial organisations to prevent bribery"). Als Sanktionen sieht § 11 UK Bribery Act für natürliche Personen bis zu zehn Jahre Freiheitsstrafe und für Unternehmen der Höhe nach unbegrenzte Geldstrafen vor. Zudem gilt nicht (wie im deutschen Recht verfassungsmäßig

---

[192] Schönke/Schröder/*Eser* StGB § 74 Rn. 38; Satzger/Schluckebier/Widmaier/*Burghart* StGB §§ 74, 74a Rn. 22.

[193] *Bohnert/Krenberger/Krumm* OWiG § 30 Rn. 70.

[194] *Hellmann/Beckemper* WirtschaftsstrafR Rn. 1008.

[195] *Engelhart* S. 344.

[196] Kurzer Überblick bei *Deister/Geier* CCZ 2011, 12.

[197] *Kappel/Ehling* BB 2011, 2115 (2116) mwN.

abgesichert) die Unschulds-, sondern eine Schuldvermutung. Das Unternehmen kann sich nur entlasten, wenn es darlegen kann, dass es geeignete (Compliance-)Maßnahmen („adequate procedures") getroffen hat, um Korruption zu verhindern.

Auf ausländische Unternehmen soll der UK Bribery Act bereits anwendbar sein, wenn **74** ein Teil der Straftat in Großbritannien begangen wurde oder sie einen „geschäftlichen Bezug" („carry on business", § 7 Abs. 5 UK Bribery Act) zu Großbritannien haben. Dies kann etwa schon der Fall sein, wenn ein deutsches Unternehmen oder ein Verband eine Tochtergesellschaft im Vereinigten Königreich hat oder dort einfach nur Geschäfte betreibt;[198] auf den Sitz oder Gründungsort kommt es nicht an. Wo auf der Welt eine Person, die zugunsten des Unternehmens handelt, eine Bestechungshandlung begeht, ist unerheblich (vgl. § 12 Abs. 5 UK Bribery Act); solange sie eine dem Unternehmen „nahestehende" Person („associated person", § 7 UK Bribery Act[199]) ist, kann das deutsche Unternehmen von den britischen Behörden sanktioniert werden, wenn etwa durch die Geschäftstätigkeit in Großbritannien ein geschäftlicher Bezug hergestellt wird. Dies begegnet va im Hinblick auf das Verbot der Doppelbestrafung großen Bedenken.[200] Teilweise wird auch ein Verstoß gegen das Völkerrecht angenommen.[201] Anzuerkennen ist jedoch, dass der UK Bribery Act klare Anreize zur Schaffung eines effektiven „adäquaten" Criminal Compliance-Systems schafft, da dessen Implementierung die strafrechtliche Verantwortlichkeit eines Unternehmens vermeiden kann.[202]

Der UK Bribery Act ist nicht das erste und einzige Gesetz, das im Wirtschaftsstrafrecht **75** Anwendung auf deutsche Unternehmen finden kann. So können zB auch der **Sarbanes-Oxley-Act** und der **Foreign Corrupt Practices Act** (beides US-Bundesgesetze) va dann Anwendung auf deutsche Unternehmen finden, wenn deren Wertpapiere an den US-Börsen gehandelt werden.[203] Auch hier werden bei der Bestrafung von Unternehmen Compliance-Bemühungen berücksichtigt.[204] Da Wirtschaftsverbände idR als Verein organisiert sind, dürfte für sie die Bedeutung dieser Gesetze gering sein.

7. Sonstige Sanktionsmöglichkeiten

Neben den dargestellten Sanktionsmöglichkeiten gegen Unternehmen nach deutschem **76** Ordnungswidrigkeiten- und Strafrecht gibt es noch eine Vielzahl von verwaltungsrechtlichen und zivilrechtlichen Sanktionsmöglichkeiten gegen Unternehmen.[205] Diese greifen insbes. auch bei Korruptionsdelikten:

- Eintragungen nach der GewO in das Gewerbezentralregister (§§ 149 ff. GewO) sowie Gewerbeentzug (§ 35 GewO),
- Berufsverbot (§§ 61 Nr. 6, 70 StGB),
- Ausschluss von Amt der Geschäftsführung (§ 6 Abs. 2 GmbHG) bzw. des Vorstandes (§ 76 Abs. 3 AktG),
- Entfernungen von Leitungspersonen (§ 87 VAG, § 36 KWG),
- Ausschluss von öffentlichen Aufträgen, Negativeintrag in Vergaberegister,[206]

---

[198] *Kappel/Lagodny* StV 2012, 695, ausf. *Timmerbeil/Spachmüller* DB 2013, 2133.
[199] Dazu *Timmerbeil/Spachmüller* DB 2013, 2133 (2134 f.).
[200] Vgl. zB *Kappel/Ehling* BB 2011, 2115.
[201] *Kappel/Lagodny* StV 2012, 695 (700).
[202] Hauschka Corporate Compliance/ *Hauschka/Moosmayer/Lösler* § 1 Rn. 80 f; sa die vom UK Ministry of Justice veröffentlichte Guidance zum UK Bribery Act, abrufbar unter https://www.justice.gov.uk/downloads/legislation/bribery-act-2010-guidance.pdf (zuletzt abgerufen am 11.1.2017).
[203] Weiterführend *Rübenstahl* NZWiSt 2012, 401; 2013, 6; *Rübenstahl/Boerger* NZWiSt 2013, 124 (281, 367). Momsen/Grützner/Yannet/Schürle Kap. 9 E.
[204] http://www.ussc.gov/guidelines-manual/2014/2014-chapter-8, sa Hauschka Corporate Compliance/ *Hauschka* § 1 Rn. 74 ff.
[205] Überblick bei Hauschka Corporate Compliance/*Greeve* § 25 Rn. 127 f.; *Engelhart* S. 423 ff.
[206] S. zB nach dem Gesetz zur Verbesserung der Korruptionsbekämpfung und zur Errichtung und Führung eines Vergaberegisters in Nordrhein-Westfalen (Korruptionsbekämpfungsgesetz – KorruptionsbG, GV. NRW. S. 8) v. 16.12.2004.

- Sanktionen nach dem UWG und dem GWB,
- Zivilrechtliche Sanktionen (§§ 823 Abs. 2, 826, 831, 817 Abs. 2 BGB).

II. Individuelle strafrechtliche Verantwortlichkeit im Wirtschaftsverband

1. Vorbemerkung

77   Da das deutsche Strafrecht wie gesehen (noch) keine Verbandsstrafbarkeit kennt, können nach geltendem Recht nur natürliche Personen für Straftaten, die im Zusammenhang mit der Tätigkeit von Wirtschaftsverbänden begangen werden, strafrechtlich verantwortlich sein. Diese können entweder dem Verband oder dessen Mitgliedsunternehmen angehören oder aber als Externe mit dem Verband in Kontakt treten.

78   Im folgenden Abschnitt werde ich mich zunächst mit der strafrechtlichen Verantwortlichkeit der für den Wirtschaftsverband tätigen Personen befassen. Hier lässt sich zwischen den Organen des Vereins, sonstigen Leitungspersonen (ua dem Compliance-Beauftragten) und den nachgeordneten Verbandsangehörigen unterscheiden. In den meisten Fällen erfolgt die unmittelbare Ausführung der Straftat nicht durch die Verbandsleitung, sondern durch (untergeordnete) Verbandsangehörige oder sogar durch nicht dem Verband angehörende Personen, etwa Mitarbeiter von Mitgliedsunternehmen der Verbände oder externe Berater. Hier kann die Verantwortlichkeit der Verbandsleitung entweder durch aktives Tun oder durch Untätigkeit, also im strafrechtlichen Sinne durch ein pflichtwidriges Unterlassen, begründet werden.[207] Da das Handeln in Unternehmen dadurch gekennzeichnet ist, dass „Ausführungstätigkeit, Informationsbesitz und Entscheidungsmacht" anders als bei der „klassischen" Kriminalität auseinanderfallen,[208] stellen sich allgemeine und schwierige Zurechnungsfragen. Dies dürfte auch für viele Wirtschaftsverbände gelten. Es geht also darum festzustellen, welcher der individuellen Akteure auf den verschiedenen hierarchischen Stufen eines Wirtschaftsverbandes für ein verbandsbezogenes Fehlverhalten strafrechtlich verantwortlich ist.

2. Die Beteiligung nach dem StGB und dem OWiG

79   **Die Beteiligungsformen nach dem StGB.** Nach dem **dualistischen Beteiligungssystem des Strafrechts** ist – anders als im Ordnungswidrigkeitenrecht (§ 14 OWiG) – bei der **vorsätzlichen Beteiligung** mehrerer an einer Straftat zwischen Tätern (§ 25 StGB) und Teilnehmern, nämlich Anstiftern (§ 26 StGB) und Gehilfen (§ 27 StGB), zu unterscheiden. Das Gesetz unterscheidet **drei Formen der Täterschaft:** die unmittelbare Täterschaft („Wer die Straftat selbst begeht", § 25 Abs. 1 Alt. 1 StGB), die mittelbare Täterschaft („Wer die Straftat ... durch einen anderen begeht", § 25 Abs. 1 Alt. 2 StGB) und die Mittäterschaft („Begehen mehrere die Straftat gemeinschaftlich, so wird jeder als Täter bestraft", § 25 Abs. 2 StGB). Teilnahmeformen sind die Anstiftung gem. § 26 StGB und die Beihilfe gem. § 27 StGB. Diese Vorschriften gelten auch im Nebenstrafrecht, also etwa im AWG, UWG oder AÜG.

80   Umstr. ist die Abgrenzung zwischen Täterschaft und Teilnahme bei den **Allgemeindelikten,** also Delikten, die von jedermann begangen werden können. Die Rspr. grenzt nach der sog subjektiven Theorie[209] nach dem Willen des Beteiligten ab. Hiernach ist entscheidend, ob der Handelnde Täterwillen (animus auctoris) oder Teilnehmerwillen (animus socii) hat.[210] Allerdings werden auch objektive Kriterien, wie der Umfang der Tatbeteiligung, die Tatherrschaft bzw. der Wille zur Tatherrschaft, als Indizien zur Ermittlung des Willens des Beteiligten herangezogen.[211] Die in der Literatur vorherrschende

---

[207] So zutr. die Differenzierung Rotsch Criminal Compliance/*Rotsch* § 4 Rn. 1.
[208] LK-StGB/*Schünemann* StGB Vor § 25 Rn. 21.
[209] S. nur RGSt 74, 84; BGHSt 18, 87.
[210] S. nur RGSt 2, 160; 39, 193.
[211] S. nur BGHSt 37, 289; BGH NStZ 2008, 273.

Taterrschaftslehre differenziert dagegen nach dem objektiven Gewicht des Tatbeitrags: Wenn der Beteiligte als Zentralfigur des Geschehens Tatherrschaft besitzt, ist er Täter; andernfalls ist er als eine bloße Randfigur des Geschehens Teilnehmer.[212] Bei den Sonder- und Pflichtdelikten (zB Untreue § 266 StGB, Bankrott § 283 StGB, Vorenthalten von Arbeitnehmerbeiträgen zur Sozialversicherung § 266a Abs. 1 StGB), die im Wirtschafts- strafrecht besonders häufig sind, stellt sich das Abgrenzungsproblem nicht in gleicher Wei- se. Täter kann hier nur sein, wer die besondere Tätereigenschaft (eine bestimmte Position und/oder Pflichtenstellung) aufweist, umgekehrt ist derjenige immer Täter, der die be- sondere Tätereigenschaft besitzt. Dritte können sich nur als Teilnehmer (§§ 26, 27 StGB mit der Möglichkeit der Anwendung des § 28 StGB) strafbar machen.

Bei **Fahrlässigkeitsdelikten** wird dagegen auch im Kriminalstrafrecht nach hM nicht **81** zwischen den Beteiligungsformen der Täterschaft und Teilnahme unterschieden.[213] Hier ist nach dem sog Einheitstäterprinzip jeder Täter, der den Tatbestand verwirklicht.[214]

3. Überblick: Fallgruppen und Besonderheiten individueller strafrechtlicher Verantwortlichkeit

Im Kontext der Tätigkeit eines Wirtschaftsverbandes können sich unter Berücksichtigung **82** der vorstehenden Grundsätze strafrechtlicher Beteiligung insbes. folgende Ansatzpunkte für eine strafrechtliche Haftung der Verbandsangehörigen ergeben, die nachfolgend zu- nächst im Überblick dargestellt werden.

Eine strafrechtliche Verantwortlichkeit der Verbandsorgane, -vertreter und -beauftrag- **83** ten ergibt sich unproblematisch, wenn diese Leitungspersonen bei ihrer Tätigkeit für den Verband durch ihr Verhalten als **unmittelbare Täter** die Tatbestandsvoraussetzungen ei- nes Strafgesetzes erfüllen, etwa indem sie sich der Amtsträgerbestechung gem. §§ 333 f. StGB, der Steuerhinterziehung (§ 370 AO) oder der Untreue gem. § 266 StGB strafbar machen. Dann sind sie unmittelbare Täter dieser Straftaten gem. § 25 Abs. 1 Alt. 1 StGB, da sie diese „selbst" begehen. Dies gilt auch für den sog Compliance Officer oder sonstige Verbandsangehörige in nicht leitender Stellung. Soweit es sich um Begehungsdelikte han- delt, ergeben sich für ein Handeln in einem Verbandskontext zunächst keine rechtlichen Besonderheiten. Allerdings wird es bestimmte typische Strafbarkeitsrisiken geben, die sich gerade aus der Tätigkeit des Wirtschaftsverbandes ergeben und auf die unten noch einzu- gehen sein wird.

Sofern es um die Haftungsstruktur innerhalb der Leitungsebene geht, muss ggf. geklärt **84** werden, wer innerhalb der Leitungsebene strafrechtlich verantwortlich ist. Hier geht die Rspr. von einer **Generalverantwortung und Allzuständigkeit der Verbandsleitung** aus (→ Rn. 93).

Von besonderer Bedeutung im Wirtschaftsstrafrecht sind die Unterlassungsdelikte und **85** hierbei insbes. die Fälle, in denen die Mitglieder der Leitungsebene eines Unternehmens oder Verbandes untätig bleiben, wenn ihnen untergeordnete Mitarbeiter eine Straftat im Unternehmens- oder Verbandskontext begehen. Es stellt sich hier iRd sog **strafrechtli- chen Geschäftsherrenhaftung** va die Frage, inwieweit sich aus der Verantwortlichkeit für andere Personen eine Garantenpflicht iSd § 13 StGB ergibt, deren Straftaten zu ver- hindern, die die Strafbarkeit bei einem Unterlassungsdelikt erst begründet (→ Rn. 97 ff.).

Zurechnungsprobleme entstehen auch iRd sog **Sonder- und Pflichtdelikte.** Da im **86** Wirtschaftsstrafrecht häufig der primäre Adressat der Sonder- und Pflichtdelikte ein (nach geltendem Recht) nicht strafbarer Verband ist, stellt sich hier die Frage der Zurechnung besonderer persönlicher Merkmale gem. **§ 14 StGB, § 9 OWiG** auf die für einen Ver- band handelnden Organe, Vertreter und Beauftragten, so dass diese als (unmittelbare) Tä- ter bestraft werden können (→ Rn. 110 ff.).

---

[212] S. *Roxin* StrafR AT II § 25 Rn. 10 ff.
[213] S. nur *Roxin* StrafR AT II § 25 Rn. 8.
[214] S. nur *Roxin* StrafR AT II § 25 Rn. 2.

87 In vielen Fällen wird die Verbandsführung die Straftat jedoch nicht unmittelbar ausführen, sondern sich untergeordneter Mitarbeiter bedienen. Insoweit stellt sich die Frage der Zurechnung von der unteren hierarchischen zu der oberen hierarchischen Ebene. Im Wirtschaftsstrafrecht erlangt hier die umstr. Figur der **mittelbaren Täterschaft kraft Organisationsherrschaft** besondere Bedeutung (→ Rn. 115 ff.).

88 IRd Teilnahmestrafbarkeit stellt sich letztendlich die Frage, ob und unter welchen Voraussetzungen auch bei einer sog **neutralen Teilnahme** eine Strafbarkeit möglich ist (→ Rn. 119 f.).

89 Eine eigenständige individuelle Verantwortlichkeit nach dem OWiG kann sich in einem Unternehmen oder Verband auch allein aus der Verletzung betrieblicher Aufsichtspflichten nach **§ 130 OWiG** ergeben. Diese Vorschrift wird vielfach als Anknüpfungsnorm für Criminal Compliance gesehen(→ 122 ff.).

4. Die strafrechtliche Verantwortlichkeit innerhalb der Leitungsebene des Wirtschaftsverbandes

90 Zunächst stellt sich das Problem der strafrechtlichen Verantwortlichkeit innerhalb der Leitungsebene eines Wirtschaftsverbandes bei einer horizontalen Verteilung von Aufgaben. Diese Frage spielt va eine Rolle
- iRv **Sonderdelikten** (zB § 266a StGB) bei der Frage der Täterschaft,
- iRv **Unterlassungsdelikten** bei der Frage der Zumutbarkeit der rechtlich gebotenen Handlung sowie der Garantenstellung (unechte Unterlassungsdelikte).

91 Grds. knüpft die Pflichtenstellung der Leitungspersonen im Verhältnis zueinander an den ihnen kraft Aufgabenverteilung innerhalb der Gesamtgeschäftsleitung zugewiesenen und eigenverantwortlich betreuten Aufgabenbereich an (**„Ressortprinzip"**).[215] Eine solche Aufgabenverteilung nach Geschäfts- und Verantwortungsbereichen ist gerade in größeren Unternehmen üblich und rechtlich zulässig[216] und wird auch in Wirtschaftsverbänden die Regel sein.

92 An diese interne Geschäftsverteilung knüpft dann auch die primäre – strafrechtliche – Verantwortung des jeweiligen Ressortchefs für seinen Bereich[217] und die Frage der horizontalen Verantwortungsverteilung an. Die anderen Mitglieder der Geschäftsleitung dürfen grds. auf das ordnungsgemäße Verhalten der zuständigen Mitglieder der Geschäftsleitung **vertrauen**.[218]

93 Diese primäre Verantwortung wird jedoch durch die aus dem Gesellschaftsrecht hergeleiteten **Grundsätze der Allzuständigkeit und dementsprechend der Generalverantwortung aller Mitglieder der Geschäftsleitung** für die Belange der Gesellschaft ergänzt, so dass auch bei einer Ressortverteilung dem nicht zuständigen Mitglied der Geschäftsleitung kraft seiner Generalverantwortung gewisse **Überwachungspflichten** (statt Handlungspflichten) verbleiben.

94 Aufgrund dieser Überwachungspflichten muss das Mitglied der Geschäftsleitung eingreifen, wenn Anhaltspunkte dafür bestehen, dass die Erfüllung der der Gesellschaft obliegenden Aufgaben durch den zuständigen Geschäftsführer nicht mehr gewährleistet ist.[219] Uneingeschränkt greift der Grundsatz der Generalverantwortung trotz einer internen Ressortverteilung, wenn – wie etwa in Krisen- und Ausnahmesituationen – das Unternehmen als Ganzes betroffen ist.[220]

95 Der Grundsatz der Allzuständigkeit und der der Generalverantwortung gelten neben der strafrechtlichen Produkthaftung auch für andere Bereiche, zB Abführung von Sozial-

---

[215] BGHSt 37, 106 (126); *Schmidt-Salzer* NJW 1996, 1 (5).
[216] BGHSt 8, 137 (139); vgl. auch MAH WirtschaftsStR/*Wessing/Dann* § 4 Rn. 152 mwN.
[217] MAH WirtschaftsStR/*Wessing/Dann* § 4 Rn. 152.
[218] Allg. zum „Vertrauensgrundsatz" bei arbeitsteiligem Zusammenwirken s. *Roxin* StrafR AT II § 25 Rn. 25.
[219] BGH NJW 1997, 130 (132) mwN.
[220] BGHSt 37, 106 (124).

versicherungsbeiträgen[221] und Steuern,[222] die Insolvenzantragspflicht[223] und die betriebliche Aufsichtspflicht (vgl. § 130 OWiG).[224]

Soweit mehrere Mitglieder der Geschäftsleitung strafrechtlich verantwortlich sind, haften sie je nach Sachverhaltsgestaltung entweder als Mittäter (§ 25 Abs. 2 StGB) oder – va bei Fahrlässigkeit – als Nebentäter. **96**

5. Die Geschäftsherrenhaftung

a) Problemstellung. Die sog strafrechtliche Geschäftsherrenhaftung betrifft allgemein die **97** Frage, ob der Geschäftsherr oder andere Leitungspersonen für Straftaten ihrer Untergebenen (durch aktives Tun oder Unterlassen) strafrechtlich wegen **Unterlassens** zur Verantwortung gezogen werden können. Dies würde insbes. voraussetzen, dass diese Personen als **Garanten** gem. § 13 Abs. 1 StGB rechtlich dafür einzustehen haben, dass weder ihre Untergebenen noch Dritte durch aus dem Unternehmen, in unserem Fall aus dem Wirtschaftsverband, heraus begangene Straftaten geschädigt werden.

In bestimmten hierarchischen Verhältnissen ordnet der Gesetzgeber selbst eine Überwa- **98** chungsgarantenstellung der Leitungspersonen an, so in § 357 Abs. 1 und 2 StGB, § 41 Wehrstrafgesetz (WStG) und § 123 Seearbeitsgesetz (SeeArbG). Ob und in welchem Umfang darüber hinaus solche Garantenpflichten des Geschäftsherrn bestehen können, ist immer noch umstr., auch wenn inzwischen die hL und Rspr. eine solche Geschäftsherrenhaftung anerkennt.[225] Aus § 357 StGB, § 41 WStG oder § 130 OWiG, der die Verletzung der Aufsichtspflicht als Ordnungswidrigkeit ausgestaltet, lassen sich nach zutr. Ansicht jedenfalls keine Argumente für oder gegen eine Garantenstellung ableiten.[226]

b) Garantenstellung des Geschäftsherrn zur Verhinderung von Straftaten seiner **99** **Untergebenen.** Unter dem Begriff „Geschäftsherrenhaftung" wird typischerweise diskutiert, ob und inwieweit der Betriebsinhaber oder Vorgesetzte eine (Überwacher-) Garantenstellung hat und daher Schädigungen gerade durch aus dem Unternehmen oder Verband heraus begangene Straftaten verhindern muss. Die Annahme einer Überwachergarantenstellung hins. der im Unternehmen beschäftigten Personen begegnet va im Hinblick auf den Grundsatz der Eigenverantwortlichkeit (Personenautonomie) Bedenken. Aus diesem folgt, dass niemand für das Verhalten einer anderen voll verantwortlichen Person zur Verantwortung gezogen werden kann.[227] Eine **Minder-meinung** verneint ua deshalb eine Garantenstellung.[228]

Dagegen bejaht die **hM**[229] dennoch eine Garantenstellung von Leitungspersonen bzgl. **100** der Verhinderung der Begehung von Straftaten und Ordnungswidrigkeiten durch Mitarbeiter.[230] Begründet wird dies einerseits mit der Befehls- und Organisationsherrschaft über die (weisungsgebundenen) Untergebenen **(Herrschaftsargument)**; diese kompensiere

---

[221] BGH NJW 1997, 130 (131).

[222] BGH wistra 1990, 97.

[223] BGH NJW 1994, 2149.

[224] BGHSt 37, 106 – Lederspray.

[225] Allg. zu dieser Diskussion s. Achenbach/Ransieck/Rönnau/*Achenbach* Teil 1 Kap. 3 Rn. 31 ff.; *Tiedemann* WirtschaftsstrafR AT Rn. 289 ff.; *Roxin* StrafR AT II § 32 Rn. 134 ff.; LK-StGB/*Weigend* § 13 Rn. 56 jeweils mwN.

[226] Vgl. nur *Beulke* FS Geppert, 2011, 23 (29 ff.).

[227] *Tiedemann* WirtschaftsstrafR AT Rn. 291.

[228] ZB *Heine* S. 116; *Otto* Jura 1998, 409 (413).

[229] Zur hM *Schünemann* ZStW 96 (1984), 310; *Tiedemann* WirtschaftsstrafR AT Rn. 291; *Lackner/Kühl* StGB § 13 Rn. 14; *Roxin* StrafR AT II § 32 Rn. 137. Mit dem Herrschaftsgedanken begründet wird die Geschäftsherrenhaftung zB von *Rönnau/Schneider* ZIP 2010, 53 (56); mit dem Gefahrgedanken von *Dannecker/Dannecker* JZ 2010, 981 (991); *Fischer* StGB § 13 Rn. 67 f. mwN.

[230] Teilw. wird die hM dahingehend eingeschränkt, dass Leitungspersonen nur dann als Garanten anzusehen seien, wenn sich aus der Eigenart des Betriebes besondere typische Gefahren ergäben, zB bei einem Rüstungsunternehmen die Gefahr rechtswidriger Waffenexporte (*Bosch* S. 142 ff., 224 f.; LK-StGB/*Weigend* § 13 Rn. 56; SK-StGB/*Rudolphi* StGB § 13 Rn. 35a).

die Eigenverantwortlichkeit des unmittelbaren Täters. Zunehmend wird aber va das **Gefahrenargument** zur Begründung herangezogen: Dem Betriebsinhaber obliege eine Verkehrssicherungspflicht zur Verhinderung sachlicher wie personeller Gefahren, die von der Gefahrenquelle Betrieb ausgehen, denn diese Sicherungspflicht sei das Korrelat für die Freiheit der unternehmerischen Betätigung. Während die Rspr. in BGHSt 54, 44 eine solche Garantenstellung zunächst nur implizit anerkannt hatte,[231] hat sie eine solche nunmehr in BGHSt 57, 42 bejaht. Allerdings lässt der BGH offen, aus welchen materiellen Gesichtspunkten sich die Garantenstellung ergibt.

101　Für die Praxis dürfte diese dogmatische Unklarheit jedoch wenig Bedeutung haben. Auch die Leitungspersonen des Wirtschaftsverbandes müssen deshalb damit rechnen, für Straftaten ihrer Untergebenen (etwa wenn diese sich nach §§ 108e, 299, 333f. StGB der Bestechung strafbar machen) strafrechtlich zur Verantwortung gezogen zu werden. Dies setzt allerdings voraus, dass sowohl eine Kausalität des Unterlassens für den Erfolg als auch Vorsatz nachweisbar ist,[232] wobei *Rotsch* hier sicherlich recht zu geben ist, dass in der Gerichtspraxis keine zu hohen Hürden an die Nachweisbarkeit gestellt werden dürften.[233] Soweit die Geschäftsherrenhaftung im konkreten Fall nicht greift, ist zudem immer noch an eine Ahndung als Ordnungswidrigkeit gem. § 130 OWiG zu denken.

102　**c) Garantenstellung des Geschäftsherrn zur Verhinderung von Schäden seiner Untergebenen oder externer Dritter.** Von der Frage, ob den Betriebsinhaber oder den Vorgesetzten trotz des Autonomieprinzips eine Garantenpflicht zur Verhinderung von Straftaten seiner Untergebenen trifft, ist die Frage zu unterscheiden, ob ihm gegenüber seinen Untergebenen oder außenstehenden Dritten eine (Beschützer-)Garantenstellung obliegt, er also rechtlich dafür einzustehen hat, dass diese nicht geschädigt werden.

103　Eine Beschützergarantenstellung **gegenüber den eigenen Untergebenen** ergibt sich nicht schon allein aus (außerstrafrechtlichen) gesetzlichen Verpflichtungen, wie zB aus § 618 BGB, der die allgemeine arbeitsrechtliche Fürsorgepflicht konkretisiert. Solche Pflichten können einen ersten Anhaltspunkt bilden, es müssen aber immer noch weitere materielle Erwägungen hinzukommen, damit sie strafrechtlich relevant werden.[234] Zwar ist der Untergebene, insbes. wenn hochrangige Rechtsgüter wie Menschenwürde oder körperliche Unversehrtheit betroffen sind, auf den Schutz seines Vorgesetzten angewiesen, da er sich den Risiken nicht einfach durch Fernbleiben vom Arbeitsplatz entziehen kann;[235] trotzdem handelt es sich nur um eine arbeitsvertragliche Nebenpflicht, die in ihrer Bedeutung hinter die Hauptleistungspflichten (insbes. Entlohnung) zurücktritt.[236] Die Frage ist bisher in der Rspr. noch nicht abschließend geklärt worden.[237]

104　Eine Beschützergarantenstellung **gegenüber außenstehenden Dritten** ergibt sich nicht aus den Sorgfaltsgeneralklauseln des Zivilrechts, insbes. auch nicht aus den Legalitätspflichten der §§ 43 Abs. 1 GmbHG, 93 Abs. 1 S. 1 AktG, denn diese Pflichten betreffen das Verhältnis zur Gesellschaft (Innenverhältnis) und dienen nicht dem Schutz außenstehender Dritter.[238] Zudem mangelt es im Regelfall an einem für die Begründung einer Garantenstellung erforderlichen Näheverhältnis zu den Dritten. Auch eine etwaige vertragliche Beziehung genügt regelmäßig nicht, da diese zivilrechtlich zunächst nur zwischen dem Unternehmensträger und dem Dritten besteht und zudem allgemein vertragliche Beziehungen nicht ohne weiteres Garantenpflichten begründen; hinzukommen muss

---

[231] Vgl. *Spring* GA 2010, 222 (224); *Dannecker/Dannecker* JZ 2010, 981 (991).
[232] Achenbach/Ransiek/Rönnau/*Achenbach* Teil 1 Kap. 3 Rn. 32 ff.
[233] Rotsch Criminal Compliance/*Rotsch* § 4 Rn. 11.
[234] Schönke/Schröder/*Stree/Bosch* StGB § 13 Rn. 7 f.
[235] *Roxin* JR 2012, 308.
[236] *Fehr* S. 192 f.
[237] Vgl. BGHSt 57, 42 (45).
[238] BGHZ 194, 26 (33 f.).

　　　　Prof. Dr. Wittig

vielmehr ein besonderes persönliches Vertrauensverhältnis oder eine dauerhafte enge Geschäftsbeziehung.[239]

d) Garantenstellung kraft tatsächlicher Übernahme eines Pflichtenkreises. Nach 105
Ansicht des BGH[240] kann auch durch tatsächliche Übernahme eines Pflichtenkreises eine
Garantenstellung einer Leitungsperson begründet werden kann. Beispielhaft nennt der
BGH die Übernahme einer gesetzlich vorgesehenen Funktion als Beauftragter, zB als Beauftragter für Wasserschutz (§§ 64 ff. WHG) oder für Immissionsschutz (§§ 53 ff. BImSchG). Dies kann allenfalls, soweit diese entsprechenden Pflichten gesetzlich zwingend festgelegt sind, als Entstehungsgrund einer originären, aber von der Geschäftsherrenhaftung
unabhängigen Garantenstellung zu verstehen sein.

Prinzipiell kann jeder Verbandsangehörige durch die Aufnahme einer Tätigkeit im Ver- 106
band originäre Pflichten oder aber von der Geschäftsleitung übernommene (derivative)
Pflichten erwerben.[241] Im Zusammenhang mit der Geschäftsherrenhaftung wird dabei va
die strafrechtliche Verantwortlichkeit des sog **Compliance Officers** diskutiert, der für
die Überwachung des Unternehmens oder Verbandes und – je nach konkreter Ausgestaltung – die Verhinderung von Straftaten zuständig ist. In BGHSt 54, 44 (48 f.) – Berliner
Stadtreinigung – hat der BGH in einem obiter dictum eine solche Garantenstellung des
Compliance Officers anerkannt: Sie könne aus der tatsächlichen Übernahme von Überwachungs- und Schutzpflichten folgen, soweit ein besonderes Vertrauensverhältnis hinzutrete, das den Übertragenden gerade dazu veranlasse, dem Verpflichteten besondere
Schutzpflichten zu überantworten. Im vorliegenden Fall stellte der BGH nur fest, dass die
Garantenstellung des Angeklagten „nicht zweifelhaft" sei, blieb also eine weitergehende
Begründung schuldig.[242]

Aus dem Urt. des BGH wird nicht ganz klar, ob das Gericht von einer originären, 107
durch Arbeitsvertrag und tatsächliche Übernahme begründeten Garantenstellung oder von
der Übertragung der das Unternehmen und seine Organe treffenden Überwachergarantenstellung ausgeht (Geschäftsherrenhaftung[243]). Richtigerweise kann es sich bei der Garantenstellung des Compliance Officers aber allenfalls um eine von dem Geschäftsherrn
abgeleitete Garantenstellung handeln.[244] Selbst wenn man eine Beschützergarantenstellung
gegenüber außenstehenden Dritten annehmen wollte, würde dies zunächst allein das Verhältnis der Dritten zur Geschäftsleitung betreffen.[245] Aber auch eine originäre Überwachergarantenstellung muss ausscheiden, da die sachlichen wie personellen Gefahren vom
Unternehmen als solchem ausgehen, primär also zunächst dessen Organe verantwortlich
sind, die ihre Pflichten dann wiederum delegieren können.[246] Wenn es sich also nur um
eine abgeleitete Garantenstellung handeln kann, können auch die daraus folgenden Pflich-

---

[239] BGHSt 46, 196; *Wessels/Beulke/Satzger* StrafR AT Rn. 719a.
[240] BGHSt 54, 44 (49 f.) – Berliner Stadtreinigung – mAnm ua v. *Berndt* StV 2009, 687; *Kretschmer* JR 2009,
474; *Mosbacher/Dierlamm* NStZ 2010, 268; *Rotsch* ZJS 2009, 712; *Spring* GA 2010, 22; sa *Beulke* FS Geppert, 2011, 23; *Dannecker/Dannecker* JZ 2010, 981; *Momsen* FS Puppe, 2010, 751; *Rönnau/Schneider* ZIP
2010, 53; *Rotsch* FS I. Roxin, 2012, 485; *Schwarz* wistra 2012, 13.
[241] Vgl. *Bosch* S. 219.
[242] In BGHSt 54, 44 handelte es sich nicht um einen Compliance-Beauftragten, sondern um den Leiter der
Rechtsabteilung und Innenrevision, bei dem der BGH nicht annahm, dass sein Aufgabenkreis grds. auch
die Verhinderung von Straftaten erfasse. Begründet wurde eine solche Garantenpflicht aber mit der Erwägung, dass es sich im konkreten Fall um ein öffentlich-rechtliches Unternehmen handele, bei dem der
Gesetzesvollzug Kernstück der unternehmerischen Tätigkeit sei. Zwischen den Interessen des Unternehmens und außenstehenden Dritten könne daher im Hinblick auf die Rechtmäßigkeit des Handelns nicht
getrennt werden. Der Angeklagte sei angestellt worden, um Rechtsverstöße bei der Tarifberechnung zu
beanstanden, was im Hinblick auf die nicht trennbaren Interessen gerade auch dem Schutz der Entgeltschuldner dienen sollte (BGHSt 54, 44 (50 f.); dazu *Dannecker/Dannecker* JZ 2010, 981 (986 f.)).
[243] Vgl. *Dannecker/Dannecker* JZ 2010, 981 (983).
[244] Eine solche generell abl. aber *Rotsch* FS I. Roxin, 2012, 485 ff.
[245] *Dannecker/Dannecker* JZ 2010, 981 (984).
[246] Näher zu dieser unternehmensbezogenen Betrachtung *Dannecker/Dannecker* JZ 2010, 981 (984 f.).

ten nicht weiter gehen als die des Geschäftsherrn.[247] Zudem ist der Umfang der aus der (prinzipiell möglichen) Delegation der Garantenstellung resultierenden Garantenpflichten durch die Reichweite des übertragenen Pflichtenkreises begrenzt, zu deren Bestimmung auch die Stellenbeschreibung herangezogen werden kann.[248]

108 Dem Geschäftsherrn verbleiben trotz Delegation Garantenpflichten in Form von Auswahl-, Instruktions-, Kontroll- und Aufsichtspflichten.[249] Zudem ist immer erforderlich, dass der Delegat den Pflichtenkreis tatsächlich übernimmt, eine rein vertragliche Regelung reicht nicht aus.[250] In Delegationsfällen ist immer genau der Umfang der aus der Garantenstellung folgenden Garantenpflichten zu prüfen. Danach kann es an Garantenpflichten gegenüber außenstehenden Dritten fehlen, wenn der Delegat nur die Unternehmensleitung beraten soll.[251] Hat er dagegen die Verhinderung von Rechtsverstößen, insbes. von Straftaten, die aus dem Unternehmen heraus begangen werden, vertraglich übernommen, obliegt ihm eine dementsprechende Garantenpflicht zum Einschreiten (dies soll nach BGHSt 54, 44 (49 f.) bei einem Compliance-Beauftragten freilich regelmäßig der Fall sein). Je nach konkreter vertraglicher Ausgestaltung kann er aber trotzdem nur zur Information des Geschäftsherrn und nicht zur eigenhändigen Verhinderung verpflichtet sein.[252]

109 **e) Die Reichweite der Geschäftsherrenhaftung.** Die Reichweite der Geschäftsherrenhaftung ist gerade vor dem Hintergrund des Art. 103 Abs. 2 GG zu präzisieren, kann doch der Geschäftsherr nicht für eine insgesamt straffreie Lebensführung seiner Mitarbeiter während der Arbeitszeit strafrechtlich verantwortlich gemacht werden.[253] Daher besteht weitgehende Einigkeit, dass diese Haftung auf die Verhinderung **betriebsbezogener Straftaten** begrenzt sein muss.[254] Betriebsbezogen ist eine Tat dann, wenn sie einen inneren Zusammenhang mit der betrieblichen Tätigkeit des Begehungstäters oder mit der Art des Betriebes aufweist, was konkret und nicht lediglich abstrakt zu bestimmen sei; lediglich bei Gelegenheit der betrieblichen Tätigkeit begangene Straftaten sind dagegen nicht umfasst.[255]

6. Die Zurechnung besonderer persönlicher Merkmale gem. § 14 StGB, § 9 OWiG

110 Das Wirtschaftsstrafrecht enthält neben den Allgemeindelikten besonders viele Sonder- oder Pflichtdelikte (zB §§ 266, 266a, 283 ff. StGB, § 130 OWiG), die eine besondere Position oder Pflichtenstellung des Täters (zB Treunehmer, Arbeitgeber, Gemeinschuldner, Aufsichtspflichtiger) voraussetzen. Nach *Achenbach* ist „Wirtschaftsstrafrecht in einem wesentlichen Segment begriffstypisch Sonderstrafrecht der wirtschaftlich Tätigen".[256]

111 Bei den Sonder- und Pflichtdelikten ergibt sich die strafrechtliche Verantwortlichkeit der natürlichen Person häufig erst in der Zusammenschau mit der in § 14 StGB und § 9 OWiG geregelten sog Organ-, Vertreter- oder Beauftragtenhaftung. Denn primärer Pflichtenträger ist häufig ein Personenverband, der aber nach deutschem Recht selbst nicht Täter einer Straftat sein kann und nur durch ihre Führungspersonen handeln kann. Auch wenn der Inhaber eines Betriebs oder Unternehmens eine natürliche Person ist, wird er häufig Pflich-

---

[247] *C. Dannecker* NZWiSt 2012, 441 (447).
[248] BGHSt 54, 44 (49).
[249] Vgl. zB *Knauer* FS I. Roxin, 2012, 465 (479).
[250] BGHSt 54, 44 (48 f.); Momsen/Grützner/*Rotsch* Kap. 1 C Rn. 41.
[251] *Knauer* FS I. Roxin, 2012, 465 (479).
[252] Vgl. *C. Dannecker* NZWiSt 2012, 441 (447).
[253] BGHSt 57, 42 (47 f.).
[254] *Roxin* StrafR AT II § 32 Rn. 141; *Kühl* StrafR AT § 18 Rn. 118a; *Tiedemann* WirtschaftsstrafR AT Rn. 294.
[255] BGHSt 57, 42 (46). Zu BGHSt 57, 42 sowie zur Geschäftsherrenhaftung allgemein vgl. *Roxin* JR 2012, 305; *Schramm* JZ 2012, 967 (969); *C. Dannecker* NZWiSt 2012, 441; *Bülte* NZWiSt 2012, 176; *Mansdörfer/Trüg* StV 2012, 432; *Kuhn* wistra 2012, 297.
[256] Achenbach/Ransiek/Rönnau/*Achenbach* Teil 1 Kap. 3 Rn. 4.

ten und Aufgaben auf untergeordnete Betriebs- oder Unternehmensangehörige delegieren. Gem. § 14 StGB, § 9 OWiG ist ein Gesetz, nach dem besondere persönliche Eigenschaften, Verhältnisse oder Umstände (besondere persönliche Merkmale) die Strafbarkeit begründen, auch auf Organe und Vertreter bzw. Beauftragte eines Betriebs anzuwenden, wenn diese Merkmale zwar nicht bei ihnen, aber bei dem Vertretenen bzw. dem Inhaber des Betriebs vorliegen. Besondere persönliche Merkmale sind im Wirtschaftsstrafrecht die Statusmerkmale, die die Sonderrolle des wirtschaftlich Tätigen beschreiben (zB Arbeitgeber bei § 266a StGB).[257] Die daraus resultierende Erweiterung der Strafbarkeit ist auf den in § 14 Abs. 1–3 StGB (bzw. § 9 Abs. 1–3 OWiG) genannten Personenkreis beschränkt, die als Organe oder Vertreter bzw. Beauftragte des Betriebsinhabers gehandelt haben müssen. Der erforderliche „Vertretungsbezug" liegt nach der neueren Rspr. vor, wenn der Vertreter im Geschäftskreis des Vertretenen gehandelt hat.[258]

Ein **Wirtschaftsverband** kann Inhaber eines Betriebs oder Unternehmens iSd § 14 **112** StGB, § 9 OWiG sein, auch wenn er immaterielle Zwecke verfolgt: Betriebe werden in Anknüpfung an betriebsverfassungsrechtliche Vorschriften definiert als „räumlich zusammengefasste Organisationseinheiten, mit denen ein Unternehmer bestimmte arbeitstechnische Zwecke, die über die Deckung des Eigenbedarfs hinausgehen, unter Einsatz von personellen, sachlichen und immateriellen Mitteln fortgesetzt verfolgt".[259] Auf den damit verfolgten Zweck kommt es nicht an, dieser kann materieller und immaterieller Art sein.[260]

Zur Verdeutlichung ein **Beispiel**: **113**

Gem. § 266a Abs. 1 StGB (Vorenthalten von Arbeitnehmerbeiträgen) kann Täter dieses Delikts nur der Arbeitgeber sein. Ist der Arbeitgeber nun ein Wirtschaftsverband, der als eingetragener Verein organisiert ist, und werden Sozialversicherungsbeiträge der im Wirtschaftsverband tätigen Arbeitnehmer vorenthalten, kann der Wirtschaftsverband als juristische Person nicht gem. § 266a Abs. 1 StGB sanktioniert werden. Aufgrund der Zurechnungsvorschrift des § 14 StGB können aber die für einen Verein handelnden natürlichen Personen, nämlich die (wirksam bestellten) Organe (Vorstand gem. § 26 BGB und sonstige Organe) und Vertreter (§ 14 Abs. 1 StGB), die Beauftragten (§ 14 Abs. 2 StGB) sowie die faktischen Organe und Vertreter des Vereins (§ 14 Abs. 3 StGB), gem. § 266a Abs. 1 StGB bestraft werden, wenn sie beim Nichtabführen der Sozialversicherungsbeiträge als dessen Organe oder Vertreter bzw. aufgrund eines Auftrags handeln.

Die Bedeutung der § 14 StGB, § 9 OWiG für einen (Wirtschafts-)Verband liegt somit **114** va darin, dass an die darüber erfolgende Zurechnung eines besonderen persönlichen Merkmals zu Leitungspersonen eine Sanktion gegen den (Wirtschafts-)Verband anknüpfen kann.[261] Neben der Verbandsgeldbuße gem. § 30 OWiG kommt zB auch die Anordnung des strafrechtlichen Verfalls gem. §§ 73 ff. StGB in Betracht.

7. Mittelbare Täterschaft kraft Organisationsherrschaft (§ 25 Abs. 1 Alt. 2 StGB)

Sowohl im Strafrecht als auch im Ordnungswidrigkeitenrecht kommt eine mittelbare Tä- **115** terschaft gem. § 25 Abs. 1 S. 2 StGB in Betracht, wenn eine in der Verbandshierarchie untergeordnete Person eine strafbare oder ordnungswidrige Handlung begeht, die kraft dieser Rechtsfigur einer in der Verbandshierarchie übergeordneten Person zugerechnet

---

[257] Achenbach/Ransiek/Rönnau/*Achenbach* Teil 1 Kap. 3 Rn. 7.
[258] S. nur BGHSt 57, 229 = BGH NJW 2012, 2366 mAnm *Brand*. Umfassend zum Vertreterbezug und zur Aufgabe der sog Interessentheorie s. *Wittig* WirtschaftsstrafR § 6 Rn. 100 f. mwN. Die Abgrenzung spielt insbes. eine Rolle für die Abgrenzung zwischen Untreue (§ 266 StGB) und Bankrott (§ 283 StGB).
[259] NK-StGB/*Böse* StGB § 14 Rn. 37; KK-OWiG/*Rogall* OWiG § 9 Rn. 75 jeweils mwN. Dem Begriff des Unternehmens kommt nach weiter Fassung des Betriebsbegriffs nach hM keine eigenständige Bedeutung zu (NK-StGB/*Böse* StGB § 14 Rn. 37).
[260] NK-StGB/*Böse* StGB § 14 Rn. 37; KK-OWiG/*Rogall* OWiG § 9 Rn. 75.
[261] Zu der Bedeutung des § 9 OWiG im Hinblick auf § 130 OWiG s. unten → Rn. 126.

werden kann. Es handelt sich dann um eine Verlagerung der strafrechtlichen Verantwortlichkeit von unten nach oben.

116   Allein das Bestehen eines hierarchischen Über- und Unterordnungsverhältnis ist jedoch hierfür nicht ausreichend, erforderlich ist weiter, dass die besonderen Voraussetzungen einer mittelbaren Täterschaft vorliegen.[262] Die mittelbare Täterschaft ist dadurch gekennzeichnet, dass der Täter („Hintermann") die Tat durch einen anderen („Vordermann", „Tatmittler") begeht, den er als „menschliches Werkzeug" instrumentalisiert. IdR setzt dies voraus, dass der Vordermann einen „Defekt" aufweist, also nicht voll verantwortlich handelt, so dass der Hintermann aufgrund seines überlegenen Willens Tatherrschaft hat.[263] Typische Konstellationen des allgemeinen Strafrechts sind Fälle, in denen der Vordermann schuldlos handelt, etwa weil er bei der Tat schuldunfähig ist (§ 20 StGB) oder sich in einem unvermeidbaren Verbotsirrtum (§ 17 StGB) befindet. Mittelbare Täterschaft kann auch vorliegen, wenn der Vordermann tatbestandslos handelt, zB weil er einem vorsatzausschließenden Tatbestandsirrtum (§ 16 StGB) unterliegt, oder gerechtfertigt ist, zB weil er in Notwehr (§ 32 StGB) handelt. Bei Sonder- und Pflichtdelikten kann eine mittelbare Täterschaft bspw. gegeben sein, wenn der Vordermann die strafbegründende Eigenschaft nicht aufweist.

117   Derartige „klassische" Fälle der mittelbaren Täterschaft sind zwar auch im Wirtschaftsleben denkbar.[264] Häufig aber wird es an einem solchen verantwortungsausschließenden Defizit des Vordermanns fehlen, so dass an sich keine mittelbare Täterschaft, sondern nur eine Strafbarkeit des Hintermanns wegen Mittäterschaft (§ 25 Abs. 2 StGB), Anstiftung (§ 26 StGB) oder Beihilfe (§ 27 StGB) in Betracht kommt. Eine Ausnahme soll dieser Grundsatz aber in den Fällen erfahren, in denen der Hintermann kraft **„Organisationsherrschaft"** das Geschehen beherrscht und so trotz strafrechtlicher Verantwortlichkeit des Tatmittlers Tatherrschaft besitzt. Diese von *Roxin* 1963 entwickelte eigenständige Form der mittelbaren Täterschaft[265] ist nun trotz einiger Kritik in der Literatur[266] auch in der Rspr. anerkannt.[267] Die Begründung dieser besonderen Form der mittelbaren Täterschaft setzt nach der Rspr. voraus, dass „der Hintermann durch Organisationsstrukturen bestimmte Rahmenbedingungen ausnutzt, innerhalb derer sein Tatbeitrag regelhafte Abläufe auslöst".[268] Die mittelbare Täterschaft kraft Organisationsherrschaft war ursprünglich konzipiert für die Aufarbeitung staatlicher Kriminalität (etwa der NS-Verbrechen oder des DDR-Unrechts) sowie für die Organisierte Kriminalität bei mafiösen Strukturen, wurde aber von der Rspr. ohne Weiteres auch für Wirtschaftsunternehmen für anwendbar erklärt.[269]

118   Auch auf **Wirtschaftsverbände,** die ebenfalls durch eine arbeitsteilige Organisation gekennzeichnet sind, sind diese Grundsätze anwendbar, wenn eine Leitungsperson ihre Organisationsmacht missbraucht.[270] Voraussetzung einer solchermaßen begründeten mittelbaren Täterschaft ist jedoch stets, dass die in der Verbandshierarchie übergeordnete Person nachweisbar vorsätzlich hins. der Begehung einer Straftat durch einen anderen handelt. Dies wird aber nicht der typische Compliance-Sachverhalt sein.[271]

8. Die „neutrale" Beihilfe

119   Bei der Beihilfe (§ 27 StGB) ist im Wirtschaftsstrafrecht va deren Strafbarkeit durch **„neutrale" oder „berufstypische" Handlungen** umstr. Diese viel diskutierte Problematik stellt sich, „wenn ‚neutrale' Handlungen, wie sie im Alltag – meist im Rahmen

---

[262] Achenbach/Ransiek/Rönnau/*Achenbach* Teil 1 Kap. 3 Rn. 25.
[263] Einzelheiten bei *Roxin* StrafR AT II Rn. 45 ff.
[264] S. hierzu Achenbach/Ransiek/Rönnau/*Achenbach* Teil 1 Kap. 3 Rn. 26 ff.
[265] *Roxin* GA 1963, 193; *Roxin* Täterschaft und Tatherrschaft S. 242 ff.
[266] Vgl. nur *Rotsch* ZStW 112 (2000), 518.
[267] Vgl. nur BGHSt 40, 218; 49, 147.
[268] Vgl. nur BGHSt 40, 218 (236); 45, 270 (296).
[269] BGHSt 40, 218 (236); 43, 219; 48, 331; 49, 147.
[270] *Schmittlein* S. 55.
[271] *Schmittlein* S. 55.

normaler Berufsausübung – tausendfältig vorgenommen werden, im Einzelfall einem deliktischen Verhalten Vorschub leisten".[272] Diese Frage ist deshalb für Criminal Compliance bedeutsam, weil es sich bei der neutralen Beihilfe häufig um berufsbezogenes Verhalten handelt.[273] Soweit die **Wirtschaftsverbände** beratend zB gegenüber Mitgliedsunternehmen tätig werden, sind auch sie mit dieser Problematik konfrontiert. Auch andere Konstellationen sind denkbar. Einig ist man sich weitgehend, dass eine Beihilfe durch berufstypische oder neutrale Handlungen nicht grds. strafbar sein kann. Umstr. sind aber sowohl die dogmatische Verortung als auch die Kriterien, die ein die Haupttat förderndes Verhalten als „neutrale" und damit straflose Beihilfe qualifizieren. Die Rspr.[274] hat sich der Lösung *Roxins*[275] angeschlossen.

Danach ist zu differenzieren:

- Der Beitragende **kennt** den Deliktsentschluss des Haupttäters (iS eines dolus directus) und der Tatbeitrag weist einen **„deliktischen Sinnbezug"** auf (dh er ist ohne die Haupttat für den Haupttäter sinnlos). In diesen Fällen verliert das Tun des Hilfeleistenden stets den Alltagscharakter und ist als Solidarisierung mit dem Täter zu deuten, so dass der Beitragende wegen Beihilfe strafbar ist.
- Der Beitragende **kennt** den Deliktsentschluss des Haupttäters (iS eines dolus directus) und der Tatbeitrag weist **keinen „deliktischen Sinnbezug"** auf (dh, er bleibt auch ohne die Haupttat sinnvoll). In diesen Fällen liegt keine strafbare Beihilfe vor.
- Der Beitragende hält es lediglich für möglich (iS eines **dolus eventualis**), dass sein Tun zur Begehung einer Straftat genutzt wird. Hier ist sein Handeln regelmäßig noch *nicht* als strafbare Beihilfehandlung zu beurteilen, denn jeder darf grds. darauf vertrauen, dass andere keine vorsätzlichen Straftaten begehen.
- Der Beitragende hält es lediglich für möglich (iS eines **dolus eventualis**), dass sein Tun zur Begehung einer Straftat genutzt wird, aber das von ihm erkannte Risiko strafbaren Verhaltens des von ihm Unterstützten ist derart hoch, dass er sich mit seiner Hilfeleistung die **Förderung eines erkennbar tatgeneigten Täters angelegen** sein lässt.

In der Literatur ist die Rspr. auf Zustimmung, aber auch auf Ablehnung gestoßen.[276] Problematisch ist neben der Bestimmung der Kriterien für das Vorliegen eines deliktischen Sinnbezugs auch die Abstufung nach dem Vorsatzgrad.[277]

9. Die betriebliche Aufsichtspflichtverletzung gem. § 130 OWiG

a) Rechtsnatur und Zweck der Vorschrift. Nach dem Bußgeldtatbestand des § 130 OWiG handelt der Inhaber eines Betriebs oder Unternehmens ordnungswidrig, wenn er vorsätzlich oder fahrlässig seine Aufsichtspflicht verletzt und in dem Betrieb oder Unternehmen eine mit Strafe oder Geldbuße bedrohte Zuwiderhandlung durch einen Mitarbeiter etc. begangen wurde, durch die gegen betriebsbezogene Pflichten verstoßen wurde und dass diese bei gehöriger Aufsicht hätte verhindert werden können oder wesentlich erschwert worden wäre. Nach überwiegender Meinung handelt es sich um ein echtes Unterlassungsdelikt.[278]

Auch diese Norm ist im Zusammenhang damit zu sehen, dass in der modernen arbeitsteiligen Wirtschaft die primären Pflichtenträger ihre Aufgaben und Pflichten auf untergeordnete Betriebs- und Unternehmensangehörige delegieren. § 130 OWiG soll (wie zB auch § 14

---

[272] *Roxin* StrafR AT II § 26 Rn. 218; s. hierzu nur *Kudlich* Die Unterstützung fremder Straftaten durch berufsbedingtes Verhalten; *Rackow* Neutrale Handlungen als Problem des Strafrechts; LK-StGB/*Schünemann* § 27 Rn. 17. Teilw. wird auch von „neutraler Beihilfe" gesprochen (BeckOK StGB/*Kudlich* StGB § 27 Rn. 10 ff.).

[273] Rotsch Criminal Compliance/*Rotsch* § 4 Rn. 29.

[274] BGH NStZ-RR 1999, 184; NStZ 2000, 34; BGHSt 46, 107; 50, 331.

[275] *Roxin* StrafR AT II § 26 Rn. 218 ff.; zust. LK-StGB/*Schünemann* § 27 Rn. 17 mwN.

[276] Übersicht MAH WirtschaftsStR/*Knauer/Kämpfer* § 3 Rn. 82 ff.; MüKoStGB/*Joecks* StGB § 27 Rn. 52 ff.

[277] *Kudlich/Oğlakcıoğlu* WirtschaftsstrafR Rn. 194 ff.

[278] *Wittig* WirtschaftsstrafR § 6 Rn. 135 mwN.

StGB oder § 9 OWiG) verhindern, dass sich der Betriebs- oder Unternehmensinhaber durch Delegation von ihn treffenden Aufgaben und Pflichten aus der Verantwortung stiehlt.[279] Trotz dieser Zurechnungsfunktion handelt es sich um einen selbständigen Ordnungswidrigkeitatbestand, der als Auffangtatbestand jedoch nur anwendbar ist, wenn eine Beteiligung des Betriebsinhabers gem. §§ 25 ff. StGB oder § 14 StGB, § 9 OWiG nicht in Betracht kommt.[280]

124 **b) § 130 OWiG und Criminal Compliance.** Das Phänomen der Criminal Compliance ist mit der betrieblichen Aufsichtspflichtverletzung eng verbunden. Die Vorschrift soll sicherstellen, dass in einem Betrieb oder Unternehmen Vorkehrungen gegen betriebsbezogene Zuwiderhandlungen getroffen werden.[281] Insoweit gibt es eine signifikante Überschneidung zwischen Criminal-Compliance-Maßnahmen, die nach dem gängigen Verständnis von Criminal Compliance die Einhaltung strafrechtlicher Regeln durch Unternehmensmitarbeiter zum Gegenstand und die Vermeidung strafrechtlicher Sanktionen zum Zweck haben, und den Aufsichtsmaßnahmen, die zur Vermeidung einer Sanktionierung gem. § 130 OWiG zu ergreifen sind.[282] Auch aus § 130 OWiG folgt nach zutr. Ansicht keine allgemeine Pflicht eines Verbandes, ein Criminal-Compliance-System zu etablieren.[283] Sind aber in einem Wirtschaftsverband Maßnahmen implementiert worden, welche die Einhaltung betriebsbezogener Pflichten gewährleisten sollen, kann sich die Verbandsleitung bei Straftaten oder Ordnungswidrigkeiten von Betriebsangehörigen regelmäßig darauf berufen, dass sie die erforderlichen Aufsichtsmaßnahmen iSd § 130 OWiG erfüllt hat.[284] Ob ua aus § 130 OWiG eine allgemeine Rechtspflicht, ein Unternehmen oder einen Verband so zu organisieren, dass Rechtstreue gewahrt wird, maW eine allgemeine Rechtspflicht zur Compliance folgt, ist umstr.[285] Jedenfalls kann § 130 OWiG „als zentrale Norm der Criminal Compliance bezeichnet werden".[286]

125 **c) Voraussetzungen.** Die Aufsichtspflicht obliegt zunächst dem **Wirtschaftsverband,** der als eingetragener Verein Inhaber eines Betriebes iSd § 130 Abs. 1 OWiG ist. Auch wenn ein Wirtschaftsverband nicht wirtschaftliche Zwecke verfolgt, ist er ein Betrieb und damit Adressat der Sanktionsnorm des § 130 OWiG.[287]

126 Die Tathandlung besteht darin, dass der Wirtschaftsverband **die Aufsichtsmaßnahmen unterlässt,** die zur Verhinderung der Verletzung betriebs- bzw. unternehmensbezogener Pflichten **erforderlich** und **zumutbar** sind. Diese Aufsichtspflicht, die ein besonderes persönliches Merkmal darstellt, wird gem. § 9 OWiG den für den Wirtschaftsverband handelnden Organen, Vertretern und Beauftragten zugerechnet, so dass diese taugliche Täter des § 9 OWiG sind. Bei einer mehrköpfigen Unternehmensleitung gilt der Grundsatz der **Generalverantwortung und Allzuständigkeit** der Geschäftsleitung[288] für die Wahrnehmung der Aufsichtspflichten. Eine Übertragung auf ein einzelnes Mitglied iRd Geschäftsverteilung kann die Verantwortlichkeit der anderen Mitglieder zwar nicht beseitigen, jedoch stark vermindern, es sei denn, sie erkennen oder hätten erkennen können, dass der Zuständige der Aufsichtspflicht nicht nachkommt.[289]

---

[279] Ausf. dazu KK-OWiG/*Rogall* OWiG § 130 Rn. 2 ff.
[280] OLG München wistra 1999, 71 (73); *Wittig* WirtschaftsstrafR § 6 Rn. 128 mwN.
[281] KK-OWiG/*Rogall* OWiG § 130 Rn. 1.
[282] Rotsch Criminal Compliance/*Bock* § 8 Rn. 1.
[283] S. nur Rotsch Criminal Compliance/*Rotsch* § 1 Rn. 20 mwN.
[284] *Wittig* WirtschaftsstrafR § 6 Rn. 150a; *Kudlich/Wittig* ZWH 2013, 306; zur Enthaftung sa → Rn. 283.
[285] Überblick bei Hauschka Corporate Compliance/*Hauschka/Moosmayer/Lösler* § 1 Rn. 30 ff.; s. hierzu auch speziell für Wirtschaftsverbände *Schmittlein* S. 45 ff. In neuerer Zeit ist va die sog Siemens/Neubürger-Entscheidung der 5. Kammer für Handelssachen des LG München I (CCZ 2014, 142) von Bedeutung, die umfassende Anforderungen an die Compliance-Organisation eines Unternehmens stellt.
[286] Rotsch Criminal Compliance/*Bock* § 8 Rn. 2.
[287] *Schmittlein* S. 45; Betriebseigenschaft eines Wirtschaftsverbands s. bereits → Rn. 112.
[288] BGHSt 37, 106 – Lederspray; KK-OWiG/*Rogall* OWiG § 130 Rn. 72.
[289] Vgl. OLG Hamm NJW 1971, 817; *Otto* Jura 1998, 409 (414): „Veränderung der Verantwortungsgewichte"; KK-OWiG/*Rogall* OWiG § 130 Rn. 72 mwN.

Als tatbestandsmäßiges Verhalten kommt nur das Unterlassen derjenigen Aufsichtsmaßnahmen in Frage, die objektiv geeignet, erforderlich und zumutbar sind, um Zuwiderhandlungen gegen betriebs- und unternehmensbezogene Pflichten va durch Mitarbeiter, ggf. aber auch durch Unternehmensexterne[290] zu verhindern. Dabei dürfen keine wirklichkeitsfremden und überspannten Anforderungen gestellt werden.[291] Wie bereits angesprochen, liegt hier ein wesentlicher **Überschneidungspunkt zur Criminal Compliance**.[292]   127

Es ist deshalb zunächst festzustellen, welche Aufsichtsmaßnahmen **geeignet** gewesen wären, um der betriebstypischen Gefahr gerade solcher Zuwiderhandlungen, welche der Mitarbeiter etc. begangen hat, zu begegnen. Unter mehreren geeigneten Aufsichtsmaßnahmen kann der Betriebsinhaber die Maßnahme wählen, die ihn am wenigsten belastet **(Grundsatz des mildesten Mittels)**.[293] Ausgangspunkt dieser Bestimmung ist dabei die konkrete Zuwiderhandlung, wenngleich die erforderliche Aufsichtsmaßnahme nicht im Nachhinein anhand dieser bestimmt werden darf.   128

Welche konkreten Aufsichtsmaßnahmen zu treffen sind, hängt von den **Umständen des Einzelfalls** ab. § 130 Abs. 1 S. 2 OWiG bestimmt lediglich, dass zu den erforderlichen Maßnahmen auch die Bestellung, sorgfältige Auswahl und Überwachung von Aufsichtspersonen gehören. Grds. hat der Inhaber aber eine Organisation mit einer klaren und weitgehend lückenlosen Zuständigkeitsverteilung zu schaffen, die der Gefahr betriebstypischer Zuwiderhandlungen entgegenwirkt.[294] Die Oberaufsicht verbleibt – auch bei Bestellung von Aufsichtspersonen – grds. beim Betriebsinhaber,[295] also dem Wirtschaftsverband.   129

Dabei sind ua die **Größe, Organisation und das Betätigungsfeld des Wirtschaftsverbandes, die Vielfalt und Bedeutung der zu beachtenden Vorschriften und die unterschiedlichen Überwachungsmöglichkeiten** zu berücksichtigen.[296] Darüber hinaus ist die Kontrollpflicht umso geringer, je höher qualifiziert der Mitarbeiter ist und umgekehrt.[297] Eine Pflicht zu schärferen Aufsichtsmaßnahmen, zB durch besonders intensive und häufige Kontrollen, besteht, wenn in dem Betrieb bereits Unregelmäßigkeiten festgestellt worden sind oder damit wegen der besonderen Umstände zu rechnen ist, zB weil unzuverlässige, wenig erprobte oder überforderte Personen beschäftigt werden.[298]   130

Zu den erforderlichen Aufsichtsmaßnahmen gehören[299] va: 131
- die sorgfältige Auswahl geeigneter und zuverlässiger Mitarbeiter;
- die Anleitung der Mitarbeiter, va durch umfassende und ausdrückliche Unterrichtung über ihre Pflichten;
- die hinreichende Überwachung der Mitarbeiter auch durch stichprobenartige überraschende Kontrollen,
- die Bestellung, sorgfältige Auswahl und Überwachung von Aufsichtspersonen (§ 130 Abs. 1 S. 2 OWiG); ggf. je nach Größe und Gefahrenpotential des Betriebes auch die Einrichtung einer eigenen Abteilung, die die Einhaltung der betriebsbezogenen Pflichten überwacht („Revisions- oder Compliance-Abteilung");
- bei konkretem Anlass die Androhung arbeitsrechtlich zulässiger Sanktionen.

Grenze ist die **Unzumutbarkeit der Aufsichtsmaßnahme** („gehörige Aufsicht"). Diese   132
kann aus dem Persönlichkeitsrecht des Mitarbeiters resultieren, das zB einer ständigen Be-

---

[290] → Rn. 77.
[291] OLG Düsseldorf NStZ-RR 1999, 151.
[292] Insofern ergänzend → Kap. 4 Rn. 1 ff.
[293] KK-OWiG/Rogall OWiG § 130 Rn. 50.
[294] *Hellmann/Beckemper* WirtschaftsstrafR Rn. 963.
[295] OLG München NJW 2002, 766; Göhler/*Gürtler* OWiG § 130 Rn. 15.
[296] *Többens* NStZ 1999, 1 (5); Göhler/*Gürtler* OWiG § 130 Rn. 10 mwN.
[297] Göhler/*Gürtler* OWiG § 130 Rn. 12.
[298] *Tiedemann* WirtschaftsstrafR AT Rn. 248; *Többens* NStZ 1999, 1 (4); Göhler/*Gürtler* OWiG § 130 Rn. 13 mwN.
[299] Achenbach/Ransiek/Rönnau/*Achenbach* Teil 1 Kap. 3 Rn. 51; Müller-Gugenberger/*Schmid/Fridrich* § 30 Rn. 145 ff.; Göhler/*Gürtler* OWiG § 130 Rn. 12 mwN.

spitzelung (oder sonstigen schikanösen Maßnahmen) entgegenstünde.[300] Auch kann der Grundsatz der Zumutbarkeit einer übermäßigen Bürokratisierung oder einem sehr hohen Kostenaufwand entgegenstehen.

133   Die Aufsichtsmaßnahmen müssen **vorsätzlich** oder **fahrlässig** unterlassen worden sein. Vorsatz oder Fahrlässigkeit müssen sich nur auf die Verletzung der Aufsichtspflicht, nicht aber auf die Zuwiderhandlung des Mitarbeiters (Anknüpfungstat) beziehen, die bloße objektive Bedingung der Ahndung ist.[301] Der Aufsichtspflichtige muss zwar erkennen oder erkennen können, dass eine betriebstypische Zuwiderhandlungsgefahr besteht, er braucht aber das konkrete Verhalten des Mitarbeiters weder zu kennen noch kennen zu müssen, noch muss er voraussehen oder voraussehen können, dass als Folge der unzulänglichen Aufsicht ein bestimmter Verstoß begangen werden wird.[302] Darin liegt auch der typische Unterschied zu einer Beteiligung an der Anknüpfungstat, welche die Anwendung des Auffangtatbestandes des § 130 OWiG überflüssig machen würde.

134   **Objektive Bedingung der Ahndung** ist, dass in dem Betrieb oder Unternehmen eine mit Strafe oder Geldbuße bedrohte Zuwiderhandlung durch einen Mitarbeiter etc. begangen wurde, durch die gegen betriebsbezogene Pflichten verstoßen wurde **(Anknüpfungstat)**, und dass diese bei gehöriger Aufsicht hätte verhindert oder wesentlich erschwert werden können **(Zurechnungszusammenhang).** Die Zuwiderhandlung gegen betriebsbezogene Pflichten als Anknüpfungstat muss vorsätzlich oder fahrlässig und rechtswidrig, nicht aber schuldhaft oder vorwerfbar begangen worden sein.[303] Der Zurechnungszusammenhang zwischen der Anknüpfungstat und der Aufsichtspflichtverletzung liegt vor, wenn durch die gehörige Aufsicht die Zuwiderhandlung mit an Sicherheit grenzender Wahrscheinlichkeit verhindert (hypothetische Unterlassungskausalität) oder die Zuwiderhandlung zumindest wesentlich erschwert worden wäre.[304] Dieser Zurechnungszusammenhang kann va bereits dann zu bejahen sein, wenn im Wirtschaftsverband trotz erkennbarer Risiken kein effektives Criminal-Compliance-System installiert und durchgeführt worden ist (Gedanke der Risikoerhöhung). Dies führt nach Ansicht vieler zu einer (dem Strafrecht an sich fremden) faktischen Beweislastumkehr.[305]

135   **d) Aufsichtspflicht des Wirtschaftsverbands gegenüber Dritten, insbes. seinen Zweigvereinen bzw. Untergliederungen und Verbandsmitgliedern.** Grds. kann eine Aufsichtspflicht des Betriebsinhabers gegenüber Dritten bestehen, soweit diese in die Organisation des Betriebes in der Weise eingebunden sind, dass der Betriebsinhaber durch geeignete Gegenmaßnahmen Zuwiderhandlungen verhindern kann.[306] Die Anwendbarkeit des § 130 OWiG muss dort ihre Grenze finden, wo es sich nicht mehr um den Organisationskreis des Betriebsinhabers, also des Wirtschaftsverbandes, handelt. Damit kommt es, wenn Dritte, zB Sachverständige, Steuerberater, Rechtsanwälte, eingeschaltet werden, darauf an, inwieweit die Verbandsleitung Zuwiderhandlungen durch entsprechende Aufsichtsmaßnahmen präventiv entgegenwirken kann.

---

[300] KK-OWiG/*Rogall* OWiG § 130 Rn. 51.

[301] Achenbach/Ransieck/Rönnau/*Achenbach* Teil 1 Kap. 3 Rn. 55 mwN.

[302] OLG Frankfurt a. M. wistra 1985, 38 (39); *Többens* NStZ 1999, 1 (4).

[303] Achenbach/Ransieck/Rönnau/*Achenbach* Teil 1 Kap. 3 Rn. 59; *Hellmann/Beckemper* WirtschaftsstrafR Rn. 965; *Bohnert/Krenberger/Krumm* OWiG § 130 Rn. 26; diff. *Rebmann/Roth/Herrmann* OWiG § 130 Rn. 11. § 130 OWiG setzt lediglich eine betriebsbezogene Zuwiderhandlung voraus. Eine tatbestandsmäßige Begehung durch den Verbandsangehörigen ist dagegen nicht Voraussetzung des § 130 OWiG, was bei an den Betriebsinhaber adressierten Sonderdelikten (wie § 266a StGB) wegen der fehlenden (und im Einzelfall auch nicht durch § 14 StGB, § 9 OWiG übergewälzten) Tätereigenschaft des Mitarbeiters relevant wird. Dies entspricht gerade auch dem Regelungszweck des § 130 OWiG, der eine Sanktionsmöglichkeit zwar nicht gegen den Mitarbeiter, aber gegen den Betriebsinhaber eröffnet.

[304] Die Anforderungen hieran sind nicht abschließend geklärt; vgl. KK-OWiG/*Rogall* OWiG § 130 Rn. 101.

[305] S. Rotsch Criminal Compliance/*Sahan* § 35 Rn. 5 ff.

[306] Hauschka Corporate Compliance/*von Busekist/Uhlig* § 35 Rn. 27.

In Wirtschaftsunternehmen stellt sich die noch nicht abschließend geklärte Frage, in- **136** wieweit innerhalb eines Konzerns eine Aufsichtspflicht der Konzernmutter gegenüber den Konzerntöchtern besteht.[307] Entsprechend ist bei einem **Wirtschaftsverband** fraglich, inwieweit dieser zur Aufsicht gegenüber seinen Zweigvereinen oder Untergliederungen verpflichtet ist. Auch stellt sich die Frage der Aufsichtspflicht gegenüber Verbandsmitgliedern, nämlich den Fachverbänden und den Mitgliedunternehmen. Wegen der Nähe des § 130 OWiG zur Compliance-Verantwortlichkeit kann hier grds. auf die Ausführungen zur Frage der verbandsweiten Compliance-Verantwortlichkeit verwiesen werden.[308]

Ein Wirtschaftsverband ist häufig als Gesamtverein organisiert, der sich als Zentral- **137** verband sog Untergliederungen bedient.[309] Diese können als selbständige Vereine mit eigener Satzung und eigenen Mitgliedern (sog Zweigvereine) oder als rechtlich unselbständige Untergliederungen ohne Verbandseigenschaft und ohne eigene Mitglieder organisiert sein. Gegenüber den rechtlich unselbständigen vereinsinternen Untergliederungen besteht eine Aufsichtspflicht gem. § 130 OWiG, da Durchgriffsbefugnisse des Gesamtvereins bestehen. Das bedeutet, dass die Verantwortlichen des Zentralverbands dafür Sorge zu tragen haben, dass geeignete, erforderliche und zumutbare Aufsichtsmaßnahmen ergriffen werden, um betriebsbezogene Zuwiderhandlungen in den unselbständigen Untergliederungen zu verhindern. Dies kann va dadurch geschehen, dass die Untergliederungen entweder direkt in das Compliance-Management des Zentralverbandes eingegliedert werden oder aber eigene Compliance-Systeme installieren.[310] Wenn es sich dagegen um rechtlich selbständige Untergliederungen handelt, sind idR deren Leitungspersonen verantwortlich, geeignete Maßnahmen zu ergreifen, um betriebsbezogene Zuwiderhandlungen durch „gehörige Aufsicht" zu verhindern.[311] Gleiches gilt grds. für rechtlich selbständige Mitgliedsunternehmen und Fachverbände.[312] Dies kann jedoch auch bei rechtlich selbständigen Untergliederungen, Mitgliedsunternehmen oder Fachverbänden anders sein, wenn es zu Verantwortungsüberschneidungen, etwa in kartellrechtlich relevanten Situationen, kommt.[313]

e) Rechtsfolgen. Die Rechtsfolgen der Ordnungswidrigkeit sind gem. § 130 Abs. 3 **138** OWiG von der Pflichtverletzung des Mitarbeiters (Anknüpfungstat) abhängig.

- Ist die Pflichtverletzung mit **Strafe** bedroht, beträgt die Bußgeldobergrenze für eine vorsätzliche Tat bis zu 1 Mio. EUR (§ 130 Abs. 3 S. 1 OWiG), bei fahrlässiger Tat gem. § 17 Abs. 2 OWiG nur die Hälfte (also bis zu 500.000 EUR), da § 130 Abs. 3 S. 1 OWiG im Höchstmaß nicht zwischen vorsätzlichem und fahrlässigem Handeln unterscheidet.
- Ist die Pflichtverletzung mit **Geldbuße** bedroht, so bestimmt sich die Bußgeldobergrenze nach der für die Zuwiderhandlung maßgeblichen Bußgeldobergrenze (§ 130 Abs. 3 S. 2 OWiG).
- Im Falle einer Pflichtverletzung, die gleichzeitig mit **Strafe und Geldbuße** bedroht ist, bleibt die Bußgeldobergrenze der Ordnungswidrigkeit maßgeblich (§ 130 Abs. 3 S. 2 OWiG), auch wenn die Ordnungswidrigkeit nach § 21 OWiG durch die Straftat verdrängt wird.

Die **Bußgeldbemessung** bestimmt sich nach den allgemeinen Regeln (vgl. § 17 Abs. 3 **139** und 4 OWiG), so dass insbes. die Bedeutung der Ordnungswidrigkeit, der Vorwurf, der den Täter (also den Betriebsinhaber) trifft, und (außer bei geringfügigen Ordnungswidrig-

---

[307] S. hierzu KK-OWiG/*Rogall* OWiG § 130 Rn. 27.
[308] → § 3 Rn. 1 ff.
[309] *Brouwer* CCZ 2009, 161 (165); ausf. → § 2 Rn. 1 ff.
[310] *Brouwer* CCZ 2009, 161 (165).
[311] Vgl. zur (idR fehlenden) Compliance-Verantwortlichkeit *Brouwer* CCZ 2009, 161 (165); → § 2 Rn. 1 ff.
[312] Vgl. zur (idR fehlenden) Compliance-Verantwortlichkeit *Brouwer* CCZ 2009, 161 (165); → § 2 Rn. 1 ff.
[313] *Brouwer* CCZ 2009, 161 (165); → § 2 Rn. 1 ff.

keiten) auch die wirtschaftlichen Verhältnisse des Täters zu berücksichtigen sind. Darüber hinaus kann die Bedeutung der Zuwiderhandlung berücksichtigt werden.[314]

140   Eine wichtige Konsequenz des § 130 OWiG besteht in der **Durchgriffsmöglichkeit auf das Unternehmen nach § 30 OWiG.**[315] Das besondere persönliche Merkmal der Betriebsinhaberschaft wird über § 9 Abs. 1 Nr. 1 OWiG dem Vorstand als Organ des Wirtschaftsverbandes zugerechnet, so dass dieser tauglicher Täter des § 130 OWiG ist. Somit liegt eine betriebsbezogene Bezugstat des § 30 OWiG vor, nämlich eine betriebliche Aufsichtspflichtverletzung gem. § 130 OWiG durch den Vorstand. Damit kann eine Verbandsgeldbuße gegen den Wirtschaftsverband neben einer Geldbuße gegen den Vorstand gem. § 130 OWiG und neben der Kriminalstrafe bzw. Geldbuße gegen den Mitarbeiter verhängt werden. Bei Verhängung einer Verbandsgeldbuße gem. § 30 OWiG erhöht sich der Bußgeldrahmen: Grds. richtet sich die Höhe gem. § 30 Abs. 2 S. 2 OWiG nach dem Bußgeldrahmen der Anknüpfungstat, also hier nach § 130 OWiG. §§ 130 Abs. 3 S. 2, 30 Abs. 3 S. 3 OWiG bestimmen aber, dass sich dieser Bußgeldrahmen bei einer vorsätzlichen Aufsichtspflichtverletzung verzehnfacht (also von 1 Mio. EUR auf 10 Mio. EUR).

III. Strafrechtliche Verantwortlichkeit bei Handeln gegenüber einem Verband

141   Die vorstehenden Grundsätze zur strafrechtlichen Verantwortlichkeit gelten entsprechend, wenn Dritte mit dem Wirtschaftsverband in Kontakt treten. Sofern es sich bei diesen Dritten wiederum um arbeitsteilige wirtschaftliche Organisationseinheiten handelt, ist ebenfalls zu klären, welche Akteure individuell für ein strafrechtliches Fehlverhalten zur Verantwortung gezogen werden können.

IV. Korruption als Strafbarkeitsrisiko

1. Allgemein

142   **Wirtschaftsverbände** nehmen die politischen und wirtschaftlichen Interessen der von ihnen vertretenen Unternehmen in organisierter Weise wahr, um etwa als Lobbyisten Einfluss auf administrative und politische Entscheidungen zu nehmen.[316] Diese legitime Form der **Interessenvertretung** ist von strafbarer Korruption abzugrenzen. Das StGB verwendet den Begriff der **Korruption** nicht. Zu den Korruptionsdelikten im StGB zählen die §§ 299 ff. StGB (Bestechung und Bestechlichkeit im geschäftlichen Verkehr), §§ 331 ff. StGB (Vorteilsgewährung bzw. -annahme, Bestechlichkeit und Bestechung von Amtsträgern) sowie §§ 108b, 108e StGB (Wähler- bzw. Abgeordnetenbestechung).[317] Inzwischen ist auch das Gesetz zur Bekämpfung der Korruption im Gesundheitswesen in Kraft getreten und führt die §§ 299a, 299b StGB ein.[318]

143   Insbes. die Amtsträgerbestechung und die Abgeordnetenbestechung bergen erhebliche Risiken für Wirtschaftsverbände, soweit sie als **Lobbyisten** versuchen, Einfluss auf administrative und politische Entscheidungen zu nehmen. Es bestehen aber auch Strafbarkeitsrisiken im Hinblick auf die Angestelltenbestechung, denn Mitarbeiter von Wirtschaftsverbänden kommen sowohl als Empfänger korruptiver Zuwendungen als auch als deren Geber in Betracht.

---

[314] KK-OWiG/*Rogall* OWiG § 130 Rn. 122.

[315] KK-OWiG/*Rogall* OWiG § 130 Rn. 6.

[316] Hauschka Corporate Compliance/*Kopp* § 10.

[317] Zum „Phänomen" der Korruption sowie zu den Korruptionsstrukturen in Deutschland, zum Korruptionsbegriff, zum Dunkelfeld und zur Schädlichkeit der Korruption s. ausf. Wabnitz/Janovsky WirtschaftsStR-HdB/*Bannenberg* Kap. 12 Rn. 1b ff.; vgl. auch unter Aspekten der Strafverteidigung MAH WirtschaftsStR/*Greeve/Dörr* § 19 Rn. 1 ff.

[318] BGBl. 2016 I 1254, in Kraft getreten am 4.6.2016.

2. Bestechung und Bestechlichkeit im geschäftlichen Verkehr (§ 299 StGB)

a) Entstehungsgeschichte. Der Straftatbestand des § 299 StGB wurde durch das **(erste)** 144
KorrBekG v. 13.8.1997 in das StGB eingeführt. Damit wurde § 12 UWG aF ohne signifikante inhaltliche Änderungen in das Kernstrafrecht aufgenommen. Es handelt sich danach originär bei § 299 StGB um einen Straftatbestand aus dem Bereich des Rechts des unlauteren Wettbewerbs, was bei der Auslegung zu berücksichtigen ist.[319] Durch das Gesetz v. 22.8.2002[320] zur Ausführung einer gemeinsamen Maßnahme der EU betreffend die Bestechung im privaten Sektor v. 22.12.1998,[321] ist § 299 Abs. 3 StGB eingefügt worden, der die Bestrafung auf Handlungen im ausländischen Wettbewerb ausdehnt.

b) Mit dem **(zweiten) KorrBekG v. 20.11.2015** wurde die Strafbarkeit erheblich ausge- 145
dehnt, da nun nach Abs. 1 Nr. 2 und Abs. 2 Nr. 2 auch solche Verhaltensweisen erfasst sind, die sich im Innenverhältnis zwischen Vorteilsnehmer/-geber und dem Geschäftsherren als Pflichtverletzung darstellen. Damit ist das bisherige reine **Wettbewerbsmodell** durch Elemente eines (untreueähnlichen) **Geschäftsherrenmodells** ergänzt worden.[322] Gesetzgeberisches Motiv ist die Umsetzung internationaler Vorgaben, nämlich des EU-Rahmenbeschlusses v. 22.7.2003 zur Bekämpfung der Korruption (ABl. L 192/54), des Übereinkommens der Vereinten Nationen gegen Korruption v. 31.10.2003 und des Strafrechtsübereinkommens des Europarats über Korruption v. 27.1.1999.[323]

c) Rechtsgut. Rechtsgut des § 299 StGB ist nach hM der **freie** und/oder **lautere Wett-** 146
bewerb.[324] Daneben sollen auch die Vermögensinteressen der inländischen und ausländischen **Mitbewerber** geschützt sein.[325] Seit der Implementierung des Geschäftsherrenmodells in den § 299 StGB ist nun klar, dass auch die Interessen des Geschäftsherrn an der loyalen und unbeeinflussten Erfüllung der Pflichten durch seine Angestellten und Beauftragten im Bereich des Austausches von Waren und Dienstleistungen geschützt sind.[326]

d) Deliktsstruktur. § 299 Abs. 1 StGB regelt die Strafbarkeit der Bestechlichkeit 147
(= **passive** Bestechung), spiegelbildlich dazu § 299 Abs. 2 StGB die der Bestechung ieS (= **aktive** Bestechung). In beiden Absätzen ist § 299 StGB nach hM als **abstraktes Gefährdungsdelikt** ausgestaltet.[327] Durch das zweite KorrBekG und die Einfügung der Nrn. 2 in beiden Absätzen ist hins. der Deliktsstruktur keine Änderung eingetreten. Für die Tatbestandsverwirklichung ist weder der Eintritt eines Vorteils

---

[319] BT-Drs. 13/5584, 15.
[320] BGBl. 2002 I S. 3387.
[321] ABl. 1998 L 358 S. 2.
[322] Zur Systematik dieser Regelungsmodelle vgl. *Vogel* FS Weber, 2004, 395 (404 f.).
[323] Zu diesem (krit. zu sehenden) „Paradigmenwechsel" s. *Dannecker/Schröder* ZRP 2015, 14; abl. zB *Rönnau/Golombek* ZRP 2007, 193; *Schünemann* ZRP 2015, 68.
[324] IE: *Fischer* StGB § 299 Rn. 2; Satzger/Schluckebier/Widmaier/*Rosenau* StGB § 299 Rn. 4; *Vasilikou* FS I. Roxin, 2012, 359 (362 ff.): freier Wettbewerb; NK-StGB/*Dannecker* StGB § 299 Rn. 4; LK-StGB/*Tiedemann* StGB § 299 Rn. 5: Schönke/Schröder/*Heine* StGB § 299 Rn. 2: lauterer Wettbewerb; *Lackner/Kühl* StGB § 299 Rn. 1; Matt/Renzikowski/*Sinner* StGB § 299 Rn. 4; Graf/Jäger/Wittig/*Sahan* § 299 Rn. 4: freier und lauterer (fairer) Wettbewerb; vgl. auch BGH NJW 2006, 3290 (3298); aA *Pragal* ZIS 2006, 63 (81): Nichtkäuflichkeit übertragener oder sonst fremdverantwortlicher Entscheidungsmacht sowie das diesbezügliche Vertrauen der Allgemeinheit; aA *Walter* wistra 2001, 321: nur Vermögensschutz.
[325] *Lackner/Kühl* StGB § 299 Rn. 1; LK-StGB/*Tiedemann* StGB § 299 Rn. 5; NK-StGB/*Dannecker* StGB § 299 Rn. 5; Schönke/Schröder/*Heine* StGB § 299 Rn. 2 jeweils mwN: unmittelbarer Schutz; *Fischer* StGB § 299 Rn. 2; Satzger/Schluckebier/Widmaier /*Rosenau* StGB § 299 Rn. 5: nur mittelbarer Schutz; *Mitsch* StrafR BT II/2 § 3 Rn. 217: nachrangiger Schutz.
[326] S. BT/Drs. 18/4350.
[327] Zur hM *Fischer* StGB § 299 Rn. 2b; *Lackner/Kühl* StGB § 299 Rn. 1; Satzger/Schluckebier/Widmaier/*Rosenau* StGB § 299 Rn. 1; aA LK-StGB/*Tiedemann* StGB § 299 Rn. 7: Verletzungsdelikt im Hinblick auf den freien Wettbewerb; insoweit zust. NK-StGB/*Dannecker* StGB § 299 Rn. 11.

infolge der unlauteren Bevorzugung im Wettbewerb (Nr. 1) noch die tatsächliche Verletzung von Pflichten (Nr. 2) erforderlich.[328]

148 **e) Antragsdelikt (§ 301 StGB).** § 299 StGB ist ein (relatives) Antragsdelikt (§ 301 StGB). **Antragberechtigt** ist für den Fall der unlauteren Bevorzugung im Wettbewerb (§ 299 Abs. 1 Nr. 1, Abs. 2 Nr. 1 StGB) neben dem Verletzten jeder der in § 8 Abs. 3 Nr. 2, 4 UWG bezeichneten Verbände und Kammern. Der Verweis auf § 8 Abs. 3 Nr. 1 UWG (Antragsberechtigung des Mitbewerbers) wurde durch das zweite KorrBekG gestrichen, da in den Fällen der § 299 Abs. 1 Nr. 1, Abs. 2 Nr. 1 StGB der Mitbewerber mit dem Verletzten identisch ist und diesem ohnehin ein Antragsrecht zukommt.[329] Für die Tatbestände des § 299 Abs. 1 Nr. 2, Abs. 2 Nr. 2 StGB ist in § 301 Abs. 2 StGB keine ausdrückliche Regelung der Antragsberechtigung vorgesehen. Durch die Änderung des Wortlauts sollte jedoch das allgemeine Strafantragsrecht des Verletzten aus § 77 StGB unberührt bleiben.[330] Die in § 8 Abs. 3 Nr. 2 und 4 UWG genannten Verbände und Kammern haben insoweit keine Strafantragsberechtigung, da durch die Erfüllung des Tatbestandes des § 299 Abs. 1 Nr. 2 bzw. Abs. 2 Nr. 2 StGB ausschließlich die Interessen des Unternehmens verletzt werden.[331]

149 **f) Bestechlichkeit (§ 299 Abs. 1 StGB). aa) Überblick.** § 299 Abs. 1 StGB ist ein echtes **Sonderdelikt,** da Täter nur Angestellte oder Beauftragte eines Unternehmens sein können. Außenstehende können nur Anstifter (§ 26 StGB) und Gehilfen (§ 27 StGB) sein. IRd Tätigkeit eines Wirtschaftsverbandes ist zunächst die Gewährung von Geschenken ua Vergünstigungen an Organe oder sonstige Entscheidungsträger des Wirtschaftsverbandes relevant.

150 **bb) Täter.** Der Täter muss als Beauftragter oder Angestellter **eines Unternehmens** handeln. Der Begriff des Unternehmens umfasst jede auf Dauer angelegte (dh nicht eine nur vereinzelte oder gelegentliche), regelmäßige Teilnahme am Wirtschaftsverkehr mittels Austauschs von Waren und Dienstleistungen.[332] Erfasst sind dabei Unternehmen jeder Art, also nicht nur Handels- oder Gewerbebetriebe, unabhängig davon, ob eine Gewinnerzielungsabsicht besteht.[333] Damit sind auch Wirtschaftsverbände Unternehmen iSd § 299 StGB, so dass deren Entscheidungsträger grds. taugliche Täter einer passiven Angestelltenbestechung sind, sofern sie iSd § 299 StGB Angestellte oder Beauftragte des Wirtschaftsverbandes sind. Keine tauglichen Täter sind **Unternehmensinhaber,** soweit sie Vorteile für ihr Unternehmen annehmen etc.

151 **Angestellter** iSd § 299 Abs. 1 StGB ist, wer in einem mindestens faktischen, auch kurzfristigen Dienst-, Werks- oder Auftragsverhältnis zum Geschäftsinhaber steht und seinen Weisungen unterworfen ist.[334] Einschränkend kommen als Täter jedoch nur solche (weisungsgebundenen) Dienstverpflichteten in Betracht, die Entscheidungsbefugnis haben oder Entscheidungen zugunsten der unlauteren Bevorzugung des Dritten zumindest beeinflussen können.[335] Dies sind im Wirtschaftsverband alle Entscheidungsträger (soweit sie nicht Organe sind). Angestellter kann auch ein **Betriebsrat** sein.[336] Bloße Hilfskräfte (zB Reinigungskräfte) fallen nicht unter den Angestelltenbegriff.[337]

---

[328] BT-Drs. 18/4350, 21; BeckOK StGB/*Momsen* StGB § 299 Rn. 10.
[329] BT-Drs. 18/4350, 22.
[330] BT-Drs. 18/4350, 22.
[331] BT-Drs. 18/4350, 22.
[332] BGHSt 2, 396 (403); 10, 359 (366); NK-StGB/*Dannecker* StGB § 299 Rn. 24; Schönke/Schröder/*Heine* StGB § 299 Rn. 6 jeweils mwN.
[333] NK-StGB/*Dannecker* StGB § 299 Rn. 24.
[334] *Fischer* StGB § 299 Rn. 9; *Lackner/Kühl* StGB § 299 Rn. 2; NK-StGB/*Dannecker* StGB § 299 Rn. 19. Arbeits- oder steuerrechtliche Abgrenzungen spielen hier keine Rolle (MüKoStGB/*Diemer/Krick* StGB § 299 Rn. 4).
[335] NK-StGB/*Dannecker* StGB § 299 Rn. 19; Schönke/Schröder/*Heine* StGB § 299 Rn. 7 mwN.
[336] Vgl. *Rieble/Klebeck* NZA 2006, 758 (768). Es liegt jedoch kein Handeln im geschäftlichen Verkehr vor, wenn sich das Verhalten in betriebsinternen Fragen erschöpft.

Beauftragter ist, wer, ohne Geschäftsinhaber oder Angestellter zu sein, aufgrund seiner 152
Stellung berechtigt und verpflichtet ist, für das Unternehmen, hier den Wirtschaftsverband,
geschäftlich zu handeln, und auf die betrieblichen Entscheidungen, die den Waren- und
Leistungsaustausch betreffen, unmittelbar oder mittelbar Einfluss nehmen kann.[338] Der Beauftragtenbegriff hat eine **Auffangfunktion** und ist damit weit auszulegen.[339] Insbes. ist zu
beachten, dass der Beauftragtenbegriff nicht nach zivilrechtlichen Maßstäben zu beurteilen
ist (vgl. §§ 662 ff. BGB), sondern dass allein die tatsächlichen Umstände maßgeblich sind.[340]
Der Vorstand des Wirtschaftsverbandes ist Beauftragter iSd § 299 Abs. 1 StGB.[341]

Beauftragte können auch **(verbands-)externe Personen** sein, etwa Wirtschaftstreuhän- 153
der, Unternehmensberater oder Buchprüfer.[342] Voraussetzung aber, dass sie ausschließlich
an die Interessen des Geschäftsherrn gebunden sind, so dass es ihnen nicht erlaubt ist, von
der anderen Vertragspartei Vorteile entgegen zu nehmen.[343] Str. ist deshalb, ob Media-
Agenturen, die als Vermittler zwischen Werbekunden und Vermarktern der Werbung auftreten, Beauftragte des Werbekunden sind, dies dürfte jedoch abzulehnen sein.[344]

cc) Tatsituation. Die Tathandlungen des § 299 Abs. 1 StGB (Fordern, Sichversprechenlas- 154
sen und Annehmen) müssen **im geschäftlichen Verkehr** erfolgen. Der weit auszulegende
Begriff umfasst alle Maßnahmen, die der Förderung eines beliebigen Geschäftszwecks dienen,
dh jede selbständige, wirtschaftliche Zwecke verfolgende (auch freiberufliche, künstlerische
und wissenschaftliche) Tätigkeit, in der eine Teilnahme am Wettbewerb zum Ausdruck
kommt.[345] Nicht erfasst ist **rein privates, gemeinnütziges oder hoheitliches Handeln.**[346]
Auch Zuwendungen an die **eigenen Mitarbeiter des Wirtschaftsverbandes** sind als rein
betriebsinterne Vorgänge[347] nicht von § 299 StGB erfasst, da bei allen denkbaren Pflichtverletzungen keine unlautere Bevorzugung „bei dem Bezug von Waren oder Dienstleistungen"
erfolgt. Hier kommt aber uU eine Strafbarkeit wegen Untreue gem. § 266 StGB in Betracht.

Auch ein Idealverein, der an sich keinen geschäftlichen Betrieb unterhält und dessen 155
Zweck nicht auf Gewinnerzielung gerichtet ist, kann am geschäftlichen Verkehr teilnehmen, wenn in einem bestimmten Bereich seiner Tätigkeit ein Erwerbszweck hinzu-
kommt.[348] Somit kann auch ein Wirtschaftsverband im geschäftlichen Verkehr handeln.
Allerdings hat der BGH entschieden, dass das Handeln einer Gewerkschaft im Bereich
der Mitgliederwerbung und Betreuung kein Handeln im geschäftlichen Verkehr sei.[349]

dd) Tathandlungen. Die Tathandlungen bestehen darin, dass der Täter einen Vorteil 156
fordert, sich versprechen lässt oder annimmt. **Fordern** ist die ausdrückliche oder stillschweigende Erklärung des Täters, dass er einen Vorteil als Gegenleistung für eine unlautere Bevorzugung eines anderen für sich oder einen Dritten begehrt; die Erklärung muss
also auf eine Unrechtsvereinbarung abzielen.[350] Das Fordern setzt – anders als das Sichver-

---

[337] OLG NJW 1996, 268 (271); *Kudlich/Oğlakcıoğlu* WirtschaftsstrafR Rn. 420.
[338] BGHSt 2, 396 (401); 57, 202 (211); OLG München NJW 1996, 268 (270); NK-StGB/*Dannecker* StGB
§ 299 Rn. 22; Schönke/Schröder/*Heine* StGB § 299 Rn. 8 jeweils mwN. Personen ohne jegliche eigene
Entscheidungsbefugnis sind danach weder Beauftragte noch Angestellte (vgl. auch BGHSt 2, 396 (401)).
[339] NK-StGB/*Dannecker* StGB § 299 Rn. 22.
[340] MüKoStGB/*Diemer/Krick* § 299 Rn. 5; Satzger/Schluckebier/Widmaier/*Rosenau* StGB § 299 Rn. 9.
[341] *Fischer* StGB § 299 Rn. 10a.
[342] MüKoStGB/*Diemer/Krick* § 299 Rn. 5.
[343] Achenbach/Ransiek/Rönnau/*Rönnau* Teil 3 Kap. 2 Rn. 12.
[344] Achenbach/Ransiek/Rönnau/*Rönnau* Teil 3 Kap. 2 Rn. 18.
[345] Vgl. nur *Lackner/Kühl* StGB § 299 Rn. 3; *Mitsch* BT II/2, § 3 Rn. 221; Schönke/Schröder/*Heine* StGB
§ 299 Rn. 9 mwN.
[346] NK-StGB/*Dannecker* StGB § 299 Rn. 29.
[347] MüKoStGB/*Diemer/Krick* StGB § 299 Rn. 8.
[348] Müller-Gugenberger/*Ludwig* § 53 Rn. 74; BGH GRUR 1962, 254 – Fußballprogramm.
[349] BGH NJW 1956, 156.
[350] BGH NStZ 2006, 628; MüKoStGB/*Diemer/Krick* StGB § 299 Rn. 11; NK-StGB/*Dannecker* StGB § 299
Rn. 32.

sprechenlassen und das Annehmen – keine Übereinkunft zwischen Vorteilsnehmer und -geber, sondern allein eine Kenntnisnahme durch den Empfänger voraus.[351] Keine Bestechlichkeit ist es, wenn der Täter nur vorspiegelt, den anderen bevorzugen zu wollen, hier kommt nur eine Betrugsstrafbarkeit (§ 263 StGB) in Betracht.[352]

157 **Sichversprechenlassen** ist die ausdrückliche oder konkludente Annahme des (auch bedingten) Angebots eines zukünftig zu erbringenden Vorteils.[353]

158 **Annehmen** ist die tatsächliche Entgegennahme des Vorteils mit dem nach außen bekundeten Willen, den Vorteil zu eigenen Zwecken zu verwenden oder ihn an einen Dritten, für den er bestimmt ist, weiterzugeben.[354]

159 **ee) Vorteil.** Das Fordern, Sichversprechenlassen oder Annehmen muss sich auf einen Vorteil beziehen. Ein Vorteil iSd § 299 StGB ist alles, was die Lage des Empfängers objektiv messbar in wirtschaftlicher, rechtlicher oder auch nur persönlicher Hinsicht verbessert und auf das er keinen Anspruch hat; erfasst sind nicht nur materielle, sondern auch immaterielle Leistungen.[355]

160 Von § 299 StGB sind auch die für einen Dritten geforderten Vorteile **(Drittvorteile)** erfasst.[356] Dritter kann nicht nur eine natürliche Person, sondern zB auch der Betrieb sein, für den der Täter tätig ist,[357] sowie Parteien oder gemeinnützige Vereine, wie der Wirtschaftsverband. Damit macht sich auch diejenige Leitungsperson strafbar, die für den Wirtschaftsverband einen Vorteil fordert, sich versprechen lässt oder annimmt. Hier entstehen Wertungswidersprüche, denn der Betriebsinhaber selbst ist straflos.[358]

161 Ein Vorteil ist zunächst unzweifelhaft eine einseitige Geldleistung („Schmiergeld"), aber auch sonstige materielle (vermögenswerte) Sachzuwendungen, auf die der Täter keinen Anspruch hat.

162 Beispiele aus der Rspr.[359] sind:

- Provisionen, wenn keine entsprechende Gegenleistung erbracht wurde,[360]
- Honorarzahlungen für wertlose Gutachten,[361]
- (monatlich bezahlte) Umsatzbeteiligungen,[362]
- Finanzierung von Urlaubsreisen, Übernachtungen oder sonstige Einladungen (zu Hospitality → Rn. 274),
- Darlehensgewährung,[363]

---

[351] BGHSt 47, 22 (29); BGH NStZ 2006, 628; NK-StGB/*Dannecker* StGB § 299 Rn. 32. Durch diese bedenklich weite Vorverlagerung der Strafbarkeit werden zB auch untaugliche Anbahnungsbemühungen, etwa weil der Empfänger der Erklärung die Forderung nicht versteht oder sie sofort zurückweist, als vollendetes Delikt des § 299 Abs. 1 StGB bestraft (*Fischer* StGB § 299 Rn. 17; sa BGHSt 10, 237 (241); 15, 88 (98) zu §§ 331 f. StGB).

[352] BGHSt 8, 214 (215).

[353] NK-StGB/*Dannecker* StGB § 299 Rn. 33.

[354] OLG Karlsruhe NStZ 2001, 654; NK-StGB/*Dannecker* StGB § 299 Rn. 34.

[355] BGH NJW 2001, 2558; 2003, 2996 (2998); *Fischer* StGB § 299 Rn. 7; NK-StGB/*Dannecker* StGB § 299 Rn. 35.

[356] BT-Drs. 13/5584, 15; *Lackner/Kühl* StGB § 299 Rn. 4; Schönke/Schröder/*Heine* StGB § 299 Rn. 12 mwN.

[357] NK-StGB/*Dannecker* StGB § 299 Rn. 41; Schönke/Schröder/*Heine* StGB § 299 Rn. 12.

[358] Deshalb soll ein Verhalten dann nicht dem § 299 StGB unterfallen, wenn der Angestellte oder Beauftragte einen Vorteil erstrebt, der ausschließlich dem „geschäftlichen Betrieb" oder dem „Betriebsinhaber" zugutekommt, denn dies stünde im Widerspruch zu der Straflosigkeit des Betriebsinhabers (*Momsen/Grützner/Behr* NZWiSt 2013, 88; NK-StGB/*Dannecker* StGB § 299 Rn. 41; dies soll nach *Nepomuck/Groß* wistra 2012, 132 auch dann gelten, wenn die Vorteilsgewährung gegen wettbewerbsrechtliche Vorschriften verstößt).

[359] Zusf. *Fischer* StGB § 299 Rn. 7; MüKoStGB/*Diemer/Krick* § 299 Rn. 9; NK-StGB/*Dannecker* StGB § 299 Rn. 37.

[360] BGH NJW 1968, 1572 zu § 12 UWG aF.

[361] BGH NStZ 1999, 561.

[362] BGH NStZ 1995, 92 zu § 12 UWG aF.

[363] BGHSt 13, 328 zu § 331 StGB.

- die Stundung einer Schuld,[364]
- die kostenlose Überlassung von Gegenständen, zB Wohnraum, Kraftfahrzeugen oder medizinischem Gerät,[365]
- Rabattgewährung,[366]
- Vermittlung einer Arbeitsstelle oder Nebentätigkeit,
- Abwendung von drohenden Nachteilen,[367] zB einer Vertragskündigung.

Auch der **Abschluss eines Vertrages,** der unangemessene Leistungen an den Angestell- 163
ten oder Beauftragten zur Folge hat, kann einen Vorteil darstellen. Zwar hat der Angestellte oder Beauftragte aus dem Vertrag einen Anspruch, allerdings wird der Vorteil bereits im Abschluss des Vertrags selbst gesehen, auf den der Täter keinen Anspruch hat.
Andernfalls könnten die Bestechungstatbestände durch einen Vertragsschluss zwischen
Vorteilsgeber und -nehmer ausgehebelt werden.[368] Nach hM sind auch solche Verträge
erfasst, bei denen Leistung und Gegenleistung in einem angemessenen Verhältnis stehen,
sofern dadurch der Angestellte oder Beauftragte besser gestellt wird.[369]

Als Vorteil iSd § 299 StGB kommt nach hM nicht nur ein materieller, sondern auch 164
ein **immaterieller Vorteil** in Betracht, sofern er einen objektiv messbaren Inhalt hat und
den Vorteilsnehmer in irgendeiner Weise tatsächlich besser stellt.[370]

Beispiele hierfür sind: 165

- Förderung des beruflichen Fortkommens,[371]
- Unterstützung in privaten Angelegenheiten,[372]
- Gewährung des Geschlechtsverkehrs oder anderer sexueller Leistungen.[373]

ff) Unrechtsvereinbarung iRd § 299 Abs. 1 Nr. 1 StGB. Bei **§ 299 Abs. 1 Nr. 1** 166
StGB muss zwischen dem Vorteil und der angestrebten Bevorzugung durch den Vorteilsnehmer ein Zusammenhang dergestalt bestehen, dass der Vorteil als Gegenleistung für
eine unlautere Bevorzugung gedacht ist.[374] Erforderlich ist also die Feststellung des Anbietens, Versprechens oder Gewährens eines Vorteils im Rahmen einer **Unrechtsvereinbarung,** deren Gegenstand und Ziel die zukünftige unlautere Bevorzugung eines anderen

---

[364] BGHSt 16, 41 (42) zu § 332 StGB.
[365] OLG Karlsruhe NJW 2001, 907.
[366] BGH NJW 2001, 2558 mAnm *Kudlich* JR 2001, 516.
[367] BGH NStZ 1985, 497 (499).
[368] BGHSt 31, 264 (279) – West LB/Poullain; BGH NStZ-RR 2007, 309 (310); NStZ 2008, 216 (217); OLG Celle NJW 2008, 164 – Schulfotograf; MüKoStGB/*Korte* StGB § 331 Rn. 72; Schönke/Schröder/ *Heine* StGB § 331 Rn. 18a; BeckOK StGB/*Trüg* StGB § 331 Rn. 19.
[369] BGH wistra 2011, 391 (392); BGHSt 31, 264 (279); OLG Celle NJW 2008, 164 mAnm *Zieschang* StV 2008, 251; BeckOK StGB/*Trüg* StGB § 331 Rn. 19; MüKoStGB/*Korte* StGB § 331 Rn. 73f.; aA BGH NJW 2008, 225 (228).
[370] BGH NStZ 1985, 497 (499); BGHSt 31, 264 (279); 47, 295 (304); 48, 44 (49); *Fischer* StGB § 299 Rn. 7; MüKoStGB/*Diemer/Krick* StGB § 299 Rn. 9. Nach einer einschränkenden Ansicht muss die im- materielle Besserstellung jedoch erheblich sein und einem materiellen Vorteil entsprechen (*Otto* StrafR BT § 61 Rn. 156; NK-StGB/*Dannecker* StGB § 299 Rn. 38 mwN). Hier ging die ältere Rspr. recht weit, vgl. BGHSt 14, 123 (128); zur Kritik s. SK-StGB/*Rudolphi/Stein* StGB § 331 Rn. 21; Schönke/ Schröder/*Heine* StGB § 331 Rn. 19; offen gelassen in BGHSt 47, 295 (304). Dieser Streit ist nicht mehr so bedeutsam wie noch unter der Geltung des § 12 UWG aF (bzw. §§ 331 ff. StGB aF). Dieser erfasste anders als § 299 StGB nämlich keine Drittvorteile, so dass häufig erst die Subsumtion der Förderung des eigenen beruflichen Fortkommens als mittelbarer Vorteil eine Strafbarkeit begründete. Nicht ausreichen soll jedoch die Befriedigung des Ehrgeizes, der Eitelkeit, des Geltungsbedürfnisses sowie bloße Ansehens- steigerungen, wenn hieraus keine objektivierbare Besserstellung resultiert (BGHSt 35, 128 (133); MüKo- StGB/*Diemer/Krick* § 299 Rn. 9 mwN).
[371] *Fischer* StGB § 299 Rn. 15a.
[372] *Fischer* StGB § 299 Rn. 7.
[373] BGH StV 1994, 527, nicht aber „flüchtige" Zärtlichkeiten (zB Kuss BGH MDR 1960, 63 (64)) oder nur die Gelegenheit zu sexuellen Kontakten als solche (BGH NJW 1989, 914 (915)).
[374] BGHSt 15, 239 (249); BGH NJW 2003, 2996; *Otto* StrafR BT § 61 Rn. 158 mwN.

bei dem Bezug von Waren oder gewerblichen Leistungen im Wettbewerb ist.[375] Nicht erforderlich ist, dass ein Erfolg iS einer tatsächlichen Bevorzugung oder Schädigung eines Mitbewerbers eintritt.[376] Es reicht jedoch nicht aus, wenn der Täter lediglich den unzutreffenden Eindruck erweckt, er werde den Vorteilsgeber bevorzugen[377], oder wenn die Zuwendung nur gelegentlich oder anlässlich einer Handlung des Vorteilsnehmers erfolgt, hier fehlt es an der erforderlichen finalen Verknüpfung.[378]

167   Die Unrechtsvereinbarung muss auf eine **zukünftige unlautere Bevorzugung** des Vorteilsgebers im Wettbewerb gegenüber den Mitbewerbern durch den Vorteilsnehmer zielen. **Bevorzugung** ist jede angestrebte Besserstellung des Vorteilsgebers oder eines Dritten, auf die dieser keinen Anspruch hat.[379] **Nicht ausreichend** ist (anders als bei §§ 331 ff. StGB) die **Sicherung des allgemeinen Wohlwollens** des Vorteilsempfängers ohne Bezug zu einer bestimmten Bevorzugung.[380] Die Honorierung von in der Vergangenheit liegenden Leistungen reicht – anders als bei §§ 331 ff. StGB – nicht aus, da hierdurch die Mitbewerber nicht mehr benachteiligt werden können.[381] Anders ist das aber, wenn sich der Vorteil neben der Belohnung für vergangenes Verhalten auch zugleich auf eine zukünftige Bevorzugung richten soll.[382] Hier gibt es in der Praxis eine erhebliche Unsicherheit, insbes. bei **dauerhaften Geschäftsbeziehungen,** welche Verhaltensweisen noch als (iRd § 299 StGB) straflose „allgemeine Klimapflege" und was schon als strafbare Bestechung anzusehen ist.[383]

168   Die angestrebte Bevorzugung ist **unlauter,** wenn sie nicht in sachlichen Erwägungen begründet, sondern (sachwidrig) durch den Vorteil motiviert ist.[384] Die Unrechtsvereinbarung muss also auf eine sachfremde Entscheidung zwischen zumindest zwei Bewerbern gerichtet sein, so dass jedenfalls in der Vorstellung des Täters der Wettbewerb unlauter zu Ungunsten eines Konkurrenten beeinflusst werden soll.[385] Dieses Merkmal fehlt bei einer Monopolstellung des Vorteilsgebers oder des zu bevorzugenden Dritten oder auch,[386] wenn der intendierte Bezug von Waren oder gewerblichen Leistungen keine Besserstellung gegenüber einem Mitbewerber bewirken kann.[387]

169   Die angestrebte Bevorzugung muss sich schließlich auf den **Bezug von Waren oder gewerblichen Leistungen** beziehen.

170   **gg) Unrechtsvereinbarung iRd § 299 Abs. 1 Nr. 2 StGB.** Durch das zweite KorrBekG wurde die Strafbarkeit in **§ 299 Abs. 1 Nr. 2 bzw. Abs. 2 Nr. 2 StGB** um das sog Geschäftsherrenmodell erweitert. Bestraft wird daher auch, wer ohne Einwilligung des Unternehmens einen Vorteil für sich oder einen Dritten als Gegenleistung dafür fordert, sich versprechen lässt oder annimmt (Abs. 1 Nr. 2) bzw. anbietet, verspricht oder

---

[375] BGH NJW 2003, 2996 (2997).
[376] BGH NJW 2006, 3290 (3296); *Lackner/Kühl* StGB § 299 Rn. 5.
[377] NK-StGB/*Dannecker* StGB § 299 Rn. 42 mwN.
[378] MüKoStGB/*Diemer/Krick* StGB § 299 Rn. 15.
[379] LK-StGB/*Tiedemann* StGB § 299 Rn. 34; Schönke/Schröder/*Heine* StGB § 299 Rn. 18.
[380] SK-StGB/*Rogall* StGB § 299 Rn. 55; LK-StGB/*Tiedemann* StGB § 299 Rn. 29.
[381] BGH NJW 1968, 1572 (1573); *Fischer* StGB § 299 Rn. 13; Schönke/Schröder/*Heine* StGB § 299 Rn. 18; *Wittig* wistra 1998, 7 (8) mwN.
[382] *Lackner/Kühl* StGB § 299 StGB Rn. 5.
[383] Momsen/Grützner/*Grützner/Behr* WirtschaftsstrafR 9. Kap. B Rn. 240 ff.
[384] *Otto* StrafR BT § 61 Rn. 159. Bei einem solchen Verständnis hat das Merkmal der Unlauterkeit keine eigenständige Bedeutung, da es lediglich das Verhältnis von Leistung und Gegenleistung im Gefüge der Unrechtsvereinbarung beschreibt (*Fischer* StGB § 299 Rn. 16; LK-StGB/*Tiedemann* StGB § 299 Rn. 42). Es entspricht damit nicht der Sittenwidrigkeit bei § 138 BGB und ist auch nicht deckungsgleich mit dem Begriff der Unlauterkeit in §§ 1, 3 UWG (*Fischer* StGB § 299 Rn. 16; Schönke/Schröder/*Heine* StGB § 299 Rn. 19). Auch ist pflichtwidriges Handeln gegenüber dem Geschäftsherrn nicht Voraussetzung, so dass Unlauterkeit auch vorliegen kann, wenn der Vorteil nicht heimlich, sondern mit Wissen und Billigung des Geschäftsherrn gefordert etc. wurde (hM *Lackner/Kühl* StGB § 299 Rn. 5 mwN).
[385] BGH NJW 2003, 2996 (2997); BGHSt 49, 214 (228); *Fischer* StGB § 299 Rn. 15.
[386] NK-StGB/*Dannecker* StGB § 299 Rn. 46b.
[387] *Fischer* StGB § 299 Rn. 15a.

gewährt (Abs. 2 Nr. 2), dass er bei dem Bezug von Waren oder Dienstleistungen eine Handlung vornehme oder unterlasse und dadurch seine Pflichten gegenüber dem Unternehmen verletze.

Auch für **§ 299 Abs. 1 Nr. 2 StGB** ist eine **Unrechtsvereinbarung** erforderlich. Die **171** Konnexität zwischen Vorteil und Gegenleistung besteht jedoch nur dann, wenn der Vorteilnehmer durch die der Unrechtsvereinbarung zugrunde liegende Handlung oder Unterlassung eine Pflicht gegenüber dem Unternehmen verletzt.[388] Die Pflichtverletzung muss gerade die Gegenleistung für den gewährten Vorteil darstellen. Die bloße Annahme eines Vorteils oder das Verschweigen der Zuwendung gegenüber dem Unternehmen ist demgegenüber nicht ausreichend.[389] Aus diesem Grunde erfüllt der in der bloßen Annahme des Vorteils liegende Verstoß gegen Compliance-Vorschriften nicht den Tatbestand des § 299 Abs. 1 Nr. 2, Abs. 2 Nr. 2 StGB.[390] Ferner muss sich die Pflicht ausweislich des Wortlauts auf den Bezug von Waren oder Dienstleistungen beziehen, so dass rein innerbetriebliche Störungen nicht vom Tatbestand erfasst sind.[391] Die versprochene Handlung oder Unterlassung muss **ohne Einwilligung** des Unternehmens erfolgen. Durch diese tatbestandliche Einschränkung soll der Angestellte bzw. Beauftragte geschützt werden, indem dieser kein Strafbarkeitsrisiko eingeht, sobald der Geschäftsführer eingewilligt hat.[392]

hh) Sozialadäquate Zuwendungen. Nach allgA sind sog sozialadäquate Zuwendungen **172** nicht vom Tatbestand erfasst.[393] Sozialadäquat sollen va solche **geringwertigen Zuwendungen** sein, die sich iRd Verkehrssitte oder allgemeiner Höflichkeitsregeln halten.[394] Hier gibt es eine **Bagatellgrenze.** Ob auch nicht geringwertige Zuwendungen sozialadäquat sein können, ist umstr., wird aber von der Rspr. verneint.[395]

Keinesfalls jedoch ist alles, was im Geschäftsverkehr oder in der jeweiligen Branche **173** üblich ist oder als üblich angesehen wird, auch sozialadäquat,[396] auch wenn die Grenzen der Sozialadäquanz im geschäftlichen Verkehr (§ 299 StGB) weiter zu ziehen sind als im Bereich der öffentlichen Verwaltung (§§ 331 ff. StGB).[397] Es ist vielmehr eine **Abwägung im Einzelfall** vorzunehmen, bei der auf die Eignung zur Beeinträchtigung des lauteren Wettbewerbs abzustellen ist.[398] Maßstab ist dabei, ob für einen mit der Situation vertrauten Außenstehenden davon ausgegangen werden kann, dass der Vorteilnehmer sich durch die Zuwendung vernünftigerweise nicht sachwidrig beeinflussen lässt.[399]

Abwägungskriterien[400] sind va: **174**
- der betroffene Geschäftsbereich,
- Stellung und Lebensumstände der Beteiligten,
- Nähe zu einer Geschäftsentscheidung,
- Art und Wert des Vorteils,

---

[388] BeckOK StGB/*Momsen* StGB § 299 Rn. 26.
[389] BT-Drs. 18/4350, 21.
[390] BT-Drs. 18/4350, 21.
[391] BT-Drs. 18/4350, 21.
[392] BeckOK StGB/*Momsen* StGB § 299 Rn. 28.
[393] NK-StGB/*Dannecker* StGB § 299 Rn. 39; MüKoStGB/*Diemer/Krick* StGB § 299 Rn. 9 jeweils mwN. Die dogmatische Begründung hierfür ist umstr.: ZT wird eine teleologische Reduktion des Vorteilsbegriffs vorgenommen (SK-StGB/*Rudolphi/Stein* StGB § 331 Rn. 29a; LK-StGB/*Tiedemann* StGB § 299 Rn. 28), zT das Vorliegen einer unlauteren Unrechtsvereinbarung (BGHSt 15, 239 (251 f.); *Fischer* StGB § 299 Rn. 16 f.), zT die objektive Zurechnung verneint (*Eisele* StrafR BT I Rn. 1629 zu §§ 331 ff.; *Rengier* StrafR BT II § 60 Rn. 14). Allg. zur Lehre von der Sozialadäquanz als eigenständiger Rechtsfigur *Welzel* ZStW 58 (1939), 491 (514 ff.); *Roxin* StrafR AT I § 10 Rn. 22 ff.
[394] *Küper/Zopfs* StrafR BT S. 444.
[395] BGHSt 47, 295.
[396] Sa BeckOK StGB/*Momsen* StGB § 299 Rn. 9.1.
[397] *Fischer* StGB § 299 Rn. 16a; LK-StGB/*Tiedemann* StGB § 299 Rn. 28.
[398] NK-StGB/*Dannecker* StGB § 299 Rn. 40.
[399] NK-StGB/*Dannecker* StGB § 299 Rn. 40.
[400] *Fischer* StGB § 299 Rn. 16a; Achenbach/Ransiek/Rönnau/*Rönnau* Teil 3 Kap. 2 Rn. 2.

- Häufigkeit der Zuwendung,
- Vorgehensweise,
- Trennung privater und beruflicher/geschäftlicher Anlässe.

175 **Beispiele** sozialadäquater Zuwendungen,[401] wobei es auch hier auf den Einzelfall ankommt:

- Gelegenheitsgeschenke wie ein Kalender, Kugelschreiber oder Notizblöcke als Werbegabe (sog „give-aways"),
- das Anbieten eines Getränks oder einer Zigarette,
- Trinkgelder,
- uU auch eine Einladung zu einem gemeinsamen Arbeitsessen oder eine geschäftsfördernde Gegeneinladung, wobei sich dies auf die Geschäftspartner (ohne Begleitpersonen) beschränkt.

176 Viele Unternehmen, auch Wirtschaftsverbände, ziehen in ihren **Compliance-Leitfäden oder -Richtlinien** bestimmte Wertgrenzen, die sozialadäquate von sozialinadäquaten Zuwendungen trennen sollen. Dabei werden in der Praxis einerseits Zuwendungen bis 25 EUR (die Wertgrenze bei Gewährung von Vorteilen als Amtsträger), andererseits von 35–40 EUR (aus steuerrechtlichen Gründen) erlaubt.[402]

177 Wenn im Hinblick auf die **Internationalisierung** des Wettbewerbs auf die Maßfigur eines die internationale Situation kennenden Außenstehenden abgestellt wird, darf dies keineswegs dazu führen, dass auch nicht nur geringfügige Geschenke als sozialadäquat, da landesüblich, angesehen werden (zB das viel genannte „Bakschisch" in arabischen Ländern), denn es muss auf die Geltung internationaler Regelungen zur Korruptionsbekämpfung abgestellt werden.[403]

178 **ii) Subjektiver Tatbestand.** Der Täter muss (bedingt) **vorsätzlich** handeln. Er muss insbes. die tatsächlichen Voraussetzungen der Unlauterkeit kennen.[404] Speziell im Falle des Forderns muss es dem Täter zusätzlich darauf ankommen, dass der andere den geforderten Vorteil als Gegenleistung für eine Bevorzugung versteht.[405]

179 **g) Bestechung (§ 299 Abs. 2 StGB). Täter** kann gem. § 299 Abs. 2 StGB grds. jedermann sein, dies wird dann allerdings anhand der Tatbestandsausgestaltung („ihn oder einen anderen im Wettbewerb … bevorzuge") auf einen Wettbewerber oder einen für ihn handelnden Dritten konkretisiert.[406] Die Ausgestaltung der Vorschrift entspricht weitgehend der der (Amtsträger-)Bestechung in § 334 StGB. Sie ist außerdem ein Spiegelbild des § 299 Abs. 1 StGB mit entsprechenden Modifizierungen.[407] Hins. der Tätigkeit von Wirtschaftsverbänden lautet die Fragestellung, unter welchen Voraussetzungen sich die Entscheidungsträger des Wirtschaftsverbandes der aktiven Bestechung strafbar machen können.

180 Tatbestandsvoraussetzungen des § 299 Abs. 2 StGB sind **das Anbieten, Versprechen oder Gewähren** eines (sozial inadäquaten) **Vorteils** (→ Rn. 159 ff.) an einen **Angestellten** oder **Beauftragten** eines geschäftlichen Betriebes (→ Rn. 150 ff.) als Gegenleistung für eine zukünftige unlautere Bevorzugung des Täters oder eines Dritten bei dem Bezug von Waren oder gewerblichen Leistungen (**Unrechtsvereinbarung**; → Rn. 166 ff.). In subjektiver Hinsicht ist **(bedingter) Vorsatz** erforderlich.

---

[401] *Otto* StrafR BT § 61 Rn. 157; *Rengier* StrafR BT II § 60 Rn. 13.
[402] Vgl. Rotsch Criminal Compliance/*Beckemper* S. 125.
[403] NK-StGB/*Dannecker* StGB § 299 Rn. 40a; hierzu auch Rotsch Criminal Compliance/*Beckemper* S. 126 ff.
[404] *Fischer* StGB § 299 Rn. 22.
[405] *Fischer* StGB § 299 Rn. 22.
[406] Wabnitz/Janovsky WirtschaftsStR-HdB/*Bannenberg* Kap. 12 Rn. 86; *Greeve*, Korruptionsdelikte in der Praxis, 2005, S. 206.
[407] Schönke/Schröder/*Heine* StGB § 299 Rn. 24.

Das Anbieten entspricht dem Fordern, das Versprechen dem Sichversprechenlassen und **181** das Gewähren dem Annehmen eines Vorteils. Das Anbieten und das Versprechen sind einseitige, auf Abschluss einer Unrechtsvereinbarung gerichtete ausdrückliche oder stillschweigende Erklärungen des Vorteilsgebers.[408] Während das **Anbieten** das Inaussichtstellen eines Vorteils ist, ist **Versprechen** die Zusage eines solchen.[409] Beides kann auch durch vorsichtige Fragen oder in Sondierungsgesprächen geschehen.[410] Das **Gewähren** verlangt dagegen, dass die Verfügungsgewalt über den Vorteil auf den Vorteilsnehmer übergeht, wobei hier eine jedenfalls stillschweigende Unrechtvereinbarung zustande kommen muss.[411]

Als Zuwendungsempfänger kommen neben Unternehmen und Verbänden auch freie **182** Berufe, wie zB Ärzte, Rechtsanwälte, Notare, Steuer- und Unternehmensberater,[412] Unternehmungen, die gemeinnützige, soziale oder kulturelle Ziele verfolgen,[413] bspw. (private) Krankenhäuser ua medizinische Einrichtungen und öffentliche Unternehmen, allerdings nur bei fiskalischem Handeln, in Betracht.[414] Rein *private* Tätigkeiten werden nicht erfasst, auch nicht die öffentliche Verwaltung.[415]

Auch zum Gewähren von Geschenken ua Zuwendungen finden sich in den Compli- **183** ance-Richtlinien von Unternehmen und Wirtschaftsverbänden Konkretisierungsversuche gerade im Hinblick auf die Sozialadäquanz.

h) Handlungen im ausländischen Wettbewerb. Für Zuwendungen im Ausland gilt **184** grds. die jeweilige ausländische Rechtsordnung. Soweit also im Wettbewerb im Ausland Zuwendungen des Wirtschaftsverbandes an ausländische (potentielle) Geschäftspartner in Erwägung gezogen werden, ist man gut beraten, sich über die jeweilige Rechtslage vor Ort fachkundig beraten zu lassen.

Daneben findet aber auch § 299 StGB Anwendung, sofern gem. §§ 3 ff. StGB der aus- **185** ländische Sachverhalt überhaupt in den Schutzbereich der inländischen Norm fällt.[416] Die bisherige explizite Klarstellung in § 299 Abs. 3 StGB, wonach § 299 Abs. 1 und 2 StGB auch für Handlungen im ausländischen Wettbewerb gelten, wurde durch das zweite Korr-BekG gestrichen, ohne dass damit jedoch eine inhaltliche Änderung bezweckt war.[417] Indem § 299 Abs. 1, 2 StGB in seinem Wortlaut keine Beschränkung auf deutsche Angestellte, Beauftragte oder deutsche Unternehmen vorsieht, findet dieser auch für Handlungen im ausländischen Wettbewerb Anwendung.[418]

i) Strafzumessung (§ 300 StGB). § 300 StGB regelt nach der **Regelbeispielsmethode** **186** eine Strafschärfung in besonders schweren Fällen.

Ein Regelbeispiel ist nach § 300 S. 2 Nr. 1 StGB verwirklicht, wenn sich die Tat auf **187** einen **Vorteil großen Ausmaßes** bezieht, auf das Ausmaß der Bevorzugung oder gar der Wettbewerbsbeeinträchtigung kommt es dagegen nicht an.[419] Hierbei ist auf die Umstände des konkreten Falles (Höhe des Vorteils, Wettbewerbssituation, Umfang des Geschäf-

---

[408] BGHSt 16, 40 (46); NK-StGB/*Dannecker* StGB § 299 Rn. 64; Schönke/Schröder/*Heine* StGB § 299 Rn. 27.

[409] MüKoStGB/*Diemer/Krick* StGB § 299 Rn. 25.

[410] *Otto* StrafR BT § 61 Rn. 165.

[411] NK-StGB/*Dannecker* StGB § 299 Rn. 65; Schönke/Schröder/*Heine* StGB § 299 Rn. 28.

[412] *Fischer* StGB § 299 Rn. 4.

[413] BGHSt 2, 396 (403); *Fischer* StGB § 299 Rn. 4; NK-StGB/*Dannecker* StGB § 299 Rn. 24.

[414] BGHSt 43, 96 (105); 2, 396 (403); *Fischer* StGB § 299 Rn. 6; Schönke/Schröder/*Heine* StGB § 299 Rn. 6.

[415] *Lackner/Kühl* StGB § 299 Rn. 2; *Otto* StrafR BT § 61 Rn. 154; Schönke/Schröder/*Heine* StGB § 299 Rn. 6, 9.

[416] LK-StGB/*Tiedemann* StGB § 299 Rn. 65.

[417] BT Drs. 18/4350, 22.

[418] BT Drs. 18/4350, 22.

[419] NK-StGB/*Dannecker* StGB § 300 Rn. 6; diff. *Fischer* StGB § 300 Rn. 3.

tes) abzustellen, wobei starre Wertgrenzen kaum möglich sind.[420] Nach Ansicht des BGH ist ein Vorteil jedenfalls dann nicht von „großem Ausmaß", wenn er den Wert von 50.000 EUR nicht erreicht.[421] Genannt werden ua als Wertgrenze auch 5.000 EUR,[422] 10.000 EUR,[423] 25.000 EUR.[424]

188   Ein Regelbeispiel nach § 300 S. 2 Nr. 2 StGB liegt vor, wenn der Täter **gewerbsmäßig** oder als **Mitglied einer Bande** handelt, die sich zur **fortgesetzten Begehung** solcher Taten (nach § 299 StGB) verbunden hat. Das ist idR dann der Fall, wenn es dem Täter darum geht, ein Korruptionssystem aufzubauen.[425]

3. Amtsträgerbestechung und -bestechlichkeit (§§ 331 ff. StGB)

189   **a) Allgemein. aa) Entstehungsgeschichte.** Während die §§ 299 ff. StGB die Korruption im geschäftlichen Bereich erfassen, regeln die §§ 331 ff. StGB die **Korruption im öffentlichen Bereich.** Durch das erste KorrBekG wurden diese Vorschriften wesentlich modifiziert, insbes. ist nun auch die sog Klimapflege strafbar. Durch das zweite KorrBekG[426] wurden die Regelungen des Gesetzes zur **Bekämpfung internationaler Bestechung** (IntBestG) und des EU-Bestechungsgesetzes (EUBestG) in das StGB integriert. Der neue § 335a StGB nimmt eine nach Straftatbeständen unterscheidende Gleichstellung von in- und ausländischen Richtern, sonstigen Amtsträgern, Soldaten sowie sonstigen Bediensteten vor. Auf außereuropäische Sachverhalte ist nun nicht nur § 334 StGB (vgl. Art. 2 § 1 IntBestG aF), sondern auch § 332 StGB anwendbar. Außerdem wurde die Anwendbarkeit der §§ 331, 333 StGB auf Europäische Amtsträger (legal definiert in § 11 Abs. 1 Nr. 2a StGB) ausgedehnt. Durch die Erweiterung auf Europäische Amtsträger werden die legalen Möglichkeiten von Einflussnahmen durch **Lobbyisten** auf die Rechtsetzung der Europäischen Union erheblich eingeschränkt.[427]

190   **bb) Rechtsgut und Schutzzweck.** Rechtsgut der §§ 331 ff. StGB ist nach heute hM **die Funktionsfähigkeit des öffentlichen Dienstes.**[428] Dies umfasst die Lauterkeit des öffentlichen Dienstes und das Vertrauen der Allgemeinheit in diese Lauterkeit, also in die Unkäuflichkeit von Trägern staatlicher Entscheidungen und damit zugleich in die Sachlichkeit staatlicher Entscheidungen.[429] Dieses Rechtsgut ist bereits dann verletzt, wenn der „böse" Anschein der Käuflichkeit erweckt wird.[430]

191   **cc) Systematik.** Die **§§ 331, 332 StGB** (Vorteilsannahme und Bestechlichkeit) regeln die **„passive" Bestechung,** also die Strafbarkeit des Vorteils**nehmers.** Täter dieser echten Amtsdelikte können nur Amtsträger, Europäische Amtsträger oder für den öffentlichen Dienst besonders Verpflichtete (§§ 331 Abs. 1, 332 Abs. 1 StGB) sowie Richter, Mitglieder eines Gerichts der Europäischen Union oder Schiedsrichter (§§ 331 Abs. 2, 332 Abs. 2 StGB) sein. **§§ 333, 334 StGB** (Vorteilsgewährung und Bestechung) erfassen spiegelbildlich zu §§ 331, 332 StGB die **„aktive Bestechung"** durch den Vorteils**geber.** Tauglicher Täter kann jedermann sein, es handelt sich also um **Allgemeindelikte.**

---

[420] *Fischer* StGB § 300 Rn. 4.
[421] BGH NJW 2006, 3290 iVm BGHSt 48, 360.
[422] SK-StGB/*Rogall* StGB § 300 Rn. 3.
[423] *Fischer* StGB § 300 Rn. 4.
[424] NK-StGB/*Dannecker* StGB § 300 Rn. 5.
[425] *Fischer* StGB § 300 Rn. 5.
[426] Hierzu zB *Dann* NJW 2016, 203; *Hoven* NStZ 2015, 553.
[427] *Dann* NJW 2016, 203 (205).
[428] NK-StGB/*Kuhlen* StGB § 331 Rn. 10; Graf/Jäger/Wittig/*Gorf* StGB § 331 Rn. 9f.
[429] BGHSt 15, 88 (96); 30, 46 (48); 47, 295 (309); *Fischer* StGB § 331 Rn. 2; *Lackner/Kühl* StGB § 331 Rn. 1; *Rengier* StrafR BT II § 60 Rn. 6; ausf. zur bis heute anhaltenden Diskussion MüKoStGB/*Korte* § 331 Rn. 2ff.; NK-StGB/*Kuhlen* StGB § 331 Rn. 9ff.; Schönke/Schröder/*Heine* StGB § 331 Rn. 2ff.; Satzger/Schluckebier/Widmaier/*Rosenau* StGB § 331 Rn. 6f.
[430] BGHSt 15, 88 (96f.); *Rengier* StrafR BT II §§ 59 Rn. 2; 60 Rn. 6.

Auf der Nehmerseite ist **§ 331 Abs. 1 StGB** das **Grunddelikt,** das die gesamte Dienst- 192
ausübung erfasst, § 332 StGB qualifiziert den § 331 Abs. 1 StGB, wenn es um eine konkrete pflichtwidrige Diensthandlung geht.[431] Spiegelbildlich wird auf der Geberseite das
Grunddelikt des **§ 333 Abs. 1 StGB** durch § 334 Abs. 1 StGB qualifiziert. Soweit es
um Richterbestechung und -bestechlichkeit geht, beziehen sich die §§ 331 Abs. 2, 333
Abs. 2 StGB auf eine konkrete pflichtgemäße richterliche Handlung, die §§ 332 Abs. 2,
334 Abs. 2 StGB als Qualifikationen auf eine konkrete pflichtwidrige richterliche Handlung.

dd) Vorteilsannahme (§ 331 StGB) und Bestechlichkeit (§ 332 StGB). §§ 331, 332 193
StGB regeln als echte Amtsdelikte die „**passive Bestechung**". § 331 Abs. 1 StGB regelt
die Vorteilsannahme durch einen Amtsträger (§ 11 Abs. 1 Nr. 2 StGB), einen Europäischen Amtsträger (§ 11 Abs. 1 Nr. 2a StGB) oder einen für den öffentlichen Dienst besonders Verpflichteten für die allgemeine Dienstausübung. In § 331 Abs. 2 StGB wird die
Vorteilsannahme als Gegenleistung für eine (pflichtgemäße) richterliche Handlung durch
einen Richter (§ 11 Abs. 1 Nr. 3 StGB), ein Mitglied eines Gerichts der Europäischen
Union oder einen Schiedsrichter (§§ 1025 ff. ZPO, §§ 101 ff. ArbGG) erfasst. Die Bestechlichkeit gem. § 332 StGB als **Qualifikationstatbestand** des § 331 StGB regelt in
§ 332 Abs. 1 StGB die Bestechlichkeit von Amtsträgern, in § 332 Abs. 2 StGB die von
(Schieds-)Richtern. Qualifizierendes Merkmal ist, dass der Täter durch eine konkrete
Diensthandlung oder richterliche Handlung seine Dienstpflichten oder richterliche Pflichten verletzt hat oder verletzen würde.

Vorteilsnehmer und damit **Täter** der §§ 331 Abs. 1, 332 Abs. 1 StGB kann aber **nur** 194
ein Amtsträger (§ 11 Abs. 1 Nr. 2 StGB), ein Europäischer Amtsträger (§ 11 Abs. 1
Nr. 2a StGB) oder ein für den öffentlichen Dienst besonders Verpflichteter (§ 11 Abs. 1
Nr. 4 StGB) sein. **Organe oder sonstige Entscheidungsträger eines privaten Wirtschaftsverbandes** sind **keine Amtsträger** gem. § 11 Abs. 1 Nr. 2a StGB, da sie weder
Beamte (im staatsrechtlichen Sinne) oder Richter (sa § 11 Abs. 1 Nr. 3 StGB) nach deutschem Recht sind. Auch sind sie keine Amtsträger nach § 11 Abs. 1 Nr. 2b StGB, da sie
idR nicht, ohne Beamte im staatsrechtlichen Sinne zu sein, in einem sonstigen öffentlich-
rechtlichen Amtsverhältnis stehen. Auch sind sie nicht dazu bestellt, bei einer Behörde
oder bei einer sonstigen Stelle oder in deren Auftrag Aufgaben der öffentlichen Verwaltung wahrzunehmen (vgl. § 11 Abs. 1 Nr. 2c StGB). Ferner sind sie weder Mitglied der
Europäischen Kommission, der Europäischen Zentralbank, des Rechnungshofs oder eines
Gerichts der Europäischen Union (§ 11 Abs. 1 Nr. 2a a) StGB) noch Beamte oder Bedienstete der Europäischen Union oder einer auf der Grundlage des Rechts der Europäischen Union geschaffenen Einrichtung (§ 11 Abs. 1 Nr. 2a b) StGB) noch mit der Wahrnehmung von Aufgaben der Europäischen Union oder einer auf der Grundlage des
Rechts der Europäischen Union geschaffenen Einrichtung beauftragt (§ 11 Abs. 1 Nr. 2a
c) StGB). Da sie keine (Europäischen) Amtsträger und auch keine für den öffentlichen
Dienst besonders Verpflichteten (§ 11 Abs. 1 Nr. 4 StGB) sind, sind sie nicht taugliche
Täter einer „passiven" Bestechung, also einer Vorteilsannahme oder Bestechlichkeit nach
§§ 331, 332 StGB. Entsprechend sind Zuwendungen an Mitarbeiter oder Organe eines
privat-rechtlich organisierten Wirtschaftsverbandes keine Vorteilsgewährung oder Bestechung gem. §§ 333, 334 StGB, so dass diese Fälle ggf. durch § 299 Abs. 1 StGB erfasst
sind.

b) Vorteilsgewährung (§ 333 StGB). aa) Amtsträger. Dagegen können **Organe oder** 195
**Mitarbeiter eines Wirtschaftsverbandes als Vorteilsgeber Täter des Allgemeinde-
likts der Vorteilsgewährung (§ 333 StGB) und auch der Bestechung (§ 334 StGB)**

---

[431] BGH NStZ 1984, 24; *Rengier* StrafR BT II § 60 Rn. 2; *Lackner/Kühl* StGB § 332 Rn. 2; Satzger/Schlu-
ckebier/Widmaier/*Rosenau* StGB § 332 Rn. 1.

sein. Begünstigter des § 333 Abs. 1 StGB (Vorteilsnehmer) muss aber ein Amtsträger gem. § 11 Abs. 1 Nr. 2 StGB, ein Europäischer Amtsträger (§ 11 Abs. 1 Nr. 2a StGB) oder ein für den öffentlichen Dienst besonders Verpflichteter gem. § 11 Abs. 1 Nr. 4 StGB sein. Begünstigter des § 333 Abs. 2 StGB ist ein Richter, ein Mitglied eines Gerichts der Europäischen Union oder ein Schiedsrichter.

196 Für **Wirtschaftsverbände** bedeutet dies, dass sie im Rahmen ihrer Tätigkeit die typischen Konstellationen aufdecken müssen, in denen Mitarbeiter des Wirtschaftsverbandes in Kontakt mit Amtsträgern treten. Wer Amtsträger ist, ergibt sich aus der (weiten) Legaldefinition in § 11 Abs. 1 Nr. 2 StGB:

197 Gem. § 11 Abs. 1 **Nr. 2 lit. a** StGB sind Amtsträger zunächst alle Beamten (im staatsrechtlichen Sinne) oder Richter (sa § 11 Abs. 1 Nr. 3 StGB) nach deutschem Recht.

198 Gem. § 11 Abs. 1 **Nr. 2 lit. b** StGB ist Amtsträger auch, wer, ohne Beamter im staatsrechtlichen Sinne zu sein, in einem sonstigen öffentlich-rechtlichen Amtsverhältnis steht, zB Mitglieder der Bundesregierung (vgl. § 1 BMinG) und der Landesregierungen (nicht aber Abgeordnete[432]) sowie Notare (vgl. § 1 BNotO), nicht aber Angehörige freier Berufe wie zB Apotheker, Ärzte oder Rechtsanwälte.[433]

199 Gem. § 11 Abs. 1 **Nr. 2 lit. c** StGB ist Amtsträger zudem, wer sonst dazu bestellt ist, bei einer Behörde oder bei einer sonstigen Stelle oder in deren Auftrag Aufgaben der öffentlichen Verwaltung unbeschadet der zur Aufgabenerfüllung gewählten Organisationsform wahrzunehmen. Hier entstehen besondere Auslegungsschwierigkeiten, da aufgrund der zunehmenden Privatisierung von Unternehmen der öffentlichen Hand immer mehr Private öffentliche Aufgaben, insbes. im Bereich der Daseinsvorsorge, wahrnehmen. Die Amtsträgereigenschaft gem. § 11 Abs. 1 Nr. 2 lit.c c StGB setzt die Tätigkeit der begünstigten Person bei (oder im Auftrag) (1) einer Behörde oder (2) einer „sonstigen Stelle", die (3) Wahrnehmung von Aufgaben der öffentlichen Verwaltung sowie (4) eine Bestellung voraus.

200 (1) **Behörden** (§ 11 Abs. 1 Nr. 7 StGB) sind ständige, von der Person ihres Trägers unabhängige, in das Gefüge der staatlichen Verwaltung eingeordnete Organe, die mit öffentlicher Autorität auf die Erreichung von Staatszwecken oder staatlich geförderten Zwecken hinwirken.[434]

201 Beispiele:[435]

- Gemeinden und Gemeindeverbände, einschließlich der nach der einschlägigen Kommunalverfassung vorgesehenen Organe (zB Oberbürgermeister, Stadtrat),[436]
- Handwerkskammern, Industrie- und Handelskammern,[437]
- Träger der Sozialversicherung wie (gesetzliche) Krankenkassen und Berufsgenossenschaften (str.).

202 (2) Unter **sonstige Stelle** versteht man ohne Rücksicht auf die Organisationsform behördenähnliche Institutionen, die zwar keine Behörden im organisatorischen Sinne sind, rechtlich aber die Befugnis besitzen, bei der Ausführung von Gesetzen und der Erfüllung öffentlicher Aufgaben mitzuwirken.[438] Darunter fallen namentlich **Körperschaften und Anstalten des öffentlichen Rechts.**

---

[432] BGHSt 51, 44 (49); vgl. aber § 108e StGB. Zu Korruption und Gubernation umfassend *Zimmermann* ZStW 124, 1023.
[433] Schönke/Schröder/*Eser/Hecker* StGB § 11 Rn. 19.
[434] BGHZ 25, 186; BVerfGE 10, 48; *Fischer* StGB § 11 Rn. 29; BeckOK StGB/*Trüg* StGB § 11 Rn. 44 mwN.
[435] MüKoStGB/*Radtke* StGB § 11 Rn. 97 mwN.
[436] OLG Frankfurt a. M. NJW 1964, 1682.
[437] RGSt 52, 198.
[438] Graf/Jäger/Wittig/*Gorf* StGB § 331 Rn. 5.

Prof. Dr. Wittig

Beispiele:

203

- öffentliche Sparkassen, Kommunal- oder Landesbanken,[439]
- uU kommunale Wohnungsbaugesellschaften,[440]
- öffentlich-rechtliche Rundfunkanstalten.[441]

Der öffentlich-rechtlichen Organisationsform kommt hins. des Merkmals der „sonstigen 204
Stelle" zwar keine allein entscheidende, aber eine starke indizielle Bedeutung zu.[442] Die
sonstige Stelle kann auch privatrechtlich organisiert sein, was dann zu den angesprochenen Auslegungsproblemen und damit zu erheblicher Rechtsunsicherheit führt. **Privatrechtlich organisierte Unternehmen** sind nur dann sonstige Stellen, wenn Merkmale
vorliegen, die eine Gleichstellung mit einer Behörde rechtfertigen; sie müssen bei einer
Gesamtbewertung „als verlängerter Arm des Staates erscheinen".[443] In die Gesamtbewertung ist insbes. einzubeziehen, ob das Unternehmen aus öffentlichen Mitteln finanziert
wird und in welchem Umfang organisatorisch staatliche Steuerungs- und Einflussnahmemöglichkeiten bestehen. Allein aus der **Inhaberschaft** der öffentlichen Hand ergibt sich
noch keine staatliche oder kommunale Steuerung der privaten Gesellschaft.[444]

Dies gilt auch für **gemischtwirtschaftliche Unternehmen,** bei denen sowohl die öf- 205
fentliche Hand als auch Private beteiligt sind (sog Public Private Partnership). Hier liegt
auch bei einer Mehrheitsbeteiligung der öffentlichen Hand keine sonstige Stelle vor,
wenn der Private durch eine Sperrminorität wesentliche unternehmerische Entscheidungen mitbestimmen kann, so dass es an der notwendigen staatlichen Steuerung fehlt.[445]

(3) Die Behörde oder sonstige Stelle muss **Aufgaben der öffentlichen Verwaltung** 206
wahrnehmen. Dies ist insbes. im Bereich der Eingriffs-, aber auch der Leistungsverwal-
tung sowie der Daseinsvorsorge der Fall (zB Kultureinrichtungen, Versorgungswerke).[446]

Bei **privatrechtlich organisierten Unternehmen** sind Indizien für die Wahrneh- 207
mung öffentlicher Aufgaben eine soziale Zielsetzung[447] sowie eine fehlende Gewinnerzielungsabsicht.[448]

Nicht unter den Begriff der öffentlichen Verwaltung fallen Rspr. und Gesetzgebung.[449] 208
Für **Abgeordnete** des Europäischen Parlaments, des Bundestags sowie der Volksvertretungen der Länder bzw. für Mandatsträger der Gemeinden und Gemeindeverwaltungen enthält
§ 108e StGB (→ Rn. 260ff.) eine abschließende Sonderregelung,[450] jedoch nur soweit sie
in Ausübung ihres Mandates handeln. **Kommunale Mandatsträger** sind deshalb idR keine Amtsträger, da sie bei der Tätigkeit in den Volksvertretungen der Gemeinden ihre öffentlichen Aufgaben nicht im Rahmen eines Dienst- oder Auftragsverhältnisses, sondern in
freier Ausübung ihres durch Wahl erworbenen Mandats wahrnehmen. Dies soll unabhängig

---

[439] BGHSt 31, 269 (271); *Fischer* StGB § 11 Rn. 22b.

[440] BGH NJW 2007, 2932 (2933), auch wenn im konkreten Fall die Amtsträgereigenschaft verneint wurde,
weil die Wohnungsbaugesellschaft nur eine von vielen Anbietern von Wohnraum war.

[441] BGHSt 54, 202 (208) – Hessischer Rundfunk/Emig; *Fischer* StGB § 11 Rn. 19f.

[442] BGHSt 54, 202 (208); 54, 39 (41).

[443] Graf/Jäger/Wittig/*Gorf* StGB § 331 Rn. 5; BGH NJW 2011, 1374 – Deutsche Bahn Netz AG; BGHSt
43, 370 – GTZ; BGHSt 45, 16 – Flughafen Frankfurt-AG; BGHSt 49, 214 (219) – Deutsche Bahn AG;
BGHSt 50, 299 – Kölner Müllskandal; BGH NJW 2007, 2932 (2933); BGHSt 52, 290; *Lackner/Kühl*
StGB § 11 Rn. 8; *Rengier* StrafR BT II § 59 Rn. 9 jeweils mwN; krit. hierzu SK-StGB/*Rudolphi/Stein*
StGB § 11 Rn. 30a. Dagegen kommt es bei einer **Anstalt oder Körperschaft des öffentlichen Rechts**
nicht auf das Merkmal der staatlichen Steuerung an (BGH NJW 2010, 784 (787)).

[444] BGHSt 43, 370 (378); 45, 16; *Ransiek* NStZ 1998, 564 (565).

[445] Vgl. BGHSt 50, 299 (303ff.) – Kölner Müllskandal mAnm *Saliger* NJW 2006, 3377 (3379f.) und *Radtke*
NStZ 2007, 57 (60f.).

[446] BGHSt 38, 199 (201); *Rengier* StrafR BT II § 59 Rn. 8.

[447] OLG Düsseldorf NStZ 2008, 459 (460); s. aber auch BGH NJW 2007, 2932 (2934).

[448] Zusf. *Fischer* StGB § 11 Rn. 22. Umstr. ist, ob auch eine rein erwerbswirtschaftlich-fiskalische Tätigkeit,
zB der Betrieb staatlicher Brauereien oder Weingüter, unter § 11 Abs. 1 Nr. 2c StGB fällt (Übersicht bei
Lackner/Kühl StGB § 11 Rn. 9a; *Rengier* StrafR BT II § 59 Rn. 9a).

[449] BGHSt 5, 100 (105); *Fischer* StGB § 11 Rn. 23a ff.

[450] BGHSt 51, 44 (50).

davon gelten, ob der Mandatsträger Aufgaben der Legislative oder der Exekutive (und damit Aufgaben der öffentlichen Verwaltung) wahrnimmt.[451] Werden die kommunalen Mandatsträger jedoch mit **konkreten Verwaltungsaufgaben** betraut, die über ihre Mandatstätigkeit in der kommunalen Volksvertretung und den zugehörigen Ausschüssen hinausgehen, wird die Amtsträgereigenschaft nach § 11 Abs. 1 Nr. 2c StGB dagegen bejaht.[452]

209 (4) Erforderlich ist letztlich in jedem Fall ein **Bestellungsakt,** dh die Übertragung der Tätigkeit durch einen öffentlich-rechtlichen Akt, der aber nicht formgebunden ist und somit konkludent erfolgen kann.[453] Bei **privaten** Unternehmungen reicht jedoch die einzelvertragliche privatrechtliche Beauftragung nicht aus, die Bestellung muss den Betroffenen entweder zu einer über den einzelnen Auftrag hinausgehenden längerfristigen Tätigkeit heranziehen oder organisatorisch in die Behördenstruktur eingliedern.[454]

210 **bb) Europäischer Amtsträger.** Durch das zweite KorrBekG wurde die Definition des Europäischen Amtsträgers in § 11 Abs. 1 **Nr. 2a** StGB eingefügt.

211 Hiernach ist Europäischer Amtsträger, wer Mitglied der Europäischen Kommission, der Europäischen Zentralbank, des Rechnungshofs oder eines Gerichts der Europäischen Union ist (§ 11 Abs. 1 **Nr. 2a lit. a** StGB). Unter den Begriff des Gerichts der Europäischen Union fallen der Gerichtshof der Europäischen Union, das Gericht der Europäischen Union, das Gericht für den öffentlichen Dienst sowie die dem Gericht beigeordneten Fachgerichte.[455]

212 Gem. § 11 Abs. 1 **Nr. 2a lit. b** StGB ist ein Europäischer Amtsträger zudem ein Beamter oder sonstiger Bediensteter der Europäischen Union oder eines auf der Grundlage des Rechts der Europäischen Union geschaffenen Einrichtung.

213 Gem. § 11 Abs. 1 **Nr. 2a lit. c** StGB ist ferner derjenige ein Europäischer Amtsträger, der mit der Wahrnehmung von Aufgaben der Europäischen Union oder von Aufgaben einer auf der Grundlage des Rechts der Europäischen Union geschaffenen Einrichtung beauftragt ist. Durch diese Auffangnorm sollen insbes. iRv eigenen Vertragsverhältnissen beauftragte Personen einbezogen werden, die in funktionaler Hinsicht den Bediensteten der Europäischen Union gleichzusetzen sind.[456] Mitglieder des Europäischen Parlaments, des Europäischen Rates und des Rates, welche nicht von § 11 Abs. 1 Nr. 2a lit. a StGB erfasst werden, fallen auch nicht unter die Bestimmung des § 11 Abs. 1 Nr. 2a lit. c StGB, da sie in keinem Auftragsverhältnis zur Europäischen Union stehen.[457] Sie sind daher keine Europäischen Amtsträger, sondern Mandatsträger iSv § 108e Abs. 3 Nr. 4 StGB.[458]

214 **cc) Für den öffentlichen Dienst besonders Verpflichteter.** § 11 Abs. 1 **Nr. 4** StGB stellt den Amtsträgern Personen gleich, die für den öffentlichen Dienst besonders verpflichtet sind. Die Gleichstellung solcher Personen mit Amtsträgern soll der Entwicklung Rechnung tragen, dass sich der Staat zur Erfüllung seiner Aufgaben in zunehmendem Maße nichtstaatlicher Organisationen und der Dienste von Angestellten und Arbeitern

---

[451] Vgl. BGHSt 51, 45 (52 ff.); BGH NStZ 2007, 36; *Dahs/Müssig* NStZ 2006, 191 (193); BGH NStZ 2015, 541: Ohne Abkehr von der bisherigen Rspr. konnte ein kommunaler Mandatsträger (Stadtratsmitglied) wegen Vorteilsnahme verurteilt werden, da dieser zugleich als ehrenamtlich Beigeordneter Ehrenbeamter und somit Amtsträger iSd § 11 Abs. 1 Nr. 2 lit. a StGB war. Zur Strafbarkeit gem. § 108e StGB → Rn. 263.

[452] BGHSt 51, 44; *Lackner/Kühl* StGB § 11 Rn. 11. Beispiel: Ein Gemeinderatsmitglied wird Mitglied des Aufsichtsrats eines kommunalen Versorgungsunternehmens (*Fischer* StGB § 11 Rn. 23b).

[453] BGHSt 43, 96; 57, 202 (210); *Lackner/Kühl* StGB § 11 Rn. 6; krit. *Kudlich/Oğlakcıoğlu* WirtschaftsstrafR Rn. 484 ff.; aA Matt/Renzikowski/*Sinner* StGB § 11 Rn. 28.

[454] So die herrschende „organisatorische Betrachtungsweise", s. BGHSt 43, 96 (105); diff. *Lackner/Kühl* StGB § 11 Rn. 6; *Rengier* StrafR BT II § 59 Rn. 11; anders eine rein „funktionale Betrachtungsweise", s. *Fischer* StGB § 11 Rn. 21.

[455] BT-Drs. 18/4350, 18.

[456] BT-Drs. 18/4350, 19.

[457] BT-Drs. 18/4350, 19.

[458] BT-Drs. 18/4350, 19.

bedient, die keine Amtsträger sind, aber dennoch erheblichen Einfluss auf die staatliche Verwaltungstätigkeit haben.[459]

Von einem für den öffentlichen Dienst besonders Verpflichteten kann dann gesprochen werden,[460] wenn **215**

- die Stelle, auf die sich seine Beschäftigung bezieht, Aufgaben der öffentlichen Verwaltung wahrnimmt,
- er bei dieser Stelle tätig oder für sie beschäftigt ist,
- er auf die gewissenhafte Erfüllung einer Obliegenheit förmlich nach dem VerpflG verpflichtet ist und
- er kein Amtsträger ist.

Beispiele: **216**

Bei einer der genannten Stellen tätig sind in einem Dauerbeschäftigungsverhältnis stehende Personen wie die Schreibkraft, Bürokraft oder der Bote; für sie beschäftigt sind Personen, die aufgrund eines Auftrages[461] vorübergehend herangezogen werden, wie zB ein Gutachter.[462]

dd) Richter oder Schiedsrichter gem. § 11 Abs. 1 Nr. 3 StGB. Begünstigter des **217** § 333 Abs. 2 StGB kann nur ein Richter oder ein Schiedsrichter (§§ 1025 ff. ZPO, §§ 101 ff. ArbGG) sein. Richter ist gem. § 11 Abs. 1 Nr. 3 StGB, wer nach deutschem Recht Berufsrichter oder ehrenamtlicher Richter (§§ 44, 45, 45a DRiG) ist. Verbeamtete Richter sind gem. § 11 Abs. 1 Nr. 2a StGB gleichzeitig Amtsträger.

ee) Anbieten, Versprechen, Gewähren. Die Tathandlungen sind spiegelbildlich zu **218** § 331 StGB, inhaltlich entsprechen sie denen des § 299 Abs. 2 StGB (→ Rn. 150).

ff) Vorteil. Wie bei § 299 StGB ist ein Vorteil iSd § 333 StGB alles, was die Lage des **219** Amtsträgers oder eines Dritten **objektiv** messbar in wirtschaftlicher, rechtlicher oder auch nur persönlicher Weise verbessert und auf das er keinen Anspruch hat; erfasst sind nicht nur materielle, sondern auch immaterielle Leistungen (→ Rn. 159).[463]

Auch **Drittvorteile** sind von §§ 331 ff. StGB uneingeschränkt erfasst. Besondere Probleme werfen hier zB die Parteispendenfälle auf.[464] **220**

gg) Dienstausübung (§ 331 Abs. 1, 333 Abs. 1 StGB). Der Amtsträger muss bei § 333 **221** Abs. 1 StGB (wie bei § 331 Abs. 1 StGB, anders als bei §§ 331 Abs. 2, 332, 333 Abs. 2, 334 StGB) seit der Novellierung durch das erste KorrBekG den Vorteil nur noch für die Dienst**ausübung** fordern, sich versprechen lassen oder annehmen.

Ein Bezug zu einer konkreten Diensthandlung ist zwar hinreichend, jedoch nicht **222** (mehr) notwendig.[465] Durch die Neufassung sollten auch Schwierigkeiten überwunden werden, die sich daraus ergaben, dass die Bestimmung des Vorteils als Gegenleistung für eine bestimmte oder zumindest hinreichend bestimmbare Diensthandlung aufgrund der

---

[459] BT-Drs. 7/550, 210; Schönke/Schröder/*Eser/Hecker* StGB § 11 Rn. 31.
[460] BeckOK StGB/*Trüg* StGB § 11 Rn. 33 ff.; Schönke/Schröder/*Eser/Hecker* StGB § 11 Rn. 32 ff.
[461] BGHSt 42, 230.
[462] *Lackner/Kühl* StGB § 11 Rn. 16.
[463] Vgl. auch BGHSt 31, 264 (279); 47, 295 (304) – Drittmittel; BGHSt 53, 6 – EnBW; BGH NStZ 2008, 216 (217); *Fischer* StGB § 331 Rn. 11; Satzger/Schluckebier/Widmaier/*Rosenau* StGB § 331 Rn. 15.
[464] Zu der ungeklärten Frage, ob es für den Amtsträger überhaupt – und bejahendenfalls unter welchen Voraussetzungen – möglich ist, einen Vorteil anzunehmen, der unmittelbar einem Dritten gewährt wird, OLG Karlsruhe ZJS 2011, 164 mAnm *Deiters* ZJS 2012, 255.
[465] NK-StGB/*Kuhlen* StGB § 331 Rn. 80 f.; *Wessels/Hettinger* StrafR BT I Rn. 1109. § 333 Abs. 1 StGB aF erforderte dagegen eine – ausdrücklich oder konkludent getroffene – Unrechtsvereinbarung, bei der eine bestimmte Dienst**handlung** als Äquivalent für die Vorteilsgewährung erbracht wurde, so dass zB die Zuwendung von Vorteilen zur Erlangung allgemeinen Wohlwollens nicht ausreichte (vgl. BGH NStZ 1999, 23).

Besonderheiten der Sachverhaltsgestaltungen nicht mit der erforderlichen Sicherheit nachweisbar waren.[466]

223 Der **Begriff** der Dienstausübung erfasst jede Handlung sowie gem. § 336 StGB auch jedes Unterlassen, durch die ein Amtsträger oder ein Verpflichteter die ihm übertragenen öffentlichen Aufgaben wahrnimmt.[467]

224 Dazu gehören alle Entscheidungen, die iRd **Aufgabenzuständigkeit** getroffen werden (zB Erlass eines Verwaltungsaktes, Vergabe eines Auftrages), aber auch alle vorbereitenden und unterstützenden Tätigkeiten (zB Gutachten, Aktenvermerke, Vorschläge zur Auftragsvergabe).[468]

225 Es ist nicht erforderlich, dass der Täter konkret sachlich oder örtlich zuständig ist, allerdings muss ein **funktionaler Zusammenhang** zu dem übertragenen Aufgabenbereich bestehen.[469] Dieser bestünde zB, wenn ein örtlich unzuständiger Sachbearbeiter der Baubehörde eine Baugenehmigung erließe, nicht aber, wenn dies durch einen Finanzbeamten geschieht.[470]

226 Die Dienstausübung erfasst sowohl **vergangenes** als auch **zukünftiges** dienstliches Handeln.[471] Keine Dienstausübung sind **Privathandlungen,** die völlig außerhalb des Aufgabenbereiches des Amtsträgers liegen, oder Handlungen, die der Täter als Privatperson vornimmt.[472]

227 Auch **Nebentätigkeiten** sind idR keine Dienstausübung, selbst wenn der Täter hierfür dienstlich erworbene Kenntnisse einsetzt oder sie erst dadurch ermöglicht werden.[473]

228 Dagegen wird die Dienstausübung nicht dadurch zu einer Privathandlung, dass der Täter seine amtliche Stellung dazu **missbraucht,** eine durch eine Dienstvorschrift verbotene Handlung vorzunehmen, die ihm gerade seine amtliche Stellung ermöglicht.[474]

229 **hh) Richterliche Handlung.** Im Falle des § 333 Abs. 2 StGB bezieht sich die Tat auf eine konkrete vergangene oder zukünftige richterliche Handlung. Darunter ist jede durch die richterliche Unabhängigkeit gedeckte Handlung zu verstehen.[475] Soweit sich die Tat nicht auf eine richterliche Handlung bezieht, kann eine Strafbarkeit nach § 333 Abs. 1 StGB in Betracht kommen, da verbeamtete Richter gleichzeitig Amtsträger iSd § 11 Abs. 1 Nr. 2a StGB sind.

230 **ii) Unrechtsvereinbarung. § 333 Abs. 1 StGB** setzt spiegelbildlich zu § 331 Abs. 1 StGB weiterhin voraus, dass der Vorteil **für** die Dienstausübung gefordert wird. Damit setzt auch § 333 Abs. 1 StGB nF eine, wenn auch **gelockerte Unrechtsvereinbarung** voraus.[476] Dabei genügt es, wenn der Vorteil von dem Vorteilsgeber und dem Vorteilsnehmer allgemein iS eines Gegenseitigkeitsverhältnisses mit der Dienstausübung des Amtsträgers verknüpft wird.[477]

---

[466] BT-Drs. 13/8079, 15; BGHSt 49, 275 (281).
[467] BGHSt 31, 264 (280); 53, 6 (16); BeckOK StGB/*Trüg* StGB § 331 Rn. 11; *Fischer* StGB § 331 Rn. 6; Schönke/Schröder/*Heine* StGB § 331 Rn. 8 mwN.
[468] MüKoStGB/*Korte* StGB § 331 Rn. 85.
[469] Graf/Jäger/Wittig/*Gorf* StGB § 331 Rn. 53; Schönke/Schröder/*Heine* StGB § 331 Rn. 9 jeweils mwN.
[470] *Fischer* StGB § 331 Rn. 6; Schönke/Schröder/*Heine* StGB § 331 Rn. 9.
[471] *Lackner/Kühl* StGB § 331 Rn. 10a; MüKoStGB/*Korte* § 331 Rn. 98; Schönke/Schröder/*Heine* StGB § 331 Rn. 7.
[472] BGHSt 18, 59; 29, 300 (302) mAnm *Geerds* JR 1981, 301 und *Dölling* JuS 1981, 570; *Lackner/Kühl* § 331 Rn. 9; Satzger/Schluckebier/Widmaier/*Rosenau* StGB § 331 Rn. 34; Schönke/Schröder/*Heine* StGB § 331 Rn. 10 mwN und Beispielen.
[473] BGHSt 11, 125 (128); 18, 263 (267); BGH NStZ-RR 2007, 309 (310); NK-StGB/*Kuhlen* StGB § 331 Rn. 70 mwN.
[474] BGH NStZ 2000, 596 (598 f.); *Fischer* StGB § 331 Rn. 6 mwN.
[475] *Fischer* StGB § 331 Rn. 29; *Lackner/Kühl* StGB § 331 Rn. 12.
[476] Ausf. Momsen/Grützner/*Grützner/Behr* WirtschaftsstrafR Kap. 9 B Rn. 130 ff.
[477] BGHSt 49, 275 (281) – Kremendahl I; BGHSt 53, 6 (16) – ENBW; BGH NJW 2007, 3446 – Kremendahl II mAnm *Beckemper/Stage* NStZ 2008, 35; *Korte* NStZ 2008, 341; BGH NStZ 2005, 335; NStZ-RR 2007, 309, 310; 2008, 13 (14).

Erforderlich ist eine wenigstens stillschweigende Übereinkunft der Beteiligten, dass die **231** Zuwendung vor dem Hintergrund erfolgt, dass der Amtsträger eine dienstliche Tätigkeit vorgenommen hat und dafür honoriert wird, oder mit dem Ziel, dass er eine solche vornehmen werde.[478] Es muss eine beiden Seiten bewusste Verknüpfung zwischen Dienstausübung und Vorteil bestehen.[479]

Einigkeit besteht jedoch darin, dass über das deskriptive Merkmal des Äquivalenzver- **232** hältnisses hinaus ein **normatives Korrektiv** erforderlich ist, um den Anwendungsbereich der Korruptionsvorschriften auf die tatsächlich strafwürdigen Fallgestaltungen zu beschränken.[480] Die Rspr. stellt hierfür auf den „bösen Anschein möglicher Käuflichkeit des Amtsträgers" ab.[481] In der Literatur wird zT über das Bestehen eines Äquivalenzverhältnisses zwischen Vorteil und Gegenleistung hinaus dessen Regelwidrigkeit[482] oder Unlauterkeit[483] gefordert. Methodisch geht es insoweit um eine teleologische Reduktion des Tatbestandes, wobei str. ist, welche außerstrafrechtlichen Normen usw. unter welchen Voraussetzungen Berücksichtigung finden sollen.[484]

Ob die Dienstausübung tatsächlich vorgenommen wurde oder ob sie der Täter vorneh- **233** men will, ist nach hM unerheblich.[485]

Erfasst sind nun von § 333 Abs. 1 StGB Fälle, in denen durch die Vorteile nur das **234** generelle Wohlwollen des Amtsträgers erkauft oder **„allgemeine Klimapflege"**[486] bzw. „Stimmungspflege"[487] betrieben werden soll. Hierunter fällt auch das sog Anfüttern iRv Anbahnungsverhandlungen.[488] Auch Beraterverträge[489] sowie die Übernahme einer privaten entgeltlichen Nebentätigkeit[490] können erfasst sein.

Für eine Unrechtsvereinbarung sprechen in diesen Fällen **235**
- das Vorliegen dienstlicher Berührungspunkte,
- ein besonderes Näheverhältnis zwischen Vorteilsgeber und Vorteilsnehmer (insbes. bei langfristigen Geschäftsbeziehungen),
- die bevorzugte Behandlung des Vorteilsgebers bei der Vornahme einer Diensthandlung,
- die Heimlichkeit und Verschleierung der Vorteilsvereinbarung (Intransparenz).

IRd **§ 333 Abs. 2 StGB** ist (anders als bei § 333 Abs. 1 StGB) auch nach dem ersten **236** KorrBekG am Erfordernis der Gegenleistung für eine konkrete (schieds-)richterliche Handlung festgehalten worden.

jj) Sozialadäquate Zuwendungen. Nach allgA sind – wie bei § 299 StGB – sog sozial- **237** adäquate Zuwendungen nicht vom Tatbestand erfasst.[491] Sozialadäquat sind geringwertige Zuwendungen, die sich iRd Verkehrssitte oder der allgemeinen Höflichkeitsregeln halten. Stets ist jedoch eine Gesamtabwägung vorzunehmen, in die einzubeziehen ist:

---

[478] *Fischer* StGB § 331 Rn. 23.
[479] BGH NStZ-RR 2008, 13 (14); BGHSt 53, 6 (16); *Fischer* StGB § 331 Rn. 21.
[480] BGH NStZ 2005, 334; NJW 2007, 2446; OLG Celle NJW 2008, 164 – Schulfotograf mAnm *Ambos/Ziehn* NStZ 2008, 498; *Fischer* StGB § 331 Rn. 24a. Dass eine Beschränkung erforderlich ist, wird am Beispiel des Aushandelns eines Rabatts für die Anstellungskörperschaft deutlich (OLG Celle NJW 2008, 164; MüKoStGB/*Korte* StGB § 331 Rn. 106).
[481] Vgl. dazu BGH NStZ 2005, 334; NJW 2007, 3446.
[482] MüKoStGB/*Korte* § 331 Rn. 107; Schönke/Schröder/*Heine* StGB § 331 Rn. 4; *Walther* Jura 2010, 511 (517).
[483] ZB NK-StGB/*Kuhlen* StGB § 331 Rn. 96 ff.
[484] Schönke/Schröder/*Heine* StGB § 331 Rn. 29 mwN.
[485] Zur hM vgl. MüKoStGB/*Korte* StGB § 331 Rn. 92; Schönke/Schröder/*Heine* StGB § 331 Rn. 30; aA hins. einer vergangenen Dienstausübung zB *Fischer* StGB § 331 Rn. 10 sowie die Rspr. zu § 331 StGB aF, zB BGHSt 29, 300 (302).
[486] BGHSt 49, 275 (281); 51, 44 (59); OLG Karlsruhe NStZ 2011, 164; NK-StGB/*Kuhlen* StGB § 331 Rn. 75a ff.
[487] *Fischer* StGB § 331 Rn. 24; Satzger/Schluckebier/Widmaier/*Rosenau* StGB § 331 Rn. 29.
[488] Schönke/Schröder/*Heine* StGB § 331 Rn. 7.
[489] OLG Hamburg StV 2001, 277 (279); *Fischer* StGB § 331 Rn. 24.
[490] BGH NStZ-RR 2007, 309.
[491] BGHSt 31, 264 (279); *Fischer* StGB § 331 Rn. 25; zu Sozialadäquanz und „hospitality" → Rn. 273 ff.

- Stellung und Lebensumstände der Beteiligten,
- Nähe zu den dienstlichen Aufgaben und Anlass der Zuwendung,
- Art und Wert des Vorteils,
- Häufigkeit der Zuwendung,
- Vorgehensweise.

238 Die Grenzen sind hier unscharf, sie sind aber im Allgemeinen enger als bei § 299 StGB zu ziehen.[492] Geschenke im Wert zwischen 5 EUR und 10 EUR dürften bei einem entsprechenden Anlass (zB Weihnachten, Jubiläum) idR sozialadäquat sein; das Gegenteil wird für Zuwendungen von mehr als **30 EUR** ohne besonderen Anlass anzunehmen sein.[493]

239 Viele Behörden haben **Verhaltenskodizes** etc. erlassen, in denen dargelegt wird, welche Zuwendungen etc. an Amtsträger ausnahmsweise erlaubt sind. Diesbezügliche interne Verwaltungsvorschriften,[494] die zB eine Bagatellgrenze regeln oder gar keine Vorteile ohne Genehmigung zulassen, sind für die strafrechtliche Bewertung zwar nicht bindend.[495] Sie können aber immerhin als Anhaltspunkte für Wirtschaftsverbände dienen, soweit sie in Kontakt mit Behörden treten. Gleiches gilt für solche Regelungen, die den Umgang von Behörden mit Interessenvertretern regeln, wobei diese bisher nur auf europäischer Ebene existieren.[496] Hilfreich ist bspw. auch der vom Initiativkreis Korruption/Wirtschaft herausgegebene Fragen-/Antwortenkatalog zum Thema Annahme von Belohnungen, Geschenken und sonstigen Vorteilen[497] oder auch der S20-Leitfaden Hospitality und Strafrecht.[498] Die Beachtung dieser Vorgaben und Handlungsempfehlungen im Umgang mit Behörden kann ggf. zu einer Enthaftung der Mitarbeiter des Verbandes gem. § 17 StGB führen.

240 Soweit Wirtschaftsverbände ihrerseits Verhaltensregeln zum Umgang mit Amtsträgern erlassen haben,[499] sind auch diese für die Ermittlungsbehörden und Strafgerichte nicht bindend. Da nicht auszuschließen ist, dass diese grds. zu weitgehend gestaltet sind, sollte im Einzelfall eine rechtliche Beratung erfolgen, um Strafbarkeitsrisiken auszuschließen.

241 **kk) Subjektive Voraussetzungen.** Subjektiv ist zumindest bedingter Vorsatz erforderlich, der sich insbes. auf die Voraussetzungen der Unrechtsvereinbarung erstrecken muss.[500]

242 **ll) Rechtswidrigkeit.** Gem. § 333 **Abs. 3** StGB ist die Tat nicht nach § 333 Abs. 1 StGB strafbar, wenn die örtlich und sachlich zuständige Behörde im Rahmen ihrer Befugnisse nach öffentlichem Dienstrecht entweder die Annahme durch den Empfänger vorher genehmigt hat oder der Empfänger unverzüglich bei ihr Anzeige erstattet und diese die An-

---

[492] *Fischer* StGB § 331 Rn. 26 f.

[493] *Fischer* StGB § 299 Rn. 26a; Momsen/Grützner/*Grützner/Behr* WirtschaftsstrafR Kap. 9 B Rn. 135; aA Satzger/Schluckebier/Widmaier/*Rosenau* StGB § 331 Rn. 16: erst ab 50 EUR.

[494] Beispiele: Allgemeine Verwaltungsvorschrift der Bundesregierung zur Förderung von Tätigkeiten des Bundes durch Leistungen Privater (Sponsoring, Spenden und sonstige Schenkungen) v. 7.7.2003 (BAnz S. 14906); RL der Bundesregierung zur Korruptionsprävention in der Bundesverwaltung v. 30.7.2004 (BAnz S. 17745).

[495] Satzger/Schluckebier/Widmaier/*Rosenau* StGB § 331 Rn. 16.

[496] Transparenzregister der EU einschließlich Verhaltenskodex, vgl. Anhang 3 der Institutionellen Vereinbarung von 2014 zwischen Europäischem Parlament und Europäischer Kommission ABl. EU L 277/11. Hierzu *Gerig/Tsesis* CCZ 2015, 268 (270).

[497] Abrufbar unter http://www.bmi.bund.de/SharedDocs/Downloads/DE/Themen/OED_Verwaltung/Korruption_Sponsoring/initiativkreis_korruptionspraevention.pdf?__blob=publicationFile (zuletzt abgerufen am 11.1.2017).

[498] Deutsche Fassung abrufbar unter: www.s20.eu/leitfaden_d_250711.pdfx; englische Fassung abrufbar unter: www.s20.eu/guidelines.aspx; zu hospitality ausf. → Rn. 273 ff.

[499] Beispiel: Verhaltenskodex der Papierverarbeiter: http://www.plm.de/sites/default/files/downloads/plm_erklaerung_wpv_verhaltenskodex.pdf; Bertelsmann Code of Conduct: http://www.bertelsmann.de/media/verantwortung/downloads/deutsch/bertelsmann-code-of-conduct-de.pdf (zuletzt abgerufen am 11.1.2017).

[500] BGH NJW 2007, 3446 (3448); *Fischer* StGB § 331 Rn. 31.

nahme genehmigt.[501] Die Genehmigung kann generell oder für den konkreten Einzelfall erfolgen. Diese rechtfertigende Genehmigungsmöglichkeit ist ein wesentlicher Unterschied zu § 299 StGB.

Die Genehmigung ist ausgeschlossen, wenn die Tat einen vom Empfänger geforderten **243** Vorteil, richterliche Handlungen nach § 333 Abs. 2 StGB oder pflichtwidrige Handlungen nach § 334 StGB betrifft.[502] Einer nachträglichen Genehmigung kommt keine rechtfertigende Wirkung zu, dies soll nach einer umstr. Ansicht auch gelten, wenn die Erteilung einer vorherigen Zustimmung nicht möglich ist (zB unvorhergesehene Essenseinladung), die Annahme aber genehmigungsfähig ist; ob die Genehmigung später erteilt wird, soll dann irrelevant sein.[503]

Um die Genehmigungsmöglichkeit praktisch handhabbar zu machen, werden Geneh- **244** migungen in Richtlinien und Verordnungen der Behörden inzwischen antizipiert und generalisiert.[504] Darin wird zT sehr detailliert niedergelegt, welche Vorteile grds. erlaubt und welche verboten sind. Dies schafft auch für Außenstehende eine gewisse Rechtssicherheit. Ein Wirtschaftsverband, der einem Amtsträger somit einen Vorteil zukommen lassen möchte, ist deshalb gut beraten, wenn er sich vorher über die jeweilige Genehmigungspraxis der Anstellungsbehörde informiert.

Soweit Einladungen oder sonstige Zuwendungen an Amtsträger unvermeidbar sind, **245** sollte deshalb der Amtsträger gebeten werden, vorher die Genehmigung seines Vorgesetzten (→ Rn. 242 ff.) einzuholen.

c) Bestechung (§ 334 StGB). aa) Überblick. Die Bestechung gem. § 334 StGB ist das **246** Spiegelbild zur Bestechlichkeit gem. § 332 StGB und ist **Qualifikationstatbestand** zu § 333 StGB.[505] § 334 Abs. 1 StGB regelt die Bestechung von Amtsträgern, Europäischen Amtsträgern, von für den öffentlichen Dienst besonders Verpflichteten oder von Soldaten der Bundeswehr; § 334 Abs. 2 StGB die von Richtern, Mitgliedern eines Gerichts der Europäischen Union oder Schiedsrichtern. **Qualifizierendes Merkmal** ist, dass der begünstigte (Europäische) Amtsträger oder (Schieds-)Richter, der für den öffentlichen Dienst besonders Verpflichtete oder Soldat durch eine konkrete Diensthandlung oder richterliche Handlung seine Dienstpflichten oder richterlichen Pflichten verletzt hat oder verletzen würde. Soweit eine Bestechung (und nicht nur eine Vorteilsgewährung) vorliegt, besteht keine Genehmigungsfähigkeit.

Die Strafzumessungsvorschrift des § 335 Abs. 1 Nr. 1b, Abs. 2 StGB normiert nach der **247** **Regelbeispielsmethode** einen besonders schweren Fall der Bestechung gem. § 334 Abs. 1 StGB.

Hier liegt ein besonderer Schwerpunkt der Korruptionsbekämpfung durch Criminal **248** Compliance in Unternehmen und Verbänden. Es muss durch Richtlinien, Kodizes etc. kommuniziert werden, dass jede auf eine pflichtwidrige Diensthandlung bzw. richterliche Handlung zielende Zuwendung als Bestechung gem. § 334 StGB strafbar und deshalb zu unterlassen ist.[506]

bb) Voraussetzungen. § 334 Abs. 1, Abs. 2 StGB setzt zunächst voraus, dass der Grund- **249** tatbestand des § 333 Abs. 1, Abs. 2 StGB erfüllt ist. Anders als bei § 333 Abs. 1 StGB

---

[501] Nach hM handelt es sich um einen Rechtfertigungsgrund (BGHSt 31, 264 (285); 47, 295 (309); *Fischer* StGB § 331 Rn. 32; *Lackner/Kühl* StGB § 331 Rn. 14 mwN; aA SK-StGB/*Rudolphi/Stein* StGB § 331 Rn. 32: Tatbestandsausschluss).

[502] *Fischer* StGB § 331 Rn. 33.

[503] *Fischer* StGB § 331 Rn. 36; *Rengier* StrafR BT II § 61 Rn. 40 f.

[504] Rotsch Criminal Compliance/*Beckemper* Criminal Compliance § 12 Rn. 25; zB http://www.bmi.bund.de/ SharedDocs/Downloads/DE/Themen/OED_Verwaltung/Korruption_Sponsoring/RS_Verbot_Annahme_Be lohnungen.pdf;jsessionid=82057F095A0D1FE876B2A50982844E39.2_cid295?__blob=publicationFile (zuletzt abgerufen am 11.1.2017).

[505] *Fischer* StGB § 334 Rn. 1.

[506] Vgl. auch Rotsch Criminal Compliance/*Beckemper* § 12 Rn. 33.

muss sich bei § 334 Abs. 1 StGB die Tat auf eine konkrete Dienst**handlung** – nicht nur auf die allgemeine Dienstausübung – beziehen. Zuwendungen für die „allgemeine Klimapflege" oder das „Anfüttern" (→ Rn. 234) sind damit nicht von § 334 Abs. 1 StGB, sondern nur von § 333 Abs. 1 StGB erfasst.[507] Eine Diensthandlung ist eine wenigstens in den Umrissen bestimmte Tätigkeit, die in den Bereich der dienstlichen Obliegenheiten des Amtsträgers fällt und in amtlicher Eigenschaft vorgenommen wird.[508] Bei § 334 Abs. 2 StGB müssen sich die Tathandlungen auf richterliche Handlungen (→ Rn. 229) beziehen.

250 Die Tathandlungen müssen sich auf eine **pflichtwidrige** Diensthandlung (§ 334 Abs. 1 StGB) oder eine **pflichtwidrige** richterliche Handlung (§ 334 Abs. 2 StGB) beziehen. Die Pflichtwidrigkeit ergibt sich nicht schon aus der Unrechtsvereinbarung als solcher, vielmehr muss die Diensthandlung ihrem Inhalt nach pflichtwidrig sein.[509] Eine Diensthandlung ist pflichtwidrig, wenn sie gegen Gesetze, Verwaltungsvorschriften, Richtlinien, allgemeine Dienstanweisungen oder Anweisungen des Vorgesetzten verstößt.[510] Bei Amtsträgern der EU-Mitgliedsstaaten bzw. Beamten der EU richtet sich die Pflichtwidrigkeit nach dem Recht des jeweiligen Mitgliedsstaates bzw. nach Unionsrecht.[511]

251 Wenn es sich um **gebundene Entscheidungen** handelt, ist die Diensthandlung immer pflichtwidrig, wenn sie von der durch Rechtsnormen, Dienstanweisungen oder Anordnungen vorgezeichneten Entscheidung über die Vornahme oder Unterlassung der Diensthandlung abweicht.[512] Ein Beispiel wäre die unbefugte Weitergabe personenbezogener Daten.[513] Auch **strafbare Diensthandlungen** sind stets pflichtwidrig.[514] Beispiele sind die Beteiligung des Amtsträgers an einem Submissionsbetrug gem. § 263 StGB oder an einer wettbewerbsbeschränkenden Absprache gem. § 298 StGB durch Weitergabe von Informationen. Eine **Diensthandlung mit Ermessensspielraum** setzt mindestens zwei rechtmäßige Handlungsalternativen voraus.[515] Hier handelt der Täter pflichtwidrig, wenn er sachwidrig entscheidet, aber auch dann, wenn er sich nicht ausschließlich von sachlichen Gesichtspunkten leiten lässt, sondern sich auch durch den Vorteil beeinflussen lässt.[516] Dies ergibt sich für zukünftige Ermessensentscheidungen unmittelbar aus § 334 Abs. 3 Nr. 2 StGB. Das Ermessen im strafrechtlichen Sinne ist damit weiter als das verwaltungsrechtliche Ermessen zu verstehen.[517] Es besteht zB auch, wenn ein Beurteilungsspielraum gegeben ist, etwa bei richterlichen Strafzumessungsentscheidungen.[518]

252 Soweit sich die Unrechtsvereinbarung auf eine **vergangene** Diensthandlung bezieht, muss diese nicht tatsächlich vorgenommen worden sein.[519] Soweit es um eine **künftige** Diensthandlung geht, stellt § 334 Abs. 3 Nr. 1 StGB ausdrücklich klar, dass § 334 Abs. 1, Abs. 2 StGB schon dann erfüllt ist, wenn sich der Amtsträger dem anderen gegenüber

---

[507] *Fischer* StGB § 332 Rn. 6; Satzger/Schluckebier/Widmaier/*Rosenau* StGB § 331 Rn. 5.
[508] BGHSt 39, 45 (46 f.); BGH NStZ 2005, 214 (215) mwN; *Küper/Zopfs* StrafR BT S. 444; sa *Fischer* StGB § 332 Rn. 5. IÜ gelten die Ausführungen zum Tatbestandsmerkmal der Dienstausübung (→ Rn. 221 ff.), einschließlich der Abgrenzung zu Privathandlungen (→ Rn. 116), sinngemäß. Auch ist gem. § 336 StGB der Vornahme einer Diensthandlung das Unterlassen der Handlung gleichgestellt.
[509] BGHSt 48, 44 (46); NK-StGB/*Kuhlen* StGB § 332 Rn. 7.
[510] BGHSt 15, 88 (92); *Lackner/Kühl* StGB § 332 Rn. 3; Schönke/Schröder/*Heine* StGB § 332 Rn. 7 mwN.
[511] Graf/Jäger/Wittig/*Gorf* StGB § 332 Rn. 22 mwN.
[512] BGHSt 48, 44 (46); BGH NStZ-RR 2008, 13 (14); *Fischer* StGB § 332 Rn. 8; Satzger/Schluckebier/Widmaier/*Rosenau* StGB § 331 Rn. 8.
[513] BGH NStZ 2000, 598; weitere Kasuistik bei SK-StGB/*Rudolphi/Stein* StGB § 332 Rn. 6; Schönke/Schröder/*Heine* StGB § 332 Rn. 9.
[514] NK-StGB/*Kuhlen* StGB § 332 Rn. 8.
[515] BGH NStZ 2007, 211 (212); OLG Frankfurt a. M. NJW 1990, 2075; *Fischer* StGB § 332 Rn. 9.
[516] Satzger/Schluckebier/*Rosenau* StGB § 331 Rn. 9. Vgl. zu § 332 StGB BGHSt 15, 88 (92); 15, 239 (242) (247); 48, 44 (46); *Fischer* StGB § 332 Rn. 9 f.; NK-StGB/*Kuhlen* StGB § 332 Rn. 13 f.
[517] BGH NStZ 2007, 211 (212).
[518] *Krey/Heinrich* StrafR BT 1 Rn. 667; *Rengier* StrafR BT II § 60 Rn. 33.
[519] *Eisele* StrafR BT I Rn. 1644; NK-StGB/*Kuhlen* StGB § 332 Rn. 18; aA BGHSt 29, 300 (302).

(also nach außen hin) bereit erklärt hat, bei der Diensthandlung seine Pflichten zu verletzen. Unerheblich ist der innere Vorbehalt des Täters, pflichtgemäß zu handeln.[520]

cc) Strafzumessung (§ 335 StGB). Die Strafzumessungsvorschrift des § 335 Abs. 1 253
Nr. 1, Abs. 2 StGB normiert nach der **Regelbeispielmethode** besonders schwere Fälle
der Bestechung gem. § 334 Abs. 1, 2 StGB.

Ein besonders schwerer Fall liegt idR vor, wenn 254
- die Tat sich auf einen Vorteil großen Ausmaßes bezieht (Nr. 1);[521]
- der Täter fortgesetzt (Nr. 2) handelt;[522]
- der Täter gewerbsmäßig handelt oder als Mitglied einer Bande handelt, die sich zur
fortgesetzten Begehung solcher Taten verbunden hat (→ Nr. 3).

dd) Bestechung im Ausland (§ 335a StGB). Der Anwendungsbereich der §§ 331 ff. 255
StGB ist darüber hinaus durch die Umsetzung internationaler Vorgaben erheblich ausgedehnt worden. Diese Umsetzung erfolgte zunächst durch Art. 2 § 1 I **EUBestG** v.
10.9.1998[523] sowie Art. 2 § 1 Nr. 1, 2 **IntBestG** v. 10.9.1998[524] und durch das **IStGH-Gleichstellungsgesetz** v. 21.6.2006.[525]

Durch § 335a Abs. 1 StGB sollen neben den nun von den §§ 332, 334 StGB explizit 256
erfassten Europäischen Amtsträgern und Mitgliedern eines Gerichts der Europäischen
Union auch Mitglieder eines ausländischen und eines internationalen Gerichts sowie Bedienstete und Beauftragte eines ausländischen Staates oder einer internationalen Organisation sowie Soldaten ausländischer Staaten in den Anwendungsbereich der §§ 332, 334
StGB einbezogen werden, sofern sich die Tat auf eine künftige richterliche Handlung
oder eine künftige Diensthandlung bezieht.[526]

§ 335a Abs. 1 StGB hat dabei den Zweck, die Vorgaben der Art. 5, 9, 11 des Europarat- 257
Übereinkommens sowie des (nicht bindenden) Art. 16 Abs. 2 des UN-Übereinkommens
umzusetzen und die Art. 2 § 1 EUBestG, 2 § 1 IntBestG in das StGB zu integrieren.[527] Der
Gesetzgeber geht mit § 335a Abs. 1 StGB sogar über die völkerrechtlichen Verpflichtungen
und die Reichweite des EUBestG und des IntBestG hinaus, indem nicht nur die Bestechung, sondern auch die Bestechlichkeit eines ausländischen oder internationalen Richters,
Bediensteten oder Soldaten umfassend unter Strafe gestellt wird.[528] § 335a Abs. 1 StGB
dient daher der Gleichstellung von Bestechung und Bestechlichkeit.[529] § 335a Abs. 1 StGB
gilt ausweislich des Wortlauts nur für die §§ 332, 334 StGB und setzt daher voraus, dass sich
das Verhalten auf eine pflichtwidrige Diensthandlung bezieht.[530] Diese tatbestandliche Beschränkung war bereits im EUBestG und IntBestG vorgesehen und erweist sich auch nach
den Maßgaben des Europarat-Übereinkommens als zulässig.[531] Demgegenüber erfolgt an-

---

[520] Vgl. zu § 332 StGB BGHSt 15, 88; 48, 44 (46); *Rengier* StrafR BT II § 60 Rn. 34; *Fischer* StGB § 332 Rn. 12 ff.
[521] Nach *Fischer* StGB § 335 Rn. 5 f.; *Lackner/Kühl* StGB § 335 Rn. 2: ab 10.000 EUR; nach Schönke/Schröder/*Heine* StGB § 335 Rn. 3; SK-StGB/*Rudolphi/Stein* StGB § 335 Rn. 2: ab 25.000 EUR; nach Satzger/Schluckebier/Widmaier/*Rosenau* StGB § 335 Rn. 5: ab 50.000 EUR; nach MüKoStGB/*Korte* StGB § 335 Rn. 9: nicht unter 25.000 EUR und idR erst ab 50.000 EUR.
[522] Mind. dreimal; nach BGH wistra 2000, 426 (429) auch bei nur einer Vorteilsannahme, wenn die Beteiligten eine fortgesetzte Begehung verabredet haben, s. MüKoStGB/*Korte* § 335 Rn. 13.
[523] BGBl. 1998 II 2340.
[524] BGBl. 1998 II 2327.
[525] BGBl. 2006 I 2144.
[526] BT-Drs. 18/4350, 24.
[527] BT-Drs. 18/4350, 24.
[528] BT-Drs. 18/4350, 24.
[529] BT-Drs. 18/4350, 24.
[530] BT-Drs. 18/4350, 24.
[531] BT-Drs. 18/4350, 24. Gem. Art. 36 des Europarat-Übereinkommens „kann erklärt werden, dass die Verhaltensweisen der Art. 5, 9 und 11 des Übereinkommens nur insoweit als Straftat umschrieben werden, als der Bedienstete oder Richter eine Handlung unter Verletzung seiner Dienstpflichten vornimmt oder unterlässt".

ders als nach Art. 2 § 2 Abs. 1 IntBestG keine Einschränkung auf Vorteile im internationalen geschäftlichen Verkehr, da dies den Vorgaben des Europarat-Übereinkommens widerspricht.[532] In § 335a Abs. 1 Nr. 2c StGB werden Soldaten eines ausländischen Staates und Soldaten, die zur Wahrnehmung von Aufgaben einer internationalen Organisation beauftragt sind, den Amtsträgern, nicht jedoch den Soldaten der Bundeswehr gleichgestellt. Die Soldaten der Bundeswehr werden in § 334 Abs. 1 StGB nur als Vorteilsbegünstigte einer Bestechung aufgeführt. Durch die Gleichstellung mit Amtsträgern ist fortan auch die Bestechlichkeit ausländischer und internationaler Soldaten strafbar.[533]

258   Gem. § 335a Abs. 2 StGB soll für die Fälle der §§ 331, 333 StGB ein Mitglied des IStGH einem Richter und ein Bediensteter des IStGH einem sonstigen Amtsträger gleichgestellt werden, wenn sich die Tat auf eine künftige richterliche Handlung oder eine künftige Diensthandlung bezieht. Diese Vorschrift wurde an § 2 IStGH-GleichstellungsG angelehnt, gilt jedoch anders als in § 2 IStGH-GleichstellungsG nur für die Vorteilnahme und Vorteilsgewährung.[534] Für die Tatbestände der Bestechlichkeit und Bestechung sieht bereits § 335a Abs. 1 Nr. 1, 2b StGB die Gleichstellung vor.[535]

259   § 335a Abs. 3 Nr. 1 StGB führt bzgl. der Vorteilsgewährung gem. § 333 Abs. 1, 3 StGB eine Gleichstellungsklausel für Soldaten und bestimmte Bedienstete der in der Bundesrepublik Deutschland stationierten Truppen der nichtdeutschen Vertragsstaaten der NATO, die sich zur Zeit der Tat im Inland aufhalten, ein.[536] Auf diese Weise wird die Vorschrift des § 1 Abs. 2 Nr. 10 des NATO-Truppen-Schutzgesetzes in das Strafgesetzbuch integriert.[537]

4. § 108e StGB

260   **a) Allgemein.** Durch das 48. StÄG v. 23.4.2014,[538] welches am 1.9.2014 in Kraft trat, wurde die Vorschrift des § 108e StGB grundlegend neu gefasst.[539] Hiermit sollten die Vorgaben des Übereinkommens der Vereinten Nationen gegen Korruption v. 31.10.2003 (Art. 15 UNCAC iVm Art. 2 lit. a UNCAC) umgesetzt werden.[540] Nachdem bislang in § 108e StGB aF nur der Stimmkauf unter Strafe gestellt war, wird nunmehr jegliche Beeinflussung der Mandatswahrnehmung in die Strafbarkeit miteinbezogen.[541] Strafbar macht sich daher auch, wer für die Beratungen im Vorfeld der Abstimmung das Engagement eines Abgeordneten (ver-)kauft.[542] Gleichermaßen verhält es sich mit der Einflussnahme auf den Inhalt einer Parlamentsrede oder einer Stellungnahme im Ausschuss.[543] Von der Strafbarkeit wird fortan selbst das Werben um eine bestimmte Position bei anderen Mandatsträgern als Gegenleistung für einen ungerechtfertigten Vorteil erfasst.[544] Darüber hinaus wurden die Vorgaben des IntBestG durch den Gleichlauf inländischer und ausländischer Mandatsträger in § 108e StGB integriert.[545]

261   Ist der Mandatsträger zugleich Amtsträger und handelt er in dieser Funktion, so gehen die §§ 331 ff. StGB dem § 108e StGB vor.[546]

---

[532] BT-Drs. 18/4350, 24.
[533] BT-Drs. 18/4350, 25.
[534] BT-Drs. 18/4350, 25.
[535] BT-Drs. 18/4350, 25.
[536] BT-Drs. 18/4350, 25.
[537] BT-Drs. 18/4350, 25.
[538] BGBl 2014 I S. 410.
[539] *Fischer* StGB § 108e Rn. 1.
[540] *Hoven* NStZ 2015, 553.
[541] BeckOK StGB/*Heintschel-Heinegg* StGB § 108e Rn. 1.
[542] *Hoven* NStZ 2015, 553 (554).
[543] *Hoven* NStZ 2015, 553 (554).
[544] *Hoven* NStZ 2015, 553 (554).
[545] BeckOK StGB/*Heintschel-Heinegg* StGB § 108e Rn. 1.
[546] BeckOK StGB/*Heintschel-Heinegg* StGB § 108e Rn. 29; *Fischer* StGB § 108e Rn. 56; Schönke/Schröder StGB/*Eser* § 108e Rn. 6, 15.

Durch § 108e StGB soll „das (öffentliche) Interesse an der Integrität parlamentarischer **262** Prozesse und an der Unabhängigkeit der Mandatsträger und der Sachbezogenheit ihrer Entscheidungen"[547] geschützt werden. Die Gesetzesbegründung stellt demgegenüber auf den Schutz der „freie[n] Ausübung des Mandats des Abgeordneten"[548] ab. Durch diese Rechtsgutsbestimmung wird jedoch der Mandatsträger fälschlicherweise als „Opfer seiner eigenen Bestechlichkeit"[549] dargestellt.

b) Objektiver Tatbestand. aa) Täterkreis. Täter des **§ 108e Abs. 1 StGB** (passive Be- **263** stechung) können Mitglieder einer Volksvertretung des Bundes oder der Länder sein. Täter des **§ 108e Abs. 2 StGB** (aktive Bestechung) kann jede natürliche Person sein, selbstverständlich auch und gerade, wenn diese im Auftrag oder Interesse einer juristischen Person, wie einem Wirtschaftsverband, tätig wird.[550] Den in § 108e Abs. 1, 2 StGB genannten Mitgliedern einer Volksvertretung des Bundes oder der Länder werden gem. **§ 108e Abs. 3 Nr. 1 StGB** die Mitglieder einer Volksvertretung einer kommunalen Gebietskörperschaft gleichgestellt. Ein kommunaler Mandatsträger ist jedoch nur dann gem. § 108e Abs. 1, 3 Nr. 1 StGB strafbar, wenn eine Handlung „bei Wahrnehmung des Mandats"[551] vorliegt. Daher müssen Tathandlungen ausscheiden, die über die Mandatstätigkeit hinausgehen und sich als Ausübung von konkreten Verwaltungsaufgaben darstellen, hier kommt aber eine Strafbarkeit gem. §§ 331 ff. StGB in Betracht.[552]

Den in § 108e Abs. 1, 2 StGB angesprochenen Mitgliedern werden ferner gleichge- **264** stellt:

- gem. **§ 108e Abs. 3 Nr. 2 StGB** die Mitglieder eines in unmittelbarer und allgemeiner Wahl gewählten Gremiums einer für ein Teilgebiet eines Landes oder einer kommunalen Gebietskörperschaft gebildeten Verwaltungseinheit. Die direkte Wahl durch die Bürger wird hierbei zur Voraussetzung erhoben, um den für § 108e StGB notwendigen parlamentarischen Charakter des Plenums zu gewährleisten (zB Bezirkstage, Bezirksversammlungen, Ortsbeiräte).[553]
- gem. **§ 108e Abs. 3 Nr. 3 StGB** die Mitglieder der Bundesversammlung.
- gem. **§ 108e Abs. 3 Nr. 4 StGB** die Mitglieder des Europäischen Parlaments. Strafbar sind auch Taten ausländischer Mitglieder des Europäischen Parlaments aufgrund von Unrechtsvereinbarungen mit Personen aus ihren Heimatländern oder aus Drittstaaten, wenn die Tat gem. § 3 StGB im Inland begangen wurde. Für deutsche Mitglieder des Europäischen Parlaments gilt für Auslandstaten § 7 Abs. 2 Nr. 1 StGB.[554]
- gem. **§ 108e Abs. 3 Nr. 5 StGB** die Mitglieder einer parlamentarischen Versammlung einer internationalen Organisation (zB UN), gem. § 108e Abs. 3 Nr. 6 StGB die Mitglieder eines Gesetzgebungsorgans eines ausländischen Staates.

bb) Tathandlungen. Die Tathandlungen des Forderns, Sich-Versprechen-Lassens, An- **265** nehmens bzw. des Anbietens, Versprechens oder Gewährens entsprechen denen der §§ 299 Abs. 1, 331, 332 bzw. der §§ 299 Abs. 2, 333, 334 StGB (→ Rn. 156 ff., 150 ff., 118).

cc) Ungerechtfertigter Vorteil. Die jeweilige Tathandlung muss sich auf einen unge- **266** rechtfertigten Vorteil für den Mandatsträger oder einen Dritten beziehen. Ein Vorteil meint dabei auch hier „jede Leistung des Zuwendenden, die das Mitglied oder einen

---

[547] *Fischer* StGB § 108e Rn. 2.
[548] BT-Drs. 18/476, 8.
[549] *Fischer* StGB § 108e Rn. 2.
[550] *Fischer* StGB § 108e Rn. 16.
[551] BT-Drs. 18/476, 8; BGH NStZ 2015, 451.
[552] BT-Drs. 18/476, 8.
[553] *Fischer* StGB § 108e Rn. 10; BeckOK StGB/*Heintschel-Heinegg* StGB § 108e Rn. 7.
[554] *Fischer* StGB § 108e Rn. 12; BeckOK StGB/*Heintschel-Heinegg* StGB § 108e Rn. 9.

Dritten materiell oder immateriell in seiner wirtschaftlichen, rechtlichen oder auch nur persönlichen Lage objektiv besserstellt und auf die das Mitglied keinen Anspruch hat"[555]. Durch die Einbeziehung auch immaterieller Vorteile wird der Tatbestand des § 108e StGB im Vergleich zur bisherigen Rechtslage erweitert, da es nicht mehr des „Kaufs" der Stimme bedarf, um die Schwelle zur Strafbarkeit zu überschreiten.[556]

267 Anders als die §§ 299, 331–334 StGB setzt § 108e Abs. 1, 2 StGB einen ungerechtfertigten Vorteil voraus. Damit wird verdeutlicht, dass Amtsträgern und Angestellten eines Unternehmens jede Annahme von Vorteilen verboten ist, während es im parlamentarischen Bereich Zuwendungen geben kann, die erlaubt sind (zB Parteispenden, § 44a Abs. 2 S. 4 AbgG).[557] Der ungerechtfertigte Vorteil wird in § 108e Abs. 4 StGB nur negativ dahingehend definiert, dass ein solcher insbes. dann nicht vorliegt, wenn die Annahme des Vorteils im Einklang mit den für die Rechtsstellung des Mitglieds maßgeblichen Vorschriften steht (§ 108e Abs. 4 S. 1 StGB). Ausdrücklich von den ungerechtfertigten Vorteilen ausgenommen werden gem. § 108e Abs. 4 S. 2 StGB ein politisches Mandat oder eine politische Funktion (Nr. 1) sowie eine nach dem Parteiengesetz oder entsprechenden Gesetzen zulässige Spende (Nr. 2). Aus § 108e Abs. 4 S. 1 StGB darf nicht im Umkehrschluss gefolgert werden, dass der Vorteil immer dann ungerechtfertigt ist, wenn kein Einklang mit den Vorschriften feststellbar ist, etwa weil es keine oder nur lückenhafte Vorschriften gibt.[558] Maßgeblich kommt es vielmehr darauf an, ob die Zuwendung anerkannten parlamentarischen Gepflogenheiten entspricht.[559] Damit wird der **Gesichtspunkt der Sozialadäquanz** entgegen der Systematik der anderen Korruptionstatbestände ausdrücklich in § 108e Abs. 1, 2 StGB einbezogen.[560] Die Unrechtmäßigkeit des Vorteils folgt nicht schon aus der korruptiven Verknüpfung von mandatsbezogener Handlung und dem Vorteil, sondern erst aus einer zusätzlichen Bewertung.[561] Steht der Vorteil daher „im Einklang mit den für die Rechtsstellung des Mitglieds maßgeblichen Vorschriften", kann dieser nicht durch eine Unrechtsvereinbarung zu einem ungerechtfertigten Vorteil werden.[562]

268 **dd) Unrechtsvereinbarung.** Die Voraussetzungen für die Unrechtsvereinbarung entsprechen denen der §§ 332, 334 StGB. Vorteil und Tathandlung müssen auf der Grundlage einer qualifizierten Unrechtsvereinbarung im Verhältnis von Leistung und Gegenleistung konkret aufeinander bezogen sein.[563] Nicht ausreichend ist eine allgemeine „Stimmungspflege"[564] sowie Vorteile, die nur allgemein für die Mandatsausübung (wie zB Spenden an Abgeordnete für ihre Wahlkreisarbeit, auch wenn sie im Einzelfall auf unlautere politische Einflussnahme gerichtet sind[565]) oder wegen der von dem Mitglied vertretenen Position gewährt werden.[566] Ferner erfüllen auch entgeltliche Tätigkeiten von Mandatsträgern als Interessenvertreter und Lobbyisten für Verbände oder Unternehmen oder auch beratende Tätigkeiten des Mandatsträgers nicht den Tatbestand des § 108e StGB.[567] Die Unrechtsvereinbarung muss vor dem Vollzug der mandatsbezogenen Hand-

---

[555] BT-Drs. 18/476, 7.
[556] BT-Drs. 18/476, 7.
[557] BT-Drs. 18/476, 7. Einzelheiten s. Infobrief PM 1–5033 abrufbar unter https://www.bundestag.de/blob/294932/da77f9e63b7c3c6d4ae86a39be666c4d/geldwerte-zuwendungen-an-abgeordnete-data.pdf (zuletzt abgerufen am 11.1.2017).
[558] BT-Drs. 18/476, 7.
[559] BT-Drs. 18/476, 7.
[560] *Fischer* StGB § 108e Rn. 38; BeckOK StGB/*Heintschel-Heinegg* StGB § 108e Rn. 15.
[561] *Fischer* StGB § 108e Rn. 38.
[562] *Fischer* StGB § 108e Rn. 48. Insoweit läge ein bloßes Wahndelikt vor.
[563] *Fischer* StGB § 108e Rn. 34; BT-Drs. 18/476, 7.
[564] *Fischer* StGB § 108e Rn. 34.
[565] BeckOK StGB/*Heintschel-Heinegg* StGB § 108e Rn. 20.
[566] BT-Drs. 18/476, 7.
[567] BeckOK StGB/*Heintschel-Heinegg* StGB § 108e Rn. 20.

lung geschlossen werden, da nachträgliche Belohnungen „als Dankeschön" nicht vom Tatbestand des § 108e Abs. 1, 2 StGB erfasst werden.[568]

ee) Handeln im Auftrag oder auf Weisung. Der Mandatsträger muss als Gegenleis- **269** tung für den ungerechtfertigten Vorteil bei der Wahrnehmung seines Mandates eine Handlung im Auftrag oder auf Weisung vornehmen oder unterlassen.

Durch den konkreten Mandatsbezug sollen bloße Verwaltungsaufgaben aus dem Tatbe- **270** stand ausgeschlossen werden.[569] Die Tatbestandsmerkmale „im Auftrag oder auf Weisung" knüpfen an den Wortlaut des Art. 38 Abs. 1 S. 2 GG an und sollen jedwede Handlung erfassen, „die den Abgeordneten dazu bewegen soll, sich dem Interesse des Auftrag- oder Weisungsgebers zu unterwerfen"[570]. Erfasst werden nicht nur rechtsgeschäftliche Aufträge oder förmliche Weisungen, sondern gleichermaßen faktische Handlungen, die auf die Bindung der Entscheidung des Mandatsträgers zielen.[571] Durch die tatbestandliche Einschränkung wird eine „enge Kausalbeziehung zwischen dem ungerechtfertigten Vorteil und der Handlung des Mitglieds"[572] erforderlich. Eine bloße Gegenleistungsbeziehung ist daher nicht ausreichend, vielmehr muss sich der Mandatsträger auch innerlich den Interessen des Vorteilsgebers unterwerfen.[573] Entspricht die vom Vorteilsgeber gewünschte Handlung daher der Motivation des Mandatsträgers, so scheidet eine Strafbarkeit gem. § 108e Abs. 1, 2 StGB aus.[574]

5. Besondere Fallgruppen

a) Spenden an Parteien und Wahlbewerber. Gem. § 25 Abs. 1 PartG dürfen Parteien **271** grds. Spenden in unbegrenzter Höhe annehmen. Diese sind von Abgeordnetenspenden, die direkt an den Mandatsträger fließen und deren Strafbarkeit sich nach § 108e StGB richtet, zu unterscheiden.[575] Hierbei ist jedoch zu beachten, dass eine Strafbarkeit des Abgeordneten mangels ungerechtfertigten Vorteils gem. § 108e Abs. 4 S. 2 Nr. 2 StGB nicht in Betracht kommt, wenn dieser eine nach dem Parteiengesetz (vgl. § 25 PartG) oder entsprechenden Gesetzen zulässige Spende entgegen nimmt.

Bei der **Wahlkampfspendeneinwerbung** durch **Amtsträger** schränkt der BGH be- **272** reits den Tatbestand der §§ 331, 333 StGB ein.[576] Der BGH[577] lehnt es jedoch ab, weitergehend die von ihm[578] zur Drittmitteleinwerbung entwickelten Grundsätze auf Spenden zur Wahlkampfunterstützung generell zu übertragen und bei Offenlegung der Spende gem. §§ 24 ff. PartG den Tatbestand stets auszuschließen.[579] Wahlkampfspenden an einen Amtsträger für eine allgemeine Förderung der Vorstellungen und Interessen des Vorteilsgebers sollen nicht unter § 331 Abs. 1 StGB fallen, da es infolge der vorzunehmenden normativen Korrektur an einer Unrechtsvereinbarung fehle. Dies ergebe sich aus dem vorrangigen Verfassungsprinzip der Chancengleichheit bei der Wahl zwischen Bewerbern mit und solchen ohne Amt.[580] Zeigt sich der Amtsträger dagegen bereit, als Gegenleistung

---

[568] *Fischer* StGB § 108e Rn. 35; *Hoven* NStZ 2015, 553 (554).
[569] *Fischer* StGB § 108e Rn. 17.
[570] BT-Drs. 18/476, 8; BGH NStZ 2015, 451 (453 f.).
[571] BT-Drs. 18/476, 8; BeckOK StGB/*Heintschel-Heinegg* StGB § 108e Rn. 21.
[572] BT-Drs. 18/476, 7.
[573] *Hoven* NStZ 2015, 553 (554).
[574] BT-Drs. 18/476, 7; krit. hierzu *Hoven* NStZ 2015, 553 (554 f.).
[575] *Gerig* ZRP 2014, 247 (249).
[576] BGHSt 49, 275 – Kremendahl I mAnm *Dölling* JR 2005, 519; *Saliger/Sinner* NJW 2005, 1073; *Kargl* JZ 2005, 503; BGH NJW 2007, 3446 – Kremendahl II. Ausf. zu dieser teleologischen Reduktion des Tatbestandes Graf/Jäger/Wittig/*Gorf* StGB § 331 Rn. 120 ff.
[577] BGHSt 49, 275 (284 ff.).
[578] BGHSt 47, 295.
[579] So noch LG Wuppertal NJW 2003, 1405, insoweit zust. *Fischer* StGB § 331 Rn. 28a; krit. Satzger/Schluckebier/Widmaier/*Rosenau* StGB § 331 Rn. 45.
[580] BGHSt 49, 275 (294).

für die Wahlkampfförderung im Falle seiner Wahl eine konkrete, den Interessen des Vorteilsgebers förderliche Entscheidung zu dessen Gunsten zu treffen oder zu beeinflussen, macht er sich der Vorteilsannahme schuldig.[581]

273 **b) Sponsoring und Hospitality.** Abgrenzungsprobleme zwischen legaler Kontaktpflege und Interessenvertretung und verbotener Korruption wirft auch das (Einladungs-)Sponsoring auf. Beim **Sponsoring** werden Geld oder geldwerte Vorteile durch Wirtschaftsunternehmen und -verbände zur Förderung von sportlichen, kulturellen oder anderen sozialen Einrichtungen vergeben.[582] Diese Förderung soll zugleich der Werbung für das eigene Unternehmen bzw. den Wirtschaftsverband, der Imagepflege und der „positive publicity" und damit letztlich den Interessen des Wirtschaftsverbandes dienen.[583] An sich ist insbes. Kultur- und Sportsponsoring eine gesellschaftlich erwünschte Aktivität von Wirtschaftsverbänden. Allerdings gibt es nach deutschem Strafrecht ernst zu nehmende Strafbarkeitsrisiken und es herrscht erhebliche Rechtsunsicherheit. Neben einer Untreuestrafbarkeit gem. § 266 StGB kommt insbes. auch wegen der Gefahr oder zumindest des „bösen" Anscheins der Käuflichkeit eine Strafbarkeit gem. §§ 331 ff., 299 ff., § 108e StGB in Betracht.[584]

274 Zuwendungen iRv Sponsoring sind nicht nur Geldbeträge, sondern auch Einladungen zu Veranstaltungen mit Bewirtungen. Besonders im Fokus steht das Einladungs- und Bewirtungssponsoring, üblicherweise etwas euphemistisch mit dem englischen Ausdruck für Gastfreundschaft oder Gastlichkeit **„Hospitality"** bezeichnet. Auch Hospitality dient primär dem Aufbau von Geschäfts- und Wirtschaftsbeziehungen und ist damit Teil einer Marketingstrategie.[585] Auch hier bestehen erhebliche Strafbarkeitsrisiken, so dass vor einer Einladung **iRd Lobbyarbeit von Wirtschaftsverbänden** auf jeden Fall eine entsprechende Compliance-Prüfung erfolgen sollte.[586]

275 Nach **BGHSt 53, 6 – EnBW/Claassen**[587] kann Hospitality grds. gem. §§ 331 ff. StGB strafbar sein, da diese Praxis geeignet ist, die Begünstigten iSd Bestechungsdelikte sachfremd zu beeinflussen. Der Entscheidung lag folgender Sachverhalt zugrunde: Der Vorstandsvorsitzende einer AG, die Hauptsponsorin der FIFA-WM war, hatte Gutscheine für Logenplätze bei Spielen der WM an verschiedene hohe Amtsträger verschickt. Das LG Karlsruhe[588] hatte noch den Angeklagten vom Vorwurf der Vorteilsgewährung gem. § 333 StGB mit der Begründung freigesprochen, in der von einem Sponsor ausgesprochenen Einladung hochrangiger Amtsträger als Repräsentanten des Staates zu einer öffentlichkeitswirksamen Veranstaltung sei idR keine strafbare Vorteilsgewährung zu sehen. Dem ist der BGH entgegengetreten: Maßgebliches Kriterium für eine Strafbarkeit sei das Vorliegen einer (gelockerten) Unrechtsvereinbarung, die sowohl für die Strafbarkeit nach §§ 299 ff. StGB als auch nach §§ 331 ff. StGB Voraussetzung ist. Die hier entwickelten Grundsätze zu einer indizienbasierenden Lösung sind sinngemäß auch auf sonstige Zuwendungen iRd Sponsorings anwendbar. Hospitality und Sponsoring sind nach zutr. Ansicht nicht trennscharf voneinander zu unterscheiden, so dass es nicht sachgerecht ist, zwischen grds. erlaubtem Sponsoring und einem strafrechtlich problematischer Hospitality zu differenzieren.[589]

[581] BGHSt 49, 275 (294).
[582] MüKoStGB/*Dierlamm* § 266 Rn. 266. *Saliger* FS Kühne, 2013, 443 (444).
[583] Schönke/Schröder/*Heine/Eisele* StGB § 331 Rn. 45.
[584] Zu den steuerrechtlichen Problemen, die ebenfalls zu einer erheblichen Rechtsunsicherheit und zu Strafbarkeitsrisiken (§ 370 AO) führen, s. zB Hauschka Corporate Compliance/*Besch/Starck* § 33 Rn. 62 ff.
[585] *Saliger* FS Kühne, 2013, 443 (444).
[586] Hauschka Corporate Compliance/*Kopp* § 10 Rn. 50.
[587] Hierzu s. nur *Jahn* JuS 2009, 176; *Trüg* NJW 2009, 196; *Valerius* GA 2010, 211.
[588] LG Karlsruhe NStZ 2008, 407 mAnm *Paster/Sättele* NStZ 2008, 366; *Greeve* CCZ 2008, 117; sa *Schünemann* FS Otto, 2007, 777 (793 ff.).
[589] Zutr. *Saliger* FS Kühne, 2013, 443 (449); anders *Trüg* NJW 2009, 198; *Kuhlen* JR 2010, 154.

Davon, dass Einladungen iRv Hospitality generell als sozialadäquat anzusehen sind, kann **276** nach dem Urteil des BGH nicht ausgegangen werden.[590] Nicht tatbestandsmäßig sind jedoch sozialadäquate Zuwendungen, was insbes. bei Geringwertigkeit in Betracht kommt (→ Rn. 237). In den seltensten Fällen werden die Einladungen jedoch so geringwertig sein, dass sie schon deshalb als sozialadäquat anzusehen sind.

In den verbleibenden Fällen ist nach Ansicht des BGH das Vorliegen einer gelockerten **277** Unrechtsvereinbarung als Voraussetzung der §§ 331, 333 StGB anhand von **Indizien** in einer **Gesamtschau** zu prüfen. Dabei ist von besonderer Bedeutung, ob die Einladung des Amtsträgers allein der Dienstausübung in Form der Repräsentation zu dienen bestimmt ist.[591] Zu berücksichtigen sind bei der erforderlichen Gesamtschau insbes. folgende Umstände:

- Person und Stellung des Amtsträgers (je bedeutender die Stellung, desto eher kommt die Annahme bloßer Repräsentation in Betracht),
- Beziehung des Vorteilsgebers (einladender Sponsor) zu den dienstlichen Aufgaben des Amtsträgers (etwa Beschaffungsfragen),
- Plausibilität einer anderen Zielsetzung als der Beeinflussung (etwa langjährige Freundschaft),
- Vorgehensweise bei dem Angebot, dem Gewähren und Versprechen von Vorteilen, insbes. Heimlichkeit oder Transparenz,[592]
- Art, Wert und Zahl solcher Vorteile unter Berücksichtigung der individuellen Wertschätzung,
- Vorliegen einer wirksamen Genehmigung.

Im Hinblick auf die strengeren Voraussetzungen der §§ 331 ff. StGB sollte bei der **Einla-** **278** **dung von Amtsträgern** besonders genau geprüft werden, ob hier nicht eine strafbare Vorteilsgewährung vorliegt, da bereits der böse Anschein der Käuflichkeit genügt. Bis auf Ausnahmefälle sollte deshalb besser auf die Einladung von Amtsträgern verzichtet werden, soweit es sich nicht um rein fachbezogene Veranstaltungen handelt.[593] Ist die Einladung eines Amtsträgers zu einem vom Unternehmen gesponserten Event unumgänglich, sollte der Eingeladene gebeten werden, vorher die Genehmigung seines Vorgesetzten gem. §§ 331 Abs. 3, 333 Abs. 3 StGB einzuholen.[594]

Diese Kriterien lassen sich sinngemäß auf **§§ 299 ff. StGB** übertragen, da auch hier das **279** Vorliegen einer Unrechtsvereinbarung Tatbestandsvoraussetzung ist. Allerdings ist hier das Strafbarkeitsrisiko etwas geringer. Indizien für das Vorliegen einer Unrechtsvereinbarung[595] sind insbes.:

- Person und Stellung des Beauftragten oder Angestellten des Geschäftspartners im Unternehmen/Verband,
- Zeitliche Nähe der Zuwendung zu Geschäftsabschlüssen,
- Vorgehensweise bei dem Angebot, dem Gewähren und Versprechen von Vorteilen, insbes. Transparenz,
- Anlass der Vorteilsgewährung (Einladung),
- Art, Wert und Zahl der Vorteile (Einladungen),
- Vorhandensein von Interessenkonflikten.

---

[590] Dagegen sieht die Guidance zum UK Bribery Act 2010 (→ Rn. 73) die Einladung von Geschäftspartnern weitgehend als straflos an (s. *Acker/Ehling* BB 2012, 2517). Teilw. wird auch hierzulande eine teleologische Reduktion der §§ 331 ff. StGB gefordert, da das Sponsoring von Städten und Gemeinden grds. nicht unlauter sei (Satzger/Schluckebier/Widmaier/*Rosenau* StGB § 331 Rn. 43). Wie das Merkmal der Unrechtsvereinbarung dann normativ zu korrigieren wäre, ist bisher noch nicht geklärt.

[591] *Peters* ZWH 2012, 262 (265). Allerdings ist gerade oft zweifelhaft, ob der Amtsträger aus Anlass einer Fachentscheidung oder zu Repräsentationszwecken eingeladen wird (*Saliger* FS Kühne, 2013, 443 (456)).

[592] S. aber auch *Richter* NJW-Spezial 2011, 568: „Transparenz kein Allheilmittel". Transparenz führt aber zumindest zu einer Entlastung in subjektiver Hinsicht (*Peters* ZWH 2102, 262 (266)).

[593] *Acker/Ehling* BB 2012, 2517 (2521); *Peters* ZWH 2012, 262 (267f.).

[594] Formulierungsvorschläge für Genehmigungsvorbehalte finden sich zB in dem S20-Leitfaden (abrufbar unter www.s20.eu/leitfaden_d_250711.pdfx) S. 10ff.

[595] *Acker/Ehling* BB 2012, 2517 (2518ff.).

280 Wenn im Einzelfall eine Entscheidung über eine Einladung ansteht oder eine entsprechende Compliance-Richtlinie entworfen wird, empfiehlt sich die Beachtung folgender Punkte:[596]

- Einladung nur transparent und offen auf Firmenpapier im Namen des handelnden Organs und an die Dienst- bzw. Geschäftsadresse des Adressaten nach Möglichkeit unter Verwendung eines Sponsoren-Logos,
- Geschäftsüblichkeit und Angemessenheit der Einladung (ggf. Kostenbeteiligung),
- Vermeidung zeitlicher Nähe der Einladung zu einer ausstehenden Entscheidung,
- Teilnahme des Einladenden an der Veranstaltung,
- weitgehender Verzicht der Einladung „fachfremder" Begleitpersonen (es sei denn, dies ist ausnahmsweise üblich und angemessen),
- Verzicht auf Veranstaltungen mit primärem Freizeitcharakter („Lustreisen"),
- aussagekräftige Beschreibung der Veranstaltung,
- Einbettung der Einladung in ein „qualifiziertes" transparentes Sponsoringkonzept, das die objektiven Ziele des (Einladungs-)Sponsorings (Repräsentation, Werbung, Kommunikation) aufzeigt,[597]
- Dokumentation zu den Eingeladenen und dem Zweck der Einladung.

281 Als **Hilfestellung** können von verschiedenen Organisationen herausgegebene **Leitfäden** dienen:

- Arbeitskreis Corporate Compliance – „Kodex zur Abgrenzung von legaler Kundenpflege und Korruption", 2010,[598]
- Sponsorenvereinigung „S20 – The Sponsors' Voice" eV (gemeinsam mit dem BMI und dem Deutschen Olympischen Sportbund) – Leitfaden „Hospitality und Strafrecht" (S20-Leitfaden), 2011,[599]
- International Chamber of Commerce – Richtlinien zum Umgang mit Geschenken und Einladungen (ICC Guidelines on Gifts and Hospitality), 2014,[600]
- Initiativkreis Korruption/Wirtschaft – Fragen-/Antwortenkatalog zum Thema Annahme von Belohnungen, Geschenken und sonstigen Vorteilen, 2011,[601]
- Deutsches Global Compact Netzwerk und Deutsches Institut für Compliance eV –„Korruptionsprävention – Ein Leitfaden für Unternehmen", 2014,[602]
- Gesamtverband der Deutschen Versicherungswirtschaft eV (GDV) – Unverbindliche Orientierungshilfe zur strafrechtlichen Beurteilung von Einladungen und Geschenken gegenüber Geschäftspartnern und Amtsträgern, 2013.[603]

282 Allerdings können und wollen diese Leitfäden die Prüfung im Einzelfall nicht ersetzen.[604] Auch sind die Ermittlungsbehörden und Strafgerichte nicht an diese gebunden. So wird zB bzgl. des S20-Leitfadens zu Recht davon abgeraten, „angesichts der partiell weiten und Hospitality-freundlichen Auslegung des Leitfadens [...] ohne entsprechende Beratung und

---

[596] *Acker/Ehling* BB 2012, 2517 (2522), *Peters* ZWH 2012, 262 (268).

[597] Diesen Aspekt hebt *Saliger* FS Kühne, 2013, 443 (458) besonders hervor.

[598] Abrufbar unter http://www.ihk-koeln.de/upload/Kodex_Arbeitskreis_Corporate_Compliance_2010_11767.pdf (zuletzt abgerufen am 11.1.2017).

[599] Deutsche Fassung abrufbar unter: www.s20.eu/leitfaden_d_250711.pdfx); englische Fassung abrufbar unter: www.s20.eu/guidelines.aspx; hierzu zB *Hugger* CCZ 2012, 65, *Peters* ZWH 2012, 262 (zuletzt abgerufen am 11.1.2017).

[600] Abrufbar unter http://www.iccwbo.org/Advocacy-Codes-and-Rules/Document-centre/2014/ICC-Guidelines-on-Gifts-and-Hospitality (zuletzt abgerufen am 11.1.2017).

[601] Abrufbar unter http://www.bmi.bund.de/SharedDocs/Downloads/DE/Themen/OED_Verwaltung/Korruption_Sponsoring/initiativkreis_korruptionspraevention.pdf?__blob=publicationFile (zuletzt abgerufen am 11.1.2017).

[602] Abrufbar unter https://www.globalcompact.de/wAssets/docs/Korruptionspraevention/korruptionspraevention_ein_leitfaden_fuer_unternehmen.pdf (zuletzt abgerufen am 11.1.2017).

[603] Abrufbar unter http://www.gdv.de/wp-content/uploads/2013/08/GDV-Orientierungshilfe-Geschaeftsverkehr-Strafrecht-2013.pdf (zuletzt abgerufen am 11.1.2017).

[604] *Hugger* CCZ 2012, 65 (66); sa Einleitung S20-Leitfaden S. 4.

ggf. Abstimmung mit den Ermittlungsbehörden allein auf den Leitfaden zu vertrauen".[605] Denn bereits ein Anfangsverdacht ist ausreichend, um zT für Wirtschaftsverbände weitreichende strafprozessuale Zwangsmaßnahmen einzuleiten[606]. Deshalb heißen, wie *Peters* aus Sicht der Ermittlungsbehörden schreibt, „die Gebote der Stunde Vorsicht und Transparenz".[607]

V. Strafrechtliche Enthaftung

Wie dargestellt, bestehen erhebliche Sanktionsrisiken gerade für Leitungspersonen in **283** Wirtschaftsverbänden. Es besteht deshalb Anlass, sich präventiv rechtlich beraten zu lassen. Dies kann anlassbezogen sein, etwa weil geklärt werden soll, ob eine bestimmte Verhaltensweise (etwa die Einladung eines konkreten Amtsträgers) strafbar ist. Die Beratung kann aber auch ohne konkreten Anlass erfolgen, um bestimmte Fragestellungen abstrakt und generell abzuklären, was zB iRd Errichtung von Criminal Compliance-Systemen häufig der Fall sein wird. Wenn sich die Leitungspersonen präventiv rechtlich beraten lassen, haben sie ein durchaus nachvollziehbares Interesse, dass in der Folge die strafrechtliche/bußgeldrechtliche Verantwortlichkeit ausgeschlossen oder zumindest minimiert wird. Sofern aufgrund der rechtlichen Beratung und deren Umsetzung etwa iRv Criminal Compliance keine Straftaten oder Ordnungswidrigkeiten im Wirtschaftsverband begangen werden, können selbstverständlich auch die Leitungspersonen nicht nach dem StGB oder dem OWiG zur Verantwortung gezogen werden. Werden trotz der juristischen Beratung Straftaten oder Ordnungswidrigkeiten begangen, kann sich dies in verschiedener Weise entlastend auswirken:[608]

- Eine juristische Präventivberatung kann zu einer Enthaftung nach den Grundsätzen des **unvermeidbaren Verbotsirrtums** (§ 17 StGB, § 11 Abs. 2 OWiG) führen. Voraussetzung ist allerdings, dass der Rechtsberater verlässlich ist, also sachkundig und persönlich zuverlässig.
- Auch kann die Implementierung eines Criminal Compliance-Systems zur **Ablehnung einer Aufsichtspflichtverletzung** nach § 130 OWiG führen, wenn es sich ersichtlich um einen „Ausreißer" handelt.

---

[605] *Peters* ZWH 2012, 262 (262).
[606] *Peters* ZWH 2012, 262.
[607] *Peters* ZWH 2012, 262 (267).
[608] Ausf. hierzu *Kudlich/Wittig* ZWH 2013, 253 (303).

§ 8. Zivilrechtliche Compliance-Verantwortung bei Marketing und Öffentlichkeitsarbeit

Literatur:

Braun, Social Media Nutzung – Eine Herausforderung (auch) für Unternehmen, NJ 2013, 104; *Brinkert/ Stolze/Heinrich,* Der Tod und das soziale Netzwerk – Digitaler Nachlass in Theorie und Praxis, ZD 2013, 154; *Brouwer,* Compliance im Wirtschaftsverband, CCZ 2009, 161; *Dauner-Lieb/Langen,* BGB, Band 2/1 und 2/2, Schuldrecht, 3. Aufl. 2016; *Dreier/Schulze,* Urheberrechtsgesetz, 5. Aufl. 2015; *Fezer,* Markenrecht, 4. Aufl. 2009; *Findeisen,* Die Sorgfaltspflicht des Erwerbers beim Unternehmenskauf, BB 2015, 2700; *Gersdorf/Paal,* Beck'scher Kommentar Informations- und Medienrecht, 12. Ed. 2016; *Glöckner/Kur,* Geschäftliche Handlungen im Internet – Herausforderungen für das Marken- und Lauterkeitsrecht, GRUR-Beilage 2014, 29; *Harte-Bavendamm/Henning-Bodewig,* UWG, 4. Aufl. 2016; *Hasselblatt,* MAH Gewerblicher Rechtsschutz, 4. Aufl. 2012; *Hauschka/Moosmayer/Lösler,* Corporate Compliance, 3. Aufl. 2016; *Hoeren/Sieber/ Holznagel,* Handbuch Mutlimedia-Recht, 43. EL 2016; *Ingerl/Rohnke,* Markengesetz, 3. Auf. 2010; *Koch,* Ausgewählte Themen der IP-Compliance, CCZ 2010, 70; *Köhler/Bornkamm,* Gesetz gegen den unlauteren Wettbewerb UWG, 34. Aufl. 2016; *Kur/v. Bomhard/Albrecht,* Beck'scher Online-Kommentar zum Markenrecht, 6. Ed.; *Lexa/Hammer,* Social Media Guidelines – Sichere Kommunikation in den sozialen Medien, CCZ 2014, 45; *Möhring/Nicolini,* Urheberrechtsgesetz, 2. Aufl. 2000; Münchner Kommentar zum BGB, 7. Aufl. 2015; Münchner Kommentar zum Lauterkeitsrecht, 2. Auf. 2014; *Nave/Bonenberger,* Korruptionsaffären, Corporate Compliance und Sofortmaßnahmen für den Krisenfall, BB 2008, 734; *Ohly/Sosnitza,* Gesetz gegen den unlauteren Wettbewerb, 7. Aufl. 2016; *Schlenk,* Quo vadis Gebrauchsmusterrecht, GRUR 1985, 755; *Schönewald,* Die rechtliche Zulässigkeit von Fanfoto-Diensten bei Sport- und Musikveranstaltungen ZUM 2013, 862; *Schrey/Krupna,* Softwarelizenzmanagement – Ein unterschätztes Compliance-Risiko, CCZ 2012, 141; *Spindler/Schuster,* Recht der elektronischen Medien, 3. Aufl. 2015; *Ulmer-Eilfort/Obergfell,* Verlagsrecht, 1. Aufl. 2013; *Umnuß,* Corporate Compliance Checkliste, 2. Aufl. 2012; *Wandtke/Bullinger,* Praxiskommentar zum Urheberrecht, 4. Aufl. 2014

A. Einleitung

1 Eine koordinierte PR- und Öffentlichkeitsarbeit sowie strukturierte Marketingaktivitäten gehören auch bei Wirtschaftsverbänden zum unverzichtbaren Tagesgeschäft. Die öffentliche Wahrnehmbarkeit eines Verbandes und der von ihm vertretenen Positionen hat idR einen unmittelbaren Einfluss auf seine Relevanz und Bedeutung etwa für Entscheidungsträger und mediale Multiplikatoren. Zudem besteht gerade im Hinblick auf Marktteilnehmer und interessierte Unternehmen ein kausaler Zusammenhang mit Blick auf den Erfolg von Maßnahmen der Mitgliederwerbung.

2 Vor diesem Hintergrund ist die Außendarstellung eines Wirtschaftsverbandes folglich in mehrfacher Hinsicht von Bedeutung: Zum einen iSd Schaffung von Wahrnehmung durch relevante Dritte, zum anderen im Hinblick auf die zielgruppenadressierte Ansprache bereits bestehender oder potentieller Mitglieder, die ihre Interessen von dem entsprechenden Wirtschaftsverband wahrgenommen sehen wollen. Häufig besteht insoweit eine Wechselwirkung zwischen der Mitgliedsstärke eines Verbandes und seiner öffentlichen Relevanz; nicht zuletzt leisten Mitgliedsbeiträge einen nennenswerten Finanzierungsbeitrag für die Verbandsarbeit, der wiederum für Maßnahmen der PR- und Öffentlichkeitsarbeit sowie das Marketing eines Wirtschaftsverbandes benötigt wird. Dies gilt va dann, wenn sich ein Wirtschaftsverband in einem kompetitiven Umfeld konkurrierender Interessenverbände bewegt und seine Position und öffentliche Relevanz gerade auch durch aktive Medien- und sonstige Öffentlichkeitsarbeit zu stärken hat.

3 Maßnahmen eines Wirtschaftsverbandes im Hinblick auf die öffentliche Außendarstellung und die Mitgliederwerbung stellen PR-, Werbe-, Marketing- und Vertriebsmaßnahmen dar, die durch ihre Ausgestaltung in Form und Inhalt gegen gesetzliche Vorschriften verstoßen können.[1] Gleiches gilt für sonstige Veröffentlichungen iRd Öffentlichkeitsarbeit und des Marketings, die unter Einsatz vielfältiger analoger oder digitaler Medien (zunehmend crossmedial und/oder über soziale Netzwerke) öffentlich bereitgestellt und verbrei-

---

[1] Hauschka Corporate Compliance/*Reiling* § 18 Rn. 1.

tet werden. Hieraus ergeben sich potentielle Haftungsrisiken für Wirtschaftsverbände, die frühzeitig zu identifizieren und durch geeignete organisatorische und strukturelle Maßnahmen zu begrenzen sind.

4 Umgekehrt entspricht es dem Interesse eines Wirtschaftsverbandes, mit eigenen (geschützten) Rechtspositionen sowie Know-how nicht zuletzt aufgrund von deren vermögensrechtlicher Bedeutung sorgsam umzugehen und diesbezüglich ein effektives Schutzrechtsmanagement zu etablieren.[2] Auch können zur Abwehr von Schäden rechtswidrige und/oder herabsetzende Äußerungen und Veröffentlichungen Dritter, die Rechte des Wirtschaftsverbandes und seinen sozialen Geltungsanspruch verletzen, abzuwehren sein.

5 Die Leitung eines Wirtschaftsverbandes ist zur „Organisation von Legalität im Unternehmen"[3] in diesem Zusammenhang dazu verpflichtet, für die Einhaltung von Recht und Gesetz zu sorgen, um Schäden abzuwenden.[4] Denn bei einer Verletzung entsprechender Leitungspflichten kann iRd Öffentlichkeitsarbeit sowie des Marketings eines Wirtschaftsverbandes nicht nur eine zivil-[5] und/oder strafrechtliche[6] Haftung drohen; auch können Verstöße gegen öffentlich-rechtliche Bestimmungen aufsichtsrechtliche Maßnahmen wie etwa Untersagungsverfügungen oder gar Bußgelder[7] nach sich ziehen. Gerade für Wirtschaftsverbände spielt insoweit auch der mit einer öffentlichen Diskussion über Verstöße gegen rechtliche und/oder ethische Grundsätze möglicherweise verbundene Image- und Reputationsschaden eine nicht zu unterschätzende Rolle.[8]

6 Es ist insofern insbes. Aufgabe der Verbandsleitung, im Zusammenwirken mit den relevanten Fachabteilungen und ihren Verantwortlichen wie etwa für Medien/Kommunikation, IT, Marketing und Vertrieb, Mitgliederwerbung und Recht entsprechende Risikobereiche innerhalb des Wirtschaftsverbandes nach einer Analyse des Status quo frühzeitig zu identifizieren sowie darauf aufbauend ein abgestimmtes und effektives Compliance-Konzept einzuführen, welches gewährleistet, dass wirtschaftliche Risiken bestmöglich vermieden und unmittelbaren und mittelbaren Schäden in Form etwa von berechtigten Unterlassungsansprüchen, Schadensersatzzahlungen, Bußgeldern oder Reputationsschäden vorgebeugt wird.[9]

7 Im Hinblick auf die nach außen wirkende Darstellung durch Veröffentlichungen sowie die Mitgliederwerbung eines Wirtschaftsverbandes spielen unter zivilrechtlichen Gesichtspunkten insbes. Rechtsgebiete wie der gewerbliche Rechtsschutz, das Urheberrecht, das Bildnis- und Äußerungsrecht sowie das Recht des unlauteren Wettbewerbs eine wichtige Rolle. Insbes. bei digitalen Veröffentlichungen (häufig nicht nur über eigene Telemedien wie die Verbandshomepage oder ähnliche Angebote, sondern über international agierende Plattformanbieter wie Twitter, YouTube oder Facebook als Intermediäre) sind zudem bereichsspezifische Regelungen wie etwa jene des Telemedienrechts zu beachten.[10]

B. Gewerbliche Schutzrechte und Urheberrecht

8 Bei allen Aktivitäten und Maßnahmen eines Wirtschaftsverbandes mit Außenwirkung, insbes. also iRd Öffentlichkeitsarbeit und des Marketings, ist die Verletzung von (Schutz-) Rechten Dritter im Rahmen entsprechender Veröffentlichungen zu vermeiden. Insbes. iRv (werblichen) Publikationen, Pressemitteilungen und/oder öffentlichen Stellungnahmen eines Wirtschaftsverbandes, seiner Organe, seiner Mitarbeiter oder seiner Gremien

---

[2] *Koch* CCZ 2010, 70.
[3] *Campos Nave/Bonenberger,* BB 2008, S. 734 ff.
[4] → § 3 Rn. 1 ff.
[5] Vgl. zB etwa §§ 97 ff. UrhG, §§ 14 ff. MarkenG, §§ 8 ff. UWG, §§ 139 PatentG.
[6] Vgl. zB etwa §§ 106 ff. UrhG, § 33 KUG, §§ 143 ff. MarkenG, §§ 16 ff, UWG, § 142 PatentG.
[7] Vgl. zB etwa § 111a UrhG, § 145 MarkenG, § 20 UWG, § 16 TMG.
[8] So auch Hauschka Corporate Compliance/*Reiling* § 18 Rn. 7.
[9] *Brouwer* CCZ 2009, 161 (162).
[10] Zu den in diesem Zusammenhang ebenfalls relevanten Rechtsbereichen des Datenschutzrechts sowie des Kartellrechts → § 5 Rn. 1 ff. und → § 11 Rn. 1 ff.).

und Mitglieder besteht insoweit das grds. Risiko, dass durch Form und/oder Inhalt derartiger Veröffentlichungen entsprechende Rechte Dritter beeinträchtigt werden. Tritt eine solche Verletzung ein, drohen nicht nur die Geltendmachung etwa von Unterlassungs- und Schadensersatzansprüchen durch die Betroffenen einer solchen Veröffentlichung, sondern auch fortwirkende Reputationsschäden.

Von der anderen Seite aus betrachtet hat ein Wirtschaftsverband bei der Strukturierung **9** seiner Verbandstätigkeit aber auch zu berücksichtigen, dass selbst oder im Wege der Beauftragung Dritter geschaffene gewerbliche Schutzrechte und Urheberrechte im relevanten Umfang vermögenswerte Positionen[11] des Wirtschaftsverbandes darstellen können. Soweit im Rahmen seiner Tätigkeit folglich Leistungen bzw. Inhalte geschaffen werden, die einem (sonder-)rechtlichen Schutz zugänglich sind und ggf. sogar gegenüber Mitgliedern und/oder sonstigen Dritten vermarktet werden können, besteht ein begründetes Interesse des Wirtschaftsverbandes daran, entsprechende Schutzrechte (häufig auch „IP-Rechte" genannt) frühzeitig als Vermögenswerte zu identifizieren und geeignete Schutzrechtsstrategien zu entwickeln sowie zur Absicherung der Rechtspositionen umzusetzen. Denn neben der Abwehr von Risiken ist auch der effektive Schutz eigener Rechtspositionen Aufgabe der Leitung eines Wirtschaftsverbandes.

I. Relevante Schutzrechte

Im Hinblick auf Rechtspositionen, die durch den gewerblichen Rechtschutz und/oder **10** das Urheberrecht vermittelt werden, spielen in der überwiegenden Praxis von Wirtschaftsverbänden nur einige wenige, allerdings relevante Schutzrechte eine tatsächliche Rolle. Während in der unternehmerischen Praxis Patente, Gebrauchsmuster und Designs als markt- und produktrelevante Monopolrechte oft eine sehr ausgeprägte Bedeutung haben, gilt dies für Wirtschaftsverbände nur ausnahmsweise; gleiches gilt, ggf. in abgeschwächter Form, für Aspekte des Know-how-Schutzes. Ausnahmen können allerdings immer dort vorliegen, wo Wirtschaftsverbände und/oder deren Gremien bzw. Arbeitsgruppen zB aktiv und unter Einsatz eigener Mittel an der Entwicklung von technischen Branchenstandards mitwirken oder von Dritten vertraglich dazu in die Lage versetzt worden sind, über entsprechende Schutzrechte (etwa treuhänderisch oder im Namen aller Mitglieder) zu verfügen. Generell eine deutlich höhere Bedeutung für die Praxis der meisten Wirtschaftsverbände iRd Öffentlichkeitsarbeit und des Marketings haben hingegen das Kennzeichenrecht und das Urheberrecht, da eigene und fremde Marken in der Außendarstellung ebenso häufig Verwendung finden wie eigenständig oder durch Dritte zur Veröffentlichung geschaffene Inhalte.

Im Bereich der gewerblichen Schutzrechte und des Urheberrechts gilt im Kollisionsfall **11** grds. das Prioritätsprinzip. Dies bedeutet, dass bei kollidierenden Rechten in aller Regel das Recht mit dem früheren Zeitrang Vorrang beanspruchen kann.[12] Daraus ergibt sich die Notwendigkeit, dass vor Aufnahme einer Rechtsausübung immer zu prüfen ist, ob diese ggf. ältere oder bessere Rechte Dritter beeinträchtigt. Dies umso mehr, da sich gewerbliche Schutzrechte und auch das Urheberrecht durch die Exklusivität der gewährten Rechtsposition auszeichnen.[13] Das jeweilige Recht ist, in ganz unterschiedlichen Ausprägungen, ausschließlich und steht allein dem Inhaber zu bzw. kann nur von diesem ausgeübt werden.[14]

Unabhängig von der Frage, ob ein eigenes Recht begründet worden ist, stellt die un- **12** berechtigte Nutzung von prioritären Rechten Dritter in aller Regel eine Rechtsverletzung dar. Hinzu kommt, dass etwa im Bereich des Urheberrechts ein gutgläubiger Er-

---

[11] *Koch* CCZ 2010, 70; idS auch *Findeisen* BB 2015, 2700.
[12] Hauschka Corporate Compliance/*Hasselblatt* § 1 Rn. 53.
[13] Vgl. etwa § 9 PatentG, § 11 Abs. 1 GebrauchsmusterG, § 14 Abs. 1 MarkenG für den Markenschutz, § 15 Abs. 1 MarkenG für den Schutz geschäftlicher Bezeichnungen, § 15 Abs. 1, Abs. 2 UrhG.
[14] MAH GewRS/*Hasselblatt* § 1 Rn. 34.

werb von Nutzungsrechten ausscheidet.[15] Der gutgläubige Erwerb von (angeblichen) Nutzungsrechten Dritter (etwa Agenturen, freien Mitarbeitern, Redaktionsbüros oder frei abrufbaren Quellen im Internet) schützt iErg nicht davor, dass ggf. vom tatsächlichen Rechteinhaber Unterlassungs- und/oder Schadensersatzansprüche wegen der Nutzung der für ihn geschützten Inhalte geltend gemacht werden.

13   IRd Schaffung von Compliance-Strukturen ist daher sicherzustellen, dass eine Verletzung von Schutzrechten Dritter durch die Verbandstätigkeit effektiv vermieden wird.[16] Die objektive Verletzung fremder IP-Rechte kann Unterlassungsansprüche und die Gefahr von kostenpflichtigen Abmahnungen durch die Rechteinhaber auslösen; auch Schadensersatzansprüche sind bei Vorsatz oder Fahrlässigkeit denkbar. In der Praxis bestehen deshalb hohe Anforderungen im Hinblick auf die Prüfung und Klärung von potentiellen Rechten Dritter durch entsprechende Recherchen vor Aufnahme einer Nutzungshandlung etwa in Form einer Veröffentlichung. Derartige Recherchen können aufwändig und kompliziert sein, sie sind jedoch unverzichtbar. So geht die Rspr. regelmäßig davon aus, dass das Unterlassen einer Schutzrechtsrecherche einen Fahrlässigkeitsvorwurf begründet.[17]

1. Kennzeichenrechte

14 Der Name als Kennzeichen eines Wirtschaftsverbandes und auch die schlagwortartige Kennzeichnung einer dem Wirtschaftsverband zuzurechnenden Initiative, Kampagne und/oder Veranstaltungsreihe etwa durch eine Abkürzung oder ein markantes Logo haben in der Außendarstellung als unterscheidungskräftiger Herkunftshinweis eine besondere Bedeutung für die Identifizierbarkeit und den Wiedererkennungseffekt bei den angesprochenen Verkehrskreisen. Dies ist sowohl im Hinblick auf die vorgesehene Nutzung entsprechender Kennzeichnungen durch den Wirtschaftsverband selbst zu berücksichtigen, als auch bei der ggf. haftungsbegründenden Nutzung identischer und/oder zumindest ähnlicher Kennzeichen iRd Öffentlichkeitsarbeit und des Marketings, für die zugunsten Dritter ältere oder bessere Rechte bestehen.

15   Öffentliche Kennzeichnungen eines Wirtschaftsverbandes oder seiner einzelnen Initiativen, Kampagnen oder sonstigen Angebote können je nach deren Relevanz und Bekanntheit als materielle Vermögensgüter nicht nur zur Wahrnehmung des Wirtschaftsverbandes beitragen, sondern zudem einen erheblichen Vermögenswert darstellen, den es iSd Verbandes zu schützen und zu erhalten gilt.

16 **a) Namensrechte.** Der Name eines Wirtschaftsverbandes ist wie der Name anderer natürlicher oder juristischer Personen des Privatrechts nach § 12 BGB geschützt.[18] Das Namensrecht ist ein absolutes, subjektives Recht. Der Name dient als äußeres Kennzeichen einer juristischen Person zur Unterscheidung von anderen.[19] Geschützt ist hierbei jeweils der volle Name eines eingetragenen Vereins, also der nach § 57 BGB in der Vereinssatzung bestimmte und nach § 65 BGB mit dem Zusatz „eV" geführte, im Vereinsregister gem. § 64 BGB eingetragene Vereinsname.[20]

17   § 12 BGB schützt Namen in ihrer Funktion als Identitätsbezeichnung des berechtigten Namensträgers. Eine Verletzung des Namensrechts kann durch Namensbestreitung oder durch unberechtigte Namensanmaßung eintreten. Eine Verletzung liegt immer dann vor, wenn ein Dritter einen Namen unbefugt gebraucht und hierdurch eine Zuordnungsverwirrung auslöst.[21] Wird das Recht eines anderen zum Namensgebrauch ausdrücklich oder konkludent in Frage gestellt bzw. durch unbefugten, also rechtswidrigen, Gebrauch des

---

[15] BGH GRUR 1959, 200 (203).
[16] *Koch* CCZ 2010, 70 (71).
[17] BGH GRUR 1970, 87 (89); Fezer MarkenR § 14 Rn. 1019 ff.
[18] MüKoBGB/*Säcker* BGB § 12 Rn. 18; BGH GRUR 2012, 538.
[19] BVerwG NJW 87, 2454.
[20] MüKoBGB/*Säcker* BGB § 12 Rn. 21.
[21] MüKoBGB/*Säcker* BGB § 12 Rn. 96.

gleichen Namens eine namensmäßige Zuordnungsverwirkung geschaffen, die mit der Verletzung schutzwürdiger Interessen des Berechtigten einhergeht, sind Ansprüche des Verletzten (also des berechtigten Namensträgers) auf Beseitigung, Unterlassung und uU auch Schadensersatz denkbar.[22]

Sowohl bei der Wahl des eigenen Verbandsnamens als auch bei dem Gebrauch der Na- **18** men anderer natürlicher oder juristischer Personen etwa bei Einträgen in das Vereins- oder Handelsregister, bei der Anmeldung einer Marke oder einer sonstigen namensmäßigen Nutzung ist insoweit zur Vermeidung von Ansprüchen Dritter dafür Sorge zu tragen, dass eine Zuordnungsverwirkung nicht eintritt und entsprechende (bessere oder ältere) Rechte Dritter vollumfänglich beachtet werden. Dies erfordert im Hinblick auf namensmäßige Rechte Dritte eine vorherige Identitäts- und Ähnlichkeitsrecherche.

Der Name eines Wirtschaftsverbandes kann zudem in wettbewerbsrechtlicher Hinsicht **19** eine Verwechslungsgefahr und/oder Irreführung begründen, die nach den Vorgaben des Wettbewerbsrechts unzulässig sein kann.[23] Auch dies gilt es zur Haftungsvermeidung im Vorfeld einer Namensgebung für den Verband bzw. seine Initiativen, Kampagnen und sonstigen Angebote zu berücksichtigen.

b) Markenrechte. Rechtliche Vorgaben betreffend den Schutz und die Nutzung von **20** Marken und sog geschäftlichen Bezeichnungen iSv § 1 MarkenG enthält in Deutschland das MarkenG. Für die Anwendung des MarkenG ist die Entwicklung der Rspr. zur Unionsmarken-Verordnung (UMV) und der durch diese ersetzten Gemeinschaftsmarken-Verordnung (GMV) zu berücksichtigen, da diesbezüglich iSd mit der Richtlinie beabsichtigten Harmonisierung der nationalen Markenrechte in Europa eine Vereinheitlichung angestrebt wird.[24]

Als Marke können nach § 3 Abs. 1 MarkenG alle Zeichen, insbes. Wörter einschließ- **21** lich Personennamen, Abbildungen, Buchstaben, Zahlen, Hörzeichen, dreidimensionale Gestaltungen sowie sonstige Aufmachungen einschließlich Farben geschützt werden, sofern sie geeignet sind, Waren oder Dienstleistungen eines Unternehmens von denjenigen anderer Unternehmen zu unterscheiden.

Auch ein Wirtschaftsverband kann im Hinblick auf seinen Namen und die Kennzeich- **22** nung von ihm initiierter Initiativen, Kampagnen oder sonstiger Angebote (etwa Veranstaltungsreihen, Publikationstitel oder Dienstleistungsangebote für Mitglieder etc.) Inhaber von Marken sein und diesbezügliche Ausschließlichkeitsrechte erwerben. Er kann im Umkehrschluss jedoch auch ggf. vorbestehende Rechte Dritter durch die ungeprüfte Verwendung entsprechender Kennzeichen verletzen.

Der Schutz eines Kennzeichens als Marke entsteht zB durch die Eintragung des **23** Kennzeichens nach § 4 Nr. 1 MarkenG in das relevante Markenregister, bezogen auf markenrechtlichen Schutz in Deutschland beim Deutschen Patent- und Markenamt (DPMA).[25] Als Alternative bietet sich für Wirtschaftsverbände, die europaweit tätig sind, ua die Anmeldung einer sog Marke der Europäischen Union an, die beim Amt der Europäischen Union für Geistiges Eigentum (EUIPO) zu beantragen ist und die für den Fall ihrer Gewährung kennzeichenrechtlichen Schutz im Gebiet der Europäischen Union gewährt.[26]

Voraussetzung für die Gewährung von Markenschutz ist, dass einer Eintragung keine **24** absoluten Schutzhindernisse nach § 8 MarkenG entgegenstehen. Absolute Schutzhindernisse prüft das DPMA von Amts wegen. Hierbei wird insbes. geprüft, ob das angemeldete Kennzeichen grafisch darstellbar und damit nach § 8 Abs. 1 MarkenG eintragungsfähig ist

---

[22] MüKoBGB/*Säcker* BGB § 12 Rn. 152 ff.
[23] Vgl. hierzu die Ausführungen im Kapitel „Unlauterer Wettbewerb"; OLG Hamm Urt. v. 7.1.1992 – 4 U 161/90, BeckRS 2015, 05227.
[24] MAH GewRS/*Raab* § 36 Rn. 1.
[25] Nähere Informationen unter http://www.dpma.de/.
[26] Nähere Informationen unter https://euipo.europa.eu/ohimportal/de/home.

oder ob ein gem. § 8 Abs. 2 MarkenG abschließend aufgelistetes Schutzhindernis vorliegt. Absolute Schutzhindernisse iSv § 8 Abs. 2 MarkenG sind bspw. die fehlende Unterscheidungskraft eines Kennzeichens (§ 8 Abs. 2 Nr. 1 MarkenG), freihaltebedürftige beschreibende Angaben (§ 8 Abs. 2 Nr. 2 MarkenG) oder Zeichen, bei denen die ersichtliche Gefahr der Irreführung besteht (§ 8 Abs. 2 Nr. 4 MarkenG).

25   Von Bedeutung für die Verbandstätigkeit ist insbes., dass das DPMA bei der Eintragung die sog relativen Schutzhindernisse nach § 9 MarkenG, also etwaige ältere oder bessere Rechte Dritter an einem Kennzeichen, nicht von Amts wegen prüft; diesbezüglich ist der Anmelder selbst für eine Klärung der kennzeichenrechtlichen Situation verantwortlich. „Ältere Rechte" können angemeldete oder eingetragene Marken (§ 9 MarkenG), notorisch bekannte Marken (§ 10 MarkenG), Marken kraft Verkehrsgeltung oder geschäftliche Bezeichnungen (§ 12 MarkenG) sowie sonstige ältere Rechte (§ 13 MarkenG) sein. Dies macht deutlich, dass der Kreis potentiell im Konflikt befindlicher Kennzeichnungen sich nicht auf eingetragene Marken beschränkt.[27]

26   Kollisionen mit Rechten Dritter sind zudem nicht nur bei Identität der Kennzeichen (§ 9 Abs. 1 Nr. 1 MarkenG) denkbar, sondern insbes. auch bei Vorliegen von Verwechslungsgefahr (§ 9 Abs. 1 Nr. 2 MarkenG).[28] Der Begriff der Verwechslungsgefahr ist von dem Gedanken geleitet, dass die Interessen des Inhabers eines älteren Kennzeichenrechts unter bestimmten Umständen auch durch die Benutzung einer zwar nicht identischen, aber doch verwechselbar ähnlichen Marke, die für identische oder ähnliche Waren oder Dienstleistungen Schutz beansprucht, beeinträchtigt werden. Gleiches gilt für die Eintragung identischer Marken, bei denen der Schutz zwar nicht für identische, aber doch für ähnliche Waren oder Dienstleistungen beansprucht wird.[29]

27   Auch sonstige ältere Rechte, die keinen Schutz durch das MarkenG erfahren, kommen als zu berücksichtigende relative Schutzhindernisse in Betracht. Voraussetzung für eine Verwechslungsgefahr ist, dass ein solches älteres Recht besteht, das es seinem Inhaber erlaubt, die Benutzung eines prioritätsjüngeren Kennzeichens im gesamten Bundesgebiet zu untersagen. § 13 Abs. 2 MarkenG enthält insoweit eine nicht abschließende Aufzählung von „sonstigen älteren Rechten", wie etwa das Namensrecht nach § 12 BGB oder – dies insbes. relevant bei Bild- und Wort-/Bildmarken – das Urheberrecht.

28   Für die Praxis eines Wirtschaftsverbands bedeutet das, dass die Kennzeichnung des Verbandes bzw. die Kennzeichnung etwaiger Initiativen, Kampagnen oder sonstigen Angebote vor Aufnahme der entsprechenden Nutzung daraufhin zu untersuchen ist, ob und inwieweit die vorgesehenen Kennzeichnungen gegen ältere oder bessere Rechte Dritter verstoßen könnten. Dies ist nicht nur relevant für den Fall, dass eine eigene Markeneintragung der entsprechenden Kennzeichen beabsichtigt ist, sondern für jede Form der öffentlichen Benutzung. Denn bereits eine solche kann dazu führen, dass uU bei Identität oder Ähnlichkeit der Kennzeichen bzw. Identität oder Ähnlichkeit der mit dem Kennzeichen verbundenen Waren und Dienstleistungen eine Verwechslungsgefahr begründet wird. Dies kann jeweils Unterlassungs- und/oder Schadensersatzansprüche des berechtigten Kennzeicheninhabers nach sich ziehen.

29   Der Kennzeichenschutz erstreckt sich iÜ auch auf Bestandteile eines Kennzeichens (Abkürzungen), wenn diese selbst kennzeichnungsfähig sind. Dies hat für viele Wirtschaftsverbände, die mit Abkürzungen im Markt auftreten und unter diesen Abkürzungen bekannt sind, eine hohe Bedeutung. Die Unterscheidungskraft des Namensbestandteils setzt voraus, dass gerade der jeweilige Bestandteil geeignet ist, bei der Verwendung im Verkehr ohne weiteres als Hinweis auf den Wirtschaftsverband zu wirken bzw. als schlagwortartiger Hinweis verwendet zu werden.[30] Als entsprechendes Schlagwort kommen

---

[27] MAH GewRS/*Raab* § 36 Rn. 107.
[28] MAH GewRS/*Raab* § 36 Rn. 109 f.
[29] MAH GewRS/*Raab* § 36 Rn. 111 ff.
[30] So auch Ingerl/Rohnke, Rn. 24.

auch nicht aussprechbare Buchstabenfolgen in Betracht, die Bestandteil einer solchen Gesamtbezeichnung sind.[31]

Kennzeichenrechtliche Ansprüche bei Rechtsverletzungen können zB auf Beseitigung und Unterlassung,[32] auf Schadensersatz,[33] auf Vernichtung und Rückruf[34] sowie (vorbereitend) auf Auskunft[35] gerichtet sein. Gläubiger einer Markenverletzung und damit aktivlegitimiert ist der materiell-rechtliche Inhaber einer Marke bzw. einer geschäftlichen Bezeichnung.[36] Schuldner einer Markenverletzung und damit passivlegitimiert ist derjenige, der allein oder im Zusammenwirken mit anderen in adäquat-kausaler Weise den objektiven Tatbestand der markenrechtlichen Verbotshandlungen verwirklicht. Der Wirtschaftsverband kann diesbezüglich sowohl Gläubiger als auch Schuldner einer Kennzeichenrechtsverletzung sein. **30**

Im Hinblick auf die markenrechtlich relevante Verbotsvoraussetzung des Handelns im geschäftlichen Verkehr ist anerkannt, dass ein Idealverein sowohl mit seinen Mitgliedern als auch mit Dritten im geschäftlichen Verkehr stehen kann.[37] Zu den Aufgaben eines Wirtschaftsverbandes gehört es, die wirtschaftlichen Interessen der gewerblich tätigen Mitgliedsunternehmen zu vertreten und zu fördern; in diesem Zusammenhang handelt er bei der Erfüllung dieses Verbandszwecks im geschäftlichen Verkehr, sobald er sich mit seinen Mitgliedern oder Dritten in Verbindung setzt.[38] Ein Verband handelt ferner im geschäftlichen Verkehr, wenn er in der Öffentlichkeit Mitglieder wirbt und dadurch den wirtschaftlichen Wettbewerb der Mitglieder gegenüber Mitbewerbern fördert.[39] **31**

Im Fall einer Rechtsverletzung und der damit verbundenen Geltendmachung von Ansprüchen durch den Betroffenen drohen dem Wirtschaftsverband erhebliche wirtschaftliche Konsequenzen, da ggf. mit dem rechtswidrigen Kennzeichen versehene hochwertige Broschüren und Printmaterialien vernichtet und aufwändige bzw. ggf. medial bereits vorgestellte Kampagnen unter der angegriffenen Kennzeichnung nicht fortgeführt werden können. Dies kann neben den finanziellen Konsequenzen erhebliche Imageschäden nach sich ziehen. Auch insofern entspricht es dem Interesse und der rechtlichen Verpflichtung der Leitung eines Wirtschaftsverbandes, sich vor einer Nutzung von neuen Kennzeichen in der Verbandspraxis einen Überblick über etwaig prioritätsältere Rechte Dritter zu verschaffen und die hiermit verbundenen Risiken abzuwägen. **32**

Im Hinblick auf eigene Kennzeichnungen des Wirtschaftsverbandes, die als Marke oder Geschäftsbezeichnung genutzt werden oder künftig genutzt werden sollen, ist im Rahmen einer Schutzrechtsanalyse nach entsprechender Identifizierung zu prüfen, ob und inwieweit diesbezüglich ein eigenes Ausschließlichkeitsrecht durch markenrechtlichen Schutz zugunsten des Wirtschaftsverbandes erreicht werden kann. **33**

2. Patente, Gebrauchsmuster und Designs

Die Bedeutung von Patenten, Gebrauchsmustern und/oder Designs ist für den Wirtschaftsverband in der Praxis eher gering. Lediglich der Vollständigkeit halber soll im Hinblick auf diese gewerblichen Schutzrechte festgehalten werden, dass sie den Inhabern solcher Schutzrechte absolute Rechtspositionen vermitteln. Insoweit stellen sie für den Fall, dass entsprechende Schutzrechte innerhalb eines Wirtschaftsverbandes entstanden sind bzw. entstehen, vermögenswerte Positionen dar und sollten im Interesse des Wirtschaftsverbandes dokumentiert bzw. im Rahmen einer Schutzrechtsstrategie effektiv geschützt **34**

---

[31] OLG Köln MMR 2000, 161.
[32] §§ 14 Abs. 5, 15 Abs. 4 MarkenG.
[33] §§ 14 Abs. 6, 15 Abs. 5 MarkenG.
[34] § 18 MarkenG.
[35] § 19 MarkenG.
[36] BeckOK MarkenR/*Eckartt* MarkenG § 14 Rn. 597.
[37] BGH GRUR 1953, 446 (447); NJW 1962, 254; BGH NJW 1970, 378 (380).
[38] Fezer MarkenR § 14 Rn. 30.
[39] BGH GRUR 1968, 205 (207); 1972, 427 (428).

werden. Umgekehrt ist auch sicherzustellen, dass iRd Verbandstätigkeit entsprechende Rechte Dritter nicht verletzt werden.

35 Als Patent schutzfähig sind Erfindungen auf allen Gebieten der Technik, wobei Voraussetzung für die Patentierbarkeit nach § 1 Abs. 1 PatG die Neuheit, das Beruhen auf einer erfinderischen Tätigkeit und die gewerbliche Anwendbarkeit einer Erfindung sind. Weitere Anforderungen und Besonderheiten ergeben sich aus dem PatG; entsprechende iRd Verbandstätigkeit auftretende Fragestellungen eines Wirtschaftsverbandes sollten immer unter Hinzuziehung eines patentrechtlichen Experten geklärt werden.

36 Technische Erfindungen können nicht nur als Patent, sondern auch als Gebrauchsmuster („kleines Patent"[40]) nach dem GebrMG geschützt werden. Beim Gebrauchsmuster werden die sachlichen Schutzvoraussetzungen wie Neuheit und Erfindungshöhe zunächst nicht von Amts wegen geprüft. Das Gebrauchsmuster ist dadurch einfacher, schneller und kostengünstiger als ein Patent. Das Risiko, dass es angegriffen und gelöscht wird, ist jedoch höher.

37 Der Designschutz nach dem DesignG als Schutz von zweidimensionalen oder dreidimensionalen Erscheinungsformen eines ganzen Erzeugnisses oder eines Teils davon (früher „Geschmacksmuster") gewährt nach § 2 DesignG neuen Designs mit Eigenart einen zeitlich begrenzten Schutz auf Form und farbliche Gestaltung eines Produkts.

38 Wenn und soweit ein entsprechendes Recht verletzt wird, kann der Inhaber des Schutzrechtes (der originäre Inhaber und/oder der berechtigte Lizenznehmer) denjenigen, der die Verletzungshandlung begangen hat, auf Beseitigung der Beeinträchtigung seiner Rechtsposition bzw. bei Wiederholungsgefahr auf Unterlassung in Anspruch nehmen. Für den Fall, dass eine Verletzungshandlung vorsätzlich oder fahrlässig begangen wird, kann der verletzte Rechteinhaber auch Schadensersatz verlangen. Für die Frage der Zurechnung gelten die allgemeinen Grundsätze des Zivilrechts (vgl. §§ 278, 31, 831 BGB). Hierbei ist zu berücksichtigen, dass iRd DesignG (und auch des MarkenG) Sonderregelungen für die Haftung des Betriebsinhabers zu beachten sind. Nach § 44 DesignG und nach §§ 14 Abs. 7, § 15 Abs. 6 MarkenG haftet ein Betriebsinhaber für vorsätzliche oder fahrlässige Verletzungshandlungen seiner Angestellten und Beauftragten, ohne sich exkulpieren zu können.

3. Urheberrecht

39 Eine wichtige Bedeutung für die Öffentlichkeitsarbeit und das Marketing von Wirtschaftsverbänden hat in der Praxis das Urheberrecht. Sämtliche Veröffentlichungen, bei denen auf von Dritten geschaffene Inhalte zurückgegriffen wird, sind mit der Notwendigkeit verbunden, über die diesbezüglichen Nutzungsrechte zu verfügen bzw. diese ggf. vor Aufnahme der Nutzung zu klären. Entscheidend für die Rechtmäßigkeit einer Verwertung ist dabei stets, ob der Wirtschaftsverband zu einer entsprechenden Nutzung berechtigt ist; eine solche Berechtigung kann sich insbes. aus Vertrag oder aus Gesetz ergeben.

40 Urheber nach § 7 UrhG ist der Schöpfer eines Werkes. Schöpfer ist immer eine natürliche Person; ein Verein oder sonstige juristische Personen können nicht Urheber sein.[41] Werke im urheberrechtlichen Sinne sind nach § 2 Abs. 2 UrhG persönliche geistige Schöpfung in wahrnehmbarer Form. Voraussetzung für die Schutzfähigkeit ist jeweils eine „schöpferische Gestaltungshöhe", wobei die konkreten Anforderungen an die Gestaltungshöhe umstritten sind.[42] Urheberrechtlich geschützt sind jedenfalls grds. die in § 2 Abs. 1 UrhG geschützten Werken, also insbes. Sprachwerke wie Schriftwerke, Reden und Computerprogramme, Werke der Musik, Lichtbildwerke, Filmwerke, Werke der bildenden Kunst oder Darstellungen wissenschaftlicher oder technischer Art. Der Schutz, den

---

[40] *Schlenk* GRUR 1985, 755.
[41] Dreier/Schulze/*Schulze* UrhG § 7 Rn. 2; beachte insoweit aber im Hinblick auf Nutzungsrechte des Arbeitgebers § 43 UrhG.
[42] Wandtke/Bullinger/*Bullinger* § 2 Rn. 23 ff.

Hotze

das Urheberrecht vermittelt, bezieht sich iW auf die äußere Form einer Schöpfung.[43] Die bloße Idee ist im Urheberrecht hingegen nicht geschützt.[44]

Das Urheberrecht schützt nach § 11 UrhG den Urheber in seinen geistigen und per- **41** sönlichen Beziehungen zum Werk und in der Nutzung des Werkes; es dient zugleich der Sicherung einer angemessenen Vergütung für den Urheber. Die §§ 12 ff. UrhG konkretisieren insoweit die sich aus dem Urheberpersönlichkeitsrecht resultierenden Rechte des Urhebers. Außerdem hat der Urheber das ausschließliche Recht, sein Werk materiell zu verwerten. Dabei wird zwischen der Verwertung in körperlicher Form und der Verwertung in unkörperlicher Form durch öffentliche Wiedergabe unterschieden. Das Recht zur Verwertung eines Werkes in körperlicher Form umfasst nach § 15 Abs. 1 UrhG insbes. das Vervielfältigungsrecht (§ 16 UrhG), das Verbreitungsrecht (§ 17 UrhG) sowie das Ausstellungsrecht (§ 18 UrhG). Vom Recht der öffentlichen Wiedergabe erfasst sind nach § 15 Abs. 2 UrhG insbes. das Vortrags-, Aufführungs- und Vorführrecht (§ 19 UrhG), das Recht der öffentlichen Zugänglichmachung (§ 19a UrhG), das Senderecht (§ 20 UrhG), das Recht der Wiedergabe durch Bild- und Tonträger (§ 21 UrhG) sowie das Recht der Wiedergabe von Funksendungen (§ 22 UrhG). Während das Urheberrecht als solches nicht übertragbar ist, kann der Urheber nach § 31 Abs. 1 S. 1 UrhG einem anderen das Recht einräumen, sein Werk auf einzelne oder alle Nutzungsarten zu nutzen. Dieses Nutzungsrecht, häufig auch als „Lizenz" bezeichnet,[45] kann nach § 31 Abs. 1 S. 2 als einfaches oder ausschließliches Recht eingeräumt und außerdem räumlich, zeitlich und inhaltlich beschränkt werden. Das (grds. vererbbare) Urheberrecht erlischt nach § 64 UrhG erst 70 Jahre nach dem Tod des Urhebers.

In der Praxis der Öffentlichkeitsarbeit und des Marketings eines Wirtschaftsverbandes **42** spielt insbes. die Verwendung von Texten (also Sprachwerken iSv § 2 Abs. 1 Nr. 1 UrhG) sowie von Fotografien (als Lichtbildwerken nach § 2 Abs. 1 Nr. 5 UrhG oder als Lichtbildern nach § 72 UrhG) und Illustrationen (als Werken der angewandten Kunst nach § 2 Abs. 1 Nr. 4 UrhG oder als Darstellungen wissenschaftlicher und technischer Art nach § 2 Abs. 1 Nr. 7 UrhG) eine überdurchschnittliche Rolle. Auch Bewegtbilder (also audiovisuelle und ggf. multimediale Werke) sind dem Schutz als Filmwerke (§ 2 Abs. 1 Nr. 6 UrhG) bzw. als Laufbilder (§ 95 UrhG) zugänglich.

Unter Compliance-Gesichtspunkten ist zu beachten, dass über entsprechend geschützte **43** Werke ausschließlich der berechtigte Urheber und Leistungsschutzberechtigte bzw. der Inhaber abgeleiteter Rechte verfügen kann, dies insbes. im Hinblick auf körperliche und nicht körperliche Verwertungsrechte (§§ 15 ff. UrhG). Zudem ist ausschließlich der Urheber berechtigt, die sog Urheberpersönlichkeitsrechte auszuüben (Veröffentlichungsrecht, § 12 Abs. 1 UrhG; Recht auf Anerkennung der Urheberschaft, § 13 UrhG; Recht, Entstellung des Werkes zu verbieten, § 14 UrhG).

Wenn und soweit ein Wirtschaftsverband beabsichtigt, fremde Inhalte wie etwa Texte, **44** Fotografien oder Illustrationen im Rahmen eigener Veröffentlichungen zu nutzen, hat zuvor zwingend eine entsprechende Klärung der Rechte an den zur Nutzung vorgesehenen Inhalten zu erfolgen. In diesem Zusammenhang ist vor dem Hintergrund des beabsichtigten Verwendungszwecks ua zu prüfen, welche spezifischen Rechte für die konkrete Nutzung erforderlich sind und von wem als Rechteinhaber diese einzuholen sind. Gerade aus Sicht eines Werkverwerters, der überwiegend auf fremde Inhalte Dritter zurückgreift, liegt es in seinem Interesse, in Vereinbarungen mit Rechteinhabern den notwendigen Rechteumfang katalogartig so präzise und ausführlich wie möglich zu beschreiben. Denn fehlt es an einer konkreten Regelung zu den spezifischen Nutzungsarten mit dem Rechteinhaber, gilt nach § 31 Abs. 5 UrhG, dass sich der Umfang der Rechteeinräumung nach dem von beiden Partnern zugrunde gelegten Vertragszweck bestimmt. Entsprechendes gilt

---

[43] Dreier/Schulze/*Dreier* Einleitung Rn. 30.
[44] Dreier/Schulze/*Schulze* § 2 Rn. 37.
[45] Wandtke/Bullinger/*Wandtke/Grunert* § 31 Rn. 2.

auch für die Frage, ob ein Nutzungsrecht eingeräumt wird, ob es sich um ein einfaches oder ausschließliches Nutzungsrecht handelt, wie weit Nutzungsrecht und Verbotsrecht reichen und welchen Einschränkungen das Nutzungsrecht unterliegt. Im Zweifel kann sich ein Urheber bei Fehlen einer eindeutigen Regelung oft darauf berufen, dass eine spezifische, nicht dokumentierte Nutzungsberechtigung gerade nicht erteilt wurde, was iErg eine rechtswidrige Nutzung bzw. das Verlangen nach einer zusätzlichen Vergütung zur Folge hat. Dieses insbes. durch unzureichenden Rechteerwerb bzw. durch mangelnde Dokumentation einer Rechteinräumung eintretende Risiko ist zu vermeiden.

45   Im Hinblick auf potentielle Rechtsverletzungen gelten im Hinblick auf zivilrechtliche Ansprüche die §§ 97 bis 105 UrhG. Wenn und soweit Urheber- und/oder Leistungsschutzrechte durch Maßnahmen eines Wirtschaftsverbandes verletzt werden, können vom hierdurch betroffenen Urheber und/oder Leistungsschutzberechtigten sowie sonstigen Rechteinhabern Unterlassungs-,[46] Auskunfts-[47] und Schadensersatzansprüche[48] geltend gemacht werden. Im Hinblick auf den Schadensersatzanspruch nach § 97 Abs. 2 UrhG gilt, dass die Rspr. strenge Anforderungen an das Maß der aufzuwendenden Sorgfalt bei der Rechteklärung stellt.[49] Wer ein fremdes urheberrechtlich geschütztes Werk nutzen will, der muss sich über den Bestand des Schutzes, über die Rechteeinräumung iRv Rechteketten sowie über den Umfang seiner Nutzungsberechtigung Gewissheit verschaffen und bei schwierigen Rechtsfragen ggf. sogar Rechtsrat einholen. Die Berufung auf bloßes Nichtwissen reicht nicht aus, da erhöhte Anforderungen im Hinblick auf Prüfungs- und Erkundigungspflichten angenommen werden.[50] Zudem sind bei Rechtsverletzungen auch Ansprüche auf Vernichtung, Rückruf und Überlassung[51] denkbar. Zu berücksichtigen ist ferner, dass nach § 99 UrhG der Inhaber eines Unternehmens für das Handeln seiner Arbeitnehmer und/oder Beauftragten einsteht. Bei juristischen Personen gelten diese selbst als Inhaber. Auch Parteien und Vereine können als Unternehmensinhaber anzusehen sein.[52]

II. Konsequenzen für die Compliance – Organisation von Wirtschaftsverbänden

46   Zur Vermeidung von Risiken im Hinblick auf die Nutzung gewerblicher Schutzrechte und Urheberrechte in der Praxis eines Wirtschaftsverbandes bedarf es einer geeigneten Organisationsstruktur, um iRd Öffentlichkeitsarbeit und des Marketings bestehenden Haftungsszenarien zu identifizieren und nach Bewertung des Risikopotentials zu beherrschen.

47   Vordringlich erscheint dabei insbes., den an der Außendarstellung beteiligten Personen (seien es Organe oder Mitarbeiter des Wirtschaftsverbandes sowie zB im Namen des Wirtschaftsverbandes oder für spezifische Fachgruppen öffentlich auftretende Mitglieder) mittels Sensibilisierung iRv Handlungsanweisungen und Schulungen, durch Bereitstellung von Leitfäden und sonstigen Handreichungen sowie durch Vorhaltung geeigneter Musterverträge ein belastbares Gefühl dafür zu vermitteln, unter welchen Voraussetzungen bei der zu Zwecken der Öffentlichkeitsarbeit und des Marketings nach außen wirkenden Verbandstätigkeit eine Verletzung von Rechten Dritter eintreten kann und wie eine solche vermieden wird.[53]

48   Vor der Nutzung von gewerblichen Schutzrechten, insbes. Kennzeichen (etwa betreffend den Verbandsnamen und/oder Initiativen, Kampagnen oder sonstige Angebote des

---

[46] § 97 Abs. 1 UrhG.
[47] § 101 UrhG.
[48] § 97 Abs. 2 UrhG.
[49] Wandtke/Bullinger/*v. Wolff* UrhG § 97 Rn. 52 ff.
[50] *Schrey/Krupna* CCZ 2012, 141 (143).
[51] § 98 UrhG.
[52] OLG Bremen GRUR 1985, 536.
[53] Vgl. hierzu Hauschka Corporate Compliance/*Reiling* § 18 Rn. 7.

Wirtschaftsverbands ist mittels einer Identitäts- und Ähnlichkeitsrecherche zu überprüfen, ob durch das geplante Vorhaben evtl. ältere oder bessere Rechte Dritter verletzt werden. In der Praxis werden diesbezüglich sowohl öffentlich zugängliche Online-Datenbanken der jeweils zuständigen Markenämter als auch Datenbanken professioneller Dienstleister genutzt. Die Auswertung der entsprechenden Rechercheergebnisse macht die frühzeitige Einbeziehung von spezialisierten Experten empfehlenswert.[54]

Da gewerbliche Schutzrechte eines Wirtschaftsverbandes umgekehrt auch einen Vermögenswert darstellen, sind diese, sofern dem Schutz zugänglich und keine Rechte Dritter verletzend, zu identifizieren und iRd Möglichkeiten effektiv zu schützen.[55] Im Hinblick etwa auf Kennzeichenrechte ua gewerbliche Schutzrechte erscheint der Entwurf einer Schutzrechtsstrategie sachgerecht, der wesentliche Kennzeichen ua gewerbliche Schutzrechte des Wirtschaftsverbandes identifiziert und sodann Schutzmöglichkeiten aufzeigt. Hierzu gehört nicht nur im Nachgang zur Analyse der Schutzrechte die Anmeldung entsprechender Schutzrechte zur Registrierung, sondern auch die Aufrechterhaltung des entsprechenden Schutzes, etwa durch tatsächliche Benutzung der Kennzeichen oder Bezahlung der entsprechend anfallenden Amtsgebühren. Zur Vermeidung einer Schwächung der eigenen Schutzrechte sind zudem rechtswidrige Nutzungen durch Dritte nach deren Kenntnis zeitnah zu unterbinden. **49**

Insbes. im Hinblick auf urheberrechtlich geschützte Inhalte spielt in der Verbandspraxis ein effektives Rechte- und Vertragsmanagement eine wichtige Rolle. Unter Berücksichtigung des angestrebten Nutzungsumfangs einzelner Werke ist seitens des Wirtschaftsverbandes in jedem Einzelfall sicherzustellen, dass eine Verwendung entsprechend geschützter Inhalte ausschließlich iRd urheberrechtlichen Schranken bzw. ausschließlich im vertraglich zulässigen Umfang stattfindet. Dies bedeutet, dass mit dem zuständigen Rechteinhaber (und sei es über Allgemeine Geschäftsbedingungen oÄ) eine (bestmöglich dokumentierte) Vereinbarung zu treffen ist, die die Nutzungsberechtigung hinreichend und widerspruchsfrei beschreibt. Zur Absicherung einer durch Lizenzierung gewonnenen Rechtsposition sind diesbezüglich zur Dokumentation der Vollständigkeit der Rechtekette und der Verfügungsbefugnis des Vertragspartners auch entsprechende Rechtegarantien des Rechteinhabers bzw. Lizenzgebers einzufordern, dies verbunden mit dessen Verpflichtung, für etwaige Ansprüche Dritter vollumfänglich einzustehen. Eine derartige Garantie beseitigt zwar im Außenverhältnis nicht die potentielle Rechtsverletzung und die damit verbundenen Ansprüche, stellt aber zumindest unter Compliance-Gesichtspunkten sicher, dass im Innenverhältnis eine potentielle Regresspartei zur Verfügung steht. **50**

Gerade auch für den Fall, dass ein Wirtschaftsverband regelmäßig Dritte mit der Erstellung von Inhalten beauftragt, etwa Werbeagenturen, Redaktionsbüros oder freie Mitarbeiter, sind diese sorgfältig auszusuchen und im Hinblick auf die Übertragung oder Einräumung von Nutzungsrechten im erforderlichen Umfang wirksam zu verpflichten. Vertraglich ist durch entsprechende Gestaltung (bestenfalls durch Nutzung vom Wirtschaftsverband rechtlich geprüfter Mustervereinbarungen) zu gewährleisten, dass im Falle der Verletzung von Rechten Dritter zumindest eine vollständige Haftungsfreistellung zugunsten des Wirtschaftsverbandes als Auftraggeber erfolgt.[56] **51**

Neben seiner Funktion als Nutzer fremder Inhalte ist der Wirtschaftsverband in aller Regel auch selbst „Produzent" bzw. gegenüber eigenen Mitarbeitern Auftraggeber von Inhalten, die dem Schutz zugänglich sein können. Auch diesbezüglich hat er sicherzustellen, dass insbes. über hinreichende (arbeits-)vertragliche Vereinbarungen mit festen und freien Mitarbeitern[57] sämtliche in diesem Zusammenhang entstehenden und benötigten Rechte möglichst ausschließlich und zeitlich, örtlich und inhaltlich unbeschränkt bei ihm **52**

---

[54] Vgl. hierzu Hauschka Corporate Compliance/*Reiling* § 18 Rn. 41.
[55] Vgl. hierzu Umnuß Compliance-Checklisten/*Rath/von Barby* Kap. 7 Rn. 46 ff.
[56] Vgl. hierzu Hauschka Corporate Compliance/*Reiling* § 18 Rn. 42.
[57] Vgl. insoweit § 43 UrhG, der aber zB nicht für freie Mitarbeiter gilt.

liegen. Hierbei ist sicherzustellen, dass er nicht nur die erforderlichen Verwertungsrechte hat, sondern ggf. auch über weitgehende Bearbeitungsrechte verfügt und zur Vermeidung entsprechender Auseinandersetzungen auch ausdrückliche Regelungen etwa zu Art und Umfang der Urhebernennung getroffen hat. Aus Transparenz- und Dokumentationsgründen sowie aus Gründen der Rechtssicherheit empfiehlt sich auch insoweit die Verwendung geeigneter Musterdokumente bzw. -klauseln, die den für den Wirtschaftsverband relevanten rechtlichen Standard darstellen und ggf. nur noch im Hinblick auf tatsächliche Besonderheiten des Einzelfalls zu ergänzen sind.

53   Im Hinblick auf bei einem Wirtschaftsverband eingesetzte und urheberrechtlich geschützte Werke Dritter (ob Software oder andere Inhalte) kann sich zudem die Einführung eines (ggf. elektronisch gestützten) Lizenzmanagementsystems empfehlen.[58] Dies ist zur Vermeidung von Über- und Unterlizenzierungen im Softwarebereich bereits gängige Praxis, um Rechtsverletzungen oder aber Überzahlungen zu vermeiden. Auch im Hinblick auf Nutzungsrechte an Inhalten wie etwa Fotografien, Illustrationen oder Bewegtbildern hat es sich in der Praxis als sachgerecht erwiesen, diesbezüglich im erforderlichen Umfang eine transparente und strukturierte Übersicht über in der Verbandspraxis eingesetzte Werke und deren Rechteumfang vorzuhalten. Dies setzt eine vorherige Schutzrechtsanalyse voraus und hilft zu vermeiden, dass (gerade auch unbeabsichtigt) rechtswidrige Nutzungsvorgänge stattfinden.

C. Recht des unlauteren Wettbewerbes

I. Anwendbarkeit des UWG auf Wirtschaftsverbände

54   Veröffentlichungen und Marketingmaßnahmen eines Wirtschaftsverbandes mit textlichem Bezug etwa auf andere Verbände, Marktteilnehmer oder Mitglieder können nicht nur äußerungsrechtliche Relevanz haben (→ Rn. 72 ff.), sondern ggf. auch nach den Regeln des Gesetzes gegen den unlauteren Wettbewerb (UWG) zu bewerten sein. Unlauter ist nach § 3 Abs. 1 UWG jede geschäftliche Handlung, die geeignet ist, die Interessen von Mitbewerbern, Verbrauchern oder sonstigen Marktteilnehmern spürbar zu beeinträchtigen. „Sonstige Marktteilnehmer" idS können auch Verbände sein.[59]

55   Im Hinblick auf die Tätigkeit von Wirtschaftsverbänden ist festzuhalten, dass unter bestimmten Voraussetzungen die Regelungen des UWG durchaus Anwendung finden können. Dies betrifft insbes. die Fallgruppe bestimmter Formen der Mitgliederwerbung, aber auch andere Aspekte des öffentlichen Verbandshandelns mit Wettbewerbsbezug.

1. Lauterkeitsrechtliche Beurteilung der Mitgliederwerbung

56   Die reine Mitgliederwerbung von Verbänden aller Art fällt grds. nicht unter den Begriff des Absatzes oder Bezugs von Waren oder Dienstleistungen iSv § 2 Abs. 1 UWG.[60] Dies soll auch dann gelten, wenn es sich um Verbände zur Förderung der gewerblichen Interessen ihrer Mitglieder handelt; denn die Konkurrenz um Mitglieder wird nicht als geschäftlicher Wettbewerb begriffen.[61] Gleiches gilt für an Mitglieder gerichtete Informationsmitteilungen ua Förderungsmaßnahmen, die sich iRd Satzungszwecks bewegen.[62] Allerdings kann die Mitgliederwerbung je nach Ausgestaltung im Einzelfall zugleich der Förderung des Absatzes eigener oder fremder Waren oder Dienstleistungen dienen.[63] Dies ist etwa dann anzunehmen, wenn die Werbung der Förderung des Wettbewerbs von Mit-

---

[58] *Schrey/Krupna* CCZ 2012, 141.
[59] Spindler/Schuster/*Micklitz/Schirmbacher* UWG § 1 Rn. 12.
[60] BGHZ 42, 210, 218; BGH GRUR 1968, 205 (207); NJW 1970, 378 (380); GRUR 1972, 427 (428).
[61] Harte-Bavendamm/Henning-Bodewig/*Keller* § 2 Rn. 41.
[62] MüKoUWG/*Bähr* UWG § 2 Rn. 79.
[63] *Köhler/Bornkamm* § 2 Rn. 40.

gliedsunternehmen dient,[64] also zB, wenn die Mitglieder des Wirtschaftsverbandes in irgendeiner Beziehung als leistungsfähiger oder aus anderen Gründen gegenüber den Mitbewerbern als den Vorzug verdienend hervorgehoben werden.[65]

Entscheidend für die Beurteilung der Anwendbarkeit des UWG ist folglich die im Einzelfall zu beantwortende Frage, ob der Wirtschaftsverband mit seinen öffentlichen Maßnahmen im geschäftlichen Verkehr agiert und mit anderen Marktteilnehmern in Konkurrenz tritt. Für ein Handeln im geschäftlichen Verkehr spricht es insbes., wenn der Verein nicht als gemeinnützig anerkannt ist und gewerbliche Ziele verfolgt.[66]   **57**

Vereinigungen von Gewerbetreibenden, die satzungsgemäß die gewerblichen Interessen   **58** ihrer Mitglieder fördern, handeln unabhängig von ihrer Organisationsform und inneren Struktur im geschäftlichen Verkehr, soweit sie die wirtschaftlichen Interessen von Mitgliedsunternehmen verfolgen.[67] Erfasst sind damit insbes. die nach § 8 Abs. 3 Nr. 2 und Nr. 4 UWG klagebefugten Verbände zur Förderung gewerblicher oder selbständiger beruflicher Interessen, die Industrie- und Handelskammern sowie die Handwerkskammern. Die Verfolgung von Wettbewerbsverstößen durch solche Verbände stellt ein marktbezogenes Handeln im geschäftlichen Verkehr dar.[68] Auch die Tätigkeit eines an sich ideellen Zwecken dienenden Verbandes unterfällt dem Begriff des geschäftlichen Verkehrs, sofern der Verband über seine ideelle Zwecksetzung hinaus eigene oder fremde, erwerbswirtschaftliche, also geschäftliche Ziele verfolgt.[69] Auch die Spendenwerbung, etwa vorweihnachtliche Brief- und Kartenwerbung von untereinander durchaus in Konkurrenz stehenden Organisationen mit dem Zweck, Hilfsbedürftigen die Spenden, den Gelderlös aus Sachspenden oder einem Gewinn zukommen zu lassen, ist marktbezogenes und geschäftliches Handeln.[70]

Die Konkurrenz um Mitglieder als solche wird also nicht als geschäftlicher Wettbewerb   **59** begriffen. Etwas anderes gilt dann, wenn sich ein Idealverein außerhalb seines satzungsgemäßen Zwecks wirtschaftlich bestätigt[71] oder wenn die Werbung des Vereins in die Öffentlichkeit getragen wird und ihrer Art nach geeignet ist, den Wettbewerb der Mitglieder gegenüber deren Mitbewerbern zu fördern.[72] In jedem Fall erfolgt die Mitgliederwerbung eines Verbandes aber im geschäftlichen Verkehr, wenn dieser in Konkurrenz zu gewerblichen Unternehmen tritt.[73] Beschränkt sich ein Verband von Wertpapierbesitzern nicht auf die reine Mitgliederwerbung, sondern richtet im Wettbewerb mit anderen gewerblich tätigen Beratern ein Beratungsangebot auf dem Gebiet der Wertpapieranlage an deren Kunden, ohne Rücksicht darauf, ob diese dem Verband beitreten, liegt ein Handeln iSv § 2 Abs. 1 UrhG vor.[74] Auch die Werbung von Lohnsteuerhilfevereinen um Mitglieder ist eine geschäftliche Handlung, weil diese gleichzeitig dem Zweck der Erbringung von Dienstleistungen an die Mitglieder dient.[75]

IErg bedeutet dies, dass Wirtschaftsverbände im rein verbandsbezogenen und satzungs-   **60** gemäßen Kontext sowie bei der ausschließlich internen Mitgliederkommunikation nicht im geschäftlichen Verkehr iSd UWG handeln. Da sich die Angebote und Aktivitäten von Wirtschaftsverbänden jedoch erheblich erweitert haben, etwa im Hinblick auf Dienstleis-

---

[64] BGH GRUR 1972, 427, 428; BGH GRUR 1968, 205 (207).
[65] Köhler/Bornkamm/*Köhler* UWG § 2 Rn. 40.
[66] OLG München Urt. v. 23.2.2006 – 6 U 3088/05, BeckRS 2006, 05361.
[67] BGH GRUR 2009, 878; LG Berlin WRP 2011, 130.
[68] BGH WRP 1996, 1099 (1100).
[69] Harte-Bavendamm/Henning-Modewick/*Keller* § 2 Rn. 32.
[70] Harte-Bavendamm/Henning-Modewick/*Keller* § 2 Rn. 32.
[71] BGH GRUR 1972, 427, 428.
[72] OLG Hamm Urt. v. 7.1.1992 – 4 U 161/90, BeckRS 2015, 05227; LG Hamburg Urt. v. 28.2.2006 – 312 O 865/05, BeckRS 2006, 31380315; OLG Stuttgart NJW RR 1990, 937, MüKoUWG/*Bähr* UWG § 5 Rn. 149.
[73] OLG Stuttgart NJW RR 1990, 937.
[74] BGH GRUR 1984, 283 (285).
[75] BGH GRUR 2005, 877 (879).

tungsangebote für Vereinsmitglieder und eine an die breite Öffentlichkeit und damit alle Marktbeteiligten gerichtete Kommunikation zugunsten eigener Mitglieder, sollten Maßnahmen der Mitgliedswerbung und entsprechende Veröffentlichungen vor einer Umsetzung im Einzelfall auf ihre wettbewerbsrechtliche Relevanz geprüft werden. Dies vermeidet, dass wettbewerbsrechtliche Unterlassungs- und/oder Schadensersatzsprüche geltend gemacht werden.[76] Unberührt bleiben jedoch, sofern die Voraussetzungen vorliegen, etwaige Ansprüche nach § 823 Abs. 1 und 2, §§ 824, 826 BGB.[77]

2. Lauterkeitsrechtliche Beurteilung sonstigen Verbandshandels

61   In der Systematik des UWG ist die Generalklausel in § 3 bewusst weit gefasst, damit eine Vielzahl von wettbewerbsrechtlich zu bewertenden Einzelfällen erfasst wird. Konkretisiert wird die Generalklausel etwa über die beispielhaften Tatbestände in § 4 Nr. 1–11 UWG sowie die Verbotsnormen der §§ 5–7 UWG und §§ 16–19 UWG.

62   Maßgeblich für die Anwendbarkeit der entsprechenden Normen des UWG auf Wirtschaftsverbände ist wiederum das Vorliegen einer geschäftlichen Handlung. Der Begriff ist auch hier weit zu verstehen. Ob ein Erwerbszweck verfolgt wird oder eine Gewinnerzielung beabsichtigt ist, ist unerheblich.[78] Auch ein eingetragener Verein, dessen Zweck es ist, die beruflichen Belange seiner Mitglieder zu fördern, kann daher gegenüber einem anderen Verein Unterlassungsansprüche wegen Führung einer verwechslungsfähigen Firma (früher § 16 UWG aF, nunmehr § 15 MarkenG) geltend machen.[79] Auch kann ein gemeinnütziger Verein, der Fußballspiele zwischen Nationalmannschaften organisiert, Unterlassungsansprüche gegenüber Dritten geltend machen, die Programmhefte vertreiben, welche den irreführenden Eindruck erwecken, es handele sich um ein von dem gemeinnützigen Verein herausgegebenes „amtliches Programm".[80] Erfasst als geschäftliche Handlung ist es auch, wenn sich ein Idealverein außerhalb seines satzungsmäßigen Zwecks wirtschaftlich betätigt[81] oder wenn die Werbung eines Vereins in der Öffentlichkeit erfolgt und nach ihrer Art und Gestaltung geeignet ist, den Wettbewerb der Mitglieder gegenüber deren Mitbewerbern zu fördern.[82]

63   Irreführend nach dem UWG kann zB die Namensgebung eines Verbandes sein, wenn diese in irreführender Weise eine mit den tatsächlichen Gegebenheiten nicht übereinstimmende Bedeutung vorspiegelt.[83] In gleicher Weise ist einem Verband die irreführende Bezeichnung als „Bundesverband" untersagt worden.[84]

64   Der öffentliche und pauschale Hinweis eines Fachverbandes an potentielle Kunden eines Dritten, dass Produkte dieses Dritten gewerbliche Schutzrechte seiner Mitglieder verletzen können, kann ebenfalls iS einer unlauteren Mitbewerberbehinderung nach §§ 3, 4 Nr. 10 UWG wettbewerbswidrig sein.[85]

65   Im Hinblick auf vergleichende Werbung nach § 6 UWG und andere Maßnahmen der Öffentlichkeitsarbeit mit Auswirkungen auf Wettbewerber können insoweit Äußerungen von Wirtschaftsverbänden auch Werbung für ihre Mitglieder sein. Dies gilt insbes. im Hinblick auf Äußerungen eines Verbandes, dem ein Unternehmen angehört und dessen Interessen der Verband fördert.[86]

---

[76] Vgl. §§ 8 ff. UWG.
[77] Ohly/Sosnitza/*Sosnitza* UWG § 2 Rn. 19.
[78] BGH GRUR 1982, 425 (430); 1962, 254 (255).
[79] BGH GRUR 1953, 446 (447).
[80] BGH GRUR 1972, 427 (428); OLG Köln WRP 1990, 544.
[81] BGH GRUR 1972, 427 (428).
[82] OLG Stuttgart NJW-RR 1990, 937.
[83] LG Hamburg Urt. v. 28.2.2006 – 312 O 865/05, BeckRS 2006, 31380315, unter Bezugnahme auf BGH NJW 1973, 279.
[84] OLG Hamm Urt. v. 7.1.1992 – 4 U 161/90, BeckRS 2015, 05227, unter Bezugnahme auf BGH NJW 1972, 279.
[85] BGH GRUR 2009, 878.
[86] Köhler/Bornkamm/*Köhler* § 6 Rn. 65.

Gleiches gilt im Hinblick auf unzumutbare Belästigungen iSv § 7 UWG. Auch diesbe- 66
züglich ist zur Anwendbarkeit des UWG eine geschäftliche Handlung erforderlich, bzgl.
derer die vorstehenden Ausführungen gelten. Im Hinblick auf die reine Mitgliederwerbung soll es (vgl. hierzu unter Ziff. 1 → Rn. 56 ff.) an einer geschäftlichen Handlung fehlen, so dass diesbezügliche Handlungen von Verbänden von der Vorschrift diesbezüglich
nicht erfasst sind.[87] Zu bedenken ist aber, dass die Grenzen zwischen der Wahrnehmung
rein satzungsgemäßer Aufgaben und einem geschäftlichen Handeln fließend sind, was
eine Überprüfung aller entsprechenden Kommunikations- und Werbemaßnahmen sachgerecht erscheinen lässt. Zudem ist zu berücksichtigen, dass die Ansprüche eines Betroffenen gegen unzumutbare Werbung gemäß §§ 823, 1004, 862 BGB auch bei Fehlen einer
geschäftlichen Handlung anwendbar bleiben.[88] Verbände selbst können hingegen nach § 7
UWG vor unzumutbaren Belästigungen durch Dritte geschützt sein.[89]

3. Konsequenzen wettbewerbswidrigen Verhaltens

Gegen das UWG verstoßende Handlungen eines Wirtschaftsverbandes können auf dem 67
Zivilrechtsweg verfolgt werden. Das UWG hält hierzu eine Vielzahl von Ansprüchen bereit. So besteht etwa die Möglichkeit der Geltendmachung eines verschuldensunabhängi-
gen Unterlassungs-/Beseitigungsanspruchs nach § 8 UWG. Auch ein Wirtschaftsverband
kann im geschäftlichen Verkehr für das Verhalten seiner Mitarbeiter haften.

Wurde eine unzulässige geschäftliche Handlung schuldhaft begangen, steht dem Be- 68
troffenen ein Schadensersatzanspruch nach § 9 UWG zu. Verbände und Kammern iSv
§ 8 Abs. 3 Nr. 2–4 UWG können zudem einen Gewinnabschöpfungsanspruch nach
§ 10 UWG geltend machen, wenn vorsätzlich eine unlautere Handlung begangen worden ist und hierdurch zu Lasten einer Vielzahl von Abnehmern ein Gewinn erzielt wurde. In diesem Fall hat der Schuldner den erzielten Gewinn an die Bundeskasse herauszu-
geben.

II. Konsequenzen für die Compliance-Organisation eines Wirtschaftsverbandes

Die Mitgliederwerbung stellt für einen Wirtschaftsverband eine wichtige und rechtlich 69
sensible Tätigkeit dar. Gleiches gilt für Veröffentlichungen, die (teils bewusst pointiert)
öffentlichkeitswirksam die Positionen des Wirtschaftsverbandes zusammenfassen und Dritte auf die Vorzüge und Aktivitäten des Wirtschaftsverbandes aufmerksam machen sollen.
Die zunehmende Professionalisierung von Verbandsstrukturen hat dazu geführt, dass Wirtschaftsverbände selbst oder durch von ihnen eingebundene Dritte strukturiert und ver-
triebsorientiert vielfältige Maßnahmen der Mitgliedergewinnung planen und umsetzen;
diese sind darauf ausgerichtet, eine möglichst hohe Anzahl an interessierten Unternehmen
anzusprechen und zu einer Mitgliedschaft zu motivieren. Wettbewerbsrechtlich ist die
reine Mitgliederwerbung wie dargelegt unproblematisch. Allerdings verknüpfen viele
Wirtschaftsverbände ihre Leistungen mit dem Angebot von Dienstleistungen und/oder
Produkten für Mitglieder und gewähren zB Zugang zu hochkarätigen Netzwerkveranstal-
tungen und informellen Treffen mit Entscheidungsträgern, für die Nicht-Mitglieder ggf.
hohe Teilnahmegebühren entrichten müssen.

Sämtliche Maßnahmen der Mitgliederwerbung sollten, wenn und soweit sie über die 70
reine Mitgliederwerbung hinausgehen oder sich die Mitgliederwerbung in Abgrenzung zu
Mitbewerbern oder Mitgliedern anderer Verbänden bewegt, stets zur Vermeidung von
Haftungsrisiken einer wettbewerbsrechtlichen Prüfung unterzogen werden. Dies gilt auch
für Veröffentlichungen, die erkennbar Bezug auf andere Verbände bzw. deren Mitglieder

---

[87] Spindler/Schuster/*Micklitz/Schirmbacher* § 7 Rn. 13.
[88] Ohly/Sosnitza/*Ohly* § 7 Rn. 23.
[89] Köhler/Bornkamm/*Köhler* § 7 Rn. 30.

nehmen oder sich auf geschäftliche Zusammenhänge beziehen und den Wettbewerb der eigenen Mitglieder fördern.

71 Im Hinblick auf Mitgliederwerbung und Veröffentlichungen, die Äußerungen über Dritte oder Mitgliedsunternehmen von anderen Wirtschaftsverbänden zum Gegenstand haben, sollte iRd Compliance-Struktur eine entsprechende wettbewerbsrechtliche Sensibilisierung der hierfür zuständigen Personen stattfinden; als hilfreich haben sich auch entsprechende Leitfäden und Handlungsanweisungen erwiesen, die grundlegende wettbewerbsrechtliche Verbote darstellen und nachvollziehbar erläutern. Auf Grund der Vielzahl der rechtlich bedeutsamen Kasuistik ist organisatorisch sicherzustellen, dass in streitigen Fällen vor einer Umsetzung von Maßnahmen der Mitgliederwerbung oder entsprechenden Veröffentlichungen ggf. fachlich spezialisierte Expertise hinzugezogen wird. Ziel ist es jeweils, die Geltendmachung von wettbewerbsrechtlichen Ansprüchen zu vermeiden; dies nicht zuletzt auch aus Image- und Reputationsgründen, da entsprechende Verstöße gegen Wettbewerbsrecht Gegenstand einer öffentlichen Berichterstattung sein können.

D. Bildnis- und Äußerungsrecht

72 Text- und Bildveröffentlichungen spielen iRd Öffentlichkeitsarbeit sowie des Marketings von Wirtschaftsverbänden eine nicht zu unterschätzende Rolle. Insbes. durch die Illustration von Veröffentlichungen mit Bewegt- und/oder Standbildern von Personen werden möglicherweise Rechte Dritter berührt. Dies gilt auch im Hinblick auf textliche Veröffentlichungen, die sich sprachlich ausdrücklich oder zumindest im Kontext identifizierbar auf natürliche oder juristische Personen oder sonstige Vereinigungen beziehen und ggf. widerrechtlich deren Rechtspositionen verletzen. In gleicher Weise können umgekehrt der Wirtschaftsverband selbst und seine Organe, Mitarbeiter und Mitglieder von Veröffentlichungen Dritter betroffen sein.

73 Bei jeder Verwendung von Bildnissen ist ebenso wie bei dem Verfassen von Texten (vgl. hierzu ergänzend zu lauterkeitsrechtlichen Aspekten entsprechender Veröffentlichungen unter C. → Rn. 61 ff.) stets dafür Sorge zu tragen, dass derartige Veröffentlichungen (Persönlichkeits-)Rechte Dritter nicht widerrechtlich verletzen. Veröffentlichungen über natürliche oder juristische Personen sowie sonstige Vereinigungen können insbes. das allgemeine Persönlichkeitsrecht bzw. hieraus abgeleitete Rechtspositionen verletzen.

74 Das allgemeine Persönlichkeitsrecht ist von der Rspr. aus dem Grundsatz der Menschenwürde nach Art. 1 Abs. 1 GG sowie der freien Entfaltung der Persönlichkeit nach Art. 2 Abs. 1 GG entwickelt worden. Zivilrechtliche Bedeutung erlangt das allgemeine Persönlichkeitsrecht, da es der BGH als „sonstiges Recht" iSv § 823 Abs. 1, 1004 BGB qualifiziert;[90] gleiches gilt für das Recht am eingerichteten und ausgeübten Gewerbebetrieb. Allgemeines Persönlichkeitsrecht und Meinungsfreiheit sind gleichrangig, grundlegend für die freiheitlich-demokratische Grundordnung und im Kollisionsfall im Wege der Güterabwägung zum verfassungskonformen Ausgleich zu bringen.[91] Auch das Namensrecht nach § 12 BGB sowie das Recht am eigenen Bild nach §§ 22 ff. KunstUrhG sind Ausprägungen des allgemeinen Persönlichkeitsrechts.

75 Träger des Persönlichkeitsrechts können nicht nur natürliche Personen, sondern auch juristische Personen des Privatrechts wie etwa eingetragene Vereine sein.[92] Verbände genießen jedenfalls Schutz in dem Umfang, der durch ihr Wesen als Zweckschöpfung des Rechts, ihre satzungsgemäßen Funktionen und ihre soziale Wertgeltung beschränkt wird.[93] Der soziale Geltungsanspruch etwa eines Wirtschaftsverbandes kann durch eine

---

[90] BGHZ 139, 99 (stRspr); BGH NJW 2014, 3154.
[91] BVerfG NJW 1958, 257.
[92] LG Hamburg NJW-RR 2006, 844.
[93] NK-BGB/*Katzenmeier* BGB § 823 Rn. 189.

Veröffentlichung betroffen sein, wenn der Verband in seiner Funktion als Wirtschaftsunternehmen oder als Arbeitgeber angegriffen wird, va also in geschäftlichen und betrieblichen Belangen.[94] Die Klagebefugnis eines Branchenverbands wegen kritischer Äußerungen über die von ihm repräsentierte Branche kommt allerdings nur dann in Betracht, wenn die beanstandete Äußerung ihn selbst in seinem Ruf oder in seinem Funktionsbereich beeinträchtigt.[95] Eine Verbandsklagebefugnis, wie sie im Wettbewerbsrecht nach § 8 Abs. 3 Nr. 2 UWG gesetzlich vorgesehen ist, existiert im Äußerungsrecht nicht.[96]

Ähnlich den Sorgfaltspflichten der Presse ist iRv Veröffentlichungen durch Wirtschafts-   **76** verbände sicherzustellen, dass Meinungsfreiheit und Informationsinteresse der Öffentlichkeit mit dem allgemeinen Persönlichkeitsrecht und sonstigen Rechten potenziell Betroffener abgewogen werden. Eine solche Abwägung der Risiken hat stets einzelfallbezogen zu erfolgen.

I. Betroffene Rechte

1. Bildnisrechte

Bei der Illustration von Verbandspublikationen spielen Fotografien eine große Rolle.   **77** Hierbei werden regelmäßig nicht nur Landschafts- und Sachaufnahmen verwendet, sondern zur Emotionalisierung von Veröffentlichungen insbes. Personenfotografien. Losgelöst von diesbezüglichen urheberrechtlichen Fragestellungen im Hinblick auf die Rechte an dem fotografischen Material (vgl. hierzu Kap. B → Rn. 39 ff.), stellt sich insoweit im Hinblick auf jede Fotografie vor einer Veröffentlichung die Frage nach den Rechten der abgebildeten Personen.

Das Bildnis eines Menschen ist Teil seines allgemeinen Persönlichkeitsrechts (vgl. Art. 1   **78** Abs. 1, 2 Abs. 1 GG). Positivrechtlich geregelt wurde das Recht am eigenen Bild im KunstUrhG. Die §§ 22 ff. KunstUrhG sehen ein abgestuftes Schutzkonzept vor.[97] Nach § 22 S. 1 KunstUrhG muss niemand die Veröffentlichung des eigenen, zumindest im Bekanntenkreis erkennbaren Bildnisses ohne seine Einwilligung dulden. Eine Einwilligung kann einseitig oder vertraglich sowie ausdrücklich oder unter bestimmten (engen) Voraussetzungen auch stillschweigend[98] erteilt werden; denkbar sind zudem Beschränkungen in räumlicher, zeitlicher oder sachlicher Hinsicht.[99] Im Rahmen einer erteilten Einwilligung, die grds. nicht frei widerrufen werden kann,[100] kann der Berechtigte auch seine Zustimmung zur Veröffentlichung nach verschiedenen Medien differenzieren.[101]

Von dem Grundsatz der Einwilligungspflicht werden auf der zweiten Stufe des Schutz-   **79** konzepts nach § 23 Abs. 1 KunstUrhG bestimmte Bildnisse ausgenommen, va solche aus dem Bereich der Zeitgeschichte (Nr. 1), Bilder mit Personen als Beiwerk (Nr. 2) und Bilder von Personen, die an öffentlichen Versammlungen, Aufzügen oder ähnlichen Vorgängen teilgenommen haben (Nr. 3). In diesem Fall rücken die abgebildeten Personen in den Hintergrund, das öffentliche Geschehen als der eigentliche Inhalt der Berichterstattung kann dann den Eingriff in das Bildnisrecht rechtfertigen. Als dritte Stufe sieht schließlich § 23 Abs. 2 KunstUrhG als Gegenausnahme zugunsten der Abgebildeten vor, dass ihre berechtigten Interessen durch eine einwilligungsfreie Verbreitung nicht verletzt werden dürfen.[102] Ein derartig berechtigtes Interesse kann etwa verletzt sein bei widerrechtlichen

---

[94] BVerfG NJW 1994, 1784; BGHZ 98, 94 (97); BGH NJW 1994, 1281 (1282).
[95] LG Frankfurt a.M. Urt. v. 10.10.2013 – 2/03 O 238/13, BeckRS 2014, 04680 unter Verweis auf BGH NJW 1980, 1685.
[96] Spindler/Schuster/*Mann* BGB § 823 Rn. 18.
[97] BVerfG GRUR 2008, 539 (542); 2000, 446 (451); BGH GRUR 2007, 523 (524).
[98] BGH GRUR 2005, 74 (75).
[99] BGH GRUR 1992, 557.
[100] Wandtke/Bullinger/*Fricke* KunstUrhG § 22 Rn. 19.
[101] OLG Karlsruhe GRUR-Prax 2010, 482.
[102] Wandtke/Bullinger/*Fricke* KunstUrhG § 22 Rn. 2.

Eingriffen in die Intim- oder Privatsphäre der Betroffenen oder für den Fall der Nutzung zu Werbezwecken, die nicht ausnahmsweise durch Informationsinteressen getragen ist.[103]

80   Ob und in welchem Umfang eine Einwilligung in eine Veröffentlichung erteilt wurde oder ausnahmsweise entbehrlich ist, ist eine Frage des Einzelfalls, die für jede Bildnisnutzung im jeweiligen Kontext zu beantworten ist. Sofern eine Einwilligung bzw. ihr Umfang nicht nachgewiesen werden kann, geht das zu Lasten der veröffentlichenden Person.[104] Besondere Beachtung ist der Veröffentlichung von Bildnissen beschränkt Geschäftsfähiger oder von Minderjährigen zu schenken. Bei Geschäftsunfähigen oder nicht einsichtsfähigen Minderjährigen ist stets die Einwilligung der gesetzlichen Vertreter notwendig.[105]

81   Auch im Hinblick auf Veranstaltungen eines Wirtschaftsverbandes, die bildlich dokumentiert werden, ist naturgemäß das Recht am eigenen Bild der Abgebildeten zu beachten. Diesbezüglich hat sich eine Praxis entwickelt, wonach bereits in Einladungen zu Veranstaltungen oder auf Einlasskarten bzw. durch öffentliche Aushänge am Veranstaltungsort auf die Anfertigung und Veröffentlichung entsprechender Fotografien zu Zwecken der Öffentlichkeitsarbeit und des Marketings hingewiesen und eine Teilnahme unter den Vorbehalt gestellt wird, dass die betroffene Person sich mit einer entsprechenden Bildnisverwertung einverstanden erklärt. Ob eine grds. mögliche formularmäßige Einwilligung im Rahmen allgemeiner Geschäftsbedingungen hinreichend konkret und bestimmt gefasst und damit wirksam ist, hängt vom Einzelfall ab und ist nicht abschließend geklärt;[106] dessen ungeachtet kann eine gewisse Branchenübung für derartige formularmäßige Einwilligungserklärungen festgestellt werden, bei denen allerdings im Interesse des Wirtschaftsverbandes die Zwecke der Aufnahmen und deren Verwertung möglichst detailliert beschrieben werden sollten und auch die sonstigen Anforderungen nach den §§ 305 ff. BGB (etwa im Hinblick auf die wirksame Einbeziehung) erfüllt sein müssen. Sprechen sich, etwa bei Veranstaltungen, Teilnehmer gegen eine Fotografie aus, sollte dies jederzeit beachtet und das entsprechende Foto vorsorglich gelöscht werden. Absolute Rechtssicherheit gewährt insoweit jedoch, sofern keine Ausnahme nach § 23 KunstUrhG greift, nur eine individuelle schriftlich oder durch Zeugen dokumentierte mündliche Einwilligung.

82   Eine Verletzung des Rechts am eigenen Bild kann einen Unterlassungsanspruch nach den §§ 823 Abs. 1, 1004 BGB sowie §§ 823 Abs. 2, 1004 BGB iVm §§ 22, 23 KunstUrhG begründen. Voraussetzung hierfür ist das Vorliegen von Erstbegehungs- oder Wiederholungsgefahr.[107] Weitere Ansprüche können uU gerichtet sein auf Gegendarstellung, ungerechtfertigte Bereicherung, Schadensersatz, Geldentschädigung, Vernichtung (§ 37 KunstUrhG), Auskunft und Herausgabe.

83   Vor dem Hintergrund der hieraus resultierenden Haftungsrisiken besteht für Wirtschaftsverbände im Hinblick auf das Recht am eigenen Bild genauso wie im Hinblick auf Rechte am fotografischen Material (vgl. hierzu → Rn. 39 ff.) das Interesse, etwaige Rechtspositionen Dritter vor einer Nutzung zu klären und etwaige Einwilligungen oder Ausnahmetatbestände entsprechend zu dokumentieren. In der Verbandspraxis ist es zur Abwendung von Schäden sowie aus Dokumentationsgründen sachgerecht, die mit der Anfertigung und Veröffentlichung von Fotoaufnahmen betrauten Mitarbeiter durch Handlungsanweisungen, Leitfäden oder Schulungen für persönlichkeitsrechtliche Aspekte zu sensibilisieren und anzuhalten, überall dort, wo es möglich ist, schriftlich dokumentierte Einwilligungen einzuholen (etwa bei Fotoshootings mit Models, bei der Herstellung von Mitarbeiter- oder Mitgliederfotos oÄ). Entsprechend sind etwa externe Fotografen und Agenturen auszuwählen, zu instruieren und durch geeignete Mustervereinbarungen vertraglich zu verpflichten.

---

[103] Wandtke/Bullinger/*Fricke* KunstUrhG § 23 Rn. 28 ff.
[104] BGH GRUR 1956, 427 (428); 1965, 495; OLG München NJW-RR 1996, 93.
[105] Möhring/Nicolini/*Gass* KunstUrhG § 22 Rn. 21.
[106] Vgl. hierzu *Schönewald* ZUM 2013, 862.
[107] Wandtke/Bullinger/*Fricke* KunstUrhG § 22 Rn. 23.

2. Äußerungsrecht

Bei textlichen Veröffentlichungen eines Wirtschaftsverbandes kann neben dem Wettbe- **84**
werbsrecht (vgl. hierzu → Rn. 54 ff.) das allgemeine Äußerungsrecht eine Bedeutung erlangen. Grds. ist das Recht zur freien Meinungsäußerung nach Art. 5 Abs. 1 Satz 1 GG
verfassungsrechtlich geschützt und gewährt natürlichen und juristischen Personen bzw.
ihren Vertretern das Recht, ihre Meinung in jeglicher Weise frei zu äußern. Auf dieses
Recht können sich grds. auch Vereine[108] und damit auch Verbände berufen. Allerdings
findet dieses Recht seine Grenzen in den allgemeinen Gesetzen und der persönlichen
Ehre eines anderen, Art. 5 Abs. 2 GG.

Das Äußerungsrecht in Deutschland unterscheidet im Kern zwischen Tatsachenbehaup- **85**
tungen und Meinungsäußerungen. Eine Tatsachenbehauptung liegt vor, wenn eine Äußerung mit den Mitteln des Beweisrechts auf ihre Richtigkeit hin überprüft werden kann;[109]
sie kann wahr oder unwahr sein. Eine Meinungsäußerung hingegen ist geprägt durch Elemente des Dafürhaltens, der Stellungnahme und des Wertens; sie ist als subjektive Einschätzung nicht überprüfbar und entzieht sich dem Richtigkeitsbeweis.[110] Die Frage, ob
eine Äußerung im zugrundeliegenden Kontext als Tatsachenbehauptung oder als Meinungsäußerung zu bewerten ist, hat damit maßgeblichen Einfluss auf die Frage, ob und
ggf. wie gegen eine Äußerung vorgegangen werden kann. Unwahre Tatsachenbehauptungen werden durch Art. 5 Abs. 1 GG nicht geschützt.[111] Wahre Tatsachenbehauptungen
genießen hingegen regelmäßig den Vorrang vor kollidierenden Rechtsgütern;[112] auch sie
können jedoch bei Fehlen eines öffentlichen Interesses und dem überwiegenden Schutz-
bedürfnis des Betroffenen, insbes. im Hinblick auf dessen Intim- und Privatsphäre, zu unterlassen sein.

Weit verstanden wird hingegen das Recht, Meinungsäußerungen zu tätigen. Ihre Gren- **86**
ze findet die Meinungsfreiheit in der sog Schmähkritik. Das BVerfG hat festgestellt, dass
der Schutz von Meinungsäußerungen, die sich als Schmähung Dritter darstellen, regelmäßig hinter das Recht auf Persönlichkeitsschutz zurücktritt; eine Meinungsäußerung ist
dann als Schmähung anzusehen, wenn sie jenseits auch polemischer und überspitzter Kritik allein in der Herabsetzung der betroffenen Person besteht.[113] Auch bei Äußerungen in
Form einer Formalbeleidigung fällt die Interessenabwägung zwischen dem Grundsatz der
Meinungsfreiheit und der Grenze des Ehr- und Persönlichkeitsschutzes idR zugunsten des
Betroffenen aus. Die diesbezügliche Kasuistik ist allerdings zu umfangreich, um diese hier
befriedigend darzustellen.

Textliche Veröffentlichungen eines Wirtschaftsverbandes können je nach Ausgestaltung **87**
als unwahre Tatsachenbehauptungen, Schmähkritiken oder Formalbeleidigungen in die
Rechte natürlicher oder juristischer Personen eingreifen, kreditgefährdend iSv § 824
Abs. 1 BGB sein oder wettbewerbsrechtlichen Bedenken begegnen. Hieraus können etwa
Ansprüche Betroffener auf Gegendarstellung, Unterlassung, Widerruf/Richtigstellung,
Schadensersatz und ganz ausnahmsweise sogar auf Geldentschädigung begründet werden.
Derartige mit der Behauptung und Verbreitung von öffentlichen Äußerungen eines Wirt-
schaftsverbandes verbundene Risiken sind durch geeignete Vorkehrungen, etwa eine entsprechende Prüfung (Lektorat, Schlussredaktion, oÄ) geplanter Veröffentlichungen durch
rechtlich sensibilisierte Mitarbeiter oder presserechtlich ausgebildete Spezialisten auszuschließen.

---

[108] BVerfG NJW 1992, 1439.
[109] BVerfG NJW 1999, 1322 (1324); NJW 1992, 1439.
[110] BVerfG NJW 2003, 227 (278).
[111] BVerfG NJW 1999, 1322.
[112] BVerfG NJW 1998, 2889.
[113] BVerfG NJW 1991, 95.

II. Konsequenzen für die Compliance-Organisation eines Wirtschaftsverbandes

88 Öffentlichkeitsarbeit und Marketing eines Wirtschaftsverbandes sind ohne (Bewegt-)Bilder und Texte mit Bezug auf natürliche und/oder juristische Personen kaum vorstellbar. Die Verwendung derartiger Inhalte iRv Publikationen kann aber insbes. mit persönlichkeitsrechtlichen und/oder bildnisrechtlichen Risiken verbunden sein. Grds. hat diesbezüglich eine Schulung und Sensibilisierung eigener Mitarbeiter des Wirtschaftsverbandes und durch den Wirtschaftsverband eingebundener Dritter (Agenturen, freie Mitarbeiter, Redaktionsbüros etc.) dahingehend zu erfolgen, dass entsprechende Inhalte rechtzeitig vor einer Veröffentlichung sorgfältig geprüft werden müssen, und zudem (insbes. im Bereich der Bildnisrechte, und zwar parallel zur urheberrechtlichen Rechteklärung) durch Einholung von Einwilligungserklärungen dokumentiert ist, dass betroffene Personen mit der vorgesehenen Nutzung einverstanden gewesen sind.

89 Geeignete Mittel zur Haftungsvermeidung durch organisatorische Maßnahmen sind diesbezüglich ua die Bereitstellung von spezifischen Handlungsanweisungen und Leitfäden, regelmäßige Mitarbeiterschulungen, ein regelmäßiger Austausch der Fachabteilungen nebst konkreten Eskalationsvorgaben in streitigen Fällen (etwa durch Einbindung an fachlich besonders spezialisierte Mitarbeiter oder externe Spezialisten) sowie die Bereitstellung von den Anforderungen des Wirtschaftsverbandes genügenden Vertragsmustern.[114]

E. Internet und soziale Medien

I. Einsatz sozialer Medien in der Praxis

90 Während Internetangebote wie etwa die Homepage bereits seit vielen Jahren zum festen Bestandteil der Außendarstellung von Wirtschaftsverbänden gehören, gewinnen im Zuge des Medienwandels soziale Medien und soziale Netzwerke in der Kommunikationspraxis zunehmend an Relevanz.[115] Sie gewähren als interaktive Angebote die Möglichkeit, sich geschäftlich oder privat über nationale Grenzen hinweg schnell und ohne großen Aufwand auszutauschen. Dabei wird die klassische Kommunikation von Sender zu Empfänger nennenswert durch eine Kommunikation ergänzt bzw. abgelöst, die es Nutzern erlaubt, ihrerseits miteinander zu kommunizieren, Nachrichten auszutauschen sowie Inhalte zu kommentieren und zu teilen. Soziale Medien sind Teil einer massenhaften Meinungs- und Protestbildung.[116]

91 Auch Wirtschaftsverbände kommen im Rahmen einer multimedialen und auf Crossmedia ausgerichteten Kommunikationsstrategie[117] nicht umhin, iRd Öffentlichkeitsarbeit und Außendarstellung den Einsatz entsprechender Angebote zu erwägen und sich insbes. auf massenattraktiven Plattformen wie etwa Twitter, YouTube oder Facebook zu präsentieren. Je nach Zielgruppe und Kommunikationsansatz verfolgen hier eine Vielzahl von Anbietern sich ständig verändernde Geschäftsmodelle, die je nach Ausrichtung und Strategie des Wirtschaftsverbandes genutzt werden können. Hierbei ist zu berücksichtigen, dass auch der Einsatz von interaktiven Elementen auf eigenen Internetangeboten, etwa in Form von Foren, Blogs oder Podcasts, unter den Begriff der sozialen Medien fällt.[118]

92 Der entsprechende Einsatz sozialer Medien in der Praxis eines Wirtschaftsverbandes tangiert vielfältige Rechtsfragen, ua solche des Vertragsrechts, des gewerblichen Rechtsschutzes, des Urheberrechts, des Äußerungs- und Bildnisrechts sowie des Datenschutz- und Telemedienrechts. Aufgrund der Tatsache, dass es im Hinblick auf die dialogorien-

---

[114] Vgl. zu potentiellen Organisationsmaßnahmen Hauschka Corporate Compliance/*Partikel* § 57 Rn. 119 ff.
[115] Vgl. zur Rechtsnatur sozialer Netzwerke *Brinkert/Stolze/Heinrich* ZD 2013, 154.
[116] Hauschka Corporate Compliance/*Gilch* § 41 Rn. 1.
[117] Zu den Begriffen „Multimedia" und „Crossmedia" vgl. etwa Ulmer-Eilfort/Obergfell/*Ulmer,* Verlagsrecht, 2013, Kap. F I. 14 Rn. 73 ff.
[118] Hoeren/Sieber/Holznagel MMR-HdB/*Solmecke* Teil 21.1 Rn. 1.

tierte, interaktive und multimediale Kommunikation an spezifischen Gesetzen und auch höchstrichterlichen Gerichtsentscheidungen derzeit (noch) weitgehend mangelt, stellt die Nutzung sozialer Medien im Wirtschaftsverband eine Herausforderung bei der Sicherstellung der Compliance-Anforderungen dar.[119] Bestehende Risiken sind auch hier durch effektive Compliance-Maßnahmen zur Haftungsvermeidung zu identifizieren und beherrschbar zu machen.[120]

II. Allgemeine Geschäftsbedingungen von Anbietern sozialer Medien

Wenn und soweit der Einsatz sozialer Medien nicht auf der eigenen Internetseite des Wirtschaftsverbandes stattfinden soll, ist die Nutzung bereits bestehender, von Dritten betriebener sozialer Netzwerke erforderlich. Eine rechtliche Herausforderung stellt oftmals dar, dass die meisten der erfolgreichen sozialen Netzwerke von Plattformbetreibern betrieben werden, die ihren Sitz im Ausland haben. Ihre Nutzung erfolgt in aller Regel nach Maßgabe der Allgemeinen Geschäftsbedingungen der entsprechenden Anbieter, die per Mausklick bei der Registrierung akzeptiert werden müssen. Nicht selten sehen diese Allgemeinen Geschäftsbedingungen die Anwendbarkeit ausländischen Rechts, einen außerhalb Deutschlands liegenden Gerichtsstand sowie umfassende Freistellungsregelungen zugunsten des Plattformbetreibers vor. Zudem enthalten die Allgemeinen Geschäftsbedingungen meist durch das ausländische Rechtsverständnis geprägte Regelungen zu zulässigen und unzulässigen Maßnahmen der Kommunikation sowie zu verbotenen Plattform-Aktivitäten. Ohne vorherige Kenntnis und Prüfung derartiger Allgemeiner Geschäftsbedingungen besteht aus Compliance-Sicht das Risiko, dass eine mit diesen Vorgaben nicht kompatible Nutzung erfolgt. Dies gilt insbes. im Hinblick auf Branchenverbände, deren Unternehmen stark reguliert und deren werbliche Präsenz in bestimmten sozialen Netzwerken nicht erlaubt oder eingeschränkt ist. **93**

Zur Vermeidung vertragsrechtlicher Ansprüche des Plattformbetreibers ist es aus Compliance-Sicht erforderlich, dass vor einer Nutzung entsprechender Angebote geprüft wurde, ob und inwieweit sich das Engagement eines Wirtschaftsverbandes im sozialen Netzwerk eines (ausländischen) Plattformbetreibers als zulässig darstellt bzw. welche Grenzen ggf. über das für den Wirtschaftsverband geltende Recht hinaus aufgrund der vorgegebenen Allgemeinen Geschäftsbedingungen für einzelne Kommunikationsmaßnahmen wie etwa Gewinnspiele oÄ gesetzt werden. Diesbezüglich sind die verantwortlichen Mitarbeiter eines Wirtschaftsverbandes iRd Kommunikationsstrategie zu sensibilisieren und dazu anzuhalten, entsprechende Dokumentationen über entsprechend bestehende Vertragspflichten anzufertigen. **94**

III. Informations- und Kennzeichnungspflichten

Soweit ein Wirtschaftsverband mit Sitz in Deutschland über elektronische Telemediendienste Angebote bereitstellt, die sich (zumindest hauptsächlich) an deutsche Verkehrskreise richten, unterliegt er nach dem in Europa geltenden und in § 3 Abs. 1 TMG kodifizierten Herkunftslandprinzip den Anforderungen des deutschen Rechts. Dies bedeutet, dass er seine Online-Präsenz (freilich unter zusätzlicher Beachtung etwaiger Allgemeiner Geschäftsbedingungen von Anbietern sozialer Netzwerke, vgl. hierzu unter Ziff. 1) so auszugestalten hat, dass diese mit den rechtlichen Vorgaben in Deutschland im Einklang stehen. **95**

Eine diesbezüglich nicht nur iRd eigenen Internetangebots, sondern zudem auch im Hinblick auf eine eigenständige Präsenz des Wirtschaftsverbandes in sozialen Netzwerken zu beachtende Informationspflicht statuiert § 5 TMG. Nach § 5 TMG („Impressums- **96**

---

[119] *Hartung/Hexel/Lecheler* Newsdienst Compliance 2014, 72010.
[120] Hauschka Corporate Compliance/*Gilch* § 41 Rn. 4.

pflicht") hat der Anbieter eines Dienstes für geschäftsmäßige Telemediendienste bestimmte Mindestinformationen leicht erkennbar, unmittelbar erreichbar und ständig verfügbar zu halten. Diese Verpflichtung zur Bereithaltung eines den Anforderungen entsprechenden Impressums gilt nach überwiegender Auffassung auch für entsprechende Präsenzen in sozialen Netzwerken.[121] Fehlt es an einem Impressum oder weist das Impressum Fehler auf, drohen etwa Abmahnungen bzw. Unterlassungsklagen klagebefugter Verbände und Mitbewerber;[122] überdies ist die Impressumspflicht bußgeldbewehrt.[123]

97 Weitergehende Informations- und Kennzeichnungspflichten für entsprechende Dienste können sich etwa bei Vorliegen kommerzieller Kommunikation aus § 6 TMG oder bei Anbietern von Telemedien mit journalistisch-redaktionell gestalteten Angeboten, in denen insbes. vollständige oder teilweise Inhalte periodischer Druckerzeugnisse in Text oder Bild wiedergegeben werden, aus § 55 Abs. 2 RStV ergeben. Weitere Besonderheiten bestehen bei integrierten E-Business-Angeboten, bei denen zusätzlich die allgemeinen und besonderen Pflichten im elektronischen Geschäftsverkehr nach den §§ 312i, 312j BGB zu beachten sind. Im Geschäftsverkehr mit Verbrauchern sind überdies die fernabsatzrechtlichen Vorgaben des § 312d Abs. 1 BGB iVm Art. 246a § 1 EGBGB einzuhalten.

98 Je nach Ausgestaltung der Präsenz eines Wirtschaftsverbandes sind vorstehende Rahmenbedingungen zur Vermeidung von Haftungsrisiken zu identifizieren und durch entsprechende Ausgestaltung einzuhalten. Dies gilt es insbes. im Vorfeld der Live-Schaltung entsprechender Präsenzen im Internet oder in sozialen Netzwerken zu beachten.

IV. Urheberrecht und Social Media

99 Dem Wesen sozialer Medien entspricht es, dass nicht nur die Anbieter Inhalte in den sozialen Netzwerken einstellen können, sondern auch fremde Nutzer. Auf diese Weise können fremde Texte, Bilder oder Musikstücke auf der Präsenz eines Wirtschaftsverbandes in den sozialen Medien eingestellt und weiterverbreitet werden, bzgl. derer die Rechtesituation vollständig ungeklärt ist. Dies kann ua urheberrechtliche Unterlassungs- und Schadensersatzansprüche auslösen.[124]

100 Für den Fall, dass iRd Präsenz im Internet und/oder sozialen Medien seitens des Wirtschaftsverbandes selbst auf Inhalte von Fotoplattformen bzw. auf fremde Content-Lieferanten zurückgegriffen wird, ist diesbezüglich stets zu prüfen, ob und inwieweit die entsprechenden Nutzungsbedingungen (häufig enthalten in den Allgemeinen Geschäftsbedingungen der entsprechenden Anbieter) eine (insbes. werbliche) Nutzung der bezogenen Inhalte im Internet bzw. in sozialen Medien im Einzelfall überhaupt zulassen. Hierbei ist insbes. zu berücksichtigen, dass sich die Betreiber sozialer Netzwerke in ihren Allgemeinen Geschäftsbedingungen meistens bestimmte Nutzungsrechte (wie etwa Rechte nach §§ 16, 19a und 23 UrhG) an den eingestellten Inhalten einräumen lassen; zur Verfügung über derartige Nutzungsrechte muss der Wirtschaftsverband dann natürlich zur Vermeidung von Rechtsverletzungen auch berechtigt sein. Auch diesbezüglich sind die verantwortlichen Mitarbeiter über die Bedeutung des Urheberrechts zu sensibilisieren und dazu anzuhalten, im Hinblick auf Nutzungsberechtigungen an Inhalten entsprechende Dokumentationen vorzuhalten.

101 Zu berücksichtigen ist insofern, dass Anbieter von Telemedien nach deutschem Recht ggf. als Störer nach § 1004 BGB analog haften können.[125] Dies wird insbes. dann relevant, wenn Gegenstand einer Urheberrechtsverletzung nicht etwa eigene oder in anderer Form sich zu eigen gemachte Inhalte des Wirtschaftsverbandes auf seiner Präsenz in sozialen

[121] LG Aschaffenburg MMR 2012, 38; LG Essen VuR 2013, 61; LG Frankfurt a. M. Beschl. v. 19.10.2011 – 3–8 O 136/11, BeckRS 2012, 02540.

[122] BeckOK InfoMedienR/*Ott* TMG § 5 Rn. 51 f.

[123] Vgl. § 16 TMG.

[124] Hauschka Corporate Compliance/*Gilch* § 41 Rn. 22; *Draheim/Lehmann* GRUR-Prax 2014, 427; vgl. zum Urheberrecht insbes. unter Kap. B → Rn. 39 ff.

[125] Hoeren/Sieber/Holznagel MMR-HdB/*Solmecke* Teil 21.1, Rn. 89 ff.

Netzwerken sind, sondern derartige Inhalte von Nutzern dort eingestellt wurden. Eine Störerhaftung setzt voraus, dass der Störer einen ursächlichen Beitrag zur Verletzung geleistet und darüber hinaus ihm zumutbare Prüfungs- und Überwachungspflichten verletzt hat. Die Rspr. hat insofern zum Vorteil des Anbieters eines Telemediums festgestellt, dass dieser im Hinblick auf von Dritten verursachte Rechtsverletzungen in aller Regel erst dann tätig werden muss, wenn er auf einen konkreten Rechtsverstoß hingewiesen wurde, er hiervon also Kenntnis erlangt hat.[126] Weist ein Betroffener den Betreiber eines Telemediums auf eine Urheberrechtsverletzung hin, so ist dieser spätestens ab diesem Zeitpunkt dazu verpflichtet, den Sachverhalt zu prüfen und ggf. den gerügten Inhalt zu löschen. Wenn und soweit entsprechende Urheberrechtsverletzungen Dritter gerügt werden, ist daher zur Vermeidung einer eigenen Haftung des Wirtschaftsverbandes gemäß dem Grundsatz „notice and take down" unverzüglich zu reagieren; der betriebliche Ablauf ist so zu organisieren, dass die Einhaltung entsprechender Vorgaben an die Kenntnisnahme von Beanstandungen und die Löschung gerügter Inhalte jederzeit sichergestellt ist.

V. Äußerungs- und Bildnisrecht

Im Hinblick auf Fragen des Äußerung- und Bildnisrechts bestehen in rechtlicher Hinsicht bei der Nutzung sozialer Medien keine grundsätzlichen Besonderheiten. Auch diesbezüglich gilt der Grundsatz „Was offline gilt, gilt auch online".[127] Insofern kann auf die Ausführungen unter → Rn. 1 ff. verwiesen werden. **102**

Allerdings sollte im Hinblick auf von Dritten in die Präsenz eines Wirtschaftsverbandes eingestellte Inhalte insbes. mit Bezug auf die sog Störerhaftung[128] darauf geachtet werden, dass durch die Nutzung typischer Funktionalitäten wie etwa der Vergabe eines „Like" für einen fremden Eintrag bzw. dessen zust. kommentierendes Teilen keine eigene Verantwortlichkeit des Wirtschaftsverbandes für den rechtverletzenden Eintrag begründet wird.[129] Denn ein entsprechendes zust. Kommunikationsverhalten kann uU als Sichzueigenmachen des fremden Inhalts ausgelegt werden, was eine erweiterte Haftung nach sich ziehen kann und daher eine besondere Sorgfalt bei der Prüfung des in Bezug genommenen Eintrags.[130] Auch diesbezüglich sollten die Verantwortlichen für die Aktivitäten des Wirtschaftsverbandes in sozialen Netzwerken entsprechend sensibilisiert werden. **103**

VI. Datenschutz

Bei der Nutzung sozialer Medien findet in besonderer Weise ein Umgang mit personenbezogenen Daten statt, der überwiegend sogar unumgängliche Voraussetzung für eine Vernetzung in sozialen Netzwerken ist. Dies gilt es bei der Analyse der Compliance-Risiken frühzeitig zu berücksichtigen.[131] **104**

VII. Einsatz von Social Media Guidelines zur Haftungsvermeidung

Im Interesse des Wirtschaftsverbandes liegt es, dass insbes. Mitarbeiter von den Möglichkeiten sozialer Medien iSd Verbandes Gebrauch machen. Die durch ein solches Verhalten entstehenden Risiken sind jedoch vielfältig. ISd Umsetzung einer Strategie für den verbandsbezogenen Einsatz von sozialen Medien bedürfen dieser einer strukturellen Lösung.[132] **105**

---

[126] BGH MMR 2012, 124.

[127] Für den Bereich des Marken- und Lauterkeitsrechts insoweit *Glöckner/Kur* GRUR-Beilage 2014, 29.

[128] Vgl. hierzu oben unter → Fn. 3.

[129] Vgl. für einen Twitter-Links LG Frankfurt a. M. Beschl. v. 20.4.2010 – 3-08 O 46/10, BeckRS 2010, 09488.

[130] MMR-Aktuell 2010, 302790 mAnm *Rauschhofer*.

[131] *Hartung/Hexel/Lecheler,* 72010, s. → § 11 Rn. 1 ff.

[132] Vgl. zu entsprechenden Regelungsansätzen etwa Hauschka Corporate Compliance/*Gilch* § 41 Rn. 30 ff.

106 Zu unterscheiden ist bei der Kommunikation eigener Mitarbeiter über die Präsenz eines Wirtschaftsverbandes in sozialen Medien zwischen der „gewollten" (also unternehmerisch gesteuerten) und der „ungewollten" (also aus Eigeninitiative eines Mitarbeiters resultierenden) Kommunikation.[133] Mit Blick auf beide Fallgruppen sollten Mitarbeiter iRd Social Media Governance im Hinblick auf potentielle Folgen betriebsbezogener Veröffentlichungen sensibilisiert werden.[134] Dem Arbeitgeber erlaubt das ihm zustehende Direktionsrecht, die bestehenden arbeitsrechtlichen Pflichten zu konkretisieren und die Medienkompetenz der Mitarbeiter zu stärken.[135] Zahlreiche Unternehmen haben bereits in sog Social Media Guidelines umfassende Regelungen für die Nutzung sozialer Medien im Arbeitsleben getroffen.

107 Social Media Guidelines, für die ein Branchenstandard noch nicht existiert, sollten den Umfang der (privaten) Nutzung und des Einsatzes der sozialen Medien am Arbeitsplatz festlegen und Mitarbeitern va zeigen, wie ein Umgang mit sozialen Medien rechtssicher erfolgen kann.[136] Sie beinhalten (je nach Ausgestaltung) als Handlungsempfehlungen oder strikte Vorgabe Anweisungen zum rechtssicheren Verhalten und klären insbes. darüber auf, wie Betriebs- und Geschäftsgeheimnisse geschützt werden und die Verbreitung rechtswidriger Äußerungen oder anderer Inhalte vermieden wird. Hierbei spielen datenschutz- und wettbewerbsrechtliche Aspekte ebenso eine Rolle wie urheber- und persönlichkeitsrechtliche Fragestellungen. Ziel ist stets die Sensibilisierung der Mitarbeiter dafür, was rechtlich erlaubt und verboten ist bzw. wann ein Verhalten der Mitarbeiter haftungsrechtliche Konsequenzen für den Wirtschaftsverband haben kann.[137]

108 Die verbindliche Einbeziehung von Social Media Guidelines, die das Verhalten von Arbeitnehmern iRd Nutzung sozialer Medien regeln, in das Arbeitsverhältnis kann etwa durch eine Ergänzung des Arbeitsvertrages oder in Form einer Betriebsvereinbarung erfolgen. Hierbei kann in kollektivarbeitsrechtlicher Hinsicht § 87 Abs. 1 Nr. 6 BetrVG praktische Bedeutung erlangen.[138] Ob und inwieweit diesbezüglich ein Mitbestimmungsrecht nach § 87 Abs. 1 Nr. 1 BetrVG des Betriebsrates besteht, ist bislang nicht abschließend entschieden. Alternativ werden Social Media Guidelines derzeit noch häufig als unverbindliche Handlungsempfehlungen bzw. Leitfaden ausgestaltet.

109 Ob und mit welcher Rechtswirkung bzw. mit welchen Inhalten und mit welcher Regelungsdichte ein Wirtschaftsverband Social Media Guidelines aufstellt, wird Resultat der von ihm vorzunehmenden Risikoanalyse sein. Die Regelungsmöglichkeiten sind vielfältig und bestimmen sich nach den potentiellen Haftungsrisiken des Wirtschaftsverbandes im Einzelfall. Zwingender Bestandteil entsprechender Hinweise sollten jedoch die Festlegung von Verantwortlichkeiten, die Aufstellung allgemeiner Verhaltensgrundsätze für die betriebliche Mediennutzung, Bestimmungen zu Vertraulichkeit und Geheimhaltung von Informationen des Wirtschaftsverbandes und seiner Mitglieder sowie zu Aspekten der IT-Sicherheit, Verpflichtungen auf die Einhaltung von Urheber- und sonstigen Rechten sowie Handlungsempfehlungen für die jedenfalls nicht rein private Kommunikation sein.[139]

---

[133] So auch *Lexa/Hammer* CCZ 2014, 45 (46).
[134] *Braun* NJ 2013, 104 (109 ff.).
[135] BAG NJW 2008, 3731.
[136] Hoeren/Sieber/Holznagel MMR-HdB/*Solmecke* Teil 21.1, Rn. 82 f.
[137] *Lexa/Hammer* CCZ 2014, 45 (46).
[138] Hauschka Corporate Compliance/*Gilch* § 41 Rn. 32; → § 9 Rn. 18 ff.
[139] Zu den möglichen Regelungsansätzen insoweit Hauschka Corporate Compliance/*Gilch* § 41 Rn. 30 ff.

4. Kapitel. Innere Organisation des Wirtschaftsverbands

§ 9. Compliance und Arbeitsrecht

Literatur:

Bertram, Das Mindestlohngesetz als Compliance-Thema, GWR, 2015, 26; *Bissels/Lützeler,* Compliance-Verstöße im Ernstfall: Der Weg zu einer verhaltensbedingten Kündigung, BB 2012, 189; *Bittmann/Mujan,* Compliance – Brennpunkt Betriebsratsvergütung, BB 2012, 637, 2012, 1604; *Brühl/Sepperer,* E-Mail-Überwachung am Arbeitsplatz, ZD 2015, 415; *Däubler/Hjort/Schubert/Wolmerath,* Arbeitsrecht, 3. Aufl. 2013; Erfurter Kommentar zum Arbeitsrecht, 16. Aufl. 2016; *Gäbeler,* Arbeitsrechtliche Herausforderungen des Diversity-Managements, CB 2014, 474; *Grobys/Panzer,* StichwortKommentar Arbeitsrecht, 2. Aufl., Ed. 7, 2016; *Günther/Böglmüller:* Arbeitsrecht 4.0 – Arbeitsrechtliche Herausforderungen in der vierten industriellen Revolution, NZA 2015, 1025; *Hey/Christ,* Compliance ist (auch) ein arbeitsrechtliches Thema, MPR 2010, 189; *Grambow,* Die betriebsverfassungsrechtliche Behandlung von Vereinen, Stiftungen und gGmbH's, ZStV 2013, 161; *Göpfert/Landauer,* ,Arbeitsstrafrecht' und die Bedeutung von Compliance-Systemen: Straftaten ,für' das Unternehmen, NZA-Beil. 2011, 16; *Hohmuth,* Die arbeitsrechtliche Implementierung von Compliance-Pflichten, BB 2014, 3016; *Hoppe/Marcus,* Tendenzschutz in der Betriebsverfassung, ArbAktuell, 2012, 189; *Kahlenberg/Schwinn,* Amnestieprogramme bei Compliance-Untersuchungen im Unternehmen, CCZ 2012, 81; *Keuder,* Alles erlaubt? Möglichkeiten und Grenzen von Ethikrichtlinien, dbr 2010, 28; *Köhler/Häferer,* Mitbestimmungsrechte des Betriebsrates im Zusammenhang mit Compliance Systemen, GWR 2015, 15; *Kopp,* Arbeitsrechtliche Compliance, ZRFC 2009, 252; *Kopp/Sokoll,* Wearables am Arbeitsplatz – Einfallstore für Alltagsüberwachung? NZA 2015, 1352; *Mansdörfer,* Die Aussagepflicht der Mitarbeiter bei wertbasierten unternehmensinternen Ermittlungen, juris 4/2014, 167; *Maschmann,* Corporate Compliance und Arbeitsrecht, 2009; *Mengel,* Arbeitsrechtliche Implementierung und Durchsetzung von Compliance-Systemen und Ethikregeln in Unternehmen, in: Hauschka/Moosmayer/Löser, Corporate Compliance, 3. Aufl. 2016, § 36; *Müller-Bonanni,* Arbeitsrecht und Compliance – Hinweise für die Praxis, AnwBl. 2010, 651; *Rotsch,* Criminal Compliance 1. Aufl. 2015; *Neufeld,* Mitbestimmung des Betriebsrats bei Compliance-Systemen, BB 2013, 823; *Pütz/Giertz/Thannisch,* Ohne gemeinsame Werte keine wirksame Compliance, CCZ 2015, 194; *Reufels/Deviard,* Die Implementierung von Whistleblower-Hotlines nach US-amerikanischem, europäischem und deutschem Recht, CCZ 2009, 201; *Schrader/Mahler,* Interne Ermittlungen des Arbeitgebers und Auskunftsgrenzen des Arbeitnehmers, NZA-RR 2016, 57; *Schreiber,* Implementierung von Compliance-Richtlinien, NZA-RR 2010, 617; *Schröder/Schreier,* Arbeitsrechtliche Sanktionierung innerbetrieblicher Verhaltensverstöße, BB 2010, 2565; *Sittard/Sassen,* Ein Jahr Mindestlohn – ein Update, NJW 2016, 364; *Stück,* Compliance und Mitbestimmung, ArbAktuell 2015, 337; *Thüsing,* Beschäftigtendatenschutz und Compliance, 2. Aufl. 2014.

A. Einführung

Die **Faktenlage** über Wirtschaftskriminalität in Deutschland, darunter auch die Verletzung 1 arbeitsrechtlicher Vorschriften (Arbeitsdelikte), ist wenig aussagekräftig, da es in diesem Bereich kein ausgeprägtes Anzeigeverhalten gibt und neben der Polizei andere Behörden wie die Zollverwaltung oder auch die Wirtschaftsabteilungen der Staatsanwaltschaften direkt ermitteln.[1] Der geschädigte Arbeitgeber reagiert vorrangig mit Kündigung und nicht mit Strafanzeige.[2] In Compliance Management Systemen (CMS), die inzwischen zunehmend auch in kleinen und mittleren Unternehmen und in Vereinen und Verbänden eingeführt werden,[3] findet das Arbeitsrecht zu Unrecht wenig oder erst spät Beachtung.[4] Compliance ist aber zweifellos ein nicht zu unterschätzendes arbeitsrechtliches Thema.[5] Dabei hat das Personalwesen eine doppelte Aufgabe: Zum einen müssen die Compliance-relevanten Normen des Arbeits- und Sozialversicherungsrechts im Betrieb sorgfältig beachtet werden, zum anderen muss das Personalmanagement bereichsübergreifend effiziente Dienstleistungen erbringen, damit Compliance und Wertschöpfung auf der Basis von normgerechtem und in-

---

[1] Bundeslagebild des BKA 2014.
[2] *Maschmann* S. 7.
[3] So hat der ADAC eine eigene Compliance-Gesellschaft gegründet.
[4] S. daher Servicebroschüre Nr. 1 des Berufsverbandes der Compliance Manager (BCM): HR-Compliance, www.bvdcm/publikationen/servicebroschueren.
[5] HessLAG MPR 2010, 137.

tegrem Verhalten der Beschäftigten in allen Unternehmensfunktionen korrelieren. Dazu gehören Rekrutierungs-, Vertrags-, Vergütungs-, Schulungs- und Wissensmanagement ebenso wie das saubere Handling von Kontrollmechanismen, zulässige Investigativ- und Sanktionsmaßnahmen sowie die erforderliche Zusammenarbeit mit den betrieblichen Mitbestimmungsgremien.

2   Selbstverständlich sind bei der **Umsetzung** der Compliance-Maßnahmen und deren Durchführung die Arbeitnehmerrechte, insbes. das Persönlichkeitsrecht der Beschäftigten, zu wahren. Sofern Compliance Management richtigerweise als Unterstützung des Wertemanagements und der gesellschaftlichen Verantwortung in der Verbands- und Unternehmensführung begriffen wird,[6] ist selbst aus gewerkschaftlicher Sicht und dem Rollenverständnis der Betriebsräte Rückenwind für die Verpflichtung auf gesetzes- und regelkonformes Verhalten zu erwarten.[7] Die Leitung von größeren Vereinen und Verbänden mit hauptamtlicher Geschäftsstelle muss ihrer Organisations- und Überwachungspflicht zur Vermeidung von Haftungsregress und Verletzung öffentlich-rechtlicher Vorschriften auch und gerade mit arbeitsrechtlich verbindlichen Regelungen und nach Eingriffsintensität angemessen abgestuften Instrumenten begegnen.

3   Bereits jetzt stellen sich im Hinblick auf die sich wandelnde Arbeitsorganisation viele neue Fragestellungen,[8] auf die im Sinne arbeitsrechtlicher Compliance in der Praxis angemessene Antworten gefunden werden müssen.

B. Compliance und Verhaltensregeln als Grundlage des Arbeitsverhältnisses

4   Die Verbandsleitung hat in der täglichen Personalarbeit vorrangig das **Ziel,** dass die Beschäftigten die rechtlich fundierten Interessen des Verbandes wahren und dessen Schädigung durch eigennütziges Verhalten unterlassen sowie den allgemeinen und arbeitsrechtlichen Normenbestand einhalten. Dazu müssen die Mitarbeiterinnen und Mitarbeiter über ihre fachlichen Aufgaben hinaus über den im Verband geltenden Pflichtenkanon (regelmäßig) aufgeklärt werden und die Regelprozesse des vorgegebenen Compliance-Standards einhalten. Ein klassischer Baustein, um gewünschte Verhaltensanforderungen zu erreichen, sind Code of Conducts, die außer deklaratorisch wiederholten Normen Ethik- und Verhaltensrichtlinien sowie die Reaktionen auf Verstöße im Arbeitsverhältnis enthalten.

I. Inhalte

5   **Code of Conducts** basieren auf Verbandswerten und -zielen, enthalten allgemeine Anweisungen zu ethisch korrektem Verbandshandeln, verständliche Erläuterungen wichtiger sanktionierter Verhaltensweisen (zB Kartellrecht, Korruption), Meldepflichten und -wege (zB Whistleblowing) sowie Umgang mit Verstößen und deren arbeitsrechtliche Sanktionierung.[9] Bei der inhaltlichen Gestaltung von Richtlinien ist darauf zu achten, dass sich die Verhaltensvorgaben nur im rechtlich zulässigen Umfeld bewegen; denn der Zweck heiligt nicht die Mittel.[10]

6   Das arbeitgeberseitige **Weisungsrecht** nach § 106 GewO ermächtigt die Verbandsleitung, Inhalt, Zeit und Ort der Arbeitsleistung nach billigem Ermessen festzulegen, sofern keine gesetzlichen oder kollektivrechtlichen Normen entgegenstehen. Kritisch hins. der Regelungsintensität sind die Bereiche „Ordnung und Verhalten" der Beschäftigten. Nur sehr eingeschränkt sind Vorgaben im Bereich außerdienstlichen und privaten Verhaltens

---

[6] S. § 3 II 11 ff. in diesem Handbuch → § 3 Rn. 11 ff.

[7] *Pütz/Giertz/Thannisch* CCZ 2015, 194; zu abwehrend HK-ArbR/*Boemke/Kreuder* BGB § 611 Rn. 494 ff.

[8] *Günther/Böglemüller* NZA 2015, 1025.

[9] *Müller-Bonanni* AnwBl. 2010, 651; *Kopp* ZRFC 2009, 252 (254 ff.).

[10] *Kreuder* dbr 2010, 28.

durchzusetzen, die stets eine besondere Rechtfertigung in unabdingbarem Bezug zur Tätigkeit erfordern. Arbeitsvertragliche Nebenpflichten finden sich zT bereits in den gängigen Individualarbeitsverträgen, etwa das Wettbewerbsverbot oder die Verpflichtung zum Geheimnisschutz, oft prägen aber auch zunächst ungeschriebene Grundsätze die Konkretisierung und Durchführung des Arbeitsverhältnisses, so dass der Arbeitgeber diese ungeschriebenen Regeln zur effizienteren Steuerung des Verhaltens in Richtlinien verbindlich fassen kann.

Ausgangspunkt sind die **Treue- und Loyalitäts- sowie die Rücksichtnahme-** 7 **pflicht,** die den Arbeitnehmer anhalten, den Arbeitgeber vor vermeidbarem Schaden zu bewahren und ihn vor erkennbaren Risiken zu warnen.[11] Daraus lassen sich eine Reihe von Compliance-relevanten Pflichten ableiten, wie etwa die Vermeidung von Interessenskonflikten, Verbot der Annahme von Schmiergeldern und Geschenken, Alkohol-, Drogen- und Rauchverbote, diskriminierungsfreier Umgang in der Belegschaft, Höflichkeit gegenüber Kunden, Umgang mit Medien und Behörden, Bekleidungsvorschriften im Dienst uam. Vorzugsweise gehören Vorgaben in gesetzlich regulierten Geschäftsbereichen aus den Bereichen des Gesellschafts-, Finanzaufsichts- und Börsenrechts, der Geldwäsche und Terrorismusfinanzierung bereits in die Tätigkeitsbeschreibung des Arbeitsvertrags, jedenfalls aber sind sie in die Verhaltensregeln aufzunehmen. Im Wirtschaftsverband spielt der Kartellrechtsleitfaden eine besondere Rolle.[12]

Die Vorschriften zur **betrieblichen Ordnung** müssen das billige Ermessen iSd § 315 8 BGB wahren, so dass die Verbandsleitung die Umstände des Regelungsbedarfs und die beiderseitigen Interessen angemessen berücksichtigen und gegeneinander abwägen muss, insbes. wenn grundrechtgeschützte allgemeine Persönlichkeitsrechte des Beschäftigten betroffen sein könnten. Letzteres ist zB der Fall bei der Nutzung von Telekommunikationseinrichtungen des Verbandes, auch wenn der private Gebrauch, was empfehlenswert ist, grds. ausgeschlossen wurde.

Verhaltensrichtlinien haben sich an den Wertentscheidungen des deutschen Arbeits- 9 rechts zu orientieren. Das Interesse an einer **internationalen Vereinheitlichung** der Arbeitsbedingungen eines Verbandes, der in vielen Ländern tätig ist, mag zwar im legitimen Interesse des Arbeitgebers liegen, im Rahmen einer Abwägung mit dem „lex loci laboris" wird die Vereinheitlichung zur Komplexitätsreduktion nicht durchschlagend sein.[13]

Zu den international weitgehend üblichen Maßnahmen gehört die **„Whistleblower-** 10 **Hotline",** deren Einführung Verbandsmitglieder aus dem angelsächsischen Rechtskreis häufig verlangen. Eine interne Anzeigepflicht beim Compliance-Beauftragten kann als Ausfluss des Rechtes verstanden werden, dass der Arbeitgeber über wesentliche Risiken in Kenntnis zu setzen ist. Streitig ist jedoch, ob nur Verstöße gegen straf- und öffentlichrechtliche Pflichten zu melden sind, inwieweit eine Begrenzung auf gravierende Verstöße angesagt ist und welche Sanktionen bei Nichtbeachtung der Meldepflicht verhängt werden können. Unzulässig dürfte sein, die Meldepflicht auf jeden geringfügigen Verstoß mit geringem Gefährdungspotential auszudehnen.[14] Die jüngere Rspr. geht davon aus, dass dem Arbeitnehmer auch zugemutet werden kann, sich selbst zu belasten.[15] Weitere strenge Anforderungen bei Compliance-Hotlines ergeben sich aus dem Beschäftigtendatenschutz.[16]

---

[11] Hauschka Corporate Compliance/*Mengel* § 39 Rn. 16 ff.

[12] Vgl. etwa den Leitfaden des ZVEI eV, www.zvei.org/Publikationen/ZVEI-Leitfaden-Kartellrecht.pdf; s. iE *Pischel*, § 6.

[13] Hauschka Corporate Compliance/*Mengel* § 39 Rn. 19.

[14] Hauschka Corporate Compliance/*Mengel* § 39 Rn. 35 f.; HK-ArbR/*Boemke/Kreuder* BGB § 611 Rn. 495; wg. internationaler Bezüge s. *Reufels/Deviard* CCZ 2009, 201.

[15] LAG Hamm CCZ 2010, 237; anders OLG Karlsruhe NStZ 1989, 287; diff. BGH NJW-RR 1989, 614 (615).

[16] Thüsing Beschäftigtendatenschutz/*Forst* § 6, Rn. 54–83; Hauschka Corporate Compliance/*Mengel* § 39 Rn. 37 ff.

11 Es ist darauf zu achten, dass Code of Conducts regelmäßig an **neue Anforderungen** angepasst, betriebsüblich bekannt gemacht und die Kenntnisnahme durch die Beschäftigten dokumentiert werden.

II. Implementierung

12 Code of Conducts können je nach Regelungsgegenstand und -intensität im Wege des arbeitgeberseitigen Direktionsrechts, individualvertraglich oder in Verbänden, in denen ein Betriebsrat existiert, mittels Betriebsvereinbarung **verbindlich umgesetzt** werden.

13 Gem. § 106 S. 2 GewO kann der Arbeitgeber das **Ordnungsverhalten im Betrieb** nach billigem Ermessen bestimmen, wobei er beachten muss, dass er nur die im Arbeitsvertrag rahmenmäßig umschriebenen oder allgemein anerkannten Nebenpflichten konkretisieren darf. Nicht zulässig ist es, durch Verhaltenskodizes völlig neue Pflichten, wie etwa Hinweisgebersysteme, einseitig zu begründen.[17] Es muss also jede Compliance-Klausel auf ihre Eingriffsqualität geprüft werden.

14 Soweit die Möglichkeit zur **einseitigen Anordnung** bei einzelnen Klauseln der Verhaltensrichtlinie überschritten wird, bedarf es einer zweiseitigen Vereinbarung im Arbeitsvertrag. Bei Neuverträgen und regelmäßig standardisierten Ergänzungen durch Compliance-Richtlinien sind die Transparenz- und die Inhaltskontrolle aus den AGB-Regelungen der §§ 305 ff. BGB zu beachten. Im Vordergrund stehen dabei das Persönlichkeitsrecht und das Recht auf informationelle Selbstbestimmung. Str. ist etwa, inwieweit sog dynamische Verweisungsklauseln auf eine laufende Anpassung der Compliance-Richtlinien im Arbeitsvertrag zulässig sind. Anerkennenswerte Anpassungsbedürfnisse des Arbeitgebers bestehen dann, wenn sich die ethischen Anschauungen im Geschäftsverkehr oder die Anforderung von Behörden an Verfahren geändert haben, wofür dann selbstverständlich der Arbeitgeber die Beweislast trägt. Mit der Bezeichnung dieser Gründe sind zugleich inhaltliche Schranken für Änderungen gesetzt, so dass der Arbeitnehmer vor unkalkulierbaren Änderungen geschützt ist.[18] Eine Flexibilisierungsklausel zur Berücksichtigung zukünftiger Rechtsänderungen ist nicht erforderlich, denn geltendes Recht kann der Arbeitgeber auch aufgrund einseitiger Weisung als verbindliche Regeln vorgeben.

15 Sind Mitarbeiter aus dem Bestand auch nach entsprechender Überzeugungsarbeit nicht bereit, Ergänzungsvereinbarungen zuzustimmen, erfordert die Implementierung neuer Verhaltensrichtlinien eine **Änderungskündigung,** deren Annahme den Bestand des Arbeitsverhältnisses zu geänderten Bedingungen sichert und deren Zurückweisung zur Beendigung des Arbeitsverhältnisses führt. Die Kündigung bedarf dabei der Schriftform und nach § 102 BetrVG der Anhörung des Betriebsrats. Da die Mitarbeiter die Änderungskündigung bei Annahme unter Vorbehalt beim Arbeitsgericht auf ihre soziale Rechtfertigung überprüfen lassen können, führt dieser Weg nicht durchweg zum Erfolg. Gerechtfertigt ist eine Änderungskündigung, wenn dringende betriebliche Erfordernisse, insbes. eine gesetzliche Verpflichtung des Unternehmens nach den Vorschriften der Finanzaufsicht, des Vergaberechts ua öffentlich-rechtlicher Spezialvorschriften, sowie neue Risikolagen für die Einführung der Compliance Regeln sprechen und die neuen Regeln für den Arbeitnehmer zumutbar sind.[19] Sorgfältige Prüfung ist angesagt; genügt nur eine der neuen Klauseln den Anforderungen nicht, ist die gesamte Änderungskündigung unwirksam.

16 Diese Situation ist unbefriedigend. Denn bei Compliance- und Ethikkodizes hat sich vielfach erwiesen, dass die Klauselwerke der steten Anpassung an ein verändertes rechtliches und tatsächliches Umfeld bedürfen. Arbeitgeber sind daher in besonderem Maße auf entsprechende Änderungsmöglichkeiten angewiesen. Es bleibt zu hoffen, dass sich die Ansätze im BAG-Urt. v. 11.2.2009 fortentwickeln und im Arbeitsvertrag benannte Grün-

---

[17] *Hohmuth* BB 2014, 3061 (3063).
[18] BGH NZA 2009, 428 (430); *Schreiber* NZA-RR 2010, 617 (619).
[19] *Hohmuth* BB 2014, 3061 (3063); Hauschka Corporate Compliance/*Mengel* § 39 Rn. 45.

de für eine Abänderung vertraglicher Bedingungen von der Rspr. inhaltlich überprüft werden. Denn grds. sind Bezugnahmen auf andere Regelungswerke in Arbeitsverträgen möglich und zulässig, und dynamische Bezugnahmeklauseln entsprechen einer üblichen Regelungstechnik im Arbeitsvertrag; sie können den Interessen beider Parteien dienen. Die Klauseln sind allerdings nicht der **Inhaltskontrolle** entzogen. Es ist daher immer zu untersuchen, ob die Interessen beider Vertragspartner angemessen berücksichtigt werden.

Wenn individualrechtliche Lösungen scheitern, kommt – soweit ein Betriebsrat besteht – **17** eine kollektivrechtliche Lösung, idR mittels des Abschlusses einer **Betriebsvereinbarung,** in Betracht. Das ist unter mehreren Gesichtspunkten vernünftig. Denn zum einen enthalten Verhaltensrichtlinien meist mitbestimmungspflichtige Klauseln, zum anderen kann der Konsens mit dem Betriebsrat eine wesentlich effizientere Umsetzung der beabsichtigten Verhaltensstandardisierung bewirken.

III. Betriebliche Mitbestimmung

Existiert im Verband ein Betriebsrat, sind bei der Implementierung von Code of Con- **18** ducts zwingend dessen **Mitbestimmungsrechte** zu achten. Einschlägig ist für das Ordnungsverhalten § 87 Abs. 1 Nr. 1 BetrVG, bei Verhaltenskontrolle durch technische Einrichtungen § 87 Abs. 1 Nr. 6 BetrVG. Die modernen Datenverarbeitungs- und Kommunikationstechnologien, die regelmäßig auch zur Dokumentation genutzt werden, weiten demnach die Mitbestimmungsrechte erheblich aus, weil es nicht auf die mit dem Technologieeinsatz verfolgte Zielsetzung, sondern auf deren Geeignetheit zur Überwachung ankommt. Bei fehlender Zustimmung sind mitbestimmungspflichtige Maßnahmen gegenüber den Beschäftigten unwirksam.[20] Dabei ist das Mitbestimmungsrecht des Betriebsrats für jede einzelne Klausel getrennt zu beurteilen, denn mitbestimmungspflichtige Teile in gemischten Kodizes machen nicht die gesamte Verhaltensrichtlinie mitbestimmungspflichtig.[21] IdR wird es aber wenig Sinn machen, die Code of Conducts nach der Mitbestimmungspflichtigkeit zu selektieren, da gerade das Zusammenspiel von (nur deklaratorisch aufgenommenen) Normen sowie deren Erläuterung iVm konkreten Ordnungs- und Verhaltensmaßnahmen ein rundes Anforderungsprofil ergibt.

Die Mitbestimmungsrechte des inländischen Betriebsrates werden nicht dadurch ausge- **19** schlossen, dass ein Verband und seine Mitglieder durch **exterritorial wirkende Compliance-Vorschriften** von immer mehr Industrie- und Schwellenländern zur Einführung von Verhaltensrichtlinien (zB UK Bribery Act) verpflichtet sind. Es liegen noch wenige Erfahrungen vor, wie die Betriebsparteien und ggf. Einigungsstellen mit dieser Herausforderung umgehen.[22]

Die unmittelbar und zwingend geltenden Betriebsvereinbarungen können wegen des **20** **Günstigkeitsprinzips** individualrechtlich günstigere Regelungen nicht überspielen. Sie dürfen gem. § 75 BetrVG nicht gegen Grundrechte und höherrangiges Recht verstoßen. Der Betriebsrat wacht über das Persönlichkeitsrecht der Beschäftigten, kann aber nicht über deren höchstpersönliche Rechte disponieren. Hins. der Inhaltskontrolle sind die Maßstäbe bei Betriebsvereinbarungen allerdings weniger streng als bei individualvertraglichen Regelungen.[23] Betriebsvereinbarungen ersetzen hins. ihres geregelten Inhalts das an sich mitbestimmungsfreie Direktionsrecht des Arbeitgebers. Für den mitbestimmungspflichtigen Teil besteht eine Nachwirkung der Betriebsvereinbarung, die aber vertraglich ausgeschlossen werden kann. Als kollektivrechtliche Mitbestimmungsrechte kommen neben der nach § 77 Abs. 2 S. 1 BetrVG formbedürftigen Betriebsvereinbarung die form-

---

[20] *Hohmuth* BB 2014, 3061 (3064); *Köhler/Häferer* GWR 2015 159 (161); Hauschka Corporate Compliance/ *Mengel* § 39 Rn. 66.
[21] BAG BeckRS 2008, 57033; *Stück* ArbR Aktuell 2015, 338; *Neufeld/Knitter* BB 2013, 822.
[22] *Stück* ArbR Aktuell 2015, 338.
[23] Hauschka Corporate Compliance/*Mengel* § 39 Rn. 58, 59.

freie Regelungsabrede und (Haus- bzw. Firmen-) Tarifverträge aus praktischen und rechtlichen Gründen kaum in Betracht.[24]

21 Die Mitbestimmung berührt nicht nur die Einführung von Code of Conducts, sondern auch deren Nachhalten durch Schulungen, durch Kontrollmaßnahmen, durch Whistleblowing, unternehmensinterne Ermittlungen und die Sanktionierung von Pflichtverletzungen.[25] Schließlich ist die Einhaltung der Mitbestimmungsrechte im Betrieb selbst Teil einer ordnungsgemäßen Compliance. Im Falle grober Pflichtverletzungen sanktioniert § 23 BetrVG den Arbeitgeber ebenso wie den Betriebsrat als Kollektivorgan und dessen einzelne Mitglieder.

IV. Einschränkung im Tendenzunternehmen

22 Zahlreiche Wirtschafts- und Berufsverbände, die regelmäßig nicht auf erwerbswirtschaftliche Zielsetzungen ausgerichtet sind, können sich auf die **Tendenzschutzregeln** in § 118 Abs. 1 BetrVG berufen, die die betriebliche Mitbestimmung zum Schutz der Grundrechtspositionen von Arbeitgebern aus Art. 21, 4, 5 und 9 Abs. 3 GG einschränken. Als privilegierte Zwecksetzungen nennt das Gesetz abschließend politische, koalitionspolitische, konfessionelle, karitative, erzieherische und wissenschaftliche Tätigkeiten. Daneben wird die Berichterstattung und Meinungsäußerung der Medien durch Art 5 Abs. 1 S. 2 GG geschützt.

23 Die Tätigkeit muss jedoch unmittelbar der **Verwirklichung der privilegierten Zwecke** dienen, so dass der Betriebszweck selbst auf die Tendenz ausgerichtet sein muss und nicht lediglich als Nebenbetrieb den eigentlichen Tendenzbetrieb unterstützt. Soweit in einer gemischten Tätigkeit ein Erwerbs- oder Gewinnstreben vorliegt, also tendenzgeschützte und tendenzneutrale Zwecke verfolgt werden, kommt es darauf an, ob ein quantitatives Übergewicht unmittelbar tendenzbezogener Tätigkeiten vorliegt. Indiz ist der Einsatz sachlicher und personeller Mittel für die Tätigkeit.[26] In mehrgliedrigen Verbänden oder Verbänden mit unterschiedlichen Nebenbetrieben vermittelt die Privilegierung eines Betriebes als Tendenzunternehmen grds. nicht diese Eigenschaft für andere Betriebe des Verbandes.[27] Es kommt auf die konkrete Situation an, da die Mitbestimmung betriebsbezogen ist.

24 Da der Tendenzschutz den **politischen Parteien** zugutekommt, sind auch die den Parteien nahestehenden wirtschafts- und sozialpolitischen Vereine, insbes. die politischen Stiftungen, regelmäßig einbezogen. Politische Betätigung ist nicht auf parteipolitische Tätigkeit beschränkt.[28] Die Tätigkeit der Arbeitgeberverbände und die von diesen unterhaltenen Institute und Schulungseinrichtungen sind Unterfall der koalitionspolitischen Betätigung. Auch wirtschafts- und sozialpolitisch tätige Verbände, die nicht Tarifparteien sind, können privilegierte Betriebe mit politischer Zielsetzung sein. Jenseits der bloßen Interessenvertretung der Mitglieder bedarf es aber einer politischen Zweckrichtung, etwa der Erhaltung und dem Ausbau der Marktwirtschaft. Nicht alle Wirtschaftsverbände dürften ihre Satzung diesbezüglich an die Erfordernisse angepasst haben, obwohl die Praxis der Wirtschaftsverbände idR über die reine Interessenvertretung eines Wirtschaftszweiges hinausgeht. Bei Umweltschutzverbänden, Menschenrechtsorganisationen und Frauenverbänden mit allgemeinpolitischer Zielsetzung ist der Tendenzschutz anzuerkennen. Keinen Tendenzschutz genießen die von Koalitionsparteien und Wirtschaftsverbänden betriebenen Wirtschaftsunternehmen, da sie nicht die Förderung und Gestaltung von Arbeits- und Wirtschaftsbedingungen zum Ziel haben.[29] Auch die Erfüllung öffentlicher Aufgaben

---

[24] *Hohmuth* BB 2014, 3061 (3065); Hauschka Corporate Compliance/*Mengel* § 39 Rn. 65.
[25] S. dazu nachfolgend → Rn. 28 ff.
[26] BAG NZA 1990, 402; 2006, 1422; *Hoppe/Marcus* ArbRAktuell 2012, 189.
[27] BVerfG NZA 2003, 864.
[28] BAG NZA 1999, 277.
[29] *Hoppe/Marcus* ArbRAktuell 2012, 190; *Grambow* ZStV 2013, 161 (162).

im Auftrag und nach Vorgabe staatlicher Stellen stellt keine Tendenzschutz genießende politische Betätigung dar.[30]

Aus der Tendenzeigenschaft eines Betriebes folgt, dass gem. § 118 Abs. 1 S. 2 BetrVG **25** kein **Wirtschaftsausschuss** zu bilden ist und auch die Arbeitnehmer über die wirtschaftliche Lage und Entwicklung des Unternehmens nicht zu unterrichten sind. Die Verbandsleitung muss sich davor hüten, die unzulässige Bildung eines Wirtschaftsausschusses über längere Zeit zu tolerieren und dadurch konkludent zu billigen. Während bei einer beabsichtigten Betriebsänderung wegen des Tendenzschutzes kein Interessenausgleich durchzuführen ist, bleibt die Verpflichtung zur Verhandlung eines Sozialplans zum Ausgleich oder zur Milderung wirtschaftlicher Nachteile bestehen.

Im Tendenzbetrieb kann der Arbeitgeber deutlich weitergehende Pflichten bzw. Ob- **26** liegenheiten **im außerdienstlichen Bereich** der Beschäftigten – etwa durch tendenzbezogene Ethikkodizes ohne Mitbestimmung des Betriebsrates – verlangen. Auch ohne besondere Regelung im Arbeitsvertrag kann der Arbeitnehmer zu tendenzgemäßen Verhalten angeleitet werden. Von den Mitarbeitern ist eine über das dienstliche Verhalten hinausgehende Loyalität zu wahren. Beschäftigte sind bspw. verpflichtet, Äußerungen zu unterlassen, die der Tendenz des Arbeitgebers zuwiderlaufen, und sie können auch zu deren aktiven Verteidigung verpflichtet sein.[31] Im Wirtschaftsverband besteht aber kaum jemals Anlass, Regeln zur privaten Lebensführung aufzustellen, wie sie im kirchlichen Bereich weitgehend akzeptiert werden.

Beteiligungsrechte des Betriebsrates können im Bereich der personellen Einzel- **27** maßnahmen gegenüber Tendenzträgern im Betrieb ausgeschlossen sein, soweit die Eigenart des Betriebes dies erfordert. Das betrifft etwa Einstellung, Kündigung und Nebenbeschäftigungen, bei denen allenfalls Einwendungen aus sozialen Gründen erhoben werden können.[32]

C. Schulung, Kontrolle und Investigationsmaßnahmen

Verhaltensleitlinien sind nur effektiv, wenn sie im Verband (vor-)gelebt, regelmäßig nach- **28** gehalten, dokumentiert, kontrolliert und, jedenfalls bei ernsten Verstößen, auch sanktioniert werden. Denn die Compliance-Organisation erschöpft sich nicht in ihrer Einrichtung. Es ist ein Organisationsverschulden der Verbandsleitung, wenn Prozesse zur Einhaltung der Rechtstreue nicht vernünftig implementiert werden. Auch die **beabsichtigte Haftungsdelegation** von den Organmitgliedern auf nachgeordnete Funktionen wird nicht erreicht.

I. Bekanntmachung, Schulung

Verhaltensrichtlinien sind an geeigneter Stelle im Betrieb auszulegen, auf den betriebsübli- **29** chen Wegen bekannt zu machen oder individuell auszuhändigen. In der Praxis gehen Unternehmen zunehmend dazu über, dass die Kenntnisnahme der Code of Conducts schriftlich oder über das Intranet zu dokumentieren ist. Empfehlenswert ist ein bewusstes Konzept zur **internen Compliance-Kommunikation,** die kontinuierlich, verständlich, interaktiv und glaubwürdig ist. Kommunikation sollte auf der Wertekultur im Unternehmen basieren, mit Kritik am Compliance-Programm proaktiv und offen umgehen und die Mitarbeiter in ihren spezifischen Risikolagen abholen.

Compliance muss **in den Abläufen der jeweiligen Verbandsfunktionen eingeübt** **30** werden. Adressaten sind Führungskräfte, aber auch nachgeordnete Mitarbeiter insbes. in

---

[30] BAG NZA 199, 277.
[31] Hauschka Corporate Compliance/*Mengel* § 39 Rn. 51.
[32] Vgl. ErfK/*Kania* BetrVG § 118 Rn. 24–26.

den Risikobereichen wie Vertrieb und Einkauf. Im Fokus stehen die Referenten eines Verbandes, die Sitzungen leiten und betreuen, auf denen Wettbewerbsunternehmen zusammentreffen. Compliance-Erläuterungen gehören demgemäß regelmäßig in dienstliche Besprechungen, bei entsprechender Gefährdungsdisposition sind auch individuelle Personalgespräche erforderlich. Schulung kann intern oder extern erfolgen. Die Instrumente reichen von Selbstlernsystemen über Webinare bis hin zu Präsenzschulungen, etwa Workshops mit Case Studies. Mit ersteren erreicht man schnell und kostengünstig eine Vielzahl von Mitarbeitern, in Präsenzveranstaltungen kann man am besten auf die Bedürfnisse der Mitarbeiter und deren konkrete Praxisfragen eingehen.

31   Bei Compliance-**Schulungen** handelt es sich regelmäßig um sonstige Bildungsmaßnahmen, die unter den Mitbestimmungstatbestand von § 98 Abs. 6 iVm Abs. 1–5 BetrVG fallen. Das Mitbestimmungsrecht bezieht sich insoweit auf den Inhalt, den Umfang und die Methode der Schulung.[33] Darüber hinaus kann der Betriebsrat gem. Abs. 2 der Bestellung einer mit der Schulung betrauten Person widersprechen oder ihre Abberufung verlangen, wenn diese nicht die erforderliche Eignung besitzt oder ihre Pflichten vernachlässigt. Dies gilt selbst dann, wenn der im Verband zuständige Compliance Officer die Ausbildungsmaßnahme durchführt. Der Betriebsrat darf aber die Grenze zum missbräuchlichen Widerspruch nicht überschreiten.[34] Der Betriebsrat kann auch Vorschläge für Teilnehmer machen. Mitbestimmungsrechte nach § 87 Abs. 1 Nr. 6 BetrVG sind weiter zu beachten, wenn die Geschäftsstelle Teilnehmerlisten erfasst, elektronisch speichert und verwaltet. Sofern am Ende eines Selbstlernsystems oder einer Präsenzschulung ein Test zum Nachweis der erworbenen Fähigkeiten von den Teilnehmern abgelegt wird, ist die Ausgestaltung der Prüfung ebenso mitbestimmungspflichtig wie die nachträgliche elektronische Erfassung von handschriftlichen Testbögen.

32   Vergütungsrelevante **Zielvereinbarungen auf der Basis von Compliance-Zielen** bedürfen jedenfalls bei der erstmaligen Einführung eines solchen Zielvereinbarungssystems der Zustimmung des Betriebsrats nach § 87 Abs. 1 Nr. 1 BetrVG.[35] Ansonsten ist zu unterscheiden, ob es sich um individuelle Vereinbarungen über Compliance-Ziele oder um eine allgemeine betriebliche Lohngestaltung nach § 87 Abs. 1 Nr. 6 BetrVG handelt. Im letzteren Fall ist regelmäßig auch das Mitbestimmungsrecht nach § 87 Abs. 1 Nr. 11 BetrVG wegen leistungsbezogener Entgelte zu beachten.

II. Monitoring und angemessene Kontrolle

33   Compliance **Monitoring** dient der Prävention wie der Kontrolle der Effizienz eines Systems. Es sollte einerseits ein Benchmarking der wesentlichen Compliance-Kennziffern beinhalten, andererseits auch zur Ergänzung von Hinweisgebersystemen und anonymen Befragungen einen subjektiven Blick auf die aktuelle Integritätssituation des Verbandes erlauben. Durch kontinuierliche Messung der Unternehmensintegrität wird die operative Leitung in die Lage versetzt, permanent an der Verbesserung von Rechtstreue und Integrität zu arbeiten.

34   Die grds. Zulässigkeit der **Mitarbeiterkontrolle** ergibt sich aus der gesetzlichen bzw. teilweise selbst auferlegten Verpflichtung des Arbeitgebers, Compliance-Richtlinien umzusetzen.[36] Die Mittel zur Mitarbeiterkontrolle sind vielfältig; es liegt auf der Hand, dass nicht alles, was technisch machbar ist, auch rechtlich erlaubt ist.[37] Als Schranken der Kontrolle sind das Persönlichkeitsrecht und der Arbeitnehmerdatenschutz zu beachten. Im Hinblick auf das Persönlichkeitsrecht ist zu prüfen, ob die konkrete Maßnahme geeignet, erforderlich und angemessen ist, und insoweit unter Abwägung aller Umstände höher-

---

[33] BAG NZA 1986, 535.
[34] *Neufeld/Knitter* BB 2013, 821 (824); *Köhler/Häferer* GWR 2015 159 (160).
[35] *Neufeld/Knitter* BB 2013, 821 (825) mwN.
[36] SWK-ArbR/*Panzer-Heemeier* Mitarbeiterkontrolle Rn. 1.
[37] Maschmann S. 149 ff.

wertige schützenswerte Interessen des Arbeitgebers vorliegen. Die Rspr. stellt hohe Anforderungen an die Güter- und Interessenabwägung.[38] Es kommt letztlich auf die jeweils konkret vorliegenden Umstände an, etwa die Zahl der von der Kontrolle betroffenen Arbeitnehmer, Verdachtsabhängigkeit oder -unabhängigkeit der Kontrolle, Betroffenheit Dritter, Dauer, Art und Intensität, insbes. aber auf die Tatsache, ob offen oder verdeckt kontrolliert wird. Durch Aufsuchen am Arbeitsplatz darf der Arbeitgeber von Zeit zu Zeit kontrollieren, ob die Arbeitspflicht iRd Regeln erfüllt wird. Eine lückenlose offene Videoüberwachung widerspricht – von Sondersituationen in Einkaufszentren, Museen oder beim Umgang mit gefährlichen Stoffen abgesehen – idR dem Verhältnismäßigkeitsprinzip.[39] Die heimliche Videoüberwachung lässt die Rspr. nur unter sehr strengen Voraussetzungen als ultima ratio in räumlicher und zeitlicher Begrenzung unter Beachtung des Mitbestimmungsrechts des Betriebsrates zu.[40]

Ein **präventiver Zuverlässigkeitstest** von Beschäftigten durch Betriebsangehörige **35** oder Betriebsfremde („Tatprovokationen") kann durch berechtigte betriebliche Sicherheitsinteressen ausnahmsweise gerechtfertigt sein; ohne jeden Anhaltspunkt und va bei der Alternative zu unverdeckter Kontrolle verstößt er selbst dann gegen das Persönlichkeitsrecht, wenn die Betroffenen bei der Einstellung zugestimmt haben oder der Betriebsrat sein Einverständnis gibt. Betriebsvereinbarungen können aber die Eingriffsintensität von Kontrollen generell senken; so sind etwa sog Tor- und Taschenkontrollen beim Verlassen des Betriebsgeländes durchaus möglich.[41]

Neben den Datenschutzvorschriften des BDSG sind auch diejenigen in TMG und **36** TKG zu beachten.[42]

III. Interne und externe Investigations

Kernstück einer verbandsinternen Untersuchung ist die **sorgfältige und vollständige 37 Sachverhaltsermittlung,** die der Beurteilung dient, ob ein Fehlverhalten vorliegt und wem es zuzurechnen ist. Typische Maßnahmen sind die Auswertung von Akten, elektronisch gespeicherten Dokumenten und die Befragung von Mitarbeitern. Da die Untersuchungen darauf abzielen, bei Bestätigung des Verdachts arbeitsrechtliche Maßnahmen wie Kündigungen zu ergreifen und Schadensersatz geltend zu machen, müssen die Untersuchungen belastbare Beweise dokumentieren und ihrerseits unter Wahrung der allgemeinen und arbeitsrechtlichen Normen erfolgen. Unsachgemäße Ermittlungen gefährden den Erfolg und sind möglicherweise prozessual nicht verwertbar.[43] Erforderliche Zustimmungen von Beschäftigten können zwar am Beginn von internen Investigations eingeholt werden; zu empfehlen ist aber, bereits bei der Implementierung eines umfassenden Compliance-Systems auch die Kontroll- und Untersuchungsbefugnisse vorausschauend zu gestalten.[44]

Dienstliche Dokumente wie Geschäftsbriefe und elektronisch gespeicherte Unterlagen **38** darf der Arbeitgeber uneingeschränkt einsehen. Bei der **Auswertung elektronischer Dokumente** sind ggf. die datenschutzrechtlichen Vorschriften des § 32 BDSG zu beachten, wobei zu differenzieren ist, ob der Arbeitgeber eine Straftat oder eine nicht strafbewehrte Pflichtverletzung aufdecken möchte. Private Unterlagen am Arbeitsplatz oder die Nutzung der vom Arbeitgeber zugelassenen elektronischen Kommunikation mittels der betrieblichen Einrichtungen unterliegen dem Schutz der Privatsphäre und ggf. dem Fernmeldegeheimnis. Kontrollen und Zugriffe durch den Arbeitgeber, die private Bereiche

---

[38] BAG ArbRAktuell 2014, 101 mAnm Hjort; ZD 2014, 260 mAnm Wybitul; NZA 2004, 1280.
[39] LAG Köln NZA-RR 2011, 241 mAnm Hunold.
[40] BAG NZA 2012, 1025; 2003, 1193; 2004, 1280.
[41] BAG ZD 2014, 426.
[42] Hauschka Corporate Compliance/*Mengel* § 39 Rn. 90 mwN; → Rn. 38.
[43] *Schrader/Mahler* NZA-RR, 2016, 57 (58).
[44] Hauschka Corporate Compliance/*Mengel* § 39 Rn. 92.

der Beschäftigten betreffen, sind grds. nur mit Einwilligung des Betroffenen zulässig. Es empfiehlt sich, die private Nutzung der betrieblichen Einrichtungen von einer antizipierten Einwilligung abhängig zu machen.[45] Die neuere Rspr. unterscheidet sehr filigran zwischen Mails im Übermittlungsvorgang und bereits abgelegten Mails; auf letztere kann bei belastbaren Anhaltspunkten für einen schwerwiegenden Pflichtverstoß oder eine Straftat zugegriffen werden.[46]

39   Ein zentraler Aspekt bei Internal Investigations ist die **Befragung von Mitarbeitern** hins. möglicher eigener Verstöße oder der Wahrnehmungen in Bezug auf andere Beschäftigte.[47] Die Befragung von Arbeitnehmern ist Ausfluss des allgemeinen Weisungsrechts und der Loyalitätspflicht. Etwaige Belehrungen, Informationen über den Ablauf oder die Vorlage eines Fragenkatalogs vor einem Interview über den aufzuklärenden Sachverhalt oder strafprozessuale Folgen sind nicht erforderlich.[48] Fragen sind wahrheitsgemäß und vollständig zu beantworten, wenn der Arbeitgeber ein berechtigtes und schutzwürdiges Interesse hat und die Auskunftspflicht den Arbeitnehmer nicht unzumutbar belastet.[49] Je weiter der Sachverhalt vom Kernbereich der Arbeitsleistung des Beschäftigten entfernt ist, desto sorgfältiger ist die Interessensabwägung vorzunehmen. Vorgesetzten hingegen kann im Hinblick auf ihre Aufsichtspflicht gegenüber anderen Beschäftigten eine umfassende Auskunft auch jenseits des eigenen Arbeitsbereichs abverlangt werden. Inwieweit der Arbeitnehmer ein Schweigerecht hat, wenn er sich selbst belasten würde, ist nicht abschließend höchstrichterlich entschieden. Selbst bei Annahme eines Aussageverweigerungsrechts berechtigt dies den Mitarbeiter aber nicht, seine Mitwirkung vollständig zu verweigern, sondern verlangt auch auf Seiten des aussageverweigernden Arbeitnehmers die Beteiligung als solche und Angaben zu der Aussageverweigerung.[50]

40   Ein Recht auf die Hinzuziehung eines Mitglieds des Betriebsrats zu einer Befragung als Zeuge besteht nicht. Allerdings muss der **Betriebsrat** gem. § 80 Abs. 2 BetrVG über die Durchführung des Interviews informiert werden, nicht aber über die sich daraus ergebenden Erkenntnisse. Wird für das Interview ein Personalfragebogen benutzt, ergibt sich ein Beteiligungsrecht des Betriebsrats aus § 94 Abs. 1 S. 1 BetrVG. Gleiches kann gelten, wenn die Mitarbeiterbefragung einen kollektiven Bezug hat und sich auf mitbestimmungspflichtige Tatbestände nach § 87 BetrVG bezieht.[51] Insofern können Mitarbeiterbefragungen effizienter gestaltet und Zweifel über Einzelmaßnahmen beseitigt werden, wenn vorab eine Betriebsvereinbarung über deren Durchführung geschlossen wird.

41   **Ist ein Verdacht Anlass für die Befragung, sind bei der Anhörung im Hinblick auf eine spätere Verdachtskündigung** die von der Rspr. für diesen Fall aufgestellten Anforderungen zu beachten.[52] Die Anhörung muss sich auf einen konkreten Sachverhalt beziehen, alle wesentlichen Umstände sind darzulegen, aus denen sich der Verdacht ergibt, dem Arbeitnehmer muss Gelegenheit gegeben werden, Tatsachen zu bestreiten und Entlastendes vorzubringen. Ein Beschuldigter darf bei der Anhörung grds. keinen Rechtsanwalt zuziehen; beauftragt der Arbeitgeber Rechtsanwälte mit der Anhörung, spricht aus Gründen der Waffengleichheit vieles für ein Recht auf anwaltlichen Beistand. Heimliche Bild- und Tonaufzeichnungen sind unzulässig. Die Regeln fairen Umgangs, also das Vermeiden von Drucksituationen, sollten eingehalten werden. Etwaige Aufzeichnungen soll-

---

[45] Hauschka Corporate Compliance/*Mengel* § 39 Rn. 99.
[46] LAG Bln-Bbg NZA-RR 2011, 342 (343); VG Karlsruhe NVwZ-RR 2013, 797 (800); VGH Kassel FD-ArbR 2009, 284468; → § 11 Rn. 104 ff.
[47] Zur Vorbereitung und Durchführung von Interviews s. Hauschka Corporate Compliance/*Schrader* § 46 Rn. 107 ff. und Maschmann S. 170 ff.
[48] Schrader/Mahler NZA-RR, 2016, 57 (62 ff.); Rotsch Criminal Compliance/*Knierim* § 7 Rn. 35.
[49] BAG NZA 1996, 637 (638).
[50] Rotsch Criminal Compliance/*Knierim* § 7 Rn. 34.
[51] LAG Hmb Beschl. v. 20.1.2015 – 2 TaBVGa 1/15, BeckRS 2015, 68466.
[52] BAG NZA 2009, 604; AP BGB § 626 Verdacht strafbarer Handlung Nr. 37; ErfK/Müller-Glöge BGB § 626 Rn. 216–217a.

ten dem Mitarbeiter zur Kontrolle und Gegenvorstellung überlassen werden.[53] Verweigert der Mitarbeiter die Teilnahme an einem zulässigerweise angeordneten Gespräch, kann der Arbeitgeber, ggf. nach einer weiteren Abmahnung, das Arbeitsverhältnis verhaltensbedingt oder im Wege der Verdachtskündigung beenden.[54] Ausgeschiedene Mitarbeiter sind zu einer Mitwirkung und Aussage iRv Compliance-Untersuchungen aufgrund von nachwirkenden Nebenpflichten über das Ende des Arbeitsverhältnisses hinaus verpflichtet.

Investigations durch **externe Wirtschaftsprüfer oder Anwaltskanzleien** sind bei 42 großen Verbänden und Unternehmen häufig. Externe Anwälte sollten beauftragt werden, wenn sich der Verdacht auch gegen Mitglieder der Verbandsleitung richtet. Dies kann der Fall sein, wenn der Verdacht auf systematische Rechtsverletzungen im Verband sowie damit unterlassene Aufsichtsmaßnahmen des Vorstandes und der Geschäftsführung oder sogar deren aktive Beteiligung besteht. Sofern nämlich Verbände in diesen Situationen die internen Untersuchungen selbst durchführen, kann bei Ermittlungsbehörden oder in der Öffentlichkeit der Verdacht entstehen, dass die internen Untersuchungen nicht unabhängig und ernsthaft durchgeführt werden. Die Beauftragung externer und somit von den Verbandsorganen unabhängiger Berater empfiehlt sich auch, wenn Streitigkeiten oder gegenseitige Verdächtigungen im Raum stehen. Bei der Beauftragung von Wirtschaftsprüfern ist darauf zu achten, dass die gutachterlichen Feststellungen so präzise erfolgen, dass sie für arbeitsrechtliche Verfahren hinreichend verwendbar sind.

Protokolle von Mitarbeiterbefragungen sind auch für die Behörden im Falle der **Strafverfolgung** interessant. Um den Ermittlungsbehörden den Zugriff auf die Protokolle der 43 geführten Interviews wie auch auf weitere Unterlagen der Internal Investigation zu erschweren, empfiehlt es sich, die Protokolle und auch andere Unterlagen der Internal Investigation deutlich als „Vertrauliche Anwaltunterlagen bzw. Korrespondenz" zu kennzeichnen, wenn sie nicht ohnehin in der Kanzlei der Anwälte hinterlegt werden.

Der grds. zulässige **Einsatz von Detektiven** zur präventiven Kontrolle ist im Falle 44 einer individuellen Überwachung nur bei einem konkreten Verdacht einer gegen den Arbeitgeber gerichteten schweren Arbeitspflichtverletzung zulässig, wenn keine anderen Mittel zur Verfügung stehen. Der Einsatz muss verhältnismäßig sein und ist auf das Erforderliche zu beschränken. Verboten ist das gezielte Ausspähen der Privatsphäre des Arbeitnehmers. Übermäßige und in den privaten Lebensbereich übergreifende Überwachung durch Detektive kann strafrechtlich relevant sein.[55] Bei berechtigtem Einsatz sind die angemessenen Kosten vom Arbeitnehmer zu erstatten.[56]

Um die Kooperation und Auskunftsfreudigkeit der Beschäftigten zu steigern, werden 45 in der Praxis quasi als ultima ratio zuweilen **Amnestieprogramme und Kronzeugenregelungen** empfohlen. Gegenstand solcher Angebote an die Wissensträger im Verband kann der Verzicht auf arbeitsrechtliche Sanktionen und zivilrechtliche Schadensersatzforderungen sein. Auch der Ablauf der Investigations, Stichtage, Art und Umfang der erwarteten Kooperation und Voraussetzungen für privilegierte Behandlung nach umfassender Mitwirkung an der Aufklärung von Sachverhalten können Gegenstand solcher Programme sein. Angebot und Durchführung von Amnestieprogrammen bedürfen Professionalität und Sorgfalt, nicht nur in arbeitsrechtlicher Hinsicht, sondern auch im Hinblick auf vereins-, haftungs- und strafrechtliche Implikationen.[57]

---

[53] LAG Köln Urt. v. 19.1.2016 – 12 Sa 319/15, BeckRS 2016, 67456.
[54] *Schrader/Mahler* NZA-RR, 2016, 57 (63).
[55] BGH ZD 2013, 502 mAnm Wybitul (GPS-Überwachung).
[56] BAG NZA 2009, 1300; 1998, 1334; LAG Bln NZA-RR 2002, 98.
[57] Hauschka Corporate Compliance/*Mengel* § 39 Rn. 105; *Kahlenberg/Schwinn* CCZ 2012, 81; Maschmann S. 179 ff.

IV. Whistleblowing

46 Grds. wird aus dem Gesichtspunkt der Treuepflicht von Arbeitnehmern erwartet, drohende Schäden dem Arbeitgeber anzuzeigen. Das gilt für Vorgesetzte hins. der Kontrolle arbeitsrechtswidrigens Verhalten der Mitarbeiter,[58] für jeden Arbeitnehmer in seinem Aufgabenbereich, falls eine Nichtanzeige einen Schaden verursachen oder ausweiten kann,[59] jedenfalls bei schweren Pflichtverletzungen und Straftaten in seiner überschaubaren Abteilung.[60] Die **Anzeigepflicht** ist immer unter besonderer Interessenabwägung zwischen der Treuepflicht und dem Interesse an der Schadensvermeidung zu prüfen.

47 Die Anzeigepflicht ist nicht die wesentliche Antriebsfeder für **interne Hinweisgebersysteme** (Whistleblowing). Es geht vielmehr um die Möglichkeit des Aufmerksammachens auf Fehlverhalten und Missstände durch Mitarbeiter des Verbandes oder externe Dritte. Hinweisgeber verfügen über entsprechendes Wissen zu regelwidrigen Vorkommnissen, sind nicht bereit, diese hinzunehmen, und wenden sich, idR unter Geheimhaltung ihrer Identität, mit einem Abhilfegesuch an die Leitung des Verbandes. In der Praxis sind Hinweisgebersysteme beschränkt auf Meldungen, die Wirtschaftsstraftaten betreffen. Denn Korruption und Kartellverstöße führen zu heimlichen bzw. scheinbar opferlosen Delikten. Absprachen erfolgen meist mündlich, Schmiergeldzahlungen nicht selten in bar. Whistleblowing-Systeme helfen, die oft vorherrschende Mauer des Schweigens zu durchbrechen. Ihr besonderer Mehrwert besteht in der Schaffung eines geschützten Raums für Zeugenaussagen, ohne die eine Aufdeckung von Wirtschaftsstraftaten im Verband oft nicht gelingt. Einbeziehung in das Whistleblowing-System finden insbes. solche Hinweise, denen ein Sachverhalt zu Grunde liegt, der auf durch Strafandrohungen oder Bußgeldregelungen des Wettbewerbsrechts sanktionierte Verstöße hindeutet. In Anbetracht des Schweregrads der aufzudeckenden Taten darf das Hinweisgebersystem nicht als allgemeiner Kummerkasten missverstanden werden. Es ist entsprechend von anderen internen Meldemöglichkeiten wie bspw. einer Anti-Mobbing-Stelle abzugrenzen.[61]

48 Whistleblowing-Systeme können **intern oder extern** ausgestaltet sein. Interne Systeme sind va Whistleblowing-Hotlines, per Telefon oder per Internet/Mail, über die die Arbeitnehmer melden können. Als externe Lösung können bspw. Vertrauensanwälte als Ombudsmänner eingesetzt werden. Die Bereitstellung anonymer Meldewege ist rechtlich unbedenklich.[62] Sie sollten sorgfältig ausgestaltet werden, mit schnellen und gründlichen Prüfverfahren sowie besonderer Vertraulichkeit, ggf. auch mit der Beschränkung auf Pflichtverletzungen, die gemeldet werden sollen („Kardinalpflichten-Bereiche"). Das US-amerikanische Recht fordert ein solches System mit der Option anonymer Meldungen. Überdies spricht für die Zulässigkeit, dass der Arbeitnehmer sicher sein kann, dass ihm keine arbeitsvertraglichen Konsequenzen drohen. Dies erhöht die Bereitschaft zu Meldungen von Fehlentwicklungen.

49 Der **Schutz von Whistleblowern** ist in Deutschland im Gegensatz zu anderen Ländern nicht spezialgesetzlich geregelt, sondern beruht auf den allgemeinen Gesetzen zum Schutz vor Arbeitgebermaßregelung gem. § 612a BGB und §§ 1 ff. KSchG. Auf der Basis der allgemeinen Gesetze hat die Rspr. Maßstäbe dazu entwickelt, wann ein Hinweisgeber berechtigt ist, Missstände im Unternehmen oder auch extern an Behörden usw zu melden und wann Whistleblowing eine Verletzung arbeitsvertraglicher Pflichten darstellt. Es verdient aber nicht nur der Whistleblower Schutz, sondern der Arbeitgeber ist im Rahmen seiner Fürsorgepflicht auch gehalten, einen beschuldigten Arbeitnehmer angemessen zu behandeln und Unschuldige vor Verleumdung zu schützen. Eine schwierige Frage ist, ob,

---

[58] BAG NJW 1958, 1747 (1748).
[59] BAG NJW 1970, 1861.
[60] ErfK/*Preis* § 611 BGB, Rn. 904; *Schrader/Mahler* NZA-RR, 2016, 57 (64).
[61] Rotsch Criminal Compliance/*Süße* § 34 C Rn. 109. Es besteht allerdings kein Beschlagnahmeschutz für Unterlagen bei Ombudspersonen, LG Bochum NStZ 2016, 500 mAnm *Sotelsek*.
[62] SWK-ArbR/*Mengel* Whistleblowing Rn. 5 ff.

wann und in welchem Umfang einem verdächtigten Arbeitnehmer im Zuge der internen Prüfung Mitteilung zu den Vorwürfen zu machen ist. Grds. ist gem. § 33 Abs. 1 S. 1 BDSG die Unterrichtung unmittelbar nach Speicherung des Hinweises vorgeschrieben. Oft besteht jedoch die Gefahr, dass durch eine derart frühzeitige Unterrichtung die Untersuchung des Sachverhalts gestört wird, etwa durch Vernichtung von Beweisen oder Beeinflussung von Zeugen. Daher kann eine Benachrichtigung gem. § 33 Abs. 2 S. 1 Nr. 7 Buchst. b BDSG zunächst unterbleiben. Sobald die Risiken entfallen, regelmäßig spätestens mit Abschluss der Sachverhaltsermittlung, muss die Benachrichtigung erfolgen. Es ist noch ungeklärt, ob auch fortbestehende Interessen des Arbeitgebers an einer Geheimhaltung nach Abschluss der Untersuchung dauerhaft das Informationsinteresse des Arbeitnehmers verdrängen können.[63]

IRv Whistleblowing-Systemen werden regelmäßig personenbezogene Daten des beschuldigten Arbeitnehmers und, bei offener Meldung, auch des Hinweisgebers erhoben, übermittelt und gespeichert. Für diese Datenverarbeitungen sind eine **datenschutzrechtliche Rechtfertigung** nach dem BDSG, die individuelle Einwilligung des Arbeitnehmers, eine Betriebsvereinbarung oder gesetzliche Rechtfertigungsvoraussetzungen gem. § 32, § 28 BDSG erforderlich. Da die Wirksamkeit von Einwilligungen generell in Frage steht und diese jedenfalls jederzeit widerrufen werden können,[64] ist dies für ein effektives Compliance-System nicht tragfähig. § 32 Abs. 1 S. 2 BDSG verlangt, den Verdacht der Straftat zu dokumentieren und eine besondere Interessenabwägung vorzunehmen. Soweit es sich um Vorfälle und Pflichtverstöße handelt, die nicht strafbar wären, ist dagegen § 32 Abs. 1 S. 1 BDSG mit geringeren Anforderungen an die Abwägung anzuwenden. Die Implementierung eines Whistleblowing-Systems ist bei Nutzung elektronischer Kommunikation regelmäßig mitbestimmungspflichtig. **50**

In einem aufsehenerregenden Urt. hat das EGMR am 21.7.2011[65] im Fall einer Berliner Altenpflegerin **externes Whistleblowing als ultima ratio** gerechtfertigt. Wegen der Pflicht des Arbeitnehmers zu Loyalität und Vertraulichkeit müssten Informationen zunächst dem Vorgesetzten gegeben werden. Bei der erforderlichen Interessenabwägung sei von Bedeutung, ob an der Information ein öffentliches Interesse bestehe und ob sie fundiert sei. Jeder, der Informationen weitergeben wolle, müsse grds. prüfen, ob diese Informationen genau und zuverlässig seien. Außerdem müsse der mögliche Schaden für den Arbeitgeber berücksichtigt werden, die Gründe für die Information und die Art der Sanktion. Eine Strafanzeige wegen Missständen am Arbeitsplatz könne gerechtfertigt sein, wenn vernünftigerweise nicht erwartet werden kann, dass innerbetriebliche Beschwerden zu einer Untersuchung und Abhilfe führten und andererseits beachtliche Schäden drohten. **51**

V. Arbeitsstrafrecht

Das Arbeitsstrafrecht ist ein **Teilgebiet des Wirtschaftsstrafrechts** und umfasst das Straf- und Ordnungswidrigkeitenrecht, das sich auf Straftaten und Ordnungswidrigkeiten von Arbeitgebern und Arbeitnehmern bezieht. Hierzu zählen bspw. das Vorenthalten und Veruntreuen von Arbeitsentgelt nach § 266a StGB, die Arbeitnehmerüberwachung nach §§ 201 ff. StGB, §§ 43, 44 BDSG oder die illegale Beschäftigung von Ausländern nach § 404 SGB III. Weiter finden sich zahlreiche Normen ua im Schwarzarbeitsgesetz, im Arbeitnehmerentsendegesetz, im Arbeitnehmerüberlassungsgesetz, im Arbeitszeitgesetz, im Betriebsverfassungsgesetz sowie im Arbeitsschutzgesetz. Auch allgemeine Straftatbestände, wie die Körperverletzung, können im Arbeitsstrafrecht in Betracht kommen, wenn etwa Unfälle durch unzureichenden Arbeitsschutz verursacht werden. Compliance-Maßnah- **52**

---

[63] SWK-ArbR/*Mengel* Whistleblowing Rn. 9 f.
[64] S. dazu näher → § 11 Rn. 29.
[65] FD-ArbR 2011, 320916 mAnm Bauer.

men im Aufgabenbereich des Personalressorts haben den Schutz der Interessen der Beschäftigten (zB im Bereich des Arbeitsschutzes) oder Belange der Allgemeinheit (zB beim Sozialversicherungsbetrug nach § 266a StGB) im Fokus. Straftaten, die Beschäftigte „für den Verband" begehen, bleiben vorliegend außen vor.[66]

53 Compliance-Maßnahmen müssen wegen der komplexen Zusammenhänge zugleich arbeits-, steuer-, sozial- und ausländerrechtliche Gesichtspunkte erfassen. Daher kann es sich empfehlen, schon vor Abschluss eines Beschäftigungsvertrages **Beratungsangebote der Arbeitsagenturen und der IHKs** in Anspruch zu nehmen und deren Merkblätter zu beachten.[67] Folgende typische Fallgruppen werden behandelt:

1. Scheinselbständigkeit

54 Scheinselbständigkeit ist ein Risiko für Verbände, da diese regelmäßig freie Mitarbeiter, Beschäftigte von Mitgliedsunternehmen in Nebentätigkeit oder nach Renteneintritt beauftragen; Scheinselbständigkeit liegt vor, wenn Erwerbstätige nach der Ausgestaltung ihrer Rechtsbeziehungen wie Selbständige behandelt werden, tatsächlich jedoch wie abhängig Beschäftigte arbeiten und sich auch wegen ihrer sozialen Schutzbedürftigkeit nicht von diesen unterscheiden, § 7 Abs. 1 S. 1 SGB IV. Anhaltspunkte dafür sind in **Anknüpfung an den Arbeitnehmerbegriff** eine Tätigkeit nach Weisungen und eine Eingliederung in die Arbeitsorganisation des Arbeitgebers, § 7 Abs. 1 S. 2 SGB IV, wobei von den Sozialversicherungsträgern auch weitere Kriterien geprüft werden und am Ende eine Gesamtwürdigung der tatsächlichen Verhältnisse entscheidet. Durch § 2 Nr. 9 SGB VI wurde die Versicherungspflicht von arbeitnehmerähnlichen Selbständigen in der gesetzlichen Rentenversicherung eingeführt. Rentenversicherungspflichtig sind insoweit Personen, die im Zusammenhang mit ihrer selbständigen Tätigkeit keinen versicherungspflichtigen Arbeitnehmer beschäftigen und auf Dauer und iW nur für einen Auftraggeber tätig sind.

55 Die **Nichtabführung von Sozialversicherungsbeiträgen** ist durch § 266a StGB, § 1 Abs. 2 SchwArbG und § 8 SchwArbG sanktioniert. § 266a StGB schützt in Abs. 1 und 2 das Interesse der Solidargemeinschaft an der Sicherstellung des Beitragsaufkommens der Sozialversicherung, während Abs. 3 auf den Schutz des Vermögens des Arbeitnehmers und damit auf Individualschutz zielt. Da die einzelnen Absätze auf ein Vorenthalten bzw. Unterlassen abstellen, handelt es sich mit Ausnahme von Abs. 2 Nr. 1 jeweils um echte Unterlassungsdelikte. § 266a Abs. 1 StGB ist akzessorisch zum Sozialrecht; er bezieht sich nur auf den Arbeitnehmeranteil am Gesamtsozialversicherungsbeitrag, der gem. § 28d SGB IV die Kranken-, Pflege-, Rentenversicherung sowie den Beitrag aus Arbeitsentgelt aus einer versicherungspflichtigen Beschäftigung nach dem Recht der Arbeitsförderung umfasst. Der Gesamtsozialversicherungsbeitrag ist dabei gem. § 28e SGB IV vom Arbeitgeber an die Krankenkasse als Einzugsstelle zu zahlen. Für die Verbandsleitung besteht bei Versäumnissen die Möglichkeit zur Selbstanzeige nach § 266a Abs. 6 StGB, die den Vertretern des Verbandes iSd § 14 StGB in analoger Anwendung zugutekommt.

56 Eine fehlerhafte Beurteilung der Tätigkeit eines Mitarbeiters fällt oft bei einer **Betriebsprüfung nach § 28p SGB IV** auf und führt zur Nachforderung von Sozialversicherungsbeiträgen, zwingend mit Säumniszuschlägen. Beitragsschuldner ist allein der Arbeitgeber, § 28e Abs. 1 S. 1 SGB IV; er wird faktisch auch mit den Arbeitnehmeranteilen belastet, da der Rückgriff auf den Arbeitnehmer nur durch Abzug vom Lohn erlaubt und das Beitragsabzugsverfahren für zurückliegende Zeiten auf drei Monate beschränkt ist, § 28g SGB IV. Wurden die Aufzeichnungspflichten verletzt, kann ein Summenbescheid nach § 28f Abs. 2 S. 1 SGB IV und schließlich auch eine Nachforderung aufgrund Schätzung, § 28f Abs. 2 S. 3 SGB IV ergehen, so § 110 Abs. 1a SGB VII. Verunfallt ein nur dem Schein nach Selbständiger, hat der tatsächliche Arbeitgeber dem Unfallversicherungsträger sämtliche Aufwendungen zu ersetzen. Die Aufwendungen umfassen Heilbehand-

---

[66] S. dazu Göpfert/Landauer NZA-Beil. 2011, 16.
[67] Rotsch Criminal Compliance/*Eisele* § 22 Rn. 17.

lung einschließlich Reha, Verletztengeld und -rente, berufliche Wiedereingliederung und Witwen- und Waisenrenten.

Empfohlen wird in allen Zweifelsfällen die Einleitung eines **Statusfeststellungsver-** **57** **fahrens** nach § 7a I SGB IV bei der Deutschen Rentenversicherung (Bund). Stellt diese bei Stellung des Antrags innerhalb eines Monats nach Aufnahme der Tätigkeit fest, dass eine versicherungspflichtige Beschäftigung vorliegt, tritt die versicherungspflichtige Beschäftigung erst mit der Bekanntgabe dieser Entscheidung ein, wenn der erwerbsmäßig Tätige zustimmt und für die Zeit zwischen Aufnahme der Beschäftigung und der Entscheidung eine anderweitige Absicherung erfolgt ist, § 7a VI SGB IV.

2. Beschäftigung von ausländischen Arbeitnehmern, unzureichende Arbeitsbedingungen, Arbeitnehmerüberlassung

Bei Beschäftigung von **EU-Ausländern und der Arbeitnehmerüberlassung** ist strikte **58** Rechts- und Verwaltungskonformität erforderlich. Als sanktionierter Tatbestand kommt bspw. die illegale Beschäftigung von Ausländern nach § 404 Abs. 2 Nr. 3 SGB III in Betracht. Strafbar nach § 10 SchwarzArbG, § 233 Abs. 1 StGB sowie § 15a Abs. 1 S. 1 AÜG im Falle der Arbeitnehmerüberlassung ist, wer vorsätzlich eine in § 404 Abs. 2 Nr. 3 SGB III bezeichnete Handlung begeht und Ausländer zu Arbeitsbedingungen beschäftigt, die in einem auffälligen Missverhältnis zu den Arbeitsbedingungen deutscher Arbeitnehmer stehen, die die gleiche oder eine vergleichbare Tätigkeit ausüben. Für Fälle der gewerbsmäßigen Handlung oder einer Handlung aus grobem Eigennutz liegt ein besonders schwerer Fall nach § 10 Abs. 2 SchwarzArbG vor. § 21 SchwarzArbG zieht als Sanktion auch den Ausschluss von öffentlichen Aufträgen nach sich. Aus Compliance-Sicht ist zu beachten, dass die Verantwortlichkeit für das Vorliegen einer entsprechenden Erlaubnis gem. § 4 Abs. 3 S. 1 und S. 2 AufenthG bei beiden Arbeitsvertragsparteien liegt. Ausländer dürfen eine Erwerbstätigkeit nur ausüben, wenn der Aufenthaltstitel sie dazu berechtigt. Ausländer dürfen nur beschäftigt oder mit anderen entgeltlichen Dienst- oder Werkleistungen beauftragt werden, wenn sie einen solchen Aufenthaltstitel besitzen. § 4 Abs. 3 S. 4 AufenthG stellt klar, dass der Arbeitgeber diese Voraussetzungen prüfen muss. Der Arbeitgeber hat nach § 4 Abs. 3 S. 5 AufenthG die Pflicht, für die Dauer der Beschäftigung eine Kopie von Aufenthaltstitels-/Aufenthaltsgestattung in Papier- bzw. elektronischer Form aufzubewahren.

Das Recht, eine Genehmigung zu beantragen, hat nur der Ausländer. Die Genehmi- **59** gung ist zwingend **vor Aufnahme der Beschäftigung** einzuholen, § 284 Abs. 2 S. 2 SGB III. Nach § 284 Abs. 3 SGB III, § 39 Abs. 2 S. 3 AufenthG muss der Arbeitgeber, bei dem ein Ausländer beschäftigt werden soll, der dafür eine Zustimmung benötigt, der Bundesagentur für Arbeit Auskunft über Arbeitsentgelt, Arbeitszeiten und sonstige Arbeitsbedingungen zum Zwecke der Prüfung erteilen, ob eine Beschäftigung zu ungünstigen Bedingungen vorliegt. Vorsätzliche oder fahrlässige Verstöße gegen diese Auskunftspflicht führen zu einer Ordnungswidrigkeit nach § 404 Abs. 2 Nr. 5 SGB III.

Die Arbeitnehmerüberlassung weist enge Berührungspunkte mit Schwarzarbeit und il- **60** legaler Beschäftigung von Ausländern auf. §§ 15 ff. AÜG normiert **Ordnungswidrigkei-** **ten und Straftatbestände für Verleiher und Entleiher.** Ein Arbeitgeber, der als Verleiher gewerbsmäßig Arbeitnehmer einem Dritten zur Arbeitsleistung überlassen möchte, bedarf nach § 1 Abs. 1 AÜG grds. der Erlaubnis. Nach § 16 AÜG handelt ua ordnungswidrig, wer vorsätzlich oder fahrlässig entgegen § 1 AÜG einen Leiharbeitnehmer einem Dritten ohne Erlaubnis überlässt (Nr. 1), einen von einem Verleiher ohne Erlaubnis überlassenen Leiharbeitnehmer tätig werden lässt (Nr. 1a) oder entgegen § 1b S. 1 AÜG Arbeitnehmer überlässt oder tätig werden lässt (Nr. 1b). Da neben dem Verleiher auch der Entleiher bei fahrlässigem Verhalten erfasst ist (Nr. 1a, Nr. 1b Var. 2), müssen Compliance-Maßnahmen das Vorliegen einer Erlaubnis beim Verleiher dokumentieren. Weiter kommt gem. § 10 Abs. 1 AÜG ein Arbeitsverhältnis zwischen Entleiher und Leiharbeitnehmer zustande, wenn der Vertrag zwischen dem Verleiher und Leiharbeitnehmer nach § 9 Nr. 1 AÜG wegen Fehlens der Erlaubnis nach § 1 AÜG unwirksam ist; infolgedessen ist der Entleiher als Arbeitgeber anzusehen, so dass er sich zB auch nach § 266a StGB strafbar machen kann.

61   Fehlt es neben der Erlaubnis für die Arbeitnehmerüberlassung an dem ausländerrechtlichen **Aufenthaltstitel,** liegt für den Entleiher, der in diesem Fall als Arbeitgeber einzustufen ist, eine Ordnungswidrigkeit nach § 404 Abs. 2 Nr. 3 SGB III vor. § 16 Abs. 1 Nr. 2 AÜG ist einschlägig, wenn zwar eine Erlaubnis und damit eine wirksame Arbeitnehmerüberlassung vorliegt, bei der der Verleiher Arbeitgeber bleibt, jedoch der ausländische Leiharbeitnehmer einen erforderlichen Aufenthaltstitel nach § 4 Abs. 3 AufenthG, eine Aufenthaltsgestattung (§ 55 AsylVfG) oder eine Duldung (§ 60a AufenthG), die zur Ausübung der Beschäftigung berechtigt, oder eine Genehmigung (§ 284 Abs. 1 SGB III) nicht besitzt.

62   In Netzwerken agierende Verbände überstellen zuweilen – untereinander oder für bestimmte Projekte gebildeten Arbeitsgemeinschaften, Vereinen oder Kapitalgesellschaften – zeitweise oder auf Dauer Personal. Dieser **drittbezogene Personaleinsatz** unterfällt nur dann nicht dem AÜG, wenn die Arbeitgeber im Rahmen einer „unternehmerischen Zusammenarbeit" jeweils zumindest auch ihre eigenen Betriebszwecke verfolgen.[68] Eine sorgfältige Prüfung bei drittbezogenem Personaleinsatz ist unter Compliance-Gesichtspunkten in jedem Falle geboten.

3. Arbeitsschutz und Arbeitssicherheit

63   In diesem Bereich hat man es mit einem kaum durchschaubaren Geflecht verschiedenster Regelungen zu tun; es bestehen zahlreiche spezielle Rechtsverordnungen, über die im Wege der Blankettgesetzgebung Ordnungswidrigkeiten normiert werden. Neben dem gesetzlichen Schutz sind auch die präventiv angelegten Regelwerke der **Träger der Unfallversicherungen** zu beachten, die die Sicherheit über die gesetzlichen Mindeststandards ausdehnen. Gerade letztere Vorschriften sind maßgeblich für die Beurteilung von Sorgfaltspflichtverletzungen und Organisationsverschulden.

64   Immer schwieriger wird der Umgang mit dem nicht mehr zeitgemäßen Arbeitszeitgesetz, das neue **flexible Beschäftigungsmöglichkeiten** im Interesse beider Arbeitsvertragsparteien, etwa Homeoffice, unnötig einschränkt. Eine Reform in Richtung Arbeitswelt 4.0 ist dringend erforderlich. Ein vorsätzlicher oder fahrlässiger Verstoß gegen die Grenzen der Arbeitszeit durch den Arbeitgeber stellt eine Ordnungswidrigkeit nach § 22 Abs. 1 Nr. 1 ArbZG dar. Entsprechendes gilt, wenn Ruhepausen bzw. Ruhezeiten nicht ordnungsgemäß gewährt werden (Nr. 2, 3) oder die Sonn- und Feiertagsruhe nicht eingehalten (Nr. 5, 6) wird. Der Arbeitgeber hat die Höchstarbeitszeit zu überwachen und sich beim Arbeitnehmer nach evtl. weiteren Arbeitsverhältnissen zu erkundigen. Hinzu kommen Dokumentations-, Aufbewahrungs-, Auskunfts-, Übermittlungs- und Mitwirkungspflichten (Nr. 9, 10), die in Compliance-Konzepte einzubeziehen sind. Vorsätzliche Ordnungswidrigkeiten nach § 22 Abs. 1 Nr. 1 bis 3, Nr. 5–7 ArbZG werden nach § 23 ArbZG zu einer Straftat aufgestuft, wenn dadurch die Gesundheit oder Arbeitskraft eines Arbeitnehmers vorsätzlich oder fahrlässig (§ 23 Abs. 2 ArbZG) gefährdet wird oder eine beharrliche Wiederholung gegeben ist. Auch bei ordnungsgemäßer Delegation bleibt für den Arbeitgeber die Haftung wegen Aufsichtspflichtverletzung nach § 130 OWiG bestehen.

65   § 3 ArbSchG statuiert dabei für den Arbeitgeber umfassende Compliance-Pflichten, die durch die BetrSichV und die ArbStättV ergänzt werden. Der Arbeitgeber ist in seiner Organisation zwar weitgehend frei, hat jedoch auf klare Zuständigkeiten, auf den Einsatz geeigneter Personen und deren Schulung sowie auf eine **funktionierende Sicherheits-**

---

[68] BAG RdA 2002, 107 mAnm *Behrend/Schüren.*

kommunikation und Sicherheitsinformation zu achten. Die Bußgeld- und Strafvorschriften der §§ 25, 26 ArbSchG sehen Sanktionen nur bei vorsätzlichen oder fahrlässigen Zuwiderhandlungen gegen vollziehbare Anordnungen der Behörden (§ 22 Rn. 16) oder Regelungen einer Rechtsverordnung, die auf Grundlage der §§ 18 Abs. 1, § 19 ArbSchG erlassen wurden, vor. Bußgeldvorschriften, die diesbezüglich im Wege der Blankettgesetzgebung fußen und auf § 25 Abs. 1 ArbSchG verweisen, sind: § 7 Abs. 1 BaustellV, § 20 Abs. 1 BioStoffV, § 25 Abs. 1 BetrSichV, § 9 Abs. 1 ArbStättV, § 22 Abs. 1 DruckluftV, § 7 BildscharbV, § 11 Abs. 1 OStrV, § 10 Abs. 1 ArbMedVV, § 16 Abs. 1 LärmVibrationsArbSchV, § 6 Abs. 1 MuSchArbV. § 1 ASiG sieht dabei personelle Compliance-Maßnahmen vor; der Arbeitgeber hat sowohl Betriebsärzte als auch Fachkräfte für Arbeitssicherheit zu bestellen, die ihn beim Arbeitsschutz und bei der Unfallverhütung unterstützen. Nach § 19 ASiG kann der Arbeitgeber einen überbetrieblichen Dienst zur Wahrnehmung der Aufgaben verpflichten. Compliance-Maßnahmen erfordern also nicht nur technischen Schutz, sondern auch den Einsatz von geeignetem Personal. Der Arbeitgeber hat nach § 2 Abs. 2 S. 1 und § 5 Abs. 2 S. 1 ASiG dafür zu sorgen, dass die von ihm bestellten Betriebsärzte und Fachkräfte ihre Aufgaben erfüllen. Gem. § 8 Abs. 1 S. 1 ASiG sind diese bei der Anwendung ihrer arbeitsmedizinischen und sicherheitstechnischen Fachkunde weisungsfrei und unterstehen gem. § 8 Abs. 2 ASiG unmittelbar dem Leiter des Betriebs. Gegenüber dem Arbeitgeber haben die Fachkräfte für Arbeitssicherheit nur Beratungsfunktion, § 3 S. 2 Nr. 1, § 6 S. 2 Nr. 1 ASiG, und können bei Nichteinigung mit dem Leiter des Betriebs dem Arbeitgeber nur Vorschläge unterbreiten, § 8 Abs. 3 ASiG. Gegenüber den Beschäftigten sollen sie gem. § 3 S. 2 Nr. 4, § 6 S. 2 Nr. 4 AsiG darauf hinwirken, dass sich diese den Anforderungen des Arbeitsschutzes und der Unfallverhütung entsprechend verhalten. Neben der allgemeinen strafrechtlichen Haftung des Arbeitgebers wegen Körperverletzungs- und Tötungsdelikten (§ 22 Rn. 42) sind auch Ordnungswidrigkeiten nach § 20 ASiG zu beachten, wenn vollziehbaren behördlichen Anordnungen nicht gefolgt, eine Auskunft unzutreffend erteilt oder eine Besichtigung nicht geduldet wird.[69]

IwS gehören auch Mutterschutz, Jugendschutz und die Pflichten gegenüber Schwerbe- **66** hinderten zur Arbeitssicherheit.

Ordnungswidrig nach § 21 MuSchG handelt derjenige Arbeitgeber, der Beschäfti- **67** gungsverbote vor und nach der Entbindung oder über die Stillzeit missachtet. Bei vorsätzlicher Begehung der in § 21 Abs. 1 Nr. 1 bis 5 MuSchG bezeichneten Handlungen wird die Ordnungswidrigkeit nach Abs. 3 zu einer Straftat aufgestuft, wenn dadurch die Frau vorsätzlich in ihrer Arbeitskraft oder Gesundheit gefährdet wird; nach Abs. 4 wird darüber hinaus die fahrlässige Verursachung der konkreten Gefahr iS einer Vorsatz-/Fahrlässigkeitskombination durch § 11 Abs. 2 StGB erfasst. Für den Jugendschutz sieht das JArbSchG spezielle Regelungen für Beschäftigte unter achtzehn Jahren vor. Der Arbeitgeber muss nach § 28a JArbSchG vor Beginn der Beschäftigung sowie bei wesentlicher Änderung der Arbeitsbedingungen die mit der Beschäftigung verbundenen Gefahren für Jugendliche beurteilen. Nach §§ 58, 59 JArbSchG sind zahlreiche vorsätzliche und fahrlässige Verstöße als Ordnungswidrigkeiten sanktioniert. Vorsätzliche Ordnungswidrigkeiten werden auch hier zu Straftaten aufgestuft, wenn aufgrund von Vorsatz (§ 58 Abs. 5 JArbSchG) oder Fahrlässigkeit (§ 58 Abs. 6 JArbSchG) eine Gefährdung der Gesundheit oder Arbeitskraft eintritt. Für Schwerbehinderte normiert § 81 Abs. 4 SGB IX den Anspruch auf behinderungsgerechte Einrichtung und Unterhaltung der Arbeitsstätten sowie der Gestaltung der Arbeitsplätze, des Arbeitsumfeldes, der Arbeitsorganisation und der Arbeitszeit, unter besonderer Berücksichtigung der Unfallgefahr, ohne dass Verstöße sanktioniert sind. Ordnungswidrig handelt nach § 156 SGB IX, wer vorsätzlich oder fahrlässig nicht die notwendige Anzahl Schwerbehinderter beschäftigt oder bestimmte Pflichten nicht ordnungsgemäß erfüllt. Erfasst werden auch Verstöße gegen § 95 Abs. 2 S. 1 SGB IX,

---

[69] S. iE Rotsch Criminal Compliance/*Eisele* § 22 Rn. 46 ff.

wonach der Arbeitgeber die Schwerbehindertenvertretung in allen Angelegenheiten, die einen einzelnen oder die schwerbehinderten Menschen als Gruppe berühren, unverzüglich und umfassend zu unterrichten und vor einer Entscheidung anzuhören hat.

4. Strafrechtliche Risiken in der Betriebsverfassung

68   § 119 BetrVG blieb als Antragsdelikt lange unbeachtet, bis es in der Lustreisenaffäre bei VW zur Anwendung kam.[70] § 119 BetrVG schützt die **Beteiligungsrechte der Arbeitnehmer,** um einen Ausgleich zwischen unternehmerischer Entscheidungsfreiheit und dem Recht auf Selbstbestimmung der Beschäftigten in einer fremdbestimmten Arbeitsorganisation zu gewährleisten. Es handelt sich bei § 119 Abs. 1 Nr. 1–3 BetrVG jeweils um vorsätzliche Erfolgsdelikte, wobei Täter nicht nur der Arbeitgeber, sondern auch ein Dritter sein kann. Im Falle der Strafbarkeit nach § 119 BetrVG ist zu beachten, dass im Steuerrecht das Verbot des Betriebsausgabenabzugs nach § 4 Abs. 5 Nr. 10 EStG greift und daher § 370 AO verwirklicht sein kann.

69   Die Behinderung der Betriebsratswahl ist durch § 119 Abs. 1 Nr. 1 Var. 1 BetrVG sanktioniert, der sich auf § 20 Abs. 1 BetrVG bezieht, und auch die Wahl vorbereitender Maßnahmen erfasst. Der Arbeitgeber hat hier jede die Wahl erschwerende oder verzögernde Maßnahme – etwa Behinderung einer Betriebsversammlung zur Bestellung des Wahlvorstandes oder Erteilung von Hausverboten gegenüber an der Wahl Beteiligten – zu unterlassen. § 119 Abs. 1 Nr. 1 Var. 2 BetrVG sanktioniert Verstöße gegen § 20 Abs. 2 BetrVG, der die Sicherung der freien Willensbildung der Wahlbeteiligten bezweckt und die Integrität der Betriebsratswahl schützt. Das Merkmal der **Beeinflussung** wird weit ausgelegt und umfasst auch die Förderung sog gelber Gewerkschaften durch das Unternehmen.[71] § 119 Abs. 1 Nr. 2 BetrVG verbietet unter Bezug auf das Verbot in § 78 S. 1 BetrVG Eingriffe in die Betriebsratstätigkeit. Bereits die Empfehlung des Arbeitgebers an Arbeitnehmer, eine Betriebsversammlung nicht zu besuchen, verletzt das Organisationsrecht des Betriebsrats. Entsprechendes gilt auch für Fälle der Arbeitnehmerüberwachung, bei denen in die Kommunikationsstruktur des Betriebsrates eingegriffen wird. Soweit der Arbeitgeber Mitwirkungs- oder Mitbestimmungsrechte des Betriebsrats – wie etwa bei der unterlassenen Anhörung vor der Kündigung eines Arbeitnehmers – übergeht, kann der Tatbestand verwirklicht sein, wenn der Arbeitgeber diese Rechte wiederholt und beharrlich missachtet oder den Betriebsrat bewusst zur Seite schiebt.[72]

70   § 119 Abs. 1 Nr. 3 BetrVG erfasst in Anknüpfung an § 78 S. 2 BetrVG Fälle, in denen ein Mitglied des Betriebsrats wegen seiner Tätigkeit benachteiligt oder begünstigt wird. § 119 Abs. 1 Nr. 3 BetrVG zielt damit auf den **Schutz der Unabhängigkeit der genannten betriebsverfassungsrechtlichen Organe** ab. Strafbar ist die aktive Bestechung, nicht aber die Bestechlichkeit. Auch Mitglieder des Betriebsrates können sich nach § 119 Abs. 1 Nr. 3 BetrVG strafbar machen, wenn ihre Mitwirkung über die notwendige Teilnahme an der Tat des Arbeitgebers hinausgeht.

71   Im Rahmen einer Compliance-Ermittlung ist der Verband nicht gezwungen, einen Strafantrag zu stellen; er kann sich **auf unternehmensinterne Ermittlungen beschränken** und ggf. arbeitsrechtliche Konsequenzen ziehen.

---

[70] LG Braunschweig CCZ 2008, 32 mAnm Rieble; *Bittmann/Mujan* BB 2012, 637; *Kopp* ZRFC 2009, 257 f.
[71] BGH ZIP 2010, 2239.
[72] Rotsch Criminal Compliance/*Eisele* § 22 Rn. 71.

VI. Risikofelder arbeitsrechtlicher Compliance

1. Diversity Management

Beim Diversity Management als relativ neuem Thema geht es darum, wie sich Vielfalts- 72
anforderungen an die Belegschaft im Sinne einer Gleichstellung im Hinblick auf Alter,
Herkunft, Religion, sexuelle Ausrichtung, aber auch Kriterien wie Internationalität, Aus-
bildung, Berufserfahrung, Familienstand und neue Beschäftigungsformen für höhere
Wettbewerbsfähigkeit und eine bessere Work-Life-Balance wie befristete Arbeitsverträge,
Arbeitnehmerüberlassung, Werkverträge und Home Office vor dem Hintergrund des **Allgemeinen Gleichbehandlungsgesetzes** (AGG) und des arbeitsrechtlichen **Gleichbe-
handlungsgrundsatzes** umsetzen lassen.[73] Die Personalführung steht vor Herausforderungen, auf die sich erst allmählich Antworten entwickeln.

§ 5 AGG erlaubt es, zum Zwecke der Prävention die **Förderung bisher benachtei-** 73
ligter Gruppen als eigenständige Ausnahme vom Differenzierungsverbot zu ermöglichen. Mit der Begrenzung auf den Ausgleich bestehender Nachteile wird iSd Art. 157
AEUV verlangt, dass eine Ausgleichsmaßnahme an die Feststellung solcher Nachteile anknüpft. Im Streitfall ist das Bestehen dieses Nachteils vom Arbeitgeber zu beweisen. Das
kann zB durch eine aussagefähige Statistik zur Unterrepräsentanz einer geschützten Gruppe geschehen.[74] So wird der Beschäftigungsanspruch für Schwerbehinderte aus § 81 IV
Nr. 1 SGB IX dahingehend ausgelegt, dass Schwerbehinderten ein Anspruch auf Vertragsänderung zusteht, falls sie behinderungsbedingt die vertragliche Arbeitsleistung nicht mehr
erbringen können.[75] Die Ausnahme vom Differenzierungsverbot hat aber Schranken. So
trifft § 122 SGB IX eine Konkurrenzregelung dahingehend, dass Schwerbehinderte durch
Fördermaßnahmen zugunsten anderer Gruppen nicht zurückgesetzt werden dürfen.[76] Die
Maßnahmen zur Besserstellung in der Zukunft müssen geeignet und angemessen sein.[77]
Die Umstände des Einzelfalls müssen bei Anwendung von Förder- oder Ausgleichsmaß-
nahmen berücksichtigt werden.[78] Starre Quoten und unbedingte Vorrangregelungen bei
gleicher Qualifikation und Entscheidungsautomatiken sind unzulässig.[79]

Arbeitgeber ergreifen, teils unterstützt durch den Gesetzgeber,[80] Maßnahmen zur **Ver-** 74
einbarkeit von Beruf und Familie. Arbeitgeberanforderungen nach flexiblen Arbeitszeiten begegnen den Restriktionen des starren Arbeitszeitgesetzes. Arbeitnehmer haben
aber nach 6 Monaten im Betrieb und ab 15 Beschäftigten Anspruch auf Verringerung der
Arbeitszeit. § 8 TzBfG gewährt im Sinne höchstmöglicher Flexibilität nicht nur für die
Verringerung der Arbeitszeit, sondern auch für ihre Verteilung bis zu den Grenzen des
Rechtsmissbrauchs (§ 242 BGB) einen Anspruch auf Vertragsänderung. Der Arbeitnehmer
kann nicht nur eine proportionale Verkürzung der Arbeitszeit an fünf Tagen von Montag
bis Freitag verlangen. Er hat auch einen Anspruch darauf, in der 4-Tage-Woche statt in
einer 5-Tage-Woche zu arbeiten. Wortlaut und Zusammenhang des § 8 Abs. 1 TzBfG
geben keine Beschränkung auf das arbeitsvertraglich vereinbarte Arbeitszeitverteilungsmo-
dell.[81] Hat der Arbeitgeber einem Beschäftigten Teilzeit gewährt, ist regelmäßig davon
auszugehen, dass keine betrieblichen Gründe bestehen, die dem nächsten Mitarbeiter bei
einem Verringerungswunsch entgegengehalten werden können.[82]

---

[73] *Gäbeler* CB 2014, 474.
[74] LAG Bln-Bbg DB 2011, 2040.
[75] BAG NZA 2006, 1214.
[76] ErfK/*Schlachter* AGG § 5 Rn. 1.
[77] EuGH ArbRAktuell 2013, 494 mAnm Göpfert; NZA 2013, 553; 2010, 1281.
[78] BAG NZA 2003, 1036; VGH Mannheim NVwZ-RR 2012, 73.
[79] *Gäbeler* CB 2014, 474 (476).
[80] ElterngeldPlus im Bundeselterngeld- und Elternzeitgesetz (BEEG) v. 27.1.2015.
[81] BAG NZA 2009, 1207.
[82] ErK/*Preis* TzBfG § 8 Rn. 27, 32.

75 Noch nicht gefestigt ist die Rspr. zu den Rahmenbedingungen bei der Gewährung von **Home Office.**[83] Aus der in § 241 Abs. 2 BGB normierten Rücksichtnahmepflicht soll auch unter Berücksichtigung des grundrechtlichen Schutzes von Ehe und Familie bzw. Pflege und Erziehung der Kinder (Art. 6 Abs. 1, 2 GG) kein Anspruch auf einen befristeten Halbtagsarbeitsplatz in einem Home Office erwachsen.[84] Es ist zu prüfen, ob das Home Office vertragsgemäßer Arbeitsort geworden ist.[85] Ist das Direktionsrecht im Hinblick auf Home Office aber einmal ausgeübt, soll die Entscheidung nur unter Ausübung billigen Ermessens wieder rückgängig gemacht werden können.[86]

76 **Diskriminierung wegen des Alters** bildete einen Schwerpunkt in der AGG-Rspr. Vergütungs-, Urlaubs-, Sozialplan- und Rentenansprüche mit Bezug auf das Alter, va aber Altersgrenzen bei der Beschäftigung standen im Fokus. Das Diskriminierungsverbot des § 7 Abs. 1 iVm § 1 Abs. 1 AGG macht § 10 AGG, welcher zulässige unterschiedliche Behandlungen wegen des Alters beinhaltet, zu einer rechtlich schwer handhabbaren Materie. Bei der Förderung älterer Mitarbeiter ist trotz der Aufgabe des Betriebsrats durch §§ 80 Abs. 1 Nr. 6, 75 Abs. 1 S. 2 und 96 Abs. 2 S. 2 BetrVG, ältere Mitarbeiter zu fördern, auch zu prüfen, ob diese nicht eine ungerechtfertigte Diskriminierung Jüngerer bewirkt. Wegen der Folgen der demographischen Entwicklung tritt die Beschäftigung älterer Arbeitnehmer nun am Arbeitsmarkt stärker in den Vordergrund. Am 1.7.2014 ist § 41 S. 3 SGB VI in Kraft getreten. Danach können die Betriebsparteien während des Arbeitsverhältnisses dieses beliebig oft verlängern, wenn es an sich bis zum Zeitpunkt des Renteneintritts des Arbeitnehmers befristet ist. Damit ist die Beschäftigung älterer Arbeitnehmer – unter den dort genannten Voraussetzungen – über die Altersgrenze hinaus rechtssicherer als bislang möglich. Andere Fragen der Befristung sind dagegen noch mit hoher Unsicherheit behaftet.

2. Mindestlohngesetz

77 Das Mindestlohngesetz (MiLoG) enthält neben der eigentlichen Anordnung des gesetzlichen Mindestlohnes eine **Reihe von flankierenden Regelungen,** die auch für Verbände, die oft Praktikanten oder geringfügig Beschäftigte haben, ein deutlich größeres Risiko darstellen können als der Mindestlohn selbst. Die Palette reicht von der Bürgenhaftung über Ordnungswidrigkeitstatbestände bis zum Straftatbestand des § 266a StGB. Damit sind die Vorgaben des MiLoG künftig bei der Vergabe von Dienst- und Werkverträgen relevant.[87] Gleichwohl hatte das MiLoG in mehreren einstweiligen Verfügungsverfahren vor dem BVerfG Bestand, so dass nun sorgfältig die Rspr. der Instanzgerichte beachtet werden muss. Die Vereinbarkeit mit der europäischen Dienstleistungsfreiheit ist nicht abschließend geklärt.[88] Unklar ist auch, inwieweit Art. 3 Abs. 1 lit. c der Arbeitnehmerentsende-RL 96/71/EG für die Berechnung des Mindestlohns anwendbar ist.

78 Schwierigkeiten bereitet bereits die **Berechnung des Mindestlohns.**[89] Zwar ergibt sich beim Mindestlohn von 8,50 EUR/Stunde[90] im regulären Fall des Monatslohns der Bruttostundensatz durch Division des Monatsbruttogehalts durch die tatsächlich geleisteten Stunden im Fälligkeitszeitraum. Leistungsbezogene Sonderzahlungen dürfen nach Auffassung des Bundesarbeitsministeriums (BMAS) und des Zolls als zuständige Kontrollbehörde dabei aber nicht eingerechnet werden. Das sind bspw. Zulagen für Überstunden, besondere Zeiten wie Nachtarbeit, Arbeit unter erschwerten Bedingungen und für besonders qualitative Arbeit. Gleichfalls dürfen auch Zulagen zur Abdeckung erhöhter Entsen-

---

[83] *Schwiering/Zurel* ZD 2016, 17.
[84] LAG RhPf ArbRAktuell 2015, 158 mAnm Meyer-Michaelis/Falter.
[85] LAG Köln Beschl. v. 24.6.2010 – 9 Ta 192/10, BeckRS 2012, 67572.
[86] LAG RhPF Beschl. v. 17.12.2014 – 4 Sa 404/14, BeckRS 2015, 68467.
[87] *Bertram* GWR 2015, 26.
[88] Vertragsverletzungsverfahren der EU-Kommission v. 19.5.2005, IP/15/5003.
[89] *Sittard/Sassen* NJW 2016, 364 (365).
[90] Ab 1.1.2017 8,84 EUR.

dungskosten nicht angerechnet werden. Danach bleiben anrechenbar Zulagen und Zuschläge ohne Gegenleistungsrelevanz (soziale Zuwendungen). Die Rspr. folgt überwiegend der Auffassung BMAS, einzelne Arbeitsgerichte lassen aber die Anrechnung von Urlaubs- und Weihnachtsgeld bzw. Leistungsprämien zu, die monatlich anteilig zu zahlen sind.

Die Auftraggeberhaftung nach § 13 MiLoG iVm § 14 AEntG – gleichzeitig unter der **79** Bußgeldsanktion des § 21 Abs. 2 Nr. 2 MiLoG – ist nunmehr auch nach Auffassung des BMAS entgegen dem Wortlaut einschränkend als **„Generalunternehmerhaftung"** zu verstehen; der Anspruch richtet sich nur gegen den Unternehmer, der sich eines oder mehrerer anderer Unternehmen unmittelbar zur Erfüllung seiner eigen vertraglichen Verpflichtung bedient.[91] Inzwischen sind auch die bürokratischen Melde- und Dokumentationspflichten aus der Mindestlohndokumentationspflichtenverordnung (MiLoDokV) eingeschränkt worden. Die Lohnschwelle für die Pflichten nach §§ 16, 17 MiLoG etwa zur Aufzeichnung der Arbeitszeit wurden auf 2.000 EUR brutto abgesenkt. Zu beachten sind auch die Mindestlohnmeldeverordnung (MiLoMeldV) und die Mindestlohnaufzeichnungsverordnung (MiLoAufzV). Auf das Zusammenwirken des gesetzlichen Mindestlohnes mit § 266a StGB ist hinzuweisen. Die sozialversicherungsrechtliche Beitragsschuld bemisst sich nach dem fiktiven Vergütungsanspruch des Arbeitnehmers aus dem Mindestlohn (sog Phantomlohn); die Beitragsschuld entsteht mit Ablauf jeden Monats, so dass sich strafbar macht, wer eine geringere als die gesetzliche Mindestvergütung auszahlt.

Für **ehrenamtliche Tätigkeiten,** die iRd Minijobregelung vergütet werden, gilt die **80** Mindestlohnregelung nicht. Denn Tätigkeit hat in aller Regel nicht den Charakter abhängiger und weisungsgebundener Beschäftigung.

3. Nutzung der digitalen Medien und sozialen Netzwerke

Smartphones, Tablets, Datenbrillen ua wearable Computers sind ebenso fester Bestandteil **81** des Betriebsalltags wie **digitale Medien** aller Art, insbes. die Nutzung von Social Media.[92] Die Nutzung dieser digitalen Techniken wirft arbeitsrechtliche, datenschutzrechtliche. IT-Sicherheitsrechtliche, Vertraulichkeits- oder auch reputationsbezogene Fragen auf.[93]

Laisser-faire oder sorgloser Umgang mit der privaten Nutzung von Kommunikations- **82** einrichtungen des Verbandes kann bei durch Mitarbeiter verursachten Schäden für den Verband zu einem Organisationsverschulden der Verbandsleitung führen. Der Verlust von Geräten und der darauf enthaltenen sensiblen Daten von Mitgliedsunternehmen kann Schadensersatzansprüche auslösen, aber auch ein Bußgeld nach § 43 BDSG in empfindlicher Höhe begründen. Vorkehrungen zur IT-Sicherheit gem. § 2 Abs. 2 BSIG im Interesse eigener Betriebs- und Geschäftsgeheimnisse, der von Partnern und Mitgliedern ebenso wie der geschützten Arbeitnehmerdaten ist zuvörderst Aufgabe von Vorstand bzw. Geschäftsführung des Vereins. Beschäftigte sind hins. ihrer Verschwiegenheitpflichten vertraglich zu verpflichten oder jedenfalls auf entsprechende Neben- und Sorgfaltspflichten gem. § 241 Abs. 2 BGB hinzuweisen. Mit allen Zugriffsberechtigten sollte eine IT-Nutzungsvereinbarung abgeschlossen werden mit Regeln zur Grundsicherung, Handhabung von Passwörtern, Installation von Fremdprogrammen und Meldung von Sicherheitsrisiken.[94] Oft übersehen wird § 303a StGB; geschützt wird mit dieser Vorschrift das Interesse des Verfügungsberechtigten an der nicht beeinträchtigten Verwendbarkeit von gespeicherten Daten, etwa auf mobilen Geräten, die auch zur privaten Nutzung überlassen wurden. Ein klares Organisations- und Compliance-Konzept ist in doppelter Hinsicht

---

[91] Sittard/Sassen NJW 2016, 364 (367).
[92] Kopp/Sokoll NZA 2015, 1352; *Röhrborn/Lang* BB 2015, 2357; Thüsing Beschäftigtendatenschutz/*Thüsing/Traut* § 14 Rn. 1–4.
[93] S. iE → § 11 Rn. 93 ff.
[94] Röhrborn/Lang BB 2015, 2357 (2360).

angebracht. Es kann die vertragliche und deliktische Haftung der verantwortlichen Vereinsorgane beseitigen oder mindern und es erleichtert die Inanspruchnahme der gegen verbindliche Regeln verstoßenden Arbeitnehmer. Neben der präventiven Vorsorge zur IT-Sicherheit ist ein wirksames Risikomanagementsystem einschließlich der zugehörigen Risikokommunikation bei Datenverlust erforderlich. In all diese Vorgänge ist der betriebliche Datenschutzbeauftragte einzubinden.[95]

83   Zusätzliche Risiken schafft der **Einsatz privater Kommunikationsgeräte** im Betrieb. Die dienstliche Nutzung sollte nur auf der Basis einer vertraglichen Vereinbarung erfolgen, die gem. § 87 Abs. 1 Nr. 1, 2 und 6 BetrVG der Mitbestimmung des Betriebsrates mittels einer Betriebsvereinbarung unterliegt.[96]

84   Unter dem Stichwort **Social Media** werden arbeits- und datenschutzrechtlich verschiedene Konstellationen verstanden. Zu unterscheiden ist zwischen der Informationsbeschaffung aus dem Internet sowie sozialen Netzwerken durch den Arbeitgeber und der Regelung der Nutzung sozialer Netzwerke durch den Arbeitnehmer. Bei ersterem geht es um den Zugriff in den Raum privater Lebensgestaltung, bei letzterem um die Verhinderung von Rechtsverstößen bei der unzulässigen und übermäßigen Nutzung des Internets.[97] Bei Social Media Recruiting und Pre-Employment Screening geht es iW um die Frage der Einwilligung der Bewerber, die gesetzlichen Erlaubnistatbestände nach §§ 28 Abs. 1 Nr. 3, 32 BDSG und die Grenzen des Active Sourcing, etwa das Verbot des Einsatzes von Data-Mining-Werkzeugen. IErg hält die hM nur den Zugriff auf die beruflichen Netzwerke (Xing, LinkedIn) für zulässig.[98] Kontakte in sozialen Netzwerken sind nicht rein unternehmensbezogen und meist für jedermann offenkundig.[99] Auch nach Abschluss des Arbeitsvertrages darf es also keine ziel- und anlasslose oder routinemäßige Internetrecherche nach den Beschäftigten geben. Bei konkreten Anlässen wie Vertragsverletzungen und Straftaten[100] kann eine Recherche statthaft sein. Scheidet ein Arbeitnehmer aus dem Unternehmen aus, so muss der Arbeitgeber auf seiner Homepage veröffentlichte Daten des Arbeitnehmers umgehend löschen; sonst verletzt er das Persönlichkeitsrecht des Arbeitnehmers. Die Pflicht zur Löschung der Daten besteht nicht nur für Mitarbeiterprofile, sondern auch für werbende Nachrichten, die über bloße Eintrittsmitteilungen hinausgehen, zB darüber, dass der Arbeitnehmer nunmehr einen bestimmten Unternehmensbereich verstärkt.[101]

85   Vielen Verbänden fehlt eine stringente Online Policy. Die Praxis ist dadurch gekennzeichnet, dass die private Nutzung betrieblicher Kommunikationsmittel und des Internets ausdrücklich erlaubt ist oder diese stillschweigend geduldet wird. Auch dort, wo es Regeln gibt, wird oft auf eine konsequente Umsetzung verzichtet. Eine solche Situation bringt die Gefahr mit sich, dass eine sog **betriebliche Übung** entsteht, die selbst verbindlich statuierte Ge- und Verbote außer Kraft setzt. Ist ein Anspruch auf Grund einer betrieblichen Übung entstanden, kann er nach gefestigter Rspr. nicht stillschweigend, sondern nur durch Kündigung oder eine einverständliche Vertragsänderung beseitigt werden.[102] Nutzungsvereinbarungen bedürfen daher der verbindlichen Umsetzung, regelmäßiger Kontrollen und arbeitsrechtlichen Sanktionierung. Möglicherweise denkt die Rspr. hier um. In einer ersten LAG-Entscheidung[103] aus Anlass von Raucherpausen hatte das Gericht in einem Fall zu entscheiden, in dem der Arbeitgeber ein Verhalten duldete, von dessen genauer Handhabung durch die Arbeitnehmer er keine Kenntnis hatte. In einem

---

[95] Thüsing Beschäftigtendatenschutz/*Thüsing/Granetzny* § 19 Rn. 11–16.
[96] *Röhrborn/Lang* BB 2015, 2357 (2361) mwN.
[97] Thüsing Beschäftigtendatenschutz/*Thüsing/Traut* § 14 Rn. 4 ff.
[98] Thüsing Beschäftigtendatenschutz/*Thüsing/Traut* § 14 Rn. 17.
[99] ArbG Hamburg NZWiSt 2014, 419.
[100] LAG Hamm ZD 2013, 50 – Vermögensdelikt; AuA 2013, 484 – krit. Äußerungen; LAG Bln-Bbg NZA-RR 2014, 468 – Veröffentlichung unerlaubter Fotografien.
[101] HessLAG CCZ 2012, 198.
[102] BAG NZA 2010, 283.
[103] LAG Nürnberg 5ArbRB 2015, 326.

orbiter dictum wurde eine betriebliche Übung bei der privaten Nutzung der betrieblichen Telefonanlagen, des Internets und des E-Mail-Servers ausgeschlossen.

Empfehlenswert ist gleichwohl der **Ausschluss privater Nutzung** der betrieblichen 86
Kommunikationsmittel durch die Mitarbeiter. Der Verstoß gegen diese Untersagung ist auch für Führungskräfte ein ahndungsfähiger Pflichtverstoß.[104] Bei erlaubter Privatnutzung sind die Zugriffsmöglichkeiten des Arbeitgebers im Hinblick auf das Recht der informationellen Selbstbestimmung und das Fernmeldegeheimnis nach § 88 Abs. 3 S. 3 TKG iVm §§ 91 ff. TKG schwierig. Es bedarf regelmäßig der Einwilligung des betroffenen Arbeitnehmers. Es besteht zudem die Gefahr, dass unrechtmäßig erlangte Informationen einem Beweisverwertungsverbot unterliegen.[105] Nur in Fällen eines konkreten Straftatenverdachts ist unter Beachtung von Erforderlichkeit und Verhältnismäßigkeit sowie der Wahrung berechtigter Interessen des Mitarbeiters ein Zugriff auf das Postfach möglich.[106]

VII. Fazit

In der vernetzten Wissensgesellschaft wird die künftige Arbeitswelt 4.0 mit einschneiden- 87
den Veränderungen verbunden sein. Das Arbeitsverhältnis wird einem immanenten und dynamischen Anpassungsbedarf unterworfen sein, den das BAG früh akzeptiert hat.[107] So wie es für die Erhaltung der Beschäftigungsfähigkeit eine kontinuierliche Qualifizierungspflicht beider Betriebsparteien gibt, gibt es bei Compliance die Notwendigkeit, auf neue Herausforderungen, etwa Konstellationen wie Crowdworking in Communities, rechtzeitig zu reagieren und eine Online Policy zu entwickeln, fortzuschreiben und in Compliance-Prozessen abzubilden. Organisationspflichten und Steuerungsverantwortung werden in der neuen Unübersichtlichkeit nicht obsolet, sich aber in neuem Gewande stellen. Arbeitgeber, die ihre HR-Abteilungen nicht vorbereiten, riskieren nicht nur die Reputation, sondern auch die Konfrontation mit Staatsanwaltschaften, behördlichen Datenschutzinstitutionen ua Behörden.

---

[104] ArbG Hamm MedR 2009, 678.
[105] BAG NZA 2014, 143; *Brühl/Sepperer* ZD 2015, 415 (418 f.).
[106] LAG Hamm CCZ 2013, 115; LAG Bln-Bbg NZA-RR 2011, 342; sa EGMR v. 12.1.2016 – 61496/08, BeckRS 2016, 80693.
[107] BAG NZA 1984, 233 hins. Umstellung von Schreibmaschinen auf Computer.

§ 10. Verband und Steuern

Literatur:

Arnold, Gemeinnützigkeit von Vereinen und Beteiligung an Gesellschaften, DStR 2005, 581; *Becker/Kretzschmann*, Umsatz- und ertragsteuerrechtliche Folgen aus der EuGH-Rspr. „Kennemer Golf & Country Club" – Entkopplung der ertragsteuerrechtlichen von der umsatzsteuerrechtlichen Beurteilung von Mitgliedsbeiträgen?, DStR 2008, 1985; *Bitz*, Ausschüttungen von Tochter-Kapitalgesellschaften an steuerbefreite Berufsverbände – Vorteile bei Halten der Beteiligung im steuerpflichtigen wirtschaftlichen Geschäftsbetrieb, DStR 2003, 1519; *Blümich*, Kommentar zum Körperschaftsteuergesetz, 134. EL; *Brouwer*, Zum Erfordernis einer Satzungserlaubnis für Organvergütungen bei steuerbefreiten Berufsverbänden, BB 2010, 865; *Dötsch/Pung/Möhlenbrock*, Die Körperschaftsteuer, 87. EL; *Eggers*, Die Besteuerung der Berufsverbände – Ein Überblick, DStR 2007, 461; *Engelsing/Lüke*, Praxishandbuch der Berufs- und Wirtschaftsverbände, 2. Aufl. 2013; *Engelsing/Muth*, Gewinntransfers an steuerbefreite Trägerkörperschaften – Der neue Einkommenstatbestand am Beispiel von Berufsverbänden, DStR 2003, 917; *Ernst & Young*, Kommentar zum Körperschaftsteuergesetz, 118. EL; *Hauschka/Moosmayer/Lösler*, Corporate Compliance, 3. Aufl. 2016; *Kühner*, Unbeschränkte wirtschaftliche Betätigung für Berufsverbände, DStR 2009, 1786; *Meining*, Beteiligungen steuerbefreiter Berufsverbände an Kapitalgesellschaften, DStR 2006, 352; *Mueller-Thuns/Jehke*, Gefährdung der Steuerbefreiung von Berufsverbänden gemäß § 5 Abs. 1 Nr. 5 KStG durch Beteiligung an Kapitalgesellschaften, DStR 2010, 905; *Sölch/Ringleb*, Kommentar zum Umsatzsteuergesetz, 78. EL.

A. Überblick

Für die Besteuerung des Berufsverbands ganz wesentlich ist dessen **Befreiung von der Körperschaftsteuer** (§ 5 Abs. 1 Nr. 5 KStG). Dieses Steuerprivileg gilt, soweit der Berufsverband in seinem ideellen Bereich, also im öffentlichen Interesse, tätig ist. Einkünfte, die der Berufsverband aus der reinen **Vermögensverwaltung** erzielt, also zB Kapitaleinkünfte oder Einkünfte aus Vermietung und Verpachtung, können danach grds. steuerfrei vereinnahmt werden. Darüber hinaus bleiben echte Mitgliedsbeiträge und beitragsähnliche Umlagen steuerlich außer Ansatz. In seinem ideellen Wirkungskreis trifft den Berufsverband auch keine Gewerbesteuer. Zwar findet sich keine explizite Steuerbefreiungsnorm im Gewerbesteuergesetz. Allerdings unterhält ein Berufsverband innerhalb seines ideellen Rahmens keinen Gewerbebetrieb, der wiederum Grundvoraussetzung dafür ist, gewerbesteuerpflichtig zu sein. 1

Soweit sich ein Berufsverband über sein ideelles Wirken hinaus wirtschaftlich betätigt, gibt es allerdings keine Rechtfertigung für eine steuerliche Privilegierung. Eine solche würde im Gegenteil wettbewerbsverzerrend wirken. In diesem Bereich wird also auch der Berufsverband zur Steuer herangezogen – und zwar sowohl zur Körperschaftsteuer als auch zur Gewerbesteuer. Die Trennlinie zwischen ideellem Bereich und dem, was das Steuergesetz als **wirtschaftlichen Geschäftsbetrieb (wGb)** des Berufsverbands bezeichnet, ist somit entscheidend für die richtige steuerliche Erfassung des Berufsverbands. Dabei wird der Berufsverband regelmäßig insoweit steuerpflichtig, als er Einkünfte im wGb erzielt (sog **partielle Steuerpflicht**). Überlagert der wGb den ideellen Bereich des Berufsverbands allerdings, kann das Steuerprivileg vollumfänglich entfallen. Von einer solchen Überlagerung ist auszugehen, wenn bereits der **Verbandszweck auf den wGb ausgerichtet** ist oder der Berufsverband faktisch von dem oder den wGb **geprägt** ist. 2

Darüber hinaus kann eine **Förderung politischer Parteien** in schädlichem Umfang ebenfalls zum völligen Ausschluss des körperschaftsteuerlichen Steuerprivilegs führen. 3

Die steuerlich relevanten Punkte rund um den Berufsverband konzentrieren sich mithin insbes. auf das Nebeneinander von Steuerbefreiung und Steuerpflicht bzw. den möglicherweise vollumfänglichen Verlust der Steuerbefreiung. Darüber hinaus ist die **Umsatzsteuer** beachtlich, soweit der Berufsverband umsatzsteuerpflichtige Leistungen erbringt. Zu all den vorgenannten Punkten sollen die nachfolgenden Ausführungen einen kurzen Überblick geben. Neben einer steuerlichen Begriffs- und Inhaltsbestimmung von Berufsverband und wGb werden Mitgliedsbeiträge im Grenzbereich zum wGb, das Hal- 4 ten von Beteiligungen an Kapitalgesellschaften, das Risiko einer Betriebsaufspaltung, die Kapitalertragsteuerpflicht für Gewinne aus wGb, Besonderheiten bei der Umsatzsteuer sowie etwaige verfahrensrechtliche Aspekte kurz dargestellt – jeweils versehen mit Hinweisen auf ausführlichere Darstellungen der Einzelthemen.

B. Ertragsteuerliche Aspekte

I. Begriff des Berufsverbands

5   Das Steuerrecht definiert den Begriff des Berufsverbands nicht. Im Einklang mit der Finanzverwaltung[1] versteht der Bundesfinanzhof (BFH) in stRspr darunter einen *„Zusammenschluss natürlicher Personen oder Unternehmen, der allgemeine, aus der beruflichen oder unternehmerischen Tätigkeit erwachsende ideelle und wirtschaftliche Interessen eines Wirtschaftszweiges oder der Angehörigen eines Berufs wahrnimmt".*[2]

6   Zentrales Element dieser Definition ist die **Wahrnehmung allgemeiner Interessen.** Die Verbandstätigkeit muss darauf gerichtet sein, allen Angehörigen des Wirtschaftszweigs oder Berufsstands, auf den der Verband ausgerichtet ist, zugutezukommen. Der Berufsverband darf sich mithin nicht darauf beschränken, lediglich besondere wirtschaftliche Interessen seiner Verbandsmitglieder wahrzunehmen.[3] Zwar kann ein Berufsverband sich an den Einzelinteressen seiner Mitglieder ausrichten; wesentlich ist aber, dass davon wiederum alle profitieren, die dem Wirtschaftszweig/Berufsstand angehören – also Verbandsmitglieder und Nichtmitglieder. Wie breit oder eng sich der Berufsverband dabei inhaltlich aufstellt, ist unter den genannten Voraussetzungen unmaßgeblich. Er kann branchen-/berufsstandübergreifend agieren[4] oder nur auf einen ganz bestimmten Tätigkeitsbereich innerhalb eines Wirtschaftszweigs abzielen.[5]

7   **Schließen sich mehrere Berufsverbände** zusammen, bspw. in einem überregionalen Bundesverband, gilt der Zusammenschluss ebenfalls als Berufsverband[6]. Die einzelnen regionalen Untergliederungen (zB vom Orts- bis zum Landesverband) bleiben dabei jeweils selbständige Steuersubjekte, wenn sie über eigene satzungsmäßige Organe (also Vorstand und Mitgliederversammlung) auf Dauer nach außen im eigenen Namen auftreten und eine eigene Kassenführung haben[7]. Jeder steuerlich selbständige Teil des Berufsverbands unterliegt eigenständig den steuerlichen Verpflichtungen und der entsprechenden steuerlichen Überprüfung im Hinblick auf Voraussetzungen und Umfang der Steuerbefreiung sowie die Mittelverwendung.

8   Die ideellen oder wirtschaftlichen Interessen müssen nach Auffassung des BFH im weitesten Sinne aus der Erwerbstätigkeit der Verbandsmitglieder abgeleitet sein. Das schließt bspw. den Lohnsteuerhilfeverein,[8] Mieterverein[9] oder einen Rabattsparverein[10] als Berufsverband aus. Der **Kreis der Verbandsmitglieder** selbst kann sehr weit gefasst sein und darf selbständig und unselbständig tätige Personen einschließlich Beamte umfassen[11].

9   Die steuerkonforme Interessenvertretung muss in der **Satzung des Berufsverbandes** niedergelegt sein und so auch iRd tatsächlichen Geschäftsführung verfolgt werden. Wei-

---

[1] R 5.7 Abs. 1 S. 1 Körperschaftsteuer-Richtlinien 2015 (KStR 2015).
[2] Zuletzt BFH Urt. v. 13.3.2012 – I R 46/11, BeckRS 2012, 95117 mwN.
[3] Bereits BFH Urt. v. 22.7.1952 – I 44/52 U, BeckRS 1952, 21000046.
[4] BFH Urt. v. 13.3.2012 – I R 46/11, BeckRS 2012, 95117 (branchenübergreifender Berufsverband zur EDV-Standardisierung von Geschäftsprozessen).
[5] Blümich/*von Twickel* KStG § 5 Rn. 68.
[6] R 5.7 Abs. 1 S. 3 KStR 2015.
[7] OFD Magdeburg Verfügung v. 27.7.2011 – S 2725 – 4-St 217, BeckVerw 252170; Ministerium für Wirtschaft und Finanzen Saarland Erlass v. 6.3.1996 – B/3 – 104/96 – S 2725, DStR 1996, 831.
[8] BFH Urt. v. 29.8.1973 – I R 234/71, BeckRS 1973, 22002279.
[9] BFH Urt. v. 29.8.1973 – I R 234/71, BeckRS 1973, 22002279.
[10] BFH Urt. v. 29. 11.1967 – I 67/65, BeckRS 1967, 21000063.
[11] BFH Urt. v. 27.4.1990 – VI R 35/86, BeckRS 1990, 06507.

chen Satzung und tatsächliche Geschäftsführung in ihrer Zielrichtung voneinander ab, ist letztere maßgeblich dafür, ob die Voraussetzungen für die steuerliche Privilegierung erfüllt sind.[12]

Innerhalb seines ideellen Rahmens ist der Berufsverband, der regelmäßig als rechtsfähiger oder nicht-rechtsfähiger Verein und mithin privatrechtlich organisiert ist, von der Körperschaftsteuer befreit (§ 5 Abs. 1 Nr. 5 KStG).[13]   10

II. Wirtschaftlicher Geschäftsbetrieb

Der ideelle Bereich des Berufsverbands findet seine Grenzen, wo der Berufsverband wirtschaftlich tätig wird. Außerhalb der reinen Vermögensverwaltung ist die wirtschaftliche Tätigkeit dem steuerpflichtigen wGb zuzuordnen; ihrer Art nach unterschiedliche Betätigungen bilden jeweils einen eigenen wGb, wenngleich die mehreren wGb eines Berufsverbands einer steuerlichen Gesamtbetrachtung unterfallen.   11

1. Begründung eines wirtschaftlichen Geschäftsbetriebs

Häufig tritt zum ideellen Bereich des Berufsverbands ein wGb hinzu. Die Schwelle zum wGb ist dabei niedrig. Denn jede **selbständige nachhaltige Tätigkeit,** durch die Einnahmen oder andere wirtschaftliche Vorteile erzielt werden und die über den Rahmen einer Vermögensverwaltung hinausgeht, begründet nach steuerlichem Verständnis einen wGb (§ 14 AO).   12

Selbständig ist die Tätigkeit, wenn sie unabhängig von der steuerprivilegierten Interessenwahrnehmung ausgeübt werden kann, von dieser also abgrenzbar ist. Daran fehlt es nur, wenn ein so enger Zusammenhang zwischen dem ideellen Bereich und der weiteren Tätigkeit besteht, dass die eine Tätigkeit nicht ohne die andere ausführbar wäre.[14] Eine personell-organisatorische Abgrenzung ist demgegenüber nicht erforderlich. Der wGb kann also aus den Verbandsräumen heraus mit Verbandspersonal betrieben werden.   13

Ein die Selbständigkeit regelmäßig ausschließender enger Zusammenhang mit dem ideellen Bereich besteht für die **Tätigkeit der Verbandsgeschäftsstelle.**[15] Dieser unselbständige – und damit vom Steuerprivileg erfasste – Bereich umschließt auch den Verkauf von Altmaterial, einschließlich gebrauchter Einrichtungsgegenstände, Maschinen, Kraftfahrzeuge uÄ. Das gilt allerdings nur, wenn es sich dabei um Gegenstände handelt, die dem ideellen Bereich des Berufsverbands zuzuordnen sind. Veräußert die Geschäftsstelle Gegenstände, die bis dahin einem wGb des Berufsverbands zuzuordnen waren, bleibt der Erlös naturgemäß ebenfalls dem wGb zugeordnet; ein aus der Veräußerung resultierender Gewinn ist steuerpflichtig.   14

Auch die entgeltliche **Mitbenutzung der Geschäftsstelle,** einzelner Räume oder Einrichtungsgegenstände der Geschäftsstelle durch einen anderen Berufsverband sowie die entgeltliche **Zurverfügungstellung von Personal für einen anderen Berufsverband** ist unselbständiger Teil der Geschäftsstellen-Tätigkeit, der dem Steuerprivileg unterfällt. Dagegen begründet die Sach- oder Personalüberlassung an Nicht-Berufsverbände einen wGb.   15

Ist die Schwelle der Selbständigkeit überschritten, kommt es für die Begründung eines Geschäftsbetriebs nicht darauf an, dass Verbandsexterne in die Leistungsbeziehungen einbezogen sind. Auch Tätigkeiten des Verbandes, die nur dessen Mitglieder betreffen, können einen wGb begründen. Vertritt der Berufsverband etwa in nur geringem Umfang   16

---

[12] BFH Urt. v. 13.3.2012 – I R 46/11, BeckRS 2012, 95117.
[13] § 5 Abs. 1 Nr. 5 KStG erfasst darüber hinaus auch kommunale Spitzenverbände auf Bundes- oder Landesebene sowie Zusammenschlüsse juristischer Personen des öffentlichen Rechts, die allgemeine wirtschaftliche Interessen ihrer Mitglieder wahrnehmen.
[14] FG Köln DStRE 2013, 236 (237) mwN; NZB eingelegt, Az. BFH I B 102/12.
[15] R 5.7 Abs. 6 KStR 2015.

auch **Einzelinteressen seiner Mitglieder,** gefährdet das zwar nicht das Körperschaft-steuerprivileg als solches.[16] Allerdings entsteht insoweit ein wGb, dessen Einkünfte steuer-pflichtig sind.

2. Ertragsteuerliche Folgen eines wGb

17 Grds. führt ein wGb zur **partiellen Steuerpflicht** des Berufsverbands.[17] Nur die Gewin-ne aus dem wGb unterliegen der Körperschaft- und Gewerbesteuer (für letztere § 2 Abs. 3 GewStG); iÜ bleibt die Steuerbefreiung erhalten. Die partielle Steuerpflicht ist ein notwendiges Korrektiv. Denn soweit sich ein Berufsverband wirtschaftlich betätigt, um Einkünfte zu erzielen, dient das nicht mehr dem öffentlichen Interesse. Somit entfällt die Rechtfertigung für die steuerliche Privilegierung und es besteht kein Grund, die wirt-schaftliche Betätigung des Berufsverbandes gegenüber der eines sonstigen Wirtschaftsteil-nehmers steuerlich zu bevorzugen. Unmaßgeblich für die steuerliche Folge ist dabei grds., ob die den wGb begründende Tätigkeit verbandsfremd ist oder dem Verbandszweck dient[18].

18 Der wGb eines Berufsverbandes kann jedoch auch zum **vollständigen Verlust des Körperschaftsteuerprivilegs** führen. Das ist der Fall, wenn der wGb dem Berufsver-band das **Gepräge** gibt, also die ideelle Interessenvertretung durch die wirtschaftliche Tä-tigkeit maßgeblich in den Hintergrund gedrängt wird.[19] Dabei soll laut Finanzverwaltung nur diejenige wirtschaftliche Tätigkeit zu einer schädlichen Prägung führen können, die nicht dem Verbandszweck dient.[20] Offen lässt die Finanzverwaltung allerdings, nach wel-chen Kriterien der dienende Charakter der Tätigkeit zu bestimmen ist. *Eggers* weist zutr. darauf hin, dass jede gewinnbringende Einkunftsquelle den Berufsverband finanziell stärkt und ihm somit dient. Für ein so weitgehendes Verständnis des „Dienens" enthalten die Körperschaftsteuerrichtlinien aber keine Hinweise.[21] Wenn die wirtschaftliche Betätigung im Berufsverband überhandnimmt, dürfte es jedoch praktisch schwer werden, eine Ge-präge-Vermutung dadurch zu entkräften, dass auf die dem Verbandszweck dienende Funktion der wirtschaftlichen Tätigkeit verwiesen wird. Unmaßgeblich für die Prägung ist jedoch, wenn die Verbandssatzung den wGb benennt;[22] dadurch erhält der Berufsver-band keine schädliche Zweckrichtung oder Prägung.

19 Die Ermittlung des zu versteuernden Einkommens aus einem wGb erfolgt nach den allgemeinen körperschaft- und gewerbesteuerlichen Regelungen. Dabei bildet zwar jede ihrer Art nach unterschiedliche Tätigkeit einen eigenen wGb. Für Ertragsteuerzwecke werden die Einkünfte aus den verschiedenen wGb aber zusammengefasst. Das zusammen-gefasste Einkommen unterliegt neben der Körperschaft- auch der Gewerbesteuer. Vom körperschaftsteuerpflichtigen Einkommen bzw. vom gewerbesteuerpflichtigen Gewerbe-ertrag kann idR jeweils ein Freibetrag von EUR 5.000 abgezogen werden (§ 24 S. 1 KStG, § 11 Abs. 1 Nr. 2 GewStG). Steuerpflichtiger für die Einkünfte aus wGb ist der Berufsverband.

3. Beispiele für wGb

20 Als nicht abschließende Beispiele für wGb nennen die Körperschaftsteuerrichtlinien 2015 der Finanzverwaltung[23] die Vorführung und den Verleih von Filmen, die Beratung der Angehörigen des Berufsstandes oder Wirtschaftszweiges einschließlich der Hilfe bei der

---

[16] Ernst & Young/*Bott* KStG § 5 Rn. 270.
[17] Sa. R 5.7 Abs. 1 S. 5 KStR 2015.
[18] Dötsch/Pung/Möhlenbrock/*Alber* KStG § 5 Abs. 1 Nr. 5 Rn. 34.
[19] Zur Kritik *Kühner* DStR 2009, 1786 (1790).
[20] R 5.7 Abs. 1 S. 6 KStR 2015.
[21] *Eggers* DStR 2007, 461 (464).
[22] Sa. R 5.7 Abs. 1 S. 5 KStR 2015.
[23] R 5.7 Abs. 4 S. 10 ff. KStR 2015.

Buchführung, bei der Ausfüllung von Steuererklärungen und sonstigen Vordrucken, die Unterhaltung einer Buchstelle, die Einrichtung eines Kreditschutzes, die Unterhaltung von Sterbekassen, den Abschluss oder die Vermittlung von Versicherungen, die Unterhaltung von Laboratorien und Untersuchungseinrichtungen, die Veranstaltung von Märkten, Leistungsschauen und Fachausstellungen, die Unterhaltung einer Kantine für die Arbeitskräfte der Verbandsgeschäftsstelle, die nachhaltige Vermietung von Räumen für regelmäßig kurze Zeit, zB für Stunden oder einzelne Tage, an wechselnde Benutzer sowie die Herausgabe, das Verlegen oder den Vertrieb von Fachzeitschriften, Fachzeitungen ua fachlichen Druckerzeugnissen des Berufsstandes oder Wirtschaftszweiges, einschließlich der Aufnahme von Fachanzeigen.

Reine **Verbandszeitschriften** führen nicht zu einem wGb. Das gilt allerdings nur, soweit der Verband darin keine Anzeigen- oder Annoncenwerbung betreibt. Diese Tätigkeit würde einen wGb begründen. Jenseits der unmittelbaren Anzeigenschaltung kann dazu auch eine werbende Berichterstattung über Mitgliedsunternehmen oder deren Produkte und Leistungen in der Verbandszeitschrift zählen. Daher ist insgesamt auf eine zurückhaltende und neutrale Darstellung zu achten.[24] **21**

Auf eine schädliche – weil wGb begründende – Werbeleistung ist auch im Zusammenhang mit **Sponsoring**[25] zu Gunsten des Berufsverbands zu achten. Schädlich kann Sponsoring sein, wenn der Leistungsaustausch, nämlich Werbung zu Gunsten des Sponsors gegen Erhalt der Sponsoring-Mittel, in den Vordergrund tritt. Davon ist jedenfalls auszugehen, wenn sich der Berufsverband aktiv an den Werbemaßnahmen des Sponsors beteiligt.[26] **22**

Vorsicht ist uE darüber hinaus hins. **Rechtsberatungsleistungen des Berufsverbandes** für Mitglieder geboten. Auch diese Tätigkeit begründet einen wGb. Nach Auffassung der Finanzverwaltung soll das steuerliche Ergebnis aus der Rechtsberatung aus Vereinfachungsgründen mit Null anzusetzen sein. Voraussetzung dafür ist, dass die Rechtsberatung eine Nebentätigkeit von untergeordneter Bedeutung darstellt, ohne dem Verband das Gepräge zu geben.[27] Diese Handhabung wird allerdings von Vertretern des Schrifttums[28] und von der Rspr.[29] kritisch gesehen. **23**

III. Behandlung von Mitgliedsbeiträgen

Echte Mitgliedsbeiträge oder beitragsähnliche Umlagen, die von allen Mitgliedern in gleicher Höhe oder nach einem bestimmten Maßstab erhoben werden, sind grds. dem ideellen Bereich des Verbandes zuzuordnen. Sie führen nicht zu steuerpflichtigem Einkommen. Vielmehr bleiben echte Mitgliedsbeiträge bei der Einkommensermittlung außer Ansatz (§ 8 Nr. 5 KStG). Das gilt selbst dann, wenn der Berufsverband sein Steuerprivileg insgesamt einbüßt. **24**

Beinhalten Mitgliedsbeiträge oder Umlagen hingegen eine Entgeltkomponente für Leistungen oder Vorteile des Berufsverbandes an seine Mitglieder oder an einen Teil davon,[30] schützt die Bezeichnung als Mitgliedsbeitrag nicht vor der Entgelt-Qualifikation. Der Anteil von Mitgliedsbeitrag oder Umlage **(unechter Mitgliedsbeitrag)**, der auf die Gewährung bestimmter Leistungen entfällt, ist einem wGb des Berufsverbands zuzuord- **25**

---

[24] Hauschka/Corporate Compliance/*Brouwer* § 59 Rn. 110.

[25] Ausf. zum Sponsoring *Engelsing/Lüke* S. 158 ff.

[26] BMF Schreiben v. 18.2.1998 betr. ertragsteuerliche Behandlung des Sponsoring – IV B 2 – S 2144 – 40/98, BeckVerw 029933.

[27] Ua OFD Hannover v. 8.12.2005 – S 2725 – 20-StO 241, BeckVerw 070898; die aktuellen KStR von 2015 enthalten dazu keine Aussagen.

[28] Dötsch/Pung/Möhlenbruck/*Alber* KStG § 5 Abs. 1 Nr. 5 Rn. 40.

[29] FG Hessen Urt. v. 20.11.2003 – 4 K 3898/01, BeckRS 2003, 26017063; insoweit bestätigt durch BFH Beschl. v. 15.7.2005 – I B 58/04 (NV), BeckRS 2005, 25008639.

[30] ZB BFH Urt. v. 28.6.1989 – I R 86/85, BeckRS 1989, 22009067 (preisgünstige Reisen und zinsgünstige Kredite).

nen und steuerpflichtig. Die Regelung des § 8 Abs. 5 KStG findet für unechte Mitgliedsbeiträge mit Entgeltcharakter keine Anwendung.

26   Von unechten Mitgliedsbeiträgen geht die Finanzverwaltung insbes. in folgenden Fällen
aus:

- Bei Umlagen steht der **Entgeltcharakter im Vordergrund,** wenn mehr als 20% der
Verbandsmitglieder bzw. der Mitglieder eines zum Verband gehörenden Berufs- oder
Wirtschaftszweiges, auf den eine bestimmte Verbandstätigkeit gerichtet ist, nicht zu der
Umlage herangezogen werden.[31]
- Erhebt der Berufsverband für die wirtschaftliche Förderung seiner Mitglieder kein über
den Mitgliedsbeitrag hinausgehendes gesondertes Entgelt, unterstellt die Finanzverwal-
tung eine **pauschalierte Gegenleistung,** die im Mitgliedsbeitrag enthalten ist. Den
Entgeltanteil ermittelt die Finanzverwaltung durch Schätzung.[32] Ist allerdings der echte
Mitgliedsbeitrag „verschwindend gering",[33] kann auf die Aufteilung verzichtet und der
Beitrag insgesamt als Entgelt an den wGb behandelt werden.

IV. Vermögensverwaltung

27   Die **reine Vermögensverwaltung,** also die Nutzung von Vermögen, um zB Kapital-
oder Vermietungseinkünfte zu erzielen (§ 14 S. 3 AO), begründet keinen wGb. Vielmehr
bleiben Einkünfte, die der Berufsverband aus der Vermögensverwaltung erzielt, unter den
Voraussetzungen des körperschaftsteuerlichen Privilegs von der Ertragsteuer (also Körper-
schaft- und Gewerbesteuer) befreit. Im Unterschied zu gemeinnützigen Vereinen unterliegt der Berufsverband dabei grds. **keinen quantitativen oder zeitlichen Beschränkungen:** Die Höhe der Einkünfte aus Vermögensverwaltung ist nicht gedeckt und auch
das Gebot der zeitnahen Mittelverwendung findet keine Anwendung. Somit kann ein
Berufsverband in großem Umfang Vermögen bilden.

28   Die Abgrenzung zwischen Vermögensverwaltung und wGb ist jedoch nicht immer
leicht. Das gilt insbes. im Zusammenhang mit der Beteiligung eines Berufsverbands an
Kapitalgesellschaften. Wie nachfolgend aufzuzeigen ist, kann hier der Übergang von der
Vermögensverwaltung zum wGb unter bestimmten Umständen fließend sein, so dass dem
Berufsverband zu besonderer Umsicht zu raten ist.

V. Beteiligung an Kapitalgesellschaften

1. Regelfall: Vermögensverwaltung

29   Viele Berufsverbände sind an Kapitalgesellschaften beteiligt. Ausgangspunkt ist häufig der
Wunsch, Leistungen anbieten zu können, die für sich genommen einen wGb begründen
würden. Diese Tätigkeiten werden dann in eine separate Kapitalgesellschaft **(Servicegesellschaft)** verlagert, deren Gesellschafterin der Berufsverband ist. Denn das Halten von
Beteiligungen an Kapitalgesellschaften ordnet die Finanzverwaltung „im Regelfall" der
Vermögensverwaltung zu.[34] Der Regelfall liegt immer vor, wenn die Kapitalgesellschaft
selbst, an der die Beteiligung besteht, ausschließlich vermögensverwaltend tätig ist.[35]

30   Innerhalb der Vermögensverwaltung kann der Berufsverband Gewinnausschüttungen
aus seiner Beteiligung steuerfrei vereinnahmen.[36] Außerhalb des Regelfalls, wenn also das
Halten von Beteiligungen einen wGb begründet, unterliegen entsprechend der allgemei-

---

[31] R 5.7 Abs. 4 S. 5 ff KStR 2015 (im Zusammenhang mit Gemeinschaftswerbung und Betriebsvergleichen).
[32] R 8.11 Abs. 3 S. 2 KStR 2015.
[33] BFH Urt. v. 28.6.1989 – I R 86/85, BeckRS 1989, 22009067.
[34] R 5.7 Abs. 5 S. 3 KStR 2015.
[35] R 5.7 Abs. 5 S. 4 KStR 2015 iVm R 4.1 Abs. 2 S. 5 KStR 2015.
[36] Bei Vorlage einer Nichtveranlagungs-Bescheinigung ist der Kapitalertragsteuereinbehalt auf Gewinnausschüttungen der Beteiligungen um 2/5 zu reduzieren (§ 44a Abs. 8 Nr. 1 EStG).

nen Regelungen regelmäßig nur 5 % der Gewinnausschüttungen der Körperschaft- und Gewerbesteuer.[37]

Die **Beteiligungshöhe** des Verbandes an der Kapitalgesellschaft ist für die Zuordnung 31
der Beteiligung zum Bereich „Vermögensverwaltung" bzw. zu einem wGb nicht maßgeblich; Vermögensverwaltung kann auch bei einer Mehrheits- oder 100%-Beteiligung vorliegen. Grds. ist auch unerheblich, in welchem Umfang die Kapitalgesellschaft selbst Gewinne erwirtschaftet. Insbes. bei Einflussnahme auf die Geschäftsführung der Kapitalgesellschaft, bei Beteiligung an mehreren Kapitalgesellschaften und hohen Ausschüttungen oder bei einer personell-sachlichen Verflechtung von Berufsverband und Beteiligung besteht allerdings die Gefahr, **dass ein wGb begründet wird** oder es **durch die Beteiligungen zu einer schädlichen Prägung** des Berufsverbandes kommt.

2. Einflussnahme auf die Geschäftsführung

Übt der Berufsverband alleine oder zusammen mit anderen, ebenfalls an der Kapitalgesell- 32
schaft beteiligten Berufsverbänden tatsächlich **entscheidenden Einfluss auf die laufende Geschäftsführung** der Kapitalgesellschaft aus,[38] begründet er damit einen wGb.[39]
Denn dann – so die Argumentation – nimmt der Berufsverband selbst, und zwar über die Kapitalgesellschaft, am allgemeinen wirtschaftlichen Geschäftsverkehr teil.[40] Das gilt auch, wenn mehrere Berufsverbände an einer Kapitalgesellschaft beteiligt sind und gemeinsam Einfluss nehmen. In dieser Konstellation kann für den einzelnen Berufsverband somit bereits eine geringe Beteiligungshöhe einen wGb begründen.

Von einem schädlichen Einfluss geht die Finanzverwaltung insbes. aus, wenn **Perso-** 33
nenidentität in der Geschäftsführung von Verband und Kapitalgesellschaft besteht.[41] Um diesem Risiko zu begegnen, sollte ein Berufsverband von vornherein darauf achten, dass Mitglieder der Verbandsgeschäftsführung nicht in die Geschäftsführung der Tochterkapitalgesellschaften berufen werden. Darüber hinaus ist es ratsam, die Geschäftsführung der Kapitalgesellschaft qua Satzung nicht über das Regelmaß hinaus einzuschränken, und schließlich sollte der Berufsverband von seinem gesetzlichen Weisungsrecht als Gesellschafter (gegenüber der GmbH-Geschäftsführung)[42] nur äußerst zurückhaltend Gebrauch machen, um dem Anschein der Einflussnahme möglichst vorzubeugen.

3. Beteiligung an mehreren Kapitalgesellschaften

Die Schwelle der Vermögensverwaltung kann der Berufsverband auch bei einer Mehrzahl 34
von Beteiligungen überschreiten.[43] Entscheidend ist dafür, dass zum reinen Beteiligungsbesitz weitere Merkmale hinzutreten. Dabei sind va folgende zwei Konstellationen beachtlich:

- Der Berufsverband selbst qualifiziert als **geschäftsleitende Holding.**[44] Erforderlich ist 35
hierfür, dass der Berufsverband für mehrere (also mindestens zwei) Tochtergesellschaften nachhaltige Führungsentscheidungen von grds. Bedeutung trifft.[45] Die Holdingtä-

---

[37] Zwar nimmt § 8b Abs. 1 KStG die Gewinnausschüttung insgesamt von der Besteuerung aus. Über § 8b Abs. 5 KStG gelten allerdings 5 % der Gewinnausschüttung als nicht abzugsfähige Betriebsausgaben und sind daher dem Gewinn wieder hinzuzurechnen.

[38] R 5.7 Abs. 5 S. 4 KStR 2015 iVm R 4.1 Abs. 2 S. 3 KStR 2015.

[39] Ausf. – allerdings im Zusammenhang mit Vereinen – dargestellt bei *Arnold* DStR 2005, 581 (582).

[40] BFH Urt. v. 30.6.1971 – I R 57/70, BeckRS 1971, 22001108.

[41] Nach Auf. des BFH ist die Personenidentität nicht per se ausreichend; vielmehr ist eine tatsächliche Einflussnahme erforderlich (BFH Urt. v. 30.6.1971 – I R 57/70, BeckRS 1971, 22001108).

[42] Jenseits eines Beherrschungsvertrages besteht kein solches Weisungsrecht der Aktionäre gegenüber dem Vorstand einer AG.

[43] *Mueller-Thuns/Jehke* DStR 2010, 905.

[44] *Mueller-Thuns/Jehke* DStR 2010, 905 (907).

[45] BMF Schreiben betr. Entlastungsberechtigung ausländischer Gesellschaften; Anwendung des § 50 d Abs. 3 EStG v. 21.6.2010, DStR 2010, 1383.

tigkeit grenzt sich von der og Einflussnahme dadurch ab, dass sie auf die strategische Unternehmensführung ausgerichtet ist und nicht das Tagesgeschäft der Kapitalgesellschaft betrifft. Nimmt der Berufsverband in Bezug auf seine Beteiligungen eine aktive Holdingfunktion wahr, begründet er hierdurch einen wGb, dem die Beteiligungen und mithin auch die Beteiligungserträge zuzuordnen sind.

- Das wirtschaftliche Gewicht der Beteiligungen führt zu einer **schädlichen Prägung** des Berufsverbands.[46] Denn für die Steuerprivilegierung ist entscheidend, dass die ideelle Tätigkeit des Berufsverbands nicht durch andere – nicht privilegierte – Aktivitäten in den Hintergrund gedrängt wird. Klare Abgrenzungskriterien dafür, wann eine schädliche Prägung in Bezug auf die Beteiligung an Kapitalgesellschaften erreicht ist, gibt es nicht. Ein dominierender und damit prägender Effekt ist aber denkbar, wenn der Berufsverband **Mitarbeiter oder Sachressourcen** in großem Umfang für die Beteiligungsverwaltung einsetzt oder die aus den Beteiligungen **erwirtschafteten Erträge** die sonstigen Mittel des Berufsverbandes bei weitem übersteigen.[47] Zwar ist nicht auszuschließen, dass bereits die Beteiligung an einer Kapitalgesellschaft eine schädliche Prägung idS nach sich zieht. Das dürfte aber nur ganz ausnahmsweise der Fall sein. Die steuerlichen Folgen der schädlichen Prägung sind besonders weitreichend: Hierdurch scheiden nicht nur die Beteiligungserträge aus der Steuerbefreiung aus; vielmehr verliert der Berufsverband insgesamt seine Steuerbefreiung.

36 Ob auch die **Übernahme von Verlusten** einer Beteiligung durch den Berufsverband eine schädliche Prägung begründen kann, wird in der Literatur ganz unterschiedlich eingeschätzt;[48] Stellungnahmen seitens Finanzverwaltung und Rspr. gibt es bislang nicht. Angesichts der bestehenden Unklarheit ist va bei einem längerfristigen Ausgleich von Verlusten durch den Verband besondere Vorsicht geboten.

4. Betriebsaufspaltung

37 Schließlich kann ein wGb durch eine sog Betriebsaufspaltung entstehen. Maßgeblich dafür ist eine **personelle und sachliche Verflechtung** zwischen dem Berufsverband und seiner Kapitalgesellschaft. Für die **personelle Verflechtung** ist bereits eine Mehrheitsbeteiligung des Berufsverbands an der Kapitalgesellschaft ausreichend,[49] da der Verband als Mehrheitsgesellschafter seinen Willen in der Kapitalgesellschaft durchsetzen kann. Eine Personenidentität in den Geschäftsführungsorganen von Verband und Kapitalgesellschaft ist demgegenüber nicht erforderlich.

38 **Sachlich** sind Verband und Gesellschaft **verflochten,** wenn der Berufsverband der Gesellschaft wesentliche Betriebsgrundlagen zur Nutzung überlässt. Das gilt selbst dann, wenn die Überlassung des Wirtschaftsguts – würde sie an einen fremden Dritten erfolgen – als rein vermögensverwaltende Tätigkeit anzusehen wäre.[50] Die Rspr. stuft dabei solche Wirtschaftsgüter als **wesentliche Betriebsgrundlagen** ein, die erhebliches Gewicht für den Betriebsablauf haben, zB weil sie notwendig für die Betriebsführung sind oder dem Betrieb das Gepräge geben.[51]

39 Die Rspr. zur **Überlassung von Büro- oder Geschäftsräumen** an die Kapitalgesellschaft macht deutlich, dass keine sehr hohen Anforderungen an die Qualifikation eines Wirtschaftsguts als wesentliche Betriebsgrundlage zu stellen sind.[52] Denn nach Ansicht des BFH stellen Büro- und Geschäftsräume wesentliche Betriebsgrundlagen dar, wenn sie die *„räumliche und funktionale Grundlage für die Geschäftstätigkeit"* bilden. Davon ist bereits aus-

---

[46] *Mueller-Thuns/Jehke* DStR 2010, 905 (907 f.).
[47] *Mueller-Thuns/Jehke* weisen zutr. darauf hin, dass der Berufsverband den Anteil der Beteiligungserträge durch entsprechende Ausschüttungspolitik steuern kann (vgl. DStR 2010, 905 (908)).
[48] *Mueller-Thuns/Jehke* DStR 2010, 905 (908).
[49] BFH Urt. v. 25.8.2010 – I R 97/09, BeckRS 2011, 94011.
[50] Ernst & Young/*Bott* KStG § 5 Rn. 316.
[51] BFH Urt. v. 25.8.2010 – I R 97/09, BeckRS 2011, 94011 mwN.
[52] BFH DStR 2000, 1864.

zugehen, wenn die Räumlichkeiten den Mittelpunkt der Geschäftsleitung bilden.[53] Auf eine besondere Ausgestaltung der Räumlichkeiten oder gar besondere bauliche Anpassungen an die Betriebsbedürfnisse der Kapitalgesellschaft kommt es danach gar nicht an. Verlagert also ein Berufsverband gewisse Leistungen in eine Service-Kapitalgesellschaft, gerade um die Begründung eines wGb zu vermeiden, und werden die Leistungen dann zwar durch die Kapitalgesellschaft, aber aus den Geschäftsräumen des Verbandes heraus erbracht, liegt womöglich eine schädliche Betriebsaufspaltung nahe. Das mit der Service-Gesellschaft verfolgte Ziel, keinen wGb zu begründen, schlägt in diesem Falle fehl.

VI. Beteiligung an Personengesellschaften

Ist ein Berufsverband an einer gewerblich tätigen Personengesellschaft als sog Mitunternehmer beteiligt, sind ihm die Einkünfte aus der gewerblichen Tätigkeit der Personengesellschaft unmittelbar zuzurechnen. Mit der Verlagerung einer privilegschädlichen Tätigkeit in eine Personengesellschaft könnte der Berufsverband die Begründung eines wGb mithin nicht vermeiden. Vielmehr gilt die Beteiligung an der gewerblich tätigen Personengesellschaft als eigenständiger wGb.[54]   40

VII. Kapitalertragsteuerpflicht

1. Einkünfte aus Kapitalvermögen

Insbes. für Berufsverbände, die umfangreicher iRv wGb tätig sind, ist die mögliche Kapitalertragsteuerpflicht von Bedeutung.[55] Sie greift, soweit der Berufsverband mit dem wGb **Einkünfte aus Kapitalvermögen** erzielt (gem. § 20 Abs. 1 Nr. 10b EStG). Voraussetzung für die Steuerpflicht ist, dass der Berufsverband den Gewinn seines / seiner wGb freiwillig oder aufgrund gesetzlicher Verpflichtung **durch Betriebsvermögensvergleich** – also Bilanzierung – ermittelt, oder dass der wGb gewisse **Umsatz- bzw. Gewinnschwellen** erreicht.[56] Für die Umsatz- und Gewinngrenzen ist auf jeden wGb einzeln abzustellen. Verfügt ein Berufsverband über eine Mehrzahl von wGb, muss also für den jeweiligen wGb separat ermittelt werden, ob die vorgenannten Voraussetzungen für die Kapitalertragsteuerpflicht vorliegen.[57] Nur in Bezug auf diejenigen wGb, die diese Voraussetzungen erfüllen, erfolgt im Weiteren – also insbes. bei Berechnung der Bemessungsgrundlage für die Kapitalertragsteuer – eine Gesamtbetrachtung.   41

2. Abgeltungswirkung

Während die Kapitalertragsteuer regelmäßig nur einen Vorgriff an der Quelle auf die spätere Steuerschuld darstellt, ohne dauerhaft zu belasten, hat sie bei Berufsverbänden **abgeltenden Charakter,**[58] dh die Kapitalertragsteuer wirkt endgültig ohne die Möglichkeit, sie angerechnet oder erstattet zu bekommen.[59] Der Kapitalertragsteuersatz beträgt 15 %. Für Gewinne aus wGb, die (auch) der Kapitalertragsteuer unterliegen, kann sich somit eine Gesamtsteuerbelastung von rund 45 % ergeben: Körperschaft-, Kapitalertrag- und   42

---

[53] BFH DStR 2006, 1829.
[54] BMF Schreiben betr. Auslegungsfragen zu § 20 Abs. 1 Nr. 10 Buchst. b S. 4 EStG v. 2.2.2016, BStBl I 2016, S. 200 (in der mit BMF Schreiben v. 21.7.2016 geänderten Fassung), Rn. 11, BeckVerw 323197.
[55] Sehr eingehend hierzu Ernst & Young/*Bott* KStG § 5 Rn. 324.1 ff.
[56] Bei einem Jahresumsatz von mehr als EUR 350.000 (einschließlich steuerfreier Umsätze aber abzgl. Umsätzen iSd § 4 Nr. 8–10 UStG – betrifft bestimmte Geld- und Finanzdienstleistungs-, Grundstücks und Versicherungsgeschäfte) sowie bei einem Jahresgewinn von mehr als EUR 30.000.
[57] BMF Schreiben betr. Auslegungsfragen zu § 20 Abs. 1 Nr. 10 Buchst. b S. 4 EStG v. 2.2.2016, BStBl I 2016, S. 200 (in der mit BMF Schreiben v. 21.7.2016 geänderten Fassung), Rn. 6, BeckVerw 323197.
[58] BMF Schreiben betr. Auslegungsfragen zu § 20 Abs. 1 Nr. 10 Buchst. b S. 4 EStG v. 2.2.2016, BStBl I 2016, S. 200 (in der mit BMF Schreiben v. 21.7.2016 geänderten Fassung), Rn. 1, BeckVerw 323197.
[59] Es wird eine Ausschüttung vom wGb an den Berufsverband fingiert, dazu Eggers DStR 2007, 461 (464).

Gewerbesteuer von jeweils 15 % (bei der Gewerbesteuer abhängig vom jeweiligen Gewerbesteuerhebesatz).

3. Bildung von Rücklagen

43 Gewinne unterliegen dabei nur insoweit der Kapitalertragsteuer, als sie nicht in zulässigem Umfang den **Rücklagen** zugeführt werden (§ 20 Abs. 1 Nr. 10b EStG iVm § 43 Abs. 1 Nr. 7c EStG und § 43a Abs. 1 Nr. 2 EStG). Die Bildung von Rücklagen kann also eine temporäre Entlastung bewirken – jedenfalls bis zur Auflösung der Rücklagen. Voraussetzung für die Rücklagenbildung ist allerdings ein entsprechender **Gewinnverwendungsbeschluss** durch die Mitgliederversammlung. Dieser muss den Gewinnanteil den Rücklagen des wGb zuweisen.[60] Erfolgt demgegenüber eine Zuführung zu den Rücklagen im ideellen Bereich des Berufsverbandes, tritt der Entlastungseffekt nicht ein; denn diese Zuordnung stellt eine Gewinnentnahme aus dem wGb dar, die den laufenden Gewinn des jeweiligen wGb nicht mindert.

44 Für Zwecke der Kapitalertragsteuer erfolgt eine **Gesamtbetrachtung**[61] aller wGb eines Berufsverbands, deren Gewinne nach den eingangs skizzierten Voraussetzungen als Kapitaleinkünfte qualifizieren (§ 20 Abs. 1 Nr. 10b S. 4 EStG, s. o. → Rn. 41). Innerhalb der von der Gesamtbetrachtung umfassten wGb ist es unschädlich, wenn der Berufsverband die in einem wGb gebildeten Rücklagen für Zwecke eines anderen wGb verwendet. Diese Verwendung gilt aufgrund der Gesamtbetrachtung nicht als Auflösung der Rücklagen und führt mithin nicht zu kapitalertragsteuerpflichtigen Einkünften aus Kapitalvermögen.[62]

4. „Verzicht" auf das Steuerprivileg?

45 Die besondere Kapitalertragsteuer gilt unter den eingangs genannten Voraussetzungen nur, wenn der Berufsverband dem Körperschaftsteuerprivileg unterliegt. Findet dieses hingegen keine Anwendung, weil bspw. der Verbandszweck in privilegschädlicher Weise auf einen wGb ausgerichtet ist, unterliegen die Gewinne aus wGb zwar der Besteuerung; die (zusätzliche) Kapitalertragsteuer greift indes nicht. Ob ein Berufsverband daher in bestimmten Konstellationen versuchen sollte, das Körperschaftsteuerprivileg zu vermeiden,[63] um der Kapitalertragsteuer zu entgehen, muss anhand der Umstände des Einzelfalls eingehend geprüft werden. Zwar hat der Berufsverband **kein Wahlrecht,** das Steuerprivileg in Anspruch zu nehmen oder nicht. Ein „Verzicht" auf das Privileg kommt somit nicht in Betracht. Der Berufsverband könnte den Privilegverlust jedoch bewusst über die Aufnahme eines schädlichen Satzungszwecks herbeiführen (Ausrichtung auf einen wGb).

46 Ein solcher Schritt kann in Betracht gezogen werden, wenn der Berufsverband neben den Gewinnen aus wGb nur echte Mitgliedsbeiträge vereinnahmt und daneben ggf. Verluste aus Vermögensverwaltung erwirtschaftet. Die Gewinne aus wGb unterliegen mit und ohne Privileg der Besteuerung; gleichermaßen sind die Mitgliedsbeiträge mit und ohne Privileg von der Besteuerung auszunehmen. Bei Anwendung des Steuerprivilegs bleiben somit lediglich die Verluste aus Vermögensverwaltung unbeachtlich (mindern also die Gewinne aus wGb nicht) und die besondere Kapitalertragsteuer greift. Außerhalb des Steuerprivilegs können die Verluste aus Vermögensverwaltung ggf. gewinnmindernd angesetzt werden, die Gewinne werden nicht zusätzlich mit Kapitalertragsteuer belastet und die Mitgliedsbeiträge bleiben ohnehin steuerlich außen vor (§ 8 Abs. 5 KStG).

---

[60] Eggers DStR 2007, 461 (464).
[61] BMF Schreiben betr. Auslegungsfragen zu § 20 Abs. 1 Nr. 10 Buchst. b S. 4 EStG v. 2.2.2016, BStBl I 2016, S. 200 (in der mit BMF Schreiben v. 21.7.2016 geänderten Fassung), Rn. 6, BeckVerw 323197.
[62] BMF Schreiben betr. Auslegungsfragen zu § 20 Abs. 1 Nr. 10 Buchst. b S. 4 EStG v. 2.2.2016, BStBl I 2016, S. 200 (in der mit BMF Schreiben v. 21.7.2016 geänderten Fassung), Rn. 8, BeckVerw 323197.
[63] Dem Vorschlag *Albers* folgend, vgl. Dötsch/Pung/Möhlenbrock/*Alber* KStG § 5 Abs. 1 Nr. 5 Rn. 47.

VIII. Unterstützung politischer Parteien

Eine **allgemeinpolitische Ausrichtung** des Berufsverbandes ist nicht steuerschädlich. 47
Maßgeblich ist auch in diesem Zusammenhang, dass allein die Durchsetzung der berufs-
bzw. wirtschaftszweigspezifischen Verbandsziele im Vordergrund steht.[64]

1. Verlust der Körperschaftsteuerbefreiung

Die finanzielle Unterstützung von Parteien kann jedoch zum **völligen Verlust der Steu-** 48
erfreiheit des Berufsverbands führen. Das ist der Fall, wenn der Berufsverband mehr als
10% seiner Einnahmen zur mittelbaren oder unmittelbaren Parteienförderung einsetzt
(§ 5 Abs. 1 Nr. 5 S. 2 Buchst. b KStG). Auf welche Weise die Förderung erfolgt, als direkte Geldleistung, Sachzuwendung oder als verdeckte Zuwendung, bspw. mittels verbil-
ligter oder unentgeltlicher Leistungen,[65] ist völlig unerheblich. Beim Leistungsaustausch
mit Parteien oder parteinahen Einrichtungen sollte daher besonders genau auf ein dem
Fremdvergleich entsprechendes, angemessenes Entgelt geachtet werden, um zu vermeiden, dass es in der Höhe, um die das tatsächliche Entgelt ein Angemessenes unterschreitet,
unbeabsichtigt zu einer Parteienförderung kommt.[66]

Die **Einnahmen,** an denen sich die 10%-Grenze bemisst, umfassen sämtliche Quellen. 49
Hierzu zählen die Mitgliedsbeiträge und Umlagen, Zuschüsse, Gewinne aus wGb, Rücklagen, Erträge aus Vermögensverwaltung sowie das entsprechende Vermögen, Gewinn-
anteile aus der Beteiligung an einer Personengesellschaft und Gewinnausschüttungen (abzgl.
der Kapitalertragsteuer) aus Kapitalgesellschaften, die nicht einem wGb zuzurechnen
sind.[66]

2. Erhöhte besondere Körperschaftsteuer

Unabhängig davon, ob die Parteienförderung zu einem Verlust der Steuerbefreiung führt 50
oder unterhalb der 10%-Grenze bleibt, unterliegen die eingesetzten Fördermittel auf Ver-
bandsebene einer besonderen Besteuerung von 50% (§ 5 Abs. 1 Nr. 5 S. 4 KStG).[67] Mit
dieser erhöhten Steuer, die durchaus Strafcharakter aufweist, soll ein Steuerentlastungsef-
fekt auf Ebene der Mitglieder, der durch den Ansatz von Mitgliedsbeiträgen bei der Einkommensermittlung eintritt, auf Ebene des Berufsverbands ausgeglichen werden. Handelt
es sich bei den Fördermitteln um solche eines wGb, kann die Strafsteuer bei der Einkommensermittlung nicht abgezogen werden (§ 10 Nr. 2 KStG). Darüber hinaus sind Mittel
aus einem wGb, die der Berufsverband zur Parteienförderung einsetzt, bei der Ermittlung
des Einkommens des wGb nicht abzugsfähig (§ 8 Abs. 1 KStG iVm § 4 Abs. 6 EStG).

IX. Steuerliche Überprüfung und Steuererklärungen

Ob ein Berufsverband die Voraussetzungen für die Körperschaftsteuerbefreiung erfüllt, 51
überprüft die Finanzverwaltung idR alle 3 Jahre. Dabei lässt sich in der Praxis eine zunehmende Verschärfung der Betriebsprüfungen beobachten – insbes. auch im Zusammenhang
mit Beteiligungen an Kapitalgesellschaften.[68]

Verfügt ein Berufsverband über einen wGb, hat er jährlich eine **Körperschaftsteuer-** 52
erklärung abzugeben. Eine jährliche Steuererklärungspflicht besteht auch, wenn inner-

---

[64] Ernst & Young/*Bott* KStG § 5 Rn. 275.
[65] Die Körperschaftsteuerrichtlinien nennen die unentgeltliche oder verbilligte Raumüberlassung oder Dar-
lehensvergabe als Beispiele für Sachzuwendungen (R 5.7 Abs. 3 S. 6 KStR 2015).
[66] R 5.7 Abs. 3 S. 2f. KStR 2015; vgl. auch Ernst & Young/*Bott* KStG § 5 Rn. 300 sowie Erläuterungen
zum Formular KSt Ber 1 (Erklärung zur Körperschaftsteuer für privatrechtlich organisierte Berufsverbände).
[67] Zur Kritik an der Regelung aufgrund systematischer Unstimmigkeiten vgl. Dötsch/Pung/Möhlenbrock/
Alber KStG § 5 Abs. 1 Nr. 5 Rn. 49; Ernst & Young/*Bott* KStG § 5 Rn. 304 ff.
[68] Vgl. auch *Mueller-Thuns/Jehke* DStR 2010, 905.

halb der vorangegangenen drei Veranlagungs- bzw. Erhebungszeiträume Körperschaft- oder Gewerbesteuer erhoben wurde – es sei denn, dabei handelte es sich um die besondere Körperschaftsteuer auf Zuwendungen an politische Parteien. IRd Körperschaftsteuererklärung sind gleichzeitig Angaben zur besonderen 50%-Körperschaftsteuer auf Zuwendungen an politische Parteien zu machen. Besteht keine jährliche Erklärungspflicht, unterliegt der Berufsverband dennoch der Pflicht zur jährlichen Erklärung zur 50%-Körperschaftsteuer.[69] Die Steuererklärungen (Körperschaft-, Gewerbe- und Umsatzsteuer) sind auf amtlichem Muster jeweils elektronisch beim zuständigen Finanzamt einzureichen.

53   Nur wenn ein Berufsverband vollumfänglich von der Körperschaftsteuer befreit ist, kann ein **Freistellungsbescheid** erteilt werden. Es darf also weder ein wGb bestehen[70] noch eine Zuwendung an politische Parteien erfolgen. Besteht lediglich eine partielle Steuerpflicht – wegen Unterhaltung eines wGb –, enthält der Steuerbescheid eine Bestätigung, dass der Berufsverband iÜ steuerbefreit ist.[71]

C. Umsatzsteuer

I. Umsatzsteuerpflicht

54   Das Umsatzsteuerrecht sieht keine allgemeine Steuerbefreiung für Berufsverbände vor; es gelten mithin die allgemeinen umsatzsteuerlichen Regelungen.[72] Danach unterliegen entgeltliche Leistungen der Umsatzsteuer, die der Berufsverband als Unternehmer erbringt.[73]

55   **Unternehmer** ist der Berufsverband, wenn er eine gewerbliche oder berufliche Tätigkeit selbständig ausübt (§ 2 Abs. 1 UStG); davon erfasst ist jede nachhaltige Tätigkeit zur Erzielung von Einnahmen.[74] Damit sind regelmäßig die Tätigkeiten des Berufsverbands umsatzsteuerrelevant, die einen wGb begründen.[75] Darüber hinaus können Tätigkeiten iRd Vermögensverwaltung, wie zB die Vermietung von Räumlichkeiten, umsatzsteuerbar sein.

56   Regelmäßig außerhalb des umsatzsteuerbaren Bereichs bleiben die Tätigkeiten im ideellen und durch echte Mitgliedsbeiträge und Zuschüsse finanzierten Verbandsbereich[76] einschließlich der damit zusammenhängenden Hilfsleistungen.[77]

II. Umsatzsteuerbefreiungen

57   Umsatzsteuerbare Leistungen des Berufsverbands sind umsatzsteuerfrei, wenn ein Steuerbefreiungstatbestand aus dem Befreiungskatalog des § 4 UStG eingreift. Für Berufsverbän-

---

[69] Auf die 50%-Körperschaftsteuer sind keine Vorauszahlungen zu leisten.

[70] Ausnahmsweise kann trotz Vorhandenseins eines wGb ein Freistellungsbescheid erteilt werden, wenn der wGb aufgrund des Steuerfreibetrags nicht zur Körperschaftsteuer heranzuziehen ist bzw. eine Körperschaftsteuererhebung unterbleibt, vgl. OFD Magdeburg Verfügung v. 27.7.2011 – S 2725 – 4-St 217, BeckVerw 252170.

[71] Zu Erklärungspflicht und steuerlicher Überprüfung privatrechtlich organisierter Berufsverbände insgesamt: OFD Magdeburg Verfügung v. 27.7.2011 – S 2725 – 4-St 217, BeckVerw 252170.

[72] Ein guter Überblick hierzu findet sich bei Engelsing/Lüke Kap. C.4 (Umsatzsteuer) S. 126 ff.

[73] Vgl. Abschn. 2.1 Abs. 1 S. 1 UStAE.

[74] Gewinnerzielungsabsicht ist nicht erforderlich.

[75] Dass nicht jede, einen wGb begründende Tätigkeit zu einer umsatzsteuerbaren Leistung führt, hebt *Eggers* ua an folgendem Beispiel hervor (DStR 2007, 461 (466)): Die Beteiligung an einer Kapitalgesellschaft kann ausnahmsweise einen wGb begründen, grds. aber keine unternehmerische Tätigkeit iSd UStG.

[76] Sölch/Ringleb/*Oelmaier* UStG § 1 Rn. 76 „Berufsverband".

[77] Die Finanzverwaltung nennt in diesem Zusammenhang die Veräußerungen von Gegenständen, die im nichtunternehmerischen Bereich eingesetzt waren (zB gebrauchte Kraftfahrzeuge, Einrichtungsgegenstände und Altpapier), Überlassung des Telefons bzw. von im nichtunternehmerischen Bereich eingesetzten Kraftfahrzeugen an im nichtunternehmerischen Bereich tätige Arbeitnehmer zur privaten Nutzung, Abschn. 2.10 Abs. 1 S. 10 f UStAE. Vgl. hierzu im Lichte der aktuellen EuGH-Rspr. Becker/Kretzschmann DStR 2008, 1985 (1987 ff.).

de von besonderer Relevanz dürften dabei insbes. die Steuerbefreiung für **Grundstücksvermietungen** (einschließlich Grundstücksteilen wie zB Räumlichkeiten) nach § 4 Nr. 12 UStG und für **Vortrags- und Kursveranstaltungen** nach § 22a UStG sein.

Darüber hinaus können auch **Rechtsschutzleistungen** des Berufsverbands unter der 58 Befreiungsvorschrift für Versicherungsleistungen (§ 4 Nr. 10 UStG) umsatzsteuerbefreit sein. Diese Auffassung vertritt die Finanzverwaltung in einer aktuellen Verfügung jedenfalls in Bezug auf Rechtsberatungsleistungen eines Vereins für Haus-, Grund- und Wohnungseigentümer.[78] Dabei erbringe der Verein eine Leistung, die auch Gegenstand einer Rechtsschutzversicherung sein könnte und durch die die Mitglieder gemeinschaftlich Risiken tragen. Dadurch könne die Gemeinschaft der Mitglieder für Zwecke der Steuerbefreiungsvorschrift Versicherungsverträgen gleichgestellt werden. Diese Grundsätze dürften uE auch auf Rechtsschutzleistungen eines Berufsverbands übertragbar sein, die dieser satzungsgemäß zugunsten seiner Mitglieder erbringt.[79]

Bilden mehrere Berufsverbände eine **Bürogemeinschaft,** die die Verbandsaufgaben 59 der beteiligten Verbände wahrnimmt, kommt es zwar zu einem umsatzsteuerbaren Leistungsaustausch zwischen Bürogemeinschaft und angeschlossenen Verbänden. Unter bestimmten Voraussetzungen greift allerdings die nicht in das deutsche Umsatzsteuergesetz übernommene, aber dennoch unmittelbar geltende Befreiungsregelung nach Art. 132 Abs. 1 Buchst. f MwStSystRL. Wesentlich für deren Inanspruchnahme ist allerdings, dass die Befreiung nicht zu Wettbewerbsverzerrungen führt.[80]

III. Besteuerungsfragen

Grds. erfolgt die Berechnung der Umsatzsteuer nach **vereinbarten Entgelten** – also un 60 abhängig davon, ob der Berufsverband in dem Zeitpunkt, zu dem die Umsatzsteuer zur Zahlung fällig ist, das Entgelt für die erbrachte Leistung bereits erhalten hat oder nicht. Sofern möglich, sollte ein Berufsverband daher beantragen, die Umsatzsteuer abweichend vom Regelfall nach **vereinnahmten Entgelten** zu berechnen. Damit unterliegt der Berufsverband mit umsatzsteuerpflichtigen Leistungen nur der Umsatzsteuer, soweit er das jeweilige Entgelt auch tatsächlich vereinnahmt hat und muss umsatzsteuerlich nicht in Vorleistung für noch ausstehende Zahlungen treten. Voraussetzung für den Antrag (nach § 20 UStG) ist, dass die umsatzsteuerbaren Umsätze[81] des Verbands im Vorjahr insgesamt maximal 500.000 EUR betragen haben und der Verband von der Buchführungs- und Abschlusspflicht befreit ist (nach § 148 AO).

Darüber hinaus kann die Regelung für umsatzsteuerliche **Kleinunternehmer** Rele 61 vanz für Berufsverbände haben (§ 19 UStG). Danach wird die Umsatzsteuer bei einem niederschwelligen Gesamtumsatz nicht erhoben.[82] Die Inanspruchnahme des Kleinunternehmerprivilegs schließt jedoch den Vorsteuerabzug für empfangene Leistungen des Berufsverbands aus.

---

[78] Vgl. LSF Sachsen Verfügung v. 3.2.2016 – 213 – S 7163/1/1–2016/487, BeckVerw 325406 (MwStR 2016, S. 398 (nur Leitsatz); *Eggers* DStR 2007, 461 (466).

[79] AA ggf. Sölch/Ringleb/*Oelmaier* UStG § 1 Rn. 76 „Beratungsleistung".

[80] BFH DStRE 2002, 577.

[81] Vgl. § 19 Abs. 3 UStG.

[82] Gesamtumsatz vereinnahmter Entgelte (abzgl. einer Reihe von steuerbefreiten Umsätzen) im Vorjahr unter 17.500 EUR und im laufenden Jahr voraussichtlich max. 50.000 EUR.

§ 11. Datenschutz

Literatur:

Aufsätze: *Behling,* Rechtskonforme Ausgestaltung von Terrorlisten-Screenings? NZA 2015, 1359 ff.; *Brouwer,* Compliance im Wirtschaftsverband, CCZ 2009, 161 ff.; *Dönch,* Verbandsklagen bei Verstößen gegen das Datenschutzrecht – neue Herausforderungen für die Datenschutz-Compliance, BB 2016, 962 ff.; *Foitzick/Plankemann,* Cloud Computing und Compliance: Probleme und Lösungsansätze, CCZ 2015, 180 ff; *Kopp/Sokoll,* Wearables am Arbeitsplatz – Einfallstore für Alltagsüberwachung? NZA 2015, 1352 ff.; *Kort,* Betriebsrat und Arbeitnehmerdatenschutz, ZD 2016, 3 ff.

Kommentare, Monographien und Handbücher mit Abschnitten zu Datenschutz/IT-Sicherheit: *Büchting/Heussen,* Beck'sches Rechtsanwaltshandbuch, 10. Aufl. 2011; *Inderst/Bannenberg/Poppe,* Compliance – Aufbau – Management – Risikobereiche, 2. Aufl. 2013; *Bergmann/Möhrle/Herb,* Datenschutzrecht, Kommentar, Stand: Juli 2015; *Forgó/Helfrich/Schneider,* Betrieblicher Datenschutz. Rechtshandbuch, 1. Aufl. 2014; *Gola/Schomerus,* Bundesdatenschutzgesetz, Kommentar, 12. Aufl. 2015; *Gola/Wronka,* Handbuch zum Arbeitnehmerdatenschutz, 6. Auflage 2013; *Hauschka/Moosmayer/Lösler,* Corporate Compliance, 3. Aufl. 2016; *Kilian/Heussen,* Computerrechts-Handbuch, 26. EL 2008; *Moosmayer,* Compliance, 3. Aufl. 2015; Plath, BDSG, Kommentar zum BDSG sowie den Datenschutzbestimmungen von TMG und TKG, 2013; *Simitis,* BDSG, Kommentar, 8. Aufl. 2014; *Schröder,* Datenschutzrecht, 2. Aufl. 2016; *Thüsing,* Beschäftigtendatenschutz und Compliance, 2. Aufl. 2014; *Wächter,* Datenschutz im Unternehmen, 4. Aufl. 2014; *Wecker/Ohl,* Compliance in der Unternehmerpraxis, Grundlagen, Organisation und Umsetzung, 3. Aufl. 2013; *Wolff/Brink,* Beck'scher Onlinekommentar Datenschutzrecht, 15. Ed., Stand 1.2.2016.

A. Einleitung

Datenschutz ist heute ein Kernbereich der Compliance.[1] Die Einhaltung seiner vielfältigen, häufig bußgeldbewehrten Vorgaben wird mittlerweile von den zuständigen Aufsichtsbehörden[2] sowie von Geschäftspartnern, Mitarbeitern und der Öffentlichkeit mit deutlich größerer Aufmerksamkeit eingefordert als früher. Während noch vor einigen Jahren einzelne gravierende Datenschutzverstöße durch deutsche Großunternehmen mediale Aufmerksamkeit erzielten und erstmals mit hohen Bußgeldern geahndet wurden,[3] hat sich seither ein ganz anderes Datenschutzbewusstsein in den Unternehmen und der Öffentlichkeit entwickelt – nicht nur für die Sanktionsfähigkeit der Datenschutzgesetze, sondern auch dafür, dass praktisch gelebter Datenschutz zu guter Unternehmenskultur und Vertrauenswürdigkeit dazugehört. Zugleich sind in Zeiten rasanter Digitalisierung und Vernetzung der Geschäfts- und Kommunikationsprozesse die Risiken und Auswirkungen des Verlusts oder Missbrauchs personenbezogener Daten wie auch von Unternehmensdaten erheblich gestiegen, zB indem externe Angreifer immer häufiger versuchen, Schutzlücken in IT-Systemen oder beim Umgang mit ihnen ausnutzen.[4] Das macht ein gut funktionierendes ITK-Sicherheitsmanagement, aber auch die Beachtung der Datenschutzvorgaben essentiell wichtig. 1

Auch die Datenschutz-Compliance von Verbänden ist im Blickfeld der Aufsichtsbehörden angekommen. Ihre Tätigkeitsberichte dokumentieren typische Fragestellungen aus Vereinen und Verbänden[5] und sie erwarten auch dort die Beachtung der allgemeinen Datenschutzanforderungen, etwa dass die Verfahrensübersicht geführt wird, beim Einsatz von 2

---

[1] So auch *Schröder* DatenschutzR. Dabei bestehen je nach Größe und Tätigkeitsbereich des Verbands unterschiedlich hohe Risiken, hierzu *Brouwer* CCZ 2009, 161.

[2] Die Einhaltung der Datenschutzvorschriften wird von der jeweils zuständigen Datenschutzbehörde kontrolliert, die auch beraten und unterstützen soll (§ 38 Bundesdatenschutzgesetz, „BDSG"). Für nicht-öffentliche Stellen ist dies die jeweils zuständige regionale Landesdatenschutzbehörde, vgl. die Übersicht unter https://datenschutz-berlin.de/content/adressen/deutschland/landesbeauftragte.

[3] Fundstellen hierzu bei Inderst/Bannenberg/Poppe/*Bauer* Kap. F Rn. 238 (Fn. 249).

[4] Zu aktuellen Entwicklungen und typischen Risikoszenarien vgl. *BSI,* Die Lage der IT-Sicherheit in Deutschland, 2016, abrufbar unter: https://www.bsi.bund.de/DE/Publikationen/Lageberichte/lageberichte_node.html (letzter Abruf am 5.1.2017).

[5] Die Tätigkeitsberichte sind auf den Webseiten der Datenschutzbehörden abrufbar, vgl. den Link in → Fn. 2.

Dienstleistern Auftragsdatenverarbeitungsverträge abgeschlossen werden, erforderlichenfalls, ein Datenschutzbeauftragter bestellt und bei sensiblen Verfahren wie etwa der Einführung von Videoüberwachung eine Vorabkontrolle durchgeführt ist und die Verfahren entsprechend datenschutzkonform ausgestaltet werden. Neben Bußgeldrisiken bei Datenschutzverstößen oder Datenpannen, die sich ab Mai 2018 mit Geltung der Datenschutz-Grundverordnung noch einmal deutlich erhöhen werden,[6] wiegt für Verbände auch das Risiko von Image- und Reputationsschäden schwer, stehen sie doch in der Öffentlichkeit und arbeiten eng und vertrauensvoll mit ihren Mitgliedsunternehmen zusammen. Umgekehrt bietet das neue Datenschutzbewusstsein die Chance, die Vertrauenswürdigkeit eines Verbands durch Implementierung eines soliden Datenschutzkonzepts und die entsprechende Kommunikation nach innen und außen zu belegen, zB durch einen transparenten Datenschutzhinweis auf der Verbandswebseite und den datensparsamen Umgang mit den Nutzerdaten.

3   Die Einhaltung der gesetzlichen Bestimmungen zum Datenschutz unterliegt der Aufsichts- und Überwachungspflicht der Verbandsleitung.[7] Falls ein(e) Datenschutzbeauftragte (r) bestellt ist,[8] hat sie bzw. er die Aufgabe, auf die Einhaltung des Datenschutzes im Verband hinzuwirken. Wichtig ist dann die frühzeitige und enge Einbindung und auch anderenfalls eine klare und sichtbare Verantwortlichkeit für den Datenschutz. Denn die Vorgaben des Datenschutzrechts sind einerseits recht abstrakt, andererseits vielfach durch aufsichtsbehördliche Praxis oder Rspr. konkretisiert. Ihre Umsetzung ist vom aktuellen Stand technischer Möglichkeiten abhängig und setzt nicht nur organisatorische Regelungen, sondern entscheidend auch ihre Kenntnis und Anwendung durch Verbandsführung und Mitarbeiter voraus. Datenschutz-Compliance wird sich daher nur durch transparente Datenschutzrichtlinien, klare Zuständigkeiten und ein nachhaltiges Datenschutzmanagement erreichen lassen.[9]

B. Die Regeln des Datenschutzrechts

I. Materielle Vorgaben

1. Anwendungsbereich

4   **a) Geltung des Datenschutzrechts.** Das Datenschutzrecht gilt für den Umgang mit **personenbezogenen Daten.** Sie unterliegen aufgrund des grundrechtlich verbürgten Persönlichkeitsrechtsschutzes einer besonderen staatlichen Schutzpflicht. Im grundlegenden „Volkszählungsurteil" hat das Bundesverfassungsgericht im Jahr 1983 angesichts der neuen Risiken staatlicher Datensammlungen in der ersten Phase der Verbreitung automatisierter Datenverarbeitung aus dem allgemeinen Persönlichkeitsrecht iVm der Menschenwürde (Art. 2 Abs. 1 iVm Art. 1 Abs. 1 GG) das **Grundrecht auf informationelle Selbstbestimmung** abgeleitet. Demnach hat grds. jeder Mensch selbst über die Preisgabe und Verwendung seiner persönlichen Daten zu bestimmen. Dies – oder doch zumindest Transparenz darüber und rechtsstaatliche Regeln dafür, welche seiner Daten zu welchem Zweck in welchem Umfang verarbeitet werden – ist für die Handlungs- und Mitwirkungsfähigkeit des Einzelnen in einer freiheitlichen Demokratie, und damit auch für ihr Funktionieren, unabdingbar. Den hohen Rang der Grundrechte auf Privatsphäre und Datenschutz (Art. 7, 8 GRC)[10] betont auch der

---

[6] S. u. → Rn. 80.

[7] § 130 Gesetz über Ordnungswidrigkeiten („OWiG").

[8] Aus Gründen der Vereinfachung wird im Folgenden ausschließlich die männliche Form verwendet, hierin sind weibliche Personen selbstverständlich eingeschlossen.

[9] *Wächter* Rn. 5 und 27.

[10] Europäische Grundrechtecharta (2000/C 364/01) v. 18.12.2000, abrufbar unter: http://www.europarl.eu ropa.eu/charter/pdf/text_de.pdf.

Europäische Gerichtshof.[11] Zweck der Datenschutzgesetze, die diesen Grundgedanken umsetzen, ist es, den Einzelnen vor ungerechtfertigten Eingriffen in sein Persönlichkeitsrecht durch den Umgang mit seinen personenbezogenen Daten zu schützen. Das betrifft zuallererst staatliche Eingriffe, etwa durch übermäßige Datenspeicherungen oder -auswertungen. Die staatliche Schutzpflicht umfasst aber auch den Umgang mit personenbezogenen Daten durch andere Privatrechtssubjekte.

Auch **Wirtschaftsverbände** haben als Personenvereinigungen privaten Rechts, ebenso **5** wie andere Vereine sowie private Unternehmen und öffentliche Stellen, die Datenschutzgesetze zu beachten.[12] Maßgeblich ist für sie zuallererst das **Bundesdatenschutzgesetz (BDSG)**.[13] In bestimmten Zusammenhängen sind vorrangige Spezialvorschriften anwendbar, zB für das Betreiben der Verbandswebseite §§ 11 ff. Telemediengesetz (TMG)[14] und im Fall der privaten Nutzung der Verbands-IT durch Mitarbeiter §§ 88 und 91 ff. Telekommunikationsgesetz (TKG). Diese Systematik gilt noch bis zum 25. Mai 2018; ab dann wird unmittelbar und vorrangig die im Mai 2016 in Kraft getretene **Datenschutz-Grundverordnung („DSGVO")** anwendbar sein und wird es Spezialregelungen durch den deutschen Gesetzgeber nur noch sehr eingeschränkt geben (s. u. B.I.1.c → Rn. 16 f.). Die nachstehenden Ausführungen dieses Abschnitts verweisen bereits auf die entsprechenden Neuregelungen der DSGVO; Anpassungen in der deutschen Gesetzgebung sind noch abzuwarten.

Das BDSG gilt für jede **Verarbeitung personenbezogener Daten** durch den Ver- **6** band als „verantwortliche Stelle" bzw. die für ihn tätigen Repräsentanten und Mitarbeiter, jedenfalls sofern sie – wie heute fast immer – unter Einsatz von Datenverarbeitungsanlagen oder in oder aus nicht-automatisierten Dateien erfolgt.[15] Der zentrale Begriff der „personenbezogenen Daten" umfasst **alle Informationen, die auf eine bestimmte oder bestimmbare natürliche Person zurückgeführt werden können.**[16] Hierzu gehören der Name, private oder geschäftliche Kontaktdaten wie E-Mail, Telefonnummer und Anschrift, Funktion und berufliche Position, Eigenschaften oder Vorlieben einer Person sowie alle weiteren ihr zuordenbaren Angaben. Auch die mittelbare Möglichkeit der Identifikation reicht aus, zB durch IP-Adressen oder Geräte-IDs elektronischer Geräte, die einzelnen Personen (zB als Anschlussinhabern) zuordenbar sind.[17] Personenbezug haben daher auch die Inhalts-, Verkehrs- oder Standortdaten, die diese Geräte oder die mit ihnen verbundenen Systeme erheben, speichern und verarbeiten. Auch Fotos oder Bilder einer Überwachungskamera, sofern sie Personen identifizierbar machen, sind personenbezogene Daten, auch wenn nicht der Fotograf oder der Betreiber der Videokamera, sondern erst ein Dritter, dem die Bilder zugänglich sind, über das Zusatzwissen verfügt, um die Identität der Abgebildeten herauszufinden. **Lediglich anonyme Daten sind nicht personenbezogen und unterfallen daher nicht dem Datenschutzrecht.** Das setzt aber voraus, dass sie *endgültig* nicht oder nur mit einem unverhältnismäßig großen Aufwand an Zeit, Kosten und Arbeitskraft Personen zugeordnet werden können. Anonymität ist im Zeitalter von Big Data immer schwieriger zu gewährleisten, weil immer größere Datenmengen gesammelt und aufgrund stetig neuer Erkenntnisse über Zusammenhänge

[11] BVerfG NJW 1984, 419; später ergänzt um das Grundrecht auf Gewährleistung der Vertraulichkeit und Integrität informationstechnischer Systeme („Computergrundrecht"), vgl. BVerfG MMR 2008, 315. Zur Rspr. des EuGH vgl. EuGH MMR 2015, 753 – Facebook-Urt.

[12] *Bergmann/Möhrle/Herb* BDSG § 4f Rn. 48.

[13] Bundesdatenschutzgesetz in der Fassung der Bekanntmachung vom 14.1.2003, zuletzt geändert durch Art. 1 Zweites Gesetz zur Änderung des Bundesdatenschutzgesetzes – Stärkung der Unabhängigkeit der Datenschutzaufsicht im Bund durch Errichtung einer obersten Bundesbehörde vom 25.2.2015 (BGBl. 2015 I 162).

[14] S. u. → Rn. 83.

[15] Vgl. § 27 Abs. 1 BDSG; weitergehend für Beschäftigtendaten § 32 Abs. 2 BDSG; ähnl. **künftig** Art. 2 Abs. 1 Datenschutz-Grundverordnung („DSGVO").

[16] Vgl. § 3 Abs. 1 BDSG; künftig Art. 4 Nr. 1 DSGVO.

[17] Einzelheiten sind umstr., vgl. Vorlagebeschluss des BGH GRUR 2015, 192.

immer schneller miteinander in Beziehung gesetzt werden können. So kann zB der Abgleich vermeintlich anonymer Gesundheitsdaten in miteinander verknüpften Datenbanken den Rückschluss auf bestimmte Personen ermöglichen.[18] Der zentrale Begriff der Verarbeitung personenbezogener Daten ist ebenfalls sehr weit und umfasst jede Erhebung, Speicherung, Nutzung, Weitergabe an Dritte sowie Veränderung einschließlich der Löschung.[19]

7   Auch karitative Einrichtungen sind hins. ihrer Datenverarbeitung nicht von der Anwendung des BDSG bzw. künftig der DSGVO ausgenommen.[20] Nicht erfasst ist die Verarbeitung personenbezogener Daten ausschließlich im Rahmen persönlicher oder familiärer Tätigkeiten, was aber für die Verbandsarbeit keine Rolle spielen dürfte.[21] Nicht vom Datenschutzrecht – allenfalls vom allgemeinen Persönlichkeitsrecht – geschützt werden zudem Angaben über Verstorbene, bspw. in einem Nachruf auf ein Verbandsmitglied.[22] Nicht erfasst sind zudem Informationen, die sich nicht auf **natürliche Personen** beziehen, sondern ausschließlich den Verband oder Unternehmen als solche betreffen, zB Angaben zum Umsatz eines Mitgliedsunternehmens in der Rechtsform einer juristischen Person.

8   **b) Überschneidungen mit ITK-Sicherheit und Geheimnisschutz.** Das Datenschutzrecht verpflichtet zu **angemessenen Datensicherungsmaßnahmen** zum Schutz personenbezogener Daten vor Missbrauch, Verlust und unberechtigten Zugriffen.[23] Insoweit hat datenschutzrechtliche Compliance **in der Praxis starke Überschneidungen mit** der **IT-Compliance,** also den Pflichten des Verbands zum verantwortungsvollen Umgang mit der eigenen IT.[24] Es gibt aber Unterschiede und jeweils zusätzliche Vorgaben aufgrund der unterschiedlichen Schutzzwecke.

9   IT-Compliance dient dem **Schutz der Unternehmensdaten** vor Risiken des Verlusts oder Missbrauchs bzw. unbefugten Zugriffs, etwa aufgrund technischer Störungen, falscher Handhabung oder von Hackerangriffen, also letztlich dem Eigentumsschutz. Sie zielt darauf ab sicherzustellen, dass der Verband handlungsfähig bleibt und seinen gesetzlichen Pflichten zur Information, Dokumentation und ordnungsgemäßen Buchführung sowie zum Risikomanagement nachkommen kann. Auch für die IT-Compliance, die iE zahlreiche Aspekte und Prozesse zur Gewährleistung der IT-Sicherheit bis hin zur IT-gestützten Überwachung und Kontrolle und revisionssicheren elektronischen Archivierung umfasst, ist die Verbandsleitung verantwortlich.[25] Sie bedient sich für diese im Zuge der Digitalisierung und Vernetzung von IT-Systemen zunehmend wichtige Aufgabe üblicherweise eines IT-Sicherheitsverantwortlichen oder Chief Information Officers (IT-Leiters).

10   Angemessene Sicherheitsmaßnahmen setzen häufig Normen und Empfehlungen des Bundesamts für Sicherheit in der Informationstechnik (BSI) zum „IT-Grundschutz" um. So wird etwa als Leitlinie für eine umfassende und prozessorientierte IT-Strategie die Norm ISO/IEC 27001 empfohlen. Auf ihrer Grundlage kann eine interne **ITK-Richtlinie** entwickelt werden, die vertrauliche Daten schützt, die Integrität betrieblicher Daten sicherstellt und die Verfügbarkeit von IT-Systemen sicherstellt. Darin werden bspw. Stra-

---

[18] Näher dazu mwN. *Kopp/Sokoll* NZA 2015, 1352 (1353).

[19] § 3 Abs. 4 BDSG; künftig Art. 4 Nr. 2 DSGVO.

[20] Vgl. Merkblatt „Datenschutz im Verein", LfD Baden-Württemberg, Informationen über die datenschutzrechtlichen Rahmenbedingungen beim Umgang mit personenbezogenen Daten in der Vereinsarbeit – Stand: 1.6.2012 – Ziff. 1.1., abrufbar unter http://www.baden-wuerttemberg.datenschutz.de.

[21] Vgl. § 1 Abs. 2 Nr. 3 BDSG, § 27 Abs. 1 BDSG; künftig: Art. 2 Abs. 2 lit. c DSGVO.

[22] Zum Allgemeinen Persönlichkeitsrecht s. o. → § 8 Rn. 73 ff.

[23] Vgl. unten → Rn. 69 ff.

[24] Dazu Wecker/Ohl/*Rath* S. 130.

[25] Vgl. BeckRA-HdB/*Junker/Knigge/Pischel/Reinhart* § 48 Kap. 4 Rn. 99 ff.; Wecker/Ohl/*Rath*, S. 131; BIT-KOM, Leitfaden Compliance, Rechtliche Anforderungen an ITK-Unternehmen, 2012, S. 70 ff.

tegien zur Vermeidung, Schutzmechanismen und Abläufe für den Fall festgelegt, dass ein Cyber-Angriff auf die IT-Systeme des Verbands unternommen wird.[26]

Ebenfalls ähnliche, aber nicht identische Vorgaben folgen aus dem Gebot des **Schutzes** **11** **von Unternehmensgeheimnissen** (Geheimnisschutz), das insbes. beim Umgang mit vertraulichen Daten der Mitgliedsunternehmen bedeutsam ist.[27] Wenn hierfür im Verband Richtlinien formuliert werden, ist es sinnvoll, die datenschutzrechtlichen Aspekte mit einzubeziehen, zB bei der Bildung von Schutzklassen für Dokumente.

Verbandsmitarbeiter kommen mit zT sensiblen Informationen und Betriebsgeheimnis- **12** sen der Mitgliedsunternehmen in Berührung. Das betrifft neben der Statistik- und Presseabteilung etwa Betreuer von Fachausschüssen, die sich mit Unternehmensvertretern austauschen. Verbände trifft in diesen Fällen ähnlich wie anwaltliche Berater eine besondere Pflicht sicherzustellen, dass Unternehmensinformationen vertraulich behandelt und nicht Unbefugten zugänglich gemacht oder missbraucht werden.[28] Auch deshalb ist die Beachtung von **Berechtigungs- und Löschkonzepten** wichtig, wie sie das Datenschutzrecht für personenbezogene Daten verlangt. Als geeignetes Instrument wird eine verbandseigene **Dokumentenrichtlinie** mit Verhaltensregeln zum Umgang mit Firmeninformationen zB in den E-Mail-Systemen und bei der Verwaltung von Dokumenten empfohlen. Sie sind vor unberechtigten Zugriffen zu schützen und, wenn nicht mehr benötigt, umgehend zu vernichten. Hierbei kann ein E-Mail-Archivierungs- und Löschungssystem unterstützen. Verhaltensregeln und konkrete Regelfristen sollten im Abgleich mit den datenschutzrechtlichen Vorgaben festgelegt werden.

Umgekehrt können datenschutzrechtliche Pflichten ihrerseits über Anforderungen der **13** ITK-Sicherheit oder des Schutzes von Unternehmensgeheimnissen hinausgehen.

So dürfen, um ein Beispiel zu nennen, **Namen und Kontaktdaten** von Geschäfts- **14** partnern oder Verbandsmitgliedern ohne ihre Einwilligung oder gesetzliche Rechtsgrundlage nicht an Dritte, zB andere Verbandsmitglieder, übermittelt werden. So wurde es von der bayerischen Landesdatenschutzbehörde mit Bußgeldern geahndet, ohne Bezug auf eine konkrete Veranstaltung oder einen Vorgang, der dies rechtfertigen würde, Kontaktdaten durch Verwendung umfangreicher **offener E-Mail-Verteiler** in Kundenanschreiben untereinander kenntlich zu machen.[29] Schließlich ist es ein Leichtes, für Rundmails statt des „cc"-Felds das nicht einsehbare „bcc"-Feld zu verwenden.

Wenn es also aufgrund der spezifischen Anforderungen auch geboten ist, dass es im **15** Verband unterschiedliche Verantwortlichkeiten für Datenschutz, IT-Compliance und den Schutz sensibler Unternehmensdaten gibt, empfiehlt es sich zugleich, die Synergien dieser Bereiche zu nutzen, zB bei der Einführung neuer IT-Systeme oder der Etablierung von Verhaltensrichtlinien.

c) Ausblick: Die Datenschutz-Grundverordnung. Auf europäischer Ebene wurde ein **16** datenschutzrechtlicher Mindeststandard mit der EU-Datenschutzrichtlinie 95/46/EG und weiteren Richtlinien[30] geschaffen, die im nationalen Recht der Mitgliedstaaten umgesetzt sind – bei uns, wie erwähnt, zuallererst im BDSG. Die EU-Datenschutzrichtlinie und das BDSG in seiner heutigen Form werden künftig durch die **Datenschutz-Grundverord- nung („DSGVO")** abgelöst. Sie wurde zwischen der Europäischen Kommission, dem Europäischen Parlament und dem Europäischen Rat bis zum 15.12.2015 ausverhandelt

---

[26] BeckRA-HdB/*Junker/Knigge/Pischel/Reinhart,* § 48 Kap. 4, Rn. 106.

[27] Vgl. → § 3 Rn. 65 ff.

[28] Vgl. *Brouwer* CCZ 2009, 161 (164).

[29] Pressemitteilung des BayLDA vom 28.6.2013 (auf Anfrage dort aus dem Pressearchiv erhältlich), vgl. https://www.lda.bayern.de/de/pressemitteilungen.html. Das BayLDA verhängte ein weiteres Bußgeld nicht gegen den Mitarbeiter, der die Mail versandt hatte, sondern gegen die Unternehmensleitung, wegen fehlerhafter Anweisung und Überwachung.

[30] Für Datenschutz in der Telekommunikation auch durch die „E-Privacy-Richtlinie" RL 2002/58/EG; für Telemedien durch die „Cookie-Richtlinie" RL 2009/136/EG.

und dann vom Parlament beschlossen und im Rat verabschiedet. Im Mai 2016 ist sie in Kraft getreten und wird nach einer Übergangszeit von zwei Jahren **ab dem 25.5.2018** gelten.[31] Statt jeweils national umzusetzender Mindeststandards gibt sie dann EU-weit einen verbindlichen Datenschutzstandard mit **unmittelbarer Geltung** auch für die Verbände als Rechtsanwender vor.

17 Bei Redaktionsschluss ist noch kein vollständiger Überblick über die Rechtslage ab Mai 2018 möglich: Zwar liegt die DSGVO nun vor. Jedoch schafft die Verordnung im Detail einzelne Regelungsspielräume für Konkretisierungen, Ergänzungen oder (vereinzelt) Ausnahmen durch die Mitgliedstaaten, zB bei den Sanktionen, der Ausgestaltung der Datenschutzaufsicht und im Beschäftigtendatenschutz; hierfür liegt ein Referentenentwurf des Bundesgesetzgebers vor (Stand: 23.11.2016).[32] Zudem ist noch der Anpassungsbedarf aufgrund der vorrangig geltenden Verordnung für diverse nationale Rechtsnormen, die nur zT „reine" Datenschutzvorschriften sind (Beispiel: Telemediengesetz), jeweils im Einzelfall zu klären. Nicht nur werden also das BDSG, die Landesdatenschutzgesetze und bereichsspezifische Datenschutzregelungen in der bisherigen Form nicht mehr gelten, sondern auch verschiedenste andere nationale Gesetze, zB sozial- oder steuerrechtrechtliche Gesetze, enthalten spezifische Datenschutzvorgaben, die vom Bundes- und Landesgesetzgeber auf ihre Vereinbarkeit mit der DSGVO geprüft und ggf. angepasst werden. Fest steht jedoch, dass **auch künftig die nachfolgend dargestellten wesentlichen Grundprinzipien des Datenschutzes gelten werden.** Dies sind va: das Erfordernis einer Rechtsgrundlage für jede Verarbeitung personenbezogener Daten, die Freiwilligkeit von Einwilligungen, zentrale Gebote wie die Datensparsamkeit und Verhältnismäßigkeit, Betroffenenrechte sowie strenge Regeln für die Auftragsdatenverarbeitung. Der **Umfang formeller Pflichten** zur Information, Dokumentation und zum Nachweis erforderlicher Datenschutz- und Datensicherungsmaßnahmen wird **zunehmen. Insgesamt wird man sich auf zT neue oder modifizierte, häufig strengere Vorgaben va zu Transparenz und Dokumentation der Ausgestaltung datenschutzkonformer Prozesse im Verband einstellen müssen und sollte daraufhin die internen Prozesse bereits vor dem 25. Mai 2018 sukzessive anpassen.** Die vorliegende Übersicht weist insoweit bereits auf zentrale Regelungen der DSGVO hin.

2. Grundsätze

18 **a) Rechtsgrundlage. aa) Erfordernis einer Rechtsgrundlage.** Im Datenschutzrecht gilt ein „Verbot mit Erlaubnisvorbehalt": Die Verarbeitung personenbezogener Daten ist unzulässig, es sei denn, sie erfolgt auf Grundlage eines Gesetzes oder einer anderen Rechtsvorschrift oder einer wirksamen Einwilligung des Betroffenen.[33] Auch die DSGVO verlangt eine solche Rechtsgrundlage, wobei für private Unternehmen und Verbände auch weiterhin insbes. Erfordernisse der Vertragserfüllung oder überwiegende „legitime Interessen" als Rechtsgrundlage dienen können.[34]

19 Hinter dieser Logik steht die Wertung, dass das Recht auf informationelle Selbstbestimmung wie dargelegt einen hohen Stellenwert und weiten Schutzbereich hat, zugleich aber angesichts der Erfordernisse des gesellschaftlichen Miteinanders und des Wirtschaftslebens Beschränkungen unterliegt. Die Grenzen werden in **Abwägung mit anderen Grundrechten** (ggf. auch mit Staatsaufgaben) ermittelt. Diese **Verhältnismäßigkeitsprüfung**

---

[31] Art. 99 Abs. 2 DSGVO. Die Endfassung ist abrufbar unter: http://eur-lex.europa.eu/legal-content/DE/TXT/?uri=OJ:L:2016:119:TOC.

[32] Entwurf eines Gesetzes zur Anpassung des Datenschutzrechts an die Verordnung (EU) 2016/679 und zur Umsetzung der Richtlinie (EU) 2016/680, abrufbar unter: https://www.datenschutz-grundverordnung.eu/wp-content/uploads/2016/12/161123_BDSG-neu-RefE_-2.-Ressortab-Verbaende-Laender.pdf (zuletzt abgerufen am 31.1.2017).

[33] § 4 Abs. 1 BDSG. Ähnliche Anforderungen bestehen europaweit innerhalb der EU/des EWR aufgrund Art. 7 der Europäischen Datenschutzrichtlinie RL 95/46/EG.

[34] Art. 6 Abs. 1 insbes. lit. a, b und f DSGVO; ähnl. § 28 Abs. 1 S. 1 Nr. 1 und 2 BDSG.

als Wesenszug des Datenschutzrechts obliegt zunächst dem Gesetzgeber, wird aber auch zT in einfachgesetzliche Vorschriften verlagert und so dem Rechtsanwender aufgegeben, sofern sie unbestimmte Rechtsbegriffe wie die Prüfung „überwiegender berechtigter Interessen" enthalten.

bb) Gesetzliche Rechtsgrundlagen. Je nach Sachzusammenhang kommen diverse Erlaubnisnormen für die Verarbeitung personenbezogener Daten in Betracht. **20**

So erfolgt die Anforderung von Sozialdaten von Mitarbeitern durch zuständige Leistungsträger der Sozialversicherung gem. §§ 67a ff. SGB X; die Aufbewahrung steuerrelevanter Unterlagen durch den Verband gem. § 147 AO; die Anforderung von Auskünften durch Staatsanwaltschaft oder Polizei in Ermittlungsverfahren gem. §§ 161, 163 StPO. **21**

Die bei Weitem wichtigsten Rechtsgrundlagen, auf die die für einen Verband tätigen Mitarbeiter und Repräsentanten den Umgang mit personenbezogenen Daten im Verhältnis zu Kontaktpersonen in den Mitgliedsunternehmen und Dritten stützen können, finden sich in **§ 28 Abs. 1 BDSG.** **22**

Demnach ist das Erheben, Speichern, Verändern oder Übermitteln personenbezogener Daten oder ihre Nutzung als **Mittel für die Erfüllung eigener Geschäftszwecke** zulässig, **23**
1. wenn es für die Begründung, Durchführung oder Beendigung eines rechtsgeschäftlichen oder rechtsgeschäftsähnlichen Schuldverhältnisses mit dem Betroffenen erforderlich ist,
2. soweit es zur **Wahrung berechtigter Interessen** der verantwortlichen Stelle **erforderlich** ist und kein Grund zu der Annahme besteht, dass das **schutzwürdige Interesse des Betroffenen** an dem Ausschluss der Verarbeitung oder Nutzung überwiegt, oder
3. wenn die Daten **allgemein zugänglich** sind oder die verantwortliche Stelle sie veröffentlichen dürfte, es sei denn, dass das **schutzwürdige Interesse des Betroffenen** an dem Ausschluss der Verarbeitung oder Nutzung gegenüber dem berechtigten Interesse der verantwortlichen Stelle offensichtlich überwiegt.

Bspw. fällt unter die Ziff. 1 die Weitergabe von Kontaktdaten und Informationen im Austausch mit Ansprechpartnern aus Mitgliedsunternehmen in einer Arbeitsgruppe oder zur Vorbereitung einer Mitgliederversammlung. **24**

Die Übermittlung oder Nutzung personenbezogener Daten zu einem **anderen Zweck** als der Erfüllung eigener Geschäftszwecke kann unter bestimmten Voraussetzungen ebenfalls auf die og Alternativen Ziff. 2 oder 3 oder darauf gestützt werden, dass dies zur Wahrung eines **berechtigten Interesses eines Dritten** oder zur Gefahrenabwehr oder Strafverfolgung erforderlich ist, sofern kein überwiegendes schutzwürdiges Interesse der Betroffenen entgegensteht **(§ 28 Abs. 2 BDSG).**[35] **25**

Strengere Voraussetzungen gelten, wenn es um den Umgang mit **„besonderen Arten" personenbezogener Daten** geht. Das sind sensible Informationen, und zwar Gesundheitsdaten, Angaben zur ethnischen Abstammung oder zum Sexualverhalten oder zu religiösen, politischen oder philosophischen Einstellungen.[36] **26**

Für Datenverarbeitungen zum Zweck der **Werbung** (auch Mitgliederwerbung) gelten besondere Regeln.[37] **27**

Für den **Umgang mit Beschäftigtendaten**[38] ist zuallererst **§ 32 Abs. 1 BDSG** einschlägig. Demnach dürfen personenbezogene Daten eines Beschäftigten für Zwecke des Beschäftigungsverhältnisses erhoben, verarbeitet oder genutzt werden, wenn dies für die **Entscheidung über die Begründung des Beschäftigungsverhältnisses oder** danach **28**

---

[35] Ähnl. künftig Art. 6 Abs. 1 lit. b, c, f DSGVO.
[36] §§ 28 Abs. 6–9 BDSG; vgl. zum Begriff § 3 Abs. 9 BDSG; künftig: Art. 9 DSGVO.
[37] § 28 Abs. 3 BDSG.
[38] S. u. → Rn. 93 ff.

für seine **Durchführung oder Beendigung erforderlich** ist. Auch hier ist nach allgemeiner Ansicht die Verhältnismäßigkeit ungeschriebenes Tatbestandsmerkmal.[39] Speziell zur **Aufdeckung von Straftaten** dürfen personenbezogene Daten eines Beschäftigten nur dann erhoben, verarbeitet oder genutzt werden, wenn zu dokumentierende tatsächliche Anhaltspunkte den Verdacht begründen, dass er im Beschäftigungsverhältnis eine Straftat begangen hat, die Datenerhebung, -verarbeitung oder -nutzung zur Aufdeckung erforderlich ist und das schutzwürdige Interesse des Beschäftigten am Ausschluss der Erhebung, Verarbeitung oder Nutzung nicht überwiegt, dh insbes. Art und Ausmaß im Hinblick auf den Anlass nicht unverhältnismäßig sind.[40] Auch künftig wird es voraussichtlich aufgrund der Regelungsoption in Art. 88 Abs. 1 DSGVO eine ähnliche Regelung wie § 32 BDSG in Deutschland geben.[41] Zudem sind auch **Betriebsvereinbarungen und Tarifverträge** als Rechtsgrundlagen anerkannt.[42]

29 **cc) Einwilligung.** Die Einwilligung der betroffenen Person kommt ebenfalls als Rechtsgrundlage für die Verarbeitung ihrer personenbezogenen Daten in Betracht.[43] Soll eine Datenverarbeitung – zB die Speicherung der Adresse für die Zusendung eines Newsletters – aufgrund einer Einwilligung erfolgen, gelten hierfür **strenge Wirksamkeitsvoraussetzungen:**[44]
- Die Einwilligung muss „auf dem freien Willen des Betroffenen beruhen", also **freiwillig** sein.[45] In der Praxis wird das bisweilen übersehen und so riskiert, dass die Unwirksamkeit einer Einwilligung von der Aufsichtsbehörde moniert oder gar mit einem Bußgeld sanktioniert wird. Der Betroffene darf nicht zur Abgabe der Einwilligung genötigt werden und muss die Möglichkeit haben, sie zu verweigern, was zB für einen einzelnen Beschäftigten bei der Gestaltung allgemeiner Arbeitsabläufe ganz üblicherweise nicht zutrifft und auch auf die Abwicklung anderer Vertrags- oder vertragsähnlicher Beziehungen wie der Verbandsmitgliedschaft nicht passt. IErg kommt die Einwilligung **eher in Ausnahmefällen** in Betracht, zB wenn einem Verbandsmitglied über seine Mitgliedschaft hinausgehend ermöglicht wird, Werbematerial zu beziehen. Datenverarbeitungen zur Vertragserfüllung erfolgen dagegen grds. aufgrund der og gesetzlichen Rechtsgrundlagen. Deren Voraussetzungen können nicht mit der Einholung einer Einwilligung umgangen werden.[46]
- Dem entspricht als weitere Wirksamkeitsvoraussetzung, dass der Betroffene **jederzeit die Möglichkeit zum Widerruf** der Einwilligung hat, mit der Folge, dass die Datenverarbeitung dann nicht mehr zulässig ist.[47]
- Die Einwilligung muss **schriftlich** erfolgen, wenn nicht eine andere Form den Umständen nach angemessen ist; spezielle Regeln gelten für Telemediendienste, etwa eine Webseite.[48] Ein Formverstoß macht die Einwilligung unwirksam und bewirkt die Unzulässigkeit der darauf gestützten Datenverarbeitungen.[49] Unter besonderen Umständen kann eine andere als die Schriftform angemessen sein, auch dann muss aber die ausdrückliche, freiwillige Einwilligung im Zweifel belegt werden können.[50]

---

[39] Vgl. Thüsing Beschäftigtendatenschutz/*Thüsing* § 3 V 2 Rn. 17.
[40] § 32 Abs. 1 S. 2 BDSG.
[41] Entwurf eines Gesetzes zur Anpassung des Datenschutzrechts an die Verordnung (EU) 2016/679 und zur Umsetzung der Richtlinie (EU) 2016/680.
[42] Hierzu *Gola*/*Wronka* Rn. 332, zur Reichweite der Mitbestimmung Rn. 1821. Dies wird auch künftig unter der DSGVO der Fall sein (vgl. dort Art. 88 Abs. 1 DSGVO).
[43] § 4 Abs. 1 S. 1 und § 4a BDSG; künftig Art. 6 Abs. 1 lit. a DSGVO.
[44] § 4a Abs. 1 BDSG; ähnlich künftig: Art. 6 Abs. 1 lit. a DSGVO und Art. 7 DSGVO.
[45] § 4a Abs. 1 S. 1 BDSG, künftig Art. 4 Nr. 11 DSGVO.
[46] LfD Baden-Württemberg, Datenschutz im Verein, 2012, 1.3.2.
[47] § 35 Abs. 5 BDSG; ausdr. § 13 Abs. 2 Nr. 4 TMG; künftig: Art. 7 Abs. 3 DSGVO.
[48] § 4 Abs. 1 S. 3 BDSG; für Telemediendienste § 13 Abs. 2 TMG, s. u. → Rn. 84.
[49] §§ 125, 126 BGB analog, vgl. Gola/Schomerus BDSG § 4a, Rn. 29, 29a.
[50] NK-BDSG/*Simitis*, BDSG § 4a Rn. 43 ff.; ähnlich künftig Art. 7 Abs. 1 DSGVO.

- Die Einwilligung muss schließlich „**informiert**" sein. Den Betroffenen muss kommuniziert worden sein, worauf sich konkret ihre Einwilligung bezieht, und ihnen hierfür mögliche Datenempfänger, die Art betroffener Daten und der Verwendungszweck mitgeteilt werden.[51] Einwilligungen sind also nicht pauschal, sondern **für bestimmte, genau bezeichnete Zwecke** zu erteilen.[52] Sind „besondere Arten" von Daten betroffen, zB Gesundheitsdaten, muss sich die Einwilligung ausdrücklich auf sie beziehen.[53]

> **Praxistipp:**   30
> Beim Prozess und bei der Formulierung der Einwilligungserklärung sind die Wirksamkeitsvoraussetzungen sorgfältig zu beachten. Mustererklärungen können als Grundlage dienen.

b) Zentrale Gebote. aa) Zweckbindung. Personenbezogene Daten dürfen nur für die- 31 jenigen Zwecke verarbeitet und genutzt werden, für die sie erhoben wurden,[54] und nicht ohne konkrete Zweckbestimmung „auf Vorrat" gespeichert werden. Bspw. dürfen Adressdaten, die von Teilnehmern speziell für eine bestimmte Veranstaltung eingeholt worden sind, nicht ohne ihre Einwilligung für mögliche weitere Veranstaltungen aufgehoben werden. Der Verwendungszweck muss so konkret wie möglich bestimmt werden. Die Verarbeitung für einen anderen Zweck (Zweckänderung) ist nur dann zulässig, wenn hierfür wiederum eine Rechtsgrundlage vorhanden ist; bei ihrer Prüfung ist dann häufig wieder die oben beschriebene Verhältnismäßigkeitsprüfung durchzuführen. [55]

Wenn zB vom Verband Kontaktdaten eines Ansprechpartners aus einem Mitgliedsun- 32 ternehmen an einen Dachverband weitergegeben werden sollen, weil man ihn seitens des Dachverbands als Referenten für eine Veranstaltung anfragen möchte, wird das im überwiegenden Interesse des Dachverbands zulässig sein, wenn kein entgegenstehendes Interesse des Betroffenen erkennbar ist; ein entgegenstehendes Interesse liegt dagegen auf der Hand, wenn sich ein Gläubiger eines Geschäftspartners oder Mitarbeiters an den Verband wendet, um dessen Anschrift zwecks Einleitung der Zwangsvollstreckung zu erfahren.[56]

bb) Datensparsamkeit. Jede Datenverarbeitung und bereits die Gestaltung und Auswahl 33 von Datenverarbeitungssystemen müssen sich am Ziel ausrichten, möglichst wenige personenbezogene Daten zu erheben, verarbeiten oder zu nutzen.[57] Sofern es der Zweck der Datenverarbeitung zulässt, muss der Personenbezug vermieden oder jedenfalls nachträglich aufgehoben werden, indem Daten anonymisiert oder zumindest pseudonymisiert erhoben, gespeichert oder genutzt werden. ZB ist für statistische Auswertungen zur Mitgliederfluktuation oder für Mitgliederbefragungen zur Evaluierung der Verbandsarbeit normalerweise kein Personenbezug erforderlich.

Anonymisierung bedeutet das Verändern personenbezogener Daten derart, dass die 34 Informationen nicht mehr oder nur mit einem unverhältnismäßig großen Aufwand an Zeit, Kosten und Arbeitskraft einer bestimmten oder bestimmbaren natürlichen Person zugeordnet werden können.[58] Dagegen ist bei **Pseudonymisierung,** zB Ersatz des Namens durch eine Kennziffer, die Identifikation der Person erschwert, aber mithilfe zusätzlicher Informationen noch möglich. Dabei ist sicherzustellen, dass nur ein mög-

---

[51] Gola/Schomerus/*Gola/Klug/Körffer* BDSG § 4a Rn. 29; künftig Art. 4 Nr. 11 DSGVO.
[52] Künftig ausdr. Art. 6 Abs. 1 lit. a DSGVO.
[53] § 4a Abs. 3 BDSG, künftig Art. 4 Nr. 11 DSGVO und Art. 9 Abs. 2 lit. a DSGVO.
[54] Vgl. Art. 6 Abs. 1 Buchst. b RL 95/46/EG; künftig Art. 5 Abs. 1 lit. b und c DSGVO; im BDSG nur indirekt erwähnt, etwa in §§ 4 Abs. 3, 11 Abs. 2 Nr. 2, 28 Abs. 1 S. 2 BDSG.
[55] Gola/Schomerus/*Gola/Körffer* BDSG § 14 Rn. 9; vgl. künftig ergänzend Art. 6 Abs. 4 DSGVO.
[56] Eine solche Auskunft wäre auch ein Verstoß gegen das Gebot der Direkterhebung; vgl. ein ähnliches Beispiel bei LfD Baden-Württemberg, Datenschutz im Verein, 2012, 5.11.
[57] Vgl. § 3a BDSG, ähnl. künftig: Art. 5 Abs. 1 lit. c DSGVO; vgl. Plath/*Schreiber* BDSG § 3a BDSG Rn. 1.
[58] § 3 Abs. 6 BDSG; ähnl. künftig Erwägungsgrund 26 DSGVO.

lichst begrenzter Personenkreis Zugriff auf die Zuordnungsmerkmale hat und verpflichtet ist, die zur Identifikation nötigen Informationen streng getrennt und vertraulich zu halten.[59]

35   Datensparsamkeit bedeutet auch, den Kreis der Personen, die **Zugriff** auf personenbezogene Daten haben, und ihre **Aufbewahrungsdauer** auf das Erforderliche zu begrenzen.[60] Sie ist **schon bei der technischen Gestaltung von Datenverarbeitungssystemen** zu berücksichtigen. Während das in § 3a BDSG nur als Ziel formuliert wird, verlangt künftig Art. 25 DSGVO iVm 83 Abs. 4 DSGVO unter Androhung erheblicher Bußgelder „Datenschutz durch Technik und durch datenschutzfreundliche Voreinstellungen". Datenschutzrisiken und Aufwand dürfen bei Maßnahmen der Anonymisierung und Pseudonymisierung aber weiterhin in einem angemessenen Verhältnis stehen.[61]

36   **cc) Erforderlichkeit und Verhältnismäßigkeit.** Schon aus den Geboten der Rechtsgrundlage und der Zweckbindung folgt, dass nur in dem Umfang und für den Zweck, für den es jeweils die Rechtsgrundlage gestattet, personenbezogene Daten verarbeitet werden dürfen (Erforderlichkeit).[62] Eingriffe in die informationelle Selbstbestimmung sind zudem nur zulässig, wenn sie verhältnismäßig sind, also gemessen an ihrem Zweck, ihrer Art und ihrem Umfang möglichst wenig in Persönlichkeitsrechte eingreifen.[63] Auch für die Bewertung, welche Datensicherheitsmaßnahmen zu treffen sind, gilt das Gebot der Verhältnismäßigkeit bzw. Angemessenheit.[64]

37   **dd) Transparenz und weitere Gebote.** Das datenschutzrechtliche Transparenzgebot kommt an verschiedenen Stellen zum Ausdruck, zB in Form von Informations- und Dokumentationspflichten und Betroffenenrechten auf Benachrichtigung und Auskunft. Es bedeutet, dass jede Datenverarbeitung in einer für den Betroffenen nachvollziehbaren Weise erfolgen muss. Das ist nun auch als allgemeines Gebot ausdrücklich in der Datenschutzgrundverordnung niedergelegt (Art. 5 Abs. 1a DSGVO).

38   Personenbezogene Daten sind zudem grds. unmittelbar beim Betroffenen selbst zu erheben (Direkterhebung). Nur ausnahmsweise und unter bestimmten Voraussetzungen dürfen sie anderen Quellen entnommen werden.[65] **Beispiel:** Ein Verband darf eine Auskunft über die Bonität eines Geschäftspartners bei einer Auskunftei einholen oder die Adresse eines Schuldners, der unbekannt verzogen ist, über das Einwohnermeldeamt ermitteln, sofern diese Information aufgrund des Geschäftszwecks erforderlich ist.[66] Keine Rechtsgrundlage gibt es dagegen für die Einholung von Informationen über vormalige Leistungen eines Bewerbers bei seinem vorherigen Arbeitgeber. Weitere Gebote sind die Pflichten, Daten aktuell und sachlich richtig zu halten (Richtigkeit) und ihre Integrität und Vertraulichkeit zu schützen.[67]

3. Wichtige Betroffenenrechte

39   Bei der Verarbeitung personenbezogener Daten sind die datenschutzrechtlichen Betroffenenrechte zu wahren. Hierzu gehören die höchstpersönlichen Rechte auf Auskunft, Be-

---

[59] § 3 Nr. 6a BDSG, künftig: Art. 4 Nr. 5 DSGVO.
[60] So ausdr. künftig Art. 5 Abs. 1 lit. e DSGVO.
[61] § 3a S. 2 BDSG, künftig Art. 25 Abs. 1 DSGVO.
[62] Ausdr. zB § 28 Abs. 1 und § 32 Abs. 1 BDSG; künftig ausdr. gem. Art. 6 Abs. 1 lit. b–f DSGVO.
[63] StRspr seit BVerfGE 65, 1 (44). Ausdr. ist die Interessenabwägung zB in § 28 Abs. 1 BDSG und § 32 Abs. 1 BDSG vorgeschrieben; ebenso in Art. 6 Abs. 1 lit. f DSGVO. Krit. zum gesetzgeberischen Defizit an Präzision NK-BDSG/*Simitis* BDSG § 1 Rn. 109.
[64] Vgl. Gola/Schomerus/*Gola/Klug/Körffer* BDSG § 9 Rn. 7; künftig Art. 5 Abs. 1 lit. f DSGVO.
[65] § 4 Abs. 2 BDSG.
[66] Beispiele aus: Plath/*Plath* BDSG § 4 Rn. 17, 18, 22, und Gola/Schomerus/*Gola/Klug/Körffer* BDSG § 4 Rn. 27.
[67] So künftig ausdr. Art. 5 Abs. 1 lit. d und f DSGVO.

richtigung, Löschung oder Sperrung[68] sowie das Recht auf Information oder Benachrichtigung[69] sowie das Widerspruchsrecht gegenüber der Zusendung von Werbung[70] und allgemein gegen Datenverarbeitungen im Fall schutzwürdiger entgegenstehender Interessen.[71]

a) Benachrichtigung und Auskunft. Werden erstmalig personenbezogene Daten ge- 40 speichert, die nicht beim Betroffenen direkt erhoben wurden, ist er im Hinblick auf den Umstand der Speicherung, die Art der gespeicherten Daten, die Zweckbestimmung der Erhebung, Verarbeitung oder Nutzung und die Identität der verantwortlichen Stelle zu **benachrichtigen.**[72] Dies soll den Betroffenen in die Lage versetzen, seine Rechte auf Auskunft, Berichtigung, Sperrung und Löschung seiner Daten geltend zu machen.[73] Ähnliches gilt für die Datenerhebung direkt vom Betroffenen.[74] Hiervon gibt es allerdings praxisrelevante Ausnahmen.[75]

So muss der Betroffene nicht informiert werden, wenn er **auf andere Weise** von der 41 erstmaligen Speicherung **Kenntnis** hat. Hierfür kann genügen, dass er die Umstände kennt, aus denen sich die Speicherung seiner Daten ergibt, zB wenn er bei einem Vertragsabschluss seine Kontaktdaten an den Vertragspartner weitergibt.[76] Ferner besteht keine Benachrichtigungspflicht, wenn die Daten nur deshalb gespeichert sind, weil sie aufgrund gesetzlicher, satzungsmäßiger oder vertraglicher Aufbewahrungsvorschriften nicht gelöscht werden dürfen oder ausschließlich der Datensicherung oder Datenschutzkontrolle dienen und eine Benachrichtigung einen unverhältnismäßigen Aufwand erfordern würde, oder sie in Wahrung berechtigter Interessen der speichernden Stelle geheim gehalten werden müssen oder die Bekanntgabe den Geschäftszweck der speichernden Stelle ernsthaft gefährden würde, es sei denn, das Interesse an der Benachrichtigung überwiegt. Wird von einer Benachrichtigung abgesehen, ist der Grund dafür zu dokumentieren.

Beispiel: 42

Der Verband erhält einen Hinweis auf einen Korruptionsvorfall durch einen Angestellten. Es wird eine interne Untersuchung eingeleitet. Während der laufenden Untersuchung ist der Verband nicht verpflichtet, den Betroffenen zu benachrichtigen, allerdings muss dies anschließend erfolgen.

Jeder Betroffene hat ferner das Recht auf **Auskunft** über alle zu seiner Person gespei- 43 cherten Daten, den Zweck der Verarbeitung sowie (grds.) ihre Herkunft und mögliche Empfänger.[77] Auskunftsanträge sind unter Angabe der Art der gewünschten Daten an die verantwortliche Stelle zu richten; bei pauschalen Anfragen empfiehlt sich die Bitte um Präzisierung. Auch von der Auskunftspflicht gibt es bestimmte, jedoch deutlich engere Ausnahmen.[78]

---

[68] § 6 Abs. 1 BDSG; iE: § 34 und § 35 BDSG. Vgl. künftig zu den Betroffenenrechten (iE abweichend) Art. 12–18 DSGVO.
[69] § 4 Abs. 3 oder § 33 BDSG.
[70] § 28 Abs. 4 BDSG.
[71] § 35 Abs. 5 BDSG.
[72] § 33 Abs. 1 S. 1 BDSG. Das Gleiche gilt, wenn personenbezogene Daten geschäftsmäßig zum Zweck der Übermittlung ohne Kenntnis des Betroffenen gespeichert werden, § 33 Abs. 1 S. 2 BDSG.
[73] Hierzu LfD Baden-Württemberg, Datenschutz im Verein, 2012, 1.3.1.
[74] § 4 Abs. 3 BDSG.
[75] § 33 Abs. 2 Nr. 1–9 BDSG.
[76] Gola/Schomerus/*Gola/Klug/Körffer* BDSG § 33 Rn. 29; Einzelheiten sind str., vgl. Thüsing Beschäftigtendatenschutz/*Pötters* § 18 II Rn. 20, 21, S. 333.
[77] § 34 Abs. 1 BDSG.
[78] § 34 Abs. 7 BDSG: Eine Pflicht zur Auskunftserteilung besteht nicht, wenn der Betroffene nach § 33 Abs. 2 S. 1 Nr. 2, 3 und 5–7 nicht zu benachrichtigen ist. Insbes. ist das der Fall, wenn die Daten nur aufgrund einer gesetzlichen Aufbewahrungsfrist gespeichert werden oder eine Auskunft die Geschäftszwecke des Verbands erheblich gefährden würde, es sei denn, das Interesse an der Auskunft überwiegt.

44 **Praxistipp:**

Es empfiehlt sich, ein Standardschreiben für Auskunftserteilungen vorzuhalten. Es ist darauf zu achten, dass Auskunft nur an den Berechtigten erteilt werden darf.

45 **b) Berichtigung und Löschung oder Sperrung.** Nach Maßgabe von § 35 BDSG haben Betroffene das Recht auf **Berichtigung** unrichtiger Daten; ferner uU auf deren **Löschung,** insbes. dann, wenn sie unzulässig gespeichert oder ihre Kenntnis nicht mehr erforderlich ist, oder, falls der Löschung Aufbewahrungsfristen oder schutzwürdige Interessen entgegenstehen oder die Unrichtigkeit str. ist, ersatzweise auf ihre **Sperrung.** Datenempfänger müssen darüber grds. informiert werden.

46 Auch unabhängig davon, ob Betroffene das im Einzelfall geltend machen, sind personenbezogene Daten zu löschen – oder zumindest ausnahmsweise zu sperren –, sobald die Speicherberechtigung entfällt.[79] Dies umzusetzen erfordert die Erstellung und Umsetzung von **Löschkonzepten,** die unter Berücksichtigung der jeweiligen Erfordernisse, va von Aufbewahrungspflichten, konkrete (Regel-)Löschfristen festsetzen und ihre datenschutzkonforme Umsetzung, zB durch Schreddern oder Datenträgervernichtung, regeln.[80]

47 Künftig werden noch weitere Betroffenenrechte hinzukommen; so das Recht auf Datenübertragbarkeit (Art. 20 DSGVO) und ein erweitertes Widerspruchsrecht (Art. 21 DSGVO).

48 **Praxistipp:**

Für den Fall der Geltendmachung der Betroffenenrechte sollten Verantwortlichkeiten und Prozesse im Verband festgelegt sein.

II. Formelle Pflichten

1. Bestellung eines Datenschutzbeauftragten

49 **a) Bestellpflicht.** Ein Verband muss einen Beauftragten für den Datenschutz bestellen, wenn

- er idR mindestens zehn Personen ständig mit automatisierter Datenerhebung, -verarbeitung oder -nutzung beschäftigt,[81]
- er mindestens zwanzig Personen ständig mit nichtautomatisierter Datenerhebung, -verarbeitung oder -nutzung beschäftigt[82] – dies ist allerdings heute nicht mehr praxisrelevant –, oder
- unabhängig von der Zahl der mit der Datenverarbeitung Beschäftigten automatisierte Verarbeitungen vorgenommen werden, die einer Vorabkontrolle unterliegen, oder personenbezogene Daten geschäftsmäßig zum Zweck der Übermittlung, anonymisierten Übermittlung oder Markt- oder Meinungsforschung automatisiert verarbeitet werden.[83]

50 Bei der Ermittlung der Zahl der mit automatisierter Datenverarbeitung „ständig", dh über einen gewissen Zeitraum hinweg regelmäßig Beschäftigten[84] sind Vollzeit- wie Teilzeitbeschäftigte am Bildschirm, zB Sachbearbeiter oder Sekretärinnen, wie auch andere mit Daten-

---

[79] Vgl. § 35 Abs. 2 und Abs. 3 BDSG.
[80] Vgl. in: Forgó/Helfrich/Schneider/*Conrad/Hausen* Kap. II Rn. 22, 27–37, zur Praxis der Aufsichtsbehörden zur Archivierung (bis 2012) Kap. IV Rn. 36 ff. Zur Datenträgervernichtung gilt die DIN-Norm 66399; vgl. ferner Empfehlungen des BSI zur Umsetzung unter: https://www.bsi.bund.de/DE/Themen/ITGrundschutz/ITGrundschutzKataloge/Inhalt/_content/m/m02/m02167.html.
[81] § 4f Abs. 1 S. 1 und 4 BDSG.
[82] § 4f Abs. 1 S. 3 BDSG.
[83] § 4f Abs. 1 S. 6 BDSG.
[84] Die Zeitdauer ist unerheblich, vgl. *Bergmann/Möhrle/Herb* BDSG § 4f Rn. 35d.

verarbeitung Beschäftigte, zB Administratoren, einzurechnen,[85] einschließlich freier Mitarbeiter, Praktikanten und arbeitnehmerähnlicher Personen, nicht aber des Vorstands.[86] Vermutlich werden auf Grundlage einer Regelungsoption in der DSGVO hierzulande auch ab 2018 weiterhin die gleichen Voraussetzungen für die Bestellpflicht gelten.[87] Besteht keine Verpflichtung zur Bestellung eines Datenschutzbeauftragten, kann er freiwillig bestellt werden. Anderenfalls muss sich der Verbandsvorstand selbst um die Einhaltung des Datenschutzes kümmern.[88]

b) Aufgaben. Der (betriebliche) Datenschutzbeauftragte hat die Aufgabe, auf die Einhaltung des Datenschutzes im Verband hinzuwirken.[89] Konkret umfasst dies ua die Information der Betroffenen zu ihren Rechten und Pflichten; Führung des Verfahrensverzeichnisses; Gewährleistung der ordnungsgemäßen Anwendung von EDV-Verfahren; Durchführung von Vorabkontrollen; Gewährleistung der Verpflichtung der Mitarbeiter auf das Datengeheimnis; Beratung aller verbandsinternen Stellen einschließlich Arbeitnehmervertretungen in der Anwendung und Umsetzung von Datenschutzanforderungen; Kontrolle der Zuverlässigkeit von Auftragnehmern zur datenschutzgerechten Ausführung von Auftragsdatenverarbeitungen; Mitwirkung bei der Gestaltung von datenschutzrelevanten Verträgen und Projekten sowie Durchführung interner Datenschutzaudits. Betroffene Mitarbeiter oder Dritte können sich jederzeit an den Datenschutzbeauftragten wenden[90] und er selbst kann von allen Verbandsangehörigen die zur Erfüllung seiner Aufgaben erforderlichen Auskünfte verlangen.[91] Durch seine präventive Arbeit, zB Schulungen, und als Ansprechpartner fördert er das Datenschutzbewusstsein der Mitarbeiter.[92] Er kann sich in Zweifelsfällen an die zuständige Datenschutzaufsichtsbehörde wenden. **51**

c) Organisatorisches. Der Datenschutzbeauftragte ist schriftlich zu bestellen und unmittelbar der Verbandsleitung zu unterstellen.[93] In Ausübung seiner Fachkunde auf dem Gebiet des Datenschutzes ist er **weisungsfrei**[94] und darf wegen der Erfüllung seiner Aufgaben nicht benachteiligt werden. Daher ist auch die ordentliche Kündigung des Arbeitsverhältnisses eines internen Datenschutzbeauftragten während seiner Amtszeit und innerhalb eines Jahres nach seiner Abberufung unzulässig.[95] **52**

Der Datenschutzbeauftragte muss die zur Erfüllung seiner Aufgaben erforderliche **Fachkunde und Zuverlässigkeit** besitzen.[96] Der Verband muss ihn bei seiner Tätigkeit unterstützen und ihm erforderliches Hilfspersonal, Räume und Mittel zur Verfügung stellen.[97] Zuverlässigkeit setzt die notwendige **Unabhängigkeit** voraus. Sie ist nicht gewähr- **53**

---

[85] *Bergmann/Möhrle/Herb* BDSG § 4f Rn. 16, 33: mind. ein Jahr, NK-BDSG/*Simitis* BDSG § 4f Rn. 19, Gola/Schomerus BDSG § 4f Rn. 11.
[86] Vgl. für GmbH-Geschäftsführer und AG-Vorstände *Bergmann/Möhrle/Herb* BDSG § 4f Rn. 29, 33, 35.
[87] Die DSGVO sieht nur für solche privaten Organisationen eine Bestellpflicht vor, deren Kerntätigkeit eine regelmäßige und systematische Beobachtung von Personen erfordert oder in der umfangreichen Verarbeitung besonderer Arten von Daten besteht, Art. 37 Abs. 1 lit. b und c. Strengere Bestellpflichten in den Mitgliedstaaten sind aber möglich, vgl. Art. 37 Abs. 4 DSGVO, und im Referentenentwurf des BDSG-neu auch vorgesehen, vgl. Entwurf eines Gesetzes zur Anpassung des Datenschutzrechts an die Verordnung (EU) 2016/679 und zur Umsetzung der Richtlinie (EU) 2016/680 § 36.
[88] § 4g Abs. 2a BDSG; NK-BDSG/*Simitis* BDSG § 4g Rn. 80.
[89] § 4g Abs. 1 S. 1 BDSG; künftig etwas anders formuliert: „Beratung" und „Überwachung", Art. 39 DSGVO.
[90] § 4f Abs. 5 S. 2 BDSG.
[91] Forgó/Helfrich/Schneider/*Schröder* Teil V. Kap. 3 Rn. 75.
[92] *Bergmann/Möhrle/Herb* BDSG § 4f Rn. 10.
[93] Muster für die Verpflichtung finden sich bei *Bergmann/Möhrle/Herb* BDSG § 4f Rn. 189f.
[94] § 4f Abs. 3 S. 2 und 3 BDSG; näher *Bergmann/Möhrle/Herb* BDSG § 4f Rn. 66; 124, 126: eigener Beurteilungsspielraum, insofern Einschränkung des Direktionsrechts des Arbeitgebers.
[95] § 4f Abs. 3 S. 5 BDSG; ähnliche Regelungen zur Stellung des DSB gelten künftig gem. Art. 39 DSGVO.
[96] § 4f Abs. 2 S. 1 und 2 BDSG, ggf. Schulungspflicht, § 4f Abs. 3 S. 7 BDSG; künftig Art. 37 DSGVO.
[97] § 4f Abs. 5 S. 1 und 2 BDSG. Vgl. *Bergmann/Möhrle/Herb* BDSG § 4f Rn. 90, 90a, 92: Die gebotene Fachkunde schließt va juristische Kenntnisse und Kenntnisse der Datenverarbeitung, Arbeitsabläufe und

leistet bei Interessenkollisionen, die für den Leiter der IT-Abteilung, den Personalleiter und seine Mitarbeiter oder erst recht für Mitglieder der Leitungsebene des Verbands unterstellt werden.[98] Auch die Kombination mit dem Amt eines Compliance-Beauftragten empfiehlt sich schon wegen der Verschwiegenheitspflicht des Datenschutzbeauftragten gegenüber Betroffenen nicht.[99] Mitarbeiter von Verbänden sollten nur dann externe Datenschutzbeauftragte bei Mitgliedsunternehmen sein, wenn die Verbandsmitgliedschaft des betreffenden Unternehmens freiwillig ist.[100]

54 Der Verband kann einen internen oder einen externen Datenschutzbeauftragten bestellen. Während ersterer mit verbandsinternen Strukturen, Abläufen und den beteiligten Personen vertraut ist und stets vor Ort präsent sein kann, kann das (Pauschal-)Angebot eines externen Datenschutzbeauftragten gerade bei kleineren Verbänden zumindest kostengünstiger sein. Er unterliegt nicht dem besonderen Kündigungsschutz wie der interne Datenschutzbeauftragte, wird allerdings einen im Verband präsenten Ansprechpartner benötigen. Für externe wie interne Datenschutzbeauftragte wird von den Aufsichtsbehörden eine gewisse vertragliche Bindung und Mindestvertragslaufzeit erwartet.[101]

55 **Hinweis:**

Das Unterlassen der Bestellung oder die Bestellung eines ungeeigneten Datenschutzbeauftragten ist als Ordnungswidrigkeit **bußgeldbewehrt.**[102]

2. Verfahrensübersicht

56 Verfahren automatisierter Verarbeitung von personenbezogenen Daten[103] sind **vor ihrer Inbetriebnahme** der zuständigen Aufsichtsbehörde zu **melden,** sofern nicht eine gesetzliche Ausnahme eingreift.[104] Den genauen Inhalt der Meldepflicht regelt § 4e BDSG. Dazu gehören eine Beschreibung der Zweckbestimmung, der betroffenen Personen, der Regellöschfrist und der getroffenen technisch-organisatorischen Maßnahmen.[105] Sofern ein Datenschutzbeauftragter bestellt ist, sind stattdessen ihm die Verfahren zwecks Aufnahme in eine **Verfahrensübersicht** zu melden.[106] Auf Anfrage hat er davon eine etwas eingeschränkte „Information für jedermann" zur Verfügung zu stellen.[107] Verfahrensübersichten sollen der internen Transparenz dienen und die Wahrnehmung von Betroffenenrechten ermöglichen. Jede Änderung der meldepflichtigen Angaben oder Aufhebung eines Verfahrens muss wiederum gemeldet werden.[108] Auch mit Geltung der DSGVO wird weiterhin eine Verzeichnispflicht bestehen.[109]

Organisation ein und wird auch je nach Art und Umfang der Datenverarbeitung und dem Schutzbedarf der personenbezogenen Daten bemessen.

[98] Näher *Bergmann/Möhrle/Herb* BDSG § 4f Rn. 99 und 102 ff.

[99] § 4f Abs. 4 BDSG, § 202 Abs. 3a StGB; vgl. Forgó/Helfrich/Schneider/*Schröder* Teil V Kap. 3 Rn. 72–83.

[100] Vgl. *Bergmann/Möhrle/Herb* BDSG § 4f Rn. 111.

[101] Vgl. Beschl. des Düsseldorfer Kreises zu den Mindestanforderungen an Fachkunde und Unabhängigkeit des Beauftragten für den Datenschutz v. 24./25.11.2010, hierzu SächsLDA, 7. Tätigkeitsbericht, S. 92; *Bergmann/Möhrle/Herb* BDSG § 4f Rn. 122, 132, 141.

[102] § 43 Abs. 1 Nr. 2 und Abs. 3 BDSG; künftig ebenfalls: Art. 83 Abs. 4 DSGVO iVm Art. 37 DSGVO.

[103] Das sind Datenverarbeitungen oder -nutzungen unter Einsatz von Datenverarbeitungsanlagen, vgl. § 3 Abs. 2 BDSG.

[104] Vgl. die Ausnahme gem. § 4d Abs. 3 BDSG bei Beschäftigung von höchstens neun Personen bei der Datenverarbeitung und Datenverarbeitung aufgrund Einwilligung oder iVm einem rechtsgeschäftlichen Schuldverhältnis mit dem Betroffenen.

[105] Ein Muster-Meldeformular ist beim Bayerischen Landesamt für Datenschutzaufsicht abrufbar unter https://www.lda.bayern.de/de/dsb.html.

[106] §§ 4d Abs. 2, 4g Abs. 2 BDSG.

[107] § 4g Abs. 2 BDSG.

[108] § 4e S. 2 BDSG.

[109] Vgl. Art. 30 DSGVO, mit der Ausnahmeregel in Abs. 5.

> **Praxistipp:** 57
>
> Der Verband sollte Prozesse etablieren, um stets die Vollständigkeit und Aktualität der Verfahrensübersicht sicherzustellen. Unvollständige Verfahrensverzeichnisse sind buß-geldbewehrt.[110]

3. Vorabkontrolle (künftig Datenschutzfolgenabschätzung)

Soweit automatisierte Verfahren **besondere Risiken für die Rechte und Freiheiten** 58 **der betroffenen Personen** aufweisen, bedürfen sie nicht nur einer Verfahrensmeldung, sondern zusätzlich einer Vorabkontrolle: Dann muss der Datenschutzbeauftragte vor ihrem Einsatz ihre datenschutzrechtliche Rechtmäßigkeit überprüfen.[111] Das Gesetz nennt zwei Fallgruppen, für die das insbes. gilt:

Es werden besondere Arten personenbezogener Daten verarbeitet,[112] also zB Gesundheitsdaten, oder

- die Verarbeitung personenbezogener Daten ist dazu bestimmt, die Persönlichkeit des Betroffenen zu bewerten, einschließlich seiner Fähigkeiten, seiner Leistung oder seines Verhaltens,

- es sei denn, es besteht eine gesetzliche Verpflichtung oder die von der Verarbeitung betroffenen Personen haben eine schriftliche Einwilligung erteilt oder die Daten sind für rechtsgeschäftliche Schuldverhältnisse mit dem Betroffenen erforderlich.[113]

Beispiele für Letzteres sind CRM-Systeme, mit denen Kundenprofile erstellt werden,[114] 59 oder die Einführung eines Whistleblowing-Systems, über das elektronisch Hinweise auf mögliche Straftaten entgegengenommen werden.[115] Künftig ist statt einer Vorabkontrolle bei einem hohen Risiko für die Rechte und Freiheiten betroffener Personen nach Artikel 35 DSGVO eine Datenschutzfolgenabschätzung durchzuführen.

Beispiel Videoüberwachung: 60

Zum Schutz der Sicherheit kann zB im Eingangsbereich des Verbandsgebäudes eine Videokamera installiert werden. Videoaufzeichnung gilt als intensiver Eingriff in die Persönlichkeitsrechte der betroffenen Besucher und Beschäftigten. Daher sollten strenge Maßgaben beachtet werden (va: räumliche Begrenzung ua Maßnahmen der Datensparsamkeit; gezielte Auswertung für klar festgelegte Zwecke; Erforderlichkeit und Verhältnismäßigkeit; formell: Verfahrensmeldung; Vorabkontrolle und Kenntlichmachung der Anlage). Eine Videoüberwachung in nicht-öffentlichen Räumen ist noch strenger zu bewerten; gar eine heimliche Videoüberwachung von Arbeitnehmern ist nur ganz ausnahmsweise als letztes verbleibendes Mittel zur Aufklärung eines konkreten Verdachts einer erheblichen Straftat zulässig.[116] Eine Videoüberwachung von Personen, die sich in einem gegen Einblick besonders geschützten Bereich befinden, also etwa in Umkleide- oder Sanitärräumen, kommt nach § 201a StGB nicht in Betracht. IE wird ua danach differenziert, ob die Videoüberwachung in öffentlich zugänglichen Räumen (ausdrücklich geregelt in § 6b BDSG) oder nicht öffentlich zugänglichen Räumen vorgenommen wird und ob sie offen oder verdeckt erfolgt.[117]

---

[110] § 43 Abs. 1 Nr. 1 BDSG; künftig Art. 83 Abs. 4 iVm Art. 30 DSGVO.
[111] § 4d Abs. 5 BDSG.
[112] Zur Definition: § 3 Abs. 9 BDSG.
[113] § 4d Abs. 5 S. 2 BDSG.
[114] *Bergmann/Möhrle/Herb,* § 4d BDSG Rn. 45.
[115] Dazu auch → Rn. 108.
[116] BAG NZA 2012, 1025.
[117] Vgl. § 6b BDSG; OVG Lüneburg NJW 2015, 502 mAnm *Zscherpe* DuD 2015, 172 (Videoüberwachung in Eingangsbereich und Treppenaufgängen eines Bürohauses zum Schutz vor und zur Aufklärung von Straftaten zulässig), Fn. 131 mwN aus der Arbeitsgerichtsrechtsprechung; Thüsing Beschäftigtendatenschutz/*Pötters* § 11 Rn. 44 ff.

4. Verpflichtung auf das Datengeheimnis

61 Das Datengeheimnis besagt, dass es bei der Datenverarbeitung beschäftigten Personen untersagt ist, personenbezogene Daten **unbefugt zu erheben, zu verarbeiten oder zu nutzen** (§ 5 BDSG).[118] Das bedeutet va, dass niemand personenbezogene Daten außerhalb seines Zuständigkeitsbereichs oder für andere Zwecke verarbeiten (zB an Dritte weitergeben) darf. Das Datengeheimnis besteht auch nach Beendigung der Tätigkeit fort. Es ist va für Personen im IT-Bereich relevant, aber auch für sonstige Angestellte, sofern sie Zugang zu personenbezogenen Daten haben, und gilt nicht nur für Arbeitnehmer, sondern auch für freie Mitarbeiter, Leiharbeitnehmer oder Praktikanten. Sie sind bei Aufnahme ihrer Tätigkeit **förmlich „auf das Datengeheimnis zu verpflichten".**[119] Dies gilt unabhängig von sonstigen Geheimhaltungspflichten, die zB aufgrund von Vertraulichkeitsvereinbarungen für Geschäftsgeheimnisse bestehen. Über ihre datenschutzrechtlichen Pflichten müssen die betroffenen Personen individuell (arbeitsplatzbezogen) belehrt werden.[120]

62 **Praxistipp:**

Es empfiehlt sich, den Mitarbeitern ein **Merkblatt** mit Informationen zum Datengeheimnis zu übergeben, das jedoch nicht die konkrete Belehrung ersetzt. Schulungen zum Datenschutz vor Aufnahme der Tätigkeit können außer durch den Datenschutzbeauftragten zB auch mittels E-Learning-Programmen erfolgen. Die Verpflichtungserklärung kann in der Personalakte abgelegt werden, eine Kopie erhält der Verpflichtete zusammen mit dem Merkblatt.[121]

5. Einsatz von Dienstleistern; technisch-organisatorische Maßnahmen

63 **a) Wichtigster Fall: Auftragsdatenverarbeitung.** Verbände setzen vielfach Dienstleister ein, die sie bei ihrer Tätigkeit unterstützen und hierbei personenbezogene Daten für sie verarbeiten oder Zugriff darauf erhalten.

64 Das ist etwa der Fall, wenn eine Agentur die Gestaltung oder Betreuung der Verbandswebseite oder ein Verlag die Erstellung und den Vertrieb der Verbandszeitschrift übernimmt, oder Dienstleister bei der Organisation von Messen oder Veranstaltungen, der Mitgliederwerbung, bei Gehaltsabrechnungen, der Bereitstellung von Netzwerkdiensten oder bei IT-Wartungsarbeiten,[122] der Entsorgung ausgedienter IT-Geräte oder Vernichtung von Papierunterlagen unterstützen.

65 Üblicherweise ist die Rollenverteilung so, dass die Daten vom Auftragnehmer ohne (wesentlichen) eigenen Entscheidungsspielraum weisungsgebunden verarbeitet werden; dann handelt es sich datenschutzrechtlich um eine **Auftragsdatenverarbeitung.**[123] Beim Einsatz von Auftragnehmern (künftig als „Auftragsverarbeiter" bezeichnet) bleibt der Verband als Auftraggeber im Verhältnis zu den Betroffenen **voll verantwortlich** für den Umgang mit ihren personenbezogenen Daten und muss den Auftragnehmer vorab vertraglich streng auf die Einhaltung des Datenschutzes verpflichten. Zugleich gilt dann der

---

[118] Einige Verhaltensweisen, mit denen § 5 BDSG missachtet wird, stellen gleichzeitig Ordnungswidrigkeiten nach § 43 Abs. 2 dar, vgl. dazu NK-BDSG/*Ehmann* BDSG § 5 Rn. 33. Ähnl. künftig Art. 29, 32 Abs. 4 DSGVO.

[119] Ein Muster ist abrufbar unter: https://www.lda.bayern.de/lda/datenschutzaufsicht/lda_daten/BayLDA_Verpflichtung_Datengeheimnis.pdf.

[120] NK-BDSG/*Ehmann* BDSG § 5 Rn. 29. Künftig ist eine vergleichbare Verpflichtung wohl weiterhin für jede dem Verantwortlichen oder dem Auftragsverarbeiter unterstellte Person, die Zugang zu personenbezogenen Daten hat, vorgesehen, vgl. Art. 29 DSGVO.

[121] NK-BDSG/*Ehmann* BDSG § 5 Rn. 39.

[122] Für Wartungsarbeiten gilt speziell § 11 Abs. 5 BDSG.

[123] Zur Abgrenzung der Auftragsdatenverarbeitung von Datenübermittlungen und speziell Funktionsübertragungen vgl. NK-BDSG/*Petri* BDSG § 11 Rn. 22 ff.

Auftragnehmer – jedenfalls derjenige mit Sitz innerhalb der EU/des EWR – datenschutz-rechtlich nicht als „Dritter",[124] so dass keine gesonderte Rechtsgrundlage für die Daten-weitergabe an ihn erforderlich ist.

Jeder Auftragnehmer muss sorgfältig und unter Berücksichtigung der Eignung der bei **66** ihm getroffenen technisch-organisatorischen Maßnahmen **ausgewählt** und deren Einhal-tung vom Auftraggeber regelmäßig **überwacht** werden. Der **Auftragsdatenverarbei-tungsvertrag** muss – zusätzlich zum Hauptvertrag, etwa dem Dienstleistungsvertrag – schriftlich abgeschlossen werden und zwingend eine Reihe von Festlegungen treffen:

1. Gegenstand und Dauer des Auftrags,
2. Umfang, Art und Zweck der vorgesehenen Erhebung, Verarbeitung oder Nutzung von Daten; Art der Daten und Kreis der Betroffenen,
3. die nach § 9 BDSG zu treffenden technischen und organisatorischen Maßnahmen,
4. die Berichtigung, Löschung und Sperrung von Daten,
5. bestimmte Pflichten des Auftragnehmers, insbes. von ihm vorzunehmende Kontrol-len,
6. die etwaige Berechtigung zur Begründung von Unterauftragsverhältnissen,
7. Kontrollrechte des Auftraggebers und entsprechende Duldungs- und Mitwirkungs-pflichten des Auftragnehmers,
8. mitzuteilende Verstöße des Auftragnehmers oder der bei ihm beschäftigten Personen gegen Vorschriften zum Schutz personenbezogener Daten oder gegen die im Auftrag getroffenen Festlegungen,
9. Umfang der Weisungsbefugnisse, die sich der Auftraggeber gegenüber dem Auftrag-nehmer vorbehält, und
10. die Rückgabe überlassener Datenträger und Löschung beim Auftragnehmer gespei-cherter Daten nach Beendigung des Auftrags.[125]

Der Auftragnehmer muss gewährleisten, dass sein Personal auf das Datengeheimnis nach **67** § 5 BDSG verpflichtet und ein fachkundiger Datenschutzbeauftragter bestellt ist.

Praxistipp: **68**

Auf die sorgfältige Vertragsgestaltung[126] muss geachtet werden, ebenso wie auf eine sorgfältige Auswahl und Kontrolle der eingesetzten Dienstleister. Eine fehlende oder un-vollständige Vertragsgestaltung oder auch eine fehlende Überprüfung der Eignung des Auftragnehmers, die zugesagten technisch-organisatorischen Maßnahmen tatsächlich umzusetzen, stellen **bußgeldbewehrte Ordnungswidrigkeiten** dar.[127] Die Aufsichtsbe-hörden legen auf die Einhaltung größten Wert und fragen sie routinemäßig ab. Die be-stehenden Verträge müssen rechtzeitig an die Vorgaben der DSGVO angepasst werden. Auch künftig werden unter der DSGVO ähnliche Vertragspflichten gelten.[128]

b) Technisch-organisatorische Maßnahmen. Sowohl der Verband selbst als auch von **69** ihm eingesetzte Auftragsverarbeiter müssen diejenigen technisch-organisatorischen Maß-nahmen treffen, die erforderlich sind, um die Anforderungen des BDSG, va die in der

---

[124] § 3 Abs. 8 S. 3 BDSG.
[125] § 11 Abs. 2 S. 2 BDSG.
[126] Die GDD hat ein Vertragsmuster nebst Hinweisen für die Anfertigung der Anlage zur Beschreibung der technisch-organisatorischen Maßnahmen online gestellt, vgl. https://www.gdd.de/aktuelles/news/neues-gdd-muster-zur-auftragsdatenverarbeitung-gemas-a7-11-bdsg. Ein vom AK Datenschutz des BITKOM erstelltes Vertragsmuster (als Anlage zum Hauptvertrag) findet sich auf der Webseite des BITKOM, vgl. 21.3.2014 | Leitfaden Aktualisierte Mustervertragsanlage zur Auftragsdatenverarbeitung, https://www.bit kom.org/Bitkom/Publikationen/Aktualisierte-Mustervertragsanlage-zur-Auftragsdatenverarbeitung.html. Solche Vertragsmuster können immer nur Orientierungshilfe sein und machen die konkrete Vertragsaus-gestaltung nicht entbehrlich.
[127] § 43 Abs. 1 Nr. 2b BDSG.
[128] Vgl. Art. 28 DSGVO.

Anlage zu § 9 BDSG aufgeführten Schutzziele, zu gewährleisten, wobei der Aufwand im angemessenen Verhältnis zum angestrebten Schutzzweck stehen soll. Gemäß der Anlage zu § 9 BDSG werden folgende Schutzziele unterschieden:

- **Zutrittskontrolle:** Sie soll gewährleisten, dass kein Unbefugter Zutritt zu Datenverarbeitungsanlagen mit personenbezogenen Daten haben kann.
- **Zugangskontrolle:** Sie soll verhindern, dass personenbezogene Daten unbefugt gelesen, kopiert, verändert und/oder entfernt werden können.
- **Weitergabekontrolle:** Sie soll verhindern, dass personenbezogene Daten bei der Datenübertragung, sei es elektronisch oder mit Hilfe von Datenträgern, unbefugt gelesen, kopiert, verändert, entfernt oder genutzt werden können.
- **Zugriffskontrolle:** Sie soll gewährleisten, dass zur Verarbeitung Befugte nur iRd Berechtigung die Eingabe, Kenntnisnahme, Veränderung oder Löschung von gespeicherten personenbezogenen Daten vornehmen können.
- **Eingabekontrolle:** Sie soll gewährleisten, dass festgestellt und überprüft werden kann, wer wann welche personenbezogenen Daten eingegeben hat.
- **Auftragskontrolle:** Sie soll, wie erwähnt, gewährleisten, dass personenbezogene Daten von Auftragnehmern nur auftragsgemäß im Rahmen bestehender Verträge weisungsgebunden verarbeitet werden.
- **Verfügbarkeitskontrolle:** Sie soll verhindern, dass personenbezogene Daten zerstört werden oder verloren gehen, zB mangels Datensicherung oder unterbrechungsfreier Stromversorgung.
- **Trennungsgebot:** Es soll gewährleisten, dass personenbezogene Daten, die für unterschiedliche Zwecke – zB auch für unterschiedliche Mandanten – erhoben wurden, nicht mit anderen Daten zu neuen Verwendungszwecken zusammengeführt werden können.

70 Ausdrücklich gehört zu erforderlichen Maßnahmen der Zugangs-, Zugriffs- und Weitergabekontrolle die **Verschlüsselung** beim Transport oder bei der Speicherung der Daten nach dem jeweiligen Stand der Technik.[129] Weitere Beispiele sind etwa für den Zugriffsschutz Berechtigungskonzepte und Protokollierung von Zugriffen; ggf. die Einrichtung von passwortgeschützten Nutzeraccounts; hinreichend implementierte Passwortvorgaben, uvm.[130] Auch künftig gelten ähnliche Pflichten gem. Art. 32 DSGVO.

71 Die Aufsichtsbehörden erwarten, dass die entsprechenden Sicherheitsmaßnahmen beim Verband selbst und seinen Auftragnehmern nicht nur vorgesehen, sondern auch umgesetzt sind, bzw. der Auftraggeber dies **nachgehalten** hat. Dies sollte in einem **Datenschutzkonzept** bzw. **im Auftragsdatenverarbeitungsvertrag dokumentiert** sein. Das Datenschutzkonzept sollte den gesamten Prozess des Umgangs mit den Daten umfassen und, falls der Serverbetrieb auf einen Unterauftragnehmer ausgelagert ist, auch dessen Sicherheitsmaßnahmen berücksichtigen.

72 Synergien ergeben sich hier zur Tätigkeit des ITK-Managements. Branchenübliche anerkannte IT-Standards füllen unbestimmte Rechtsbegriffe aus und legen Methoden zur Ermittlung und Sicherstellung des aktuellen Stands der Technik für IT-Leistungen fest; bspw. bei der Verschlüsselung, beim Passwortmanagement, beim sicheren Löschen von Datenbeständen, beim Notfallmanagement, bei der Datensicherung uvm.; darauf kann auch datenschutzrechtlich zurückgegriffen werden.

73 **c) Beispiel Cloud-Computing.** Zunehmend gewinnt der Einsatz externer Cloud-Anbieter[131] an Praxisrelevanz. Aufgrund möglicher Kosteneinsparungen und Flexibilitätsgewinne sind Auslagerungen von Datenbeständen zB zum CRM in die Cloud attraktiv und

---

[129] Anlage BDSG S. 2. Hilfreich ist dazu zB der vom Bundesamt für Sicherheit (BSI) iRd Grundschutzhandbuchs bereitgestellte Baustein B 1.5 „Datenschutz" mit Maßnahmenkatalogen.
[130] So LfD Baden-Württemberg, Datenschutz im Verein, 2012, 3.1; weitere Maßnahmen zB in Gola/Schomerus/*Gola/Klug/Körffer* BDSG § 9 Rn. 22 ff.
[131] Zum Begriff und zu den Arten von Cloud Computing vgl. *Foitzick/Plankemann* CCZ 2015, 180.

entsprechende Geschäftsmodelle werden auch in Deutschland trotz Sicherheitsbedenken allmählich angenommen.[132] Datenschutzvorgaben ebenso wie Vorgaben zur ITK-Sicherheit sollten bei der Planung und Vertragsgestaltung besonders berücksichtigt werden.

Datenschutzrechtlich ist das Angebot von Clouddiensten grds. als **Auftragsdatenver- 74 arbeitung** einzuordnen.[133] Je nach Art und Umfang der bereitgestellten Dienste – von standortunabhängigen IT-Ressourcen für eigene Anwendungen (Infrastructure-as-a-Service), vorbereiteten IT-Plattformen (Platform-as-a-Service) bis hin zur Bereitstellung vollständiger netzbasierter Arbeitsumgebungen oder ITK-Anwendungen (Software-as-a-Service), und auch je nachdem, ob die Nutzung einer öffentlichen „Public Cloud" oder einer exklusiv genutzten „Private Cloud"[134] erwogen wird, auch je nach Standort innerhalb oder außerhalb EU/EWR – steigen die Risiken und dementsprechend die datenschutzrechtlichen Anforderungen. Va die notwendige Kontrolle über die Daten, Zweckbindung, Transparenz und die Möglichkeit, Betroffenenrechte zu wahren, müssen gewährleistet werden. Nach Feststellung der Aufsichtsbehörden ist es grds. nicht zulässig, Gesundheitsdaten oder andere sensible Daten ohne wirksame Einwilligung der Betroffenen in eine Cloud außerhalb der EU/des EWR zu übermitteln.[135] Auch zum Schutz sensibler Unternehmensdaten besteht die Notwendigkeit, eigene Datenbestände hinreichend zu schützen und zu sichern; hier gibt es zT parallele Anforderungen der ITK-Sicherheit.[136]

6. Meldepflicht bei Datenpannen

Eine **bußgeldbewehrte Meldepflicht** sieht § 42a BDSG für Datenpannen im Unter- 75 nehmen bzw. Verband vor: Danach ist die verantwortliche Stellen verpflichtet, festgestellte Fälle unrechtmäßiger Datenübermittlung oder sonstiger unrechtmäßiger Kenntniserlangung von bei ihr gespeicherten Daten – sofern die in der Vorschrift aufgezählten besonders sensiblen Datenarten betroffen sind und schwerwiegende Beeinträchtigungen für die Rechte oder schutzwürdigen Interessen der Betroffenen drohen – der Aufsichtsbehörde und den Betroffenen unverzüglich mitzuteilen. Vorab sind angemessene Maßnahmen zur Sicherung der Daten zu ergreifen.

Dies betrifft besondere Arten personenbezogener Daten, zB Gesundheitsdaten, ferner 76 solche, die einem Berufsgeheimnis unterliegen oder sich auf strafbare Handlungen oder Ordnungswidrigkeiten oder den entsprechenden Verdacht beziehen, oder personenbezogene Daten zu Bank- und Kreditkartenkonten. Die Mitteilung kann, je nach Größe des Adressatenkreises, auch durch Information der Öffentlichkeit, zB durch Anzeigen, die mindestens eine halbe Seite umfassen, in mindestens zwei bundesweit erscheinenden Tageszeitungen, erfolgen. Datenpannen gehen mit **hohen Risiken von finanziellen Schäden und Reputationsverlusten** einher.

Die Meldepflicht kann bspw. ausgelöst werden, wenn Hacker auf Datenbanken zugrei- 77 fen, in denen Kontodaten verfügbar sind, oder ein Notebook oder anderer Datenträger,

---

[132] Vgl. Cloud Monitor 2015, https://www.bitkom.org/Publikationen/2015/Studien/Cloud-Monitor-2015/Cloud-Monitor-2015-KPMG-Bitkom-Research.pdf, S. 7.

[133] Dies gilt auch dann, wenn der Cloudanbieter ein Verschlüsselungskonzept anbietet, bei dem er selbst gar keinen Zugriff auf den Schlüssel und somit auf die personenbezogenen Daten hat, vgl. Orientierungshilfe Cloud Computing des Düsseldorfer Kreises, Version 2.0, Stand: 9.10.2014, abrufbar unter: https://www.datenschutz-bayern.de/technik/orient/oh_cloud.pdf, S. 12.

[134] Ggf. auch denkbar als exklusiver Teilbereich einer Cloud („virtual private cloud"), sofern eine vollständige kryptografische Verschlüsselung der Daten des Auftraggebers erfolgt und er der alleinige Schlüsselinhaber bleibt.

[135] Vgl. Orientierungshilfe Cloud Computing, S. 17; Stellungnahme 25/2012 der Artikel-29-Datenschutzgruppe zum Cloud-Computing (WP 196) v. 1.6.2012, 01037/12/295, 497, abrufbar unter https://www.lda.bayern.de/lda/datenschutzaufsicht/lda_daten/WP169_CloudComputing.pdf.

[136] Vgl. dazu BSI, IT-Grundschutzkatalog – Bausteine zum Cloud-Computing, abrufbar unter: https://www.bsi.bund.de/DE/Themen/DigitaleGesellschaft/CloudComputing/Dossiers/Grundschutz/grundschutznode.html.

zB USB-Stick, mit solchen Daten verlorengeht oder entwendet wird, sensible Dokumente wegen einer Adressatenverwechslung falsch versandt oder Unterlagen unsachgemäß entsorgt werden.[137] Ob „schwerwiegende Beeinträchtigungen" für die Betroffenen drohen, erfordert eine Risikoanalyse anhand der Art der Daten und zu erwartenden Beeinträchtigungen.[138] Auch unter der DSGVO gilt eine vergleichbare Meldepflicht gegenüber der Aufsichtsbehörde (dann im Fall eines Risikos „für die Rechte und Freiheiten von natürlichen Personen" und möglichst binnen 72 Stunden ab Kenntnis) und bei hohen Risiken auch gegenüber den Betroffenen, sofern nicht den Risiken durch angemessene Datenschutzmaßnahmen begegnet worden ist.[139]

78 | **Praxistipp:**
Für die Umsetzung der Informationspflicht sollte eine Compliance-Struktur geschaffen sein, die gewährleistet, dass der Datenschutzbeauftragte bzw. der für solche Sicherheitsverletzungen verantwortliche Ansprechpartner von einer Datenpanne rechtzeitig erfährt. Die verantwortlichen Mitarbeiter sollten zu den Anforderungen und zur Vorgehensweise bei Datenpannen geschult und Ablaufpläne vorhanden sein.[140]

III. Haftungsrisiken

79 Die zuständige Aufsichtsbehörde kann gegen Datenschutzverstöße **Maßnahmen** ergreifen, etwa eine Untersagungsanordnung aussprechen oder Zwangsgelder verhängen.[141] Auch Dritte können zivilrechtlich gegen Verstöße vorgehen, jedenfalls für den Fall, dass sie wettbewerbswidrig sind.[142]

80 Für Verstöße gegen zahlreiche formelle Vorschriften des BDSG, etwa die Nichtbestellung eines Datenschutzbeauftragten, kommen **Bußgelder** von bis zu EUR 50.000 in Betracht. Für materielle Verstöße, etwa eine Datenverarbeitung ohne Rechtsgrundlage, bspw. bei Unwirksamkeit einer Einwilligung, kann die Behörde sogar Bußgelder von bis zu EUR 300.000 verhängen.[143] Auch das TMG sieht Bußgeldtatbestände vor, insbes. für einen fehlenden oder unvollständigen Datenschutzhinweis.[144] Mit der DSGVO wird der Bußgeldrahmen insgesamt deutlich erhöht und kann dann grds. je nach Verstoß und näheren Umständen bis zu EUR 20 Mio. oder 4% des weltweiten Jahresumsatzes betragen.[145]

81 Daneben bestehen weitere Haftungsrisiken: So enthält § 7 BDSG einen eigenständigen Schadensersatzanspruch für Betroffene aufgrund unzulässiger oder unrichtiger sorgfaltswidriger Datenverarbeitung; er setzt allerdings die Darlegung eines Vermögensschadens voraus.[146] Auch vertragliche oder vorvertragliche Ansprüche gegen den Verband wegen

---

[137] Die Tätigkeitsberichte der Aufsichtsbehörden enthalten zahlreiche Beispiele aus der Praxis, vgl. zB Sächsische LDA im 7. Tätigkeitsbericht (04/2013–03/2015), S. 99, ua Hackerangriffe auf Onlineplattformen; Entwendung von Daten zu religiösen Überzeugungen, Diebstahl einer Laptoptasche mit Akten zu Hilfeplänen Jugendlicher (Gesundheitsdaten); Abruf von Daten zu Krankschreibungen und arbeitsmedizinischen Beurteilungen aus einem unzureichend gesicherten Netzlaufwerk; Veröffentlichung von Mitgliederdaten im Internet.

[138] Vgl. Thüsing Beschäftigtendatenschutz/*Pötters* § 18 Rn. 52.

[139] Art. 33 und 34 DSGVO.

[140] Vgl. dazu iE: Forgó/Helfrich/Schneider/*Schröder* Teil V. Kap. 3 Rn. 70.

[141] § 38 Abs. 5 BDSG; künftig Art. 58 DSGVO.

[142] Vgl. Plath/*Plath* BDSG § 4 Rn. 45; zum neuen Verbandsklagerecht bei Verstößen iRd Verarbeitung personenbezogener Daten zu bestimmten kommerziellen Zwecken vgl. *Dönch* BB 2016, 962 (963); vgl. als spezielle datenschutzrechtliche Rechtsgrundlage auch § 7 BDSG; künftig weiterreichend: Art. 82 DSGVO.

[143] § 43 BDSG; für zurechenbare Verstöße auch unmittelbar gegen den Verband vgl. §§ 30, 88 OWiG. Bei Entgeltlichkeit oder Bereicherungsabsicht kommt eine Straftat in Betracht, 44 BDSG.

[144] § 16 TMG; zum Datenschutzhinweis s. u. → Rn. 85.

[145] Art. 83 DSGVO.

[146] Gola/Schomerus/*Gola*/*Schomerus* BDSG § 7 Rn. 12; künftig weitergehend: Art. 82 Abs. 1 DSGVO.

Nebenpflichtverletzungen, zB seitens geschädigter Mitgliedsunternehmen, oder deliktische Ansprüche gegen den Verband sind nicht ausgeschlossen.[147]

C. Spezielle Aspekte

I. Verbandswebseite und Social Media

Ein eigener Internetauftritt gehört heute zur Selbstdarstellung eines jeden Verbands, sei es 82
zur Veröffentlichung von Informationen, als Kontaktmöglichkeit für Dritte oder als Plattform für die Kommunikation mit den Mitgliedern. Datenschutzrechtlich muss der Verband hierbei, da die Webseite als Telemediendienst und der Verband als sein Anbieter gilt, die Vorgaben des Telemediengesetzes (TMG)[148] und ergänzend des BDSG beachten.

Mit Blick auf personenbezogene Nutzerdaten, die anfallen können – Verkehrsdaten wie 83
IP-Adressen, Nutzungsdaten und im Fall der Abwicklung von Vertragsverhältnissen auch Bestandsdaten –, konkretisiert das TMG das **Gebot der Erforderlichkeit und Datensparsamkeit.** ZB muss die Nutzung, wenn möglich, grds. anonym oder zumindest pseudonym erfolgen können[149] und dürfen Nutzungsprofile, die etwa beim Einsatz von Tracking Tools gewonnen werden, nicht mit Informationen über ihren Träger zusammengeführt werden.[150] Dies ist nicht trivial, da nach geltendem Recht und auch nach der DSGVO[151] IP-Adressen (selbst in verkürzter Form) und ähnliche Identifizierungsmöglichkeiten einen Personenbezug herstellen. Jedoch dürfte bei entsprechender Ausgestaltung der Seiten und datenschutzfreundlichen Voreinstellungen und Technologien für die üblicherweise im Vergleich zu werbefinanzierten oder sonst kommerziellen Webseiten eher begrenzten Funktionen des Webauftritts für die Verbandsarbeit die Einhaltung dieser Vorgaben gut umsetzbar sein.

So können **Seitenbesuche** praktisch ohne Speicherung personenbezogener Nutzerda- 84
ten ermöglicht werden. Eine **Auswertung des Nutzungsverhaltens,** um Funktionalitäten des Webauftritts zu optimieren, lässt sich mit datensparsamen Tracking Tools auch ohne Personenbezug vornehmen. Ein **Newsletterversand** erfordert zwar die Nutzung einer E-Mail-Adresse, aber üblicherweise keine weiteren Angaben. Hierfür sollte bei Registrierung die Einwilligung eingeholt werden, zumal die Zusendung uU in den Bereich elektronischer „Werbung" iSd UWG kommen kann.[152] Die Einwilligung kann elektronisch erteilt werden.[153] Zur Nachweisbarkeit empfiehlt sich das „Double Opt-In", dh der Versand einer Bestätigungsmail zur Bekräftigung der Einwilligung zB durch Anklicken eines Links.[154] Ist ein geschlossener **Mitgliederbereich** eingerichtet, sollte auf ein Berechtigungs- und Löschkonzept für die eingestellten Inhalte geachtet werden.

§ 13 TMG enthält **Informations- und Unterrichtungspflichten,** um sicherzustel- 85
len, dass der Nutzer sich einen Überblick über die Erhebung und Verwendung seiner personenbezogenen Daten sowie mögliche Alternativen und Gestaltungsrechte verschaffen kann. So hat der Diensteanbieter den Nutzer zu Beginn des Nutzungsvorgangs über Art, Umfang und Zwecke der Erhebung und Verwendung personenbezogener Daten sowie über die Verarbeitung seiner Daten in Staaten außerhalb der EU in allgemein verständlicher Form zu unterrichten.[155] Das kann durch den **Datenschutzhinweis** erfolgen,

---

[147] Verletzung eines „sonstigen Rechts" gem. § 823 Abs. 1 BGB; vgl. Inderst/Bannenberg/Poppe/*Bauer* Kap. 5 F VI Rn. 328 ff.
[148] §§ 11 – 15 TMG.
[149] § 13 Abs. 6 TMG.
[150] § 13 Abs. 4 Nr. 6 TMG.
[151] § 3 Abs. 1 BDSG und Art. 4 Nr. 1, Erwägungsgrund 30 DSGVO (Einzelheiten sind umstr.).
[152] Zur Anwendbarkeit des UWG s. o. § 8 C I.1 → Rn. 54 ff.
[153] Zu den Vorgaben hierfür vgl. § 13 Abs. 2 TMG.
[154] Hierzu § 13 Abs. 2 Nr. 1 TMG.
[155] § 13 Abs. 1 TMG, vgl. ferner Abs. 3, Abs. 5 und Abs. 6 S. 2 TMG.

der verständlich, vollständig und leicht auffindbar sein muss – etwa unter einem eigenständigen Reiter am Fuß jeder Webseite (nicht versteckt, zB im Impressum). Beim Einsatz von **Mobile Apps** ist hierfür ein eigenständiger Datenschutzhinweis erforderlich.[156] Die fehlende Unterrichtung stellt eine bußgeldbewehrte Ordnungswidrigkeit dar.[157]

86   Schließlich gelten Vorgaben zur **Datensicherheit**.[158] Der **Kommunikationsweg** mit den Nutzern, zB bei einer Registrierung für den Newsletter, ist **nach dem Stand der Technik zu verschlüsseln**.[159] Beim Einsatz von Dienstleistern und Nutzung von Webanalysetools ist zumeist der Abschluss eines **Auftragsdatenverarbeitungsvertrags** erforderlich.

87   Falls der Verband auch in **sozialen Medien** wie Facebook, Twitter, auf Youtube oder in berufsbezogenen Netzwerken präsent ist, sind auch hierfür datenschutzrechtlich die Vorgaben der §§ 11 ff. TMG zu beachten.[160] Für den datensparsamen Einsatz von Social Plugins gelten Besonderheiten.[161]

88   Für die Zukunft bleibt zu beachten, inwiefern aufgrund der DSGVO und anderer europäischer Vorgaben geänderte Vorgaben gelten und Anpassungen des TMG erfolgen werden. Das ist zurzeit noch unklar, zumal das TMG auf zwei speziellen europäischen Richtlinien beruht. Insbes. die Transparenzpflichten dürften jedenfalls zunehmen,[162] so dass etwa der Datenschutzhinweis anzupassen sein wird.

II. Datenaustausch mit Mitgliedsunternehmen

89   Datenschutzrechtlich ist ein Verband im Verhältnis zu seinen Mitgliedsunternehmen und sind diese untereinander „Dritte", so dass jede Verarbeitung personenbezogener Daten aus den Mitgliedsunternehmen durch den Verband oder Übermittlung von personenbezogenen Daten aus einem Mitgliedsunternehmen an ein anderes oder auch vom Verband an einen Dachverband einer **Rechtsgrundlage** bedarf.[163] IRd für die **Verbandsarbeit** erforderlichen Tätigkeiten kommt dafür üblicherweise das rechtsgeschäftsähnliche Verbandsverhältnis in Betracht. Damit lässt sich zB der erforderliche interne Datenaustausch iRd üblichen Verbandsarbeit oder zur Durchführung von Veranstaltungen legitimieren.

90   Besonderheiten gelten für die **Veröffentlichung** personenbezogener Angaben. ZB dürfen Spender und Sponsoren außerhalb des Verbands nur mit ihrem Einverständnis öffentlich bekannt gegeben werden, da ihr Interesse an vertraulicher Behandlung grds. überwiegt.[164] Für die Veröffentlichung von Fotos, zB auf der Verbandswebseite anlässlich einer Veranstaltung, gilt die Spezialvorschrift § 22 KunstUrhG (mit Ausnahmen nach § 23 KunstUrhG). Jedenfalls für die Veröffentlichung von Fotos, die einzelne Personen prominent zeigen, ist vorab ihre Einwilligung gem. §§ 22,23 KunstUrhG einzuholen.[165]

---

[156] Orientierungshilfe des Düsseldorfer Kreises zu den Datenschutzanforderungen an App-Entwickler und App-Anbieter zu Mobile Apps, https://www.lda.bayern.de/media/oh_apps.pdf, Ziff. 5.2; zu Mobile Apps auch Forgó/Helfrich/Schneider/*Hawellek* Teil VII Kap. 2 Rn. 31.

[157] § 16 TMG.

[158] § 13 Abs. 7 TMG.

[159] Vgl. http://www.heise.de/security/meldung/Datenschuetzer-mahnen-Mail-Server-Betreiber-wegen-fehlender-Verschluesselung-2390692.html; zB eines Online-Mitgliedsantrags vgl. 7. Tätigkeitsbericht Sächs. LDA (4/2013–3/2015), S. 95.

[160] Näher Forgó/Helfrich/Schneider/*Heidrich/Moos* Teil VII. Kap. 1 Rn. 21. Str. ist die Verantwortlichkeit eines Fanpage-Betreibers für die Datenverarbeitung durch Facebook, vgl. Vorlagebeschluss des BVerwG ZD 2016, 393 mAnm Petri.

[161] Insbes. muss eine datenschutzfreundliche Voreinstellung gewählt werden, vgl. dazu http://www.heise.de/newsticker/meldung/Fuer-mehr-Datenschutz-Neue-Version-der-2-Klick-Empfehlungsbuttons-2101045.html.

[162] Vgl. Art. 12 ff. DSGVO.

[163] Zu Datenübermittlungen an Dachverbände vgl. LfD Baden-Württemberg, Datenschutz im Verein, 2012, 5.4; zum datenschutzrechtlichen Erfordernis der Rechtsgrundlage für die Überlassung einer Vereinsmitgliederliste an ein Vereinsmitglied vgl. OLG München ZD 2016, 330.

[164] LfD Baden-Württemberg, Datenschutz im Verein, 2012, 2.1.

[165] Vgl. hierzu auch oben § 8 D.I.1 → Rn. 77 ff.

Für evtl. **Mitgliederwerbung** – hierunter kann uU bereits ein Anschreiben an Kontakt- 91
personen außerhalb des Verbands mit Hinweis auf eine Verbandsveranstaltung fallen – sind
außer wettbewerbsrechtlichen auch die datenschutzrechtlichen Vorgaben zu beachten.[166]
Wettbewerbsrechtlich ist mit Blick auf § 7 UWG von Werbung für Veranstaltungen über
soziale Netzwerke oder per E-Mail grds. abzuraten, wenn keine Einwilligung dafür vorliegt.

Nach Beendigung einer Mitgliedschaft sind die Kontaktdaten der Ansprechpartner 92
grds. gem. § 35 BDSG zu löschen, sofern keine Rechtsgrundlage für ihre Speicherung
mehr besteht. Für Anschreiben zur Rückgewinnung mag eine Übergangsfrist im berechtigten Verbandsinteresse in Betracht kommen; das ist allerdings umstr.[167]

III. Umgang mit Beschäftigtendaten

In seiner Funktion als Arbeitgeber muss der Verband die gesetzlichen Vorgaben zum 93
Schutz der Beschäftigtendaten beachten. Dies ist von großer praktischer Bedeutung; die
große Themenbreite kann vorliegend nur angedeutet werden.

Rechtsgrundlage für den Umgang mit Beschäftigtendaten – Bewerberdaten sind hier- 94
bei eingeschlossen[168] – zum Zweck der Anbahnung, Durchführung oder Beendigung von
Beschäftigungsverhältnissen ist idR § 32 Abs. 1 S. 1 BDSG; dies dürfte auch künftig mit
Geltung der DSGVO der Fall sein.[169] Für Maßnahmen, die mit einer anderen Zielsetzung
erfolgen, durch die aber (auch) Beschäftigtendaten verarbeitet werden, sind andere
Rechtsgrundlagen heranzuziehen.

Bspw. kann eine Videoüberwachung des Gebäudeeingangs zum Schutz vor dem Zu- 95
tritt Unbefugter im überwiegenden Verbandsinteresse gemäß § 28 Abs. 1 Satz 1 Nr. 2
BDSG legitim sein, sofern dem Vorhaben, auch in seiner konkreten Ausgestaltung, keine
überwiegenden Schutzbedürfnisse der Beschäftigten entgegenstehen. Die Persönlichkeitsrechte der Beschäftigten sind also in jedem Fall zu beachten.

Die Einwilligung kommt im Arbeitsverhältnis hingegen mangels Freiwilligkeit selten 96
als Rechtsgrundlage in Betracht, etwa für Datenerhebungen bei der Gewährung zusätzlicher Arbeitgeberleistungen, zB der privaten Nutzung betrieblicher Kommunikationsmittel, freiwilligen Fitnessangeboten oÄ.

Für Verbände, die über einen Betriebsrat verfügen, ist die Vereinbarung datenschutz- 97
rechtlich relevanter **Betriebsvereinbarungen** als Rechtsgrundlage von großer Bedeutung, wie überhaupt die Abstimmung mit dem Betriebsrat hins. der Einhaltung der Datenschutzvorgaben zugunsten der Mitarbeiter. Für die Praxis bietet sich hiermit die
Chance, die ohnehin vorab zu prüfenden Vorhaben im Voraus einvernehmlich zu regeln;
es empfiehlt sich, dabei auch den Datenschutzbeauftragten beratend hinzuzuziehen.

IRd **Anbahnung** von Beschäftigungsverhältnissen, also beim Recruiting oder im Be- 98
werbermanagement, sind ua die Gebote der Datensparsamkeit und Datensicherheit besonders relevant.'

Bewerbungsunterlagen enthalten häufig sensible Angaben, etwa zur Gesundheit (Bei- 99
spiel: Schwerbehindertenstatus), zu einer eingetragenen Lebenspartnerschaft oder Religi-
onszugehörigkeit, oder ermöglichen die Erstellung von Persönlichkeitsprofilen. Sie sind
deshalb besonders **datensicher und datensparsam** zu verarbeiten. Das erfordert zB, sie
elektronisch nur in verschlüsselter Form entgegenzunehmen und ihre datenschutzkonforme Löschung oder Rückgabe unverzüglich nach Abschluss des Bewerbungsverfahrens
durch **geeignete Prozessabläufe** sicherzustellen.[170] Nach hM ist es grds. nicht zulässig,

---

[166] Vgl. insbes. § 28 Abs. 3 BDSG; zum Wettbewerbsrecht → § 8 Rn. 69 ff.
[167] Eine gewisse Übergangsfrist wurde zB anerkannt durch OLG Köln CR 2011, 680.
[168] Bewerber gelten als Beschäftigte im datenschutzrechtlichen Sinne, vgl. § 3 Abs. 11 Nr. 7 BDSG.
[169] S. bereits oben → Rn. 28.
[170] Als angemessene Löschfrist wird von den Aufsichtsbehörden grds., mit Blick auf die kurze Klagefrist des
Allgemeinen Gleichbehandlungsgesetzes (AGG), eine Viermonatsfrist angesehen.

in Online-Netzwerken, die privaten Zwecken dienen, zB Facebook, nach zusätzlichen Informationen über Bewerber zu recherchieren; anderes gilt für öffentlich zugängliche Informationen, jedenfalls soweit sie vom Bewerber selbst online gestellt wurden.[171] Welche Angaben erfragt oder iRv Eignungstests erhoben werden dürfen, dazu gibt die arbeitsgerichtliche Rspr. zum Fragerecht des Arbeitgebers Aufschluss.[172] Grds. ist der Arbeitgeber lediglich berechtigt, vom Bewerber persönlich seine Eigenschaften und Fähigkeiten zu erfragen, soweit er an den Angaben ein berechtigtes Interesse im Hinblick auf das konkrete Arbeitsverhältnis hat.[173]

100 IRd Durchführung von Beschäftigungsverhältnissen muss insbes. das **Personalmanagement** auf Beachtung der datenschutzrechtlichen Grundsätze achten.

101 So müssen Personaldaten durch spezielle Maßnahmen gesichert werden, so dass nur die zuständigen Sachbearbeiter bei Bedarf Zugriff darauf nehmen können.[174] Für Personalsysteme oder die (elektronische) Personalakte ist ein differenziertes Berechtigungs- und Löschkonzept erforderlich.[175] Besonders strenge Regeln gelten für die Verarbeitung von Personaldaten in Cloud-Diensten.[176]

102 Auch bei der **Gestaltung des Arbeitsplatzes und der Arbeitsorganisation** sind Datenschutz und Datensicherheit wichtig.

103 Hier kommt auch der Aspekt zum Tragen, dass umgekehrt die Mitarbeiter selbst einen wesentlichen Beitrag dafür leisten, Datenschutz und Datensicherheit zu gewährleisten. Etwa beim Umgang mit sensiblen Unterlagen im Büro und ggf. bei der Arbeit von unterwegs oder von zuhause aus sind die **datensichere Anbindung an die Verbands-IT** und entsprechende **Verhaltensrichtlinien** wichtig. Der Schutz der IT vor dem Verlust und unberechtigten Zugriff auch auf personenbezogene Daten ist schwieriger, wenn den Mitarbeitern gestattet wird, private Endgeräte für betriebliche Zwecke zu nutzen. Viele Unternehmen verbieten daher den **Einsatz privater IT** − was angesichts der Verbreitung der Nutzung mobiler Endgeräte offensichtlich zunehmend schwieriger aufrechtzuerhalten ist −; in jedem Fall sollten dafür klare Regelungen und Schutzmaßnahmen getroffen werden.[177]

104 Für die **Internet-, Telefon- und Mailnutzung** ist ebenfalls dringend zu empfehlen, eine interne Richtlinie zu erlassen − bzw. bei mitbestimmten Verbänden: eine Betriebsvereinbarung abzuschließen −, die konkrete Vorgaben und Regeln zur (Privat-)Nutzung sowie zu den Befugnissen des Arbeitgebers enthält, etwa bei der Kostenerfassung und -abrechnung wie auch zur anlassbezogenen Kontrolle und Ahndung von Verstößen. Falls die private Nutzung der IT zugelassen oder zumindest geduldet ist, sollte insoweit auch die Einwilligung der einzelnen Beschäftigten eingeholt werden und ein transparenter Prozess aufgesetzt sein, auch um Risiken der Einsichtnahme in private E-Mails oder andere Inhaltsdaten zu minimieren und die Anwendung des Verhältnismäßigkeitsgrundsatzes zu gewährleisten.[178] Das gilt umso mehr, als nach einer Ansicht in der Rspr. der Arbeitgeber ansonsten Verstöße gegen das Telekommunikationsgeheimnis (§ 88 TKG) und § 206 StGB riskiert, falls er auf Inhalts- oder Verkehrsdaten zugreift.[179]

---

[171] Zum Grundsatz der Direkterhebung s. o. → Rn. 37. Zur Diskussion vgl. Thüsing Beschäftigtendatenschutz/*Traut* § 14 Rn. 6–8.

[172] Dazu NK-BDSG/*Seifert* BDSG § 32 Rn. 22–32.

[173] Das betrifft va die fachliche und persönliche Qualifikation für die konkrete Tätigkeit, vgl. Forgó/Helfrich/Schneider/*Hanloser* Teil IV Kap. 1 Rn. 24.

[174] BAG DB 1987, 2571; Kilian/Heussen/*Weichert* Teil 13 IV 3 Rn. 18.

[175] Datenschutz durch Technik und per Voreinstellung ist künftig eine bußgeldbewehrte Pflicht, s. o. → Rn. 35.

[176] Vgl. Orientierungshilfe Cloud Computing des Düsseldorfer Kreises, S. 17.

[177] Hauschka Corporate Compliance/*Brandt* § 29 Rn. 119.

[178] Bei Privatnutzung sind zudem die datenschutzrechtlichen Vorschriften des TMG anwendbar, vgl. Thüsing Beschäftigtendatenschutz/*Traut* § 9 Rn. 42 (Fn. 46). Der Übertragungsvorgang von E-Mails kann zudem durch das Fernmeldegeheimnis (§ 88 TKG) geschützt sein, vgl. dazu Forgó/Helfrich/Schneider/*Cornelius* Teil XIII Rn. 45.

[179] Vgl. Thüsing Beschäftigtendatenschutz/*Traut* § 9 Rn. 39–55; zur Bewertung insbes. bei untersagter Privatnutzung vgl. zB LAG Bln-Bbg ZD 2016, 336.

Im Vordringen befindlich ist die **Nutzung von Social Media** zur internen (oder auch 105
externen) Kollaboration und zum Ideenaustausch. Maßstab für die verpflichtende betriebliche Nutzung ist wiederum § 32 Abs. 1 BDSG. Auch hier empfiehlt sich dringend, verbindliche **Leitlinien** für den Umgang zu entwickeln,[180] insbes. auch klarzustellen, inwieweit der Verband die dienstliche Nutzung einer solchen Plattform anordnet; für die
freiwillige Nutzung empfiehlt es sich wiederum, die Einwilligung der Beschäftigten in die
Datenverarbeitung einzuholen.[181]

Auch bei **internen Kontrollmaßnahmen**, etwa Stichproben zur Einhaltung von Ge- 106
setzen und internen Regelungen zB zu Dienstreisen, oder falls wegen Verdachts einer
Straftat **interne Ermittlungen** zur Sachverhaltsaufklärung nötig werden sollten, sind die
datenschutzrechtlichen Rahmenbedingungen zu beachten, va Aspekte der Datensparsamkeit und Verhältnismäßigkeit.[182]

Maßnahmen der Sachverhaltsaufklärung aufgrund konkreter Anhaltspunkte der Bege- 107
hung einer Straftat durch einen bestimmten Beschäftigten sind nach Maßgabe der spezie-
len Regelung § 32 Abs. 1 S. 2 BDSG erlaubt. Maßstab ist eine **strenge Verhältnismäßigkeitsprüfung**.[183] Dabei ist es wichtig, die Einhaltung der Datenschutzregeln auch zu
dokumentieren.[184] Ein Verstoß kann außer Sanktionen unter dem BDSG und evtl. Scha-
denersatzforderungen auch ein **Beweisverwertungsverbot** im Kündigungsschutzverfah-
ren bewirken.[185]

Wird ein **Hinweisgebersystem** („Whistleblowing-Hotline") zur Entgegennahme von 108
Hinweisen auf Fehlverhalten zu Lasten des Verbands eingerichtet, so ist eine Vorabkontrolle
erforderlich und sind alle Prozesse auch auf den Schutz einerseits der darin verarbeiteten, zT
äußerst schutzwürdigen personenbezogenen Daten des Hinweisgebers und andererseits betroffener Dritter – va des durch einen Hinweis „Beschuldigten" – auszurichten.

Die Datenschutzbehörden erwarten iSd Verhältnismäßigkeit ua eine Beschränkung der 109
Delikte auf schwerwiegende Verfehlungen, den Schutz des Hinweisgebers gegen Diskriminierung und weitergehende Vertraulichkeit, möglichsten Verzicht auf anonyme Hinweise, ein strenges Berechtigungs- und Löschkonzept (insbes. falls sich ein Verdacht nicht
bestätigt) sowie Mechanismen zur Sicherstellung der Benachrichtigungs- und Auskunfts-
pflichten.[186]

---

[180] Zu Social Media Guidelines s. bereits oben, → § 9 Rn. 81 ff.
[181] Nach Thüsing Beschäftigtendatenschutz/*Traut* § 9 Rn. 32 ff., 47 ff., 55, 56 können bei der Kontrolle
ähnliche Grundsätze herangezogen werden wie bei der E-Mail-Überwachung.
[182] Allg. zu Maßnahmen der Prävention Moosmayer Compliance/*Moosmayer* Kap. D Rn. 105–143. Zum
Abgleich von Mitarbeiterdaten mit Sanktionslisten unter Aspekten des Beschäftigtendatenschutzes vgl.
Behling NZA 2015, 1359.
[183] Vgl. hierzu beispielhaft aus der arbeitsgerichtlichen Rspr. (Tat- und Verdachtskündigung auf Grund
heimlicher Videoüberwachung) BAG NJW 2014, 810.
[184] Moosmayer Compliance/*Moosmayer* Kap. D, Rn. 281.
[185] *Kort* ZD 2016, 3 Ziff. 3; Forgó/Helfrich/Schneider/*Schild* Teil IV Kap. 5 Rn. 46.
[186] Vgl. Arbeitsbericht der Ad-hoc-Arbeitsgruppe „Beschäftigtendatenschutz" des Düsseldorfer Kreises zu
Whistleblowing-Hotlines: Firmeninterne Warnsysteme und Beschäftigtendatenschutz (4/2007), abrufbar
unter: https://www.datenschutz.hessen.de/download.php?download_ID=246; Stellungnahme der Artikel-
29-Datenschutzgruppe v. 1.2.2006, 00195/06/DE, WP 117, abrufbar unter www.ec.europa.eu/justice/po
licies/privacy/docs/wpdocs/2006/wp117_de.pdf.

5. Kapitel. Compliance-Systeme in Wirtschaftsverbänden

§ 12. Gesellschaftsrechtliche Verantwortlichkeit im Innen- und Außenverhältnis

Literatur:

Baumann/Sikora, Hand- und Formularbuch des Vereinsrechts, 2015; Baumbach/Hueck, GmbHG, 20. Aufl. 2013; Beck'scher Onlinekommentar Arbeitsrecht, Stand Sept. 2015; *Brouwer,* Compliance in Verbänden, in: Hauschka/Moosmayer/Lösler, Corporate Compliance, 3. Aufl. 2016; *ders.,* Compliance im Wirtschaftsverband, CCZ 2009,161; ders., Compliance in Verbänden und gemeinnützigen Körperschaften, AnwBl 2010, 663; *Burgard,* Das Gesetz zur Begrenzung der Haftung von ehrenamtlich tätigen Vereinsvorständen, ZIP 2010, 358; *Burhoff,* Vereinsrecht, 9. Aufl. 2014; *Ehlers,* Die persönliche Haftung von ehrenamtlich tätigen Vereinsvorständen, NJW 2011, 2689; *Ellenberger* in: Palandt, Bürgerliches Gesetzbuch, 76. Aufl. 2017, BGB § 21 ff.; *Fleischer,* Corporate Compliance im aktienrechtlichen Unternehmensverbund, CCZ 2008, 1; *ders.,* Vorstandsverantwortlichkeit und Fehlverhalten von Unternehmensangehörigen – von der Einzelüberwachung zur Errichtung einer Compliance-Organisation, AG 2003, 291; ders. Handbuch des Vorstandsrechts, 2006; *Hagel/Dahlendorf,* Der Beitrag von Wirtschaftsverbänden zu Compliance am Beispiel des „Rundum-Pakets" des Verbandes der Bahnindustrie in Deutschland (VDB), CCZ 2014, 275; *Hövelberndt,* Die Industrie- und Handelskammern als Akteure am politischen Meinungsmarkt, DÖV 2011, 628; *Hüffer/Koch,* Aktiengesetz, 12. Aufl. 2016; *Hüttemann,* Das Gesetz zur Stärkung des Ehrenamtes, DB 2013, 774; *Kornblum,* Bemerkungen zum eV, NJW 2003, 3671; *Leuschner,* Das Haftungsprivileg der §§ 31a, 31b BGB, NZG 2014, 281; *Mackert* in: Immenga/Mestmäcker, Wettbewerbsrecht, 5. Aufl. 2014; *Maunz* in: Dürig/Scholz, Grundgesetz-Kommentar, 75. EL, Art. 9; *Nolte/Polzin,* Zum Aufnahmezwang für Verbände mit überragender Machtstellung, Kommentar zu OLG Stuttgart, NZG 2001, 997; *Reichert,* Vereins- und Verbandsrecht, 13. Aufl. 2016; *Reuter* in: Münchener Kommentar zum BGB, 7. Aufl. 2015, Vor § 21; *Reuter,* Zur Vereinsrechtsreform 2009, NZG 2009, 1368; *Rogall* in: Karlsruher Kommentar zum OWiG, 4. Aufl. 2014; *Sauter/Schweyer/Waldner,* Der eingetragene Verein, 19. Aufl. 2016; *Segna,* Vereinsrechtsreform, NZG 2002, 1048; ders., Rechnungslegung und Prüfung von Vereinen – Reformbedarf im deutschen Recht, DStR 2006, 1568; ders., Vorstandskontrolle in Großvereinen, 2002; *Schneider,* Compliance im Konzern, NZG 2009, 1321; *Schöpflin* in: Beck'scher Onlinekommentar BGB, Stand: 1.12.2016; Spindler, Unternehmensorganisationspflichten: Zivilrechtliche und öffentlich-rechtliche Regelungskonzepte, 2011; ders. in: Münchener Kommentar zum Aktiengesetz, 4. Aufl. 2014; Schroeder/Weßels, Handbuch der Arbeitgeber- und Wirtschaftsverbände in Deutschland; *Staudinger,* BGB, 2005; *Stöber/Otto,* Handbuch zum Vereinsrecht, 11. Aufl. 2016; *Thürmer* in: Blümich, EStG, 130. Aufl. 2015; *Unger,* Neue Haftungsbegrenzungen für ehrenamtlich tätige Vereins- und Stiftungsvorstände, NJW 2009, 3269.

Wirtschaftsverbände sind, wie vorstehend ausgeführt, in der Mehrzahl als rechtsfähige **1** nicht wirtschaftliche (Ideal-)Vereine organisiert. Es gelten somit die **vereinsrechtlichen Haftungsvorschriften im BGB.** Die nachfolgenden Ausführungen konzentrieren sich daher auf die Haftung im rechtsfähigen Idealverein, dh nicht wirtschaftlichen Verein. Soweit Wirtschaftsverbände als öffentlich-rechtliche Körperschaften organisiert sind, sei hins. der Haftung auf die Ausführungen unter → § 18 Rn. 1 ff. verwiesen.

A. Die Haftung des Verbands im Außenverhältnis

I. Generelle Haftung des Verbandes

Der Wirtschaftsverband als rechtsfähiger Verein nimmt durch das Handeln natürlicher **2** Personen, die den Verband (organschaftlich oder rechtsgeschäftlich) vertreten, am Rechtsverkehr teil. Werden Dritte durch dieses Handeln geschädigt, so haftet der Verband hierfür. Typische Haftungsgefahren für Wirtschaftsverbände liegen bspw. in der Haftung für Kartellverstöße,[1] für Schmiergeldzahlungen[2] und für die Verletzung des Schutzes von Unternehmensgeheimnissen.[3]

---

[1] Hierzu → § 5 Rn. 16 ff.
[2] Hierzu → § 7 Rn. 142 ff.
[3] *Brouwer* CCZ 2009, 161 (163 ff.).

II. Haftungsgrundsätze

3 Für die Haftung gelten die nachfolgenden Grundsätze: Der Verband als eingetragener Verein ist rechtsfähig, dh er ist selbst Träger von Rechten und Pflichten und Zuordnungsobjekt für rechtsgeschäftliche und deliktische Verbindlichkeiten.

4 Für die Haftung gilt der sog **Trennungsgrundsatz.** Dies bedeutet, dass die Mitglieder des Verbands grds. **nicht** für die Verbindlichkeiten des Verbands haften. Nur in Ausnahmefällen kann eine sog Durchgriffshaftung in Betracht kommen.[4]

III. Haftung für vertragliche Ansprüche

5 Schließt der Verband **Verträge** mit Dritten, so wird aus diesen Verträgen der Verband berechtigt und verpflichtet. Den Verband trifft die Verpflichtung zur Erfüllung der Verträge. Er haftet bei Verletzung vertraglicher Pflichten.

IV. Haftung des Verbands nach § 31 BGB

1. Allgemeines

6 § 31 BGB ordnet die Haftung des Vereins/Verbandes[5] mit dem gesamten Vereinsvermögen für eine zum Schadensersatz verpflichtende Handlung bestimmter Organmitglieder an. Der Verband ist für den Schaden verantwortlich, den der **Vorstand,** ein **Mitglied des Vorstandes** oder **ein anderer verfassungsmäßig berufener Vertreter** durch eine in Ausführung der ihm zustehenden Verrichtungen begangene, zum Schadensersatz verpflichtende Handlung einem Dritten zufügt. § 31 BGB stellt keine eigenständige Anspruchsgrundlage dar. Vielmehr handelt es sich um eine haftungszuweisende Norm der Organhaftung, dh das Handeln bestimmter Organmitglieder wird dem Verband als eigenes Handeln zugerechnet.[6]

2. Erfasster Personenkreis

7 § 31 BGB gilt zunächst für den alleinigen **Vorstand** bzw. **alle Mitglieder eines mehrgliedrigen Vorstands.** Darunter sind die Organmitglieder zu verstehen, die den Verein vertreten. Die Mitglieder eines sog erweiterten Vorstands sind keine Vorstandsmitglieder iSd gesetzlichen Regelung des § 31 BGB.[7] Auch für sie kann jedoch § 31 BGB gelten. § 31 BGB findet nämlich darüber hinaus Anwendung auf den **„verfassungsmäßig berufenen Vertreter".** Dieser Begriff wird von der Rspr. weit ausgelegt. Der verfassungsmäßig berufene Vertreter muss weder Vertretungsmacht haben noch muss seine Bestellung eine satzungsmäßige Grundlage haben. Es genügt nach der Rspr., dass dem Vertreter durch die allgemeine Betriebsregelung und/oder praktische Handhabung bedeutsame, wesensmäßige Funktionen der juristischen Person zur selbständigen, eigenverantwortlichen Erfüllung zugewiesen sind, dass er also den Verein auf diese Weise repräsentiert.[8] Zu den verfassungsmäßig berufenen Vertretern gehören in erster Linie die besonderen Vertre-

---

[4] *Baumann/Sikora* § 12 Rn. 1 ff.; MüKoBGB/*Reuter* BGB Vor § 21 Rn. 23 ff., BGH NZG 2008, 670 – Kolpingwerkfall.

[5] § 31 BGB gilt va für den rechtsfähigen nicht wirtschaftlichen (Ideal-)Verein (§ 21 BGB), den rechtsfähigen Wirtschaftsverein (§ 22 BGB) sowie für alle juristischen Personen des Privatrechtes, wie die GmbH, die AG und die Genossenschaft, darüber hinaus auch für im Privatrechtsverkehr tätige juristische Personen des öffentlichen Rechts (§ 89 BGB), vgl. Reichert S. 626 Rn. 3484 f.; Palandt/*Ellenberger* BGB § 31 Rn. 3.

[6] *Reichert* S. 627 Rn. 3487, 3488: *„Die in § 31 BGB normierte Haftungszuweisung knüpft nicht an eine Vertretungsmacht des Vereinsrepräsentanten an, sondern an dessen Fähigkeit, für den Verein zu handeln oder etwas zu unterlassen."* mwN aus der Rspr.

[7] *Reichert* S. 628 Rn. 3492.

[8] So BeckOK BGB/*Schöpflin* BGB § 31 Rn. 7 unter Hinweis auf BGH NJW 1968, 391; 1972, 334; 1998, 1854, 1856; *Reichert* S. 629 Rn. 3499 ua unter Hinweis auf BGH NJW 2007, 2490 (2491).

Dr. Knigge

ter nach § 30 BGB.[9] Darüber hinaus werden die Mitglieder eines kraft Satzung bestehenden Organs erfasst, wie zB die Mitglieder eines erweiterten Vorstands und Geschäftsführungsmitglieder.[10] Ferner kommt eine entsprechende Anwendung des § 31 BGB auf den Aufsichtsrat und Ausschüsse in Betracht.[11]

3. Haftung von Dachverbänden bzw. Spitzenverbänden

Für die Haftung von Dachverbänden bzw. Spitzenverbänden gelten folgende Grundsätze: **8** Ein Zentralverband haftet bspw. für verfassungsmäßig berufene Vertreter des untergeordneten nicht rechtsfähigen Zweigvereins, der im Einzelfall als Repräsentant des Vereins handelt.[12] In dem vorstehend zitierten Urt. des BGH ging es um eine Haftung des Zentralverbandes (Landesverbandes) wegen wettbewerbswidriger Äußerungen des Vorstands eines untergeordneten, nicht rechtsfähigen „Zweigvereins" (Bezirksverbandes), die dieser Vorstand als Repräsentant des Zentralverbandes (Landesverbands) abgegeben hat. Der BGH führt zur Haftung des Zentralverbandes (Dachverbandes) aus:

„Vielmehr spricht der Umstand, daß die Satzung des Erstbekl. die Regelungen über die Bezirks- **9** versammlung (§ 9), die Wahlen des Bezirksvorstandes (§ 10) und den Bezirksvorstand (§ 11) enthält und bestimmt, daß Bezirksversammlung und Bezirksvorstand Organe des Erstbekl. sind (§ 8), eher dafür, daß es sich bei dem Bezirksverband nur um eine unselbständige Untergliederung des Erstbekl. handelt. Gleichgültig, welche Rechtsbeziehungen iÜ zwischen dem bekl. Landesverband und dem Bezirksverband bestehen, ist nach der Satzung nicht auszuschließen, vielmehr eher anzunehmen, daß der Bezirksvorstand – mag er auch keine rechtsgeschäftliche Vertretungsmacht für den Landesverband besitzen – auch in der Öffentlichkeitsarbeit gegenüber den Medien den Landesverband auf Bezirksebene ‚repräsentiert'. Daher ist nicht auszuschließen, daß die Zweitbekl. bei der Absendung der beiden Schreiben in ihrer Eigenschaft als Bezirksvorsitzende den bekl. Landesverband ‚repräsentiert' hat und dieser sich deshalb die Schreiben nach §§ 30, 31 BGB deliktisch zurechnen lassen muß."

Ein Landesverband kann somit für Erklärungen des Vorstands eines Bezirksverbandes **10** nach § 31 BGB haften unter der Voraussetzung, dass es sich bei dem Bezirksverband nicht um einen eigenständigen Verein, sondern nur um eine **unselbständige** Untergliederung des Landesverbandes handelt.[13] Verneint wird jedoch eine Haftung von „Hauptvereinen" für ihre **selbständigen** Untergliederungen.[14]

4. Sachlicher Anwendungsbereich

Der Vorstand bzw. der verfassungsmäßig berufene Vertreter muss **eine zum Schadenser-** **11** **satz verpflichtende Handlung** begangen haben. Diese kann in der Verletzung vertraglicher Pflichten oder in der Vornahme einer unerlaubten Handlung bestehen. Auch Unterlassungen fallen unter § 31 BGB, sofern eine Rechtspflicht zum Handeln besteht.[15]

---

[9] MüKoBGB/*Arnold* BGB § 30 Rn. 2.
[10] *Baumann/Sikora* § 12 Rn. 18.
[11] BeckOK BGB/*Schöpflin* BGB § 31 Rn. 9; aA MüKoBGB/*Arnold* BGB § 31 Rn. 24.
[12] BGH NJW-RR 1986, 281.
[13] Weitere Beispiele für die Haftung finden sich in *Reichert* S. 630 Rn. 3500.
[14] MüKoBGB/*Arnold* BGB § 31 Rn. 22; MüKoBGB/*Reuter* inBGB Vor § 21 Rn. 161: „*Für deliktische Handlungen ihrer Organmitglieder und Verrichtungsgehilfen im Rahmen ihres Wirkungsbereichs haftet ausschließlich die selbständige Untergliederung. Obwohl die Untergliederung in der Satzung des Hauptvereins verankert ist, ist ihre Leitung nicht zugleich besonderer Vertreter des Hauptvereins iSd §§ 30, 31. Es macht gerade die Selbständigkeit der Untergliederung aus, dass sie im Gegensatz zur unselbständigen Untergliederung nicht vom (Haupt-)Verein getragen und von einem seiner besonderen Vertreter iSd § 30 geleitet wird, sondern als selbstverantwortliches Rechtssubjekt existiert. Wenn BGH NJW-RR 1986, 281 den Leiter einer unselbständigen Untergliederung als besonderen Vertreter des Hauptvereins gem. § 30 qualifiziert, so lässt sich das deshalb entgegen einer im Schrifttum vertretenen Ansicht nicht auf die Leitung einer selbständigen Untergliederung übertragen.*"
[15] *Reichert* S. 627 Rn. 3489 ff.

5. Haftung des Verbands für Organisationsmängel

12 Der Verein haftet nach der **Rspr.** auch für Organisationsmängel.[16] Ein Organisationsmangel ist gegeben, wenn das zuständige Vereinsorgan es versäumt, den Betrieb ordnungsgemäß zu organisieren bzw. wenn es seine allgemeine Aufsichtspflicht gegenüber unterstellten Personen verletzt.[17] Schon früher, dh vor der aktuellen Compliance-Diskussion, wurde der Anwendungsbereich des § 31 BGB durch die **Lehre vom Organisationsmangel** erweitert. Nach dieser Lehre ist der Verband verpflichtet, den gesamten Bereich seiner Tätigkeit so zu organisieren, dass für alle wichtigen Aufgabengebiete, die der Vorstand nicht selbst wahrnehmen kann, ein verfassungsmäßig berufener Vertreter zuständig ist, der die wesentlichen Entscheidungen selbst trifft. Entspricht die Organisation diesen Anforderungen nicht, muss sich der Verband so behandeln lassen, als wäre der tatsächlich eingesetzte Verrichtungsgehilfe ein verfassungsmäßig berufener Vertreter.[18] Der Verein haftet dann auch in diesem Fall nach § 31 BGB und nicht nach § 831 BGB. Die Unterscheidung spielt insofern eine Rolle, als § 831 BGB eine Haftungsentlastung enthält, wenn der Verein bei der Auswahl des Verrichtungsgehilfen die im Verkehr erforderliche Sorgfalt beobachtet hat oder wenn der Schaden auch bei Anwendung dieser Sorgfalt eingetreten wäre. Nach § 31 BGB muss der Verein jedoch **ohne** jegliche Entlastungsmöglichkeit haften. Die **Literatur** gelangt zumeist zum selben Ergebnis wie die vorstehend skizzierte Rspr. Sie begründet dies teilweise jedoch statt mit der Lehre vom Organisationsmangel mit einer analogen Anwendung von § 31 BGB.[19]

13 Die schädigende Handlung bzw. Unterlassung muss zudem *„in Ausführung der dem jeweiligen Organmitglied zustehenden Verrichtungen"* begangen worden sein. Dies bedeutet, dass das jeweilige Organmitglied in amtlicher Eigenschaft[20] und nicht als Privatperson[21] gehandelt haben muss. Es muss zwischen dem Aufgabenkreis des jeweiligen Organmitglieds und der schädigenden Handlung ein sachlicher und nicht bloß zufälliger zeitlicher und örtlicher Zusammenhang bestehen. Dieser Zusammenhang ist nicht gegeben, wenn das jeweilige Organmitglied nur bei Gelegenheit gehandelt hat. Entscheidend ist, dass das Verhalten des Repräsentanten sich „aus der Sicht des Außenstehenden nicht so weit aus seinem Aufgabenkreis entfernt, dass der generelle Rahmen der ihm übertragenen Obliegenheiten überschritten wird".[22]

14 Wie zuvor dargelegt, kann die Vertretungsmacht des Vorstands – mit Wirkung im Außenverhältnis – eingeschränkt werden. In diesem Zusammenhang ist umstr., ob eine zulässige Beschränkung der Vertretungsmacht durch die Anwendung des § 31 BGB ausgehebelt werden kann. Der diesbezügliche Meinungsstand ist uneinheitlich und unübersichtlich. Nach wohl überwiegender Meinung wird der Verein bei Überschreitung der Vertretungsmacht zwar nicht rechtsgeschäftlich gebunden, er kann aber nach § 31 BGB auf Schadensersatz haften, insbes. dann, wenn ein nicht rechtsgeschäftlicher Haftungstatbestand verwirklicht wird oder eine unerlaubte Handlung begangen wird.[23] Dies gilt auch für den Fall, dass im Vorstand Gesamtvertretung besteht, jedoch ein Handeln in

---

[16] Übersicht über diese Rspr. bei *Reichert* S. 641 Rn. 3559.

[17] So *Stöber/Otto* S. 295 Rn. 604.

[18] BGH NJW 1980, 2810.

[19] BeckOK BGB/*Schöpflin* BGB § 31 Rn. 14 f.; *Reichert* S. 640 Rn. 3555; MüKoBGB/*Arnold* BGB § 31 Rn. 6 ff.: *„Statt die juristische Person für einen nicht verfassungsmäßig berufenen Repräsentanten wie für einen verfassungsmäßig berufenen haften zu lassen, erblickt sie* (Anm. des Verf.: die Rspr.) *in der fehlenden verfassungsmäßigen Berufung einen Organisationsmangel. Die juristische Person soll verpflichtet sein, für objektiv vom Vorstand nicht übersehbare Tätigkeitsbereiche ein besonderes Organ iSd § 30 zu bestellen, widrigenfalls sie sich wegen eines Organisationsmangel so behandeln lassen muss, als wäre der zuständige Angestellte besonderes Organ gem. § 30."* Vgl. auch BGH NJW 1963, 902.

[20] *Reichert* S. 631 Rn. 3503 spricht von „vereinsamtlicher Eigenschaft"; vgl. auch Palandt/*Ellenberger* BGB § 31 Rn. 10 f.; MüKoBGB/*Arnold* BGB § 31 Rn. 33 f.

[21] Beispiele hierfür bei *Reichert* S. 631 Rn. 3507.

[22] BGH NJW 1986, 2941 f.

[23] Vgl. zum Meinungsstand MüKoBGB/*Arnold* BGB § 31 Rn. 35 ff.

nicht vertretungsberechtigter Anzahl vorliegt, zB nur ein einzelnes Vorstandsmitglied gehandelt hat, das jedoch nicht einzelvertretungsberechtigt war. Auch in diesem Fall kommt eine Haftung nach § 31 BGB in Betracht. Die Rspr. hat ferner eine Haftung des Vereins nach § 31 BGB bejaht, wenn die unerlaubte Handlung des Vorstandsmitgliedes darin besteht, dass ein Vorstandsmitglied die Unterschriften seiner Vorstandskollegen fälscht und damit den Anschein erweckt, seine allein durch ihn abgegebene Willenserklärung sei rechtlich verbindlich.[24]

6. Zwingender Charakter des § 31 BGB

§ 31 BGB ist zwingend. Die Haftung des **Verbandes** nach § 31 BGB kann somit grds. **15** nicht durch die Satzung abbedungen werden.[25] Unzulässig ist auch eine Satzungsregelung, die die Haftung des Verbandes auf Vorsatz und grobe Fahrlässigkeit begrenzt. Dessen ungeachtet hat jedoch die Rspr. in einigen Fällen eine entsprechende in der Satzung enthaltene Haftungsbeschränkung für wirksam erachtet.[26] Zulässig ist im Einzelfall ein – unabhängig von der Satzung – vereinbarter **vertraglicher** Haftungsausschluss gegenüber Dritten und auch Vereinsmitgliedern für Fahrlässigkeit, nicht jedoch für Vorsatz. Bei formularmäßigen Haftungsbeschränkungen gelten die §§ 307, 309 BGB.

V. Haftung des Verbands nach § 831 BGB

Darüber hinaus kommt eine **Haftung des Vereins/Verbands für sog Verrichtungsge-** **16** **hilfen gem. § 831 BGB** in Betracht.[27] Den Verband trifft eine sog Geschäftsherrenhaftung, wenn außerhalb eines bestehenden Schuldverhältnisses eine Person zu einer Verrichtung bestellt wird (Verrichtungsgehilfe) und wenn diese in Ausführung der Verrichtung einem Dritten widerrechtlich einen Schaden zugefügt. Unter dem Begriff der Verrichtungsgehilfen fallen zB **Arbeitnehmer** des Verbands. Insoweit haftet der Verband für **eigenes Verschulden,** wenn und soweit er die Verrichtungsgehilfen nicht sorgfältig ausgewählt und/oder überwacht hat. Der Verband kann sich gem. § 831 Abs. 1 S. 2 BGB entlasten, wenn er beweisen kann, dass ihn kein Auswahlverschulden trifft und er seine Leitungs- und Überwachungsaufgaben ordnungsgemäß wahrgenommen hat.

B. Haftung des Vorstands oder der Verbandsrepräsentanten im Außenverhältnis

Die Regelung des § 31 BGB führt nicht dazu, dass die jeweils handelnde Person, dh der **17** Vorstand oder der verfassungsmäßig berufene Vertreter iSv § 31 BGB, nicht selbst für ihr Tun oder Unterlassen haftet, vorausgesetzt, der Betreffende hat in seiner Person einen Haftungstatbestand verwirklicht. Die Haftung des Verbands tritt dann neben die **persönliche Haftung** des Vorstands bzw. „Repräsentanten". In Betracht kommt insbes. eine deliktische Haftung von Vorstandsmitgliedern und verfassungsmäßig berufenen Vertretern

---

[24] *Reichert* S. 633 Rn. 3512 unter Hinweis auf die einschlägige Rspr.
[25] *Baumann/Sikora* § 12 Rn. 12: „*Soweit die Vereinssatzung eine Haftungsbeschränkung enthält, durch die die Haftung des Vereins nach § 31 BGB eingeschränkt werden soll, ist zu differenzieren: Gegenüber außenstehenden Dritten, also Nicht-Vereinsmitgliedern, ist eine Einschränkung der Haftung nicht möglich. Gegenüber Vereinsmitgliedern wird hingegen – obwohl § 31 BGB nicht disponibel ist (§ 40 BGB) – eine Haftungsbeschränkung jedenfalls für Fälle einfacher Fahrlässigkeit für zulässig erachtet. Vor dem Hintergrund der Nichtabdingbarkeit des § 31 BGB und der Treuepflicht, die der Verein seinen Mitgliedern schuldet, erscheint dies jedoch fraglich.*" Vgl. auch Palandt/*Ellenberger* BGB § 31 Rn. 12.
[26] OLG Celle OLG-Report 2002, 244; LG Karlsruhe VersR 1987, 1023; OLG Hamm VersR 1995, 309, vgl. auch Palandt/*Ellenberger* BGB § 31 Rn. 12; MüKoBGB/*Arnold* BGB § 31 Rn. 47.
[27] *Reichert* S. 664 Rn. 3663 ff.

im Außenverhältnis, dh gegenüber Dritten.[28] Der Verband und der Vorstand bzw. der „Repräsentant" haften dann als Gesamtschuldner.[29]

C. Haftung des Vorstands im Innenverhältnis gegenüber dem Verband

I. Pflichten des Vorstands – Haftungsgrundsätze

18 Das für privatrechtlich organisierte Verbände geltende Vereinsrecht enthält keine dem § 43 GmbHG und dem § 93 AktG vergleichbare Haftungsregelung. Es gibt im Vereinsrecht des BGB keine speziellen Bestimmungen über die Haftung des Vorstandes und sonstiger Organmitglieder gegenüber dem Verein.[30]

19 Das Rechtsverhältnis zwischen dem **ehrenamtlich** tätigen Vorstand und dem Verband richtet sich nach Auftragsrecht, §§ 664–670 BGB, sofern die Satzung des Verbands keine abweichenden Regelungen trifft. Der Vorstand unterliegt somit den Weisungen der Mitgliederversammlung (§ 665 BGB), er ist der Mitgliederversammlung auskunfts- und rechenschaftspflichtig (§ 666 BGB) und er muss dienstlichen Erwerb dem Verband herausgeben (§ 667 BGB). Für die Haftung von Vereinsvorständen gelten die nachfolgenden Grundsätze. Diese Grundsätze beziehen sich auf die Mitglieder des gesetzlichen Vorstands iSv § 26 BGB.[31]

20 Der Vorstand ist Leitungsorgan des Verbands. Er ist zur ordnungsgemäßen Führung der Verbandsgeschäfte verpflichtet und haftet gegenüber dem Verband gemäß §§ 27 Abs. 2, 664 ff. iVm §§ 280, 276 BGB für eine schuldhafte Verletzung der Sorgfaltspflicht bei der Geschäftsführung.[32] Der Vorstand haftet grds. schon für leichte Fahrlässigkeit, allerdings kann diese Haftung in der Satzung ausgeschlossen werden (s. dazu unten → Rn. 62). Ansprüche aus der Verletzung der Geschäftsführungspflicht stehen dem Verband und nicht

---

[28] *Reichert* S. 636 Rn. 3530 ff.

[29] BeckOKBGB/*Schöpflin* BGB § 31 Rn. 27; MüKoBGB/*Arnold* BGB § 31 Rn. 45: *„Die Repräsentantenhaftung ersetzt grundsätzlich eine nach allgemeinen Regeln begründete Haftung des Repräsentanten nicht, sondern tritt neben diese persönliche Haftung. Im Vordergrund derartiger Konkurrenzverhältnisse steht die unerlaubte Handlung (§§ 823 ff.). Verein und Repräsentant haften in diesem Fall nach § 840 Abs. 1 als Gesamtschuldner; im Innenverhältnis hat der Repräsentant analog § 840 Abs. 2 allein einzustehen. Eine Ausnahme ordnet § 31a Abs. 2 für unentgeltlich tätige und für maximal mit 720 Euro per annum entlohnte Vorstandsmitglieder eines Vereins oder einer Stiftung an. Diese haben nämlich einen Anspruch darauf, dass der Verein bzw. die Stiftung sie von Schadensersatzansprüchen Dritter freistellt, die durch ihre Amtstätigkeit entstanden sind, es sei denn, der Verein legt dar und beweist notfalls, dass das betroffene Vorstandsmitglied vorsätzlich oder grob fahrlässig gehandelt hat."*

[30] *Unger* NJW 2009, 3269: *„Einen speziellen Haftungstatbestand gegenüber dem Verein (sog. Innenhaftung) vergleichbar mit § 93 AktG, § 43 GmbHG, gibt es für den Vorstand des eingetragenen Vereins nicht. Eine analoge Anwendung dieser Vorschriften auf den Vereinsvorstand kommt nur in einzelnen Beziehungen – mangels Lücke und genereller Vergleichbarkeit – nicht aber insgesamt in Betracht."* MwN; MüKoBGB/*Arnold* BGB § 27 Rn. 36 f.: *„Die Geschäftsführung des Vorstands beruht auf seinem organschaftlichen Rechtsverhältnis zum Verein. Der Gesetzgeber hat sich in den verschiedenen Rechtsformen mit unterschiedlicher Intensität bemüht, Pflichten und Haftung der Vorstandsmitglieder fest zu normieren. Im Aktienrecht, GmbH-Recht und Genossenschaftsrecht sind die Vorstände bzw. Geschäftsführer auf den Standard des ordentlichen und gewissenhaften Geschäftsleiters verpflichtet. Ihre Haftung ist der Disposition des Vereins jedenfalls insoweit entzogen, als sie zur Befriedigung von Gläubigeransprüchen erforderlich ist. Die Gläubiger können in derartigen Fällen unter bestimmten Voraussetzungen die Forderungen des Vereins geltend machen (§ 93 AktG, § 43 GmbH, 34 GenG).*

Im BGB-Vereinsrecht hingegen bleibt ein erheblicher Spielraum für Abweichungen vom Normalstatut (§§ 40, 27 Abs. 3). Die Konzentration des rechtspolitischen Interesses der Väter des BGB-Vereinsrechts auf die Grundprobleme des Verhältnisses zwischen Verein und Staat hat zu einem Defizit der vermögensrechtlichen Sicherung geführt, das im Ansatz sowohl die Pflichten des Vorstands selbst als auch seine letztendliche Verantwortlichkeit für Pflichtverletzungen auf ein Minimum herunterzuschrauben erlaubt. Die Grenze ist durch § 138 Abs. 1 gezogen, der heute in seiner wiederentdeckten objektiven Komponente (Nichtigkeit wegen Verstoßes gegen die ‚öffentliche Ordnung') für das Bemühen um Verkehrstauglichkeit und Gläubigerschutz praktisch erhebliche Bedeutung gewonnen hat. Jedenfalls im Zusammenhang mit Vereinen, die im größeren Stil am Wirtschaftsleben teilnehmen, kollidiert eine spürbare Ermäßigung des normalen Pflichtenstandards des Vorstands genauso mit § 138 Abs. 1 wie ein späterer Regressverzicht mit der Folge einer Vereitelung von Gläubigeransprüchen."

[31] Zur Haftung des erweiterten Vorstands bzw. sonstiger Geschäftsführungsmitglieder → Rn. 7.

[32] BeckOK BGB/*Schöpflin* BGB § 27 Rn. 20; MüKoBGB/*Arnold* BGB § 27 Rn. 42.

den Verbandsmitgliedern oder Dritten zu. Der Anspruch ist von der Mitgliederversammlung geltend zu machen und verjährt nach § 195 BGB in drei Jahren.[33]

Verschuldensmaßstab ist die Sorgfaltspflicht, die ein ordentlicher und gewissenhafter 21 Geschäftsleiter anzuwenden pflegt.[34] Bei der Haftung von Vorstandsmitgliedern gilt – wie im Falle der Managerhaftung nach GmbH- und Aktienrecht – eine **Beweislastumkehr** zu Lasten des Vorstandsmitglieds. Nach der insoweit ergangenen Rspr. bedeutet dies, dass der Verband lediglich darzulegen und ggf. zu beweisen hat, dass ihm durch das Verhalten des betreffenden Vorstandsmitglieds, das **möglicherweise** pflichtwidrig ist, ein Schaden entstanden ist. IÜ genügt es, dass der Verband Tatsachen vorträgt und unter Beweis stellt, die für eine Schadensschätzung nach § 287 ZPO **hinreichende Anhaltspunkte** bieten. Der Vorstand muss sich dann entlasten, dh die entsprechenden Umstände darlegen und beweisen.[35] Dieser Entlastungsbeweis ist in der Praxis häufig schwierig zu führen.

II. Einzelne Geschäftsführungspflichten

Die sich aus der Geschäftsführung iE ergebenden Pflichten[36] sind unterschiedlich, je nach Art 22 und Größe des Verbands. Der Vorstand ist verpflichtet, die einschlägigen gesetzlichen Bestimmungen zu beachten (Legalitätspflicht). Grds. hat der Vorstand die Pflicht, die Interessen des Verbands so wirksam wie möglich wahrzunehmen. Dem Vorstand obliegt eine **Treuepflicht.** Er darf nicht auf Kosten des Verbands eigene Interessen oder Interessen Dritter verfolgen.[37] Darüber hinaus hat der Vorstand über im Interesse des Verbands geheimhaltungsbedürftige Tatsachen Stillschweigen zu bewahren **(Verschwiegenheitspflicht).**

Beispielhaft obliegen dem Vorstand folgende einzelne Geschäftsführungspflichten:[38]   23
- Erstellung und Vorlage eines Rechenschafts-/Geschäftsberichts (gegenüber der Mitgliederversammlung)
- Erhaltung des Verbandsvermögens
- Buchführungspflicht
- Erfüllung steuerlicher Pflichten, §§ 135 ff., 93, 97, 149 ff., 153 AO
- Abführung von Sozialversicherungsbeiträgen, sofern der Verband Arbeitnehmer beschäftigt
- Insolvenzantragstellung
- Vornahme der gesetzlich vorgeschriebenen Anmeldungen zum Vereinsregister
- Ausführung der Beschlüsse der Mitgliederversammlung
- Auskunftspflicht gegenüber der Mitgliederversammlung.

IÜ haftet der Vorstand als treuhänderischer Sachwalter über fremdes Vermögen. Nach einer 24 ner zT in der Literatur vertretenen Auffassung ist der Vorstand – entsprechend den Grundsätzen der Managerhaftung – zur sorgfältigen Ermittlung und Auswertung der verfügbaren Entscheidungsgrundlagen verpflichtet.[39] Bei Prognoseentscheidungen verfügt der Vorstand über einen Beurteilungsspielraum. Auch für den Vorstand eines Verbands gilt die sog „business judgement rule", die im Aktienrecht gesetzlich kodifiziert ist (§ 93 Abs. 1 S. 2 AktG). Danach liegt eine Pflichtverletzung nicht vor, wenn das Vorstandsmitglied bei einer unternehmerischen Entscheidung vernünftigerweise annehmen durfte, auf der Grundlage angemessener Information zum Wohle der Gesellschaft zu handeln.[40]

---

[33] *Reichert* S. 672 Rn. 3723.
[34] BeckOK BGB/*Schöpflin* BGB § 27 Rn. 20; vgl. auch *Reichert* S. 666 Rn. 3676, der darauf hinweist, dass die Anwendung dieses Sorgfaltsmaßstabes im Vereinsrecht zT abgelehnt wird.
[35] *Reichert* S. 671 Rn. 3716 unter Hinweis auf OLG Stuttgart Urt. v. 27.9.2006 – 4 U 74/06, BeckRS 2007, 10191.
[36] Vgl. *Reichert* S. 667 Rn. 3580 ff.
[37] MüKoBGB/*Arnold* BGB § 27 Rn. 41.
[38] Vgl. auch *Stöber/Otto* S. 232 Rn. 468 ff.
[39] Baumann/Sikora/*Sikora* § 12 Rn. 31 unter Hinweis auf *Ehlers* NJW 2011, 2689 und BGH NZG 2007, 751.
[40] MüKoBGB/*Arnold* BGB § 27 Rn. 41.

III. Compliance-Verantwortlichkeit des Vorstands

1. Allgemeines zur Compliance-Verantwortlichkeit des Verbandsvorstands – Haftung unter dem Gesichtspunkt des Organisationsverschuldens

25 In der vereinsrechtlichen Literatur war und ist wohl immer noch str., ob eine persönliche Haftung von Vorstandsmitgliedern auch in den Fällen von Organisationsverschulden gegeben ist.[41]

26 Vor dem Hintergrund der aktuellen Compliance-Diskussion dürfte dieser Streit jedoch mittlerweile obsolet sein. Nach heute wohl überwiegender, wenngleich nicht völlig unbestrittener Meinung besteht in grds. **jedem** Unternehmen eine **Verpflichtung zur Schaffung einer Compliance-Organisation.**[42] Unbestritten ist jedenfalls, dass die Organe eines Unternehmens verpflichtet sind, rechtswidriges Verhalten innerhalb des Unternehmens durch entsprechende organisatorische Vorkehrungen zu unterbinden.[43] Es ist kein Grund ersichtlich, warum dies für einen Verband nicht gelten sollte, wenngleich sich die vereins- und verbandsrechtliche Kommentarliteratur bislang kaum mit der Compliance-Organisation in Verbänden befasst.[44] Nur vereinzelt finden sich Aufsätze zu diesem Thema.[45]

27 Die Verpflichtung zur Einrichtung einer Compliance-Organisation trifft den gesetzlichen Vorstand in seiner Gesamtheit, aber auch jedes einzelne Organmitglied ist dafür verantwortlich und haftet im Falle der Nichterfüllung.[46] IE bedeutet dies: Der Vorstand ist verpflichtet, das Unternehmen so zu organisieren, dass die einschlägigen gesetzlichen Bestimmungen und sonstigen Rechtsvorschriften eingehalten werden und keine Rechtsverstöße begangen werden. Wird diese Verpflichtung nicht oder nicht in gehörigem Maße erfüllt, so besteht die Gefahr einer persönlichen **Haftung unter dem Gesichtspunkt des Organisationsverschuldens.**

28 Der Vorstand haftet, sofern es in dem Unternehmen zu Rechtsverstößen durch Mitarbeiter kommt, nicht deshalb, weil er sich in eigener Person an den rechtswidrigen bzw. ggf. strafbaren Handlungen (zB Kartellverstößen, Schmiergeldzahlungen etc.) beteiligt hat, sondern weil er es unterlassen hat, eine Organisation zu schaffen, in der Rechtsverstöße vermieden werden. Dieses **Unterlassen** stellt eine **eigene Pflichtverletzung** des Vorstands dar.

---

[41] Vgl. *Stöber/Otto* S. 298: „*Auch in den Fällen von Organisationsverschulden wird eine persönliche Haftung bejaht, wobei die Garantenstellung aus der vereinsinternen Aufgabenübertragung geschlossen wird (str.). Es genügt, wenn das Organmitglied organisatorische Maßnahmen zur Schadensabwehr nicht getroffen hat, für die er zuständig war.*" Baumann/Sikora/*Sikora* § 12 Rn. 32; SSW eV/Waldner/Wörle-Himmel Rn. 292c.

[42] Vgl. Hüffer/Koch/*Koch* AktG § 76 Rn. 13 ff. mwN; Baumbach/Hueck/*Zöller/Noack* GmbHG § 35 Rn. 68a, 43 Rn. 17.

[43] Vgl. Hüffer/Koch/*Koch* AktG § 76 Rn. 13; Baumbach/Hueck/*Zöller/Noack* GmbHG § 35 Rn. 68a, 43 Rn. 19.

[44] In SSW eV/*Waldner/Wörle-Himmel* Rn. 292c heißt es: „*Erst in allerneuester Zeit wird im Vereinsrecht, vor allem bei Wirtschaftsverbänden, der aus dem Bereich wirtschaftlicher Unternehmen schon länger bekannte Begriff der Compliance thematisiert. Hierunter versteht man die Verpflichtung eines jeden, sich regelkonform zu verhalten, und dies nicht im Hinblick auf Schadensersatzverpflichtungen, sondern allgemeiner im Hinblick auf die Vermeidung wirtschaftlicher Risiken für den Verein, seine Organe und die Vereinsmitglieder, etwa im Hinblick auf die Verpflichtungen aus § 130 Abs. 1 OWiG, auf die Annahme von Geschenken und Bewertungen. Gefahren, denen es vorzubeugen gilt, ergeben sich hier naturgemäß vor allem bei Vereinen, die ,Lobby-Arbeit' für eine bestimmte Berufsgruppe oder Branche betreiben.*" Vgl. auch *Reichert* S. 642 Rn. 3562 unter Hinweis auf die Siemens ./. Neubürger Entscheidung des LG München I NZG 2014, 345; Baumann/Sikora/*Reinhart* § 16 Rn. 76: „*Angesichts der vorstehend insbesondere unter Rn. 17 ff. und Rn. 65 ff. geschilderten zahlreichen Strafbarkeitsrisiken sollte zumindest in größeren Vereinen eine funktionierende Compliance-Struktur etabliert werden. Zwar ist es nachvollziehbar, dass Vereinsverantwortliche den damit verbundenen organisatorischen und finanziellen Aufwand scheuen, jedoch kann eine auf die Bedürfnisse des jeweiligen Vereins zugeschnittene schlanke Compliance-Organisation, bestehend aus Schulungen und Richtlinien, viele Strafbarkeitsrisiken vermeiden. Sie sollte daher ernsthaft erwogen werden.*"

[45] *Brouwer* CCZ 2009, 161; AnwBl 2010, 663; *Hagel/Dahlendorf* CCZ 2014, 275.

[46] *Brouwer* CCZ 2009, 161 (166).

2. Überblick über die Elemente einer Compliance-Organisation

Der zuvor beschriebene Haftungsmechanismus stellt eine nicht zu unterschätzende Gefahr **29** für den Vorstand dar. Der Gefahr begegnen kann der Vorstand nur, indem er darlegen kann, dass die zur Einrichtung einer Compliance-Organisation erforderlichen Maßnahmen von ihm ergriffen wurden und er somit den insoweit bestehenden eigenen Pflichten nachgekommen ist.

Die Anforderungen an die Ausgestaltung der Compliance-Organisation sind abhängig **30** vom jeweiligen Einzelfall. So unterscheidet sich die Compliance-Organisation eines großen börsennotierten Unternehmens naturgemäß von der eines kleineren mittelständischen Unternehmens. Entsprechendes gilt für die Wirtschaftsverbände. Der **Grundsatz der Verhältnismäßigkeit** ist zu beachten. Ferner spielt eine Rolle, welche spezifischen Risiken in dem jeweiligen Wirtschaftsverband bestehen, zB Risiken im Bereich des Kartellrechts, der Korruption, des Datenschutzrechts etc. Dies ist im Wege einer **Risikoanalyse** herauszufinden. Sodann ist eine auf den jeweiligen Einzelfall, dh auf den jeweiligen Verband zugeschnittene Compliance-Organisation einzurichten.

Als Elemente einer derartigen Compliance-Organisation[47] können beispielhaft genannt **31** werden:
- Vorhandensein eines Compliance Officers;
- Sicherstellung, dass die einschlägigen gesetzlichen Bestimmungen bekannt sind: Umsetzung gesetzlicher Vorgaben in verbandsinternen Richtlinien;
- Regelmäßige Schulung der Mitarbeiter;
- Einrichtung eines Kontrollsystems sowie eines Sanktionssystems zur Verfolgung von Rechtsverstößen;
- Aufbau eines Dokumentationssystems;
- Hotline zur Meldung von Rechtsverstößen.

Zu der Frage, wie sich die Schaffung fakultativer Organe, zB einer Geschäftsführung, und **32** die Aufgabenzuweisung an diese auf die Compliance-Verantwortlichkeit iE auswirken, sei auf die nachfolgenden Ausführungen unter dem Gliederungspunkt „Haftung bei Vorhandensein fakultativer Organe" verwiesen.

3. Verbandsweite Compliance-Verantwortlichkeit?

Bei großen Wirtschaftsverbänden stellt sich insbes. die Frage nach einer **verbandsweiten** **33** **Compliance-Verantwortlichkeit.** Diese Frage stellt sich va dann, wenn der Verband, wie in aller Regel der Fall, über (selbständige oder unselbständige) **Untergliederungen** verfügt. Darüber hinaus ist fraglich, ob eine Compliance-Verantwortlichkeit des Verbandes für seine **Mitglieder** besteht. Haftet also bspw. der Dachverband/Spitzenverband für Kartellverstöße oder sonstige Rechtsverletzungen des Landes- oder Bezirksverbandes unter Compliance-Gesichtspunkten? Wie sieht es aus, wenn einzelne Mitgliedsunternehmen des Verbandes Compliance-relevante Rechtsverstöße begehen? Trifft den Verband eine Verantwortung dahingehend, für den Aufbau einer Compliance-Organisation in den Mitgliedsunternehmen zu sorgen, und haftet er für den Fall, dass es in den Mitgliedsunternehmen keine Compliance-Organisation gibt?

Bei der Frage nach einer Compliance-Verantwortlichkeit des Verbandes gegenüber sei- **34** nen Untergliederungen kann man sich an der Rspr. zur Haftung eines Zentral-/Landesverbandes für Organe einer Untergliederung (Bezirksverband) orientieren. Danach kommt eine Haftung des Zentral-/Landesverbandes für **unselbständige, nicht jedoch für rechtlich selbständige** Untergliederungen in Betracht. Insoweit sei auf die vorstehenden Ausführungen verwiesen. In Anknüpfung daran wird man auch eine Compliance-Verantwortlichkeit des Verbandes gegenüber seinen unselbständigen Untergliederun-

---

[47] Hierzu s. bei → § 14 Rn. 38 ff.

gen annehmen können.[48] Sofern im Einzelfall eine Verpflichtung zur Schaffung einer Compliance-Organisation bejaht wird, hat der Verband somit auch dafür Sorge zu tragen, dass diese Verpflichtung auch durch seine unselbständigen Untergliederungen erfüllt wird.

35   Schwieriger zu beantworten ist die Frage nach der Compliance-Verantwortlichkeit des Zentral-/Dachverbandes gegenüber den Mitgliedsverbänden bzw. einzelnen Mitgliedsunternehmen. In der Literatur wird insoweit vorgeschlagen, sich an den Grundsätzen zu orientieren, die für die Compliance-Verantwortlichkeit in einem Konzern gelten.[49] Dieser Ansatz ist überzeugend. Allerdings ist in diesem Zusammenhang zu berücksichtigen, dass es keine einheitliche Antwort auf die Frage gibt, ob der Vorstand einer Aktiengesellschaft verpflichtet ist, konzernweite Compliance-Vorkehrungen zu treffen. Insoweit wird die Auffassung vertreten, dass eine Verpflichtung zur Konzern-Compliance grds. nur im Innenverhältnis des Vorstandes gegenüber seiner Gesellschaft (der Muttergesellschaft) besteht. Der Vorstand erfüllt, so die diesbezügliche Meinung, seine Pflichten, wenn er für eine ordnungsgemäße Beteiligungsverwaltung sorge.[50] Der Vorstand einer Muttergesellschaft sei aber weder zur Wahrnehmung der Interessen nachgeordneter Konzerngesellschaften noch zum Schutz der Allgemeinheit vor Gefahren aus Tochtergesellschaften verpflichtet.[51] Demgegenüber wird aber auch vertreten, dass die Compliance-Organisation des herrschenden (Mutter-)Unternehmens auch die nachgeordneten Konzernunternehmen einbeziehen müsse. Als Elemente einer konzernweiten Compliance-Organisation werden bspw. ein konzernweites Berichtssystem (Compliance Reporting) und eine konzernweite Überwachungspflicht genannt. Die konkrete Ausgestaltung der Compliance-Organisation hängt jedoch auch hier, dh im Konzernverbund, von den Umständen im Einzelfall ab. Auch wenn man eine konzernweite Compliance-Verantwortlichkeit bejaht, wird man jedoch folgende Begrenzung dieser Verantwortlichkeit akzeptieren müssen. Die Pflichten zur Schaffung einer konzernweiten Compliance-Organisation können nicht weitergehen als die rechtlichen Einflussmöglichkeiten im Einzelfall. Bei einer GmbH steht den Gesellschaftern gegenüber der Geschäftsführung ein Weisungsrecht zu. In einem (aktienrechtlichen oder GmbH-rechtlichen) Vertragskonzern, dh bei Bestehen eines Beherrschungs- und Gewinnabführungsvertrags, steht dem Vorstand bzw. dem Geschäftsführer des herrschenden Unternehmens gegenüber dem beherrschten Unternehmen ein gesetzliches Weisungsrecht zu, § 308 Abs. 2 AktG. Dies ist jedoch im Falle eines faktischen Konzerns nicht gegeben.[52]

36   Auch einem Verband steht gegenüber seinen **Mitgliedsunternehmen** grds. kein Weisungsrecht zu. Entsprechendes gilt grds. auch für einen Zentral-/Dachverband im Verhältnis zu Mitgliedsverbänden, die **rechtlich selbständig** organisiert sind. Ein Verband hat regelmäßig auch keine Möglichkeit, auf die Geschäftsführung von Mitgliedsunternehmen Einfluss zu nehmen. Bei den Mitgliedsunternehmen handelt es sich um rechtlich selbständige Einheiten. Die Organe des jeweiligen Mitgliedsunternehmens sind im Rahmen ihrer Leitungsverantwortung verpflichtet, notwendige Compliance-Strukturen im Unternehmen aufzubauen. Eine Compliance-Verantwortlichkeit des Verbandes im Hinblick auf die Schaffung von Compliance-Strukturen in – im Verband organisierten, rechtlich selbständigen – Mitgliedsunternehmen ist daher unter Berücksichtigung der vorstehenden Überlegungen iErg abzulehnen.[53] Dies gilt insbes. für jegliche Tätigkeiten der Mitgliedsunternehmen außerhalb des Verbandes.

37   In der Literatur wird die Auffassung vertreten, dass sich der **Zentral-/Dachverband** um eine Compliance-Organisation auf der **Ebene seiner Landes- und Ortsverbände** „bemü-

---

[48] So auch *Brouwer* CCZ 2009, 161 (165).

[49] So *Brouwer* CCZ 2009, 161 (165).

[50] AA *Fleischer* CCZ 2008, 1, 3: *„Auch wenn der Vorstand des herrschenden Unternehmens keine Pflicht zur zentralen Konzernleitung hat, so obliegt ihm doch eine konzernweite Führungsverantwortung, die sich nicht in der Pflicht zur gewissenhaften Ausübung der Beteiligungsrechte erschöpft."*

[51] Vgl. Hüffer/Koch/*Koch* AktG § 76 Rn. 21.

[52] Hauschka Corporate Compliance/*Liese* § 7 Rn. 226 ff.

[53] Hauschka Corporate Compliance/*Brouwer* § 59 Rn. 36.

hen" muss, um sich selbst vor unmittelbaren wie mittelbaren Vermögens- und Reputations-schäden, die durch seine selbständigen Untergliederungen verursacht werden, zu schützen.[54] Soweit es sich bei den Landes- und Ortsverbänden um **rechtlich selbständige** Untergliede-rungen handelt, gilt im Grundsatz dasselbe wie bei den Mitgliedsunternehmen. Der Zentral-/ Dachverband hat grds. keine unmittelbaren rechtlichen Einflussmöglichkeiten auf seine Lan-des- und Ortsverbände als rechtlich selbständige Untergliederungen. Als rechtlich selbständige Einheiten sind zudem die Organe des jeweiligen Verbandes für die Schaffung einer Compli-ance-Organisation im Verband zuständig. Vor diesem Hintergrund ist es schwierig, eine **echte rechtliche Verpflichtung** des Zentral-/Dachverbandes zur Schaffung einer Compliance-Or-ganisation in den verbandszugehörigen Landes- und Ortsverbänden anzunehmen. Dem steht nicht entgegen, dass der Zentral-/Dachverband im eigenen Interesse, dh um jegliche Schäden vom eigenen Verband abzuwenden, iRd rechtlich Möglichen[55] auf seine Mitgliedsverbände **einwirken** sollte im Hinblick auf die Schaffung einer Compliance-Organisation. Denkbar wäre ggf. auch eine Satzungsregelung auf der Ebene des Zentral-/Dachverbandes, die vor-sieht, dass die Mitgliedsverbände auf ihrer Ebene eine hinreichende Compliance-Organisation schaffen. Zum Verhältnis der Satzung des Zentral-/Dachverbandes gegenüber der Satzung der Mitgliedsverbände sei auf die vorstehenden Ausführungen verwiesen.

IV. Grundsatz der Gesamtverantwortung bei einem mehrgliedrigen Vorstand

1. Allzuständigkeit – Grundsatz der Gesamtverantwortung

Besteht der Vorstand aus mehreren Personen, so sind alle Vorstandsmitglieder kraft ihrer Amtsstellung für alle Angelegenheiten des Vereins zuständig (**Grundsatz der Allzustän-digkeit, §§ 26 Abs. 1, 27 Abs. 2 BGB).[56]** Jedes einzelne Vorstandsmitglied trifft daher die Pflicht zur Geschäftsführung. Alle Vorstandsmitglieder haften als Gesamtschuldner **(Grundsatz der Gesamtverantwortung).[57]**   38

2. Ressortverteilung

Bei großen Verbänden ist aus Gründen der Praktikabilität regelmäßig eine Aufteilung der Geschäftsführung nach Sachgebieten (Ressortverteilung) geboten.[58] Das jeweils ressortmä-ßig zuständige Vorstandsmitglied hat in diesem Fall die in sein Sachgebiet fallenden lau-fenden Vereinsgeschäfte grds. allein und eigenverantwortlich zu erledigen. Im GmbH- und AG-Recht gilt: Der Grundsatz der Gesamtverantwortung wird durch eine innerhalb der Geschäftsführung bzw. des Vorstands vorgenommene Ressortverteilung nicht berührt. Auch wird der einzelne Geschäftsführer/Vorstand durch eine Ressortverteilung nicht von seiner Pflicht zur Überwachung der Mit-Geschäftsführer entlastet.[59] Beim Verein ist die Rechtslage umstr. Die Verantwortlichkeit des einzelnen Vorstandsmitglieds bei Vorliegen einer Ressortverteilung ist zweifelhaft. Es wird zT – soweit ersichtlich, jedoch ohne nähe-re Begründung – vertreten, dass die zur GmbH ergangene Rspr. nicht auf den Verein übertragen werden kann.[60] Nach anderer Auffassung bleiben die jeweils ressortmäßig   39

---

[54] So *Brouwer* CCZ 2009, 161 (165).

[55] *Brouwer* CCZ 2009, 161 (165) nennt als Möglichkeiten der Einflussnahme die Mittelvergabe an die Un-tergliederungen sowie arbeitsrechtliche Einflussnahme, sofern ein Mitarbeiter einer Untergliederung gleichzeitig Angestellter des Zentral-/Dachverbandes ist.

[56] *Stöber/Otto* S. 231 Rn. 456; *Reichert* S. 468 Rn. 2606.

[57] Baumann Sikora/*Sikora* § 12 Rn. 49; *Ehlers* NJW 2011, 2689 (2690).

[58] *Reichert* S. 468 Rn. 1609; *Stöber/Otto* S. 231 Rn. 466.

[59] Baumbach/Hueck/*Zöller/Noack* § 37 Rn. 32 mwN; Hüffer/Koch/*Koch* AktG § 77 Rn. 15 mwN; MüKo-AktG/*Spindler* AktG § 93 Rn. 152 ff.

[60] SSW eV/*Waldner/Wörle-Himmel* Rn. 277 a: „Zumindest dann, wenn die Geschäftsverteilung bereits in der Sat-zung geregelt ist, beschränkt sich die Verantwortlichkeit auf das übertragene Sachgebiet; es besteht grundsätzlich keine gegenseitige Aufsichtspflicht, sondern jedes Vorstandsmitglied kann sich darauf verlassen, dass die anderen Vorstands-mitglieder die ihnen zugewiesenen Aufgaben ordnungsgemäß erledigen, solange keine Anhaltspunkte für das Gegenteil

zuständigen Vorstandsmitglieder zu wechselseitiger Information und grds. auch zur Überwachung der Aufgabenerfüllung der jeweils anderen Vorstandsmitglieder verpflichtet.[61] Teilweise wird auch danach differenziert, ob es sich um eine lediglich faktische Ressortverteilung handelt oder um eine in der Satzung vorgesehene.[62] Letztere soll anders als die nur faktische Ressortverteilung haftungsentlastend wirken.[63] Nachdem der Verein die rechtliche Grundform der Körperschaften (GmbH und AG) ist, ist vom Grundsatz her nicht nachvollziehbar, warum die von der Rspr. zur GmbH und AG entwickelten Grundsätze der Haftung bei einer Ressortverteilung innerhalb des Leitungsorgans nicht auch bei der Haftung von Verbandsvorständen gelten sollen.[64] Es ist daher davon auszugehen, dass auch die Mitglieder eines Verbandsvorstands bei Vorliegen einer Ressortverteilung innerhalb des Vorstandes grds. zur Überwachung der anderen Vorstandsmitglieder verpflichtet sind. Dabei ist jedoch zu berücksichtigen: Auch bei der GmbH/AG ist anerkannt, dass die Organmitglieder im normalen Geschäftsgang weitgehend auf die pflichtgemäße Aufgabenerfüllung durch die jeweils anderen Organmitglieder vertrauen dürfen, sofern keine konkreten Verdachtsmomente gegeben sind oder Anhaltspunkte für eine besondere Krisensituation.[65] Erst dann greifen verstärkte Überwachungspflichten ein. Diese Grundsätze gelten auch für die Haftung von Verbandsvorständen.

40   Zusf. kann festgehalten werden, dass eine Ressortaufteilung innerhalb des Vorstands den Grundsatz der Gesamtverantwortung der Vorstandsmitglieder nicht berührt. Die Pflichten der einzelnen Vorstandsmitglieder verändern sich jedoch inhaltlich. Die Pflicht der im Einzelfall ressortmäßig nicht zuständigen Vorstandsmitglieder beschränkt sich auf eine Überwachung der anderen Vorstandsmitglieder nach Maßgabe der vorstehend skizzierten Grundsätze.[66]

3. Weitere Einzelheiten

41 Das einzelne Vorstandsmitglied kann sich iÜ nicht dadurch entlasten, dass
- es den Anforderungen an das Amt nicht gewachsen ist, da bereits die Übernahme eines Amtes, dem man nicht gewachsen ist, ein schuldhaftes Verhalten darstellt;
- es seine Tätigkeit ehrenamtlich ausübt, weil § 31a BGB zwar Haftungserleichterungen für ehrenamtlich tätige Vorstandsmitglieder vorsieht, eine Haftung dem Grunde nach jedoch nach wie vor besteht;
- es die Aufgaben auf einen Vereinsgeschäftsführer (oder andere Personen) delegiert hat, weil in diesem Fall jedenfalls eine Auswahl- und Überwachungsverantwortung bestehen bleibt (→ Rn. 46 ff.).[67]

---

bestehen. Die Rechtsprechung der Finanzgerichte bejaht allerdings eine Pflicht zur Überwachung des Vorstandsmitglieds, dem die Entrichtung der Steuern und Abführung der Sozialabgaben übertragen ist. Auch im Ordnungswidrigkeitenrecht haften alle Mitglieder des Vorstandes unabhängig von der internen Geschäftsverteilung für die Erfüllung der bußgeldbewehrten Pflichten des Vereins; für die Erfüllung der Insolvenzantragspflicht [...] ist jedes Vorstandsmitglied verantwortlich." Vgl. auch *Burhoff* S. 249 Rn. 501.

[61] *Stöber/Otto* S. 232 Rn. 467 mwN.

[62] Vgl. dazu auch BeckOK BGB/*Schöpflin* BGB § 31 Rn. 29: Danach ist nicht zwingend eine Satzungsgrundlage erforderlich.

[63] Baumann/Sikora/*Sikora* § 12 Rn. 50.

[64] BeckOK BGB/*Schöpflin* BGB § 31 Rn. 28; *Reichert* S. 471 Rn. 2618.

[65] Vgl. Hüffer/Koch/*Koch* AktG § 77 Rn. 15 mwN; *Unger* NJW 2009, 3270 f.; MüKoBGB/*Arnold* BGB § 27 Rn. 41: *„Die Bildung verschiedener Vorstandsressorts mit der Konsequenz, dass sich die Verantwortlichkeit des einzelnen Vorstandsmitglieds grundsätzlich auf sein Ressort beschränkt, ist zwar zulässig. Es bedarf dazu nicht einmal einer satzungsmäßigen Ermächtigung, gehört es doch auch ohne Beschluss der Mitgliederversammlung schon zum gesetzlichen Auftrag des mehrköpfigen Vorstands, sein Zusammenwirken nach pflichtgemäßem Ermessen zu ordnen [...]. Unberührt bleibt aber die aus der Gesamtverantwortung für das Wohl des Vereins fließende Pflicht der Vorstandsmitglieder, sich über die Entwicklung in den jeweils anderen Ressorts zu informieren und erkannte drohende Schäden für den Verein unabhängig von der internen Zuständigkeit abzuwehren."*

[66] *Reichert* S. 670 Rn. 3708.

[67] Baumann/Sikora/*Sikora* 12 Rn. 51 mwN. S. dazu unten zur Delegation → Rn. 46 ff.

V. Haftung bei Vorhandensein fakultativer Organe

Die Schaffung fakultativer Organe verbunden mit einer entsprechenden Aufgabenzuwei- **42** sung an diese Organe führt zu einer Beschränkung der Haftung des (gesetzlichen) Vorstands. In diesem Zusammenhang sei ua auf die nachfolgenden Ausführungen zur Haftungsbeschränkung durch die Bestellung eines besonderen Vertreters gem. § 30 BGB hingewiesen. Allerdings kann auf diese Weise keine vollständige Haftungsentlastung des (gesetzlichen) Vorstands erreicht werden. Der Vorstand ist nach wie vor für die Erfüllung einer Reihe gesetzlicher Pflichten verantwortlich, so zB für die Erfüllung der Insolvenzantragspflicht nach § 42 Abs. 2 BGB, für die Pflicht zur Abführung der Steuern nach § 34 AO, für die Pflichten nach § 130 OWiG. Darüber hinaus verbleibt die strafrechtliche Verantwortlichkeit stets beim Vorstand.

Nach der zur Aktiengesellschaft ergangenen Rspr. gehört die Pflicht zur Schaffung ei- **43** ner Compliance-Organisation zur unveräußerlichen Leitungsaufgabe des Vorstandes, für die der **gesamte** Vorstand zuständig ist.[68] Es ist kein Grund ersichtlich, warum dies im Grundsatz nicht auch für den Vorstand eines Vereins/Verbands – als der Grundform einer Körperschaft – gelten sollte.[69] Die Schaffung einer Compliance-Organisation fällt somit in die Verantwortung aller Verbandsvorstände.

VI. Delegation

1. Vorstandspflichten bei unternehmensinterner Delegation – Allgemeines

Der Vorstand hat die ihm übertragenen Aufgaben grds. persönlich wahrzunehmen und **44** darf diese nicht einem Dritten übertragen, § 664 BGB.[70] Etwas anderes gilt dann, wenn die Übertragung durch die Satzung oder einen entsprechenden Beschluss der Mitgliederversammlung gestattet wird.[71] In diesem Fall treffen den Vorstand jedoch Auswahl- und Überwachungspflichten. Der Vorstand wird in diesem Fall nicht vollständig von der Haftung frei, vielmehr wandeln sich die dem Vorstand obliegenden Pflichten.[72]

In formaler Hinsicht ist darauf zu achten, dass eine klare und eindeutige Zuordnung **45** der Aufgaben bzw. Zuständigkeiten erfolgt. Überschneidungen sind tunlichst zu vermeiden.[73]

---

[68] LG München NZG 2014, 345 „Siemens/Neubürger".
[69] So auch Brouwer CCZ 2009, 161 (166f.): „*Die verbandsinterne Compliance-Verantwortung liegt grundsätzlich beim gesetzlichen Vorstand, der nach den Vorstellungen des BGB nicht nur für die Vertretung des Vereins nach außen (§ 26 Abs. 2 BGB), sondern nach § 27 Abs. 3 BGB auch für die Geschäftsführung zuständig ist. In der Praxis gelingt es jedoch häufig anders. [...] Die Unterteilung zwischen der Vertretung des Verbandes einerseits – diese obliegt dem Vorstand – und der Leitung bzw. Geschäftsführung andererseits – dies ist laut Satzung dem Präsidium und der Geschäftsführung zugeteilt – führt zu einer gewollten Verantwortungsentlastung des Vorstandes. [...] Eine vollständige Compliance-Entpflichtung lässt sich damit allerdings nicht erzielen. Nach wie vor trifft den gesetzlichen Vorstand eine Reihe persönlicher Compliance-Pflichten, die er für den Verband zu erfüllen hat."*
[70] Stöber/Otto S. 232 Rn. 468; Reichert S. 472 Rn. 2628: „*Die Pflicht zur persönlichen Amtsführung (§ 664 Abs. 1 S. 1 BGB) ergibt sich schon aus einem Grundsatz des Körperschaftsrechts: eine Organstellung kann ihr Träger nicht übertragen. Der Verein kann allerdings die volle Übertragung der Geschäftsführung auf eine andere Person (§ 664 Abs. 1 S. 2 BGB) gestatten; dies begegnet körperschaftsrechtlich jedenfalls dann keinen Bedenken, wenn die Vertretungsbefugnis, die dem Vorstand zugewiesen ist, wenigstens in Teilbereichen bei ihm verbleibt. Die Zuziehung von Gehilfen (§ 664 Abs. 1 S. 3 BGB) kann genehmigungsfrei und genehmigungsbedürftig sein.*"
[71] SSW eV/Waldner/Wörle-Himmel Rn. 277: " *Der Vorstand darf ohne ausdrückliche Erlaubnis in der Satzung die* **Geschäftsführung nicht** *allgemein einer anderen Person oder Stelle* **übertragen**. *Er braucht aber nicht jedes einzelne Geschäft persönlich vorzunehmen, sondern er darf hierfür konkrete Aufträge oder Vollmachten erteilen. Die Befugnis, die Geschäfte des Vereins zu führen, schließt auch das Recht ein, das zur Erledigung der Vorstandsgeschäfte erforderliche Hilfspersonal einzustellen. Ob der Vorstand hierzu der Zustimmung der Mitgliederversammlung oder eines anderen Vereinsorgans bedarf, bestimmt sich nach der Satzung oder einer Geschäftsordnung. Wesentlich ist, dass der Vorstand auch bei Beschäftigung von Angestellten oder eines ,Geschäftsführers' die Leitung des Vereins in der Hand behält.*" Zu den Grenzen der Delegation: Hauschka Corporate Compliance/Brouwer § 59 Rn. 58.
[72] Vgl. zur Delegation von Geschäftsführungsaufgaben auf Verbandsmitarbeiter: Reichert S. 472 Rn. 2623.
[73] Hauschka Corporate Compliance/Schmidt-Husson § 6 Rn. 26.

2. Auswahl-, Einweisungs- und Überwachungssorgfalt

46 Die Literatur und die Rspr. gehen in Anlehnung an die bei §§ 831, 823 BGB bzw. bei § 31 BGB entwickelten Grundsätze[74] von folgenden Pflichten des Vorstands bei der Delegation von Aufgaben aus:[75]
- Auswahlsorgfalt (cura in eligendo)
- Einweisungssorgfalt (cura in instruendo)
- Überwachungssorgfalt (cura in custodiendo).

47 IRd **Auswahlsorgfalt** sind die Mitarbeiter und die Personen, die über sie Aufsicht führen, sorgfältig auszuwählen. Dabei spielen die Bedeutung und die Komplexität der ihnen übertragenen Aufgabe sowie die daraus resultierende Verantwortung eine maßgebliche Rolle. Der Vorstand hat sich zu vergewissern, dass die betreffenden Mitarbeiter über die zur ordnungsgemäßen Aufgabenerfüllung erforderliche Qualifikation verfügen.[76] Es sind Informationen über etwaige Vorstrafen einzuholen, die im Zusammenhang mit der zu übertragenden Aufgabe von Bedeutung sind.

48 Die den Vorstand iRd **Einweisungssorgfalt** treffenden Pflichten werden in der Literatur etwa wie folgt umschrieben:[77]

„Sie verpflichtet den Geschäftsleiter, die betreffenden Mitarbeiter in ihren Verantwortungsbereich einzuweisen und ihnen die übertragenen Aufgaben zu erläutern. Die Mitarbeiter müssen auch wissen, an wen sie berichten sollen. Außerdem sind ihnen die unternehmensinternen Regeln der Aufbau- und Ablauforganisation bekannt zu geben. Ferner kann es erforderlich sein, sie auf besondere Gefahrenmomente ausdrücklich hinzuweisen oder vor typischen Rechtsverletzungen zu warnen. […] Schließlich kann sich die Notwendigkeit einer Unterweisung im Zeitablauf erneut stellen, zB bei Rechtsänderungen oder der Einführung neuer Produktionstechniken. In einem dynamischen Unternehmensumfeld wandelt sich die Einweisungspflicht sonach zu einer ständigen Schulungs- und Fortbildungspflicht."

49 Darüber hinaus ist iRd Einweisungssorgfalt sicherzustellen, dass der betreffende Mitarbeiter mit den zur Erledigung der ihm übertragenen Aufgaben notwendigen Befugnissen und Sachmitteln ausgestattet wird.

50 IRd **Überwachungssorgfalt** hat der Vorstand für eine laufende Überwachung sowie dafür Sorge zu tragen, dass die Mitarbeiter, auf die Aufgaben delegiert wurden, den ihnen übertragenen Aufgaben auch ordnungsgemäß nachkommen.[78] IE lässt sich die Überwachungspflicht insbes. in Anlehnung an die zu § 130 OwiG entwickelte Rspr. wie folgt konkretisieren: Bei Vorliegen von **Verdachtsmomenten** im Hinblick auf Gesetzesverstöße oder Unregelmäßigkeiten ist der Vorstand verpflichtet einzuschreiten, dh dem Verdacht nachzugehen (gleiches gilt im Verhältnis mehrerer Vorstandsmitglieder untereinander, vgl. oben). Das Unternehmen ist so zu organisieren, dass Pflichtverletzungen und Schädigungen Dritter weitestgehend vermieden werden.[79] Dazu gehört insbes. **der Erlass von Organisations- und Dienstanweisungen** sowie eine **klare Festlegung und Abgrenzung von Verantwortungsbereichen**.[80] Es sind **laufende Kontrollen** in Form von nicht angekündigten Stichproben, ggf. auch in Form von umfassenden Geschäftsprüfungen durchzuführen. Umfang und Intensität der Überwachung richten sich nach der Art und Größe des Unternehmens, der Art und Bedeutung der delegierten Aufgabe, der Erfahrung und Qualifikation des betreffenden Mitarbeiters. Gesteigerte Überwachungspflichten bestehen dann, wenn in der Vergangenheit bereits Unregelmäßigkeiten aufgetre-

---

[74] Vgl. zB BGH NJW 1988, 48; NJW-RR 1996, 867; *Spindler* S. 691 ff.
[75] Hauschka Corporate Compliance/*Schmidt-Husson* § 6 Rn. 28 ff. ; KK-OWiG/*Rogall* OWiG § 130 Rn. 39 ff.; *Fleischer* AG 2003, 291 (293 ff.).
[76] Hauschka Corporate Compliance/*Schmidt-Husson* § 6 Rn. 29; KK-OWiG/*Rogall* OWiG § 130 Rn. 39 ff.
[77] *Fleischer* AG 2003, 291 (293) mwN.
[78] Zu Organbinnenkontrolle ausf.: Fleischer VorstandsR-HdB/*Fleischer* § 8 Rn. 13 ff.
[79] *Fleischer* AG 2003, 291 (294); KK-OWiG/*Rogall* OWiG § 130 Rn. 51, 54 ff.
[80] *Fleischer* AG 2003, 291 (294); KK-OWiG/*Rogall* OWiG § 130 Rn. 51, 54 ff.

ten sind bzw. in einer finanziellen Krise des Unternehmens. Grenze der Überwachungspflicht ist zum einen die objektive Zumutbarkeit.[81] Eine weitere Grenze ergibt sich zum anderen aus dem Grundsatz der Eigenverantwortung der Mitarbeiter und dem Vertrauensgrundsatz, dh der zulässigen Annahme, dass der Delegationsempfänger ordnungsgemäß handelt, solange nicht konkrete Anzeichen für das Gegenteil sprechen.

Bei jeder Delegation ist iÜ zu beachten, dass nicht nur Aufgaben, sondern auch die zu 51 ihrer Erfüllung notwendigen Kompetenzen übertragen werden müssen. Andernfalls liegt keine wirksame Delegation vor, da der Delegationsempfänger gar nicht in der Lage ist, die Aufgabe zu erfüllen. Es ist ferner sicherzustellen, dass der Delegierende die übertragenen Aufgaben erforderlichenfalls wieder an sich ziehen kann.

VII. Gesetzliche Haftungsbegrenzung

1. Allgemeines zur gesetzlichen Haftungsbegrenzung in § 31a BGB

Das Gesetz enthält in § 31a BGB eine Haftungsbegrenzung für ehrenamtlich oder nur 52 gegen geringe Vergütung tätige Vorstandsmitglieder.[82] Die gesetzliche Haftungsbeschränkung wirkt nur **gegenüber dem Verband** und den Verbandsmitgliedern. Im Hinblick auf die Verbandsmitglieder kann die Satzung eine von § 31a BGB abweichende Regelung treffen. Macht der Vorstand sich **gegenüber Dritten** schadensersatzpflichtig, so gilt die Haftungsbeschränkung nach § 31a BGB nicht. In diesem Fall kann das betroffene Vorstandsmitglied vom Verband jedoch Freistellung verlangen, es sei denn, der Vorstand hat den Schaden des Dritten vorsätzlich oder grob fahrlässig verursacht. Hat der Vorstand den Schadensersatzanspruch des Dritten bereits erfüllt, so wandelt sich der Freistellungsanspruch in einen Aufwendungsersatzanspruch um.[83]

Die Haftungsbegrenzung des § 31a BGB gilt für alle Mitglieder des Vorstands (iSv § 26 53 BGB). Das sog Gesetz zur Stärkung des Ehrenamts v. 21.3.2013 (BGBl. 2013 I 556) hat den Anwendungsbereich erweitert auf alle Organmitglieder und besondere Vertreter iSv § 30 BGB. Damit sind nunmehr auch die Mitglieder eines kraft Satzung bestehenden Organs erfasst, wie zB die Mitglieder eines erweiterten Vorstands und Geschäftsführungsmitglieder. Nach einer in der Literatur vertretenen Auffassung dürften auch Mitglieder von Beratungsgremien in den Anwendungsbereich von § 31a BGB fallen.[84] Die Tatsache, dass der Gesetzgeber eine derartige Erweiterung des ursprünglich auf Vorstandsmitglieder iSv § 26 BGB beschränkten Anwendungsbereichs des § 31a BGB für erforderlich hielt, zeigt im Umkehrschluss, dass auch die Mitglieder eines kraft Satzung bestehenden Organs (Mitglieder eines erweiterten Vorstands/Geschäftsführungs- bzw. Präsidiumsmitglieder) nach den gleichen (strengen) Grundsätzen wie der Vorstand nach § 26 BGB haften.[85] Wäre dies nicht der Fall, hätte kein Bedürfnis nach einer gesetzlichen Haftungsbegrenzung bestanden.

---

[81] KK-OWiG/*Rogall* OWiG § 130 Rn. 40, 51 ff.
[82] Vor Einführung der gesetzlichen Haftungsbegrenzung des § 31a BGB wurde eine Einschränkung der Haftung von Vorstandsmitgliedern nach den Grundsätzen der Arbeitnehmerhaftung diskutiert. Der BGH ist diesem Ansatz jedoch nicht gefolgt. Vgl. *Leuschner* NZG 2014, 281 unter Hinweis auf BGH NJW 1984, 789 (790); zum Zeitpunkt des Inkrafttretens von § 31a BGB vgl. *Burhoff* S. 252 Rn. 507.
[83] MüKoBGB/*Arnold* BGB § 31a Rn. 7; BeckOK BGB/*Schöpflin* BGB § 31a Rn. 13.
[84] So MüKoBGB/*Arnold* BGB § 31a Rn. 4 mwN; vgl. *Leuschner* NZG 2014, 281 (285 f.): *„Neben dem Vorstand iSv § 27 BGB sind hiernach sämtliche in der Satzung mit Geschäftsführungsaufgaben betrauten Organisationseinheiten unabhängig von ihrer Bezeichnung als geschäftsführender Vorstand, Präsidium, Direktorium etc. erfasst. Gleiches gilt für die in der Satzung installierten Beratungs- und Überwachungsgremien wie Beiräte, Verwaltungsräte oder Kuratorien, da auch sie mittelbar zur Willensbildung beitragen."*
[85] Reichert S. 665 Rn. 3673: *„Da im Vordergrund die Haftung wegen mangelhafter Geschäftsführung steht, können auch die Mitglieder des erweiterten Vorstands Haftende sein, wenn ihnen zusammen mit den zur Vertretung berechtigten Vorstandsmitgliedern nach der Satzung alle oder bestimmte Aufgaben der Geschäftsführung obliegen. Die Haftung kann auch Mitglieder von Überwachungsorganen treffen (Beirat, Aufsichtsrat), wenn sie nach der Satzung bestimmten Geschäftsführungsmaßnahmen des Vorstands zustimmen müssen und wenn sie sich hierbei fehlsam verhalten."*

2. Tatbestandliche Voraussetzungen des § 31a BGB

54 Die tatbestandlichen Voraussetzungen des § 31a BGB sind iE:
- Unentgeltliche oder nur gering vergütete Organtätigkeit
- Handeln in Wahrnehmung von Vorstandspflichten.

55 Das Organmitglied muss unentgeltlich tätig sein. Eine Aufwandsentschädigung in Form eines Auslagenersatzes schließt die Unentgeltlichkeit nicht aus.[86] § 31a BGB greift ferner ein, wenn lediglich eine geringfügige Vergütung von (derzeit) nicht mehr als 720 EUR pro Jahr gezahlt wird.

56 Die gesetzliche Haftungsbegrenzung gilt ferner nur für Schäden, die in Wahrnehmung der Organ-/Vorstandspflichten verursacht worden sind. Dies entspricht der Formulierung in § 31 BGB „in Ausführung der dem Vorstandsmitglied zustehenden Verrichtung". Auf die diesbezüglichen Ausführungen wird daher verwiesen.

3. Rechtsfolgen des § 31a BGB

57 Sofern die Voraussetzungen des § 31a BGB vorliegen, haftet das betroffene Organmitglied **gegenüber dem Verband** nur für Vorsatz und grobe Fahrlässigkeit. Wurde der Schaden nur leicht fahrlässig verursacht, ist bei Vorliegen der tatbestandlichen Voraussetzungen des § 31a BGB der Schadensersatzanspruch des Vereins ausgeschlossen. Grobe Fahrlässigkeit liegt vor, wenn die im Verkehr erforderliche Sorgfalt in besonders schwerem Maße verletzt worden ist und nicht beachtet wurde, was im gegebenen Fall jedem einleuchten muss (§ 276 Abs. 2 BGB). Bei der Bestimmung des Sorgfaltsmaßstabes ist zu differenzieren. Beim Vorstand bzw. Organmitglied eines großen Wirtschaftsverbandes ist ein höherer Maßstab anzulegen als beim Vorstand eines kleinen Sportvereins.[87] Für die Haftung von Vorstandsmitgliedern gilt, wie vorstehend dargelegt, im Grundsatz eine Beweislastumkehr. Im Anwendungsbereich von § 31a BGB gilt jedoch Abweichendes. Ist streitig, ob ein Organmitglied oder ein besonderer Vertreter einen Schaden vorsätzlich oder grob fahrlässig verursacht hat, trägt der Verband – und nicht wie nach allgemeinen Grundsätzen das Organmitglied – die Beweislast. Dies stellt eine erhebliche Besserstellung von ehrenamtlich oder nur gegen geringe Vergütung tätigen Organmitgliedern eines Verbands gegenüber dem Geschäftsführer einer GmbH oder dem Vorstand einer Aktiengesellschaft dar.[88]

58 Die **sozialversicherungs- und steuerrechtliche Haftung** der Vorstandsmitglieder und sonstigen Organmitglieder wurde durch die Neufassung des § 31a BGB **nicht** begrenzt. Insoweit gibt es keine Haftungserleichterung. Für das Nichtabführen von Sozialversicherungsbeiträgen haften Vorstandsmitglieder nach § 823 Abs. 2 BGB iVm §§ 266a, 14 StGB. Nach der gesetzlichen **Regelung muss für eine Haftung zumindest bedingter Vorsatz** vorliegen.[89] Steuerrechtlich haften die Vorstandsmitglieder (und besonderen Vertreter) nur, wenn sie die steuerrechtlichen Pflichten, die sie nach § 34 AO wahrnehmen müssen, grob fahrlässig oder vorsätzlich verletzt haben.[90]

---

[86] BeckOK BGB/*Schöpflin* BGB § 31a Rn. 6.

[87] BeckOK BGB/*Schöpflin* BGB § 31a Rn. 8.

[88] *Leuschner* NZG 2014, 281 (283).

[89] BeckOK BGB/*Schöpflin* BGB § 31a Rn. 9: „*Ist aufgrund vorstandsinterner Aufgabenverteilung ein Vorstandsmitglied mit den Pflichten des Vereins gem. § 28 e SGB IV betraut, trifft die anderen Vorstandsmitglieder nur noch eine Überwachungspflicht und damit eine geringere Verantwortlichkeit. Nur bei Anhaltspunkten, dass die Erfüllung der Pflichten nach § 28 e SGB IV durch das zuständige Vorstandsmitglied nicht mehr gewährleistet ist, müssen sich die anderen Vorstandsmitglieder um die Erfüllung dieser Pflicht kümmern (BGH NJW 1997, 130, 132). Der komplette Ausschluss der Verantwortlichkeit einzelner Vorstandsmitglieder durch Zuständigkeitsverteilung ginge zudem zu Lasten der häufig ebenfalls unentgeltlich tätigen allein verantwortlichen Vorstandsmitglieder (BT- Drucksache 16/13537 S. 4).*"

[90] BeckOK BGB/*Schöpflin* BGB § 31a Rn. 10: „*Auch hier wird die Verantwortlichkeit einzelner Vorstandsmitglieder durch eine schriftlich getroffene eindeutige Geschäftsverteilung begrenzt (BFH NJW 1998, 3373 (…)).*"

Schädigt ein Vorstandsmitglied oder ein sonstiges Organmitglied einen außenstehenden **59**
Dritten, so bleibt die **Außenhaftung** des Handelnden von § 31a BGB unberührt. Dem
geschädigten Dritten steht ein Ersatzanspruch gegenüber dem Handelnden zu. Allerdings
gewährt § 31a Abs. 2 BGB dem handelnden Vorstands- bzw. Organmitglied einen Freistellungsanspruch gegenüber dem Verband. Die Haftung wird somit iErg auf den Verband
verlagert.[91]

Die Haftungsbegrenzung auf Vorsatz und grobe Fahrlässigkeit gilt nach § 31a Abs. 1 S. 2 **60**
BGB auch im Verhältnis zu Vereinsmitgliedern. Insoweit kann jedoch die Satzung des Verbands eine abweichende Regelung treffen. IÜ ist die Regelung des § 31a BGB zwingend.[92]

4. Regelung des § 31b BGB für die Haftung von Verbandsmitgliedern

Der Vollständigkeit halber ist darauf hinzuweisen, dass § 31b BGB eine dem § 31a BGB **61**
vergleichbare Regelung für die **Haftung von Vereinsmitgliedern** enthält. Sind Vereinsmitglieder unentgeltlich für den Verein tätig oder erhalten sie für ihre Tätigkeit eine Vergütung, die den Betrag von 720 EUR nicht übersteigt, haften sie dem Verein für einen
Schaden, den sie bei der Wahrnehmung der ihnen übertragenen satzungsgemäßen Vereinsaufgaben verursachen, nur bei Vorliegen von Vorsatz oder grober Fahrlässigkeit. Sofern Vereinsmitglieder einem außenstehenden Dritten zum Ersatz eines Schadens verpflichtet sind, den sie bei der Wahrnehmung der ihnen übertragenen satzungsgemäßen
Vereinsaufgaben verursacht haben, so können sie von dem Verein die Befreiung von der
Verbindlichkeit verlangen (Freistellungsanspruch). Dies gilt jedoch nicht, wenn sie den
Schaden vorsätzlich oder grob fahrlässig verursacht haben.

VIII. (Weitere) Möglichkeiten der Haftungsbegrenzung für Organ-/Geschäftsführungsmitglieder des Verbands

1. Satzungsregelung/Regelung in einer Geschäftsordnung oder im Anstellungsvertrag

Unabhängig von der gesetzlichen Regelung in § 31a BGB können Haftungserleichterun- **62**
gen für den Vorstand eines Verbandes in der Satzung oder im Rahmen eines Anstellungsvertrages vorgesehen werden.[93] So kann die Haftung des Vorstands und weiterer Organmitglieder in der Satzung zB auf Vorsatz und grobe Fahrlässigkeit beschränkt werden.
Darüber hinaus kann eine betragsmäßige Haftungsbeschränkung vereinbart werden, dh
eine Haftung bis zu einem bestimmten Höchstbetrag.[94] Derartige Regelungen spielen insbes. dann eine Rolle, wenn die Voraussetzungen der gesetzlichen Haftungsbegrenzung
nach § 31a BGB nicht vorliegen.

2. Bestellung eines besonderen Vertreters

Wie vorstehend dargelegt kann in der Satzung vorgesehen werden, dass der besondere **63**
Vertreter für seinen Geschäftsbereich eine **ausschließliche Vertretungsmacht** hat. Insoweit ist dann die Vertretungsmacht des Vorstands eingeschränkt, dh der Vorstand ist im
Geschäftskreis des besonderen Vertreters von der Vertretung des Verbands ausgeschlossen.
Wird der besondere Vertreter unter Ausschluss des Vorstandes zur Aufgabenerledigung
herangezogen, so wird die Verantwortung des Vorstandes entsprechend begrenzt. Er trägt
für den auf den besonderen Vertreter übertragenen Bereich kein Haftungsrisiko mehr.[95]

---

[91] Vgl. *Leuschner* NZG 2014, 281 (283) zur Auswirkung auf das Gesamtschuldverhältnis zwischen Verein und
Vorstands- bzw. Organmitglied.
[92] Vgl. *Leuschner* NZG 2014, 281 (284) zum zwingenden Charakter der Regelung.
[93] MüKoBGB/*Arnold* BGB § 27 Rn. 36 ff.
[94] Unger NJW 2009, 3270 (3272).
[95] Unger NJW 2009, 3270 (3272).

3. Einholung einer Weisung

64 Der Vorstand ist gem. § 27 Abs. 3 BGB iVm § 665 BGB verpflichtet, Weisungen der Mitgliederversammlung zu beachten.[96] Weisungen, die nicht rechtswirksam beschlossen wurden oder die ein rechts- oder sittenwidriges Handeln fordern, sind für den Vorstand nicht verbindlich. Beruht die Tätigkeit des Vorstandes auf einer rechtmäßigen Weisung, so entfällt eine Haftung. Entsprechendes gilt für Handlungen mit Zustimmung/Billigung der Mitgliederversammlung. Voraussetzung für einen Entfall der Haftung ist jedoch, dass der Vorstand die Mitgliederversammlung vollständig und richtig unterrichtet hat und auf ihm bekannte mögliche schädliche Folgen des Handelns hingewiesen hat. Tut er dies nicht, tritt keine Haftungsentlastung ein.[97]

4. Einholung fachkundigen Rats

65 Die Einschaltung eines Experten bei fehlender eigener Sachkunde stellt nach der Rspr. des BGH bei den Kapitalgesellschaften nicht nur eine originäre Sorgfaltspflicht des Vorstandes dar, sondern kann bei Einhaltung bestimmter Kriterien den Vorstand vor einer Haftung nach § 93 Abs. 2 S. 1 AktG schützen.[98] Grds. stellt ein Rechtsirrtum keinen Entschuldigungsgrund dar. Den Vorstand trifft das Risiko, die Rechtslage zu verkennen. Ein Vorstandsmitglied einer Aktiengesellschaft kann sich ausnahmsweise dann wegen eines Rechtsirrtums entlasten, wenn es sich unter umfassender Darstellung der Verhältnisse der Gesellschaft und Offenlegung der erforderlichen Unterlagen von einem unabhängigen, für die zu klärende Frage fachlich qualifizierten Berufsträger beraten lässt und den erteilten Rechtsrat einer sorgfältigen Plausibilitätskontrolle unterzieht. Eine schlichte Anfrage bei einer für fachkundig gehaltenen Person reicht nicht aus.

66 Folgende Kriterien sind zu erfüllen, um eine Haftungsentlastung zu erreichen:
- Es muss ein unabhängiger, fachlich qualifizierter Berufsträger eingeschaltet werden.
- Über dessen Qualifikation muss sich der Vorstand selbst vergewissern.
- Der Vorstand muss ihn über sämtliche für die Beurteilung erheblichen Umstände informieren.
- Der Vorstand muss eine Plausibilitätskontrolle hins. der Empfehlungen des Anwaltes durchführen.

67 Der BGH hat seine Rspr. mit Urteil vom 28.4.2015[99] konkretisiert. In diesem Urteil führt der BGH aus, dass eine Entlastung aufgrund eines Rechtsirrtums nicht verlangt, dass ein Prüfauftrag ausdrücklich für eine bestimmte Rechtsfrage erteilt wird, sondern nur, dass die Prüfung aus der Sicht des nicht fachkundigen Organs die zweifelhafte Frage umfasst. Selbst wenn sich der dem sachkundigen Dritten erteilte Auftrag auf eine anderweitige Aufgabenstellung richtet, kann es das Organ entlasten, wenn es sich nach den Umständen der Auftragserteilung darauf verlassen durfte, die Fachperson habe iRd anderweitigen Aufgabenstellung die zweifelhafte Frage geprüft. Diese Rspr. ist auf den Verbandsvorstand zu übertragen.[100]

5. D&O-Versicherung

68 Unabhängig von anderen Möglichkeiten der Haftungsbegrenzung ist der Abschluss einer D&O-Versicherung[101] und ggf. einer Strafrechtsschutzversicherung für die Organmitglieder anzuraten. Hierbei handelt es sich um eine Vermögensschaden-Haftpflichtversicherung, die zugunsten Dritter, der Organmitglieder, abgeschlossen wird.

---

[96] *Stöber/Otto* S. 233 Rn. 470 zu Weisungen anderer Organe.
[97] Unger NJW 2009, 3270 (3272); *Baumann/Sikora* § 12 Rn. 48; Sauter/Schweyer/Waldner eV/*Waldner/Wörle-Himmel* Rn. 278; *Reichert* S. 671 Rn. 3710 ff.
[98] BGH NZG 2011, 1271.
[99] BGH NZG 2015, 792.
[100] Baumann/Sikora/*Sikora* § 12 Rn. 75 unter Hinweis auf OLG Stuttgart NZG 2010, 141.
[101] *V. Schenck* NZG 2015, 494.

Die D&O-Versicherung und die Strafrechtsschutzversicherung werden idR von dem Ver- **69** band abgeschlossen. Versicherungsnehmer ist somit der Verband, der auch die Versicherungsprämie zahlt. Beim Abschluss der Versicherung wird der Verband durch den Vorstand vertreten.[102] Nicht zweifelsfrei geklärt ist, ob der Vorstand eine solche Versicherung auch ohne Zustimmung der Mitgliederversammlung abschließen kann oder ob dies in Abhängigkeit von der Größe des Verbands differenziert zu betrachten ist.[103] Begünstigt sind die Vorstandsmitglieder und – je nach Ausgestaltung der Versicherungsbedingungen iE – ggf. weitere Organe. Die D&O-Versicherung sollte nach Möglichkeit bestimmte Kriterien erfüllen, um einen möglichst wirkungsvollen Schutz zu gewährlisten, ua:

- Versicherungsschutz auch bei Vorliegen von bedingtem Vorsatz;
- weitgehende Vermeidung von Haftungsausschlüssen für bestimmte Bereiche;
- Großzügige Nachhaftung (Versicherungsschutz auch für Ansprüche, die nach Beendigung des Versicherungsvertrages geltend gemacht werden).

---

[102] MüKoBGB/*Arnold* BGB § 27 Rn. 42.
[103] So BeckOK BGB/*Schöplin* BGB § 27 Rn. 23.

§ 13. Rolle des Compliance Officers

Literatur:

Brouwer, Compliance im Wirtschaftsverband, CCZ 2009, 161 ff.; *Fecker/Kinzl,* Ausgestaltung der arbeitsrechtlichen Stellung des Compliance-Officers, Schlussfolgerungen aus der BSR-Entscheidung des BGH, CCZ 2010, 13 ff.; *Gerig,* Der rechtliche Rahmen für Lobbyisten, ZRP 2014, 247 ff.; *Hagel/Dahlendorf,* Der Beitrag von Wirtschaftsverbänden zur Compliance am Beispiel des „Rundum-Paketes" des Verbandes der Bahnindustrie in Deutschland (VDB), CCZ 2014, 275 ff.; *Hastenrath,* E-Learning in der Compliance-Praxis: Anforderungen, Möglichkeiten, Grenzen, Kosten, CCZ 2014, 132 ff.; *Hauschka/Moosmayer/Lösler,* Corporate Compliance – Handbuch der Haftungsvermeidung im Unternehmen, 3. Aufl. 2016; *Herzog/Stephan,* Berufsfeldstudie Compliance Manager 2013, 1. Aufl. 2013; *Kapp/Hummel,* Kartellrechts-Compliance in der Verbandsarbeit, CCZ 2013, 240 ff.; *Pischel/Kopp,* Reaktionen von Verbänden gegenüber ihren Mitgliedern auf Kartellrechtsverstöße, CCZ 2014, 198 ff.; *Leuschner,* Das Konzernrecht des Vereins, 1. Aufl. 2011; *Möllmann,* Haftungsfalle Ehrenamt – Persönliche Haftung des ehrenamtlichen Vereinsvorstands für Steuerschulden des gemeinnützigen Vereins, DStR 2009, 2125 ff.; *Moosmayer,* Compliance – Praxisleitfaden für Unternehmen, 3. Aufl. 2015; *Rotsch,* Criminal Compliance, 1. Aufl. 2015.

A. Aufgaben, Funktionen und Verantwortlichkeiten

Wirtschaftsverbände unterliegen regelmäßig keinen spezifischen gesetzlichen Anforderungen zur Umsetzung von Compliance-Maßnahmen. Es existiert damit auch keine einschlägige gesetzliche Definition zum Compliance Officer im Wirtschaftsverband und seiner dortigen Rolle. Gleichwohl sind bedeutende Wirtschafts- und Branchenverbände in den letzten Jahren vermehrt dazu übergegangen, die Funktion des Compliance Officer in ihren Organisationen einzurichten. Dieser Trend zeichnet sich sowohl bei Verbänden der nicht-regulierten Industrie wie auch bei großen verbraucherorientierten Organisationen (zB ADAC eV) ab. Gründe für diese Entwicklung sind ua konkrete Fälle oder Verdachtsmomente in Bezug auf sanktionsbewehrte Rechtsverstöße mit negativen Konsequenzen für die Verbandsorganisation und ihre Mitglieder. Im Gegensatz zu rein reaktiven Erwägungen zur Einrichtung eines Compliance-Systems sehen Wirtschaftsverbände hierin immer häufiger ein wichtiges Argument zur Mitgliedergewinnung und Mitgliederbindung.[1] Für die Rolle des Compliance Officer im Wirtschaftsverband bedeutet dies neben der klassischen Compliance-Funktion, sichtbar einen unmittelbaren Beitrag zu einer positiven Verbandsentwicklung leisten zu können.   **1**

Durch ein effektives und ausgewogenes Compliance-System kann die Verbandsarbeit   **2** als mitgliederorientierte Dienstleistung zukunftsfähig ausgestaltet und eine qualifizierte Teilhabe am demokratischen gesellschaftlichen Meinungsbildungsprozess gewährleistet werden.[2] Letztgenannter Aspekt fußt auf dem grundgesetzlichen Schutz, den Verbände durch die Vereinigungsfreiheit (Art. 9 Abs. 1 GG) sowie die Meinungsfreiheit (Art. 5 Abs. 1 S. 1 GG) genießen.[3] Wirtschaftsverbände ermöglichen insbes. kleinen und mittleren Unternehmen, am industrie- und wirtschaftspolitischen Dialog aktiv teilnehmen zu können. Dieser spezielle demokratische Auftrag von Wirtschaftsverbänden stellt ein wichtiges Differenzierungskriterium im Vergleich zu gewerblichen Interessensvertretern oder Unternehmen dar. Im Gegensatz zu gewerblich tätigen Unternehmen steht für die Compliance-Organisation, und damit auch die Rolle des Compliance Officer, im Wirtschaftsverband nicht die Abwägung über das Eingehen von unternehmerischen Risiken im Vordergrund. Vielmehr hat der nicht-gewerblich tätige Wirtschaftsverband seinen demokratischen Auftrag im Rahmen seiner satzungsgemäßen ideellen Vorgaben und unter Einhaltung der anwendbaren gesetzlichen Bestimmungen zu erfüllen. Voraussetzung hierfür ist nicht nur das rechtskonforme Handeln zwecks Vermeidung von sanktionsbedingten Nachteilen für die jeweilige Organisation aus rein ökonomischen Erwägungen, sondern

---

[1] *Brouwer* CCZ 2009, 161 (162).
[2] → § 1 Rn. 1, 4.
[3] Vgl. *Gerig* ZRP 2014, 247; *Kapp/Hummel* CCZ 2013, 240 (246).

das Aufbauen und Aufrechterhalten von Vertrauen in den Wirtschaftsverband als qualifizierter und glaubwürdiger Ansprechpartner für die Politik, den Gesetzgeber und die öffentlichen Stellen. Die Definition der Rolle des Compliance Officer im Wirtschaftsverband muss diesen besonderen Kernaspekt berücksichtigen, um ein möglichst effektives Compliance-Programm unterhalten zu können. Unbeschadet dessen bleibt der Compliance Officer stets den Interessen seiner Organisation verpflichtet.[4]

3   Grds. liegt die Verantwortung für eine ordnungsgemäße verbandsinterne Compliance – vergleichbar der Situation im Unternehmen – bei den gesetzlichen Vertretungsberechtigten des Wirtschaftsverbandes, mithin beim Vereinsvorstand iSd § 26 BGB.[5] Dieser Grundsatz wird zT durch eine unterschiedliche Ausgestaltung von Organisationsstrukturen in Wirtschaftsverbänden im Wege der vereinsrechtlichen Satzungsautonomie modifiziert.[6] Gerade in großen Verbänden mit vielen Mitgliedern und komplexen Vereinsstrukturen ist es üblich, den gesetzlichen Vorstand durch zusätzliche Organfunktionen, wie bspw. die des „Präsidenten" oder einer „Verbandsgeschäftsführung", in seinen Aufgaben zu entlasten. Hierbei sind Compliance-relevante Delegation und rein repräsentative bzw. vereinspolitische Funktionszuweisungen zu unterscheiden, was mitunter hins. der organisatorischen Stellung des Compliance Officer im Wirtschaftsverband berücksichtigt werden muss. Ergänzend zu dem rein ideellen Wirkungsbereich von Verbänden haben sich oftmals gewerbliche Zusatzangebote von Verbandstochtergesellschaften mit besonderer Spezialisierung auf die jeweilige Branche bzw. die entsprechende Mitgliedschaft etabliert. Ein derartig differenziertes Tätigkeitsspektrum hat zur Folge, dass einige Wirtschaftsverbände konzernähnliche Strukturen herausgebildet haben. Für die Rolle des Compliance Officer ergeben sich hieraus Fragen seiner Zuständigkeit und Rechte bzgl. der mit dem Wirtschaftsverband verbundenen gewerblich tätigen Konzernunternehmen.[7]

4   Eine klare Definition der Rolle eines Compliance Officer im jeweiligen Wirtschaftsverband ist mithin nicht nur empfehlenswert, sondern stellt eine wesentliche Grundvoraussetzung für ein effektives Compliance-System dar. Es sollte mindestens die entsprechende Stellen-/Funktionsbeschreibung für den Compliance Officer als dokumentierte Basis seiner Tätigkeit vorhanden sein.[8] Denkbar ist darüber hinaus eine ausdrückliche Regelung zur Compliance-Verantwortung des Vereinsvorstandes in der Vereinssatzung. Eine solche Satzungsregelung ist zwar rein juristisch nicht notwendig, da sich die Pflichten des Vereinsvorstandes bereits aus dem Gesetz ableiten und von der Rspr. konkretisiert wurden. Jedoch stellt eine Vereinssatzung das zentrale Dokument zur Identifikation von Mitgliedern mit „ihrem Verein" dar und dokumentiert die „Spielregeln für die Vereinsarbeit".

5   Üblicherweise ergibt sich für den Compliance Officer im Wirtschaftsverband ein Aufgabenspektrum, das den Anforderungen an die Compliance-Tätigkeit in Unternehmen in weiten Teilen entspricht. Gleichwohl sind einige Besonderheiten zu berücksichtigen, die aus der verbandsspezifischen Risikolage (bspw. Verbandssitzungen, Umgang mit Amts-/Mandatsträgern) und den individuellen verbandspolitischen Gegebenheiten folgen. Insbes. haben Compliance Officer nicht nur über die entsprechenden fachlichen Qualifikationen zu verfügen, sondern ihnen kommt auch eine besondere Rolle als Schnittstelle sowie Kommunikator gegenüber internen Ansprechpartnern (zB Geschäftsführung, Bereichs-/Abteilungsleiter), externen Ansprechpartnern in organschaftlicher Funktion (zB ehrenamtlicher Vereinsvorstand, Verbandspräsidium, Vertreter von Mitgliedsunternehmen in Wahrnehmung ihrer verbandlichen Rechte) sowie externen Stellen (zB öffentlichen Institutionen, Behörden, Ministerien, Parlamenten) zu.

---

[4] Es existiert bspw. keine Pflicht des Compliance-Officer, an der Geschäftsleitung vorbei Strafanzeige zu erstatten, vgl. Moosmayer Compliance/*Moosmayer* Rn. 139.

[5] *Brouwer* CCZ 2009, 161 (166); → § 12 Rn. 26 ff.

[6] → § 2 Rn. 34, 42.

[7] → Rn. 35.

[8] Ausführungen zum Ort der Regelung der Rechtsstellung des Chief Compliance Officer im Unternehmen, vgl. *Fecker/Kinzl* CCZ 2010, 13 (20).

Hinweis:	6

Der Compliance Officer ist dabei Berater der Organe des Wirtschaftsverbandes im Zusammenhang mit compliance-relevanten Vorgängen. Die originäre Verantwortung – einschließlich der Entscheidungshoheit, ob bzw. inwieweit Behörden (Staatsanwaltschaft, Kartellbehörde) initiativ informiert werden sollen – verbleibt jedoch stets bei den satzungsgemäßen Vereinsorganen. Falls der Compliance Officer selbst Mitglied des relevanten Vereinsorgans ist, ergibt sich seine Verantwortlichkeit aus dieser Stellung und nicht aus seiner Funktion als Compliance Officer.

Die Rolle eines Compliance Officer im Wirtschaftsverband lässt sich weder pauschal **7** noch abschließend festschreiben. Vielmehr ist sie aus dem Ergebnis der Risikoanalyse für den jeweiligen Wirtschaftsverband abzuleiten.[9] Aufgrund der vereinsrechtlichen Struktur von Wirtschaftsverbänden sowie den üblichen Elementen des Verbandswesens (zB Gremiensitzungen, Marktinformationen, politische Interessensvertretung) lassen sich jedoch typische (Grund-)Aufgaben des Compliance Officer wie folgt zusammenfassen:

- Initiale Durchführung bzw. Überprüfung des Risikoportfolios (ggf. in Zusammenarbeit mit den jeweiligen Fachabteilungen, zB Innenrevision oder Risikomanagement);
- Einrichtung und fortlaufender Betrieb einer effizienten Compliance-Organisation;
- Entwicklung eines effektiven Compliance-Programms, einschließlich der zugehörigen Regelwerke sowie Instrumente zur Sicherstellung der Rechtskonformität, und fortlaufende Optimierung des Compliance-Programms;
- Unterstützung der leitenden Vereinsorgane und zuständigen Führungskräfte bei der Umsetzung des Compliance-Programms in die Abläufe der operativen Verbandsarbeit;
- Durchführung von dokumentierten Kontrollen des Compliance-Systems mit dem Ziel, einer etwaigen Risikoverwirklichung rechtzeitig vorzubeugen und systemische Fehlentwicklungen auszubessern;
- Fortlaufende Schulung von Verbandsmitarbeitern und Sensibilisierung risikogeneigter Abteilungen bzw. Stellen;
- Kommunikation mit Mitarbeitern und Vertretern von Mitgliedern, um die Akzeptanz des Compliance-Programms und damit dessen Effektivität zu erhöhen;
- Erstellen eines Maßnahmenkatalogs und Durchführung/Unterstützung bei internen Erhebungen in konkreten Verdachtsfällen;
- Erstellen von Krisenreaktionsplänen im Falle behördlicher Durchsuchungen, ggf. in Abstimmung mit den jeweils zuständigen Fachabteilungen (zB Rechtsabteilung, PR/Kommunikation);
- Unterstützung der leitenden Vereinsorgane bzgl. disziplinarischer Ahndung aufgedeckter Verstöße, um die Effektivität des Compliance-Programms sicherzustellen;
- Beratung der leitenden Vereinsorgane sowie laufende Berichterstattung bzgl. der Compliance-Organisation.

Der Schwerpunkt des Risikoportfolios eines Wirtschaftsverbandes dürfte wegen des Zu- **8** sammentreffens von Wettbewerbern im Verband und dem Umgang des Verbandes mit Amts-/Mandatsträgern idR im Kartellrecht und der Korruptionsprävention liegen.[10] Weiterhin ist das Steuerrecht für Wirtschaftsverbände ein relevantes Compliance-Gebiet. Dies gilt nicht nur für Privilegien in Bezug auf eine Befreiung von der Körperschaftsteuer gem. § 5 KStG.[11] Gerade Organisationen, die für sich einen gemeinnützigen Charakter iSd § 52 AO beanspruchen, haben einen besonders strengen Sorgfaltsmaßstab an entspre-

---

[9] Mit Ausführungen zu den Aufgaben und der Qualifikation eines Compliance Officer im Unternehmen vgl. Moosmayer Compliance/Moosmayer Rn. 124.
[10] Vgl. weitere Ausführungen zum Verbandskartellrecht → § 5 Rn. 2 ff; weitere Ausführungen zum Strafrecht → § 7 Rn. 143 ff.
[11] → § 10 Rn. 1 ff.

chende Compliance-Maßnahmen zur Wahrung des Gemeinnützigkeitsstatus anzulegen.[12] Die Verantwortlichkeit und Zuständigkeit zwischen Buchhaltungs-/Steuerabteilungen sowie dem Compliance Officer sollte klar geregelt werden. Zukünftig dürfte auch in Berufsverbänden mit einer Mitgliedschaft, die ausschließlich aus juristischen Personen besteht, zudem das Datenschutzrecht aufgrund der gravierenden Sanktionsandrohungen der Datenschutzgrundverordnung an Bedeutung gewinnen. Da es sich hierbei jedoch um einen Spezialbereich handelt, für den gesetzlich ein eigener Datenschutzbeauftragter vorgesehen ist, wird dem Compliance Officer mangels originärer Zuständigkeit hier allenfalls intern eine unterstützende Funktion zukommen.[13]

9   Für die Wahrnehmung der Aufgaben eines Compliance Officer im Wirtschaftsverband stellt sich eine dem Unternehmensumfeld ähnelnde Herausforderung hins. der zur Verfügung stehenden Kapazitäten. Während ein der vorgenannten Liste vergleichbarer Aufgabenkanon in der Fachliteratur von einer Vollzeitstelle des Compliance Officer ausgeht, verfügen kleine und mittlere Wirtschaftsverbände oftmals über nur deutlich begrenzte personelle und finanzielle Ressourcen.[14] Eine vom Berufsverband der Compliance Manager (BCM) eV im Jahr 2013 durchgeführte Berufsfeldstudie belegt die Annahme, dass die Anzahl der Compliance-Mitarbeiter generell mit der Größe einer Unternehmensorganisation zusammenhängt.[15] Nach den Ergebnissen dieser Studie haben Organisationen mit 1 bis 100 Mitarbeitern durchschnittlich 2,02 Compliance-Mitarbeiter sowie mit 100 bis 500 Mitarbeitern durchschnittlich 2,99 Compliance-Mitarbeiter.[16] Die überwiegende Anzahl der großen deutschen Wirtschaftsverbände dürfte sich nach der Anzahl der hauptamtlichen Verbandsmitarbeiter in dem Spektrum bis zu 500 Mitarbeitern bewegen. Gleichwohl ist selbst bei den größten Wirtschaftsverbänden eine Anzahl von mehr als 2 Compliance-Mitarbeitern eher eine wünschenswerte Ausnahme, obwohl das Verbandswesen als solches per definitionem die Zusammenkunft von Wettbewerbern und damit einen Compliance-relevanten Hochrisikobereich zum Kern hat. Für den Compliance Officer im Wirtschaftsverband bedeutet dies, dass ein hohes Maß an Effizienz in der Compliance-Organisation notwendig ist, um ein wirkungsvolles Compliance-Programm zu etablieren.

B. Praktische Beispiele für die Ausübung der Rolle des Compliance Officer

10   Im Folgenden werden typische Aufgaben des Compliance Officer im Wirtschaftsverband aus der Praxis als Teil seiner ausgeübten Rolle aus den unterschiedlichen Bezugsperspektiven beispielhaft dargestellt.

I. Innenverhältnis

11   Das Innenverhältnis bezieht sich auf den klassischen Bereich des „Vereinslebens" in einem als eingetragener Verein organisierten Wirtschaftsverband. Der Compliance Officer ist regelmäßig innerhalb des Wirtschaftsverbandes, in teilweise unterschiedlicher Position, als Angestellter des Vereins beschäftigt.[17] Damit wird eine hinreichende Nähe zur operativen Verbandsarbeit hergestellt und die Berichtswege innerhalb der Organisation werden kurz

---

[12] Vgl. *Möllmann* DStR 2009, 2125 (2128).
[13] → § 11 Rn. 3, 53.
[14] Vgl. Moosmayer Compliance/*Moosmayer* Rn. 126.
[15] *Herzog/Stephan,* Berufsfeldstudie Compliance Manager 2013, 1. Aufl. 2013, S. 143.
[16] *Herzog/Stephan,* Berufsfeldstudie Compliance Manager 2013, 1. Aufl. 2013, S. 143.
[17] Beispiele für entsprechende Compliance-Organisationen in einem Verein finden sich bei den großen deutschen Wirtschaftsverbänden, wie dem Verband der Chemischen Industrie eV (VCI), dem Markenverband eV, dem ZVEI – Zentralverband Elektrotechnik- und Elektronikindustrie eV. Außergewöhnlich für einen allgemeinen Verband und daher besonders erwähnenswert ist der Strukturansatz des ADAC eV, der seine Compliance-Organisation in einer gesonderten Gesellschaft (ADAC Compliance Service GmbH) zusammengefasst hat.

gehalten.[18] Für die Tätigkeit des Compliance Officer innerhalb eines Wirtschaftsverbands lassen sich als Hauptzielgruppen die Mitarbeiter des Verbandes (sog Hauptamt) und die Mitglieder des Vereins (sog Ehrenamt) unterscheiden. Beide Gruppen sind gleichermaßen bedeutend, um ein effektives und erfolgreiches Compliance-Programm betreiben zu können.

1. Mitarbeiter des Verbandes (Hauptamt)

Unter Mitarbeiter des Verbandes sind diejenigen Personen zu fassen, die hauptberuflich **12** gegen Entgelt in einem Anstellungsverhältnis für den Verband tätig werden. Hauptamtliche Verbandsmitarbeiter nehmen wichtige inhaltliche und organisatorische Aufgaben wahr, zB die verantwortliche Durchführung von Gremienarbeit und die Funktion als qualifizierte Fachansprechpartner für Mitglieder, Kontaktpersonen für öffentliche Stellen sowie die Politik. Sie sind damit das operative Bindeglied zwischen den Mitgliedern und dem Verband sowie der Öffentlichkeit.

Selbstverständlich fallen auch in einem Wirtschaftsverband Aufgaben an, die in Unter- **13** nehmen vorgefunden werden (zB Einkauf, Marketing/Vertrieb). Besonderes Augenmerk wird nachfolgend jedoch auf die Verbandsspezifika gelegt.

Mit dem Ziel, die Verbandsmitarbeiter bestmöglich über die anzuwendenden Rahmen- **14** bedingungen zu informieren, müssen die verfassten Compliance-Regelwerke klar und verständlich formuliert sein. Hilfreich ist es hierbei, die einschlägige Zielgruppe im Vorfeld umfassend zu analysieren. In einem eher naturwissenschaftlich oder technisch geprägten Wirtschaftsverband sollten bspw. keine Compliance-Regelwerke im juristischen Fachduktus und mit ausferndem Umfang erlassen werden. Ggf. ist mit Hauptdokumenten und separaten vertiefenden Erläuterungen – zusammengefasst in Handbüchern – zu arbeiten, die beide den Verbandsmitarbeitern zur Verfügung gestellt werden sollten.

Der Compliance Officer im Wirtschaftsverband hat regelmäßig Schulungen der Ver- **15** bandsmitarbeiter in den relevanten Risikobereichen anzubieten und durchgeführte Schulungsmaßnahmen zu dokumentieren. Hierzu zählen aufgrund des Leistungsspektrums eines Wirtschaftsverbandes insbes. das Kartellrecht (Gremiensitzungen, Mitgliederversammlung, Marktinformationen/Statistiken, Veröffentlichungen und Presseinformationen des Verbandes) und das Strafrecht (Umgang mit Amts- und Mandatsträgern, Einladungen zu Verbandsveranstaltungen). Das Format der Schulung kann variieren, bspw. in Form von eLearning-Lösungen oder Präsenztrainings.[19] Gerade in besonders sensiblen Bereichen kann ein persönlicher Kontakt zwischen dem Compliance Officer und den Verbandsmitarbeitern besser sein, um Fragen aus der Praxis direkt zu klären und eine Vertrauensbasis gegenüber dem Compliance Officer aufzubauen.[20] Bei der Umsetzung und Einführung von eLearning-Lösungen sind dabei in Kooperation mit den zuständigen Fachabteilungen (zB IT, Personal, Datenschutzbeauftragter) die betriebsverfassungs- und datenschutzrechtlichen Anforderungen einzuhalten.[21] Auch die Verbandsleitung (Vereinsvorstand, -präsidium, -geschäftsführung) sollte selbstverständlich von einem vorhandenen Schulungsangebot Gebrauch machen. Dies dient nicht nur zur eigenen Information über den aktuellen Stand des Compliance-Programms, sondern unterstreicht die Vorbildfunktion der Verbandsleitung gegenüber den Verbandsmitarbeitern und Mitgliedern.

Für die Verbandsmitarbeiter sollte der Compliance Officer vertrauensvoller Ansprech- **16** partner im Zusammenhang mit Compliance-relevanten Fragestellungen sein. Durch einen anhaltenden Dialog mit der Belegschaft erhält der Compliance Officer Informationen zu

---

[18] Ausführungen zu Konzernstrukturen in der Verbandslandschaft → Rn. 34 f.
[19] Mit weiteren Ausführungen zum Konzept des eLearning, vgl. Hauschka Corporate Compliance/*Schlaghecke* § 43 Rn. 76 ff.
[20] Vgl. Moosmayer Compliance/*Moosmayer* Rn. 175.
[21] Vgl. *Hastenrath* CCZ 2014, 132 (134); Moosmayer Compliance/*Moosmayer* Rn. 177.

Herausforderungen in der operativen Verbandspraxis und kann das Compliance-Programm ggf. entsprechend anpassen. Hiervon ist das Konzept eines Hinweisgebersystems (zB Ombudsmann) zu unterscheiden. Selbstverständlich ist der direkte Kontakt zum Compliance Officer stets möglich. In Sachverhalten, die aus Sicht des meldenden Mitarbeiters ein gesteigertes Maß an Vertraulichkeit oder gar Anonymität erfordern, kann ein institutionalisiertes Hinweisgebersystem eine sinnvolle Lösung darstellen.[22]

17 Aufgrund der hohen Effizienzvorteile empfiehlt es sich auch im Wirtschaftsverband, die Anforderungen des Compliance-Programms in die einschlägig vorhandenen Prozesse zu integrieren. Für die Compliance-Organisation hat dies zum Vorteil, dass Veränderungen im regulatorischen Umfeld oder im Risikoportfolio mit überschaubarem Aufwand zügig umgesetzt werden können und Nachbesserungsbedarf leichter identifiziert werden kann. Gleichzeitig hat ein prozessintegrierter Compliance-Ansatz für Verbandsmitarbeiter den Vorteil, dass ein rechtskonformes Handeln „automatisch" gewährleistet wird. Mit einem derartigen Ansatz lässt sich jedoch nur ein Teil der Verbandsleistungen abdecken, denn insbes. in Gremiensitzungen finden oftmals Diskussionen (zB zu aktuellen Gesetzgebungsvorhaben) und ein zulässiger Erfahrungsaustausch statt, die inhaltlich nicht in abgeschlossenen Prozessen abgebildet werden können. Im Bereich der Verbandsleistung von Marktinformationen bzw. Statistiken bietet sich hingegen ein prozessintegrierter Ansatz sehr gut an. So besteht bei elektronischen Marktinformations-/Statistiksystemen die Möglichkeit, die kartellrechtlichen Anforderungen, wie sie von den Kartellbehörden und Gerichten konkretisiert wurden, in Form von automatischen (IT-gestützten) Risikoprüfprozessen zu implementieren. Auf diesem Wege kann sichergestellt werden, dass Verbandsmitglieder nur eine rechtskonforme Verbandsdienstleistung erhalten. Der Compliance Officer berät hierbei die zuständige Fachabteilung im Zuge der Umsetzung der Compliance-Vorgaben, überprüft die Effektivität der umgesetzten Anforderungen und dokumentiert dies.

18 Gerade im Hinblick auf Prozesse im Verband, die keinem integrierten Compliance-Ansatz zugänglich sind, hat der Compliance Officer abzuwägen, ob den Verbandsmitarbeitern ergänzende Hilfsmittel zur Verfügung gestellt werden können. Im Einzelnen zählen hierzu bspw.:

- Kurzleitfaden für Gremiensitzungen (zB „Do's and Don'ts", Übersicht von eindeutig unzulässigen und eindeutig zulässigen Themen in Gremiensitzungen);
- Erläuterungen zu den rechtlichen Anforderungen für Konjunkturumfragen (Musterbogen);
- Handreichung für Einladungen und Zuwendungen gegenüber Amts- und Mandatsträgern;
- Hinweise zum Verhalten bei behördlichen Durchsuchungen;
- Kommunikationsmaterial zur Sensibilisierung für spezielle Hochrisikobereiche (Flyer);
- Sichtbare Compliance-Botschaft der Verbandsleitung, auch zum Präsentieren gegenüber Mitgliedern (zB Video).

19 Mit der voranschreitenden Internationalisierung der Wirtschaft haben zahlreiche Wirtschaftsverbände ihre Aktivitäten ebenfalls auf weitere Länder ausgedehnt.[23] Hieraus ergeben sich ggf. zusätzliche Länderrisiken, die der Compliance Officer im Verband zu berücksichtigen hat. Dies gilt nicht nur vor dem Hintergrund eines länderspezifisch gesteigerten Korruptionsrisikos, sondern auch im Hinblick auf eine zusätzliche Exposition bei internationalen wirtschaftspolitischen Spannungen (zB staatliche Eingriffe gegenüber im Ausland tätigen Verbandsmitarbeitern).

---

[22] Vgl. Moosmayer Compliance/*Moosmayer* Rn. 181; Rotsch Criminal Compliance/*Süße* § 34 Rn. 110 ff.

[23] Bspw. unterhält der Verband Deutscher Maschinen- und Anlagenbauer eV (VDMA) Verbindungsbüros in China, Indien, Japan, Russland und Brasilien, der ZVEI – Zentralverband Elektrotechnik- und Elektronikindustrie eV verfügt über ein Verbindungsbüro in China.

2. Mitglieder im Verein (Ehrenamt)

Kern der Verbandsarbeit ist das Engagement seiner Mitglieder. Hierzu zählen sowohl das **20** ehrenamtliche inhaltliche Engagement (zB Gremienarbeit in Präsenzsitzungen, Eingaben für Verbandspublikationen, Teilnahme an Verbandsstatistiken) wie auch die Wahrnehmung einer satzungsgemäßen bzw. organschaftlichen Vereinsfunktion. Voraussetzung einer erfolgreichen Compliance-Organisation im Wirtschaftsverband ist, dass die erforderlichen Maßnahmen gegenüber der Mitgliedschaft rechtzeitig kommuniziert und von dieser mitgetragen werden. Schlussendlich dient Compliance im Wirtschaftsverband nicht nur dem Verein, sondern gerade auch den Mitgliedern, indem sie vor sanktionsbewehrten Rechtsverstößen bewahrt und geschützt werden. Dies gilt insbes. im Verhältnis zwischen rechtskonform handelnden Mitgliedern und solchen Mitgliedern, deren Vertreter einen ihnen zurechenbaren Rechtsverstoß begehen, welcher dem gesamtheitlichen Vermögen des Wirtschaftsverbandes in Form von Bußgeldern zur Last fällt (Sozialisierung von Schäden). Entsprechendes gilt für die Ausfallhaftung der Vereinsmitglieder im Falle der Zahlungsunfähigkeit des Verbandes.[24] Diese Haftungsargumente sollte der Compliance Officer bei seiner Kommunikation mit der Mitgliedschaft im Blick behalten.

In großen Wirtschaftsverbänden kommt es häufig zu personellen Fluktuationen in Be- **21** zug auf die von Mitgliedern entsandten Vertreter.[25] Kommunikationsmaßnahmen der Compliance-Organisation sollten daher in regelmäßigen Abständen erfolgen, um auch bisher noch nicht informierte Vertreter von Mitgliedern zu erreichen. Hierbei muss beachtet werden, dass eine wiederkehrende Kommunikation nicht zu „Abstumpfungseffekten" führt, sondern weiterhin eine hinreichende Sensibilisierung erfolgt. Hierfür empfiehlt sich, einerseits standardisierte Informations- und Belehrungsabläufe vorzusehen bei andererseits fortlaufender Aktualisierung der Inhalte bzw. deren Präsentationsform.

a) Vereinsorgane. Bedeutendes Organ eines Wirtschaftsverbandes ist regelmäßig der ge- **22** setzliche Vereinsvorstand iSd § 26 BGB. Üblicherweise wird das Engagement von Unternehmensvertretern ehrenamtlich auf Grundlage der jeweiligen Vereinssatzung ausgeübt. Bei großen Wirtschaftsverbänden wird diese Funktion grds. von den gesetzlichen Vertretern des jeweiligen Mitglieds, mithin von Geschäftsführern oder Vorständen, für die jeweils in der Vereinssatzung definierte Amtszeit übernommen. Die Berichterstattung des Compliance Officer wird – je nachdem wie seine Position und die Rolle der Vereinsgeschäftsführung in dem jeweiligen Wirtschaftsverband ausgestaltet ist – schlussendlich den Vereinsvorstand als Empfänger in Angelegenheiten der Compliance-Organisation erreichen. In Abhängigkeit davon, ob das Vereinsvorstandsmitglied aus einem Unternehmen stammt, welches selbst bereits mit dem Thema Compliance befasst war, kann ein unterschiedlicher Grad der Informationsbreite sowie -tiefe erforderlich sein. Gerade kleine und mittlere Unternehmen, die noch keine oder nur wenig Erfahrung mit Compliance-Organisationen sammeln konnten, muss sich der Bericht des Compliance Officer ebenso erschließen können.

Sollte nun der Personenkreis des Vereinsvorstandes in seiner Funktion im Verband **23** selbst teilweise oder ganz in Rechtsverstöße involviert sein, stellt dies den Compliance Officer vor konflikt- und haftungsträchtige Herausforderungen. Nicht nur das persönliche Vertrauensverhältnis des Compliance Officer zur übergeordneten Hierarchie-/Berichtsebene wird in derartigen Konstellationen einer Belastungsprobe ausgesetzt. Je nach Ausgestaltung seiner Stellung und Funktion könnte für den Compliance Officer eine persönliche strafrechtliche Haftung aus einer etwaigen Garantenstellung drohen, sofern er ihm

---

[24] Vgl. *Pischel/Kopp* CCZ 2014, 198 (199).
[25] Dies liegt va an der Größe und Komplexität von Wirtschaftsverbänden. Der ZVEI – Zentralverband Elektrotechnik- und Elektronikindustrie eV verfügt bspw. über ca. 1.600 Mitgliedsunternehmen, die sich mit über 5.000 Mitarbeitern in ihrem Wirtschaftsverband ehrenamtlich engagieren (Stand: 1/2016, abrufbar unter http://www.zvei.org/Verband/AufgabenZiele/Seiten/default.aspx).

übertragene Pflichten (durch Unterlassen) verletzt.[26] Für derartige Sondersituationen existiert keine Musterlösung. Es bietet sich jedoch ein Vergleich zu der Situation in der Unternehmenslandschaft und dort bereits vorgenommenen Abwägungen an. Bspw. käme bei einer mehrköpfigen Geschäftsführung in Betracht, entsprechende Berichterstattung ausschließlich an das für das Compliance-Ressort zuständige Organmitglied vorzunehmen. Existiert eine solche Ressortzuständigkeit nicht oder handelt es sich um ein Organ, das insgesamt verdächtigt wird oder nur aus einer Person besteht, käme die Berichterstattung an den Vorsitzenden eines Aufsichtsgremiums in Betracht.[27] Allerdings ist ein solches Gremium, vergleichbar dem Aufsichtsrat einer Aktiengesellschaft, bei Wirtschaftsverbänden nicht zwingend vorgesehen. Denkbar wäre, das oberste Organ des Wirtschaftsverbandes, die Mitgliederversammlung des Vereins, zu informieren. Praktisch dürfte diese „Nuklearoption" jedoch nicht in Betracht kommen, da Ladungsmodalitäten idR an bestimmte Formalien (zB Einladung, Angabe von hinreichend spezifischen Tagesordnungspunkten, Fristen) geknüpft sind und die Einladung durch den Vereinsvorstand erfolgt. Schlussendlich verbleibt dem Compliance Officer im Wirtschaftsverband in diesem Sonderfall – bei fehlenden Alternativen vergleichbar einem Aufsichtsrat – nur ein dem Unternehmensumfeld vergleichbar unbefriedigender Ausweg, um seine persönliche Haftung zu vermeiden, indem er als ultima ratio sein Amt niederlegt.[28]

24   Im Falle von vermeintlichen Verstößen gegen das Kartellrecht durch den Verband und seine Mitglieder stellt sich ein weiterer potentieller Zielkonflikt ein.[29]

25 Beispiel:

Der Mitarbeiter eines Mitgliedsunternehmen U initiiert in einem Verbandsgremium eine kartellrechtswidrige Preisabsprache mit Wettbewerbern, die ebenfalls Mitglieder in dem Verband sind. Der Geschäftsführer G des Mitgliedsunternehmens U ist zugleich Mitglied im geschäftsführenden Vereinsvorstand. Im Wege einer routinemäßigen internen Überprüfung gelangt der Rechtsverstoß dem Compliance Officer des Wirtschaftsverbandes zur Kenntnis. Dieser hat als Interessensvertreter des Verbandes und unter Wahrung der etablierten Compliance-Strukturen einen Bericht an den Vereinsvorstand mit Angaben über den Rechtsverstoß, die drohenden rechtlichen Konsequenzen sowie den Handlungsoptionen nebst -empfehlung zu erstatten.

Im Falle von Kartellrechtsverstößen könnte grds. die Inanspruchnahme einer Kronzeugenregelung bei der zuständigen Kartellbehörde in Betracht kommen, um drohende Sanktionen gegen den Verband auf ein Minimum zu reduzieren. Eine entsprechende Erwägung wird auch von dem Mitgliedsunternehmen U anzustellen sein. Die Berichterstattung des Compliance Officer an den Vereinsvorstand birgt jedoch in dieser besonderen Konstellation das Risiko, dass G ggf. über einen Sachverhalt informiert wird, der das Unternehmen U ebenfalls zu einem (vorrangigen) Kronzeugenantrag bewegen könnte. Mit einem schlechteren Zeitrang des Kronzeugenantrags für den Verband im Verhältnis zum Unternehmen U würden die Sanktionen gegen den Verband deutlich höher ausfallen.

Weiterhin kollidieren die Pflichten des G aus seiner Tätigkeit als Vereinsvorstand mit seinen Geschäftsführungspflichten gegenüber dem Unternehmen U.

26   In diesem Beispiel ist es für den Compliance Officer jedenfalls keine Option, nicht an das zuständige übergeordnete Leitungsorgan zu berichten bzw. keine weiteren dokumentierten Maßnahmen einzuleiten, um nicht selbst einer Haftung ausgesetzt zu sein.[30]

---

[26] Vgl. zur Strafbarkeit des Compliance Officer bei Unterlassen wg. Garantenstellung, BGH NStZ 2009, 686.

[27] Vgl. Hauschka Corporate Compliance/*Klahold/Lochen* § 37 Rn. 53 ff.

[28] Hauschka Corporate Compliance/*Klahold/Lochen* § 37 Rn. 53 ff.

[29] Zu den Reaktionsmöglichkeiten des Verbandes gegen seine Mitgliedsunternehmen bei Rechtsverstößen → § 6 Rn. 1 ff.

[30] Vgl. BGH NStZ 2009, 686.

b) Allgemeine Aktivitäten im Verein. Das Vereinsleben in einem Wirtschaftsverband **27** findet regelmäßig in Gremien statt, die keine organschaftliche Funktion innehaben. In Ausschüssen oder Arbeitskreisen kommen Vertreter von Mitgliedsunternehmen zusammen, um inhaltliche Themen zu besprechen und bestimmte politische Linien des Wirtschaftsverbandes vorzubereiten. Derartige Zusammenkünfte von konkurrierenden Unternehmen finden sich in den Analysen von Compliance-Organisationen aus der Unternehmenslandschaft häufig als per se Hochrisikoszenario wieder. Dies kann zur Konsequenz haben, dass Unternehmen entweder keine Vertreter mehr in Verbandsgremiensitzungen entsenden oder gar vollständig aus dem Wirtschaftsverband austreten. Für die Compliance-Organisation im Wirtschaftsverband sollte daher ein Ziel lauten, die potentiellen Risiken aus dem Zusammentreffen von Wettbewerbern im Verein bestmöglich zu reduzieren, ohne den rechtskonformen Mehrwert der Verbandsarbeit für ihre Mitglieder unnötig zu schmälern. Die bereits erläuterten Regelwerke und Instrumente kommen hierfür in Betracht. Zur Überprüfung der Effektivität des Compliance-Programms sollte der Compliance-Officer Stichproben durchführen, zB durch Sichtung der versandten Einladungen nebst Tagesordnung sowie veröffentlichter Sitzungsprotokolle einschließlich zugehöriger Anlagen. Auch die Teilnahme des Compliance-Officer selbst an Gremiensitzungen als hauptamtlicher Verbandsmitarbeiter ist denkbar, um sich von der gelebten Praxis des Compliance-Programms zu überzeugen. Bei einer solchen Gelegenheit besteht sodann auch eine gute Möglichkeit für den Compliance Officer, das Compliance-Programm des Wirtschaftsverbandes gegenüber den Vertretern der Mitgliedsunternehmen zu erläutern. Oftmals handelt es sich um Fachleute aus anderen Disziplinen (bspw. Betriebswirte, Naturwissenschaftler etc), die in ihrem Unternehmen funktionsbedingt ggf. noch keinen tiefgehenden Kontakt mit Compliance-relevanten Themen wie dem Kartellrecht hatten. Die zugehörige Kommunikation muss auch hier die Zielgruppe hinreichend berücksichtigen.

II. Außenverhältnis

Das Außenverhältnis umfasst in nachstehenden Ausführungen die praxisrelevante Schnitt- **28** stellenfunktion des Compliance Officer gegenüber externen Dritten sowie die Frage nach der Verantwortlichkeit für Aktivitäten von Mitgliedern außerhalb der Vereinssphäre.

1. Öffentliche Stellen und Behörden

In Bezug auf behördliche oder sonstige Ermittlungsverfahren gegen die Organisation ist **29** der Compliance-Officer in allen compliance-relevanten Fragestellungen erster Ansprechpartner und führt entsprechende Korrespondenz unter Einbeziehung der Verbandsgeschäftsführung.[31] Die Entscheidung des „Ob" und „Wie" des weiteren Verfahrens bleibt weiterhin der zuständigen Verbandsgeschäftsführung vorbehalten. Konfliktträchtig kann die Einbindung der Verbandsgeschäftsführung dort werden, wo der gesetzliche Vereinsvorstand mit ehrenamtlichen Vertretern aus der Mitgliedschaft besetzt ist und gerade diese Mitgliedsunternehmen bzw. deren Mitarbeiter Beschuldigte des Ermittlungsverfahrens sind.[32]

Da Kernelement der Arbeit von Wirtschaftsverbänden der Kontakt mit öffentlichen **30** Stellen sowie Behörden, und damit zwangsläufig ein vermehrter Umgang mit Amts- und Mandatsträgern verbunden ist, muss hier ebenfalls ein Schwerpunkt der Tätigkeit des Compliance Officer im Wirtschaftsverband gesehen werden. Ein Kontakt des Compliance Officer mit den jeweiligen Stabsstellen zur Korruptionsprävention von Landes- oder Bundesbehörden empfiehlt sich dort, wo keine verlässlichen Richtwerte für Einladungen/Zu-

---

[31] Vgl. Hauschka Corporate Compliance/*Bürkle* § 36 Rn. 41.
[32] Zu weiteren Interessens- und Zielkonflikten → Rn. 23 f.

wendungen bekannt sind.[33] Gerade für die Einladung von Amts- und Mandatsträgern zu Veranstaltungen eines Wirtschaftsverbandes sollte ein klares und transparentes Verfahren vorgehalten sowie entsprechende Dokumentation angefertigt werden.

2. Verbandsunabhängige Aktivitäten von Mitgliedern

31 Die Mitgliedschaft in einem Wirtschaftsverband ist durch den satzungsgemäß festgelegten Umfang an Rechten und Pflichten näher definiert. Die Verantwortlichkeit des Wirtschaftsverbandes für eine ordnungsgemäße Compliance-Organisation erstreckt sich jedoch nur auf den Verein und nicht bis hin zu der Compliance-Organisation seiner Mitglieder.[34] Verbandsunabhängige Aktivitäten von Mitgliedsunternehmen fallen daher grds. nicht in den Verantwortungsbereich des Wirtschaftsverbandes.

3. Öffentlichkeit und Dritte

32 In Wahrnehmung ihres satzungsgemäßen Auftrags können Wirtschaftsverbände wiederum selbst Mitglieder von sog Dachverbänden werden. Dachverbände können dabei Wirtschaftsverbände bestimmter Zweige zu einem einheitlichen Branchenverband zusammenfassen. In der Praxis finden sich Dachverbände im politischen Lobbying va auf den unterschiedlichen Aktionsebenen wieder, dh als Dachverband auf Landes- oder Bundesebene sowie als europäischer Dachverband.[35] Den jeweiligen Wirtschaftsverband treffen dabei die in der Satzung des Dachverbandes für Mitglieder vorgesehenen Rechte und Pflichten. Für die Compliance-Organisation des Wirtschaftsverbandes sind aus diesen Rechten und Pflichten erwachsende Risiken von Interesse, die in die laufende Risikoanalyse mit einbezogen werden sollten. Sofern der Dachverband ebenfalls ein hinreichend effektives Compliance-Programm vorzuweisen hat, das ein dem Compliance-Programm des Wirtschaftsverbandes gleichwertiges oder sogar noch besseres Schutzniveau vorweist, sollte dies mit berücksichtigt werden. Falls diese Anforderung unterschritten wird, ist es Aufgabe des Compliance Officer, die damit einhergehenden Risiken bei der Umsetzung von erforderlichen Maßnahmen zu berücksichtigen. Hierzu kann gehören, dass der Wirtschaftsverband als Mitglied auf die Einrichtung eines oder Verbesserung des vorhandenen Compliance-Programms bei seinem Dachverband hinwirkt oder alternativ – als letzte Alternative – seine Mitgliedschaft überprüft bzw. beendet.

33   Zusätzlich zu den Kernbereichen der nach innen gerichteten Compliance-Maßnahmen können Wirtschaftsverbände mit Unterstützung der Mitglieder branchenspezifische Compliance-Maßnahmen entwickeln und zur Verfügung stellen. Als Beispiel sind hier sog Verhaltenskodizes (Code of Conduct) als freiwillige Selbstverpflichtungserklärung zu nennen, in denen ein einheitliches Verständnis von wesentlichen Grundprinzipen des verantwortungsvollen unternehmerischen Handelns in Bezug auf Rechtskonformität zusammengefasst wird.[36] Die Konzeption von Branchenkodizes variiert und muss nicht zwingend von einer Mitgliedschaft in dem jeweiligen Wirtschaftsverband abhängen, was einer Verbreitung zuträglich sein dürfte. Derartige Verhaltenskodizes von Wirtschaftsverbänden schaffen dabei sogar über Branchengrenzen hinweg eine konsensfähige und

---

[33] Es existiert kein gesetzlich verankerter Richtwert, der einen „Safe Harbour"-Bereich darstellen würde. Im Bereich der Bundesverwaltungen wurde vom „Initiativkreis Korruptionsprävention Wirtschaft/Bundesverwaltung" ein Fragen-/Antwortenkatalog zum Thema Annahme von Belohnungen, Geschenken und sonstigen Vorteilen (Zuwendungen) entwickelt; dieser steht auf den Seiten des Bundesministerium des Innern zum Herunterladen bereit (Stand 9.12.2011, abrufbar unter http://www.bmi.bund.de/SharedDocs/Downloads/DE/Themen/OED_Verwaltung/Korruption_Sponsoring/initiativkreis_korruptionspraevention.pdf; zuletzt abgerufen am 5.12.2016).

[34] Vgl. *Brouwer* CCZ 2009, 161 (166 f.).

[35] Ein wohl bekanntes Beispiel für einen nationalen Dachverband stellt der Bundesverband der Deutschen Industrie eV (BDI) dar; weitere Informationen zum BDI sind abrufbar unter http://www.bdi.eu.

[36] S. Moosmayer Compliance/*Moosmayer* Rn. 360 mwN.

bewährte Basis für ein einheitliches Verständnis von guter Praxis im Bereich Compliance.[37]

III. Sonderkonstellation: Konzernstrukturen in Wirtschaftsverbänden

Die Rolle des Compliance Officer im Wirtschaftsverband ist von den zuvor dargestellten **34** Spezifika ideeller Vereine besonders geprägt. Große Wirtschaftsverbände und bedeutende Vereinsorganisationen haben teilweise Tochtergesellschaften gegründet, um unabhängig von ihrer ideellen Betätigung zusätzlich wirtschaftliche Leistungen am Markt anbieten zu können. Diese gewerblichen Tätigkeiten führten dazu, dass sich für diesen wirtschaftlichen Zweig Konzernstrukturen herausgebildet haben, die in Komplexität und Umsatzstärke klassischen Unternehmensgruppen in nichts nachstehen.[38]

Die Rolle des Compliance Officer im Wirtschaftsverband muss auch in Bezug auf etwaige Tochtergesellschaften und das damit einhergehende Risikoportfolio definiert werden. Hierfür sind die gleichen Erwägungen anzustellen wie iRv Unternehmenskonzernstrukturen. Konkret bedeutet dies, dass die Aufstellung der Compliance-Organisation im Wirtschaftsverband und in den jeweiligen Tochtergesellschaften wohl überlegt sein muss. Wie diese im konkreten Einzelfall auszugestalten ist, hängt mitunter von der Konzernstruktur, der Rechtsform der nachgeordneten Gesellschaften sowie den gesellschaftsrechtlichen Einflussnahmemöglichkeiten ab.[39] Üblicherweise sollte der ideelle Tätigkeitsbereich von Wirtschaftsverbänden strikt von den wirtschaftlichen Aktivitäten nachgelagerter Konzernstrukturen getrennt sein. Denkbar wäre, bspw. eine spezifische Compliance-Organisation im Wirtschaftsverband sowie eine gesonderte Compliance-Organisation in der Dachgesellschaft des gewerblich tätigen Konzerns einzurichten. Auf diesem Wege werden einerseits der spezielle Hochrisikobereich der Verbandsarbeit und andererseits die „klassischen" Compliance-Anforderungen eines gewerblich tätigen Konzerns hinreichend abgedeckt. Angesichts der ohnehin für Organisationen dieser besonderen Größenordnung erforderlichen Ressourcen zwecks Einrichtung und Betrieb einer effektiven Compliance-Organisation dürfte eine derartig klare Zuordnung auch unter wirtschaftlichen Gesichtspunkten zielführend sein.

---

[37] Zur branchenübergreifenden Wirkung, vgl. *Hagel/Dahlendorf* CCZ 2014, 275.
[38] Beispielhaft sind hier die verschiedenen Technischen Überwachungs-Vereine (kurz: TÜV) zu nennen, die mit einer Vielzahl von Tochtergesellschaften im Dienstleistungsbereich international tätig sind und erhebliche Umsätze erwirtschaften; mit weiteren Beispielen vgl. *Leuschner* S. 7 ff.
[39] Mit weitergehenden Ausführungen zum Beauftragten-System im internationalen Konzern s. Hauschka Corporate Compliance/*Bürkle* § 36 Rn. 81 ff.

§ 14. Compliance Management Systeme in Wirtschaftsverbänden

Literatur:

Brouwer, Compliance im Wirtschaftsverband, CCZ 2009, 161 ff.; *Diller*, Zwischen Netzwerk und Institution. Eine Bilanz regionaler Kooperationen in Deutschland, 2002; *Herzog/Stephan*, Aufbau einer präventiven Compliance-Organisation. Lektion 5, in: Management Circle (Hrsg.): Compliance Management. Schriftlicher Lehrgang in 12 Lektionen, 2008; *Herzog*, Transparenz als Voraussetzung für erfolgreiche Krisenprävention und Compliance-Management, in: Klenk, V. & Hanke, D. J. (Hrsg.): Corporate Transparency. Wie Unternehmen im Glashaus-Zeitalter Wettbewerbsvorteile erzielen, F.A.Z.-Institut für Management-, Markt- und Medieninformationen, 2009; *Herzog/Stephan*, Wie sehen Führungskräfte in Deutschland den Compliance Manager? Eine Fremdbildstudie über den Beruf des Compliance Managers, 2014; *Institut der Wirtschaftsprüfer in Deutschland eV (IDW)*, Grundsätze ordnungsmäßiger Prüfung von Compliance Management Systemen, 2011, URL: http://www.idw.de/idw/portal/n281334/n281114/n302246/index.jsp (letzter Zugriff am 7.6.2016); Kieser/Walgenbach, Organisation, 5. Aufl. 2007; *Kopp*, Compliance in Wirtschaftsverbänden in: Institut für Europäisches Medienrecht (Hrsg.): Europäisches und nationales Medienrecht im Dialog, Bd. 40, 2010, S. 447 ff.; *Kopp*, Recht, Transparenz und Integrität beim Lobbying – Compliance angesichts von Regulierung und Selbstverpflichtungen, CCZ 2013, 67 ff.; *Regierungskommission Deutscher Corporate Governance Kodex*, Deutscher Corporate Governance Kodex 2016, URL: http://www.dcgk.de/de/kodex/aktuelle-fassung/vorstand.html (letzter Zugriff am 7.6.2016); *Reichert*, Handbuch des Vereins- und Verbandsrechts, 13. Aufl. 2016; *Sydow*, Verwaltungskooperation in der Europäischen Union. Zur horizontalen und vertikalen Zusammenarbeit der europäischen Verwaltungen am Beispiel des Produktzulassungsrechts, 2004; *Werder/Stöber/Grundei*, Organisationscontrolling. Konzepte und Praxisbeispiele, 2009.

A. Einleitung und Problemstellung

Verbände stellen in ihrer Rolle als Dienstleistungs- und Informationsplattform einen wichtigen Teil des wirtschaftlichen und gesellschaftlichen Fortschritts eines Industriestandortes dar. In den letzten Jahren wirken verstärkt mehrere Strömungen auf die Verbandsführung. Zunehmender Wettbewerb für die Mitgliedsunternehmen durch Fusionen, Unternehmenskäufe, Standortverlagerungen und transportieren diesen **Wettbewerbsdruck** in die Strukturen und Abläufe der Verbände hinein. Zusätzlich erzeugt ein verstärkter Wettbewerb um Mitgliedsunternehmen auf nationaler und internationaler Ebene Konkurrenzdruck zwischen den Verbänden, die sich dadurch der Beantwortung klassischer ökonomischer Fragestellungen, wie Kosteneffizienz, Wettbewerbsfähigkeit, aber auch Strategie- und Produktentwicklung, ausgesetzt sehen. Dadurch werden insbes. Wirtschaftsverbände verstärkt in die Situation gebracht, analog wie Wirtschaftsunternehmen am freien Markt zu agieren. In dieser Rolle stehen Wirtschaftsverbände vor der Herausforderung, die Wettbewerbsfähigkeit ihrer Mitglieder durch Verbandsdienstleistungen zu fördern und dabei gleichzeitig die mögliche Behinderung des Wettbewerbs innerhalb eines Marktes zu unterbinden. 1

Allerdings öffnen die spezifischen **Verbandsdienstleistungen,** wie zB Marktinformationsverfahren, Verbandssitzungen, Lobbyismus, Gemeinschaftsinitiativen, Veranstaltungen, unter Compliance-Gesichtspunkten einen nicht zu unterschätzenden Risikoraum für Verbände in ihrer Zusammenarbeit mit den Mitgliedsunternehmen. Denn zunehmend rücken Compliance-Verstöße auch durch Verbände, insbes. gegen das Kartell- und Wettbewerbsrecht, in die mediale Diskussion.[1] Aber auch andere Compliance-Themengebiete, wie zB Steuerrecht, Datenschutz, Korruption, Arbeits- und Sozialversicherungsrecht, betreffen die Geschäftsaktivitäten von Verbänden. Insbes. Wirtschaftsverbände mit ihren komplexen gesellschaftsrechtlichen Konstruktionen, wie zB Mischformen aus Vereinsstrukturen und Kapitalgesellschaften, stehen dabei im Vordergrund. Diese können aus zusammengesetzten Organisationseinheiten (Vereinsverband, Gesamtverein mit selbständigen oder unselbständigen Untergliederungen), mit mehrstufigen Organen und mit Verantwortungsüberschneidungen von Organen bestehen, die stark von ihren vorgesehenen Struk- 2

---

[1] „Verbände im Visier des Kartellamtes", „Kartellrechtsverstöße durch Verbände – Beispiel Milchboykott", „Bundeskartellverband ermittelt gegen den Markenverband".

turen abweichen.[2] Komplexität entsteht zusätzlich durch ein notwendiges Interagieren der Verbandsorganisation ieS (Organisation der eigenen Mitarbeiter) mit den Mitgliedsunternehmen und ihren Ehrenämtern (Verbandsorganisation iwS). Dies stellt eine ordnungsgemäße Compliance auch in Bezug zu ihrer Reichweite und Umfang vor große Herausforderungen. Compliance kann folglich nach ihrem engsten Verständnis keine bloße Einhaltung von Normen umfassen,[3] sondern wird von zahlreichen Faktoren, wie Größe, Geschäftszweck, Organisationsmodell oder Leistungsspektrum, beeinflusst. Diese lassen Compliance in ihrer Ausgestaltung und organisatorischen Anordnung variieren. Sie befindet sich somit in einem Spannungsfeld zwischen den ökonomischen Zielen und Größen (Performance) eines Verbandes und dem Einhalten und „Gelebtwerden" von Normen (Conformance).[4] Kurz: Compliance stellt ein Managementthema dar. Dabei ist Compliance Management zu verstehen als

„die Steuerung der Gesamtheit sämtlicher organisatorischer Maßnahmen eines Unternehmens, mit dem Ziel, das normengerechte Verhalten aller Organmitglieder, Führungskräfte sowie Mitarbeiter in Abstimmung mit dem Unternehmensziel sowie sämtlicher Interessengruppen systematisch zu gewährleisten."[5]

3   Die Autoren legen somit keinen rechtlichen,[6] sondern einen **managementorientierten Schwerpunkt,** der in der Diskussion um Compliance und im Besonderen in der Diskussion um Compliance in Wirtschaftsverbänden einen wichtigen Beitrag zu leisten vermag. Der Kern dieses Beitrags ist die Vorstellung eines Vorgehens- und Analysemodells zur Verankerung und Systematisierung von Compliance-Anforderungen aus einer Management- und Gestaltungsperspektive mit besonderem Blick auf die Herausforderungen, die durch die komplexe Organisation von Wirtschaftsverbänden hervorgerufen werden.

B. Rahmenbedingungen von Wirtschaftsverbänden

I. Verbände als institutionelle Netzwerke

4   Interessen- und Wirtschaftsverbände können in Abhängigkeit von ihrer Rechts- und Organisationsform komplexe und **verschachtelte Strukturen** aufweisen.[7] Dies liegt in Teilen auch in deren Organisations- und Geschäftszweck begründet. Denn Verbände bündeln die Interessen der einzelnen Mitglieder zum Erreichen gemeinsamer Ziel- oder Wertvorstellungen und sind daher auf die organisatorische Integration ihrer Mitglieder angewiesen.[8] Dabei ergibt sich häufig ein besonderes Spannungsfeld zwischen Verbandszweck und Mitgliederentwicklung, das auf einer Steigerung der Wettbewerbsfähigkeit der Verbandsmitglieder bei gleichzeitiger Unterbindung der Behinderung des Wettbewerbs innerhalb eines Marktes basiert. Zusätzlich verfügen die Verbände selbst über eine feste Organisationsstruktur, die zum Ziel hat, den Informationsaustausch ihrer Mitglieder effizient und sachgerecht nach innen und nach außen zu steuern. Insbes. Wirtschafts- oder Branchenverbände stehen vor der Herausforderung, diesen Informationsaustausch zu or-

---

[2] *Kopp* S. 449; *Brouwer* CCZ 2009, 161 (162 ff.).
[3] Vgl. *Regierungskommission Deutscher Corporate Governance Kodex,* Deutscher Corporate Governance Codex 4.1.3, 2016, o. S.
[4] Vgl. *Herzog/Stöber/Grundei* S. 15 ff.
[5] *Herzog/Stephan* Aufbau einer präventiven Compliance-Organisation S. 5 ff.
[6] Die Frage nach der juristischen Reichweite von Compliance in komplexen Wirtschaftsverbänden wird intensiv und kontrovers diskutiert. So hängt die Klärung der relevanten Frage, inwieweit die Compliance-Verantwortlichkeit gegenüber Untergliederungen des Wirtschaftsverbandes und gegenüber Fachverbänden und Mitgliedsunternehmen gilt, immer noch von der individuellen Verbandsstruktur ab und bleibt häufig immer noch eine Einzelfallentscheidung (vgl. zB *Brouwer* CCZ 2009, 161 (162 ff.)).
[7] S. Diskussion um ADAC oder aber auch FIFA.
[8] *Reichert* S. 3 ff.

ganisieren, ohne bspw. mit den vielfältigen Normen des Kartell- und Wettbewerbsrechts in Konflikt zu geraten.[9]

Gerade gemeinsame Aktivitäten hauptamtlicher Verbandsmitarbeiter und ehrenamtli- **5** cher Mitglieder in Verbandssitzungen, Gremien, Normierungsgruppen etc sorgen häufig für eine **Unübersichtlichkeit** des Informationsaustausches und bieten somit ein Gefährdungspotential für den Verband, nicht normenkonform zu handeln.[10] Dabei ist zu berücksichtigen, dass die Anzahl der Ehrenämter die Anzahl der Verbandsmitarbeiter oft um ein Vielfaches übersteigt. Dies birgt zahlreiche Risiken, da häufig weder der Verband noch die Mitgliedsunternehmen wissen, welche und wie viele Mitarbeiter in den Verbänden aktiv sind. Somit erweitert sich der Kreis zur Steuerung der Verbandsorganisation um eine Verbandsorganisation iwS, die die Netzwerkbeziehungen zu den jeweiligen Vertretern der Mitgliedsunternehmen beinhaltet. Auch führt die steuerrechtliche Auslagerung der wirtschaftlichen Aktivitäten des Verbandes (zB Seminargeschäft, Lizenzgeschäft) in eigenständige Kapitalgesellschaften zu konzernähnlichen Strukturen, die sich in ihrer Form häufig ähnlich intransparent und unübersichtlich gestalten können. Die Zusammenführung dieser unterschiedlichen organisatorischen Ebenen und Perspektiven in einem Wirtschaftsverband stellt die Verbandsführung vor eine große Herausforderung. Denn es gilt, die unterschiedlichen Interessenlagen der vielschichtigen Verbandsebenen bei gleichzeitiger Transparenz der Struktur zu vereinen, um sowohl Performance als auch Normenkonformität zu ermöglichen.

Doch die **Organisation** eines Wirtschaftsverbandes als klassische, abgeschlossene und **6** hierarchisch strukturierte Organisationseinheiten erfüllt die oben beschriebenen Anforderungen eines Wirtschaftsverbandes, der sich durch zahlreiche institutionelle, personelle und ressourcenbedingte Netzwerkstrukturen kennzeichnet, kaum. Hierbei bieten sich andere Organisationsformen, wie zB das institutionalisierte Netzwerk, an.[11] Dabei stellt das institutionalisierte Netzwerk im Gegensatz zu hierarchischen Einliniensystemen[12] ein Mehrliniensystem mit hohem Grad an Dezentralisierung dar. Dieser entsteht dadurch, dass jede Stelle mehreren Instanzen unterstellt sein kann. Die Aufgabengliederung kann bei dieser Organisationsform entweder objektorientiert, dh nach Zielobjekten wie zB Produktbereichen oder Arbeitsgruppen strukturiert, oder verrichtungsorientiert, dh nach Funktionsbereichen wie zB Marketing, Rechnungswesen strukturiert, sein. Institutionalisierte Netzwerke sind somit zusammengesetzte und sowohl intern als auch extern strukturierte, aber flexible Einheiten.[13] Wichtige Voraussetzungen für das Funktionieren von institutionalisierten Netzwerken sind der Einsatz zentraler Steuerungselemente sowie die Formulierung klarer Ziele und Regeln zur effizienten Aufgabenverteilung und -erfüllung bei einer hohen Informationstransparenz. Die vielschichtigen, dezentralen Verbindungen und Verflechtungen der unterschiedlichen organisatorischen Einheiten, wie zB der Gremien in Form von Arbeitskreisen oder Arbeitsgruppen, werden somit institutionalisiert. Auf diesem Wege kombiniert ein Verband die Vorteile einer netzwerkartigen Struktur mit den Vorzügen einer klaren organisatorischen Anforderung von Kompetenz und Verantwortung zu einem „institutionalisierten Netzwerk".[14]

---

[9] *Kopp* S. 449; *Brouwer* CCZ 2009, 161 (162 ff.).
[10] S. zahlreiche Vergehen gegen das Wettbewerbs- und Kartellrecht unter Einbeziehung von Verbänden, wie zB in den Märkten Süßwaren, Hörgeräte, Fensterbeschläge.
[11] *Sydow* S. 79.
[12] *Kieser/Walgenbach* S. 137 ff.
[13] *Diller* S. 62.
[14] Eigene Darstellung.

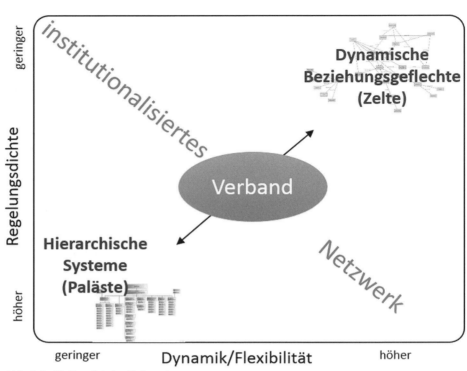

Abb. 1: Institutionalisiertes Netzwerk

7   Um diese **Komplexität der Organisationsstruktur** eines Wirtschaftsverbandes auch im Hinblick auf ein Compliance Management System systematisch zu analysieren, schlagen die Autoren
- personelle Verflechtungen
- institutionelle Verflechtungen
- sonstige Verflechtungen (zB immateriell, zeitlich, räumlich)

als Analysemerkmale von Wirtschaftsverbänden vor.

II. Ausgewählte Merkmale von Wirtschaftsverbänden

1. Personelle Verflechtungen

8   Die oben beschriebenen Charakteristika von Wirtschaftsverbänden sind in ihrer Form und Ausprägung vielschichtig und in Summe nur unzureichend greifbar. Allerdings lassen sich unterschiedlichste Verbandsformen anhand nachfolgender Merkmale sinnvoll strukturieren und in eine Analyse der Compliance-Herausforderungen sowie der Compliance-Risiken überführen. Die Merkmale komplexer Verbandsstrukturen orientieren sich an dem **Kriterium der Verflechtung** zwischen zwei oder mehreren rechtlich selbständigen und/oder unselbständigen Einheiten. Im Vordergrund steht hierbei eine Beschreibung der personellen und institutionellen (kapitalorientierten, vertraglichen) Verflechtungen, die in der Praxis in zahlreichen Kombinationen der beschriebenen Merkmale zu beobachten sind.

9   Personelle Verflechtungen zwischen mehreren rechtlich selbständigen und unselbständigen Einheiten basieren auf einem **einseitigen oder mehrseitigen Austausch** von Personen. Die personelle Verflechtung findet dabei ua auf der

- Ebene der Verbandsorgane, wie zB Ebene des Vorstandes/der Geschäftsführung, der Aufsichtsorgane (Aufsichtsrat, Verwaltungsrat, Beirat, erweiterter Vorstand etc) oder der Gesellschafter,
- Ämterebene, zB die Mischung von hauptamtlichen und ehrenamtlichen Mitarbeitern in der Verbandsgremienarbeit,
- Ebene der Beauftragten, wie zB Compliance-Beauftragter, Datenschutz-Beauftragter, Geldwäsche-Beauftragter, oder
- Mitarbeiterebene (Führungskräfte, Fachkräfte etc)

statt.

Dabei muss die Verflechtung nicht nur auf derselben Ebene stattfinden, sondern kann auch über verschiedene Ebenen hinweg auftreten. **10**

Das Motiv und Kriterium für die Bildung personeller Verflechtungen ist im Besonderen die Durchsetzung von Kontroll- und Informationsaspekten sowie einer einheitlichen Leitung und Führung, Beratung, Repräsentation sowie die **Stabilisierung der Verbandsumwelt.** Gerade in Wirtschaftsverbänden stellt der Personalaustausch auf der Führungsebene und zwischen Mitgliedern eine gezielte Methode dar, Verbindungen auf der Ebene der beteiligten Personen zu schaffen bzw. zu stärken oder zu festigen. Weitere Vorteile können die Verbesserung der Kommunikations- und Informationsqualität sowie der Sachkompetenz sein. Allerdings beinhaltet eine intransparente und übermäßige personelle Verflechtung zahlreiche Unternehmens- und Compliance-Risiken, die vom Gesetzgeber kritisch gesehen werden. Dies betrifft insbes. die Wettbewerbspolitik, die Transparenz von Unternehmens- oder Verbandsentscheidungen, aber auch die Qualität der Kontrolle von unterschiedlichen organisatorischen Einheiten. **11**

2. Institutionelle Verflechtungen

Im Vordergrund dieses Abschnittes stehen die institutionellen Verflechtungen, die sich zB durch **Vertragsstrukturen und/oder Kapitalbeteiligungen** ergeben. Wirtschaftsverbände sind häufig als Gesamtverein aufgebaut, der sich zahlreicher unterschiedlichster Untergliederungen bedient. Diese Einheiten können selbständige Untergliederungen sein, die zB über eine eigene Satzung und/oder eigene Mitglieder verfügen, und in Form von Fachverbänden oder Landesstellen organisiert sind. Darüber hinaus verfügen Verbände ebenfalls über unselbständige Einheiten, die ohne eigene Vereinseigenschaft oder Mitglieder auskommen. Diese stellen im Regelfall bloße Organisationseinheiten dar, zB in Form von Hauptstadtrepräsentanzen. Weiterhin institutionalisieren sich Verbände häufig über Arbeitskreise, Ausschüsse, Initiativen etc, in denen sich unter Steuerung des Verbandes die organisierten Mitglieder zu institutionalisierten Themengebieten treffen. Während bei den og Verflechtungen im Regelfall keine Kapitalbeziehungen vorliegen, kennzeichnen sich zahlreiche Wirtschaftsverbände darüber hinaus durch Beteiligungen an eigenständigen Kapitalgesellschaften bspw. zur steuerrechtlichen Auslagerung bestimmter wirtschaftlicher Aktivitäten des Verbandes. Dies gilt häufig für das Seminar- oder Lizenzgeschäft. Auch Beteiligungen an Gemeinschaftsunternehmen oder strategische Kooperationen mit externen Dritten (zB anderen Verbänden) sind somit innerhalb eines komplexen Wirtschaftsverbandes zu finden. **12**

Mit Blick auf institutionell verflochtene Wirtschaftsverbände hat sich ein Compliance Management ua mit folgenden **zentralen Punkten** auseinanderzusetzen: **13**
- Reichweite der Compliance-Verantwortlichkeit und Funktion:
  Auf welche Organisationseinheiten und Untergliederungen erstreckt sich die Compliance-Verantwortung und -Funktion?
- Reichweite und Umfang der Compliance-Prozesse:
  Auf welche Organisationseinheiten und Untergliederungen erstrecken sich die Compliance-Prozesse?

- Reichweite und Anwendbarkeit der Compliance-Instrumente:
  Wie weit reichen die Compliance-Instrumente? Reichen die getroffenen Maßnahmen aus?

3. Sonstige Verflechtungen

14 Neben den umfassenden personellen und institutionellen Verflechtungen spielen weitere Merkmale komplexer Wirtschaftsverbände eine wichtige Rolle. Hierzu zählen insbes. immaterielle sowie räumliche und zeitliche Verflechtungen. Diese sind aufgrund reduzierter Regulationsvorschriften zT nur schwer nachzuverfolgen und erhöhen die **Intransparenz** komplexer Konstruktionen.

15 **a) Immaterielle sowie materielle Verflechtungen.** Immaterielle oder materielle Verflechtungen entstehen durch den **Transfer von relevanten Vermögenswerten,** wie zB Immobilien, Rechten, Patenten, Lizenzen oder Know-how zwischen zwei oder mehreren Gesellschaften. Mit dem Transfer wird bspw. ein Nutzungsrecht übertragen, dem im Regelfall eine Gegenleistung, zB in Form von Lizenzgebühren, Darlehen oder anderen Vermögenswerten, gegenübersteht. Diese Konstruktion kann beliebig zwischen zwei oder mehreren Parteien unter Einschaltung weiterer Gesellschaften ausgebaut werden, so dass daraus ein für Außenstehende nur schwer durchschaubares Geflecht von vertraglichen Beziehungen entstehen kann.

16 **b) Räumliche und zeitliche Verflechtungen.** Abschließend lassen sich in komplexen Wirtschaftsverbänden ebenfalls räumliche und zeitliche Verflechtungen identifizieren. Räumliche Verflechtungen beinhalten die Beziehung zwischen Gesellschaften aus unterschiedlichen nationalen und internationalen Regionen und berücksichtigen verschiedenste nationale und internationale Regulierungsvorschriften. In diesem Zusammenhang spielt die räumliche Reichweite von Vorgaben und Maßnahmen eine wichtige Rolle. Die zeitliche Verflechtung zielt insbes. auf die zeitliche Gültigkeit komplexer gesellschaftsrechtlicher Konstruktionen ab und damit ebenfalls auf die zeitliche Reichweite von Vorgaben und Maßnahmen innerhalb dieser Konstruktion.

C. Zielfunktionen und Zielkonflikte von Compliance in Bezug zu Wirtschaftsverbänden

17 Welche Ziele sollte Compliance verfolgen und wie hoch sollte der Erfüllungsgrad von Compliance sein? Die Grundlage hierfür ist die genaue verbandsinterne Definition des **Compliance-Niveaus,** welche auch „Tone-from-the-Top" durch Vorstand und Geschäftsführung vorgelebt werden sollte. Vor diesem Hintergrund sind folgende Zielfunktionen eines Compliance Managements zu diskutieren.[15]

I. Schutzfunktion

18 Compliance zielt iRd Schutzfunktion va auf die **Vorbeugung und Begrenzung** von Schäden in Form von Bußgeldern, Schadensersatzzahlungen, Auflagen und Reputationsverlusten. Die Aufklärung der Mitarbeiter und des Managements über entsprechende Regularien und Überwachungsmaßnahmen dient der Vorbeugung bewusster und unbewusster Verstöße gegen diese Regelungen. Dies schützt sowohl den Verband als auch die Mitarbeiter vor Schaden. Zur Schutzfunktion zählt ebenfalls die Erkennung und Bewältigung von Interessenkonflikten sowie die frühzeitige präventive Kommunikation mit

---

[15] *Herzog/Stephan* Aufbau einer präventiven Compliance-Organisation S. 14.

Kontrollinstanzen. Die Durchsetzung der Schutzfunktion dürfte komplexe Wirtschafts-verbände vor eine Herausforderung stellen. Voraussetzung für die Abwendung von Verbandsschäden aufgrund nicht normenkonformen Handelns stellt die Identifizierung, Bestimmung und Schulung der relevanten Organvertreter, Beauftragten, der Schlüsselmit-arbeiter, aber auch Mitglieder innerhalb der gesamten Verbandsorganisation dar. Dies erfordert weiterhin eine klare Aufgaben- und Verantwortungsstruktur innerhalb der Ver-bandsorganisation, um Rechte und Pflichten klar zuzuordnen (Identifizierung von Teil-nehmern, Mitgliedern, Gremien etc).

II. Transparenzfunktion

Eine **regelbasierte** Transparenz gehört zu den zentralen Voraussetzungen eines Compli-ance Managements.[16] Transparenz und mit ihr die Informationserzeugung und -verteilung benötigen eine systematische und strukturierte Planung, Organisation und Kontrolle von Aufgaben und Verantwortung innerhalb des Verbandes. Über Umfang und Ausmaß einer Verbandstransparenz entscheiden der Geschäftszweck, seine organisatorische Ausgestaltung sowie die Interessen und Normenvorgaben der relevanten Stakeholder. Transparenz be-inhaltet folgende Vorteile: 19

- Kontinuierliche und umfassende Informationen erhöhen die Glaubwürdigkeit bei Ge-setzgeber, Mitgliedern und der breiten Öffentlichkeit. Dies führt zu einer standardisier-ten Transparenz.
- Des Weiteren kann ein verbessertes Transparenzverhalten eine wichtige Informationsquelle für derzeitige und zukünftige Mitarbeiter, Mitglieder, Kunden und Lieferanten darstellen. Das Vertrauensverhältnis zwischen Verbänden und diesen Parteien verbessert sich.
- Zusätzlich kann verbesserte Transparenz als internes Steuerungsinstrument eingesetzt werden. Eine erhöhte Transparenz erfordert von der Verbandsleitung, sich kontinuier-lich selbst zu hinterfragen und den Verband fortlaufend zu professionalisieren.

Transparenz setzt allerdings eine eindeutige Zuordnung von Verantwortung und Kompe-tenz organisatorischer Einheiten voraus. Eine unzureichende Zuordnung führt insbes. in komplexen und unübersichtlichen gesellschaftsrechtlichen Konstruktionen zu Machtvaku-en, die bei Fehlverhalten eine verursachungsgerechte Sanktionierung erschweren.   20

III. Dialog- und Kommunikationsfunktion

Compliance übernimmt vermehrt die wichtige Dialogfunktion sowohl zu externen Stake-holdern, wie zB Banken, Regulatoren etc und zu internen Stakeholdern, wie zB Vor-stand, Aufsichtsrat, aber auch den Mitarbeitern und Verbandsmitgliedern in den relevan-ten Bereichen. Dies erlaubt eine **zielgruppenspezifische** Kommunikation Compliance-relevanter Themen. Neben der Beratungs- und Schulungsfunktion von Compliance stellt die Kommunikationsfunktion sicher, dass die Mitarbeiter einer komplexen Verbandskon-struktion hins. ihres Aufgabenbereiches die notwendigen Informationen rechtzeitig und am rechten Ort erhalten. Erst dies ermöglicht ein normenkonformes Handeln und erlaubt Mitarbeiter, bei Verfehlungen ordnungsgemäß zu sanktionieren. Gerade in komplexen Organisationskonstruktionen fällt die Identifizierung der relevanten Stakeholdergruppen besonders schwer.   21

IV. Kontroll- und Steuerungsfunktion

Die Kontroll- und Steuerungsfunktion von Compliance umfasst die verantwortungsvolle Führung eines Wirtschaftsverbandes unter **Conformance- und Performance**-Kriterien. Conformance-Kriterien beinhalten die Einhaltung aller compliance-relevanter Aufgaben und   22

---

[16] *Herzog* S. 89 ff.

Pflichten, die sich aus Gesetzen, regulatorischen Vorschriften oder aus über-/innerbetrieblichen Regelwerken ergeben. Diese Funktion hat zum Ziel, Compliance-Risiken präventiv, dh im Vorfeld, zu unterbinden. Tritt ein Compliance-Risiko allerdings ein, sorgt die Funktion für eine effektive Verfolgung und effiziente Abwicklung. IRd normativen Rahmenbedingungen hat die Organisation für den dauerhaften Erfolg (Performance) zu sorgen. Die Kontroll- und Steuerungsfunktion gewährleistet somit die Verbindung zwischen den strategischen Vorgaben einer Unternehmung und den täglichen operativen Prozessen.[17] Komplexe Strukturen von Wirtschaftsverbänden stellen die Umsetzung der Kontroll- und Steuerungsfunktion vor besondere Aufgaben. Grundsätzlich ermöglichen die personellen und institutionellen Verflechtungen über verschiedene Verbands- und Hierarchieebenen hinweg die Durchsetzung eines einheitlichen Kontroll- und Steuerungssystems. Ohne eine ausreichende Formalisierung der Compliance innerhalb einer verschachtelten Konstruktion erreichen die Vorgaben zur Steuerung und Kontrolle nicht alle relevanten Funktionen und Stellen. Die Durchsetzung einer einheitlichen Steuerungs- und Kontrollpolitik kann allerdings auch zu Interessenkonflikten innerhalb eines Verbandsnetzwerkes führen, oder aber im Falle einer marktbeherrschenden Stellung zu Wettbewerbsbehinderungen.

V. Schulungs- und Beratungsfunktion

23 Bevor eine entsprechende Kontroll- und Schutzfunktion von Compliance effizient umgesetzt werden kann, sind die Organe sowie die Mitarbeiter zu schulen und in entscheidenden Fällen zu beraten. Diese Funktion betrifft auch die operativ tätigen Abteilungen, wenn es gilt, Fragen zu klären und/oder beratend zur Seite zu stehen. Der Mitarbeiter ist für mögliche Compliance-Risiken zu **sensibilisieren.** Voraussetzung ist die Identifizierung der betroffenen Organe, Geschäftsleiter und Mitarbeiter sowie deren funktionelle und prozessuale Zuordnung. Dies gilt insbes. für komplexe Verbandskonstruktionen. Die Merkmale komplexer Verbandsstrukturen iVm der Beschreibung relevanter Compliance-Zielfunktionen führen zu einem Analyse- und Gestaltungsansatz, um anschließend einige relevante Herausforderungen für Compliance mit Blick auf diese besonderen Organisationsformen zu diskutieren.

D. GRC-Managementansatz und Datenstrukturmodell als Analyserahmen für Compliance in Bezug zu Wirtschaftsverbänden

I. GRC-Managementansatz

24 Die Diskussion um die Komplexität von Verbandsstrukturen unter **Einbindung verschiedener Zielfunktionen** von Compliance zeigt, dass das Management, dh die Planung, Organisation und Umsetzung eines normenkonformen Verhaltens, sowohl unter Performance- als auch Conformance-Kriterien eine Herausforderung darstellt. Es braucht somit einen Analyse- und Handlungsrahmen, der die vielschichtigen Ebenen von Compliance in komplexen Organisationen wie bspw. Wirtschaftsverbänden beschreibt, systematisiert und in einen Maßnahmenkatalog überführt.[18] Der GRC-Managementansatz[19] stellt einen ganzheitlichen und mehrdimensionalen Framework dar, der die Managementebene in Form des Geschäftszwecks und des -modells eines Verbandes über einen GRC-Chancen- und Risikomanagementprozess mit der Verbandsorganisation sowie mit einzelnen Funktionsbereichen verbindet. Dabei werden sämtliche Verbandsperspektiven (institutionelle, funktionale, prozessuale und instrumentelle) sowohl unter Performance- als auch Conformance-Gesichtspunkten wirksam über einen Maßnahmenplan organisiert und umgesetzt.

---

[17] *Werder/Stöber/Grundei* S. 9.
[18] *IDW*, Grundsätze ordnungsmäßiger Prüfung von Compliance Management Systemen, 2014, o. S.
[19] Eigene Darstellung.

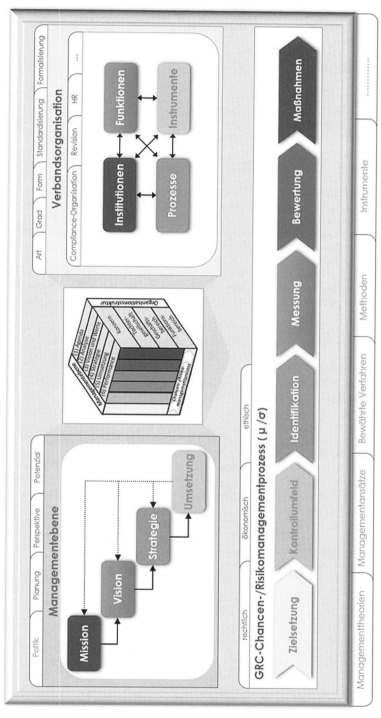

Abb. 2 : GRC-Management-Ansatz

25 Die **Managementebene** des Ansatzes analysiert und beschreibt die strategische Ausrichtung, deren Rahmenbedingungen sowie Transformation in den Geschäftszweck und in das Geschäftsmodell des Verbandes über die Strukturmerkmale Politik, Planung, Perspektive und Potenzial:

- *Politik* als die Gestaltung der Systemziele (Verbandsverfassung, Ziele, Wertevorstellungen ua),
- *Planung* als die Gestaltung der Systemstrategien (Zweck-Mittel-Ordnungen, externe Abgrenzungen zur Umwelt, Funktionen einer Planung etc),
- *Perspektive* für die Gestaltung der Systemstrukturen und -prozesse (Aufbau- und Ablaufstruktur, zielorientierte Steuerung des Verhaltens, organisatorische und formale Maßnahmen etc) sowie
- *Potenzial* als die Gestaltung von Systemressourcen (physische, finanzielle und intangible Ressourcen).

26 Da Compliance geschäftsfeld- und risikoabhängig ist, stellt die Analyse des Umfangs und des Ausmaßes der Integration von Compliance in den Strategieentwicklungs- und -umsetzungsprozess einen wesentlichen Kernpunkt dar.

27 Das Ergebnis dieses Prozesses ist gleichermaßen Gegenstand der Zielsetzung und damit **Ausgangspunkt** des Chancen- und Risikomanagementprozesses innerhalb der zweiten Dimension. Hierbei rückt nicht nur das Risiko in den Vordergrund, sondern es erfolgt ebenfalls eine Würdigung der mit jedem Prozess verbundenen Chancen. Dies ist va für solche Verbände von großer Bedeutung, die Compliance als Teil ihrer Wertschöpfungskette verstehen. Der Chancen- und Risikomanagementprozess umfasst insgesamt sechs Schritte:

- *Zielsetzung:* Festlegung des Compliance-Niveaus und der abgeleiteten Compliance-Ziele,
- *Kontrollumfeld:* Festlegung der relevanten Rahmenbedingungen und Stakeholder,
- *Identifikation:* revolvierende Identifizierung und Meldung der Chancen und Risiken im relevanten Kontrollumfeld,
- *Messung:* Erhebung differenzierter Kennzahlen zur Einordnung der identifizierten Chancen und Risiken,
- *Bewertung:* Festlegung von Prioritäten unter Berücksichtigung meist knapper personeller und finanzieller Ressourcen sowie
- *Maßnahmen:* Maßnahmen oder Maßnahmenbündel zur Steuerung und Fortschrittskontrolle der Chancen und Risiken.

28 Insgesamt mündet der Chancen- und Risikomanagementprozess in einen **Maßnahmenplan,** der die notwendigen und priorisierten Maßnahmen zur Umsetzung eines Compliance Managements sowie dessen Auswirkungen auf die verschiedenen Gestaltungselemente einer Compliance-Organisation in einen strukturellen und effizienten Zusammenhang bringt. Die verschiedenen Gestaltungselemente einer Verbandsorganisation und damit seiner Compliance-Organisation strukturieren sich nach einer institutionellen, funktionalen, prozessualen sowie instrumentellen Perspektive. Dabei zielt die institutionelle Perspektive auf den Gestaltungsträger bzw. auf die organisatorische Verankerung, die funktionale Perspektive auf die Gestaltungsaufgaben (Entscheidung, Organisation, Ausführung und Kontrolle), die prozessuale Perspektive betrachtet die Gestaltungsabfolgen, und die instrumentelle Perspektive konzentriert sich schließlich auf die Gestaltungswerkzeuge.

II. Datenstrukturmodell

29 Das GRC-Strukturdatenmodell[20] bietet für die Analyse, Beschreibung und Bewertung der Maßnahmen den erforderlichen **Bezugsrahmen.** Dieser erlaubt es „Top-Down" über verschiedene Detaillierungsebenen, die zu implementierenden Maßnahmen in den oa verschiedenen Perspektiven (Institutionen, Funktionen, Prozesse, Instrumente) zu verorten.

---

[20] Eigene Darstellung.

Prof. Dr. Herzog/Stephan

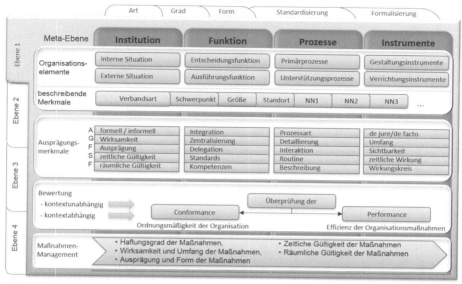

Abb. 3: Das GRC-Strukturdatenmodell

Die Maßnahmen und deren Beziehungen untereinander lassen sich dadurch aus unterschiedlichen Blickwinkeln analysieren, beschreiben und bewerten.

Dies erfolgt unter Performance- und Conformance-Gesichtspunkten durch quantitative und qualitative **Ausprägungsmerkmale.** Folgende Ausprägungsmerkmale liegen hierbei zugrunde: 30

- *Art:* Spannungsfeld zwischen normativen und kognitiven Prozessen
- *Grad:* Stärke der expliziten Ausarbeitung der Maßnahmen (Vielfalt und Exaktheit der Aufgaben)
- *Form:* Sichtbares Ergebnis innerer und äußerer Gestaltungsprozesse
- *Standardisierung:* Generelle Festlegung von Aktivitätsfolgen für wiederkehrende Ereignisse (zeitliche Gültigkeit)
- *Formalisierung:* Ausdrückliche, formale Festlegung von Regelungen (räumliche Gültigkeit)

Mithilfe dieser Ausprägungsmerkmale lässt sich im Rahmen eines wechselseitigen Prozes- 31
ses zwischen den erarbeiteten Maßnahmen und deren Auswirkungen auf die Gestaltungselemente einer Compliance-Organisation ein Prüfkatalog sowie ein priorisierter, abgestimmter und mit Ressourcen versehener Maßnahmenplan erstellen und umsetzen. Diese sollten definierte Performance- und Conformance-Kriterien berücksichtigen.

E. Herausforderungen und Gestaltungselemente von Compliance in Bezug zu Wirtschaftsverbänden

I. Institutionelle Elemente

Eine effiziente Compliance-Organisation erfordert einen **vollständigen Überblick** über 32
den rechtlichen und regulatorischen Rahmen eines Verbandes und damit ebenfalls ein System zur Verankerung der relevanten Normen und Regeln in der Verbandsorganisation. Die Ausgestaltung einer Compliance-Organisation als Teil dieser Verbandsorganisation basiert auf institutionellen, funktionalen, prozessualen sowie instrumentellen Elementen, die die notwendigen Compliance-Aufgaben unter ökonomischen und normativen Gesichtspunkten sowohl im Innen- als auch Außenverhältnis wirksam strukturieren. Das folgende

Kapitel gibt einen kurzen Überblick über ausgewählte Gestaltungselemente einer effizienten Compliance-Organisation und diskutiert diese unter den Bedingungen einer komplexen Verbandsorganisation. Aus der institutionellen Sicht erfolgt die Analyse, Systematisierung und Beschreibung der Organ-, Organisations- und Rollenstruktur des Verbandes. Darin enthalten sind ebenfalls die Personen(-gruppen), die Compliance-Aufgaben wahrnehmen sowie ihre Tätigkeiten und Rollen zzgl. der hierarchischen Anordnung. Diese sind verbandsspezifisch entsprechend der Verbandsziele, des Geschäftszwecks sowie der bereitgestellten finanziellen und personellen Ressourcen auszugestalten. Die institutionelle Perspektive bereitet dadurch die intra- und interorganisatorischen Beziehungen mit Blick auf die normativen Rahmenbedingungen in der Art und Weise auf, dass auf Basis einer transparenten Organisationsstruktur die notwendigen organisatorischen Maßnahmen zur Umsetzung eines normenkonformen Verhaltens verankert werden können. Kurz: Wer seinen Verband nicht kennt, wird es schwer haben, nachhaltig „compliant" zu sein. Dies gilt im besonderen Maße für Wirtschaftsverbände, deren Struktur sich durch eine Vielzahl von Verflechtungen und Überschneidungen auszeichnet. Die Identifizierung sämtlicher Organisationseinheiten, Organe, Beauftragter, betroffener Mitarbeiter sowie deren Verankerung im Verband als Stelle oder Rolle stellt eine fundamentale Aufgabe und eine umfassende Herausforderung dar.

II. Funktionelle Elemente

33 Aus der funktionalen Perspektive erfolgt mit Blick auf Compliance eine **Beschreibung und Analyse** von Entscheidungs- und Ausführungsfunktionen entlang der Organisationsfunktionen Planung, Steuerung, Durchführung und Kontrolle. Die formale und standardisierte Trennung von Entscheidungs-, Ausführungs- und Kontrollfunktionen steht dabei im Vordergrund. Aufgrund der möglichen vielschichtigen Verflechtungen komplexer Verbandsorganisationen stellt die Einteilung und Bewertung sämtlicher Verbandsprozesse und -aufgaben, insbes. jedoch der Compliance-Aufgaben, in eine Verantwortungssystematik eine wesentliche Grundlage für ein normenkonformes Verhalten dar. Dabei bietet sich folgende Systematik an:

- D: Durchführungsverantwortung: Die Zuordnung erfolgt für die Durchführungsverantwortung entweder als Initiativgeber oder als aktiv Durchführender (disziplinarische Verantwortung).
- E: Entscheidungsverantwortung: Hier werden die verantwortlichen Entscheider zugeordnet, welche „rechenschaftspflichtig" sind (Entscheidungs- oder Kostenverantwortung).
- B: Beratungsfunktion: Als betroffen oder konsultiert gelten jene, die aktiv in die Ausführung oder Entscheidung der Aufgabe einbezogen werden bzw. deren Rat hinzugezogen wird (Fachverantwortung).
- I: Informationsrecht: Eine Zuordnung zu dieser Kategorie bedeutet das Recht, Informationen über die Aufgabe oder das Ergebnis zu erhalten (Informationsrecht).[21]

34 Mit Hilfe dieser Einteilung lässt sich eine klare Zuordnung der Verantwortlichkeiten sowohl für die Compliance-Aufgaben als auch für die relevanten Bereiche außerhalb der Compliance-Organisation durchsetzen. Dies stellt die Grundlage für die Umsetzung und Durchsetzung eines normenkonformen Handelns dar und ermöglicht somit eine Vermeidung von Macht- und Verantwortungsvakuen. Die Zuordnung der Verantwortlichkeiten entlang der vorgestellten Systematik sollte weiterhin mit einer Stellenbeschreibung verbunden werden.

---

[21] *Herzog/Stephan* Wie sehen Führungskräfte in Deutschland den Compliance Manager S. 57 ff.

III. Prozessuale Elemente

Aus der prozessualen Sicht erfolgt die Analyse und Beschreibung der Compliance-Aufga- 35
ben und -Prozesse, die die relevanten Themengebiete einer Compliance-Organisation de-
finieren. Folgende bereichs- und aufgabenspezifische **Compliance-Prozesse** sind mit
Blick auf komplexe Wirtschaftsverbände iW zu diskutieren:

1. Wettbewerbs- und kartellrechtliche Compliance

Zu den bedeutendsten Risikofeldern komplexer Wirtschaftsverbandskonstruktionen ge- 36
hört das **Wettbewerbs- und Kartellrecht.**[22] Dies liegt insbes. an den vielschichtigen
personellen, finanziellen und immateriellen Verflechtungen zwischen unterschiedlichen
selbständigen und unselbständigen Einheiten eines Wirtschaftsverbandes. Hierdurch besteht die Gefahr, Wettbewerb innerhalb eines Marktes zu behindern. Die wirtschaftlichen
und haftungsrechtlichen Risiken in diesen Bereichen wiegen besonders schwer. Kartellrechtliche und wettbewerbsrechtliche Verhaltensrichtlinien gehören deshalb seit Langem
zu den notwendigen Compliance-Instrumenten. Sie sollten insbes. folgende Inhalte adressieren:

- Marktgespräche (Informationsaustausch zwischen zwei oder mehreren rechtlich selbständigen Unternehmen wegen der Gefahr kartellrechtswidriger Absprachen)
- Marktinformationssysteme (Anonymisierter Datenaustausch von wettbewerbsrelevanten
  Informationen zwischen zwei oder mehreren rechtlich selbständigen Unternehmen innerhalb desselben Marktes über Dritte)
- Abgestimmtes Marktverhalten (zB Aufforderungen zum Boykott, Aufforderungen, bestimmte Preise nicht zu unterschreiten, Normierungen, Nutzung derselben Verkaufs-
  plattform)

2. Lobbyismus und Compliance[23]

Lobbying und Politikberatung gehören zu den Kernaufgaben eines Wirtschaftsverban- 37
des.[24] Dabei sind die Grenzen zwischen **legitimer Interessenvertretung** und strafbe-
wehrter Einflussnahme fließend. Mit der Lobby-Arbeit ist typischerweise eine Vielzahl
von Veranstaltungen, gemeinsamen Arbeitsessen (Bewirtung), Dienstreisen etc verbunden.
Der korrekte Umgang mit Geschenken ua Zuwendungen gehört zu den wichtigsten
Compliance-Aufgaben eines Verbandes. Die Fragestellungen können oft komplex sein, da
verschiedene Rechtsgebiete (Korruptionsstrafrecht, Steuerrecht) sowie unterschiedlichste
personelle Verflechtungen und Perspektiven zu berücksichtigen sind (Verband, Mitarbeiter, Ehrenamt, Mitglieder). Der Kern eines Compliance Managements liegt somit in der
Analyse, welche Personen in der Verbandsstruktur mit Lobbying-Aufgaben in welcher
Verantwortungshierarchie befasst sind (personelle Verflechtungen). Sie beinhaltet weiterhin
die Prüfung der Themenfelder und Targets, die Dokumentation der Kontakte, die Analyse des erweiterten Netzwerks der Verbände (institutionelle Perspektive), der Allianzen sowie der externen Dienstleister (Think Tanks, Agenturen etc).[25] Darüber hinaus sollten
diese Einheiten der Steuerung und Kontrolle nach Maßgabe der allgemein und intern gesetzten Regelwerke unterliegen. Sie sind zusätzlich hins. der Compliance in Berichtswege
und Prozesse zu integrieren.

---

[22] Brouwer, Fn. 2, S. 162.
[23] *Kopp* S. 454; *Kopp* Recht, Transparenz und Integrität beim Lobbying – Compliance angesichts von Regulierung und Selbstverpflichtungen S. 69.
[24] *Brouwer* CCZ 2009, 161 (163).
[25] *Kopp* Recht, Transparenz und Integrität beim Lobbying – Compliance angesichts von Regulierung und
Selbstverpflichtungen S. 71.

IV. Instrumentelle Elemente

38 Die **instrumentelle Perspektive** umfasst die Beschreibung, die Analyse und den Einsatz sämtlicher Struktur- und Verhaltensinstrumente, seien es Programme, Systeme, Richtlinien oder Berichte. Struktur- und Verhaltensinstrumente gelten für alle relevanten Teilnehmer gleichermaßen und sind durch die oberste Geschäftsführungsebene vorzuleben („Tone-from-the-Top").

1. Strukturinstrumente

39 Strukturinstrumente einer Compliance-Organisation dienen im Regelfall der **Erhöhung der Verbandstransparenz** und der Sicherstellung von Verantwortlichkeit und Kompetenz. Zu ihnen gehören insbes. Organigramme, Stellen- und Aufgabenbeschreibungen. Sie sorgen sowohl für eine Visualisierung der Weisungs- und Informationsbefugnisse als auch für eine schriftlich fixierte Zuordnung von Kompetenz und Verantwortung auf Stellen und/oder Rollen. Neben der verbandsweiten Umsetzung und Anwendung dieser Strukturinstrumente rückt va ihre räumliche und zeitliche Reichweite in den Vordergrund. Gerade in komplexen Verbandskonstruktionen sind Fragen zu klären, die auf eine räumliche Begrenzung von Strukturinstrumenten auf ausgewählte Funktionsbereiche, Gesellschaften oder Regionen zielen. Weiterhin ist die zeitliche Gültigkeit der Instrumente zu analysieren. Dabei kann die Gültigkeit zeitlich limitiert (Zeitraum, Zeitpunkt) oder an den Eintritt eines bestimmten Ereignisses geknüpft sein.

2. Verhaltensinstrumente

40 Verhaltensinstrumente dienen der Umsetzung eines normenkonformen Verhaltens. Sie geben Hinweise und Richtlinien, wie sich Mitarbeiter in bestimmten Situationen zu verhalten haben, um nicht gegen Gesetze, Standards und/oder interne Verbandsregeln zu verstoßen. Hierin sind Sanktionen geregelt, die bei Fehlverhalten greifen. Im Idealfall lassen sich in Verhaltensinstrumenten positive Sanktionen für das Erreichen vorher definierter Compliance-Ziele (zB in Vergütungssystemen oder Arbeitsverträgen) verankern. **Klassische Verhaltensinstrumente** im Compliance-Umfeld lauten hierbei Code of Conduct, Vergütungsregelungen, Geschenkerichtlinien oder Kapitalmarkt-Richtlinien. Ein weiteres wichtiges Instrument zur Verankerung eines Compliance-konformen Verhaltens sind regelmäßige Compliance-Schulungen. Der Blick auf die Anforderungen komplexer Wirtschaftsverbände zeigt, dass vergleichbar zu den Strukturinstrumenten ebenfalls die räumliche und zeitliche Gültigkeit der Verhaltensinstrumente von großer Bedeutung ist. Insbes. die Frage nach dem Adressaten der Verhaltensrichtlinie ist zu klären. MaW: Für wen gilt die Verhaltensrichtlinie oder wer muss sich daran halten? Gelten diese Instrumente für alle Verbandsorgane, für Führungskräfte, für Mitarbeiter, für die ehrenamtlichen Delegierten oder aber auch für vertraglich gebundene Lieferanten, Kunden und Kooperationspartner? Die Identifizierung des Adressatenkreises und damit die Reichweite von Compliance trifft für die Verbandsrichtlinien (Code of Conduct, Kapitalmarktrichtlinie etc) und Compliance-Schulungen gleichermaßen zu. Hinzu kommt die Bestimmung der zeitlichen Gültigkeit der Verhaltensinstrumente. Dies kommt va für Schulungen zum Tragen. Ein weiteres Element stellt die Bestimmung der zeitlichen Gültigkeit der Verhaltensinstrumente dar. Dies gilt insbes. für Schulungen. Hier stellt sich die Frage, in welchen zeitlichen Abständen oder nach welchen besonderen Ereignissen Schulungen abzuhalten sind. Die Durchführung, Teilnehmer und Zeitpunkte sind entsprechend zu dokumentieren.

F. Zusammenfassung

Verbände, insbes. Wirtschaftsverbände nehmen mit Blick auf die Verbesserung der nationa- **41** len und internationalen **Wettbewerbsfähigkeit** eine Schlüsselfunktion für den Wirtschaftsstandort Deutschland ein. In diesem Zusammenhang stehen Wirtschaftsverbände vor der Herausforderung, die Wettbewerbsfähigkeit ihrer Mitglieder durch Verbandsdienstleistungen zu fördern und dabei gleichzeitig die mögliche Behinderung des Wettbewerbs innerhalb eines Marktes zu unterbinden. Jedoch gerade die spezifischen Verbandsdienstleistungen, wie zB Marktinformationsverfahren, Verbandssitzungen, Lobbyismus, Gemeinschaftsinitiativen, Veranstaltungen, eröffnen unter Compliance-Gesichtspunkten einen nicht zu unterschätzenden Risikoraum für Verbände in ihrer Zusammenarbeit mit den Mitgliedsunternehmen. Die Sicherstellung des normenkonformen Handelns in Wirtschaftsverbänden stellt aufgrund ihrer vielschichtigen personellen, institutionellen, immateriellen, materiellen und räumlichen Verflechtungen daher eine umfassende Managementaufgabe für die Verbandsführung dar. Hierfür braucht es allerdings einen Analyse- und Handlungsrahmen, der die vielschichtigen Ebenen von Compliance in komplexen Wirtschaftsverbänden beschreibt, systematisiert und in einen Maßnahmenkatalog überführt. Der vorgestellte GRC-Management-Ansatz bietet daher eine Struktur für die Anforderungen an ein Compliance Management über die institutionellen, prozessualen, funktionalen und instrumentellen Ebenen. Es ermöglicht einen proaktiven Umgang mit Compliance Management, das den Verband zukünftig in die Lage versetzt, eine zielgerichtete Zusammenarbeit zwischen einer Verbandsorganisation ieS sowie den Mitgliedsunternehmen und ihren Delegierten auch im Hinblick auf Gesetzgeber, Regulatoren ua Stakeholder aufzubauen.

6. Kapitel. Branchenspezifische Wirtschaftsverbände

§ 15. Finanzbereich

Literatur:

Bundesanstalt für Finanzdienstleistungsaufsicht, Merkblatt „Hinweise zum Tatbestand des Factoring", 2009; *Bundesanstalt für Finanzdienstleistungsaufsicht*, Rundschreiben 10/2012 (BA) „Mindestanforderungen an das Risikomanagement – MaRisk", 2012; *Bundesanstalt für Finanzdienstleistungsaufsicht*, Merkblatt zu den Mitgliedern von Verwaltungs- und Aufsichtsorganen gemäß KWG und KAGB, 2016; *Bundesanstalt für Finanzdienstleistungsaufsicht*, Merkblatt zu den Geschäftsleitern gemäß KWG, ZAG und KAGB, 2016; *Bundesanstalt für Finanzdienstleistungsaufsicht*, Liste der zugelassenen Finanzierungsleasing- und Factoringinstitute, 2016; *Bette*, Factoring – Finanzdienstleistung für mittelständische Unternehmen, 2001; *Deutsche Bundesbank*, Merkblatt über die Erteilung einer Erlaubnis zum Erbringen von Finanzdienstleistungen gem. § 32 Abs. 1 KWG, 2014; *Deutscher Factoring-Verband eV/Bundesverband Factoring für den Mittelstand eV*, Gemeinsame Anwendungshinweise des DFV und BFM für Factoringunternehmen zur Prävention von Geldwäsche und Terrorismusfinanzierung, 10/2012; *Glos/Sester*, Aufsichtsrechtliche Erfassung der Leasing- und Factoringunternehmen, WM 2009, S. 1209 ff.; *Grieser/Heemann*, Bankaufsichtsrecht – Entwicklungen und Perspektiven, 2010; *Grieser/Heemann*, Bankenaufsicht nach der Finanzmarktkrise, 2011; *Hartmann-Wendels*, Müssen Leasing-Gesellschaften einer Regulierung unterzogen werden?, FLF 2008, S. 116 ff.; *Hartmann-Wendels*, Factoring-Umsatz nähert sich der 200-Milliarden-Euro-Marke, FLF 2015, S. 150 ff.; *Hartmann-Wendels/Nemet/Garakani*, Die Kosten der Regulierung für Leasing-Gesellschaften, FLF 2012, S. 241 ff.; *Hartmann-Wendels/Moseschus/Wessel*, Factoring-Handbuch, 2014; *Holzhauser/Sutter*, Compliance in Factoringunternehmen – Festschrift für Dr. Klaus Bette, 2011; *Lamberti/Stumpf*, Neues Geldwäschegesetz: Keine echte Herausforderung für Factoring, FLF 2010, S. 18 ff.; *Moseschus/Schuck/Wessel*, Das Factoring-Geschäft nach der Unternehmenssteuerreform 2008, FLF 2009, S. 109 ff.

A. Einleitung

I. Compliance in der Finanzbranche und insbes. im Factoring

Compliance hat sich als ein zunehmend wichtiges Thema in der Finanzbranche etabliert. **1** Gerade in den letzten Jahren, insbes. infolge der Finanzkrise, sind sowohl auf internationaler, europäischer als auch auf nationaler Ebene viele neue gesetzliche und untergesetzliche Regelungen erlassen worden, an die sich Unternehmen im Finanzbereich in verschiedenen Ausmaßen zu halten haben und die immer wieder für Unsicherheiten sorgen und Fragen aufwerfen, für Institute sowie für deren Interessensvertretungen. Im Folgenden sollen einige aufsichtsrechtliche Entwicklungen für Factoringunternehmen in Deutschland in den letzten ca. acht Jahren als Beispiel für die Entwicklung der Compliance-Thematik im Finanzbereich dienen und näher beleuchtet werden, um abschließend daraus einige Schlüsse zu ziehen sowie Aussichten für die Zukunft darzustellen, wobei aus der Erfahrung heraus eher mit einer Zunahme der entsprechenden Compliance-Regelungen sowie mit einer Verschärfung derselben zu rechnen ist. Hierbei wird auch auf die Aufgaben bzw. die Rolle des Deutschen Factoring-Verband eV sowie auf bestimmte Fragestellungen eingegangen, die regelmäßig an den Deutschen Factoring-Verband eV herangetragen werden, gerade im Hinblick auf die zunehmende Relevanz von Compliance-Regelungen in der Factoring- und auch sonstigen Finanzbranche.

II. Der Deutsche Factoring-Verband eV

Der Deutsche Factoring-Verband eV wurde 1974 gegründet und vertritt die Interessen **2** der deutschen Factoringunternehmen auf nationaler und internationaler Ebene. Neben großen, meist international tätigen Gesellschaften, auch aus dem Bankenbereich, gibt es viele mittelständisch orientierte Factoringunternehmen, die Mitglieder des Verbands sind. Neutrale Untersuchungen bestätigen, dass die 31 Mitglieder des Deutschen Factoring-Verbandes (Stand: 2/2016) über 98 Prozent des verbandlich organisierten Factoring-Volumens in Deutschland darstellen.[1] Im Jahr 2014 beliefen sich die Umsätze der Factoringunternehmen, die Mitglieder des Verbands sind, auf knapp 190 Mrd. Euro; im ersten Halbjahr 2015 belief sich der Gesamtumsatz auf 100,5 Mrd. EUR.[2] Der Satzung des Verbands entsprechend ist es oberstes Verbandsziel, die Finanzdienstleistung Factoring zu fördern und zu schützen, wobei die Sicherung fairer steuerlicher, rechtlicher und wirtschaftlicher Rahmenbedingungen für die Branche im Vordergrund steht. In einem Verhaltenskodex haben sich die Mitgliedsunternehmen zur Einhaltung bestimmter Verhaltenskriterien verpflichtet, ua der Befolgung der Satzung und des Compliance-Leitfadens des Verbands sowie zu generell gesetzeskonformem Verhalten, va anderen Verbandsmitgliedern gegenüber. Daher werden auch nur ausgewählte Factoring-Unternehmen, welche diese Qualitätsstandards erfüllen, in den Deutschen Factoring-Verband aufgenommen. Alle Mitgliedsunternehmen sind bei der Bundesanstalt für Finanzdienstleistungsaufsicht (BaFin) als Finanzdienstleistungs- bzw. Kreditinstitute registriert, um wirtschaftlich nachhaltig zu einem stabilen Finanzsystem beizutragen. Ein Netzwerk von Experten, welche von den Mitgliedern gewählt werden, tauscht sich in regelmäßig tagenden Arbeitskreisen über aktuelle Fragen und verschiedene Themenbereiche rund um das Factoring aus. Durch den internationalen Bezug vieler Mitgliedsunternehmen werden dabei auch die zunehmend wichtiger werdenden europäischen und internationalen Einflüsse berücksichtigt, und gerade die Compliance-Anforderungen an das Factoring von internationaler und nationaler Seite sind ein starker Fokus der Verbandsarbeit im allgemeinen und der Arbeit der Arbeitskreise im Besonderen. Der Deutsche Factoring-Verband eV steht der Öffentlichkeit als Ansprechpartner für alle Fragen rund um das Thema Factoring zur Verfügung und pflegt zudem enge Kontakte zu anderen Wirtschaftszweigen und befreundeten Verbänden der deutschen Wirtschaft, über die Gründungsmitgliedschaft in der EU Federation for Factoring and Commercial Finance (EUF) als Dachverband der europäischen Factoringbranche bestehen aber auch Kontakte zu anderen europäischen Factoringverbänden und Interessensvertretungen. Somit bringt sich der Deutsche Factoring-Verband eV über Mandate im Vorstand und verschiedenen Arbeitskreisen der EUF auch auf europäischer Ebene aktiv ein, um auf diese Weise frühzeitig auf die europäischen Rahmenbedingungen für das Factoringgeschäft Einfluss zu nehmen. Diese Einflussnahme findet dabei sowohl auf nationaler als auch auf internationaler Ebene va durch die Abgabe schriftlicher Stellungnahmen (zB auf Konsultationen von Aufsichtsbehörden hin) sowie durch Gespräche mit Vertretern von ua Ministerien und Aufsichtsbehörden statt. Der Deutsche Factoring-Verband eV übernimmt zudem Verantwortung im Bereich der Aus- und Weiterbildung für die gesamte Factoringbranche, die gegenwärtig bereits ungefähr 2.100 Mitarbeiter beschäftigt. Über verbandsinterne Kolloquien sowie über Kooperationen des Verbands mit ua Hochschulen werden Fortbildungsmöglichkeiten für die verschiedenen Ebenen in Factoringunternehmen angeboten, wobei das Thema Compliance auch hier in den letzten Jahren merkbar an Relevanz gewonnen hat.

B. Finanzaufsicht für Factoring

I. Factoring seit Ende 2008 unter Finanzaufsicht

3 Bis Dezember 2008 wurden Factoringunternehmen aufsichtsrechtlich noch als bloße Finanzunternehmen iSv § 1 Abs. 3 Nr. 2 KWG eingestuft und waren somit grds. weder aufsichts- noch erlaubnispflichtig.[3] Als Folge des Jahressteuergesetzes 2009 werden Facto-

---

[1] Vgl. *Hartmann-Wendels* FLF 2015 S. 150.

[2] Vgl. Pressemitteilungen des *Deutschen Factoring-Verbands eV* v. 16.4.2015 und 11.8.2015, einzusehen unter www.factoring.de (zuletzt aufgerufen am 1.3.2016).

[3] Vgl. *Hartmann-Wendels/Moseschus/Wessel* S. 81.

ringunternehmen jedoch seit Ende 2008 als erlaubnis- und aufsichtspflichtige Finanzdienstleistungsinstitute gem. § 1 Abs. 1a S. 2 Nr. 9 KWG eingestuft.

Die Einführung der Finanzaufsicht für Factoringunternehmen zum 25.12.2008 war **4** Folge einer in den Ursprüngen steuerrechtlichen Problematik der Factoringunternehmen: Aufgrund von Regelungen aus der Unternehmenssteuerreform 2008 war Factoring Gegenstand einer faktischen gewerbesteuerlichen Doppelbesteuerung,[4] denn es unterlagen nicht nur Zinsen aus der klassischen Überlassung von Fremdkapital der gewerbesteuerlichen Hinzurechnung, sondern auch Zinsanteile ua aus Factoring. Factoringkunden mussten also den Finanzierungsanteil bei der Ermittlung ihrer Gewerbesteuer hinzurechnen, und Factoringunternehmen mussten den Refinanzierungsaufwand gleichzeitig auch bei der Gewerbebesteuerung hinzurechnen. Dies wurde zu Recht als ungerechtfertigte und willkürlich wirkende Ungleichbehandlung empfunden, sowohl gegenüber dem konventionellen Kreditgeschäft von Kreditinstituten, denen das Gewerbesteuerprivileg nach § 19 GewStDV zustand, als auch gegenüber ausländischen Factoringunternehmen, in deren Herkunftsstaat es keine vergleichbaren Regelungen gab.[5] Factoringunternehmen und der Deutsche Factoring-Verband eV als Interessensvertreter der deutschen Factoringbranche strebten daher eine gewerbesteuerliche Gleichbehandlung von Factoring und konventionellem Kreditgeschäft an: Factoring sollte in § 19 GewStDV einbezogen werden, wobei der Gesetzgeber allerdings bald klarstellte, dass der Anwendungsbereich der vorgenannten Gewerbesteuererleichterung nur dann auf Factoringunternehmen ausgeweitet werden könne, wenn auch Factoringunternehmen der Finanzaufsicht unterstünden.[6] Es wurde kurzzeitig sogar die aufsichtsrechtliche Einordnung von Factoringunternehmen als Kreditinstituten (also eine Vollaufsicht) diskutiert, dann allerdings wieder verworfen, denn der Gesetzgeber konnte ua durch Gespräche mit Interessensvertretern wie dem Deutschen Factoring-Verband eV letztlich davon überzeugt werden, dass die Einstufung von Factoringunternehmen als Finanzdienstleistungsinstituten angemessen ist.[7] Dies führte zu wichtigen Ausnahmen von bestimmten aufsichtsrechtlichen Anforderungen für Factoringunternehmen als Finanzdienstleistungsinstituten, so dass seitdem in diesem Zusammenhang oft von „KWG light" die Rede ist.[8]

II. Erlaubnispflichtiges Factoring – eine Frage der Definition

Seit Inkrafttreten des Jahressteuergesetzes 2009 zum 25.12.2008[9] werden also (alle) Unter- **5** nehmen, die Factoring iSv § 1 Abs. 1a S. 2 Nr. 9 KWG erbringen, aufsichtsrechtlich als Finanzdienstleistungsinstitute klassifiziert und entsprechend einer Finanzaufsicht unterworfen. Gleichzeitig änderte das Jahressteuergesetz 2009 auch § 19 Abs. 3 und § 36 GewStDV, so dass auch Factoringunternehmen unter bestimmten Voraussetzungen[10] die vorgenannten gewerbesteuerlichen Erleichterungen nutzen können. Diese aufsichtsrechtliche Einordnung der Factoringunternehmen als Finanzdienstleistungsinstitute hat verschiedene

---

[4] Holzhauser/Sutter/*Wessel* FS Dr. Klaus Bette, 2011, S. 238.

[5] Vgl. ausf. Argumentation in: *Hartmann-Wendels* FLF 2008,116.

[6] Vgl. Erster Bericht des Bundesministeriums der Finanzen an den Finanzausschuss des Deutschen Bundestags zu den Möglichkeiten spezieller aufsichtsrechtlicher Regelungen für Leasing- und Factoringunternehmen v. 2.10.2007 und Zweiter Bericht des Bundesministeriums der Finanzen an den Finanzausschuss des Deutschen Bundestags zu den Möglichkeiten spezieller aufsichtsrechtlicher Regelungen für Leasing- und Factoringunternehmen v. 15.4.2008.

[7] Vgl. Berichte des Bundesministeriums der Finanzen an den Finanzausschuss des Deutschen Bundestags zu den Möglichkeiten spezieller aufsichtsrechtlicher Regelungen für Leasing- und Factoringunternehmen v. 2.10.2007 und 15.4.2008.

[8] Grieser/Heemann/*Moseschus/Wessel* S. 664.

[9] Jahressteuergesetz 2009, BGBl. 2008 I 2794.

[10] Zu diesen Voraussetzungen vgl. *Moseschus/Schuck/Wessel* FLF 2009, 109 ff.

Folgen, va die Erlaubnispflicht.[11] Wer Factoring iSd KWG betreibt, ohne eine entsprechende Erlaubnis zu haben, macht sich nach § 54 KWG strafbar und muss mit einer Geld- oder sogar Freiheitsstrafe rechnen, ein scharfes Schwert für eine zuvor als Kaufgeschäft aufsichtsrechtlich quasi nicht regulierte Branche.

1. Legaldefinition

6 Der aufsichtsrechtliche Tatbestand des Factoring als Finanzdienstleistung in § 1 Abs. 1a S. 2 Nr. 9 KWG wird wie folgt legaldefiniert: „Finanzdienstleistungen sind […] der laufende Ankauf von Forderungen auf der Grundlage von Rahmenverträgen mit oder ohne Rückgriff (Factoring)". Diese Legaldefinition wirkt zunächst eindeutig, hat aber insbes. im Anfangsstadium der Erlaubnis- und Aufsichtspflicht für Factoringunternehmen etliche Fragen nach sich gezogen.[12] So kam es ua zu Fragen nach der Einstufung bestimmter Factoringarten nach dem KWG (zB Fälligkeitsfactoring), da die in Deutschland angebotenen unterschiedlichen Arten des Factoring und das in der Gesetzesbegründung enthaltene ungeschriebene Tatbestandsmerkmal des Factoring, nämlich die Finanzierungsfunktion, durch Auslegung in Einklang gebracht werden mussten. Hier bündelte der Deutsche Factoring-Verband eV die Informationen zu verschiedenen Factoringarten und fungierte als Sprachrohr der Factoringbranche, um so die Praxisnähe und Erfüllbarkeit der neuen aufsichtsrechtlichen Anforderungen sicherzustellen.

7 Die vorgenannte Legaldefinition des Factoring umfasst ihrem Wortlaut nach explizit echtes und unechtes Factoring, was auch die BaFin in ihrem Merkblatt „Hinweise zum Tatbestand des Factoring – § 1 Abs. 1a S. 2 Nr. 9 KWG" v. 5.1.2009 bestätigt.[13] Dabei hat die BaFin auf die Gesetzesbegründung des Finanzausschusses hingewiesen, derzufolge „unbeschadet der zivilrechtlichen Einordnung des unechten Factoring als Darlehen iSd § 488 BGB […] der Tatbestand des Kreditgeschäfts des § 1 Abs. 1 S. 2 Nr. 2 KWG entgegen seinem Wortlaut nicht zur Anwendung kommen" soll, sondern „in Durchbrechung des in § 1 Abs. 1a S. 1 KWG grds. verankerten Prinzips des Vorrangs des Bankgeschäfts […] das Factoring in dem neuen § 1 Abs. 1a S. 2 Nr. 9 KWG als Finanzdienstleistungstatbestand abschließend geregelt werden" soll.[14] Die Legaldefinition in § 1 Abs. 1a S. 2 Nr. 9 KWG entfaltet also eine „Sperrwirkung" im Verhältnis zum bankerlaubnispflichtigen Kreditgeschäft nach § 1 Abs. 1 S. 2 Nr. 2 KWG, bis heute oftmals verkannt. Ebenso stellt die BaFin in ihrem Merkblatt „Hinweise zum Tatbestand des Factoring" klar, dass Factoring iSd KWG (neben dem echten und dem unechten Factoring) auch das offene, das stille und das halboffene Factoring sowie das Reverse Factoring erfasst.[15] Nur das Fälligkeitsfactoring ganz ohne Finanzierungsfunktion ist dem Gesetzgeber und den Aufsichtsbehörden zufolge kein Factoring iSd KWG, auch wenn selbst Fachleute die Begründung hierzu bis heute für unverständlich halten.

2. BaFin-Merkblatt zum Tatbestand des Factoring

8 In dem vorgenannten Merkblatt der BaFin „Hinweise zum Tatbestand des Factoring" werden die Finanzierungs-, Dienstleistungs- und Delkrederefunktionen des Factoring näher erörtert sowie die Voraussetzungen für die Erfüllung des erlaubnispflichtigen Finanz-

---

[11] Eine Liste der zugelassenen Factoringunternehmen ist einzusehen unter http://www.bafin.de/SharedDocs/Downloads/DE/Liste/Unternehmensdatenbank/dl_li_fidi_leas_fac.html?nn=2814084 (zuletzt aufgerufen am 4.2.2016).
[12] Vgl. hierzu auch ausf. *Hartmann-Wendels/Moseschus/Wessel* S. 82 ff.
[13] Merkblatt der BaFin „Hinweise zum Tatbestand des Factoring" ist einzusehen unter: http://www.bafin.de/SharedDocs/Veroeffentlichungen/DE/Merkblatt/mb_090105_tatbestand_factoring.html (zuletzt aufgerufen am 4.2.2016).
[14] BT-Drs. 16/11108, 67.
[15] Merkblatt der BaFin „Hinweise zum Tatbestand des Factoring", Punkt IV, einzusehen unter: http://www.bafin.de/SharedDocs/Veroeffentlichungen/DE/Merkblatt/mb_090105_tatbestand_factoring.html (zuletzt aufgerufen am 4.2.2016).

dienstleistungstatbestands „Factoring" dargelegt. Der BaFin zufolge muss es sich um den laufenden Ankauf von Forderungen handeln, der auf der Grundlage von Rahmenverträgen erfolgt, und zudem muss das Factoring eine Finanzierungsfunktion aufweisen.[16]

Zum ersten Merkmal, dem Erfordernis eines laufenden Ankaufs auf der Grundlage einer Rahmenvereinbarung, stellt das BaFin-Merkblatt heraus, dass entweder eine Rahmenvereinbarung oder zumindest die Absicht der Parteien vorliegen muss, weitere Factoringgeschäfte miteinander auszuführen.[17] Der BaFin zufolge haben es die Parteien dabei selbst in der Hand, ob sie erlaubnispflichtiges Factoring betreiben oder nicht: Entscheiden sie sich dafür, den Abschluss einer Rahmenvereinbarung aktuell und künftig auszuschließen, liegt laut BaFin kein Factoring iSd KWG vor.[18] **9**

Beim unechten Factoring, dh ohne Übernahme des Delkredererisikos, werden die Folgen dazu deutlich: Erfolgt der Forderungsankauf nämlich ohne Übernahme des Delkredererisikos und ohne dass zB ein Rahmenvertrag besteht, so liegt der BaFin zufolge kein Factoring iSd KWG vor, weswegen dann auch die vorgenannte „Sperrwirkung" des § 1 Abs. 1 S. 2 Nr. 9 KWG gegenüber den erlaubnispflichtigen Bankgeschäften nach § 1 Abs. 1 S. 2 KWG entfällt. Es kann sich dann um erlaubnispflichtige Bank- bzw. Kreditgeschäfte handeln, mit den entsprechenden möglichen strafrechtlichen Konsequenzen (Freiheits- oder Geldstrafe nach § 54 KWG für das Betreiben von Bankgeschäften ohne die erforderliche BaFin-Erlaubnis); ein erhebliches Compliance-Thema, was in der Praxis offenbar nicht in jedem Einzelfall vorab bedacht wird, wie die verbandsinternen Erfahrungen zeigen. **10**

3. Fälligkeitsfactoring als Sonderfall

Bei der Beurteilung, ob in einem Einzelfall Factoring iSd KWG vorliegt, ist zudem die Finanzierungsfunktion des Factoring relevant – ein in § 1 Abs. 1a S. 2 Nr. 9 KWG nicht explizit enthaltenes Kriterium. Es geht jedoch aus dem vorgenannten Merkblatt der BaFin und dem Gesetzgebungsverfahren zum Jahressteuergesetz 2009 hervor, dass (wenn auch materiellrechtlich unzutreffend) beim Fälligkeitsfactoring die Finanzierungsfunktion ganz wegfallen kann, weswegen das Fälligkeitsfactoring nicht unter Factoring iSd KWG fallen soll.[19] Diese Auffassung widerspricht indes dem in der Praxis vorherrschenden Verständnis des Fälligkeitsfactoring, dass der Factoringkunde mit dem Factoringinstitut vereinbart, dass eine Auszahlung des Forderungskaufpreises nicht sofort, sondern erst später (zB nach Eintritt der Fälligkeit der verkauften Forderung) erfolgen soll.[20] Daher besteht in der Praxis die (auch vom Deutschen Factoring-Verband eV mehrfach vorgebrachte) vorherrschende Auffassung, dass die Finanzierungsfunktion beim Fälligkeitsfactoring eben gerade nicht völlig fehlt: Bei dieser Variante des Factoring sei die Finanzierungsfunktion insbes. in der Liquiditätsplanungssicherheit für den Factoringkunden und in der Entlastung beim Debitorenmanagement zu sehen.[21] **11**

---

[16] Merkblatt der BaFin „Hinweise zum Tatbestand des Factoring", Punkt III, einzusehen unter: http://www.bafin.de/SharedDocs/Veroeffentlichungen/DE/Merkblatt/mb_090105_tatbestand_factoring.html (zuletzt aufgerufen am 4.2.2016).

[17] Merkblatt der BaFin „Hinweise zum Tatbestand des Factoring", Punkt III.2, einzusehen unter: http://www.bafin.de/SharedDocs/Veroeffentlichungen/DE/Merkblatt/mb_090105_tatbestand_factoring.html (zuletzt aufgerufen am 4.2.2015).

[18] Merkblatt der BaFin „Hinweise zum Tatbestand des Factoring", Punkt III.2, einzusehen unter: http://www.bafin.de/SharedDocs/Veroeffentlichungen/DE/Merkblatt/mb_090105_tatbestand_factoring.html (zuletzt aufgerufen am 4.2.2016).

[19] Vgl. BT-Drs. 16/11108 S. 67.

[20] Bette S. 69.

[21] Bette S. 122.

III. Übergangsregelungen bis Ende 2009

12 Die im Dezember 2008 eingeführte Erlaubnispflicht für das Factoring iSd KWG erforderte eine Übergangsregelung, so dass bereits vor dem 25.12.2008 bestehende Factoringunternehmen ihre Geschäftstätigkeit auch nach Inkrafttreten des Jahressteuergesetzes 2009 weiterhin legal ausüben konnten; sonst hätten Unternehmen per Federstrich in wenigen Tagen ihre Geschäftstätigkeit einstellen müssen, wohlgemerkt bei im Vergleich zur Vergangenheit inhaltsgleichen Aktivitäten. Die Übergangsregelung in § 64j KWG enthielt daher eine Erlaubnisfiktion für bestehendes Factoringgeschäft: Die erforderliche Erlaubnis galt bei fristgerechter Abgabe einer Betriebsfortführungsanzeige bei der BaFin (je nach Größe des Unternehmens bis zum 31.1.2009 oder bis zum 31.12.2009) als ab dem 25.12.2008 erteilt.

13 Alle Unternehmen, die keine Erlaubnis als Kreditinstitut bzw. für bestimmte Finanzdienstleistungen hatten und die bis zum Fristablauf keine Betriebsfortführungsanzeige eingereicht hatten oder die erst seit dem 25.12.2008 das Factoringgeschäft aufnehmen, müssen somit das Erlaubnisverfahren nach §§ 32 ff. KWG befolgen. Im Vergleich zur Betriebsfortführungsanzeige führt das Neuzulassungsverfahren zu erheblichem Mehraufwand, was (mit) ein Grund für die seit 2010 insgesamt sinkenden Zulassungszahlen für Factoringinstitute sein dürfte. Ein anderer Grund dürfte darin zu sehen sein, dass die infolge des Jahressteuergesetzes 2009 eingeführten neuen aufsichtsrechtlichen Pflichten und Anforderungen für Factoringunternehmen einen erheblichen, nicht zu unterschätzenden Umsetzungsaufwand nach sich gezogen haben und aufgrund der fortlaufenden und noch zu erwartenden Änderungen auch weiterhin nach sich ziehen werden, was zu einem Konsolidierungseffekt in der Factoringbranche geführt hat. Aufgrund der sog Grenzkosten scheinen hierbei kleine und mittelständische Factoringunternehmen besonders betroffen zu sein.[22]

14

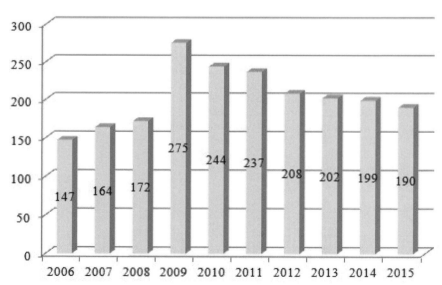

Abbildung: Anzahl der Factoringinstitute (Quelle: Deutscher Factoring-Verband eV, beruhend auf Angaben der BaFin sowie seit 2011 unter www.bafin.de einzusehende BaFin-Liste der zugelassenen Finanzierungsleasing- und Factoringinstitute (monatliche Veröffentlichung); Wassermann FLF 2007, 151 ff., 2008, 219, 2009, 181)

---

[22] Vgl. Hartmann-Wendels/Nemet/Garakani FLF 2012, 241.

IV. Ausländische Factoringunternehmen in Deutschland

Dass das Factoring (auch) im Inland betrieben werden muss, damit es erlaubnispflichtiges **15** Factoring iSd KWG ist, basiert auf dem Geltungs- und Durchsetzungsbereich von KWG und Aufsichtsbehörden.[23] Das Factoringunternehmen muss nicht notwendigerweise seinen Geschäftssitz oder eine rechtlich unselbständige Zweigniederlassung in Deutschland haben und von dort aus das Factoringgeschäft betreiben – es reicht vielmehr schon aus, wenn sich das aus dem Ausland erbrachte Angebot auch und gerade an Personen richtet, die ihren Sitz oder gewöhnlichen Aufenthalt in Deutschland haben.[24]

Institute, die ihren Sitz in einem anderen Staat des EWR haben und die unter den sog **16** Europäischen Pass[25] fallen, brauchen keine weitere Erlaubnis nach § 32 KWG. Der Europäische Pass bedeutet nämlich, dass die Zulassung durch die Aufsichtsbehörde des Herkunftsstaates EWR-weite Gültigkeit besitzt und die Finanzaufsicht des Herkunftsstaats gegenseitig anerkannt wird, wenn ein Institut grenzüberschreitend Bank- oder Wertpapierdienstleistungen in einem anderen EU-Mitgliedstaat oder EWR-Staat erbringen will. Durch eine entsprechende Ausdehnung des § 53b Abs. 7 S. 1 KWG können seit Ende 2008 auch Factoringunternehmen aus anderen EWR-Staaten diese Bestimmung nutzen, wenn sie die Anforderungen des § 53b Abs. 7 KWG erfüllen.[26] Daher müssen sie im Herkunftsland einer der deutschen Regelung entsprechenden aufsichtsrechtlichen Einstufung des Factoringgeschäfts unterliegen, was in der Praxis aufgrund der unterschiedlichen aufsichtsrechtlichen Einstufung in den EWR-Staaten nicht immer zu erfüllen ist.

Im Gegensatz zu ausländischen Factoringinstituten, die in Deutschland das Factoringge- **17** schäft betreiben, konnten deutsche Factoringinstitute, die ihre Finanzdienstleistung im europäischen Ausland erbringen wollen, bis Mitte 2014 nicht auf den Europäischen Pass zurückgreifen, denn sie zählten als Finanzdienstleistungsinstitute nicht zu den Adressaten von § 24a KWG. Diese Benachteiligung deutscher Factoringinstitute, die auch europarechtliche Bedenken aufwarf,[27] ist (auch aufgrund entsprechender Hinweise und Interventionen seitens des Deutschen Factoring-Verbands eV) seit dem Inkrafttreten der Änderungen von § 24a KWG durch das Gesetz zur Anpassung von Gesetzen auf dem Gebiet des Finanzmarktes v. 15.7.2014[28] endlich abgeschafft: Werden bestimmte Voraussetzungen erfüllt, können nunmehr auch deutsche Factoringunternehmen als Finanzdienstleitungsinstitute den Europäischen Pass nutzen.

C. Anwendbarkeit von KWG und dazugehörigen Nebengesetzen und -verordnungen

Ende 2008 wurden auch andere Compliance-Pflichten für Factoringunternehmen als Fi- **18** nanzdienstleistungsinstitute neu eingeführt oder bereits bestehende Pflichten erweitert, ei-

---

[23] Vgl. hierzu das Merkblatt der Bundesbank „Merkblatt über die Erteilung einer Erlaubnis zum Erbringen von Finanzdienstleistungen gem. § 32 Abs. 1 KWG (Stand: 5.9.2014)", einzusehen unter http://www.bundesbank.de/Redaktion/DE/Downloads/Kerngeschaeftsfelder/Bankenaufsicht/Informationen_Merkblaetter/merkblatt_ueber_die_erteilung_einer_erlaubnis_zum_erbringen_von_finanzdienstleistungen.pdf?__blob=publicationFile (zuletzt aufgerufen am 4.2.2016).

[24] Vgl. hierzu das BaFin-Merkblatt „Hinweise zur Erlaubnispflicht nach § 32 Abs. 1 KWG iVm § 1 Abs. 1 und Abs. 1a KWG von grenzüberschreitend betriebenen Bankgeschäften und/oder grenzüberschreitend erbrachten Finanzdienstleistungen" v. 1.4.2005, einzusehen unter: http://www.bafin.de/SharedDocs/Veroeffentlichungen/DE/Merkblatt/mb_050401_grenzueberschreitend.html (zuletzt aufgerufen am 4.2.2016).

[25] Vgl. § 53b KWG, insbes. Abs. 1 und 7.

[26] Dies schlägt die BaFin ihrem Merkblatt vor, vgl. Merkblatt der BaFin „Hinweise zum Tatbestand des Factoring", Punkt VII, einzusehen unter: http://www.bafin.de/SharedDocs/Veroeffentlichungen/DE/Merkblatt/mb_090105_tatbestand_factoring.html (zuletzt aufgerufen am 4.2.2016).

[27] Vgl. *Hartmann-Wendels/Moseschus/Wessel* S. 91 und Holzhauser/Sutter/*Stettner* FS Dr. Klaus Bette, 2011, 232.

[28] Gesetz zur Anpassung von Gesetzen auf dem Gebiet des Finanzmarkts, BGBl. 2014 I 934.

nige davon in umfangreicher Weise bzw. mit einem hohen Umsetzungsaufwand verbunden, was sich auch in den Diskussionen der entsprechenden Arbeitskreise des Deutschen Factoring-Verbands eV widerspiegelte. Grds. gilt, dass alle aufsichtsrechtlichen Vorschriften insbes. des KWG und der dazugehörigen Verordnungen, die für Finanzdienstleistungsinstitute allgemein gelten, auch auf Factoringunternehmen im Besonderen anwendbar sind. Allerdings bestehen für Factoringinstitute auch einige besondere Ausnahmen und Sonderregelungen.

I. Melde- und Anzeigepflichten

19 Im Bereich der aufsichtsrechtlichen Melde- und Anzeigepflichten kamen durch das Jahressteuergesetz 2009 für Factoringunternehmen einige Neuerungen hinzu.[29] Bspw. waren ab Ende 2008 verschiedene Anzeigepflichten nach §§ 2c, 24 KWG, die insbes. Änderungen in der Geschäftsleitung oder in der Beteiligungsstruktur des Factoringunternehmens betreffen, für Factoringinstitute neu. Häufig sind diese Anzeigepflichten unverzüglich auszuführen, oft auch im Form sowohl einer Absichts- als auch einer Vollzugsanzeige, die zT von zwei getrennt voneinander zu beachtenden Verpflichteten (zB vom Factoringinstitut und vom Beteiligungsinhaber) zu erfüllen sind.

20 Seit dem Beginn des sog Single Supervisory Mechanism (SSM) im November 2014, aufgrund dessen die EZB (unterstützt von nationalen Finanzaufsichtsbehörden des Euroraums) als Aufsichtsbehörde für bedeutende Kreditinstitute bzw. -institutsgruppen fungiert, sind zudem weitere neue Meldepflichten erlassen worden, allen voran die auf einer EZB-Verordnung beruhende Meldepflicht für aufsichtliche Finanzinformationen, die seit Ende 2015 greift.[30] Die infolge dieser EZB-Verordnung zu meldenden FINREP-Informationen umfassen Bilanzpositionen wie finanzielle Vermögenswerte und Verbindlichkeiten, wobei sich der Umfang der jeweiligen Meldung sowie die Meldefristen nach unterschiedlichen Kriterien richten – von ca. 550 bis hin zu fast 3000 sog „data points", die befüllt und gemeldet werden sollen. Obwohl diese FINREP-Meldepflichten primär für Kreditinstitute gelten, ist davon auszugehen, dass auch gruppenangehörige Finanzdienstleistungsinstitute zumindest indirekt betroffen sind, weswegen auch diese Entwicklung aus dem europäischen Aufsichtsrecht im Deutschen Factoring-Verband eV eingehend erörtert wurde. Es zeigt sich somit, dass auch die Anzeige- und Meldepflichten für Factoringunternehmen seit Ende 2008 eher zu- als abgenommen haben.

II. Anforderungen durch MaRisk

21 Neben der Erlaubnispflicht stellten infolge des Jahressteuergesetzes 2009 va die Anforderungen aus § 25a KWG und die hierauf basierenden „Mindestanforderungen an das Risikomanagement" (MaRisk)[31] eine Herausforderung gerade für kleine und mittelständische Factoringunternehmendar: Die MaRisk erforderten, den bereits gelebten unternehmensindividuellen Gegebenheiten entsprechend, Anpassungen von größerem Umfang, als dies zB bei einigen der vorgenannten KWG-Anzeigepflichten der Fall war bzw. ist. Die MaRisk erläutern die aufsichtsrechtlichen Anforderungen an die ordnungsgemäße Geschäftsorganisation im risikoorientierten Sinne (ua an die angemessene Dokumentation der Ge-

---

[29] Welche Anzeige- und Meldepflichten für Factoringunternehmen als Finanzdienstleistungsinstitute aus dem KWG resultieren, geht auch aus einer Übersicht der Deutschen Bundesbank v. 1/2016 hervor, einzusehen unter http://www.bundesbank.de/Redaktion/DE/Downloads/Aufgaben/Bankenaufsicht/Informatio nen_Merkblaetter/uebersicht_ueber_die_wichtigsten_vorschriften_fuer_finanzdienstleistungsinstitute_und_ wertpapierhandelsbanken.pdf?__blob=publicationFile (zuletzt aufgerufen am 4.2.2016).

[30] Verordnung (EU) 2015/534 der Europäischen Zentralbank v. 17.3.2015 über die Meldung aufsichtlicher Finanzinformationen (EZB/2015/13), ABl. Nr. L 86 S. 13.

[31] Vgl. hierzu die aktuellen MaRisk im BaFin-Rundschreiben 10/2012 (BA) v. 14.12.2012, einzusehen unter http://www.bafin.de/SharedDocs/Veroeffentlichungen/DE/Rundschreiben/rs_1210_marisk_ba.html (zuletzt aufgerufen am 4.2.2016).

schäfts- und Risikostrategie, die Einrichtung und regelmäßige Aktualisierung von angemessenen Prozessen und Systemen zum Management verschiedener Risiken, an die Ausgestaltung von Outsourcing-Verhältnissen und an die Aufgaben der internen Revision).[32] Hierbei sind Kriterien wie Art, Umfang, Komplexität und Risikogehalt der Geschäftsaktivitäten genauso wie bestimmte Öffnungsklauseln der MaRisk zur Ausgestaltung des adäquaten Risikomanagements heranzuziehen, da hierdurch eine proportionale und auch branchen- bzw. unternehmensspezifische Ausgestaltung und Umsetzung der Anforderungen der MaRisk ermöglicht wird. Es bestehen bei der unternehmensspezifischen Umsetzung der MaRisk daher zT Spielräume, weswegen oft das „Prinzip der doppelten Proportionalität" angeführt wird.[33]

1. Novellierungen der MaRisk

Die Anforderungen der MaRisk sind nicht statisch, sondern werden laufend verändert und **22** ergänzt, wie die mehrfachen Überarbeitungen der MaRisk seit Einführung der Erlaubnis- und Aufsichtspflicht für Factoringinstitute Ende 2008 zeigen. Mit der bisher letzten verabschiedeten Neufassung der MaRisk zum Dezember 2012[34] wurden das Erfordernis eines zukunftsgerichteten Kapitalplanungsprozesses sowie die Einrichtung und Ausgestaltung neuer besonderer Funktionen wie zB der Compliance-Funktion in die MaRisk eingefügt. Eine weitere Neufassung der MaRisk ist bereits als Entwurf erschienen und wird wohl noch 2016 in Kraft treten.[35]

2. Umsetzung der MaRisk durch Factoringinstitute

Factoringunternehmen setzten idR bereits vor Einführung der Aufsicht Ende 2008 ver- **23** schiedene Instrumente zur Risikosteuerung ein, weswegen bereits bestehende Factoringinstitute zum einen schon Vorhandenes an die neuen MaRisk-Anforderungen anpassen, aber zum anderen im Einzelfall auch neue Maßnahmen, Systeme und unternehmensinterne Regularien ausarbeiten und umsetzen mussten. Gerade die MaRisk-Änderungen zu Risikotragfähigkeit und Liquiditätsanforderungen vom Dezember 2012 wurden in der unternehmerischen Praxis teilweise kritisch gesehen, weil eine Aushöhlung der Ausnahmen für Factoringinstitute von Solvenz- und Liquiditätsaufsicht nach § 2 Abs. 7a KWG befürchtet wurde. Bei den bereits als Entwurf veröffentlichten weiteren Änderungen der MaRisk in 2016 wird auch Umsetzungsaufwand erwartet, so dass auch bei dieser Novellierung wieder eher von mehr Anforderungen auszugehen ist.

Die Umsetzung der MaRisk-Anforderungen nach Einführung der Aufsicht für Facto- **24** ring verdeutlichte zudem nochmals die heterogene Struktur der Factoringunternehmen. Der vorgenannte Grundsatz der doppelten Proportionalität und die Öffnungsklauseln der MaRisk ermöglichten aber nicht nur eine unternehmens-, sondern auch eine factoringspezifische Umsetzung der MaRisk: Factoringspezifische MaRisk (wie ua vom Deutschen Factoring-Verband e.V angeregt) existieren nicht, aber das im September 2009 von der

---

[32] Vgl. hierzu insbes. AT 1, AT 4.2, AT 9, BT 2 und BTR 1–4 der aktuellen MaRisk im BaFin-Rundschreiben 10/2012 (BA) v. 14.12.2012, einzusehen unter http://www.bafin.de/SharedDocs/Veroeffentlichungen/DE/Rundschreiben/rs_1210_marisk_ba.html (zuletzt aufgerufen am 4.2.2016); eine Übersicht zur Anwendung der MaRisk auf Factoringinstitute bzw. zu den Risiken beim Factoring bieten Holzhauser/Sutter/*Böhm*/*Hörmann* FS Dr. Klaus Bette, 2011, 59 ff., S. 155 ff.

[33] Vgl. AT 1, Tz. 2 der aktuellen MaRisk in BaFin-Rundschreiben 10/2012 v. 14.12.2012, einzusehen unter http://www.bafin.de/SharedDocs/Veroeffentlichungen/DE/Rundschreiben/rs_1210_marisk_ba.html (zuletzt aufgerufen am 4.2.2016), sowie H Holzhauser/Sutter/*Böhm*/*Hörmann* FS Dr. Klaus Bette, 2011 S. 60.

[34] Vgl. BaFin-Rundschreiben 10/2012 (BA) v. 14.12.2012, einzusehen unter http://www.bafin.de/SharedDocs/Veroeffentlichungen/DE/Rundschreiben/rs_1210_marisk_ba.html.

[35] Vgl. die BaFin-Konsultation 2/2016 v. 19.2.2016, einzusehen unter http://www.bafin.de/SharedDocs/Veroeffentlichungen/DE/Konsultation/2016/kon_0216_marisk-novelle_2016.html;jsessionid=C7A40C3667836EC9927A78A694F5C76.1_cid298?nn=2824884 (zuletzt aufgerufen am 1.3.2016).

BaFin veröffentlichte Begleitschreiben zu den MaRisk,[36] welches an Finanzierungsleasing- und Factoringinstitute adressiert ist, verdeutlicht, dass eine Fortentwicklung des factoring- spezifischen Begleitschreibens möglich ist. Es bleibt abzusehen, inwieweit die aktuelle MaRisk-Novelle eine factoringspezifische Auslegung und Umsetzung einschließlich ent- sprechender Interventionen seitens des Deutschen Factoring-Verbands eV iRd BaFin- Konsultation erfordern wird, da auch diese Neufassung der MaRisk wieder primär für Kreditinstitute konzipiert ist.

III. Anforderungen an Rechnungslegung und Jahresabschlüsse

25 Eine weitere wichtige Änderung, die auf die Einführung der Aufsicht für Factoringun- ternehmen Ende 2008 zurückzuführen ist, betrifft die Rechnungslegung der Factoring- institute und den Einsatz von Wirtschaftsprüfern: Factoringunternehmen müssen ua ihre Jahresabschlüsse für das vergangene Geschäftsjahr im ersten Quartal des neuen Ge- schäftsjahres aufstellen und diesen aufgestellten oder später festgestellten Jahresabschluss bei den Aufsichtsbehörden einreichen.[37] Zudem sind Factoringunternehmen als Fi- nanzdienstleistungsinstitute auch zur Einhaltung der Bilanzierungsanforderungen nach RechKredV und §§ 340 ff. HGB verpflichtet, genauso wie sie den von ihnen engagier- ten Wirtschaftsprüfer gegenüber der BaFin anzuzeigen haben.[38] Der vom Factoringin- stitut beauftragte Wirtschaftsprüfer muss seinerseits besondere Pflichten einhalten, die sich aus § 29 KWG und der PrüfbV ergeben, weshalb nicht (mehr) jeder Wirtschafts- prüfer als Abschlussprüfer für Factoringinstitute in Frage kommen dürfte.

IV. Aufsichtliche Prüfungen und Kosten

1. Auskunfts- und Prüfungsrechte

26 Mit der Einführung der Aufsicht für Factoringunternehmen einher gingen auch Aus- kunfts- und Prüfungsrechte der BaFin nach §§ 44 ff. KWG. BaFin und Deutscher Bun- desbank stehen umfassende Informations- und Prüfungsrechte zu, denn sie können dem KWG zufolge Routine- sowie Sonderprüfungen (auch durch externe Sachverständige wie zB Wirtschaftsprüfer) vornehmen, wobei die jeweils geprüften Institute die Kosten dieser Prüfungen tragen. Auch die Inhaber bedeutender Beteiligungen an den jeweiligen beauf- sichtigten Instituten können derartigen Prüfungen unterfallen.[39] Ebenso sind diese auf- sichtlichen Prüfungsbefugnisse iRd Auslagerung wesentlicher Bereiche an Dritte ("Out- sourcing") zu berücksichtigen, so dass der Auslagerungsvertrag auch die Auskunfts- und Prüfungsrechte der Aufsichtsbehörden entsprechend regeln muss.[40] Stellen die Aufsichts- behörden bei derartigen Prüfungen Mängel fest, so kann die BaFin ua gegen festgestellte organisatorische Mängel einschreiten und Maßnahmen anordnen, um die Behebung die- ser Mängel zu erreichen (vgl. §§ 45b und 46 KWG).

2. Kosten für die nationale Aufsicht

27 Zur Finanzaufsicht über die Factoringinstitute gehört auch die Pflicht der beaufsichtigten Institute, Kosten, Gebühren und Umlagen für diese Aufsicht zu übernehmen. Diese Ver-

---

[36] Vgl. das Begleitschreiben von BaFin und Deutscher Bundesbank für Finanzierungsleasing- und Factoringinsti- tute zu den Mindestanforderungen an das Risikomanagement (MaRisk) v. 23.9.2009 unter http://www.bafin. de/SharedDocs/Downloads/DE/Merkblatt/dl_mb_gw_marisk_leasing_factoring.html (zuletzt aufgerufen am 4.2.2016).

[37] Vgl. § 26 KWG und Grieser/Heemann/*Moseschus/Wessel* S. 660.

[38] Vgl. § 28 KWG und Grieser/Heemann/*Moseschus/Wessel* S. 660.

[39] Vgl. Legaldefinition in § 1 Abs. 9 KWG.

[40] Vgl. § 25a KWG und AT 9 der aktuellen MaRisk im BaFin-Rundschreiben 10/2012 v. 14.12.2012, ein- zusehen unter http://www.bafin.de/SharedDocs/Veroeffentlichungen/DE/Rundschreiben/rs_1210_ma risk_ba.html (zuletzt aufgerufen am 4.2.2016).

pflichtung beruht auf dem FinDAG[41] und besteht neben der vorgenannten Kostentragungspflicht für die seit Einführung der Finanzaufsicht für Factoring erhöhten Anforderungen an Rechnungslegung und Jahresabschlussprüfungen. Die Kostentragungspflicht nach dem FinDAG beruht auf folgenden Erwägungen: Die Ausgaben der BaFin werden gänzlich durch Umlagen, Gebühren und Erstattungen gedeckt, und die beaufsichtigten Unternehmen werden entsprechend zur Kostentragung herangezogen. Zu diesen von den beaufsichtigten Unternehmen zu tragenden Kosten gehören nicht nur die schon erwähnten Kosten für institutsindividuelle Prüfungen, sondern auch Gebühren[42] und gesonderte Erstattungen[43] für Amtshandlungen der BaFin. Hinzuzurechnen ist die Umlage anderer Kosten der BaFin, welche nicht durch die vorgenannten Kostenarten abgedeckt werden.[44] Hierzu zählen auch evtl. auf der Verletzung von Amtspflichten beruhende Schadensersatzforderungen, welche die BaFin gegenüber einzelnen beaufsichtigten Instituten zu tragen hat.[45] Die genaue Höhe der Umlagen ist §§ 16a–16q FinDAG zu entnehmen, während sich die Höhe der Gebühren insbes. nach dem Gebührenverzeichnis in der Anlage zu § 2 Abs. 1 FinDAGKostV richtet.

28 Die Regulierung verursacht nicht nur durch bankaufsichtliche Prüfungen und durch die Umlage an die BaFin Kosten, sondern auch durch unternehmensinterne Maßnahmen, die zur Erfüllung der aufsichtlichen Anforderungen erforderlich sind (zB organisatorische Umstellungen zur Erfüllung der Anforderungen an das Meldewesen oder der MaRisk), fallen Kosten an. Außerdem müssen die Factoringunternehmen die Bilanz- und Abschlussprüfungsvorschriften für Kredit- bzw. Finanzdienstleistungsinstitute anwenden, was auch Umsetzungsaufwand nach sich zieht. Insbes. die wesentlich umfangreicheren Anforderungen an das Risikomanagement und an die Corporate Governance belasten gerade kleinere Gesellschaften überproportional stark.

3. Kosten für die europäische Aufsicht

29 Seit der Einführung des Single Supervisory Mechanism (SSM) und der Einrichtung der EZB als Aufsichtsbehörde für bedeutende Kreditinstitute bzw. Institutsgruppen können für einige Factoringinstitute zudem die Kosten für diese europäische Aufsicht hinzukommen: Im April 2015 setzte die EZB die Aufsichtsgebühren für 2014–2015 auf 326 Mio. EUR fest, von denen 123 bedeutende Kreditinstitute insgesamt 89 % zu tragen haben, während die restlichen 11 % der Kosten von den 3500 weniger bedeutenden Kreditinstituten zu schultern sind.[46] Zudem ist in den letzten Jahren insgesamt eine Verlagerung von aufsichtsrechtlichen Anforderungen von der deutschen auf die europäische legislative Ebene zu verzeichnen gewesen: Insbes. die Umsetzung der internationalen Basel III-Anforderungen in der EU durch die CRD IV-Richtlinie[47] und die CRR-Verordnung[48] hat (trotz verschiedener Ausnahmen, → Rn. 30 ff.) etliche aufsichtsrechtliche Änderungen nach sich gezogen (zB veränderte Anforderungen an Geschäftsleiter und Mitglieder von Aufsichts-

---

[41] Vgl. Online-Information der BaFin zum Themenbereich der Aufsichtskosten unter http://www.bafin.de/ DE/DieBaFin/GrundlagenOrganisation/Finanzierung/finanzierung_node.html (zuletzt aufgerufen am 4.2.2016).
[42] Vgl. § 14 FinDAG.
[43] Vgl. § 15 FinDAG.
[44] Vgl. §§ 16 FinDAG.
[45] Vgl. hierzu BVerfG WM 2016, 30.
[46] Vgl. Pressemitteilung der EZB von 29.4.2015, einzusehen unter https://www.bundesbank.de/Redaktion/ DE/Downloads/Presse/EZB_Pressemitteilungen/2015/2015_04_29_aufsichtsgebuehren.pdf?__blob=publi cationFile (zuletzt aufgerufen am 4.2.2016).
[47] Richtlinie 2013/36/EU des Europäischen Parlaments und des Rates vom 26. Juni 2013 über den Zugang zur Tätigkeit von Kreditinstituten und die Beaufsichtigung von Kreditinstituten und Wertpapierfirmen, zur Änderung der Richtlinie 2002/87/EG und zur Aufhebung der Richtlinien 2006/48/EG und 2006/ 49/EG, ABl. Nr. L 176 S. 338, ber. ABl. Nr. L 208 S. 73.
[48] Verordnung (EU) Nr. 575/2013 des Europäischen Parlaments und des Rates vom 26. Juni 2013 über Aufsichtsanforderungen an Kreditinstitute und Wertpapierfirmen und zur Änderung der Verordnung (EU) Nr. 646/2012, ABl. Nr. L 176 S. 1, ber. Nr. L 321 S. 6, ber. 2015 Nr. L 193 S. 166.

räten sowie letztlich erhöhte Risikogewichtungen von Forderungen gegen Factoringinstitute), die zu erhöhtem institutsinternen Aufwand und somit Mehrkosten sowie zu erhöhten Refinanzierungskosten führen können und teilweise auch bereits geführt haben. Auch wenn aufgrund der Ausnahme- und Sonderregelungen für Factoringinstitute (→ Rn. 30 ff.) oft von „KWG light" die Rede ist, kann daher keineswegs von „Kosten light" gesprochen werden.

V. Wichtige Ausnahmen für Factoringunternehmen im KWG

30 Factoringunternehmen werden zwar als Finanzdienstleistungsinstitute klassifiziert, aber sie sind (sofern sie ausschließlich Factoring und/oder Finanzierungsleasing iSd KWG, aber keine weiteren erlaubnispflichtigen Finanzdienstleistungen oder Bankgeschäfte betreiben) nach § 2 Abs. 7a KWG insbes. von einem Großteil der Vorschriften der CRR-Verordnung[49] (auch EU-Kapitaladäquanzverordnung genannt) sowie von der Solvenz- und Liquiditätsaufsicht nach §§ 10, 10c–10i und 11 KWG und somit auch von der Solvabilitätsverordnung (SolvV) und der Liquiditätsverordnung (LiqV) ausgenommen.[50] Auch die Normen zu Großkrediten nach Art. 387–403 der CRR-Verordnung, die §§ 13 ff. KWG und die GroMiKV, die Vorschriften zur Offenlegung bestimmter Kreditunterlagen gem. § 18 KWG sowie die Pflicht zur Einreichung bestimmter Finanzinformationen bei der Bundesbank gem. § 25 KWG sind aufgrund der vorgenannten Ausnahmeregelung nicht auf diese Factoringinstitute anzuwenden. Eben wegen dieser Ausnahmen wird die Finanzaufsicht für Factoringinstitute oft als „KWG light" bezeichnet.

31 Es ist allerdings zu bedenken, dass viele Factoringinstitute gesellschafts- und aufsichtsrechtlich gesehen nicht „alleine auf weiter Flur" agieren, sondern einem Konzern bzw. einer aufsichtsrechtlich konsolidierten Gruppe angehören, so dass gewisse der ausgenommenen Normen durch die Konsolidierung auf der sog Gruppenebene dennoch anwendbar sein können.[51] Aus diesem Grund ist es grds. ratsam, die Anwendbarkeit aufsichtsrechtlicher Normen sorgfältig zu prüfen, gerade wenn deren Anwendung auf Factoringunternehmen nicht explizit und vom Wortlaut der Norm her ausgeschlossen ist. Zudem bestehen zwar die vorgenannten Ausnahmen von der Solvenz- und Liquiditätsaufsicht, jedoch bestehen indirekte Anforderungen an die Kapitalausstattung und Liquidität, insbes. über die MaRisk. Sind somit einige Ausnahmen auf Institutsebene eindeutig, kann dies auf konsolidierter Gruppenebene durchaus anders sein, was auch bei den verbandsinternen Erörterungen und Übersichten zu aufsichtsrechtlicher Compliance regelmäßig zu beachten ist.

32 Zudem hat es in den letzten Jahren einen regelrechten Regulierungstsunami gerade auf europäischer Ebene gegeben: Es ist teilweise von mehr als einer Verdopplung der Neuerungen innerhalb der letzten fünf Jahre die Rede.[52] Dies zeigt auch die Antrittsrede des EU-Kommissars Jonathan Hill vom November 2014, der darin von allein 400 delegierten und Durchführungsrechtsakten zur Finanz- und Versicherungsaufsicht sprach, deren Finalisierung noch ausstehe.[53] Diese Entwicklung hat es weder für Factoringinstitute noch für ihre Interessensvertretungen, Verbände oder Berater einfacher gemacht, eindeutige Aussagen zur Anwendbarkeit, Relevanz und zu Auswirkungen verschiedener Neuregelungen im aufsichts-

---

[49] Verordnung (EU) Nr. 575/2013 des Europäischen Parlaments und des Rates v. 26.6.2013 über Aufsichtsanforderungen an Kreditinstitute und Wertpapierfirmen und zur Änderung der Verordnung (EU) Nr. 646/2012, ABl. Nr. L 176 S. 1, ber. Nr. L 321 S. 6, ber. 2015 Nr. L 193 S. 166.

[50] Vgl. auch den Zweiten Bericht des Bundesministeriums für Finanzen an den Finanzausschuss des Deutschen Bundestages zu den Möglichkeiten spezieller aufsichtsrechtlicher Regelungen für Leasing- und Factoringunternehmen v. 15.4.2008 S. 6.

[51] Vgl. hierzu auch *Glos/Sester* WM 2009, 1215.

[52] Vgl. hierzu die Studien und Statistiken von Thomson Reuters unter http://qz.com/138036/how-the-rise-of-modern-regulation/ und http://share.thomsonreuters.com/pr_us/1008361_TrustQ4.pdf (zuletzt aufgerufen am 4.2.2016).

[53] Rede von Jonathan Hill am 6.11.2014 in Brüssel, einzusehen unter http://europa.eu/rapid/press-release_SPEECH-14–1460_de.htm (zuletzt aufgerufen am 4.2.2016).

Dr. Moseschus/Wessel

rechtlichen Bereich zu treffen – die Änderungen und neuen Regelungen nehmen nicht nur in ihrer Anzahl zu, sondern auch in ihrem Umfang, ihrer Detailliertheit und ihrer Komplexität. Dies führt zum Eindruck, dass zB die Bedeutung des Proportionalitätsprinzips in der aufsichtlichen Praxis und Entwicklung erheblich gesunken und die Inkaufnahme von „Kollateralschäden" durch lediglich auf klassische Banken zugeschnittene Neuregulierung auch auf Branchen, die Finanzierungsalternativen anbieten, gestiegen ist.

VI. Änderungen von KWG nebst Nebengesetzen/-verordnungen seit 2009

Neben den bereits erwähnten va aufsichtsrechtlichen Änderungen kam es seit Einführung **33** der Finanzaufsicht für Factoringunternehmen im Dezember 2008 zu verschiedenen weiteren, kleineren wie größeren aufsichtsrechtlichen Gesetzesänderungen, die zT auch Auswirkungen auf das Factoring sowie auf die Tätigkeit des Deutschen Factoring-Verbands eV hatten.

1. 2010: Institutsvergütungsverordnung

Im Juli 2010 wurde erneut eine Auswirkung der weltweiten Finanzkrise, die bekannt- **34** lich auch eine Diskussion über Vergütungssysteme ausgelöst hatte, sichtbar: Durch das „Gesetz über die aufsichtsrechtlichen Anforderungen an die Vergütungssysteme von Instituten und Versicherungsunternehmen"[54] wurde im KWG die Rechtsgrundlage für die InstitutsVergV geschaffen.[55] Die InstitutsVergV konkretisiert das KWG und legt die aufsichtsrechtlichen Anforderungen an angemessene und transparente Vergütungssysteme näher aus. In der Folgezeit zeigte sich hierzu gerade bei den Erörterungen im Deutschen Factoring-Verband eV ein gewisser Interpretations- und Erläuterungsbedarf: Zwar zählt die überwiegende Mehrheit der Factoringinstitute nicht zu den „bedeutenden Instituten" iSd InstitutsVergV, so dass nur die allgemeinen Anforderungen erfüllt werden müssen (vgl. §§ 1 Abs. 2, 17 InstitutsVergV), jedoch warf die praktische Umsetzung immer wieder Fragen auf, gerade im Bereich der Anwendung der Offenlegungsvorschriften auf Factoringunternehmen mit einer kleineren Anzahl Mitarbeiter. 2013 erfolgte eine Überarbeitung der InstitutsVergV,[56] und Anfang 2014 wurden auch eine neue Begründung sowie eine neue Auslegungshilfe zur InstitutsVergV durch die BaFin veröffentlicht.[57] Hierin sind nun ua detailliertere Anforderungen an das Verhältnis von variabler zu fester Vergütung sowie detailliertere Offenlegungspflichten enthalten. Für die nahe Zukunft ist eine weitere Überarbeitung der InstitutsVergV zu erwarten, dieses Mal zurückzuführen auf die im Dezember 2015 von der EBA veröffentlichten Leitlinien zur Vergütung, was erneut den zunehmenden europäischen Einfluss im Compliance-Bereich der Finanzbranche aufzeigt.[58]

2. 2015: Factoringspezifische Ausnahme bei LCR

Als eine auf der CRD IV-Richtlinie und der CRR-Verordnung beruhende Norm ist der **35** europäische delegierte Rechtsakt zur (kurzfristig ausgerichteten) Liquiditätsdeckungsquote

---

[54] Vgl. Gesetz über die aufsichtsrechtlichen Anforderungen an die Vergütungssysteme von Instituten und Versicherungsunternehmen, BGBl. 2010 I 950.

[55] Verordnung über die aufsichtsrechtlichen Anforderungen an Vergütungssysteme von Instituten (Instituts-Vergütungsverordnung – InstitutsVergV), BGBl. 2010 I 1374.

[56] Vgl. Verordnung über die aufsichtsrechtlichen Anforderungen an Vergütungssysteme von Instituten, BGBl. 2013 I 4270.

[57] Vgl. http://www.bafin.de/SharedDocs/Aufsichtsrecht/DE/Verordnung/InstitutsVergV_begruendung_ba.html und http://www.bafin.de/SharedDocs/Veroeffentlichungen/DE/Auslegungsentscheidung/BA/ae_140101_institutsvergv.html (zuletzt aufgerufen am 4.2.2016).

[58] Vgl. EBA Guidelines on Sound Remuneration Policies v. 21.12.2015, einzusehen unter https://www.eba.europa.eu/~/eba-publishes-final-guidelines-on-sound-remuneration-policies-and-its-opinion-on-the-application-of-proportionality (zuletzt aufgerufen am 4.2.2016).

(Liquidity Coverage Ratio – LCR)[59] zu nennen. Dieser delegierte Rechtsakt zur LCR enthält in seinem Art. 33 eine an bestimmte Voraussetzungen geknüpfte Ausnahme vom sog „cap on inflows" für auf Factoring spezialisierte Kreditinstitute, für die sich va die EUF auf europäischer Ebene eingesetzt hat, damit sich Mittelab- und -zuflüsse bei der Berechnung des LCR ohne Deckelung oder Begrenzung gegenüberstehen können. Hierdurch können auf Factoring spezialisierte Kreditinstitute die LCR-Anforderungen erfüllen, ohne unnötige neue, unbekannte Risiken in Form des Ankaufs von sog High-Quality Liquid Assets (HQLA) wie zB marktgängigen Wert- oder Staatspapieren eingehen zu müssen. Entsprechende Ausnahmen oder Sonderregelungen werden aktuell auch für die (langfristiger orientierte) strukturelle Liquiditätsquote (Net Stable Funding Ratio – NSFR) diskutiert.[60]

VII. Millionenkredit-Meldewesen

36 Die Millionenkredit-Meldepflicht nach § 14 KWG galt nach den Gesetzesänderungen durch das Jahressteuergesetz 2009 auch weiterhin für Factoringinstitute.

1. §§ 14, 19 KWG und GroMiKV

37 § 14 KWG sowie die dazugehörigen Normen der (seit 1.1.2014 neu gefassten) GroMiKV erfassen auch als Finanzdienstleistungsinstitute eingestufte Factoringunternehmen. Daher haben auch Factoringinstitute vierteljährlich Kredite und Kreditnehmer iSv § 19 KWG bei der Evidenzzentrale der Deutschen Bundesbank einzumelden, soweit das Kreditvolumen 1 Mio. EUR übersteigt.[61] § 15 GroMiKV zufolge betrifft die (vorzugsweise elektronische) Anzeige an die Evidenzzentrale die Kreditnehmer, deren Verschuldung bzw. Kreditvolumen zu einem beliebigen Zeitpunkt während der dem Meldestichtag vorhergehenden drei Kalendermonate 1 Mio. EUR oder mehr betragen hat. Beim echten Factoring wird gem. § 19 Abs. 5 KWG der Debitor als Kreditnehmer iSd Millionenkreditmeldungen eingestuft, so dass die Daten zu den Forderungen des Factoringinstituts gegen den Debitor in die Evidenzzentrale der Deutschen Bundesbank eingemeldet werden.[62] Diese Meldepflicht wurde entwickelt, weil sich bereits im Zusammenhang mit der Weltwirtschaftskrise der 1930er gezeigt hatte, dass die Kreditinstitute oft nicht ausreichend über die Gesamtverschuldung gerade ihrer großen Kreditnehmer informiert waren, so dass ihre Risikosteuerung in diesem Punkt unzureichend war.[63] Die Evidenzzentrale der Deutschen Bundesbank hat daher in bestimmten Fällen Rückmeldungen nach § 14 Abs. 2 KWG an die einmeldenden Institute vorzunehmen, um hierdurch die Informationslage und das Risikomanagement dieser Institute zu diesem Kreditnehmer zu unterstützen.

2. Nebenwirkungen beim stillen Factoring

38 In der Arbeit des Deutschen Factoring-Verbands eV hat sich jedoch eine ungeplante Aus- oder Nebenwirkung des Zusammenspiels von Millionenkreditmeldewesen und stillem

---

[59] Vgl. Delegierte Verordnung (EU) 2015/61 der Kommission v. 10.10.2014 zur Ergänzung der Verordnung (EU) Nr. 575/2013 des Europäischen Parlaments und des Rates in Bezug auf die Liquiditätsdeckungsanforderung an Kreditinstitute, ABl. 2015 Nr. L 11 S. 1.

[60] Vgl. hierzu die Stellungnahme der EU Federation for Factoring & Commercial Finance (EUF) v. 10.8.2015, einzusehen unter www.euf.eu.com/category/18-public.html?download=288 (zuletzt aufgerufen am 4.2.2016), sowie den EBA Report on Net Stable Funding Requirements under Article 510 of the CRR v. 15.12.2015, einzusehen unter https://www.eba.europa.eu/documents/10180/983359/EBA-Op-2015-22+NSFR+Report.pdf (zuletzt aufgerufen am 4.2.2016).

[61] Bis Ende 2014 lag diese Grenze noch bei 1,5 Mio. EUR, vgl. § 64r Abs. 10 KWG.

[62] Vgl. hierzu auch die näheren Informationen der Deutschen Bundesbank unter: http://www.bundesbank. de/Navigation/DE/Kerngeschaeftsfelder/Bankenaufsicht/Kreditgeschaeft/kreditgeschaeft.html (zuletzt aufgerufen am 4.2.2016).

[63] Vgl. Monatsbericht der Deutschen Bundesbank, 8/1998 S. 84.

Factoring gezeigt, welche die Frage nach dem Erreichen des soeben beschriebenen Normzwecks des § 14 KWG im Factoring aufwirft und zudem auf Lücken im Zusammenspiel von BDSG, IFG und KWG hinweist: Beim stillen Factoring bzw. der (zivilrechtlich zulässigen) stillen Abtretung vereinbaren Factor und Factoringkunde Vertraulichkeit, dh dass der Debitor nichts von der Forderungsabtretung an den Factor erfährt. Sowohl BDSG als auch IFG enthalten jedoch Ansprüche auf Offenlegung, die jedem Bürger zustehen. Das zuvor beschriebene Ziel der Millionenkreditmeldungen und des Rückmeldeverfahrens nach § 14 KWG sowie der Auskunftsansprüche nach BDSG und IFG liegt somit in einer Offenlegung von Informationen, was im diametralen Gegensatz zu der im stillen Factoring vereinbarten Vertraulichkeit steht. Compliance auf verschiedenen Seiten konterkariert sich hier also quasi selbst. In der unternehmerischen Praxis führt das Zusammentreffen dieser gegensätzlichen Motive von Vertraulichkeit und Offenlegung zu Verwirrung und Nachfragen: Debitoren aus dem stillen Factoring erfahren zB über eine Rückfrage ihrer Hausbank zu von der Evidenzzentrale erhaltenen Verschuldungsangaben bzw. direkt durch Auskunftsersuchen bei der Deutschen Bundesbank von einer sie betreffenden Millionenkreditmeldung, die ein Factoringinstitut getätigt hat, die ihnen aber unerklärlich und daher als „Falschmeldung" erscheint.[64] Die insofern undifferenziert ausgestalteten Millionenkreditmeldungen erlauben derzeit keine Unterscheidung zwischen nicht vertraulichen Informationen und vertraulichen Daten zum stillen Factoring und somit Geschäfts- und Betriebsgeheimnissen (vgl. § 6 IFG und § 34 BDSG). Bittet der Debitor den Factor nun um die Berichtigung der (aus Sicht des Debitors) „Falschmeldung" an die Deutsche Bundesbank, kann das Factoringinstitut nur auf die Geltung der Meldepflicht nach § 14 KWG auch für Forderungen im stillen Factoring verweisen – eine unbefriedigende und oft nicht ausreichende Erklärung aus Sicht des Debitors, der keinen Unterschied zwischen dem (ohne sein Zutun und ohne seine Kenntnis erfolgten) meldepflichtigen Verkauf von Forderungen aus Lieferungen oder Leistungen an ein Factoringinstitut und der nicht meldepflichtigen Einräumung eines Lieferantenkredits zu erkennen vermag. Die ursprünglich als Hilfe für Kredit- und Finanzdienstleistungsinstitute gedachte Millionenkreditmeldung und dazugehörige Rückmeldung der Evidenzzentrale löst somit mitunter aufwändige Diskussionen zwischen Factor und Debitor aus, die zudem aufgrund der seit Anfang 2015 geltenden Absenkung der Meldegrenze auf 1 Mio. EUR und damit erhöhten Anzahl der Millionenkreditmeldungen nunmehr insgesamt häufiger vorkommen dürften. Obwohl in den letzten Jahren Änderungen des Millionenkreditmeldewesens mehrfach diskutiert und zT auch implementiert wurden, haben auch von Seiten des Deutschen Factoring-Verbands eV vorgeschlagene Änderungen oder Ergänzungen, welche derartige Rückfragen und Diskussionen zwischen Factoringinstituten und Debitoren im stillen Factoring vermeiden könnten, bisher leider keinen Eingang in die Änderungsbemühungen gefunden.

3. Reform des Millionenkreditmeldewesens

Die seit Anfang 2015 geltenden Änderungen des Millionenkreditmeldewesens haben fol- **39** genden Hintergrund: BaFin und Deutsche Bundesbank hatten im Frühjahr 2011 eine Neukonzeption des bankaufsichtlichen Meldewesens ausgearbeitet,[65] welche ua eine grundlegende Überarbeitung des Millionenkreditmeldewesens nach § 14 KWG vorsah. Seitdem sind diese Reformpläne für das Meldewesen mehrfach überarbeitet und die Änderung des Millionenkreditmeldewesens von der übrigen Meldewesenreform abgetrennt worden.[66]

---

[64] Vgl. hierzu auch den Presseartikel „Ende des Versteckspiels", Financial Times Deutschland v. 29.10.2012 S. SA4.

[65] Vgl. hierzu die BaFin-Konsultation 6/2011 v. 1.3.2011 unter http://www.bafin.de/SharedDocs/Veroeffentlichung/DE/Konsultation/2011/kon_0611_meldewesen_ba.html (zuletzt aufgerufen am 4.2.2016).

[66] Vgl. das Konzept der Deutschen Bankenaufsicht (Modul B) zur Modernisierung des bankaufsichtlichen Meldewesens v. 25.1./8.2.2012 unter http://www.bafin.de/SharedDocs/Downloads/DE/Konsultation/2011/dl_kon_0611_konzept_modul_b.html (zuletzt aufgerufen am 4.2.2016).

Entwürfe für entsprechende Änderungen des KWG wurden letztlich in das legislative Verfahren zum CRD IV-Umsetzungsgesetz eingefügt[67] und im September 2013 verabschiedet,[68] wobei im Sommer 2014 nachträglich noch das Inkrafttreten einiger Änderungen des Kreditbegriffs (ua die Erfassung von Kreditzusagen als Kredite iSd Millionenkreditmeldepflichten[69]) bis Anfang 2017 hinausgezögert wurde. Die für die Factoringbranche in diesem Zusammenhang relevante und auch vom Deutschen Factoring-Verband eV wiederholt aufgeworfene Frage der Abgrenzung von Kreditzusagen (das Kreditinstitut räumt im Zwei-Personen-Verhältnis eines Darlehensgeschäfts seinem Kreditnehmer als Vertragspartner eine Kreditzusage ein) und Debitorenlimits (das Factoringinstitut setzt dem Factoringkunden als seinem Vertragspartner eine Obergrenze für die anzukaufenden Forderungen; dem Debitoren als Kreditnehmer iSv § 19 Abs. 5 KWG wird aber weder eine Linie eingeräumt noch eine Zusage gemacht) ist bisher noch nicht von den Aufsichtsbehörden geklärt worden, obwohl eine entsprechende Klarstellung bzw. Abgrenzung viele Nachfragen und Diskussionen künftig vermeiden würde.

VIII. Neue Meldepflichten auf europäischer Ebene: AnaCredit

40 Derzeit ist zudem fraglich, ob die auf deutschem Recht beruhende Millionenkreditmeldepflicht die Entwicklungen auf europäischer Ebene überdauern wird. Die EZB hat bekanntlich Ende 2014 iRd SSM eine neue Funktion als Finanzaufsichtsbehörde erhalten, übernimmt jedoch auch ua Aufgaben der makroprudenziellen Aufsicht sowie statistische Aufgaben. Vor diesem Hintergrund hat die EZB im Februar 2014 die Implementierung eines granularen statistischen Kreditmeldewesens beschlossen[70] und im Dezember 2015 den Entwurf einer entsprechenden Verordnung veröffentlicht.[71] Dieses geplante Kreditmeldewesen, auch AnaCredit (Analytical Credit Dataset) genannt, soll zunächst (voraussichtlich ab 2018) Meldungen auf Einzelkreditebene von Kreditinstituten umfassen (voraussichtlich ab einer Grenze von bereits 25.000 EUR), wobei eine spätere Ausweitung des Kreises der Meldepflichtigen möglich ist.[72]

41 Es erscheint als sehr wahrscheinlich, dass es zu einer (inhaltlichen) Überschneidung der Millionenkreditmeldungen nach § 14 KWG und der AnaCredit-Meldungen kommen kann. Daher könnten die Millionenkreditmeldungen ab Inkrafttreten von AnaCredit als obsolet zu bezeichnen sein, weswegen eine Ausweitung des Kreditbegriffs für die Zwecke des Millionenkreditmeldewesens für eine Übergangszeit (zunächst bis 2017) sowohl vom Gesetzgeber als auch von den Aufsichtsbehörden als unnötig empfunden und somit hinausgezögert wurde. Eine Überprüfung und ggf. Reduzierung von Anzeige- und Meldepflichten, die sich inhaltlich überschneiden und somit unnötige Dopplungen darstellen, wäre schon aus Gründen des Bürokratieabbaus zu begrüßen. Genaueres bleibt jedoch abzuwarten. Dies zeigt, dass Compliance-Ausweitungen im Finanzbereich immer granularer werden und Größenordnungen annehmen, die nicht unbedingt risikoadäquat sind.

---

[67] Vgl. ua BT-Drs. 17/10974, 31 ff., 103 ff.

[68] Vgl. Gesetz zur Umsetzung der RL 2013/36/EU über den Zugang zur Tätigkeit von Kreditinstituten und die Beaufsichtigung von Kreditinstituten und Wertpapierfirmen und zur Anpassung des Aufsichtsrechts an die Verordnung (EU) Nr. 575/2013 über Aufsichtsanforderungen an Kreditinstitute und Wertpapierfirmen (CRD IV-Umsetzungsgesetz), BGBl. 2013 I 3395.

[69] Vgl. BT-Drs. 17/10974, 32 f. und BR-Drs. 374/13, 34.

[70] Vgl. Beschl. der Europäischen Zentralbank v. 24.2.2014 über die Organisation von Vorbereitungsmaßnahmen für die Erhebung von granularen Daten zu Krediten durch das Europäische System der Zentralbanken (EZB/2014/6), ABl. Nr. L 104 S. 72.

[71] Vgl. https://www.ecb.europa.eu/stats/money/aggregates/anacredit/shared/pdf/draft_regulation_granular_and_credit_risk_data.en.pdf (zuletzt aufgerufen am 4.2.2016).

[72] Vgl. hierzu die Informationsseite der Deutschen Bundesbank unter https://www.bundesbank.de/Navigation/DE/Service/Meldewesen/Bankenstatistik/AnaCredit/AnaCredit.html (zuletzt aufgerufen am 4.2.2016).

D. Factoring und Geldwäscheprävention nach KWG und GwG

I. Entwicklung der Geldwäscheprävention im Factoring bis 2008

Factoringunternehmen unterlagen bereits weit vor Einführung der Finanzaufsicht den **42** Pflichten des GwG, da sie bis Ende 2008 als Finanzunternehmen nach § 1 Abs. 3 KWG auch zu den vom Anwendungsbereich des GwG erfassten Unternehmen gehörten. Seitdem haben sich die Pflichten zur Geldwäscheprävention, die ihren Ursprung in der allgemeinen Prävention von Wirtschaftskriminalität sowie organisierter Kriminalität haben,[73] mehrfach weiterentwickelt:[74] Zur Prävention von Geldwäsche durch die Factoringunternehmen ist nach und nach auch die Prävention der Terrorismusfinanzierung sowie sonstiger strafbarer Handlungen, die zu einer Gefährdung des Institutsvermögens führen können, hinzugekommen, einerseits durch die Einführung der Aufsicht Ende 2008, andererseits aber auch durch mehr oder weniger factoringspezifische Gesetzesänderungen und entsprechende Auslegungen, die auch von Seiten des Deutschen Factoring-Verbands eV mit initiiert wurden.

Factoringunternehmen holen gewöhnlich schon aus ureigenem Interesse Informationen **43** über ihre Vertragspartner ein, um die Geschäftsbeziehung zu überwachen und um die anzukaufenden Forderungen risikoorientiert treffend bewerten zu können. Allein die übliche Veritätskontrolle der Forderungen – schon aufgrund der Übernahme des Delkredererisikos des Factors – ermöglichte daher bereits in der Vergangenheit eine Durchleuchtung der Geschäftsbeziehungen und Geldflüsse, die von Factoringunternehmen als Synergieeffekt iRd Geldwäscheprävention effizient genutzt werden konnte.[75] Dennoch wurden die Pflichten zur Geldwäscheprävention auch für Factoring-Unternehmen stetig verschärft.

II. Veränderungen ab Ende 2008

Mit Einführung der Finanzaufsicht für Factoringunternehmen im Dezember 2008 wurde **44** auch der Katalog der auf Factoringunternehmen anwendbaren Normen zur Prävention von Geldwäsche und Terrorismusfinanzierung nochmals ergänzt, und zwar um die §§ 25h ff. KWG, welche auch die Verhinderung sonstiger strafbarer Handlungen, die zu einer Gefährdung des Institutsvermögens führen können, umfassen und somit den Pflichtenkatalog der Factoringunternehmen ausweiten.

1. Veränderungswelle bei Geldwäscheprävention

Nur wenige Jahre später war ein regelrechter Boom der Änderungen der Normen zur **45** Prävention der Geldwäsche und Terrorismusfinanzierung zu verzeichnen: Allein zwischen Frühjahr 2011 und Frühjahr 2012 traten drei verschiedene Gesetze mit Änderungen im Bereich der Prävention von Geldwäsche und Terrorismusfinanzierung in Kraft.[76]

2. Der factoringspezifische § 25k Abs. 4 KWG

Eines dieser drei Gesetze, das Gesetz zur Umsetzung der Zweiten E-Geld-Richtlinie, ver- **46** änderte und ergänzte nicht nur die Normen zur Prävention von Geldwäsche und Terrorismusfinanzierung im Hinblick auf die Verdachtsbezogenheit der Anzeigen und auf den wirtschaftlich Berechtigten, sondern enthielt mit dem neuen § 25f Abs. 4 KWG (inzwischen § 25k Abs. 4 KWG) erstmalig auch eine factoringspezifische Norm zur Geldwä-

---

[73] Vgl. hierzu den historischen Überblick in Holzhauser/Sutter/*Moseschus* FS Dr. Klaus Bette, 2011, 197 ff.

[74] Vgl. hierzu auch ausf. Grieser/Heemann/*Moseschus*/*Wessel* S. 531 ff. und *Hartmann-Wendels*/*Moseschus*/*Wessel* S. 111 ff.

[75] *Stumpf*/*Lamberti* FLF 2010, 20.

[76] Gesetz zur Umsetzung der Zweiten E-Geld-Richtlinie v. 1.3.2011, BGBl. 2011 I 288; Gesetz zur Verbesserung der Bekämpfung von Geldwäsche und Steuerhinterziehung v. 28.4.2011, BGBl. 2011 I 676; Gesetz zur Optimierung der Geldwäscheprävention v. 22.12.2011, BGBl. 2011 I 2959.

scheprävention, die verschiedene Fragestellungen und Unklarheiten mit sich führte. In dem zum Mai 2010 veröffentlichten Referentenentwurf des Umsetzungsgesetzes zur Zweiten E-Geld-Richtlinie war dieser neue und va factoringspezifische § 25f Abs. 4 KWG (inzwischen § 25k Abs. 4 KWG) erstmals enthalten.[77] Als Begründung für diese neue Vorschrift wurde angegeben, dass die Änderung eine „Lücke im Gesamtgefüge der Geldwäscheprävention" schließen solle, da die Präventionsnormen in GwG und KWG auf ein Zwei-Parteien-Vertragsverhältnis zugeschnitten seien, beim Factoring aber der Debitor nicht als Vertragspartner des Factoringunternehmens gelte, sondern als Dritter und Zahlender hinzu käme:[78] Vertragspartner ist im Factoring aufgrund der vertraglichen Beziehung bekanntlich nur der Factoringkunde.[79]

47   Eine generelle Überprüfungspflicht für alle Debitoren, die zunächst auch in der Factoringbranche befürchtet wurde, wird indes nicht gefordert: Die letztliche Einfügung des Wortes „erkennbar" stellt klar, „dass nicht in jeder Situation eines bei Rahmenvertragsabschluss unbekannten Debitors zwingend ein hohes Risiko gegeben ist und zusätzlich Sorgfaltspflichten stets zu erfüllen" seien, sondern dass es vielmehr darum gehe, „die Risikosituation bei anfangs unbekannten Debitoren im Einzelfall zu bewerten" und „zusätzliche Präventionsmaßnahmen […] nur bei erkennbar erhöhten Geldwäscherisiken vorzunehmen"[80] – somit ist eine Art Generalverdacht für alle Debitoren in allen Factoringverhältnissen und bei allen Factoringinstituten berechtigterweise nicht beabsichtigt.[81]

III. Änderungen und daraus resultierender Auslegungsbedarf

1. Vierte EU-Geldwäscherichtlinie

48   Die bis 2017 in deutsches Recht umzusetzende 4. EU-Geldwäscherichtlinie[82] zeigt auf, dass auch für die nahe Zukunft weitere Änderungen der Normen zur Prävention von Geldwäsche und Terrorismusfinanzierung zu erwarten sind, ua eine Gleichstellung von in- und ausländischen politisch exponierten Personen (PEPs). Ein erster Schritt zur teilweisen Umsetzung dieser 4. EU-Geldwäscherichtlinie wurde bereits vorgenommen: In einem Referentenentwurf vom Juli 2015 ist vorgesehen, dass künftig gem. §§ 3 und 4 GwG nicht nur die Vertragspartner zu identifizieren sein sollen, sondern ggf. auch die für den Vertragspartner auftretende Person, zB Boten oder Bevollmächtigte des Vertragspartners.[83] Dies dürfte den Kreis der zu identifizierenden Personen erweitern und damit auch den Aufwand zur Erfüllung dieser Pflichten grds. erhöhen, jedoch ist in Bezug auf die Factoringbranche zu beachten, dass die Verhandlungspartner seitens der Factoringkunden im Vorfeld zum sowie bei Abschluss eines Factoringvertrags oft zu den gesetzlichen Vertretern oder Verfügungsberechtigten einer juristischen Person gehören, die der Begründung des Referentenentwurfs zufolge nicht unter den Begriff der „für den Vertragspartner auftretenden Person" fallen sollen. Zudem zeichnen sich bereits weitere neue Vorgaben

---

[77] Vgl. Referentenentwurf des Bundesfinanzministeriums v. 12.5.2010 S. 33.

[78] Vgl. BT-Drs. 17/3023, 63.

[79] Ganz hM, statt vieler: *Lamberti/Stumpf* FLF 2010, 18, *Ackmann/Reder* WM 2009, 158 und Grieser/Heemann/*Moseschus/Wessel* S. 531 ff.

[80] Vgl. BT-Drs. 17/4047, 6.

[81] Vgl. hierzu auch Grieser/Heemann/*Moseschus/Wessel* S. 543 ff.

[82] Vgl. RL (EU) 2015/849 des Europäischen Parlaments und des Rates v. 20.5.2015 zur Verhinderung der Nutzung des Finanzsystems zum Zwecke der Geldwäsche und der Terrorismusfinanzierung, zur Änderung der Verordnung (EU) Nr. 648/2012 des Europäischen Parlaments und des Rates und zur Aufhebung der RL 2005/60/EG des Europäischen Parlaments und des Rates und der RL 2006/70/EG der Kommission, ABl. Nr. L 141 S. 73.

[83] Vgl. Referentenentwurf eines Gesetzes zur Umsetzung der RL über die Vergleichbarkeit von Zahlungskontoentgelten, den Wechsel von Zahlungskonten sowie den Zugang zu Zahlungskonten mit grundlegenden Funktionen v. 29.7.2015, einzusehen unter http://www.bundesfinanzministerium.de/Content/DE/Downloads/Gesetze/2015-08-11-zahlungskontenrichtlinie.pdf?__blob=publicationFile&v=3 (zuletzt aufgerufen am 4.2.2016).

auf nationaler und europäischer Ebene ab, die va auf die Prävention von Terrorismusfinanzierung ausgerichtet sind: Erst Anfang Februar 2016 hat die EU-Kommission angekündigt, weitere Schritte vorzunehmen, um terroristischen Netzwerken und Personen die finanziellen Mittel zu entziehen.[84]

2. Auslegungs- und Umsetzungsfragen

Insgesamt zeigen diese Ausführungen, dass die Normen zur Prävention von Geldwäsche **49** und Terrorismusfinanzierung nicht nur durchaus erheblichen Umsetzungs- und Erfüllungsaufwand nach sich ziehen, sondern zudem sowohl allgemeine als auch factoringspezifische Auslegungs- und Umsetzungsfragen aufwerfen, die gerade auch für die Arbeit einer Interessensvertretung wie dem Deutschen Factoring-Verband eV eine erhebliche Rolle spielen. Für Kreditinstitute hat die Deutsche Kreditwirtschaft als Zusammenschluss von Verbänden der Bankenbranche Auslegungs- und Anwendungshinweise zur Verhinderung von Geldwäsche, Terrorismusfinanzierung und sonstigen strafbaren Handlungen ausgearbeitet und mit den Aufsichtsbehörden abgestimmt.[85] Da diese Hinweise jedoch grds. nicht auf factoringspezifische Aspekte eingehen, hat der Deutsche Factoring-Verband eV in Zusammenarbeit mit dem Bundesverband Factoring für den Mittelstand eV und in Abstimmung mit der BaFin Anwendungshinweise für Factoringunternehmen zur Prävention von Geldwäsche und Terrorismusfinanzierung ausgearbeitet. Diese Anwendungshinweise für Factoringunternehmen ersetzen keine institutsindividuelle bzw. einzelfallbezogene Gefährdungs- und Risikoanalyse; sie stellen vielmehr eine factoringspezifische Auslegungshilfe dar. Die factoringspezifischen Anwendungshinweise wurden zuletzt Ende 2012 aktualisiert.[86] Da die Normen zur Prävention von Geldwäsche und Terrorismusfinanzierung jedoch ständig weiterentwickelt werden, ist die Überarbeitung der Anwendungshinweise für Factoringunternehmen schon abzusehen.

E. Schlussfolgerungen und Zukunftsaussichten

Diese Darstellung der Entwicklung von gesetzlichen und untergesetzlichen Regelungen, **50** die für Factoringunternehmen gelten, hat lediglich Normen aus dem Bereich des Finanzaufsichtsrechts für Factoringunternehmen beleuchtet, dh Normen aus einem speziellen Rechtsgebiet. Factoringinstitute müssen aber nicht nur die Anforderungen des KWG und des GwG und der dazugehörigen (deutschen und europäischen) Normen beachten und befolgen – weitere Vorschriften aus anderen Rechtsbereichen, die unter der Rubrik „Compliance" zusammengefasst werden können, kommen natürlich noch hinzu. Zu diesen anderen Rechtsbereichen dürften zB das Steuerrecht, das Datenschutzrecht sowie das Wettbewerbsrecht zu zählen sein. Auch diese Rechtsbereiche spielen somit iRd Auseinandersetzung von Interessensvertretungen wie dem Deutschen Factoring-Verband eV mit Compliance-Regelungen für die Finanzbranche eine sehr wichtige Rolle.

In jüngster Zeit hat zudem das Thema IT-Sicherheit an Bedeutung gewonnen, sowohl **51** im Bereich der aufsichtsrechtlichen Anforderungen und Prüfungen durch die Aufsichtsbehörden als auch in davon unabhängigen Normsetzungsvorhaben. Nach ca. einem Jahr wurde der Gesetzgebungsprozess zum IT-Sicherheitsgesetz im Juli 2015 durch das In-

---

[84] Vgl. die Pressemitteilung der EU-Kommission v. 2.2.2016, einzusehen unter http://ec.europa.eu/deutsch land/press/pr_releases/13969_de.htm (zuletzt aufgerufen am 4.2.2016).

[85] Auslegungs- und Anwendungshinweise der Deutschen Kreditwirtschaft, einzusehen unter http://www. die-deutsche-kreditwirtschaft.de/die-deutsche-kreditwirtschaft/kontofuehrung/geldwaescheverhinderung. html (zuletzt aufgerufen am 4.2.2016).

[86] Gemeinsame Anwendungshinweise des DFV und BFM für Factoringunternehmen zur Prävention von Geldwäsche und Terrorismusfinanzierung Stand: 10/2012, einzusehen unter: http://www.factoring.de/hin weise-zur-geldwäscheprävention (zuletzt aufgerufen am 4.2.2016).

krafttreten des Gesetzes abgeschlossen.[87] Aller Kritik verschiedener Interessensvertreter zum Trotz wurden die schon im Referentenentwurf enthaltenen unbestimmten Rechtsbegriffe, die bereits früh Fragen zum genauen Anwendungsbereich und Adressatenkreis des Gesetzes und den daraus resultierenden Anforderungen und Meldepflichten aufwarfen,[88] beibehalten und letztlich verabschiedet. Nun bleibt abzuwarten, wie die infolge des neu gefassten § 10 Abs. 1 BSIG auszuarbeitende Rechtsverordnung den für den Anwendungsbereich entscheidenden unbestimmten Rechtsbegriff „Kritische Infrastrukturen" auslegen wird, genauso wie sich erst in der Zukunft zeigen wird, inwiefern es bei der praktischen Umsetzung des IT-Sicherheitsgesetzes zB Überschneidungen von Zuständigkeiten verschiedener Behörden geben wird.

52   Aus der vorliegenden Übersicht zu den Entwicklungen im Finanzaufsichtsrecht für Factoringunternehmen können sowohl für Factoringunternehmen als auch für deren Interessensvertreter (wie den Deutschen Factoring-Verband eV) folgende, durchaus verallgemeinerungsfähige Schlüsse zum Thema Compliance in Verbänden der Finanzwirtschaft gezogen werden:

- Die gesetzlichen Neuerungen und Änderungen sowie die darauf beruhenden untergesetzlichen Entwicklungen (zB Verlautbarungen der BaFin) erfolgen mit zunehmender Geschwindigkeit und oft auch mit zunehmender Komplexität, wobei ihre Konzeption selten unter Berücksichtigung von Spezifika besonderer Finanzierungsformen (zB Factoring) erfolgt. Dies macht immer wieder Anpassungen, Auslegungen und Ausnahmen sowie ein erhebliches Maß an Flexibilität und zT auch norm- und dienstleistungsorientierte Kreativität bei der Umsetzung erforderlich und ist für eine nachhaltige Planung sowie Vorhersehbarkeit und Rechtssicherheit von Nachteil.

- Der Erlass von compliance-relevanten Normen erfolgt zunehmend auf internationaler bzw. EU-Ebene, während deutsche Gesetzgebungsverfahren und behördliche Verlautbarungen immer mehr lediglich zur Umsetzung oder Durchführung dieser internationalen oder europäischen Normen dienen. Dies führt zu einer Vervielfachung der Quellen für Compliance-Normen, was vielfach als „Dschungel" oder „Tsunami" empfunden wird. Zudem zieht es eine Verschiebung der Ansprechpartner bei Auslegungs- und Umsetzungsfragen auf diese internationale Ebene nach sich, einschließlich einer gerade im Aufsichtsrecht deutlich merkbaren Verschiebung des sprachlichen Schwerpunktes hin zum Englischen. Insgesamt geht dies zu Lasten der Transparenz der Compliance-Anforderungen, die Unternehmen erfüllen müssen.

- Gerade im Bereich Compliance hat es Tradition, dass Einzelfälle, die durchaus unterschiedliche Ausmaße und Folgen gehabt haben können, sowie primär durch bestimmte Vorgehensweisen und Strukturen ausgelöste Krisensituationen zur Entwicklung neuer Normen führen. Dabei ist eine klare und ausgewogene Analyse der Ursachen, Wirkungen und möglichen Gegenmaßnahmen zur Verhinderung ähnlicher Ereignisse unerlässlich, um eine kohärente Struktur von Compliance-Normen zu schaffen, welche die Gratwanderung zwischen extremen Positionen hin zu adäquaten Lösungen erfolgreich schafft. Leider ist dies gerade in den letzten Jahren nicht immer geglückt, so dass es insbes. bei der Umsetzung aufsichtsrechtlicher Normen in die unternehmerische Praxis bei Factoringinstituten zu Unklarheiten und als unnötig empfundenen Dopplungen gekommen ist und wohl auch weiterhin kommen wird.

53 Diese Schlussfolgerungen zeigen auf, vor welchen Herausforderungen Gesetzgeber, Aufsichtsbehörden und die Finanzbranche, zu der nicht zuletzt die Factoringbranche zu zählen ist, mitsamt ihrer Interessensvertreter in den nächsten Jahren im Hinblick auf das Thema Compliance stehen. Vor diesem Hintergrund sollte der vielzitierte Grundsatz

---

[87] Gesetz zur Erhöhung der Sicherheit informationstechnischer Systeme v. 17.7.2015, BGBl. 2015 I 1324.
[88] Vgl. hierzu Protokoll-Nr. 18/44 der 44. Sitzung des Bundestags-Innenausschusses (öffentliche Anhörung) am 20.4.2015, einzusehen unter http://www.bundestag.de/blob/376948/9c1cf8c411c3ac30d03040f4a43 ce25c/protokoll-data.pdf (zuletzt aufgerufen am 4.2.2016).

„Aufsicht mit Augenmaß" auch auf Compliance-Vorschriften ausgeweitet und dem Proportionalitätsprinzip wieder mehr Aufmerksamkeit gewidmet werden. Das Thema wird Kredit- und Finanzdienstleistungsinstitute und ihre Interessensvertretungen (leider) auch in den kommenden Jahren mit erheblichen Arbeits- und Kostenfaktoren konfrontieren.

§ 16. Versicherungswirtschaft

Literatur:

Bartel, Die neue Gruppenfreistellungsverordnung für die Versicherungswirtschaft, in: Körber/Rauh, Aktuelle Entwicklungen im Versicherungskartellrecht, 2011; *Bunte/Stancke,* Leitfaden Versicherungskartellrecht, 3. Aufl. 2011; *Bürkle,* Compliance in Versicherungsunternehmen, 2. Aufl. 2015; *Bürkle/Hauschka,* Der Compliance-Officer, 2015; *Dreher,* Die Versicherung als Rechtsprodukt, 1991; *Dreher/Hoffmann,* Die Muster Allgemeiner Versicherungsbedingungen im europäischen Kartellrecht, ZWeR 2012, S. 403 ff.; *Dreher/Hoffmann/Kling,* Kartell- und Wettbewerbsrecht der Versicherungsunternehmen, 2. Aufl. 2015; *Immenga/Mestmäcker,* Wettbewerbsrecht Band 1 EU/Teil 1, Kommentar zum Europäischen Kartellrecht, 5. Aufl. 2012; *Körber/Rauh,* Kartellrechtlicher Zugang der Kunden und Verbraucherverbände zu den gemeinsamen Statistiken der Versicherungswirtschaft, VersR 2012, S. 670 ff.; *Langen/Bunte,* Kommentar, Band 2, Europäisches Kartellrecht, 12. Aufl. 2014; *Loewenheim/Meessen/Riesenkampff/Kersting/Meyer-Lindemann,* Kartellrecht, Europäisches und Deutsches Recht, Kommentar, 3. Aufl. 2016; *Mäger,* Europäisches Kartellrecht, 2. Aufl. 2011; *Saller,* Die neue Gruppenfreistellungsverordnung der Europäischen Kommission für den Versicherungssektor, VersR 2010, S. 417 ff.

A. Branchenspezifische Besonderheiten[1]

I. Besondere Bedeutung von Compliance in der Versicherungswirtschaft

Compliance hat aus vielfältigen Gründen in der Versicherungswirtschaft eine besondere Bedeutung.[2]   **1**

1. Versicherung als Rechts- und Vertrauensprodukt

Ein wesentlicher Grund liegt in den speziellen Eigenschaften des Produktes Versicherungen. Es handelt sich um ein „unsichtbares" Produkt, das maßgeblich durch die rechtlichen Vereinbarungen zwischen Versicherungsunternehmen und Versicherungsnehmer geprägt wird.[3] Daher wird das Produkt Versicherung auch als Rechtsprodukt bezeichnet.[4] Neben Gesetzen, ua dem Versicherungsvertragsgesetz, sind dabei insbes. die jeweiligen Versicherungsbedingungen von Bedeutung, die das Produkt rechtsverbindlich konstituieren und konkretisieren. Schon alleine aufgrund dieser starken rechtlichen Prägung des Produktes gewinnt die Einhaltung der insoweit relevanten Vorgaben für die Versicherungsunternehmen eine ungleich größere Bedeutung als dies in den meisten anderen Branchen der Fall ist.[5]   **2**

Compliance kommt in der Versicherungswirtschaft zudem unter dem Aspekt des Kundenvertrauens und damit der Reputation eine besondere Rolle zu. Die Kunden vertrauen auf das Versprechen ihres Versicherers, in der Zukunft bei Vorliegen der in den Versicherungsbedingungen vereinbarten Voraussetzungen eine Leistung zu zahlen. Der Kunde muss angesichts dieser Konstellation darauf vertrauen können, dass das Unternehmen sich rechtskonform verhält. Das Versicherungsprodukt wird daher auch als Vertrauensprodukt bezeichnet.[6]   **3**

---

[1] Die Autorin dieses Abschnitts ist Mitarbeiterin des Gesamtverbandes der Deutschen Versicherungswirtschaft eV (GDV). Die nachfolgenden Ausführungen geben ausschließlich die persönliche Meinung der Autorin wieder.

[2] Umfassend zur besonderen Bedeutung der Versicherungs-Compliance Bürkle Versicherungsunternehmen-Compliance/*Bürkle* § 1 Rn. 1 ff.

[3] Bürkle Versicherungsunternehmen-Compliance/*Bürkle* § 1 Rn. 9.

[4] S. grundlegend *Dreher* S. 1 ff.

[5] Bürkle Versicherungsunternehmen-Compliance/*Bürkle* § 1 Rn. 9.

[6] Vgl. hierzu vertiefend Bürkle Versicherungsunternehmen-Compliance/*Bürkle* § 1 Rn. 10 ff.

2. Vorgaben durch Gesetzgeber und Aufsicht

4 Ein weiterer Grund für die besondere Bedeutung von Compliance in der Versicherungswirtschaft ist die Tatsache, dass es sich um eine regulierte Branche handelt. Für den Geschäftsbetrieb der Unternehmen besteht ein engmaschiges aufsichtsrechtliches System aus europäischen und nationalen Vorgaben, das von den Unternehmen zu beachten ist.[7] Die Aufsichtsbehörden haben dabei die Möglichkeit, einschneidende aufsichtsrechtliche Sanktionen zu verhängen. Bei wesentlichen Rechtsverstößen reichen diese bis hin zur Abberufung von Vorstands- oder Aufsichtsratsmitgliedern oder dem Entzug der Geschäftserlaubnis.

5 Flankiert wird dies mit aufsichtsrechtlichen Reglungen zur Compliance-Organisation in den Versicherungsunternehmen.[8] Die Europäische Rahmenrichtlinie Solvency II[9] sieht vor, dass die Versicherungsunternehmen über ein wirksames Governance-System verfügen müssen, um ein solides und vorsichtiges Management des Geschäfts zu gewährleisten. Zentraler Bestandteil des Governance-Systems ist ein wirksames Internes Kontrollsystem, welches gem. Art. 46 Abs. 1 der Solvency-II-Rahmenrichtlinie obligatorisch „eine Funktion der Überwachung der Einhaltung der Anforderungen (‚Compliance-Funktion‘)" umfassen muss.[10] Die Solvency-II-Rahmenrichtlinie definiert den Begriff der Funktion als „interne Kapazität innerhalb des Governance-Systems zur Übernahme praktischer Aufgaben".[11] Der Begriff der Compliance-Funktion ist damit von dem der Compliance-Organisation zu unterscheiden. Denn mit dem Begriff der Compliance-Funktion wird nicht vorgegeben, von wem und in welcher organisatorischen Form diese Funktion ausgeübt wird.

6 In Deutschland sind diese europäischen Vorgaben in § 29 VAG umgesetzt. Gem. § 29 Abs. 1 VAG müssen die Unternehmen eine Compliance-Funktion einrichten, die die Einhaltung der rechtlichen Anforderungen im Unternehmen überwacht. Außerdem sind von den Unternehmen die Vorgaben der Delegierten Verordnung zur Solvency-II-Rahmenrichtlinie[12] zu beachten. So ist in Art. 270 der Delegierten Verordnung zur Solvency-II-Rahmenrichtlinie festgelegt, dass die Versicherungsunternehmen eine „Compliance-Leitlinie" und einen Compliance-Plan erstellen müssen. Die Unternehmen sind dabei grds. frei, wie diese Maßnahmen umzusetzen sind. Die konkreten Prozesse sind nicht durch den Gesetzgeber vorgegeben. Bei der Umsetzung in den Unternehmen ist das Proportionalitätsprinzip nach Art. 41 Abs. 2 Solvabilität II-RL zu beachten. Danach hängen die Anforderungen an die organisatorischen Maßnahmen zur Erfüllung der Compliance-Funktion wesentlich von der Größe des Unternehmens sowie von Art und Umfang der Geschäftstätigkeit und des damit verbundenen Risikos ab.

3. Freiwillige Selbstverpflichtungsvereinbarungen

7 Zu diesen aufsichtsrechtlichen Regelungen kommen noch freiwillige Selbstverpflichtungsvereinbarungen hinzu, die sich die Versicherungsbranche über ihre Verbände selbst

---

[7] Vgl. zum branchenspezifischen Rechtsrahmen iE Bürkle Versicherungsunternehmen-Compliance/*Bürkle* § 1 Rn. 13 ff.

[8] Vgl. hierzu auch den Leitfaden des Gesamtverbandes der Deutschen Versicherungswirtschaft eV (GDV), „Compliance im Erst- und Rückversicherungsunternehmen", Stand Oktober 2014, abrufbar auf der Homepage des GDV (http://www.gdv.de/wp-content/uploads/2015/03/GDV-Compliance-Leitfaden-fuer-Erst-und-Rueckversicherer-2014.pdf).

[9] Richtlinie 2009/138/EG des Europäischen Parlaments und des Rates vom 25.11.2009 betreffend die Aufnahme und Ausübung der Versicherungs- und der Rückversicherungstätigkeit (Solvabilität II), ABl. Nr. L 335 S. 1, ber. 2014 Nr. L 219 S. 66 („Solvency II Rahmenrichtlinie").

[10] Vgl. zu den Aufgaben der Compliance-Officer in regulierten Finanzsektoren Bürkle/Hauschka/*Bürkle* § 13 Rn. 1 ff.

[11] Art. 13 Nr. 29 Solvency II Rahmenrichtlinie.

[12] Delegierte Verordnung (EU) 2015/35 der Kommission vom 10.10.2014 zur Ergänzung der Richtlinie 2009/138/EG des Europäischen Parlaments und des Rates betreffend die Aufnahme und Ausübung der Versicherungs- und der Rückversicherungstätigkeit (Solvabilität II), ABl. Nr. L 12 S. 1.

gegeben hat. Zu nennen ist in diesem Zusammenhang insbes. der Verhaltenskodex für den Vertrieb des Gesamtverbandes der Deutschen Versicherungswirtschaft eV (GDV).[13] Der Verhaltenskodex für den Versicherungsvertrieb ist eine freiwillige Selbstverpflichtung der Versicherungswirtschaft, die eine hohe Qualität der Kundenberatung sicherstellen soll. Wirtschaftsprüfer prüfen, ob der Verhaltenskodex von den beigetretenen Versicherungsunternehmen umgesetzt wurde.

Ziff. 3 sieht vor, dass die zum Kodex freiwillig beigetretenen Unternehmen sich für **8** ihre Mitarbeiter und Vermittler Compliance-Vorschriften geben. Inhalt der Compliance-Vorschriften sollen dabei auch die „Achtung von Korruption, Bestechung und Bestechlichkeit, klare Regeln für den Umgang mit Geschenken und Einladungen und sonstige Zuwendungen, klare Regeln in Bezug auf Werbemaßnahmen und Unternehmensveranstaltungen sowie Vorschriften zur Vermeidung von Kollisionen von privaten und geschäftlichen Interessen" sein. Außerdem sollen klare Regeln zum Umgang mit persönlichen und vertraulichen Daten und zur Einhaltung der datenschutzrechtlichen und wettbewerbsrechtlichen Vorschriften definiert werden.

II. Besondere Bedeutung von Compliance in Verbänden der Versicherungswirtschaft

Diese besondere Bedeutung der Compliance in den Versicherungsunternehmen hat selbst- **9** verständlich Ausstrahlungswirkung auch auf die Verbände der Versicherungswirtschaft. Wegen der branchenspezifischen Besonderheiten sind die Versicherungsunternehmen noch stärker als Unternehmen anderer Branchen darauf angewiesen, dass ihre Rechtstreue und Reputation auch nicht durch die Zusammenarbeit in den Verbänden bzw. durch die Verbände als solche in Frage gestellt wird. Auch der Erfolg der Verbände selbst bei der Interessenvertretung für ihre Mitgliedsunternehmen dürfte aus diesen Gründen wahrscheinlich stärker noch als bei Verbänden anderer Branchen vom Vertrauen der Öffentlichkeit in ihre Fachkompetenz und Integrität leben.

Hinzu kommt, dass die Versicherungsunternehmen und ihre Verbände bei der Ver- **10** bands-Compliance vor einer weiteren branchenspezifischen Herausforderung gestellt sind: Die Versicherungsunternehmen sind in ungleich höherem Maße als etwa die Bankenbranche auf eine Kooperation untereinander über Verbände angewiesen, um Leistungen im Wettbewerb überhaupt erst anbieten zu können.[14] Der Versicherungsbereich ist von einer Vielzahl branchenüblicher und versicherungsökonomisch erforderlicher Kooperationsformen gekennzeichnet.[15] Anders als in anderen Bereichen (zB bei den Zahlungssystemen der Banken) bezieht sich der Kooperationsbedarf dabei nicht auf einzelne Produkte/Leistungen, sondern erfasst wegen der Besonderheiten des Versicherungsgeschäfts die gesamte Tätigkeit der Versicherer in ihrem Kernbereich.[16]

Dies gilt insbes. für die Notwendigkeit, gemeinsame unternehmensübergreifende Statis- **11** tiken durch die Verbände aufzustellen. Die Sammlung und Aufbereitung entsprechenden statistischen Materials ist für eine rationale Prämienberechnung unverzichtbar. Die Zusammenarbeit ist in diesem Bereich sowohl spezifisch als auch notwendig, um die Kosten von Risiken zu kalkulieren.[17] Das Erfordernis umfassenden und validen Datenmaterials prägt den Versicherungsbereich und ist Kern des Versicherungsgeschäfts. Dabei ist das Ge-

---

[13] Abrufbar auf der Homepage des GDV (http://www.gdv.de/wp-content/uploads/2012/11/GDV-Verhaltenskodex-Vertrieb-2012n.pdf).
[14] Körber/Rauh/*Bartel* S. 32.
[15] Bürkle Versicherungsunternehmen-Compliance/*Stancke* § 13 Rn. 9.
[16] Körber/Rauh/*Bartel* S. 32.
[17] Mitteilung der EU-Kommission über die Anwendung von Art. 101 Abs. 3 des Vertrages über die Arbeitsweise der EU-Kommission auf Gruppen von Vereinbarungen, Beschlüssen und abgestimmten Verhaltensweisen im Versicherungssektor, ABl. EU Nr. C 82/02 Rn. 8.

setz der großen Zahl zwingend. Nach dem Gesetz der großen Zahl sind statistische Aussagen umso sicherer, je mehr Risikoinformationen zur Verfügung stehen.[18]

12   Auch bei der Erstellung von Mustervertragsbedingungen, also den Musterversicherungsbedingungen, besteht ein erhöhter Kooperationsbedarf. Musterversicherungsbedingungen haben in der Versicherungswirtschaft durch die Prägung der Versicherung als Rechtsprodukt im Vergleich zu anderen Branchen eine besondere Relevanz.[19] Außerdem sind die Bedingungen aufgrund der Natur der Versicherungen als Rechtsprodukt regelmäßig komplexer als die Bedingungen etwa für herkömmliche Bankprodukte.[20]

13   Eine weitere Besonderheit ist, dass die Verbände in der Versicherungswirtschaft neben der Interessenvertretung für die Branche auch viele Dienstleistungen für ihre Mitgliedsunternehmen erbringen. Die Verbände in der Versicherungswirtschaft haben daher eine stärkere dienstleistende Rolle, als dies in anderen Branchen der Fall ist.[21][22] Dies alles führt zu einer besonderen Bedeutung, aber auch zu erheblichen Herausforderungen bzw. Risiken für die Compliance in Verbänden der Versicherungswirtschaft.

B. Compliance-Management-Systeme in Verbänden der Versicherungswirtschaft

14   Dieser besonderen Situation kann mit entsprechenden Compliance-Programmen oder sogar einem kompletten Compliance-Management-System begegnet werden. Eine rechtliche Verpflichtung zur Einführung eines solchen Programms oder Systems besteht für die Verbände der Versicherungswirtschaft jedoch nicht. Insbes. gelten – was ausdrücklich hervorzuheben ist – die aufsichtsrechtlichen Vorgaben für die Versicherungsunternehmen nicht für ihre Verbände. Es gibt daher für die Verbände in der Versicherungswirtschaft keine rechtliche Verpflichtung zur Einrichtung eines Compliance-Managements-Systems inklusive der Bestellung eines Compliance-Beauftragten. Vielmehr gelten für die Verbände in der Versicherungswirtschaft die gleichen rechtlichen Vorgaben für die Verbands-Compliance, wie sie allgemein für Verbände gelten ($\rightarrow$ § 14 Rn. 1 ff.).

15   Auch wenn keine kompletten Compliance-Management-Systeme eingeführt werden müssen, empfiehlt es sich, zur Vermeidung von Rechtsrisiken zumindest interne Leitlinien für die wichtigsten Rechtsbereiche aufzustellen.[23] Je nach Risikosituation und Bedarf sollten die Leitlinien durch Schulungen und geeignete Überwachungsmaßnahmen flankiert werden. Aufgrund des erhöhten Kooperationsbedarfs dürfte dabei insbes. im Bereich des Kartellrechtes der Bedarf nach entsprechenden Compliance-Maßnahmen bestehen. Der Schwerpunkt der nachfolgenden Ausführungen liegt daher im Bereich des Verbandskartellrechtes in der Versicherungswirtschaft.

---

[18] Vgl. zu diesem Aspekt auch Mäger/*Bartmann* Kap. 10 Rn. 3.

[19] *Dreher/Hoffmann/Kling* § 9 Rn. 10.

[20] *Dreher/Hoffman/Kling* § 9 Rn. 10.

[21] Bürkle Versicherungsunternehmen-Compliance/*Stancke* § 13 Rn. 69 mwN.

[22] Ein weiterer Grund für den erhöhten Kooperationsbedarf ist die Informationsasymmetrie zu Lasten der Versicherer, die aus dem Informationsvorsprung ihrer Kunden zB über Vorschäden herrührt. Vgl. hierzu iE Mäger/*Bartmann* Kap. 10 Rn. 6 ff.

[23] Vgl. hierzu zB den Compliance-Leitfaden des GDV (abrufbar unter http://www.gdv.de/wp-content/uploads/2015/12/GDV-Compliance-Leitfaden_2015_Versicherungsverband.pdf).

C. Verbandskartellrecht in der Versicherungswirtschaft

I. Bedeutung des Kartellrechtes für die Verbandsarbeit in der Versicherungswirtschaft

Aufgrund des besonderen Kooperationsbedarfs der Unternehmen der Versicherungsbranche spielt das Kartellrecht eine besondere Rolle für die Verbände in der Versicherungswirtschaft.[24] Für den Bereich der Statistikarbeit ist diese besondere Situation in der Vergangenheit von der EU-Kommission anerkannt worden. Die EU-Kommission hatte wegen dieser Besonderheiten 2010 für bestimmte Bereiche der gemeinsamen Statistikarbeit die Gruppenfreistellungsverordnung für die Versicherungswirtschaft bis zum 31.3.2017 verlängert.[25] Zwar teilte sie am 13.12.2016 mit, dass die Versicherungs-GVO über den 31.3.2017 hinaus nicht verlängert wird und die Versicherungs-GVO somit zum 31.3.2017 ausläuft. In ihrer Veröffentlichung hierzu hat die EU-Kommission aber erneut das besondere Bedürfnis der Versicherungswirtschaft, im Bereich der Statistiken zusammenzuarbeiten, bestätigt.[26] **16**

Es empfiehlt sich, den aus dem erhöhten Kooperationsbedarf resultierenden Rechtsrisiken mit Compliance-Leitlinien im Kartellrecht zu begegnen.[27] Hierdurch sollte sichergestellt werden, dass der Verband weder selbst kartellrechtswidrig handelt noch sich an kartellrechtswidrigem Verhalten Dritter beteiligt bzw. solches fördert. Herzstück dieser Regelungen sollte das eindeutige Bekenntnis des Verbandes zur konsequenten Einhaltung des Kartellrechtes sein. **17**

Um dies zu gewährleisten, sollten die Verhaltensanweisungen für die Verbandsmitarbeiter so konzipiert sein, dass es auf eine Prüfung der Einzelfreistellungsvoraussetzungen nicht ankommt, weil von vornherein eine Wettbewerbsbeeinträchtigung vermieden wird bzw. die Voraussetzungen der Versicherungs-GVO gegeben sind. Soweit dies bei einzelnen Fallkonstellationen pauschal (dh ohne Prüfung des jeweiligen Einzelfalls) nicht möglich sein sollte, sollte die Einschaltung der Rechtsabteilung und/oder (soweit implementiert) des Compliance-Beauftragten in den Compliance-Leitlinien vorgesehen werden. Das gilt insbes. dann, wenn es auf die Prüfung der Einzelfreistellungsvoraussetzungen des Art. 101 Abs. 3 AEUV bzw. § 2 GWB ankommt. Denn diese sind ungleich komplexer als die Freistellungsvoraussetzungen der Versicherungs-GVO. **18**

Angesichts der Komplexität des Kartellrechtes sollten den Mitarbeitern weitere Hilfestellungen, insbes. die Möglichkeit von regelmäßigen Schulungen, zur Verfügung gestellt werden. **19**

II. Typische Fallgruppen in der Verbandsarbeit der Versicherungswirtschaft

Nachfolgend wird auf einige typische Fallgestaltungen eingegangen, für die sich Verhaltensregelungen zur Einhaltung des Kartellrechtes empfehlen. **20**

---

[24] Vgl. hierzu auch Bürkle Versicherungsunternehmen-Compliance/*Stancke* § 10 Rn. 68 ff.

[25] Verordnung (EU) Nr. 267/2010 der Kommission vom 24. März 2010 über die Anwendung von Artikel 101 Absatz 3 des Vertrags über die Arbeitsweise der Europäischen Union auf Gruppen von Vereinbarungen, Beschlüssen und abgestimmten Verhaltensweisen im Versicherungssektor, ABl. Nr. L 83 S. 1 („Versicherungs-GVO").

[26] Commission Staff Working Document, Impact Assessement – HT.4012 – IBER, SEC (2016) 536, Rn. 16 und 17 („Impact Assessement der EU-Kommission"); Commission Staff Working Document, Executive Summary of the Impact Assessement, Accompanying the document Impact Assessement – HT.4012 – IBER („Executive Summary des Impact Assessement").

[27] Vgl. zB Leitfaden „Kartellrecht und Verbandsarbeit" des GDV (abrufbar unter http://www.gdv.de/2011/07/kartellrecht-und-verbandsarbeit/).

1. Verhalten in Verbandssitzungen

21 Es empfiehlt sich zunächst, in den Verhaltensregeln den zulässigen Rahmen für das Verhalten in Sitzungen abzustecken. Ziel muss es sein, dass es in den Sitzungen weder zu einem verbotenen Informationsaustausch noch sogar zu einer verbotenen Verhaltensabstimmung kommt. Hierzu hat sich die Definition eines Katalogs zulässiger und unzulässiger Themen bewährt. Zulässig ist dabei iRv Verbandssitzungen in der Versicherungswirtschaft ua der Austausch über

- die Geschäfts- und Schadenentwicklung im Gesamtmarkt,
- allgemeine wirtschaftliche, politische und technische Tendenzen und Entwicklungen,
- Gesetze, aktuelle Gesetzesvorhaben, Rspr., Vorgaben von Aufsichtsbehörden sowie deren Reichweite und Folgen für die Gesamtheit der Mitgliedsunternehmen,
- Lobbyaktivitäten des Verbandes sowie deren Planung,
- anerkannt zulässige Formen der Zusammenarbeit in der Versicherungsbranche wie Statistikarbeit, Musterversicherungsbedingungen, Schadenverhütung und Unfallforschung – jeweils iRd hierfür geltenden Vorgaben.

22 Unzulässig sind dagegen Absprachen und der Austausch ua über

- Prämienhöhen, Prämienbestandteile (Kostenfaktoren), Provisionshöhen, Rabatte und Zuschläge,
- die Zusammenarbeit oder Nichtzusammenarbeit mit Dritten (zB Maklern),
- das eigene Zeichnungsverhalten, insbes. in Bezug auf die Versicherbarkeit bestimmter Risiken,
- Anfragen von Kunden oder Angebote bei Ausschreibungen,
- eigene strategische Vorhaben und Überlegungen, zB zu Produkteinführungen, Investitionen oder Änderung der Konditionen. Dies gilt auch dann, wenn diese Vorhaben/ Überlegungen eine Reaktion auf aktuelle Gesetzesvorhaben, die Rspr. oder aufsichtsrechtliche Vorgaben sind. Diese Reaktionen sind unternehmensindividuell festzulegen und dürfen nicht über die Verbandsarbeit abgestimmt werden.

2. Schadenbedarfstatistiken, Studien, Sterbetafeln

23 Ein weiterer wichtiger Bereich der Arbeit der Verbände der Versicherungswirtschaft war die Erstellung von Schadenbedarfstatistiken, Sterbetafeln und Studien. Die Arbeit in diesem Bereich war bis zum 31.3.2017 durch die Versicherungs-GVO[28] gedeckt. Zweck der Freistellung ist, den Versicherungsunternehmen die Kenntnis und Bewertung der Risiken zu erleichtern.[29] Die EU-Kommission hat am 13.12.2016 mitgeteilt, die Versicherungs-GVO nicht über den 31.3.2017 hinaus verlängern zu wollen.[30] Gleichwohl kann die Versicherungs-GVO über diesen Zeitpunkt hinaus aber weiterhin als Orientierungshilfe und als Grundlage für verbandsinterne Compliance-Programme dienen.

24 **a) Verhältnis Versicherungs-GVO zum allgemeinen Kartellrecht.** Die Versicherungs-GVO war unmittelbar geltendes Recht, das von den europäischen und nationalen Kartellbehörden zu beachten war. Durch die Versicherungs-GVO wurden die Einzelfreistellungsvoraussetzungen des Art. 101 Abs. 3 AEUV bzw. § 2 GWB für bestimmte Gruppen von Kooperationen verbindlich konkretisiert. Die Versicherungs-GVO bot in ihrem Anwendungsbereich für die Unternehmen und ihre Verbände Rechtssicherheit und damit einen „sicheren Hafen".

25   Aus diesen Gründen empfahl es sich auch, den „sichern Hafen" der GVO anzusteuern und den Compliance-Programmen die Freistellungsvoraussetzungen der Versicherungs-

---

[28] Vgl. zur Versicherungs-GVO → Fn. 25.
[29] Vgl. Erwägungsgrund 9 Versicherungs-GVO.
[30] Impact Assessment der EU-Kommission → Fn. 26; Executive Summary des Impact Assessment → Fn. 26.

GVO zugrunde zu legen. Zwingend war dies jedoch nicht, weil die Schadenbedarfstatistiken, Sterbetafeln und Studien je nach Ausgestaltung im Einzelfall entweder schon nicht wettbewerbsbeeinträchtigend sein dürften, zumindest aber nach Art. 101 Abs. 3 AEUV bzw. § 2 GWB freigestellt sein dürften.[31] [32]

Die EU-Kommission hat die Versicherungs-GVO nicht über den 31.3.2017 verlängert.[33] Die EU-Kommission erkennt zwar nach wie vor die Notwendigkeit der Zusammenarbeit der Versicherungsunternehmen in diesem Bereich an.[34] Auch meint sie, dass es Hinweise auf einen im Versicherungssektor (verglichen mit anderen Wirtschaftssektoren) eventuell erhöhten Bedarf an Zusammenarbeit in diesem Bereich gibt.[35] Gleichwohl hält die EU-Kommission eine Verlängerung der GVO angesichts der Marktbedingungen nicht mehr für erforderlich. Aus Sicht der EU-Kommission bestehen mit den Leitlinien zur Anwendung des Art. 101 AEUV auf Vereinbarungen über horizontale Zusammenarbeit (Horizontalleitlinien)[36] bereits Orientierungshilfen für die Unternehmen, um die Zulässigkeit der Zusammenarbeit in dieser Art selbst zu prüfen.[37] **26**

Entgegen dieser Entscheidung der EU-Kommission wäre einer Verlängerung der Versicherungs-GVO im Hinblick auf die hiermit verbundene Rechtssicherheit wünschenswert gewesen. Aufgrund der spezifischen Bedeutung der Statistikarbeit im Bereich der Versicherungswirtschaft wäre dies auch gerechtfertigt gewesen. Unabhängig hiervon kann die Versicherungs-GVO bei den Statistiken über den 31.3.2017 hinaus weiterhin als Orientierungshilfe dienen. Diese Orientierungsfunktion „alter" Gruppenfreistellungsverordnungen ist in der Literatur in der Vergangenheit immer wieder anerkannt worden.[38] Hinzu kommt, dass die EU-Kommission in ihrem Impact Assessment vom 13.12.2016 zu Recht darauf hinweist, dass die Versicherungs-GVO und die Horizontalleitlinien bei den Statistiken auf den gleichen Grundlagen beruhen.[39] Die Freistellungsvoraussetzungen der Versicherungs-GVO sind dabei allerdings detaillierter gewesen als dies die Horizontallinien sind. Verbände dürfen daher zukünftig soweit als möglich auf der sicheren Seite sein, wenn sie die Freistellungsvoraussetzungen der Versicherungs-GVO zu den Statistiken weiterhin berücksichtigen. Es empfiehlt sich daher, den Compliance-Programmen bei den Statistiken b.a.w. die bis zum 31.3.2017 geltende Versicherungs-GVO zugrunde zu legen. Nachfolgend werden daher auch diese Vorgaben der Versicherungs-GVO näher dargestellt. **27**

---

[31] Vgl. hierzu auch *Mäger/Bartmann* Kap. 10 Rn. 60, wonach es der gemeinsamen Statistikarbeit iSd Arbeitsgemeinschaftsgedankens bereits an einer Wettbewerbsbeschränkung fehlt, soweit diese für die an ihr beteiligten Unternehmen Voraussetzung für eine risikoangemessene Risikokalkulation ist, was im Einzelfall zu prüfen ist. Vgl. zudem hierzu Bürkle Versicherungsunternehmen-Compliance/*Stancke* § 13 Rn. 100 Fn. 144.

[32] Auch aus der Versicherungs-GVO ergibt sich keine andere Wertung. Im Gegenteil: Gemäß Ziffer 8 der Erwägungsgründe der Versicherungs-GVO „wird nicht vermutet, dass Vereinbarungen, die nicht unter diese Verordnung fallen, unter Art. 101 Abs. 1 AEUV fallen oder die Voraussetzungen von Art. 101 Abs. 3 AEUV nicht erfüllen".

[33] Impact Assessment der EU-Kommission → Fn. 26; Executive Summary des Impact Assessment → Fn. 26.

[34] Report from the Commission to the European Parliament and the Council on the functioning of the Commission Regulation (EU) No 267/2010 on the application of Article 101 (3) of the Treaty on the functioning of the European Union to certain categories of agreements, decisions and concerted practices in the insurance sector, COM(2016) 153 final („Bericht der EU-Kommission vom 17.3.2016").

[35] Bericht der EU-Kommission vom 17.3.2016, S. 5 sowie Rn. 127 und 128; → Fn. 34.

[36] Mitteilung der Kommission Leitlinien zur Anwendbarkeit von Artikel 101 AEUV auf Vereinbarungen über horizontale Zusammenarbeit (2011/C/01) („Horizontalleitlinien").

[37] Impact Assessment der EU-Kommission Rn. 139 → Fn. 26.

[38] Vgl. zB Bunte/Stancke S. 79 zu den Musterversicherungsbedingungen und der Versicherungs-GVO alt.

[39] Vgl. Rn. 102 des Impact Assessment der EU-Kommission, → Fn. 26. Dort heißt es: „The rational underlying the ,hecklist' of conditions for a block exemption (IBER) and the guidance in the Horizontal Guidelines is the same, namely the four conditions of Artcile 101 (3) TFEU". Vgl. auch Annex 8 zum Impact Assessment, in dem die Versicherungs-GVO mit den Horizontalleitlinien verglichen wird.

28 **b) Schadenbedarfstatistiken und Sterbetafeln unter der Versicherungs-GVO.** Zunächst zu den Schadenbedarfstatistiken und Sterbetafeln unter der derzeit noch geltenden Versicherungs-GVO. Konkret freigestellt war die gemeinsame Erhebung und Verbreitung von Daten, die erforderlich sind für die Berechnung von Durchschnittskosten für die Deckung eines genau beschriebenen Risikos in der Vergangenheit („Erhebungen").[40] [41] Die Freistellung hat dabei nach ganz überwiegender Meinung nicht nur die Ermittlung der relevanten Daten erfasst, sondern auch die Erstellung gemeinsamer Statistiken.[42]

29 Außerdem war im Bereich von Versicherungen, die ein Kapitalisierungselement beinhalten, die gemeinsame Erhebung und Verbreitung von Daten freigestellt, die erforderlich sind für die Erstellung von Sterbetafeln und Tafeln über die Häufigkeit von Krankheiten, Invalidität und Unfällen („Tabellen").[43] Hiervon war die gemeinsame Aufstellung von Sterbetafeln erfasst.[44]

30 Ziel der Erhebungen und Tabellen musste eine statistisch auswertbare Größe sein, mit der Parameter wie ua die Anzahl der Schadenfälle in dem festgelegten Zeitraum bestimmt werden können.[45] Die Erhebungen und Tabellen mussten zudem auf der Zusammenstellung von Daten beruhen, die sich auf eine als Beobachtungszeitraum gewählte Anzahl von Risikojahren bezogen.[46] Die Auswahl des Beobachtungszeitraums blieb den Verbänden überlassen.[47] Allerdings durfte es sich nur um Zeiträume in der Vergangenheit handeln. Grund: Schadenbedarfstatistiken und Tabellen durften sich anders als Studien nur auf die Vergangenheit beziehen.[48] Die Zusammenstellung der Daten musste zudem identische oder vergleichbare Risiken in ausreichender Zahl betreffen.[49] Außerdem mussten die Statistiken und Tabellen so detailliert sein, wie dies versicherungstechnisch angemessen war.[50] Dieser Voraussetzung lag der Gedanke zugrunde, dass die Unternehmen bei der Berechnung umso mehr Spielraum haben, je enger die Kategorien über die in der Vergangenheit entstandenen Kosten für die Deckung eines bestimmten Risikos sind.[51]

31 **c) Studien unter der Versicherungs-GVO.** Ferner erfasst werden von der Versicherungs-GVO Studien über die Wahrscheinlichkeit von außerhalb des Einflussbereichs der beteiligten Unternehmen liegenden allgemeinen Umständen auf die Häufigkeit oder das Ausmaß von künftigen Forderungen bei einem bestimmten Risiko oder einer bestimmten Risikosparte.[52] Anders als die Erhebungen und Tabellen, die sich nur auf die Vergangenheit beziehen dürfen, enthalten Studien damit Prognosen für die Zukunft.[53]

---

[40] Art. 2 Buchst. a lit. i Versicherungs-GVO.

[41] Der Begriff „Erhebungen" wird nachfolgend synonym mit dem Begriff „Schadenbedarfstatistiken" verwendet.

[42] Körber/Rauh/*Bartel* S. 35; Immenga/Mestmäcker/Ellger Vers-GVO Art. 2 Rn. 5; Langen/Bunte/*Bunte* Syst. VIII Versicherungswirtschaft Rn. 35; Mäger/*Bartmann* Kap. 10 Rn. 48; aA *Saller* VersR 2010, 417 (419).

[43] Art. 2 Buchst. a lit. ii Versicherungs-GVO.

[44] Körber/Rauh/*Bartel* S. 36.

[45] Art. 3 Abs. 1 Buchst. a lit. i Versicherungs-GVO. Vgl. weitere beispielhaft benannte Parameter in Art. 3 Abs. 1 Buchst. a lit. ii–iv Versicherungs-GVO.

[46] Art. 3 Abs. 1 Buchst. a Versicherungs-GVO.

[47] Langen/Bunte/*Bunte* Syst. VIII Versicherungswirtschaft Rn. 42.

[48] Langen/Bunte/*Bunte* Syst. VIII Versicherungswirtschaft Rn. 42.

[49] Art. 3 Abs. 1 Buchst. a Versicherungs-GVO.

[50] Art. 3 Abs. 1 Buchst. b Versicherungs-GVO.

[51] Erwägungsgrund 10 Versicherungs-GVO.

[52] Freigestellt waren gem. Art. 2 Buchst. b Versicherungs-GVO auch Studien zum Ertrag verschiedener Ablageformen. Die EU-Kommission hat in Fn. 81 zu Rn. 88 ihres Impact Assessment, vgl. hierzu → Fn. 26, mitgeteilt, dass es hierbei nicht um die Einschätzung eines versicherten Risikos gehe, sondern dies ein Element einer wirtschaftlichen Entscheidung sei. Selbst wenn sie die Versicherungs-GVO verlängert hätte, hätte die EU-Kommission diesen Punkt daher nicht berücksichtigt. Diese Äußerung der EU-Kommission im Impact Assessment sagt allerdings nichts darüber aus, ob entsprechende Studien nach den allgemein kartellrechtlichen Vorgaben zulässig wären. Dies obliegt vielmehr der Selbsteinschätzung der Verbände.

[53] Langen/Bunte/*Bunte* Syst. VIII Versicherungswirtschaft Rn. 40.

Beispiel: 32
Studien über die künftige Schadenentwicklung.

d) Freistellungsvoraussetzungen für Schadenbedarfstatistiken, Sterbetafeln und 33
Studien. Für die Schadenbedarfstatistiken, Sterbetafeln und Studien gelten gem. Art. 3
Versicherungs-GVO bestimmte detaillierte Freistellungsvoraussetzungen, die sich in ihren
Grundzügen auch in den Horizontalleitlinien wiederfinden. Wie unter → Rn. 27 bereits
dargestellt, empfiehlt es sich, diese Freistellungsvoraussetzungen bis auf Weiteres den
Compliance-Programmen weiterhin zugrunde zu legen:

- Es darf kein Hinweis auf Bruttoprämien erfolgen.[54]
- Es darf keine Identifizierung der beteiligten Versicherungsunternehmen und einzelner
  Versicherungsnehmer möglich sein (Anonymisierung).[55]
- Die Erhebungen, Tabellen und Studien müssen einen Unverbindlichkeitshinweis ent-
  halten.[56]
- Soweit gewünscht, sind allen Versicherungsunternehmen die Erhebungen, Tabellen und
  Studien zu angemessenen und diskriminierungsfreien Konditionen und erschwinglichen
  Preisen zur Verfügung zu stellen.[57] Dies gilt auch für Unternehmen, die bisher nicht auf
  dem räumlichen oder sachlichen Markt tätig sind. Die Übergabe kann allerdings von
  der Mitgliedschaft in dem jeweiligen Verband abhängig gemacht werden, soweit diese
  zu diskriminierungsfreien Konditionen gewährt wird.[58]
- Verbraucher- und Kundenorganisationen ist Zugang zu den Erhebungen, Tabellen und
  Studien zu angemessenen und diskriminierungsfreien Konditionen und erschwinglichen
  Preisen zu gewähren.[59] Voraussetzung für den Zugang ist allerdings, dass „spezifische
  und präzise Zugangsanträge gestellt werden, für die ordnungsgemäß gerechtfertigte
  Gründe bestehen".[60] Ein Anspruch auf Zugang besteht dann nicht, wenn die Nichtof-
  fenlegung aus Gründen der öffentlichen Sicherheit objektiv gerechtfertigt ist.[61]

Erhebungen und Tabellen dürfen darüber hinaus folgende unternehmensindividuellen 34
Daten nicht enthalten:

- Sicherheitszuschläge,
- Erträge aus Rückstellungen,
- Verwaltungs- und Vertriebskosten,
- Steuern oder sonstige Abgaben,
- Investitionserlöse und erwartete Gewinne.[62]

e) Verwendung der Schadenbedarfstatistiken, Studien, Sterbetafeln. Es darf keine 35
Abstimmung der Unternehmen darüber erfolgen, die Schadenbedarfstatistiken, Sterbetafeln und Studien der Verbände anzuwenden und einzuhalten und/oder nicht von deren
Schlussfolgerungen abzuweichen.[63] Dies sollte in den Compliance-Leitlinien ausdrücklich
geregelt werden.

---

[54] Art. 3 Abs. 2 Buchst. c Versicherungs-GVO.
[55] Art. 3 Abs. 2 Buchst. a Versicherungs-GVO.
[56] Art. 3 Abs. 2 Buchst. b Versicherungs-GVO.
[57] Art. 3 Abs. 2 Buchst. d Versicherungs-GVO.
[58] Erwägungsgrund 11 Versicherungs-GVO.
[59] Art. 3 Abs. 2 Buchst. e Versicherungs-GVO.
[60] Art. 3 Abs. 2 Buchst. e Versicherungs-GVO.
[61] Art. 3 Abs. 2 Buchst. e Versicherungs-GVO. Vgl. vertiefend zum Zugang der Kunden- und Verbraucherverbände *Körber/Rauh* VersR 2012, 670.
[62] Art. 3 Abs. 1 Buchst. c Versicherungs-GVO.
[63] Art. 4 Versicherungs-GVO.

3. Allgemeine Marktstatistiken und -analysen

36 Ein weiterer Aufgabenschwerpunkt von Verbänden in der Versicherungswirtschaft ist die Erstellung von allgemeinen Marktstatistiken und -analysen. Diese geben einen Überblick über den Gesamtverlauf und die Geschäftssituation der Gesamtwirtschaft bzw. bestimmter Wirtschaftszweige und Versicherungssparten. Von den Schadenbedarfsstatistiken, Sterbetafeln und Studien unterscheiden sich diese Marktstatistiken und -analysen dadurch, dass sie keine Grundlage für die Prämienbildung sind.

37 Die allgemeinen Markstatistiken und -analysen werden nicht von der Versicherungs-GVO erfasst. Ihre Zulässigkeit richtet sich vielmehr nach den allgemeinen kartellrechtlichen Vorgaben. Eine Hilfestellung geben dabei die Horizontalleitlinien der EU-Kommission.[64]

38 Marktstatistiken und -analysen, die sich allgemein auf gesamtwirtschaftliche, demografische und sozialstatistische Daten beziehen, sind von vornherein kartellrechtlich unbedenklich, weil sie keine Aussagen zur wirtschaftlichen Situation von Versicherungsunternehmen treffen.[65]

39 **Beispiel:**

Statistiken zum Geldvermögen der privaten Haushalte, zur Entwicklung des Kraftfahrzeug-Bestandes in Deutschland oder über Straßenverkehrsunfälle.

40 Marktanalysen und Marktstatistiken, die einen Überblick über den Geschäftsablauf und die Geschäftssituation der Versicherungswirtschaft bzw. bestimmter Versicherungssparten geben, sind idR jedenfalls dann kartellrechtlich unkritisch, wenn

- sie keine Rückschlüsse auf einzelne Unternehmen oder Geschäftsvorfälle ermöglichen, dh die Daten anonymisiert und aggregiert sind, und
- es sich um einen Markt mit vielen Wettbewerbern handelt.[66]

41 Bei allen anderen Marktanalysen und Markstatistiken kommt es für ihre Zulässigkeit auf den Einzelfall an. Es empfiehlt sich daher, in diesen Fällen in den Compliance-Leitlinien eine Prüfung durch die Rechtsabteilung und/oder durch den Compliance-Beauftragten vorzusehen.[67]

4. Musterversicherungsbedingungen

42 Eine wichtige Rolle in der Versicherungswirtschaft spielen Musterversicherungsbedingungen, die ua in den Verbandsgremien erstellt werden. Ähnlich wie im Bereich der Statistikarbeit ist der Kooperationsbedarf in der Versicherungswirtschaft bei den Musterbedingungen ungleich höher als in anderen Branchen. Dies folgt aus der Natur des Versicherungsproduktes als Rechtsprodukt → Rn. 2.

43 Musterversicherungsbedingungen haben zudem eine Reihe von Vorteilen für den Wettbewerb: Sie dienen als Orientierungshilfe für die Verbraucher beim Vergleich verschiedener Produkte und schaffen damit Transparenz. Außerdem erleichtern sie den Marktzutritt insbes. für kleinere und mittlere Unternehmen. Ferner erleichtern sie – was ebenfalls wiederum den Verbrauchern zugutekommt – die Einhaltung rechtlicher Vorgaben durch die Versicherer.

---

[64] Die Horizontalleitlinien (→ Fn. 36) enthalten unter Rn. 55 ff. allgemeine Grundsätze für die wettbewerbliche Würdigung des Informationsaustauschs.

[65] Vgl. hierzu Immenga/Mestmäcker/*Ellger* Vers-GVO Art. 2 Rn. 8, wonach allgemeine Marktstatistiken, soweit sie anonymisiert sind, grds. nicht unter Art. 101 Abs. 1 AEUV fallen. So auch Loewenheim/Meessen/Riesenkampff/Kersting/Meyer-Lindemann/*Hörs* VersW-GVO Art. 2 Rn. 40.

[66] Vgl. hierzu Horizontalleitlinien Rn. 89. Danach ist im Allgemeinen wenig wahrscheinlich, dass der Austausch aggregierter Daten zu wettbewerbsbeschränkenden Auswirkungen führt, außer im Fall eines solchen Austauschs in einem engen Oligopol.

[67] Vgl. zum Informationsaustausch auch → § 5 Rn. 79–80.

Bis zum 31.3.2010 war daher auch die gemeinsame Erstellung von Musterversicherungs- **44** bedingungen in der Versicherungswirtschaft unter bestimmten Voraussetzungen vom Kartellverbot gruppenweise freigestellt.[68]

Die EU-Kommission hat im Jahr 2010 die Versicherungs-GVO in diesem Bereich **45** nicht verlängert, weil sie keinen besonderen Kooperationsbedarf im Vergleich zu anderen Branchen mehr gesehen hat.[69] Stattdessen hat sie Hinweise zur gemeinsamen Erarbeitung von Vertragsbedingungen allgemein in ihre Horizontalleitlinien aufgenommen.[70] Die EU-Kommission fasst die gemeinsame Erarbeitung von Musterversicherungsbedingungen dabei als Normungsarbeit auf. Sie spricht daher auch von Standardbedingungen in den Horizontalleitlinien.[71] Diese Hinweise in den Horizontalleitlinien zu den Standardbedingungen gelten für alle Sektoren gleichermaßen, wobei die EU-Kommission an einigen Stellen, ua in einem Beispiel, konkret auf die Versicherungswirtschaft eingeht.[72]

Es empfiehlt sich, diese Hinweise der EU-Kommission als Grundlage für die Compli- **46** ance-Vorgaben in den Verbänden der Versicherungswirtschaft aufzugreifen. Außerdem können als Orientierungshilfe auch weiter die Freistellungsvoraussetzungen der bis 2010 geltenden Versicherungs-GVO alt dienen.[73]

a) Allgemeine Compliance-Vorgaben für die Bedingungsarbeit. Ziel der Compli- **47** ance-Regelungen sollte sein, Wettbewerbsbeschränkungen durch Musterversicherungsbedingungen von vornherein soweit als möglich zu vermeiden, dh die Fälle, in denen eine Prüfung der Einzelfreistellungsvoraussetzungen gem. Art. 101 Abs. 3 AEUV bzw. § 2 GWB erforderlich ist, soweit als möglich zu begrenzen.

Hierfür geben die Horizontalleitlinien eine wichtige Orientierungshilfe. Laut Horizon- **48** talleitlinien ist nicht damit zu rechnen, dass Musterversicherungsbedingungen den Wettbewerb beeinträchtigen, solange über einen Wirtschaftsverband eine uneingeschränkte Beteiligung der Wettbewerber auf dem relevanten Markt an der tatsächlichen Festlegung der Standardbedingungen gewährleistet ist und es sich um nicht verbindliche und uneingeschränkt zugängliche Standardbedingungen handelt.[74]

Dies sollte durch die Regelung folgender Punkte in den verbandsinternen Compliance- **49** Vorgaben aufgegriffen werden:

- Beteiligung der Wettbewerber auf dem relevanten Markt an der Erarbeitung der Musterversicherungsbedingen. Dies kann zB dadurch gewährleistet werden, dass allen die jeweilige Sparte betreibenden Verbandsunternehmen vor Verabschiedung der Musterversicherungsbedingungen die Möglichkeit zur Stellungnahme gegeben wird. Zudem muss sichergestellt werden, dass über etwaige Anmerkungen der Mitgliedsunternehmen nach objektiven Kriterien entschieden wird.

---

[68] Verordnung (EG) Nr. 358/2003 der Kommission v. 27.2.2003 über die Anwendung von Artikel 81 Abs. 3 EG-Vertrag auf Gruppen von Vereinbarungen, Beschlüssen und aufeinander abgestimmten Verhaltensweisen im Versicherungssektor, ABl. Nr. L 53 S. 8 („Versicherungs-GVO aF").

[69] Dreher/Hoffmann ZWeR 2012, 403 (405) üben berechtigterweise Kritik an der Nicht-Verlängerung der GVO. Sie weisen ua daraufhin, dass die EU-Kommission die Intensität des Kooperationsbedarfs verkennt, der im Versicherungssektor im Vergleich zu dem anderer Unternehmen in anderen Branchen besonders hoch ist.

[70] Horizontalleitlinien Rn. 257 ff.

[71] *Mäger/Bartmann/Bartmann* Kap. 10 Rn. 66 Fn. 65 weist zu Recht daraufhin, dass weder der Begriff „Standardbedingungen" noch die Verortung in der Normungsarbeit zutr. ist, da die Musterbedingungsarbeit – anders als die Normungsarbeit – nicht auf die Standardisierung von Versicherungsprodukten abzielt, sondern es lediglich um unverbindliche Musterklauseln geht, auf die die Versicherer nach Belieben zurückgreifen können.

[72] Vgl. Beispiel 11 unter Rn. 335 der Horizontalleitlinien.

[73] Vgl. *Bunte/Stancke* S. 79, wonach Musterbedingungen, die den Anforderungen der Versicherungs-GVO alt entsprechen, regelmäßig die Voraussetzungen für eine Einzelfreistellung erfüllen.

[74] Horizontalleitlinien Rn. 301.

- Unverbindlichkeit der Musterversicherungsbedingungen. Hierzu sollten die Bedingungen mit einem Hinweis versehen werden, der verdeutlicht, dass die Bedingungen unverbindlich sind und ihre Verwendung rein fakultativ ist.

50 „Unverbindliche Bekanntgabe des Verbandes zur fakultativen Verwendung. Abweichende Vereinbarungen sind möglich."

- Veröffentlichung der Musterversicherungsbedingungen (zB über die Homepage des Verbandes).

51 **b) Besondere Vorgaben zum Schutz des Preiswettbewerbs und von Produktvielfalt und -innovation.** Bei der Gestaltung von Compliance-Vorgaben muss zudem beachtet werden, dass die EU-Kommission zwei Ausnahmen von dem Grundsatz macht, dass Musterbedingungen nicht den Wettbewerb beeinträchtigen. Die eine Ausnahme betrifft Musterbedingungen, die sich wahrscheinlich negativ auf den Preis auswirken.[75] Die zweite Ausnahme betrifft Musterbedingungen, die den Anwendungsbereich des Endproduktes festlegen. Diese können aus Sicht der EU-Kommission den Wettbewerb beeinträchtigen, wenn sie aufgrund ihrer allgemeingültigen Verwendung de facto zu einer Einschränkung von Produktinnovation und Produktvielfalt führen.[76]

52 Ziel von Compliance-Programmen sollte sein, dass die Musterversicherungsbedingungen so ausgestaltet sind, dass keine dieser genannten Ausnahmen greift. Um dies sicherzustellen, empfiehlt es sich zunächst, die bis zum Jahre 2010 geltenden sog. schwarzen Klauseln von Art. 6 Versicherungs-GVO aF[77] weiter zu berücksichtigen. Dementsprechend sollten die Bedingungen daher **ua**

- keine Angaben (weder in absoluten Zahlen noch prozentual) zu Bruttoprämien beinhalten;
- keine Hinweise dazu enthalten, bis zu welcher Höhe das Risiko abgedeckt ist oder wie hoch die Selbstbeteiligung ist;
- keine umfassende vertragliche Deckung solcher Risiken enthalten, denen eine große Anzahl von Versicherungsnehmern nicht gleichzeitig ausgesetzt ist;
- dem Versicherungsnehmer nicht auferlegen, unterschiedliche Risiken bei demselben Versicherer zu versichern.[78]

53 Dies sollte durch entsprechende Leitlinien für die Bedingungsarbeit gewährleistet werden.

54 Laut Horizontalleitlinien[79] hat es zudem eine Indizwirkung auch für die zukünftige Zusammenarbeit, wenn die Erfahrungen der Vergangenheit mit derselben bzw. vergleichbaren Produktgruppen gezeigt haben, dass die Bedingungen nicht zu einer Einschränkung des Produktwettbewerbs geführt haben. Daher sollte vorsorglich erwogen werden, bei den produktgestaltenden Klauseln in regelmäßigen Abständen ihre Auswirkungen auf den Produktwettbewerb zu überprüfen.[80] Sollte im Einzelfall eine wettbewerbsbeschränkte Wirkung festgestellt werden, heißt dies jedoch nicht, dass die betreffende Klausel automatisch unzulässig ist. Vielmehr muss dann geprüft werden, ob in dem betreffenden Einzelfall die Einzelfreistellungsvoraussetzungen des Art. 101 Abs. 3 AEUV bzw. § 2 GWB erfüllt sind.

55 **c) AGB-rechtliche Konformität.** Eine zusätzliche Frage ist, ob die Bedingungen auch ausgewogen sein müssen bzw. die AGB-rechtliche Konformität aus kartellrechtlichen Gründen gegeben sein muss. Ob eine Klausel AGB-konform ist, dürfte zwar für die Prü-

---

[75] Horizontalleitlinien Rn. 276 und 307.
[76] Horizontalleitlinien Rn. 303.
[77] Vgl. zur Versicherungs-GVO aF → Fn. 69.
[78] Weitere „schwarze Klauseln" in Art. 6 Versicherungs-GVO aF beziehen sich ua auf die Themenkomplexe „Vertragsdauer" und „Vertragsverlängerung".
[79] Horizontalleitlinien Fn. 2 zu Rn. 303.
[80] Mäger/*Bartmann* Kap. 10 Rn. 72.

fung der Wettbewerbsbeeinträchtigung keine Rolle spielen. Sollte es im Ausnahmefall aber auf eine Einzelfreistellung nach Art. 101 Abs. 3 AEUV bzw. § 2 GWB ankommen, könnte das Kriterium von Relevanz werden.[81] Letztlich ist diese Diskussion aber auch eher theoretischer Natur, weil es für die Unternehmen und ihrer Verbände schon aus zivilrechtlichen Gründen wichtig ist, dass die Musterklauseln AGB-konform sind.

d) Verwendung von Musterversicherungsbedingungen. Ob die Musterversiche- 56
rungsbedingungen von den Unternehmen tatsächlich verwendet werden, ist unternehmensindividuell zu entscheiden. Es darf daher in den Verbandsgremien keine Abstimmung über die Verwendung der Bedingungen erfolgen.[82] Es empfiehlt sich, dies so auch ausdrücklich in den Compliance-Leitlinien vorzusehen.

5. Modelle zur Darstellung von Überschussbeteiligungen

Ein weiteres Tätigkeitsfeld der Verbände ist teilweise auch die Erarbeitung von unver- 57
bindlichen Modellen zur Darstellung von Überschussbeteiligungen. Dies spielt eine Rolle bei Versicherungen mit Kapitalisierungselement.

Beispielrechnung für fondsgebundene Lebensversicherungen 58

In der Vergangenheit waren die Modelle unter bestimmten Voraussetzungen durch die 59
Versicherungs-GVO aF[83] gruppenweise vom Kartellverbot freigestellt. Grund für die Freistellung war, dass die Modelle die Vergleichbarkeit verschiedener Angebote erleichtern und Markttransparenz schaffen. Auch Mustertexte, welche die Darstellungsweise und -reihenfolge standardisieren, aber keine Angaben über erzielbare Überschüsse enthalten, sollten von der Freistellung ebenfalls erfasst sein.

Gleichwohl hat die EU-Kommission in der Vergangenheit bei den Modellen die Ge- 60
fahr gesehen, dass es zu einer Vereinheitlichung von Wettbewerbsparametern kommt. Die Versicherungs-GVO alt sah daher auch vor, dass die Modelle (unbeschadet gesetzlicher Verpflichtungen) keine bestimmten Zinssätze oder eine bezifferte Angabe von Verwaltungskosten enthalten durften.[84] Hierdurch sollte sichergestellt werden, dass der Wettbewerb über die Höhe der Überschussbeteiligungen trotz der Modelle weiter gewährleistet ist. Außerdem sollte so der Austausch sensibler Wettbewerbsinformationen verhindert werden.

Die EU-Kommission hat 2010 die Versicherungs-GVO im Bereich der Modelle leider 61
ohne Begründung nicht verlängert, dh die Modelle sind nicht mehr Bestandteil der aktuellen Versicherungs-GVO. Die Erwägungen der EU-Kommission zur Versicherungs-GVO alt können aber als Orientierung bei der Selbstveranlagung dienen.[85] Es empfiehlt sich daher auch, diese Vorgaben in den Compliance-Regeln für diesen Bereich umzusetzen.

Deshalb gilt: Die Aufstellung und Bekanntgabe von Modellen zur Darstellung von 62
Überschussbeteiligungen sind zulässig, wenn sie

• unverbindlich sind und mit einem ausdrücklichen Hinweis auf die Unverbindlichkeit veröffentlicht werden.

• keine Angaben über bestimmte Beträge oder bezifferte Verwaltungskosten enthalten, sofern die Versicherer hierzu nicht gesetzlich verpflichtet sind.

---

[81] Dies ist in der Literatur str. Vgl. zu dieser Diskussion *Dreher/Hoffmann/Kling* § 9 Rn. 43 f.; Bürkle Versicherungsunternehmen-Compliance/*Stancke* Rn. 77 Fn. 97.
[82] Langen/Bunte/*Bunte* Syst. VIII Versicherungswirtschaft Rn. 105.
[83] Vgl. zur Versicherungs-GVO aF → Fn. 69.
[84] Art. 6 Abs. 4 Versicherungs-GVO aF.
[85] Langen/Bunte/*Bunte* Syst. VIII Versicherungswirtschaft, Rd. 106; Mäger/*Bartmann* Kap. 10 Rn. 84.

63 Die Unverbindlichkeit der Modelle darf nicht umgangen werden. Unzulässig ist deswegen eine Abstimmung darüber, keine anderen Berechnungsmodelle über Überschussbeteiligungen zu verwenden als die unverbindlichen Muster des Verbandes.[86]

6. Schadenverhütungskonzepte und Sicherheitsvorkehrungen

64 Eine besondere Rolle spielt in der Versicherungswirtschaft naturgemäß die Schadenverhütungsarbeit. In diesem Rahmen werden ua Schadenverhütungskonzepte oder Sicherheitsrichtlinien erstellt, zB zur Diebstahlprävention oder Verhinderung von Brandschäden. Werden entsprechende Konzepte durch die gemeinsame Zusammenarbeit der Unternehmen in Verbandsgremien erstellt, sollten hierfür iRd Compliance-Programms Vorgaben aufgestellt werden.

65 Nach Auffassung der EU-Kommission fällt dieser Bereich unter das allgemeine „Normungsbestreben" und ist daher keine Besonderheit der Versicherungswirtschaft.[87] Aus diesem Grund hat die EU-Kommission auch die im Bereich der Sicherheitsvorkehrungen bis 2010 bestehende Gruppenfreistellungsverordnung nicht verlängert.[88] Stattdessen werden entsprechende Vorhaben nun von den Horizontalleitlinien, dh dort konkret vom Kapitel 7 zu den „Vereinbarungen über Normen", erfasst.[89] Wie bei den Musterbedingungen hätten zwar auch die Besonderheiten der Arbeit der Versicherungswirtschaft in diesem Bereich eine Verlängerung der Gruppenfreistellungsverordnung im Jahre 2010 gerechtfertigt.[90] Allerdings bieten seit Wegfall der Versicherungs-GVO alt die Horizontalleitlinien für den Bereich der gemeinsamen Schadenverhütungsarbeit eine praktikable Orientierungshilfe. Dies gilt insbes. für das Beispiel, das die EU-Kommission zu den Normen in der Versicherungswirtschaft in die Horizontalleitlinien aufgenommen hat.[91] Es empfiehlt sich daher, diese Vorgaben in die Compliance-Programme für die Verbandsarbeit zu übernehmen.

66 Dies bedeutet konkret, dass die Compliance-Vorgaben folgendes regeln sollten:[92]
- Für alle interessierten Kreise sollte eine uneingeschränkte und transparente Beteiligung am Erarbeitungsprozess gegeben sein. Zudem muss ein offenes und transparentes Verfahren für die Annahme der betreffenden Schadenverhütungspapiere gewährleistet sein.
- Sachlich sollten bei der Erstellung entsprechender Konzepte und Richtlinien etc die Kriterien der Objektivität, Erforderlichkeit, Angemessenheit und Nicht-Diskriminierung gewahrt sein.
- Allen interessierten Dritten sollte der Zugang zu den Arbeitsergebnissen zu fairen, zumutbaren und diskriminierungsfreien Bedingungen offenstehen.
- Es darf keine direkte oder indirekte Verpflichtung zur Berücksichtigung oder Einhaltung der gemeinsam erarbeiteten Schadenverhütungskonzepte etc bestehen.

67 Um die geforderte uneingeschränkte und transparente Beteiligung aller interessierten Kreise an dem Erarbeitungs- und Verabschiedungsprozess sicherzustellen, empfiehlt es

---

[86] *Bunte/Stancke* S. 81.
[87] Mitteilung der EU-Kommission über die Anwendung von Art. 101 Abs. 3 des Vertrages über die Arbeitsweise der EU-Kommission auf Gruppen von Vereinbarungen, Beschlüssen und abgestimmten Verhaltensweisen im Versicherungssektor, ABl. Nr. C 82/20 Rn. 26.
[88] Freigestellt war nach der Versicherungs-GVO alt die gemeinsame Erstellung, Anerkennung und Bekanntgabe von technischen Spezifikationen, Regeln und Verhaltenskodizes über Sicherheitsvorkehrungen und von Verfahren zur Bewertung ihrer Vereinbarkeit mit diesen technischen Spezifikationen, Regeln und Verhaltenskodizes.
[89] Horizontalleitlinien Rn. 257 ff.
[90] Vgl. hierzu Körber/Rauh/*Bartel* S. 53.
[91] Vgl. Beispiel 4 unter Rn. 328 der Horizontalleitlinien.
[92] Die nachfolgenden Compliance-Empfehlungen basieren va auf Rn. 280 der Horizontallleitlinien. Danach liegt dann keine Wettbewerbsbeschränkung vor, wenn die Möglichkeit der uneingeschränkten Mitwirkung am Normierungsprozess gegeben ist und das Verfahren für die Annahme der betreffenden Norm transparent ist, keine Verpflichtung zur Einhaltung der Norm besteht und Dritten der Zugang zu der Norm zu fairen, zumutbaren und diskriminierungsfreien Bedingungen gewährt wird.

sich, hierzu detaillierte Regelungen aufzustellen. Diese sollten ua vorsehen, wie die Beteiligung Dritter an der Erarbeitung und Verabschiedung entsprechender Konzepte gewährleistet werden soll. Insbes. eine Konsultation aller interessierten Kreise über das Internet bietet sich hierzu an. Geregelt werden sollte auch, wie mit Stellungnahmen Dritter umgegangen wird. Die Verfahrensregelungen selbst sollten ebenfalls zB über eine Veröffentlichung im Internet transparent und allgemein öffentlich zugänglich sein.

Ferner empfiehlt es sich, durch einen Unverbindlichkeitshinweis zu verdeutlichen, dass **68** die iRd Verbandsarbeit erstellten Schadenverhütungskonzepte etc freiwillig sind und keine Abstimmung über deren Einhaltung erfolgen darf. Auch dies sollte im Compliance-Leitfaden so geregelt werden.

Beispiel für einen Unverbindlichkeitshinweis: **69**

„Die vorliegende Schutzvorschrift ist unverbindlich. Die Versicherer können im Einzelfall auch andere Sicherheitsvorkehrungen oder Installations- oder Wartungsunternehmen zu nach eigenem Ermessen festgelegten Konditionen akzeptieren, die diesen Sicherheitsvorschriften nicht entsprechen."

Schließlich sollte in den Compliance-Vorgaben geregelt werden, dass keine Vereinbarungen oder Abstimmungen darüber getroffen werden dürfen, welche Konsequenzen aus **70** der Erfüllung bestimmter Standards (zB Prämienrabatte) oder ihrer Nichterfüllung (zB Prämienaufschlag, Nichtzeichnung) zu ziehen sind.[93]

Von der Erstellung der Schadenverhütungskonzepte sind Prüfungs- und Zertifizierungsvereinbarungen zu unterscheiden, weil diese über das Hauptziel der Normung hin- **71** ausgehen.[94] Soweit Verbände auch im Bereich der Prüfung und Zertifizierung tätig sind, müssen diese gesondert daraufhin geprüft werden, ob sie den Wettbewerb beeinträchtigen.[95] Hierzu bedarf es dann auch gesonderter Compliance-Vorgaben.

Von den Schadenverhütungskonzepten, von denen eine Normierungswirkung iSd EU- **72** Kommission ausgehen kann, sind allgemeine Verhaltensanweisungen in Form von Empfehlungen sowie Tipps für Versicherungskunden zur Vermeidung von Schäden an Leben, Gesundheit und Eigentum zu unterscheiden.

Hinweis an Versicherungskunden über einen Verband in der Adventszeit zum richtigen **73** Umgang mit Kerzen.

Entsprechende allgemeine Verhaltensanweisungen und Tipps sind wettbewerbsrechtlich **74** per se neutral. Es sollte allerdings darauf geachtet werden, dass diese Tipps diskriminierungsfrei sind und nicht einseitig bestimmte Produkte, Hersteller, Dienstleister oÄ empfohlen werden.

7. Selbstverpflichtungsvereinbarungen, Wettbewerbsrichtlinien

Soweit in den Verbandsgremien auch Selbstverpflichtungsvereinbarungen oder Wettbe- **75** werbsrichtlinien erstellt werden, die das Verhalten zB der Mitgliedsunternehmen im Vertrieb regeln, sollten auch hierzu Compliance-Vorgaben aufgestellt werden. Entsprechende Wettbewerbsregeln betreffen das Wettbewerbsverhalten einzelner Mitgliedsunternehmen oder gar anderer Marktteilnehmer und sind damit kartellrechtlich relevant.

Wettbewerbsregeln zwischen Versicherungsunternehmen sind idR zumindest dann zu- **76** lässig, wenn sie den gesetzlichen oder richterlichen Vorgaben für einen lauteren und leistungsstarken Wettbewerb entsprechen.[96]

---

[93] Vgl. hierzu Bürkle Versicherungsunternehmen-Compliance/*Stancke* § 13 Rn. 112.
[94] Mäger/*Bartmann* Kap. 10 Rn. 140.
[95] Mäger/*Bartmann* Kap. 10 Rn. 140.
[96] Langen/Bunte/*Bunte* Syst. VIII Versicherungswirtschaft Rn. 130; Bürkle Versicherungsunternehmen-Compliance/*Stancke* § 13 Rn. 127.

77 Zulässiges autonomes Wettbewerbsverhalten darf aber nicht durch zB gemeinsame Wettbewerbsrichtlinien für unzulässig erklärt werden. Inwieweit Wettbewerbsrichtlinien zulässig sind, ist daher stets eine Sache des Einzelfalls. Aus diesem Grund empfiehlt es sich, in den Compliance-Richtlinien vorzusehen, dass bei der Erarbeitung entsprechender Richtlinien die Rechtsabteilung des Verbandes und/oder der Compliance-Beauftragte einzuschalten ist.

8. Kommunikation

78 Besonderes Augenmerk sollte bei den Compliance-Programmen von Wirtschaftsverbänden in der Versicherungswirtschaft auch auf die Pressearbeit gelegt werden. Denn es besteht die Gefahr, dass etwaige missverständliche Äußerungen durch Verbände in der Presse als Indizienbeweis für kartellrechtswidrige Abstimmungen dienen könnten. Die Schwierigkeit besteht dabei darin, dass die Beurteilung der Verbands-Kommunikation durch die Kartellbehörden ex post unter Berücksichtigung etwaiger Reaktionen der Mitgliedsunternehmen erfolgt. Die Kommunikation erfolgt hingegen ex ante, dh in Unkenntnis etwaiger Reaktionen der Unternehmen.

79 Daher sollte durch Compliance-Vorgaben für die Kommunikationsarbeit von vornherein vermieden werden, dass ein entsprechender Anschein gesetzt werden könnte. Hierzu sollte geregelt werden, dass zB iRv Pressemitteilungen des Verbandes keine Appelle, Empfehlungen oder Wünsche zum Marktverhalten von Mitgliedsunternehmen erfolgen dürfen. Gleiches gilt für die Verwendung eines Vokabulars, das wettbewerbliche Verhaltensweisen negativ bewertet.

80 Vermieden werden sollten zB Äußerungen von Verbandsseite wie „Preiskrieg bei Versicherungs-Produkt XY".

D. Weitere Rechtsgebiete

I. Datenschutz

81 Inhalt von Compliance-Programmen sollten auch Vorgaben zum Datenschutz sein. Dies gilt insbes. dann, wenn iRd Dienstleistungstätigkeit der Verbände eine Auftragsdatenverarbeitung für die Mitgliedsunternehmen erfolgt. Für die Verbände der Versicherungswirtschaft[97] bestehen dabei aber keine rechtlichen Besonderheiten im Vergleich zu den Verbänden anderer Wirtschaftszweige.[98] Auch die Frage, ob ein Datenschutzbeauftragter zu bestellen ist, richtet sich nach den allgemeinen gesetzlichen Anforderungen, also nach § 4f BDSG. Hierzu wird auf die allgemeinen Ausführungen zum Datenschutz verwiesen → § 11 Rn. 1 ff.

II. Vertraulichkeit von Informationen

82 Wichtiger Bestandteil von Compliance-Regeln sollte auch der Umgang mit vertraulichen Unternehmensdaten sein, die die Verbände etwa iRd Erarbeitung von Statistiken von ihren Mitgliedsunternehmen erhalten. Es sollten Regelungen dazu aufgestellt werden, wann Informationen als vertraulich gelten und wie hiermit umzugehen ist. Dabei sollte deutlich

---

[97] Vgl. vertiefend zum Datenschutz und IT-Compliance in der Versicherungswirtschaft *Bürkle* Versicherungsunternehmen-Compliance/*Draf* § 14 Rn. 1 ff.

[98] Für die Versicherungswirtschaft bestehen seit 2012 mit den Verhaltensregeln für den Umgang mit personenbezogenen Daten, dem sogenannten Code of Conduct, die ersten Verhaltensregeln zum Datenschutz, die von einer Datenschutzbehörde gem. § 38a BDSG anerkannt sind. Diese Verhaltensregeln gelten für alle die Mitgliedsunternehmen des GDV, die dem Code of Conduct freiwillig beigetreten sind. Auf die Arbeit des GDV als Verband finden sie keine Anwendung.

werden, dass vertrauliche Informationen nicht an Dritte und damit auch nicht an andere Mitgliedsunternehmen weiter gegeben werden dürfen. Dies ist sowohl erforderlich, um die Pflichten gegenüber den Mitgliedsunternehmen aus dem Mitgliedschaftsverhältnis nicht zu verletzen, als auch die kartellrechtlichen Vorgaben zum Informationsaustausch einzuhalten (→ § 5 Rn. 79–80).

III. Korruptionstatbestände

Wie ausgeführt (→ Rn. 9), spielt die Frage der Reputation in der Versicherungswirtschaft **83** und damit auch in ihren Verbänden eine große Rolle. Die Reputation darf daher nicht in Frage stehen. Um dies sicherzustellen, bietet sich an, in den Compliance-Regelungen auch Vorgaben in Bezug auf die Themen Korruption und Bestechung vorzusehen. Insbes. empfiehlt es sich, den Umgang mit Einladungen an Amts- und Mandatsträger zu regeln. Besondere rechtliche Vorgaben gelten dabei für die Verbände der Versicherungswirtschaft nicht. Es gelten die Ausführungen zur strafrechtlichen Compliance-Verantwortung → § 7 Rn. 142–282.

§ 17. Medienverbände

Literatur:
Arndt/Fetzer/Scherer/Graulich, TKG-Kommentar, 2. Aufl. 2015; *Brummund,* Struktur und Organisation des Pressevertriebs, 2006; *Ory/Cole,* Reform des Urhebervertragsrechts, 2016; *Ory/Schmittmann,* Freie Mitarbeiter in den Medien, 2002; *Ory/Ukrow,* Rechtsfragen des digitalen terrestrischen Hörfunks, 2015; *Soppe/Just,* Die Zulässigkeit des zentralen Verhandlungsmandats für das Presse-Grosso, AfP 2016, 115 ff.; *Strittmatter,* Tarife vor der urheberrechtlichen Schiedsstelle: Angemessenheit, Berechnungsgrundlagen, Verfahrenspraxis, 1994.

A. Medien im Wandel – Verbände im Wandel

Die Medien befinden sich mitten in einem Wandlungsprozess als Folge der **Digitalisie- 1 rung.** Auch die Verbändelandschaft ist in Bewegung, wenn bspw. die interaktive Unterhaltungsindustrie inzwischen ihren Branchenverband hat und sich etwa bei der aktuellen Diskussion des Urhebervertragsrechts als Teil der Medienwirtschaft begreift[1] – die Abgrenzung der Medien zu anderen Bereichen wird im digitalen Umfeld gelegentlich unscharf. Dieser Beitrag hat die „klassischen" Medien im Blick. Das meint Tageszeitungen, Zeitschriften und Anbieter von Rundfunk. Alle diese Unternehmen bieten auch Telemedien an, also Angebote im Internet auf Webseiten oder per App. Diese ergänzenden Angebote sind hier einbezogen, der große Bereich von Bloggern und von vergleichbaren kleinen Anbietern bleibt außen vor. Ebenfalls außerhalb dieser Betrachtungen ist der öffentlich-rechtliche Rundfunk.

Die so verstandenen **klassischen Medien** sind üblicherweise zu einem sehr hohen Teil 2 verbandlich gebunden. Im Bereich des privaten Rundfunks dürften alle Anbieter einem Verband angehören, dies schon wegen des „Gesamtvertragsrabatts" bei den Verwertungsgesellschaften Gesellschaft für musikalische Aufführungs- und mechanische Vervielfältigungsrechte (GEMA),[2] Gesellschaft zur Verwertung von Leistungsschutzrechten (GVL)[3] und VG Wort.[4] Bereits dieses Stichwort deutet auf einen Bereich der kollektiven wirtschaftlichen Rahmensetzung, den es in anderen Wirtschaftszweigen so nur sehr selten gibt.

Das birgt ein Risiko in sich, weil Verbandsgremien allzu leicht dazu tendieren, die zu- 3 lässige Setzung branchenweit einzuhaltender wirtschaftlicher Rahmenbedingungen auf Felder zu übertragen, in denen dieses Verhalten **wettbewerbsgefährdend** ist. Es erfordert ein erhebliches Fingerspitzengefühl der Funktionsträger in den Verbänden, die Grenzziehung zu beachten und Begehrlichkeiten von außen, aber auch aus dem Kreis der Mitglieder abzuwehren. Kollektive Tendenzen mit dem entsprechenden Risiko einer rechtlich relevanten Verletzung von Wettbewerbsrecht gehen bei der Medienwirtschaft gleich von drei historisch gewachsenen Bereichen aus. Neben dem Urheberrecht ist der Vertrieb von Medieninhalten zu nennen, schließlich spielt das kollektive Arbeitsrecht eine Rolle.

I. Vertrieb von Medieninhalten

Sowohl die gedruckten als auch die elektronischen Medien hatten in den zurückliegenden 4 Jahrzehnten den **Staat als Ansprechpartner** jedenfalls für wesentliche Teile des Vertriebs. Die Post hatte zunächst den Postzeitungsdienst[5] und damit die Vertriebsinfrastruktur für den überregionalen Vertrieb von Zeitungen und Zeitschriften bereitgestellt; dies

---

[1] Ory/Cole/*Ory* S. 13 ff.
[2] https://www.privatfunk.de/IndThemen.html?/urh/TextUrhR16.html, letzter Abruf: 14.11.2016.
[3] https://www.privatfunk.de/IndThemen.html?/urh/TextUrhR02.html, letzter Abruf: 14.11.2016.
[4] https://www.privatfunk.de/IndThemen.html?/urh/TextUrhR10.html, letzter Abruf: 14.11.2016.
[5] *Brummund* S. 107 ff.

wirkt bis heute nach. Bei den elektronischen Medien war es ebenfalls die Post, die bis zur Strukturreform im Jahr 1989 die Sender zur Verfügung stellte und Entgelte verlangte; die Überführung des Senderbetriebs in den Wettbewerb findet aktuell als einer der letzten Bereiche der Liberalisierung des Telekommunikationsmarktes[6] statt. Man war es in den alten Strukturen gewohnt, als Verband zu den Ansprechpartnern im Ministerium zu gehen, um für den eigenen Standpunkt zu werben – normales Lobby-Geschäft also. Dass sich mit den Strukturänderungen erst allmählich – gelegentlich ja sehr tradierte – verbandliche Verhaltensweisen änderten, ist kein Wunder.

5   Nicht in diesem Beitrag behandelt wird, aber in die gleiche Richtung geht die Buchpreisbindung nach § 3 des Gesetzes über die Preisbindung für Bücher (Buchpreisbindungsgesetz) in Deutschland. Auch das Pressegrosso, also der gemeinschaftliche Vertrieb in den Buchhandel und in Zeitungskioske, wäre an dieser Stelle aufzuführen. Was hier mit den Stichworten der analogen Welt skizziert wird, findet sich ua Vorzeichen aber mit demselben Ziel in der Diskussion um die **Netzneutralität** wieder.[7]

6   All diese Überlegungen setzen daran an, dass eine **gemeinschaftliche Distributionsbasis** bestehen soll und der Wettbewerb in den Inhalten stattfindet, so dass Vielfalt iSd Ordnungskonzepts der Presse- und Rundfunkfreiheit gem. Art. 5 Abs. 1 GG entsteht. Diese Überlegungen standen in jüngerer Zeit auch im Hintergrund etwa der gemeinsamen Videoplattform „Germany's Gold"[8], die vom Bundeskartellamt untersagt wurde. Die unterschiedliche Zielrichtung von Kartellrecht und vielfaltssicherndem Medienrecht wird oft am Beispiel dieser Untersagung diskutiert – obwohl jedenfalls aus Sicht des Bundeskartellamtes ein Missverständnis vorliegt, da die gemeinsame Videoplattform in technologischer Sicht wohl durchgegangen wäre. Der gleichzeitige Versuch der Festlegung von Preismodellen für die einzelnen Anbieter auf dieser Plattform erschien aus kartellrechtlicher Sicht auch unter Berücksichtigung des Ziels der Meinungsvielfalt jedoch nicht gerechtfertigt. Auch solche Aspekte werden in dem vorliegenden Beitrag nicht weiter vertieft, sie dienen einführend als Beleg für die Bandbreite der Diskussion, vorliegend als Beispiel aus dem Vertriebsbereich.

II. Kollektives Arbeitsrecht

7   Beim kollektiven Arbeitsrecht unterscheidet sich die **Medienwirtschaft** in einem entscheidenden Punkt von vielen anderen Branchen. Im klassischen Bereich von Zeitungen, Zeitschriften und öffentlich-rechtlichem Rundfunk spielt eine Rolle, dass für arbeitnehmerähnliche Personen iSd § 12a TVG Tarifverträge vereinbart werden können. Die Norm wurde mit Blick auf den „festen freien Mitarbeiter" der Medien in das Gesetz aufgenommen. Das hat wiederum seinen Grund in der Rspr. von BVerfG[9] und BAG,[10] die den Einsatz von freien Mitarbeitern in den Redaktionen erleichtert. Dabei handelt es sich nicht um Arbeitnehmer, sondern das Instrument der kollektiven, normativen Vergütungsfestsetzung gilt für einen Teil der freien Mitarbeiter. Die Abgrenzung von arbeitnehmerähnlichen freien Mitarbeitern und sonstigen freien Mitarbeitern, die zivilrechtlich als Unternehmer gelten, ist in der Praxis oft fließend – mit der Folge, dass die Anwendung kollektiver Absprachen auf Personen jenseits des Status des arbeitnehmerähnlichen nach § 12a TVG ausgeschlossen sein muss, will man nicht in ein kartellrechtliches Problem geraten.

---

[6] Arndt/Fetzer/Scherer/Graulich/*Geers* TKG § 13 Rn. 33.
[7] BGH NZKart 2016, 78; vgl. auch *Soppe/Just* AfP 2016, 115.
[8] http://www.bundeskartellamt.de/SharedDocs/Meldung/DE/Pressemitteilungen/2013/16_09_2013_Germanys-Gold-aufgegeben.html, letzter Abruf: 14.11.2016.
[9] BVerfG NJW 1982, 1447.
[10] Vgl. zuletzt BAG Urt. v. 17.4.2013 – 10 AZR 668/12 Rn. 15 f., BeckRS 2013, 71103; vgl. auch *Ory/Schmittmann,* Freie Mitarbeiter in den Medien, 2002.

III. Keine Übertragung auf andere Bereiche

Dieses Beispiel kann man so ähnlich auch auf andere Bereiche der Medienwirtschaft **8** übertragen. Vielfach sehen sich die Verbände herausgefordert, weil ihre Mitglieder nicht nur Veränderungen am Markt begegnen müssen, sondern geradezu disruptive Prozesse erleben. Die Abgrenzung dessen, was in dieser Situation zulässigerweise auf den bestehenden Rechtsgrundlagen kollektiv geregelt werden kann und was dem Wettbewerb der Branche gegenüber anderen Marktteilnehmern und innerhalb der Branche vorbehalten ist, muss ständig neu getroffen werden. Die **tradierten Modelle der analogen Welt** geben Anhaltspunkte, können aber nicht unbesehen fortgeschrieben werden. Dieser Beitrag kann die vielfältigen tatsächlichen und rechtlichen Fragestellungen hinter diesen Stichworten nicht vollständig beleuchten. Ziemlich jeder Einzelpunkt würde eine Darstellung verdienen, die für sich den Platz dieser Übersicht sprengen würde. Daher sollen einzelne Bereiche beispielhaft hervorgehoben werden. Dass der Schwerpunkt bei den elektronischen Medien und hier wiederum beim Hörfunk liegt, hängt mit dem Arbeitsschwerpunkt des Autors zusammen. Die dahinter aufscheinenden grds. Fragestellungen sind auf andere Angebotsformen übertragbar.

B. Kollektive Tarife im Urheberrecht – Geschäftsmodelle im Wettbewerb

Urheberrechtlich geschützte Inhalte sind für Medienunternehmen der Rohstoff ihres Ge- **9** schäfts. Vielfach werden die **Einkaufsbedingungen** hierfür von Verbänden kollektiv verhandelt. Die nachfolgende Darstellung bezieht sich auf den Bereich von Musik für elektronische Medien und auf journalistische Inhalte. Ausgeblendet sind Bereiche wie die Filmproduktion und der Verkauf von Filmen. Ebenso ist der Fall des kollektiven Inkassos von Rechten der Sendeunternehmen gegenüber Dritten im Fall der Kabelweitersendung der Programme (§ 20b UrhG) nicht dargestellt, obwohl sich gerade hier das Bemühen einzelner Unternehmen und der Verbände an einem weiteren Beispiel darstellen lassen würde, wie die digitale Entwicklung neue Herausforderungen stellt.

I. Kollektive Regeln für die Sendung von Musik

Für elektronische Medien, insbes. den Hörfunk, spielt **Musik** eine wichtige Rolle. Der **10** Musikanteil eines auf das Massenpublikum ausgerichteten Radiosenders dürfte bei 75 Prozent liegen, hinzu kommen „Verpackungselemente" wie Jingles oder Musikbetten bspw. unter den Serviceinformationen. Auch die Musik in der Werbung unterliegt Besonderheiten, denen hier nicht nachgegangen wird. In einem solchen Programm bedient sich die Redaktion aus dem weltweiten Repertoire. Regelmäßig wird Tonträgermusik verwendet, also ua auf CD erschienenes oder online verkauftes Repertoire. Daran haben Komponisten, Textdichter, ausübende Künstler und Tonträgerhersteller unterschiedliche, durch das Urheberrechtsgesetz geschützte Positionen.

Für den Bereich der klassischen Sendung, etwa über UKW, aber auch Satellit oder die **11** lineare Verbreitung solcher Programme im Internet, ist das **Senderecht** erforderlich. In der Praxis wird es für das Weltrepertoire in zwei Verwertungsgesellschaften gebündelt. Das ist für Komponisten und Textdichter sowie die Musikverlage, die von diesen abgeleitete Rechte haben, die GEMA. Für die Künstler und Tonträgerhersteller – meist als Labels bezeichnet – liegen die Vergütungsansprüche der Künstler (§ 78 Abs. 2 UrhG), an denen die Tonträgerhersteller gegenüber den Künstlern einen Beteiligungsanspruch haben (§ 86 UrhG), bei der GVL.

Auf Seiten der Nutzer des Hörfunks gibt es neben der Nutzvereinigung der öffentlich- **12** rechtlichen Rundfunkanstalten im privaten Bereich **zwei Verbände,** den Verband Privater Rundfunk und Telemedien eV (VPRT) und die Arbeitsgemeinschaft Privater Rundfunk (APR). Die beiden Privatfunkverbände haben – hier am Beispiel des Hörfunks erläutert – gemeinsame „Gesamtverträge" mit jeweils der GEMA und der GVL für deren Rechte.[11] In der Praxis vermitteln diese beiden Verträge den Unternehmen das Weltrepertoire der Musik. In dem jeweiligen Gesamtvertrag werden im Detail alle Konditionen geregelt und die Texte der Einzelverträge, die die einzelnen Radiostationen abschließen, im Wortlaut vorgegeben. Festgelegt ist jeweils der Prozentsatz, der auf die Einnahmen insbes. aus der Werbung an die beiden Verwertungsgesellschaften abzuführen ist, abhängig vom individuellen Musikanteil eines Programms. Auch die Antwort auf die Frage, welche Einnahmen in welcher Höhe und mit welchen Abzügen etwa für Werbeagenturen in die Bemessungsgrundlage gehören, auf die dann der Prozentsatz angewandt wird, ist im Detail durch die Regelung der Verbände mit GEMA und GVL festgelegt. Die Verbände verpflichten sich gegenüber den Verwertungsgesellschaften, auf ihre Mitglieder einzuwirken, diese Verträge einzuhalten. Unternehmen, die in diesem System mitmachen, erhalten zwanzig Prozent „Gesamtvertrags-Rabatt" auf ihre individuellen Abgeltungsschulden. Das ist ein starkes Motiv für die Mitgliedschaft im Verband.

13   Rechtlich gesehen handelt es sich jeweils um einen **Rahmenvertrag,** auf dessen Basis die einzelnen Sendeunternehmen ihre individuellen Verträge mit GEMA und GVL abschließen können, aber nicht müssen. Aus dem Gesamtvertrag leiten die Verwertungsgesellschaften üblicherweise ihre Tarife ab, die auch für Nicht-Verbandsmitglieder (nur ohne Gesamtvertragsrabatt) gelten. Auch das ist nach bisherigem und auch zukünftigem Recht keine normativ verbindliche Grundlage, anders als Tarifverträge im Arbeitsrecht, deren normative Geltung vom Gesetz (§ 4 Abs. 1 TVG) angeordnet ist. Rechtlich sind Tarife von GEMA und GVL ein Angebot der Verwertungsgesellschaft auf Abschluss eines entsprechenden Vertrages.[12] Wer das nicht möchte ua Bedingungen erstreiten will, kann das tun, jedenfalls theoretisch. Jedem steht es frei, die Tarife vor der Schiedsstelle beim Deutschen Patent- und Markenamt überprüfen zu lassen, ohne an dieser Stelle auf die verfahrensmäßigen Details einzugehen. Die Aussichten, gegen die etablierten Verbandstarife anzugehen, dürften am Ende bei null liegen.[13]

14   In der Folge liegt der **Organisationsgrad in den Verbänden** bei annähernd einhundert Prozent. Die kollektiven Vorgaben strukturieren den praktischen Ablauf der täglichen Arbeit der Unternehmen. Die Verbände haben mit den Tonträgerherstellern und einem technischen Dienstleister, der PhonoNet GmbH, einen Vertrag zur technischen Abwicklung der Bemusterung über deren „Musik Promotion Network (MPN)"[14] abgeschlossen. Heute geht niemand in einen „Plattenladen", um sich eine CD zu kaufen, damit er sie im Radio spielt. Die Dateien und alle Zusatzinformationen werden elektronisch ausgetauscht. Wenn – was in den zurückliegenden Jahren stärker verfolgt worden war – CDs technisch geschützt sind, müssen die Tonträgerhersteller jedenfalls für Sendeunternehmen einen Zugang zu der Musik herstellen, damit sie zur Grundlage der Sendung gemacht werden kann. Entsprechende – wiederum kollektive – Vereinbarungen sind nach § 95b Abs. 1 Nr. 7, Abs. 2 S. 2 UrhG möglich, dies ist die Rechtsgrundlage der kollektiven Vereinbarung für diese gemeinsame Plattform. Die einzelnen Bemusterungsverträge, die Preise für Zusatzinformationen oder das Recht, einzelne Titel vor dem Veröffentlichungsdatum in einem Programm gegen entsprechende Vergütung senden zu dürfen, sind in den Vereinbarungen der Verbände nicht geregelt. Hier verläuft die Grenze zwischen kollektiver Regelung und wettbewerblichem Handeln.

15   Die Musik erreicht die einzelnen Stationen so auf einem kollektiv vorgeprägten Weg. Nachdem sie gespielt wurde, wird sie den **Verwertungsgesellschaften** GEMA und GVL gemeldet, damit diese die Abrechnung gegenüber ihren Wahrnehmungsberechtigten ma-

---

[11] → Fn. 2, 3.
[12] Vgl. *Strittmatter* S. 37 ff.
[13] Zum Aufwand eines solchen Verfahrens vgl. BGH GRUR 2001, 1139.
[14] https://www.phononet.de/produkte/mpn-musik-promotion-network/, letzter Abruf: 14.11.2016.

Prof. Dr. Ory

chen können. Die Computer-Schnittstelle[15] hierfür ist wiederum in den Gesamtverträgen hinterlegt und am Ende – jedenfalls ökonomisch – für die Hersteller von Studiosoftware verpflichtend, wenn sie ihre Produkte vertreiben wollen – weshalb die Schnittstelle selbstverständlich veröffentlicht ist.[16] Daneben sind die Sendeunternehmen verpflichtet, ihre Bemessungsgrundlage für die prozentuale Abgeltung der Musiknutzung im oben beschriebenen Sinn an die Verwertungsgesellschaften zu melden. Die Verbände haben mit GEMA und GVL eine gemeinsame Online-Plattform[17] erarbeitet, für die die GEMA die Federführung innehat. Alle deutschen Radiounternehmen und alle wichtigen Radiovermarkter melden über diese Plattform ihre Werbeumsätze.

Dieses kollektiv geschaffene System, das für alle Marktteilnehmer die ökonomischen **16** Bedingungen für den Einkauf des Rohstoffs Musik regelt und zugleich die ganz praktischen Arbeitsabläufe für alle Marktbeteiligten strukturiert, basiert auf dem materiellen Urheberrecht und dem Recht der Verwertungsgesellschaften, das zum gegenwärtigen Zeitpunkt nach europarechtlicher Vorgabe im nationalen Recht reformiert wird. Die Zweckmäßigkeit und Rechtmäßigkeit des Systems steht außer Frage. Für die beiden Verbände auf Seiten des Privatfunks ergibt sich daraus die Notwendigkeit einer sorgfältigen **internen Meinungsbildung.** Zum einen geht es um die Abgrenzung der Lebenssachverhalte, die berechtigterweise kollektiv geregelt werden, von jenen, die von den gesetzlichen Grundlagen, die sich als Ausnahme vom Kartellrecht verstehen, nicht gedeckt sind. Zum anderen geht es darum, die unterschiedlichen Verbandsmitglieder nicht-diskriminierend zu berücksichtigen, die einzelnen Regelungen dürfen innerhalb der Branche nicht zu Verwerfungen führen.

II. Individuelle Verträge

Für die **traditionellen Geschäftsmodelle** ist dieser Umgang miteinander innerhalb der **17** Verbände gelernt und führt zu keiner streitigen Diskussion. Allerdings steht man in der Branche aktuell vor neuen Herausforderungen, die Mitgliedsunternehmen suchen online jenseits der klassischen linearen Sendung neue Betätigungsfelder. Audio-Anbieter wie Spotify oder – derzeit noch in den USA – Pandora zeigen neue Geschäftsideen auf, mit denen die Radioanbieter bei der Nutzung um die „Share of ear" konkurrieren. Das Überspringen einzelner Musiktitel (Skip), das Zusammenstellen von Playlisten nach dem Motto „Musik nach dem Stil eines bestimmten Künstlers" zeigen die Richtung. Die beiden Angebote von Spotify und Pandora zeigen beispielhaft auch die Bedeutung von Nutzerdaten. So ist die Idee recht naheliegend, im Internet ein dort parallel etwa zu UKW verbreitetes Radioprogramm (in „Simulcast") zu verändern: Wer sich als Nutzer mit persönlichen Daten anmeldet und so die Möglichkeit eröffnet, dass für ihn nach der Logik des Internet personalisierte Werbung ausgespielt wird, bekommt weniger Werbung, die dafür personalisiert vom Programmanbieter teurer verkauft werden kann. Das ist eine neue Anwendung, für die der Gesamtvertrag fortzuentwickeln ist – die Verhandlungen werden aktuell geführt.

Der Verhandlungsführer des Verbandes reist nun zu seinen Mitgliedern und lässt sich **18** vertraulich erzählen, was die einzelnen Unternehmen planen – als prognostische Entwicklung für die Branche, aber auch als Geschäftsidee, um innerhalb der Branche dem Konkurrenten, der auch Verbandsmitglied ist, Marktanteile abzujagen. Damit wird die **Aufgabe der Verbände** deutlich schwieriger. IRd kollektiven Urheberrechtswahrnehmung müssen sie gegenüber den Verwertungsgesellschaften die Gesamtinteressen der Branche verhandeln, die darin bestehen, auch neue Geschäftsmodelle neben dem klassischen Programm anbieten zu können. Auch hierfür werden dann die Konditionen kollektiv verein-

---

[15] https://www.privatfunk.de/IndThemen.html?/urh/TextUrhR55.html, letzter Abruf: 14.11.2016.
[16] Gerade wird die Umstellung auf eine neue XML-Schnittstelle verhandelt.
[17] https://www.gema-gvl.de/lira/, letzter Abruf: 14.11.2016.

bart. Zugleich ist man sich in der Branche im laufenden Findungsprozess alles andere als einig, was im Detail für das Geschäftsmodell wichtig ist, das mag von Sender zu Sender jedenfalls in der Planungsphase abweichen. Aufgabe der Verhandlungsführung der Verbände ist es also, bestimmte Optionen zu eröffnen und nicht Geschäftsmodelle zu präsentieren ua durch ungünstige Konditionen zu erschweren. Dies am Verhandlungstisch umzusetzen ist absehbar eine gewollte Herausforderung, da etwa die GEMA im Bereich der sog „Mindestvergütung" bewusst intensive Rechtenutzungen, die sich (noch?) nicht refinanzieren lassen, prohibitiv behandeln will.

C. Kollektive Regelungen auch für journalistische Inhalte

19 Die Rechtslage bei journalistischen Inhalten ist gänzlich anders. Tarifverträge für Arbeitnehmer sind im Bereich des privaten Rundfunks die Ausnahme, solche Tarifverträge für Arbeitnehmer gibt es bei Zeitungen und Zeitschriften. Konditionen für arbeitnehmerähnliche freie Mitarbeiter nach § 12a TVG gibt es bei den Printmedien. IÜ sind die Honorare frei verhandelt.

20 Ein Vertreter einer Journalistengewerkschaft würde an dieser Stelle einwenden, man könne von „verhandelt" nicht sprechen, sondern die Konditionen seien von den Medienunternehmen **einseitig vorgegeben,** die freiberuflichen Journalisten hätten keine Verhandlungsmacht, weshalb die Honorare unangemessen niedrig seien.[18] Dies führt geradewegs in die ganz aktuelle Diskussion um das Urhebervertragsrecht. Ein wesentlicher Baustein sind dort gemeinsame Vergütungsregeln (§ 36 UrhG), also kollektive Festlegungen von Honorarkonditionen für freie Mitarbeiter, die nicht wie arbeitnehmerähnliche Personen in den Anwendungsbereich von Tarifverträgen fallen. Solche gemeinsamen Vergütungsregeln gibt es bei den Tageszeitungen für Texte[19] und Fotos.[20] Ihr Anwendungsbereich beschränkt sich auf hauptberuflich tätige freie Mitarbeiter. Das seien viel zu wenig derartige kollektive Regelungen, so die Bundesregierung, die daher eine Verschärfung des Urhebervertragsrechts vorschlägt und kollektive Regeln zum Standard machen will.[21] Verhandlungspartner sollen Verbände von Urhebern einerseits und Verbände von Verwertern andererseits sein.

21 Nach bisheriger Rechtslage schuldet ein Verwerter wie etwa eine Zeitung oder ein Rundfunkanbieter dem Kreativen wie etwa einem Journalisten eine „angemessene" Vergütung nach § 32 UrhG. Ist die Vergütung nicht angemessen, kann der Kreative entgegen dem zivilrechtlichen Grundsatz „pacta sunt servanda" und weit weg vom Vorwurf sittenwidriger Konditionen auch nachträglich eine Vertragsanpassung auf das Niveau der Angemessenheit verlangen – was mehr sein kann als die „übliche" Honorierung, denn das Gesetz nennt auch das Merkmal der „Redlichkeit". Das ist ein unbestimmter und sehr wertender Rechtsbegriff, weshalb der Gesetzgeber 2002 einen Weg bereitstellen wollte, um Rechtssicherheit herzustellen: Nach einer gemeinsamen Vergütungsregel bestimmte Honorare werden unwiderleglich als angemessen behandelt. Die Idee dahinter ist, dass die Organisationen von Verwertern und die Gewerkschaften wie bei Tarifverträgen „auf Augenhöhe" kollektiv die Einkaufsbedingungen für die Medienunternehmen festlegen, so dass das oben skizzierte Gefälle zwischen einem einzelnen Journalisten und einem Medi-

---

[18] https://www.djv.de/startseite/profil/der-djv/pressebereich-download/pressemitteilungen/detail/article/auf ruf-unterzeichnen.html, letzter Abruf: 14.11.2016; https://www.djv.de/startseite/profil/der-djv/pressebe reich-download/pressemitteilungen/detail/article/echte-reform-angemahnt.html, letzter Abruf: 14.11.2016.

[19] https://www.bdzv.de/recht-sozialpolitik/verguetungsregelungen/gemeinsame-verguetungsregelungen-wort/, letzter Abruf: 14.11.2016.

[20] https://www.bdzv.de/recht-sozialpolitik/verguetungsregelungen/gemeinsame-verguetungsregelungen-foto/, letzter Abruf: 14.11.2016.

[21] Zum Referentenentwurf → Fn. 1; Regierungsentwurf vom 16.3.2016 (RegE), http://www.bmjv.de/Sha redDocs/Gesetzgebungsverfahren/Dokumente/RegE_Urhebervertragsrecht.pdf?__blob=publicationFi le&v= 2, letzter Abruf: 14.11.2016.

Prof. Dr. Ory

enunternehmen also nicht besteht. Kartellrechtliche Fragen wurden seinerzeit angemeldet, aber nicht zu Ende diskutiert. Vergütungsregeln wirken – anders als Tarifverträge für Arbeitnehmer nach dem TVG – nicht normativ.

Der nun von der Bundesregierung vorgelegte Entwurf einer Verschärfung des Urhebervertragsrechts sieht (§ 36c UrhG-RegE) vor, dass in einem Vertrag zwischen Urheber und Verwerter von einer Vergütungsregel nicht mehr zum Nachteil des Urhebers abgewichen werden darf, wenn der Verwerter entweder selbst oder über einen Verband eine Vergütungsregel abgeschlossen hat. Damit würden die Einkaufskonditionen nach den Vorstellungen des Gesetzgebers branchenweit von Verbänden mit den Organisationen der freiberuflichen Anbieter festgelegt und verbindlich gemacht. Ein Verbandsklagerecht der Urheberorganisationen soll dies zudem absichern, wonach Unternehmen auf Unterlassung einer Absicherung von Kollektivvergütungsregeln zum Nachteil der Kreativen in Anspruch genommen werden dürfen. Hiergegen sind massive Bedenken vor dem Hintergrund des europäischen Kartellrechts (Art. 101 AEUV) geltend gemacht worden,[22] die an dieser Stelle nicht im Detail ausgebreitet werden sollen.   **22**

Würde diese Regelung Gesetz werden, dann würde sich die Frage stellen, welche Abweichung von den kollektiven Preisen „zum Nachteil" eines Urhebers wirken wird. Das Problem ist aus dem Arbeitsrecht unter dem Begriff des „Günstigkeitsprinzips" bekannt. Allerdings geht es im Arbeitsrecht um Dienstleistungen, während es im Urheberrecht um den Einkauf des Rohstoffs geht, also um Lizenzen mit dinglicher Wirkung. Je nach Geschäftsmodell benötigt man einen anderen Bestand von Lizenzen etwa im Hinblick auf Nutzungsarten, Laufzeiten oder die Exklusivität. Wenn man iRv Vergütungsmodellen diese Randbedingungen ebenfalls regelt – da Leistung und Gegenleistung miteinander korrespondieren, wird man darum nicht herumkommen – und zugleich diese Regelungen zwar nicht normativ vorgibt, aber eine Abweichung im individuellen Vertrag verbietet und das zugleich durch ein Verbandsklagerecht der Urheberorganisationen abstützt, dann setzen die Medienverbände als Beteiligte an derartigen kollektiven Regelungen auch die Randbedingungen für die Geschäftsmodelle innerhalb einer Branche – ein Abweichen ist nicht möglich, jedenfalls nicht zum Nachteil des Urhebers, was immer das genau sein mag. Dies betrifft den gesamten Bereich, in dem Urheber als Unternehmer tätig sind, also nicht als Arbeitnehmer oder als arbeitnehmerähnlich geschützte Personen.   **23**

Diese sich im Hinblick auf das Kartellrecht und im Hinblick auf **Compliance** daraus ergebenden Probleme spielen erstaunlicherweise in der Diskussion jedenfalls bis zum Regierungsentwurf, der zum Zeitpunkt dieser Formulierungen dem Bundesrat vorlag, keine Rolle. Die oben erwähnten Bedenken im Hinblick auf das europäische Kartellrecht sind auch in der Stellungnahme des Bundesrates von Mitte Mai 2016 nicht aufgegriffen. Sollte diese Regelung Gesetz werden, stellt das die beteiligten Medienverbände vor erhebliche Herausforderungen; absehbar ist, dass viele Verbände von der Opt-Out-Regelung des Entwurfs Gebrauch machen und sich für solche kollektive Preisabsprachen unzuständig erklären. Das allerdings widerspräche der Absicht des Regelungsentwurfs.   **24**

D. Digitalisierung des Hörfunks

Die Digitalisierung der **Vertriebswege** der Medienprodukte beschäftigt die Branchenverbände seit Jahrzehnten. Es geht dabei um technologisch getriebene Aspekte der Konvergenz der Übertragungswege, es geht um Einsparungen bei der Technik, um neue Geschäftsmodelle, um die Möglichkeit der Refinanzierung von Content im Onlinebereich – und es geht va darum, zum richtigen Zeitpunkt auf die richtige technische Norm zu setzen. Das beschreibt den technologischen und ökonomischen Aspekt derartiger Umstellungsprozesse. Im Bereich der Medien, zumal der elektronischen im Anwendungsbereich   **25**

---

[22] Ory/Cole/*Thomas* S. 47 ff.

der Rundfunkfreiheit, ist außerdem der regulatorische Aspekt zu beachten, der auf die Sicherung der Angebotsvielfalt ausgerichtet ist. Die Rundfunkfreiheit erfordert nämlich eine Ausgestaltung des Gesetzgebers zur Vielfaltssicherung, was das Bundesverfassungsgericht am klassischen Rundfunk immer wieder betont hat.[23] Das sei auch im Online-Zeitalter nicht anders, wurde in Karlsruhe im Jahr 2014 zuletzt in der Entscheidung betreffend die Staatsferne der Gremienzusammensetzung im ZDF-Staatsvertrag geurteilt.[24]

26   Die für eine derartige Ausgestaltung notwendigen medienpolitischen Grundentscheidungen finden sich vielerorts nicht, so dass die Rechtsanwender auf gelegentlich unzureichender normativer Basis bemüht sind, die Lücke zu füllen. Vom Bundeskartellamt über die Bundesnetzagentur bis zu den Medienanstalten reicht das Verwaltungshandeln im Medienbereich, bei durchweg streitigen Grenzziehungen der Zuständigkeiten. Die Länder – auf der Arbeitsebene die Rundfunkreferenten – und die Landesmedienanstalten fragen immer wieder bei den Verbänden deren Positionen ab: „Was wollen die Unternehmen?" Das Beispiel der Digitalisierung der Hörfunkübertragung zeigt, welche **Schwierigkeiten und Fallstricke** für die Tätigkeit der Verbände damit verbunden sind.

27   Schlaglichtartig soll der **Verlauf der Diskussion** nachgezeichnet werden, um den für die Verbandstätigkeit relevanten aktuellen Sachverhalt herauszuarbeiten. Bereits kurz nach der Einführung des privaten Radios in Deutschland – in den 80er Jahren des letzten Jahrhunderts – wurden die Branchenverbände insbes. vom öffentlich-rechtlichen Rundfunk und Industrievertretern in die Diskussion einbezogen, die analoge terrestrische Verbreitung von Radiosignalen über UKW durch das System Digital Broadcasting (DAB) zu ersetzen. Die Annahme dabei war, dass es sich um ein System handelt, das die bisherigen UKW-Sendegebiete „abbildet", also diese Ebene der Programmgestaltung zwar ersetzt, aber die bisherigen Möglichkeiten der Programmverbreitung ebenso bietet. Entsprechend wurde auf der Expo 2000 von Bund und Ländern verkündet, ab Ende des Jahres 2015 werde das Radio nur noch digital übertragen.[25] § 63 Abs. 5 TKG 2004 übernahm das Ziel später ins Gesetz.

28   Die TKG-Novelle 2012 hat diese Norm inzwischen längst gestrichen. Mehrere Entwicklungen waren der Grund dafür. Zum einen ist es wichtig zu verstehen, dass bei UKW ein Programm auf einer Frequenz gesendet wird; bei DAB werden mehrere – bis zu 18 – Angebote in einem Frequenzblock übertragen. Auch wenn Sendegebiete „abgebildet" werden, ist allein die größere Anzahl von Programmplätzen eine deutliche Änderung der Marktbedingungen für die handelnden Unternehmen. Zum anderen hatte die Funkkonferenz 2006 gezeigt, dass die zur Verfügung stehenden Frequenzressourcen eine „Abbildung" der gewachsenen UKW-Gebiete nicht realisierbar machen würden, zumal wenn gleichzeitig noch Kapazitäten für die erstmalige bundesweite Übertragung von Radio bereitgestellt werden sollen. Nebenbei basierte DAB noch auf alten Verfahren der Audiokomprimierung, MP3 wurde erst später erfunden – das mündete in DAB+, also das alte Übertragungs- und Frequenzkonzept kombiniert mit einer verbesserten Audiokomprimierung. So war 2009 „DAB+" neu gestartet worden und zwar mit einem bundesweiten Multiplex, der verschiedene private Programme und jene des Deutschlandradios transportierte. Regionale Angebote kamen hinzu. Die ARD und das Deutschlandradio bekamen jeweils von der Kommission zur Ermittlung des Finanzbedarfs der öffentlich-rechtlichen Rundfunkanstalten hohe Beträge bereitgestellt, zwischen 2009 und 2025 wer-

---

[23] Vgl. *Ory/Ukrow*, Rechtsfragen des digitalen terrestrischen Hörfunks, Saarbrücken 2015.

[24] BVerfG NVwZ 2014, 867.

[25] Auf dem Symposium zum digitalen Rundfunk des Bundeswirtschaftsministeriums (BMWi) am 28. und 29.9.2000 begründete Bundeswirtschaftsminister *Dr. Werner Müller,* warum Radio und Fernsehen digitalisiert werden müssten. Er stellte heraus, dass es sich um eine infrastrukturelle Grundlage für die Weiterentwicklung dieses Mediums handele. Die Digitalisierung sei zudem ein weltweiter Prozess, der einen Kostenvorteil für die Rundfunkverbreitung bringe. Für den Verbraucher sei klar, dass er einmalige Aufwendungen in neue Endgeräte machen müsse. Die Umstellung werde allerdings nicht staatlich verordnet. Im Jahre 2010 sei die endgültige Umstellung für das Fernsehen zu erreichen, der Hörfunk folge „wenige Jahre später".

den es rund 650 Mio. Euro nur für die Technik und das Marketing sein, Programmkosten noch nicht eingerechnet.

In dieser komplexen und sozusagen über Jahre gewucherten **Gemengelage** ergab sich **29** 2015 für die Branchenverbände ungefähr folgendes Bild: Der öffentlich-rechtliche Rundfunk wird alimentiert und investiert in eine neue Technik, wobei aus Gründen der Wirtschaftlichkeit die Finanzkommission KEF ein Abschalten der UKW-Sender zu einem späteren Zeitpunkt fordert. Die Privatfunkverbände wurden von Anstalten und Politik aufgefordert, ein Szenario für die Abschaltung des UKW-Verbreitungsweges insgesamt also auch für die eigenen Mitglieder zu formulieren. Für einzelne Verbandsmitglieder würde das das Ende des bisherigen auf einem UKW-Verbreitungsgebiet etwa lokal oder regional betriebenen Geschäftsmodells bedeuten. Andere Verbandsmitglieder setzen darauf, dass neue und größere Sendegebietszuschnitte, insbes. bundesweites Radio, ermöglicht würden. Als die Branchenverbände die UKW-Abschaltung nicht beherzt unterstützten, wurde ihnen etwa im Bundesministerium für Verkehr und digitale Infrastruktur auf hoher Ebene vorgehalten, sie seien „strukturkonservativ". Auch das Bild von den Fröschen, die man beim Trockenlegen des Sumpfes besser nicht frage, ist in Bezug auf die Verbände ein beliebtes, wenn auch schräges Bild. Dass die Verbände auch auf den Vertriebsweg im Internet mit der nur dort gegebenen Möglichkeit der Personalisierung von Angeboten verweisen, hilft ihnen politisch wenig.

Das führt mitten hinein in die Frage, was eigentlich die **Aufgabe eines Verbandes** ist. **30** Denn die politische Aufforderung, ein verbindliches UKW-Abschaltdatum für alle Mitglieder und darüber hinaus zu diskutieren, bedeutet nichts anderes als den Versuch, die Verbände in die Schiedsrichterrolle zu drängen, welche Geschäftsmodelle sinnvoll sind, welche als „strukturkonservativ" abgeschafft gehören. Mit dem öffentlich-rechtlichen Konkurrenten und mit der in Teilen für medienpolitischen Entscheidungen nicht zuständigen Politik des Bundes hätten die Branchenverbände gegen die einen und für die anderen Verbandsmitglieder entscheiden sollen und das im Wettbewerb der Branche gegenüber dem öffentlich-rechtlichen Konkurrenten, der deutliche Förderung für die Einführung der neuen Norm erhält. Die eigenen Verbandsmitglieder erhalten keine Förderung, dazu fehlt das Geld. Beihilferechtlich wird das angesichts der Besonderheit des öffentlich-rechtlichen Rundfunks nach überwiegender Meinung als nicht zu beanstanden angesehen.

Solche Diskussionen werden in der Fachöffentlichkeit geführt mit der Folge des **31** **Drucks der einzelnen Marktbeteiligten auf die Verbandsgremien.** Die Branchenverbände haben in diesem Beispiel viel zu lange klare Worte auch gegenüber der sie vereinnahmenden Politik vermieden. Am Ende haben sie aber klargemacht, dass es keine Verbandsaufgabe und iÜ auch keine Aufgabe der Politik ist, über einzelne Geschäftsmodelle zu urteilen – die Medienpolitik und nicht etwa die Industriepolitik hat Entscheidungen zu treffen, welche die Vielfalt sichern und erweitern. Das ist eine völlige andersartige Gestaltungsaufgabe als die Durchsetzung technischer Normen. In einer Konfliktlage wie dieser sollten sich die Verbände trotz aller internen Schwierigkeiten nicht darauf zurückziehen, auf unterschiedliche Einschätzungen der Mitglieder zu verweisen und zu schweigen. Ihre Aufgabe besteht in diesem Fall darin, die Situation transparent zu machen und auf eine Lösung zu drängen, die den Wettbewerb der Vertriebswege und damit der Geschäftsmodelle und der Angebote ermöglicht. Der eine Vertriebsweg, der für das *eine* Geschäftsmodell sinnvoll ist, darf nicht zwangsweise abgeschaltet werden. Der andere Vertriebsweg, mit dem sich *andere erstmals* Chancen für neue Angebote ausrechnen, kann nicht zum Schutz bestehender Geschäftsmodelle untersagt werden. Nebenbei würde sich die Online-Entwicklung mit der Verbreitungsmöglichkeit für Audioangebote außerhalb des politischen und verbandlichen Zugriffs munter entwickeln. Aus dieser Sicht stellt sich die Frage, wer der Frosch im Regulierungsbiotop ist, völlig anders.

Die Diskussion um die Digitalisierung der terrestrischen Hörfunkübertragung ist also **32** ein Beispiel, das aufzeigt, wie Verbände auch von der **Politik** zu einem Verhalten getrieben werden können, das mit wettbewerbsorientierter Betrachtung wenig zu tun hat. Nur eine Verbandstätigkeit, die den Wettbewerb aller Verbandsmitglieder untereinander auf der Basis der jeweiligen unternehmerischen Entscheidung ihrer Geschäftsmodelle und der dafür geeigneten Vertriebswege im Blick hat, ist vertretbar.

E. Wettbewerb beim Senderbetrieb

33   Es gibt auch positive Beispiele der **Verbandstätigkeit** beim Vertrieb von Informationen. Wie eingangs dargelegt, war die Verbreitung von UKW-Signalen früher staatliche Tätigkeit der Post. Nach der Poststrukturreform wurde die Aufgabe im Konzernverbund der Telekom wahrgenommen, bis der Betrieb von UKW-, TV-Sendern und Satellitenübertragungen in die Media Broadcast GmbH ausgelagert wurde, die an eine französische Gesellschaft, hinter der Finanzinvestoren standen, verkauft wurde.

34   Strukturell war in dem klassisch-regulierten Medienbereich ein Wettbewerb nicht möglich: Die Bundesnetzagentur suchte die Senderbetreiber für eine bestimmte Frequenz auf der Basis der §§ 55 ff. TKG aus und vergab Frequenzzuteilungen – mit nur vereinzelten Ausnahmen – an die vorbezeichnete Firma. Die Landesmedienanstalten wählten für die inhaltliche Belegung der aus der Nutzung der Frequenzressource erfolgenden Übertragungskapazität Programmveranstalter aus und erteilten eine Zuweisung. Faktisch gesehen bestand für die Medienunternehmen ein Kontrahierungszwang mit dem marktbeherrschenden Senderbetreiber.

35   In der TKG-Novelle 2012 wurde auf Betreiben des Verbandes erreicht, dass die Frequenzzuteilung idR erst erfolgt, wenn der Programmveranstalter auf Basis seiner Zuweisung einen Betreiber ausgesucht und mit ihm einen Vertrag abgeschlossen hat.

36   Im Marktanalyseverfahren im Jahr 2014 hat die Bundesnetzagentur (erneut) festgestellt, dass die Media Broadcast eine **marktbeherrschende Stellung** beim Vertrieb von Radioprogrammen über UKW hat. Die Verbände sind wie üblich in derartigen Verfahren beigeladen (§ 12 Abs. 1 S. 1 TKG). Sie stellen den Sachverhalt aus Sicht ihrer Mitglieder dar. Auf diese Weise wurde ein zweites Marktanalyseverfahren eröffnet, das nicht nur den Endkundenbereich untersuchte, sondern auch der Frage nachging, ob die Media Broadcast auch marktbeherrschend beim Vorleistungsprodukt des Antennenzuganges ist. Hintergrund ist, dass die (meist noch einer Gesellschaft aus dem Konzernbereich der Telekom gehörenden) Standorte für Rundfunksender nicht beliebig vermehrbar sind – wer bekäme heute Baugenehmigungen für Sendeanlagen oben auf dem Berg im Naturschutzgebiet? Auch sind an solchen Türmen Antennen schon aus statischen Gründen nicht beliebig anzubringen. Und einzelne Antennen werden zur Abstrahlung mehrerer Frequenzen genutzt. Das mündete Ende 2014 in eine Regulierungsverfügung, die die Media Broadcast im weiten Umfang einer ex-ante-Preisregulierung sowohl für die Endkundenpreise als auch für die Vorleistungsentgelte unterwarf und zugleich den Zugang für konkurrierende Senderbetreiber zur Antenne verpflichtete. Auch in diesen Verfahren waren die Branchenverbände beteiligt und haben es aktiv betrieben.

37   Es schloss sich – erneut unter aktiver Beteiligung der Branchenverbände – das Entgeltregulierungsverfahren 2015 an, das für das Jahr 2016 branchenweit eine Preissenkung von rund 18 Prozent gegenüber dem Niveau der AGB-Preise 2013 brachte. Das ist allerdings nur der Durchschnittswert, denn die Media Broadcast beantragte ein völlig anderes Preismodell im Vergleich zu jenem, das noch aus „alten Postzeiten" herrührte. „Historisch gewachsen" waren Pauschalpreise, die nach Strahlungsleistung und Antennenhöhe erhoben würden. Die Media Broadcast stellte um auf eine Einzelberechnung für jede einzelne Frequenz an jedem einzelnen Standort. Maßstab sind entsprechend der TK-Entgeltregulierung die Kosten der effizienten Leistungserbringung.

Das Ende der „Mischkalkulation" bedeutet sofort, dass einzelne Unternehmen sehr viel **38** deutlicher entlastet werden als andere, dass schließlich ungünstig gelegene Einzelstandorte mit Preissteigerungen belegt werden, die disruptiv genannt werden können. Die Branchenverbände waren wiederum am Verfahren beteiligt, nun aber erstmals auch einzelne Unternehmen – naturgemäß diejenigen, die absehbar am stärksten negativ betroffen wären. Herausgekommen ist eine Deckelung des Preisanstiegs auf 2,5 Prozent, was immer noch weniger ist, als es der vom marktbeherrschenden Unternehmen in den Vorjahren vorgegebenen „üblichen" Preissteigerung entsprochen hätte. Damit konnten auch diejenigen Unternehmen leben, die von einer Preissenkung nicht profitierten. Der an dieser Stelle gekürzte Betrag wurde von der Bundesnetzagentur beim marktbeherrschenden Unternehmen in die Allgemeinkosten eingerechnet und so innerhalb der Branche sozusagen sozialisiert. Aus den derart festgelegten Endkundenpreisen, die für den Fullservice des marktbeherrschenden Unternehmens gegenüber Programmveranstaltern verlangt werden dürfen, hat die Bundesnetzagentur entsprechend dem Retail-Minus-Ansatz die Entgelte für die Vorleistung der sich neu bildenden konkurrierenden Senderbetreiber abgeleitet. Auch dieser Schritt erfolgte unter Einbezug der Branchenverbände der Rundfunkveranstalter.

Damit stehen die Verbände vor der nächsten Diskussionsrunde, denn die Entgelte für **39** Endkunden und Vorleistungsnachfrager sind bis zum 31.3.2017 festgesetzt. Würde sich am Markt eine Verschiebung ergeben, die diese „Umrechnung" von disruptiven Preiserhöhungen in Einzelfällen in die Allgemeinkosten für alle Nachfrager unmöglich machen würde, wäre ein anderes, die gesamte Branche schonendes Modell zu entwickeln. Die Bundesnetzagentur hat Anfang 2016 die Verbände schon einmal um Stellungnahme gebeten.

Das Beispiel zeigt, dass ein Branchenverband in der Lage ist, bei langem Atem zunächst **40** die politischen Voraussetzungen zu schaffen, die in eine Änderung des Rechtsrahmens führen, der erst **Wettbewerb für die Mitglieder** ermöglicht. Das Beispiel zeigt auch, dass die Arbeit erst richtig losgeht, wo es um die Anwendung des neuen Rechtsrahmens geht. Je mehr der Markt in den Wettbewerb überführt ist, desto geringer wird die Aktivität des Verbandes zulässig sein. Einstweilen bis zur Durchsetzung des Wettbewerbs ist der Verband ein aktiver Beteiligter mit dem Ziel, für die Mitglieder nicht nur den Wettbewerb zu eröffnen, sondern auch darauf zu achten, dass die Rahmenbedingungen nicht zu Lasten Einzelner gehen. Das wäre nicht nur ökonomisch von Nachteil, sondern wird auch dem Ziel der Sicherung der Meinungsvielfalt entgegenlaufen, dem auch die Tätigkeit eines Medienverbandes verpflichtet ist.

§ 18. Kommunale (Wirtschafts-)Verbände

Literatur:

Achauer, Status Quo und Trends des Compliance Managements im deutschen Mittelstand, EWeRK 2015, 55; *Bamberger/Roth,* Beck'scher Online-Kommentar, BGB, 41. Ed., Stand 1.11.2016; *Brömmelmeyer,* Rechtliche Fragen der Corporate Compliance, EWeRK 2015, 59; *Brouwer,* Compliance im Wirtschaftsverband, CCZ 2009, 161; *Dreher/Motzke,* Beck'scher Vergaberechtskommentar, 2. Aufl. 2013; *Hagel/Dahlendorf:* Der Beitrag von Wirtschaftsverbänden zur Compliance am Beispiel des „Rundum-Paketes" des Verbandes der Bahnindustrie in Deutschland (VDB), CCZ 2014, 275; *Hauschka/Moosmayer/Lösler,* Corporate Compliance, 3. Aufl. 2016; *von Heintschel-Heinegg,* Beck'scher Online-Kommentar StGB, 32. Ed., Stand 1.9.2016; *Immenga/Mestmäcker,* Wettbewerbsrecht, 5. Aufl. 2014; *Kahle/Pfannkuch:* Compliance in der Wasserwirtschaft – Teil 1: Wasserversorgung, KommJur 2015, 121; *Kapp/Hummel,* Kartellrechts-Compliance in der Verbandsarbeit, CCZ 2013, 240; *Kment* (Hrsg.), Energiewirtschaftsgesetz, Kommentar, 1. Aufl. 2015; *Loewenheim/Meesen/Riesenkampff,* Kartellrecht, 3. Aufl. 2016; *Otto/Fonk:* Haftung und Corporate Compliance in der öffentlichen Wirtschaft – Aspekte der Haftungsvermeidung aus Sicht kommunaler Unternehmen, CCZ 2012, 161; *Möhlenkamp,* Verbandskartellrecht – trittfeste Pfade in unsicherem Gelände, WuW 2008, 428; *Oebbecke,* Die Aufgaben des Zweckverbandes, NVwZ 2010, 665; *Rolfs/Giesen/Kreikebohm/Udsching,* Beck'scher Online-Kommentar Arbeitsrecht, 42. Ed. Stand 1.12.2016; *Schelzke,* Strafbarkeitsrisiken in kommunalen Spitzenverbänden, Diss., 2013; *Senge* (Hrsg.), Karlsruher Kommentar zum OWiG, 4. Aufl. 2014; *Vogelsang/Nahrstedt/Fuhrmann,* Compliance-Systeme auf Bundes- und Kommunalebene – Ein Vergleich, CCZ 2014, 181; *Wiedemann,* Handbuch des Kartellrechts, 3. Aufl. 2016.

A. Einleitung und Begrifflichkeiten

Nicht nur Wirtschaftsunternehmen schließen sich zu Verbänden zusammen, sondern **1** auch Kommunen und kommunale Unternehmen. Bei Verbänden kommunaler Unternehmen[1] handelt es sich ohne weiteres auch um *Wirtschafts*verbände, während man an der Anwendbarkeit des Begriffes zweifeln kann, wenn nur die Kommunen als solche Mitglieder des betreffenden Verbandes sind. Da jedoch auch in Gemeindeverbänden Unternehmen Mitglieder sein können, die von Kommunen oder Kommunalunternehmen beherrscht werden, ist eine trennscharfe Unterscheidung kaum möglich.[2] Sie ist aber auch unnötig: alle Kommunen sind auch wirtschaftlich tätig, vielfach auch mit eigenen Betrieben (sei es als Eigenbetriebe oder mit eigener Rechtspersönlichkeit, etwa als GmbH), daher sollen auch solche Kommunalverbände in die weitere Betrachtung einbezogen werden, deren Mitglieder überwiegend oder ausschließlich die Kommunen selber sind. Die **Sparkassenverbände** auf Landesebene und der Deutsche Sparkassen- und Giroverband eV gehören ebenfalls zu den hier behandelten kommunalen (Wirtschafts-)Verbänden. Zum einen sind die Kommunen Träger der Sparkassen, zum anderen sind aber die Kommunen auch unmittelbar Mitglieder mancher Landessparkassenverbände (zB in Bayern und Niedersachsen).

Auch die **Organisationsform** des Verbandes soll im Weiteren keine Rolle spielen.[3] **2** Kommunale Verbände sind vielfach als Vereine organisiert,[4] sie können aber auch öffentlich-rechtliche Körperschaften sein.[5] Trotz der sich daraus ergebenden Unterschiede (etwa im Hinblick auf die Eigenschaft als Dienstherr im beamtenrechtlichen Sinne) bleiben die grds. Aussagen zur Compliance auf alle betroffenen Organisationsformen anwendbar.

---

[1] Etwa der Verband kommunaler Unternehmen eV (VKU), www.vku.de.
[2] Wie etwa beim Bayerischen Gemeindetag, vgl. § 1 Abs. 2 der Satzung, und beim Gemeindebund Baden-Württemberg eV, vgl. § 2 Abs. 2 der Satzung.
[3] S. dazu grds. → § 2 Rn. 10 ff.
[4] ZB der bereits erwähnte VKU eV, der Gemeindetag Baden-Württemberg eV ua.
[5] Dies etwa ist beim Bayerischen Gemeindetag der Fall; auch die Landessparkassenverbände sind Körperschaften des Öffentlichen Rechts.

3 Auch Dachverbände oder kommunale Spitzenverbände wie der Deutsche Städte- und Gemeindebund[6] oder die Vereinigung der kommunalen Arbeitgeberverbände[7] sind kommunale Verbände iSd nachfolgenden Ausführungen. Der Deutsche Städtetag, der Deutsche Städte- und Gemeindebund sowie der Deutsche Landkreistag haben sich zur Bundesvereinigung der kommunalen Spitzenverbände zusammengeschlossen, so dass sozusagen ein Dachverband über dem Dachverband besteht, der ebenfalls Verband iSd hier erörterten Thematik ist.

4 Abzugrenzen sind die Kommunalverbände iSd vorliegenden Beitrages jedoch von den **Zweckverbänden und den Gemeindeverbänden,** die nach Landesrecht von den Kommunen gebildet werden können. Beides sind Formen der kommunalen Zusammenarbeit, die der gemeinsamen Erfüllung der den Kommunen obliegenden Aufgaben dienen. **Zweckverbände und Gemeindeverbände** verfolgen somit grds. andere Ziele als kommunale (Wirtschafts-)Verbände. Aufgabe des Wirtschaftsverbandes ist es, die Interessen seiner Mitglieder zu bündeln, ihnen eine Stimme in der Öffentlichkeit, den Medien und der Politik zu verleihen, ggf. iSd Mitglieder an der Gesetzgebung mitzuwirken und die Mitglieder allgemein zu beraten und zu fördern.[8] Demgegenüber bilden Kommunen einen Zweckverband, um diesem einzelne bestimmte, klar abgegrenzte Aufgaben zur *eigenständigen Erledigung* zu übertragen.[9] Gemeindeverbände sind Zusammenschlüsse benachbarter Kommunen, denen die Kommunen in weiterem Umfang Aufgaben übertragen, wie zB die Führung der laufenden Geschäfte, die Bauleitplanung, der Erlass von Satzungen usw. Auch dies geschieht, um die Kommune von diesen Aufgaben zu entlasten, die Aufgabenerfüllung ist dann Sache des Gemeindeverbandes.[10]

B. Bedeutung der Compliance für kommunale Wirtschaftsverbände

5 Wie bei anderen Wirtschaftsverbänden auch stellt das Kartellrecht eines der wesentlichen Compliance-Risiken für kommunale Wirtschaftsverbände dar. Auch die Tätigkeit kommunaler Wirtschaftsverbände unterliegt uneingeschränkt dem Kartellrecht, vgl. nur den Wortlaut des § 1 GWB und des Art. 101 EUAV.[11] Der Verband muss vermeiden, dass er als Plattform[12] für kartellrechtswidrige Aktivitäten seiner Mitglieder dient oder diese durch entsprechende Aktivitäten (ungewollt) dazu animiert. Neben den finanziellen Folgen geht es dabei gerade bei Verbänden, die der öffentlichen Hand zuzurechnen sind, auch um die mit einer Kartellbuße einhergehende Beschädigung der Reputation. Die öffentliche Meinung stellt an Unternehmen der öffentlichen Hand erhöhte Anforderungen, was die Ein-

---

[6] Die Mitglieder des DStGB sind Kommunalverbände auf Landesebene, zB der Hessische Städtetag, der Bayerische Gemeindetag, der Städte- und Gemeindebund NRW usw.

[7] Die Mitglieder des VKA eV sind die 16 kommunalen Arbeitgeberverbände auf Landesebene als Vereinigungen von Arbeitgebern iSd Tarifvertragsgesetzes, die jeweils wieder als Vereine organisiert sind, und zu deren Mitglieder nicht nur Kommunen, sondern zB auch Sparkassen, Nahverkehrsunternehmen sowie Ver- und Entsorgungsbetriebe gehören.

[8] → § 1 Rn. 4; zT geht es auch um die Setzung technischer Standards, vgl. etwa den DVGW eV (Deutscher Verein des Gas- und Wasserfaches eV), www.dvgw.de, dem ua auch kommunale Versorgungsunternehmen und Verbände angehören.

[9] *Oebbecke* NVwZ 2010, 665; vgl. etwa § 7 NKomZG (Niedersächsisches Gesetz über die kommunale Zusammenarbeit), Art. 17 BayKommZG (Bayerisches Gesetz über die kommunale Zusammenarbeit), §§ 1, 4, 6 GkG NRW (Gesetz über kommunale Zusammenarbeit).

[10] Die Bezeichnungen für solche Gemeindeverbände sind in den einzelnen Ländern unterschiedlich; beispielhaft seien genannt Verwaltungsverband (§ 2 SächsKomZG, Sächsisches Gesetz über kommunale Zusammenarbeit), Samtgemeinde (§§ 97 ff. NKomVG, Niedersächsisches Kommunalverfassungsgesetz), Verwaltungsgemeinschaft (Art. 1 ff. VGemO, Verwaltungsgemeinschaftsordnung für den Freistaat Bayern).

[11] *Kapp/Hummel* CCZ 2013, 240.

[12] So *Kapp/Hummel* CCZ 2013, 240 (241).

Dr. Turiaux

haltung moralischer und rechtlicher Standards angeht, so dass bei Verstößen entsprechende heftigere Negativreaktionen zu erwarten sind.[13]

Aus Sicht der Verbandsmitglieder besteht in zweifacher Hinsicht ein Interesse daran, **6** dass sich ihr Verband mit Compliance beschäftigt. Zum einen trifft die kartellrechtliche Haftung uU auch die Mitglieder: Der Verlust des guten Rufes schlägt bis zu einem gewissen Grade auch auf die Mitgliedsunternehmen durch, und nach europäischem Recht besteht die Möglichkeit einer Ausfallhaftung der Mitglieder, wenn der Verband nicht in der Lage ist, das Bußgeld zu zahlen (Art. 23 Abs. 4 VO (EG) 1/2003).[14] Andererseits können die Mitglieder aber auch daran interessiert sein, dass ihr Verband ihnen Hilfestellung in Sachen Compliance bietet durch Schulungen, Informationsmaterialien usw. Auf diese Weise kann die Beschäftigung des Verbandes mit dem Thema Compliance für die Mitgliedsunternehmen durchaus auch eine proaktive und positive Seite haben.[15]

Neben dem Kartellrecht ergeben sich Compliance-relevante Haftungsrisiken für die **7** Verbände auch aus dem Arbeits-, Steuer-[16] und Datenschutzrecht sowie aus Korruptionstatbeständen, ua im Zusammenhang mit Einladungen und Geschenken. Beim Thema Korruption kommen dann – in Abgrenzung zu privatwirtschaftlichen Verbänden – die Besonderheiten kommunaler Verbände ins Spiel. Die Vorschriften der §§ 331 ff. StGB über die Amtsträgerstrafbarkeit (insbes. Vorteilsannahme, Bestechlichkeit)[17] können bei den Mitgliedern kommunaler Verbände zur Anwendung gelangen, je nach Organisationform aber auch beim Verband selber. Wie oben schon ausgeführt,[18] ist zB der Bayerische Gemeindetag eine Körperschaft des Öffentlichen Rechts und Dienstherr im beamtenrechtlichen Sinne, kann also Beamte beschäftigen.

Kommunale Wirtschaftsverbände und ihre Mitglieder sind auch vom Vergaberecht in **8** anderer Weise betroffen als Verbände der Privatwirtschaft. Das Vergaberecht verpflichtet nur öffentliche Auftraggeber zur Einhaltung bestimmter Verfahren bei der Auftragsvergabe. Diese Pflicht kann die kommunalen Verbände auch dann treffen, wenn sie nicht als Körperschaft des öffentlichen Rechts organisiert sind, sondern zivilrechtlich, zB als Verein, vgl. § 99 Nr. 2, 4 GWB. Berücksichtigt man, dass es immer auch um die persönliche Haftung der Verbandsleitung geht, gelangt man zu der Erkenntnis, dass es auch für kommunale Verbände gute, wenn nicht gar zwingende Gründe gibt, sich mit dem Thema Compliance zu beschäftigen.

C. Pflicht zur Schaffung einer Compliance-Organisation?

Dass jedermann zur „Compliance" (iSd Befolgung der Gesetze) verpflichtet ist, ist eine **9** Selbstverständlichkeit. Ob jedoch Unternehmen und Verbände rechtlich zur Schaffung einer Compliance-Organisation verpflichtet sind, und wie weit diese Pflicht reicht, ist nach wie vor ungeklärt.[19] Einigkeit dürfte darüber bestehen, dass die Verbandsleitung verpflichtet ist, dafür zu sorgen, dass der Verband als Ganzes sich an das Gesetz hält. Dies folgt aus der allgemeinen Sorgfaltspflicht eines ordentlichen Vereinsleiters und den vom Gesetzgeber offenbar als selbstverständlich vorausgesetzten Überwachungspflichten, die der Rege-

---

[13] Achauer EWeRK 2015, 55 (56).

[14] Vgl. dazu → § 5 Rn. 48; *Möhlenkamp* WuW 2008, 428 (430); *Kapp/Hummel* CCZ 2013, 240 (241); *Brouwer* CCZ 2009, 161 (162).

[15] Dazu *Hagel/Dahlendorf* CCZ 2014, 275, am Beispiel des „Rundum-Paketes" des Verbandes der Bahnindustrie in Deutschland (VDB).

[16] Etwa bei Maßnahmen, die zum Verlust des Verbandsprivilegs nach § 5 Abs. 1 Nr. 5 KStG führen.

[17] Mit einem gegenüber der Bestechlichkeit im geschäftlichen Verkehr, § 299 StGB, erweiterten Strafrahmen.

[18] Vgl. bei → Fn. 5.

[19] *Hagel/Dahlendorf* CCZ 2014, 275; bejahend etwa *Brömmelmeyer* EWeRK 2015, 59 (61); abl. Hauschka Corporate Compliance/*Hauschka/Moosmayer/Lösler* § 1 Rn. 22 ff. mwN.

lung des § 130 OWiG[20] zugrunde liegen.[21] Ohne auf die Diskussion iE näher einzugehen, kann für die Praxis festgehalten werden, dass die Einhaltung der Gesetze ab einer gewissen Verbandsgröße von der Verbandsleitung nicht mehr sichergestellt werden kann, ohne dass zu diesem Zweck organisatorische Maßnahmen ergriffen werden. Faktisch ergibt sich daraus eine Pflicht zur Schaffung einer Compliance-Organisation, wobei deren Ausgestaltung iE von einer Vielzahl von Faktoren abhängt, so dass hierüber die Verbandsleitung im Einzelfall entscheiden muss.[22]

D. Grundlagen der Haftung des Verbandes und seiner Organe

10 Hins. Haftung und Haftungsrisiken sollen hier nur einige grundlegende Aspekte behandelt werden, ansonsten sei auf die entsprechenden Ausführungen → Kap. 7 Rn. 1 ff. verwiesen. Zu trennen ist zunächst zwischen der Haftung des Verbandes selber und der Haftung der für ihn tätigen Personen (Organmitglieder, Mitarbeiter). Der Verband kann seinen Mitgliedern (den Kommunalunternehmen) gegenüber haften und die als Organ tätige Person dem Verband gegenüber (Innenhaftung), und sowohl Verband als auch Personen können Dritten gegenüber im Außenverhältnis haften. Die Haftung kann zivilrechtlich begründet sein und sich zB auf Zahlung von Schadensersatz richten, oder die Haftung kann (auch) strafrechtliche Folgen haben (Haft, Geldstrafe), wobei sich nach deutschem Recht immer nur eine natürliche Person strafbar machen kann. Schließlich steht dem wegen eines Haftungsfalles in Anspruch genommenen Verband möglicherweise ein Rückgriffsanspruch gegen seine für ihn tätigen Organmitglieder zu. Die genannten Haftungsvarianten schließen sich dabei keinesfalls gegenseitig aus, sondern können durchaus in einer einzigen Sachverhaltskonstellation kumuliert vorliegen. Ist der kommunale Wirtschaftsverband als Körperschaft des Öffentlichen Rechts verfasst, gelten im Einzelfall möglicherweise andere Haftungsregeln als beim Verein (insbes. etwa was die Haftung von beim Verband tätigen Beamten angeht), im Weiteren soll aber grds. die Haftung des eingetragenen Vereins behandelt werden. Bei der Bewertung eines Haftungsrisikos sind die verschiedenen Ebenen und Haftungsschuldner sorgfältig zu trennen und gesondert zu beurteilen.

11 Der kommunale Wirtschaftsverband als eingetragener Verein haftet nach außen grds. alleine, dh die Mitglieder müssen nicht für die Verbindlichkeiten des Verbands einstehen (sog Trennungsgrundsatz).[23] Der Verband handelt insbes. durch seinen Vorstand und haftet für dessen bei der Amtsausübung begangene zum Schadensersatz verpflichtende Handlungen Dritten gegenüber, § 31 BGB. Der Verband haftet auch für pflichtwidrige Unterlassungen des Vorstandes, so dass eine Haftung auch in Frage kommt, wenn der Vorstand es versäumt, die für die Compliance erforderlichen organisatorischen Maßnahmen zu treffen. In diesen Fällen kann der Vorstand im Außenverhältnis neben dem Verband haften; im Innenverhältnis kann der Verband uU Rückgriff gegen den Vorstand nehmen, wenn er (der Verband) dem geschäftigen Dritten den Schaden ersetzt hat.[24]

12 Für seine Arbeitnehmer haftet der kommunale Wirtschaftsverband nach § 831 BGB, soweit er diese nicht sorgfältig ausgewählt und/oder überwacht hat. Der Verband kann sich von der Haftung entlasten, wenn er beweisen kann, dass ihn kein Auswahlverschulden trifft und er seine Leitungs- und Überwachungsaufgaben ordnungsgemäß wahrgenommen hat.

---

[20] Nach § 130 OWiG muss der Unternehmensinhaber die (Aufsichts-)Maßnahmen ergreifen, die erforderlich sind, um im Unternehmen Gesetzesverstöße zu verhindern, die eine Strafe oder Geldbuße nach sich ziehen.

[21] *Brouwer* CCZ 2009, 161 (162).

[22] IdS auch *Brouwer* CCZ 2009, 161 (162); *Achauer* EWeRK 2015, 55.

[23] Dazu → § 12 Rn. 4.

[24] In der Praxis sind häufig neben dem gesetzlichen Vorstand weitere, fakultative Organe mit Geschäftsführungsaufgaben betraut, wie Präsidiumsmitglieder, Geschäftsführer usw, deren Verantwortlichkeit und Haftung im Einzelfall zu prüfen ist; dazu → § 12 Rn. 42 f.

E. Besonderheiten der Haftung kommunaler Wirtschaftsverbände

I. Amtshaftung bei öffentlich-rechtlichen Körperschaften

Ist der kommunale Wirtschaftsverband als Körperschaft des öffentlichen Rechts struktu- **13** riert, unterliegt er den Regeln der Amts- und Staatshaftung, Art. 34 GG, § 839 BGB, soweit seine hoheitliche Tätigkeit betroffen ist. Wird er wie jedes andere Rechtssubjekt auch zivilrechtlich tätig (was beim Verband der Regelfall sein wird), richtet sich auch die Haftung nach den allgemeinen zivilrechtlichen Normen. Nach § 839 BGB haftet der Beamte persönlich, wenn er einem Dritten unter Verstoß gegen seine Amtspflichten einen Schaden zufügt.[25] Diese persönliche Haftung des Amtsträgers wird jedoch durch Art. 34 GG auf den Staat oder die öffentlich-rechtliche Körperschaft verlagert, für die der Beamte tätig ist. Wird also für den Verband ein Beamter tätig, so haftet gegenüber dem Geschädigten nur der Verband als die Körperschaft des Öffentlichen Rechts, Art. 34 GG, die persönliche Haftung des Beamten gegenüber dem Geschädigten entfällt. Nach Art. 34 S. 2 GG kann der Verband Rückgriff gegen den Beamten nehmen, dies jedoch nur dann, wenn der Beamte vorsätzlich oder grob fahrlässig eine Amtspflichtverletzung begangen hat.[26] Das bedeutet eine Besserstellung gegenüber den Arbeitnehmern eines Verbandes in Form eines eingetragenen Vereines, denen gegenüber der Arbeitgeber auch bei einfacher („mittlerer") Fahrlässigkeit Ansprüche geltend machen kann.[27]

II. Verbandskartellrecht

Dass auch Wirtschaftsverbände dem Kartellrecht unterliegen, ergibt sich aus dem Geset- **14** zeswortlaut der §§ 1, 20, 21 GWB und des Art. 101 Abs. 1 AEUV, der auch „Unternehmensvereinigungen" bzw. „Vereinigungen von Unternehmen" erfasst.[28] Da es im Kartellrecht nicht auf die Rechtsform oder die Art und Weise der Finanzierung des Unternehmens ankommt,[29] gilt das Kartellrecht auch für kommunale und öffentlich-rechtliche Unternehmen[30] und Verbände.[31] Nach § 185 Abs. 1 GWB findet das Gesetz auch auf Unternehmen der öffentlichen Hand Anwendung. Dies gilt nach hM allerdings nur im Hinblick auf die privatrechtlich geordneten Wettbewerbsbeziehungen der öffentlichen Hand und ihrer Unternehmen.[32] Auf die Rechtsform des Verbandes oder der Unternehmen kommt es nicht an, auch Unternehmen in öffentlich-rechtlicher Form unterliegen dem GWB.[33] Betätigt sich die öffentliche Hand wie ein Privater wirtschaftlich (als Anbieter oder Nachfrager von Leistungen), so muss sie sich kartellrechtlich wie ein Unternehmen der Privatwirtschaft behandeln lassen.[34]

Dies gilt ungeachtet der Tatsache, dass sowohl Kommunalunternehmen als auch Kom- **15** munalverbände nicht oder jedenfalls doch in einem viel geringeren Maße im Wettbewerb stehen, als dies in der Privatwirtschaft der Fall ist. Aufgrund der gesetzlichen Zuständigkeitsregelungen sind die Aufgaben- und Tätigkeitsgebiete der Kommunalunternehmen

---

[25] Das umfasst – anders als die allgemeine Deliktshaftung nach §§ 823, 826 BGB – auch reine Vermögensschäden.

[26] Diese Rückgriffsbeschränkung gilt unabhängig davon, ob der Beamte hoheitlich oder zivilrechtlich tätig geworden ist, BeckOK BGB/*Reinert* BGB § 839 Rn. 119.

[27] Dazu etwa BeckOK ArbR/*Hesse* BGB § 619a Rn. 5.

[28] *Kapp/Hummel* CCZ 2013, 240; zu den kartellrechtlichen Risiken der Verbandsarbeit sa *Möhlenkamp* WuW 2008, 428.

[29] *Wiedemann/Lübbig* § 8 Rn. 8; EuGH NJW 1991, 2891 – Höfner und Elser.

[30] Dazu Immenga/Mestmäcker/*Emmerich* GWB § 130 Rn. 17 ff. (Vorgängerregelung des § 185 GWB).

[31] *Wiedemann/Lübbig* § 8 Rn. 8; EuGH NZKart 2014, 22 Rn. 45 – Consiglio nazionale di geologi.

[32] Immenga/Mestmäcker/*Emmerich* GWB § 130 Rn. 9 ff. (Vorgängerregelung des § 185 GWB), auch zur Abgrenzung zwischen privat- und öffentlich-rechtlichen Beziehungen.

[33] Immenga/Mestmäcker/*Emmerich* GWB § 130 Rn. 18 (Vorgängerregelung des § 185 GWB); EuGH NJW 1991, 2891 – Höfner und Elser.

[34] Immenga/Mestmäcker/*Emmerich* GWB § 130 Rn. 18 (Vorgängerregelung des § 185 GWB).

vertikal und horizontal abgegrenzt. Übergeordnete Behörden von Bund und Ländern nehmen die Aufgaben oberhalb der kommunalen Ebene wahr, Kommunalunternehmen selber werden idR nur in einem abgegrenzten geografischen Bereich tätig. Dennoch bestehen zT ähnliche kartellrechtliche Risiken wie bei Verbänden der Privatwirtschaft.[35] Denkbar ist etwa, dass sich die Mitglieder kommunaler Verbände bei Verbandsveranstaltungen über Maßnahmen zur Abwehr privater Konkurrenz austauschen (im Bereich der Abfallwirtschaft etwa ist die Trennlinie zwischen den Tätigkeitsfeldern der öffentlichen Hand und der Privatwirtschaft immer wieder umstr.),[36] oder dass eine Abstimmung im Hinblick auf Preisstrukturen stattfindet.[37] Es gelten also dieselben Grundsätze wie bei jedem Unternehmen oder Verband: Die Kartellbehörde kann iRd Verhältnismäßigkeit die Maßnahmen anordnen, die zur Abstellung des Kartellrechtsverstoßes erforderlich sind, § 32 Abs. 2 GWB. Wettbewerber ua Marktteilnehmer, die durch den Verstoß beeinträchtigt sind, können Beseitigungs-, Unterlassungs- und Schadensersatzansprüche geltend machen, § 33 GWB. Die Kartellbehörden können nach § 34 GWB eine Vorteilsabschöpfung anordnen oder die Rückerstattung rechtswidrig erlangter Vorteile verfügen, § 32 Abs. 2a GWB.

16   Zu beachten ist aber, dass **öffentlich-rechtliche Gebühren und Beiträge** ausdrücklich dem Anwendungsbereich der kartellrechtlichen Missbrauchsverbote der §§ 19, 20, 31b Abs. 5 GWB entzogen sind, so § 185 Abs. 1 S. 2 GWB. Diese Ausnahmeregelung betrifft insbes. die kommunalen Wasserversorger, denen aufgrund der leitungsgebundenen Versorgungsstrukturen idR eine lokale Monopolstellung zukommt. Diese erheben für ihre Leistungen von ihren Abnehmern Gebühren aufgrund kommunaler Satzungen. Dieses Verhältnis soll nach der gesetzlichen Regelung nur der Kontrolle durch die kommunalen Aufsichtsbehörden unterliegen, nicht jedoch der Kartellaufsicht.[38]

17   Die Vorschriften des GWB finden auf eine Vielzahl kommunaler Betätigungen Anwendung: die Vergabe von Bauaufträgen durch Gemeinden, die Nachfrage nach Gütern durch die Gemeinde, die Einräumung von Nutzungsrechten an gemeindlichen Straßen gegenüber Versorgungsunternehmen, die Verpachtung kommunaler Häfen, einer Stadthalle oder eines Parkplatzes an Private, die Vergabe der Müllabfuhr an Private, der Betrieb von Krankenhäusern und die damit zusammenhängende Nachfrage nach Heilmitteln und Krankentransporten usw.[39] Betätigen sich die Gemeinden wirtschaftlich, schützt es sie auch nicht vor der Anwendbarkeit des Wettbewerbsrechts, wenn sie dabei öffentliche Zwecke verfolgen oder im Bereich der Daseinsvorsorge tätig sind.[40] Betreibt eine Gemeinde etwa ein kommunales Bestattungsunternehmen, ist auf dessen Tätigkeit das Wettbewerbsrecht und damit zB das Missbrauchsverbot des GWB anwendbar.[41] Die Tätigkeit und die Zusammenschlüsse kommunaler Versorgungs- und Verkehrsunternehmen unterliegen ebenfalls dem Wettbewerbsrecht/der Fusionskontrolle.[42] Dies müssen Kommunalverbände bei ihrer Tätigkeit wissen und berücksichtigen.

18   Wettbewerbsverstöße können unmittelbar durch den Verband stattfinden (wenn dieser etwa zu einem Boykott iSv § 21 GWB aufruft), oder die Mitglieder nutzen Ver-

---

[35] Vgl. zum anwendbaren Kartellrecht und den Risiken für die Verbandstätigkeit → § 5 Rn. 1 ff.

[36] Zum Themenkreis Abfallwirtschaft und Kartellrecht vgl. etwa die „Sektoruntersuchung duale Systeme" des BKartA v. 12/2012 (Bericht gem. § 32e GWB).

[37] Zur Erhebung missbräuchlich überhöhter Wasserpreise durch ein Unternehmen, an dem zu 51 % eine Kommune beteiligt ist, vgl. etwa BGH NJW 2015, 3643 – Wasserpreise Calw II.

[38] Krit. dazu Immenga/Mestmäcker/*Emmerich* GWB § 130 Rn. 10 (Vorgängerregelung des § 185 GWB).

[39] Weitere Beispiele bei Immenga/Mestmäcker/*Emmerich* GWB § 130 Rn. 25 ff. (Vorgängerregelung des § 185 GWB).

[40] Vgl. Immenga/Mestmäcker/*Emmerich* GWB § 130 Rn. 19, 23, 25 (Vorgängerregelung des § 185 GWB).

[41] Beispiel von Immenga/Mestmäcker/*Emmerich* GWB § 130 Rn. 25 (Vorgängerregelung des § 185 GWB), das auf BGH GRUR 2005, 960 = NJW-RR 2005, 1562 („Friedhofsruhe") beruht; sa BGH NJW 1954, 1483; 1956, 548.

[42] Vgl. Immenga/Mestmäcker/*Emmerich* GWB § 130 Rn. 25 (Vorgängerregelung des § 185 GWB); BGH NJW-RR 2006, 836 – DB Regio/üstra.

bandsveranstaltungen als Plattform für wettbewerbswidrige Abreden.[43] Distanziert sich der Verband nicht von solchen Aktivitäten, läuft er Gefahr, selber als Mittäter zu haften. Es gilt der Einheitstäterbegriff des § 14 Abs. 1 S. 1 OWiG, eine Unterscheidung und Abstufung nach Tätern und Gehilfen findet nicht statt;[44] dies gilt auch im europäischen Kartellrecht.[45]

Auch kommunale Unternehmen geringer Größe werden sich idR nicht mit Erfolg **19** darauf berufen können, dass es sich bei ihren Absprachen um zulässige **Mittelstandskartelle** iSv § 3 GWB handelt. Der Anwendungsbereich des § 3 GWB umfasst auch Unternehmen der öffentlichen Hand, obwohl diese idR nicht miteinander im Wettbewerb stehen, wie der Wortlaut der Vorschrift es verlangt; es reicht zB aus, dass sich Gemeinden als Nachfrager zu einer Einkaufsgemeinschaft für die Beschaffung bestimmter Gegenstände zusammenschließen.[46] § 3 GWB ist aber als Ausnahmevorschrift eng auszulegen, schon nach dem Wortlaut sind Mittelstandskartelle nur zulässig, wenn der Wettbewerb auf dem Markt nicht wesentlich beeinträchtigt wird. Die Vorschrift greift daher nicht bei sog **Kernbeschränkungen,** also Absprachen, die eine Vereinbarung oder abgestimmte Verhaltensweise bzgl. Preisen, Gebieten, Kunden oder Produktion betreffen.[47]

Im Bereich der **Wasserwirtschaft** gelten die Sonderregeln der §§ 31 ff. GWB.[48] Da- **20** nach sind – zur Sicherstellung einer sicheren und preisgünstigen Wasserversorgung[49] – verschiedene Verträge von Wasserversorgungsunternehmen mit wettbewerbsbeschränkenden oder Ausschließlichkeitsregelungen vom Verbot des § 1 GWB freigestellt. Die Wasserversorgung der Endverbraucher ist aufgrund der Leitungsgebundenheit ein natürliches Monopol,[50] die Wasserversorger sind dementsprechend iRd Zumutbarkeit zum Anschluss und zur Versorgung verpflichtet.[51] Die Freistellung gilt insbes. für Ausschließlichkeitsvereinbarungen in Wasserkonzessionsverträgen nach § 31 Abs. 1 Nr. 2 GWB, in denen neben der Wegenutzung idR auch vereinbart wird, dass das Wasserversorgungsunternehmen im Gebiet der Kommune die alleinige Versorgung übernimmt. Die Einräumung dieses Ausschließlichkeitsrechtes ist zulässig, es bleibt jedoch bei der Missbrauchskontrolle, vgl. § 31 Abs. 3–5 GWB, § 31b Abs. 3–5 GWB, § 19 GWB. Nach dem Gesetz (§ 31 Abs. 4 GWB) liegt ein Missbrauch insbes. dann vor, wenn

- das Marktverhalten des Wasserversorgungsunternehmens den Grundsätzen zuwiderläuft, die für das Marktverhalten von Unternehmen bei wirksamem Wettbewerb bestimmend sind,
- das Wasserversorgungsunternehmen von seinen Abnehmern ungünstigere Preise oder Geschäftsbedingungen fordert als gleichartige Wasserversorgungsunternehmen, es sei denn, das Wasserversorgungsunternehmen weist nach, dass der Unterschied auf abweichenden Umständen beruht, die ihm nicht zurechenbar sind, oder
- das Wasserversorgungsunternehmen Entgelte fordert, die die Kosten in unangemessener Weise überschreiten; anzuerkennen sind jedoch die Kosten, die bei einer rationellen Betriebsführung anfallen.

Ein Missbrauch liegt hingegen nach § 31 Abs. 5 GWB nicht vor, wenn ein Wasserversor- **21** gungsunternehmen sich insbes. aus technischen oder hygienischen Gründen weigert, mit

---

[43] *Kapp/Hummel* CCZ 2013, 240 (241).
[44] KK-OWiG/*Rengier* OWiG § 14 Rn. 4 ff.
[45] Vgl. EuG Urt. v. 6.2.2014 – T-27/10, BeckRS 2014, 80323 Rn. 49 – AC-Treuhand II. Bestätigt durch EuGH Urt. v. 22.10.2015 –C-194/14 P, BeckRS 2015, 81458.
[46] Immenga/Mestmäcker/*Fuchs* GWB § 3 Rn. 52; BGH NVwZ 2003, 1012 – Ausrüstungsgegenstände für Feuerlöschzüge (zu § 4 GWB aF).
[47] Vgl. Bundeskartellamt Bekanntmachung Nr. 18/2007 vom 13.3.2007 („Bagatellbekanntmachung") Rn. 13 ff.; Loewenheim/Meesen/Riesenkampff/*Nordemann* GWB § 3 Rn. 54; → § 5 Rn. 29.
[48] Dazu *Kahle/Pfannkuch* KommJur 2015, 121.
[49] So die Gesetzesbegründung, BT-Dr. 17/9852, 25; vgl. auch § 31b Abs. 4 GWB, wonach die Kartellbehörde dieses Ziel bei der Ausübung der Missbrauchsaufsicht zu berücksichtigen hat.
[50] Immenga/Mestmäcker/*Klaue* GWB § 31 Rn. 2.
[51] Kahle/Pfannkuch KommJur 2015, 121 (126) mwN.

einem anderen Unternehmen Verträge über die Einspeisung von Wasser in sein Versorgungsnetz abzuschließen, und eine damit verbundene Entnahme (Durchleitung) verweigert. Im Bereich der Wasserversorgung kommt ein Marktmissbrauch zB durch Festsetzung überhöhter Wasserpreise vor.[52] Die Landeskartellbehörden können in solchen Fällen den Wasserversorger zur Preissenkung verpflichten.[53] Abschluss und Änderung von wasserwirtschaftlichen Verträgen iSv § 31 Abs. 1 Nr. 1, 2, 4 GWB sind nur wirksam, wenn sie bei der Kartellbehörde angemeldet werden, § 31a GWB.

22   Auch soweit Kommunen im Bereich der Energiewirtschaft tätig sind, findet grds. das GWB Anwendung. Nach § 185 Abs. 3 GWB sind die Missbrauchsverbote der §§ 19, 20 und 29 GWB anwendbar, soweit § 111 EnWG keine entgegenstehende Regelung enthält. Daher dürfen etwa marktbeherrschende Energieversorger keine höheren Preise festsetzen als andere vergleichbare Versorgungsunternehmen, es sei denn, sie können nachweisen, dass die Unterschiede sachlich gerechtfertigt sind, § 29 GWB.[54] Enthält jedoch das EnWG ausdrücklich abschließende Regelungen der betreffenden Thematik, kommen die §§ 19, 20, 29 GWB nicht zur Anwendung, so § 111 EnWG. Damit wurde die früher bestehende Parallelzuständigkeit der Kartell- und der energierechtlichen Regulierungsbehörden nach deutschem Recht beseitigt, es soll nun die sachnähere Behörde tätig werden.[55] Teil 3 des EnWG („Regulierung des Netzbetriebs", §§ 11–35 EnWG) wird ausdrücklich als eine derartige abschließende Regelung definiert, § 111 Abs. 2 EnWG. Die Aufsicht über den Netzbetrieb ist damit allein Sache der nach EnWG zuständigen Behörde. Dies betrifft die Überwachung des Betriebs von Energieversorgungsnetzen, den Netzanschluss, den Zugang zu Energieversorgungsnetzen, den Lieferantenwechsel, die Netzzugangsbedingungen/Netzentgelte, die Einrichtung der Messsysteme und die Erbringung von Ausgleichsleistungen sowie den Zugang zu vorgelagerten Rohrleitungsnetzen und Speicheranlagen.[56] Die §§ 30–33 EnWG enthalten eigene Regelungen zum Missbrauchsverbot, über die Ansprüche der Betroffenen bei Verstößen und zum Verfahren der Regulierungsbehörde, einschließlich der Vorteilsabschöpfung.

23   Diese auf den ersten Blick klare und sinnvolle Trennung der Zuständigkeiten von Kartell- und energierechtlicher Regulierungsbehörde wird jedoch dadurch eingeschränkt, dass das EU-Kartellrecht (Art. 102 AEUV) von § 111 EnWG unberührt bleibt. Zuständig für den Vollzug des EU-Kartellrechts bleiben also auch in der Energiewirtschaft die Kartellbehörden.[57] Um zu vermeiden, dass die doppelte Zuständigkeit der Regulierungs- und Kartellbehörden zu unterschiedlichen Ergebnissen im selben Fall führt, wurde das Kooperationsverfahren in § 58 EnWG und § 50c GWB geschaffen.[58]

III. Vergaberecht

24 Anders als Unternehmen der Privatwirtschaft müssen Kommunalunternehmen ua öffentliche Auftraggeber bei der Beschaffung von Waren sowie Bau- und Dienstleistungen das Vergaberecht der §§ 97 ff. GWB beachten. Zu den öffentlichen Auftraggebern iSd Vergaberechts zählen auch Kommunalverbände, § 99 Nr. 3 GWB. Bei Überschreitung der in § 106 GWB und den darin genannten Verordnungen (VgV, VOB/A, VOL/A, VOF)

---

[52] *Otto/Fonk* CCZ 2012, 161 (166).
[53] BGH NJW 2010, 2573 – Wasserpreise Wetzlar; NJW 2015, 3643 – Wasserpreise Calw II; zur Zuständigkeit der Landeskartellbehörden, wenn die Sache keine länderübergreifende Bedeutung hat, s. § 48 GWB.
[54] Wobei die in den Letztverbraucherpreisen enthaltenen Netzzugangsentgelte grds. als rechtmäßig zu unterstellen sind, § 111 Abs. 3 EnWG, soweit nicht gerichtlich oder durch die nach EnWG zuständige Regulierungsbehörde etwas anderes rechts-/bestandskräftig entschieden wurde.
[55] NK-EnWG/*Schex* EnWG § 111 Rn. 1 f.
[56] NK-EnWG/*Schex* EnWG § 111 Rn. 3.
[57] NK-EnWG/*Schex* EnWG § 111 Rn. 4 ff.
[58] Näher dazu NK-EnWG/*Schex* EnWG § 111 Rn. 4 ff.

festgelegten Schwellenwerte ist für die Vergabe öffentlicher Aufträge im Regelfall eine Ausschreibung erforderlich.[59]

Wird in einem Nachprüfungsverfahren gem. §§ 155 ff. GWB festgestellt, dass ein öffentlicher Auftrag unter Verstoß gegen bestimmte gesetzlich vorgeschriebene Vergaben erteilt wurde, ist der Auftrag unwirksam, §§ 135, 142, 147, 154 GWB. Dabei beruft sich die Praxis nicht selten auf die gesetzlichen Ausnahmen zur Vergabepflicht, ohne dass deren Voraussetzungen vorliegen. Der Hinweis darauf, dass man bislang gut mit dem Auftragnehmer zusammengearbeitet habe oder dass es sich um ein ortsansässiges Unternehmen (und einen wichtigen Steuerzahler) handele, hilft dabei nicht. **25**

Wird ein Vergabeverfahren durchgeführt, muss darauf geachtet werden, dass die Verfahrensregeln eingehalten werden. Insbes. müssen die Verfahrensteilnehmer gleichbehandelt werden, ein etwaiger Informationsvorsprung einzelner Bieter ist zu vermeiden bzw. zu kompensieren, Bieterfragen müssen korrekt beantwortet werden und bei der Angebotswertung müssen die Zuschlagskriterien richtig angewendet werden. In der Praxis führen nachträgliche Vertragsanpassungen oder -verlängerungen häufig zu Verstößen gegen das Vergaberecht. Es ist in jedem Einzelfall zu prüfen, ob Änderungen, Erweiterungen und Verlängerungen geschlossener Verträge wesentlich und damit ihrerseits wieder ausschreibungspflichtig sind.[60] **26**

Die Folgen eines Vergaberechtsverstoßes können vielfältig sein. Wird wegen eines Vergaberechtsverstoßes ein Auftrag erneut oder erstmalig ordnungsgemäß ausgeschrieben, wird die betreffende Maßnahme zumindest schon einmal verzögert durchgeführt. Denkbar ist, dass zwischenzeitlich die Preise gestiegen sind, so dass der Auftrag teurer wird. UU müssen andere Maßnahmen, die mit dem betreffenden Auftrag zusammenhängen, verschoben werden, was ebenfalls zu Mehrkosten führen kann. Das Unternehmen, das zunächst ohne eigenes Verschulden vergaberechtswidrig den Zuschlag erhalten hat, kann Ersatz seiner vergeblich getätigten Aufwendungen verlangen. Dies gilt auch für zu Unrecht unterlegene Wettbewerber, wobei diese ggf. auch den entgangenen Gewinn verlangen können, wenn ihnen der Zuschlag hätte erteilt werden müssen. Der Verzicht auf die gesetzlich gebotene Ausschreibung kann schließlich auch dazu führen, dass für das Vorhaben ausgereichte Fördermittel zurückgefordert werden. **27**

Die Entscheidungsträger des Verbandes trifft auch eine persönliche Haftung für die Schäden, die dem Verband durch von ihnen zu verantwortende Vergaberechtsverstöße entstehen. Der Verband kann zivilrechtlich Ersatz der ihm entstandenen Nachteile verlangen,[61] in Betracht kommt aber auch eine Strafbarkeit der Verantwortlichen wegen Untreue zum Nachteil der vergabepflichtigen Körperschaft, § 266 StGB. Insbes. wenn ein Auftrag rechtswidrig ohne Vergabe und zu nicht marktüblichen (dh überhöhten) Preisen erteilt wird, liegt der Vorwurf nahe, dass die Entscheidungsträger ihrer Vermögensbetreuungspflicht nicht nachgekommen sind. **28**

IV. Straftaten im Amt, insbesondere Korruption

Für Amtsträger gelten zT besondere Strafvorschriften, vgl. §§ 331 ff. StGB, praktisch bedeutsam sind insbes. die Tatbestände der Vorteilsannahme und der Bestechlichkeit. Nach der gesetzlichen Definition[62] ist Amtsträger iSd Vorschriften, **29**

---

[59] Für öffentliche Aufträge unterhalb der Schwellenwerte bestehen haushaltsrechtliche Vorschriften der Bundesländer über das Vergabeverfahren, vgl. etwa § 25 GemHVO NRW, oder eigene Landesvergabegesetze, vgl. dazu Beck Dreher/Motzke/*Masing* GWB § 97 Rn. 101 f. (Vorgängerregelung des § 98 GWB); Dreher/Motzke/*Masing* GWB § 100 Rn. 6 ff. (Vorgängerregelung des § 106 GWB).
[60] Vgl. etwa OLG Schleswig NZBau 2015, 718.
[61] Vgl. LG Münster NZBau 2006, 523 zur Haftung des Geschäftsführers einer kommunalen GmbH für die Folgen eines Vergaberechtsverstoßes.
[62] § 11 Abs. 1 Nr. 2 StGB.

- wer Beamter oder Richter ist, § 11 Abs. 1 Nr. 2 lit. a StGB,
- wer in einem sonstigen öffentlich-rechtlichen Amtsverhältnis steht, § 11 Abs. 1 Nr. 2 lit. b StGB, oder
- wer sonst dazu bestellt ist, bei einer Behörde oder bei einer sonstigen Stelle oder in deren Auftrag Aufgaben der öffentlichen Verwaltung wahrzunehmen (wobei es auf die jeweils gewählte Organisationsform nicht ankommt), § 11 Abs. 1 Nr. 2 lit. c StGB.

30 Die verbeamteten Mitarbeiter der bayerischen kommunalen Spitzenverbände (insbes. die Geschäftsführer) sind Beamte iSd § 11 Abs. 1 Nr. 2 lit. a StGB und unterfallen damit den Vorschriften über die Amtsträgerstrafbarkeit. Dies gilt auch dann, wenn die betreffende Person nicht im Rahmen ihrer Tätigkeit bei dem Verband verbeamtet wurde, sondern anderweitig, zB als Bürgermeister.[63] Wird etwa der Verbandsgeschäftsführer nicht verbeamtet, so nimmt er dennoch dieselben Aufgaben wahr und unterliegt denselben Pflichten wie ein beamteter Geschäftsführer. Daher ist er als Amtsträger iSd § 11 Abs. 1 Nr. 2 lit. b StGB anzusehen.[64] Weniger eindeutig ist die dritte Fallgruppe, § 11 Abs. 1 Nr. 2 lit. c StGB. Kommunalverbände sind keine Behörden, da sie keine Hoheitsbefugnisse ausüben und nicht in die staatliche Verwaltung eingegliedert sind.[65] Nach der Rspr. handelt es sich um „sonstige Stellen" iSd vorstehend zitierten § 11 Abs. 1 Nr. 2 lit. c StGB, wenn die Stelle bei ihrer Tätigkeit öffentliche Aufgaben wahrnimmt und derart staatlicher Steuerung unterliegt, dass sie als „verlängerter Arm" des Staates erscheint.[66] Dies ist bei den kommunalen Verbänden jedoch nicht der Fall, sie sind lediglich öffentlich-rechtliche Körperschaften im formellen Sinne, da sie weder hoheitliche Aufgaben erfüllen noch in die staatliche Verwaltung eingebunden sind.[67] Die Mitarbeiter der Kommunalverbände sind mithin keine Amtsträger iSd § 11 Abs. 1 Nr. 2 lit. c StGB.

31 Damit endet die Reichweite der Amtsträgerstrafbarkeit aber noch nicht. Die Vorschriften gelten zT auch für *„für den öffentlichen Dienst besonders Verpflichtete"*, wie es § 331 Abs. 1 StGB formuliert. Zu diesem Personenkreis gehört, wer, ohne Amtsträger zu sein,
- bei einer Behörde oder bei einer sonstigen Stelle die Aufgaben der öffentlichen Verwaltung wahrnimmt, oder
- bei einem Verband oder sonstigen Zusammenschluss, Betrieb oder Unternehmen, die für eine Behörde oder für eine sonstige Stelle Aufgaben der öffentlichen Verwaltung ausführen, beschäftigt oder für sie tätig ist und auf die gewissenhafte Erfüllung seiner Obliegenheiten auf Grund eines Gesetzes förmlich verpflichtet ist.[68]

32 Damit sind Personen gemeint, die selber keine Amtsträger sind, die aber entweder für Organisationen arbeiten, die Aufgaben der öffentlichen Verwaltung wahrnehmen (§ 11 Abs. 1 Nr. 4a StGB), oder die für Organisationen arbeiten, die zwar selber keine Aufgaben der öffentlichen Verwaltung wahrnehmen, die aber ihrerseits mit der Erfüllung solcher Aufgaben betraute Behörden usw. unterstützen (§ 11 Abs. 1 Nr. 4b StGB). In jedem Fall muss der Betreffende *„auf die gewissenhafte Erfüllung seiner Obliegenheiten auf Grund eines Gesetzes förmlich verpflichtet"* worden sein. Dies erfolgt für den og Personenkreis nach dem Verpflichtungsgesetz.[69]

33 Für die Anwendbarkeit der Regelung kommt es nicht auf die Organisationsform an. Auch Industrie- und Handelskammern, Wirtschaftsverbände, Landesbanken und Wohlfahrtsverbände können darunter fallen.[70] Da aber kommunale Wirtschaftsverbände im

---

[63] *Schelzke* S. 64 f.
[64] *Schelzke* S. 66.
[65] *Schelzke* S. 72 mwN.
[66] Vgl. BGH NJW 1998, 1874 (1875).
[67] Ausf. dazu *Schelzke* S. 16 f., 44 ff., 72 f. mwN.
[68] § 11 Abs. 1 Nr. 4 StGB.
[69] Gesetz über die förmliche Verpflichtung nichtbeamteter Personen – Verpflichtungsgesetz – v. 2.3.1974, BGBl. 1974 I 547; die Verpflichtung erfolgt mündlich, hierüber wird ein Protokoll aufgenommen, § 1 Abs. 2, 3 VerpflG.
[70] BeckOK StGB/*von Heintschel-Heinegg* StGB § 11 Rn. 33 f.

Rahmen ihrer Verbandstätigkeit keine Aufgaben der öffentlichen Verwaltung wahrnehmen, gehören ihre Mitarbeiter nicht zu den *„für den öffentlichen Dienst besonders Verpflichteten"* iSd § 11 Abs. 1 Nr. 4 StGB.[71] Dabei muss jedoch betont werden, dass die Strafbarkeit der Korruption nicht von der Amtsträgereigenschaft abhängt. Fehlt es an der Amtsträgereigenschaft, können sich die Mitarbeiter der Kommunalverbände nach den allgemeinen Regeln wegen Bestechlichkeit und Bestechung im geschäftlichen Verkehr strafbar machen, § 299 StGB, nur dass hier der Strafrahmen geringer ist.[72]

Neben den strafrechtlichen Regelungen gibt es verschiedene beamtenrechtliche **34** Regelungen, die der Korruption entgegenwirken sollen: Die Annahme von Belohnungen und Geschenken ist Beamten grds. verboten, § 71 BBG; entgeltliche Nebentätigkeiten bedürfen der Genehmigung, § 99 BBG; über dienstliche Angelegenheiten ist Verschwiegenheit zu wahren, § 67 BBG, wobei diese Pflicht entfällt, wenn gegenüber der zuständigen Stelle der begründete Verdacht einer Korruptionsstraftat nach den §§ 331 bis 337 StGB angezeigt wird.

Korruption spielt in der Praxis der Kommunen und kommunaler Unternehmen **35** eine Rolle va im Zusammenhang mit der Vergabe öffentlicher Aufträge, der Beschaffung von Waren und Dienstleistungen durch Kommunen/Kommunalunternehmen, dem Sponsoring und bei Spenden durch Kommunalunternehmen.[73] Die damit verbundenen Risiken können sich in der Verbandsarbeit fortsetzen bzw. auf diese „durchschlagen", wenn Verbandsmitglieder iRd Verbandsaktivitäten entsprechende Rechtsverstöße begehen oder vorbereiten. Da Aufgabe des Verbandes die Förderung der Interessen seiner Mitglieder und damit eine gewisse Lobby-Arbeit ist, gibt es dabei aber auch verbandseigene Risiken. Die Verbandstätigkeit ist idR mit der Teilnahme an vielen Veranstaltungen, Konferenzen, Arbeitssessen, Vorträgen, Dienstreisen usw. verbunden. Dabei stellen sich unter dem Blickwinkel der Korruption und verwandter Tatbestände (und auch des Steuerrechts) die Fragen, welche Geschenke gemacht oder angenommen werden können, ob Honorarzahlungen für Vorträge und Gutachtertätigkeiten akzeptabel sind, ob Dienstreisen von Dritten bezahlt werden dürfen, usw. Besondere Aufmerksamkeit ist geboten, wenn der Verband in die Beschaffungsvorgänge seiner Mitglieder eingebunden ist. Wenn es etwa um das Leasing von Fahrzeugen für die Verbandsmitglieder geht, müssen Verbandsvertreter besonders sorgfältig prüfen, ob sie direkte oder indirekte Zuwendungen eines Automobilherstellers oder -händlers annehmen dürfen (wie etwa die kostenlose Überlassung von Fahrzeugen zu mehrtägigen „Probefahrten", Preisnachlässe bei persönlichen Bestellungen, Einladungen zu Veranstaltungen usw.). Unter Vorteil iSd §§ 331 und 332 StGB ist jede Leistung zu verstehen, auf die der Amtsträger keinen Rechtsanspruch hat und die seine wirtschaftliche, rechtliche oder auch nur persönliche Lage objektiv verbessert.[74]

Auch wenn die Vorschriften nicht unmittelbar anwendbar sind, können sich die Kom- **36** munalverbände bei der verbandsinternen Korruptionsbekämpfung und -vermeidung an den Vorschriften auf Bundes- und Landesebene orientieren.[75] Genannt seien hier etwa – ohne Anspruch auf Repräsentativität oder Vollständigkeit –
- die Richtlinie der Bundesregierung zur Korruptionsprävention in der Bundesverwaltung v. 30.7.2004,[76] und die ergänzende

---

[71] *Schelzke* S. 82 ff. mwN.

[72] *Schelzke* S. 94 ff., 109 mwN.

[73] Nach Angaben des VKU beträgt die Gesamtfördersumme kommunaler Unternehmen EUR 113,6 Mio. pro Jahr, http://www.vku.de/ueber-uns/csr.html (letzter Abruf 6.1.2017), wobei nicht zwischen Senden und Sponsoring unterschieden wird.

[74] BGH NJW 1983, 2509, 2511 – Poullain.

[75] Dazu *Vogelsang/Nahrstedt/Fuhrmann* CCZ 2014, 181.

[76] BAnz. 2004 S. 17745, abrufbar unter http://www.bmi.bund.de/DE/Themen/Moderne-Verwaltung/Korruptionspraevention-Sponsoring-IR/Korruptionspraevention/korruptionspraevention_node.html (letzter Abruf 6.1.2017).

- Handreichung für die Arbeitsweise der Ansprechperson für Korruptionsprävention bei Verdachtsfällen v. 20.9.2013,[77]
- die Allgemeine Verwaltungsvorschrift der Bundesregierung zur Förderung von Tätigkeiten des Bundes durch Leistungen Privater (Sponsoring, Spenden und sonstige Schenkungen) v. 7.7.2003,[78]
- das Rundschreiben des Bundesinnenministeriums zum Verbot der Annahme von Belohnungen oder Geschenken in der Bundesverwaltung v. 8.11.2004.[79]

37 Die vorgenannten Regelwerke sind (neben weiteren) zusammengefasst in den vom Bundesinnenministerium herausgegebenen „Regelungen zur Integrität".[80] Auf Landesebene seien beispielhaft erwähnt

- der Erlass des Hessischen Innenministeriums v. 15.5.2015 zur Korruptionsvermeidung in hessischen Kommunalverwaltungen,[81] sowie
- die Verwaltungsvorschriften des Hessischen Innenministeriums zur Korruptionsbekämpfung in der Landesverwaltung für die Beschäftigten des Landes Hessen v. 18.6.2012.[82]

V. Sonstiges

38 Auf Haftungs- und Compliance-Risiken, die sich aus anderen Rechtsbereichen ergeben, wie zB dem Preisrecht,[83] dem Beihilferecht, dem Datenschutzrecht und dem Kreditwesengesetz[84] (soweit Sparkassen bzw. Sparkassenverbände betroffen sind), soll hier der Vollständigkeit halber hingewiesen werden.

---

[77] Az. BMI O4-15002/12, abrufbar unter http://www.bmi.bund.de/DE/Themen/Moderne-Verwaltung/Kor ruptionspraevention-Sponsoring-IR/Korruptionspraevention/korruptionspraevention_node.html (letzter Abruf 6.1.2017).

[78] Abgedruckt in NJW 2004, 1367.

[79] GMBl. 2004 S. 1074 ff.

[80] Abrufbar unter http://www.bmi.bund.de/DE/Themen/Moderne-Verwaltung/Korruptionspraevention-Sponsoring-IR/Korruptionspraevention/korruptionspraevention_node.html (letzter Abruf 6.1.2017).

[81] StAnz. 2015 S. 630 vom 8.6.2015, abrufbar unter http://www.rv.hessenrecht.hessen.de/lexsoft/default/hes senrecht_rv.html?doc.hl=1&doc.id=VVHE-VVHE000011813&documentnumber=5&numbe rofresults=19&showdoccase=1&doc.part=F&paramfromHL=true#docid:7342251,1,20150609 (letzter Abruf 6.1.2017).

[82] StAnz. 2012 S. 676 vom 25.6.2012, abrufbar unter http://www.rv.hessenrecht.hessen.de/lexsoft/default/ hessenrecht_rv.html?doc.hl=1&doc.id=VVHE-VVHE000011813&documentnumber=5&numbe rofresults=19&showdoccase=1&doc.part=F&paramfromHL=true#docid:5013277,1,20120625 (letzter Abruf 6.1.2017).

[83] Verordnung PR Nr. 30/53 über die Preise bei öffentlichen Aufträgen (ÖffAuftrPrV) v. 21.11.1953 (BAnz. Nr. 244 S. 1).

[84] Vgl. insbes. § 25a KWG.

Stichwortverzeichnis

(**Fette Zahlen** = **Kapitel,** magere Zahlen = Randnummern)